GUIA VISUAL - FOLHA DE S.PAULO

CALIFÓRNIA

GUIA VISUAL - FOLHA DE S.PAULO

CALIFÓRNIA

PUBLIFOLHA

Um livro Dorling Kindersley

www.dk.com

"Eyewitness Travel Guide – California" foi publicado originalmente na Grã-Bretanha em 1997 pela Dorling Kindersley Limited, 80 Strand, Londres, WC2R 0RL, Inglaterra

8ª edição brasileira: 2010; 1ª reimpressão: 2011

ISBN 978-85-7402-021-1

PUBLIFOLHA
Divisão de Publicações do Grupo Folha
Al. Barão de Limeira, 401, 6º andar, CEP 01202-900, São Paulo, SP
Tel.: (11) 3224-2186/2187/2197
www.publifolha.com.br

COORDENAÇÃO DO PROJETO
PUBLIFOLHA
ASSISTÊNCIA EDITORIAL: Lizandra Magon de Almeida, Fabricio Waltrick, Cláudia Carolina Komesu
COORDENAÇÃO DE PRODUÇÃO GRÁFICA: Marcio Soares
PRODUÇÃO GRÁFICA: Soraia Pauli Scarpa

PRODUÇÃO EDITORIAL
AF COMUNICAÇÕES
EDIÇÃO: Fernando Moreira Leal
ASSISTÊNCIA: Marcelo Ferlin Assami
TRADUÇÃO: Carlos Mendes Rosa, Lilia Astiz, Lizia Bydlowski
CONSULTORIA: Cristina Adams (Vida Selvagem), Federico Mengozzi (Cultura e História) e Josimar Melo (Vinhos e Restaurantes)
REVISÃO: Enedina Quinelato, Magna R. Teobaldo, Paulo Sá

PRODUÇÃO GRÁFICA
ADESIGN
DIREÇÃO DE ARTE: Carin Ades
COORDENAÇÃO: Luciana Rodrigues

ATUALIZAÇÃO DA 8ª EDIÇÃO: Editora Página Viva

DORLING KINDERSLEY
Produzido por Duncan Baird Publishers, Londres, Inglaterra.
GERÊNCIA EDITORIAL: Louise Bostock Lang
GERÊNCIA DE EDIÇÃO DE ARTE: Clare Sullivan
EDIÇÃO: Slaney Begley, Joanne Levêque, Zoë Ross
ASSISTÊNCIA EDITORIAL: Leo Hollis
DIAGRAMAÇÃO: Christine Keilty, Susan Knight, Jill Mumford, Alison Verity
PESQUISA DE IMAGENS: Lindsay Hunt, Susannah Stone
DESIGNER DE DTP: Rhona Green

Dorling Kindersley Limited
GERÊNCIA EDITORIAL: Vivien Crump, Helen Partington
VICE-DIREÇÃO DE ARTE: Gillian Allan
VICE-DIREÇÃO EDITORIAL: Douglas Amrine
EDIÇÃO SÊNIOR: Fay Franklin
COORDENAÇÃO DE MAPAS: Emily Green, David Pugh
PRODUÇÃO: David Proffit

Impresso na South China Printing Company, China.

A grafia deste livro segue as regras do Novo Acordo Ortográfico da Língua Portuguesa.

Foi feito o possível para garantir que as informações deste livro fossem as mais atualizadas disponíveis até o momento da impressão. No entanto, alguns dados como telefones, preços, horários de funcionamento e informações de viagem estão sujeitos a mudanças. Os editores não podem se responsabilizar por qualquer consequência do uso deste guia, nem garantir a validade das informações contidas nos sites indicados.

Os leitores interessados em fazer sugestões ou comunicar eventuais correções podem escrever para a Publifolha, Al. Barão de Limeira, 401, 6º andar, CEP 01202-900, São Paulo, SP, enviar um fax para: (11) 3224-2163 ou um e-mail para: atendimento@publifolha.com.br

◁ **Heisler Park em Laguna Beach, com vista panorâmica da costa**

SUMÁRIO

Vôlei na Pismo Beach

Half Dome, monte do Yosemite National Park

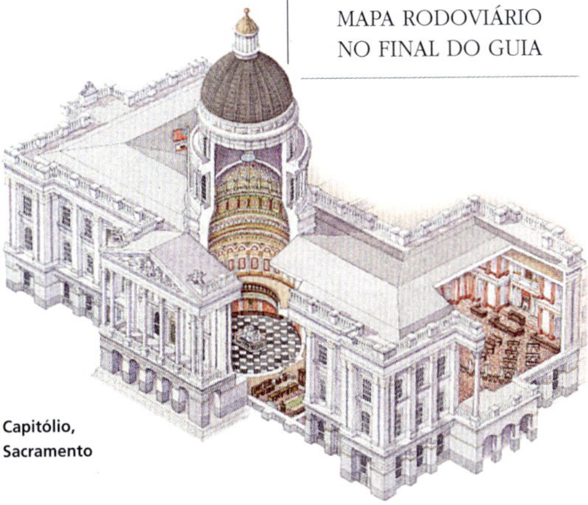

Capitólio, Sacramento

COMO USAR ESTE GUIA

Este guia vai ajudá-lo a aproveitar ao máximo sua viagem. *Introdução à Califórnia* descreve o Estado e o situa em seu contexto histórico e cultural. Os dez capítulos regionais e mais *Los Angeles* e *São Francisco e Bay Area* trazem as principais atrações com mapas, fotos e ilustrações.

As sugestões de restaurantes, hospedagem, compras e diversões estão em *Indicações ao Turista*. O *Manual de Sobrevivência* orienta sobre como usar meios de transporte, telefone, hospitais etc., com dicas específicas para brasileiros. L.A., São Francisco e San Diego têm suas próprias seções de *Informações Úteis*.

LOS ANGELES E SÃO FRANCISCO

O centro das duas cidades é dividido em várias áreas com pontos turísticos. Cada uma tem seu capítulo, que abre com uma lista das atrações descritas. Todos os locais, com os nomes mantidos na língua original, são numerados e situados em um Mapa da Área. É fácil localizar as informações no capítulo, já que seguem a ordem numérica do mapa.

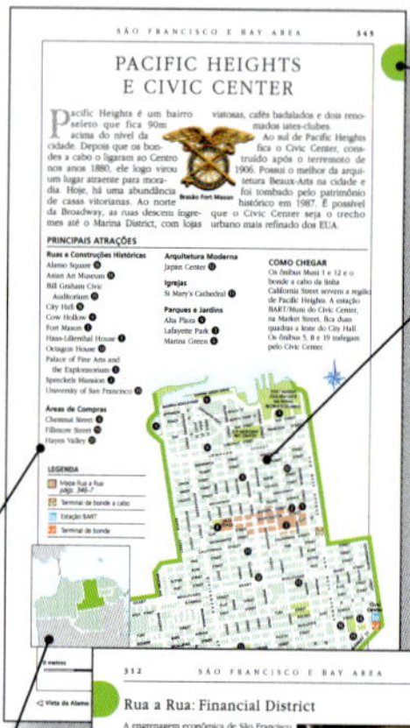

Todas as páginas sobre Los Angeles têm marca de cor lilás. As páginas de São Francisco têm marca verde.

1 Mapa da Área
Para consulta fácil, as atrações são numeradas e situadas no mapa. Elas também constam do Guia de Ruas de Los Angeles *(págs. 182-93) e do* Guia de Ruas de São Francisco *(págs. 400-9).*

Principais Atrações lista os pontos interessantes do capítulo por categoria: Ruas e Construções Históricas, Museus etc.

Localize-se mostra onde o visitante está em relação a outras áreas do centro da cidade.

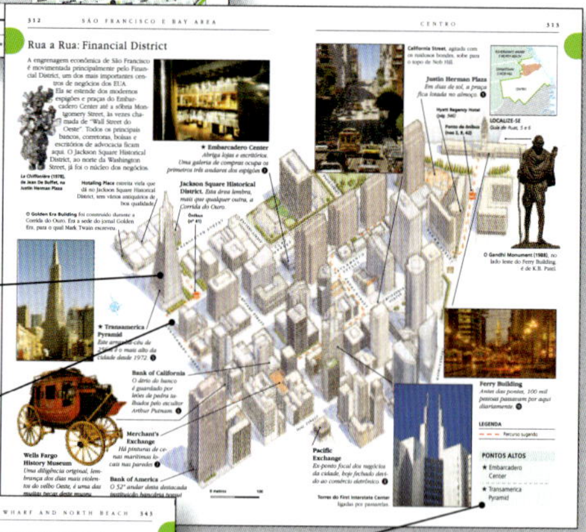

2 O Mapa Rua a Rua
dá uma vista aérea do núcleo de cada área turística.

O percurso sugerido abrange as ruas mais interessantes da área.

Pontos Altos indica os locais que não se deve perder.

3 Informação detalhada de cada atração
Todas as atrações de Los Angeles e de São Francisco e Bay Area são descritas individualmente, com endereço e informações úteis. A legenda dos símbolos estão na orelha do final do guia.

Quadros de história aprofundam assuntos específicos.

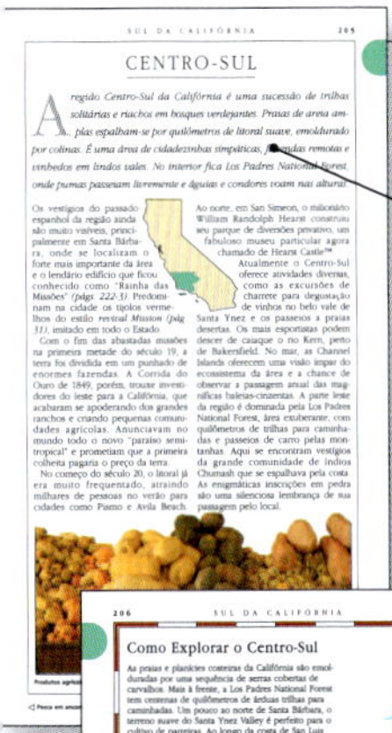

REGIÕES NORTE E SUL DA CALIFÓRNIA

Tirando São Francisco, Bay Area e Los Angeles, a Califórnia está dividida em duas regiões –Norte e Sul–, cada uma com cinco capítulos. Suas cidades e seus lugares mais interessantes estão discriminados no *Mapa da Região* do começo de cada capítulo.

1 Introdução

O relevo, a história e a feição de cada região são contados aqui, mostrando a evolução do lugar ao longo dos séculos e o que ele oferece hoje ao turista.

Cada área da Califórnia pode ser rapidamente identificada por um código de cores, que é mostrado na parte interna da capa.

2 Mapa da Região

Este mapa mostra a rede rodoviária principal e dá um panorama ilustrado da região inteira. Todos os tópicos são numerados e há também dicas de como se locomover pela região.

3 Informação detalhada

Cidades e outros locais importantes são tópicos individuais, listados pela ordem da numeração no Mapa da Região. *Em cada tópico há informações sobre as atrações principais. As referências a mapa remetem para o mapa rodoviário.*

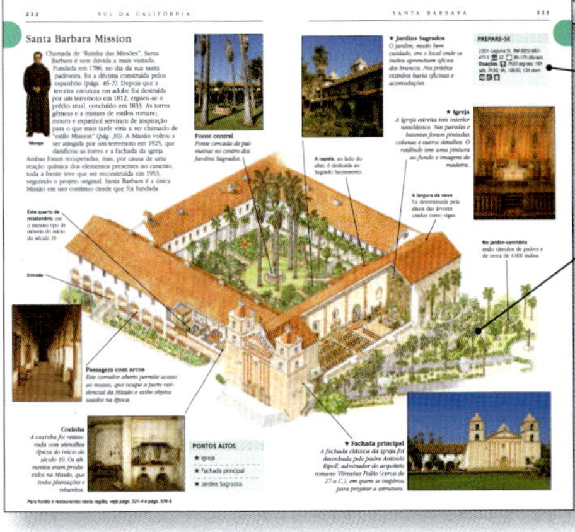

Em todas as atrações principais o quadro *Prepare-se* dá as informações necessárias para planejar a visita.

4 Destaques da Califórnia

As maiores atrações ganham duas ou mais páginas inteiras. Os edifícios históricos são mostrados em corte que permite ver o interior; museus e galerias têm planta com código de cores que ajuda a achar os melhores acervos; parques nacionais e florestas vêm com mapas mostrando trilhas.

INTRODUÇÃO À CALIFÓRNIA

DESCUBRA A CALIFÓRNIA

A Califórnia tem contrastes de tirar o fôlego. Seus penhascos acidentados e cobertos de sequoias, idílicas areias ensolaradas, rochedos elevados de granito e picos nevados têm inspirado gerações de artistas, atletas e exploradores. Desde a Corrida do Ouro nos idos de 1840, o estado exerce grande influência cultural e política. Levaria uma vida inteira para descobrir cada cidade, assim as páginas seguintes descrevem as 12 diferentes regiões para ajudá-lo a resolver quais são os aspectos que mais lhe interessam.

Calçada da Fama em Hollywood

Mann's Chinese Theatre, um dos marcos mais famosos de Hollywood

LOS ANGELES

- **Marcos de Hollywood**
- **Fantásticas coleções de arte**
- **Centro vibrante**

Los Angeles é uma cidade de paradoxos. O mesmo lugar que gerou as comerciais **Calçada da Fama** *(pág. 111)* e **Sunset Strip** *(págs. 102-4)* de Hollywood também sedia o Griffith Park *(págs. 150-1)*, uma das maiores áreas urbanas de matas dos EUA. Sua identidade enraizada na indústria cinematográfica não impede uma das maiores concentrações de museus do mundo, inclusive o **J Paul Getty Museum no Getty Center** *(págs. 82-5)* e o **Los Angeles County Museum of Art** *(págs. 114-7)*, além da **Huntington Library, Art Collections, and Botanical Gardens** *(págs. 158-61)*. Para sentir o glamour da indústria cinematográfica é possível fazer um passeio em um dos grandes estúdios em **Burbank** *(págs. 144-5)* ou nos **Universal Studios** *(págs. 146-7)*. O revigoramento do centro de LA é evidente nas formas onduladas do Disney Theatre, de Frank Gehry, no **Music Center** *(pág. 125)* e nos movimentados stands do Grand Central Market (pág. 124). Comunidades praianas como as de **Venice** (pág. 80), **Santa Monica** *(págs. 76-9)* e **Malibu** *(págs. 86-7)* são encantadoras por sua personalidade própria.

Vida marinha abundante na costa sul do centro da Califórnia

CENTRO-SUL

- **Majestoso Hearst Castle**
- **Observação de baleias**
- **Vinícolas de Santa Ynez**

Grandes colinas definem esta região acidentada formando um imponente pano de fundo para a bela e opulenta cidade de **Santa Barbara** *(págs. 220-3)* ao sul e valorizando a grandiosidade surpreendente do encantado **Hearst Castle** *(págs. 212-5)* ao norte. **Ojai** *(pág. 225)* é um destino bastante procurado pela elite de Hollywood para tratamentos de spa e retiros espirituais. Os aficionados por biologia marinha vão em massa ao **Channel Islands National Park** *(pág. 224)* por seu isolamento e boas chances de ver grupos de baleias--cinzentas, enquanto na **Los Padres National Forest** *(pág. 225)* é possível ver um condor patrulhando o céu quase sempre limpo do parque. Rumo à costa, faça um passeio por uma das muitas vinícolas do **Santa Ynez Valley** *(pág. 218)*. O clima mais temperado ajuda os produtores a fazerem vinhos famosos e característicos.

ORANGE COUNTY

- **Ricas cidades costeiras**
- **Lendária Disneyland**
- **Catalina Island**

O perfil da esparramada área ao sul de Los Angeles ascendeu incrivelmente desde que a visão de Walt Disney de

◁ *Yosemite Valley* (1868), de Albert Bierstadt

um reino mágico floresceu em 1955, e hoje Orange County tem alguns dos indivíduos mais ricos do mundo entre suas belas comunidades praianas e rústicos ranchos montanheses. O mundialmente famoso **Disneyland® Resort** original *(págs. 232-5)* encanta crianças de todas as idades, e os vizinhos **Knott's Berry Farm** e **Soak City USA** *(págs. 236-7)* são reanimadores quando se deixam os passeios mais emocionantes da Disney para trás. Ao longo do **litoral de Orange County** *(págs. 230-1)*, lugares como Laguna, Newport e Huntington State Beach portam as marcas características de Orange County como surfe, vôlei de areia, comida estelar e lindas casas de frente para o mar. Na costa, a charmosa **Catalina Island** *(págs. 242-3)* garante o fim de semana longe da agitação de Los Angeles, com promessas de brisa, singulares enseadas e bisões.

Surfistas pegando onda no litoral de Orange County

SAN DIEGO COUNTY

- **Arquitetura Mission**
- **San Diego Zoo e Gaslamp Quarter**
- **La Jolla**

Próxima à fronteira mais movimentada do mundo, em **Tijuana** *(pág. 265)*, **San Diego** *(págs. 250-9)* suscita um estudo sobre contrastes. Em 1769, a primeira missão franciscana de 21 pessoas na Califórnia, a **Mission San Diego de Alacalá** *(págs. 260-1)*, foi fundada aqui fazendo da

A encantadora fachada da Mission San Luis Rey, San Diego County

cidade um centro colonial histórico. A **Mission San Luis Rey** *(págs. 262-3)* é um ótimo exemplo da Arquitetura Mission. Em 1915, a Exposição Panamá-Pacífico, realizada no **Balboa Park** *(págs. 256-9)*, legou impressionantes obras públicas como o mundialmente famoso **San Diego Zoo** *(págs. 256-9)* e pavilhões em estilo colonial espanhol. Perto do moderno Financial District da cidade, o **Gaslamp Quarter** *(págs. 252-3)* preserva muitos edifícios da era vitoriana e tem bares, cafés e restaurantes excelentes. Nas franjas da cidade, o povoado costeiro de **La Jolla** *(pág. 261)* é uma das comunidades mais ricas e exclusivas dos EUA. Devido ao clima da região, San Diego County é um paraíso dos entusiastas de esportes, com trilhas no **Cuyamaca Rancho State Park** *(pág. 264)*, ao passo que **Mission Bay** *(págs. 260-1)* oferece todos os esportes aquáticos imagináveis.

INLAND EMPIRE E LOW DESERT

- **San Bernardino Mountains**
- **Palm Springs e Riverside**
- **Joshua Tree National Park**

O Inland Empire e Low Desert oferece recreação ao ar livre de fácil acesso para cidadãos exaustos de Los Angeles e San Diego. Com um dos climas e topografia mais variados do Estado, aqui pode-se espantar o cansaço esquiando nas belas **San Bernardino Mountains** *(pág. 272)*, uma hora antes de partir para os campos de golfe no histórico **Riverside** *(pág. 273)*. Ao sul do Coachella Valley, **Palm Springs** *(págs. 274-6)* é conhecida como a comunidade de aposentados por excelência do Estado. Mas, longe de ser monótona, dispõe de um comércio luxuoso em Palm Desert, renomados spas e, na vizinha Indio, tem até um festival anual com corridas de camelo e avestruz. O lendário **Joshua Tree National Park** *(págs. 278-9)* conta com uma paisagem singular com formações rochosas onduladas, oásis com palmeiras, arbustos e bosques de antigas iúcas (árvores-de-jo) contorcidas que dão nome ao parque.

Dunas de deserto rugosas perto de Palm Springs

A beleza singular e isolada do Death Valley National Park

DESERTO DE MOJAVE

- **Death Valley**
- **London Bridge e Las Vegas**
- **Edwards Air Force Base e Aeronautics Center**

Mais de 90 anos se passaram desde que a temperatura mais alta de todos os tempos nos EUA foi registrada no deserto de Mojave, embora hoje, em termos turísticos, a faixa árida de terra a oeste de **Las Vegas** *(pág. 289)* esteja mais quente do que nunca. O **Parque Nacional do Vale da Morte** *(págs. 290-3)* deve seu nome à temperatura média mais quente da Terra. Visitantes podem percorrer as hipnotizantes dunas de areia de Stovepipe Wells, as altitudes abaixo do nível do mar de Badwater, os panoramas desérticos da Dante's View, ou optar pela área de clima controlado do Scotty's Castle, que mais parece uma miragem. Outras atrações inusitadas são a original London Bridge sobre o **Lake Havasu** *(pág. 288)* e o resplendor da vizinha Las Vegas, que se ergue no deserto. A **Edwards Air Force Base** *(pág. 284)* completa esta paisagem e permite que os visitantes fiquem a par do programa espacial do país.

SÃO FRANCISCO E BAY AREA

- **Lendária Golden Gate Bridge**
- **Cena gay e lésbica**
- **Marin Headlands**

A Bay Area é um ambiente dinâmico e imprevisível no qual a neblina se alterna com um sol radiante em questão de minutos, a arquitetura se adapta à paisagem de formas criativas e, às vezes, obstinadas, e na qual uma falha geológica pode causar um abalo sísmico de uma hora para outra. Apesar desse caráter por vezes volátil, a região abriga uma das cidades mais importantes do mundo, São Francisco. Marcos como a **Golden Gate Bridge** *(págs. 380-1)* e a junção de **Haight Ashbury** *(pág. 358)* com a **Transamerica Pyramid** *(pág. 315)* são emblemas da miríade de estilos de vida da cidade. Entre os enclaves, a italiana North Beach, Chinatown e Castro, centro da comunidade gay. Na península, visite **Oakland** *(págs. 422-5)*, a **Point Reyes National Seashore** *(pág. 414)* e **Marin Headlands** *(págs. 416-7)*.

Vistas deslumbrantes da baía de São Francisco

Fontes sulfúricas no Lassen Volcanic National Park

NORTE

- **Acidentada Lost Coast**
- **Redwood National Park**
- **Os altos Mount Shasta e Mount Lassen**

Reino desolado de contorno litorâneo repleto de matas e cadeias primitivas de montanhas vulcânicas, o Norte apresenta uma das áreas mais variadas, embora pouco visitadas, da Califórnia. Ao norte de Cape Mendocino ficam as praias rochosas isoladas e ótimas trilhas de caminhada da **Lost Coast** *(pág. 449)*. Mais ao norte, o **Redwood National Park** *(págs. 448-9)* preserva um dos maiores e mais antigos bosques de sequoias que ainda restam no mundo. O legado madeireiro do Norte pode ser sentido em cidades rurais como **Weaverville** *(pág. 449)* e **Eureka** *(pág. 446)*. O imponente pico nevado de **Mount Shasta** *(pág. 452)* e o incrível **Lassen Volcanic National Park** *(pág. 453)* atraem adeptos de caminhadas. Vislumbres das abrasadoras origens de Lassen podem ser detectados na rede de tubos de lava e cavernas cheias de cristais do **Lava Beds National Monument** *(pág. 453)*.

REGIÃO VINÍCOLA

- **Degustação no Napa Valley**
- **Estância hidromineral de Calistoga**
- **Encantos de Mendocino**

O solo, o clima e o lençol freático desta ondulada paisagem favorecem a principal região produtora de vinhos da América do Norte, fundada no **Sonoma Valley** *(págs. 464-5)*. O coração da indústria fica no panorâmico e mundialmente famoso **Napa Valley** *(págs. 462-3)*, onde há mais de 350 vinícolas; degustações e passeios estão à disposição. Pare nas fontes de águas termais de **Calistoga** *(pág. 461)* para um relaxante banho de lama vulcânica ou um tratamento de spa. O legado de construtores de barcos e pescadores da Nova Inglaterra que vieram para a Califórnia no século 19 pode ser visto nas residências, galerias e *bed and breakfasts* de **Mendocino** *(pág. 442)*. O litoral é fantástico para observação de pássaros e baleias.

Vinhedos no Napa Valley, famoso pelas vinícolas

GOLD COUNTRY E CENTRAL VALLEY

- **Cidades da Corrida do Ouro**
- **Reproduções de aldeias indígenas**
- **Sacramento histórica**

Em 1848, no sopé de mata cerrada de Sierra Nevada, James Marshall descobriu ouro nas terras de seu patrão. A resultante **Corrida do Ouro** *(págs. 48-9)* transformou para sempre a Califórnia. Entre as cidades dessa época que sobreviveram após o veio principal ser totalmemte esgotado estão o impecavelmente preservado e pitoresco **Columbia State Historic Park** *(págs. 480-1)* e **Jackson** *(pág. 477)*, florescente cidade no caminho para as Sierras.

A noroeste de Jackson, o fascinante **Chaw'se Indian Grinding Rock State Historic Park** *(pág. 477)* recria uma aldeia miwok antes da chegada dos europeus. A oeste, **Sutter Creek** *(págs. 476-7)* é uma encantadora cidade da região do ouro que merece uma parada antes de se seguir para **Sacramento** *(págs. 472-5)*, a capital da Califórnia. Alguns destaques são o grandioso edifício State Capitol, com sua notável rotunda, e uma rede de estruturas históricas ao longo da beira do rio, no bem preservado bairro antigo.

Picos de granito, Yosemite National Park

AS HIGH SIERRAS

- **Maravilhas naturais**
- **Yosemite e Lake Tahoe**
- **Cassinos de Stateline**

As High Sierras têm algumas das belezas naturais mais superlativas do país, desde **Mount Whitney** *(pág. 495)*, o pico mais alto dos EUA continentais, até os estupendos **Sequoia** e **Kings Canyon National Parks** *(págs. 496-7)*, cujas gigantescas sequoias são os maiores organismos vivos do mundo acima do nível do mar. Os terrenos elevados do **Yosemite National Park** *(págs. 488-91)* continuam intactos, joias quase desconhecidas. Ao norte, **Lake Tahoe** *(págs. 486-7)*, o segundo lago mais profundo do país, cintila o ano inteiro, assim como os cassinos de Stateline em sua margem sul. Entusiastas vêm esquiar e praticar snowboard nos picos dos arredores, enquanto o lago propicia esportes como pesca, kite surfing, canoagem e mergulho.

CENTRO-NORTE

- **Santa Cruz boêmia**
- **Encantadora Monterey**
- **Magnífica Carmel Mission**

Um litoral com penhascos rochosos, serenas enseadas e encostas, e as missões espanholas caracterizam esta região bem preservada. Visite rochedos inspiradores e cachoeiras escondidas em **Big Sur** *(págs. 514-5)*. Mergulhe na cultura boêmia de cafés e livrarias no centro de **Santa Cruz** *(págs. 506-7)*. Capital original da Califórnia, **Monterey** *(págs. 508-11)* tem um dos maiores aquários do país e um bairro da indústria de pesca que John Steinbeck imortalizou em seu romance de 1945, *A rua das ilusões perdidas*. Ao sul, nas colinas ao redor de Carmel, o padre Junípero Serra fundou a **Carmel Mission** *(págs. 512-3)*, uma das igrejas mais belas da Califórnia.

Califórnia Dentro do Mapa

A Califórnia é o terceiro maior estado dos EUA–depois do Texas e do Alasca– e, com aproximadamente 36 milhões de habitantes, o mais populoso. Situado na costa do Pacífico, tem 1.300km de comprimento por 400km de largura, em uma área de 411.060km². São Francisco e Los Angeles são as suas principais cidades, com os aeroportos mais movimentados. Entre as grandes cidades californianas, é possível viajar de trem, pelas extensas ferrovias (Amtrak), ou de carro, utilizando o sistema rodoviário.

Centro de Los Angeles ao amanhecer

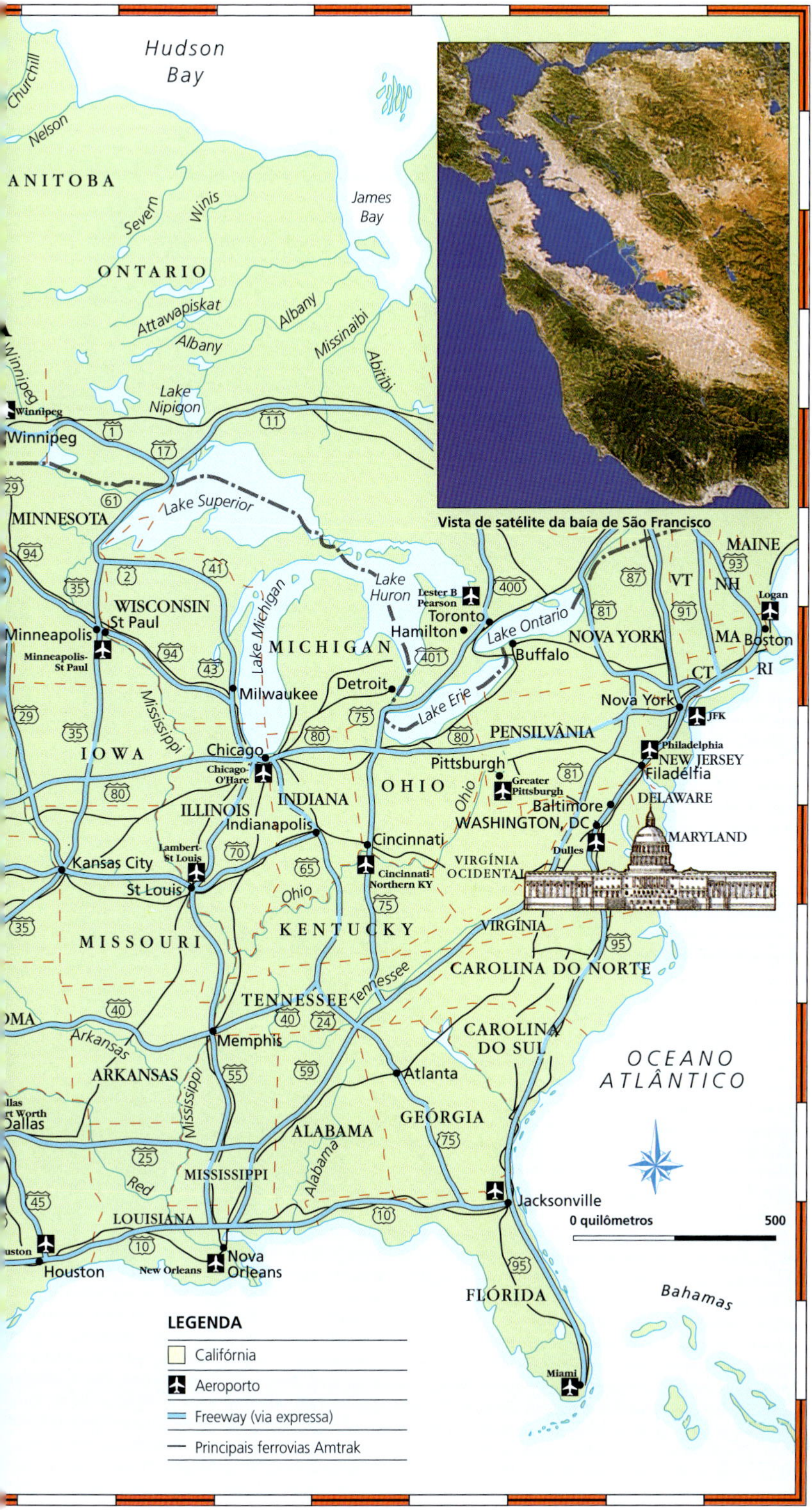

Vista de satélite da baía de São Francisco

Knotts

RETRATO DA CALIFÓRNIA

Impressionante por seu tamanho e sua influência sobre a cultura moderna, a Califórnia simboliza a diversidade e o senso de prosperidade dos Estados Unidos. Aqui se encontram grandes florestas, desertos, praias e duas das mais importantes cidades do mundo, São Francisco e Los Angeles.

Selo do Estado

A imagem que as pessoas têm da Califórnia varia tanto que alguns hoje brincam sobre a existência de dois Estados: o geográfico e o do reino da fantasia. A Califórnia geográfica é o terceiro maior Estado dos EUA –depois do Alasca e do Texas– e tem o maior condado (county), San Bernardino, com 52.200km². Esta Califórnia tem 1.350km de costa e 587km no ponto mais largo. Ela abriga o segundo pico mais alto do país (Mount Whitney) e as extensões mais baixas de terras áridas (Vale da Morte). Mais de 1.500 espécies de plantas que crescem nesta região não são encontradas em nenhum outro ponto da Terra. De modo geral, de cada oito norte-americanos, um é da Califórnia, o que faz do Estado o mais populoso do país, representado pela maior bancada do Congresso.

A Califórnia do reino da fantasia é a criada pelo cinema, com imagens de banhistas de biquíni, famílias de classe média em suas casas no subúrbio e estrelas de cinema saindo de limusines para enfrentar multidões em busca de autógrafos.

Mas a responsabilidade por essa confusão entre ficção e realidade não é toda de Hollywood: remonta às lendas espanholas sobre um posto distante e exótico chamado Califórnia. A maior parte do mundo

Banhistas em Manhattan Beach, Los Angeles

◁ Montanha-russa na Knott's Berry Farm, Orange County

Joshua Tree National Park

não sabia nada sobre este lugar até a Corrida do Ouro, em 1849. As histórias das riquezas encontradas entusiasmaram milhares de aventureiros a invadir a região. Tendo feito fortuna ou não, os garimpeiros espalharam a mensagem: a Califórnia não era tão pitoresca ou sedutora como lhes havia sido dito. Era muito mais.

Surfista

SOCIEDADE E POLÍTICA

Se os Estados Unidos podem ser considerados um caldeirão de miscigenação, a Califórnia é um verdadeiro microcosmo étnico. Aqui chega o maior número de imigrantes por ano –mais de 200 mil– e a mistura racial é a mais diversificada do país. A porcentagem de brancos e afro-americanos é menor do que a média nacional, mas há três vezes mais residentes asiáticos do que no restante dos EUA. Os hispânicos respondem por um quarto dos californianos –três vezes acima da média do país. Ande por qualquer uma das cidades mais populosas da Califórnia –Los Angeles, San Diego, San José e São Francisco– e você observará facilmente o "coquetel" étnico. Isso é ainda mais evidente durante as festividades do Cinco de Mayo mexicano, no Ano-Novo chinês, e em outros eventos multiculturais que acontecem aqui.

O preconceito racial atormentou a Califórnia desde o início. Os abolicionistas evitaram que a convenção constitucional de 1849 da Califórnia barrasse a entrada dos negros, mas na década de 1870 oradores como Denis Kearney endossaram a violência contra os imigrantes chineses, alegando que eles estavam "roubando" empregos dos brancos. Hoje a superpopulação traz de volta as tensões raciais e tem efeitos negativos sobre o cumprimento da lei e sobre a educação. Há um excesso de alunos por professor atualmente, e as escolas contam com menos verbas, desde que os impostos sobre propriedade foram cortados, em 1978.

O principal resultado do crescimento populacional que ocorreu na Califórnia foi a ruptura do equilíbrio entre os setores urbano e rural. Quanto maior a população,

Ponte Golden Gate, São Francisco

Red Rock Canyon, no Deserto de Mojave

maior a necessidade de terrenos para construção. Além disso, as terras disponíveis para agricultura vêm diminuindo gradativamente desde a década de 1950 –embora a qualidade e o preço dos produtos agrícolas da Califórnia sejam melhores que os do restante dos EUA. Os trabalhadores do setor madeireiro também enfrentam uma época difícil, devido às medidas preservacionistas e à contínua redução de áreas florestais. Os mercados de trabalho que mais crescem são os do setor de serviços e os das áreas de alta tecnologia, o que significa um futuro mais urbano do que agrícola.

Laranjas da Califórnia

Os visitantes geralmente vêm à Califórnia para ver uma de suas duas principais cidades: São Francisco ou Los Angeles. No norte e no sul do Estado, respectivamente, elas têm características opostas. São Francisco é mais antiga e compacta. Embora a Califórnia em geral seja conhecida por suas excentricidades e como o berço de novas tendências, é São Francisco que mais se orgulha de ser rebelde e ter mente aberta. A cidade contabiliza uma longa história de ativismo político –a Bay Area, por exemplo, foi o centro do movimento contra a Guerra do Vietnã– e registra uma das maiores presenças de gays e lésbicas do mundo.

Em contraste com São Francisco, Los Angeles é uma cidade espalhada, sem um ponto central definido. Os automóveis imperam, exigindo uma ampla rede de vias expressas –que chegam a margear alguns edifícios históricos– e

Flores do Antelope Valley

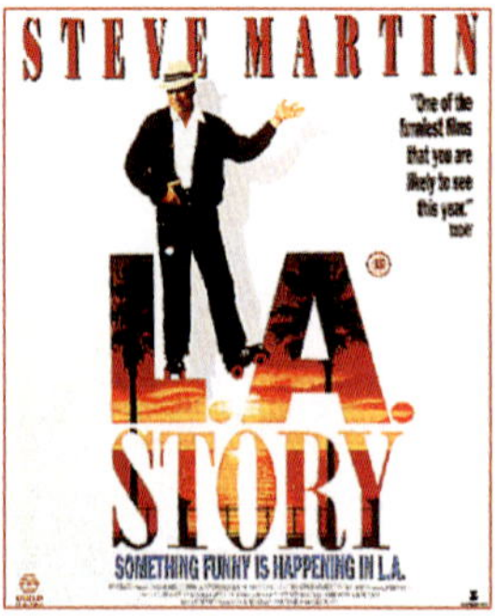

Pôster do filme *LA Story* (1991)

causando congestionamentos nos horários de pico. As fachadas da riqueza, da fama e do glamour fazem da cidade uma mistura de holofotes e de conservadorismo político.

Isso não quer dizer que o norte seja totalmente democrata (mais à esquerda) e o sul, republicano (mais à direita). Hollywood patrocina muitas causas liberais, e há alguns bolsões de esquerda no sul. Mas a pressão conflitante que as duas cidades exercem sobre o governo estadual, em Sacramento, e sobre os congressistas, em Washington, explica por que às vezes a Califórnia parece um pouco esquizofrênica.

CULTURA E LAZER

Qualquer manisfestação artística recebe apoio na Califórnia. Antes de mais nada, há os grandes filmes de Hollywood e as séries de televisão (as sitcoms) gravadas nos estúdios de Los Angeles. É a arte em busca de dólares, com direito a escândalos nos tabloides e gigantescos outdoors.

Mas a criatividade californiana está também nas pinturas de paisagens, retratos e arte de vanguarda. McLaughlin e Elmer Bischoff e os ceramistas Peter Voulkos e Robert Arneson têm renome mundial, assim como alguns pioneiros da fotografia, como Imogen Cunningham e Ansel Adams. O artista britânico David Hockney morou aqui muitos anos, captando imagens cheias de sol em suas telas. A Califórnia tem ainda alguns dos melhores museus do mundo: o LACMA, o Oakland Museum, o San Francisco MOMA e os dois museus J. Paul Getty.

Al Pacino recebe o Oscar, em 1993

A arquitetura vitoriana da Bay Area sempre foi uma atração turística, assim como muitos edifícios históricos projetados por californianos como Willis Polk e Bernard Maybeck. Arquitetos de fora, como

O Napa Valley Train percorre os trilhos do Wine Country

Monte El Capitán (à esquerda) e os Three Brothers, Yosemite National Park

Frank Lloyd Wright e Daniel Burnham, também deixaram sua marca na região. A influência mais recente se deve a Frank Gehry e Joe Esherick.

O Estado também testemunhou o talento de muitos escritores ao longo dos anos, como o vencedor do prêmio Nobel John Steinbeck e os autores da geração beat Jack Kerouac e Allen Ginsberg. A tradição continua com Armistead Maupin (*Tales of the City*), com a escritora policial Sue Grafton e com Amy Tan (*O Clube da Felicidade e da Sorte*), entre outros. A música tem um papel de destaque, seja com as orquestras municipais seja com os roqueiros. Beach Boys, Janis Joplin e Red Hot Chili Peppers iniciaram suas carreiras aqui.

Os californianos adoram comer fora, e *chefs* como Wolfgang Puck e Alice Waters acabaram promovendo a "california cuisine" –mistura de ingredientes locais e técnicas asiáticas, com vinhos de primeira classe.

Quem vive neste Estado também sabe cuidar do corpo –ou pratica algum esporte ou faz ginástica. Nos fins de semana, em várias partes do Estado, veem-se ciclistas, surfistas, patinadores inline e até praticantes de canoagem. Os californianos acompanham o beisebol e o futebol americano profissionais, mas eles mesmos não se dedicam a essas modalidades. Felizmente estão cercados pelo território mais bonito e pelo clima mais ameno do país, razão pela qual não precisam ir muito longe para viver uma experiência revigorante ao ar livre.

Estádio de beisebol Padres, em San Diego

A Paisagem e a Geologia da Califórnia

A extraordinária paisagem da Califórnia inclui um dos pontos mais altos –o Mount Whitney, nas High Sierras– e a região mais baixa dos Estados Unidos –o Death Valley. Há milhões de anos, o chão do oceano Pacífico se retraiu, embaixo da placa da América do Norte, e deu origem à Coastal Range ("serra da costa"), ao Central Valley ("vale central) e às montanhas de Sierra Nevada. O movimento das placas tectônicas ao longo da falha de San Andreas ainda modifica as formas da Califórnia.

A Coastal Range *ao longo do Pacífico, foi criada há 25 milhões de anos, quando fragmentos do chão do oceano e ilhas oceânicas foram empurrados para cima pelos movimentos das placas.*

COMO SE FORMOU O OESTE DA CALIFÓRNIA

Em um período de 150 milhões de anos, que terminou há 15 milhões de anos, o movimento da placa do Pacífico e da placa da América do Norte formou a costa da Califórnia.

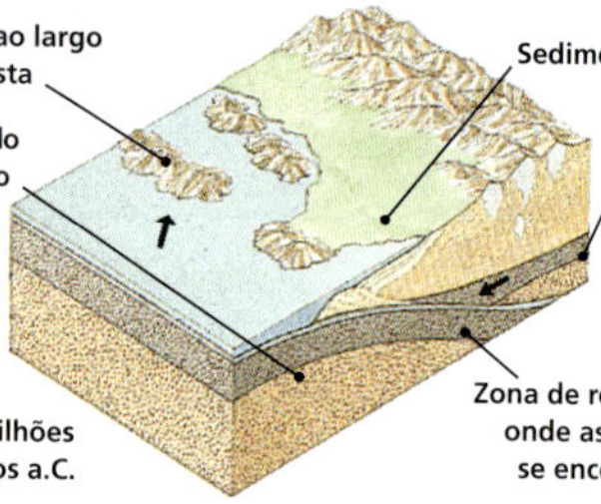

1 Ao se mover para oeste, a placa da América do Norte carrega todas as ilhas ao largo.

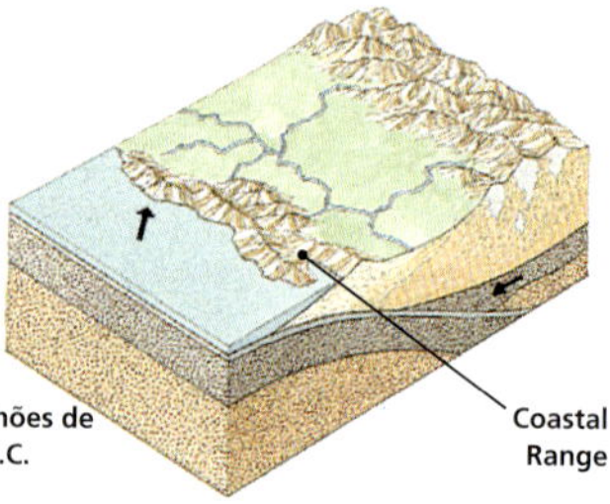

2 À medida que o chão do oceano se desloca para o norte, os fragmentos das ilhas se espalham. Depois, são empurrados para cima e formam a Coastal Range.

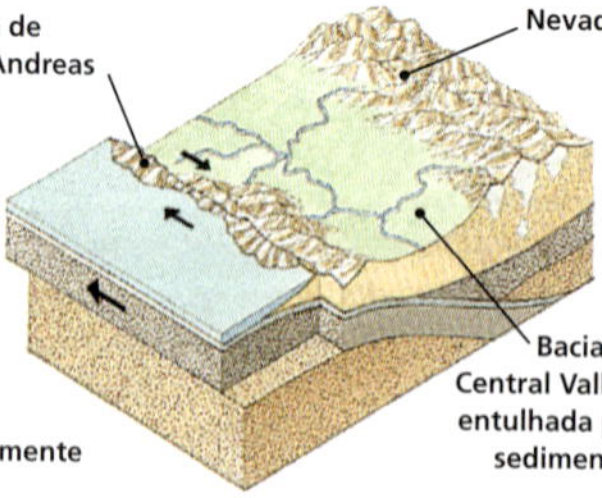

3 O limite entre a placa da América do Norte e a placa do Pacífico está marcado pela falha de San Andreas *(págs. 24-5)*.

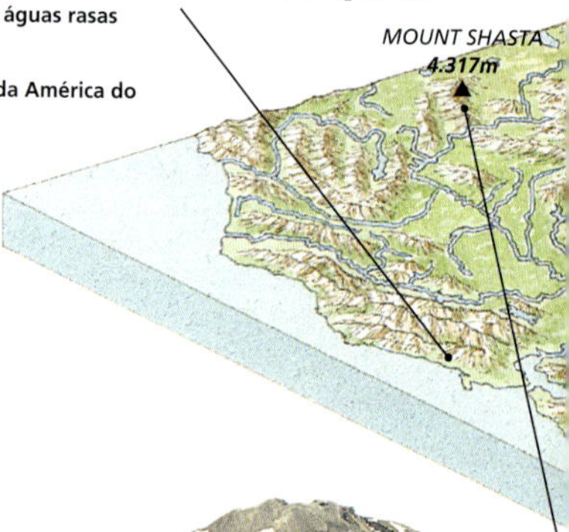

O Mount Lassen *(pág. 453) e o Mount Shasta (pág. 452) fazem parte da Cascades, uma serra de vulcões ativos e extintos criada por uma zona de retração embaixo da margem noroeste da placa da América do Norte. O Mount Lassen e o Mount Shasta são considerados ainda ativos. Quando jovem, a Sierra Nevada deve ter sido parecida com as Cascades.*

Os limoeiros *crescem no centro da Califórnia. Os sedimentos muito férteis da superfície do Central Valley se originaram da erosão das montanhas circundantes e foram acumulados nos últimos 100 mil anos.*

O Mount Whitney *(pág. 495), nas High Sierras, é o ponto mais alto da parte continental dos Estados Unidos, chegando a 4.418m. O processo que ergueu as montanhas de Sierra Nevada começou há mais de 50 milhões de anos, mas chegou ao ápice há poucos milhões de anos.*

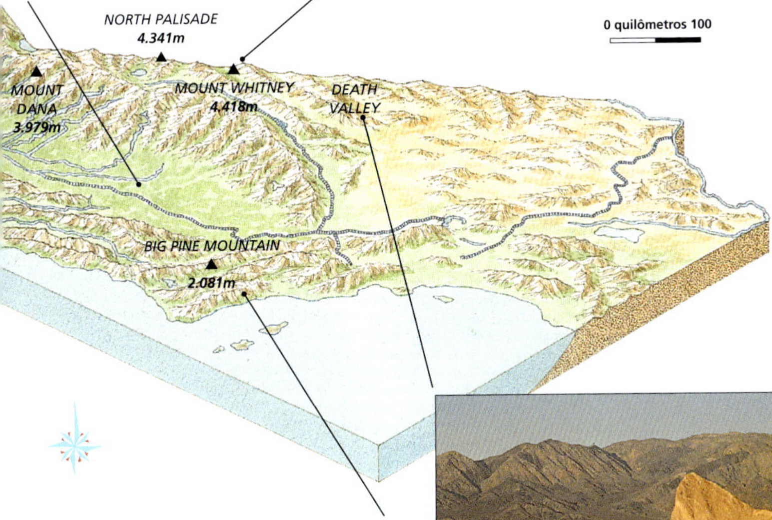

Os poços *surgiram rapidamente quando o petróleo foi descoberto na Califórnia. A perfuração foi tão intensa que a extração de petróleo e gás "esvaziou" a terra. Parte da região de Los Angeles baixou 8,5m, antes que as empresas fossem obrigadas a bombear água do mar para repor o que havia sido extraído.*

O Death Valley *(págs. 290-3), no Deserto de Mojave, apresenta grandes variações de altitude. Cercada por algumas das mais altas montanhas do continente, a base do vale está 85m abaixo do nível do mar. O Death Valley foi formado há 15 milhões de anos, quando a placa da América do Norte começou a se esticar ao ser arrastada pela placa do Pacífico.*

Os Terremotos da Califórnia

A falha de San Andreas se estende ao longo da maior parte da extensão da Califórnia, com cerca de 965km, do golfo da Califórnia até o cabo Mendocino. Não é a única falha da Califórnia, mas é a de maior atividade. A cada ano a placa do Pacífico se desloca, em média, entre 2,5cm e 4cm para noroeste. Os terremotos ocorrem quando há resistência ao movimento –a tensão vai se acumulando até ser finalmente liberada, causando o terremoto. Os abalos mais importantes da Califórnia aconteceram na parte norte da falha. O terrível incêndio que destruiu São Francisco em 1906 foi causado por um terremoto estimado em 7,8 na escala Richter (R). Mais recentemente, o terremoto de outubro de 1989, ao sul de São Francisco, matou 62 pessoas e causou prejuízos de US$ 6 bilhões (pág. 505). Em 1994, o tremor de Northridge –6,7 na escala Richter– balançou Los Angeles e foi sentido em Las Vegas, Nevada. Cientistas preveem que o próximo terremoto importante, o "Big One", deve atingir o sul da Califórnia.

A falha de San Andreas *é um dos poucos lugares do mundo onde há um limite de placa ativo.*

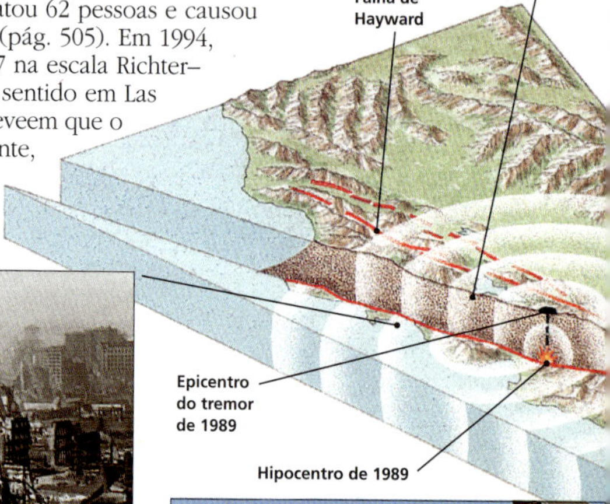

O terremoto de 1906 *deixou perplexos os geólogos da época e levou à "teoria do impulso elástico" sobre a formação dos terremotos, válida até hoje.*

O terremoto de 1989 *atingiu as Santa Cruz Mountains, no centro da Califórnia.*

CRONOLOGIA

1750 – 1800 – 1850 – 1900 – 1950

1769 Membros da expedição Portolá foram os primeiros europeus a viver um terremoto na Califórnia

Don Gaspar de Portolá

1857 Fort Tejon (R8) é seguido por tremores menores na Bay Area

1865 São Francisco é atingida pelos primeiros grandes terremotos –9 de outubro e 23 de outubro

1872 A cidade de Lone Pine é destruída e as montanhas da Sierra Nevada sobem 4m

1906 O terremoto de São Francisco (R7,8) causa um incêndio devastador de três dias, com 3 mil mortos e 250 mil desabrigados

1940 Vale Imperial (R7,1)

1952 Kern County (R7,7)

1989 Loma Prieta (R7,1) atinge São Francisco

1992 Yucca Valley fora de LA, (R7,4)

1994 Northridge (R6,7). Pelo menos 56 pessoas morreram, mais de 7 milficaram feridas e 20 mil desabrigadas. O Estádio de Anaheim e várias estradas foram seriamente danificados

O terremoto de 1994 *causou devastação na região de Los Angeles. Viadutos caíram e fecharam a via expressa de Santa Monica e a Interstate 5 perto de Valencia. Incêndios atingiram o vale de San Fernando, Malibu e Venice.*

As construções *são projetadas para resistir à tensão causada pelo "chacoalhar" do terreno durante o terremoto. Sempre que ocorre um tremor forte, os cientistas estudam como os diferentes projetos de estrutura reagem ao movimento.*

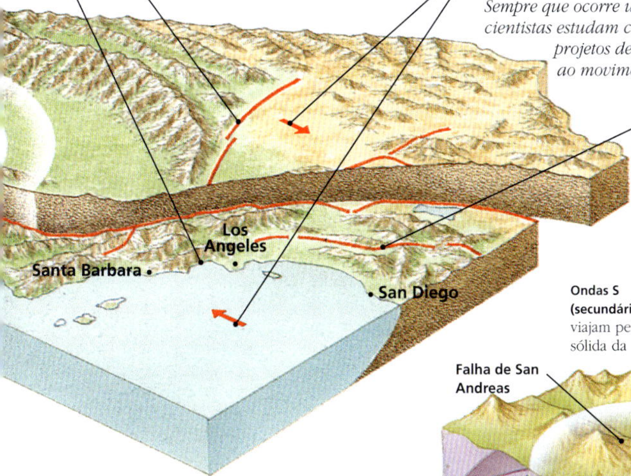

O movimento das placas é mais forte ao longo da falha de San Andreas. Às vezes, a fricção faz com que a falha fique "grudada".

AS PLACAS DO PACÍFICO E DA AMÉRICA DO NORTE SE ENCONTRAM

A falha de San Andreas é a maior fratura da crosta terrestre. É o resultado da fricção no local em que duas placas se encontram –a do Pacífico (consistem, na maior parte, no oceano Pacífico e na costa da Califórnia) e a da América do Norte.

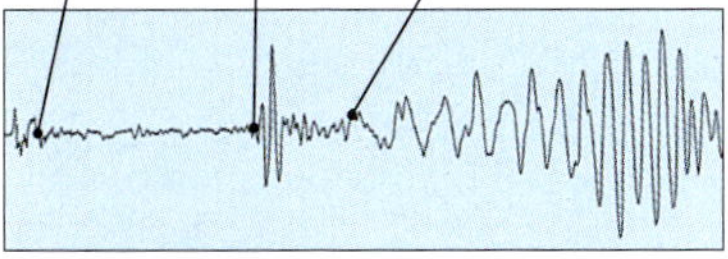

É possível calcular *a magnitude de um terremoto com um sismógrafo. A impressão em papel mostra a intensidade das vibrações graficamente. A força do terremoto é registrada na escala Richter (R).*

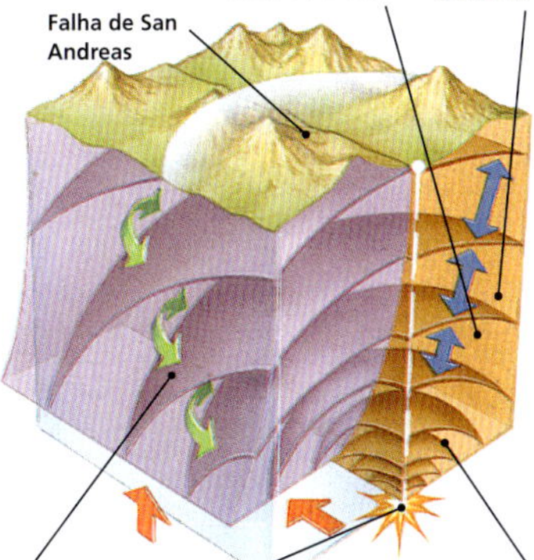

As vibrações da energia *do terremoto se movimentam pela crosta da terra em ondas. Há três tipos de ondas: P (primárias), S (secundárias) e L (de superfície). As ondas mudam à medida que a energia se movimenta a partir do hipocentro da Terra. As ondas de superfície causam os maiores danos.*

Literatura na Califórnia

Máscara usada na Tao House

Como observou o jornalista Carey McWilliams em 1946, "o que a América é, a Califórnia é em grau superlativo". A oportunidade de estudar o país em um microcosmo tem atraído a atenção de vários escritores. Muitos apenas passaram por aqui, como Robert Louis Stevenson (1850-94). Ele chegou a Monterey em 1879 e, mais tarde, baseou cenas de *A Ilha do Tesouro* nas costas circunvizinhas. Mas na Califórnia não faltaram autores residentes. Foi aqui que Henry Miller (1891-1980) mesclou inventividade erótica e verbal e William Saroyan (1908-81) encontrou seus excêntricos personagens rurais. O dramaturgo vencedor do Prêmio Nobel Eugene O'Neill (1888-1953) produziu parte de seu melhor trabalho em Tao House, no Ramon Valley *(pág.426)*. A Califórnia é também onde escritores contemporâneos, como Amy Tan, buscam inspiração.

Robert Louis Stevenson, autor de *A Ilha do Tesouro*

PIONEIROS

Muito do que se escreveu inicialmente sobre a Califórnia não era sofisticado –apenas satisfazia os leitores que queriam saborear o ambiente de fronteira. Mas a Corrida do Ouro *(págs. 48-9)* criou um mercado para a prosa que passou a captar a pungência, o romance e o humor rude da vida do Oeste. As revistas literárias da Bay Area, como *The Golden Era* e *The Overland Monthly*, sustentavam muitos escritores de ficção regionais. Entre eles Bret Harte (1836-1902), autor de *The Luck of Roaring Camp*, o ensaísta Henry George (1839-97), e poetas que vão de Joaquin Miller (1837-1913) a Ina Coolbrith (a primeira poeta reconhecida, em 1915).

As revistas literárias também serviram de aprendizado para o escritor de São Francisco Samuel Clemens (1835-1910). Em 1865, publicou *A Célebre Rã Saltadora do Condado de Calaveras*, uma fábula sobre o Gold Country que o lançou nacionalmente como Mark Twain.

Samuel Clemens, ou melhor, Mark Twain

CRÍTICOS SOCIAIS

Ambrose Bierce (1842-1914) está entre os primeiros dos muitos escritores californianos que se valeram da arte para lutar por amplas reformas políticas e sociais. No fim do século 19, Bierce denunciava em suas colunas no *San Francisco Examiner* "os hipócritas e os burocratas". Seus artigos ácidos ajudaram a conter a influência da poderosa Southern Pacific Railroad Company *(págs. 50-1)*.

Frank Norris (1870-1902) atacou a ganância em seu romance *McTeague* (1899). Em *The Octopus*, Norris também condenou a Southern Pacific, desta vez pelos abusos contra os fazendeiros de San Joaquin Valley.

De volta da Corrida do Ouro de Klondike –a ambientação para *O Apelo da Selva*–, Jack London, autor da classe operária, escrevia romances e contos, como *O Tacão de Ferro*, nos quais deixou claro sua crença no marxismo.

Upton Sinclair (1878-1968) já havia publicado *A Selva*, uma exposição sobre os locais de Chicago em que o gado fica à espera de ser abatido, quando se mudou para a Califórnia após a Primeira Guerra. Foi em Pasadena que ele escreveu a maioria de seus romances, contra a pobreza e as desigualdades.

A injustiça social era o tema frequente do romancista nascido em Salinas John Steinbeck (1902-68). *Tortilla Flat* (1935), sobre um bando de proscritos mexicano-americanos, foi seu primeiro sucesso. *As Vinhas da Ira* (1939), lhe deu o Prêmio Pulitzer de

Jack London em seu rancho, em Sonoma Valley

Steinbeck, na costa da Califórnia

literatura. O livro de Steinbeck retratou com tanto vigor a vida dos trabalhadores migrantes que foi banido das bibliotecas públicas em algumas partes do Estado.

LITERATURA POLICIAL

Três escritores californianos criaram a escola norte-americana de romances policiais. O primeiro deles foi Dashiell Hammett (1884-1961), um antigo detetive da Agência Pinkerton e morador de São Francisco. Ele começou escrevendo para *Black Mask* e outras revistas baratas de crime/ficção, na década de 1920. Depois, escreveu cinco romances, inclusive *O Falcão Maltês* (1930). A obra de Hammett é de um realismo cruel, que não se encontrava nem nos romances policiais ingleses nem nos contos de escritores baratos, aos quais faltavam as credenciais de investigador de Hammett.

Raymond Chandler (1888-1959) tinha menos intimidade com a realidade das ruas, mas era um contista mais "poético". Chandler era executivo de uma empresa de petróleo em Los Angeles, até ser despedido por suas bebedeiras. Ele criou o detetive americano por excelência –Philip Marlowe, estrela de sete romances, sendo os melhores *Adeus, Minha Adorada* e *O Longo Adeus*. Mas foi Ross Macdonald que arredondou o gênero e confirmou Los Angeles como um perfeito cenário. Ele foi o mais prolífico dos três. Escreveu 19 livros –entre eles, *The Underground Man*.

Pôster para a adaptação do filme *O Falcão Maltês*

Os amigos e escritores beat Jack Kerouac e Neal Cassady

GERAÇÃO BEAT

O protesto contra o conservadorismo político dos Estados Unidos do presidente Eisenhower e contra as convenções da sociedade e da arte produziu o Movimento Beat de São Francisco, na década de 1950. Os *beats* (ou"beatniks", como os rotulou o colunista do *San Francisco Chronicle* Herb Caen) eram liderados pelos escritores Allen Ginsberg (1926-97), Jack Kerouac (1922-69) e William Burroughs (1914-97). Enalteciam a poesia feita com palavras aleatórias, derramavam seu fluxo de consciência, produziam narrativas sob o efeito de drogas e negavam restrições de ordem social, literária e sexual.

A rebelião dos beatniks começou oficialmente em dezembro de 1955, quando Ginsberg fez uma leitura pública de seu poema *Uivo*, que mais se assemelhava a um grito. Ele foi publicado por Lawrence Ferlinghetti, de São Francisco, poeta e dono da City Lights *(pág. 340)*, a única livraria de livros de bolso dos Estados Unidos, na época.

Dois anos mais tarde, o romance de Kerouac *Pé na Estrada* divulgou pelo país a ética boêmia dos beats. O mais influente dos escritores da geração beat, Kerouac também escreveu *Desolation Angels* e *Os Vagabundos Iluminados*, os dois ambientados na Califórnia.

OS MODERNOS

Atualmente, a maioria das listas de best-sellers têm pelo menos um autor californiano. O Estado tem muitos destaques, como Ethan Canin (*Ladrão do Palácio*, 1988), Michael Chabon (*Garotos Incríveis*, 1995) e Ron Hansen (*Mariette em Êxtase*, 1991). Outros autores já consagrados no mundo literário, como Joan Didion (*A Book of Common Prayer*, 1977), Amy Tan (*O Clube da Felicidade e da Sorte*, 1989, *A Filha do Restaurador de Ossos*, 2001) e Alice Walker (*A Cor Púrpura*, 1985) brilham como nunca. Há ainda os autores de gênero, como James Ellroy (*Los Angeles –Cidade Proibida*, 1990), Dean Koontz (*O Sobrevivente*, 2000) e Sue Grafton (*U is for undertow*, 2009), que estão dando um novo tratamento aos romances policiais.

A romancista Amy Tan

Arte na Califórnia

Depois da Corrida do Ouro *(pág.48-9)*, a Califórnia não apenas atraiu artistas como também se tornou lugar propício para o florescimento das artes. Em geral, eles rejeitavam as tradições locais em favor de uma estética europeia. Embora aproveitassem o melhor da nova terra e das pessoas, não foram expressivamente influenciados por ela. Somente após a Segunda Guerra os californianos –inclusive o pintor Richard Diebenkorn e o fotógrafo Imogen Cunningham– deixaram de lado a influência europeia para desenvolver tendências visuais diferenciadas. Desde a década de 1950, Los Angeles vem desafiando a primazia cultural de São Francisco, e a arte californiana passou a ser vista como bom investimento.

***Figura em uma Varanda* (1959), de Richard Diebenkorn**

PINTORES

No século 19, o litoral, as montanhas e os desertos da Califórnia dominaram a atenção dos pintores. Thomas Hill (1829-1908) nasceu na Inglaterra e estudou em Paris. Mudou-se para a Califórnia em 1861 e começou a pintar paisagens, principalmente do Yosemite Valley *(págs. 488-91)*. Seu trabalho atraiu novos visitantes à Costa Oeste e contribuiu para a criação do parque de Yosemite, em 1890. Mais conhecido ainda foi William Keith (1838-1911), um escocês que passou 50 anos retratando as paisagens agrestes do Estado. Naquela época, cidades e pessoas eram comparativamente inspirações relegadas a um segundo plano. Os anos dourados da Califórnia *(págs. 50-1)* não poderiam ser tão bem analisados sem os talentos de um William Hahn (1829-87) –um imigrante alemão que captou os primórdios de São Francisco–, Grace Carpenter Hudson (1865-1937) –conhecida por retratos dos nativos da costa– e o irlandês William A. Coulter (1849-1936), que registrou cenas marítimas.

Já em 1900, as duas metades do Estado evidenciavam um desenvolvimento estilístico diferente. No norte, Xavier Martinez (1869-1943) e seus companheiros tonalistas pintavam telas com a conhecida luminosidade envolta pela névoa e tonalidades cinza-marrons do meio ambiente. No sul, Guy Rose (1867-1925) fundou uma escola impressionista que utilizava as cores e as luzes da região para conseguir efeitos semelhantes aos de Monet.

Durante a Lei Seca, Los Angeles flertou com o estilo sincromista de Stanton Macdonald-Wright (1890-1973). São Francisco estava encantada com os realistas-cubistas, como Otis Oldfield (1890-1969). Outro artista popular foi o muralista mexicano Diego Rivera, que em 1940 criou a *Mentalidade Panamericana*, que está no City College.

O modernismo floresceu na Califórnia depois da Segunda Guerra. Foi nessa época que David Park (1911-60), Richard Diebenkorn (nascido em 1922) e outros membros da escola figurativa da Bay Area começaram a mesclar o expressionismo com a imaginação realista. No sul da Califórnia, abstracionistas Hard-Edge, como Helen Lundeberg e John McLaughlin (1898-1976), atraíram a atenção dos críticos com suas formas geométricas em grande escala.

O que é notável sobre os pintores contemporâneos da Califórnia não é apenas o reconhecimento mundial, mas a sua amplitude de estilos. Eles vão do artista pop Ed Ruscha (nascido em 1937) e do paisagista urbano Wayne Thiebaud (nascido em 1920), ao britânico David Hockney (nascido em 1937) e Arthur Carraway (nascido em 1927), cujo trabalho celebra sua herança afro-americana.

***Tarde em Piedmont (Elsie na Janela)*, de Xavier Martinez**

Duas Calas, Imogen Cunningham

FOTÓGRAFOS

Muitas das primeiras fotografias da Califórnia eram retratos ou simplesmente cenas documentais feitas por pesquisadores. Alguns fotógrafos, no entanto, como Eadweard James Muybridge (1830-1904), achavam que a fotografia era tão poderosa quanto a pintura para representar a natureza. Outros preferiam dedicar-se a assuntos humanos. Nus alegóricos e outras imagens de Anne Brigman (1869-1950) tinham seus fãs em Nova York. Arnold Genthe (1869-1942) estudou a comunidade asiática da Bay Area, produzindo em 1913 (com o escritor Will Irwin) o livro *Fotografias da Antiga Chinatown.*

Em 1932 um grupo de Oakland chamado "f/64" organizou uma exposição importante no M.H. de Young Memorial Museum, em São Francisco *(págs. 372-3).* Membros do f/64, entre eles Ansel Adams (1902-84), Imogen Cunningham (1883-1976) e Edward Weston (1886-1958), acreditavam que a fotografia devia enfatizar o realismo. Isso ficava mais claro nos *closes* de plantas, ou como quando Dorothea Lange (1895-1965) aplicava a mesma técnica em seus retratos californianos durante a Depressão. Outros destaques são as fotos de Judy Dater (nascida em 1941) e William Wegman (1942).

O PATROCÍNIO DAS ARTES NA CALIFÓRNIA

O patrocínio privado e público tem sido fundamental para a vitalidade da cultura da Califórnia desde o fim do século 19. Não fossem o dinheiro e o interesse do barão da estrada de ferro Henry Huntington hoje não existiriam a biblioteca, as coleções de arte e os jardins da Mansão Huntington, em Pasadena *(págs. 158-9).*O multimilionário J. Paul Getty, por sua vez, reuniu a internacionalmente famosa coleção de antiguidades gregas e romanas –que estão hoje em sua mansão, aberta ao público, em Malibu *(pág. 88)*– e a coleção de pinturas, esculturas e artes decorativas que ocupa o novo J. Paul Getty Center em Brentwood *(págs. 82-3).* Outro multimilionário, Norton Simon, fez uma ótima seleção de quadros de artistas como Goya, Picasso, Rembrandt e Van Gogh, que hoje está exposta ao público no Norton Simon Museum *(págs. 156-7).*

O financiamento público também aumentou a oferta de arte do Estado. Na década de 1930, o New Deal pagou artistas para pintar os afrescos da Coit Tower de São Francisco *(pág. 331)* e embelezar prédios públicos. Mais recentemente, fundos da cidade foram utilizados para fazer de Los Angeles um dos mais importantes centros de arte mural do mundo.

Henry Huntington

ESCULTORES

O alemão Rupert Schmid (1864-1932) chegou a São Francisco na década de 1880. Ficou logo famoso pelos trabalhos figurativos usando temas ocidentais, como a *Vênus da Califórnia* (1895), um nu em tamanho natural adornado com papoulas californianas. Mais importante ainda foi Douglas Tilden (1860-1935), um escultor que criou marcantes monumentos cívicos. Arthur Putnam (1873-1930) também ganhou notoriedade com suas representações sensuais de animais selvagens.

Vênus da Califórnia, Schmid

Os californianos vêm ampliando os campos paralelos da escultura e da cerâmica desde o início do século 20. Peter Voulkos (nascido em 1924) trabalhou com grandes esculturas em barro; Robert Arneson (1930-92) faz uma divertida cerâmica Pop Art; e Bruce Beasley (nascido em 1939) e Michael Heizer (nascido em 1944) criaram peças que assumem diferentes dimensões, de acordo com o clima.

A Arquitetura da Califórnia

A história da arquitetura na Califórnia começou com a chegada dos europeus, no século 18 *(págs. 46-7)*. Muitas das missões espanholas do fim do século 18 e início do século 19 eram adaptações da arquitetura barroca mexicana e a influência hispano-mexicana continuou a dominar as construções californianas até meados do século 19. Mais tarde, o aumento da população causado pela Corrida do Ouro resultou na fusão de estilos importados pelos colonizadores do leste dos Estados Unidos e da Europa. Os arquitetos Henry Cleaveland, S. & J. Newsom e Bernard Maybeck exerceram sua influência ao criar o singular estilo vitoriano do Estado.

Hale House, em Heritage Square, Los Angeles

MISSION

Missionários franciscanos que chegaram à Califórnia vindos do México fundaram uma série de 12 missões, de San Diego a Sonoma, como centros de onde partiria a colonização do Estado. Todas foram projetadas para estar a um dia de viagem de sua vizinha mais próxima. Essas versões de igrejas mexicanas e seus edifícios comunitários foram projetadas pelos frades e construídas de tijolos de barro e madeira por operários nativos norte-americanos sem nenhuma especialização. No correr dos anos, essas construções se deterioraram e foram sacudidas por terremotos –muitas foram restauradas no século 20. Suas principais características são paredes maciças, janelas pequenas, frontão arredondado e campanário em andares.

Campanário arredondado em Carmel Mission

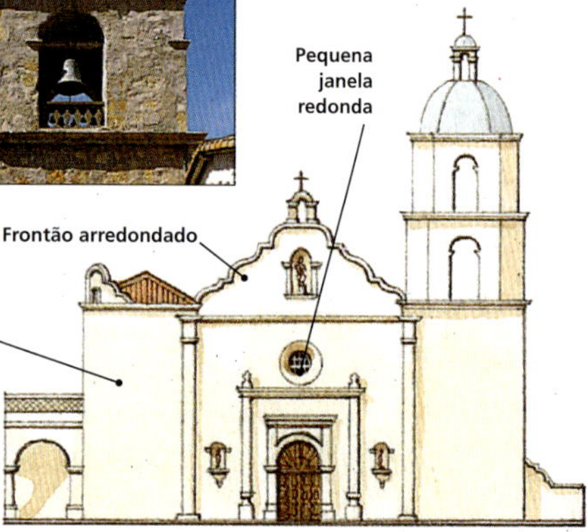

Mission San Luis Rey *(1811-51) foi fundada no século 18. Era tão impressionante em termos arquitetônicos que as pessoas a viam como um "palácio".*

MONTEREY

Nas décadas de 1850 e 1860, muitos colonizadores da Costa Leste chegaram ao Estado recém-criado, trazendo consigo estilos que já estavam saindo de moda, como o *revival* grego. Monterey, a capital do Estado sob domínio mexicano, empresta o nome a uma arquitetura que é, em essência, um templo grego de madeira "recheado" por uma construção em adobe mexicano. Suas principais características são pórticos de madeira de dois andares, telhados de madeira e a simetria.

Rancho Los Cerritos, estilo Monterey, Long Beach

Larkin House *(1837), erguida por Thomas Larkin, foi a primeira casa em estilo Monterey, com seus dois andares de adobe.*

VITORIANO

Três importantes estilos surgiram na Califórnia na era vitoriana: o italiano (italianate), muito popular em São Francisco *(págs. 300-1)*, o Rainha Ana *(Queen Anne)* e o Eastlake. Os dois últimos conseguiram atingir o ápice na Califórnia do século 19 –foram trazidos mais ou menos nessa época pelos migrantes da Costa Leste. O estilo Eastlake, bem contido e com fachada e ornamentação geométricas, era frequentemente combinado com o estilo Rainha Ana, mais extravagante e reconhecido por frontões, torreões, varandas e uma seleção de detalhes clássicos.

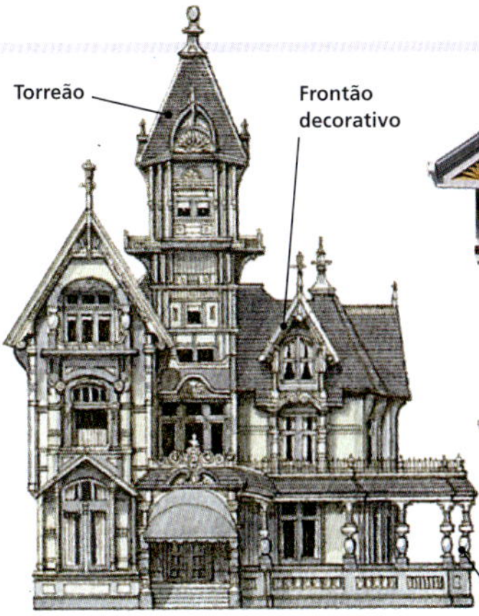

A Mansão Carson *em Eureka (1886) foi construída por S & J Newsom, que era mestre no estilo Rainha Ana. Hoje um clube particular, a casa talvez seja o máximo da extravagância vitoriana.*

Janela decorada de uma casa vitoriana em Napa

ARTS AND CRAFTS

William Morris e Charles Voysey lançaram na Inglaterra o movimento Arts and Crafts, que floresceu por um breve período na Califórnia, no início do século 20. Também conhecido como estilo Craftsman, era liderado por Bernard Maybeck e Charles e Henry Greene. Suas características eram o exterior simples e refinado e o interior trabalhado.

Telhado característico, com vigas, em Gamble House, Pasadena

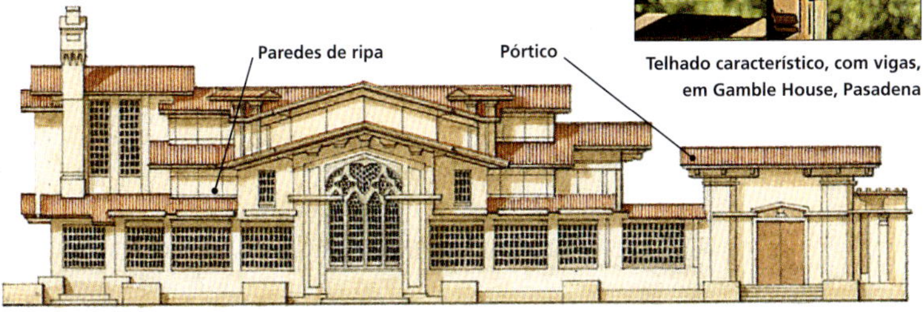

A First Church of Christ Science, *em Berkeley (1907), é o melhor exemplo de projeto Arts and Crafts de Bernard Maybeck.*

REVIVAL MISSION

O estilo hispano-mexicano esteve esquecido durante a segunda metade do século 19. Mais tarde, já no século 20, versões decorativas foram instituídas. O estilo se distingue por seus arcos arredondados, as proporções harmoniosas, e também pela ausência de ornamentação.

Telhado do Beverly Hills Hotel

O Women's Club (1913), *em La Jolla, foi projetado por Irving Gill, um pioneiro do modernismo que usou concreto e estuque para criar uma versão elegante do estilo Mission.*

A Arquitetura Californiana do Século 20

No início do século 20, surgiu uma arquitetura bem distinta na Califórnia, depois de um breve retorno às raízes hispânicas e ao estilo Art Déco. Este estilo californiano tomou emprestado características das construções japonesas, como as varandas. Mais tarde, depois do *boom* da construção civil no pós-guerra na década de 1950, todo país foi influenciado pelas casas tipo rancho de Cliff May, com a fusão da vida entre quatro paredes e a vida ao ar livre. Recentemente, muitos arquitetos, como Craig Ellwood e Frank Gehry, ajudaram a fazer de Los Angeles o centro da inovação arquitetônica moderna *(págs. 72-3).*

San Francisco Museum of Modern Art (1995)

COLONIAL ESPANHOL

Versões ornadas da tradicional arquitetura espanhola passaram a ser aceitas com a exposição Panamá-Califórnia, em San Diego, em 1915 *(págs. 256-7)*, na qual muitas construções tinham esse estilo. Outras versões, mais simples, também passaram a ser utilizadas como casas e edifícios públicos na década de 1920. As características principais deste estilo incluíam madeira ornamentada e trabalho em pedra e ferro usados para destacar pedaços de estuque branco, telhado de telhas côncavas vermelhas e jardins luxuosos. George Washington Smith, arquiteto de Montecito, era o mestre desse estilo, criando mansões em estilo andaluz, como a **Ostoff House** (1924), em San Marino, e a Casa del Herrero (1925), em Montecito. Outro exemplo deste estilo é a **Santa Barbara County Courthouse**, de William Mooser (1929), com tetos pintados a mão e murais.

STREAMLINE MODERNE

O Art Déco apareceu brevemente na Califórnia no fim da década de 1920, com relevos chamativos e fachadas de azulejos. Depois, foi substituído pelo estilo *Streamline Moderne*, em que formas arredondadas e suaves eram destacadas por nervuras, pálios e relevos. A inspiração vinha da era da máquina. O estilo pode ser observado no **Academy Cathedral**, em Inglewood, no **Paramount Theater**, em Oakland.

PWA MODERNE

O movimento foi chamado assim por causa da Administração de Obras Públicas (Public Works Administration ou PWA), que nos anos 1930 custeava edifícios públicos. O estilo é conhecido pelas fachadas de pedra, pilastras e ornamentação lavrada. Um bom exemplo é a **Monterey County Courthouse** (1937), em Salinas.

Casa del Herrero (1925), de George Washington Smith, em Montecito

CONTEMPORÂNEO

A diversidade de enfoquesde arquitetos influentes resultou em alguns edifícios contemporâneos marcantes. Entre as realizações mais notáveis dos últimos anos estão as estruturas do tipo celeiro do **Sea Ranch**, comunidade de férias da costa do Norte da Califórnia, obra de Moore Lyndon Turnbull Whittaker, em 1965. Também se destaca o **Salk Institute**, em La Jolla (Louis Kahn, 1959-65), grupo de laboratórios de tecnologia de ponta construídos de concreto que ladeiam uma praça pavimentada com mármore travertino. É um local de encontro simbólico entre continente e oceano.

O **San Francisco Museum of Modern Art** (1995), do arquiteto suíço Mario Botta, é ao mesmo tempo um símbolo cívico e uma praça coberta. Uma claraboia cilíndrica ergue-se a partir de galerias revestidas por painéis pré-moldados de tijolos simples e angulares e ilumina um amplo *foyer.*

PÓS-MODERNISMO

Uma reação à impersonalidade dos edifícios comerciais induziu os arquitetos Michael Graves, Venturi Scott-Brown e

Robert Stern a levar adiante uma abordagem mais decorativa do modernismo da década de 1970. Edifícios como **The Library** (1984), de Robert Stern, em San Juan Capistrano, brincam com elementos históricos (colunas, frontões triangulares e pérgolas) e empregam muitas cores. Jon Jerde mistura cores e referências arquitetônicas com mais naturalidade ainda em seus shopping-centers, principalmente no mais conhecido, o **Westfield Horton Plaza** (1989), em San Diego. Aberto e com vários andares, o prédio reflete a arquitetura de estilo espanhol do lugar.

O pós-moderno Horton Plaza

Donut Hole, prédio temático em La Puente, leste de Los Angeles

PRÉDIOS TEMÁTICOS

O automóvel começou a dar nova forma à Califórnia no início da década de 1920, e a concorrência era acirrada para atrair a atenção dos motoristas que passavam nos corredores comerciais. Desenvolveu-se, então, uma arquitetura exuberante que também servia de outdoor, como a loja de consertar sapatos no formato de um enorme calçado (Doschander's Shoe Repair Shop, Bakersfield, 1947). A maioria destas construções de fantasia já foi destruída, mas há alguns bons exemplos, em áreas mais afastadas das cidades. É o caso do drive-thru **Donut Hole** (1958), em La Puente.

FRANK LLOYD WRIGHT

Nascido em Wisconsin, Frank Lloyd Wright (1867-1959) morou na Califórnia na década de 1920 e durante toda a sua carreira projetou edifícios no Estado. A **Hollyhock House** (1917-20), em Hollywood, foi o primeiro; e o último, o **Marin County Civic Center**, em San Rafael, norte de São Francisco, concluído em 1972. Outros edifícios destacados são a antiga loja VC Morris (1949), hoje **Union Square Frank Lloyd Wright Building**, em São Francisco, e casas de blocos de fibra inspiradas nos templos maias, em LA.

Hollyhock House, de Frank Lloyd Wright, em Hollywood

ONDE ENCONTRAR OS EDIFÍCIOS

Academy Cathedral
3141 W Manchester Blvd, Inglewood.
Mapa rod. destaque A.
Beverly Hills Hotel *pág. 95*
Carmel Mission *págs. 512–13*
Carson Mansion *pág. 446*
Donut Hole
15300 E Amar Rd, La Puente, LA. **Mapa rod. destaque A.**
First Church of Christ Science
Dwight Way na Bowditch St, Berkeley. **Mapa rod. destaque B.**
Gamble House *pág. 154*
Hale House
Heritage Square Museum *pág. 152*
Hollyhock House *pág. 147*
Larkin House *págs. 508–9*
Marin County Civic Center
San Pedro Rd, Civic Center Dr, San Rafael.
Mapa rod. destaque B.
Mission San Luis Rey *págs. 262–3*
Monterey County Courthouse
W Alisal & Church Sts, Salinas. **Mapa rod. B4.**
Ostoff House
1778 Lombardy Rd, San Marino.
Mapa rod. destaque A.
Paramount Theater
2025 Broadway, Oakland.
Mapa rod. destaque B.
Rancho Los Cerritos
4600 Virginia Rd, Long Beach.
Mapa rod. destaque A.
Salk Institute *pág. 261*
San Francisco Museum of Modern Art *págs. 318–9*
Santa Barbara County Courthouse *pág. 220*
Sea Ranch
Hwy 1 norte de Stewarts Point, Sonoma County.
Mapa rod. A3.
The Library
31495 El Camino Real, San Juan Capistrano.
Mapa rod. D6.
Union Sq Frank Lloyd Wright Building, 140 Maiden Lane, San Francisco
São Francisco mapa 5 C4.
Westfield Horton Plaza *pág. 250*
Women's Club
715 Silverado, La Jolla.
Mapa rod. D6.

Califórnia Multicultural

Signo japonês

A Califórnia é o Estado com a maior diversidade étnica dos EUA. No século 19, a descoberta de ouro, prata e petróleo trouxe migrantes de muitas nacionalidades e a paisagem e o clima ainda atraem agricultores, pescadores e vitivinicultores de todas as partes do mundo. Muitos acreditam que até meados do século 21 a Califórnia será uma cultura híbrida, sem nenhuma maioria étnica que se destaque. A concentração de culturas varia ao longo do Estado: o sul tem um maior número de hispânicos enquanto o Vale do Silício e áreas de cultivo do norte atraem asiáticos e europeus. A maioria das etnias celebra suas culturas com festas *(págs. 36-9)*.

Chinatown, São Francisco

Músicos de rua em Los Angeles

HISPANO-AMERICANOS

Não é preciso ir longe para perceber a herança hispânica da Califórnia. Os exploradores espanhóis que aqui chegaram nos séculos 17 e 18 *(págs. 46-7)* fundaram muitas das cidades atuais. Até o início da década de 1940, o Estado abrigava a maior população de mexicanos fora de seu país. Problemas políticos e econômicos nas Américas Central e do Sul continuam a incentivar a imigração hispânica. Hoje quase todas as cidades têm influência mexicana em sua arquitetura, na cozinha e nas artes. Os hispânicos também são responsáveis pelas *fiestas* mais coloridas, como o Cinco de Mayo (5 de maio) *(pág. 36)*.

CHINESES

Os imigrantes chineses vieram pela primeira vez para a Califórnia na Corrida do Ouro *(págs. 48-9)*. Depois, chegou outro grupo que fugia dos problemas econômicos de seu país na década de 1860 para trabalhar como mão-de-obra barata na construção da Ferrovia Transcontinental *(págs. 50-1)*. Concluída a obra, permaneceram na Califórnia e abriram seus negócios, mas tiveram de enfrentar a violência racial de ativistas que reivindicavam para si o "trabalho dos brancos". Na década de 1880 o Congresso limitou drasticamente a imigração chinesa, lei que só foi revogada em 1943.

Tal antipatia resultou na formação de guetos, que ocupavam zonas inteiras das cidades. Embora chineses mais jovens tenham se mudado para áreas de classe média, as Chinatowns de L.A. e São Francisco ainda se mantêm com lojas e restaurantes tradicionais.

ÍNDIOS

A Califórnia tem mais residentes nativos norte-americanos do que qualquer outro Estado. A população indígena cresceu na década de 1960, quando adquiriu mais direitos políticos. Poucos ainda moram nas reservas –a maioria optou pela integração em todo o Estado.

Menina com traje típico índio

AFRO-AMERICANOS

Os afro-americanos estão presentes na Califórnia desde a época do domínio mexicano. O crescimento da indústria pesada durante a Segunda Guerra Mundial provocou a vinda de pessoas dos Estados mais pobres do Sul.

Rotchev House, em Fort Ross

Nos anos subsequentes, o baixo *status* social e o racismo resultaram no aumento de guetos urbanos. Os problemas raciais ainda persistem, mas muitos afro-americanos estão presentes no governo, na área de entretenimento e nos negócios. Festas tradicionais são celebradas em cidades como Oakland *(págs. 422-5)*.

JAPONESES

Os japoneses chegaram à Califórnia no início do século 20. Eram principalmente agricultores e eles literalmente plantaram as sementes do setor agrícola do Estado. Na Segunda Guerra Mundial, foram considerados um risco para o país e confinados durante o período de conflito. A geração seguinte superou esses acontecimentos e os negócios japoneses continuam a crescer desde o boom imobiliário da década de 1980.

ITALIANOS

Os italianos, predominantemente pescadores, chegaram à Califórnia no fim do século 19 e se instalaram em North Beach, São Francisco *(págs. 340-3)*. O clima e o solo também atraíram os vitivinicultores, que iniciaram a produção de vinhos.

RUSSOS

Caçadores de peles da Rússia e do Alasca estavam entre os primeiros europeus que chegaram aqui no início da década de 1800. Durante um curto período, eles se estabeleceram com sucesso em Fort Ross *(pág. 460)* e hoje existe uma população de 25 mil russos e descendentes em São Francisco e nos arredores.

IRLANDESES

A Costa Oeste dos EUA abriga menos pessoas de ascendência irlandesa do que a Costa Leste – não há bairros de origem marcadamente irlandesa na Califórnia. Os irlandeses estão completamente integrados na vida californiana, mas sua presença ainda se faz sentir em muitos bares e nos desfiles de são Patrício *(pág. 36)*.

Letreiro de pub em Santa Monica

A MISTURA DE RAÇAS

Nas últimas décadas tem havido um aumento constante de imigrantes da Ásia. Long Beach possui a maior população de cambojanos fora do Camboja e o bairro é conhecido como "Little Phnom Penh". As guerras da Coreia e do Vietnã trouxeram habitantes desses países para o ambiente liberal da Califórnia nas décadas de 1950 e 1970. Obrigados a se estabelecer nas áreas mais pobres do centro das cidades, hoje formam comunidades prósperas. Fresno *(pág. 516)* tem a maior população Hmong fora do Laos no mundo. As oportunidades tecnológicas do Vale do Silício *(pág. 428)* atraem indianos e paquistaneses à região desde a década de 1970. Santa Monica abriga muitos ingleses, e lá os pubs são "autênticos" *(págs. 76-7)*. Solvang *(pág. 219)* foi fundada por imigrantes da Dinamarca em 1911 e mantém a herança nórdica. A Califórnia tem também a segunda comunidade judaica dos EUA, dois terços da qual mora em Los Angeles.

Moinho dinamarquês em Solvang

CALIFÓRNIA MÊS A MÊS

O clima na Califórnia é geralmente moderado *(págs. 40-1)*, o que permite que as festas sejam programadas sem levar em consideração a meteorologia. No entanto, devido ao tamanho do Estado, as atividades podem ser realizadas em locais distantes: por exemplo, no inverno se pratica esqui no Norte ou se aproveita o sol no sul, mais quente. Os californianos adoram festas e desfiles, e o calendário é repleto de eventos. Muitos estão relacionados à herança agrícola; outros se inspiram na história, como a Corrida do Ouro, ou são fruto da diversidade étnica. Há também programas culturais, como os festivais de jazz e cinema, e campeonatos esportivos.

Corredores da Maratona de Los Angeles

PRIMAVERA

É muito clara a sensação de revitalização na primavera da Califórnia, quando as flores cobrem os promontórios do Estado, as baleias nadam para o norte com suas crias e as pessoas procuram seus óculos escuros, guardados em outubro do ano anterior. As festas de Cinco de Mayo em Los Angeles e São Francisco, a cerimônia de entrega do Oscar, os jogos de beisebol e a corrida San Francisco's Bay-to-Breakers são características tradicionais dessa estação do ano.

MARÇO

Retorno das Andorinhas *(19 mar)*, Mission San Juan Capistrano *(págs. 240-1)*. As pessoas se reúnem para ver as aves de volta aos jardins da Mission San Juan, vindas do inverno na Argentina.

Música ao vivo, comidas e atividades para as crianças.

Maratona de Los Angeles *(1º dom)*. A maratona acontece no coração da cidade e oferece mais entretenimento que qualquer outra maratona.

Snowfest *(primeiros dez dias)*, Tahoe City. O carnaval de inverno inclui competições de esqui, um mergulho de "urso-polar" (na água fria), desfiles, corridas, teatro e música.

Andorinhas retornam à Mission San Juan Capistrano

Desfile do Dia de São Patrício *(fim de semana mais próximo a 17 mar)*, São Francisco. O desfile pela Market Street termina com café irlandês nos bares irlandeses da cidade.

Redwood Coast Dixieland Jazz Festival *(fim mar)*, Eureka. Reúnem-se algumas das melhores bandas Dixieland.

ABRIL

Liga Principal de Beisebol *(abr-set)*. San Francisco Giants, LA Dodgers, Anaheim Angels, Oakland Athletics e San Diego Padres competem.

Trevo do Dia de São Patrício

Toyota Grand Prix *(meados abr)*, Long Beach. É a maior corrida de carros de rua dos EUA.

Agua Cahuilla Indian Heritage Festival *(meados abr)*, Palm Springs. Festa em homenagem aos índios americanos que descobriram as propriedades terapêuticas das fontes de água quente do lugar.

Festa da Floração da Cereja *(meados abr)*, São Francisco. Danças e artes marciais japonesas fazem parte do tradicional evento *(pág. 352)*.

San Francisco International Film Festival *(meados abr-início maio)*. Exibição de filmes independentes.

Grand National Rodeo *(início abr)*. Daly City. Maior rodeio de dois dias dos EUA. Apresentações de laço e exposição de animais.

MAIO

Festa da Uva-Passa *(início mai)*, Selma. Desfile, concursos de arte e coroação da Rainha das Passas.
Cinco de Mayo *(5 mai)*, Los Angeles e São Francisco. Festa mexicana com danças folclóricas e música *mariachi*.
Bay-to-Breakers *(3º dom)*, São Francisco. A maior corrida do mundo só para diversão tem 12,5 km, do Embarcadero a Ocean Beach.
Calaveras County Fair *(meados mai)*, Angels Camp. Famoso concurso de salto de sapo *(pág. 479)* e um rodeio.
California Strawberry Festival *(meados mai)*, Oxnard. Bancas de comida, arte e artesanato e concursos.
Carnaval *(último fim-de-semana)*, São Francisco. O Mission District "latiniza-se" com samba e reggae.
Sacramento Jazz Jubilee *(último fim de semana)*.

Dançarina mexicana no Cinco de Mayo, em Los Angeles

VERÃO

Não há outra época do ano em que a "personalidade" da Califórnia seja mais evidente. Em junho, as praias ficam cheias de corpos bronzeados e musculosos –muitos surfistas–, e as ruas estão repletas de pessoas desfilando. Os turistas invadem o Estado, participando dos muitos eventos musicais ao ar livre, das celebrações do Oeste Selvagem (como o Old Miners Days, em Big Bear Lake), e do famoso evento anual Gilroy Garlic Festival.

Lesbian and Gay Pride Parade, em São Francisco

JUNHO

Mainly Mozart Festival *(meados jun)*, San Diego. Orquestras tocam Mozart.
Lesbian and Gay Pride Day *(dom fim de jun)*, São Francisco. Um dos maiores desfiles do mundo.
Lumber Jubilee *(fim jun)*, Tuolumne. História da indústria madeireira da Califórnia.
Monterey Blues Festival *(fim jun)*. Astros do blues.
Juneteenth *(fim jun)*, Oakland. Festa afro-americana com jazz e gospel.

JULHO

International Surf Festival *(fim jul-ago)*. Competições de body-boarding e surfe.
Fogos de Artifício de 4 de Julho. Destaque para os eventos na Disneylândia e no Santa Monica Pier.
Mammoth Lakes Jazz Jubilee *(1º fim de semana após 4 jul)*. Os melhores grupos de jazz do mundo.
Obon Festival *(meados jul)*, San Jose. Há tocadores de tambor taiko e dançarinos nesta festa nipo-americana.
Carmel Bach Festival *(meados jul-início ago)*. Aulas e concertos de obras de Bach.
California Indian Center Powwow *(final jul)*, Los Angeles. Celebração da cultura dos índios americanos.
Gilroy Garlic Festival *(fim jul)*. Festival gastronômico inspirado no alho.
Old Miners' Days *(fim jul-meados ago)*, Big Bear Lake. Festival de pimentas lembra a Corrida do Ouro.
Festival das Artes *(jul-ago)*, Laguna Beach.

AGOSTO

Old Spanish Days Fiesta *(início ago)*, Santa Barbara. Festa com feira, carnaval e danças espanholas.
Maratona de São Francisco *(fim jul ou início ago)*.
Nisei Week *(meados ago)*, Festa japonesa na região de Little Tokyo, L.A.
Pebble Beach Concours d'Elegance *(meados ago)*. Exposição de carros clássicos.
California State Fair *(meados ago-início set)*, Sacramento. Evento que tem até mesmo corrida de porcos.
Bigfoot Days *(fim ago-início set)*, Willow Creek. Desfile e sorvetes homenageiam o lendário eremita da Califórnia.
San Mateo County Fair *(início–meados ago)*, Atrações e corridas de cavalo.

Índios americanos no California Indian Center Powwow

Desfile do Dia da Independência do México

OUTONO

Nas High Sierras, as folhas das árvores ganham uma bonita coloração vermelha e amarela. Os estabelecimentos vinícolas do Napa Valley *(págs. 462-3)* convidam os visitantes para comemorar a colheita da uva com degustação de vinhos e música ao vivo. Nas Oktoberfests serve-se cerveja ao som de bandas alemãs, enquanto os rodeios lembram o passado da Califórnia como última fronteira.

SETEMBRO

Futebol Americano *(set-dez).* San Francisco '49ers, Oakland Raiders e San Diego Chargers vão a campo.

Futebol Americano

Los Angeles County Fair *(mês todo),* Pomona. Esta grande feira regional inclui corridas de cavalos, uma fazenda de verdade, ferrovia em miniatura e apresentações.

California State Gold Panning Championship *(início set),* Foresthill. Competição de garimpagem de ouro lembra a Corrida do Ouro de 1849.

Oktoberfest *(meados set-meados out),* Torrance. A maior festa de cerveja alemã do sul da Califórnia. A entrada no festival só é permitida para maiores de 21 anos, exceto no dia das famílias, aos domingos. Dançarinos alemães, concursos e comidas.

Dia da Independência do México *(16 set).* Danças, música e comida mexicanas em Los Angeles, Calexico e Santa Maria.

Monterey Jazz Festival *(3º fim de semana).* Desde 1958, é o mais antigo festival anual de jazz do mundo. Mais de 500 artistas. Todos grandes nomes do jazz já tocaram aqui.

Danish Days *(meados set),* Solvang. Comida e desfiles dinamarqueses *(pág. 219).*

Sonoma County Harvest Fair *(fim set/início out),* Santa Rosa. Festa da uva com uma corrida de 10km.

Tarfest *(final set).* Três dias de filmes, música e arte em Los Angeles.

OUTUBRO

Black Cowboy Parade *(início out),* Oakland. Evento que comemora a participação dos afro-americanos na conquista do Oeste.

Desfile do Dia de Colombo *(dom mais próximo a 12 out),* São Francisco. Bandas e carros alegóricos descem a Columbus Avenue até o Fisherman's Wharf.

San Francisco Jazz Festival *(fim out-início nov).* Apresentações de astros do jazz por toda a cidade.

Festa da Abóbora *(meados out),* Half Moon Bay. Campeonato Mundial de Abóboras Peso-Pesado, escultura com abóboras e pratos variados à base de abóbora são servidos.

Craftsman Weekend *(meados out),* San Gabriel Valley. Maior celebração de arte e artesanato no oeste dos EUA, passeios incluídos.

Halloween *(31 out),* São Francisco. Moradores fantasiados desfilam pelas ruas da cidade no Dia das Bruxas.

Borboletas *(fim out-meados mar),* Pacific Grove. Milhares de borboletas-monarcas migram para esta região todos os anos *(pág. 510).*

Participantes fantasiados do Doo Dah Parade, em Pasadena

NOVEMBRO

***Dia de los Muertos* (Finados)** *(1º nov).* Eventos no El Pueblo de Los Angeles e no Mission District de São Francisco são os destaques desta festa religiosa mexicana, na qual diz-se que as almas dos mortos visitam seus parentes vivos. Segundo estudiosos, a origem da festa indígena data de milhares de anos atrás.

Death Valley '49ers Encampment *(início nov).* Competição de tocadores de rabeca, banjo e violão, fantasias de pioneiros, botas, poesia *cowboy* e garimpagem.

Músicos mexicanos tocam no Día de los Muertos

Baleia-cinzenta aproxima-se de um barco perto da Baja California

FERIADOS

Ano Novo (1º jan)
Dia de Martin Luther King (3ª seg jan)
Dia do Presidente (3ª seg fev)
Memorial Day (última seg mai)
Independência (4 jul)
Dia do Trabalho (1ª seg set)
Dia dos Veteranos (11 nov)
Dia de Ação de Graças (4ª qui nov)
Natal (25 dez)

INVERNO

Os californianos amam as luzes brilhantes e isso fica mais evidente no Natal, quando todos os edifícios e praças estão decorados. Os cantos de Natal ressoam das igrejas e atores de cinema participam de desfiles. Com o início da temporada de esqui de Lake Tahoe começam os congestionamentos nas estradas que vão para o norte.

DEZEMBRO

Desfile de Natal de Hollywood *(1ª qui após Ação de Graças),* Los Angeles. Hollywood e Sunset Boulevards ficam repletos de gente durante este desfile de celebridades, realizado desde 1931. **Newport Beach Christmas Boat Parade** *(meados dez).* Cinco noites de cânticos natalinos e quase uma centena de navios iluminando as águas de Newport.

Decorações de Natal em Carmel Plaza

Festival Internacional de Tamales *(início dez),* Indio. Danças mexicanas acompanham o consumo de *tamales* (trouxinhas de milho picante).
Baleias *(fim dez-abr).* As baleias-cinzentas da Califórnia migram anualmente para o sul, do estreito de Bering para Baja, e podem ser vistas ao longo da costa ou de barcos que partem de muitas cidades litorâneas *(pág. 614).*

Carro alegórico do Tournament of Roses Parade, Pasadena

JANEIRO

Águias *(jan-fev),* Mount Shasta. Observação das águias-calvas que fazem ninhos aqui.
Tournament of Roses Parade *(1º jan),* Pasadena. Desfile seguido de jogo de futebol no Rose Bowl *(pág. 154).*
Doo Dah Parade *(meados jan),* Pasadena. Desfile de paródia da Roses Parade.
Palm Springs International Film Festival *(início-meados jan).* Projeções e prêmios.
Dia da Descoberta do Ouro *(24 jan),* Coloma. Aniversário da primeira jazida descoberta *(pág. 475).*

Festival Internacional de Mostarda do Napa Valley *(jan-mar).* Em todo o Valley. Degustação de centenas de tipos de mostarda e vinhos.

FEVEREIRO

AT&T Pebble Beach Pro-Am Golf Tournament *(fim jan-início fev).*
Dickens Festival *(início fev),* Riverside. Evento sobre o escritor recria um mercado londrino do século 19.
Cerimônia do Oscar *(fev),* Los Angeles. Hollywood se reúne para homenagear os melhores do cinema.
Riverside County Fair and National Date Festival *(meados-fim fev),* Indio. Pratos de tâmaras e corridas de camelos e avestruzes.
Ano-Novo Chinês *(meados fev-início mar),* São Francisco. O maior festival de Ano-Novo Chinês.

Desfile do Dragão Dourado no Ano-Novo Chinês, São Francisco

O Clima da Califórnia

Exceto em áreas da região das montanhas e nos desertos, o clima da Califórnia não é sufocante no verão nem muito frio no inverno. A serra costeira do norte é temperada, embora úmida no inverno. A leste, a chuva transforma-se em neve nas montanhas de Sierra Nevada. O centro do Estado e o Central Valley têm clima mediterrâneo. O ar torna-se mais seco e quente em direção ao sul, com temperaturas elevadas no deserto durante o verão.

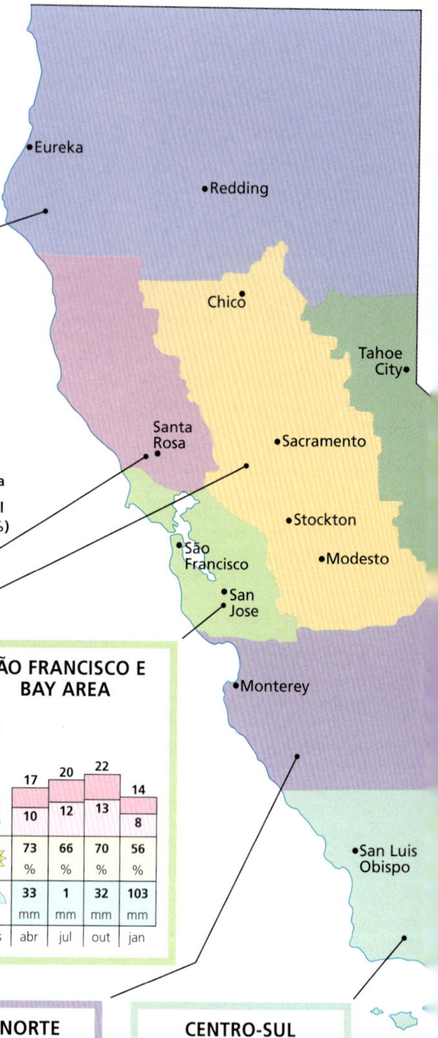

EXTREMO NORTE

mês	abr	jul	out	jan
Média mensal de temperatura máxima (°C)	16	17	16	12
Média mensal de temperatura mínima (°C)	9	11	9	5
Média mensal de sol durante o dia (em %)	55 %	52 %	49 %	42 %
Média mensal de chuva	73 mm	3 mm	68 mm	142 mm

WINE COUNTRY

mês	abr	jul	out	jan
°C máx.	21	28	25	14
°C mín.	6	12	9	3
sol	75 %	85 %	80 %	52 %
chuva	40 mm	1 mm	42 mm	137 mm

SÃO FRANCISCO E BAY AREA

mês	abr	jul	out	jan
°C máx.	17	20	22	14
°C mín.	10	12	13	8
sol	73 %	66 %	70 %	56 %
chuva	33 mm	1 mm	32 mm	103 mm

GOLD COUNTRY

mês	abr	jul	out	jan
°C máx.	19	33	23	12
°C mín.	4	13	7	0
sol	70 %	89 %	78 %	54 %
chuva	77 mm	5 mm	58 mm	171 mm

CENTRO-NORTE

mês	abr	jul	out	jan
°C máx.	24	37	27	12
°C mín.	9	18	10	3
sol	85 %	96 %	88 %	51 %
chuva	25 mm	0 mm	13 mm	50 mm

CENTRO-SUL

mês	abr	jul	out	jan
°C máx.	21	28	25	16
°C mín.	7	12	9	2
sol	83 %	97 %	87 %	46 %
chuva	28 mm	18 mm	8 mm	75 mm

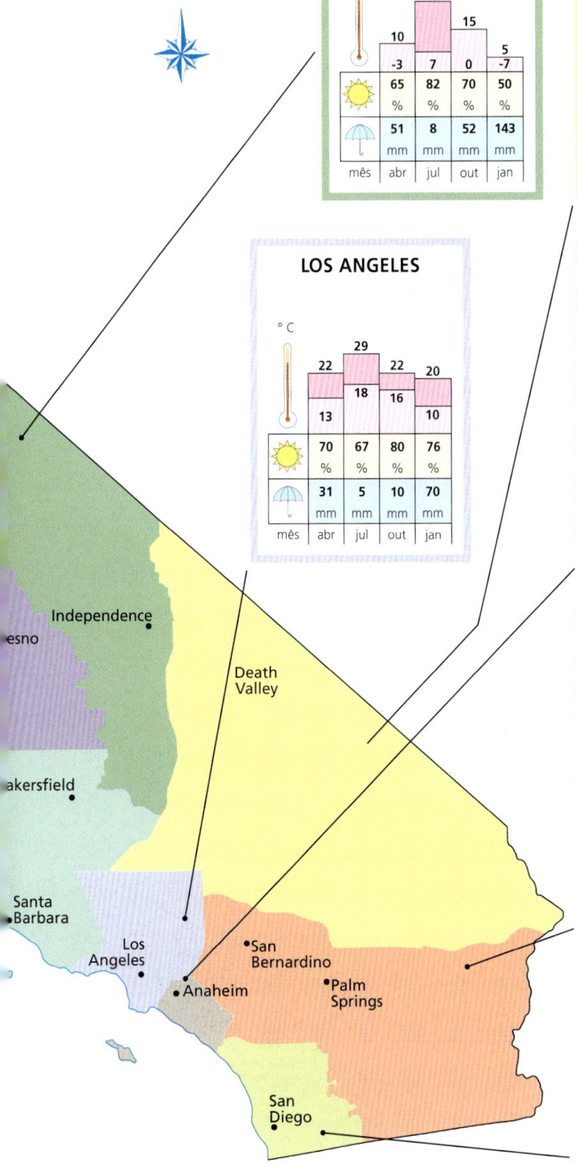

HIGH SIERRAS

mês	abr	jul	out	jan
°C máx.	10	25	15	5
°C mín.	-3	7	0	-7
sol	65 %	82 %	70 %	50 %
chuva	51 mm	8 mm	52 mm	143 mm

DESERTO DE MOJAVE

mês	abr	jul	out	jan
°C máx.	26	38	28	16
°C mín.	9	19	11	0
sol	91 %	93 %	91 %	81 %
chuva	5 mm	8 mm	5 mm	13 mm

LOS ANGELES

mês	abr	jul	out	jan
°C máx.	22	29	22	20
°C mín.	13	18	16	10
sol	70 %	67 %	80 %	76 %
chuva	31 mm	5 mm	10 mm	70 mm

ORANGE COUNTY

mês	abr	jul	out	jan
°C máx.	21	28	25	19
°C mín.	12	17	15	9
sol	70 %	67 %	80 %	76 %
chuva	21 mm	0 mm	6 mm	63 mm

PALM SPRINGS

mês	abr	jul	out	jan
°C máx.	31	43	33	21
°C mín.	12	24	15	6
sol	94 %	91 %	92 %	84 %
chuva	3 mm	5 mm	5 mm	25 mm

SAN DIEGO

mês	abr	jul	out	jan
°C máx.	21	25	24	19
°C mín.	14	19	16	10
sol	66 %	67 %	70 %	72 %
chuva	20 mm	0 mm	10 mm	46 mm

A HISTÓRIA DA CALIFÓRNIA

Um romance espanhol do início do século 16, Las Sergas de Esplanadían ("Os Feitos de Esplanadían"), foi o primeiro a usar o nome Califórnia, dado a uma ilha mítica transbordante de riquezas naturais e governada por uma rainha pagã chamada Calafía. Em 1542, quando o navegador Juan Rodríguez Cabrillo viajou para o norte a partir do México, representando a Espanha, e descobriu o que pensou ser uma ilha, o nome Califórnia já lhe era suficientemente familiar para ser citado em seu diário. No entanto, se passariam dois séculos antes que a Espanha reclamasse de fato a terra, mandando o padre Junípero Serra em 1769 para fundar missões franciscanas ao longo de toda a extensão da Califórnia.

Selo do Estado

CORRIDA DO OURO

O território permaneceu isolado e desconhecido até 1848. Nesse ano, o México cedeu a Califórnia aos EUA e encontrou-se ouro no sopé de Sierra Nevada. Por volta de 1849, vários grupos de caçadores de fortunas chegaram ao norte da Califórnia. À Corrida do Ouro seguiu-se a descoberta de prata nas Sierras ocidentais, e a conclusão da Ferrovia Transcontinental, em 1869, trouxe prosperidade para todo o Estado. As mudanças causaram disputas sociais: os brancos acusaram os imigrantes chineses de roubar-lhes trabalho e no início do século 20 surgiram sindicatos poderosos.

SÉCULO 20

O terremoto de 1906 em São Francisco convenceu muitos de que os dias de glória da Califórnia haviam passado. Ao longo dos 90 anos seguintes, entretanto, Hollywood tem atraído a atenção internacional. Os poços de petróleo atendem às necessidades crescentes dos moradores cada vez mais dependentes do automóvel. Por volta de 1937, as plantações de laranja se tornaram símbolo do fértil futuro do Estado. E, quando a criação da ONU foi assinada em São Francisco, em 1945, ficou claro que a Califórnia adquirira importância central.

Mapa antigo dos Estados Unidos mostra a Califórnia como uma ilha

◁ Mural em Santa Barbara County Courthouse: Cabrillo chega à Califórnia

Primórdios da Califórnia

Cesta primitiva

Estima-se que, na época da chegada dos europeus na América, entre 100 mil e 275 mil índios viviam na Califórnia. Eles não eram guerreiros nem tinham nenhuma forma de governo. Somente os que ocupavam as áreas próximas ao rio Colorado praticavam a agricultura; a maioria dependia da caça, da pesca e da coleta para subsistência. A religião e as práticas medicinais uniam-se na figura do pajé, que, acreditavam, era a comunicação direta com o mundo espiritual. Os índios congregavam-se em aldeias com 100 a 150 pessoas, cujas habitações geralmente tinham forma cônica ou de domo. Classes sociais praticamente inexistiam, mas havia grandes diferenças linguísticas entre as várias tribos.

Índios Tcholovoni
Várias tribos, incluindo os índios Tcholovoni, viviam em pequenas aldeias na costa da baía de São Francisco.

Cofre
Índios do norte da Califórnia usavam conchas como dinheiro, que guardavam em cofres enfeitados.

Cestas para presente, como este exemplar Miwok, geralmente eram decoradas com contas.

Joias
Acredita-se que este colar feito de conchas é um dos mais antigos artefatos da vida primitiva da Califórnia.

Penas de codorna e figuras geométricas decoram esta cesta dos índios Yokut.

Adereço de cabeça
Esta peça, feita de penas brancas e pretas de pega, é do povo nativo Miwok.

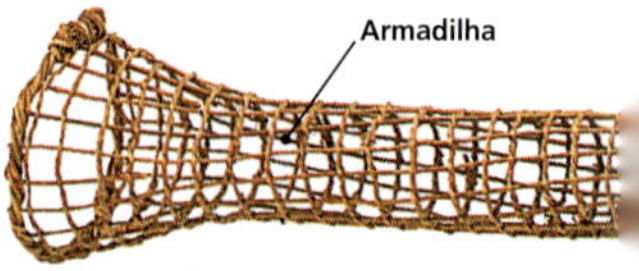

Armadilha

CESTARIA

A manufatura de cestas era uma atividade básica dos índios. Eles usavam uma grande variedade de materiais, que eram torcidos e enrolados em desenhos criativos. As cestas eram usadas na caça, armazenagem, cozinha e para alimentação.

CRONOLOGIA

3.400.000 a.C Cinza vulcânica do monte St Helena "cria" a Floresta Petrificada de Calistoga *(pág. 461)*

200.000 a.C Habitantes primitivos, provavelmente predecessores do *Homo sapiens*, vivem perto da hoje Calico *(pág. 285)*

Ferramenta de pedra lascada

3.400.000 a.C.	2.000.000 a.C.	200.000 a.C.

3.000.000 a.C Movimento de placas forma o desfiladeiro de Redrock no Vale da Morte *(págs. 290-3)*

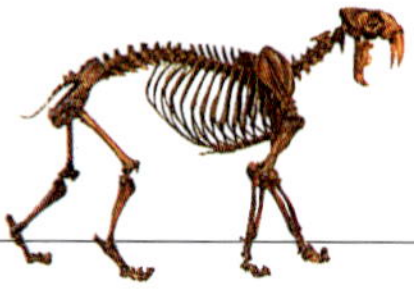

Esqueleto de tigre-de-dentes-de-sabre de La Brea

40.000 a.C. Mamutes, tigres e outros animais do Pleistoceno são aprisionados nos poços de breu de La Brea, em Los Angeles.

Povo Kule Loklo
Estes primeiros habitantes da Bay Area foram pintados por Anton Refregier neste mural que se encontra no foyer *do Rincon Center* (pág. 317).

ONDE VER A CALIFÓRNIA PRIMITIVA

O George C. Page Museum of La Brea Discoveries *(pág. 118)* possui reconstruções de criaturas fósseis encontradas em poços de breu nos arredores. O Chumash Painted Cave State Historic Park *(pág. 219)* tem rara pictografia executada pelos índios Chumash. O Southwest Museum de Los Angeles *(pág. 153)* e a California Academy of Sciences em São Francisco *(págs. 370-1)* exibem artefatos de índios americanos.

***Cavernas pintadas** há milhares de anos foram cuidadosamente preservadas no Chumash Painted Cave State Historic Park, no Sul da Califórnia.*

Cestas para armazenagem eram de formas, desenhos e materiais variados.

Cesta de água

Colherões eram tecidos de forma apertada para levar água.

Armadilhas como esta eram feitas de vime.

Roupas cerimoniais
Aventais feitos de pele e rabo de gato eram usados pelos participantes da Dança do Cervo de Pele Branca.

10.000 a.C. | **6.000 a.C.** | **1.000 a.C.** | **100 d.C.**

10.000–8.000 a.C. Fim do Pleistoceno (Idade do Gelo). Primeiros índios aparecem na Califórnia

8.000 a.C. O clima é suficientemente quente para sustentar árvores com pinhas

6.000 a.C. O clima é suficientemente quente para árvores decíduas

1.000 a.C. Cratera Ubehebe é formada no Vale da Morte *(págs. 290-1)*

Habitação indígena

100 d.C. Evaporação forma o Devil's Golf Course no Vale da Morte *(págs. 290 -1)*

Período Colonial

Estátua

Embora os espanhóis tenham "descoberto" a Califórnia em 1542, eles não colonizaram a região até o século 18. Seu domínio era exercido por meio de três instituições –a missão, o presidio (forte) e o pueblo (cidade). Destas, a missão era a mais influente. As primeiras missões foram criadas em San Diego em 1769, quando padres franciscanos fundaram 21 delas, a cerca de 48km de distância uma da outra, ao longo do "Caminho Real". Os missionários queriam levar a religião aos "índios ignorantes", mas também usaram os nativos como mão-de-obra barata. Os colonizadores europeus cometeram outro crime: disseminaram doenças que reduziram a população nativa a 16 mil índios em 1900.

Sir Francis Drake
O navegador inglês aportou na Califórnia em 1579 para consertar seu navio, o Golden Hind. *Chamou a terra de "Nova Albion" e reivindicou-a para a rainha Elizabeth I.*

Padre Junípero Serra
Nascido na ilha espanhola de Maiorca, o padre Junípero Serra conduziu a expedição franciscana que fundou as primeiras missões na Califórnia.

Jedediah Smith
Em 1828, um caçador de peles, Jedediah "Strong" Smith, foi o primeiro homem branco a chegar à Califórnia por terra, atravessando as montanhas de Sierra Nevada, vindo do leste dos EUA.

CRONOLOGIA

1500 — 1600 — 1650

1524 Hernán Cortés, o conquistador espanhol do México, incentiva o rei Carlos V a controlar as "Ilhas Califórnia"

1542 Juan Rodríguez Cabrillo navega do México ao porto de San Diego, e se torna descobridor oficial da Califórnia

Juan Rodríguez Cabrillo

1579 O inglês Francis Drake ancora o *Golden Hind* perto de Punta Reyes *(págs. 412-3)*

1595 O português Sebastián Rodríguez Cermeño chega à baía de Monterey a serviço da Espanha

1602 O mercador aventureiro espanhol Sebastián Vizcaíno navega ao longo da costa da Califórnia dando nome aos lugares –inclusive San Diego, Santa Barbara, Punta Concepcion e Carmel

Mission San Gabriel Arcangel
O trabalho de Ferdinand Deppe de 1832 talvez seja a primeira pintura de uma missão. Representa seu papel central na comunidade, cercada de habitações de índios americanos.

ONDE VER A CALIFÓRNIA COLONIAL

Morada restaurada em exposição *no Santa Barbara Mission Museum.*

Artefatos da época das missões podem ser encontrados na Mission Dolores, São Francisco *(pág. 361)*, no Oakland Museum of California *(págs. 424-5)*, na Mission San Carlos Borromeo, em Carmel *(págs. 512-3)* e na Mission Santa Barbara *(págs. 222-3)*. A maioria das missões oferece visitas guiadas.

Vitória dos EUA
No dia 9 de julho, 70 fuzileiros norte-americanos marcharam sobre São Francisco e reivindicaram a cidade para os EUA.

Artefatos das Missões
Os padres franciscanos trouxeram muitos itens da Espanha e do México para a Califórnia. Alguns, como estes sinos de oração, além de decorativos, tinham função prática.

CAMINHO REAL

As 21 missões ao longo do "Caminho Real", de San Diego a Sonoma, foram planejadas para estar a um dia de viagem a cavalo uma da outra.

1701 O padre usebio Francesco Kino prova que a Baja California é uma península, não uma ilha

1776 O capitão Juan Bautista de Anza chega a São Francisco e funda um novo presídio *(págs. 376-7)*

1781 Pueblo de Los Angeles é fundado

1822 Revolução Mexicana põe fim ao domínio espanhol

1835 William Richardson funda Yerba Buena, mais tarde São Francisco

1700 | 1750 | 1800

Canhão do século 18

1769 Gaspar de Portolá descobre a baía de São Francisco. San Diego, a primeira missão da Califórnia, é fundada

1777 Monterey se torna capital da Califórnia mexicana

1804 Primeiras laranjeiras são plantadas na Califórnia

John C. Frémont

1846 John C. Frémont lidera revolta *(pág. 464)*. Tropas dos EUA reivindicam a Califórnia

A Corrida do Ouro

Em 1848, o jornalista Sam Brannan mostrou pepitas de ouro que haviam sido encontradas em Sacramento Valley, gritando: "Ouro! Ouro! Ouro do American River!". A maioria dos exploradores que, depois disso, correu para o veio principal da Califórnia não fez fortuna, mas mudou a região para sempre –especialmente São Francisco. Entre 1848 e 1850, a população da cidade aumentou de 812 para 25 mil pessoas. O preço dos alimentos e da terra subiu, e a violência aumentou. Em 1859, depois que a Corrida do Ouro terminou, descobriu-se prata nas Sierras a leste, e o norte da Califórnia novamente prosperou.

Pepita de ouro da Califórnia

Forty-Niners (49ers)
Garimpeiros de todos os cantos dos EUA viajaram para a Califórnia em 1849–daí seu nome. Levavam ferramentas, armas e provisões para a viagem.

Barbary Coast Saloon
O jogo e a prostituição corriam soltos na Barbary Coast. Os homens muitas vezes eram pressionados a servir a marinha.

Picaretas eram usadas para soltar a rocha dura do canal de drenagem.

O canal de drenagem era uma calha de barras de madeira. Com a força da água, as partículas de ouro ficavam presas nas barras.

Capital do Estado
De região agrícola, Sacramento tornou-se uma cidade movimentada em dois anos de Corrida do Ouro. Em 1854 passou a ser capital do Estado.

CRONOLOGIA

1848 A Califórnia é anexada aos EUA. Acha-se ouro em Sutter's Mill *(pág. 475)*

1849 Quase 800 navios deixam Nova York com homens para as minas de ouro

Símbolo do navio Flying Cloud

1854 Sacramento se torna a capital do Estado da Califórnia

1848 | 1850 | 1852 | 1854

John Sutter (1802-1880)

1850 A Califórnia se torna o 31º Estado

1851 Infratores da lei são enforcados em São Francisco. O navio *Flying Cloud* bate o recorde de 89 dias entre Nova York e São Francisco

1853 Levi Strauss chega à Bay Area e começa a vender suas calças de lona *(pág. 343)*

Conde Agoston Haraszthy
Este húngaro foi o primeiro a plantar videiras europeias na Califórnia.

ONDE VER A CORRIDA DO OURO

Muitos dos povoamentos em que os garimpeiros de ouro se concentravam são hoje cidades fantasmas. É o caso de Bodie *(pág. 494)* e Calico *(pág. 285)*. Ainda é possível sentir o sabor dessa época na cidade restaurada do Columbia State Historic Park *(págs. 480-1)*. O Wells Fargo History Museum, em São Francisco *(pág. 314)*, tem itens da Corrida do Ouro. E o Jackson Square Historical District *(pág. 314)* já foi parte da Barbary Coast.

Escola antiga da cidade fantasma de Calico

A mineração hidráulica partia a rocha com água para descobrir o ouro.

A garimpagem do ouro era feita girando-se água e terra em uma gamela de fundo chato até que sobrasse só o resíduo de ouro.

TÉCNICAS DE MINERAÇÃO

À medida que a Corrida do Ouro se intensificou, as formas de extrair o minério se sofisticaram. O que começou como aventura virou uma indústria.

O veio de prata de Comstock
Entre 1859 e meados da década de 1880, US$ 400 milhões em prata foram extraídos das minas das High Sierras.

Imperador Norton
Autoproclamado imperador dos Estados Unidos e protetor do México, o excêntrico Joshua Norton cunhou sua própria moeda e aconselhou legisladores de Sacramento.

1855 A justiça vigilante entra em vigor em Los Angeles

1856 O assassinato em plena rua do jornalista James King of William dá início ao segundo levante dos vigilantes de São Francisco. William T. Sherman é o líder da campanha para contê-los

1859 O explorador James Finney acha depósitos de prata no veio de Comstock

1860 O comerciante de cereais falido Joshua Norton se declara imperador dos Estados Unidos até sua morte, em 1880

1856 | **1858** | **1860**

Medalha vigilante de São Francisco

1857 Agoston Haraszthy, pai da indústria vinícola da Califórnia, funda a propriedade Buena Vista no Sonoma Valley *(pág. 465)*

1861 A Califórnia jura fidelidade à União. Primeiro poço de petróleo perfurado

Poço de petróleo de Humboldt

Anos Dourados

Para os novos-ricos da Califórnia, o endereço chique no fim do século 19 era Nob Hill, em São Francisco *(pág. 330)*, onde se construíam as grandes mansões. Esse foi um período de ostentação, mas também de expansão, devido à ligação ferroviária com o leste e com o sul. As laranjas da Califórnia agora podiam ser facilmente exportadas para o mercado de Nova York. Na viagem de volta estavam os imigrantes europeus e outros, trazendo a esperança de uma vida melhor. Por volta de 1900, a população de São Francisco chegou a 300 mil pessoas.

Relógio de bolso

Decoração Vitoriana
Janelas da Winchester Mystery House (págs. 430-1) *são ornamentadas nesse estilo.*

A Transcontinental
No dia 12 de maio de 1869, foi colocado o último prego da nova ferrovia, ligando as costas Leste e Oeste.

Os "Quatro Grandes"
Charles Crocker, Leland Stanford, Collis Huntington e Mark Hopkins ganharam milhões investindo na Ferrovia Transcontinental.

CRONOLOGIA

1863 Início da construção da Central Pacific Railroad

1869 Concluída a Transcontinental

1870

1871 Violência racial em Los Angeles deixa 20 chineses mortos

1873 Andrew Hallidie testa o primeiro bonde de São Francisco

Primeiro bonde de São Francisco

1873–5 Primeiras plantações de laranja, Riverside

1875

1876 A Southern Pacific Railroad chega a Los Angeles

1877 Habitantes de São Francisco queimam lojas de chineses

Laranja da Califórnia

1880

1882 Congresso aprova a Lei de Exclusão Chinesa limitando a imigração

1884 Sarah Winchester começa a construção de sua casa, que dura 38 anos, em San Jose *(pág. 430-1)*

Sutro Baths *A maior piscina de São Francisco funcionou aqui de 1896 até a década de 1960.*

Yosemite National Park *Criado em 1890, o parque se tornou a primeira atração turística da Califórnia e um bom tema de publicidade.*

ONDE VER OS ANOS DOURADOS

Visitas guiadas são feitas na Haas-Lillienthal House *(pág. 348)* e o primeiro bonde está em exposição no Cable Car Barn *(pág. 331)*, ambos em São Francisco. O "prego de ouro" da Ferrovia Transcontinental está à mostra, junto com recordações dos "Quatro Grandes" no Stanford University Art Museum *(pág. 427)*. Os aficionados por trens podem desfrutar o California State Railroad Museum em Sacramento *(pág. 473)*.

O California State Railroad Museum *celebra a viagem de trem pela Costa Oeste.*

Imigrantes Chineses *Depois de trabalhar na construção da Transcontinental, eles ficaram por aqui e abriram negócios, como lavanderias e restaurantes, mas enfrentaram o racismo.*

HAAS-LILIENTHAL HOUSE

O dono de armazém William Haas construiu esta elaborada casa em estilo Rainha Ana em 1886 –uma das muitas de São Francisco. Hoje é um museu e mostra como uma rica família vivia no final do século 19 *(pág. 348)*.

1885

1888 Hotel del Coronado é aberto em San Diego *(pág. 255)*

1890 Criado o Yosemite National Park *(págs. 488-91)*

1890

1891 Inauguração da Stanford University *(pág. 427)*. Hoover, futuro presidente dos EUA, está na primeira turma

Brasão da Stanford University

1893 A falha de San Andreas é descoberta pelo geólogo Andrew Lawson

1894 A primeira feira da Costa Oeste é realizada no Golden Gate Park, São Francisco

1895

1896 O construtor de túneis de Comstock Adolph Sutro inaugura a maior piscina interior de água salgada em São Francisco

1897 Comerciantes de São Francisco prosperam equipando mineradores que vão para o Canadá

A Ascensão de Hollywood

Estatueta do Oscar

Em 1887, Harvey Henderson Wilcox queria chamar sua fazenda, e a região de Los Angeles ao redor dela, de "Figwood" –pelas figueiras que cultivava. Mas sua mulher preferiu um nome que ela ouvira certa vez em uma viagem de trem: "Hollywood". Na década de 1920, a indústria cinematográfica já tornava a cidade famosa e oferecia diversão aos norte-americanos, ajundando-os a esquecer a Primeira Guerra, a Lei Seca e a Grande Depressão. Depois das estrelas do cinema mudo –como Mary Pickford e Charlie Chaplin–, vieram nomes como Mae West e Errol Flynn. Os banqueiros de Wall Street logo perceberam o potencial do cinema e investiram nele.

Canal do Panamá
Duas feiras mundiais comemoraram sua conclusão em 1915.

Terremoto de São Francisco
Depois da calamidade de 1906, muitos edifícios tiveram de ser demolidos.

Clara Bow, a garota do "It", foi um dos primeiros símbolos sexuais de Hollywood.

Atores eram escolhidos pela aparência, às vezes com pouca experiência.

O CINEMA MUDO
A indústria cinematográfica cresceu rapidamente, e logo surgiram os grandes estúdios. Centenas de filmes mudos eram feitos por ano, como *Mantrap* (1927).

Aqueduto de Los Angeles
Foi construído a um custo de US$ 24,5 milhões para irrigar o sul árido com a neve derretida das High Sierras.

CRONOLOGIA

1900

1901 Uma greve de três meses para o porto de São Francisco. Quatro homens morrem e 300 ficam feridos

1905 O magnata do tabaco Abbot Kinney inaugura resort de Venice com muitos canais *(pág. 80)*, a oeste de LA. Escavações iniciadas em La Brea *(pág. 119)*

1906 São Francisco é atingida no dia 18 de abril pelo pior terremoto dos EUA, 8,3 na escala Richter: 3 mil morrem e 25 mil ficam desabrigados

1907 O "cacique" político de São Francisco Abraham Ruef se declara culpado por extorsão e derruba o prefeito Eugene Schmitz

Câmera antiga de Hollywood

1910

1911 *The Law of the Range*, de William e David Horsley, é o primeiro filme feito em Hollywood

1913 Inauguração do aqueduto de Owens Valley-Los Angeles melhora o acesso à água

Lei Seca *(1920-33)*
Los Angeles ficou famosa como porto de entrada ilegal de bebidas alcoólicas, que vinham do México, durante a proibição que vigorou em todo o país.

Os estúdios eram como fábricas: produziam vários filmes ao mesmo tempo.

As câmeras eram de 35mm e rodavam a 24 quadros por segundo.

Os diretores também fizeram fama e fortuna com o cinema.

Orquestras muitas vezes eram contratadas para tocar ao fundo durante a filmagem, criando um bom "clima" para os atores.

ONDE VER A ÉPOCA ÁUREA DE HOLLYWOOD

Figuras de cera de artistas de cinema estão no Hollywood Wax Museum *(pág. 109)*. O Hollywood Studio Museum *(pág. 112)*, antigo escritório do diretor Cecil B. De Mille, exibe recordações do cinema. Cerca de 200 estrelas deixaram sua marca no Grauman's Chinese Theatre *(pág. 110)*.

O Grauman's Chinese *Theatre exibe impressões de mãos e pés e autógrafos de estrelas na entrada de cimento.*

A Paramount *é hoje o único estúdio localizado em Hollywood e ainda atrai aspirantes a estrela* (pág. 113).

Aimee Semple McPherson
Controvertida evangelista e espiritualista, abriu seu templo em Los Angeles em 1923, onde fazia reuniões regulares.

1915 São Francisco e San Diego realizam Exposições Panamá--Pacífico

1916 Os irmãos Lockheed começam a fabricar aviões em Santa Barbara

WR Hearst

1917 EUA entram na Primeira Guerra Mundial

1919 W. R. Hearst dá início à construção do magnífico castelo de San Simeon *(pág. 212-5)*

1920

1924 Los Angeles supera São Francisco como mais importante porto da Costa Oeste

1925

Norma Talmadge

1927 Norma Talmadge é a primeira atriz de cinema a deixar o pé no cimento do Mann's Chinese Theatre

1928 Walt Disney cria o personagem Mickey Mouse

1929 A quebra da Bolsa afeta todo o país. O ator Douglas Fairbanks é o anfitrião da entrega do primeiro Oscar

O "Sonho Californiano"

O cinema e a recém-chegada televisão fizeram da Califórnia o símbolo do renascimento dos EUA do pós-guerra. De repente, a classe média próspera, que acreditava ser comum aqui, era o objetivo de todos. A indústria aeronáutica, os estaleiros e a agricultura floresceram durante a guerra e o sentimento de prosperidade durou até a década de 1950. Bairros surgiram para atender os soldados que voltavam, enquanto novas estradaas eram construídas. Ao mesmo tempo, as escolas públicas careciam de recursos, os afro--americanos e mexicano-americanos enfrentavam discriminação e violência, e Hollywood passou a ser criticada por políticos que a consideravam um "ninho de comunistas".

Jogos Olímpicos de 1932
Los Angeles foi escolhida para sediar os Jogos de 32 e ergueu o Exposition Park para o evento (pág. 164-5).

Greve dos Estivadores
Em 5 de julho de 1934, a polícia atirou nos estivadores em greve, matando dois.

Os armários de cozinha se tornaram mais práticos com a fórmica.

Os eletrodomésticos passaram a ser mais acessíveis, facilitando as tarefas em casa.

Hoover Dam
Em 1936 construiu-se a Represa Hoover no rio Colorado para gerar eletricidade.

CRONOLOGIA

1930

1932 L.A. sedia sua primeira Olimpíada

1933 Termina a Lei Seca. "Sunny Jim" Rolph, um popular prefeito de São Francisco eleito governador da Califórnia, choca admiradores ao apoiar linchamento em San Jose

1934 A Ilha de Alcatraz se torna presídio de segurança máxima *(págs. 32-3)*

"Sunny Jim" Rolph

1935

1936 A Hoover Dam começa a abastecer o sul da Califórnia com a tão necessária energia elétrica

1937 A Ponte Golden Gate é inaugurada

1939 Realizada a Golden Gate Exposition, terceira exposição mundial de São Francisco

1940

1940 Los Angeles inaugura a primeira rodovia, a Arroyo Seco Parkway

1941 O Japão ataca Pearl Harbor

1942 Japoneses são mandados para campos de recolocação "por razões de segurança" *(pág. 49)*

1943 Califórnia é o principal Estado agrícola dos EUA

Ponte Golden Gate
No dia 28 de maio de 1937, as limusines pretas do comboio oficial foram os primeiros veículos a atravessar a ponte que une São Francisco ao Marin County.

ONDE VER O "SONHO CALIFORNIANO"

O Petersen Automotive Museum de Los Angeles homenageia o amor da Califórnia pelos automóveis *(pág. 118)*. No Treasure Island Museum, em São Francisco, há recordações da Golden Gate International Exposition *(pág. 412)*. Um passeio para ver o Castelo da Bela Adormecida na Disneylândia *(pág. 233)* é o *"Californian Dream"* por excelência.

***Carros clássicos** estão expostos no Petersen Automotive Museum. Este Cadillac de 1959 é a síntese dos carros californianos.*

Terra da Fartura
O setor agrícola da Califórnia viveu um boom nos anos 1940. Suas terras eram as mais produtivas dos EUA.

Grandes geladeiras, repletas de comida, eram símbolo da "boa vida" na Califórnia.

O LAR CALIFORNIANO

Esta imagem, de Eduardo Paolozzi, mostra bem o estilo de vida da classe média na década de 1950. A família, a casa de campo e a vida ao ar livre faziam parte do "sonho californiano".

San Francisco Giants
Willie Mays fez parte do primeiro time a trazer o beisebol profissional à Califórnia, em 1958.

1945 Fim da Segunda Guerra Mundial. A ONU é criada em São Francisco, em reunião de 25 de abril a 25 de junho

1955 Inauguração da Disney em Anaheim. O ator James Dean, 24, morre em acidente de carro perto de Paso Robles

James Dean

1945 | **1950** | **1955**

Bandeira da ONU

1953 Início da Guerra Fria impulsiona a indústria bélica californiana

1958 O time de beisebol New York Giants muda-se para São Francisco, trazendo a liga principal para a Costa Oeste

A Califórnia Hoje

Desde 1962, quando superou Nova York como o Estado mais populoso dos EUA, a Califórnia tem desempenhado papel central em alguns dos mais importantes acontecimentos do país. A Universidade em Berkeley sediou o movimento pela liberdade de expressão nos anos 1960, e Haight Ashbury, em São Francisco, foi a meca do movimento hippie. O Vale do Silício lidera o desenvolvimento da indústria de alta tecnologia, e a Califórnia beneficia-se comercialmente de sua proximidade com a Ásia. Por outro lado, São Francisco tem um grande número de casos de Aids, e a tensão racial, especialmente em Los Angeles, é grande.

1984 Los Angeles sedia sua segunda Olimpíada

1968 Robert Kennedy, candidato democrata à Presidência, é assassinado no Ambassador Hotel de Los Angeles em 5 de junho, depois de anunciar a vitória nas primárias da Califórnia

1967 Haight Ashbury é invadida por 500 mil jovens celebrando o "Summer of Love" *(pág. 359)*

1962 A atriz Marilyn Monroe morre em Hollywood aos 36 anos, de overdose de soníferos

Anos 1970 Huey Newton, fundador do Black Panther Party de Oakland, é preso em 1967 e torna-se símbolo de resistência nos anos 1970

1978 A Apple Computer produz seu primeiro computador pessoal

1987 O diretor Steven Spielberg cria seu próprio estúdio, Dreamworks

1960	1970	1980

1960	1970	1980

1960 O Squaw Valley, perto do Lake Tahoe, sedia os Jogos Olímpicos de Inverno

1966 Los Angeles torna-se o condado mais populoso dos EUA, com 7 milhões de habitantes

1969 O Movimento Indígena Americano ocupa a Ilha de Alcatraz *(págs. 338-9)* para fazer reivindicações ao governo norte-americano

1978 O prefeito de São Francisco George Moscone e seu vice, Harvey Milk, são assassinados na prefeitura, no dia 27 de novembro, pelo ex-policial Dan White

1963 O surfe torna-se um esporte popular na Califórnia

1968 Richard Nixon torna-se o primeiro californiano a ocupar a Presidência dos Estados Unidos. Desacreditado, Nixon se refugia em San Clemente em 1974 *(pág. 238)*

1976 Juízes franceses dão o prêmio máximo a dois vinhos da Califórnia em uma degustação cega

1989 A Bay Area sofre seu segundo pior terremoto (7,1 pontos na escala Richter), com 67 mortos e 1.800 desabrigados

1992 Revolta em LA contra a absolvição de quatro policiais brancos filmados espancando o motorista negro Rodney King

1994 Terremoto de 6,8 pontos na escala Richter atinge Los Angeles, matando mais de 60 pessoas, ferindo outras 9 mil e destruindo estradas

2004 O ícone do cinema Arnold Schwarzenegger, casado com a jornalista Maria Shriver, é eleito governador da Califórnia

2006 Nancy Pelosi, de São Francisco, é a primeira mulher eleita presidente do Congresso dos Estados Unidos

2008 O contemporâneo Jewish Museum, projetado por Daniel Libeskind, abre em San Francisco

990 | 2000 | 2010 | 2020

990 | 2000 | 2010 | 2020

2001 Uma crise de energia assola o Estado, produzindo apagões nas grandes cidades

1996 Após 15 anos como presidente da Assembleia da Califórnia, o democrata Willie Brown é o primeiro prefeito negro de São Francisco

1995 A America's Cup, na qual competem cinco países, acontece em San Diego, entre janeiro e maio

1991 A Aids é a maior causa de morte de homens em São Francisco

LOS ANGELES

Los Angeles em Destaque

A Grande Los Angeles é formada por 88 cidades, com uma população total de mais de 8,8 milhões, em uma área de mais de 1.200km². Neste guia, Los Angeles – ou simplesmente LA, como é mais conhecida– está dividida em seis áreas. O Centro é um caldeirão cultural, misturando o hispânico El Pueblo, Chinatown, Little Tokyo e o Business District. O charme do cinema é apenas um aspecto de Hollywood e West Hollywood, que hoje é uma área de museus e galerias. Beverly Hills, Bel Air e Westwood continuam sendo o playground das estrelas. Praias e portos na região costeira da baía de Santa Monica, Palos Verdes e Long Beach mostram a importância do mar para quem mora aqui. Fora do Centro estão alguns dos bairros periféricos da cidade, como Pasadena.

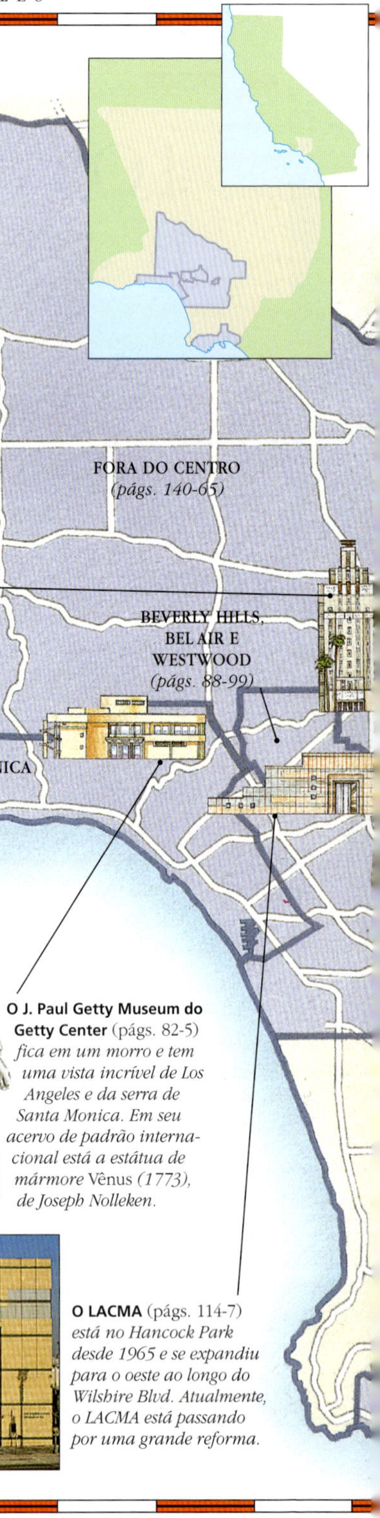

Sunset Boulevard (págs. 102-7) *é uma das mais famosas avenidas do mundo. Cheia de boates e hotéis, a área conhecida como Sunset Strip é o centro da vida noturna de LA.*

O J. Paul Getty Museum do Getty Center (págs. 82-5) *fica em um morro e tem uma vista incrível de Los Angeles e da serra de Santa Monica. Em seu acervo de padrão internacional está a estátua de mármore* Vênus *(1773), de Joseph Nolleken.*

O LACMA (págs. 114-7) *está no Hancock Park desde 1965 e se expandiu para o oeste ao longo do Wilshire Blvd. Atualmente, o LACMA está passando por uma grande reforma.*

◁ Vista aérea de Los Angeles

No Universal Studios (págs. 146-9), *ao norte de Hollywood, os visitantes podem aproveitar o Studio Tour para ver cenários de filmes em funcionamento. Entre os passeios baseados em filmes, Jurassic Park-The Ride.*

A Mansão Huntington *com biblioteca, acervo de arte e jardins* (págs. 158-61), *fica em Pasadena. A North Vista é uma das faces mais encantadoras dos jardins.*

El Pueblo (págs. 124-5), *no coração do Centro de Los Angeles, é o local do primeiro assentamento da cidade. Sua população mexicana lota as igrejas, a praça e os coloridos mercados, ainda mais em época de festas.*

O *Queen Mary* (págs. 134-5), *um dos mais famosos navios do mundo, está atracado para sempre em Long Beach. Ele ainda serve como atração turística e hotel de luxo. Muitas de suas características Art Déco continuam intactas.*

O Relevo de Los Angeles

A cidade de Los Angeles fica numa bacia ampla e plana, de frente para o oceano Pacífico e circundada por montanhas. A serra de San Gabriel e a Traverse Range ("cadeia") vêm do norte e se juntam à serra de Santa Ana, a leste da cidade. A serra de Santa Monica e os Hollywood Hills ("morros"), no noroeste, cortam a bacia, separando o centro da cidade do vale San Fernando, no norte. A orla marítima vai dos penhascos rochosos de Palos Verdes às areias da baía de Santa Monica. O Centro, com os impressionantes arranha-céus do Business District, fica no meio da bacia. Hollywood, Beverly Hills e Santa Monica estão a oeste.

Hollywood (págs. 100-19) *é a terra natal da indústria do cinema moderno. Seu letreiro* (pág. 145) *é famoso no mundo inteiro.*

San Fernando Valley *(pág. 144),* a maior área de subúrbio da cidade, abriga a Mission San Fernando Rey de España.

Malibu *(págs. 86-7)* é um local de praias para surfe, santuários naturais e colônias de férias, no sopé de montanhas escarpadas.

Santa Monica (págs. 76-9), *incrustada em penhascos com palmeiras e voltados para o oceano Pacífico, é uma cidade pequena e independente com as praias mais acessíveis de L.A.. Tem todas as atrações costumeiras de beira-mar, como píer e parque de diversões. Santa Monica é conhecida também por seus restaurantes, suas lojas e sua vida noturna.*

Beverly Hills (págs. 88-97) *é o local dos ricos e famosos de Los Angeles. Seu padrão de vida fica evidente nas lojas de grife que se sucedem na Rodeo Drive.*

Pasadena (págs. 154-61) *é uma comunidade rica, com um paço municipal rebuscado. Cresceu como refúgio de inverno dos ricos da Costa Oeste, no século 19. Local do estádio Rose Bowl, tem excelentes museus, lojas e restaurantes.*

O Centro de Los Angeles *é bem diversificado* (págs. 120-9). *As atrações vão dos arranha-céus do Business District aos pratos étnicos de Little Tokyo e Chinatown.*

Watts, área empobrecida, tem as Watts Towers (*pág. 163*).

A cidade de Long Beach tem forte tradição náutica (*págs. 132-5*).

O Aeroporto Internacional de Los Angeles, *conhecido apenas por LAX, fica junto ao litoral. Bem situado, tem fácil acesso e fica perto das principais vias expressas que saem da cidade.*

O farol de Point Fermin *é um marco vitoriano entre os penhascos rochosos de Palos Verdes* (págs. 138-9).

Litoral Norte de Los Angeles

Todo ano, mais de 30 milhões de pessoas visitam as praias próximas a Los Angeles, o que faz delas o local mais procurado da Costa Oeste. O promontório –de Malibu de Point Dume a Malibu Lagoon– alterna costas rochosas e praias. Mais adiante, a costa se torna uma longa faixa de areia que leva às famosas praias de Santa Monica e Venice. Ao sul, o solo da serra de Santa Monica é ondulado e, na maior parte, preservado, com várias trilhas para caminhadas que propiciam vistas panorâmicas do oceano Pacífico. As águas das praias de Malibu Pier, Leo Carillo e Topanga são consideradas as melhores para a prática de surfe.

Castro Crest *caracteriza-se por amplas áreas de arenito e bosques de carvalhos. As trilhas para caminhadas oferecem ótimas vistas da serra de Santa Susana e, no mar, das Channel Islands.*

A Cold Creek Canyon Preserve *foi instituída em 1970 para proteger a rica diversidade de fauna e flora existente na serra de Santa Monica, que inclui o lince, a raineta do Pacífico e a orquídea de regatos.*

★ Leo Carrillo State Beach (1)

Com maré baixa, pode-se explorar a ampla variedade de vida nas poças de maré de Sequit Point.

★ Surfrider County Beach (5)

Uma das melhores praias para surfe da Califórnia, Surfrider apareceu em muitos filmes do gênero. O Malibu Pier é um bom lugar para acompanhar tudo.

Zuma County Beach ②

A areia branca da maior praia de Malibu atrai muita gente no verão. A praia é boa para surfar e nadar, mas cuidado com a perigosa correnteza.

Point Dume County Beach ③

Pesca à beira-mar, mergulho, banho de sol e exploração das poças de maré abaixo de Point Dume são atividades populares nesta praia resguardada.

Paradise Cove ④

Esta enseada particular apareceu na série de TV *The Rockford Files*. O píer é um bom lugar para pescar, e a praia é ideal para tomar sol e nadar.

Topanga State Beach ⑥

Esta estreita praia é atraente para quem pratica windsurfe. Ela é dividida em duas pela foz do córrego Topanga.

Marina del Rey Harbour ⑩

Este é um dos maiores ancoradouros artificiais do mundo (pág. 80). A singular Fisherman's Village, perto da Basin H, tem lojas, cafés e restaurantes.

LOCALIZE-SE

LEGENDA

- Freeway
- Estrada principal
- Estrada secundária
- Rio
- Vista panorâmica

★ Venice Beach ⑨

Com a pitoresca Venice *(pág. 80)* ao fundo, Venice Beach tem uma mistura de artistas de rua, patinadores e halterofilistas malhando na Muscle Beach.

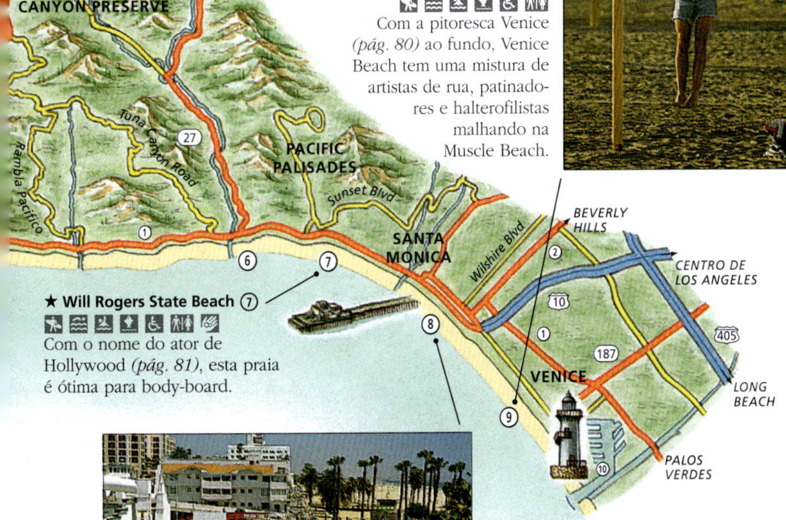

★ Will Rogers State Beach ⑦

Com o nome do ator de Hollywood *(pág. 81)*, esta praia é ótima para body-board.

★ Santa Monica State Beach ⑧

Esta é uma das praias mais populares de Santa Monica *(pág. 76-9)*. O conjunto de casas na ponta oeste é conhecido como Gold Coast ("costa dourada").

Litoral Sul de Los Angeles

A costa entre Dockweiler State Beach e Torrance County Beach oferece águas rasas e amplas extensões de areia, ideais para famílias. As duas principais comunidades –Manhattan Beach e Redondo Beach– têm os mares mais limpos da região. Descendo pela costa, os costões rochosos da península de Palos Verdes abrigam angras com poças de maré abundantes em vida marinha. Ao passar o porto comercial de San Pedro, o litoral se torna uma paisagem de areias brancas e ondas constantes beirando Long Beach. Belmont Shores atrai pescadores, e quem gosta de windsurfe, caiaque e jet-ski frequenta Alamitos Bay, onde estão as ilhas de Naples.

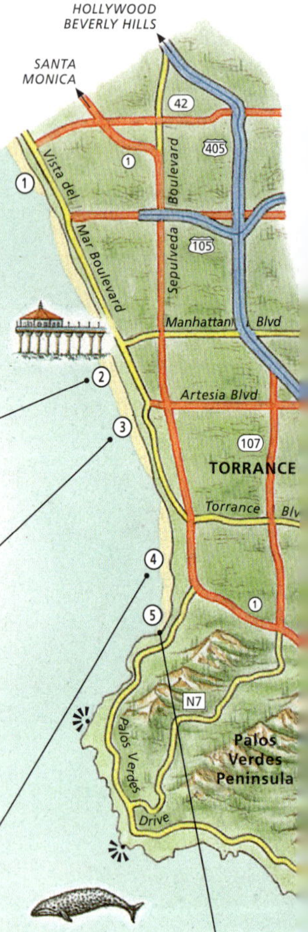

★ **Manhattan State Beach** ②

Ao lado de uma ciclovia costeira, esta longa e larga praia é boa para nadar, surfar e pescar.

★ **Hermosa City Beach** ③

Esta praia familiar é ideal para a prática de todos os tipos de esporte de areia assim como de algumas formas de pesca.

★ **Torrance County Beach** ⑤

Boa para surfistas, nadadores, pescadores e mergulhadores, esta praia marca o fim da ciclovia costeira da baía de Santa Monica *(pág. 178)*.

Worldport LA, *com 45km de orla, possui um terminal petrolífero, barcos de passeio e um porto de carga. É também a sede da segunda maior frota pesqueira dos Estados Unidos.*

★ **Redondo State Beach** ④

Um busto de bronze homenageia George Freeth, que levou o surfe à Califórnia em 1907, na praia Redondo.

Dockweiler State Beach ①

A ponta norte de Dockweiler, atrás da entrada do porto, possui uma área de nidificação para o raro trinta-réis.

Cabrillo Beach ⑥

Dividida em dois pelo quebra-mar, a Cabrillo tem um píer para pescaria e uma faixa de areia protegida dentro da baía de San Pedro.

Long Beach City Beach ⑦

Na ponta oeste da Long Beach Strand, como também é conhecida, fica o velho posto de salva-vidas, hoje um museu.

Belmont Shores ⑧

O Belmont Pier, situado na ponta norte da praia, é usado por pescadores para fisgar linguados, bonitos e percas. É também um local de pouso do ameaçado pelicano-marrom da Califórnia. A praia se estende para o sul até a foz do rio San Gabriel.

LOCALIZE-SE

Alamitos Bay ⑨

Windsurfe, esqui aquático e natação são atividades frequentes nas águas protegidas da baía.

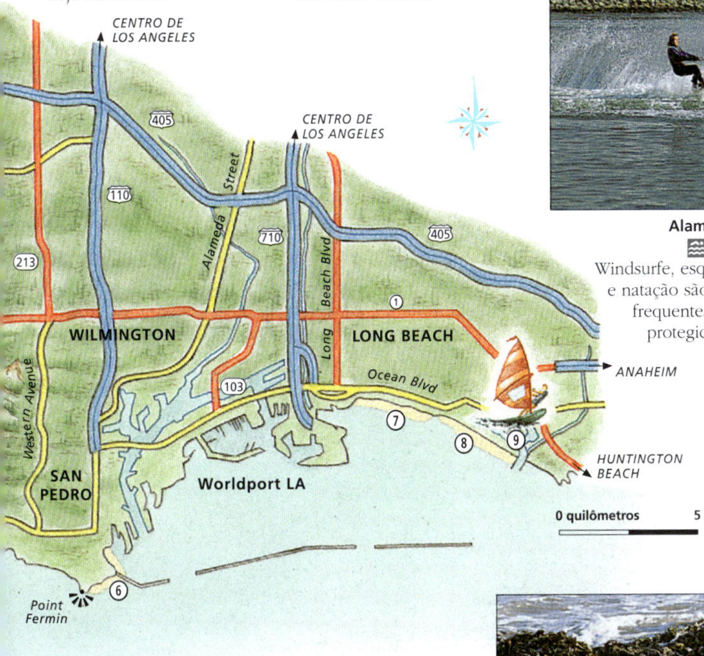

LEGENDA

- Freeway
- Estrada principal
- Estrada secundária
- Rio
- Vista panorâmica

A península de Palos Verdes *chega a 400m acima do litoral rochoso, que é o lar de várias aves pernaltas. Trilhas íngremes ligam a orla marítima ao topo do penhasco, com suas vistas panorâmicas.*

O Cinema em Los Angeles

Placa de rua de Hollywood

Caso alguém fale de Los Angeles como uma "cidade industrial", só pode estar se referindo à indústria do cinema. Suas "fábricas de ilusões" empregam mais de 60 mil pessoas e injetam cerca de US$ 4 bilhões por ano na economia de LA. O Hollywood Boulevard já perdeu muito do seu charme, e algumas companhias cinematográficas foram para locais mais baratos. Ainda persiste, entretanto, o ar da Hollywood forjadora de sonhos, onde uma secretária chamada Ava Gardner ou o jogador de futebol americano universitário John Wayne podiam ser "descobertos".

Equipes *de filmagem rodando cenas externas para filmes de Hollywood são uma cena comum nas ruas de Los Angeles.*

O Griffith Observatory (pág. 150) *foi cenário da excursão escolar de adolescentes e da dramática corrida de carros no clímax de* Juventude Transviada *(1955). O filme lançou para o estrelato James Dean, que morreria em acidente de carro naquele ano.*

ESCRITORES DE HOLLYWOOD

Os romances de Hollywood fazem parte da literatura desde os anos 1930. Alguns autores, como Nathanael West e F. Scott Fitzgerald, trabalharam em Hollywood e se voltaram contra a cidade, publicando romances que expõem seu lado superficial, às vezes cruel. *O Dia do Gafanhoto* (1939), de West, é ainda considerado a clássica afronta literária à indústria do cinema. *O Último Magnata* (1941), livro póstumo de Fitzgerald, sentimentaliza a carreira de Irving Thalberg, um dos mais poderosos produtores da época áurea de Hollywood. Mais recente é *Los Angeles – Cidade Proibida* (1997), de James Ellroy, um policial sobre corrupção e redenção, ambientado na Los Angeles de 1950.

F. Scott Fitzgerald

O Último Grande Herói, *filme de 1993 de Arnold Schwarzenegger, levou para esta rua de L.A. a emoção de explosões controladas, perseguições de carro e dublês voando pelo ar.*

AS LOCAÇÕES DE LA

Além de cenários construídos nos terrenos das maiores companhias em 1940 e 1950, os cineastas hoje utilizam regularmente os lugares típicos de Los Angeles para rodar seus filmes –quase sempre fazendo parecer que ficam em outra cidade. Por isso, muitos desses locais se tornaram familiares para o público de cinema em todo o mundo.

Os contratos milionários *têm sido uma característica de Hollywood desde o contrato de oito filmes assinado por Charlie Chaplin em 1917. Ganhador do Oscar duas vezes, Tom Hanks exige até US$ 20 milhões por filme – 100 vezes mais que o salário do presidente dos EUA. Estão também na faixa dos oito dígitos Robin Williams, Julia Roberts e Harrison Ford. Os executivos dos estúdios dizem que grandes estrelas atraem público suficiente para cobrir os altos custos de produção.*

Julia Roberts

Harrison Ford

Venice (pág. 80) *viu a atriz Sarah Jessica Parker dançar ao redor de Steve Martin em* LA Story, *sucesso de 1991. Os edifícios coloridos e as figuras do bairro o tornam uma locação muito procurada.*

O Santa Monica Pier (pág. 78) *deve ser familiar para os fãs do filme de gângster* Golpe de Mestre *(1973), estrelado por Robert Redford e Paul Newman.*

Ver as estrelas *de perto nos muitos locais charmosos de LA é um prazer tanto de turistas quanto de moradores. Há boas chances de ver atores, diretores e executivos no badalado Spago* (pág. 569), *de Wolfgang Puck, e no Polo Lounge do Beverly Hills Hotel* (pág. 525).

CAMPEÕES DE BILHETERIA

Os críticos amam *Cidadão Kane* (1941), e *Casablanca* (1943) é o romance mais popular de Hollywood. Mas nenhum desses filmes aparece na lista da *Variety* das dez maiores bilheterias do cinema nos EUA:

1. *Titanic* (1997)
2. *Guerra nas Estrelas* (1977)
3. *Shrek 2* (2004)
4. *ET, o Extraterrestre* (1982)
5. *Guerra nas Estrelas: Episódio 1, A Ameaça Fantasma* (1999)
6. *Piratas do Caribe: O Baú da Morte* (2006)
7. *O Homem-Aranha* (2002)
8. *Guerra nas Estrelas: Episódio 3, A Vingança dos Siths* (2005)
9. *O Senhor dos Anéis: O Retorno do Rei* (2003)
10. *O Homem-Aranha 2* (2004)

Os únicos filmes anteriores a 1980 na lista dos 50 mais são *Guerra nas Estrelas* (1977) em 2º, e *Tubarão* (1975) em 33º.

Cartaz de *E.T., o Extraterrestre*

O Melhor de Los Angeles: Museus

Os museus de LA refletem a grande diversidade da cidade. Acervos que vão da história natural a artefatos ancestrais norte-americanos e do legado dos cowboys à história do Holocausto informam e emocionam os visitantes. A cidade tem também muitos museus de arte. Alguns deles oferecem coleções particulares de milionários –como Norton Simon, J. Paul Getty, Eli Broad, e Henry e Arabella Huntington– e contam com obras dos Grandes Mestres, pinturas impressionistas e peças europeias e asiáticas. A "Museum Row", no Wilshire Boulevard, abriga cinco museus, inclusive o famoso LACMA.

O LACMA *é um dos melhores museus de arte dos EUA. Seu acervo inclui* La Trahison des Images (Ceci n'est pas une Pipe), *pintado por René Magritte por volta de 1929* (págs. 114-7).

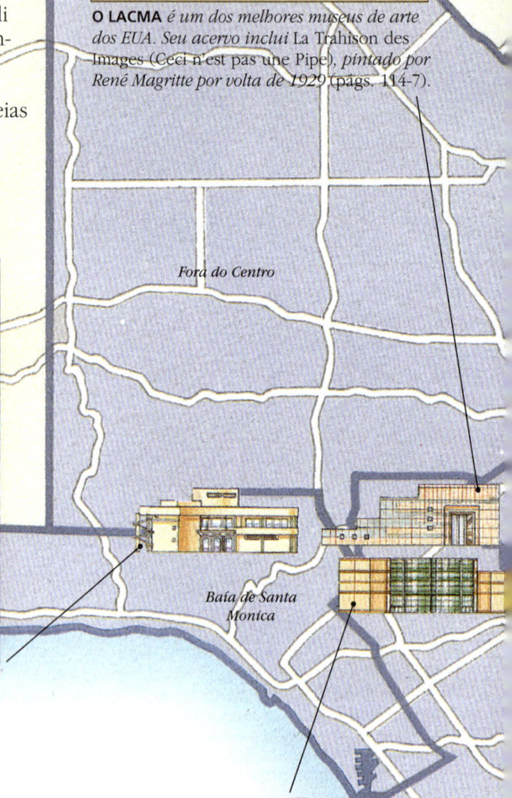

O J. Paul Getty Museum *levou a maioria de suas antiguidades para o Getty Villa.* La Promenade *(1870), de Pierre-Auguste Renoir, é apenas uma das extraordinárias pinturas desse acervo* (págs. 82-5).

O Museum of Tolerance *pretende promover o entendimento entre os povos. Esta escultura do presidente Sadat, do Egito, com o presidente Carter, dos Estados Unidos, e o primeiro-ministro Beguin, de Israel, é um bom exemplo* (pág. 93).

O Southwest Museum of the American Indian *exibe milhares de artefatos das culturas nativas das Américas, como esta jarra de cerâmica, feita por volta de 1900* (pág. 153). *Fechado até 2012.*

O Autry National Center *dedica-se à preservação da história do Oeste dos EUA. Figuras de cera, como esta do fora da lei Billy the Kid, estão à mostra. O centro está passando por grande expansão* (pág. 151).

O Norton Simon Museum of Art *foi construído em 1969. Tem um excelente acervo de arte europeia, indiana e do Sudeste Asiático que abrange mais de 2.000 anos* (págs. 156-7).

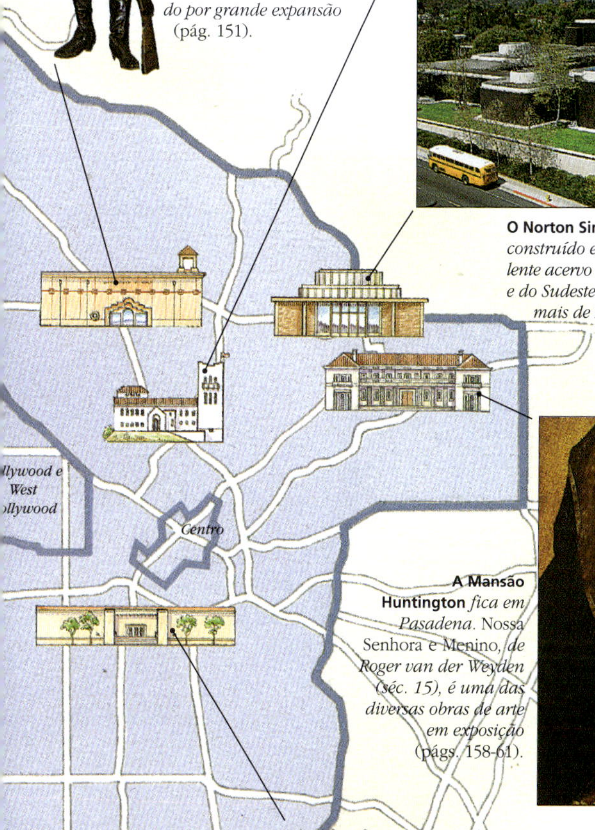

A Mansão Huntington *fica em Pasadena.* Nossa Senhora e Menino, *de Roger van der Weyden (séc. 15), é uma das diversas obras de arte em exposição* (págs. 158-61).

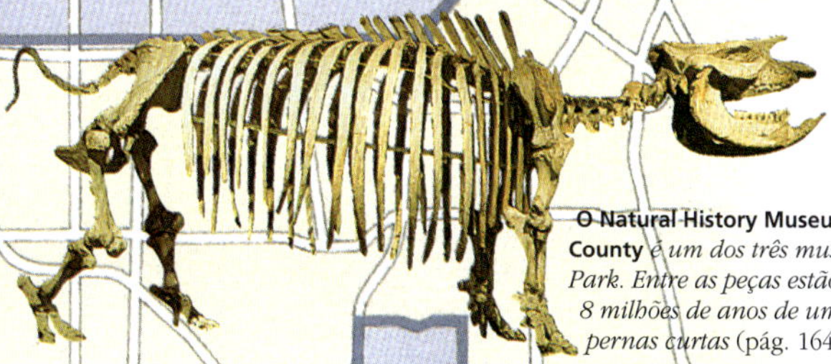

O Natural History Museum of Los Angeles County *é um dos três museus do Exposition Park. Entre as peças estão este esqueleto de 8 milhões de anos de um rinoceronte de pernas curtas* (pág. 164).

A Arquitetura Contemporânea de Los Angeles

Por mais de um século após sua fundação, em 1781, LA permaneceu uma cidadezinha de modestos edifícios de adobe. Somente no final do século 19 é que colonos do Leste e do Meio-Oeste dos EUA trouxeram para cá os estilos vitorianos com que se habituaram desde a infância. Quando a Ferrovia Transcontinental chegou, em 1887, havia uma febre de construção –desde então, a cidade vem se expandindo. No século 20, a melhor contribuição de LA para a arquitetura foi o remodelamento inventivo de estilos antigos –foram reformados prédios comerciais destruídos, criando-se pontos animados e elegantes.

Kate Mantilini's *(1985)*
Este restaurante, um "prédio dentro de um prédio", é típico do desconstrutivismo de LA. (pág. 568).

2 Rodeo *(1990)*
Este pastiche da arquitetura europeia, que inclui uma réplica da Scalinata di Spagna de Roma, faz parte da famosa área de lojas (pág. 94). *A área tem postes de luz em estilo vitoriano e ruas de paralelepípedos.*

Eames House *(1949)*
Esta casa e estúdio de estrutura de aço, projetada por Charles e Ray Eames, é um dos 36 projetos contratados pela revista Arts & Architecture.

TBWA Chiat/Day Advertising Agency *(1991)*
Frank Gehry, o mais famoso arquiteto de LA, projetou este prédio (pág. 78).

Disney Studio Office Building *(1991)*
Este prédio pós-moderno da Disney em Burbank, de Michael Graves, tem um frontão de inspiração clássica sustentado por estátuas de 5,7m dos Sete Anões. Dentro, as cadeiras têm um design que incorpora o Mickey Mouse (págs. 144-5).

Ennis House *(1923)*
O alicerce, a planta e o interior texturizado desta casa são típicos do estilo de "textile block" de Frank Lloyd Wright.

Gamble House *(1908)*
Este é o melhor exemplo dos bangalôs Arts and Crafts de Charles e Henry Greene, da virada do século. Seus extensos beirais, edículas e um interior elegante são característicos do estilo desses irmãos (pág. 154).

Union Station *(1939)*
Último dos grandes terminais ferroviários dos EUA. O saguão abobadado, as arcadas, a sala de espera e os átrios combinam os estilos Revival Mission *e* Streamline Moderne (pág. 128).

Eastern Columbia Building *(1930)*
Este edifício Art Déco, desenhado por Claude Beelman, é um dos melhores desse tipo em LA.

Patinadores, uma cena comum na ciclovia de Venice Beach

PRINCIPAIS ATRAÇÕES

Bairros

Malibu Colony ⓫
Marina del Rey ❸
Santa Monica págs. 76-9 ❶
Venice ❷

Museus

Adamson House e Malibu Lagoon Museum ❾
J. Paul Getty Museum do Getty Center págs. 82-5 ❺
Getty Villa ❽
Museum of Flying ❹

Parques e Praias

Malibu Creek State Park ⓬
Malibu Lagoon State Beach ❿
Topanga State Park ❼
Will Rogers State Historic Park ❻

LEGENDA

Mapa Rua a Rua *págs. 76-7*

0 quilômetros 2

BAÍA DE SANTA MONICA

Com sol forte, fresca brisa marinha, quilômetros de praias, ondas excelentes e museus de primeira classe, a baía de Santa Monica reúne o que há de melhor na Califórnia. A região foi habitada pelos povos chumash e tongva/gabrielino por 2.500 anos antes da chegada, em 1542, do explorador espanhol Juan Cabrillo *(pág. 46)*. No início do século 19, a baía de Santa Monica foi dividida em lotes doados pelo governo, entre eles o Rancho Topanga Malibu Sequit e o Rancho San Vicente y Santa Monica. Este foi comprado em 1875 por John Percival Jones, senador por Nevada, que desejava ver o porto de Los Angeles construído lá. Por sorte essa honra ficou com San Pedro *(págs. 138-9)*, e os balneários praianos de Santa Monica e Venice foram criados em seu lugar. Hoje essas ainda são as duas mais atraentes e animadas áreas de Los Angeles.

Banhista na Venice Beach

Mais adiante no litoral, o Rancho Topanga Malibu Sequit foi comprado em 1887 por Frederick e May Rindge. A família Rindge brigou anos com o Estado para manter sua propriedade isolada. Acabou perdendo e vendeu a maior parte de Malibu para ricos e famosos. Amplas áreas montanhosas ao fundo da baía de Santa Monica continuam, entretanto, inexploradas. Os vastos parques estaduais Topanga e Malibu Creek ajudam a melhorar a qualidade do ar de Los Angeles e oferecem muitos quilômetros de trilhas.

COMO CHEGAR

Santa Monica fica no final da Santa Monica Freeway (I-10) e liga-se a Malibu pela Pacific Coast Highway. Santa Monica e Venice são bem servidas pela companhia Santa Monica Blue Bus. Talvez a melhor maneira de conhecer a região seja alugar uma bicicleta e seguir pela ciclovia costeira *(pág. 178)*.

Rua a Rua: Santa Monica ❶

Artista de rua

A fresca brisa marinha, o clima ameno –em média, há sol 328 dias por ano– e os calçadões para pedestres fazem de Santa Monica um dos melhores lugares de L.A. para caminhar. A cidade está encravada num alto penhasco, acima da baía de Santa Monica e de quilômetros de praias. Ao longo da beira do penhasco, sob a sombra de palmeiras, fica o Palisades Park, um jardim com 100 mil m² que oferece ótimas vistas, especialmente no pôr do sol. Uma escadaria desce para o píer e a praia de Santa Monica. A poucas quadras para além da orla repleta de hotéis está o Third Street Promenade –um bom lugar para se sentar em um café e observar o movimento.

Vista do Palisades Park
No topo do penhasco, o parque oferece uma ótima vista da baía de Santa Monica. Para o norte, vê-se até Malibu.

★ Third Street Promenade
Fontes de várias formas, que misturam metal e topiaria, decoram esta região movimentada –um dos melhores pontos comerciais de L.A.

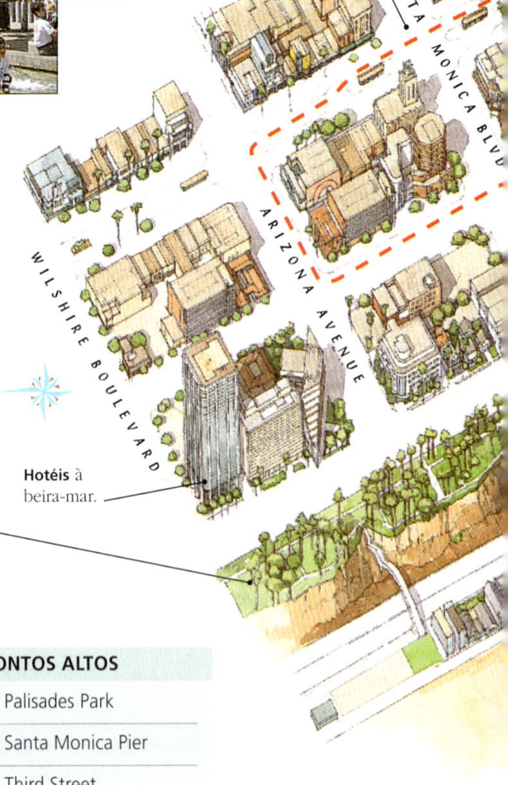

Hotéis à beira-mar.

★ Palisades Park
Este parque, uma faixa estreita plantada com palmeiras antigas, é um bom lugar para andar, correr ou sentar-se em um banco e apreciar a vista. Ao anoitecer, muita gente vem aqui para ver o pôr do sol.

PONTOS ALTOS

★ Palisades Park

★ Santa Monica Pier

★ Third Street Promenade

0 metros 200

LEGENDA

– – – Percurso sugerido

Veja hotéis e restaurantes desta região nas págs. 524-31 e 568-76

Santa Monica Place
Este movimentado shopping center foi projetado pelo arquiteto Frank Gehry em 1979 e desde então está fechado para uma grande reforma. O moderno complexo ao ar livre contará com lojas de grife e um restaurante no terraço.

LOCALIZE-SE

★ Santa Monica Pier
Desde 1908, moradores e turistas vêm a este famoso píer. Com um longo calçadão de madeira, galerias e áreas de pesca, ele ainda tem muito para oferecer. Pequeno local de diversões, o Pacific Park tem roda-gigante, montanha-russa e carrinhos bate-bate.

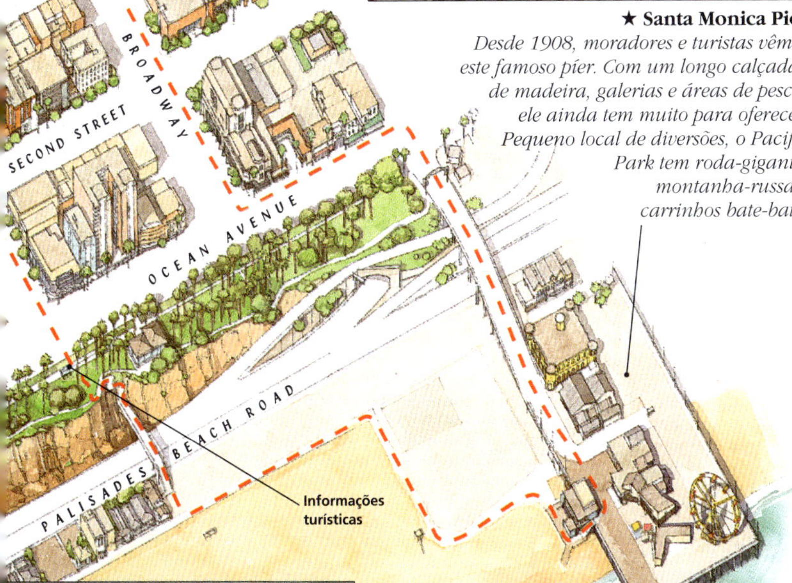

Praia
Com o sucesso da série de TV Baywatch, *as praias de Santa Monica ficaram famosas no mundo todo.*

Como Explorar Santa Monica

Estátua da Bergamot Station

Santa Monica tem sido a estrela do litoral de L.A. desde os anos de 1890, quando bondes a ligavam à cidade e festas na praia eram moda. No início, ela levou uma vida dupla como cidade de praia adormecida e quartel-general de navios-cassinos. Nas décadas de 1920 e 1930, estrelas de cinema como Cary Grant e Mary Pickford compraram terras aqui, criando a "Gold Coast". A praia e o píer são ainda grandes atrações, e a cidade ganhou fama também pelos restaurantes *(pág. 573)*. Com o ar mais puro de L.A., Santa Monica oferece muitas ruas de comércio e uma vida artística ativa. A Bergamot Station e o complexo Edgemar, na Main Street, contam com uma série de galerias de arte.

O design inovador de Frank Gehry para a TBWA Chiat/Day Advertising Agency

Ao redor de Santa Monica

Vários parques gramados pontilham a paisagem da cidade, mas nenhum é tão bonito quanto o **Palisades Park**, no penhasco, de frente para o mar. Estendendo-se por 2,5km à beira do paredão, este parque estreito e bem cuidado é um dos melhores pontos para ver o pôr do sol. Para viver uma experiência típica da Califórnia, ande ou corra pelas trilhas, acompanhando o mar e ao lado das palmeiras. A paisagem, com árvores e plantas semitropicais, é muito bonita. Na ponta norte, o Inspiration Point faz jus ao nome: oferece uma vista "inspiradora" da baía, de Malibu até Palos Verdes.

Terra adentro, entre o Wilshire Boulevard e a Broadway, fica o **Third Street Promenade**. Antes uma rua comercial decadente, esse bulevar passou por uma boa plástica e é hoje um dos locais mais animados de Los Angeles. Suas três quadras com calçadões são um desfile de lojas, cafeterias, restaurantes, livrarias e cinemas. À noite, o clima é especialmente festivo. Artistas de rua divertem quem passa, com música, dança, teatro de fantoches e truques de mágica. Perto, na Arizona Avenue, as feiras de sábado e quarta-feira estão entre as melhores da cidade.

Outro bom local de compras de Santa Monica é a **Main Street**, que corre para o sul em direção a Venice *(pág. 80)*. Na virada do século 20, a Main Street era a zona comercial do Pacific Ocean Park –parque de diversões, estação de águas e um píer. No início dos anos 1970, porém, a maioria das atrações do bairro foi demolida, e a própria Main Street virou área de casas pobres.

Hoje, essa rua revitalizada é rica na variedade de lojas, ótimos restaurantes e galerias de arte de primeira linha.

Há diversas obras de arte ao ar livre na Main Street. *Reação em Cadeia* (1991), do escultor Paul Conrad, é um protesto contra a guerra nuclear feito de correntes de aço e cobre –fica perto do Civic Auditorium. *Ocean Park Pier* (1976), mural de Jane Golden e Barbara Stoll, se encontra na esquina com o Ocean Park Boulevard e retrata o Pacific Ocean Park do início do século 20.

Há um bom exemplo da arquitetura colonial espanhola na esquina da Main Street com a Pier Avenue. Perto, o prédio da TBWA Chiat/Day Advertising Agency, projetado em 1991 pelo arquiteto Frank Gehry no formato de um binóculo gigante, domina a rua *(pág. 72)*.

Reação em Cadeia, de Paul Conrad

Santa Monica Pier

Colorado Ave e Ocean aves.
Tel *(310) 458-8900, 260-8744.*
diariam. **Carrossel** *11h-16h diariam.* **Arcade** *10h-24h dom-qui (até 2h sex-sáb).* **Pacific Park** *ligar antes (310 260-8774).*
www.santamonicapier.org

De 1909, este é o mais antigo píer da Costa Oeste. Tem várias atrações típicas de cidades de praia, como pipoca, algodão-doce, carrinhos bate-bate e fliperama. Na ponta oeste, o Pacific Park conta com uma rodagigante que atinge a altura de um prédio de 11 andares. Perto, o Looff Carousel, de 1922 –similar ao de Santa Cruz *(pág. 506)* e com 44 cavalos

Apartamentos de praia de frente para o Palisades Park

feitos à mão–, apareceu no filme *Golpe de Mestre (pág. 69)*. Não é preciso autorização para pescar no nível inferior do píer. No verão, nas noites de quinta-feira, há dança e música ao vivo *(pág. 173)*.

Bergamot Station

2525 Michigan Ave.
Tel *(310) 829-5854.*
11h-17h ter-sáb. *dom.*

A Bergamot Station é um complexo artístico de 20 mil m² que fica no local de uma garagem de bondes atualmente desativada da Linha Vermelha. Os edifícios são construídos de placas de alumínio e decorados em estilo moderno. Cerca de 25 galerias e pequenos museus expõem as mais recentes obras da arte contemporânea –pinturas, esculturas, fotografias, móveis e vidraria–, além de artigos de colecionadores e arte africana. A Bergamot Station abriga também vários estúdios de artistas.

Pôster típico em exposição na Bergamot Station

California Heritage Museum

2612 Main St. **Tel** *(310) 392- 8537.*
11h-16h qua-dom.
1° jan, 4 jul, Ação de Graças, 25 dez.
www.californiaheritagemuseum.org

O prédio do museu, em estilo Rainha Ana, foi construído em 1894 pelo arquiteto Sumner P. Hunt para ser a casa de Roy Jones, filho do fundador de Santa Monica *(pág. 75)*. No térreo, as salas mostram o modo de vida de várias épocas da história do Sul da Califórnia: uma sala de jantar vitoriana, uma sala de estar

Fachada vitoriana do California Heritage Museum

Arts and Crafts e uma cozinha dos anos 1930. No andar de cima, há exposições temporárias com temas como surfe *(págs. 198-9)*, faroeste, colchas ou mobiliário.

Santa Monica Museum of Art

Building G-1, Bergamont Station.
Tel *(310) 586- 6488.* *11h-18h ter-sáb.* *1° jan, 4 jul, Ação de Graças, 25 dez.* **www**.smmoa.org

O Santa Monica Museum of Art dedica-se à arte contemporânea e moderna. Seu objetivo principal é divulgar a obra de artistas vivos, particularmente aqueles envolvidos em arte performática e multimídia. Em maio de 1998 o museu reabriu, após ter se mudado para seu lar atual, com 10 mil m². Agora está alojado no grande complexo de artes, em Bergamont Station, junto com mais de 20 outras galerias.

Embora o museu não tenha coleções permanentes, a obra de muitos artistas está representada em exposições individuais. O museu tem uma excelente livraria de arte.

PREPARE-SE

Mapa rodoviário destaque A. *90.000.* *LAX 13km sudeste de Santa Monica.* *4th St e Colorado Blvd.* *Palisades Park, 1400 Ocean Ave* **Tel** *(310) 393-7593.* *Santa Monica Festival (mai).* **www**.santamonica.com

RAYMOND CHANDLER

Romancista e roteirista, Raymond Chandler (1888-1959) ambientou várias de suas obras, total ou parcialmente, em Santa Monica –cidade que ele odiava e mal disfarçou na vulgar Bay City de *Adeus, Minha Adorada*. Havia alguma verdade no retrato de Santa Monica feito por Chandler. A corrupção e o vício nas décadas de 1920 e 1930 estão bem documentados. Os navios-cassinos ilegais ficavam ancorados ao largo da costa, entre eles o *Rex*, a 8km da baía de Santa Monica, chamado de *Royal Crown* em *Adeus, Minha Adorada*.
Os romances de Chandler *Adeus, Minha Adorada, O Sono Eterno, A Janela Alta, Ingênua Perigosa* e *O Longo Adeus* tornaram-se filmes que retratavam o lado sombrio de LA.
Com um estilo elegante e enigmático, ele escreveu diálogos fortes para "pessoas comuns". Seu personagem Philip Marlowe foi o detetive por excelência. Solitário, de aparência rude, mas com bom coração, Marlowe tinha frases sarcásticas, seguia as normas e geralmente não ficava com a mocinha.

Cartaz do filme *À Beira do Abismo* (1946), baseado em *O Sono Eterno*

Venice ❷

Mapa rodoviário destaque A.
Tel *310 822-5425.*
www.venicechamber.net

Desde o início, Venice tem atraído boêmios, dos frequentadores de seu salão de baile e sua casa de banhos nos anos de 1910 aos beatniks dos anos 1950. Hoje, a cidade conta com uma grande população de artistas, cujos estúdios se sucedem nas ruas.

Venice foi fundada em 1905, pelo magnata do tabaco Abbot Kinney, como uma versão americana da Veneza italiana. Na esperança de provocar um renascimento cultural no sul da Califórnia, ele construiu um sistema de canais e importou gôndolas e gondoleiros para navegar pelos cursos d'água. Mas Kinney não levou em conta as marés, e a região sofreu constantes problemas de esgoto.

Hoje há poucos dos 11km originais de canais –o resto foi aterrado em 1927. O canteiro circular da Windward Avenue era a lagoa principal, e o Grand Boulevard, que segue daí para sudeste, era o Grande Canal. O melhor lugar para ver os canais restantes é na Dell Avenue, onde há velhas pontes, barcos e patos.

O clima festivo de Venice Beach nunca deixou de existir. No calçadão de madeira, nos feriados e finais de semana, homens e mulheres passeiam em bicicletas e patins, enquanto uma multidão de artistas de rua –que inclui malabaristas de serra elétrica e bandas de um só músico– entretém as pessoas. A Muscle Beach ("praia dos músculos"), onde o ator Arnold Schwarzenegger costumava malhar, ainda atrai halterofilistas.

A Venice Beach é segura para caminhar de dia, mas é melhor ter cuidado à noite.

Iates ancorados no porto da Marina del Rey

Marina del Rey ❸

Mapa rodoviário destaque A.
4701 Admiralty Ave, Marina del Rey ***Tel*** *(310) 305- 9545.*
www.visitmarinadelrey.com

Ocupando uma área de apenas 3,4km² –quase metade água–, Marina del Rey possui o maior porto do mundo para embarcações pequenas. A cidade costuma atrair jovens e solteiros ou famílias que apreciam atividades ao ar livre, como patins, ciclismo e esportes aquáticos. Tudo, de um barco a remo a um iate, pode ser alugado. Também é possível fretar um barco para pesca em alto-mar ou para um cruzeiro de luxo.

A Fisherman's Village, na Fiji Way, lembra uma vila de pescadores da Nova Inglaterra. Tem muitas lojas, restaurantes e cafés, vários deles com boa vista do porto.

Museum of Flying ❹

ligue ou veja o site para informações. **www**.museumofflying.com

Este museu da história da aviação dá destaque à história do Santa Monica Airport, onde está localizado atualmente, e ao proeminente papel que a Douglas Aircraft Company desempenhou no início do desenvolvimento da aviação comercial e militar. Outras companhias aéreas também estão representadas, além de uma pequena coleção de aeronaves antigas. Os visitantes têm acesso a uma área para observação dos pousos e decolagens

Um dos canais de Venice

do aeroporto, assim como podem ver exposições de peças de outros museus.

O Boeing Stearman *Yellow Peril* no Museum of Flying

A FAUNA DA BAÍA DE SANTA MONICA

Entre os mamíferos marinhos que habitam a baía de Santa Monica estão focas, leões-marinhos e golfinhos. De dezembro a fevereiro, podem-se ver baleias-cinzentas migrando do Alasca para a Baixa Califórnia para procriar. Um dos melhores lugares de Los Angeles para observar as baleias é Point Dume. Nas montanhas, a diversidade da fauna é excepcional. O raro puma chega a atingir 2m de comprimento e vive em áreas rochosas mais distantes. Seu primo, o lince, é menor, com tufos de pêlos na ponta das orelhas. Os coiotes saem ao anoitecer, atacando os animais domésticos de quem vive nos morros. O ousado e inteligente mão-pelada investe em acampamentos mesmo quando há gente. O veado-de-orelhas-longas, o coelho-do-deserto e o toirão-raiado também ocorrem. Entre as aves, há águias-reais e gaviões-de-rabo-vermelho.

Mão-pelada *(Procyon lotor)*

J. Paul Getty Center ❺

Págs. 82-5.

Will Rogers State Historic Park ❻

1501 Will Rogers State Park Rd, Pacific Palisades. **Mapa rodoviário** destaque A. ***Tel*** *(310) 454-8212.* *8h-anoitecer diariam.* *1º jan, Ação de Graças, 25 dez.* *gramado.* **www**.parks.ca.gov

Will Rogers (1879-1935) começou a vida como cowboy e se tornou estrela de cinema, comentarista de rádio e colunista de jornal. Chamado de "Cowboy Filósofo", ficou famoso pelo humor simples e comentários perspicazes sobre questões do momento, geralmente feitos enquanto apresentava truques com corda. Sua carreira foi de 1905 até a morte. Quando sua viúva, Betty, morreu em 1944, ela deixou a casa e a fazenda para o Estado. Seu testamento estabelecia que nada na casa fosse alterado e que se promovessem jogos de polo nos fins de semana –Rogers era jogador desse esporte.

Trilhas para caminhadas partem do rancho, muitas abertas por Rogers. O gramado a leste da casa é ideal para um piquenique. Na visita a casa passa-se pela sala de estar, onde Rogers costumava treinar seus truques.

Topanga State Park ❼

20825 Entrada Rd, Topanga. **Mapa rodoviário** destaque A. ***Tel*** *(310) 455-2465 e (805) 488-8147 sobre incêndios no verão e outono.* *8h-anoitecer diariam.* **www**.parks.ca.gov

O Topanga State Park estende-se das Pacific Palisades ao San Fernando Valley *(pág. 144)*. Acredita-se que Topanga seja um termo indígena que significa "o lugar onde as montanhas encontram o mar". A área era habitada pelos índios tongvas/gabrielinos e chumash há 5.000 anos –hoje, seu bosque de sicômoros e carvalhos atrai muitos visitantes.

O parque tem 42.400 m². Sua entrada fica ao norte da vila de Topanga, saindo da Highway 27 na Entrada Road. A maior parte da área fica dentro dos limites de Los Angeles, o que o torna o maior parque urbano dos EUA, melhorando bastante a qualidade do ar da região e proporcionando amplo espaço para caminhadas ou outros passeios.

À medida que se sobe a serra de Santa Monica, cânions, penhascos e campos dão lugar a vistas do oceano e do San Fernando Valley. Quatro trilhas saem da sede do parque em Trippet Ranch: uma de 1,6km, em meio ao bosque, sem guia; a Dead Horse Trail; a Musch Ranch Trail, que leva a um acampamento; e a East Topanga Fire Road, que se liga com a Eagle Junction. A trilha Eagle Rock/Eagle Spring, de 4km, a partir da Eagle Junction, é uma das mais procuradas. Permitem-se bicicletas nas picadas abertas em incêndios e cavalos em todas, exceto em uma.

Trilhas cortam a serra de Santa Monica no Topanga State Park

J. Paul Getty Museum do Getty Center ❺

O novo Getty Center, reaberto no fim de 1997, ocupa uma posição dominante na cidade, física e culturalmente. Situado em meio à beleza natural da serra de Santa Monica, perto da San Diego Freeway (I-405), o complexo abriga o museu e também os programas Getty de pesquisa, conservação e subvenção (a Getty Foundation). Getty fez fortuna com o petróleo e se tornou um colecionador de arte fervoroso. Ele queria que sua coleção –concentrada na arte europeia do renascimento ao pós-impressionismo– fosse aberta ao público de graça. Também se encontram aqui as antiguidades etruscas, gregas e romanas que estavam em exposição na Getty Villa, em Malibu *(pág. 86)*.

LOCALIZE-SE

- Área ilustrada abaixo
- Prédios de pesquisa, conservação, educação, administração, restaurante, café e auditório
- Estação de bonde

★ Lírios *(1889)*
Esta obra foi pintada por Vincent van Gogh quando ele estava internado em St-Rémy. O estilo revela a influência de artistas como Paul Gauguin (1848-1903) e o gravador japonês Hokusai (1760-1849).

Prato Hispano-Mourisco
Este prato de cerâmica decorado com minúcias foi feito em Valência, Espanha, na metade do século 15. O uso de tintas brilhantes era especialidade dos ceramistas mouros da época.

PONTOS ALTOS

- ★ *Montes de Feno, Efeito da Neve, Manhã*, de Claude Monet
- ★ *O Rapto de Europa*, de Rembrandt
- ★ *Lírios*, de Vincent van Gogh

Escaparate sobre Pedestal
Atribuído ao artesão-mestre francês André-Charles Boulle, este armarinho do século 17 foi feito para celebrar as vitórias de Luís XIV.

PREPARE-SE

1200 Getty Center Drive.
Mapa rod destaque A.
Tel *(310) 440-7300.*
10h-17h30 ter-sex, dom; 10h-21h sáb. *feriados.*
$15 (grátis após 17h sáb). **www**.getty.edu

Exposições temporárias e a cafeteria que dá para o jardim do museu ficam neste prédio.

Coreano *(c.1617)*
Este desenho feito com giz preto e vermelho é do artista flamengo Peter Paul Rubens. É um dos muitos que compõem as exibições rotativas.

★ Montes de Feno, Efeito da Neve, Manhã *(1891)*
Faz parte da série de obras de Monet que mostram a mesma paisagem em épocas diferentes do dia e do ano.

★ O Rapto de Europa *(1632)*
Uma das poucas paisagens de Rembrandt, mostra o deus romano Júpiter, disfarçado de touro, raptando Europa, princesa de Tiro.

GUIA DO GETTY CENTER

De baixo, o Getty Center (criado pelo arquiteto Richard Meier) pode parecer uma fortaleza, mas lá em cima o ambiente é acolhedor, com fontes, passarelas, pátios e cantos aconchegantes. Um bonde elétrico traz os visitantes do estacionamento até o prédio. O museu tem um saguão de entrada alto, ventilado, que dá para um pátio central. Daqui se distribuem cinco pavilhões de dois andares. O artista Robert Irwin concebeu o jardim do lado oeste do museu. Vindo da estação de bonde e cruzando a praça principal, há um café e um restaurante. Há outro café e uma livraria dentro do museu.

Como Explorar o Getty Museum

John Paul Getty (1892-1976) reuniu uma notável coleção de antigas pinturas, esculturas e artes decorativas europeias, concentrando-se nos movimentos artísticos anteriores ao século 20. Ele era um colecionador ousado que parecia gostar mais de ir em busca de um objeto do que de possuí-lo. Desde sua morte, o Getty Trust aumentou o patrimônio do museu com a compra de obras da mais alta qualidade. Foram também criados novos departamentos, como os de fotografia, desenhos e manuscritos.

***Homem com Enxada*, pintado entre 1860 e 1862 por Jean-François Millet**

PINTURA E ESCULTURA EUROPEIAS

O museu ostenta um soberbo acervo de pinturas europeias que vão do século 13 ao final do século 19. Entre as obras italianas do Renascimento e do Barroco estão *A Adoração dos Magos* (c.1495-1505), de Andrea Mantegna, e *Vista do Arco de Constantino com Coliseu* (1742-5), de Canaletto. *O Rapto de Europa* (1632), de Rembrandt, destaca-se nos acervos flamengo e holandês, que também contam com um esboço a óleo de Peter Paul Rubens (1577-1640) e um retrato feito por Anthony van Dyck (1599-1641).

Dentre as obras francesas, *A Corrida dos Cavalos sem Cavaleiros* (1817) é uma obra importante do pintor romântico Théodore Géricault. Em *Natureza-Morta com Maçãs* (1894), de Paul Cézanne, a preocupação do artista com as gradações de luz e cor revela a progressão, no fim do século 19, do antigo estilo de pintura, realista, para uma abordagem moderna, abstrata. Esse quadro, junto com *Fardos de Feno, Efeito da Neve, Manhã (pág. 83)*, de Claude Monet, *Íris (pág. 82)*, de Vincent van Gogh, e *Arii Matamoe*, de Paul Gauguin, deram destaque ao acervo impressionista e pós-impressionista.

As esculturas europeias do Getty vão do século 16 ao final do século 19. O *Busto de um Jovem* (1520), de Pier Jacopo Antico, foi criado no final da alta Renascença italiana. O corpo alongado, preferido pelos maneiristas, pode ser observado em *Sátiro* (c.1542), de Benvenuto Cellini. Bons exemplares da escultura barroca são *Plutão Raptando Prosérpina* (c.1693-1710), de François Girardon, e *Menino com um Dragão* (c.1614), de Bernini. Entre as obras neoclássicas, há as de Joseph Nolleken.

DESENHO

A compra em 1981 do estudo em giz vermelho *Mulher Nua com uma Cobra* (c.1637), de Rembrandt, marcou o início da coleção de desenhos do museu. Hoje o acervo tem mais de 400 obras em vários tipos de suporte, do século 15 ao final do 19. *A Carocha* (1505), de Albrecht Dürer, é uma ilustração detalhada em aquarela e guache. *Estudos do Menino Jesus com um Carneiro* (c.1503-1506), de Leonardo da Vinci, por sua vez, é um estudo livre em bico-de-pena.

Coreano (pág. 83), de Peter Paul Rubens, é um entre vários desenhos de retrato. Outro é o *Autorretrato* (c.1857-1858) de Edgar Degas, feito em óleo sobre papel e mostrando o jovem artista ainda no princípio de sua carreira.

FOTOGRAFIA

O museu criou seu departamento fotográfico em 1984, com a compra de várias coleções particulares importantes, como as de Bruno Bischofberger, Arnold Crane e Samuel Wagstaff. O acervo concentra-se na fotografia norte-americana até os anos 1950. Riquíssimo em obras do início dos anos 1840, apresenta muitos dos pionei-

***Cape Horn, Oregon* (1881-3), de Carleton E. Watkins**

ros da fotografia. Nos daguerreótipos, a identidade do retratado era geralmente mais importante que a do fotógrafo. O museu tem um retrato do próprio Louis-Jacques-Mande Daguerre, tirado em 1848 por Charles R. Meade. O inglês William Henry Fox Talbot (1800-1877) foi o primeiro a fazer cópias de negativos. Um bom exemplo de sua obra é *Carvalho no Inverno* (1841). Entre os profissionais pioneiros em exposição estão Hyppolyte Bayard (1801-1887), a retratista Julia Margaret Cameron (1815-1879), o fotógrafo de guerra Roger Fenton (1819-1869), Gustave Le Gray (1820-1882) e Nadar (1820-1910).

Dos importantes artistas do início do século 20 constam Edward Weston (1886-1958), com belas naturezas-mortas, e Walker Evans (1903-1975), de influência central na fotografia documental dos EUA.

Taça renascentista de vidro e calcedônia, ou ágata, feita em Veneza, Itália, em cerca de 1500

ARTES APLICADAS

A área de artes aplicadas do museu conta com peças europeias anteriores a 1650 e obras do sul da Europa de 1650 a 1900. Foram escolhidas para complementar a extensa coleção de Getty de artes decorativas francesas.

Os destaques incluem vidraria e cerâmica da Itália e da Espanha; obras em metal da França, Alemanha e Itália; e um mobiliário bastante decorado. É o caso do escaparate com marchetaria, de Augsburg, Alemanha (c.1620-1630). Todos os quatro lados da peça se abrem para mostrar várias gavetas e compartimentos para objetos de coleção.

Cesto de porcelana de Sèvres, de meados do século 18

ARTES DECORATIVAS

As artes decorativas foram a primeira paixão de Getty como colecionador, depois de ter alugado uma cobertura em Nova York mobiliada com antiguidades francesas e inglesas do século 18. Inicialmente sua coleção se centrava em móveis do reinado de Luís XIV até a era napoleônica (1643-1815), englobando os períodos da Regência, do rococó e do Império.

Na época de Luís XIV o mobiliário francês atingiu um alto nível artístico, no qual a aparência valia mais que a funcionalidade. O melhor artesão da época era André-Charles Boulle (1642-1732), famoso por folheados e marchetaria complexos. O museu possui várias peças da família real francesa atribuídas a Boulle. Duas arcas sobre pedestal (c.1680-1685), feitas para o Grand Dauphin, filho de Luís XIV, provavelmente guardaram joias e objetos valiosos.

Várias das tapeçarias do acervo continuam em ótimo estado. Há uma tecida por Jean de la Croix (ativo entre 1662 e 1712) para Luís XIV. O patrimônio também inclui cerâmicas, objetos dourados e de prata, como candelabros e lustres de parede.

Nos últimos anos foram adquiridas peças da Alemanha, da Itália e do norte da Europa. Uma escrivaninha neoclássica de tampo corrediço (c.1785), feita pelo alemão David Roentgen, tem uma mesa embutida que funciona por pressão –tais mecanismos eram marca registrada de Roentgen.

MANUSCRITOS

O museu deu início a seu acervo de iluminuras em 1983 com a compra da Ludwig Collection, de 144 obras, que privilegiava os textos germânicos e centro-europeus. Acompanhando o desenvolvimento das iluminuras do século 6º ao século 16, o acervo tem hoje obras-primas dos períodos bizantino, otoniano, românico, gótico e renascentista.

Os manuscritos iluminados eram escritos e decorados totalmente a mão. De início, a maioria era feita em mosteiros, então o centro da vida intelectual europeia. Mais tarde, no século 12, foram também produzidos nas universidades, que se multiplicavam. Grande parte dos livros continha temas religiosos, mas alguns preservaram a filosofia, a história, a literatura, o direito e a ciência da civilização ocidental. Reis, nobres e primazes da Igreja encomendavam esses livros ricamente pintados, alguns dos quais decorados com joias e metais preciosos.

Os manuscritos, assim como os desenhos e as fotos, são expostos em sistema de rodízio. Destacam-se um lecionário evangélico otoniano de Reichenau ou de St. Gall (950-975); um Apocalipse do gótico inglês (1255-60); dois livros dos Evangelhos bizantinos; *As Visões de Tondal* (1475), do acervo flamengo; e as *Horas de Simon de Varie*, do artista francês Jean Fouquet, de 1455.

S. João Evangelista **(c.1120-1140) do Livro de Evangelhos da abadia alemã de Helmarshausen**

The Getty Villa ❽

17985 Pacific Coast Hwy. ***Tel*** *(310) 440-7300.* *10h-17h qui-dom (agendar visitas por telefone).* *feriados.* **www**.getty.edu

A Getty Villa é a nova sede da coleção de antiguidades do J. Paul Getty Museum *(págs. 82-5)*. Aqui é adotado o ponto de vista de Getty –de um museu que mostre sua coleção de antiguidades num local em que essa arte pudesse ter sido originalmente vista. O museu exibe peças etruscas, gregas e romanas nos dois andares do edifício.

O local é uma recriação da Villa dei Papiri, imóvel rural de um cônsul romano. O Outer Peristyle Garden é espetacular, com amplo lago ladeado por estátuas de bronze. As construções da mansão mesclam detalhes romanos originais com tecnologia moderna.

A casa original de Getty nessa propriedade, e local do primeiro Getty Museum, possui uma bela bilioteca, salas de palestras e escritórios. O novo anfiteatro ao ar livre apresenta peças gregas e espetáculos de dança, e há ainda um café sofisticado.

A fachada e os jardins decorativos da Adamson House

Adamson House e Malibu Lagoon Museum ❾

23200 Pacific Coast Hwy. **Mapa rodoviário** destaque A. ***Tel*** *(310) 456-8432.* *11h-15h qua-sáb.* *1º jan, 4 jul, Ação de Graças, 25 dez.* *última visita guiada 14h.* **www**.adamsonhouse.org

A Adamson House foi erguida em 1930 para o casal Merritt e Rhoda Adamson. Rhoda era irmã de Frederick e May Rindge, os últimos proprietários das terras do Rancho Malibu. Até 1928, a família era dona de 39km da costa de Malibu. Da casa (projetada por Stiles Clements) e de seus 25 mil m² de jardins veem-se de cima o píer e a laguna de Malibu. A construção, de estilo colonial espanhol, está forrada de azulejos da Malibu Potteries –companhia de cerâmica aberta por May Rindge e de propriedade da família. Esses azulejos, elaborados individualmente, aparecem por toda a casa. Piso, paredes, soalho das portas e fontes têm decoração intrincada. Os móveis originais da mansão, de 1920, também estão expostos.

Detalhe de azulejo da Adamson House

O Malibu Lagoon Museum, voltado para a história de Malibu, fica dentro da garagem adaptada da Adamson House. Artefatos, documentos e fotografias contam a história não apenas da família Rindge, mas também da antiga comunidade chumash e de José Tapia, que em 1802 se tornou o primeiro espanhol proprietário de terras em Malibu.

Malibu Lagoon State Beach ❿

Mapa rodoviário destaque A. ***Tel*** *(818) 880-0367.* *8h-anoitecer diariam.* **www**.parks.ca.gov

O povo chumash erigiu Humaliwo, sua maior vila, às margens desta laguna. Por volta do século 16, cerca de mil pessoas moravam nela, tornando-a a mais populosa das vilas dos índios americanos ao norte do atual México.

O estuário comporta enorme variedade de vida marinha e é uma importante fonte de alimento para mais de 200 espécies de aves

O Outer Peristyle Garden da Getty Villa

Veja hotéis e restaurantes desta região nas págs. 524-31 e 568-76

Casas de praia da Malibu Colony

migratórias e nativas. A leste da laguna, a Surfrider County Beach, de 140 mil m², está reservada para surfistas. Com uma arrebentação rara, Malibu é um dos melhores locais para surfe no sul da Califórnia. A área próxima do píer supostamente teria as melhores ondas para pranchas longas.

Vista através da Malibu Lagoon para a serra de Santa Monica

Malibu Colony ⓫

Mapa rodoviário destaque A.
Tel *23554 Malibu Colony Road.*

Em 1928, a fim de angariar dinheiro para financiar a batalha com o governo e assim manter na família a posse de Malibu, May Rindge vendeu este trecho do litoral a estrelas de cinema como Bing Crosby, Gary Cooper e Barbara Stanwyck. Hoje a colônia é um condomínio fechado, ainda frequentada por pessoas da indústria do entretenimento. O acesso à praia é difícil, mas quase sempre se podem ver as celebridades no Malibu Colony Plaza, perto da entrada.

Malibu Creek State Park ⓬

Mapa rodoviário destaque A.
Tel *(818) 880-0367ou (800) 444-7275 para reservar lugar de acampamento.* *amanhecer-por do sol diariam.*
www.parks.ca.gov

Este extenso parque foi habitado pelos índios chumash até meados do século 19. A paisagem variada de florestas, campos e penhascos rochosos cria a ilusão de uma vasta extensão virgem a quilômetros da civilização.

Parte do parque já foi da 20th Century Fox, que fez daqui uma de suas locações favoritas para filmes *(págs. 68-9)* como *MASH* (1970), *Butch Cassidy* (1969) e *O Planeta dos Macacos* (1968). O Estado recomprou as terras em 1974.

O centro de informação fica perto do estacionamento e tem uma mostra da história, da flora e da fauna do local. A maravilhosa Gorge Trail começa no centro do parque e leva a uma piscina de rocha, que serviu como locação "tropical" para filmar *Ao Sul do Pacífico* (1958) e *Tarzã* (1959).

Saindo da Crags Road, o pantanoso Century Lake abriga bagres, enchovas, melros-da--asa-vermelha, patos-selvagens, carquejas e marrecas-selvagens. Na primavera, os campos viram uma festa de cores com flores silvestres. Há ainda bosques de carvalhos, sequoias e cornisos por todo o parque.

Dentro dele há 20 trilhas para caminhar, andar de bicicleta ou a cavalo, um centro sobre a natureza e muitas áreas de piquenique.

Malibu Creek State Park, perto de Castro Crest *(pág. 64)*

BEVERLY HILLS, BEL AIR E WESTWOOD

Beverly Hills é uma cidade independente de Los Angeles, com legislação própria. Desde o início dos anos 1920, tem sido o endereço preferido das pessoas ligadas à indústria cinematográfica. O Golden Triangle ("triângulo dourado") de Beverly Hills é uma resposta à Madison Avenue de Nova York, com restaurantes, lojas e cafeterias. Ao sul de Bel Air, a jovem Westwood Village fica repleta de estudantes da UCLA. Na Century City, voltada para os negócios, os arranha-céus "congestionam" o horizonte. Essas áreas são conhecidas como Westside.

Placa da cidade

PRINCIPAIS ATRAÇÕES

Edifícios Históricos
Beverly Hills Civic Center ❶
Beverly Hills Hotel ❽
Hotel Bel-Air ⓫

Parques e Jardins
Parque e Mansão Greystone ❼
Virginia Robinson Gardens ❾

Áreas de Compras
Century City ❻
Rodeo Drive pág. 94 ❸
2 Rodeo ❹

Passeios
As Casas das Estrelas *págs. 96-7* ❿

Museus
The Paley Center for Media ❷
Museum of Tolerance ❺

Universidades
UCLA e Westwood Village ⓬

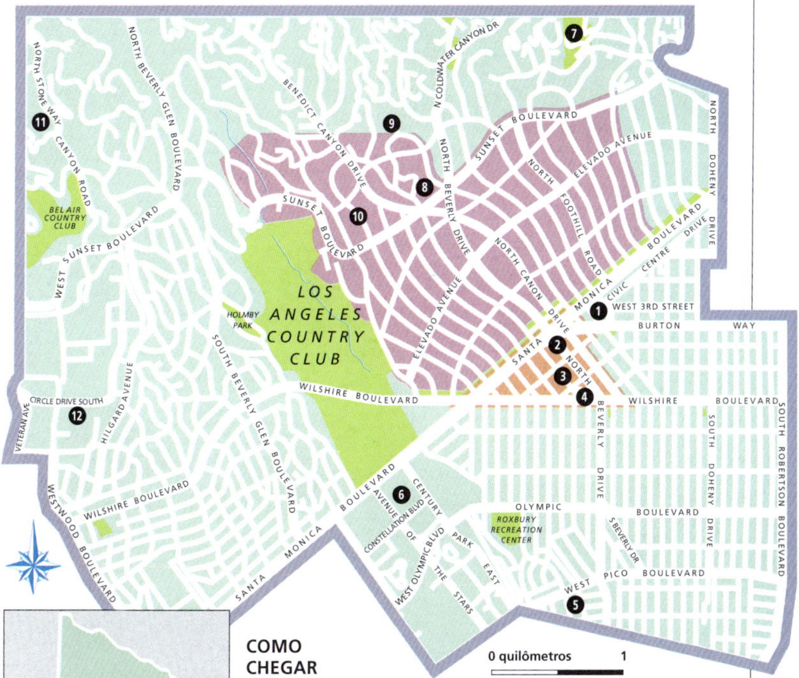

COMO CHEGAR

Um carro é essencial para visitar esta região, que tem muitos estacionamentos. Da San Diego Freeway (I-405) pegue a leste o Wilshire Boulevard ou o Sunset para Westwood, Bel Air e Beverly Hills.

LEGENDA

Mapa Rua a Rua *págs. 90-1*

Passeio *págs. 96-7*

◁ **A inconfundível torre da prefeitura de Beverly Hills, que faz parte do Civic Center**

Rua a Rua: o Golden Triangle

A área delimitada por Santa Monica Boulevard, Wilshire Boulevard e North Crescent Drive, conhecida como Golden Triangle ("triângulo dourado"), conta com algumas das lojas, dos restaurantes e das galerias de arte mais luxuosos do mundo. A Rodeo Drive atravessa a região bem no meio, e aí se encontram muitas butiques de estilistas internacionais. No Wilshire Boulevard, a nata das lojas de departamentos norte-americanas oferece uma estonteante mistura de estilo e luxo. Ao norte ficam os Beverly Gardens –muito bem cuidados–, o elegante Civic Center com seu ponto de referência, o City Hall (prefeitura) e o Paley Center for Media, antigo Museum of Television and Radio.

★ The Paley Center for Media
Valioso integrante do Golden Triangle, este museu apresenta uma história completa do rádio e da TV ❷

A Electric Fountain foi erguida em 1930. A estátua no alto é de um índio norte-americano rezando por chuva. O friso da base traz cenas da história da Califórnia.

Saks Fifth Avenue é uma das quatro maiores lojas de departamentos do Wilshire Boulevard.

A Creative Artists Agency foi construída em 1989 pelo arquiteto I.M. Pei. Os vidros espelhados curvos marcam a esquina dos bulevares Santa Monica e Wilshire.

Veja hotéis e restaurantes desta região nas págs. 524-31 e 568-76

★ Beverly Hills Civic Center
O City Hall, de 1932, no estilo renascimento espanhol, foi restaurado e ganhou novos prédios ❶

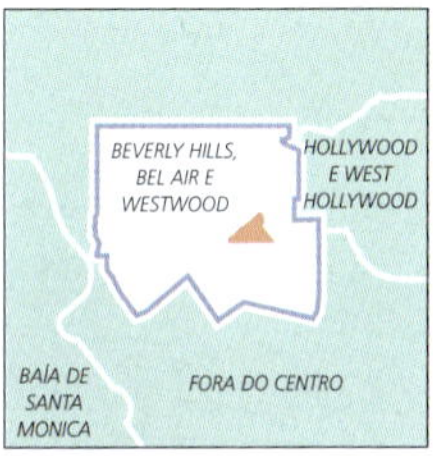

LOCALIZE-SE
Guia de Ruas 5

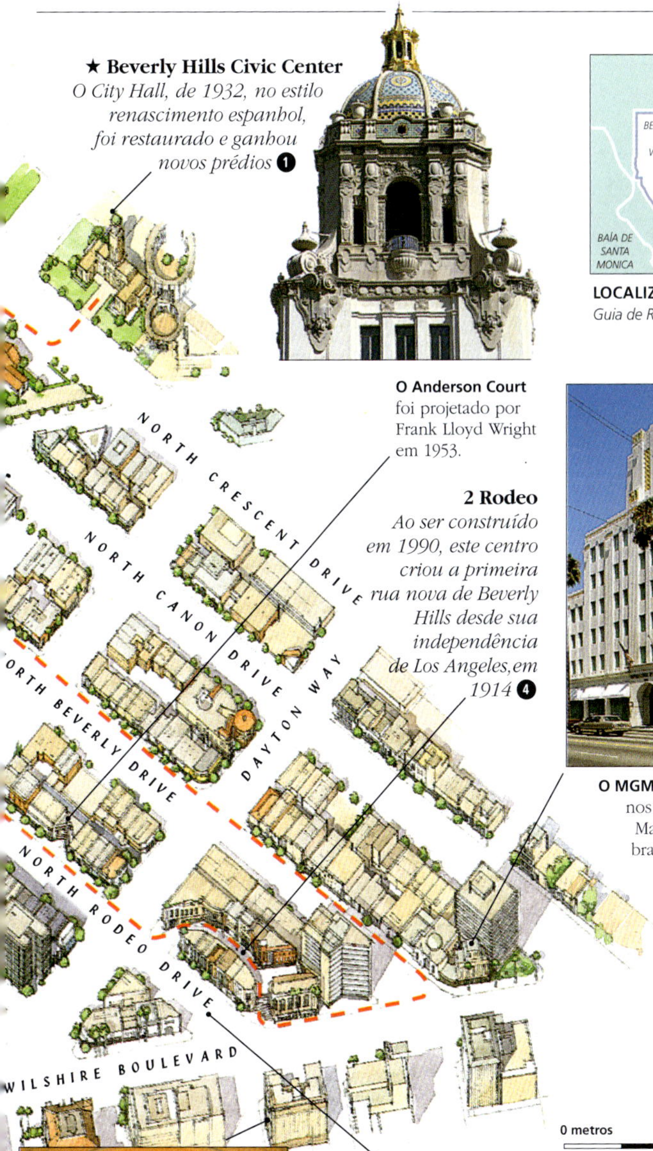

O Anderson Court foi projetado por Frank Lloyd Wright em 1953.

2 Rodeo
Ao ser construído em 1990, este centro criou a primeira rua nova de Beverly Hills desde sua independência de Los Angeles, em 1914 ❹

O MGM Building foi construído nos anos 1920 por Louis B. Mayer. O prédio Art Déco branco e dourado foi sede da então recém-criada companhia de cinema Metro-Goldwyn--Mayer.

0 metros 100

Rodeo Drive
Estas três quadras da Rodeo Drive estão entre as áreas de compras mais famosas do mundo ❸

O Beverly Wilshire Hotel abriu em 1928. Em 1970 foi acrescentada nova ala ao prédio Beaux-Arts. Uma rua particular de pedras liga as duas alas *(pág. 508)*.

LEGENDA

– – – Percurso sugerido

PONTOS ALTOS

★ Beverly Hills Civic Center

★ The Paley Center for Media

O Civic Center de Beverly Hills, com o City Hall ao fundo

Beverly Hills Civic Center ❶

455 N Rexford Drive. **Mapa** 5 F3. ***Tel*** *(310) 285-1000.* *7h30-17h30 seg-qui; 8h-17h sex.* *feriados.* **www**.beverlyhills.org

O City Hall (prefeitura), de estilo colonial espanhol, com sua torre encimada por uma cúpula de azulejos, foi projetado em 1932 pela firma local Koerner and Gage. Com o passar do tempo, tornou-se símbolo de Beverly Hills.

Em 1990, o arquiteto Charles Moore ligou o prédio ao novo Civic Center com vários calçadões diagonais ajardinados. Nos pisos superiores, balcões e corredores com arcadas repetem os motivos do colonial espanhol. O harmônico acréscimo moderno abriga uma bonita biblioteca pública, além do corpo de bombeiros e delegacia.

Os grandes cartazes são proibidos nessa área, e os prédios não podem ultrapassar a altura de três andares, ou 14m, o que faz o City Hall dominar no horizonte.

The Paley Center for Media ❷

465 N Beverly Drive. **Mapa** 5 F3. ***Tel*** *(310) 786-1070.* *12h-17h qua-dom.* *feriados.* **www**.paleycenter.org

Os visitantes do Paley Center, antigo Museum of Television and Radio, podem ver e ouvir uma série de programas de esportes e entretenimento, além de notícias, dos primeiros dias do rádio e da televisão até hoje.

Os fãs da música pop têm a chance de assistir a filmes dos Beatles no começo da carreira ou ver o jovem Elvis Presley estreando na TV. Os amantes do esporte podem reviver os jogos olímpicos.

É possível escolher de uma vez até quatro assuntos do catálogo computadorizado. Eles são, então, passados em aparelhos individuais. O museu tem também uma sala de 150 lugares, que serve para grandes exibições, palestras e sessões de cinema sobre temas especiais ou sobre atores e diretores específicos.

O acervo, de mais de 75 mil programas de rádio e de TV, possui clássicos eternos como *I Love Lucy (pág. 199)* e *Sergeant Bilko*. Também estão à disposição os comerciais de rádio e TV famosos, abrangendo a história da publicidade.

Esse patrimônio é o dobro do acervo do bastante apreciado Museum of Television and Radio de Nova York, criado em 1975 por William S. Paley, quando era chefe da CBS Television.

Rodeo Drive ❸

pág. 94.

2 Rodeo ❹

Mapa 5 F3. *268 N. Rodeo Drive* ***Tel*** *(310) 247-7040.* **www**.2rodeo.com

Criado em 1990 na esquina da Rodeo Drive *(pág. 94)* com Wilshire Boulevard, o 2 Rodeo é um dos mais caros centros varejistas já construídos. Ele se parece um pouco com um cenário de filme: uma rua europeia, com sua praça pública e seus postes de luz em estilo vitoriano. Lojas de primeira, como Versace e

Lucille Ball, a mais popular estrela de TV dos EUA nos anos 1950

A Spanish Steps do 2 Rodeo

Jimmy Choo, ficam na Via Rodeo, que segue até a Spanish Steps (escadaria que imita a *Scalinata di Spagna*, de Roma).

Museum of Tolerance ❺

9786 W Pico Blvd. **Mapa** 5 F5. ***Tel*** *(310) 553-8403.* *11h-17h dom-sex (até 15h sex no inverno).* *1° jan, Ação de Graças, 25 dez e todos os principais feriados judeus.*
www.museumoftolerance.com

Este museu dedica-se à promoção do respeito e do entendimento entre todos os povos. Seus dois focos centrais são a história do racismo e do preconceito nos EUA e o episódio do Holocausto europeu, examinados em um contexto histórico e contemporâneo.

A visita ao museu começa no Tolerancenter, onde os visitantes são desafiados a enfrentar o racismo e a intolerância através de mostras interativas. Uma lanchonete dos anos 1950 apresenta um menu com tópicos controversos sobre responsabilidade pessoal, enquanto um filme sobre a Bósnia, Ruanda e grupos racistas traçam um panorama das violações dos direitos humanos na atualidade. Uma parede com 16 telas de vídeo relata a luta pelos direitos civis nos anos 1960. Monitores de vídeo interativos perguntam ao visitante seu perfil e então os desafiam com questões sobre cidadania responsável e justiça social. Também são passados documentários sobre os distúrbios de Los Angeles em 1992 *(pág. 51)*.

No começo da seção Holocausto, cada visitante recebe informações e uma fotografia de uma criança cuja vida foi alterada de algum modo por esse período.

Ao longo da visita, a história da criança é atualizada e, no fim, revela-se seu destino. Os visitantes também testemunham os acontecimentos da Alemanha nazista. Modelos de cera em um café, na Berlim pré-guerra, parecem discutir a iminente ascensão dos nazistas na Alemanha. Numa recriação da Conferência de Wannsee, os líderes do 3º Reich debatem sobre "A Solução Final da Questão Judaica". Entrevistas em vídeo com sobreviventes de campos de concentração mostram sua abominável experiência no "Salão do Testemunho". Estão ainda em exposição cartas de Anne Frank e objetos relacionados aos campos de concentração.

É preciso ligar antes para fazer reservas, já que os ingressos são vendidos separadamente para atrações específicas. Há uma recomendacão inicial e algumas exposições, como a sobre o holocausto, não são recomendadas para crianças com menos de 12 anos.

A história do preconceito racial no Museum of Tolerance

Century City ❻

Mapa 5 D5. *2029 Century Park East, 90067* ***Tel*** *(310) 553-2222.*
www.centurycitycc.com

Este local fez parte dos terrenos de cenário da 20th Century Fox. Foi vendido em 1961 para os construtores da Century City, que projetaram um conjunto de edifícios de escritórios, lojas e residências nos 730 mil m².

Hoje, advogados, agentes e companhias produtoras lotam os blocos de escritórios. Apesar disso, o local nunca teve "clima de comunidade".

O Westfield Century City Shopping Center, porém, é um sucesso. Atualmente está sendo transformado em um complexo ao ar livre com cerca de 150 lojas, cinemas e restaurantes.

Westfield Century City

Mansão e Parque Greystone ❼

905 Loma Vista Drive. **Mapa** 5 F1. ***Tel*** *(310) 550-4196.* **Parque** *10h-17h diariam (verão: até 18h).* *1° jan, 25 dez.* *terraço e terrenos baixos.*

Em 1928, Edward L. Doheny, um milionário do petróleo, construiu este solar pseudo-Tudor de 55 cômodos para seu filho. Três semanas depois de se mudar com a família, o filho de Doheny foi achado morto na cama com um secretário –um aparente assassinato seguido de suicídio. A mulher e os filhos logo se mudaram, e desde então a mansão ficou vazia.

Hoje propriedade da cidade de Beverly Hills, a Greystone é usada para filmes, vídeos e comerciais. A casa está fechada ao público, mas se pode andar pelos 70 mil m² de jardins em terraços, com vista de Los Angeles toda.

Rodeo Drive ❸

O nome Rodeo Drive vem de *El Rancho Rodeo de las Aguas* ("a fazenda união das águas"), nome de um antigo lote de terras doadas que incluía Beverly Hills. Hoje, a Rodeo Drive é uma das mais famosas e elitistas ruas de lojas do mundo, com butiques de estilistas italianos, o melhor da moda francesa, joalherias de classe internacional e alguns dos principais varejistas de Los Angeles. Para quem gosta de ver celebridades, a Rodeo Drive é um dos melhores locais.

Cartier, *no nº 370, é famosa por seus relógios clássicos e anéis de brilhantes.*

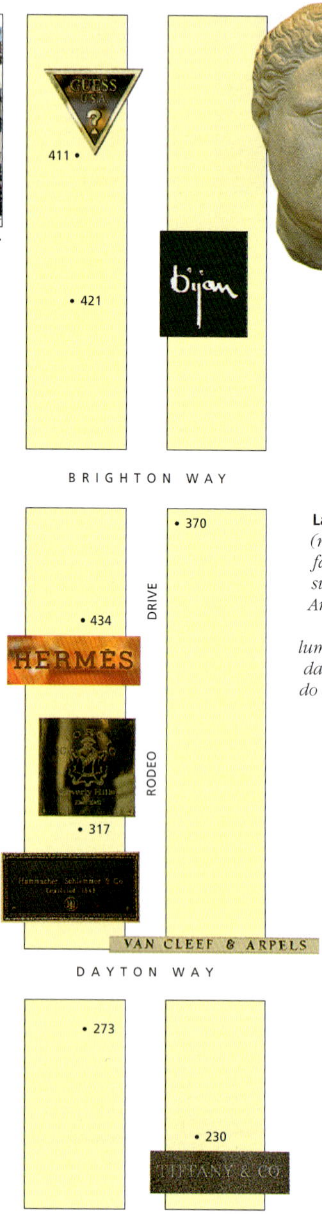

A Barakat *vende joias finas, mas também tem uma coleção de objetos antigos pré-colombianos e gregos, no nº 405.*

Gucci *(nº 347) é uma butique italiana de primeira linha. Famosa pelos acessórios de couro e echarpes coloridas, ela também tem outros artigos, como esta almofada.*

Lalique, *(nº 238) é famosa por sua vidraria Art Déco e Art Nouveau. As luminárias foscas da loja são típicas do estilo da Lalique.*

As calçadas largas, *ladeadas de árvores, ajudam a criar um lugar agradável para compras.*

0 metros 50

A Christian Dior, *no nº 309, é um dos nomes principais da* haute couture *francesa. O fundador da casa foi quem criou o New Look dos anos 1950.*

O conhecidíssimo Beverly Hills Hotel

Beverly Hills Hotel ❽

9641 Sunset Blvd. **Mapa** 5 D2. ***Tel*** *(310) 276-2251, (800) 283-8885.* ◯ *diariam.* ♿ *Veja **Onde Ficar** pág. 525.* **www**.thebeverlyhillsnotel.com

Apelidado de "o Palácio Rosa", este extravagante hotel no estilo Revival Mission foi erguido em 1912 pelo construtor Burton E. Green para atrair gente a Beverly Hills. Seus 21 chalés, isolados em uma área ajardinada de 50 mil m², foram refúgios românticos de estrelas do cinema como Marilyn Monroe, Clark Gable, Richard Burton e Elizabeth Taylor.

O Beverly Hills Hotel passou por uma reforma de US$ 100 milhões, retomando o estilo do auge de Hollywood. A piscina e as cabanas continuam sendo um local para "ver e ser visto" em Los Angeles, e os célebres restaurantes, The Polo Lounge e Polo Grill, voltaram a abrigar reuniões de negócios da indústria do cinema.

Virginia Robinson Gardens ❾

1008 Elden Way. **Mapa** 5 D1. ***Tel*** *(310) 276-5367.* ◯ *ter-sex.* ● *feriados.* *obrigatória 10h e 13h ter-sex. Reservar com antecedência.* **www**.robinsongardens.org

Em 1908, Harry Robinson, herdeiro de uma loja de departamentos, e sua mulher, Virginia, compraram um terreno em Beverly Hills. Três anos depois, eles concluíram aqui a primeira casa da cidade e ajardinaram uma área de 25 mil m², em meio a terraços, lagos e fontes.

Legados ao município de Los Angeles, os jardins foram abertos ao público em 1982. Uma das principais atrações é o bosque de palmeiras de 10 mil m², onde estão as maiores palmeiras-reais fora da Austrália.

A visita inclui parte da casa, com mobiliário original.

As Casas das Estrelas ❿

págs. 96-7.

Hotel Bel-Air ⓫

701 Stone Canyon Rd. **Mapa** 4 A1. ***Tel*** *(310) 472-1211, (800) 648-4097.* ◯ *diariam.* ♿ *Veja **Onde Ficar** pág. 524.* **www**.hotelbelair.com

Considerado um dos melhores hotéis dos EUA, o Bel-Air está situado em um cânion muito arborizado, dando-lhe um ar tranquilo e de privacidade. Os prédios da década de 1920, em estilo revival Mission, ficam em 45 mil m² de belos jardins, entrecortados por fontes e pátios.

Entre as árvores e arbustos raramente vistos no sul da Califórnia há sequoias, aves-do-paraíso de flores brancas e mimosas –as maiores da espécie fora de seu hábitat natural. Os jardins cheiram a rosas, gardênias, jasmins e laranjeiras.

O Bel-Air é tão perfeito que um hóspede permaneceu aqui por 40 anos.

Piscina do Hotel Bel-Air, rodeado por belos jardins

As Casas das Estrelas ⑩

Emblema da segurança

Em Los Angeles, a aparência é tudo. E Beverly Hills é há muito tempo um símbolo do sucesso para as pessoas ligadas à indústria cinematográfica. Em 1920, quando Mary Pickford e Douglas Fairbanks construíram sua mansão –a Pickfair– no alto da Summit Drive, todos os seguiram. O Sunset Boulevard divide os que “têm” dos que “não têm”: quem vive ao sul dele talvez seja rico, mas os que moram ao norte da rua é que são considerados podres de ricos. Há um passeio de ônibus para quem não quer dirigir. Vale lembrar que a maioria dos famosos não mora mais aqui.

A antiga casa de James Stewart, na Roxbury Drive, 918 ⑬

Ao Sul do Sunset

Comece pelo nº 714 da Palm Drive, na elegante casa de Faye Dunaway ①, que atuou com Warren Beatty em *Uma Rajada de Balas* (1967). Siga para o sul e vire à direita na Elevado Avenue. A antiga casa de Rita Hayworth ② fica na esquina, no nº 512 da Palm Drive.

Na Maple Drive, vire à direita. O nº 720, uma casa branca e verde em estilo New England, é a residência do falecido George Burns e Gracie Allen ③. Prossiga para o norte e, pouco antes do Sunset Boulevard, faça uma curva fechada à esquerda na Lomitas Avenue. Passe duas quadras e vire à esquerda, na Foothill Road. Na esquina, nº 701, fica a casa despretensiosa de Carroll Baker ④, que estreou em *Assim Caminha a Humanidade* (1956), com James Dean. Chegaram a prepará-la para ser a nova Marilyn Monroe.

Vire à direita na Elevado Avenue, à direita na Alpine Drive, à esquerda na Lomitas Avenue e à esquerda na Crescent Drive. Quase não se nota a modesta casa de Doris Day no nº 713 ⑤, escondida atrás de uma cerca-viva.

Vire à direita na Carmelita Avenue e à direita na Cañon Drive. A bonita casa ⑥ onde Robert Wagner e Natalie Wood moraram fica atrás de um muro baixo, no nº 603. Siga ao norte até o cruzamento com a Elevado Avenue. Do outro lado da rua, no nº 707 da Cañon Drive, vistosas palmeiras marcam o início do imóvel de Kirk Douglas, cercado de muros ⑦.

Vire à esquerda na Elevado Avenue. Assim que cruzar a Rodeo Drive, olhe à direita.

A casa de Gene Kelly ⑧, já morto, fica no nº 725 da Rodeo Drive. Ele atuou em clássicos de Hollywood, como *Sinfonia de Paris* (1951) e *Cantando na Chuva* (1952).

Siga pela Elevado Avenue e vire à direita na Bedford Drive. O ator e comediante Steve Martin ⑨ tem uma casa no nº 721. Construção moderna em bloco, não tem janelas na frente, e só se vê a casa de relance, por trás de uma buganvília. No nº 730, na esquina da Bedford Drive com Lomitas Avenue, a

A casa de Faye Dunaway, no nº 714 da Palm Drive ①

LEGENDA

Percurso do passeio

Veja hotéis e restaurantes desta região nas págs. 524-31 e 568-76

Casa do ator Gene Hackman na Sunset Boulevard, 9906 ⑭

casa de Lana Turner ⑩ onde seu amante, o gângster Johnny Stompanato, foi morto a facadas pela filha dela, Cheryl Crane.

Vire à direita na Lomitas Avenue e faça uma curva fechada à esquerda, na Cañon Drive.

Ao Norte do Sunset

Cruze o Sunset Boulevard, pegando a rua à frente do lado esquerdo, que é a Benedict Canyon Drive. Na esquina fica o Beverly Hills Hotel *(pág. 95)*, há muito uma "fábrica de fofocas" dos famosos. Os chalés por trás da fachada rosa viram muitos casos amorosos, inclusive, dizem, os de Marilyn Monroe com John e Robert Kennedy.

Na Roxbury Drive, vire à esquerda e acompanhe a curva. No nº 1.002 se encontra a casa de tijolos de aspecto tradicional do falecido

LOCALIZE-SE
Guia de Ruas 5

Jack Benny ⑪, que às vezes a usava em seus programas. Seus antigos vizinhos do nº 1.000 da Roxbury Drive eram Lucille Ball e Desi Arnaz ⑫. Seu programa de sucesso *I Love Lucy (págs. 92 e 149)* ainda passa na televisão. Perto, no nº 918, fica a antiga casa em estilo Tudor de James Stewart ⑬.

Na Sunset Boulevard, vire à direita. A casa de Gene Hackman fica no nº 9906 ⑭, na esquina logo depois da Greenway Drive. O ator ficou famoso nos anos 1970, quando ganhou um Oscar pelo seu papel no filme *Operação França*.

Vire à direita na North Carolwood Drive. Logo à direita, na Monovale Drive, nº 144 ⑮, fica uma das ex-casas do rei do rock Elvis Presley. Só é possível ver as quadras de tênis.

Prossiga pela Carolwood Drive. Barbra Streisand morou no nº 301 ⑯, um imóvel superprotegido. A atriz ganhou um Oscar em 1969 por seu papel de Fanny Brice no musical *Funny Girl – A Garota Genial*.

O falecido Walt Disney, que captou a fantasia do mundo com seus personagens de quadrinhos, morava um pouco ao norte daqui, no nº 355 da Carolwood Drive ⑰. A casa dele fica numa curva.

Casa de Walt Disney ⑰

DICAS

Extensão: *8km.*
Atenção: *As casas ou ex-casas das estrelas são propriedade particular. Não tente entrar, pois você poderá ser preso.*

University of California - Los Angeles e Westwood Village ⓬

Uma grande universidade, com enorme reputação, a UCLA tem uma ampla gama de departamentos acadêmicos e escolas profissionalizantes, incluindo o respeitado UCLA Hospital. Em um terreno de 1,70 milhão de m² e com mais de 35 mil alunos, é uma cidade dentro de outra. O projeto original, de 1925, fazia o câmpus lembrar as cidades românicas do Sul da Europa. Os quatro primeiros prédios seguiram essa linha, mas, com a expansão da universidade, deu-se preferência a uma arquitetura mais moderna. A mistura de estilos é compensada pela área verde da universidade.

Fachada românica do Royce Hall, na UCLA

Como explorar a UCLA e Westwood Village

Desde o início de sua construção, em 1928, Westwood Village, ao sul da UCLA, tem sido ponto de encontro de estudantes e daqueles que querem escapar um pouco da cidade grande. Esta animada área é povoada de lojas para estudantes e restaurantes de todos os tipos, além de ter a maior concentração de cinemas da cidade. Todas as noites existe a possibilidade de ver celebridades andando no tapete vermelho no Fox ou no Bruin, já que Hollywood gosta de fazer suas estreias de gala nesses teatros.

Detalhe do teto do Royce Hall

Royce Quadrangle

Dickson Plaza. ***Tel*** *(310) 825-2101.* *diariam.*

Os quatro prédios que formam o Royce Quadrangle são os mais antigos do campus da UCLA em Westwood. Feitos com tijolos vermelhos no estilo românico italiano, os blocos Royce, Kinsey e Haines e a Powell Library superam de longe em beleza os outros edifícios da UCLA. O melhor de todos é o Royce Hall, baseado na basílica de San Ambrogio, em Milão, Itália. Seu auditório apresenta o ano todo espetáculos de música, dança e teatro. Do outro lado do quarteirão, a cúpula da Powell Library foi inspirada na da igreja do San Sepolcro, em Bolonha, Itália.

Armand Hammer Museum of Art and Cultural Center

10899 Wilshire Blvd. ***Tel*** *(310) 443-7000.* *11h-19h ter, qua, sex, sáb; 11h-21h qui; 11h-17h dom.* *1º jan, 4 jul, Ação de Graças, 25 dez.* *gratuita 11h-21h qui.* **www**.hammer.ucla.edu

O museu conta com parte da coleção do negociante Armand Hammer (1899-1990). As obras são em sua maioria impressionistas e pós-impressionistas, de artistas como Mary Cassatt (1845-1926), Claude Monet (1840-1926), Camille Pissarro (1830-1903), John Singer Sargent (1856-1925) e Vincent van Gogh (1853-1890). Peças da Armand Hammer Daumier and Contemporaries Collection são exibidas em mostras temporárias. São pinturas, esculturas e litogravuras do artista francês Daumier e de seus contemporâneos. Há ainda exposições de peças que pertencem ao UCLA Grunwald Center for the Graphic Arts, que possui mais de 35 mil obras sobre papel, do Renascimento aos dias de hoje.

Franklin D. Murphy Sculpture Garden

Tel *(310) 443-7041.* *diariam.*

Este é o maior jardim de esculturas da Costa Oeste, com mais de 70 obras do século 20. Os pontos altos

Entrada do Armand Hammer Museum of Art, na UCLA

UCLA E WESTWOOD VILLAGE

Fowler Museum of Cultural History ②
Franklin D. Murphy Sculpture Garden ①
Mildred E. Mathias Botanical Garden ④
Royce Quadrangle ③
Armand Hammer Museum of Art and Cultural Center ⑥
Westwood Memorial Park ⑦
Westwood Village ⑤

Veja hotéis e restaurantes desta região nas págs. 524-31 e 568-76

Outono, 1948, de Henri Laurens

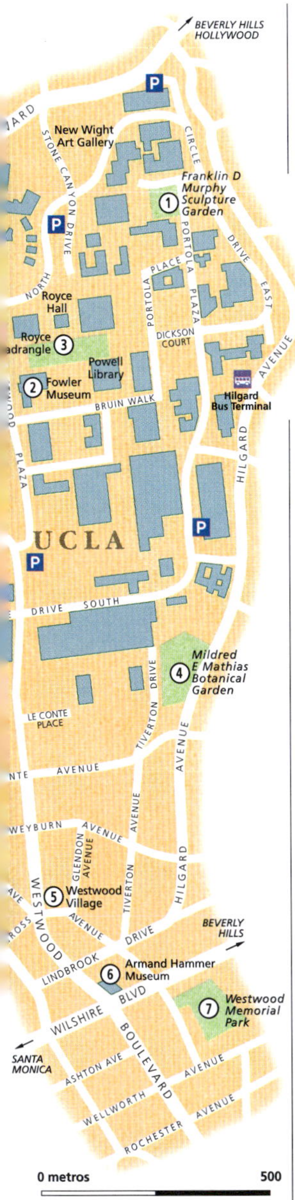

são *Figura Reclinada de Duas Peças, Nº 3* (1961), de Henry Moore, e *Banhista*, 1923-1925, de Jacques Lipchitz.

Mildred E. Mathias Botanical Garden

Tel *(310) 825-1260.* *8h-17h seg-sex, 8h-16h sáb e dom.* *feriados.*

Em um pequeno cânion, este jardim tranquilo possui quase 4.000 espécies raras e nativas. Dividido em 13 seções temáticas, contém tanto plantas tropicais como subtropicais. As árvores são impressionantes, e entre elas há os altíssimos eucaliptos-australianos e algumas sequoias, bastante raras.

Fowler Museum of Cultural History

Tel *(310) 825-4361.* *12h-17h qua-dom (até 16h qui.)* *feriados.*

Este museu universitário dedica-se ao enriquecimento da compreensão que a comunidade tem de outras culturas. Suas mostras enfocam sociedades pré-históricas, históricas e contemporâneas da África, Ásia, Américas e Oceania. O acervo de 750 mil artefatos faz dele um dos principais museus universitários do país.

PREPARE-SE

Mapa 4 A3. *20, 21, 22.* **Campus da UCLA** ***Tel*** *310 825-4321.* **www**.ucla.edu. **Westwood Village** ***Tel*** *2990 S Sepulveda Blvd.* ***Tel*** *(310) 481-0600.* **www**.westwoodvillageonline.com

Westwood Memorial Park

1218 Glendon Ave. ***Tel*** *(310) 474-1579.* *8h-anoitecer diariam.*

Longe do barulho, este pequeno cemitério fica atrás dos cinemas e do estacionamento do Avco Center. O local tranquilo serve como descanso eterno para celebridades como Dean Martin, Peter Lorre, Buddy Rich, Natalie Wood e Marilyn Monroe. Por várias décadas após a morte de Marilyn, seu segundo marido, Joe DiMaggio, mandava colocar toda semana seis rosas vermelhas sobre o túmulo dela.

O sereno Westwood Memorial Park, à sombra das árvores

MARILYN MONROE

Nascida Norma Jean Baker, na ala de caridade do Los Angeles General Hospital, Marilyn Monroe (1926-1962) foi dada pela mãe para adoção quando tinha duas semanas de vida. Seu primeiro casamento, aos 16 anos, durou quatro anos –ela o abandonou para ir atrás do sonho de se tornar atriz. Em 1950, sua carreira decolou com *O Segredo das Joias* e *A Malvada*. Com filmes como *O Pecado Mora ao Lado* (1955) e *Quanto Mais Quente Melhor* (1959), Marilyn se tornou o maior símbolo sexual de Hollywood. Na última fase da vida, ela lutava para escapar dos limites estreitos de sua imagem no cinema.

Placa fúnebre de Marilyn Monroe

BAR

HOLLYWOOD E WEST HOLLYWOOD

Em 1887, Harvey Henderson Wilcox e sua mulher, Daeida, fundaram uma comunidade cristã, sem bares nem jogos, em um subúrbio de Los Angeles, e a chamaram de Hollywood. Não deixa de ser irônico que a indústria cinematográfica tenha substituído essa utopia. Em 1913 Cecil B. De Mille filmou *Amor de Índio* em um galpão alugado na Vine Street. Nas décadas seguintes os estúdios se instalaram aqui, trazendo riqueza e glamour. Nos últimos anos, a região decaiu, mas está renascendo. Junto com o vizinho Sunset Boulevard se tornou ponto central da vida noturna de Los Angeles. West Hollywood, com sua grande comunidade gay, é também uma região animada, para jantar ou fazer compras. Wilshire Boulevard é conhecida como Miracle Mile ou Museum Row.

Calçada da Fama, Hollywood

PRINCIPAIS ATRAÇÕES

Museus
- Craft and Folk Art Museum 19
- George C Page Museum of La Brea Discoveries 18
- Hollywood Museum 7
- Hollywood Heritage Museum 9
- *Los Angeles County Museum of Art págs. 114-7* 14
- Madame Tussaud's Hollywood 2
- Petersen Automotive Museum 16

Ruas e Edifícios Históricos
- Hollywood Bowl 8
- Hollywood Roosevelt Hotel 1
- Miracle Mile 15
- Paramount Studios 12
- Walk of Fame 6

Cemitérios
- Hollywood Forever Cemetery 11

Cinemas e Teatros
- El Capitan Theater 5
- Grauman's Chinese Theatre 3
- Hollywood and Highland 4
- Pantages Theater 10
- The Improv 17
- Wiltern Theater 20

Lojas e Mercados
- Farmers Market 13

LEGENDA
- Áreas em destaque
- M Estação de metrô

COMO CHEGAR

A linha do metrô vai da Union Station a Wilshire Boulevard, Hollywood Boulevard e North Hollywood. Entre os ônibus que saem do Centro há: nº 1 (pelo Hollywood Boulevard), nº 2 (Sunset Boulevard), nº 4 (Santa Monica Boulevard), nº 10 (Melrose Avenue) e nºs 20, 21 e 22 (Wilshire Boulevard). A Freeway 101 corta Hollywood do Centro até Ventura.

◁ **O Grauman's Chinese Theatre, remanescente extravagante da época áurea de Hollywood**

Sunset Boulevard: Sunset Strip

O Sunset Boulevard faz uma curva para oeste por 42km, do Centro de Los Angeles à rodovia Pacific Coast. O Sunset está ligado ao cinema desde os anos 1920, quando era uma rua de terra unindo os nascentes estúdios de Hollywood às casas das estrelas nas áreas mais altas –e até hoje a região mantém algumas mansões de ricos e famosos *(págs. 96-7)*. A Sunset Strip é o trecho mais efervescente e historicamente rico, cheio de restaurantes, hotéis de luxo e *nightclubs*. Esse trecho de 2,4km foi pavimentado pela primeira vez em meados da década de 1930. A falta de governo local fez dele um chamariz para o jogo e o contrabando. Os *nightclubs* mais famosos incluíam Trocadero, Ciro's e Mocambo –onde a jovem Margarita Cansino conheceu o chefe de estúdio Harry Cohen, que lhe mudou o nome para Rita Hayworth. A Sunset Strip ainda é o centro da vida noturna de LA.

A Sunset Strip e a serra de Santa Monica vistas de Crescent Heights

Rainbow Bar & Grill
As paredes deste lugar, no nº 9.015, têm garrafas de vinho e discos de ouro. Quando se chamava Villa Nova, foi aqui que Vincente Minnelli pediu Judy Garland em casamento e, oito anos depois, em 1953, Marilyn Monroe conheceu Joe DiMaggio.

Original Spago
Wolfgang Puck, tido por muitos como fundador da cozinha californiana, teve seu primeiro restaurante em LA, no nº 8.795 até 1997. Nos anos 1970 e 1980, as festas da noite do Oscar eram feitas aqui, comandadas pelo lendário agente de Hollywood Irving "Swifty" Lazar.

Roxy on Sunset
Este nightclub *da moda, no nº 9.009, ocupa o lugar do antigo Club Largo.*

The Viper Room, no nº 8.852, é um local popular de música ao vivo *(pág. 174)*, copropriedade do ator Johnny Depp. Em outubro de 1993 o jovem ator River Phoenix, depois de ingerir uma mistura de drogas, desabou no chão e morreu na rua.

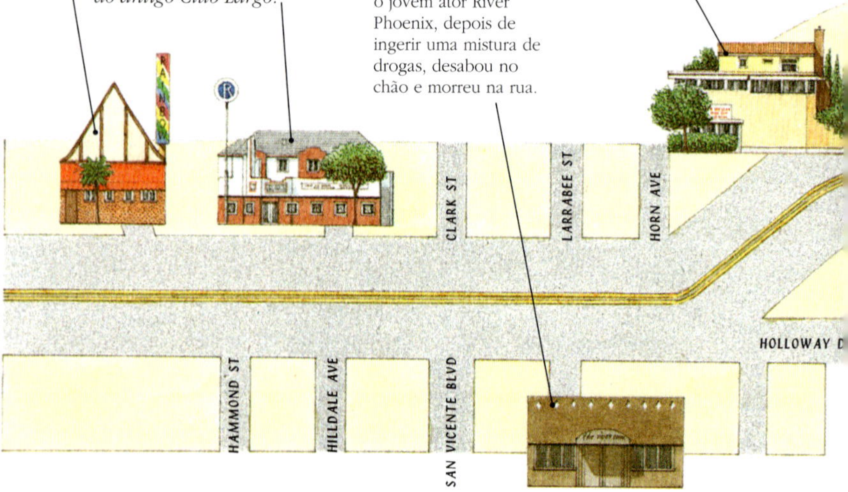

Andaz West Hollywood Hotel
Antes conhecido como "Riot Hyatt", este hotel no nº 8401 (pág. 530) *costuma atrair os astros do rock. Jim Morrison ficou aqui quando se apresentou nas imediações.*

Sunset Tower Hotel
Este hotel é um espigão Art Déco. No auge de Hollywood era um condomínio onde moraram Jean Harlow, Clark Gable e outras estrelas (pág. 531).

The Comedy Store
Fica no local do nightclub *Ciro's, dos anos 1940. É famosa em todo o mundo pelos shows de um só comediante, muitas vezes com cobertura de TV.*

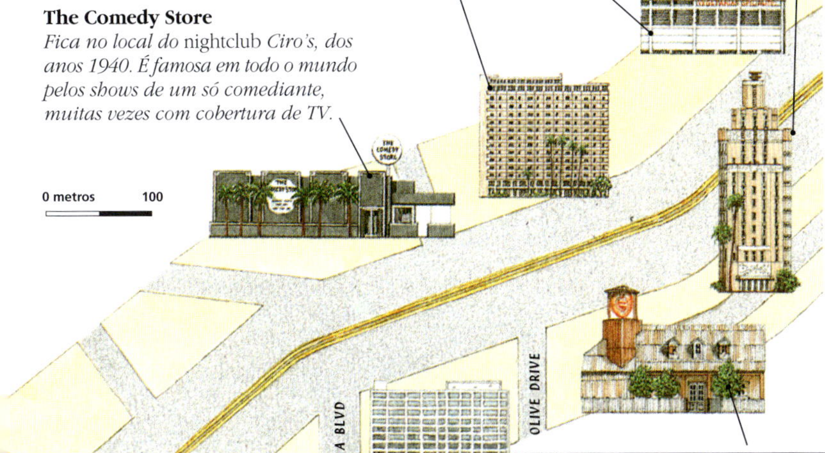

Cabo Cantina
nº 8.301, Woody Allen esbraveja sobre L.A. em *Noivo Neurótico, Noiva Nervosa* (1977).

O Mondrian Hotel
(nº 8.440) era originalmente decorado com listas em homenagem a Mondrian *(pág. 531)*, mas foi repintado.

A House of Blues
Bar de blues com teto de zinco, no nº 8.430, foi transportado de Clarksdale, Mississippi. Um dos fundadores é o ator Dan Ackroyd, que estrelou com John Belushi o filme Os Irmãos Cara-de-Pau, *de 1980 (pág. 174).*

Sunset Plaza
Esta área é cheia de lojas e cafés chiques. É um bom trecho para explorar a pé.

Sunset Strip (continuação)

Miyagi's, atrás do enorme cartaz de rua a oeste do hotel Chateau Marmont, é atualmente uma atração para alunos de faculdades. Fica onde era, na década de 1940, o Players Club, do diretor de cinema Preston Sturges.

Chateau Marmont

O hotel do nº 8.221 (pág. 531) *se inspira num palacete do Vale do Loire. Ao abrir em 1929, atraiu atores como Errol Flynn e Greta Garbo. Os clientes de hoje incluem Winona Ryder e Christopher Walken.*

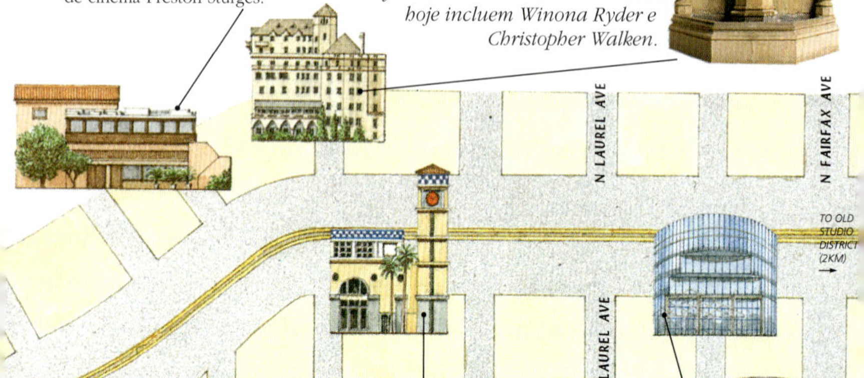

O Trocadero, no nº 8.610, teve em seu auge Nat "King" Cole como pianista. Resta pouco do velho prédio.

Directors' Guild of America

Este é um dos muitos prédios do Sunset Boulevard ligados à indústria da diversão.

Schwab's

A antiga loja era um ponto de encontro de atores e colunistas. Do outro lado de Crescent Heights ficavam os blocos de apartamentos Garden of Allah, que foram derrubados em 1959 e tiveram como moradores, entre outros, Scott Fitzgerald e Dorothy Parker.

CARTAZES

As peças de arte mais visíveis pela Sunset Strip são os enormes cartazes de rua pintados a mão, feitos pelos melhores artistas de Hollywood para propagandear novos filmes, discos e personalidades. São geralmente tridimensionais, técnica criada em 1953, quando o Sahara Hotel de Las Vegas alugou um local de cartazes, içou uma piscina de verdade e a encheu com modelos de maiô. Nos anos 1960, as companhias de discos dominaram os *billboards*, até colocando o espaço de publicidade ao longo da Sunset Strip nos contratos das estrelas do rock. A antipatia de LA pelo fumo foi explicitada com um cartaz fora do Chateau Marmont que faz uma sátira do *cowboy* do Marlboro. Agora a cidade está tentando proibir os *billboards*.

O famoso cartaz do Marlboro saiu de Sunset Strip

A View of Sunset Boulevard: Old Studio District

Durante a primeira metade do século 20, este trecho de 3km do Sunset Boulevard foi o centro da indústria cinematográfica de Hollywood. Este distrito histórico fica a 2km das lojas e boates de Sunset Strip *(págs. 102-4)*. Os maiores estúdios, como 20th-Century Fox, RKO, Warner Bros., Paramount e United Artists, ficavam todos na vizinhança, e as ruas se enchiam de diretores, atores e futuras estrelas. Na área conhecida por Gower Gulch, empresas de baixo orçamento faziam uma enxurrada de faroestes.

O Sunset Boulevard em seu auge, nos anos 1940

Jim Henson Productions
Estes prédios em estilo Tudor falso, indo do canto sudeste do Sunset Boulevard até La Brea Avenue, foram construídos por Charlie Chaplin para moradia dos funcionários de seu estúdio.

Crossroads of the World
O primeiro shopping center de Hollywood, de 1936, fica no nº 6.621. Concebido como se fosse um navio, com a torre da proa encimada por um globo, é agora local de escritórios.

Hollywood High School
Uma longa lista de alunos famosos, inclusive Lana Turner, estudaram na Hollywood High School, no nº 6.800. A atriz foi descoberta em 1936 pelo diretor Mervyn LeRoy, tomando refrigerante no extinto Top Hat Malt Shop –em seu lugar, em frente à escola, há uma garagem.

Para hotéis e restaurantes nesta região, veja págs. 524-31 e págs. 568-76

Old Studio District (continuação)

Hollywood Athletic Club
As estrelas dos anos 1930 e 1940 se exercitavam aqui. O ator Buster Crabbe, de Flash Gordon, *treinou aqui antes de ser medalha de ouro nas Olimpíadas de 1932.*

ArcLight Cinerama
Sob a inconfundível cúpula do nº 6.360 ficava o primeiro cinema de tela panorâmica da Costa Oeste.

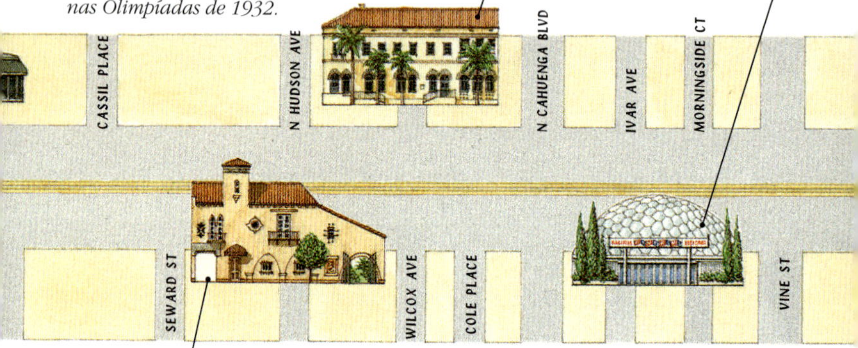

The Cat and Fiddle
Este pub com jeito inglês, no nº 6.530, fica ao redor de um bonito pátio em estilo mediterrâneo. Cervejas inglesas são servidas com pratos de pub, como chouriço e purê. Há também um alvo de dardos.

CÁPSULA DO TEMPO

O cantor Bing Crosby

Em 1954, a Câmara de Comércio de Los Angeles decidiu preservar a história de Hollywood em uma cápsula do tempo. Um exemplar do disco de sucesso de Bing Crosby "White Christmas", lançado naquele ano, uma cópia do roteiro do filme de maior êxito até então, *... E o Vento Levou*, e várias fitas de rádio e TV foram colocadas sob o pavimento do famoso cruzamento do Sunset Boulevard com a Vine Street. A cápsula do tempo foi recuperada em 2004, 50 anos depois de ter sido fechada. Uma placa no pavimento indicando o local em que está a cápsula diz que a lenda de Hollywood nasceu aqui em 1913 com o primeiro filme de longa metragem, *Amor de Índio*, de Cecil B. De Mille e Jesse Lasky. Na verdade, a localização correta do estúdio deles, em um galpão, hoje preservado na North Highland Avenue *(pág. 112)*, era mais acima, na Vine Street, 1.521. Além disso, Hollywood se emancipara como cidade dez anos antes e vários curtas-metragens já haviam sido feitos.

Cartaz de *...E o Vento Levou* (1939)

Hollywood Palladium
Norman Chandler construiu este teatro e salão de dança, no nº 6.215. Foi inaugurado por Lana Turner em 1940, quando Frank Sinatra fez um show.

Warner Bros. Studio
O primeiro filme falado, O Cantor de Jazz *(1927), com Al Jolson, foi feito aqui, no nº5.858. Um ano depois o estúdio se mudou para Burbank* (pág. 145). *O prédio hoje abriga emissoras de rádio.*

0 metros 100

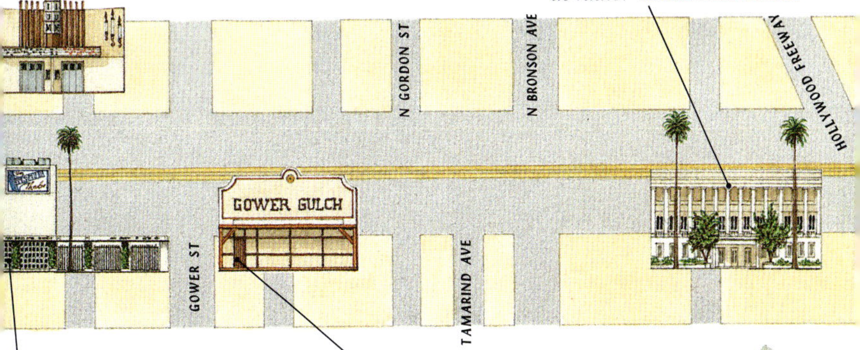

Gower Gulch
Nos anos 1930, Gower Street ganhou o nome de "Garner Gulch" por causa dos figurantes vestidos de cowboy. Hoje, o shopping fica na esquina sudoeste de Sunset com a Gower. Um vagão original (veja à esquerda) lembra aquela época.

Sunset Boulevard Theatre
Nos anos 1940, o Vanities Theater, do showman *Earl Carroll, ocupava este local, no nº 6.220. Teve o maior palco rotativo do mundo, comportando 60 dançarinos.*

ATENÇÃO

Este trecho do Sunset Boulevard, à leste da Vime St, era decadente e frequentado por traficantes e prostitutas. A recente revitalização de Hollywood teve um impacto positivo. Contudo, é aconselhável tomar alguns cuidados, como trancar o carro, manter a carteira onde não chame a atenção e não usar joias valiosas.

Hollywood Boulevard

Detalhe do First National Bank

O Hollywood Boulevard é uma das avenidas mais famosas do mundo, e seu nome ainda carrega muito glamour. Quem estiver em busca de resgatar a época áurea do cinema, entretanto, pode se decepcionar, embora um programa de reformas venha sendo realizado nos últimos anos. O Mann's Chinese Theatre com seu pátio de autógrafos corresponde às expectativas assim como a Calçada da Fama. No El Capitan Theatre ocorrem as pré-estreias mundiais de filmes da Disney, geralmente com apresentação ao vivo de personagens. Há ainda o Hollywood Wax Museum, o Hollywood World Records Museum, o Ripley's Believe It or Not!® e o Kodak Theatre, sede do Oscar.

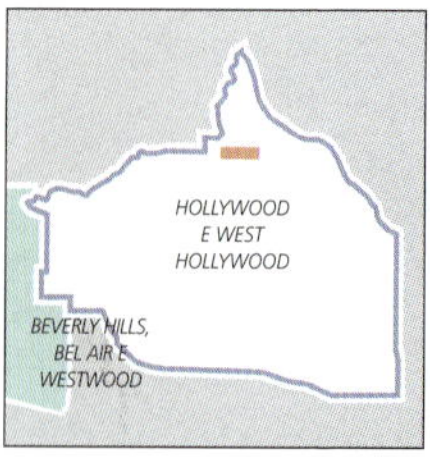

LOCALIZE-SE
Guia de Ruas, 2

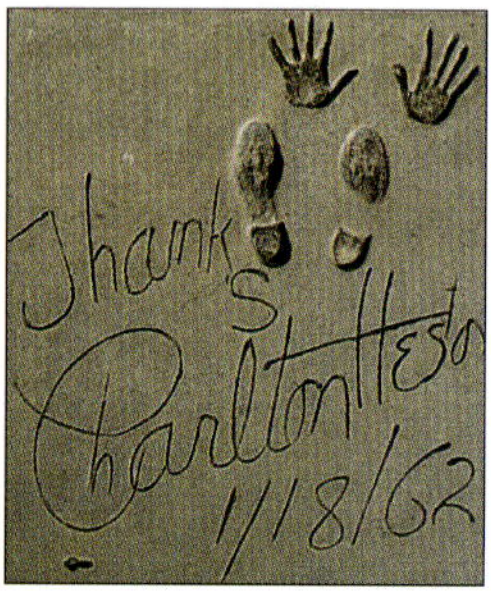

★ **Grauman's Chinese Theatre**
Famoso pelos autógrafos das estrelas ❷

O Kodak Theatre, sede da Cerimônia do Oscar, já recebeu shows de estrelas como Celine Dion e Prince.

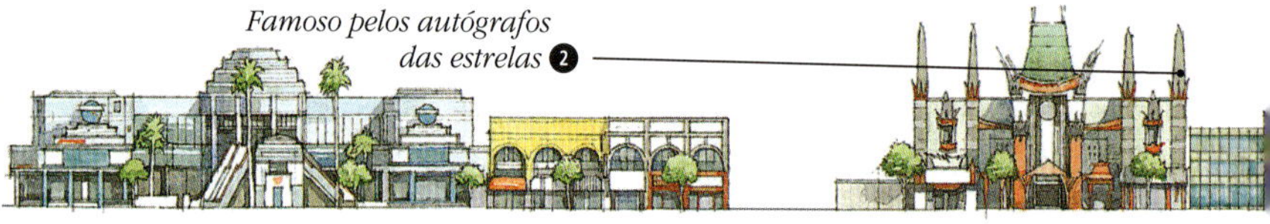

HOLLYWOOD BOULEVARD, LADO NORTE

★ **Calçada da Fama**
A estrela de Marilyn Monroe está na calçada do nº 6.776 do Hollywood Boulevard. A câmera abaixo do nome indica que ela era atriz de cinema ❻

Hollywood World Record Museum usa modelos, vídeos e efeitos especiais para dar vida às conquistas de recordes. Fica onde era o primeiro cinema da região.

Ripley's Believe It or Not!® é um museu dedicado ao bizarro. O prédio, com um *tiranossauro* em cima, tem mais de 300 itens em exposição, como cabeças encolhidas e camelos de duas cabeças.

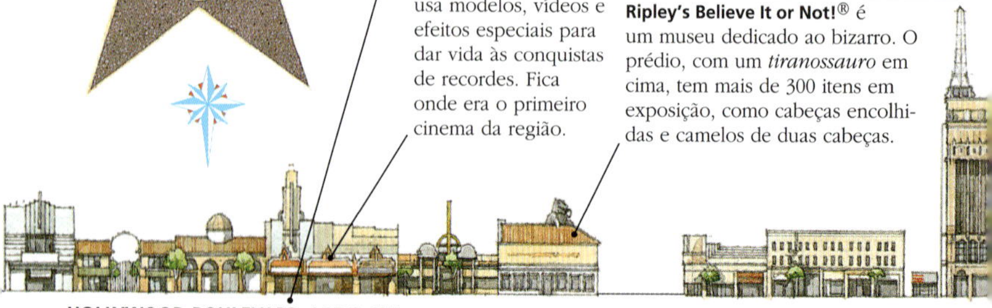

HOLLYWOOD BOULEVARD, LADO SUL

Veja hotéis e restaurantes desta região nas págs. 524-31 e 568-76

LEGENDA

➤➤➤➤➤➤ Lado Norte, sentido leste

◄◄◄◄◄◄ Lado Sul, sentido oeste

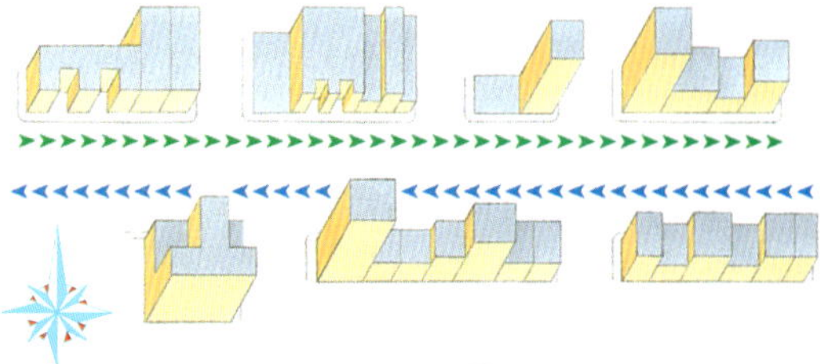

PONTOS ALTOS

★ Grauman's Chinese Theatre

★ Calçada da Fama

O First National Bank marca a esquina com a Highland Avenue. Sua fachada é decorada com relevos em pedra de figuras históricas, como Cristóvão Colombo e Nicolau Copérnico.

O Hollywood and Highland tem lojas e locais de diversão excelentes. ❹

O Hollywood Wax Museum tem modelos de cera em tamanho natural de atores, músicos e figuras públicas. Clint Eastwood, Marilyn Monroe, Madonna, Michael Jackson, Dolly Parton e Ronald Reagan estão entre os destaques. Há ainda um painel de cera baseado na obra *A Última Ceia* (1497), de Leonardo da Vinci.

0 metros 200

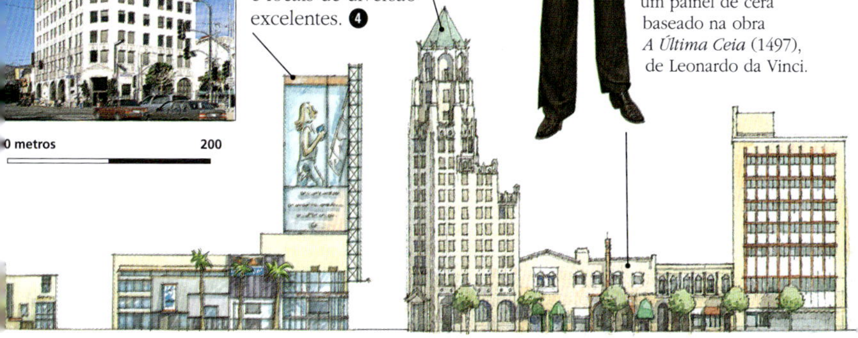

El Capitan Theatre
Luzes néons recebem os cinéfilos neste cinema Art Déco lindamente restaurado. Todo o ambiente é à moda antiga, mas o som é de ponta. ❺

Clarion Hotel Hollywood Roosevelt
A imagem do ator Charlie Chaplin (1889-1977) decora a parede deste hotel de 1920. ❶

O antigo **Masonic Hall** agora é um estúdio de TV da Disney.

O famoso Grauman's Chinese Theatre de Sid Grauman

Hollywood Roosevelt Hotel ❶

7000 Hollywood Blvd. **Mapa** 2 B4. ***Tel*** *(323) 466-7000, (800) 950-7667.* *Veja* **Onde Ficar** *pág. 527.* **www**.hollywood roosevelt.com

Com o nome do ex-presidente dos EUA Theodore Roosevelt, este hotel foi aberto em 1927 por Louis B. Mayer, Mary Pickford, Marcus Loewe, Douglas Fairbanks e Joseph Schenk. No dia 16 de maio de 1929, o primeiro banquete do Oscar foi realizado na Blossom Room do hotel. Entre as celebridades que mais tarde passaram pelo Hollywood Roosevelt estão Marilyn Monroe, Clark Gable e Ernest Hemingway.

As reformas de 1986 restauraram o estilo original, colonial espanhol. No ano seguinte a piscina foi decorada por David Hockney *(pág. 28)*. A Hollywood Historical Review mostra a história da região.

Hollywood Roosevelt Hotel, local da 1ª entrega do Oscar

Madame Tussaud's Hollywood ❷

6933 Hollywood Blvd. **Mapa** 2 B4. ***Tel*** *(213) 595-5505.* *10h-20h diariam (últ. adm. 19h); 25 mai-7 set: 10h-22h (últ. adm. 21h).* **www**.madametussauds.com

Este é o primeiro dos nove Tussaud's construídos para esse fim. O prédio de três andares exibe figuras de cera dos maiores ícones de Hollywood e celebridades como Johnny Depp, Nicole Kidman, Denzel Washington, Clarke Gable, James Dean e Audrey Hepburn. Esportistas, pop stars e personagens de filmes também estão representados. Mais de 80 estátuas são exibidas em 11 áreas temáticas, como The Red Carpet (O Tapete Vermelho), e os visitantes podem tocar nas estátuas e tirar fotos com elas.

Grauman's Chinese Theatre ❸

6925 Hollywood Blvd. Map 2 B4. ***Tel*** *(323) 461-3331.* *(323) 464-8111.* *diariam.* **www**.manntheatres.com

Uma das mais famosas atrações de Hollywood não mudou muito desde sua inauguração, em 1927, com a estreia de *Rei dos Reis*, de Cecil B. De Mille. O exterior é uma combinação de templos, pagodes, leões e dragões chineses, refletindo o talento do produtor de cinema Sid Grauman.

Além do espetáculo da estreia do filme, Grauman criou um dos recursos de publicidade de mais duradouros da história de Hollywood: convidar estrelas para deixar as mãos, os pés e um autógrafo gravados no cimento do pátio de seu cinema. Há muitas versões sobre a origem desse costume. Uma diz que a atriz de filmes mudos Norma Talmadge pisou sem querer no cimento fresco na inauguração de gala *(pág. 53)*. Segundo outra versão, o pedreiro francês Jean Klossner foi o primeiro a colocar a mão no cimento mole para a posteridade. Seja como for, Sid Grauman gostou da ideia e convidou Norma Talmadge para deixar sua marca oficialmente, juntamente com Mary Pickford e Douglas Fairbanks, em 17 de maio de 1927.

Qualquer pessoa pode visitar o pátio, mas só o público pagante fica conhecendo o interior extravagante.

Hollywood and Highland ❹

6801 Hollywood Boulevard. **Mapa** 2 B4. ***Tel*** *(323) 467 6412.* *10h-22h seg-sáb, 10h-19h dom.* **www**.hollywoodandhighland.com

Aberto em 2001, após a grande reforma de uma área até então esquecida de Hollywood, este complexo abriga restaurantes, bares, lojas, hotel e um cinema. Os visitantes também podem assistir a uma peça ou concerto e fazer um passeio pelos bastidores do novo **Kodak Theatre**, onde se realizam as cerimônias de premiação do Oscar.

Veja hotéis e restaurantes desta região nas págs. 524-31 e 568-76

El Capitan Theater ❺

6838 Hollywood Blvd. **Mapa** 2 B4. ***Tel*** *(818) 845-3110.* *diariam.* **www**.disney.go.com/disneypictures/el_capitan

Construído em 1926 como teatro, só mais tarde tornou-se cinema. Foi palco de várias estreias, como *Cidadão Kane* (1941), de Orson Welles. Em 1942 o cinema foi reformado e ganhou o nome de Hollywood Paramount e em 1991 foi comprado pela Disney e pela Pacific Theatres, que restauraram o interior Art Déco. Hoje, muitos desenhos animados da Disney estreiam neste cinema, como *Vida de Inseto* (1999).

Calçada da Fama ❻

Mapa 2 B4. *7018 Hollywood Blvd.* ***Tel*** *(323) 469-8311.*

A "Walk of Fame" conta com mais de 2.000 estrelas de mármore polido. Desde fevereiro de 1960, celebridades das áreas de cinema, rádio, televisão, teatro e música foram imortalizadas no Hollywood Boulevard e na Vine Street. Cada personalidade tem de ser patrocinada e aprovada pela Câmara de Comércio e pagar uma taxa de instalação de US$ 25.000. A lista de famosos inclui, entre outros, Charlie Chaplin, Alfred Hitchcock e Carmen Miranda.

Estrelas de mármore da Calçada da Fama

Hollywood Museum ❼

1660 N Highland Ave. **Mapa** 2 B4. ***Tel*** *(323) 464-7776.* *10h-17h qua-dom.* **www**.the hollywoodmuseum.com

Este museu está instalado em uma bela construção Art Déco da década de 1930, que já foi estúdio do maquiador Max Factor. Os três andares exibem fabulosos trajes usados em filmes por estrelas como Marilyn Monroe, Judy Garland, Elizabeth Taylor, Humphrey Bogart e Jodie Foster. A coleção também inclui artefatos como as luvas de boxe de Sylvester Stallone e a cartola de W.C. Field, entre outros. No porão, a cela de Hannibal Lecter.

O museu oferece passeios ao The Magic Castle, um clube privativo de mágicos que fica perto daqui (é preciso fazer reservas).

Hollywood Bowl ❼

2301 N Highland Ave. **Mapa** 2 B3. ***Tel*** *(323) 850-2000.* *fim jun-fim set.* **Bilheteria** *10h-18h ter-dom.* **Edmund D. Edelman Hollywood Bowl Museum** ***Tel*** *(323) 850-2058.* *12h-18h ter-dom.* **www**.hollywoodbowl.com

Situado em um anfiteatro natural antes venerado pelos índios gabrielinos de Cahuenga, o Bowl hoje é sagrado para os moradores de LA. Desde 1922 tem sido a sede de verão da Filarmônica de Los Angeles *(pág. 125)*. Milhares se reúnem aqui nas noites quentes para fazer piquenique e ouvir a orquestra. Shows de jazz, country, folk e música pop também são realizados. Mas os eventos mais populares do Bowl são o concerto com fogos de artifício no Dia da Independência (4 de julho), o Culto da Aurora da Páscoa e o Tchaikovsky Spectacular, com canhões, fogos e uma banda militar.

O palco em forma de concha foi projetado em 1929 por Lloyd Wright, filho do arquiteto Frank Lloyd Wright. O Bowl tem 18 mil lugares, incluindo os camarotes de frente, particulares e muito cobiçados.

O Edmund D. Edelman Hollywood Bowl Museum explora a rica história do Bowl, com recordações dos artistas que estiveram aqui, do violinista Jascha Heifetz aos Beatles.

O Hollywood Bowl, com os morros de Hollywood acima

O mausoléu de William A. Clark Jr., no Hollywood Forever Cemetery

Hollywood Heritage Museum ❾

2100 N Highland Ave.
Mapa 2 B3. ***Tel*** *(323) 874-2276.*
12h-16h qua-dom.
www.hollywoodheritage.org

Em 1913, Cecil B. De Mille e a Jesse L. Lasky Feature Play Company alugaram este galpão, então situado na Vine Street, perto do Sunset Boulevard. Naquele ano De Mille usou o prédio para rodar *Amor de Índio*, o primeiro longa-metragem feito em Hollywood. Em 1935 a companhia foi rebatizada como Paramount Pictures.

O galpão foi transportado em 1983 para o local atual, no estacionamento do Hollywood Bowl *(pág. 111)*. Treze anos depois, um incêncio obrigou a uma reforma maior. Hoje, é um museu que expõe objetos, figurinos, fotografias e outras recordações do cinema.

Pantages Theater ❿

6233 Hollywood Blvd. **Mapa** 2 C4.
Tel *(323) 468-1770.* *diariam.*

Ir a um espetáculo no Pantages é experimentar um pouco dos dias de glória dos "palácios" do cinema dos anos 1930. Construído em 1929, o cinema Art Déco de bronze e mármore buscava o conforto da plateia, com uma antessala espaçosa e salões luxuosos. Abriu em 1930 com *The Floradora Girl*, estrelado por Marion Davies, amante de W.R. Hearst *(pág. 214)*. Entre 1949 e 1959 a cerimônia do Oscar foi realizada aqui.

Com uma reforma esplêndida nos anos 1980, hoje o Pantages é usado para musicais da Broadway. Só quem compra ingressos para as peças pode conhecer seu interior, com candelabros, tetos abobadados e colunas decoradas com motivos geométricos.

A elegante fachada Art Déco do Pantages Theater

Hollywood Forever Cemetery ⓫

6000 Santa Monica Blvd. **Mapa** 8 C1.
Tel *(323) 469-1181.* *8h-17h seg-sex; 8h30-16h30 sáb-dom.*
feriados.
www.hollywoodforever.com

O mapa deste cemitério está disponível na entrada e parece um histórico do cinema. Tyrone Power tem um memorial branco ao lado de um lago, na ala leste. Perto dele, o mausoléu de Marion Davies traz o nome de sua família, Douras. Cecil B. De Mille, Nelson Eddy e muitos outros nomes do auge de Hollywood estão enterrados aqui. O túmulo de Douglas Fairbanks tem um espelho d'água e um monumento, que teriam sido pagos por sua ex-mulher, a atriz do cinema mudo Mary Pickford. Dentro do escuro Cathedral Mausoleum fica o túmulo de Rodolfo Valentino, ainda a maior atração do cemitério. Todo ano, uma "Senhora de Preto" presta homenagem ao ator no aniversário de sua morte, 23 de agosto.

Os fundos da Paramount Studios formam o muro sul do cemitério, e a Columbia ficava no norte. Dizem que o dono da Columbia, Harry Cohn, escolheu sua campa de modo a ficar de olho na empresa.

Paramount Studios ⓬

5555 Melrose Ave. **Mapa** 8 C1. ***Tel*** *(323) 956-5000.*
Centro de Visitantes e Bilheteria
860 N Gower St. ***Tel*** *(323) 956-1777.* *para passeios guiados: 9h-18h seg-sex (somente reservas).* *1° jan, Páscoa, Ação de Graças, 25 dez.*
www.paramount.com

Última grande companhia de cinema ainda em Hollywood, a Paramount foi a primeira a existir. Cecil B. De Mille, Jesse Lasky e Samuel Goldwyn uniram-se com Adolph Zukor em 1914 para formar o que ficou conhecido como o "estúdio dos diretores". O rol de estrelas da Paramount também era marcante: Gloria Swanson, Rodolfo Valentino, Mae West, Marlene Dietrich, Gary Cooper e Bing Crosby.

Atores aspirantes ainda se grudam à grade de ferro da Bronson Avenue e Marathon Street. Atrás de sorte, repetem a frase final de Norma Desmond em *Crepúsculo dos Deuses*: "Estou pronta para o close-up, sr. De Mille".

Clássicos como *Os Dez Mandamentos*, *Guerra dos Mundos*, *O Maior Espetáculo da Terra* e *O Poderoso Chefão* (partes 1, 2 e 3) foram feitos nos 250 mil m² de terrenos e estúdios de som da Paramount. Uma visita de duas horas à companhia revela detalhes de sua história e dá um panorama dos bastidores de filmes e programas de TV que estão em produção *(pág. 175)*.

MELROSE AVENUE

Esta já foi uma avenida monótona. A Melrose entrou na cena urbana de Los Angeles em meados dos anos 1980, com lojas peculiares e bons restaurantes. O trecho principal estende-se por 16 quadras entre as avenidas La Brea e Fairfax, oferecendo uma rara oportunidade na cidade para caminhadas e compras ao ar livre. Dos anos 1950 ao punk e ao clássico, as butiques de roupas, calçados e acessórios oferecem grande variedade de estilos e de produtos, e ficam abertas até tarde *(págs. 176-7)*. O mesmo se pode dizer dos muitos restaurantes da avenida, representantes dos sabores étnicos de L.A. As culinárias mexicana e tailandesa são duas das favoritas, mas as massas e pizzas predominam na rua, como no resto da cidade.

Vitrine pitoresca na Melrose Avenue

Na ponta oeste da Melrose, no San Vincente Boulevard, fica o enorme Pacific Design Center, com vidros azuis e 183m de altura, conhecido pelos moradores como Blue Whale ("baleia-azul"). Projetado por César Pelli em 1975, esta vitrine de decoradores e arquitetos é a maior da Costa Oeste. Embora voltado para o comércio, também atende o público em geral. O ingresso pode variar de um showroom para outro.

Farmers Market ⓭

6333 W 3rd St. **Mapa** 7 D3. ***Tel*** *(323) 933-9211.* *9h-21h seg-sex; 9h-20h sáb; 10h-19h dom.* *1° jan, Páscoa, Memorial Day, 4 jul, Dia do Trabalho dos EUA, Ação de Graças, 25 dez.* **www**.farmersmarketla.com

Em 1934, durante a depressão econômica, um grupo de agricultores começou a vender seus produtos diretamente para a população em um campo, na época no limite da cidade. Desde então, o Farmers Market se tornou um dos principais pontos de encontro dos moradores de Los Angeles ed turistas. Há bancas vendendo flores, carnes, queijos, frutas, hortigranjeiros e pães. E também mais de cem lojas que vendem de tudo, de antiguidades a camisetas e artigos de jardinagem. Entre os melhores dos numerosos cafés e restaurantes estão o Bob's Donuts, Magee's Kitchen (prove a carne assada, o peru, e os presuntos); e The Gumbo Pot, com *beignet* (bolinhos fritos) e tradicional comida *cajun (pág. 570)*. Ao lado do mercado fica The Grove, um complexo luxuoso com lojas, restaurantes e cinema.

Torre de relógio na entrada do Farmers Market

Cartaz de *Guerra dos Mundos* (1953), da Paramount

Los Angeles County Museum of Art ⓮

Maior museu de arte a oeste de Chicago, o Los Angeles County Museum of Art (LACMA) tem um dos melhores acervos dos EUA e ostenta o novo Broad Contemporary Art Museum, construído para exibir a abrangente coleção particular de arte contemporânea doada por seu bilionário fundador, Eli Broad. O arquiteto mundialmente reconhecido Renzo Piano projetou o museu e está supervisionando a reestruturação de toda a área do museu, que consiste em nove edifícios ao longo do Wilshire Boulevard, desde LaBrea Tar Pits, em Hancock Park, até a Fairfax Avenue. Devido à reforma, obras de arte específicas podem ter mudado de lugar.

★ No Bosque de Giverny
Esta obra de 1887, subtitulada "Blanche Hoschedé no Cavalete com Suzanne Hoschedé Lendo", retrata as filhas da amante de Monet.

★ Bolhas de Sabão *(após 1739)*
As obras do artista parisiense Jean-Baptiste-Siméon Chardin retrata pequenas cenas do cotidiano.

Atena da Esperança
Esta estátua de mármore romana do século 2° é uma cópia da original grega do século 5° a.C.

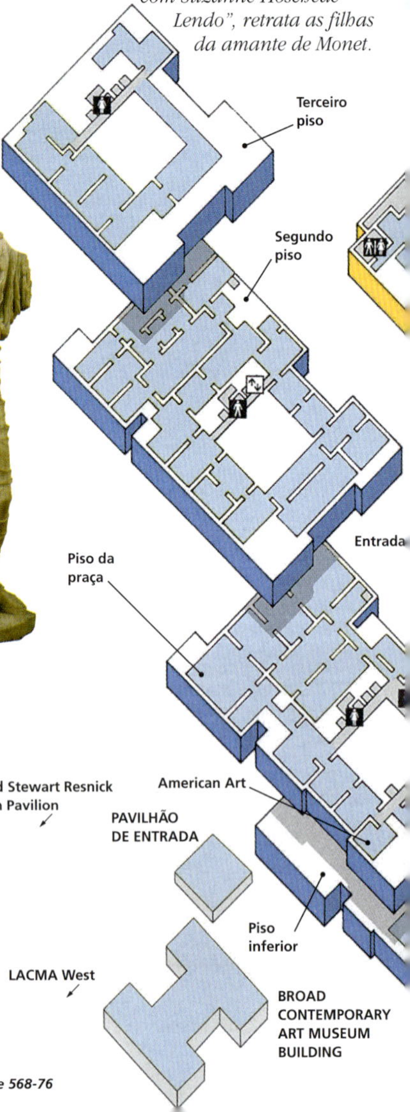

LEGENDA

- Espaço com exposições
- Espaço sem exposições

PONTOS ALTOS

- ★ No Bosque de Giverny, de Claude Monet
- ★ Bolhas de Sabão, de Jean-Baptiste-Siméon Chardin
- ★ Mulholland Drive, de David Hockney

Veja hotéis e restaurantes desta região nas págs. 524-31 e 568-76

★ Mulholland Drive *(1980)*
O artista britânico David Hockney fixou residência em LA. Esta pintura, de uma das mais famosas ruas da cidade (pág. 144)*, aponta o caminho de seu estúdio.*

Prato Japonês
Este prato de porcelana vidrada do século 17 faz parte do excepcional acervo de arte japonesa.

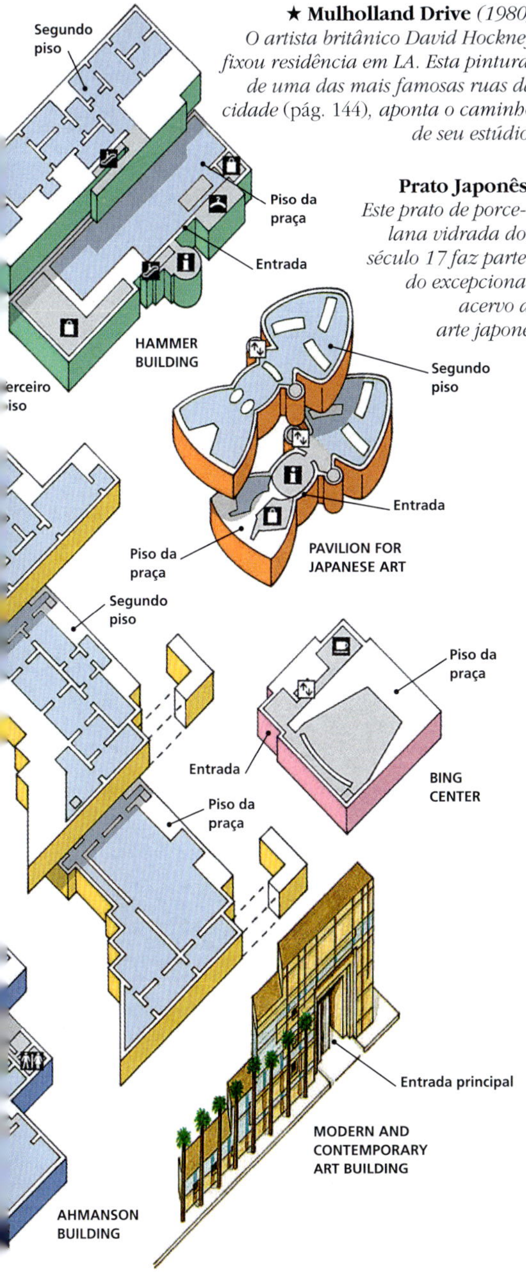

PREPARE-SE

5905 Wilshire Blvd. **Mapa** 7 E4. ***Tel*** *(323) 857-6000.* *20.* *12h-20h seg, ter, qui (até 21h sex), 11h-20h sáb e dom.* *qua, Ação de Graças, 25 dez.* *(gratuita 2ª ter mês).* **www**.lacma.org

GUIA DO MUSEU

As obras de arte europeias e modernas estão expostas nos prédios Ahmanson e Hammer. As coleções norte-americana e latino-americana estão no Art of the America's Building. O Sculpture Garden tem vários bronzes de Auguste Rodin. O Plaza Café fica no Bing Center. O LACMA West fica na esquina da Fairfax Ave.

PLANTA DO MUSEU

- Prédio Ahmanson
- Arte moderna e contemporânea
- Prédio Hammer
- Bing Center
- Pavilhão de arte japonesa
- Broad Contemporary Art Museum
- Lynda and Stewart Resnick Exhibition Pavilion
- LACMA West

Como Explorar o LACMA

Guerreiro em Pé

Uma visita ao LACMA dá um panorama abrangente da história da arte em todo o mundo. O museu possui mais de 100 mil objetos que representam várias culturas, desde a era pré-histórica à contemporânea. As preciosidades de arte antiga englobam achados pré-colombianos e também o maior acervo de arte islâmica do Oeste dos Estados Unidos. As artes decorativas, que incluem peças europeias e norte-americanas da Idade Média à atualidade, estão expostas junto com pinturas e esculturas do mesmo período. O museu tem também uma coleção formidável de vestuário e têxteis. Um programa de exposições itinerantes de nível internacional complementa o acervo permanente.

ARTE AMERICANA

O acervo de pinturas traça a história da arte americana do século 18 aos anos 40. Do período colonial há *Retrato de uma Senhora* (1771), de John Singleton Copley, e *Cymon e Iphigenia* (1773), de Benjamin West.

Em meados do século 19, artistas norte-americanos como Edwin Church (1826-1900), Winslow Homer (1836-1910) e Thomas Moran (1837-1926) passaram da pintura de retratos e temas clássicos às paisagens da América. Entre as obras impressionistas está *Avenida dos Aliados* (1918), de Childe Hassam, enquanto entre as obras de arte europeia está *Bolhas de Sabão*, de Jean-Baptiste-Siméon Chardin *(pág. 114)*.

As artes decorativas vão de móveis no estilo Chippendale e federal a luminárias de Louis C. Tiffany (1848-1933).

Monumento a Balzac, esculpido nos anos 1890 por Auguste Rodin

PINTURA, ESCULTURA E ARTE DECORATIVA EUROPEIAS

O acervo de obras de arte europeias vai do século 12 ao início do 20, começando por objetos religiosos medievais. Ótimos retratos de Lucas Cranach (1472-1553) e Hans Holbein (1497-1543) representam o Renascimento no norte da Europa. Pinturas religiosas de Fra Bartolommeo (1472-1517) e Ticiano (c.1490-1576) datam do Renascimento italiano.

Madalena com a Chama Fumegante, Georges de la Tour

Uma das forças do acervo são as telas holandesas e flamengas do século 17. *A Ressurreição de Lázaro* (c.1630), de Rembrandt, e *Andrômeda Acorrentada à Rocha* (1637-1638), de Anthony van Dyck, estão entre os destaques. Das escolas francesa e italiana incluem-se *Madalena com a Chama Fumegante*, pintada por Georges de la Tour em cerca de 1640, e *Retrato do Cardeal Roberto Ubaldino*, de Guido Reni, anterior a 1625. O acervo francês dos séculos 18 e 19 é também estupendo, com obras de Eugène Delacroix (1798-1863) e Camille Corot (1796-1875). As esculturas se concentram nos artistas franceses do século 19, com mais de 40 obras de Auguste Rodin (1840-1917).

Dois destaques da coleção impressionista e pós-impressionista são *No Bosque de Giverny*, de Claude Monet *(pág. 114)*, e *As Irmãs Bellelli* (1862-1864), de Edgar Degas. Outros: as pinturas de Pierre Auguste Renoir (1841-1919), Vincent van Gogh (1853-1890) e Paul Cézanne (1839-1906).

Entre as mais interessantes peças de arte decorativa se encontram uma ânfora veneziana azul esmaltada e dourada, de cerca de 1500, e uma placa de Limoges de meados do século 16 retratando Psiquê e Cupido.

Os Catadores de Algodão (1876), de Winslow Homer

ARTE MODERNA E CONTEMPORÂNEA

O Broad Contemporary Art Museum, no campus da LACMA é muito iluminado e arejado, e exibe obras de arte contemporânea com todo seu impacto, seja qual for sua forma ou tamanho. O prédio já é por si só uma obra de arte, fundado pelo filantropo de Los Angeles Eli Broad.Abriga cerca de 200 obras de sua coleção de vanguarda, além do acervo crescente da LACMA e de coleções "visitantes". Abrange a pintura, escultura e instalações de 1945 ao presente. Entre as obras estão *Band* (2006), de Richard Serra, *Wrong* (1966-68), de John Baldessari e *Cold Shoulder* (1963), de Roy Lichtenstein.

FOTOGRAFIA, GRAVURA E DESENHO

O excelente acervo de fotografias dá um raro apanhado do meio. Estão em exposição desde daguerreótipos e chapas secas do início do século 19 a imagens abstratas em mídia mista. O conjunto de obras de Edward Weston (1886-1958) esbanja textura e sensualidade. O patrimônio de gravuras e desenhos inclui as obras da Coleção Impressionista Alemã de Robert Gore Rifkind. A xilogravura de Erich Heckel *Criança em Pé* (1910) é um dos ótimos exemplos.

ARTE ANTIGA E ISLÂMICA

A arte antiga do Egito, Irã, Grécia e Roma forma uma impressionante coleção de artefatos que incluem paineis enormes de pedra lavrada vindos de um palácio assírio do século 9º a.C.; uma rara peça de bronze egípcia da 25ª Dinastia; e delicadas figuras iranianas, algumas de 3000 a.C. O acervo de arte islâmica abrange quase 1.400 anos. O conjunto de obras iranianas e turcas é particularmente bom.

Objetos de pedra entalhada e recipientes e estátuas de barro da América Central e do Peru formam o acervo pré-colombiano. *Guerreiro em Pé* (100 a.C.-300 d.C.), uma efígie mexicana, é a maior obra conhecida desse tipo.

ARTE INDIANA E DO SUDESTE ASIÁTICO

Com mais de 5.000 obras do século 3º a.C., o museu tem um dos mais completos acervos desse tipo fora da Ásia. É especialmente forte em obras da Índia –de esplêndidas esculturas a detalhadas aquarelas em pano e papel. Há manuscritos e *thankas* (pintura em pano) do Tibete e do Nepal, e esculturas de pedra e bronze da Indonésia, Tailândia, Sri Lanka, Camboja e Myanmar.

***Dunas, Oceano* (1936), de Edward Weston**

***Duas Autoridades* (618-907), da dinastia Tang, China**

ARTE DO EXTREMO ORIENTE

Esta seção contém cerâmicas, esculturas, biombos e pergaminhos da China, do Japão e da Coreia. O destaque é a Coleção Shin'enkan que mostra 200 biombos e pinturas em pergaminho do período Edo (1615-1868). Estes exemplares são considerados os melhores do mundo ocidental. Entre as obras-primas estão o pergaminho de parede do século 18 *Galo, Galinha e Hortênsia*, de Ito Jakuchu, e *Conchas e Ameixas*, de Suzuki Kiitsu, do século 19. A Coleção Bushell de *netsukis* (cavilhas esculpidas usadas para firmar um recipiente pequeno), cerâmicas, esculturas e xilogravuras também é notável.

VESTUÁRIO E TÊXTEIS

O museu possui uma significativa coleção de vestuário e artes têxteis, com cerca de 55 mil artefatos que representam mais de 300 culturas humanas. As peças mais antigas são mortalhas peruanas bordadas, de 100 a.C., e uma túnica copta egípcia do século 5º a.C. Uma das peças mais importantes é o tapete iraniano "Ardebil", do início do século 16, cujo nome vem de um santuário do noroeste do Irã para o qual foi encomendado. Um vestido de gala de uma francesa do século 17 –feito de seda, ouro e prata– é um dos dois existentes nos EUA.

Miracle Mile ⓯

Wilshire Blvd entre La Brea Ave e Fairfax Ave. **Mapa** 7 D4.
685 S Figueroa St
***Tel** (213) 689-8822), 6801 Hollywood Blvd (323) 467-6412.*
www.seemyla.com

Em 1920 o construtor A.W. Ross comprou 72.000m² de terreno ao longo do Wilshire Boulevard e criou uma zona comercial voltada para as famílias ricas que moravam perto do Hancock Park. Com prédios Art Déco e Streamline Moderne, calçadas e ruas amplas, abertas mais para carros que carruagens, foi apelidado de "Miracle Mile". As lojas de departamentos foram feitas com estacionamentos, comodidade que atraiu muitos consumidores. Começava a descentralização de LA.

Apesar de ainda ser vibrante, hoje esse trecho de avenida é apenas uma sombra do que foi, pontilhado de mercearias que atendem a várias colônias étnicas.

A ponta oeste da Miracle Mile se deu bem melhor. Marcando a esquina com a Fairfax Avenue, o edifício da antiga loja de departamentos May Company, hoje Lacma West. Com diversos outros museus importantes, além do Lacma *(págs. 114-7)*, o trecho de cerca de 1,5 km agora é conhecido como Museum Row ("fileira de museus").

Torre dourada do antigo prédio da May Company, Wilshire Boulevard

O Rolls Royce de porta redonda, no Petersen Automotive Museum

Petersen Automotive Museum ⓰

6060 Wilshire Blvd. **Mapa** 7 D4.
***Tel** (323) 930-2277. 10h-18h ter-dom 1º jan, Ação de Graças, 25 dez.*
www.petersen.org

Dioramas e exposições temporárias ilustram a evolução da cultura do carro nos EUA *(págs. 200-1)*. No térreo há exposições detalhadas de automóveis, como o americano Underslung "Stuck in the Mud", de 1911, e o carro de corrida de Earl Cooper, "White Squadron" Stutz, de 1915. Um Ford Bigode de 1922 é mostrado em uma cena de filme de O Gordo e o Magro, e três carros antigos aparecem em um cenário urbano de 1920.

Outras exposições incluem uma garagem de 1920, um showroom de 1930, cujo luxo desafiava a depressão econômica, e um restaurante drive-in dos anos 1950. Um cartaz dos anos 1930 mostra como a publicidade era usada para aumentar a popularidade dos carros. No andar de cima, cinco galerias exibem de veículos modificados e motos a carros clássicos e de estrelas –entre estes estão o Cadillac 1953 de Rita Hayworth e o Cadillac Coupe 1941 de Clark Gable.

The Improv ⓱

8162 Melrose Ave. **Mapa** 8 B2.
***Tel** (323) 651-2583. 20h seg-qui; 20h30 e 22h30 sáb e dom.*
www.improv.com

Quando foi inaugurado em 1975, o Improv tornou-se imediatamente um dos melhores clubes de humor da cidade e hoje é conhecido em todo o mundo. Artistas como Jay Leno, Richard Lewis e Damon Wayans se apresentam regularmente, e Drew Carey faz show a maioria das quintas-feiras coadjuvado por atores do Drew Carey Show. O clube também é um bom local para ver iniciantes talentosos, muitos deles com promissoras carreiras.

Você pode pedir comida na própria sala de espetáculos ou ir até o restaurante Hell's Kitchen, de pratos italianos, e pode pedir no mínimo dois drinques por pessoa no bar.

Devido à popularidade do clube, é bom reservar mesa um ou dois dias antes.

O popular humorista Drew Carey apresentando-se no clube Improv

George C. Page Museum of La Brea Discoveries ⓲

5801 Wilshire Blvd. **Mapa** 7 E4.
***Tel** (323) 934-7243. 9h30-17h diariam. 1º jan, Ação de Graças, 4 jul, 25 dez. (gratuita 1ª ter mês).* **www**.tarpits.org

Aberto em 1976, o George C. Page Museum possui um acervo de mais de um milhão de fósseis descobertos nos poços de alcatrão de La Brea. Há mais de 500 espécies de mamíferos, aves, répteis,

Veja hotéis e restaurantes desta região nas págs. 524-31 e 568-76

LA BREA TAR PITS

O alcatrão dos poços de La Brea se formou há cerca de 42 mil anos pelo afloramento de petróleo à superfície da Terra e seu resfriamento. Os animais, ao entrar nos poços para beber água, ficavam presos no alcatrão, morriam, e seus ossos se fossilizavam.

Por muitos séculos, os índios gabrielinos usaram o alcatrão para impermeabilizar cestos e barcos. Depois colonos mexicanos e espanhóis calafetaram telhados com ele. Em 1906, geólogos descobriram aqui o maior número de fósseis do Período Pleistoceno já achado em um só lugar. A área foi doada ao município em 1916.

Modelos dos La Brea Tar Pits mostram como os animais atolavam

plantas e insetos. Algumas das peças têm cerca de 40 mil anos. Os pontos altos são os mastodontes, tigres-dente-de--sabre, leões-americanos e o mamute-imperial. O mostruário de mais de 400 crânios de lobo atesta a quantidade de variações que uma só espécie pode ter.

O único esqueleto humano encontrado nos poços é o da "Mulher de La Brea". Um holograma transforma-a de esqueleto em pessoa completa, e vice-versa.

A maioria dos fósseis provém do poço 91. No verão, os visitantes podem ver, do posto de observação, os paleontólogos trabalhando. No museu, um laboratório envidraçado permite acompanhar a limpeza, a identificação e a catalogação dos fósseis.

Craft and Folk Art Museum ⓳

5800 Wilshire Blvd. **Mapa** 7 E4. ***Tel*** *(323) 937-4230.* *11h-17h ter-qua, sex (no verão também qui), 12h-18h sáb e dom.* *1º jan, Ação de Graças, 25 dez.* *qua.* **www**.*cafam.org*

O acervo tem mais de 3.000 objetos de arte folclórica e artesanato de todo o mundo, de acolchoados do século 19 e mobília contemporânea a máscaras africanas. Há também exposições regulares sobre temas como brinquedos, vidraria e têxteis. O acervo de obras mexicanas inclui objetos de papel machê da família Linares. Há várias exposições durante o ano, e todo mês de outubro o museu promove o Festival Internacional de Máscaras no vizinho Hancock Park.

Máscara africana do Craft Museum

Wiltern Theatre ⓴

3790 Wilshire Blvd. **Mapa** 9 D4. ***Tel*** *(213) 380-5005.* *só para apresentações.*

Construído como cinema em 1931, o Wiltern Theatre foi restaurado em 1985 e hoje serve às artes cênicas. A torre e os bastidores Art Déco do prédio são recobertos de cerâmica turquesa vidrada e um toldo com sol irradiante marca a entrada principal. O motivo do sol persiste no auditório, com raios em baixo-relevo no teto.

Para ver o Wiltern Theatre por dentro é preciso comprar ingresso para um espetáculo.

Esqueleto de mamute no George C. Page Museum

WELLS FARGO

CENTRO DE LOS ANGELES

Considerada um lugar atrasado há pouco mais de cem anos, Los Angeles desdisse os críticos ao se tornar influente no mundo todo. As origens espanholas da cidade estão aqui, em El Pueblo, onde a Avila Adobe e a Old Plaza Church mantêm a lembrança da antiga fronteira mexicana, quando *rancheros* e suas *señoras* passeavam pelas ruas. Ao norte de El Pueblo fica Chinatown, com uma profusão de lojas e restaurantes asiáticos. Ao sul, Little Tokyo é o coração da maior colônia nipo-americana da América do Norte. A área de negócios do Centro está concentrada nos arredores de Bunker Hill, que já foi um bairro rico onde a elite vitoriana vivia. Hoje, prédios de escritórios de arquitetura ousada, como o First Interstate World Center e o Wells Fargo Center, dominam a paisagem central. A região também abriga o Museum of Contemporary Art (MOCA) e o Music Center de artes cênicas.

Detalhe do Fine Arts Building, na West 7th Street

PRINCIPAIS ATRAÇÕES

Bairros e Edifícios Históricos

Angels Flight ❷
Bradbury Building ❹
Chinatown ❽
El Pueblo págs. 126-7 ❼
Grand Central Market ❸
Little Tokyo ⓬
Los Angeles Central Library ❶
Los Angeles City Hall ⓫
Union Station ❾

Museus e Galerias

Geffen Contemporary at MOCA ❿
Japanese American National Museum ⓭
Fashion Institute of Design and Merchandising ⓮
Museum of Contemporary Art ❺

Centro de Artes

Music Center ❻

Igrejas

Cathedral of Our Lady of the Angels ⓯

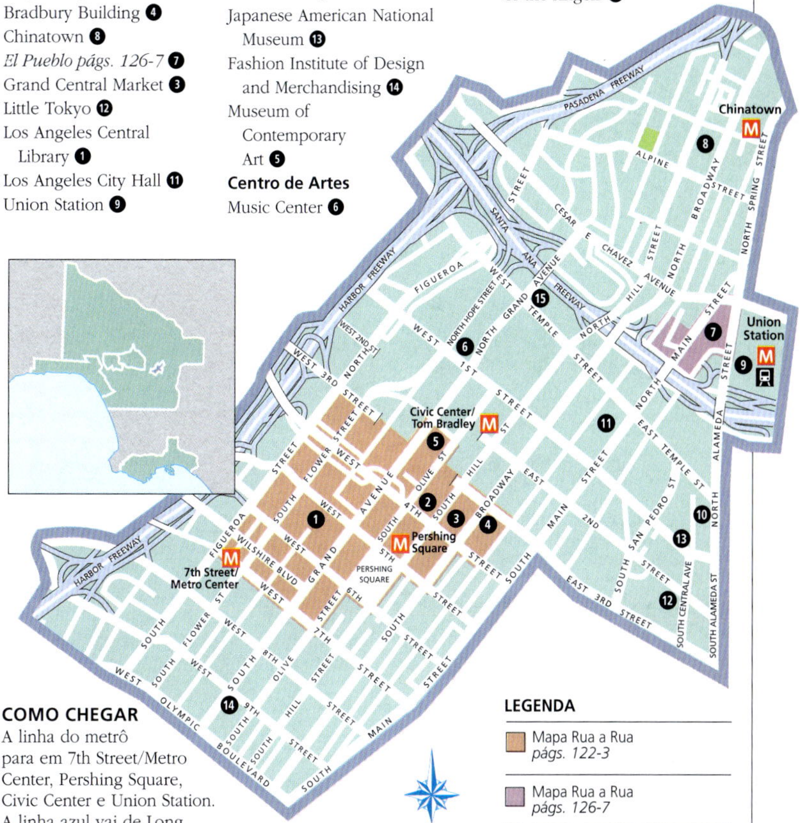

LEGENDA

Mapa Rua a Rua *págs. 122-3*
Mapa Rua a Rua *págs. 126-7*
Estação Amtrak
Estação do metrô

COMO CHEGAR

A linha do metrô para em 7th Street/Metro Center, Pershing Square, Civic Center e Union Station. A linha azul vai de Long Beach a 7th Street/Metro Center. Ônibus DASH também servem a região.

◁ **O Wells Fargo Center, cortando o horizonte do Centro**

Rua a Rua: Business District

Pedra lavrada do Biltmore Hotel

No século 20, Los Angeles se expandiu para o oceano, a oeste, relegando ao Centro um papel temporariamente menor. Mas tudo isso mudou. Uma zona de negócios revitalizada cresceu ao redor da Flower Street, e as ruas estão outra vez lotadas de turistas e moradores. O setor bancário da Califórnia está concentrado aqui, instalado em impressionantes arranha-céus, como o Wells Fargo Center. A revitalização prosseguiu para o leste do Centro, onde o varejo de joias, brinquedos, alimentos e roupas está florescendo. O compromisso com as artes também deu frutos. Juntos, o Museum of Contemporary Art (MOCA), o Music Center e a Los Angeles Central Library criaram um ambiente cultural próspero, que atraiu as pessoas de volta ao Centro.

O Westin Bonaventure Hotel tem elevadores externos, que oferecem uma ótima vista desta região.

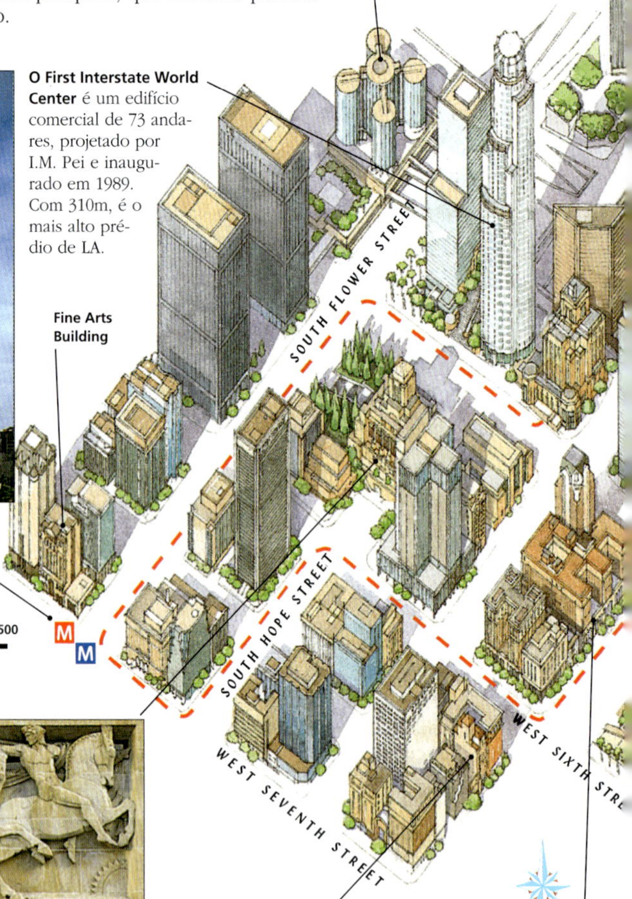

O First Interstate World Center é um edifício comercial de 73 andares, projetado por I.M. Pei e inaugurado em 1989. Com 310m, é o mais alto prédio de LA.

Fine Arts Building

7th Street/ Metro Center

★ Los Angeles Central Library
A recém-ampliada biblioteca Beaux-Arts é decorada com entalhes e inscrições sob o tema "a Luz do Saber". ❶

O Oviatt Building (1925) é um ótimo exemplo de decoração Art Déco. René Lalique fez parte da vidraria.

O Millennium Biltmore Hotel era um dos mais luxuosos hotéis de LA quando foi inaugurado, em 1923 *(pág. 526)*.

Para hotéis e restaurantes nesta região, veja págs. 524-31 e págs. 568-76

★ Museum of Contemporary Art
Situado na California Plaza, o prédio de arenito do MOCA foi recebido com furor na inauguração, em 1986. O acervo oferece um panorama da arte pós-1940. ❺

LOCALIZE-SE
Guia de Ruas 11

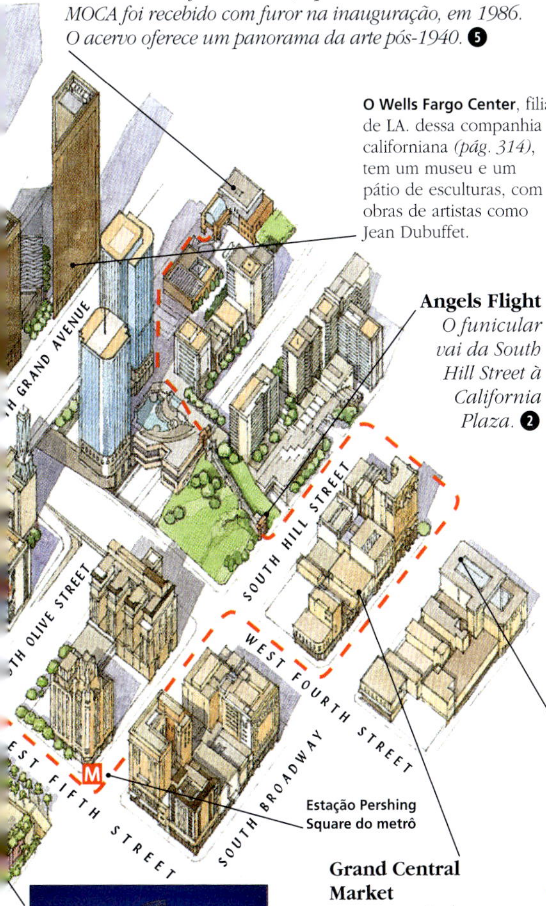

O Wells Fargo Center, filial de LA. dessa companhia californiana *(pág. 314)*, tem um museu e um pátio de esculturas, com obras de artistas como Jean Dubuffet.

Angels Flight
O funicular vai da South Hill Street à California Plaza. ❷

★ Bradbury Building
A galeria deste modesto prédio comercial vitoriano é uma das melhores desse estilo nos EUA. ❹

Estação Pershing Square do metrô

Grand Central Market
Este mercado fica na antiga zona de teatros. ❸

A Pershing Square foi criada em 1866 como primeiro parque público da cidade. Hoje "de concreto", a praça ainda é um popular ponto de encontro, com árvores, bancos e estátuas.

LEGENDA

— — Percurso sugerido

PONTOS ALTOS

- ★ Bradbury Building
- ★ Los Angeles Central Library
- ★ Museum of Contemporary Art

Fachada da Los Angeles Central Library

Los Angeles Central Library ❶

630 W 5th St. **Mapa** 11 D4. ***Tel*** *(213) 228-7000.* *10h-20h seg-qui; 10h-18h sex, sab; 13h-17h dom.* *feriados.*
www.lapl.org

Erguida em 1926, esta biblioteca –um verdadeiro "tesouro público"– sofreu um incêndio criminoso em 1986. Ficou fechada por sete anos, nos quais passou por uma restauração de US$ 213,9 milhões. Seguindo com a arquitetura original, a reforma dobrou a capacidade da biblioteca para mais de 2,1 milhões de livros.

O prédio inicial combina a grandiosidade da arquitetura Beaux-Arts com elementos, inscrições e esculturas bizantinos, egípcios e romanos, sob o tema "a Luz do Saber". Os murais da rotunda, pintados por Dean Cornwell (1892-1960), retratam a história da Califórnia e valem a pena ser vistos.

É impressionante a atenção aos detalhes na nova ala Tom Bradley. Um exemplo são os três candelabros do átrio, criados por Therman Statom para representar os mundos natural, etéreo e tecnológico.

O jardim da Central Library fica na entrada da Flower St. Os visitantes podem aproveitar as fontes, as esculturas, os bancos e o restaurante.

Estátua da biblioteca

Há uma programação de artes variada na própria biblioteca, inclusive leituras de prosa e poesia, palestras, concertos e peças teatrais.

Angels Flight ❷

Entre Grand St, Hill St, 3rd St e 4th St. **Mapa** 11 D4. ***Tel*** *(213) 626-1901.*

Anunciado como a "menor ferrovia do mundo", o Angels Flight transportou as pessoas pelos 96m entre a Hill Street e o Bunker Hill por quase 70 anos. Construído em 1901, o funicular logo se tornou um meio de transporte familiar e apreciado. Mas, em 1969, o Bunker Hill entrou em decadência e passou a ser considerado "desagradável". A prefeitura desmontou o Angels Flight, mas prometeu reinstalar o funicular assim que o local fosse remodelado. Foi reaberto em 1996 mas teve de ser fechado novamente por causa de um acidente. Agora um grupo de voluntários está trabalhando para repará-lo e reabri-lo.

Grand Central Market ❸

317 S Broadway. **Mapa** 11 E4. ***Tel*** *(213) 624-2378.*
9h-18h diariam. *1º jan, Ação de Graças, 25 dez.*
www.grandcentralsquare.com

Os moradores de Los Angeles vêm a este vibrante mercado desde 1917. Hoje, há mais de 40 comerciantes trabalhando qui. Frutas, verduras e legumes frescos bem apresentados e a preços convidativos se sucedem nas várias bancas, e os feirantes, amigáveis, geralmente oferecem frutas para experimentar.

Quase todos os cartazes estão em inglês e espanhol. A freguesia do mercado, predominantemente latino-americana, vem para comprar produtos de seus países, como cactos frescos de Nogales e feijão de El Salvador. As bancas de frutos do mar estão repletas de uma profusão de peixes pescados no Sul da Califórnia. Nas bancas de açougue, cabeças de bode e bucho são oferecidos ao lado de peças de carne mais conhecidas. As de ervas apresentam várias alternativas naturais para moléstias menores. Em meio ao alvoroço, os deliciosos aromas de chilli em pó, ervas e comidas condimentadas se espalham pelo ar.

Entre os muitos cafés e barracas de comida do mercado está o China Café, que desde os anos 1930 serve seu popular *chow mein* (carne, cogumelos, legumes e macarrão frito). Na Chapalita Tortilleria, os visitantes se divertem vendo uma franzina máquina transformar *masa* (massa de farinha de milho) em *tortillas* e depois dividem entre si as amostras grátis. As bancas mexicanas, como a "Ana María", vendem tacos e burritos, recheados com carnes e frutos do mar.

Ao sair do mercado para a Broadway, você se verá na principal rua comercial da colônia hispânica em Los Angeles. Antes da Segunda Guerra Mundial, ficava aqui a zona dos cinemas extravagantes e das lojas elegantes. Hoje, a maioria dos cinemas ou fechou ou é usada para encontros religiosos. A rua é movimentada e os turistas devem ficar atentos aos batedores de carteira.

O China Café, no mercado

Veja hotéis e restaurantes desta região nas págs. 524-31 e 568-76

Galeria do Bradbury Building

Bradbury Building ❹

304 S Broadway. **Mapa** 11 E4. ***Tel*** *(213) 626-1893.* *9h-18h seg-sex, 9h-17h sáb e dom.* *pela 3rd St.*

O Bradbury Building foi concebido pelo projetista George Herbert Wyman em 1893. É um dos poucos edifícios vitorianos remanescentes em Los Angeles. Embora a fachada vermelha seja simples, a galeria é notável, com grades rendilhadas de ferro batido, lambris de carvalho, paredes de tijolos envernizados, dois elevadores panorâmicos e teto de vidro. É o único prédio comercial de Los Angeles considerado Marco Histórico Nacional. O prédio é muito utilizado em filmes como *Blade Runner, o Caçador de Androides* (1982), de Ridley Scott.

Museum of Contemporary Art ❺

250 S Grand Ave. **Mapa** 11 D4. ***Tel*** *(213) 621-2766.* *11h-17h seg e sex (até 20h qui); 11h-18h sáb-dom.* *1º jan, 4 jul, Ação de Graças, 25 dez.* *gratuita 17h-20h qui.* **www**.moca.org

Tido pelo American Institute of Architects como uma das dez melhores obras arquitetônicas dos EUA, o prédio deste museu é tão interessante quanto qualquer peça de seu acervo. Projetado em 1986 pelo arquiteto japonês Arata Isozaki, o Museum of Contemporary Art (MOCA), é uma mescla intrigante de pirâmides, cilindros e cubos. Suas paredes de arenito, assentadas em uma fundação de granito vermelho, dão um contraste agradável com os tons frios dos arranha-céus vizinhos.

Chega-se à área das galerias, separada do pátio de entrada, por uma escadaria em curva. Quatro das sete galerias são iluminadas por claraboias em forma de pirâmide.

Fundado em 1979, o Museum of Contemporary Art rapidamente amealhou um conjunto respeitável de obras pós-1940, de artistas como Piet Mondrian, Jackson Pollock, Louise Nevelson e Julian Schnabel. O acervo ganha mais força com a Coleção Panza –80 obras da Pop Art e do expressionismo abstrato, de artistas como Robert Rauschenberg, Mark Rothko e Claes Oldenburg. Em 1995, o MOCA adquiriu a Coleção Freidus, de 2.100 fotos, que traçam a evolução da fotografia documental nos EUA dos anos 1940 aos 1980. A coleção tem obras de Diane Arbus e Robert Frank.

O MOCA fica na ponta norte da California Plaza, de 45 mil m². Esse enorme empreendimento financiou a criação do MOCA com a doação de 1,5% de seu orçamento à arte, como estipulado na legislação de Los Angeles. Os espetaculares chafarizes do centro da praça repetem um programa sincronizado a cada 20 minutos. No final, uma onda de 45,5 mil litros varre as beiradas da fonte.

Plano Coca-Cola **(1958), de Robert Rauschenberg**

Music Center ❻

135 N Grand Ave. **Mapa** 11 E3. ***Tel*** *(213) 972-7211.* **Bilheteria do Dorothy Chandler Pavilion** *10h-18h qui-sáb.* **Bilheterias do Mark Taper Forum e do Ahmanson Theatre** *12h-20h ter-sáb, 11h-19h dom.* **Bilheteria do Walt Disney Hall** *12h-17h ter-dom.* **www**.musiccenter.org

Este complexo é um dos três maiores locais para apresentações artísticas nos EUA.

Inaugurada em 2003, a edificação de vanguarda foi projetada por Frank Gehry, conta com 2.265 lugares e sedia o Los Angeles Philharmonic Master Chorale. O Dorothy Chandler Pavilion é onde se apresentam o LA Music Center Opera, o LA Master Chorale e a LA Philharmonic. O Ahmanson Theater encena peças da Broadway; e o intimista Mark Taper Forum apresenta peças de primeira linha.

O projeto do Walt Disney Concert Hall é do arquiteto Frank Gehry

Rua a Rua: El Pueblo ❼

Estátua do fundador de LA, Felipe de Neve

El Pueblo de La Reina de Los Angeles, parte mais antiga da cidade, foi fundado em 1781 por Felipe de Neve, governador espanhol da Califórnia. Hoje, El Pueblo é Monumento Histórico Estadual. As lojas e bancas da Olvera Street vendem vestidos mexicanos multicoloridos, *huaraches* (sandálias) de couro, *piñatas* (animais de palha) e lanches como churros, massa frita hispano-mexicana. Durante seus vários festejos, El Pueblo irradia cores e sons –a Bênção dos Animais, o *Cinco de Mayo* (5 de maio), a *fiesta* do Dia da Independência do México (13-15 de setembro) e a procissão de velas de *Las Posadas* (16-24 de dezembro) *(págs. 36-9)*.

★ Old Plaza Church
Anunciação *(1981), mosaico de Isabel Piczek, fica na fachada da mais antiga igreja da cidade.*

Pico House
O último governador mexicano da Califórnia, Pío Pico, construiu esta casa, de três pavimentos, em 1870. O prédio de estilo colonial foi por vários anos o melhor hotel da região.

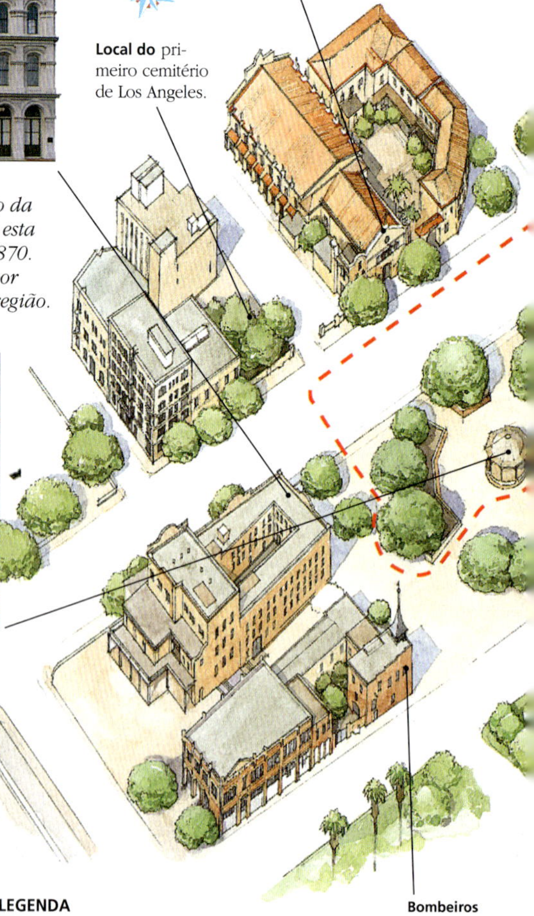

Local do primeiro cemitério de Los Angeles.

Bombeiros

Plaza
Um coreto de ferro batido encontra-se no meio da praça. Perto, fica uma lista dos primeiros 44 colonos e uma estátua de Felipe de Neve.

PONTOS ALTOS

★ Avila Adobe

★ Old Plaza Church

LEGENDA

– – – Percurso sugerido

LOCALIZE-SE
Guia de Ruas 11

Avila Adobe
Avila Adobe é a casa mais ntiga de Los Angeles. Está obiliada como deveria ser o final dos anos 1840.

América Tropical, mural de David Alfaro Siqueiros, foi criado em 1932.

Olvera Street
Esta rua de pedestres foi preservada a partir dos anos 1930 como mercado mexicano, após campanha de Christine Sterling.

Chinatown ❽

Mapa 11 F2. *727 N Broadway, Suite 208.* ***Tel*** *(213) 680 0243.*
www.chinatownla.com

Os chineses chegaram à Califórnia durante a Corrida do Ouro *(págs. 48-9)* para trabalhar nas minas e construir ferrovias. Enfrentado o preconceito, criaram comunidades fechadas. A primeira "cidade chinesa" de LA estabeleceu-se em 1870 onde é hoje a Union Station *(pág. 128)*. Deslocou--se cerca de 820m para o norte em 1938. Hoje mais de 12 mil pessoas vivem e trabalham nesse bairro cheio de cores.

O pomposo East Gate, na North Broadway, é passagem para o Gin Ling Way e a New Chinatown Central Plaza. Esta área de pedestres está rodeada de edifícios em cores vivas que abusam dos telhados em forma de pagode. Lojas de importados vendem de tudo, de requintadas joias de jade e antiguidades a quinquilharias.

Nas ruas vizinhas, os prédios são mais simples, mas restaurantes tentadores oferecem comida chinesa variada, do *dim sum* (bolinhos recheados, ao vapor ou grelhados, *pág. 564*) aos pratos bem temperados de Sichuan.

Embora menor que o de São Francisco *(pág. 39)*, Los Angeles também têm seu Ano-Novo Chinês, em fevereiro. As festividades contam com dançarinos com dragão e leão, acompanhados de tambores, pratos e rojões.

Restaurante de Chinatown, encimado por um pagode

Mistura singular de estilos arquitetônicos na fachada da Union Station

Union Station ❾

800 N Alameda St. **Mapa** 11 F3. ***Tel*** *(800) 872-7245.* *24 horas diariam.* **www**.amtrack.com

De 1939, este grande terminal ferroviário de passageiros foi o último desse tipo construído nos EUA. O exterior é uma mistura bem-feita dos estilos mission espanhol, mourisco e Streamline Moderne *(págs. 30-3)*. As telhas que beiram as paredes interiores, o mármore decorado com desenhos no piso e as filigranas sobre janelas e portas usam motivos espanhóis.

O amplo salão, com cobertura a 15,8m de altura, pode parecer familiar a fãs dos filmes da década de 1940 –as estrelas eram muito fotografadas aqui, quando vinham a Los Angeles. Nos últimos anos serviu de locação para vários filmes, como *Nosso Amor de Ontem* (1973), de Sydney Pollack, e *Bugsy* (1991), de Barry Levinson. Hoje a estação é mais tranquila, mas ainda partem trens para Chicago, Seattle e San Diego.

Geffen Contemporary at MOCA ❿

152 N Central Ave. **Mapa**11 F4. ***Tel*** *(213) 426-6222.* *11h-17h seg e sex, 11h-20h qui, 11h-18h sáb-dom.* *ter-qua, 1º jan, 4 julho, Ação de Graças, 25 dez.* *gratuita 17h-20h qui.* **www**.moca.org

Em 1983, esta velha garagem da polícia foi usada como espaço temporário de exposições até que as instalações do MOCA na California Plaza estivessem concluídas *(pág. 125)*. O sucesso das reformas de Frank Gehry transformou o galpão num espaço permanente de arte. As mostras costumam contar com destaques do acervo do MOCA.

Los Angeles City Hall ⓫

200 N Spring St. **Mapa** 11 E4. ***Tel*** *(213) 485-2121.* *8h-17h seg-sex.* *feriados.* *pela Main St.* *reservar com antecedência.*

Até 1957, este edifício de 28 andares era o mais alto do Centro –os outros não passavam de 12 andares. Ao ser construído em 1928, areia de todos os municípios da Califórnia e água de cada uma das 21 missões do Estado foram adicionadas à argamassa.

Hoje o Paço Municipal ficou pequeno ao lado dos arranha-céus vizinhos, mas sua torre é ainda um dos pontos marcantes de Los Angeles. Entre seus muitos papéis no cinema e na TV, foi locação para o "Daily Planet", local de trabalho de Clark Kent na série de TV *Super-Homem*.

Dentro, a rotunda tem uma cúpula de ladrilhos decorados e excelente acústica. A cúpula é adornada por oito figuras que representam as principais metas da prefeitura: educa-

A Onizuka Street, em Little Tokyo, com vista para o City Hall

Veja hotéis e restaurantes desta região nas págs. 524-31 e 568-76

ção, saúde, lei, arte, serviço, governo, proteção e responsabilidade.

As visitas guiadas de 45 minutos ao City Hall incluem a subida ao mirante na torre, restaurada após o terremoto de 1994 *(pág. 57)*. Desse mirante tem-se uma vista panorâmica da cidade.

A rotunda do City Hall de L.A.

Little Tokyo ⑫

Mapa 11 E4. *244 S San Pedro St.* ***Tel*** *(213) 628-2725.*

Entre as ruas First, Third, Los Angeles e Alameda, a agitada área de Little Tokyo recebe mais de 200 mil visitantes, que lotam seus mercados, lojas, restaurantes e templos japoneses.

Os primeiros japoneses chegaram aqui em 1884. Hoje, o coração da área é o Japanese American Cultural and Community Center, na South San Pedro Street, nº 244, que organiza atividades culturais e eventos como a Semana Nisei *(pág. 37)* Em forma de hélice, o Japan America Theater costuma receber artistas do Japão, como o Grand Kabuki.

A Japanese Village Plaza, no nº 335 da East Second Street, foi construída no estilo de uma vila rural japonesa, com telhas azuis, estrutura de madeira e jardins com lagos e rochas. Uma tradicional torre de vigia indica a entrada do largo, na First Street. O comércio conta com o Enbun Market, um dos estabelecimentos mais antigos de Little Tokyo, e com a Mikawaya Candy Store. Travessa da San Pedro Street, a Onizuka Street tem mais algumas lojas caras.

Japanese American National Museum ⑬

369 E 1st St. **Mapa** 11 F4. ***Tel*** *(213) 625-0414.* *11h-17h qua, sex-dom (12-20h qui).* *1º jan, Ação de Graças, 25 dez.* **www**.janm.org

O antigo Templo Budista Nishi Hongwanji é hoje museu. Em 1925, o arquiteto Edgar Cline projetou um edifício com personalidade dupla. A entrada da First Street tem uma fachada comum de tijolos, mas a entrada cerimonial, na Central Avenue, mistura motivos orientais e egípcios.

O museu visa preservar a história dos nipo-americanos nos EUA e possui o maior acervo do mundo de objetos memoriais dessa comunidade.

As mais recentes exposições temporárias tinham como tema "Pioneiros Issei", "Campos de Concentração dos EUA" e "Soldados Nipo-Americanos". Também são oferecidos vários cursos.

Entrada do Japanese American Museum, na Central Avenue

Fashion Institute of Design and Merchandising ⑭

919 South Grand Avenue. **Mapa** 10 C5. ***Tel*** *(800) 424-1200 ou (213) 624-2001.* *10h-16h seg-sáb.* *marcar antes.* **www**.fidm.edu

O Fashion Institute of Design and Merchandising faz homenagem à moda, às artes gráficas, à decoração de interiores e à indústria do entretenimento. Seu acervo de cerca de 12 mil peças, que vai desde o final do século 18 até os dias de hoje, abrange trajes das principais coleções dos grandes estilistas, alta-costura, figurinos de cinema e teatro, tapeçaria e acessórios. Renomados estilistas, como Commes des Garçons, Christian Dior, Issey Miyake e Yves Saint Laurent estão representados. Muitas das roupas foram usadas por celebridades, como Marlene Dietrich e Fred Astaire.

Cathedral of Our Lady of the Angels ⑮

555 W Temple St. **Mapa** 11 E3. ***Tel*** *(213) 680-5200.* *começo da manhã-18h diariam.*

A catedral católica de L.A., santificada em 2002, é motivo de críticas desde que abriu. Projetada pelo arquiteto espanhol José Rafael Moneo, tem desenho contemporâneo, amado por alguns e odiado por outros por não ter vitrais e campanário.

Exposição de figurinos no Fashion Institute of Design and Merchandising

O Queen Mary, mais famoso hotel de Long Beach

LONG BEACH E PALOS VERDES

O oceano é a força que une esta região desigual: as ondas quebram contra os penhascos da Península de Palos Verdes e navios-tanques se dirigem aos movimentados portos de Los Angeles e Long Beach. A península –um belíssimo trecho de costa– é uma área rica, com mansões e estábulos em meio aos montes ondulados. No lado sudeste, San Pedro, área de trabalhadores, abriga o porto de Los Angeles e é também lar de gerações de pescadores. A principal cidade da região é Long Beach, quinta do Estado. Assim batizada por causa dos 9km de praias brancas, essa comunidade atrai há muito tempo os amantes do mar. Seu marco mais famoso é o transatlântico Queen Mary.

Estátua da Ports O'Call Marktplace

PRINCIPAIS ATRAÇÕES

Navio Histórico

Queen Mary págs. 134-5 6

Distritos

Long Beach 1
Naples 4
Ports O'Call Marketplace 8
San Pedro 11

Prédios Históricos

Rancho Los Alamitos 3
Rancho Los Cerritos 2

Arquitetura Moderna

Wayfarers Chapel 12

Parques e Jardins

Point Fermin Park 10
South Coast Botanic Garden 13

Museus

Aquarium of the Pacific 5
Cabrillo Marine Aquarium 9
Los Angeles Maritime Museum 7

COMO CHEGAR

A linha azul do metrô liga Long Beach ao Centro de Los Angeles. O movimentado porto é bem servido pelas vias expressas *(freeways)* que o ligam ao resto da cidade. Um ônibus gratuito, o Runabout, faz viagens frequentes pelo centro de Long Beach, Shoreline Village, o Queen Mary e o terminal da Catalina *(págs. 232-3)*. Os ciclistas podem pegar a Oceanside Bike Path *(pág. 168)* de Long Beach a Naples.

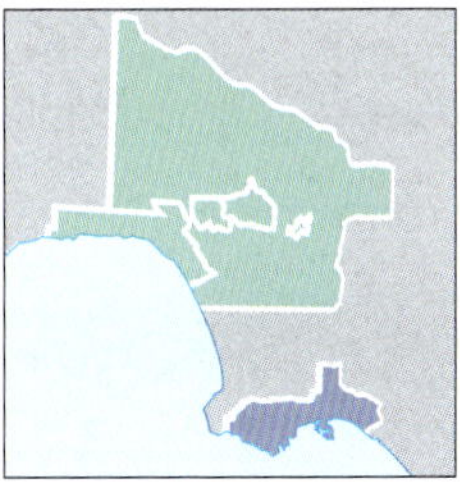

0 quilômetros 2

LEGENDA

Mapa Rua a Rua *págs. 128-9*

Estação de metrô

Rua a Rua: Long Beach ❶

Placa de loja

Com palmeiras e o oceano de pano de fundo, o centro de Long Beach é um misto de prédios restaurados com esmero e modernos arranha-céus de vidro. Em seu coração, a Pine Avenue ainda preserva o antigo estilo do Meio-Oeste, que lhe valeu o apelido de "Iowa à Beira-Mar". Esse ambiente da moda atrai os moradores, que vêm para relaxar, tomar um café expresso e pedir alguns dos melhores pratos da região. Perto, o Long Beach Convention and Entertainment Center fica onde era o Pike Amusement Park, famoso por sua montanha-russa. Hoje a respeitável programação de música e dança do Terrace Theater atrai muita gente. À beira-mar, lojas e restaurantes do Shoreline Village dão vista para o Queen Mary.

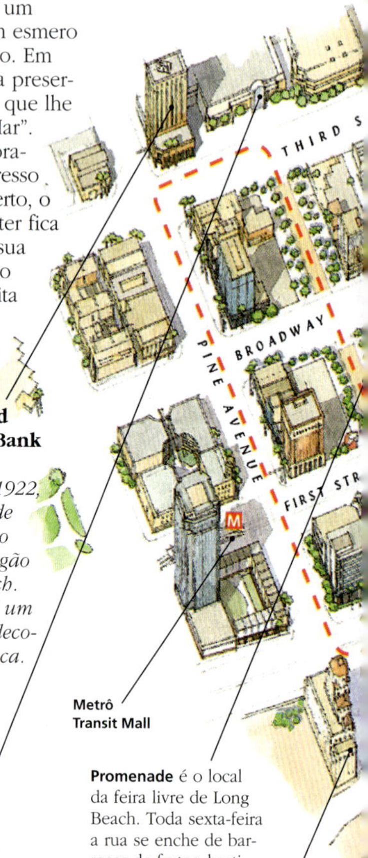

Farmers and Merchants Bank Tower
Erguido em 1922, este edifício de terracota foi o primeiro espigão de Long Beach. Seu saguão é um exemplo da decoração da época.

Metrô Transit Mall

Mural do Long Beach Municipal Auditorium
Este mural de 1938 sobre um dia na praia estava antes no Municipal Auditorium. Foi transferido para cá em 1979, quando demoliram esse prédio para dar lugar ao Terrace Theater.

Promenade é o local da feira livre de Long Beach. Toda sexta-feira a rua se enche de barracas de frutas, hortigranjeiros e artesanato.

Em estilo mediterrâneo, o Ocean Center Building era o início do Passeio de Mil Luzes do Pike Amusement Park.

LEGENDA

– – – Percurso sugerido

PONTOS ALTOS

★ Pine Avenue

★ Shoreline Village

★ Pine Avenue
Núcleo do centro de Long Beach, a Pine Avenue tem lojas, cafés e restaurantes. Alguns desses estabelecimentos ficam em prédios históricos, como o Masonic Temple, de 1903, no nº 230.

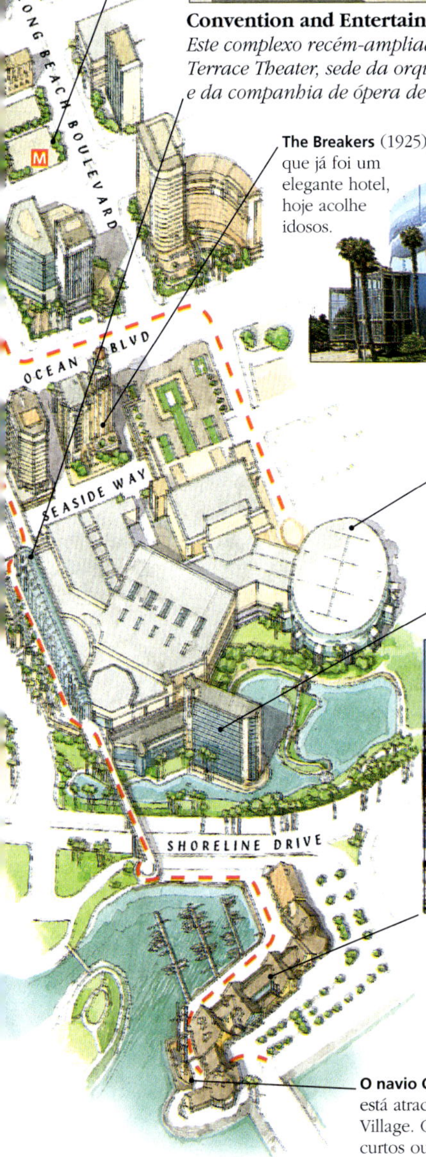

Estação 1st Street do metrô

Convention and Entertainment Center
Este complexo recém-ampliado inclui o Terrace Theater, sede da orquestra sinfônica e da companhia de ópera de Long Beach.

LOCALIZE-SE

The Breakers (1925), que já foi um elegante hotel, hoje acolhe idosos.

Planet Ocean (1992)
Reconhecido como maior mural do mundo, o Planet Ocean, *do artista Wyland, ocupa uma área de 11 mil m², na Long Beach Arena, com animais em tamanho natural.*

O Hyatt Regency Hotel é vizinho do Convention Center *(pág. 528).*

★ Shoreline Village
Este conjunto de restaurantes e lojas à beira-mar tem um carrossel Looff de 1906. O Shoreline Village é um bom lugar para apreciar o Queen Mary (págs. 134-5).

O navio Californian está atracado no Shoreline Village. Oferece passeios curtos ou longos.

0 metros 200

Rancho Los Cerritos ❷

4600 Virginia Rd. ***Tel*** *(562) 570-1755.* *13h17h qua-dom.* *1° jan, Páscoa, Ação de Graças, 25 dez.* *13h, 14h, 15h,16h sáb e dom.*

O Rancho Los Cerritos fazia parte de um terreno de 121,4 mil hectares doado entre 1784 e 1790 ao soldado espanhol Manuel Nieto. A missão San Gabriel reivindicou metade da propriedade e o resto ficou para os filhos de Nieto, quando este morreu em 1804.

Em 1844 John Temple comprou o rancho e construiu a casa de adobe, depois vendeu-a para a firma Flint, Bixby & Co. O rancho foi vendido aos poucos, e em 1955 a Cidade de Long Beach comprou a casa e seus 2ha de terras.

Hoje, o Rancho Los Cerritos serve de museu, sobre seus moradores de 1840 a 1940. A casa em estilo Monterey *(pág. 30)* está mobiliada como no final dos anos 1870.

Rancho Los Alamitos ❸

6400 Bixby Hill Rd. ***Tel*** *(562) 431-3541* *13h-17h qua-dom.* *1° jan, Páscoa, Ação de Graças, 25 dez.* **Aceitam-se doações.**

O Rancho Los Alamitos fica em uma chapada habitada desde 500 a.C. Em 1790 era parte das terras de Manuel Nieto. A casa foi construída em 1806 e teve vários proprietários durante o século 19, até ser comprada pela família Bixby em 1881. Em 1968 o rancho foi doado à Cidade de Long Beach, e hoje a casa está mobiliada tal como era nos anos 1920 e 1930. O entorno elegante é um raro exemplo de um jardim dos pioneiros.

O jardim de cactos do Rancho Los Alamitos

Queen Mary ❻

Pier J, 1126 Queens Hwy. **Mapa rodoviário** destaque A. ***Tel*** *(800) 437-2934 ou (562) 435-3511.* *10h-17h diariam.* *Veja.* ***Onde Ficar*** *pág. 528 e* ***Onde Comer*** *pág. 571.* **www**.queenmary.com

Com o nome da mulher do rei inglês Jorge V, este navio de linha criou novos padrões de viagem oceânica a partir de seu primeiro cruzeiro, em 27 de maio de 1936. Menina dos olhos da Cunard White Star Line, o *Queen Mary* fazia viagens semanais entre Southampton, Inglaterra, e Nova York, Estados Unidos. Embora as cabines de segunda e terceira classe possam parecer pequenas diante da grandiosidade das de primeira classe, eram consideradas chiques e espaçosas na época. Em suas viagens de cinco dias, o navio levava uma média de 3.000 passageiros e tripulantes. Eles usufruíam as duas piscinas, duas capelas, sinagoga, ginásio, salão de baile e salas de jogos para crianças. Quem era alguma coisa navegou no *Queen Mary*, da realeza às estrelas de Hollywood.

Semana do Jubileu Real, 1935, **de A.R. Thomson, acima do bar do Observation Lounge**

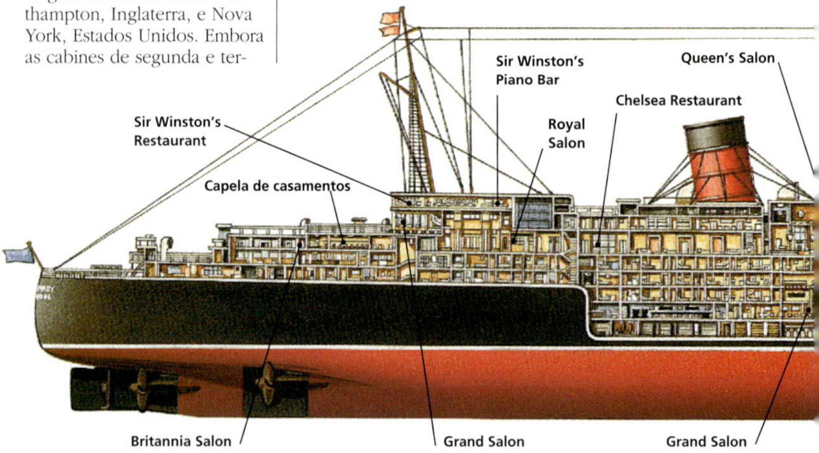

Naples ❹

Mapa rodoviário destaque A. *Long Beach.* *One World Trade Center, Suite 300.* ***Tel** (562) 436-3645.* **Gondola Getaway** *5437 E Ocean Blvd (562 433-9595).* **www**.visitlongbrach.com

O construtor Arthur Parson começou a criar em 1903 sua versão da cidade italiana de Nápoles, com ruas sinuosas e cursos d'água (apesar de a original não ter canais nem gôndolas). Atento aos erros de Abbot Kinney em Venice *(pág. 80)*, Arthur Parson projetou os canais de modo que as marés do oceano Pacífico os mantivessem limpos.

Concluído no final da década de 1920, este charmoso bairro é, na verdade, constituído por três ilhas da baía de Alamitos. Uma mescla eclética de casas de sarrafos, *revival Mission* vitorianas e Arts and Crafts *(págs. 30-3)* se sucedem nas ruas de nomes italianos. O Rivo Alto Canal é o maior da rede e você pode fazer um passeio numa autêntica gôndola veneziana.

Naples, com seus barcos atracados aos ancoradouros particulares

Aquarium of the Pacific ❺

100 Aquarium Way, Long Beach. **Mapa rodoviáro** destaque A. ***Tel*** (562) 590-3100. *9h-18h diariam.* *Nos principais feriados de Long Beach, 25 dez.* *Pacotes de ingressos combinados disponíveis (confira no site)*

Aprenda sobre os habitantes e os ecossistemas do oceano Pacífico neste aquário, que é um dos maiores dos Estados Unidos. Mais de 500 espécies ocupam 19 grandes hábitats, e 32 mostras levam os visitantes ao longo de três regiões do Pacífico: Sul da Califórnia, Pacífico Tropical e Pacífico Norte.

De 1939 a 1946, o cruzeiro foi convertido no navio de tropas *Grey Ghost* e levou mais de 800 mil soldados em sua carreira bélica. Com o fim da guerra, transportou mais de 22 mil "noivas de guerra" e seus filhos para os EUA na "Operação Fralda".

Em 1967, após 1.001 cruzeiros transatlânticos, o navio foi comprado pelo município de Long Beach. Atracado para sempre, serve de hotel e atração turística. Os visitantes podem ver parte da casa de máquinas original, exemplos das várias acomodações e uma exposição dos anos de guerra. Muitos dos detalhes Art Déco, criados por mais de 30 artistas, ainda decoram o interior. Abertos ao público no jantar, o Grand Salon e o Observation Lounge são bons exemplos.

Detalhe do Grand Salon do navio

Dois conjuntos de timões da sala de navegação do *Queen Mary*

Praia de Redondo Beach, em Los Angeles (pág. 66) ▷

Los Angeles Maritime Museum ❼

Berth 84, 6th St, San Pedro.
Mapa rodoviário destaque A.
Tel *(310) 548-7618.* *10h-17h ter-sáb; 12h-17h dom.* *Páscoa, Ação de Graças, 25 dez.*
Aceitam-se doações.
www.lamaritimemuseum.org

Instalado no prédio restaurado de um terminal de ferryboats, o museu tem uma série de pinturas e objetos náuticos. A figura de proa de madeira do britânico *Queen Victoria* é um dos destaques. O ponto alto é o grande acervo de miniaturas de navios. Estão também em exposição a proa e a ponte do *Los Angeles*, cruzador da Marinha dos EUA. E na doca do museu podem ser vistos barcos de pesca antigos.

Ports O'Call Marketplace ❽

Berth 75-79, San Pedro. **Mapa rodoviário** destaque A. ***Tel*** *(310) 548-8076.* *11h-19h dom-qui; 11h-20h sex e sáb.* **www**.sanpedro.com

A Ports O'Call Marketplace é uma mistura de vários portos de todo o mundo. Os estilos de construção vão da vila pesqueira de New England do século 19 e um porto mediterrâneo a uma cidade mexicana.

As lojas singulares do vilarejo e os restaurantes ficam em um charmoso calçadão de paralelepípedos. A especialidade aqui são os frutos do mar, e todos os restaurantes servem peixe fresco das redondezas. Da calçada nas docas, os turistas costumam apreciar a passagem dos enormes cargueiros e navios de linha. Passeios diários passam pelo estuário, pelo posto da guarda costeira, pela marina, pelas docas de carga e pelos pátios de ferro-velho. Há passeios de helicóptero para vislumbrar o porto do alto e, no inverno, passeios de barco para observar as baleias.

Parte de uma rua na pitoresca Ports O'Call Marketplace

Figura de proa do Queen Victoria

Cabrillo Marine Aquarium ❾

3720 Stephen White Dr, San Pedro.
Mapa rod. destaque A. ***Tel*** *(310) 548-7562.* *12h-17h ter-sex; 10h-17h sáb e dom.* *Ação de Graças, 25 dez.* *só estacionamento.*
www.cabrillomarineaquarium.org

Projetado pelo arquiteto Frank Gehry, o Cabrillo Marine Aquarium abriga uma das maiores amostras de vida marinha do sul da Califórnia. Tubarões, moreias e raias empolgam milhares de visitantes por ano. O salão de exposição tem mostruários que falam dos animais e das plantas típicas da região. Está dividido em três hábitats: costões rochosos, praias e várzeas e alto-mar.

Do lado de fora, um tanque contém holotúrias, anêmonas-do-mar, estrelas-do-mar e ouriços-do-mar, que podem ser tocados pelos visitantes. Este pequeno museu também se gaba dos 64,4 mil litros de água do mar circulante e do tanque de maré, que permite ver por baixo de uma onda. Outro destaque do museu é a exposição que mostra como a atividade humana alterou o porto de Los Angeles.

O bem-conservado Farol de Point Fermin, de ripas de madeira

Point Fermin Park ❿

807 Paseo del Mar, San Pedro. **Mapa rod.** destaque A. ***Tel*** *(310) 548-7705.* *diariam.* **www**.sanpedro.com

Este tranquilo parque de 150 mil m² fica em um penhasco voltado para o Pacífico. Entre janeiro e março, podem-se ver ao largo baleias-cinzentas migratórias, e em dias claros se avista a ilha Catalina. O simpático farol em estilo Eastlake é de 1874. Seus tijolos e a madeira vieram de navio através do cabo Horn. O farol usava lâmpadas de óleo que tinham uma potência de cerca de 2.100 velas. Foram trocadas por uma lâmpada elétrica em 1925.

San Pedro ⓫

Mapa rod. destaque A. *LAX, 24km noroeste San Pedro.* *MTA.* *San Pedro Chamber of Commerce, 390 W 7th St.* ***Tel*** *(310) 832-7272.* **www**.sanpedro.com

Famoso pelo Worldport LA, orgulho operário e local tradicional de famílias de pescadores, San Pedro tem um forte clima de Europa Oriental e Mediterrâneo. O importante porto é o mais movimentado do país em importação e exportação. As casas são pequenas em relação às de Palos Verdes, mas trata-se de um destacado centro industrial. No Angels Gate Park, no

Korean Friendship Bell, no Angels Gate Park, San Pedro

final da Gaffey Street, encontra-se Korean Friendship Bell ("sino da amizade coreano"), dado aos EUA em 1976 pela Coreia do Sul.

Escada de acesso à Wayfarers Chapel, no topo do morro

Wayfarers Chapel ⓬

5755 Palos Verdes Drive S, Rancho Palos Verdes. **Mapa rodoviário** destaque A. ***Tel*** *(310) 377-1650.* *perguntar antes (muito utilizada para casamentos).* **Jardins** *diariam.* **www**.wayfarerschapel.org

Esta capela de vidro e vigas de madeira fica no topo de um morro, ao lado do mar. Da rua de baixo, só se pode ver uma torre estreita de pedras e concreto emergindo da vegetação.

Quando o arquiteto Lloyd Wright (filho de Frank Lloyd Wright) projetou a capela em 1949, ele queria criar um local de cultos natural, rodeado de árvores. Hoje, seu charme a torna muito procurada para casamentos.

A capela é mantida pela igreja swedenborgiana, que segue a doutrina de Emanuel Swedenborg, teólogo e místico sueco do século 18.

South Coast Botanic Garden ⓭

26300 S Crenshaw Blvd, Palos Verdes. **Mapa rodoviário** destaque A. ***Tel*** *(310) 544-1948.* *9h-17h diariam.* *25 dez.*

Este jardim de 350 mil m^2 foi criado sobre cerca de 3,17 toneladas de lixo jogado entre 1956 e 1960. Antes, ficava aqui uma mina de terra rica em algas diatomáceas. Hoje, o gás formado no subsolo pela decomposição do lixo é usado na geração de energia elétrica.

O jardim é um estudo de recuperação da terra, com ênfase no paisagismo resistente a estiagens. Espécimes de todos os continentes, exceto a Antártica, estão plantados aqui.

No Jardim de Ervas, as plantas estão divididas em três categorias principais: aromáticas, medicinais e culinárias. O Jardim das Rosas tem mais de 1.600 espécies, inclusive as tradicionais e miniaturas, floribundas, camélias híbridas e grandifloras.

Uma das áreas mais inovadoras é o Jardim dos Sentidos, onde as plantas foram escolhidas pela extraordinária qualidade de cor, cheiro e toque. Alguns dos canteiros são um pouco mais elevados, tornando-os mais acessíveis.

Children's Garden ("jardim das crianças"), South Coast Botanic Garden

GRIFFITH OBSERVATORY
HERSCHEL
1738 – 1822
NEWTON

FORA DO CENTRO

Das vias expressas (freeways) *é difícil avaliar os muitos tesouros que se encontram na Grande Los Angeles. Mas um passeio breve para além das atrações do Centro pode reservar surpresas. A Pasadena das lojas finas, com sua encantadora Old Town, tem ainda o excelente Norton Simon Museum, assim como a Mansão Huntington, com biblioteca, acervos de arte e jardins.*

A nordeste do Centro de Los Angeles fica o Heritage Square Museum, com seus prédios históricos e a Lummis House. Logo ao norte de Hollywood, o montanhoso Griffith Park oferece espaços abertos perfeitos para piqueniques, caminhadas e passeios de pônei, além do Los Angeles Zoo, do Griffith Observatory, do Teatro Grego ao ar livre e do Autry Museum of Western Heritage.

Perto, a Universal Studios promove passeios pelos cenários de filmagem. A Universal é um dos quatro maiores estúdios com sede em Burbank, que tomou o lugar de Hollywood como novo centro da indústria cinematográfica e de televisão. Mais ao norte, no vasto e plano San Fernando Valley, a Mission San Fernando Rey de España propicia uma "viagem" às origens da Califórnia.

Ao sul do Centro, o Natural History Museum of Los Angeles County e o California Museum of Science and Industry estão entre as melhores atrações do Exposition Park, junto com os imponentes prédios da University of Southern California.

Para aproveitar as belas vistas dessa região, nada melhor do que a sinuosa e íngreme Mulholland Drive.

O tranquilo Japanese Garden, nos jardins da Mansão Huntington

◁ **Monumento aos astrônomos diante do Griffith Observatory**

Como Explorar a Grande Los Angeles

As áreas periféricas de Los Angeles possuem grande variedade de museus, galerias, edifícios históricos e parques. É preciso, porém, planejar antes para aproveitar bem o tempo. A caminho de Pasadena, é fácil conhecer a Heritage Square e os museus do sudeste. Se é necessário um dia inteiro para a Universal Studios, outros passeios por estúdios podem ser feitos junto com a viagem ao Griffith Park ou à Mission San Fernando Rey de España. Comece cedo, no Flower Market, antes de enfrentar os museus do Exposition Park, ou siga a leste para ver as Watts Towers entre um e outro museu.

PRINCIPAIS ATRAÇÕES

Distritos
Pasadena págs. 154-61 ⓮
San Fernando Valley ❶

Ruas e Edifícios Históricos
Heritage Square Museum ⓫
Hollyhock House ❽
Letreiro de Hollywood ❼
Lummis House ⓬
Mission San Fernando Rey de España ❷
Mulholland Drive ❸
Watts Towers ㉑

Museus e Galerias
Children's Museum ❹
Southwest Museum of American Indian pág. 153 ⓭

Parques e Jardins
Exposition Park e University of Southern California págs. 164-5 ⓱
Griffith Park págs. 150-1 ❾

Áreas de Compras
El Mercado ⓯
Flower Market ⓰

Estádios
Dodger Stadium ❿
L.A. Live e L.A. Convention Center ⓲
Hollywood Park Racetrack ⓴
Staples Center ⓳

Estúdios de Cinema
Burbank ❺
Universal Studios págs. 146-9 ❻

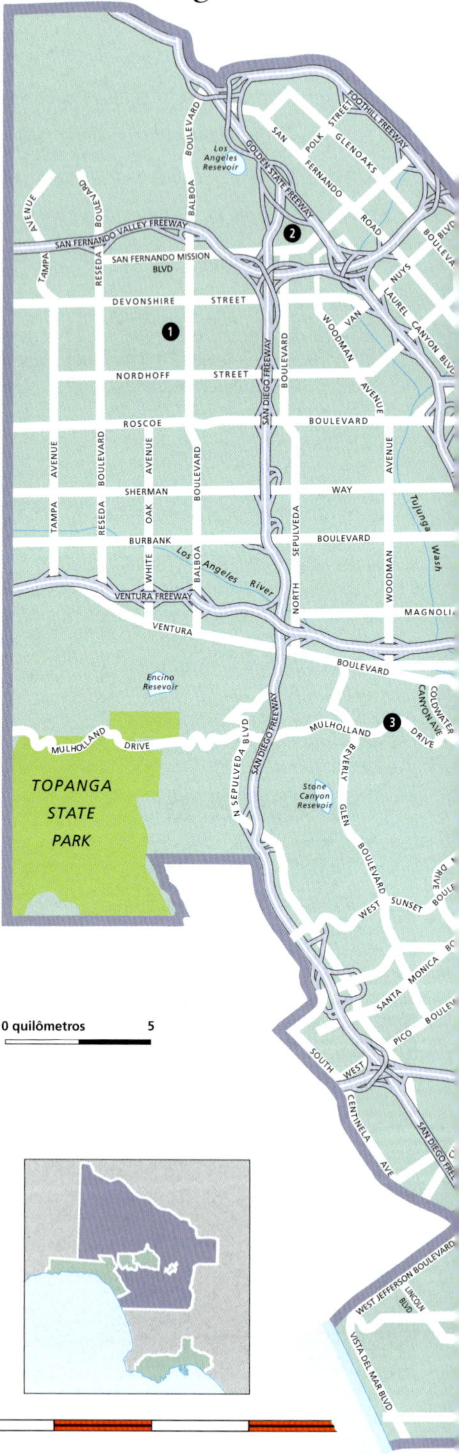

O Los Angeles Memorial Coliseum e o Centro vistos do Exposition Park

O San Fernando Valley visto da Mulholland Drive

San Fernando Valley ❶

Mapa rodoviário destaque A. *Burbank-Glendale-Pasadena, 32km sudeste de San Fernando.* *MTA.* *200 Magnolia Blvd.* ***Tel** (818) 377-6888.* **www**.visitvalleyofthestars.org

O município de Los Angeles é dividido em duas partes distintas pela serra de Santa Monica *(págs. 62-3)*. Ao norte, o San Fernando Valley estende-se numa vista aparentemente infinita de casas caprichadas, vias expressas e shopping centers, como a Sherman Oaks Galleria *(pág. 166)*. Os moradores do sul da serra tendem a desprezar "o Vale", como o chamam, por ser mais poluído e bem mais quente no verão.

No século 19, o San Fernando Valley era constituído de ranchos, laranjais e sítios sem irrigação. Com a conclusão do Aqueduto de Los Angeles em 1913 *(págs. 202-3)*, a cidade ganhou um ótimo abastecimento de água. Assim, o Vale logo se desenvolveu numa teia de subúrbios. Hoje, mais de 1 milhão de pessoas vivem nessa região, em apenas 460km².

Em 17 de janeiro de 1994, o San Fernando Valley estava no epicentro do devastador terremoto que atingiu 6,8 na escala Richter *(págs. 24-5)*. A região foi também bastante atingida pelo terremoto de fevereiro de 1971.

Mission San Fernando Rey de España ❷

15151 San Fernando Mission Blvd, Mission Hills. **Mapa rodoviário** destaque A. ***Tel** (818) 361-0186.* *9h-17h diariam.* *Ação de Graças, 25 dez.* *só térreo.*

Uma das 21 missões franciscanas da Califórnia *(págs. 46-7)*, San Fernando Rey de España foi fundada em 1797 com o nome do rei Fernando III da Espanha. A igreja atual é uma réplica perfeita da original, inteiramente destruída pelo terremoto de 1971.

Detalhe do altar da missão

O *convento* (mosteiro) tem uma colunata de 21 arcos e é o maior prédio de missionários existente na Califórnia. O passeio pelo conjunto dá uma ideia do período inicial do domínio espanhol, quando os monges e os índios americanos trabalharam juntos para tornar a missão autossuficiente.

Mission San Fernando Rey de España

Mulholland Drive ❸

Saindo das Rodovias 1 e 27, da Hollywood Fwy para Leo Carrillo State Beach. **Mapa** 1 C2. *Malibu Chamber of Commerce, 23805 Stuart Ranch Rd, Ste 100.* ***Tel** (310) 456-9025.*

Mulholland Drive, uma das mais famosas vias de Los Angeles, tem quase 80km do norte de Hollywood à costa de Malibu *(págs. 64-5)*. Como segue pelo topo da serra de Santa Monica, a estrada oferece vistas espetaculares da cidade, do San Fernando Valley e de algumas das mansões de Los Angeles. O espírito do lugar foi captado por David Hockney em seu quadro que está no LACMA *(pág. 115)*.

A estrada leva o nome de William Mulholland *(pág. 202)*. Mais conhecido por sua participação no Aqueduto de Los Angeles, ele supervisionou a conclusão da Mulholland Drive em 1924.

Children's Museum of Los Angeles ❹

Hansen Dam Recreation Park, Foothill Blvd, Lakeview Terrace, San Fernando Valley. **Mapa rodoviário** destaque A. ***Tel** (818) 686-9280.* *para reformas, veja o site para detalhes.* **www**. childrensmuseumla.org

Localizado num belo parque, o novo Children's Museum fica numa casa de construção ecologicamente impecável. O museu permite que as crianças manipulem os objetos estimulando assim a imaginação. Elas são encorajadas a explorar suas impressões sobre as artes, desde a pintura até a encenação de peças de teatro.

Veja hotéis e restaurantes desta região nas págs. 524-31 e 568-76

Warner Bros. Studios, em Burbank

Burbank 5

Mapa rodoviário destaque A. *Burbank-Glendale-Pasadena.* *MTA.* *200 W Magnolia Burbank.* ***Tel** (818) 846-3111. Veja **Diversão em Los Angeles** págs 174-7*
www.burbankchamber.org

Desde 1915, quando a Universal Studios se mudou para os arredores *(págs. 148-9)*, Burbank compete com Hollywood como verdadeiro centro da indústria do cinema. Há quatro grandes estúdios na cidade: Universal, Disney, NBC e Warner Bros. Os estúdios Disney estão fechados ao público, mas o moderno prédio, projeto de Michael Graves, pode ser visto da Alameda Avenue. Na NBC os visitantes ganham um passeio pelos estúdios de produção e pelo *set* do *The Tonight Show*. A Warner Bros. oferece um passeio que inclui o parque temático Universal Studios Hollywood.

Universal Studios 6

págs. 146-9.

Letreiro de Hollywood 7

Mt Cahuenga, acima de Hollywood. *Hollywood Visitors Information Center, 6801 Hollywood Blvd.* ***Tel** (323) 467-6412.* **www**.hollywoodsign.org

O letreiro *(sign)* de Hollywood é um símbolo da indústria cinematográfica reconhecido no mundo todo. Fincado no alto de um dos morros de Hollywood, é atualmente um local histórico tombado. Visível de muito longe de vários locais de Los Angeles, não pode ser observado de perto, pois não há trilha autorizada até as letras de 13m de altura.

Erguido em 1923, servia para anunciar o empreendimento imobiliário Hollywoodland, do antigo editor-chefe do *LA Times*, Harry Chandler *(pág. 125)*. O "land" do letreiro foi retirado em 1949. Quase 30 anos depois, doadores gastaram US$ 27 mil por letra em um novo letreiro. Ele serviu a um suicídio, o da atriz aspirante Peg Entwhistle, que pulou do "H" em 1932.

Hollyhock House 8

4800 Hollywood Blvd. ***Tel** (323) 644-6269.* *5h-10h30 diariam.* *(visitas à casa qua-dom).*
www.hollyhockhouse.net

O arquiteto norte-americano Frank Lloyd Wright *(pág. 33)* projetou várias casas de L.A. A Hollyhock House foi a primeira e é uma das mais conhecidas. Belo exemplo da paixão de Wright pelos estilos pré-colombianos, a casa, no topo do morro, lembra um templo maia. Ela está em reforma, mas o lado de fora pode ser visitado.

Foi concluída em 1921 para a herdeira de petróleo Aline Barnsdall, que pediu que sua flor preferida, a malva-rosa *(hollyhock)*, fosse usada como motivo decorativo. Assim, uma faixa de malvas-rosas estilizadas, de cimento, adorna o exterior da casa. As flores também estão na decoração interna, nas cadeiras da sala de jantar e em outros móveis desenhados por Wright. O parque de artes *Barnsdall Park*, que era do Estado, hoje é um parque público com galerias de arte em uma área de 11 acres.

O letreiro de Hollywood, bem acima de Los Angeles, no monte Cahuenga

Universal Studios ❺

Logo da Universal Studios

Carl Laemmle comprou uma granja de galinhas nesse local em 1915 e mudou seu estúdio de cinema de Hollywod para cá. Ele cobrava 25 centavos dos visitantes que queriam ver os filmes sendo rodados, e estes podiam ainda comprar ovos frescos. Com o advento do cinema falado em 1927, os estúdios exigiam silêncio e as visitas cessaram. Em 1964, a Universal Studios Hollywood passou a oferecer um passeio de trenzinho pelos 168 hectares do estúdio, mostrando seus bastidores e sets de filmagem. As atrações, desde Shrek até o mais recente filme de realidade virtual, recriam a magia e o charme de Hollywood.

LOCALIZE-SE

- Universal City
- Universal Studios

O Studio Tour inclui 500 sets de filmagem e fachadas cenográficas

O QUE HÁ NO PARQUE

Espalhado por 168 hectares, o Universal Studios Hollywood é o maior estúdio de cinema, televisão e parque temático em operação no mundo. O complexo tem três áreas: o Entertainment Center, os Estúdios e as áreas de filmagens externas.

Ao cruzarem o portão, os visitantes passeiam pelas Ruas do Mundo, que são *sets* reais em operação e retratam cenários que vão dos EUA na década de 1950 até uma aldeia europeia. O Studio Tour, que parte do Entertainment Center, é a única maneira de ver os principais *sets* de televisão e cinema da Universal, e as estrelas de cinema. O Entertainment Center também é o local para ver shows espetaculares como The Blues Brothers Show e o Animal Actors. Uma escada rolante futurista, a Starway, liga as partes superior e inferior da área de externas. O nível inferior é onde há maior suspense, com Revenge of the Mummy – The Ride. A Universal CityWalk liga os estúdios, o parque temático, o anfiteatro Gibson e 18 cinemas. Oferece mais de 60 diferentes lojas e locais de entretenimento.

STUDIO TOUR

Atração original dos Universal Studios, este clássico Studio Tour oferece aos visitantes uma visão próxima e pessoal do passado, presente e futuro da indústria de cinema de Hollywood.

Os visitantes entram em um cinema móvel que é equipado com os mais modernos monitores de alta definição e sistemas de playback digitais. São centenas de clipes de filmes e programas de TV famosos comentados por cineastas e personalidades como Steven Spielberg, Ron Howard e Al Roker. Os convidados também podem viver a experiência de um terremoto, encontrar King Kong e Tubarão, e sobreviver ao desmoronamento de uma ponte, a inundações e avalanches. O tour passa pelo Bates Motel, do filme *Psicose* (1960), e a vila de *Como o Grinch Roubou o Natal*.

Destacam-se a montagem *Antes Que Fossem Astros* e a demonstração especial de efeitos de clima. Nos 35 estúdios, *sets* de TV, cenários, câmeras, luzes e muita ação oferecem aos convidados uma visão da realidade e da ilusão da indústria do cinema. Instalações especiais de *A Múmia, Terremoto, King Kong e Tubarão* permitem aos visitantes experimentar a ação de cada *set* de filmagem.

LOCAÇÕES NAS ÁREAS DE EXTERNAS

Quem participa do Studio Tour pode ver os sets de filmes e produções para TV, muitos deles logo identificados. Cada trenzinho tem uma tela plana de LCD, sistema de áudio, e um DVD player para contextualizar o local.

1. Courthouse Square: é o set usado com maior frequência (onde foram filmados ***O Sol É para Todos, Batman*** e ***Robin, Todos De Volta para o Futuro, Todo-Poderoso e O Gato)***.
2. A casa de ***Psicose***, Bates Motel: é o set mais famoso (onde foram rodados o ***Psicose*** original e o remake).
3. Who-ville: abrigou as principais cenas de cidade do filme ***Como o Grinch Roubou o Natal.***
4. Denver Street: em escala 7/8, para que os atores de faroeste parecessem maiores ***(Winchester '73, Babe, O Porquinho Atrapalhado)***.
5. Falls Lake com fundo de cenário: o set mais flexível ***(Apollo 13, As Panteras, Van Helsing, E Aí Meu Irmão, Cadê Você?)***.

Veja hotéis e restaurantes desta região nas págs. 524-31 e 568-76

PREPARE-SE

100 Universal City Plaza, Universal City. **Mapa rodoviário** destaque A. ***Tel*** *(800) 864-8377.* *424.* *jun-set: 9h-20h diariam; out-mai: 10h-18h diariam.* *Ação de Graças, 25 dez.* **www**. universal studioshollywood.com

UNIVERSAL STUDIOS HOLLYWOOD INGRESSOS E PASSES

Entrada: Os ingressos são tanto para adultos como para crianças (3-9). O estacionamento é cobrado à parte.

1. Hollywood CityPass: Dá acesso aos Universal Studios e a quatro atrações de South California. Válido por 30 dias.
2. Front of Line Pass: Dá acesso o dia todo e prioridade de entrada em todas as atrações e lugares reservados para os shows.
3. Annual Pass: Dá acesso ilimitado ao parque durante um ano (30 dias ficam excluídos) e entrada gratuita de set a dez.
4. VIP: Ingresso, visita guiada pelos estúdios, privilégios de primeira fila e prioridade de acesso acompanhado em brinquedos e shows.
5. Southern California Value Pass: Ingresso para os Universal Studios e o Sea World San Diego. Válido por 14 dias. Para mais informações, ligue 1-800-UNIVERSAL (1-800-864-8377) ou visite o site.

Em 2009, *The Tonight Show with Conan O'Brien* estreou em um palco sonoro reformado do Universal Studios Lot. O estúdio de alta tecnologia do programa é visita obrigatória. Apesar de toda a realidade virtual, dos brinquedos emocionantes e das atrações modernas, o Studio Tour tem tudo o que se pode esperar dos Universal Studios Hollywood.

UNIVERSAL CITYWALK

Em 1993, o arquiteto norte-americano Jon Jerde projetou uma festiva seleção de fachadas para as lojas e restaurantes que compõem o passeio chamado CityWalk. Hoje, com o acréscimo de 30 novas atrações, incluindo bares, clubes noturnos e teatros, a Universal's CityWalk está sendo aclamada como a meca do entretenimento da Califórnia do Sul. Ela foi projetada para constituir um apelo à fantasia dos convidados. Assim, um jogador de beisebol gigante iluminado por néon brande seu taco sobre uma loja de artigos esportivos. Para entrar numa sorveteria, os visitantes têm de passar por baixo de um conversível cor-de-rosa batido e capotado contra uma placa de estrada. A Jillian's Hi-Life Lanes, uma avenida multimídia com muito rock' n' roll, dá aos visitantes a oportunidade de gastar um pouco mais de energia; o piano-bar Howl at the Moon estimula a participação dos presentes; e o agitado Cafe TuTu Tango oferece petiscos e uma decoração que imita o ateliê de um artista, com pincéis pelas mesas, obras de arte inacabadas e

Carro capotado sobre a entrada de uma loja da CityWalk

performances espontâneas de dançarinos e músicos.

O cinema em IMAX 3D de três andares mostra as últimas novidades em filmes com muita adrenalina, e uma corrida virtual de automóveis NASCAR pode aliviar a ansiedade pelas vitrines das novas lojas de varejo, pontas de estoque de grifes e restaurantes. Essa viagem pela fantasia e pelo entretenimento da Califórnia oferece ainda a oportunidade de arrematar suvenires de Hollywood e todo tipo de lembranças.

Luzes, grandes edifícios e entretenimento garantido na CityWalk

PONTOS ALTOS

★ Animal Actors

★ Studio Tour

★ Universal CityWalk

★ Terminator 2 3-D

★ Jurassic Park

Filmagem nos estúdios

Brinquedos e Efeitos Especiais

Brinquedos emocionantes são o ponto alto dos parques temáticos. A Universal, com auxílio dos efeitos especiais de seu estúdio, oferece alguns dos brinquedos mais espetaculares desse ramo de negócios. O mais novo é o *Revenge of the Mummy –The Ride*, que mistura montanha-russa e robótica da era espacial, e há o *Terminator 2: 3D*, atualizado, com mais monstros horripilantes. Os visitantes podem ainda ver King Kong no maior *set* de filmagem do mundo e têm a rara oportunidade de dar uma espiada em alguns dos filmes em produção. Cada atração aqui é uma emoção à parte, que faz reviver toda a magia do cinema.

No Animal Planet Live! os animais exibem todo o seu talento

ENTERTAINMENT CENTER

O Entertainment Center tem dezenas de lojas de suvenires temáticos e restaurantes. Os espetaculares shows realizados nessa área do parque dão aos visitantes uma visão dos dublês e efeitos especiais usados nos filmes.

Animal Actors

Animais famosos, efeitos multimídia, humanos coadjuvantes e sketches especiais da série de TV *Animal Planet Network* oferecem entretenimento familiar.

Terminator 2: 3D

Este novo show tem sido aclamado como a mais avançada atração baseada em filme do mundo. Schwarzenegger e o resto do elenco original de *O Exterminador do Futuro 2: o Julgamento Final* (1991) estrelam essa continuação do épico de ficção científica em vibrante 3D. Aventuras interativas virtuais e dublês espetaculares são projetados sobre a maior tela de 3D do mundo.

WaterWorld –A Live Sea War Spectacular

A plateia participa da ação, bem no meio desse show high-tech de alto impacto, que inclui pirotecnia –uma bola de fogo gigante que sobe 15 metros no ar–, cenas de batalha, dublês extraordinários e jet-ski em 16 minutos de ação infernal.

Shrek 4D

Esta incrível atração "multissensorial" retoma as aventuras do ogro Shrek. A segunda instalação continua a ação do ponto em que o filme da DreamWorks acaba, apresentando uma animação revolucionária, concebida a partir da visão do ogro.

The Simpsons Ride

Homer, Marge, Bart, Lisa e Maggie Simpson, as estrelas da mais longa série de televisão, farão um passeio com os convidados por esta nova mega-atração do Universal Orlando Resort e Universal Studios Hollywood. O público viverá, ao lado da família Simpson, uma hilariante e incrível aventura. Conhecerá um lado inexplorado de Springfield, enquanto se diverte com os brinquedos emocionantes e assustadores e os shows "ao vivo" que compõem o fantasioso parque de diversões imaginado pelo palhaço Krusty.

Creature from The Black Lagoon –A Raging Rockin' Show

Esta atração musical foi toda refeita e passou a incorporar uma divertida e assustadora adaptação em estilo Broadway do clássico de horror da Universal. O roteiro foi atualizado (não recomendado para crianças com menos de 13) para combinar romance e cenas cômicas com cenários extravagantes, coreografia e uma trilha musical contemporânea. A produção de 25 minutos envolve a plateia em um assustador pântano amazônico em uma versão adaptada da antiga história da Bela e a Fera.

Terror na plateia com o show Terminator 2: 3D

Veja hotéis e restaurantes desta região nas págs. 524-31 e 568-76

Blues Brothers Show
Este show de 20 minutos de música ao vivo celebra as brincadeiras e canções de blues dos Blues Brothers. A plateia se diverte bastante, dançando, cantando junto e participando das brincadeiras.

Fear Factor LIve!
Baseada no programa Fear Factor –que passou na TV americana por muitos anos e acabou em 2006–, a atração marca a primeira transformação de um reality show em uma atração de parque temático. Pessoas da plateia são escolhidas para participar dos desafios dessa série campeã de audiência.

Em cada show, alguns participantes competem entre si em uma progressão de provas –desenvolvidas em parceria com os criadores da série original–, que testam os limites físicos e emocionais do competidor.

STUDIO CENTER

A Starway, que liga a parte superior e a inferior das áreas de externas da Universal, apresenta vistas espetaculares. O Studio Center na área inferior oferece três brinquedos de grande emoção e outras atrações que revelam os segredos de alguns dos filmes e séries de teve de maior sucesso do estúdio. Há muita coisa para fotografar, desde um tubarão-gigante de 7m até o mascote da Universal, o famoso Woody Woodpecker, nosso Pica-pau. Ou você pode encontrar uma porção de figuras, como Charlie Chaplin, Frankenstein, Drácula, a Múmia ou Marilyn Monroe.

King Kong, xodó dos cinéfilos, no brinquedo do Universal Studio

Backdraft
Recriação da cena final da batalha de fogos do filme *Cortina de Fogo* (1991), em que a plateia sente literalmente o calor do ardente inferno do filme. Um técnico dá explicações prévias sobre como as cenas são criadas e controladas. A temperatura sobe quando a tempestade de fogo começa, brasas ardentes caem do teto e tubos acima das cabeças explodem, assustando a plateia. A experiência pode ser assustadora demais para crianças pequenas.

Jurassic Park –The Ride assusta a plateia

Revenge of the Mummy –The Ride
Esta é a montanha-russa coberta mais rápida da Califórnia, e utiliza efeitos muito avançados de animatrônica, junto com recursos de robótica e de tecnologia da era espacial. E o resultado é um brinquedo muito emocionante, que vale a pena. Os níveis de luz vão da escuridão total à claridade do dia. E fique atento para os guerreiros-esqueletos.

Placa do Jurassic Park

Jurassic Park –The Ride
Baseado num dos filmes de maior sucesso de todos os tempos, *Jurassic Park –As Novas Ameaças* leva os visitantes numa viagem de 5 minutos e meio por 2,5 hectares de exótica vida pré-histórica. O épico de Steven Spielberg ganha vida com a mais sofisticada tecnologia de computador e robótica já projetada. Os visitantes são atirados no enevoado mundo do Jurassic Park, onde dinossauros de 15 metros chegam a centímetros do rosto das pessoas, e um terrível *Tyrannosaurus rex* com seus dentes afiados considera cada pessoa da plateia como parte de seu jantar. O brinquedo termina com um mergulho de 25m na escuridão completa.

Behind the Scenes of Universal Pictures
Esta atração permite que se vejam de perto os objetos de cena, os figurinos, os artefatos e os efeitos especiais usados nas mais celebradas produções da Universal, incluindo filmes de sucesso e outros que ainda não foram lançados. Os destaques são a estatueta do Oscar de *Golpe de Mestre*, os objetos de cena e o figurino de *Hellboy II: O Exército Dourado*, com Guillermo del Toro; o transmissor Speak 'N Spell de *E.T. O Extraterrestre*; a valise e os óculos de Gregory Peck em *O Sol É Para Todos*; e a parafernália militar de *Nada de Novo no Front*. Materiais de novos filmes e artefatos de arquivo do estúdio atualizam a mostra regularmente.

Griffith Park ❾

Cavalo de carrossel

O Griffith Park é uma enorme área natural com montes ondulados, vales com florestas e campos verdes no meio do município. A terra foi doada a Los Angeles em 1896 pelo coronel Griffith J. Griffith, um galês que emigrou para os EUA em 1865 e fez dinheiro especulando com minas e terras. Hoje as pessoas vêm ao Griffith Park para fugir da aglomeração da cidade, ver as atrações, fazer piquenique e andar a cavalo. O parque é seguro de dia, mas deve ser evitado à noite.

Griffith Observatory, no monte Hollywood

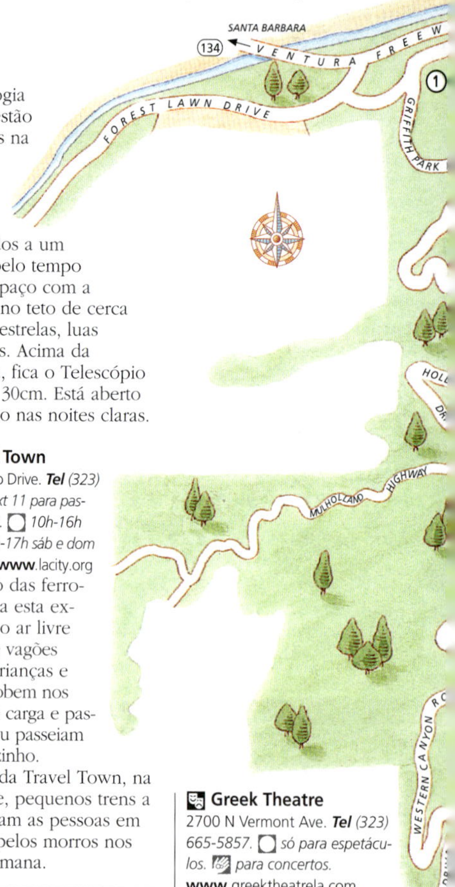

Como Explorar o Griffith Park

O posto da guarda do parque, situado na Crystal Springs Drive, fornece mapas do parque com os vários locais de piquenique e quilômetros de trilhas para caminhar e cavalgar. Há dois campos de golfe no lado leste do parque e quadras de tênis na Riverside Drive e no Cânion Vermont.

Nos montes logo ao lado da Griffith Park Drive fica um carrossel de 1926. Adultos e crianças podem dar voltas nos 66 cavalos de madeira ao som de um órgão. Do outro lado da rua, todos os domingos um grupo de percussionistas se encontra desde os anos 1960.

Fern Dell, na Western Avenue, é uma ravina com um córrego e quedas-d'água.

Griffith Observatory

2800 Observatory Rd.
Tel *(213) 473-0800.* *12h-22h ter-sex, 10h-2h sáb-dom.* *Planetário.*
www.griffithobservatory.org

Situado no monte Hollywood, o Griffith Observatory oferece ótimas vistas da baixada de Los Angeles. O observatório Art Déco está dividido em três seções: o museu Hall of Science, a sala do Planetário e os telescópios.

O planetário tem domo sem emendas e o projetor mais avançado do mundo. Na Rotunda Principal do Hall of Science, o Pêndulo de Foucault demonstra a rotação da Terra. Acima do pêndulo ficam os murais com temas científicos, pintados por Hugo Ballin em 1934. Personagens da mitologia clássica estão retratados na abóbada do teto.

Os visitantes são levados a um passeio pelo tempo e pelo espaço com a projeção no teto de cerca de 9.000 estrelas, luas e planetas. Acima da cobertura, fica o Telescópio Zeiss, de 30cm. Está aberto ao público nas noites claras.

Travel Town

5200 W Zoo Drive. **Tel** *(323) 662-5874 ext 11 para passeio de trem.* *10h-16h seg-sex; 10h-17h sáb e dom* *25 dez.* **www**.lacity.org

O espírito das ferrovias anima esta exposição ao ar livre de trens e vagões antigos. Crianças e adultos sobem nos vagões de carga e passageiros ou passeiam num trenzinho.

A leste da Travel Town, na Zoo Drive, pequenos trens a vapor levam as pessoas em passeios pelos morros nos fins de semana.

Locomotiva a vapor de 1922, uma das 16 desse tipo na Travel Town

Greek Theatre

2700 N Vermont Ave. **Tel** *(323) 665-5857.* *só para espetáculos.* *para concertos.*
www.greektheatrela.com

Inspirado nos antigos anfiteatros gregos, este local de música ao ar livre tem acústica excelente. Nas noites de verão, 6.000 pessoas ficam sob o céu estrelado ouvindo música erudita e popular. Traga um agasalho, pois à noite pode esfriar um pouco.

Veja hotéis e restaurantes desta região nas págs. 524-31 e 568-76

Flamingos no zoo de Los Angeles

Los Angeles Zoo

5333 Zoo Drive. ***Tel*** *(323) 644-4200.* *10h-17h diariam.* *25 dez.* **www**.lazoo.org

Este parque de 460 mil m² tem mais de 1.200 mamíferos, répteis e pássaros que vivem em áreas que reproduzem seu hábitat natural. Muitos bichos recém-nascidos podem ser vistos na Animal Nursery, inclusive alguns do programa do zoo de procriação de espécies raras e ameaçadas. A Koala House tem iluminação tênue para incentivar a atividade dos coalas, animais noturnos da Austrália. A Adventure Island centra-se em animais do sudoeste e seus hábitats. A partir de 2010, os visitantes também podem conhecer a Exposição de Paquidermes, e a partir de 2011, as Florestas Tropicais das Américas e o Centro de Interpretação de Insetos. Há vários shows com bichos para plateias jovens. Prepare-se para caminhar bastante, ou pegue o ônibus Safari Shuttle.

PREPARE-SE

Mapa 3 F2. 96. *5h-22h30 diariam.* *4730 Crystal Springs Drive.* ***Tel*** *(323) 913-4688.*

GRIFFITH PARK

Autry National Center ③
Bird Sanctuary ⑤
Fern Dell ⑧
Greek Theatre ⑥
Griffith Observatory ⑦
Los Angeles Zoo ②
Carrossel ④
Travel Town ①

Autry National Center

4700 Western Heritage Way (diante do zoo). ***Tel*** *(213) 667-2000.* *10h-17h ter-dom (20h qui no verão).* *Ação de Graças, 25 dez.* *(gratuita 2ª ter do mês)* **www**.autrynationalcenter.org

O Autry National Center enfoca as culturas que formaram o Oeste dos EUA. Obras de artistas como Albert Bierstadt e Frederic Remington *(págs. 28-9)* dão uma romântica visão da vida na região. Ferramentas, armas de fogo, roupas tribais e vestes religiosas são alguns dos artefatos que mostram a diversidade dos povos daqui. Fundado pelo ator de cinema Gene Autry, "o *cowboy* cantante", o museu também abriga objetos do cinema e da televisão. A ampliação do museu em 2010 resultará no fechamento dos prédios centrais e na transferência das mostras para instalações vizinhas.

Vestido sioux de pele

Bird Sanctuary

Vermont Canyon Rd (logo ao norte do Greek Theatre). ***Tel*** *(323) 913-4688.* *10h-17h diariam.*

Muitas árvores e arbustos foram plantados neste cânion isolado para encorajar os pássaros locais a se aninhar aqui. Embora seja difícil ver muitos deles, certamente se ouve seu canto. Conforme a estação, pode haver água correndo no riacho, dando mais um toque de serenidade ao local.

Dodger Stadium ⑩

1000 Elysian Park Ave (no Stadium Way). **Mapa** 11 F1. ***Tel*** *(323) 224-1500.* **Ingressos *Tel*** *(323) 224-1471.* *só para eventos especiais.* www.dodgers.com

Este estádio de beisebol tem capacidade para 56 mil pessoas. Construído em 1962 para o time de Nova York, que mudara para Los Angeles em 1958, o estádio foi projetado em cantiléver, o que faz com que se tenha uma vista livre do campo.

Do estádio tem-se também vistas impressionantes da cidade. Ao sul fica o Centro de Los Angeles, ao norte e a leste a serra de San Gabriel. Entre 2005 e 2008 o estádio passou por uma reforma multimilionária que o transformou em um local contemporâneo e luxuoso.

A Hale House, em estilo Rainha Ana, no Heritage Square Museum

Heritage Square Museum ⑪

3800 Homer St, Los Angeles. ***Tel*** *(323) 225-2700.* *fim mar-out: 12h-17h sex-dom; nov-meados mar: 11h30-16h30 sex-dom.* www.heritagesquaremuseum.org

A maioria das construções vitorianas de Los Angeles foi demolida durante a reurbanização, mas algumas foram salvas pelo Conselho de Herança Cultural e transportadas para este local. Feitas entre 1865 e 1914, há um celeiro, um depósito de trens e uma igreja. A Hale House, em estilo Rainha Ana *(pág. 31)*, foi restaurada em seu estilo original.

O interior restaurado da Lummis House, do século 19

Lummis House ⑫

200 East Ave 43, Los Angeles. ***Tel*** *(323) 222-0546.* *8h30-17h seg-sex.* **Aceitam-se doações.**

Conhecida também como "El Alisal" –"lugar do plátano", em espanhol–, esta casa foi a residência de Charles Fletcher Lummis (1859-1928), que a construiu com concreto e pedras do rio local. Os vários elementos do projeto –indígenas, revival Mission e Arts and Crafts– mostram as principais influências da vida de Lummis. Erguida entre 1898 e 1910, a maior parte com as próprias mãos, a construção revela uma mente independente e criativa.

Lummis foi jornalista, poeta, fotógrafo e historiador. Em 1885 viajou pelos Estados Unidos, de Ohio a LA, onde se estabeleceu. Ele teve um papel fundamental na vida cultural da cidade como editor do *LA Times*. Cofundador do California Landmark Club, teve êxito na campanha pela preservação das missões do Estado *(págs. 46-1)*. Sua coleção de artefatos indígenas americanos foi a base do acervo do Southwest Museum.

Hoje, a Lummis House é sede da Historical Society of Southern California. Embora poucos dos pertences de Lummis continuem na casa, há alguns artefatos indígenas. Entre os itens originais encontrados, há uma esplêndida lareira Art Nouveau.

O terreno tinha originalmente uma horta e árvores frutíferas. Foi refeito em 1985 e hoje florescem espécies que suportam estiagens e plantas nativas do sul da Califórnia.

OS DODGERS

Os Dodgers nasceram em 1890 no Brooklyn, Nova York. Costumavam treinar esquivando-se (*dodging*, em inglês) dos bondes que cruzavam as ruas da cidade, e assim ganharam o nome. Desde que se mudaram para Los Angeles, em 1958, tornaram-se um dos mais bem-sucedidos times de beisebol dos Estados Unidos. Em 1955, ganharam o primeiro de cinco campeonatos mundiais. Atualmente, ir ao Dodger Stadium é um ritual da primavera para os fãs de Los Angeles.

O time teve ao longo dos tempos ótimos jogadores, como Sandy Koufax e Roy Campanella. Em 1947, os Dodgers foram manchete ao contratar Jackie Robinson, de Pasadena, o primeiro afro-americano a jogar nas divisões principais. O famoso lançador japonês Hideo Nomo veio para os Dodgers em 1995 e causou sensação na primeira temporada. Durante as finais, multidões fizeram Tóquio parar quando Nomo foi lançar do outro lado do oceano Pacífico.

Parte do time vencedor do campeonato mundial de 1959

O Southwest Museum of the American Indian

Southwest Museum of the American Indian ⓭

234 Museum Drive, Los Angeles. ***Tel*** *(323) 221-2164.* *fechado para reforma até 2012.* *12h-17h sáb-dom*
www.autrynationalcenter.org

Parte do Autry National Center of the American West, este museu é um dos mais antigos de Los Angeles. Foi fundado por Charles Fletcher Lummis, jornalista, poeta, fotógrafo e historiador prolífico do sudoeste dos Estados Unidos que ajudou a popularizar Los Angeles como cidade multicultural. Em 1884, Lummis caminhou de Ohio até a Califórnia de calças curtas e sapatos de passeio para fazer uma reportagem para o *Los Angeles Times*. No processo, ganhou admiradores por todo o país, mas gostou tanto das belezas naturais e da diversidade cultural do Sudoeste que aí passou o resto de seus dias. Em 1903, Lummis decidiu criar "um grande e característico museu de South California". Quando foi inaugurado, em 1914, o museu tinha salas de conchologia e arte asiática e europeia, materiais arqueológicos encontrados no Sudoeste e na Califórnia, a Munk Library of Arizoniana e a Lummis Library. Nos anos 1920 concentrou-se mais na antropologia e nas questões ligadas à história cultural e à pré-história dos povos indígenas das Américas.

Relevo de cherokee

GUIA DO MUSEU

As galerias estão fechadas para os trabalhos de restauração do prédio e para a conservação da rara coleção de artefatos dos índios americanos. Por ser muito pequeno, o museu expõe somente 2% dos 250 mil itens de cada vez, e durante as renovações os artefatos ficam armazenados. O museu está fechado até 2012, mas sua loja abre nos fins de semana, e programas e eventos continuam sendo oferecidos ao público.

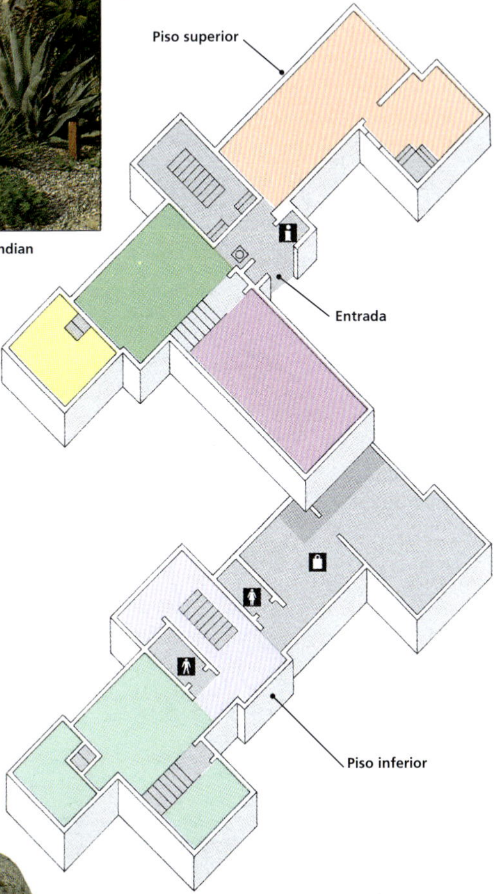

LEGENDA

- Costa Noroeste
- Ala da preservação
- Planícies
- Povos da Califórnia
- Arte contemporânea
- Povos do Sudoeste
- Exposições temporárias

Pasadena ⓮

Estátua do Rose Bowl

Com a conclusão da Ferrovia de Santa Fé em 1887, os ricos da Costa Leste começaram a passar o inverno no ensolarado e quente sul da Califórnia. Muitos ficaram em Pasadena, e a eles logo se juntaram artistas e boêmios, também à procura de sol. Esse misto de criatividade e riqueza resultou em uma cidade com esplêndido legado cultural. Os destaques da região incluem a Mansão Huntington –com sua biblioteca, seus acervos de arte e jardins *(págs. 158-61)*– e o soberbo acervo de pinturas dos grandes mestres e impressionistas do Norton Simon Museum *(págs. 156-7)*.

O paço municipal de Pasadena, no Civic Center de estilo Beaux-Arts

Como Explorar Pasadena

Logo a leste do Norton Simon Museum fica a **Old Pasadena**, área da cidade que já viveu dias de decadência. Alguns edifícios comerciais dos anos 1880 aos 1890 foram restaurados e hoje estão cheios de lojas, restaurantes e cinemas. A mistura da arquitetura vitoriana, colonial espanhola e Art Déco dá mais um toque ao agradável ambiente da região. O imponente **Civic Center**, na Union Street com Garfield Avenue, foi projetado em estilo Beaux-Arts por Edward Bennett no início dos anos 1920. Abriga a prefeitura, a delegacia de polícia, o correio, a biblioteca e o auditório público. Na vizinhança, a nordeste da Gamble House, há vários exemplos da arquitetura Arts and Crafts *(pág. 31)*, especialmente no arborizado **Prospect Boulevard**.

Rose Bowl

1001 Rose Bowl Drive.
Tel *(626) 577-3101.*
www.rosebowlstadium.com

Localizado em bairro chique, este estádio tem capacidade para mais de 100 mil pessoas. Foi construído em 1922 para o jogo anual de futebol americano Rose Bowl, disputado por times de faculdade das costas Leste e Oeste.

A primeira dessas partidas atrasou mais de uma hora, porque o time visitante ficou preso no trânsito –problema enfrentado por muitos torcedores e visitantes atualmente.

Foi aqui que o Brasil jogou –e venceu– a final da Copa do Mundo de 94, contra a Itália. O estádio é a sede do time de futebol americano da UCLA, os Bruins, e, todo mês, monta-se aqui um mercado de pulgas.

Abajur da Gamble House

Gamble House

4 Westmoreland Place. ***Tel*** *(626) 793-3334.* *12h-15h ter-dom.* *feriados.* *obrigatórias.*
www.gamblehouse.org

Obra-prima da época, esta casa de madeira personifica o movimento Arts and Crafts, que pregava a simplicidade da forma com execução excepcional. A residência foi construída em 1908 para David Gamble, da Procter and Gamble. É considerada o coroamento das obras dos irmãos Charles e Henry Greene, arquitetos formados em Boston que visitaram Pasadena em 1893 e nunca mais foram embora *(pág. 31)*.

A Gamble House foi feita sob medida para o clima de Los Angeles. Seus amplos terraços e edículas abertas facilitam a vida dentro e fora da casa, e os amplos beirais avançados dão sombra a ela. Em certas horas do dia, o sol ilumina o vitral da porta de entrada –uma bela cena.

Rose Bowl, onde o Brasil venceu a final da Copa do Mundo de 94

Pacific-Asia Museum

46 N Los Robles Ave. ***Tel*** *(626) 449-2742.* *10h-18h qua-dom.* *feriados.*
www.pacificasiamuseum.org

Feita em 1924 a partir de um desenho tradicional do norte da China, este museu contém um acervo de arte do Extremo Oriente instituído por Grace Nicholson. Exposições rotativas da arte asiática e da região do Pacífico complementam o acervo permanente. O encantador jardim do pátio do museu é um dos dois autênticos jardins chineses dos Estados Unidos.

Veja hotéis e restaurantes desta região nas págs. 524-31 e 568-76

LA State and County Arboretum

301 N Baldwin Ave, Arcadia. *Tel (626) 821-3222. 9h-16h30 diariam. 25 dez. grátis toda 3ª ter do mês*

www. arboretum.org

Situado em 510 mil m² a leste de Pasadena, o jardim botânico tem mais de 30 mil espécies organizadas de acordo com a origem geográfica. O parque possui herbário, cascata, lagos e uma mata tropical. Foi usado como cenário em todos os filmes de *Tarzã* de Johnny Weissmuller (1932-1948) e em trechos de *Uma Aventura na África* (1951), com Humphrey Bogart. Entre os prédios históricos do local estão as *wickiups* (choças) dos índios gabrielinos e a casa de adobe de Hugo Reid (1839), reconstruída.

Paisagem tropical no LA Arboretum

Kidspace Children's Museum

480 N Arroyo Blvd, Pasadena. *Tel (626) 449-9144. 10h-17h diariam. feriados e seg no inverno.*

www.kidspacemuseum.org

Este museu cativa crianças e adultos graças ao brilho de criatividade e imaginação exibido nas 17 diferentes mostras indoor e nos dez ambientes de aprendizado ao ar livre, na nova sede do museu, em Brookside Park. Também oferece programas educacionais continuamente renovados, bem como café e loja de ciência.

PREPARE-SE

Mapa rod. destaque A. *145 mil. 79 do Centro de L.A. 300 E Green St. (626) 795-9311, **Tel** (800) 307-7977. Tournament of Roses Parade (1º jan).* **www**.pasadenacal.com

O DESFILE DAS ROSAS

Em 1890 o Pasadena Valley Hunt Club decidiu promover o primeiro Tournament of Roses Parade ("Desfile do Torneio das Rosas") para celebrar –e anunciar– os invernos cheirosos da região. Nem se imaginava que o desfile de carruagens se tornaria um evento de Ano Novo conhecido em todo o mundo, com bandinhas e infláveis eletrônicos em forma de animais gigantes cobertos de flores, folhas e sementes.

Inflável do desfile

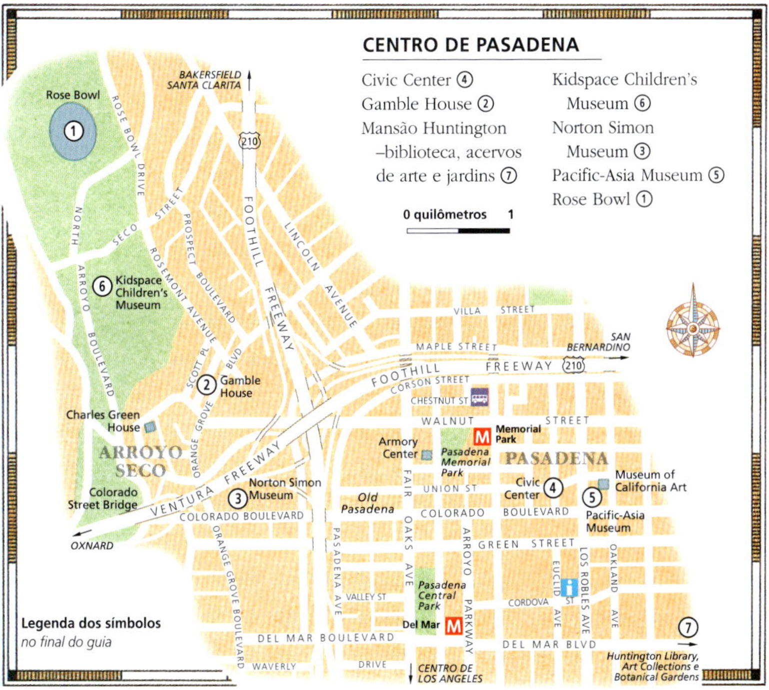

Norton Simon Museum

O empresário Norton Simon (1907-1993) dirigiu sua companhia multinacional e, ao mesmo tempo, formou uma coleção de obras de arte mundialmente aclamada. Entre os anos 1950 e 1980, ele juntou, com talento de *connoisseur*, obras-primas que abrangem mais de 2.000 anos da arte ocidental e asiática. No acervo europeu, as pinturas dos grandes mestres e dos impressionistas são a força central. Renascimento, pós-impressionismo, expressionismo alemão e arte moderna também estão bem representados. Há ainda esculturas da Índia e do Sudeste da Ásia –as melhores fora de seus países de origem– que dão uma boa visão dos complexos papéis da arte e da religião nessas culturas.

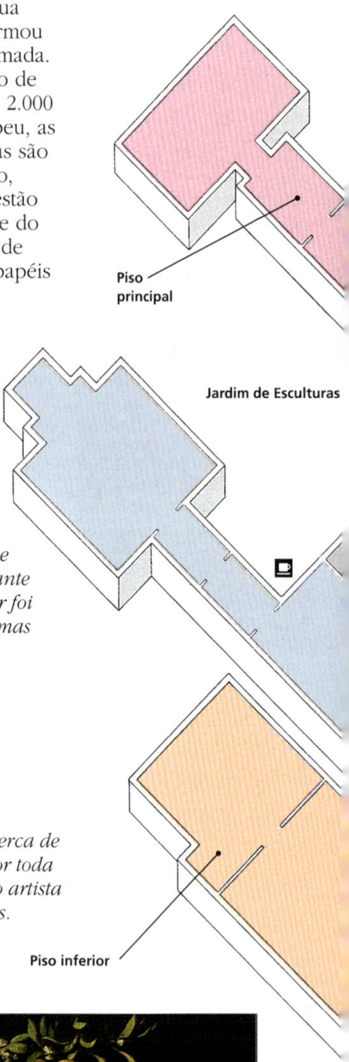

★ Mulher com um Livro *(1932)*
Pablo Picasso, um dos maiores artistas do século 20, exerceu grande influência nos movimentos cubista e surrealista. Sua amante Marie-Thérèse Walter foi personagem de algumas de suas pinturas na década de 1930.

Autorretrato *(c.1636–1638)*
Rembrandt pintou cerca de cem autorretratos por toda a vida. Este mostra o artista aos 30 e poucos anos.

★ Natureza-Morta com Limões, Laranjas e uma Rosa *(1633)*
A obra do pintor espanhol Francisco Zurbarán primava por naturezas-mortas. Muitos de seus quadros foram mandados para a América espanhola e influenciaram pintores das colônias.

PONTOS ALTOS

- ★ Natureza-Morta com Limões, Laranjas e uma Rosa, de Francisco Zurbarán
- ★ Mulher com um Livro, de Picasso

Veja hotéis e restaurantes desta região nas págs. 524-31 e 568-76

GUIA DAS GALERIAS

As galerias do museu ficam em dois andares, ligados por uma escada espiral. Pinturas, gravuras, esculturas e tapeçarias europeias, do Renascimento ao século 20, bem como exibições especiais, estão expostas no piso principal. As galerias de baixo exibem a impressionante coleção de Norton Simon de obras de arte da Índia e do Sudeste Asiático. Os visitantes podem caminhar pela área externa da galeria, que virou um imenso jardim-escultura, com um lago natural no centro inspirado nas obras de Claude Monet.

Os Santos Paulo e Frediano *(c.1483)*
Este é um de dois painéis religiosos feitos pelo artista florentino Filippino Lippi. Revela a influência de Fra Filippo –pai de Lippi e mais famoso que ele– e de seu outro mentor, Botticelli.

PREPARE-SE

411 W Colorado Blvd. ***Tel*** *(626) 449-6840.* 181, 182. *12h-18h (21h sex) qua-seg.* *1º jan, Ação de Graças, 25 dez.*
www.nortonsimon.org

LEGENDA

- séculos 14-17
- séculos 17-18
- século 19
- século 20
- Sul da Ásia
- Mostras especiais
- Espaço sem exposições

A Bailarina de 14 Anos *(1878–1881)*
Este bronze está entre as mais de cem obras de Edgar Degas do museu. Trata de um dos temas preferidos do artista, o balé.

Buda
Este bronze foi feito em Caxemira, Índia, no século 8º. Ele é incrustado com prata e cobre.

Mansão Huntington: Biblioteca, Acervos de Arte e Jardim Botânico

Detalhe do jardim

Visitantes e pesquisadores se unem no "amor" por Huntington. Esta mansão Beaux-Arts foi erguida entre 1909 e 1911 para Henry Huntington (1850-1927), que fez fortuna ao montar o serviço de bondes interurbanos de Los Angeles. Em 1913, ele se casou com a viúva de seu tio, Arabella. Os dois criaram uma biblioteca e reuniram uma das mais importantes coleções de arte britânica do século 18 de todo o mundo. A ampliação realizada em 2009 mais que duplicou o espaço de exibições de sua crescente coleção de arte norte-americana.

Mausoléu
Desenhada pelo arquiteto John Russell Pope, esta construção em forma de templo grego é feita com mármore do Colorado.

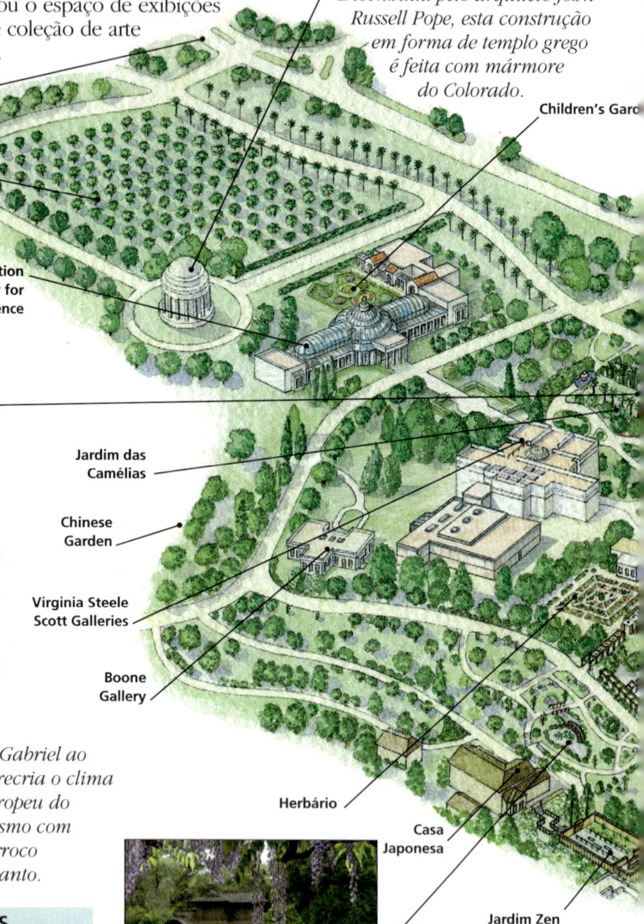

Vista Norte
Com a serra San Gabriel ao fundo, este local recria o clima de um jardim europeu do século 17, até mesmo com uma fonte do barroco italiano em um canto.

★ Jardim Japonês
Projetado para ser um ambiente de contemplação, este jardim típico possui uma casa japonesa tradicional e um pequeno lago, atravessado por uma ponte em arco, em forma de meia-lua.

PONTOS ALTOS

- ★ O Garoto Azul, de Thomas Gainsborough
- ★ Bíblia de Gutenberg
- ★ Jardim Japonês

Veja hotéis e restaurantes desta região nas págs. 524-31 e 568-76

★ Bíblia de Gutenberg
Esta Bíblia foi impressa em pergaminho por Johannes Gutenberg em Mainz, Alemanha, entre 1450 e 1455. É o livro impresso mais antigo da Huntington Library.

PREPARE-SE

1151 Oxford Rd. ***Tel*** *(626) 405-2100.* ◯ *jun–ago: 10h30-16h30 qua-seg; set-mai: 12h-16h30 seg, qua-sex; 10h30-16h30 sáb e dom.* ● *feriados.*

Jardim da Selva
Palmeiras, samambaias e outras plantas deste jardim são típicas das florestas tropicais úmidas. Quedas-d'água completam a beleza luxuriante do local.

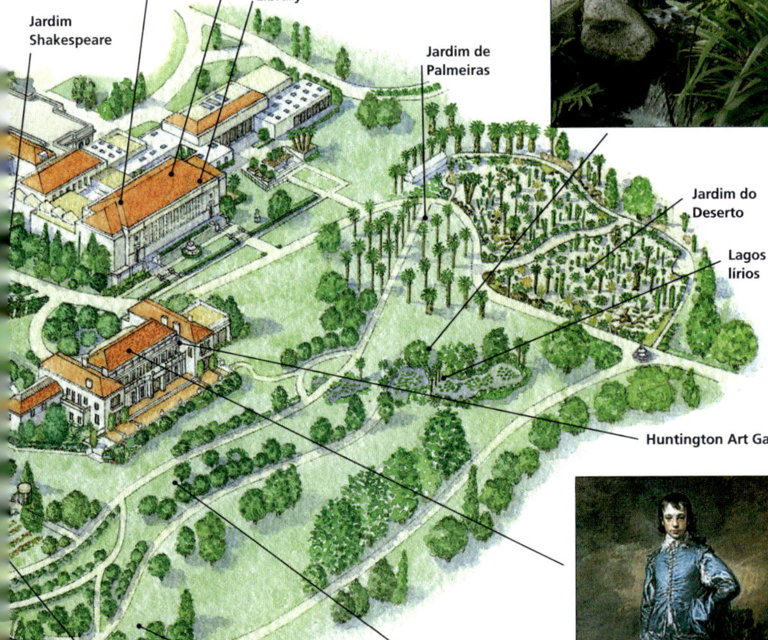

★ O Garoto Azul
(c.1770)
De Thomas Gainsborough, este retrato de Jonathan Buttall, filho de mercador, é um dos quadros mais famosos da Erburu Gallery.

Jardim das Rosas
São quase 1.200 variedades de rosas que mostram o desenvolvimento da flor desde as primeiras floradas de ar clássico até os híbridos modernos.

Como Explorar a Huntington

Em 1919, Henry e Arabella Huntington transformaram sua casa e seus jardins em uma instituição de pesquisa sem fins lucrativos. Hoje a Huntington, que reabriu em 2008 depois de uma reforma de 20 milhões de dólares, funciona como espaço educacional e centro cultural, atendendo a estudiosos e ao público em geral. A instituição possui uma das maiores bibliotecas de pesquisa do mundo, um ótimo acervo de arte e mais de 500 mil m^2 de jardins. A Huntington só abre ao público poucas horas por dia.

HUNTINGTON LIBRARY

Criada em 1920, a biblioteca concentra-se em história e literatura americana e britânica. Atrai aproximadamente 2.000 especialistas por ano. O público pode ver exemplares famosos e exposições no Salão de Exposições da Biblioteca.

Entre os 600 mil livros e 6 milhões de manuscritos está a autobiografia de Benjamin Franklin e um manuscrito inglês dos *Contos de Canterbury* (c. 1410). O acervo conta com uma Bíblia de Gutenberg (c. 1455) –um dos 12 exemplares restantes no mundo, impresso em pergaminho.

Há primeiras edições e manuscritos de escritores famosos, como Mark Twain, Charles Dickens e Lorde Tennyson, e antigas edições de peças de Shakespeare. Cartas de George Washington e Abraham Lincoln também fazem parte do acervo.

Imagem de *Contos de Canterbury*

DIBNER HALL OF THE HISTORY OF SCIENCE

Esta exposição mostra como belas ideias da ciência mudaram o mundo. A Burndy Library, que antes funcionava no MIT, e a coleção de história da ciência da Huntington estão combinadas em quatro galerias para mostrar as descoberas de renomados cientistas, de Ptolomeu a Einstein. O visitante pode utilizar a sala de leitura para estudar traduções e edições modernas dos trabalhos da coleção.

HUNTINGTON ART GALLERY

A mansão dos Huntington aloja a maioria do acervo de arte, inclusive a arte britânica e francesa do século 18 e início do 19. As obras mais famosas são os retratos de corpo inteiro na Thornton Portrait Gallery, que oferecem uma oportunidade sem igual de estudar a arte britânica. Entre as obras estão *O Garoto Azul* (c. 1770), de Thomas Gainsborough, *Pinkie* (1794), de Lawrence, além de pinturas de Constable, Romney, Reynolds, Van Dyck e Turner. O Salão da Biblioteca tem algumas notáveis peças do século 18, como dois tapetes Savonnerie feitos para Luís XIV e cinco tapeçarias Beauvais.

No segundo andar deste palácio, que era moradia dos Huntingtons, ficam as pinturas renascentistas, além de bronzes e outras peças variadas de arte britânica e francesa.

Diana Caçadora (1782), de Jean-Antoine Houdon

BOONE GALLERY

Este é o mais novo espaço da Huntington, com mostras temporárias de arte americana e inglesa, livros raros, manuscritos, além do acervo permanente da instituição.

Construída em 1911 para ser a garagem da frota de Mr. Huntington, o prédio neoclássico foi ficando em mau estado. A reforma, financiada por MaryLou e George Boone no ano de 2000, acrescentou mais $150m^2$ à área de exposições.

VIRGINIA STEELE SCOTT GALLERIES OF AMERICAN ART

Uma grande ampliação realizada em 2009 acrescentou $1.522m^2$ de galerias que uniram a antiga Virginia

Mobiliário francês no Salão da Biblioteca

Steele Scott Gallery e a Lois and Robert F. Erburu Gallery. O espaço é uma das maiores apresentações de arte norte-americana do sul da Califórnia, do período colonial até meados do século 20. Alguns dos trabalhos mais conhecidos da coleção são *O Encontro de Lear e Cordelia* (1784), de Benjamin West (1738-1820); *Chimborazo* (1864), de Frederic Edwin Church (1826-1900); e *Café da Manhã na Cama* (1897), de Mary Cassatt (1844-1926). A galeria exibe ainda a escultura de mármore *Zenobia Acorrentada* (1859), de Harriet Hosmer (1830-1908), que foi encontrada em uma coleção particular depois de ter sido dada como perdida ou destruída. Entre outros artistas notáveis estão Edward Hopper (1882-1967) e um grupo de fotografias seminais de Edward Henry Weston (1886-1958).

Desert Garden

JARDINS BOTÂNICOS

Em 1904, Henry Huntington contratou o paisagista William Hertrich para embelezar o terreno, que hoje tem 15 jardins principais.

O Jardim do Deserto, de 50 mil m², possui mais de 4.000 espécies de todo o mundo resistentes à seca. No Jardim das Rosas, uma alameda acompanha a história de mil anos das espécies, com 2.000 variedades. As mais antigas se encontram no Jardim Shakespeare.

Um dos locais mais populares é o Jardim Japonês, com sua ponte em arco, o Jardim Zen e plantas japonesas.

HUNTINGTON ART GALLERY

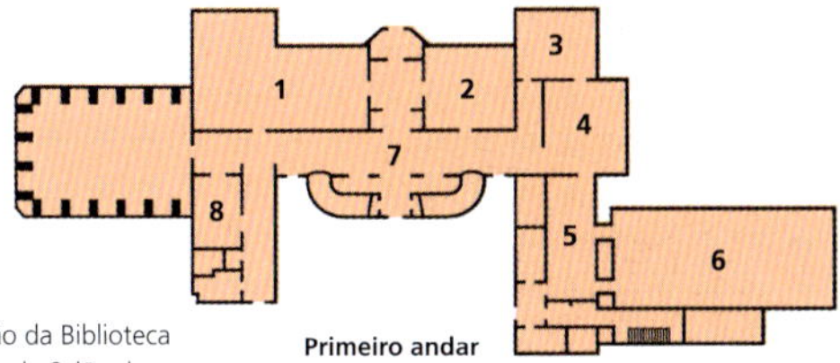

Primeiro andar

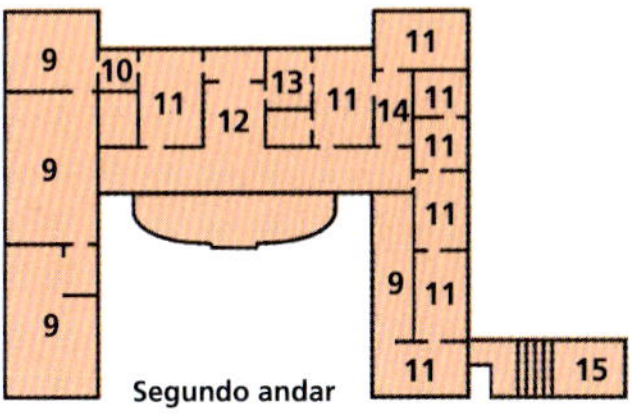

Segundo andar

1 Salão da Biblioteca
2 Grande Salão de Desenho
3 Pequeno Sala de Desenho
4 Sala de Jantar
5 Antessala
6 Thornton Portrait Gallery
7 Saguão
8 Pequena Biblioteca
9 Arte europeia e renascentista
10 Cerâmica
11 Arte britânica
12 Vasos Wedgwood
13 Prataria
14 Reproduções e esboços do início do século 19
15 Vitrais de Morris and Co.

DIBNER HALL OF THE HISTORY OF SCIENCE

1 Astronomia
2 História natural
3 Medicina
4 Claraboia
5 Sala de leitura

HUNTINGTON LIBRARY

1 Manuscritos Medievais e Impressões Antigas
2 Literatura Inglesa e Americana
3 História Americana
4 Exposições temporárias

Primeiro andar

VIRGINIA STEELE SCOTT GALLERIES OF AMERICAN ART

1 Século 20
2 Século 19
3 Escultura
4 Século 18
5 Século 17
6 Ala Dorothy Collins Brown
7 Ala Susan and Stephen Chandler: exposições temporárias

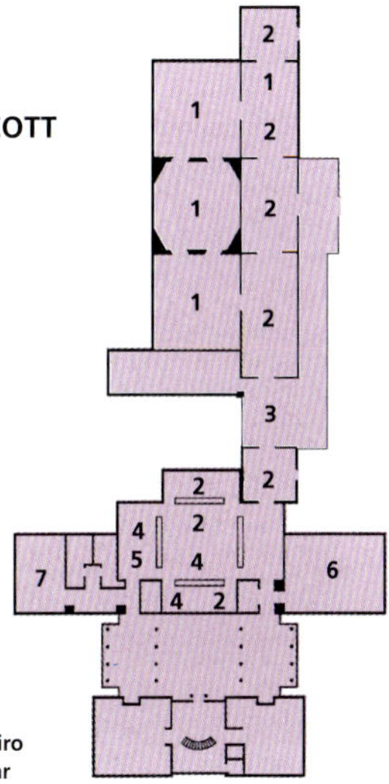

Primeiro andar

Botas de cowboy no El Mercado

El Mercado 15

3425 E 1st St. ***Tel*** *(323) 268-3451.* *10h-20h diariam.*

A leste de Los Angeles fica o coração da comunidade méxico-americana *(pág. 34)*, e este é o mercado que serve seus moradores. Os três andares do mercado fervilham com vendedores de taco, *mariachis* (músicos de rua mexicanos) e famílias em busca de uma boa refeição. Ao contrário da Olvera Street *(pág. 127)*, El Mercado não é voltado para o turismo. As maiores atrações aqui são comida mexicana autêntica e música regional.

No piso principal, as bancas oferecem de tudo, de chillis a lanches. Uma *tortillaria* vende *tortillas* feitas na hora; padarias expõem os pães e pastéis mexicanos tradicionais e mercearias têm carnes que talvez você nunca tenha visto antes. Para ouvir *mariachis*, vá ao mezanino, onde ficam também os cafés-restaurantes.

OS LAKERS E O BASQUETE

O basquete nasceu em Springfield, Massachusetts, em 1891, como esporte de equipe que podia ser jogado em ambiente fechado nos duros invernos. Em Los Angeles, como no restante dos Estados Unidos, o público ama esse esporte. O time da cidade, os Lakers, tem uma enorme torcida. Jogadores ilustres como Magic Johnson, Wilt Chamberlain, Kareem Abdul-Jabbar, Shaquile O'Neal e Kobe Bryant ajudaram a fazer do time um dos mais bem-sucedidos da National Basketball Association (NBA). Os Lakers começaram em Minnesota, mudaram-se para LA em 1960 e, na década de 1980, ganharam o campeonato da NBA quatro vezes. Hoje jogam no grandioso Staples Center.

Magic Johnson

Roupas mexicanas de cores vivas, móveis e artesanato enchem as lojas do subsolo, junto com o som de salsas.

O Mercado costuma ficar cheio aos domingos.

Flower Market 16

754 Wall St. ***Tel*** *(213) 627-2482.* *8h-12h seg, qua, sex; 6h-12h ter, qui, sáb.* **www**.laflowerdistrict.com

Antes de o sol nascer, os floristas da cidade vêm todos a este local para comprar flores e plantas frescas no atacado, para vender a seus fregueses. Galpões cheios de bancas e lojas estão abarrotados de flores de cores vivas, em contraste gritante com o cinza dos prédios em volta. A oferta de flores é enorme, a ponto de as variedades da Califórnia competirem com as de Columbia, da Nova Zelândia, da França e da Holanda.

Há liquidações todos os dias de funcionamento, depois das 8h. É melhor, porém, chegar cedo, pois o estoque acaba rápido.

Exposition Park e University of Southern California 17

págs. 164-5.

Staples Center, sede dos times LA Lakers e LA Clippers

LA Live 18

Downtown. **Mapa** 10 C5. ***Tel*** *(213) 689-8822, (323) 467-4270.* **www**.lalive.com

Por muito tempo o centro de L.A. foi negligenciado como área residencial e comercial. O cenário está mudando rapidamente com a abundância de prédios modernos, novos teatros, hotéis e restaurantes ao redor do Los Angeles Convention Center e do Staples Center *(pág. 163)*. Tudo isso é reflexo do investimento de U$1,7 bilhões feito pelo projeto LA Live.

Veja hotéis e restaurantes desta região nas págs. 524-31 e 568-76

Staples Center ⓳

1111 S Figueroa St. **Mapa** 10 C5. ***Tel*** *bilheteria: (213) 742-7340.* *para eventos.* *para eventos.* **www**.staplescenter.com

Sede de três clubes profissionais, o LA Lakers, o LA Clippers (basquete) e o LA Kings (hóquei sobre o gelo), esse estádio revitalizou o centro de L.A. para os fãs do esporte. O Staples Center sedia ainda eventos como o campeonato norte-americano de patinação artística, grandes concertos de rock, shows de luta-livre, premiações de Hollywood e cerimônias de formatura.

Hollywood Park Racetrack ⓴

1050 S Prairie Ave, Inglewood. **Mapa rodoviário** destaque A. ***Tel*** *(310) 419-1500.* *ligar para detalhes de horário.* **www**.hollywoodpark.com

De abril a julho, e de novembro a dezembro, os amantes das corridas de cavalo, estrelas de Hollywood e turistas vêm ao Hollywood Park para apostar nos puros-sangues. É um local elegante, com lagoas e árvores vistosas, projetado pelo arquiteto Arthur Froehlich e convenientemente localizado perto do aeroporto LAX. Um telão computadorizado transmite o que ocorre do outro lado da pista, além de passar replays instantâneos, fotos da linha de chegada e estatísticas.

A bem-cuidada pista de corridas do Hollywood Park, em Inglewood

Torres de Watts, cobertas de conchas, porcelana e vidro

Watts Towers ㉑

1727 E 107th St, Watts. **Mapa rodoviário** destaque A. ***Tel*** *(213) 847-4646.* *visitas 11h-15h sex, 10h30-15h sáb, 12h30-15h dom.* *só Centro de Artes.* *sex-dom*

As "Torres de Watts" são uma obra-prima da arte popular, fruto da perseverança e visão de Simon Rodia, imigrante de Nápoles, Itália. Entre 1921 e 1954, o azulejista transformou varetas de aço, canos e tudo que encontrava numa enorme armação. A torre mais alta chega a 30m. Rodia adornou a superfície cimentada com fragmentos de conchas, telhas, azulejos e vidro. Ele nunca revelou por que construiu as torres e, ao terminar, deixou o terreno para um vizinho e se mudou para Los Angeles. Apesar de várias tentativas de pôr as Watts Towers abaixo, elas foram tombadas como Parque Histórico Estadual e estão sendo restauradas. São um símbolo de esperança neste bairro carente, palco em 1965 dos piores distúrbios sociais na cidade. Ao lado do monumento fica o Watts Towers Arts Center, com exposições temporárias de obras de artistas afro-americanos da comunidade e workshops para artistas de todas as idades.

O centro-sul de LA, onde se encontra Watts, é uma área empobrecida e de alta criminalidade. Os turistas não devem circular por aqui depois do anoitecer. De dia, tome cuidado os cuidados necessários.

Exposition Park e University of Southern California ⑯

Troiano Tommy

O Exposition Park nasceu nos anos 1880 como um espaço ao ar livre para mercados, festas e corridas de cavalo. No final do século, o local transbordava de bebida, jogatina e prostituição. Quando os alunos de catecismo do juiz William Miller Bowen começaram a faltar à igreja para desfrutar aquelas tentações, ele pressionou para que toda a área fosse transformada em centro cultural, que hoje tem três museus. O Jardim das Rosas do Exposition Park possui mais de 19 mil roseiras. Do outro lado da rua, a University of Southern California (USC) espalha-se por 620 mil m² e tem mais de 28 mil alunos. Fundada em 1880, é a mais antiga e maior universidade particular do Oeste dos Estados Unidos.

Doheny Memorial Library

Esquina do Hoover Blvd e Childs Way, USC. **Tel** *(213) 740-2924.* ◻ *diariam.*

Prédio majestoso com influências românicas, egípcias e mouriscas, a biblioteca principal de consulta da USC foi construída em 1932 em memória de Edward L. Doheny, Jr., um curador da universidade. O prédio ganha muito com a monumental escadaria de mármore da entrada e com os ornamentos de pedra e madeira.

Natural History Museum of Los Angeles County

900 Exposition Blvd. **Tel** *(213) 763-3466.* ◻ *9h30-17h diariam.* ● *1º jan, 4 jul, Ação de Graças, 25 dez.* **www**.nhm.org

É um dos museus de história natural e cultural de maior destaque no país. Uma reforma de US$91 milhões iniciada em 2006 concentrou-se na restauração do Beaux-Arts 1913 construído no centro. O prédio já abriga a sala Era dos Mamíferos, enquanto Mistérios dos Dinossauros abrirá em 2011 e Sob o Sol, enfocando a história ambiental do sul da Califórnia, será inaugurada em 2012. A rotunda do prédio de 1913, iluminada por vitrais, também está aberta ao público.

Natural History Museum, no Exposition Park

Bovard Administration Building

Hahn Plaza, USC. ◻ *diariam.*

Este prédio em estilo românico italiano foi batizado com o nome do quarto reitor da USC, George Bovard. O antigo campanário tem as esculturas de oito personalidades, entre elas John Wesley, Abraham Lincoln, Theodore Roosevelt, Cícero e Platão. O Auditório Norris, em estilo gótico, restaurado, comporta 1.600 pessoas. *Troiano Tommy*, estátua de um guerreiro de Troia na entrada principal, foi esculpido por Roger Nobel Burnham em 1930.

PRINCIPAIS ATRAÇÕES

Aerospace Museum ⑦
Bovard Administration Building ①
California African American Museum ⑧
California Science Center ⑨
Doheny Memorial Library ③
USC Fisher Museum of Art ⑤
Los Angeles Memorial Coliseum ⑩
Mudd Memorial Hall ④
Natural History Museum of Los Angeles County ⑥
Troiano Tommy ②

Bovard Administration Building

Legenda dos símbolos *no final do gu*

Veja hotéis e restaurantes desta região nas págs. 524-31 e 568-76

Los Angeles Memorial Coliseum

Los Angeles Memorial Coliseum

3911 S Figueroa St. ***Tel*** *(213) 747-7111.* *para eventos.* *marcar antes.* **www**.lacoliseumlive.com

Erigida em 1928, esta é a única construção do mundo que abrigou duas Olimpíadas, dois Super Bowls e um World Series. Estádio da equipe de futebol USC, recebeu concertos de rock, o retorno triunfal de Nelson Mandela aos EUA, a missa rezada pelo papa João Paulo II em 1987 e o discurso de John F. Kennedy aceitando a candidatura à presidência pelo partido Democrata em 1960. As reformas de 2008 acrescentaram um sistema de som, painéis de vídeo e poltronas.

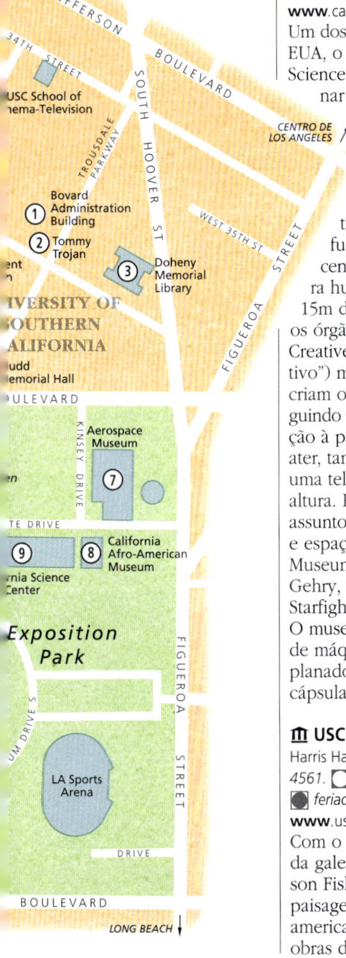

California Science Center

700 Exposition Park Drive. ***Tel*** *(323) 724-3623.* *10h-17h diariam.* *1º jan, Ação de Graças, 25 dez.* **www**.californiasciencecenter.org

Um dos maiores desse tipo nos EUA, o California Museum of Science and Industry visa tornar a ciência acessível a pessoas de todas as idades. A montagem World of Life ("Mundo da Vida"), no Kinsey Hall, mostra como os seres vivos funcionam, tendo por centro o Body Works, figura humana transparente de 15m de comprimento com os órgãos iluminados. A seção Creative World ("Mundo Criativo") mostra como as pessoas criam o que necessitam, seguindo uma ideia da concepção à produção. O IMAX Theater, também no museu, tem uma tela de mais de 15m de altura. Passa filmes sobre assuntos como vulcões, África e espaço sideral. O Aerospace Museum, projetado por Frank Gehry, tem um jato F-104 Starfighter grudado à fachada. O museu possui todos os tipos de máquinas voadoras, de um planador dos irmãos Wright à cápsula espacial Gemini 11.

USC Fisher Museum of Art

Harris Hall, USC. ***Tel*** *(213) 740-4561.* *12h-17h ter-sáb.* *feriados e verão.* **www**.uscfishermuseumofart.org

Com o nome da financiadora da galeria, sra. Walter Harrison Fisher, o acervo possui paisagens francesas e americanas do século 19 e obras de Peter Paul Rubens.

PREPARE-SE

Mapa rodoviário destaque A. *Ônibus DASH C a partir do Business District.* *81.* **Exposition Park** *atrações individuais.* **University of Southern California** ***Tel*** *(213) 740-2311.* **www**.usc.edu

California African American Museum

600 State Drive. ***Tel*** *(213) 744-7432.* *10h-17h ter-sáb (11h-17h dom).* *1º jan, Ação de Graças, 25 dez.* **www**.caamuseum.org

Este museu é um registro das realizações afro-americanas em artes, ciências, política, religião e esportes. O acervo permanente de arte inclui obras de artistas como Martin Pierré, Betye Saar, Noah Purifoy e o paisagista do século 19 Robert Duncanson. As frequentes exposições temporárias são feitas no pátio de esculturas.

Mudd Memorial Hall

Esquina do Trousdale Parkway e Exposition Blvd, USC. *diariam.*

O prédio da faculdade de filosofia tem estilo predominantemente pré-renascentista da Toscana. O campanário, de 44m de altura, apareceu no filme *O Corcunda de Notre Dame*, de 1939. Do lado de fora, estátuas dos grandes filósofos de todos os tempos estão especificadas, com o cínico Diógenes colocado sobre a entrada. A Hoose Library of Philosophy tem mais de 60 mil volumes e é tida como uma das melhores do país.

Fachada à italiana do Mudd Memorial Hall

COMPRAS EM LOS ANGELES

Consumidora de LA

Tudo o que o dinheiro pode comprar existe em Los Angeles, de colares Cartier a produtos orgânicos. O clima temperado da cidade também propicia muitas alternativas agradáveis ao ar livre aos ubíquos shoppings. A Melrose Avenue *(pág. 113)* e a Third Street Promenade *(pág. 78)* de Santa Monica são áreas vibrantes. As sofisticadas Rodeo Drive *(pág. 94)* e Golden Triangle *(pág. 90)* são famosas por casas de alta-costura e joalherias. A Montana Avenue de Santa Monica é frequentada por astros de Hollywood. As melhores áreas para novidades de moda e decoração são o Robertson Boulevard, perto da Burton Way, e o Beverly Boulevard, na Martel Avenue. Compras são um prazer em Old Pasadena *(pág. 154)*, com lojas em edifícios do final do século 19.

Interior do Westside Pavilion, ao sul de Westwood Village

SHOPPING CENTERS

A classe dos shopping centers de LA tende a superar a maioria dos congêneres pelo país. Um dos shoppings mais recentes ao ar livre da cidade, **The Grove** oferece opções de compras e entretenimento. A rua é popular junto a famílias e adolescentes que, em meio às lojas, cinemas e restaurantes, mantêm-se entretidos. Vale a pena dar uma olhada no adjacente Farmers Market *(pág. 113)*, onde há muitas lojas de suvenires pitorescos e lanchonetes ao ar livre.

Para um programa calmo num shopping convencional, vá ao moderno **Beverly Center**, que congrega mais de 160 lojas. Cercado por torres de escritórios da Century City e instalado ao ar livre, o **Westfield Century City** tem mais de 120 lojas. Os cinemas recém-construídos em estilo de estádio e o luxuoso terraço com restaurante ao ar livre tornam o local bastante concorrido em fins de semana. Por perto, o **Westside Pavilion** tem uma gama excelente de lojas de moda infantil. Um complexo de cinemas aumenta seu charme. O **Santa Monica Place** *(pág. 77)* fica a poucos metros da praia e ao lado do agradável calçadão da Third Street. No suburbano San Fernando Valley, o **Westfield Fashion Square** oferece uma mistura eclética de lojas de especial interesse de famílias. Um dos menores shoppings, o **Sherman Oaks Galleria** tem fitness center e spa, além de salas de cinema, lojas e restaurantes.

LOJAS DE DEPARTAMENTOS

Todo shopping center tem pelo menos uma loja de departamentos e todas vendem uma ampla variedade de produtos, de cosméticos e roupas a cutelaria e louças. As velhas favoritas são a **Bloomingdale's**, mais conhecida por suas butiques internas, e a **Macy's**, com suas linhas de vestuário que oferecem criações de estilistas a preço razoável. A parte do Wilshire Boulevard que fica em Beverly Hills *(págs. 90-1)* ganhou reputação por concentrar lojas de departamentos. Entre seus quatro varejistas famosos estão a **Barneys New York** e a **Saks Fifth Avenue**. Na hora do almoço a deli no topo da Barney's fica lotada de consumidores e pessoas da indústria do cinema.

O departamento de calçados da chique **Nordstrom** é lendário, assim como suas liquidações pela metade do preço em janeiro e junho.

Logo de loja na Melrose Avenue

LOJAS DE DESCONTOS

Muitas lojas de descontos de LA pertencem a redes nacionais. Um dólar rende bem nesses *outlets*, mas não espere mordomias. A **Target** é popular por seus itens para casa, brinquedos, equipamentos de camping e roupas casuais, ao passo que a **Costco** vende tudo, de itens alimentares em grande volume a computadores. Vinhos e outras bebidas têm preços especialmente bons aqui.

Lojas sofisticadas na Rodeo Drive *(pág. 94)*

Caçadores de pechinchas fazem a festa nas lojas **99 Cents Only**. Nunca se sabe o que estará disponível, mas os itens variam de comida a vasos de flores. A **Nordstrom Rack** tem roupas, cosméticos e lingerie de alta qualidade. Os produtos também variam conforme o dia e a estação. As lojas **Ross** e **Marshall's** têm as últimas coleções de moda com ótimos descontos.

ALIMENTOS E VINHOS

Os mercados alimentícios de LA refletem a diversidade étnica da região e a obsessão por um estilo de vida saudável. No centro, o Grand Central Market *(pág. 124)* vende produtos agrícolas e tem muitas barracas de comida barata. O Farmers Market *(pág. 113)* oferece frutas e legumes frescos, e especialidades como manteiga fresca de amendoim. Comer aqui ao ar livre em mesas antigas é um programa popular. O mercado também abriga o **Monsieur Marcel**, deli e minimercado francês especializado em queijos, vinhos e outras iguarias.

Empório de comida orgânica, o **Trader Joe's** vende alimentos saudáveis, refeições prontas e vinhos, sem mencionar vitaminas e frutos do mar frescos. O **Whole Foods Market** também atende a clientes exigentes e ligados em saúde. Delícias prontas, como sopas, saladas e sushi, podem ser consumidas nas mesas daqui, o que torna o local uma boa opção para um lanche rápido. O **Bristol Farms** é o negociante de alimentos e vinhos mais sofisticado da cidade. Todas suas filiais são espetaculares, com um sushi bar e café nas lojas.

Paraíso para quem gosta de queijo, **The Cheese Store of Beverly Hills** tem a seleção mais ampla de LA de produtos nacionais e importados, além de luxos como trufas e azeites de trufa.

Em Beverly Hills, **The Wine Merchant** tem uma das melhores adegas da cidade. Especializada em vinhos da Califórnia, a **Silverlake Wine** promove degustações semanais e tem serviço cordial. LA tem uma profusão de comida e especiarias étnicas e é repleta de mercados mexicanos, chineses e tailandeses. Destaque entre as lojas étnicas, a **India's Sweets and Spices** oferece tudo o que é indiano e também serve iguarias vegetarianas em sua pequena cafeteria.

Almofada Gucci

ROUPAS

Estilos contemporâneos casuais dominam a cena fashion de LA. A influência de Hollywood e sua legião de atrizes esguias faz com que a maioria dos outlets ligados em tendências só vendam tamanhos absurdamente pequenos. A alta-costura sob medida floresce em Beverly Hills, onde se encontra trajes glamurosos por todo o bairro de compras. Entre os inquilinos da Rodeo Drive estão grandes nomes do mundo fashion, como **Armani, Chanel** e **Versace**, sendo que todas as grifes mais importantes ficam a poucos passos umas das outras. Estas lojas também oferecem sofisticados artigos de couro e fragrâncias assinadas. A lista de espera é inevitável no caso de itens mais exclusivos. Fica também na Rodeo Drive a arquitetonicamente magnífica **Prada**, que mais parece um museu do que uma loja de varejo, com roupas, sapatos e bolsas cobiçados.

Para moda feminina precursora de tendências a preços relativamente acessíveis, a **Anthropologie** materializa os sonhos dos fashionistas. **Eduardo Lucero** e **Trina Turk** são dois dos estilistas mais populares da cidade e vendem suas criações nas butiques homônimas. A **American Rag** tem roupas novas e de segunda mão e calçados para homens, mulheres e crianças.

Barracas coloridas no Grand Central Market *(pág. 124)*

Em West Hollywood, **Fred Segal** é uma coleção de butiques, com frequência de celebridades e estrelas de cinema. A **Maxfield** também atrai ricos e famosos, que adoram a excitante gama de grifes disponíveis. Vizinha das duas últimas, na Melrose Avenue, **Betsey Johnson** é conhecida por suas criações divertidas, coloridas e, às vezes, atrevidas para mulheres.

Para homens, **Ermenegildo Zegna** e **John Varvatos** têm finas criações em estoque, ao passo que para um visual descolado, visite a **Urban Outfitters**, a favorita dos jovens. Caso tenha esquecido seu biquíni em casa, vá à antenada **Everything But Water**.

Butique Fred Segal na Melrose Avenue, ícone de Hollywood

MODA INFANTIL

Estilos sazonais têm rápida saída no concorrido varejista Target *(pág. 166)*, que oferece roupas infantis a bom preço. A **Old Navy** tem estilos modernos a preços baratos e populares liquidações de fim de estação, ao passo que a **GapKids** pode ser encontrada na maioria dos shoppings vendendo o popular visual descontraído de jeans e camiseta. Para grifes vá à Bloomingdale's *(pág. 166)* onde encontram a Guess e a Juicy Couture.

Para roupas infantis de estilistas, prepare-se para gastar bastante em butiques como a **Flicka**, na Larchmont Avenue. A **Rightstart** oferece brinquedos, livros, acessórios e itens de segurança. Para o bebê que tem tudo, a **James Perse** tem as roupas de algodão sofisticadas que conquistaram muitas mamães de Hollywood.

ROUPAS ANTIGAS

Em LA roupas antigas englobam estilos complicados, roupas de décadas atrás e sobras da última estação. Garimpar as prateleiras demanda tempo em lojas beneficentes como a **Out of the Closet** e a **Goodwill**. Você pode até achar preciosidades entre os itens doados, mas nunca se sabe. Modernos e adolescentes preferem lojas de reciclados. A **Squaresville**, na Vermont Avenue, e a **Wasteland**, na Melrose Avenue, têm em estoque alguns dos artigos retrô mais procurados. Não se espante com eventuais preços altos, pois certas roupas antigas são muito valiosas.

A **Aaardvark's** é conhecida por seu estoque aparentemente infinito de jeans usados e é parada obrigatória no Halloween. Para estilos ligeiramente mais contemporâneos, tente a **Buffalo Exchange**.

Roupas que vêm direto dos departamentos de figurino do cinema e da TV são encontradas no Valley, na **It's A Wrap**.

LOJAS ESPECIALIZADAS

Itens relacionados a Hollywood estão à venda por toda LA. A **Fantasies Come True** só vende itens ligados à Disney. Bem no coração de Hollywood, a **Larry Edmund's Cinema Bookshop** é um sonho para cinéfilos, com livros novos e usados e pôsteres antigos. A **Dark Delicacies** tem tudo para os fãs de terror, com alguns itens realmente apavorantes à venda. A **Every Picture Tells A Story** vende arte original de livros infantis e tem uma confortável sala de leitura para crianças. Para itens exclusivos feitos à mão, **The Folk Tree**, em Pasadena, tem ótima seleção artesanato latino-americanos, ao passo que a **New Stone Age** vende originais cerâmicas e joias artesanais.

ARTE E ANTIGUIDADES

Há antiquários finos por toda a cidade. Os de Beverly Hills e West Hollywood atraem compradores mais abastados. **Richard Shapiro** tem peças maravilhosas que poderiam estar em um museu. O edifício coberto por videiras fica próximo a outros 25 negociantes como **Rose Tarlow**, também conhecida por tecidos e velas, e a **Off the Wall**, que oferece móveis antigos e artigos de decoração. Olhar vitrines neste bairro é um prazer. No Sunset Boulevard, a **Wells Antiques** tem a melhor coleção da cidade de azulejos vintage e cerâmica do estado.

As galerias de arte de LA também têm um amplo leque, desde a obra ousada do aluno recém-formado na Chung King Road a renomados artistas contemporâneos na **Gagosian Gallery**. A Bergamot Station *(pág. 79)* abriga várias galerias, incluindo a do grande negociante de fotografia **Peter Fetterman**. As vernissages de fim de semana (veja nos jornais) atraem os aficionados por arte às galerias.

AGENDA

SHOPPING CENTERS

Beverly Center
8500 Beverly Blvd. **Mapa** 6 C2. ***Tel*** *(310) 854-0070.*

The Grove
189 The Grove Drive. **Mapa** 7 D3. ***Tel*** *(323) 900-8080.*

Santa Monica Place
395 Santa Monica Place, Santa Monica. ***Tel*** *(310) 394-5451.*

Sherman Oaks Galleria
15301 Ventura Blvd, Sherman Oaks. ***Tel*** *(818) 382-4100.*

Westfield Century City
10250 Santa Monica Blvd, Century City. ***Tel*** *(310) 277-3898.*

Westfield Fashion Square
14006 Riverside Drive. Sherman Oaks ***Tel*** *(818) 783-0550.*

Westside Pavilion
10800 W Pico Blvd. ***Tel*** *(310) 470-8752.*

LOJAS DE DEPARTAMENTOS

Barneys New York
9570 Wilshire Blvd. **Mapa** 5 F4. ***Tel*** *(310) 276-4400.*

Bloomingdale's
Beverly Center, 8500 Beverly Blvd. **Mapa** 6 C2. ***Tel*** *(310) 360-2700.*

Macy's
Beverly Center, 8500 Beverly Blvd. **Mapa** 6 C2. ***Tel*** *(310) 854-6655.*

Nordstrom
Westside Pavilion, 10830 W Pico Blvd. ***Tel*** *(310) 470-6155.*

Saks Fifth Avenue
9600 Wilshire Blvd. **Mapa** 5 E4. ***Tel*** *(310) 275-4211.*

DESCONTOS

99 Cents Only
601 S Fairfax Ave. **Mapa** 7 D4. ***Tel*** *(323) 936-3972.*

Costco
2901 Los Feliz Blvd. ***Tel*** *(323) 644-5201.*

Nordstrom Rack
227 N Glendale Ave, Glendale. ***Tel*** *(818) 240-2404.*

Target
7100 Santa Monica Blvd, W Hollywood. **Mapa** 7 F1. ***Tel*** *(323) 603-0004.*

AGENDA

ALIMENTOS E VINHOS

Bristol Farms
9039 Beverly Blvd. **Mapa** 6 A2. ***Tel*** *(310) 248-2804.* **www**.bristolfarms.com

The Cheese Store of Beverly Hills
419 N Beverly Drive, Beverly Hills. **Mapa** 5 F3. ***Tel*** *(310) 278-2855.* **www**.cheesestorebh.com

India Sweets and Spices
3126 Los Feliz Blvd. ***Tel*** *(323) 345-0360.*

Monsieur Marcel
Farmers Market, 6333 W 3rd St. **Mapa** 7 D3. ***Tel*** *(323) 939-7792.* **www**.mrmarcel.com

Silverlake Wine
2395 Glendale Blvd. ***Tel*** *(323) 662-9024.* **www**.silverlakewine.com

Trader Joe's
7304 Santa Monica Blvd. **Mapa** 7 F1. ***Tel*** *(323) 851-9772.* **www**.traderjoes.com

Whole Foods Market
6350 W 3rd St. **Mapa** 7 D3. ***Tel*** *(323) 964-6800.* **www**.wholefoods.com

The Wine Merchant
228 N Canon Drive. **Mapa** 5 F3. ***Tel*** *(310) 278-7322.* **www**.beverlyhillswine-merchant.com

ROUPAS

American Rag
150 S La Brea Ave. **Mapa** 7 F2. ***Tel*** *(323) 935-3154.* **www**.amrag.com

Anthropologie
320 N Beverly Drive, Beverly Hills. **Mapa** 5 F3. ***Tel*** *(310) 385-7390.* **www**.anthropologie.com

Betsey Johnson
8050 Melrose Ave. **Mapa** 7 D2. ***Tel*** *(323) 852-1534.* **www**.betseyjohnson.com

Chanel
400 N Rodeo Drive, Beverly Hills. **Mapa** 5 F3. ***Tel*** *(310) 278-5500.* **www**.chanel.com

Eduardo Lucero
7378 Beverly Blvd. **Mapa** 7 E2. ***Tel*** *(323) 933-2778.*

Ermenegildo Zegna
301 N Rodeo Drive, Beverly Hills. **Mapa** 5 F3. ***Tel*** *(310) 247-8827.* **www**.zegna.com

Everything But Water
Beverly Center, 8500 Beverly Blvd. **Mapa** 6 C2. ***Tel*** *(310) 289-1550.*

Fred Segal
8118 Melrose Ave. **Mapa** 7 D1. ***Tel*** *(323) 651-1935.*

Giorgio Armani Boutique
436 N Rodeo Drive, Beverly Hills. **Mapa** 5 F3. ***Tel*** *(310) 271-5555.* **www**.armani.com

John Varvatos
8800 Melrose Ave. **Mapa** 6 B2. ***Tel*** *(310) 859-2970.*

Marshall's
2206 Sawtelle Blvd. ***Tel*** *(310) 312-1266.*

Maxfield
8825 Melrose Ave. **Mapa** 6 B2. ***Tel*** *(310) 274-8800.*

Prada
343 N Rodeo Drive, Beverly Hills. **Mapa** 5 F3. ***Tel*** *(310) 278-8661.* **www**.prada.com

Ross
6298 W 3rd St. ***Tel*** *(323) 936-2864.*

Trina Turk
8008 W 3rd St. **Mapa** 6 C3. ***Tel*** *(323) 651-1382.* **www**.trinaturk.com

Urban Outfitters
1440 Third St Promenade, Santa Monica. ***Tel*** *(310) 394-1404.*

Versace
248 N Rodeo Drive, Beverly Hills. **Mapa** 5 F3. ***Tel*** *(310) 205-3921.* **www**.versace.com

MODA INFANTIL

Flicka
204 N Larchmont Blvd. **Mapa** 8 B3. ***Tel*** *(323) 466-5822.*

GapKids
6801 Hollywood Blvd. **Mapa** 2 B4. ***Tel*** *(323) 462-6124.* **www**.gap.com

James Perse
8914 Melrose Ave. **Mapa** 6 A2. ***Tel*** *(310) 276-7277.* **www**.jamesperse.com

Old Navy
8487 W 3rd St. **Mapa** 6 C3. ***Tel*** *(323) 658-5292.* **www**.oldnavy.com

Rightstart
2212 Wilshire Place, Santa Monica. **Mapa** 10 B3. ***Tel*** *(310) 829-5135.* **www**.rightstart.com

ROUPAS ANTIGAS

Aardvark's
7579 Melrose Ave. **Mapa** 7 E1. ***Tel*** *(323) 655-6769.*

Buffalo Exchange
131 N La Brea Ave. **Mapa** 7 F3. ***Tel*** *(323) 938-8604.*

Goodwill
4575 Hollywood Blvd, Hollywood. ***Tel*** *(323) 644-1517.* **www**.goodwill.com

It's A Wrap
3315 N Magnolia Ave, Burbank. ***Tel*** *(818) 567-7366.*

Out of the Closet
360 N Fairfax Ave. **Mapa** 7 D2. ***Tel*** *(323) 934-1956.*

Wasteland
7428 Melrose Ave. **Mapa** 7 E2. ***Tel*** *(323) 653-3028.*

ESPECIALIZADAS

Dark Delicacies
4213 Burbank Blvd, Burbank. ***Tel*** *(818) 556-6660.* **www**.darkdel.com

Every Picture Tells A Story
1311-C Montana Ave, Santa Monica. ***Tel*** *(310) 451-2700.* **www**.everypicture.com

Fantasies Come True
4383 Tujunga Ave, Studio City. **Mapa** 2 A1. ***Tel*** *(818) 985-2636.* **www**.fantasiescometrue.com

The Folk Tree
217 S Fair Oaks Ave, Pasadena. ***Tel*** *(626) 795-8733.* **www**.folktree.com

Larry Edmund's Cinema Bookshop
6644 Hollywood Blvd. **Mapa** 2 B4. ***Tel*** *(323) 463-3273.* **www**.larryedmunds.com

New Stone Age
8407 W 3rd St. **Mapa** 6 C3. ***Tel*** *(323) 658-5969.* **www**.newstoneagela.com

ARTES E ANTIGUIDADES

Gagosian Gallery
456 N Camden Drive, Beverly Hills. **Mapa** 6 A2. ***Tel*** *(310) 271-9400.* **www**.gagosian.com

Off the Wall
7325 Melrose Ave, W Hollywood. **Mapa** 6 B2. ***Tel*** *(323) 930-1185* **www**.offthewallantiques.com

Peter Fetterman Gallery
Bergamot Station 2525 Michigan Ave, Gallery A7, Santa Monica. ***Tel*** *(310) 453-6463.* **www**.peterfetterman.com

Richard Shapiro
8905 Melrose Ave, W Hollywood. **Mapa** 6 A2. ***Tel*** *(310) 275-6700.* **www**.rshapiroantiques.com

Rose Tarlow
8454 Melrose Place, W Hollywood. **Mapa** 6 C1. ***Tel*** *(323) 651-2202.* **www**.rosetarlow.com

Wells Antiques
2162 Sunset Blvd. ***Tel*** *(213) 413-0558.* **www**.wellstile.com

Muitas das lojas têm mais de uma filial. Ligue para os telefones listados para obter informações sobre a mais próxima.

LIVROS E DISCOS

Os moradores de LA são os maiores consumidores de livros do país. Entre as livrarias independentes mais populares estão a **Book Soup** e a **Mystery Bookstore**. Toda semana estas velhas favoritas promovem leituras com escritores importantes. Os atendentes destas lojas também costumam conhecer melhor seus produtos do que os de grandes redes. A Book Soup tem uma ótima seleção de livros de arte e guias da Califórnia e de LA, ao passo que a **Hennessey & Ingalls** tem uma das maiores coleções de livros de arte e arquitetura da costa oeste.

Muitas redes grandes, como a **Barnes & Noble** e a **Borders**, também têm cafés. A Borders também vende CDs. A **Amoeba Music**, em Hollywood, é a maior loja de música independente da cidade com dois andares de discos e CDs novos e usados. Promove apresentações semanais grátis e divertidas.

Megavarejista de música, a **Virgin Megastore** tem uma filial no Hollywood and Highland Complex, com uma infinidade de opções e estações de audição.

FEIRAS LIVRES

Com 80 feiras de produtos agrícolas realizadas semanalmente na cidade, não faltam oportunidades para ver e provar produtos sazonais recém-colhidos do sul da Califórnia. Nessas feiras ao ar livre os vendedores apregoam vários produtos frescos, incluindo frutas e legumes orgânicos que vêm direto do campo. Muitos mercados também têm barracas de comida pronta ou de artes e artesanatos. Confira no website **Farmernet** os dias e locais exatos desses mercados.

O maior é a **Santa Monica's Wednesday and Saturday Farmers' Market**, nas Arizona e Third Streets. A alta qualidade dos produtos à venda é atestada por chefs conhecidos que frequentam as barracas. Consumidores sensatos preferem ir cedo às compras. Nas manhãs de domingo, vá ao **Hollywood Farmers' Market**, na Ivar Avenue, que atrai uma frequência interessante. Volta e meia se vê rostos famosos no meio da multidão. O **Santa Monica Sunday Farmers' Market**, na Main Street, é a favorita das famílias que fazem fila para deliciosos crepes e omeletes feitos na hora e comidos no lado gramado da rua.

MERCADOS DE PULGAS

A maioria dos mercados das pulgas mais conhecidos de LA é realizada aos domingos em diversos locais. Todos são ao ar livre, com centenas ou milhares de vendedores que espalham seus produtos em estacionamentos. Prepare-se para passar horas garimpando, pechinchando e andando. Sapatos confortáveis e olho clínico são indispensáveis. É possível achar ótimas pechinchas de antiguidades, joias, roupas antigas e bugigangas em geral.

No primeiro domingo do mês, o **Pasadena City College Flea Market** adiciona grandes quantidades de discos usados ao mix, ao passo que no segundo domingo, o **Rose Bowl Flea Market**, um dos mercados maiores e mais queridos de LA, vende artigos raros de coleção. Porém, quem chega cedo tem de pagar uma taxa extra para entrar. O **Long Beach Outdoor Antique & Collectible Market**, no terceiro domingo do mês, tem uma infinidade de pechinchas.

ACESSÓRIOS PARA CASA

Há todo um universo de lojas especializadas em equipar as casas e apartamentos de LA. A **IKEA** faz acessórios básicos com elegância e a preços extremamente acessíveis. Seus itens decorativos dão mais ênfase à aparência do que à qualidade duradoura. A **Pottery Barn** e a **Crate & Barrel** atende a quem não se importa em gastar mais com durabilidade e bom design. Ambas têm vários outlets, assim como a megaloja de acessórios para casa **Bed, Bath & Beyond**. Aqui você acha itens como utensílios de cozinha, porta-retratos, toalhas e interessantes acessórios decorativos.

A Anthropologie *(pág. 169)* oferece produtos fascinantes, mais ao estilo dos mercados das pulgas, para casa. Peças em vidro e louças mudam de cor e estilo a cada estação. A **Shabby Chic**, na Montana Avenue, ajudou a popularizar o visual casual do sul da Califórnia, conforme atestam seus sofás e poltronas enormes, confortáveis e cobertos com mantas.

Para réplicas de móveis antigos e modernos, vá às lojas do Beverly Boulevard, de La Brea west até Crescent Heights. Lojas como **Modern One, Twentieth Design** e **Modernica** apresentam o melhor do atraente design de meados do século 20. A **Thai Teak** é especializada em móveis asiáticos modernos, ao passo que a **California Living** é conhecida por seus elegantes móveis de design para uso externo. Chique e de bom gosto, a **Bountiful** vende móveis de época e produtos de banho e para casa no charmoso Abbot Kinney Boulevard em Venice.

PRESENTES E BRINQUEDOS

Alguns dos melhores produtos de luxo para presentear, de porta-retratos a joias finas, são encontrados em Beverly Hills na **Gearys**, loja também conhecida por suas opulentas listas de casamento e presentes. Na outra ponta do espectro de preços, a **Wing Hop Fung**, em Chinatown, tem todos os tipos de produtos importados, de brinquedos baratos a aparelhos de chá. Nesta área também há outras lojas menores de presentes, boas para compras baratas.

Muito popular junto a consumidores elegantes, a **Uncle Jer's**, em Silver Lake, tem velas perfumadas e artesanatos indianos e mexicanos. A **Brentwood Boutique Chocolate Lounge** vende chocolates artesanais finos em belas caixas.

Para brinquedos, a Target *(pág. 166)* e a **Toys'R'Us** têm várias filiais com muitas marcas, jogos e produtos esportivos menores. A **PuzzleZoo** tem quebra-cabeças, jogos e bonecos de ação em voga. **Wound and Wound** é uma das muitas lojas de brinquedos na Universal CityWalk que vende itens para crianças e adultos.

PRODUTOS DE BELEZA

LA é a capital mundial da beleza. Isso se deve à obsessão da indústria de cinema e TV por juventude, que leva à proliferação de empórios de produtos de beleza e higiene de alta qualidade. Superloja de produtos para a pele e maquiagem, a **Sephora** tem dezenas de linhas e seus atendentes oferecem muitas amostras. A **Aveda** adota princípios orgânicos em suas linhas para pele e cabelo. Os clientes podem pedir chá e uma massagem rápida e relaxante. As duas filiais da **Palmetto** têm aromáticos diferenciados de numerosas procedências. A **Studio** na Fred Segal de Santa Monica é especializada na chamada "beleza customizada". Fragrâncias podem ser feitas por encomenda e maquiadores fazem looks rápidos usando marcas finas como a Stilla. O **Cost Plus World Market** tem produtos para banho e velas a preços razoáveis. A Trader Joe's *(pág. 167)* tem uma linha própria de orgânicos para pele e cabelo, como sais esfoliantes e xampu com aroma de lavanda. Muitos spas, como o **Equinox Spa**, vendem linhas de produtos para a pele e tratamentos antienvelhecimento. Salões chiques, incluindo o **Privé Salon**, também um spa, vendem sua própria linha para cabelo. A **MAC** é conhecida por mudar sazonalmente sua palheta de cores e acordos com maquiadores e estrelas de Hollywood.

AGENDA

LIVROS E DISCOS

Amoeba Music
6400 Sunset Blvd. **Mapa** 2 C5. ***Tel*** *(323) 245-6400.*

Barnes & Noble
1201 3rd St Promenade, Santa Monica.
Tel *(310) 260-9110.*

Book Soup
8818 W Sunset Blvd.
Mapa 1 A5.
Tel *(310) 659-3110.*

Borders
1360 Westwood Blvd.
Mapa 4 A5.
Tel *(310) 475-3444.*

Hennessey & Ingalls
214 Wilshire Blvd, Santa Monica.
Tel *(310) 458-9074.*

Mystery Bookstore
1036 Broxton Ave.
Tel *(310) 209-0415.*

Virgin Megastore
6801 Hollywood Blvd, Hollywood.
Tel *(323) 769-8520.*

FEIRAS LIVRES

Farmernet
Para mercados na sua região visite:
www.farmernet.com

Hollywood Farmers' Market
Ivar and Selma Aves.
Mapa 2 C4.
Tel *(323) 463-3171.*

Santa Monica Sunday Farmers' Market
Ocean Park & Main St, Santa Monica.
Tel *(310) 458-8712.*

Santa Monica Wednesday and Saturday Farmers' Market
Arizona & 3rd Sts, Santa Monica. ***Tel*** *(310) 458-8712.*

MERCADOS DE PULGAS

Long Beach Outdoor Antique & Collectible Market
Veterans Stadium, Faculty Ave & Conant St, Long Beach. ***Tel*** *(323) 655-5703.*

Pasadena City College Flea Market
1570 E Colorado Blvd, Pasadena.
Tel *(626) 585-7906.*

Rose Bowl Flea Market
1001 Rosebowl Drive, Pasadena.
Tel *(323) 560-7469.*

ACESSÓRIOS PARA CASA

Bed, Bath & Beyond
1557 Vine St. **Mapa** 2 C5.
Tel *(323) 460-4500.*

Bountiful
1335 Abbot Kinney Blvd, Venice. ***Tel*** *(310) 450-3620.*

California Living
601 N La Brea Ave. **Mapa** 7 F2. ***Tel*** *(323) 930-2601.*

Crate & Barrel
189 The Grove Drive. **Mapa** 7 D3. ***Tel*** *(323) 297-0370.*

IKEA
600 N San Fernando Blvd, Burbank.
Tel *(818) 842-4532.*

Modernica
7366 Beverly Blvd. **Mapa** 7 E2. ***Tel*** *(323) 933-0383.*

Modern One
7956 Beverly Blvd. **Mapa** 7 D2. ***Tel*** *(323) 651-5082.*

Pottery Barn
300 N. Beverly Dr. **Mapa** 6 B3. ***Tel*** *(310) 860-9506.*

Shabby Chic
1013 Montana Ave, Santa Monica.
Tel *(310) 394-1975.*

Thai Teak
2400 Main St, Santa Monica. ***Tel*** *(310) 581-4255.*

Twentieth Design
8057 Beverly Blvd.
Mapa 7 D2.
Tel *(323) 904-1200.*

PRESENTES E BRINQUEDOS

Brentwood Boutique Chocolate Lounge
912 S Barringron.
Tel *(310) 826-3380.*

Gearys
351 N Beverly Drive, Beverly Hills. **Mapa** 5 F3.
Tel *(310) 273-4741.*

Wound and Wound
100 Universal City Plaza.
Tel *(818) 509-8129.*

PuzzleZoo
1411 3rd St Promenade, Santa Monica.
Tel *(310) 393-9201.*

Toys "R" Us
11136 Jefferson Blvd, Culver City.
Tel *(310) 398-5775.*

Uncle Jer's
4459 W Sunset Blvd.
Tel *(323) 662-6710.*

Wing Hop Fung
125 W Garvey Ave, Moterey Park. ***Tel*** *(323) 940-8000.*

PRODUTOS DE BELEZA

Aveda
6801 Hollywood Blvd.
Tel *(323) 962-1596.*

Cost Plus World Market
6333 W 3rd St. **Mapa** 7 D3. ***Tel*** *(323) 935-5530.*

Equinox Spa
2025 Ave of the Stars.
Mapa 5 D5. ***Tel*** *(310) 556-2256.*

MAC
133 N Robertson Blvd.
Mapa 6 B2.
Tel *(310) 854-0860.*

Palmetto
8321 W 3rd St. **Mapa** 6 B2. ***Tel*** *(323) 653-2470.*

Privé Salon
7373 Beverly Blvd. **Mapa** 7 E2. ***Tel*** *(323) 931-5559.*

Sephora
6801 Hollywood Blvd.**Mapa** 2 B4. ***Tel*** *(323) 462-6898.*

Studio
500 Broadway, Santa Monica. ***Tel*** *(310) 394-8509.*

DIVERSÃO EM LOS ANGELES

Como centro da indústria do cinema, Los Angeles tem estado sob holofotes durante boa parte do século 20. Não é surpresa que a cidade se intitule "Capital Mundial do Entretenimento". A numerosa e bem-sucedida comunidade artística de LA garante que sempre haja muito o que fazer na cidade, embora poucos locais continuem garantindo animação à noite.

Letreiro em Hollywood

Los Angeles tem ainda um número assustador de cinemas, que vão dos palacetes dos anos 1930 aos multiplex com alta tecnologia. As produções teatrais também são muitas e diversificadas. Há uma orquestra sinfônica e uma companhia de ópera respeitadas, com concertos no verão em lugares como o Hollywood Bowl *(pág. 111)*. Os bares e as boates de jazz e blues estão no Sunset Boulevard.

Revistas de programação

INFORMAÇÕES

Várias publicações podem ajudar o turista a se inteirar do emaranhado de opções de diversão na cidade. O *LA Weekly* –jornal gratuito que se acha em bares, boates e bancas por toda a cidade– traz a mais completa programação de diversões e artes. Busca o público jovem e ofusca a *Los Angeles Times* neste aspecto, apesar da última ser uma fonte de informação confiável.

As publicações mensais incluem a popular *Los Angeles Magazine*, que lista os eventos principais da cidade e tem boas avaliações de restaurantes. Informações mais genéricas, atualizadas e confiáveis para turistas, são fornecidas pela *Where Magazine*, mensal, que é encontrada na maioria dos hotéis da cidade.

A programação para gays e lésbicas está em *Planet Homo, The Edge* e *LA Girl Guide*.

A agência principal do **Los Angeles Convention and Visitors Bureau** fica no Centro e atende em vários idiomas. Seu guia de turismo, *Destination Los Angeles*, traz uma relação de restaurantes, hotéis, lojas e atrações. Tem também uma linha direta 24-horas sobre eventos. Os dois outros maiores centros são o **West Hollywood Conventions & Visitors Bureau e o Beverly Hills Visitors' Bureau.**

Também são boas fontes de informação os websites www.help.com e www.la.com.

INGRESSOS

O principal fornecedor de ingressos para concertos, peças e eventos esportivos em LA é a **Ticketmaster**. Pode-se comprá-los por telefone com cartão de crédito ou ir a um dos postos nas lojas Wherehouse Music ou na Macy's. Se quiser evitar as taxas de serviço, tente ligar direto para os locais. Outras agências são a **Tickets LA**, a **Prestige Tickets** e a **Los Angeles Times Tickets**. Para as peças de teatro e seus horários, ligue para o número de informações do **LA Stage Alliance**.

INGRESSOS COM DESCONTO

Um bom fornecedor de ingressos com desconto é o **Theater LA**. Ele dá informações sobre ingressos baratos e os vende só no dia do espetáculo. A **TickCo** oferece assentos premium para eventos de esportes, música e teatro.

Se você estiver procurando promoções e quiser arriscar, tente telefonar direto para a bilheteria dos teatros um pouco antes do espetáculo. Muitos locais dão descontos de última hora em ingressos não vendidos.

Estudantes com carteira internacional *(pág. 620)* podem ter desconto em concertos e peças. A dica são os lugares ligados às universidades da cidade, como o Geffen Playhouse da UCLA *(pág. 174)*.

O LACMA *(págs. 114-7)* oferece concertos gratuitos

Hollywood Bowl, um dos bons locais de concertos de LA *(pág. 111)*

EVENTOS GRATUITOS

A maioria dos bairros de Los Angeles tem festivais locais principalmente no verão. As atrações são a comida, a música ao vivo e as artes populares. Contate o **LA Cultural Affairs Department** para mais detalhes. No verão, nas noites de quinta-feira, o Píer de Santa Monica tem shows musicais variados *(págs. 78-9)*.

Também no verão, a Filarmônica de L.A. abre seus ensaios de meio-dia no Hollywood Bowl para os visitantes *(pág. 111)*.

Entre os museus de Los Angeles que não cobram entrada estão o California Museum of Science and Industry *(pág. 165)*, a Travel Town, no Griffith Park *(pág. 150)*, e o J. Paul Getty Museum *(págs. 82-5)*. Às sextas-feiras e nos domingos, o Los Angeles County Museum of Art *(págs. 114-7)* promove concertos de jazz e música de câmara na praça do museu.

DEFICIENTES FÍSICOS

Como na Califórnia em geral *(pág. 620)*, quase todas as boates, cinemas e teatros de L.A. têm acesso para cadeiras de rodas e possuem assentos especiais. A maioria dos lugares tem também estacionamento e banheiros adaptados.

Um livreto publicado pela **Los Angeles County Commission on Disabilities** lista os serviços prestados por órgãos públicos e privados. A publicação traz ainda informações sobre recreação e venda ou aluguel de equipamentos.

Detalhe de teatro de LA

Há poucas organizações locais que prestam serviços a deficientes, como o **Westside Center for Independent Living**.

A empresa de transporte público de Los Angeles, a Metropolitan Transit Authority *(págs. 178-9)*, tem uma frota de ônibus equipados com plataformas para içar cadeiras de rodas. O Center ajuda a conseguir transporte local para pessoas com necessidades especiais que precisam de ajuda para viajar.

Fachada Art Déco do Pantages Theater de Hollywood *(pág. 112)*

AGENDA

TELEFONES ÚTEIS

Beverly Hills Visitors Bureau
239 S Beverly Dr, Beverly Hills, CA 90212. **Tel** *(310) 248-1015.*
www.beverlyhillschamber.com

Hollywood Conventions & Visitors Bureau
6801 Hollywood Blvd, Hollywood, CA 90028.
Tel *(323) 467-6412.*
www.lacvb.com

LA Cultural Affairs Department
201 N Fiqueroa St, Suite 1400, Los Angeles, CA 90012.
Tel *(213) 202-5500.*
www.culturela.org

Los Angeles Convention and Visitors Bureau
685 S Figueroa St, Los Angeles, CA 90017. **Tel** *(213) 689-8822.*
www.lacvb.com

AGÊNCIAS DE INGRESSOS

LA Stage Alliance
Tel *(213) 614-0556.*
www.theaterla.com

Los Angeles Times Tickets
Tel *(866) 215-8463.*
www.tickets.latimes.com

Prestige Tickets
Tel *(888) 595-6260.*
www.prestigetickets.com

TickCo
Tel *(800) 279-4444.*
www.tickco.com

Ticketmaster
Tel *(213) 381-2000.*
www.ticketmaster.com

SERVIÇOS PARA DEFICIENTES

MTA
Tel *(213) 922-2000.*
www.mta.net

Los Angeles County Commission on Disabilities
500 W Temple St, Room 1350, Los Angeles, CA 90012.
Tel *(213) 974-1053 ou (213) 974-1707 TDD.*

Westside Center for Independent Living
12901 Venice Blvd, Los Angeles, CA 90066. **Tel** *(310) 390-3611.*
www.wcil.org

Locais de Diversão

Como cabe à uma cidade com seu tamanho e reputação, LA tem uma ampla gama de locais de entretenimento. Restaurantes, salas de concerto e lounges sofisticados estão por toda parte. A Grand Avenue no centro é o principal corredor cultural sediando o Museum of Contemporary Art e o Music Center *(pág. 125)*. Hollywood e West Hollywood têm numerosas salas de cinema históricas, teatros e clubes noturnos de celebridades, a exemplo do Viper Room *(pág. 102)*. De dia, visitantes podem fazer parte da plateia de um programa de TV ou assistir a um jogo em uma das arenas esportivas. Quase todo fim de semana há algum festival temático na cidade.

O famoso Rooftop Bar no Standard Downtown Hotel

BARES

Dos tradicionais botecos à moda antiga aos locais mais modernos em voga, a cena de bares de LA está sempre em expansão. Aproveite mas, ao planejar seu itinerário noturno, lembre-se das leis rigorosas aplicadas a motoristas alcoolizados.

No **Musso & Frank Grill**, histórico ponto de Hollywood, os drinks e a decoração são quase os mesmos dos tempos em que o renomado escritor William Faulkner bebia aqui. O **Beauty Bar**, com seu visual de falso salão de beleza, atrai quem gosta de um martini com sua manicure. Ótimos DJs se apresentam aqui todas as semanas. Há também muitos bares especializados. O kitsch e antenado **El Carmen** serves mais de 270 tipos de tequila e autênticos petiscos mexicanos. O pub gastronômico de estilo europeu **Father's Office**, em Santa Monica, tem 36 cervejas artesanais de barril e ótimos vinhos californianos, além de servir petiscos que ganharam fama. O **Tom Bergin's Tavern** é um pub irlandês tradicional, com veteranos bartenders que preparam o melhor Irish coffee da cidade. Para ver artistas, vá ao **Polo Lounge**, no Beverly Hills Hotel, ou ao **Windows Lounge**, no Four Seasons. Ambos atraem magnatas, gente elegante e celebridades. O **Rooftop Bar**, no Standard Downtown, oferece vistas panorâmicas do skyline e lugares ao ar livre o ano inteiro. O bar é suavemente iluminado pelas luzes dos prédios próximos e uma lareira externa aquece o ambiente. Outro bar intimista e elegante é o salão no saguão do Hotel Casa del Mar, o **Veranda**, que tem aconchegantes sofás de couro e lindas vistas para o mar.

O luxuoso lounge Veranda, no saguão do Hotel Casa del Mar

CLUBES

As tendências mudam rapidamente na dinâmica cena de clubes de LA, então informe-se bem antes de sair. Prepare-se também para mostrar documentos, pois a lei proíbe o consumo de álcool para menores de 21 anos.

Para uma noitada animada em LA, vá para Hollywood. **The Avalon** é um dos clubes mais antigos e queridos da área, sempre atraindo DJs e artistas famosos. Abriga também o intimista **Spider Club**, um lounge VIP. O **Geisha House** é um clube oriental com serviço completo de restaurante e muita animação. Prepare-se para pagar uma taxa pesada de consumação. Para um toque diferente, vá ao **CineSpace**, que exibe filmes em telões no lounge.

Placa de clube no Sunset Boulevard

Em Santa Monica, o **Zanzibar** tem os DJs e a decoração mais em voga. Os melhores para rock e indie music são o **Spaceland** e o **Hotel Cafe**, que apresentam bandas novas ou famosas.

West Hollywood, com sua grande população gay, tem muitos clubes como a divertida **The Factory**. **The Derby** tem um toque de nostalgia com suas noites de swing, ao passo que salsa e ritmos latinos esquentam o **Conga Room**. Para rir muito, vá a um dos muitos clubes de humor de LA. Desconhecidos talentosos e nomes conhecidos se apresentam na **The Comedy Store**, **Hollywood Improv e Laugh Factory**.

SALAS DE CINEMA

Quem vem a LA não gasta muito tempo assistindo a filmes, embora sempre haja lançamentos e inúmeros clássicos em cartaz. Há, porém, templos cinematográficos que por si só atraem multidões, dos quais os mais conhecidos são o **Grauman's Chinese** e o El Capitan *(pág. 110)*. Multiplexes, como **The Grove**, **ArcLight Cinemas e Loews Universal Cineplex 20**, oferecem as tecnologias mais avançadas. Construído como um palácio do cinema mudo em 1922, **The Egyptian Theatre** é o máximo em termos da velha Hollywood. Sob direção da American Cinematheque, exibe uma mistura de filmes cult e internacionais. Para um toque de nostalgia, vá ao **Silent Movie Theater**, que exibe clássicos da década de 1920. Muitas vezes as projeções contam com charmosas apresentações musicais.

PASSEIOS EM ESTÚDIOS E PROGRAMAS DE TV

Vários estúdios de cinema e televisão de LA oferecem passeios nos bastidores e ingressos para gravações de programas conhecidos. Nos estúdios high-tech da **CBS-TV**, seriados e game shows são gravados com plateia. Para obter ingressos, envie um pedido por escrito umas seis semanas antes de sua viagem, especificando a data e o programa desejados. A plateia precisa ter inglês fluente. Durante a temporada de produção, de julho a março, veja no website **TV Tickets** como participar dos programas.

Em Burbank *(págs. 144-5)*, a **NBC-TV** oferece ingressos para *The Tonight Show* e um passeio nos estúdios. Ao lado, o passeio na **Warner Bros** talvez seja o mais proveitoso para ver uma filmagem atual –o passeio de luxo inclui almoço. A idade mínima para visitar a **Paramount Studios** *(pág. 113)* é 12 anos. Há também ingressos disponíveis para programas.

TEATRO

Com centenas de peças profissionais encenadas todo ano, sempre há algo de seu interesse em Los Angeles. O Music Center *(pág. 125)*, no centro, sedia dois importantes teatros –o **Mark Taper Forum** e o **Ahmanson Theatre**. O Ahmanson e o Pantages *(pág. 118)* em Hollywood apresentam os grandes musicais da Broadway, enquanto o intimista Mark Taper Forum é conhecido por suas peças experimentais. O **Kodak Theater**, no Sunset Boulevard (onde acontece a cerimônia de entrega do Oscar) e o novo **Nokia Theatre** apresentam eventos especiais, shows e dança. Instalados em teatros de estilo mediterrâneo, o **Geffen Playhouse** e o **Pasadena Playhouse** apresentam novas montagens e outras já consagradas. Produções mais alternativas costumam ser encenadas em espaços menores, como **The Actors' Gang,** ou no inovador REDCAT **Theatre**. No verão, o popular **Theatricum Botanicum** exibe clássicos de Shakespeare em seu anfiteatro ao ar livre.

ROCK, JAZZ E BLUES

Ainda dando o que falar, a Sunset Strip *(págs. 102-4)* sedia o venerável **Whisky A Go-Go**. Lenda do rock'n'roll desde o tempo em que The Doors se apresentavam por lá, mantém a tradição de exibir shows de muitos artistas consagrados. Por perto, o sempre favorito **The Roxy** é um tanto apertado, o que não o impede de apresentar grandes nomes do rock. **The Viper Room**, com suas promissoras bandas novas, também continua muito popular junto aos jovens de Hollywood.

A cena de jazz de LA é animada e caracterizada por locais aconchegantes como **The Baked Potato**, onde há jam sessions semanais, apresentações de conhecidos músicos de estúdio e deliciosas batatas assadas no menu. O ambiente clássico é a marca do respeitado **Catalina Bar & Grill**, ao passo que o **Jazz Bakery** oferece uma refinada experiência: o foco é música, sem alvoroço.

Boas bandas de soul e blues tocam na **House of Blues**, onde você deve provar o "Gospel brunch". O desleixado **Troubadour** abriga promissores iniciantes, ao passo que o **McCabe's Guitar Shop** é frequentado por músicos por sua ênfase em apresentações. Com acústica perfeita, os salões do **Knitting Factory** apresentam bandas recentes de folk e rock.

Os grandes nomes se apresentam nas arenas de LA, como o Staples Center *(pág. 163)*, o Greek Theater *(pág. 150)* e o Universal Amphitheater *(pág. 147)*. O preço dos ingressos é estratosférico, sem contar o gasto com estacionamento.

Fonte na praça do Music Center, a caminho do Mark Taper Forum

Placa do Roxy no Sunset Boulevard

Os famosos portões da Paramount Studios *(pág. 113)*

ÓPERA, DANÇA E MÚSICA CLÁSSICA

A **LA Philharmonic**, orquestra de classe internacional, apresenta-se no inverno na Walt Disney Concert Hall *(pág. 125)*. Durante a temporada, apresenta clássicos e obras modernas e de vanguarda. Sede de verão da Philharmonic, o idílico Hollywood Bowl *(pág. 111)*, a céu aberto, é famoso por seus momentos musicais mágicos sendo um local perfeito para um piquenique ao ar livre.

A **LA Opera**, sob direção de Plácido Domingo, apresenta-se no Dorothy Chandler Pavilion *(pág. 125)* entre setembro e junho. Grupos de câmara tocam em vários lugares da cidade, a exemplo da **Colburn School of Performing Arts**. A Colburn também tem uma temporada gratuita de apresentações de música, dança e teatro.

Música, dança e teatro animam o histórico **Alex Theater** de Glendale. Com acústica excelente, o Royce Hall é o local principal do **UCLA Center for the Performing Arts**. Há mais de 200 apresentações por ano, numa mistura eclética de teatro de vanguarda, improviso oral, música e dança, com direito a muitos artistas internacionais renomados. No **Ford Amphitheatre**, você aprecia música, dança e projeções de filmes ao ar livre, e ainda faz um piquenique sob as estrelas.

ATIVIDADES AO AR LIVRE

As praias de Los Angeles são um excelente recurso natural para surfe, natação e vôlei. Os 43 km de praia, com trilhas para ciclismo e skate, propiciam passeios deliciosos e revigorantes. Há muitas locadoras de bicicleta e skate na orla.

O Griffith Park *(págs. 150-1)* e o Topanga State Park *(pág. 81)* tem quilômetros de trilhas para caminhadas. O Griffith Park tem trilhas para equitação, dois campos de golfe e dois centros de tênis. Muitos parques urbanos têm quadras de tênis gratuitas.

Esportes com espectadores incluem beisebol no Dodger Stadium *(pág. 152)*, futebol profissional no luxuoso **Home Depot Center**, do Galaxy, e hóquei no gelo e basquete no Staples Center *(pág. 163)*. Você também pode acompanhar corridas de cavalos no **Hollywood Park** e na **Santa Anita Racetrack** ou polo no Will Rogers State Historic Park *(pág. 81)*.

DIVERSÃO PARA CRIANÇAS

Los Angeles oferece diversas opções de diversão para famílias, incluindo o teatro de rua gratuito na passarela da Venice Beach aos cinemas IMAX no **California Science Center**. Nos meses de clima quente vale a pena ir à praia ou a uma piscina. O **Under The Sea Indoor Playgroung** tem um tobogã e outras brincadeiras. As crianças brincam à vontade no amplo **Kidspace Children's Museum**, que mistura ciências e diversão com mostras práticas, além de contar com um jardim e um canal ao ar livre. Desde 1963, o **Bob Baker Marionette Theatre** encanta as crianças com seu tradicional show de marionetes. Os musicais no **Santa Monica Playhouse** são montados especialmente para plateias infantis.

Também vale a pena consultar a programação nos jornais, que informam sobre os festivais da estação.

AGENDA

BARES

Beauty Bar
1638 N Cahuenga Blvd. **Mapa** 2 C4. ***Tel*** *(323) 464-7676.* **www**.beautybar.com

El Carmen
8138 W 3rd St. **Mapa** 6 C3. ***Tel*** *(323) 852-1552.*

Father's Office
1018 Montana Ave, Santa Monica. ***Tel*** *(310) 393-2337.* **www**.fathersoffice.com

Musso & Frank Grill
6667 Hollywood Blvd. ***Tel*** *(323) 467-7788.*

Polo Lounge
Beverly Hills Hotel, 9641 Sunset Blvd. **Mapa** 5 D2. ***Tel*** *(310) 276-2251.* **www**.thebeverlyhillshotel.com

Rooftop Bar
Standard Downtown Hotel, 550 S Flower St. **Mapa** 11 D4. ***Tel*** *(213) 892-8080.* **www**.standardhotels.com

Tom Bergin's Tavern
840 S Fairfax Ave. **Mapa** 7 D4. ***Tel*** *(323) 936-7151.* **www**.tombergins.com

Veranda
Hotel Casa del Mar, 1910 Ocean Way, Santa Monica. ***Tel*** *(310) 581-5533.* **www**.hotelcasadelmar.com

Windows Lounge
Four Seasons Hotel, 300 S Doheny Drive. **Mapa** 6 A3. ***Tel*** *(310) 273-2222.*

CLUBES

The Avalon
1735 Vine St. **Mapa** 2 C4. ***Tel*** *(323) 467-4571.* **www**.avalonhollywood.com

The Comedy Store
8433 W Sunset Blvd. ***Tel*** *(323) 656-6225.* **www**.thecomedystore.com

Conga Room
LA Live downtown. Consulte o site para informações. **www**.congaroom.com

CineSpace
6356 Hollywood Blvd. ***Tel*** *(323) 817-3456.* **www**.cine-space.com

The Derby
4500 Los Feliz Blvd. ***Tel*** *(323) 663-8979.* **www**.clubderby.com

The Factory
652 N La Peer Drive. **Mapa** 6 A2. ***Tel*** *(310) 659-4551.* **www**.factorynightclub.com

Geisha House
6633 Hollywood Blvd. ***Tel*** *(323) 460-6300.* **www**.dolcegroup.com

Hollywood Improv
8162 Melrose Ave, W Hollywood. ***Tel*** *(323) 651-2583.* **www**.improv.com

Hotel Cafe
1623/2 Cahuenga Blvd. ***Tel*** *(323) 461-2040.* **www**.hotelcafe.com

Laugh Factory
8001 W Sunset Blvd. ***Tel*** *(323) 656-1336.* **www**.laughfactory.com

Spaceland
1717 Silver Lake Blvd. ***Tel*** *(323) 661-4380.* **www**.clubspaceland.com

AGENDA

Zanzibar
1301 Fifth St, Santa Monica. ***Tel*** *(310) 451-2221.* **www**.zanzibarlive.com

SALAS DE CINEMA

ArcLight Cinemas
6360 W Sunset Blvd. **Mapa** 2 C5. ***Tel*** *(323) 464-4226.* **www**.arclightcinemas.com

The Egyptian Theatre
6712 Hollywood Blvd. **Mapa** 2 B4. ***Tel*** *(323) 466-3456.* **www**.american cinematheque.com

The Grove
189 Grove Drive. **Mapa** 7 D3. ***Tel*** *(323) 692-0829.* **www**.thegrovela.com

Loews Universal Cineplex 20
100 Universal City Plaza, Universal City. ***Tel*** *(818) 508-0711.* **www**.fandago.com

Silent Movie Theater
611 N Fairfax Ave. **Mapa** 7 D1. ***Tel*** *(323) 655-2520.* **www**.silentmovie theatre.com

PASSEIOS EM ESTÚDIOS E TV

CBS-TV
7800 Beverly Blvd. **Mapa** 7 D2. ***Tel*** *(323) 575-2624.* **www**.cbs.com

NBC-TV
3000 W Alameda Ave, Burbank. ***Tel*** *(818) 840-3538.* **www**.nbc.com

Paramount Studios
5555 Melrose Ave, Hollywood. ***Tel*** *(323) 965-1777.* **www**.fandango.com

TV Tickets
www.tvtickets.com

Warner Bros
3400 Riverside Dr, Burbank. ***Tel*** *(818) 972-8687.*

TEATROS

The Actors' Gang
9070 Venice Blvd, Culver City. ***Tel*** *(310) 838-4264.* **www**.theactorsgang.com

Ahmanson Theater, Dorothy Chandler Pavilion, Disney Concert Hall, Mark Taper Forum
135 N Grand Ave. **Mapa** 11 E3. ***Tel*** *(213) 972-7211.* **www**.musiccenter.org

Geffen Playhouse
10886 Le Conte Ave. **Mapa** 4 A4. ***Tel*** *(310) 208-5454.* **www**. geffenplayhouse.com

Kodak Theater
6801 Hollywood Blvd. **Mapa** 2 B4. ***Tel*** *(323) 308-6300.* **www**.kodaktheatre.com

Nokia Theatre
776 Chick Hearn Ct. **Mapa** 10 C5. ***Tel*** *(213) 763-6000.* **www**. nokiatheatrelalive.com

Pasadena Playhouse
39 S El Molino Ave, Pasadena. ***Tel*** *(626) 356-7529.* **www**.pasadenaplay house.org

REDCAT Theater
631 W 2nd St. **Mapa** 11 D3. ***Tel*** *(213) 237-2800.* **www**.redcat.org

Theatricum Botanicum
1419 Topanga Canyon Blvd, Topanga. ***Tel*** *(310) 455-2322.* **www**.theatricum.com

ROCK, JAZZ, E BLUES

The Baked Potato
3787 Cahuenga Blvd W, Studio City. ***Tel*** *(818) 980-1615.* **www**.thebakedpotato.com

Catalina Bar & Grill
6725 Sunset Blvd. **Mapa** 2 B5. ***Tel*** *(323) 466-2210.* **www**.catalinajazzclub.com

House of Blues
8430 W Sunset Blvd. **Mapa** 1 A5. ***Tel*** *(323) 848-5100.* **www**.hob.com

Jazz Bakery
3233 Helms Ave, Culver City. ***Tel*** *(310) 271-9039.* **www**.jazzbakery.com

Knitting Factory
7021 Hollywood Blvd. ***Tel*** *(323) 463-0204.* **www**.knittingfactory.com

McCabe's Guitar Shop
3101 Pico Blvd, Santa Monica. ***Tel*** *(310) 828-4497.* **www**.mccabes.com

The Roxy
9009 W Sunset Blvd. **Mapa** 6 A1. ***Tel*** *(310) 276-2222.* **www**.theroxyonsunset.com

Troubadour
9081 Santa Monica Blvd. ***Tel*** *(310) 276-6168.* **www**.troubadour.com

The Viper Room
8852 W Sunset Blvd. **Mapa** 6 B1. ***Tel*** *(310) 358-1880.* **www**.viperroom.com

Whisky A Go-Go
8901 W Sunset Blvd. **Mapa** 6 B1. ***Tel*** *(310) 652-4202.* **www**.whiskyagogo.com

ÓPERA, DANÇA, E MÚSICA CLÁSSICA

Alex Theater
216 N Brand Blvd, Glendale. ***Tel*** *(818) 243-2539.* **www**.alextheater.com

Colburn School of Performing Arts
200 S Grand Ave. **Mapa** 11 D4. ***Tel*** *(213) 621-2200.* **www**.colburnschool.edu

Ford Amphitheatre
2580 E Cahuenga Blvd. **Mapa** 2 B3. ***Tel*** *(323) 461-3673.* **www**.fordamphi theater.org

LA Opera
135 N Grand Ave. **Mapa** 11 E3. ***Tel*** *(213) 972-8001.* **www**.laopera.com

LA Philharmonic
www.laphil.org

UCLA Center for the Performing Arts
405 Hilgard Ave. **Mapa** 4 A4. ***Tel*** *(310) 825-2101.* **www**.uclalive.org

ATIVIDADES AO AR LIVRE

Home Depot Center
18400 Avalon Blvd, Carson. ***Tel*** *(310) 630-2000.* **www**.homedepotcenter. com

Hollywood Park Track
1050 S Prairie Ave, Inglewood. ***Tel*** *(310) 419-1500.* **www**.hollywoodpark.com

Santa Anita Racetrack
285 W Huntington Drive, Arcadia. ***Tel*** *(626) 574-7223, (800) 574-6401.* **www**.santaanita.com

DIVERSÃO PARA CRIANÇAS

Bob Baker Marionette Theater
1345 W 1st St. ***Tel*** *(213) 250-9995.* **www**. bobbakermarionettes.com

California Science Center
700 State Drive. ***Tel*** *(213) 724-3623.* **www**. californiasciencecenter.org

Kidspace Children's Museum
480 N. Arroyo Blvd, Pasadena. ***Tel*** *(626) 449-9144.* **www**.kidspace museum.org

Santa Monica Playhouse
1211 4th St, Santa Monica. ***Tel*** *(310) 394-9779.* **www**.santamonica playhouse.com

Under The Sea Indoor Playground
12211 W Washington Boulevard, No. 120. ***Tel*** *(310) 915-1133.* **www**.undertheseaindoor playground.com

COMO CIRCULAR EM LOS ANGELES

Pode parecer demais percorrer os 1.200km² da espalhada Los Angeles. A grande malha de vias expressas *(págs. 180-1)* garante um modo fácil –ainda que às vezes congestionado– de conhecer tudo. O único método rápido de passear pela cidade é de carro, embora o transporte público funcione bem no Centro de Los Angeles e em Hollywood. Os táxis geralmente são chamados por telefone. Eles partem do aeroporto, mas podem ser caros demais. Los Angeles agora tem 191 linhas de ônibus que cobrem boa parte das principais vias públicas. O crescente transporte metroviário de LA é muito útil para conhecer a área de negócios. Para visitar alguns bairros, entretanto, a melhor maneira é a pé.

Táxi de Beverly Hills

Carros em direção ao centro de Los Angeles pela via expressa

COMO DIRIGIR

Planejar é o segredo para dirigir em Los Angeles sem tantos contratempos. Primeiro, consulte os mapas das *págs. 180-1* para ver as mudanças ou saídas de vias expressas *(freeways)* necessárias. Segundo, evite o horário de pico nas *freeways*, que, de segunda a sexta, vai de 8h a 9h30 e de 16h a 18h30. As pistas para carros com pelo menos dois passageiros, ou *carpool lanes*, são as mais rápidas nas freeways. Ao estacionar, leia os avisos e tenha moedas de US$ 0,25 para os parquímetros. À noite, prefira os serviços de manobristas.

CAMINHADAS

Embora a cidade seja muito espalhada, há alguns lugares bons para passeios a pé. O Third Street Promenade e a praia e a Main Street, em Santa Monica *(págs. 76-9)*, são bons exemplos. Outros locais são a área de negócios do Centro de Los Angeles *(págs. 122-3)*, Old Pasadena *(pág. 154)*, Melrose Avenue *(pág. 113)*, o Golden Triangle, em Beverly Hills *(págs. 90-1)*, e a Pine Avenue, em Long Beach *(pág. 132)*. Saia a pé de noite só se a rua for bem iluminada e movimentada.

BICICLETAS

A ciclovia costeira que percorre 40km ao longo da baía de Santa Monica é o melhor lugar de LA para ciclismo. Depois vêm o Griffith Park e o Oceansid e Bike Path, em Long Beach. É proibido andar de bicicleta nas *freeways*. O LA Department of Transportation tem mapas com percursos detalhados. Bicicletas e skates podem ser alugados por dia ou por hora no **Perry's Café**, pela praia de Santa Monica e em diversas barraquinhas de pizza.

ÔNIBUS E METRÔ

A Grande LA conta com o serviço do Metropolitan Transportation Authority (MTA) –os pontos de ônibus têm o símbolo do metrô. Esses ônibus passam pelas ruas principais e perto de algumas atrações: de Wilshire Blvd a Santa Monica Beach, nº 20 e nº 720; a Westwood e UCLA, nº 21; de Santa Monica Blvd à praia, nº 4; do Sunset Blvd a Pacific Palisades, nº 2. Os ônibus **DASH** permitem viagens em percursos curtos, como Centro de LA e Hollywood. A **Santa Monica Blue Bus Co.** e a **Long Beach Transit** servem a esses lugares.

A Gold Line do metrô liga a Union Station (no Centro de LA) a San Gabriel Valley e a East LA. A Red Line começa na Union Station e vai até Universal City e North Hollywood, com uma estação em Wilshire Blvd para Wilshire/Western. A Blue Line opera entre o Centro e Long Beach. A Green Line serve o aeroporto.

Passeio de bicicleta na ciclovia de Venice

Trem na estação Pershing Square da Linha Vermelha do metrô

O metrô funciona das 5h até as 24h30. Um serviço de fim de semana opera nos feriados.

A passagem custa US$1,25 (tenha o valor exato). Os bilhetes são adquiridos nas estações, em muitas lojas de varejo ou online.

OUTROS MODOS DE CIRCULAR

Sempre é bom deixar que outra pessoa dirija. Duas empresas confiáveis são a **Yellow Cab** e a **Independent Cab Co.** Como alternativa de luxo pode-se contratar uma limusine da **Limousine Connection** e da **Orange County Limousines**.

Linhas de ônibus privadas como **Guide Line Tours** têm pacotes. A **Hollywood Tours** e **Starline Tours** passam em frente da casa de artistas de cinemas e de outras celebridades locais. A **Dearly Departed Tours** leva a locais de crimes famosos, e a **LA Nighthawks** programa uma noite elegante na cidade.

REDE DE METRÔ

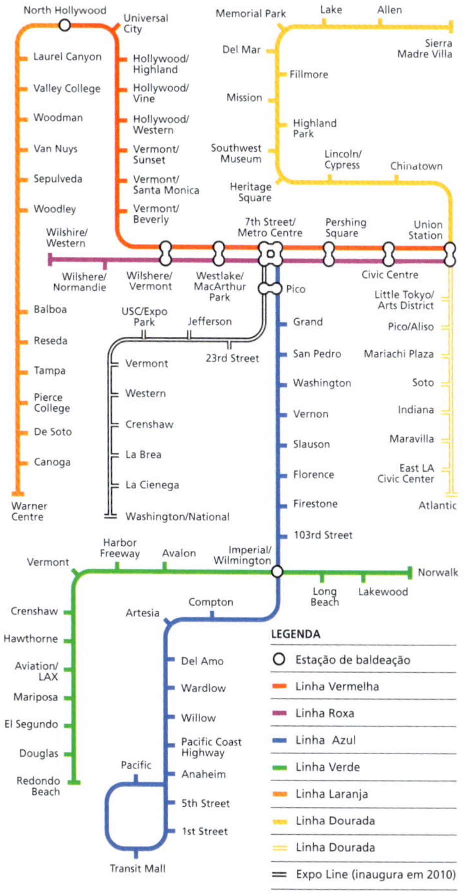

AGENDA

BICICLETAS

LA Department of Transportation (LADOT)
100 Main St, CA 90012.
Tel (213) 972-4962.
www.ladottransit.com

Perry's Café Bike Rentals
1200 Palisades Beach Road, Santa Monica, CA 90401.
Tel (312) 458-3975.

TRANSPORTE PÚBLICO

DASH
Tel (818) 808-2273.
www.ladottransit.com

Long Beach Transit
Tel (562) 591-2301.
www.lbtransit.com

Metropolitan Transportation Authority (MTA)
Tel (800) 266-6883.
www.metro.net

Santa Monica Blue Bus Co.
Tel (310) 451-5444.
www.bigbluebus.com

TÁXIS

Independent Cab Co.
Tel (800) 521-8294.

Yellow Cab
Tel (877) 733-3305.

LIMUSINES

Limousine Conection
Tel (800) 214-5466

Orange County Limousines
Tel (888) 766-7433.

PASSEIOS

Dearly Departed Tours
Tel (800) 979-3370.
www.dearlydepartedtours.com

Guide Line Tours
Tel (800) 604-8433.
www.guidelinestours.com

Hollywood Tours
Tel (800) 789-9575.
www.hollywoodtours.com

LA Nighthawks
Tel (310) 392-1500.

LA City Tours
Tel (888) 800-7878.
www.lacitytours.com

Starline Tours
Tel (800) 959-3131.
www.starlinetours.com

Vias Expressas da Grande Los Angeles

O carro é a maneira mais rápida de andar por esta cidade. Todas as vias expressas *(freeways)* são numeradas, mas a maioria também tem nome, como a Golden State Freeway (I-5). Planeje bem sua viagem, pois as saídas das vias expressas têm placas com nomes de ruas em vez de bairros. É aconselhável não usar as *freeways* nos horários de pico (8h-9h30 e 16h-19h30). Detalhes sobre como circular em LA estão nas *págs. 178-9.*

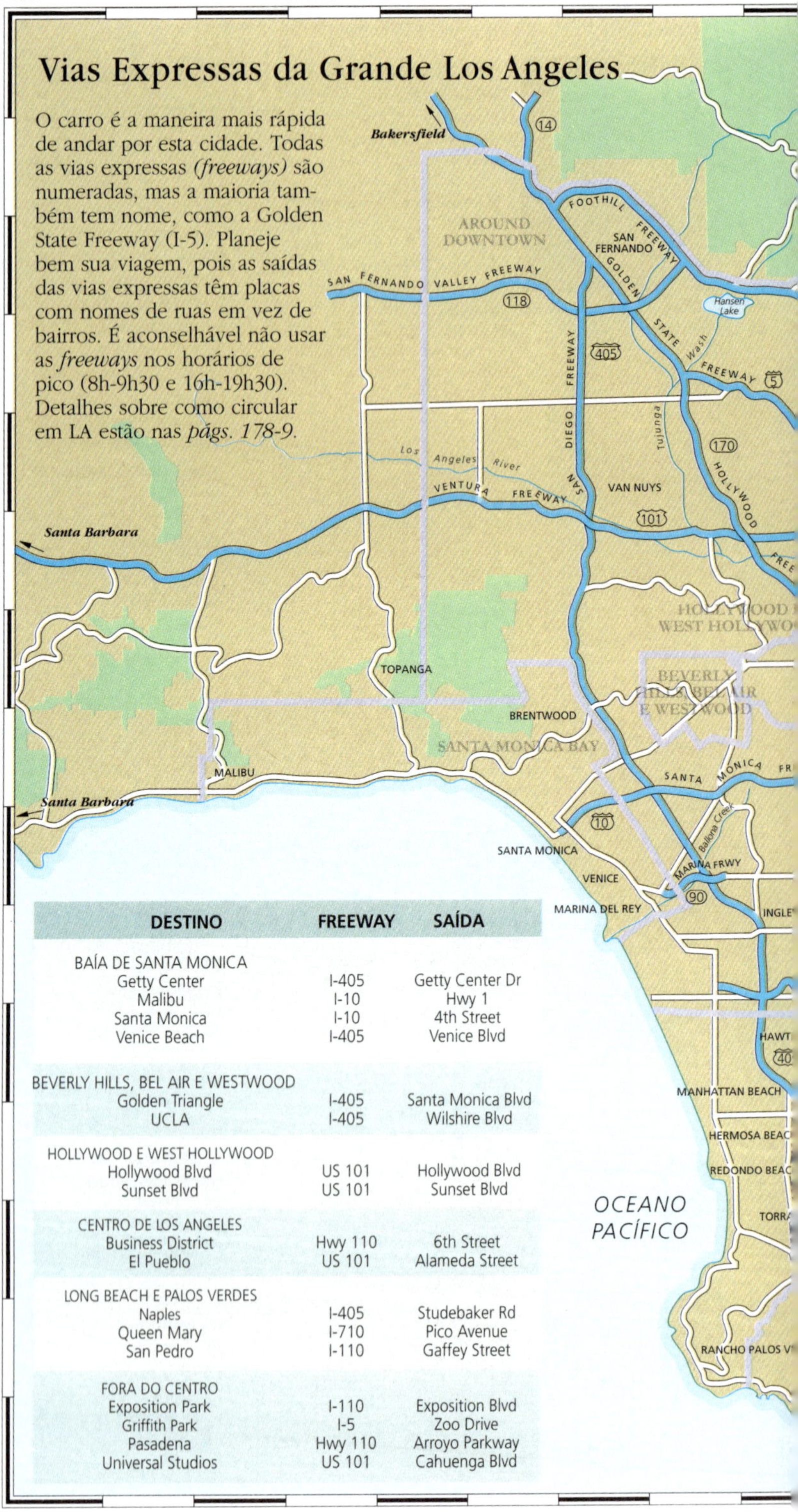

DESTINO	FREEWAY	SAÍDA
BAÍA DE SANTA MONICA		
Getty Center	I-405	Getty Center Dr
Malibu	I-10	Hwy 1
Santa Monica	I-10	4th Street
Venice Beach	I-405	Venice Blvd
BEVERLY HILLS, BEL AIR E WESTWOOD		
Golden Triangle	I-405	Santa Monica Blvd
UCLA	I-405	Wilshire Blvd
HOLLYWOOD E WEST HOLLYWOOD		
Hollywood Blvd	US 101	Hollywood Blvd
Sunset Blvd	US 101	Sunset Blvd
CENTRO DE LOS ANGELES		
Business District	Hwy 110	6th Street
El Pueblo	US 101	Alameda Street
LONG BEACH E PALOS VERDES		
Naples	I-405	Studebaker Rd
Queen Mary	I-710	Pico Avenue
San Pedro	I-110	Gaffey Street
FORA DO CENTRO		
Exposition Park	I-110	Exposition Blvd
Griffith Park	I-5	Zoo Drive
Pasadena	Hwy 110	Arroyo Parkway
Universal Studios	US 101	Cahuenga Blvd

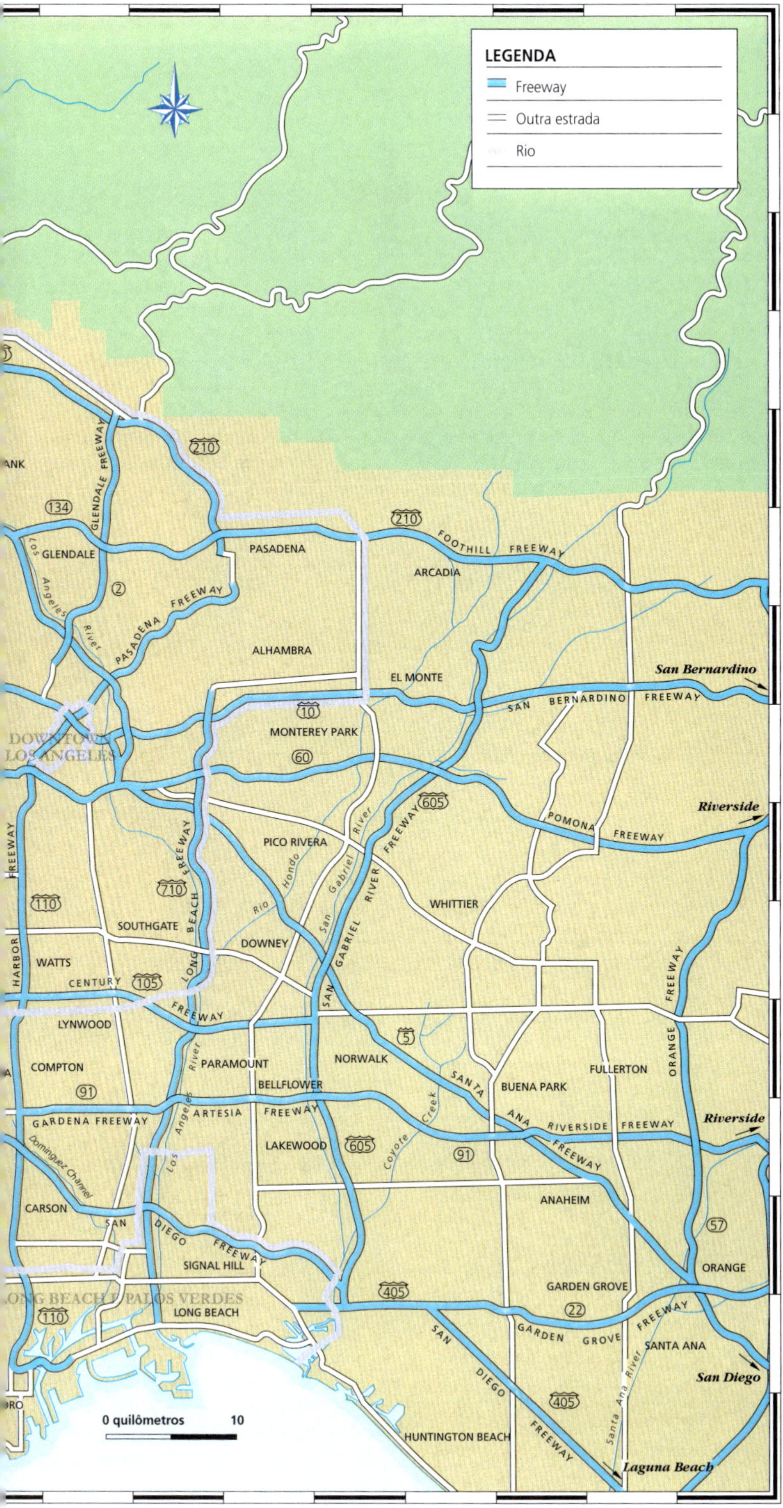
LEGENDA
Freeway
Outra estrada
Rio
210
134
GLENDALE FREEWAY
GLENDALE
Los Angeles River
2
PASADENA FREEWAY
PASADENA
210
FOOTHILL FREEWAY
ARCADIA
ALHAMBRA
EL MONTE
San Bernardino
SAN BERNARDINO FREEWAY
10
DOWNTOWN LOS ANGELES
MONTEREY PARK
60
605
POMONA FREEWAY
Riverside
PICO RIVERA
San Gabriel River
SAN GABRIEL RIVER FREEWAY
Rio Hondo
710
LONG BEACH FREEWAY
HARBOR FREEWAY
110
WHITTIER
SOUTHGATE
DOWNEY
WATTS
CENTURY 105 FREEWAY
LYNWOOD
5
NORWALK
ORANGE FREEWAY
PARAMOUNT
COMPTON
91
BELLFLOWER
SANTA ANA FREEWAY
BUENA PARK
FULLERTON
GARDENA FREEWAY
ARTESIA
FREEWAY
Coyote Creek
RIVERSIDE FREEWAY
Riverside
LAKEWOOD
605
91
Dominguez Channel
CARSON
ANAHEIM
57
SAN DIEGO FREEWAY
SIGNAL HILL
ORANGE
LONG BEACH E PALOS VERDES
110
405
GARDEN GROVE
LONG BEACH
22
GARDEN GROVE FREEWAY
SANTA ANA
Santa Ana River
San Diego
SAN DIEGO FREEWAY
405
0 quilômetros 10
HUNTINGTON BEACH
Laguna Beach

GUIA DE RUAS

Os mapas abaixo mostram a área de LA incluída no *Guia de Ruas*. Engloba os distritos de Beverly Hills, Bel Air e Westwood, Hollywood e West Hollywood e Centro de Los Angeles. Todos os lugares interessantes nestas áreas estão marcados nos mapas, além de informações úteis, como estações de trem, de metrô, terminais de ônibus e serviços de emergência. O guia de *freeways* se encontra nas *págs. 180-1*. As referências a mapas fornecidas nas atrações descritas na seção de LA deste livro remetem aos 11 mapas a seguir. Também há referências a mapas em locais de diversão *(pág. 176-7)*, lojas *(pág. 168-9)*, hotéis *(págs. 524-31)* e restaurantes *(págs. 568-76)* de LA. As referências ao mapa rodoviário remetem ao mapa do final do guia. Os símbolos usados para as atrações e outros detalhes nos mapas do *Guia de Ruas* estão na legenda abaixo.

Patinadora, Venice Beach

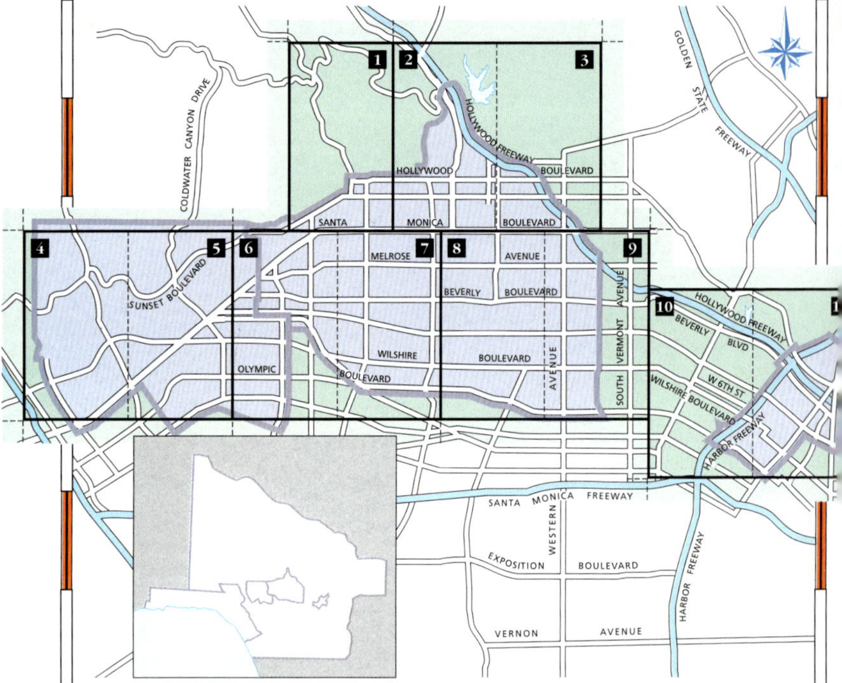

0 quilômetros 2

LEGENDA DO GUIA DE RUAS

- Atração principal
- Lugar interessante
- Estação Amtrak
- Estação do metrô
- Terminal de ônibus
- Informação turística
- Hospital com pronto-socorro
- Delegacia de polícia
- Correio
- Campo de golfe
- Linha de trem
- Freeway
- Rua de pedestres

ESCALA DOS MAPAS 1-11

0 metros 500

A
B
C
1
MOUNT OLYMPUS
MULHOLLAND DRIVE
RUNYON CANYON PARK
WATTLES GARDEN PARK
HOLLYWOOD
HOLLYWOOD BOULEVARD
WEST SUNSET BLVD
SUNSET BOULEVARD
WEST HOLLYWOOD
LAUREL CANYON BOULEVARD
NORTH FAIRFAX AVENUE
NICHOLS CANYON ROAD
FOUNTAIN AVENUE
NORTH CRESCENT HEIGHTS BOULEVARD
2
3
4
5
7

2
A
B
C
1
2
3
4
5
7
Hollywood Reservoir
Hollywood Bowl
Hollywood Studio Museum
RUNYON CANYON PARK
HOLLYWOOD
WEST HOLLYWOOD
MULHOLLAND DRIVE
HOLLYWOOD FREEWAY
CAHUENGA BOULEVARD
HOLLYWOOD BOULEVARD
WEST SUNSET BOULEVARD
FRANKLIN AVENUE
FOUNTAIN AVENUE
HIGHLAND AVENUE
LA BREA AVENUE
HOLLYWOOD FRANKLIN PARK
Mann's Chinese Theatre
Hollywood and Highland
Walk Of Fame
Roosevelt Hotel
El Capitan Theatre
Hollywood / Highland
Hollywood Museum
DE LONGPRE PARK
PLUMMER PARK
LAKE HOLLYWOOD DRIVE

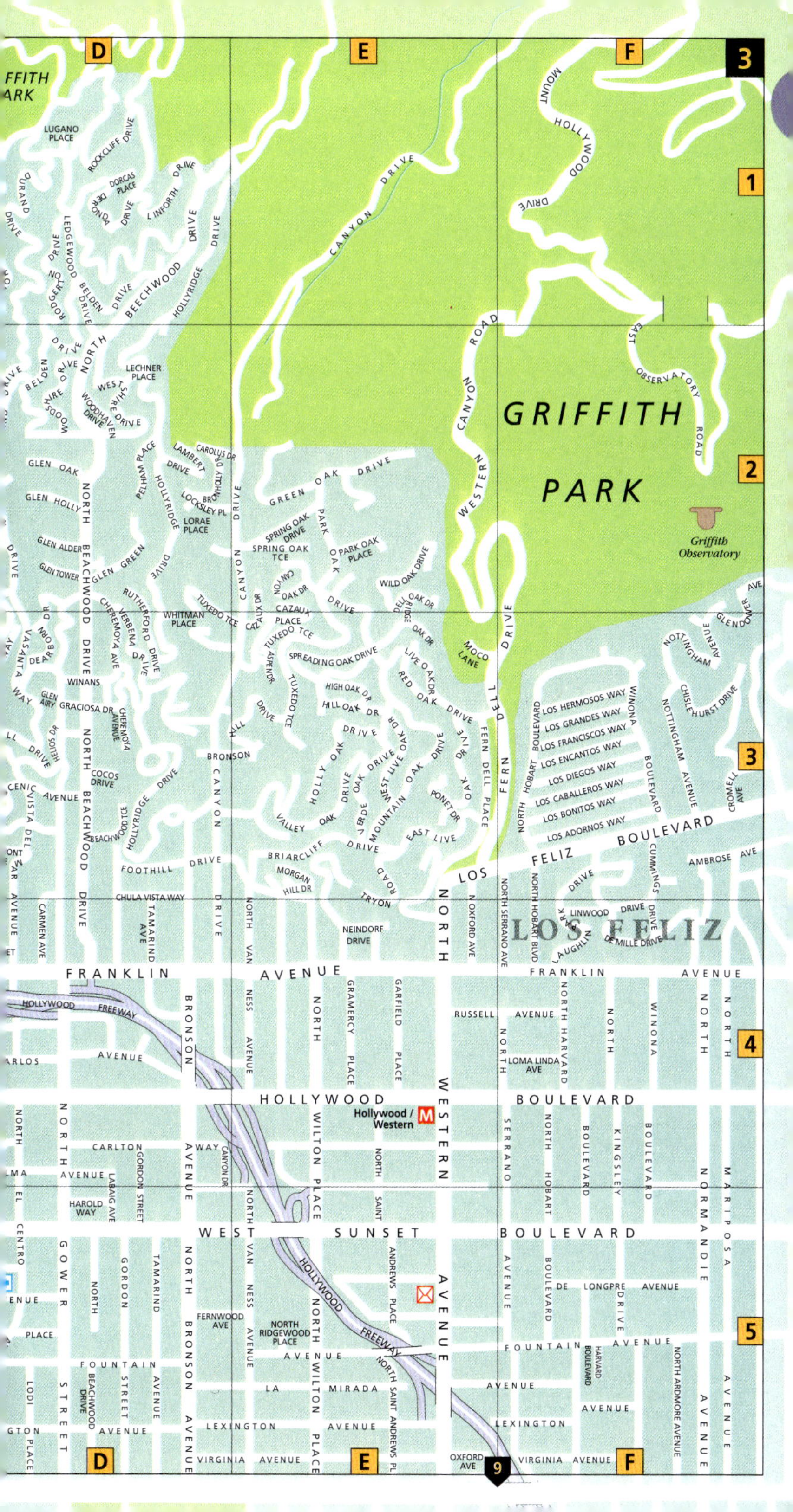
3
D
E
F
1
2
3
4
5
9
GRIFFITH PARK
Griffith Observatory
LOS FELIZ
LUGANO PLACE
ROCKCLIFF DRIVE
DURAND DRIVE
DORCAS PLACE
DERONDA DRIVE
LINFORTH DRIVE
LEDGEWOOD DRIVE
BELDEN DRIVE
BEACHWOOD DRIVE
HOLLYRIDGE DRIVE
CANYON DRIVE
MOUNT HOLLYWOOD DRIVE
CANYON ROAD
EAST OBSERVATORY ROAD
LECHNER PLACE
WOODSHIRE DRIVE
WESTSHIRE DRIVE
WOODHAVEN DRIVE
NORTH BEACHWOOD DRIVE
GLEN OAK
GLEN HOLLY
GLEN ALDER
GLEN TOWER
GLEN GREEN
PELHAM PLACE
LAMBERT DRIVE
CAROLUS DR
LOCKSLEY PL
LORAE PLACE
GREEN OAK DRIVE
SPRING OAK DRIVE
SPRING OAK TCE
PARK OAK PLACE
WILD OAK DRIVE
WESTERN CANYON ROAD
RUTHERFORD DRIVE
CHEREMOYA AVE
VERBENA DRIVE
WHITMAN PLACE
TUXEDO TCE
CAZAUX PLACE
SPREADING OAK DRIVE
DELL OAK DR
MOCO LANE
FERN DELL DRIVE
GLENDOWER AVE
NOTTINGHAM AVENUE
CHISLEHURST DRIVE
WINONA BOULEVARD
LOS HERMOSOS WAY
LOS GRANDES WAY
LOS FRANCISCOS WAY
LOS ENCANTOS WAY
LOS DIEGOS WAY
LOS CABALLEROS WAY
LOS BONITOS WAY
LOS ADORNOS WAY
NORTH HOBART BOULEVARD
CROMWELL AVE
DEARBORN DR
VASANTA WAY
WINANS
GLEN AIRY
GRACIOSA DR
HIGH OAK DR
HILL OAK DR
RED OAK DRIVE
LIVE OAK DR
BRONSON CANYON
HOLLY OAK DRIVE
VERDE OAK DRIVE
WEST LIVE OAK DRIVE
MOUNTAIN OAK DRIVE
PONET DR
EAST LIVE OAK DRIVE
FERN DELL PLACE
COCOS DRIVE
SCENIC AVENUE
VISTA DEL MAR AVENUE
BEACHWOOD TCE
VALLEY OAK DRIVE
BRIARCLIFF
MORGAN HILL DR
TRYON ROAD
LOS FELIZ BOULEVARD
AMBROSE AVE
CUMMINGS DRIVE
FOOTHILL DRIVE
CHULA VISTA WAY
TAMARIND AVE
CARMEN AVE
NEINDORF DRIVE
NORTH OXFORD AVE
NORTH SERRANO AVE
NORTH HOBART BLVD
LINWOOD DRIVE
LAUGHLIN PARK
DE MILLE DRIVE
FRANKLIN AVENUE
HOLLYWOOD FREEWAY
CARLOS AVENUE
NORTH BRONSON AVENUE
NORTH VAN NESS AVENUE
NORTH GRAMERCY PLACE
GARFIELD PLACE
RUSSELL AVENUE
LOMA LINDA AVE
NORTH HARVARD
NORTH WINONA
NORTH NORMANDIE
NORTH MARIPOSA
HOLLYWOOD BOULEVARD
Hollywood / Western
NORTH WESTERN AVENUE
CARLTON WAY
CANYON DR
NORTH WILTON PLACE
NORTH SAINT ANDREWS PLACE
SERRANO AVENUE
NORTH HOBART BOULEVARD
KINGSLEY BOULEVARD
LABAIG AVE
GORDON STREET
HAROLD WAY
EL CENTRO AVENUE
WEST SUNSET BOULEVARD
GOWER STREET
DE LONGPRE AVENUE
FERNWOOD AVE
NORTH RIDGEWOOD PLACE
FOUNTAIN AVENUE
HARVARD BOULEVARD
NORTH ARDMORE AVENUE
LA MIRADA AVENUE
LEXINGTON AVENUE
VIRGINIA AVENUE
OXFORD AVE
LODI PLACE
BEACHWOOD DRIVE

4
A
B
C
1
2
3
4
5
BEL AIR ESTATES
Hotel Bel-Air
BEL AIR COUNTRY CLUB
LOS ANGELES COUNTRY CLUB
UCLA
WESTWOOD VILLAGE
Armand Hammer Museum
Westwood Memorial Park
WESTWOOD PARK
HOLMBY PARK
DE NEVE SQUARE
DICKSON COURT
NORTH BEVERLY GLEN BOULEVARD
SUNSET BOULEVARD
WILSHIRE BOULEVARD
SANTA MONICA
SOUTH BEVERLY GLEN BOULEVARD
HILGARD AVENUE
WESTWOOD BOULEVARD
WESTWOOD PLAZA
LE CONTE AVENUE
LINDBROOK DRIVE
STONE CANYON DRIVE
STRADA VECCHIA ROAD
BELLAGIO ROAD
SAINT CLOUD ROAD
SAINT PIERRE ROAD
COMSTOCK AVENUE
STRATHMORE DRIVE
CIRCLE DRIVE SOUTH
BRUIN WALK
VETERAN AVENUE
SEPULVEDA BLVD
OHIO AVENUE
WILKINS AVENUE
ASHTON AVENUE
HOLMAN AVENUE
WARNER AVENUE
LORING AVENUE
HOLMBY AVENUE
WOODRUFF AVENUE
THAYER AVENUE
MALCOLM AVENUE
MANNING AVENUE
GLENDON AVENUE
TIVERTON AVENUE
GAYLEY AVENUE
KINROSS
BENEDICT
SUNSET

5
D
E
F
1
2
3
4
5
6
BEVERLY HILLS
CENTURY CITY
Virginia Robinson Gardens
Beverly Hills Hotel
WILL ROGERS MEMORIAL PARK
GREYSTONE PARK
BEVERLY GARDENS PARK
Beverly Hills Civic Centre
Paley Center for Media
ROXBURY RECREATION CENTER
Museum of Tolerance
SUNSET BOULEVARD
WILSHIRE BOULEVARD
SANTA MONICA BOULEVARD
OLYMPIC BOULEVARD
WEST PICO BOULEVARD
WEST 3RD ST
BURTON WAY
CHARLEVILLE BOULEVARD
GREGORY WAY
NORTH COLDWATER CANYON DRIVE
DOHENY ROAD
CIVIC CENTRE DRIVE
CLIFTON WAY
AVENUE OF THE STARS
CENTURY PARK EAST
CONSTELLATION BOULEVARD
ALCOTT ST
SATURN ST
CASHIO STREET

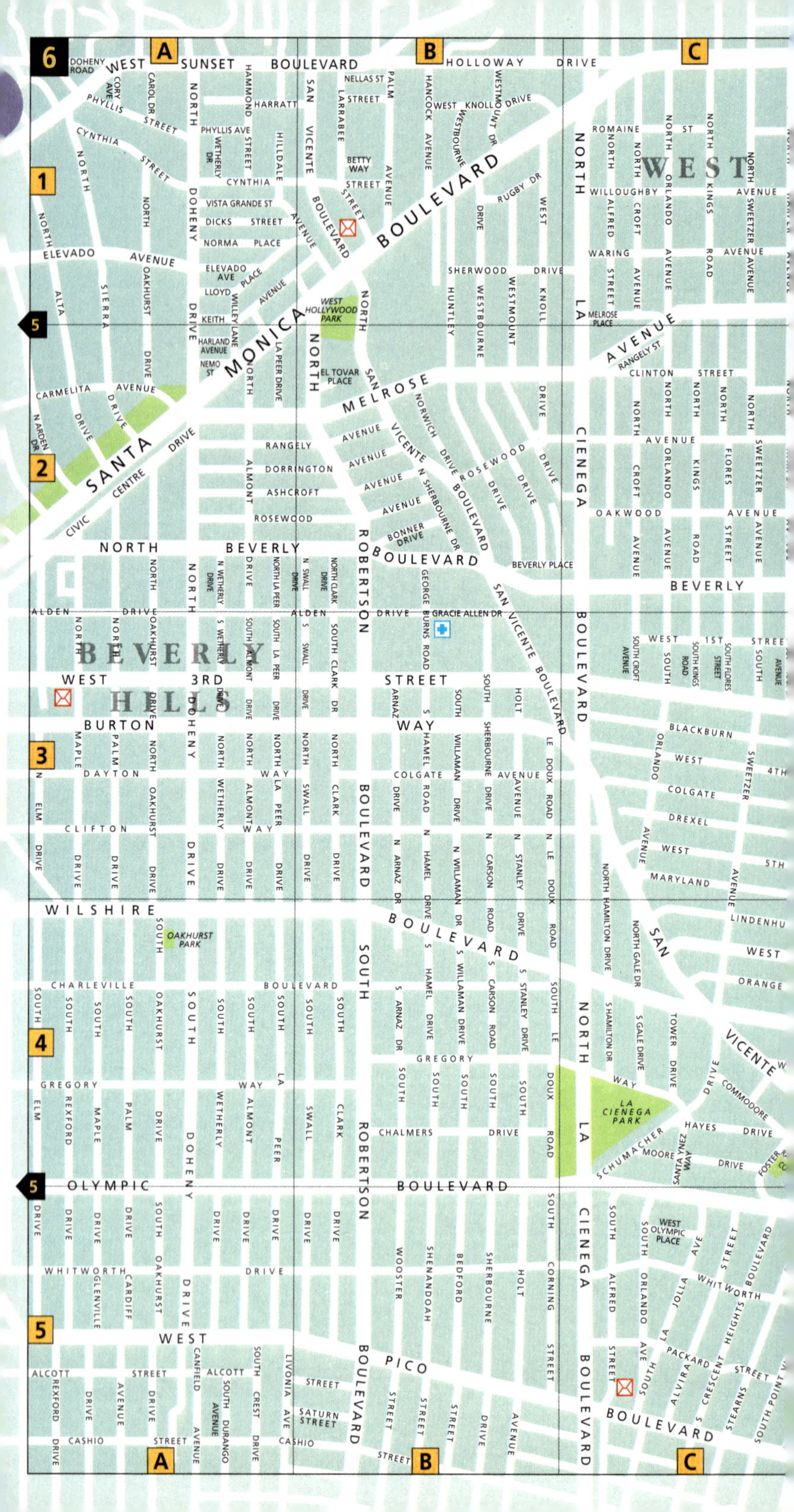

6
A
B
C
1
2
3
4
5
WEST HOLLYWOOD
BEVERLY HILLS
SUNSET BOULEVARD
HOLLOWAY DRIVE
SANTA MONICA BOULEVARD
MELROSE AVENUE
NORTH BEVERLY BOULEVARD
BEVERLY BOULEVARD
WILSHIRE BOULEVARD
OLYMPIC BOULEVARD
WEST PICO BOULEVARD
SAN VICENTE BOULEVARD
ROBERTSON BOULEVARD
LA CIENEGA BOULEVARD
DOHENY DRIVE
WEST HOLLYWOOD PARK
EL TOVAR PLACE
OAKHURST PARK
LA CIENEGA PARK
WEST 3RD STREET
BURTON WAY
ALDEN DRIVE
CHARLEVILLE BOULEVARD
GREGORY WAY
WHITWORTH DRIVE
ALCOTT STREET
CASHIO STREET
SATURN STREET
CIVIC CENTRE DRIVE
CARMELITA AVENUE
ELEVADO AVENUE
CYNTHIA STREET
PHYLLIS STREET
NORMA PLACE
DICKS STREET
RANGELY AVENUE
DORRINGTON AVENUE
ASHCROFT AVENUE
ROSEWOOD AVENUE
ROMAINE ST
WILLOUGHBY AVENUE
WARING AVENUE
SHERWOOD DRIVE
CLINTON STREET
OAKWOOD AVENUE
COLGATE AVENUE
CLIFTON WAY
DAYTON WAY
GRACIE ALLEN DR
BEVERLY PLACE
BLACKBURN
DREXEL
MARYLAND
CHALMERS DRIVE
SCHUMACHER
HAYES DRIVE
COMMODORE
MOORE DRIVE
WEST OLYMPIC PLACE
PACKARD STREET

7
SANTA MONICA BLVD
HOLLYWOOD
Poinsettia Recreation Center
MELROSE AVENUE
Rosewood Park
BEVERLY BOULEVARD
PAN PACIFIC PARK
Farmers Market and The Grove
WEST 3RD STREET
PARK LA BREA
WEST 6TH STREET
George C Page Museum of La Brea Discoveries
HANCOCK PARK
LACMA
Miracle Mile
Petersen Automotive Museum
Craft and Folk Art Museum
WILSHIRE BOULEVARD
WEST OLYMPIC BOULEVARD
SAN VICENTE BOULEVARD
FAIRFAX AVENUE
LA BREA AVENUE
The Improv

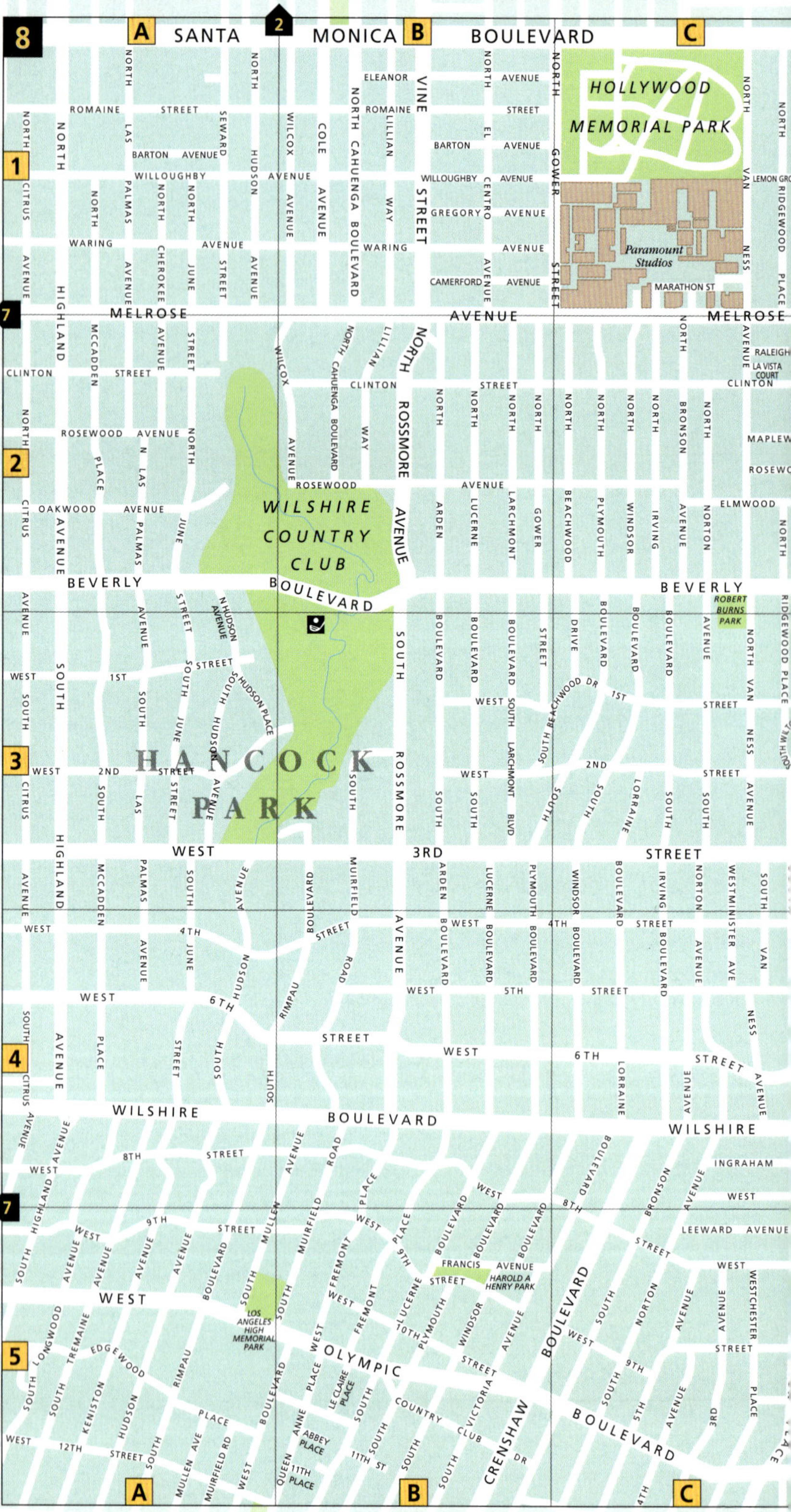
8
A
B
C
1
2
3
4
5
7
SANTA MONICA BOULEVARD
HOLLYWOOD MEMORIAL PARK
Paramount Studios
MARATHON ST
LEMON GROVE
RIDGEWOOD PLACE
ELEANOR
ROMAINE STREET
BARTON AVENUE
WILLOUGHBY AVENUE
GREGORY AVENUE
WARING AVENUE
CAMERFORD AVENUE
NORTH CAHUENGA BOULEVARD
VINE STREET
GOWER STREET
NORTH EL CENTRO AVENUE
NORTH LILLIAN WAY
NORTH VAN NESS
MELROSE AVENUE
RALEIGH
LA VISTA COURT
CLINTON STREET
ROSEWOOD AVENUE
OAKWOOD AVENUE
ELMWOOD
MAPLEWOOD
NORTH HIGHLAND AVENUE
NORTH CITRUS AVENUE
NORTH ROSSMORE AVENUE
WILSHIRE COUNTRY CLUB
BEVERLY BOULEVARD
ROBERT BURNS PARK
ARDEN BOULEVARD
LUCERNE BOULEVARD
LARCHMONT BOULEVARD
BEACHWOOD DRIVE
PLYMOUTH BOULEVARD
WINDSOR BOULEVARD
IRVING BOULEVARD
BRONSON AVENUE
NORTON AVENUE
HANCOCK PARK
WEST 1ST STREET
WEST 2ND STREET
WEST 3RD STREET
WEST 4TH STREET
WEST 5TH STREET
WEST 6TH STREET
SOUTH HUDSON PLACE
MUIRFIELD ROAD
RIMPAU BOULEVARD
LORRAINE BOULEVARD
WESTMINSTER AVE
WILSHIRE BOULEVARD
WEST 8TH STREET
INGRAHAM
LEEWARD AVENUE
WEST 9TH STREET
FRANCIS AVENUE
HAROLD A HENRY PARK
LOS ANGELES HIGH MEMORIAL PARK
WEST 10TH STREET
OLYMPIC BOULEVARD
CRENSHAW BOULEVARD
COUNTRY CLUB DR
WESTCHESTER PLACE
LONGWOOD
TREMAINE
EDGEWOOD PLACE
KENISTON
WEST 12TH STREET
MULLEN AVE
MUIRFIELD RD
LE CLAIRE PLACE
ABBEY PLACE
QUEEN ANNE PLACE
11TH PLACE
11TH ST
VICTORIA

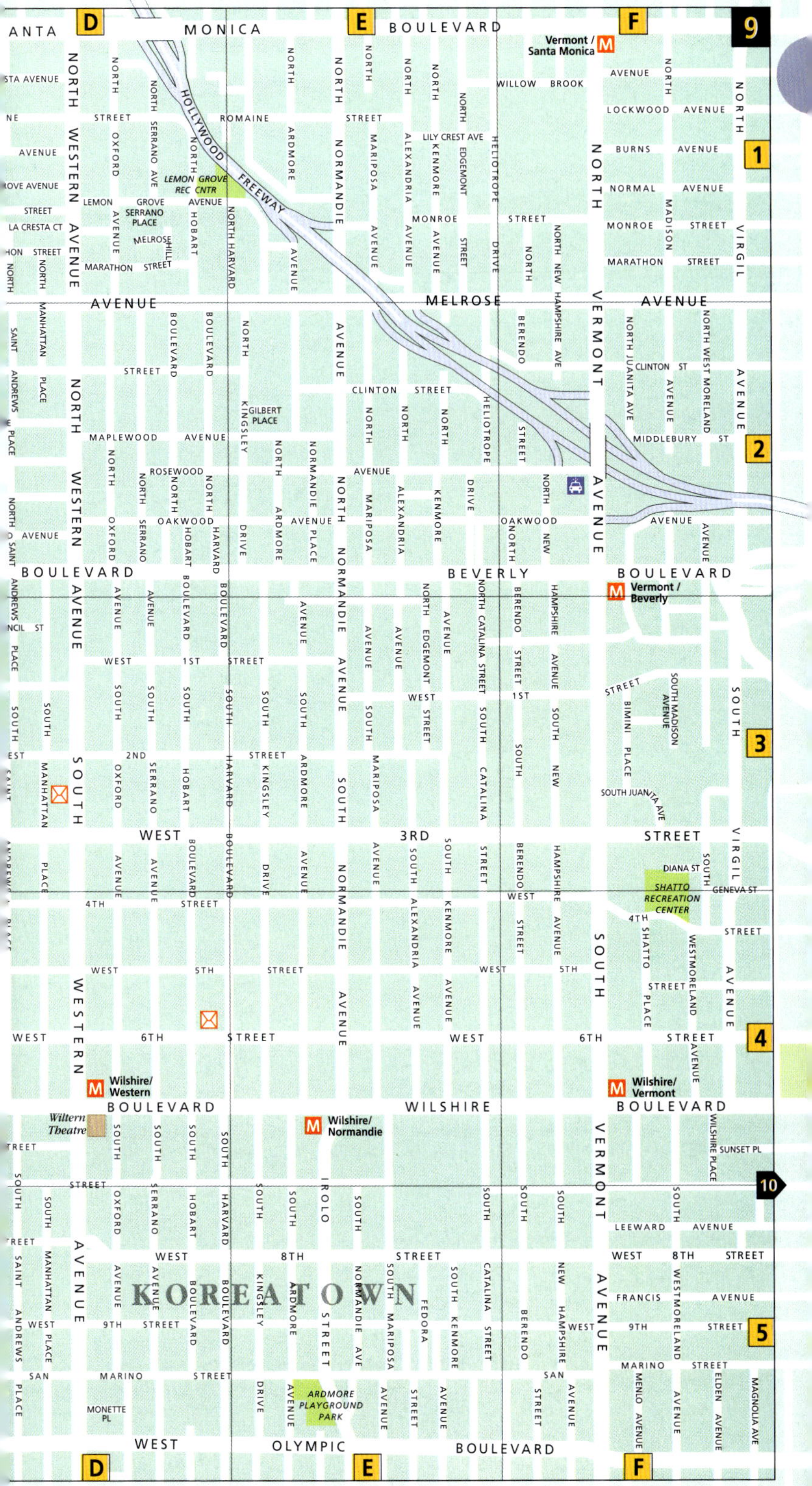
9
10
D
E
F
1
2
3
4
5
SANTA MONICA BOULEVARD
Vermont / Santa Monica
HOLLYWOOD FREEWAY
WILLOW BROOK AVENUE
LOCKWOOD AVENUE
BURNS AVENUE
NORMAL AVENUE
MONROE STREET
MARATHON STREET
ROMAINE STREET
LILY CREST AVE
LEMON GROVE REC CNTR
LEMON GROVE AVENUE
SERRANO PLACE
MELROSE HILL
LA CRESTA CT
MELROSE AVENUE
CLINTON STREET
GILBERT PLACE
MAPLEWOOD AVENUE
ROSEWOOD AVENUE
OAKWOOD AVENUE
MIDDLEBURY ST
BEVERLY BOULEVARD
Vermont / Beverly
WEST 1ST STREET
2ND STREET
WEST 3RD STREET
4TH STREET
WEST 5TH STREET
WEST 6TH STREET
WILSHIRE BOULEVARD
Wilshire/ Western
Wilshire/ Normandie
Wilshire/ Vermont
Wiltern Theatre
SUNSET PL
LEEWARD AVENUE
WEST 8TH STREET
FRANCIS AVENUE
WEST 9TH STREET
MARINO STREET
SAN MARINO STREET
MONETTE PL
ARDMORE PLAYGROUND PARK
WEST OLYMPIC BOULEVARD
KOREATOWN
NORTH WESTERN AVENUE
SOUTH WESTERN AVENUE
NORTH NORMANDIE AVENUE
SOUTH NORMANDIE AVENUE
NORTH VERMONT AVENUE
SOUTH VERMONT AVENUE
VIRGIL AVENUE
SAINT ANDREWS PLACE
MANHATTAN PLACE
OXFORD AVENUE
SERRANO AVENUE
HOBART BOULEVARD
HARVARD BOULEVARD
KINGSLEY DRIVE
ARDMORE AVENUE
MARIPOSA AVENUE
ALEXANDRIA AVENUE
KENMORE AVENUE
EDGEMONT STREET
HELIOTROPE DRIVE
BERENDO STREET
CATALINA STREET
NEW HAMPSHIRE AVE
NORTH JUANITA AVE
SOUTH JUANITA AVE
NORTH WESTMORELAND AVENUE
WESTMORELAND AVENUE
MADISON AVENUE
BIMINI PLACE
SHATTO PLACE
SHATTO RECREATION CENTER
DIANA ST
GENEVA ST
IROLO STREET
FEDORA STREET
MENLO AVENUE
ELDEN AVENUE
MAGNOLIA AVE
WILSHIRE PLACE

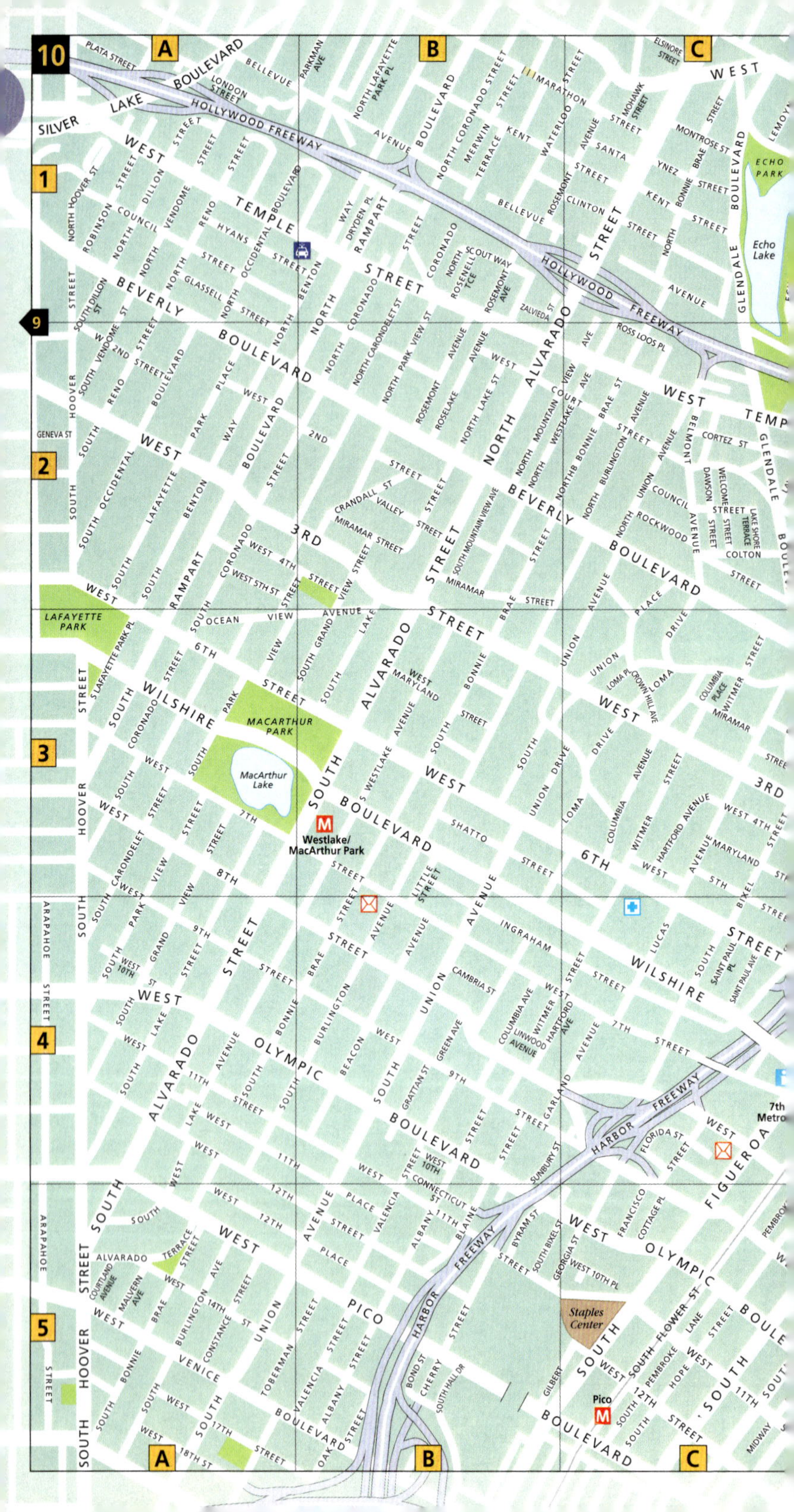

10
A
B
C
9
1
2
3
4
5
Hollywood Freeway
Harbor Freeway
Silver Lake Boulevard
West Temple Street
Beverly Boulevard
West 3rd Street
Wilshire Boulevard
West 6th Street
West 7th Street
West 8th Street
Olympic Boulevard
Pico Boulevard
Venice Boulevard
West 12th Street
West 14th St
West 17th Street
West 18th St
South Hoover Street
Alvarado Street
North Alvarado Street
South Union Avenue
Glendale Boulevard
Figueroa Street
Echo Park
Echo Lake
Lafayette Park
MacArthur Park
MacArthur Lake
Westlake/ MacArthur Park
Staples Center
Pico
7th Metro
Plata Street
Bellevue
Parkman Ave
North Lafayette Park Pl
North Coronado Street
Marathon Street
Elsinore Street
Mohawk Street
Montrose St
Clinton Street
Kent Street
Rosemont Ave
Scout Way
Zalvieda St
Ross Loos Pl
Cortez St
Council Street
Rockwood Street
Colton Street
Geneva St
Ocean View Avenue
Crandall St
Valley Street
Miramar Street
Lucas
Saint Paul Ave
Ingraham
Shatto
Cambria St
Columbia Ave
Witmer
Hartford Ave
Green Ave
Grattan St
Connecticut St
Valencia
Albany
Blaine
Byram St
South Bixel St
Georgia St
West 10th Pl
Francisco
Cottage Pl
Florida St
South Flower St
Pembroke Lane
Hope
Gilbert
Bond St
Cherry
South Hall Dr
Toberman Street
Oak Street
Burlington
Constance St
Courtland Avenue
Malvern Ave
Arapahoe Street
Midway

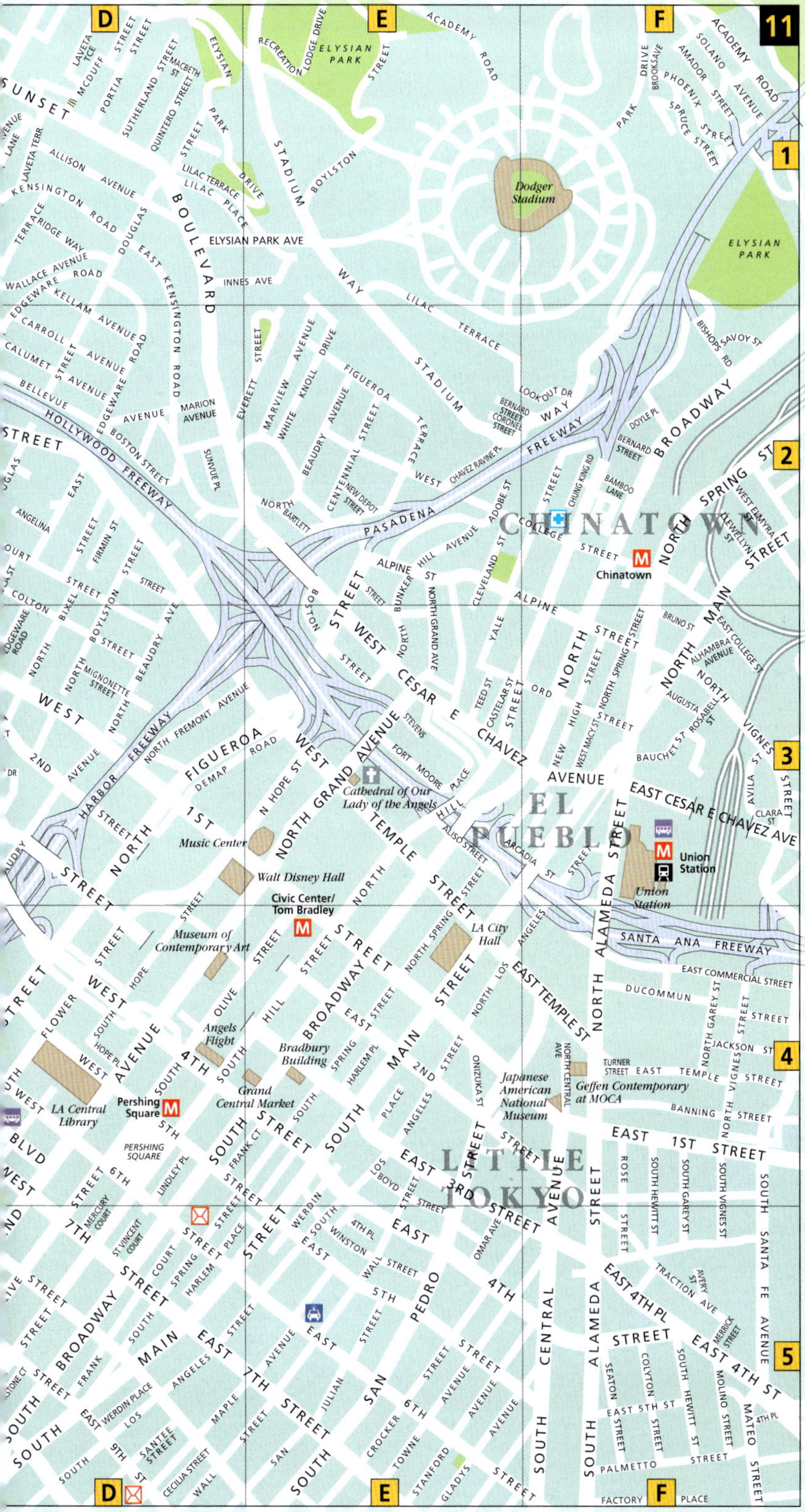
11
D
E
F
1
2
3
4
5
Elysian Park
Dodger Stadium
Elysian Park
Chinatown
Chinatown
El Pueblo
Little Tokyo
Union Station
Union Station
Cathedral of Our Lady of the Angels
Music Center
Walt Disney Hall
Civic Center/ Tom Bradley
Museum of Contemporary Art
LA City Hall
Angels Flight
Bradbury Building
Grand Central Market
Pershing Square
LA Central Library
Japanese American National Museum
Geffen Contemporary at MOCA
Pershing Square
Sunset Boulevard
Elysian Park Ave
Innes Ave
Stadium Way
Lilac Terrace
Academy Road
Hollywood Freeway
Pasadena Freeway
Harbor Freeway
Santa Ana Freeway
Broadway
North Spring Street
North Main Street
West Cesar E Chavez Avenue
East Cesar E Chavez Ave
North Alameda Street
North Figueroa Street
North Grand Avenue
West Temple Street
East Temple St
West 1st Street
East 1st Street
2nd Street
3rd Street
West 4th Street
East 4th Street
5th Street
6th Street
7th Street
South Central Avenue
South Alameda Street
South San Pedro Street
South Santa Fe Avenue
Mateo Street
Factory Place

SUL DA CALIFÓRNIA

Sul da Califórnia em Destaque

O Sul da Califórnia é uma região de muitos contrastes. Desertos escaldantes dão lugar a montanhas com picos cobertos de neve e vista para o mar. Num mesmo dia, pode-se surfar de manhã, esquiar à tarde e jogar golfe à noite. De San Simeon a San Diego, o litoral é pontilhado de balneários espalhados sobre penhascos escarpados e em areias douradas. Despontam ainda na região as históricas missões, as charmosas Santa Barbara e San Diego e os parques temáticos de Orange County. Mais para o interior encontram-se duas impressionantes áreas de deserto: o Parque Nacional do Vale da Morte e o Joshua Tree National Park.

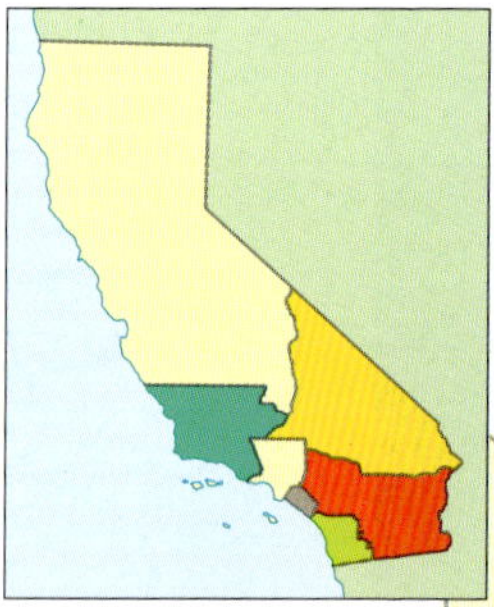

Santa Barbara Mission (págs. 222-3) *é uma das missões mais visitadas do Estado e a única que permanece em uso contínuo desde que foi fundada, em 1786. A fachada e o interior da igreja são em estilo clássico.*

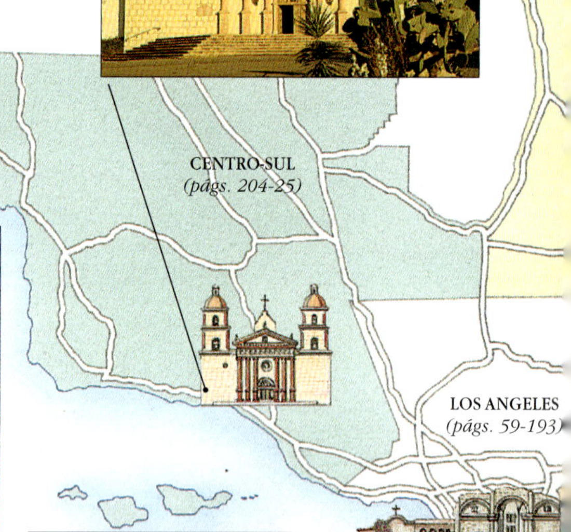

Hearst Castle™ (págs. 212-5), *fica na costa centro-sul e foi construído pelo magnata William R. Hearst. Nos anos 1930 e 1940, ele costumava receber príncipes e estrelas de Hollywood em grande estilo. A Piscina de Netuno é um dos pontos altos do castelo.*

Mission San Juan Capistrano (págs. 240-1) *no sul de Orange County, é chamada de "a pérola das missões". Fundada em 1776, teve o prédio principal restaurado e aloja uma exposição histórica.*

O **Death Valley National Park** (págs. 290-3), *no deserto de Mojave, é ao mesmo tempo um dos lugares mais quentes da Terra e o ponto mais baixo do hemisfério ocidental. Dentro do Death Valley, que tem 225km de extensão, encontram-se leitos secos de lagos, dunas de areia e alojamentos em volta das fontes de água. A fauna e a flora são muito ricas. Uma das atrações históricas do parque é o Scotty's Castle.*

Joshua Tree National Park (págs. 278-9), *Com áreas desérticas altas e baixas, é famoso por suas árvores características. Fica perto de Palm Springs e oferece vistas magníficas do cenário árido do deserto, com suas marcantes formações rochosas.*

O **Balboa Park** (págs. 256-9), *em San Diego, sediou a Exposição Panamá--Pacífico de 1915. Hoje em dia, tem diversos museus, como o San Diego Museum of Man, que fica no famoso California Building. Vizinho ao parque está o San Diego Zoo, muito frequentado.*

A Cultura "Surfe e Praia"

Busto de Duke Kahanamoku

Os californianos do Sul são adoradores da juventude, da saúde e da beleza, e seu templo é a praia. Lá, homens e mulheres, corpos maravilhosamente esculpidos, desfilam seu eterno bronzeado. Entre os esportes favoritos estão skate, vôlei e surfe –equilibrar-se bem sobre uma prancha é considerado o máximo. O surfe era originalmente uma cerimônia religiosa da nobreza havaiana. Foi introduzido na Califórnia em 1907, pelo havaiano George Freeth *(pág. 66)*, e popularizado nos anos 1920, em Waikiki, pelo nadador olímpico Duke Kahanamoku. Em 1961, os Beach Boys gravaram *Surfin* e o esporte ganhou o mundo. Atualmente, é parte integrante da vida local, de surfistas e não surfistas. Suas roupas largas tomam conta das passarelas de moda e sua gíria é usada até por quem nunca esteve em uma praia.

Os Beach Boys *louvaram as delícias do surfe, embora nenhum membro da banda soubesse surfar.*

Filmes *como* Maldosamente Ingênua *(1959)*, Mar Raivoso *(1964) e* Folias na Praia *(1965), juntamente com o documentário* Alegrias de Verão, *ajudaram a divulgar a "filosofia" do surfe. As festas na praia encenadas nestes filmes viraram moda na década de 1960.*

ONDE APRENDER A SURFAR

Aconselha-se aos principiantes começar surfando com o corpo, sem prancha. O *boogie board*, da metade do tamanho da prancha normal, é muito mais fácil de manobrar. Praias com ondas que arrebentam paralelas à areia *(surf break)* são mais adequadas ao esporte. As melhores praias para se aprender *boogie board* são Santa Monica *(pág. 65)*, Carpinteria *(pág. 209)* e Del Mar *(pág. 239)*. Locais mais famosos, como Surfrider *(pág. 64)*, San Clemente *(pág. 230)* e Huntington *(pág. 230)*, exigem demais de quem está começando.

Meninos, com boogie board, avaliam as ondas

As cabines de salva-vidas *são uma visão comum em todas as praias, durante o verão. Pintadas de cinza, ficaram famosas por causa do seriado de televisão* Baywatch. *Sempre siga as instruções dos salva--vidas, que também informam sobre movimentos da maré.*

O "tubo" é uma passagem cilíndrica formada embaixo da crista da onda.

OS PRAZERES DO SURFE

Uma experiência emocionante é pegar um "tubo". O surfista fica embaixo da crista, regulando a velocidade e posição para se manter adiante da onda. Se for muito rápido, passa à frente dela; se for devagar demais, é engolido e cai. No momento em que a onda perde impulso, próximo à praia, o surfista dispara na frente, permanecendo de pé na prancha.

Alterando a posição do corpo o surfista controla velocidade e direção. Agachar baixa o centro de gravidade e aumenta a estabilidade.

As pranchas modernas são feitas de materiais leves, como fibra de vidro, o que dá aos surfistas muito mais velocidade. As cores fortes fazem com que elas fiquem bem visíveis na água.

As primeiras pranchas *eram havaianas e tinham o apelido de "tampa de caixão", devido ao seu formato. De madeira, eram pesadas e desajeitadas. Elas podem ser vistas no Lighthouse Surfing Museum, em Santa Cruz* (pág. 507).

OUTROS ESPORTES DE PRAIA

As espetaculares praias do Sul da Califórnia são usadas para esportes variados. Embora sejam mais frequentadas no verão, recebem gente o ano inteiro. Veleiros e iates de todos os tamanhos podem ser vistos em marinas ao longo da costa. Os ventos fortes que sopram por aqui estimulam tanto os fãs do windsurf como quem gosta de empinar pipas. Muitos californianos saem de caiaque para explorar o litoral rochoso das Channel Islands *(pág. 224)* e do continente. O vôlei de praia, antes um joguinho entre amigos, agora é um importante esporte profissional, com campeonatos de verão em vários lugares.

Vôlei de praia em Santa Monica

A Cultura do "Carrão"

Placa de carro da Califórnia

É difícil entender o Sul da Califórnia sem levar em conta a influência do automóvel na vida local. A introdução do sistema de *freeways* (vias expressas) em Los Angeles, na década de 1940 *(pág. 54)*, deu origem a uma cultura centrada no carro. O californiano virou sinônimo de carrão conversível, e a estrada aberta cortando o deserto tornou-se símbolo de liberdade. As adaptações ao gosto do freguês fizeram do carro um objeto de arte. Dos cinemas drive-in passou-se aos bancos e às lanchonetes drive-through. Isso teve um preço: a poluição, o *smog* típico de Los Angeles. Os carros hoje são menos poluentes, mas a cidade não dá conta dos 8 milhões de veículos que congestionam suas ruas e avenidas.

As freeways de Los Angeles, *invenção dos anos 1940, tornaram-se um emaranhado de vias que ligam a cidade ao resto do Estado.*

Símbolo do Ford Thunderbird

A capota de lona era baixada nos dias de sol e erguida nos de chuva.

As lanternas tinham moldura cromada.

No meio, um friso cromado

BERÇO DA GANGUE DA MOTOCICLETA

Nos anos 1950, diversas gangues de motociclistas brigavam entre si na Califórnia. A mais famosa, Hell's Angels, foi criada por um grupo de veteranos da Segunda Guerra em 1948, em San Bernardino. Sua reputação de encrenqueira foi imortalizada em 1953 no filme *O Selvagem*, com Marlon Brando. Até hoje um símbolo de rebeldia, a Hell's Angel tem cerca de mil membros no mundo todo.

Marlon Brando

Carros japoneses, *como estes em um pátio de Worldport LA* (pág. 66), *continuam a competir duramente com os americanos.*

Este anúncio do Pontiac *é de 1950. À medida que os carros viravam símbolo de status, as fábricas buscavam atrair compradores com muita publicidade.*

ONDE VER A CULTURA DO "CARRÃO"

Os californianos têm muito orgulho de seus carrões e de sua história. A maioria das cidades promove desfiles e exposições de carros clássicos, raros ou exóticos. Para mais informações, contate o centro local de informação turística *(pág. 619)*. Uma dos maiores eventos automobilísticos, o Automobile Club of Southern California NHRA drag race, acontece todo novembro no LA County Fairgrounds. Há literalmente dezenas de salões e corridas durante o ano, especialmente no sul da Califórnia, com carros clássicos, colecionáveis e específicos, como o Corvette. A Califórnia também é palco de famosas corridas de carros, como o Toyota Grand Prix Long Beach, em abril. Há vários museus automobilísticos de auto nível no estado, entre eles o Petersen Automotive Museum *(pág. 119)*, em Los Angeles, e o Blackhawk Auto Museum, perto de San Jose *(págs. 428-9)*.

Tucker Torpedo, exposto no Petersen Automotive Museum de Los Angeles

CADILLAC RABO-DE-PEIXE

Por seu desenho arrojado e capota conversível, o Cadillac 1959 tinha tudo para combinar com a imagem e o clima da Califórnia. Mas pesava duas toneladas, era difícil de manobrar e logo foi substituído por modelos mais práticos.

O quebra-vento tinha uma moldura cromada.

O para-brisa era arredondado, imitando avião.

Para-choques cromados protegiam a frente.

Pneus de faixa branca contribuíam para o charme do carro.

O Ford T *(apelidado de Tin Lizzie, nos EUA, e Ford Bigode, no Brasil) surgiu em 1908. Em 1913, Henry Ford inventou a linha de montagem e o preço dos carros caiu para até US$ 500. Esta foto de um congestionamento em 1924 mostra que em poucos anos os californianos se viciaram em carros.*

Os trailers *se popularizaram nos anos 1960. Neles, os californianos exploravam locais inóspitos sem se privar dos confortos de casa.*

Desertos e Reservas de Água

O deserto ocupa boa parte do Sul da Califórnia e até 1913, para ter acesso à água, quem se instalava aqui dependia de poços. Como a população cresceu rapidamente, foi preciso criar o que é hoje a mais complexa rede de abastecimento de água do mundo. Essa rede transformou pedaços de deserto inabitável em terra produtiva, permitindo a existência de balneários como Palm Springs e de cidades enormes. Mas a alta taxa de consumo de água do Sul da Califórnia é uma constante preocupação, pois exige demais das duas principais fontes: o rio Colorado e as montanhas de Sierra Nevada.

Os rios Sacramento e San Joaquin fornecem água para as plantações do sul. Nas horas críticas, o rio corre ao contrário, trazendo água salgada da baía de São Francisco.

O Owens Lake *(pág. 495) fica entre as montanhas de Sierra Nevada e o deserto de Mojave, no Owens Valley. Por causa do aqueduto de Los Angeles, o rio Owens foi desviado e o lago de 260km² quase secou.*

O aqueduto de Los Angeles *irrigou o San Fernando Valley* (pág. 144). *Ao ser concluído, em 1914, fez a fortuna dos especuladores de terras.*

WILLIAM MULHOLLAND

Diretor do Departamento de Águas de Los Angeles, William Mulholland (1855-1935) *(pág. 144)* e seu colega Fred Eaton projetaram o aqueduto e uma série de túneis entre Owens Valley e Los Angeles. Concluído em 1914, o aqueduto custou mais de US$ 24 milhões. Quinze anos depois, já não dava conta do abastecimento e foi preciso desviar água da bacia Mono e do rio Colorado, a 645km de distância.

O Death Valley (págs. 290-3) *é tão quente que o chão parece ondular. O pequeno volume de chuvas nutre as 900 espécies de plantas encontradas no Death Valley National Park.*

LOCALIZE-SE

Sul da Califórnia

Palm Springs (págs. 274-5) *fica na beira do Low Desert, onde o céu raramente tem nuvens. Mas a água que vem das montanhas vizinhas e das fontes subterrâneas mantém verde este oásis de luxo.*

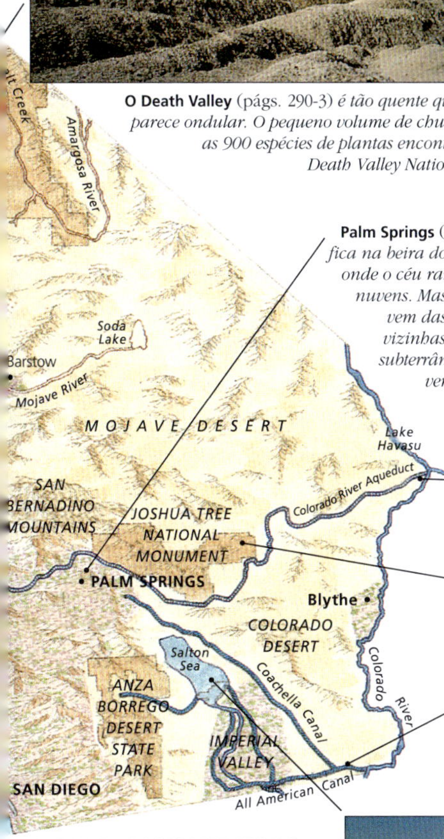

O Joshua Tree National Monument *(págs. 278-9)* fica no Low Desert. As árvores de Joshua crescem bem no clima seco e servem de abrigo para 25 tipos de aves.

O All American Canal leva a água do rio Colorado para irrigar o Imperial Valley, onde se produz alface, melão, tomate e ervilhas o ano inteiro.

REDE DE ABASTECIMENTO DE ÁGUA DO SUL DA CALIFÓRNIA

O sul do Estado depende principalmente de duas fontes de água: gelo derretido das montanhas da Sierra Nevada, ao norte, que chega a Los Angeles via aqueduto, e o rio Colorado, a sudeste. O Colorado River Aqueduct recebe água de Parker Dam, represa a 1.080km de distância, através de 635km de canos. Uma rede de canais irriga o Imperial Valley e também o balneário de Palm Springs.

O Salton Sea, *formado em 1905, foi invadido por algas. Um projeto gigante de limpeza está planejado para fazer com que ele volte ao estado original (acima).*

CENTRO-SUL

A região Centro-Sul da Califórnia é uma sucessão de trilhas solitárias e riachos em bosques verdejantes. Praias de areia amplas espalham-se por quilômetros de litoral suave, emoldurado por colinas. É uma área de cidadezinhas simpáticas, fazendas remotas e vinhedos em lindos vales. No interior fica Los Padres National Forest, onde pumas passeiam livremente e águias e condores voam nas alturas.

Os vestígios do passado espanhol da região ainda são muito visíveis, principalmente em Santa Bárbara, onde se localizam o forte mais importante da área e o lendário edifício que ficou conhecido como "Rainha das Missões" *(págs. 222-3)*. Predominam na cidade os tijolos vermelhos do estilo *revival Mission (pág. 31)*, imitado em todo o Estado.

Com o fim das abastadas missões na primeira metade do século 19, a terra foi dividida em um punhado de enormes fazendas. A Corrida do Ouro de 1849, porém, trouxe investidores do leste para a Califórnia, que acabaram se apoderando dos grandes ranchos e criando pequenas comunidades agrícolas. Anunciavam no mundo todo o novo "paraíso semitropical" e prometiam que a primeira colheita pagaria o preço da terra.

No começo do século 20, o litoral já era muito frequentado, atraindo milhares de pessoas no verão para cidades como Pismo e Avila Beach. Ao norte, em San Simeon, o milionário William Randolph Hearst construiu seu parque de diversões privativo, um fabuloso museu particular agora chamado de Hearst Castle™.

Atualmente o Centro-Sul oferece atividades diversas, como as excursões de charrete para degustação de vinhos no belo vale de Santa Ynez e os passeios a praias desertas. Os mais esportistas podem descer de caiaque o rio Kern, perto de Bakersfield. No mar, as Channel Islands oferecem uma visão ímpar do ecossistema da área e a chance de observar a passagem anual das magníficas baleias-cinzentas. A parte leste da região é dominada pela Los Padres National Forest, área exuberante, com quilômetros de trilhas para caminhadas e passeios de carro pelas montanhas. Aqui se encontram vestígios da grande comunidade de índios Chumash que se espalhava pela costa. As enigmáticas inscrições em pedra são uma silenciosa lembrança de sua passagem pelo local.

Produtos agrícolas cultivados em Morro Bay

◁ **Pesca em ancoradouro de Pismo Beach**

Como Explorar o Centro-Sul

As praias e planícies costeiras da Califórnia são emolduradas por uma sequência de serras cobertas de carvalhos. Mais à frente, a Los Padres National Forest tem centenas de quilômetros de árduas trilhas para caminhadas. Um pouco ao norte de Santa Bárbara, o terreno suave do Santa Ynez Valley é perfeito para o cultivo de parreiras. Ao longo da costa de San Luis Obispo County, as cidades de Morro Bay e Pismo Beach são ideais para pesca. A noroeste, o Hearst Castle é uma das atrações mais visitadas da Califórnia.

Campanário de Mission San Miguel Arcángel

PRINCIPAIS ATRAÇÕES

Atascadero 5
Bakersfield 20
Cambria 3
Channel Islands National Park 16
Chumash Painted Cave State Historic Park 13
Hearst Castle págs. 212-5 2
Lompoc Valley 9
Los Padres National Forest 19
Mission San Miguel Arcángel 1
Mission Santa Inés 12
Morro Bay 6
Ojai 18
Paso Robles 4
Pismo Beach 8
Ronald Reagan Presidential Library 17
San Luis Obispo 7
Santa Barbara págs. 220-3 14
Solvang 11
Ventura 15

Passeio
Vinícolas do Santa Ynez Valley *pág. 218* 10

VEJA TAMBÉM

- ***Onde Ficar*** págs. 531-4
- ***Onde Comer*** págs. 576-8

LEGENDA

- Freeway
- Estrada principal
- Estrada secundária
- Estrada vicinal
- Percurso com paisagem
- Ferrovia principal
- Ferrovia secundária
- Cume

As montanhas ao redor da grande Los Padres National Forest

COMO CIRCULAR

Os trens Amtrak têm um serviço diário, o Coast Starlight, de Los Angeles a São Francisco, com escala em Santa Bárbara e San Luis Obispo. Os ônibus Grayhound também servem estas cidades. As rodovias I-101 e 1 seguem a costa, passando pelas principais atrações. Entre as estradas que cortam a Los Padres National Forest até Bakersfield, a mais usada é a I-5, que sai de Los Angeles. Passeios para o parque Channel Islands partem de Ventura e Oxnard.

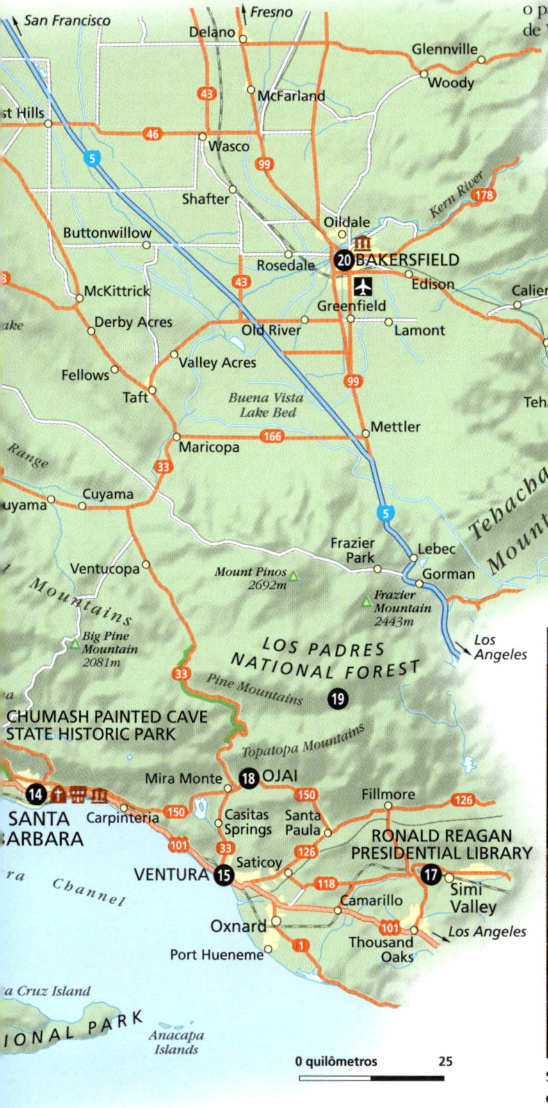

Stearns Wharf, pier de recreação em Santa Bárbara

Litoral da Califórnia: Centro-Sul

O litoral da região Centro-Sul tem quilômetros de praias amplas, acessíveis, arenosas, além de ótimas ondas para surfe. A água é mais fria do que no trecho de Los Angeles a San Diego, mas as praias são mais desertas, oferecendo maior privacidade a quem quer nadar, se bronzear ou fazer um piquenique. As montanhas parecem tão próximas que quase se sente o cheiro dos pinheiros. Várias praias ficam dentro de parques e oferecem trilhas e subidas com vistas espetaculares. Para maiores detalhes visite o site www.parks.ca.gov/parkindex.

★ Avila State Beach ③

Esta praia de areias brancas, perto de um balneário, possui ancoradouro de madeira para pesca. No verão, fica repleta de surfistas.

★ Pismo State Beach ④

Famosa pelos mexilhões *(págs. 216-7)*, esta pequena praia de areia é ótima para a prática de vôlei.

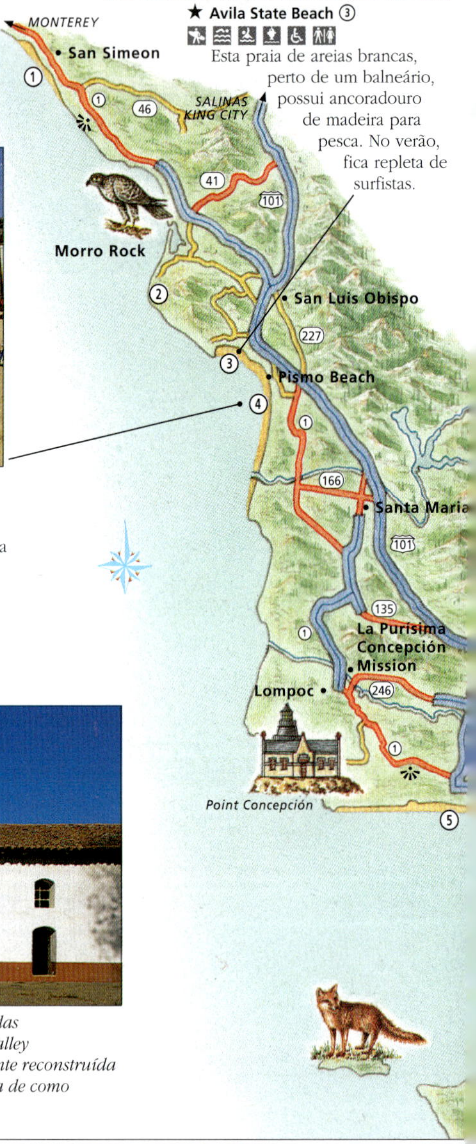

0 quilômetros 20

La Purísima Concepción Mission, *a 11ª das missões* (págs. 46-7), *fica em Lompoc Valley* (pág. 217). *É a que foi mais extensamente reconstruída e uma visita ao lugar dá uma boa ideia de como viviam os padres franciscanos.*

Morro Rock *é um dos marcos da região Centro-Sul. Usado como ponto de referência dos primeiros exploradores espanhóis, deve ser apreciado ao nascer ou ao pôr do sol* (pág. 216).

LOCALIZE-SE

William R. Hearst Memorial State Beach ①

Situada logo abaixo do Hearst Castle™ *(págs. 212-5)*, esta praia isolada em forma de meia-lua é ótima para piqueniques. No ancoradouro, alugam-se barcos para pesca em alto-mar.

Montana de Oro State Park ②

Essa é uma praia pedregosa junto a 32,5 milhões de m² de parques com trilhas sinuosas nas montanhas. No verão, os eucaliptos atraem as borboletas.

★ East Beach ⑦

Praia arenosa de 2,5km que parte do ancoradouro de pesca Stearns Wharf, em Santa Barbara. Para as crianças, há parquinho e barcos a remo.

Gaviota State Park ⑤

Praia de 9km, situada em uma enseada escondida, tem playground e ancoradouro de pesca. É vizinha de parques com trilhas para caminhadas.

El Capitan State Beach ⑥

El Capitan é um bom lugar para se observar a vida silvestre, tanto nas pedras quanto na praia e nos bosques vizinhos. No inverno, as baleias nadam perto da praia.

Carpinteria State Beach ⑧

Protegida pelas montanhas Santa Ynez, esta praia é uma das melhores e mais seguras para nadar no sul da Califórnia.

Point Mugu State Park ⑩

Situado no fim das Santa Monica Mountains, este parque é todo cortado por trilhas. No mar, podem-se ver golfinhos e a espécie local de leão-marinho.

Leo Carrillo State Beach North ⑪

Este trecho da Leo Carrillo State Beach *(pág. 64)*, que cruza a fronteira de Los Angeles County, é um clássico ponto de surfe.

★ San Buenaventura State Beach ⑨

Próxima ao centro de Ventura *(pág. 224)*, esta praia ampla é protegida por um quebra-mar que torna a natação mais agradável.

Galeria em arcos de Mission San Miguel Arcángel

Mission San Miguel Arcángel ❶

775 Mission St, San Miguel. **Mapa rodoviário** B5. ***Tel*** *(805) 467-3256.* *9h30-16h30 diariam.* **www**.missionsanmiguel.org

O complexo The Mission está novamente aberto ao público, após um extenso programa de reformas para reparar os danos causados por um terremoto em dezembro de 2003. Essa foi a 16ª missão californiana *(págs. 46-7)*, fundada em 1797 pelo padre Fermín de Lasuén, sucessor do padre Junípero Serra *(pág. 46)*. Nove anos depois, a igreja original foi destruída em um incêndio. O prédio atual, que era usado como igreja, foi concluído em 1819. As seis salas do museu da Missão têm decoração do século 19 e as paredes da igreja foram pintadas em 1822-3. O museu tem uma loja de presentes e um bonito pátio.

Além de plantar grãos e criar gado, os padres produziam seu próprio vinho sacramental. As montanhas ao redor da Mission San Miguel Arcángel abrigam atualmente mais de 30 vinícolas.

Após a secularização, em 1834, a Missão foi usada como depósito e bar. Em 1928, foi devolvida aos padres, que a restauraram.

Imagem de São Miguel Arcanjo

Hearst Castle™ ❷

Págs. 212-5.

Cambria ❸

Mapa rodoviário B5. *5.000.* *767 Main St* ***Tel*** *(805) 927-3624.* **www**.cambriachamber.org

Situada entre a costa escarpada e as montanhas cobertas de pinheiros, Cambria foi fundada em 1866, como agrupamento de mineiros de mercúrio. Depois tornou-se centro de produção de madeira e laticínios e atualmente é um dos locais favoritos de artistas e artesãos.

A cidade se divide em dois distritos: East Village, uma charmosa vila de casas de arte e artesanato *(pág. 31)*, e West Village, que é mais moderno. A Main Street (rua principal) fica bem no meio e é ladeada por lojas, galerias de arte e restaurantes como o Lull House, que funciona na casa mais antiga de Cambria.

Em Hillcrest Drive, rua próxima à Main Street, chama a atenção a Nit Wit Ridge, uma extravagante casa. Foi construída por um empreiteiro local, Art Beal, que tinha o apelido de Captain Nit Wit (Capitão Maluco), e levou seis décadas para ficar pronta, feita de materiais de refugo, como conchas e pneus. No norte da cidade, fica Leffingwell Landing, um terraço com linda vista das ondas e de onde, às vezes, é possível observar leões-marinhos, baleias e lontras. A maré baixa permite descer até as pedras no pé dos rochedos. É uma boa área para piqueniques.

Paso Robles ❹

Mapa rodoviário B5. *21.000.* *1225 Park St* ***Tel*** *(805) 238-0506.* **www**.pasoroibleschamber.com

Paso Robles, ou "Passo dos Carvalhos", fazia parte no passado do rancho El Paso de Robles, de 105 milhões de metros quadrados. Em 1857 foi fundada uma estância hidromineral ao redor de uma fonte de água quente sulfurosa, usada pelos índios por seus poderes medicinais. Com a chegada da Southern Pacific Railway, em 1886, a estância virou cidade três anos depois.

Hoje em dia, Paso Robles é cercada de haras, vinhedos, vinícolas e plantações de orquídeas, que florescem no começo da primavera.

As fontes termais foram canalizadas, pois poluíam o rio Salinas, mas a cidade ainda tem muito a oferecer. Em Vine Street, entre as ruas 12 e 20, vê-se uma série de prédios do fim do século 19 restaurados, como a **Call-Booth House Gallery**, que exibe artistas locais em cenário vitoriano. Nesses prédios restaurados

Nit Wit Ridge, Cambria, casa feita de materiais como conchas e pneus

Festa do vinho na Arciero Winery, Paso Robles

também ficam alguns dos melhores restaurantes de Paso Robles, como o Touch of Paso, instalado em uma parada de diligência da antiga Overland Stage Company.

O Paso Robles Inn and Gardens, em 1003 Spring Street, fica no mesmo local onde se erguia, em 1860, o Hot Springs Hotel, cujo prédio original foi substituído em 1891 por um hotel de tijolos vermelhos desenhado por Stanford White. Em 1940 ele foi destruído por um incêndio. Os turistas podem passear pelos belos jardins do hotel atual.

Há diversos hotéis de preços moderados em Paso Robles, que são paradas de pernoite convenientes para quem visita a região de Hearst Castle.

Dois eventos importantes no calendário de Paso Robles são a California Mid-State Fair –uma grande e animada feira de agricultura e pecuária realizada entre o final de julho e o começo de agosto– e o Wine Festival, em maio, quando se pode provar 90 tipos de vinho dos quase 200 vinhedos da região.

Arredores: Situado 27km a noroeste de Paso Robles pela estrada G14, **Lake Nacimiento** é uma agradável área de lazer. O lago, em um bonito vale coberto de pinheiros e carvalhos, tem bons peixes para quem quiser pescar, área de camping, de piquenique e de esportes aquáticos.

No segundo cruzamento das rodovias 46 e 41, a 39km leste de Paso Robles, encontra-se o **James Dean Monument**. Todo em aço inoxidável, lembra o local em que o ator morreu, em 30 de setembro de 1955, com 24 anos, ao bater seu Porsche 550 prateado. Uma placa de metal conta a história de James Dean.

Call-Booth House Gallery
1315 Vine St. ***Tel*** *(805) 238-5473.*
11h-15h qua-dom.
feriados.

Atascadero 5

Mapa rodoviário B5. *25.300.*
San Luis Obispo. *Dial-A-Ride.*
Tel *(805) 466-7433.* *6904 El Camino Real.* ***Tel*** *(805) 466-2044.*
www.atascaderochamber.org

Atascadero, que quer dizer "lamaçal" em espanhol, foi fundada em 1913 pelo editor Edward G. Lewis, que comprou a fazenda de 93km² para erguer sua cidade ideal. O quartel-general de Lewis, construído em 1914, era um bonito prédio em estilo renascentista italiano, que custou US$ 500 mil. O edifício abrigava o Atascadero Historical Society Museum, que guardava centenas de fotografias tiradas pelo fotógrafo oficial de Lewis, além de artefatos que pertenceram a antigos habitantes. O prédio foi danificado em um grande terremoto no final de 2003. Uma parte da coleção está sendo exibida na Colony House até que o prédio seja restaurado.

Infelizmente, Lewis foi à falência antes de terminar sua obra. Mas a cidade voltou a crescer nos anos 1950, quando as pessoas foram atraídas por seu ar rural, tornando-se autônoma em 1979.

Os turistas podem visitar seus antiquários, butiques e a feira semanal de produtos agrícolas. Em outubro acontecem os Colony Days, uma festa de uma semana de duração na qual a cidade lembra e celebra suas origens realizando um grande desfile e outros eventos.

Ao sul, indo pela rodovia 41, encontra-se o Atascadero Park and Lake, que oferece passeios agradáveis, pesca, área para piquenique e playground. Logo ao lado fica o **Charles Paddock Zoo**, batizado em homenagem ao fazendeiro que o fundou em 1955, zoológico com mais de 100 espécies de animais, entre macacos, ursos, dois tigres e um jaguar, que vivem em espaços que recriam seus hábitats naturais.

Charles Paddock Zoo
Lago Ave, Atascadero.
Tel *(805) 461-5080.*
abr-out: 10h-17h; nov-mar: 10h-16h *Ação de Graças, 25 dez.*
www.charlespaddockzoo.org

A paisagem no Atascadero Lake

Hearst Castle™ ❷

Azulejo

O Hearst Castle™, no alto de uma colina e sobre a cidade de San Simeon, foi construído pelo magnata da mídia William Hearst e é uma das principais atrações turísticas da Califórnia. As três casas de hóspedes são prédios igualmente magníficos, mas o ponto alto da visita é La Casa Grande, com suas torres gêmeas. Desenhada pela arquiteta Julia Morgan e construída entre 1922 e 1947, tem 115 cômodos repletos de obras de arte, um monumento ao glamour dos anos 1930 e 1940.

Fachada
A fachada de concreto da Casa Grande segue o estilo revival mediterrâneo e é enfeitada com fragmentos arquitetônicos da Antiguidade.

Cinema
O salão de 50 lugares tem paredes cobertas de damasco e cariátides douradas, com luminárias.

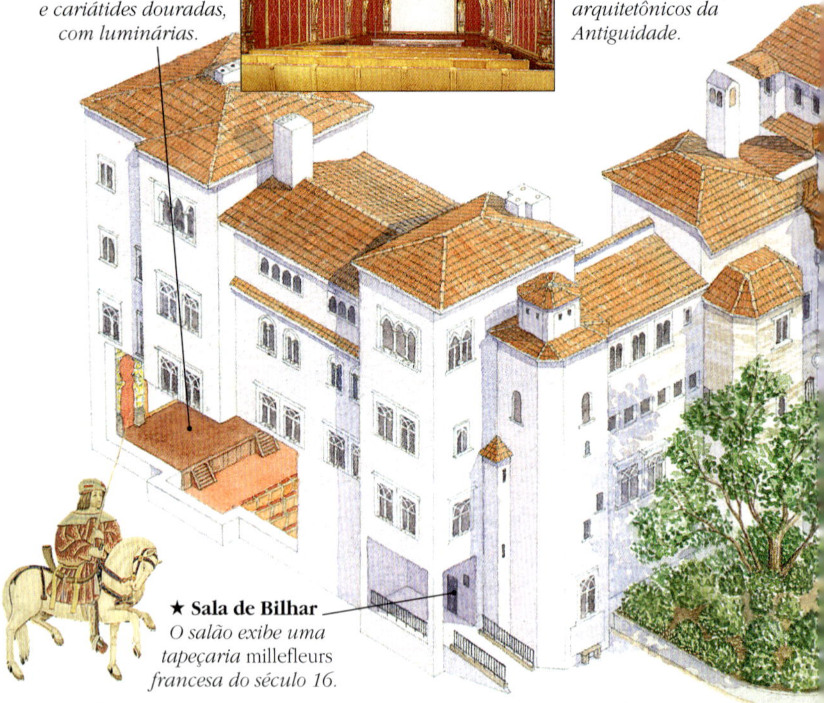

★ Sala de Bilhar
O salão exibe uma tapeçaria millefleurs *francesa do século 16.*

CRONOLOGIA

- **1865** George Hearst compra terras perto de San Simeon
- **1919** Hearst herda a fortuna da família e planeja uma casa em "Camp Hill"
- **1920**
- **1921** A Casa del Mar fica pronta
- **1922** Construção da Casa Grande
- **1924** A Casa del Sol fica pronta
- **1928** Hearst muda-se para a Casa Grande
- **1930**
- **1935** Piscina de Netuno fica pronta
- **1940**
- **1947** Hearst sofre ataque cardíaco e deixa San Simeon
- **1950**
- **1951** Morre Hearst
- **1958** Hearst Castle™ abre ao público

Arca do séc. 16, com a imagem de Cristo com São Pedro *esculpida na tampa*

Ânfora grega clássica datada do século 3º

Veja hotéis e restaurantes desta região nas págs. 531-4 e 576-9

★ Estúdio Gótico
Quando estava em San Simeon, Hearst dirigia seu império do Estúdio Gótico, onde tinha sua biblioteca.

PREPARE-SE

750 Hearst Castle Rd. **Mapa rodoviário** B5. ***Tel*** *(805) 927-2020.* *San Simeon.* *8h-16h diariam. Visitas noturnas e horários no verão, ligue para (800) 444-4445.* *1º jan, Ação de Graças, 25 dez.* *telefonar.* *obrigatório.*
www.hearstcastle.com

Suíte Celestial
Os dois quartos da Suíte Celestial ficam no alto das torres e são ligados por uma espaçosa sala de estar.

★ Sala de Reuniões
Uma lareira francesa do século 16 domina este salão, que também tem cadeiras de couro italianas e tapeçarias flamengas.

★ Refeitório
Tapeçarias, pendões e cadeiras de couro cobrem as paredes da imensa sala de jantar. Sobre as longas mesas, há castiçais de prata e pratos de porcelana.

PONTOS ALTOS

★ Sala de Reuniões

★ Sala de Bilhar

★ Estúdio Gótico

★ Refeitório

Como Explorar o Hearst Castle™

Estátua da Vitória

A melhor forma de conhecer o Hearst Castle™ é acompanhando os guias que partem do Centro de Visitantes. O "Tour One" é recomendado para quem vem pela primeira vez, e inclui o térreo da Casa Grande, uma das casas de hóspedes, as duas piscinas e parte dos jardins. Outros passeios exploram os demais andares. Na primavera e no verão há passeios à noite, com atores vestidos à moda dos anos 1930.

Decoração em cristais e tons dourados da Piscina Romana

LA CASA GRANDE

La Casa Grande é feita de concreto armado, para suportar os abalos dos terremotos da Califórnia. Mas sua aparência é a de uma catedral no estilo revival mediterrâneo.

Os hóspedes eram acomodados em um dos 22 quartos, cercados de obras de arte da eclética coleção de Hearst. O próprio magnata morava na Suíte Gótica do terceiro andar. No seu quarto havia um teto espanhol do século 14 e uma renomada *Madona e Menino* da Escola do Duccio di Buoninsegna (1255-1318). A sala de estar, com vista para o mar, ligava seu quarto ao da amante, Marion Davies.

Do outro lado do corredor, o Estúdio Gótico alojava os livros e manuscritos mais valiosos da coleção de Hearst. Era desta sala que ele dirigia seu império.

A Sala de Reuniões, no andar térreo, foi desenhada em torno de uma imensa lareira francesa do século 16. Ela veio do Château des Jours, na Borgonha, que pertenceu à família d'Anglure. Ao lado, o Refeitório, com seu pé-direito alto e mesa de jantar medieval, possui assentos de couro vindos de catedrais e piso de pedra de Siena. Era lá que os hóspedes do Hearst Castle™ jantavam, tarde da noite.

A Sala de Bilhar, com seu teto gótico espanhol, exibe uma tapeçaria *millefleurs* do começo do século 16. Ao lado fica o cinema particular de Hearst, onde até 50 convidados assistiam pré-estréias de filmes. Um pequeno palco atrás da tela removível era o local onde se exibiam artistas famosos.

A linda Piscina Romana, interna e aquecida, é toda decorada com mosaicos dourados e cristal veneziano. Era muito usada para encontros românticos, apesar de Hearst desaprovar esse tipo de coisa.

A casa estava sempre em reforma, atendendo às novas idéias de Hearst. Uma parede de sustentação mudou de lugar, para dar espaço a uma pista de boliche que nunca chegou a ser construída. Com dezenas de quartos e banheiros, duas piscinas e cinema, La Casa Grande era a luxuosa "casa de bonecas" de Hearst e seus hóspedes.

OS JARDINS E A PISCINA DE NETUNO

Hearst transformou uma encosta árida em um Jardim do Éden. Palmeiras de 4,5m de altura, ciprestes italianos e carvalhos de 200 anos foram carregados colina acima a um alto custo.

Muitos caminhões de terra adubada foram usados para criar os canteiros dos 510 mil metros quadrados de jardins. Cinco estufas forneciam flores coloridas o ano inteiro. Para

WILLIAM RANDOLPH HEARST

Filho de um multimilionário, W.R. Hearst (1863-1951) era um homem esfuziante que fez fortuna própria no ramo da imprensa. Casou-se com a artista Millicent Wilson, de Nova York, em 1903. Com a morte da mãe, em 1919, Hearst herdou o terreno de San Simeon. Começou a construir o castelo e os jardins como tributo à mãe, e mudou-se para cá com a amante, Marion Davies. O casal recebia com luxo e ostentação nos 20 anos seguintes. Quando Hearst teve problemas cardíacos, em 1947, mudou-se para uma casa em Beverly Hills, onde morreu em 1951.

Retrato de Hearst aos 31 anos

esconder uma caixa-d'água no morro vizinho, 6.000 pinheiros foram plantados em buracos feitos com dinamite na rocha. Cerca de 4.000 árvores frutíferas forneciam grande abundância de frutas frescas.

Estátuas antigas e modernas adornam os terraços. Entre as mais belas estão quatro imagens de Sekhmet, a deusa egípcia da guerra. As mais antigas são de 1350-1200 a.C.

Na área externa, a *pièce de résistance* é a Piscina de Netuno, com 32 metros de extensão. Toda de mármore branco, é cercada de colunatas e tem uma fachada que reproduz um templo grego, com colunas antigas e decoração com frisos autênticos. As estátuas em volta da piscina foram esculpidas nos anos 1920 pelo parisiense Charles-George Cassou.

Fã das atividades ao ar livre, Hearst mandou construir uma trilha de cavalos coberta, de 1,6km, para poder cavalgar até sob chuva. Também instalou quadras de tênis sobre a Piscina Romana interna.

Hearst tinha um zoológico particular, o "Camp Hill". Lá ainda se podem ver vestígios das jaulas onde ficavam os leões, ursos, elefantes, onças e leopardos. Girafas, avestruzes, zebras e até um filhote de elefante passeavam soltos pela área.

JULIA MORGAN

Julia Morgan (1872-1957)

Julia Morgan, a arquiteta de San Simeon, tinha 47 anos quando iniciou sua colaboração de três décadas com Hearst. Uma das primeiras mulheres a se formar em engenharia na Universidade da Califórnia, em Berkeley, foi a primeira a receber o diploma de arquitetura da École Nationale e Spéciale des Beaux-Arts de Paris. Era uma artista de muitos talentos –desenhou quase tudo em Hearst Castle, dos azulejos e janelas às piscinas e fontes– e também supervisora rigorosa dos trabalhadores da obra. Seu relacionamento com Hearst era de respeito mútuo, mas com vários momentos tempestuosos. Muitas vezes passavam horas juntos decidindo sobre um projeto e, depois, Hearst mandava um telegrama a Julia com uma série de mudanças.

Fachada da Casa del Sol

AS CASAS DE HÓSPEDES

Até meados dos anos 1920, quando pôde se mudar para a Casa Grande, Hearst viveu na Casa del Mar, de 19 cômodos, a maior das três casas de hóspedes. Ele gostou de morar lá, mas, ao ver a obra da casa principal pronta, admitiu: "Se soubesse que ia ser tão grande, teria aumentado as pequenas". As "pequenas", como ele dizia, também eram todas mansões.

A Casa del Sol possui três andares e 18 cômodos, com vista para o pôr do sol, pátio amplo e uma fonte alta que tem no topo uma cópia em bronze do *Davi* de Donatello. A menor das três, a Casa del Monte, possui dez cômodos e vista para as montanhas.

A Piscina de Netuno, com suas colunatas e a reprodução da fachada de um templo grego

Barcos de pesca ao largo de Morro Rock, em Morro Bay

Morro Bay ❻

Mapa rodoviário B5. *10.000.* *Dial-A-Ride.* ***Tel*** *(805) 772-2744.* *845 Embarcadero Rd, Suite D.* ***Tel*** *(805) 772-4467.* **www**.morrobay.org

Este porto marítimo foi fundado em 1870 para o transporte de produtos da pecuária e da agricultura locais. Atualmente o turismo é sua principal atividade econômica e as ruas à beira-mar são repletas de galerias, lojas, restaurantes de frutos do mar e até um aquário, de onde partem passeios de barco para observação de baleias, cruzeiros e a frota pesqueira, ainda ativa comercialmente. Para homenagear o centésimo aniversário da cidade foi construída uma escadaria de sequoia, que vai do topo de um rochedo –onde há um pelicano de pedra– até o Embarcadero –onde um tabuleiro de xadrez gigante exibe peças, também de sequoia, de até 84cm de altura. A vista de Black Hill Lookout vale a caminhada até o topo da montanha.

O ponto mais marcante da baía é o Morro Rock, pico vulcânico de 175m de altura, um dos nove existentes na região. Batizado de *El Moro* por Juan Cabrillo, que o achava parecido com um turbante mouro, foi ligado ao continente em 1933. De 1880 a 1969 foi usado como pedreira, para a construção de quebra-mares.

Hoje em dia o Morro Rock é uma reserva protegida de ninhos de falcão-peregrino. Pode-se vir de carro até Coleman Park, na base da montanha, lugar indicado para pesca.

San Luis Obispo ❼

Mapa rodoviário B5. *43.000.* *San Luis Obispo.* *1037 Mill St, Suite E.* ***Tel*** *(805) 541-8000.* **www**.sanluisobispo.com

Esta pequena cidade no vale das montanhas Santa Lucia cresceu em torno da **San Luis Obispo Mission de Tolosa**, missão fundada em 1º de setembro de 1772 pelo padre Junípero Serra *(pág. 46)*. Quinta do conjunto de 21 Missões construídas pelos padres franciscanos, ainda é usada como igreja. Ao lado, um museu exibe artesanato dos índios Chumash, além de cama e altar original.

Em frente à igreja fica a Mission Plaza, praça agradável e arborizada cortada por um riacho. Na segunda metade do século 19, ali se assistia a touradas e *bear-baiting* (espetáculos em que ursos eram provocados por cães). Atualmente seus eventos são menos violentos. Perto da praça, em Palm Street, fica a Ah Louis Store. Fundada em 1874 por um cozinheiro chinês que trabalhou na construção da ferrovia *(págs. 50-1)*, tornou-se o centro de uma movimentada Chinatown, funcionando como correio, banco e armazém. Hoje é uma loja de suvenires que funciona em horários irregulares.

San Luis Obispo Mission de Tolosa
751 Palm St. ***Tel*** *(805) 781-8220.* *9h-17h seg-sex (exceto 12h-17h ter).* *feriados.*

Pismo Beach ❽

Mapa rodoviário B5. *8.700.* *San Luis Obispo.* *San Luis Obispo.* *581 Dolliver St.* ***Tel*** *(805) 773-4382.* **www**.pismobeach.com

Pismo Beach é famosa por seus mexilhões. No final do século 19, até 40 mil mexilhões eram apanhados por dia na área. Em 1911, foi criada uma lei que limitava a pesca a 200

Pismo Beach, com as montanhas ao fundo

Veja hotéis e restaurantes desta região nas págs. 531-4 e 576-9

por pessoa. Atualmente, é exigida uma licença de pesca e há restrições de tamanho e quantidade. O festival do mexilhão acontece no outono.

A praia *(pág. 208)* estende-se por 13km, até o rio Santa Maria. Oferece áreas de camping, passeios de barco, pesca e local para piquenique. A areia é compacta e permite o acesso de carros por rampas instaladas na Grand Avenue, em Grover Beach, e Pier Avenue, em Oceano.

Nas suas muitas dunas de areia encontram-se pássaros, artemísias, flores silvestres, verbenas e outras plantas, além de uma ou outra raposa, coelho e coiote. Montes de conchas, sobretudo perto de Arroyo Grande Creek, marcam locais onde viviam os índios Chumash.

Nos anos 1930 e 1940 as dunas eram um centro de atração de artistas, nudistas e místicos. Foram também cenário de vários filmes, por sua semelhança com o deserto do Saara, entre eles O *Sheik*, com Rodolfo Valentino *(pág. 112)*.

ECOLOGIA DAS DUNAS

As dunas costeiras são produto do vento e, surpreendentemente, das plantas. Logo acima da linha da maré, a areia seca é estabilizada. Mais atrás, a grama-das-praias e o lupino prateado prendem mais areia, criando pequenas elevações em volta das raízes. O lupino, ao se decompor, mistura-se com a areia e produz solo, permitindo que outras plantas, como o trigo da duna, cresçam e tomem conta do lugar. Com o tempo, a onze-horas, verbena e ipomeia criam raízes no solo arenoso. As plantas dão alimento e proteção a diversos insetos e animais, de vespas e besouros a grilos e pequenos ratos. A maior parte da vida silvestre praiana depende do orvalho que cai das plantas na areia. Se um pedaço da frágil cobertura de plantas é destruído por uma tempestade, pelo vento ou pelas pessoas, a areia se dispersa e uma nova duna é formada.

Onze-horas, típica das dunas de areia da costa californiana

Lompoc Valley ❾

Mapa rodoviário B5. *Santa Barbara.* *Lompoc.* *111 S I St, Lompoc.* ***Tel*** *(805) 736-4567.* **www**.lompoc.com

O Lompoc Valley é um dos maiores produtores mundiais de sementes de flores. Os morros e campos de flores em volta do vale são uma explosão de cores entre o fim da primavera e o começo do verão. Entre as espécies lá cultivadas estão cravo, ervilha-de-cheiro, espora, lobélia, capuchinha e centáurea.

A Câmara de Comércio de Lompoc fornece um mapa das plantações da região. Na Civic Center Plaza, entre a Ocean Avenue e a C Street, há um jardim com muitas flores identificadas por placas, para quem quiser conhecê-las.

La Purísima Concepción Mission, a 5km da cidade, foi a 11ª Missão fundada na Califórnia. Foi transformada em Parque Histórico Nacional nos anos 1930. Os prédios do começo do século 19 foram reconstruídos e o conjunto dá uma boa ideia de como era a vida missionária.

Na Missão pode-se conhecer o alojamento dos padres, mobiliado com peças autênticas, no elegante prédio residencial. A igreja simples e estreita tem paredes decoradas com coloridos trabalhos em estêncil. Nas oficinas anexas produziam-se tecidos, velas, objetos de couro e móveis para a missão

Os jardins de La Purísima foram fielmente restaurados. As variedades de frutas, hortaliças e ervas aqui plantadas eram comuns no século 19. Também se pode visitar o sistema que fornecia água para toda a missão.

La Purísima Concepción Mission
2295 Purísima Rd, Lompoc. ***Tel*** *(805) 733-3713.* *9h-17h diariam.* *1º jan, Ação de Graças, 25 dez.*

La Purísima Concepción Mission, em Lompoc Valley

Passeio pelas Vinícolas do Santa Ynez Valley ⓾

Vinho local

Santa Ynez Valley é uma das mais novas e diferenciadas regiões vinícolas da Califórnia. A área é sujeita à neblina que vem do mar, oferecendo condições climáticas diversas de acordo com a altitude e a distância da costa. Além disso, o tempo de cultivo é mais longo que no norte. Essas condições, aliadas a solos diversificados, produzem boas variedades de uvas clássicas.

DICAS

Extensão do passeio: *48km.*
Paradas: *Los Olivos Café (pág. 576) é um lugar agradável para almoçar. Aqui também se pode comprar comida e até cesta de piquenique. Todas as vinícolas têm mesas e bancos, onde é possível comer saboreando o vinho local.*

Fess Parker Winery ⑤
Pinot noirs, syrahs e rieslings são produzidos na vinícola do ex-ator Fess Parker. A degustação é oferecida em um bonito prédio no Foxen Canyon.

Brander Vineyard ⑥
Fundado em 1975, o Brander oferece premiados sauvignon blancs e outros vinhos em um edifício em estilo francês com vista para os vinhedos.

Firestone Vineyard ③
Maior produtor da região, oferece cabernet sauvignons, chardonnays e merlots em uma grande sala de degustação ao lado da vinícola.

Curtis Winery ④
É especializado em Rhone Varietal e Syrahs, que podem ser degustados na adega adjacente.

Santa Ynez ②
Santa Ynez Winery e Sunstone Vineyards and Winery fazem parte do conjunto de vinícolas instaladas na região.

Gainey Vineyard ①
Vinhos finos são degustados em um edifício em estilo espanhol próximo ao Lake Cachuma.

0 quilômetros 2

LEGENDA
Percurso do passeio
Outras estradas

Igreja e campanário da Mission Santa Inés

Solvang ⓫

Mapa rodoviário C5. *5.000.* *1511-A Mission Drive.* ***Tel*** *(805) 468-6765.* **www**.solvangusa.com

Esta cidade em estilo escandinavo foi fundada em 1911 por educadores dinamarqueses. Eles pagaram US$ 360 mil por 36,5km² de plantações de mostarda e feijão, onde construíram uma escola e uma colônia. A escola original de dois andares, em Alisal Road, não existe mais; em seu lugar funciona o restaurante Bit O' Denmark. A Igreja Luterana Bethania, de 1928, com arquitetura tradicional dinamarquesa, tem um veleiro pendurado no teto. Os turistas podem passear em um bonde puxado a cavalo e ver moinhos, chaminés com cegonhas artificiais e lampiões a gás nas ruas. As cervejarias servem *aebleskiver* (bolo dinamarquês), principalmente durante os Danish Days, uma festa que ocorre em setembro *(pág. 38)*.

Mission Santa Inés ⓬

1760 Mission Drive, Solvang. **Mapa rodoviário** C5. ***Tel*** *(805) 688-4815.* *9h-17h diariam.* *Páscoa, Ação de Graças, 25 dez.* **www**.missionsantaines.org

Fundada em 17 de setembro de 1804, Santa Inés foi a 19ª do conjunto de Missões californianas *(págs. 46-7)*. Em 1812, um terremoto destruiu parte da igreja, que foi reconstruída com paredes de 1,5m de espessura e reconsagrada cinco anos mais tarde. Até a secularização, em 1834, a Missão prosperou, com um rebanho de 12 mil cabeças; depois entrou em decadência e a maioria dos índios se foi. Em 1843, a Missão alojou o primeiro seminário da Califórnia. Seu trabalho de restauração começou depois da Segunda Guerra Mundial, quando ganhou o campanário (financiado por W.R. Hearst, *pág. 214*) e o santuário. A Missão tem ainda um pequeno museu com móveis, livros e vestimentas usados pelos padres, além de murais pintados por índios e um jardim.

Imagem de Nossa Senhora

Chumash Painted Cave State Historic Park ⓭

Painted Cave Road. ***Tel*** *(805) 733-3713.* *de Santa Bárbara. Estacionamento para dois veículos.* **www**.parks.cal.gov

Nas montanhas Santa Ynez, a 13km de Santa Barbara, encontram-se diversas cavernas com desenhos dos índios Chumash. A mais famosa é uma caverna de 6m por 12m, com acesso pela rodovia 154. Dentro dela, uma cavidade oval, coberta de pequenos desenhos em ocre, é protegida por uma tela de metal. Algumas cavernas têm desenhos primitivos que lembram lagartos, cobras e escorpiões, feitos em tinta vermelha, preta e branca. Sabe-se que as tribos trocavam pigmentos entre si. Alguns especialistas dizem que os desenhos estão relacionados à religião dos índios; outros acham que não têm nenhum significado especial.

Pintura indígena nas cavernas Chumash

BORBOLETAS-MONARCAS

A cada inverno milhões de borboletas-monarcas migram do oeste dos Estados Unidos e Canadá para o sul e centro da Califórnia e México. Começando a viagem em outubro e novembro, as borboletas cobrem 130km por dia, a velocidades que chegam a 50km/h. No litoral central, geralmente se acomodam em eucaliptos. Depois da estação de acasalamento, em janeiro e fevereiro, começam a voltar para seu hábitat de verão. Na época certa, podem ser observadas no Montana de Oro State Park *(pág. 209)*, em Pismo Beach, e em Ventura.

Borboletas-monarcas

Rua a Rua: Santa Barbara ⓮

Fonte em frente ao County Courthouse

Santa Barbara é uma raridade no sul da Califórnia: uma cidade inteira com um único estilo arquitetônico. Após o devastador terremoto de 1925, todo o centro foi reconstruído seguindo estritamente o estilo mediterrâneo. A cidade foi fundada em 1782 –quatro anos antes de Santa Barbara Mission *(págs. 222-3)*– como um forte espanhol. Durante o século 19, Santa Barbara foi um *pueblo* tranquilo, onde moravam algumas centenas de famílias, frequentado pelos fazendeiros próximos. Uma dúzia de casas de adobe da época ainda existe. Atualmente, Santa Barbara é um famoso balneário com praias de lazer, cafés e restaurantes finos, butiques e galerias de arte.

★ Museum of Art
Seu excelente acervo inclui arte asiática, antiguidades, arte americana, gravuras, desenhos e fotos. Na sala dos franceses do século 19 pode-se apreciar Trigo Maduro *(1884), de Jules Bastien-Lepage.*

★ County Courthouse
O tribunal em estilo colonial, de 1929, continua em uso. É decorado com azulejos de Túnis e peças de ferro batido. Murais de D.S. Groesbeck, na Assembly Room, mostram cenas da história californiana (pág. 42). *Bela vista panorâmica do alto da torre do relógio.*

LEGENDA

– – – Percurso sugerido

Paseo Nuevo
Este animado shopping center a céu aberto combina com a galeria, mais antiga, que fica do outro lado da State Street.

PONTOS ALTOS

- ★ County Courthouse
- ★ Museum of Art
- ★ Presidio

Veja hotéis e restaurantes desta região nas págs. 531-4 e 576-9

★ Presidio
Este forte foi construído em 1782, último de um conjunto de quatro erguidos pelos espanhóis ao longo da costa da Califórnia.

PREPARE-SE

Mapa rodoviário C5. *90.200.* *Santa Barbara Airport, 13km norte de Santa Barbara.* *34 W Carrillo.* *Stearns Wharf.*
Visitors' Center 1 Garden St ***Tel*** *(805) 965-3021.* **www**.santabarbaraca.com
Museum of Art ***Tel*** *(805) 963-4364.* *11h-17h ter-dom.*
County Courthouse ***Tel*** *(805) 962-6464.* *seg-sex.*
Presidio ***Tel*** *(805) 965-0093.* *10h30-16h30 diariam.* **www**.sbthp.org
Santa Barbara Historical Museum ***Tel*** *(805) 966-1601.* *10h-17h qui-sáb, 12h-17h dom.* ***Doações.*** **www**.santabarbaramuseum.com

O Cañedo Adobe hospedou soldados e famílias de militares do Presidio.

El Cuartel abrigava as famílias dos militares.

Lobero Theatre
Este charmoso prédio de 1924 fica no lugar do teatro original da cidade, construído em 1873 pelo músico italiano Jose Lobero.

Historical Museum
O acervo da Historical Society é exibido em dois edifícios de adobe. Entre as peças expostas, uma imagem de santa Bárbara, mártir do século 4º.

Santa Barbara Mission

Monge

Chamada de "Rainha das Missões", Santa Barbara é sem dúvida a mais visitada. Fundada em 1786, no dia da sua santa padroeira, foi a décima construída pelos espanhóis *(págs. 46-7)*. Depois que a terceira estrutura em adobe foi destruída por um terremoto em 1812, ergueu-se o prédio atual, concluído em 1833. As torres gêmeas e a mistura de estilos romano, mouro e espanhol serviram de inspiração para o que mais tarde viria a ser chamado de "estilo Mission" *(pág. 30)*. A Missão voltou a ser atingida por um terremoto em 1925, que danificou as torres e a fachada da igreja. Ambas foram recuperadas, mas, por causa de uma reação química dos elementos presentes no cimento, toda a frente teve que ser reconstruída em 1953, seguindo o projeto original. Santa Barbara é a única Missão em uso contínuo desde que foi fundada.

Fonte central
Fonte cercada de palmeiras no centro dos Jardins Sagrados.

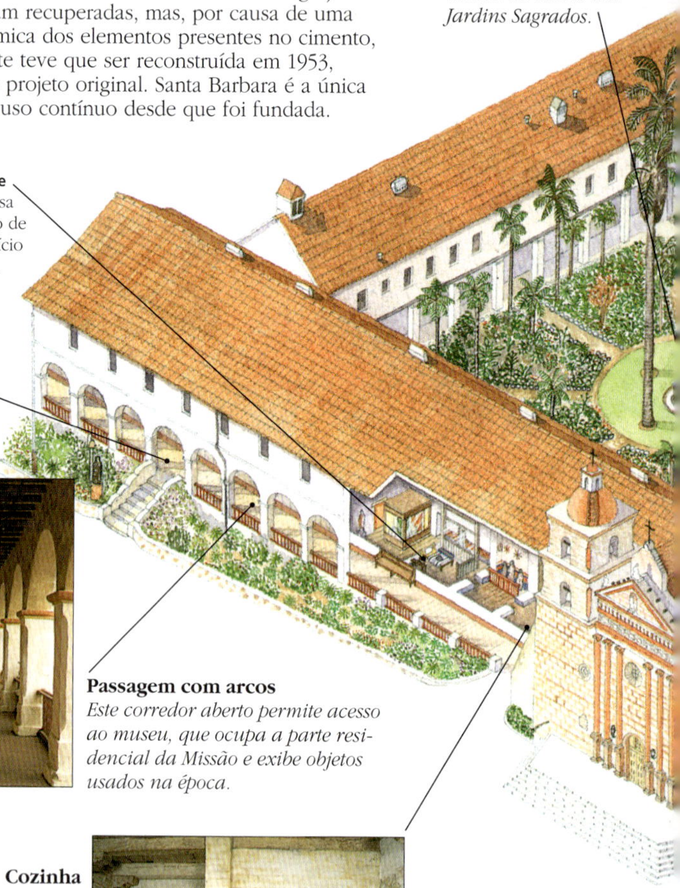

Este quarto de missionário usa o mesmo tipo de móveis do início do século 19.

Entrada

Passagem com arcos
Este corredor aberto permite acesso ao museu, que ocupa a parte residencial da Missão e exibe objetos usados na época.

Cozinha
A cozinha foi restaurada com utensílios típicos do início do século 19. Os alimentos eram produzidos na Missão, que tinha plantações e rebanhos.

PONTOS ALTOS

- ★ Igreja
- ★ Fachada principal
- ★ Jardins Sagrados

★ Jardins Sagrados
O jardim, muito bem cuidado, era o local onde os índios aprendiam ofícios dos brancos. Nos prédios vizinhos havia oficinas e acomodações.

PREPARE-SE

2201 Laguna St. ***Tel*** *(805) 682-4713.* *22.* *9h-17h diariam.* *7h30 seg-sex; 16h sáb; 7h30, 9h, 10h30, 12h dom.*

★ Igreja
A igreja estreita tem interior neoclássico. Nas paredes e batentes foram pintadas colunas e outros detalhes. O retábulo tem uma pintura ao fundo e imagens de madeira.

A capela, ao lado do altar, é dedicada ao Sagrado Sacramento.

A largura da nave foi determinada pela altura das árvores usadas como vigas.

No jardim-cemitério estão túmulos de padres e de cerca de 4.000 índios.

★ Fachada principal
A fachada clássica da igreja foi desenhada pelo padre Antonio Ripoll, admirador do arquiteto romano Vitruvius Pollio (cerca de 27 a.C.), em quem se inspirou para projetar a estrutura.

Igreja de San Buenaventura Mission, em Ventura

Ventura ⓯

Mapa rodoviário C5. *102.000.* *101 S California Suite C* **Tel** *(805) 648-2075.* **www**.ventura-usa.com

Tudo o que restou da **San Buenaventura Mission,** fundada em 1782 e concluída em 1809, foi a igreja, com seu pátio ajardinado e fonte de azulejos. O museu da Missão mostra como era o conjunto original.

Duas casas de adobe de meados do século 19 ainda estão de pé. A pequena **Ortega Adobe** mostra as duras condições de vida daquele tempo *(pág. 30)*. A **Olivas Adobe** é uma casa de fazenda de dois andares, com móveis de época.

Atualmente, Ventura é um ativo centro agrícola. A Ventura Harbor Village tem lojas, restaurantes, um carrossel e um teatro comunitário. De lá partem barcos de cruzeiro, de pesca e de observação de baleias, e transporte para o Channel Islands National Park. Também é possível alugar equipamento de pesca e caiaques.

San Buenaventura Mission
211 E Main St. **Tel** *(805) 643-4318.* *diariam.* *1º jan, Páscoa, Ação de Graças, 25 dez.* **www**.sanbuenaventuramission.org

Ortega Adobe
100 W Main St. **Tel** *(805) 648-2075.* *diariam.* *1º jan, Páscoa, Dia do Trabalho, Ação de Graças, 25 dez.*

Olivas Adobe
4200 Olivas Park Drive. **Tel** *(805) 658-4728.* **jardins** *diariam.* **casa** *sáb e dom.* *1º jan, Páscoa, Ação de Graças, 25 dez.*

Channel Islands National Park ⓰

Mapa rodoviário C6. *Ventura.* **Centro de Visitantes** 1901 Spinnaker Dr. Ventura. **Tel** *(805) 658-5730.* *diariam.* *Island Packers, 1867 Spinnaker Drive (805 642-1393).* **www**.nps.gov/chis

As ilhas de Santa Barbara, Anacapa, San Miguel, Santa Cruz e Santa Rosa compõem o Channel Islands National Park, parque nacional constituído de ilhotas vulcânicas desabitadas. O acesso é rigidamente controlado por guardas, que liberam os passes de desembarque obtidos no Centro de Visitantes. Pode-se acampar em todas as ilhas, com exceção de Santa Cruz, mas é preciso fazer reserva com pelo menos duas semanas de antecedência. Cada visitante tem que trazer sua comida e água –não há nada nas ilhas.

Dependendo da ilha e da época do ano, com sorte é possível ver golfinhos, baleias e pelicanos no canal de Santa Barbara. Há muita vida silvestre nas pequenas ilhas, com grande número de leões-marinhos, focas e gaivotas.

Pelicano-pardo da Califórnia

Passeios de um dia a Anacapa, a ilha mais próxima ao litoral, são uma oportunidade para conhecer este singular ecossistema. Aprende-se mais nas excursões com guia, conduzidas pelos guardas do parque nas ilhas de San Miguel e Santa Rosa. Os turistas têm de seguir as trilhas demarcadas. Animais de estimação são proibidos por aqui.

Os lagos que se formam nas pedras estão repletos de fauna e flora marinhas, e as florestas de algas em volta abrigam mais de mil espécies de plantas e animais.

Há muitas cavernas, e os passeios de caiaque são inesquecíveis. Esta também é considerada uma das melhores áreas de mergulho.

Ronald Reagan Presidential Library ⓱

40 Presidential Drive, Simi Valley. **Mapa rodoviário** C5. **Tel** *(800) 410-8354.* *10h-17h diariam.* *1º jan, Ação de Graças, 25 dez.* **www**.reagan.utexas.edu

Os documentos presidenciais de Ronald Reagan estão arquivados neste prédio em estilo *revival* Mission, no alto de uma colina. A biblioteca tem uma mostra permanente sobre a vida de Reagan, que também foi ator, e de sua mulher, Nancy. Há outras exposições temporárias, como a de presentes, roupas, obras de arte e outros objetos dos oito anos de Reagan na Casa Branca, incluindo um grande pedaço do Muro de Berlim, com grafite original. Há também uma réplica exata em tamanho natural do Salão Oval. No Air Force One Pavilion visitantes podem subir no jato que foi usado por seis presidentes de 1973 a 2001.

Reconstituição do Salão Oval da Casa Branca na Reagan Presidential Library

Veja hotéis e restaurantes desta região nas págs. 531-4 e 576-9

Arcada em estilo *revival* Mission na Main Street, Ojai

Ojai 18

Mapa rodoviário C5. *8.000.* *150 W Ojai Ave.* ***Tel** (805) 646-8126.* **www**.ojaichamber.org

Fundada em 1874, esta cidade se chamava Nordhoff, em homenagem a Charles Nordhoff, que escreveu um livro promovendo a Califórnia no final do século 19. Em 1917 o nome mudou para Ojai, que em chumash quer dizer lua, uma referência ao vale em forma de meia-lua onde fica a cidade.

A galeria em arcos que ornamenta duas quadras de lojas em Ojai foi financiada por Edward J. Libby, milionário da indústria de vidro, e desenhada, em 1917, por Richard Requa. A torre foi inspirada em um campanário de Havana, em Cuba. Outra atração é a livraria Barts Corner, em 302 West Matilija Street. Lá estão expostos 25 mil volumes, muitos do lado externo. Leitores noturnos podem escolher com calma e pagar por uma abertura na porta.

Desde a década de 1920 Ojai é um refúgio de místicos e sede de várias organizações religiosas e internatos.

Los Padres National Forest 19

Mapa rodoviário C5. *Santa Barbara.* **Centro de Visitantes** *8h-16h30 seg-sex.* ***Tel** (805) 968-6640.* **www**.fs.fed.us/r5/lospadres

Los Padres National Forest é uma área de quase 8.000km² com vários tipos de terreno, desde desertos até montanhas cobertas de pinheiros com picos de 2.700m de altura. Nela vivem ursos, raposas, veados e pumas, além de águias-reais e condores –o condor da Califórnia é o maior pássaro dos EUA, com 3m de asa a asa.

Nas encostas mais baixas encontram-se sequoias vermelhas e, mais acima, muitos pinheiros. No verão a temperatura é muito elevada e, entre maio e outubro, chove muito pouco.

A floresta tem centenas de quilômetros de trilhas para caminhadas, recomendadas para quem tem experiência. As estradas são poucas. Exceções: as rodovias 33 e 150, e também a 154, que cruza um trecho no caminho para Santa Ynez *(pág. 218)* e Santa Barbara *(págs. 220-3)* e passa pelo espetacular viaduto Cold Spring Arch Bridge.

No interior da Los Padres National Forest existem 88 áreas de camping. Entre os esportes praticados aqui estão pesca, equitação e, em Mount Pinos, esqui na neve.

Bakersfield 20

Mapa rodoviário C5. *384.000.* *515 Truxton Ave.* ***Tel** (866) 425-7353.* **www**.visitbakersfield.com

Bakersfield tem esse nome em homenagem ao coronel Thomas Baker, colono que cultivou um campo de alfafa para alimentar os animais dos migrantes que aqui descansavam antes de cruzar as Tehachapi Mountains, "fronteira" entre norte e sul da Califórnia.

Muitos acham que Bakersfield só é alcançada pela I-5, última parada antes da subida para o Grapevine Canyon, na viagem entre São Francisco e Los Angeles, mas também se chega aqui a partir de Santa Maria e Ojai, por estradas secundárias que cruzam a Los Padres National Forest.

A história moderna de Bakersfield começa com a descoberta de ouro em meados do século 19. Muitos migrantes de países mediterrâneos se instalaram na região, cultivando a terra fértil. Hoje em dia é uma das cidades que mais crescem na Califórnia, mas consegue manter um ar rural. Além de ser um centro de música country, tem lojas de antiguidades. O **Kern County Museum** apresenta exposições históricas e sobre a indústria do óleo. O rio Kern, que cerca Bakersfield, é ótimo para rafting e caiaque *(pág. 612)*. E, no Lake Isabella, a 65km, praticam-se esportes aquáticos.

Kern County Museum
3801 Chester Ave. ***Tel** (661) 852-5000.*
10h-17h seg-sáb, 12h-17h dom.
1º jan, Ação de Graças, 24, 25 e 31 dez. **www**.kcmuseum.org

A Cold Spring Arch Bridge faz parte da Los Padres National Forest

ORANGE COUNTY

No final do século 19, Orange County fazia jus ao nome – este trecho de terra seca e ensolarada, que vai das montanhas Santa Ana até a linda costa do Pacífico, era inteiramente ocupado por laranjais. Atualmente, a região é uma massa de freeways *(vias expressas) e bairros residenciais. Os visitantes podem explorar uma série de museus, atrações históricas e centros de lazer.*

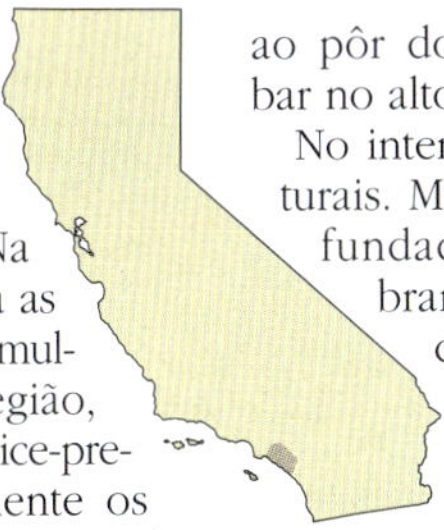

Em meados dos anos 1950 as estradas que traziam aos parques temáticos deste condado ainda cruzavam extensos laranjais. Na época, a Disneylândia atraía as primeiras e entusiasmadas multidões e um nativo da região, Richard Nixon, tornava-se vice-presidente dos EUA. Atualmente os laranjais deram lugar aos centros urbanos e os engradados de laranjas viraram peças de colecionador. Mais de 3 milhões de pessoas moram na área, desfrutando o sol que brilha o ano todo e um alto padrão de vida.

O litoral de Orange County tem praias arenosas amplas, marinas, casas de artistas famosos e uma infinidade de pontos excelentes para o surfe. Nas ricas cidades costeiras, poucos resistem à tentação de assistir ao pôr do sol bebericando em um bar no alto de algum rochedo.

No interior há muitas atrações culturais. Mission San Juan Capistrano, fundada em 1776, é uma lembrança dos missionários franciscanos vindos da Epanha. O Bowers Museum of Cultural Art, em Santa Ana, exibe excelentes obras de artesanato do mundo todo. Em Yorba Linda, a imponente Richard Nixon Library homenageia o filho mais famoso do condado.

O Orange County é o centro do entretenimento na Califórnia. Para quem quer sentir a emoção da montanha-russa, há Knott's Berry Farm, o parque temático mais antigo do país, e o reino da fantasia da Disneylândia, onde quem manda é o simpático camundongo Mickey.

Espelho d'água na Richard Nixon Library and Birthplace

◁ **Tobogã em tronco de árvore no parque temático Knott's Berry Farm, o mais antigo dos EUA**

Como Explorar Orange County

A maior parte dos 2.050km² de Orange County é ocupada por grandes concentrações urbanas ligadas por *freeways* (vias expressas) sempre movimentadas. Anaheim, onde fica a Disneylândia, é a segunda maior cidade do condado, só perdendo para Santa Ana. O popular parque temático Knott's Berry Farm situa-se um pouco a noroeste, em Buena Park. Juntas, Anaheim e Buena Park formam o centro turístico da região. O litoral é repleto de cidades, com mais variedade e personalidade do que a área em volta dos parques. Mais para o interior há espaços vazios na região da vasta Cleveland National Forest e de Santa Ana Mountains.

Two Harbors, em Catalina Island

VEJA TAMBÉM

- ***Onde Ficar*** págs. 534-5
- ***Onde Comer*** págs. 579-81

0 quilômetros 5

LEGENDA

- Freeway
- Estrada principal
- Estrada secundária
- Estrada vicinal
- Ferrovia principal
- Ferrovia secundária
- Cume

A imensa Crystal Cathedral, em Garden Grove, ao sul de Anaheim

PRINCIPAIS ATRAÇÕES

Bowers Museum of Cultural Art 5
Catalina Island págs. 242-3 8
Crystal Cathedral 4
Heritage Museum of Orange County 6
Resort Disneylândia págs. 232-5 1
Knott's Berry Farm and Soak City págs. 236-7 2
Mission San Juan Capistrano págs. 240-1 7
Richard Nixon Library and Birthplace 3

COMO CIRCULAR

A rodovia I-5 é uma importante via de comunicação norte-sul, ligando Los Angeles a San Diego. Existem agora novas pistas expressas de pedágio, num esforço para evitar congestionamentos. A mais panorâmica Highway 1, a Pacific Coastal Highway, liga os balneários do litoral. Os trens Amtrak *(pág. 600)* e Metrolink vão para o Sul, saindo de Los Angeles. As paradas incluem San Juan Capistrano e Anaheim. A maioria das linhas de ônibus busca atender as necessidades locais. O ferryboat para Catalina Island funciona diariamente no verão, porém é bom verificar os horários no inverno. A travessia do continente até Avalon ou Two Harbors leva cerca de uma hora.

Litoral de Orange County

A costa de Orange County é o que há de mais representativo do sul da Califórnia. O litoral norte é plano e suave. Ao sul da península Balboa predominam os penhascos e as enseadas escondidas. Casas de milhões de dólares, marinas luxuosas, constante atividade esportiva e a vida em alto estilo refletem a riqueza e a vitalidade das cidades.

O Balboa Pavilion *foi inaugurado em 1905 para ser o terminal da linha ferroviária Pacific Electric Red Car Line, de Los Angeles. Nos anos 1930 e 1940, apresentava músicos das* big bands, *como Count Basie. Hoje é um restaurante e ponto de partida de cruzeiros por Newport Harbor.*

★ Huntington State Beach ③

Uma das principais "cidades do surfe" da Califórnia, Huntington Beach tem um museu do surfe, campeonatos internacionais e surfistas que podem ser vistos de um comprido píer.

Upper Newport Bay Ecological Reserve *é um trecho de 3km² de litoral que serve de refúgio para aves migratórias e outros animais. Oferece trilha de bicicleta, local de pesca, passeios guiados a pé e caiaque.*

LEGENDA

- Freeway
- Estrada principal
- Estrada secundária
- Rio
- Vista panorâmica

Seal Beach ①

Praia tranquila, com quase 2km de areia fofa e alguns surfistas. O píer de madeira é muito usado por pescadores. Uma caminhada por seus 570m de extensão dá uma boa visão dos prédios de Long Beach *(págs. 132-3)*.

Newport Beach ④

Famosa pelas casas e moradores bilionários, Newport Beach fica em uma faixa de 5km de areia, com dois píeres. Pode-se comprar peixe fresco, pescado pela histórica frota Dory, no Newport Pier, no extremo norte da praia.

Doheny State Beach ⑧

Praia arenosa e refúgio de vida marinha, a Doheny fica perto da foz do rio San Juan. A praia atrai desde nadadores e surfistas até observadores de pássaros e pescadores, passando por ciclistas.

Bolsa Chica State Beach ②

Bolsa Chica (bolso pequeno, em espanhol) é uma extensão de areia plana, com torres de extração de petróleo em alto-mar e mangues encontrados no 1,2km² da reserva ecológica Bolsa Chica.

Aliso Beach ⑦

Na foz do rio Aliso fica esta pequena praia arenosa. O píer de concreto de 190m agrada os pescadores. No extremo sul da praia há uma reserva de vida marinha, com canteiros de algas gigantes.

San Clemente State Beach ⑨

A vila de San Clemente, nas montanhas, tem duas praias: uma estreita a seus pés –perto da estação de trem há um píer municipal– e, mais ao sul, a State Beach, praia bem cuidada com área para piquenique e camping.

★ Corona del Mar State Beach ⑤

Cercada de rochedos onde se equilibram casas e belvederes, esta é uma praia frequentada por famílias, com bons locais para nadar, enseadas e piscinas nas pedras.

LOCALIZE-SE

0 quilômetros 5

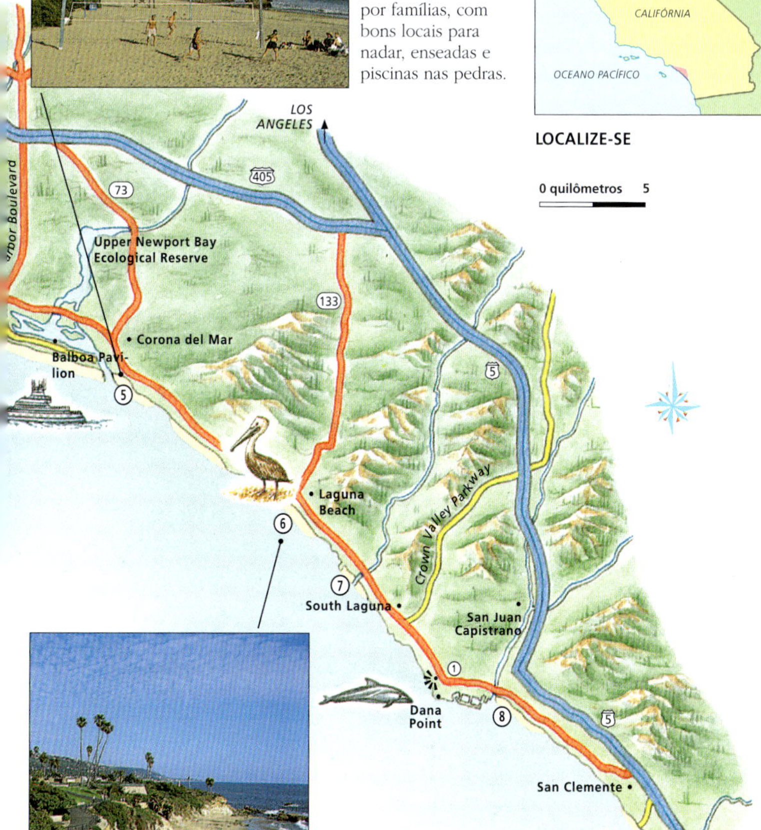

★ Laguna Beach ⑥

Com trilhas para passeios no alto dos rochedos, praias pequenas e escondidas e comunidade de artistas, Laguna lembra a Riviera francesa. Ideal para um coquetel ao pôr do sol, é famosa pelo seu festival de arte Pageant of the Masters *(pág. 37)*, no verão.

Dana Point *é uma homenagem ao escritor Richard Dana, cujo livro* Two Years Before the Mast, *de 1840, narrava os primeiros tempos na Califórnia. Uma réplica do navio Pilgrim está ancorada na baía.*

Resort Disneylândia ❶

O "magic kingdom" da Disney em Anaheim, principal atração turística da Califórnia, é também parte do Sonho Americano. Incluindo o Disneyland Park original, o Disney's California Adventure, a Downtown Disney e mais três enormes hotéis, esse Resort é o modelo para parques temáticos em todo o mundo. Ao visitar "O Lugar mais Feliz da Terra" encontramos fantasia, passeios emocionantes, belos shows e compras, numa muito bem orquestrada terra de longas filas, fogos de artifício e Mickey Mouse, tão americano como a torta de maçã.

Explorando o Resort

Espalhado por 34 hectares, o Disneyland Park original está dividido em oito áreas temáticas, conhecidas como "lands" (terras). Para se deslocar pelo parque há a Disneyland Railroad e o monorail. O California Adventure Park da Disney tem quatro áreas temáticas *(pág. 235)*. Menor em área que o Disneyland Park, o California Adventure pode ser facilmente percorrido a pé. Essa nova viagem pelo nostálgico estilo Disney é adequada à família toda. No centro do Resort, entre os dois parques temáticos, fica Downtown Disney. Essa animada área é cheia de restaurantes, lojas e inovadores locais de entretenimento.

Leva pelo menos três dias para aproveitar bem uma visita, agora que o Resort cresceu tanto. Pode-se comprar um bilhete combinado *(pág. 233)* para todos os parques temáticos; ele dá acesso a todos os passeios e shows, e inclui um mapa do parque e uma programação dos eventos do dia. Ambos os parques ficam abertos até tarde da noite durante a alta temporada; e vale a pena perder um pouco de sono para ver o **Fireworks Show** que acontece na Disneyland e na Downtown Disney.

5 PRINCIPAIS ATRAÇÕES

- ★ Piratas do Caribe
- ★ Indiana Jones Adventure
- ★ It's a Small World
- ★ Soarin' Over California
- ★ Star Tours

MAIN STREET USA

Essa rua impecavelmente limpa, colorida, com seus edifícios antigos, dá as boas-vindas aos visitantes da Disneyland. A **Town Square**, perto da prefeitura, é um ótimo lugar para assistir ao desfile diário que apresenta personagens da Disney, que cumprimentam o público, e cenas dos filmes mais famosos da Disney. Esse é apenas um dos locais em que é possível encontrar e falar com esses célebres personagens. Se tiver sorte, você poderá encontrar aqui muitas situações boas para registrar em fotos e vídeo.

O **City Hall** oferece mapas, alimentação e programações de entretenimento, além de informações sobre o parque; já o **Main Street Cinema** passa antigos filmes mudos da Disney. A própria Main Street tem boas atrações, como lojas e locais para comer.

TOMORROWLAND

Visões do futuro inspiram as atrações aqui, e a vista muda regularmente para ficar um passo adiante da tecnologia da vida real e ainda assim preservar a fantasia. Em 1955, uma das primeiras atrações era a **Autopia**, hoje redesenhada e atualizada para levar os convidados a um universo paralelo a partir do ponto de vista de um carro. A trilha serpenteia entre Tomorrowland e Fantasyland.

Buzz lightyear Astro Blasters

Uma experiência interativa na qual o visitante pilota sua própria nave espacial.

Finding Nemo Submarine Voyage

Uma experiência única, onde os visitantes ficam embaixo d'água acompanhados por Nemo e seus amigos.

Star Tours

Projetado em conjunto com George Lucas, o uso de tecnologia de simulação de voo faz deste um dos passeios mais realistas do parque. Embarca-se numa nave StarSpeeder para um passeio pelo espaço.

Space Mountain

Uma das favoritas da Disneyland, atualizada para o milênio, essa atração consiste num passeio de montanha-russa a alta velocidade, a 36m. Quase todo ele na escuridão, o passeio tem repentinas aparições de meteoros, chuvas celestiais e música espacial. Não é indicado para crianças pequenas.

COMPRAS

As lojas da Disneyland, particularmente as da Main Street, USA, costumam ficar cheias no fim do dia, especialmente na hora de fechar. Se puder, vale a pena fazer suas compras mais cedo e depois recolhê-las no Redemption Center. Embora muitos dos produtos à venda no parque temático tragam o rosto de personagens da Disney, cada uma das oito terras acrescenta suas próprias variações. Por exemplo, na Adventureland, você pode comprar roupas no estilo Indiana Jones; e na Frontierland você encontra artesanato dos nativos norte-americanos. A maior loja dentro do Magic Kingdom é a Emporium, na Main Street. Se você procura lembranças com os personagens da Disney, esse é o lugar onde você deve ir.

Veja hotéis e restaurantes desta região nas págs. 534-5 e 579-81

Fachada de sonhos do Castelo da Bela Adormecida, na Fantasyland

MICKEY'S TOONTOWN

Todos os personagens da Disney moram aqui. É nesta parte do parque que é mais provável encontrar o Mickey, o Pateta e outros personagens conhecidos passeando e tirando fotos com os visitantes.

As casas de celebridades mais populares aqui são a casa do Mickey e o chalé da Minnie, onde toques sutis exemplificam a lendária atenção de Disney para os detalhes. A maioria das atrações dessa área se destina a crianças a partir de três anos de idade. A **Chip 'n Dale Treehouse** e as atrações interativas oferecem diversão adequada aos mais novos.

O **Roger Rabbit's Car Toon Spin** é a maior e mais popular atração da Toontown. Seus carrinhos rodopiantes oferecem um enlouquecido passeio por um mundo animado surreal cheio de surpresas e perigos iminentes.

FANTASYLAND

Com as torres em dourado e rosa do **Castelo da Bela Adormecida** e uma réplica da **Matterhorn**, a Fantasyland é um templo para os sonhos das crianças e a nostalgia dos adultos. Heróis como Peter Pan, Dumbo e Branca de Neve são o tema de passeios de contos de fada em veículos que vão desde caravelas voadoras até as imensas xícaras rodopiantes do Chapeleiro Maluco. Aqui há quase o dobro de atrações para apreciar do que nos demais parques, e a presença de muita gente comprova o apelo permanente dessa área.

Matterhorn Bobsleds

Atração histórica e um dos principais marcos do parque, esses trenós oferecem passeios "gelados" de montanha-russa desde 1959. Cópia do famoso pico perto de Zermatt na Suíça, a Montanha Matterhorn fica 45 metros acima do parque. Trenós com quatro pessoas cada vão até o pico nevado da montanha, para descer uma ladeira íngreme em alta velocidade, circundando o pico e cruzando cavernas geladas e cachoeiras. No final, quem vai nos assentos frontais leva um belo banho quando os trenós caem num lago.

It's a Small World

Esse show reabre em fevereiro de 2009, depois de reformas que adicionaram novos bonecos inspirados em personagens. Barcos coloridos transportam as pessoas pelo percurso, que destaca cerca de 300 bonecos de Audio-Animatronics, que dançam e cantam, todos em trajes regionais elaborados.

PREPARE-SE

1313 Harbor Blvd, Anaheim. ***Tel*** *(714) 520-5060.* ***Tel*** *(714) 781-4565.* *desde LAX.* *435.* *Jun-ago: 8h-meia-noite diariam; set-mai: 9h-18h diariam.*

www.disneyland.com

INGRESSOS E DICAS

O ingresso de um dia para a Disneyland ou para o Disney's California Adventure cobre a entrada e a maioria das atrações. O estacionamento é à parte, assim como certos shows, comida e jogos arcade. Bilhetes para dois a cinco dias e Passaportes Anuais dão acesso irrestrito. Com o Fastpass o visitante obtém um voucher com o horário de embarque, definido por computador, de atrações e passeios específicos. Isso evita longas filas. Para poupar tempo de espera no portão principal compre bilhetes antecipados em qualquer loja Disney ou pela internet, em www.disneyland.com. Para planejar melhor seu dia, veja informação atualizada sobre horários de shows e tempos de espera e de encerramento dos passeios no mural do fim da Main Street, oposto ao Plaza Pavillion, ou no website.

O Mark Twain Riverboat navegando pelo lago Rivers of America

FRONTIERLAND

Esta área é inspirada nos dias de aventura do Velho Oeste. Música e dança animada enchem o palco do **Golden Horseshoe** para ver Billy Hill and the Hillbillies. Todo fim de semana à noite o incrível show **Fantasmic!**, com fogos de artifício, efeitos de som e performances ao vivo, ilumina os céus da Frontierland.

DOWNTOWN DISNEY

Situada entre as entradas do parque Disneyland e da Disney's California Adventure, Downtown Disney® é um calçadão animado que oferece aos convidados cerca de 100 mil metros quadrados de restaurantes, lojas e locais de entretenimento. Como não se cobra ingresso, a área da Downtown Disney® virou um dos espaços mais populares –e cheios de gente. As principais atrações são as 12 telas do AMC Theatre®, a ESPN Zone™ e o LEGO Imagination Center®. Lanchonetes, restaurantes de prestígio, muitas lojas de varejo e especializadas e um centro de viagens terminam de compor essa atmosfera Disney.

O **Mark Twain Riverboat** é um cruzeiro de 15 minutos num barco a vapor com rodas de pás. Quando ele passar pelo lago Rivers of America, procure ver os alces e cervos de plástico. Reserve tempo para o assustador **Pirate's Lair**, na Tom Sawyer Island.

Quem procura emoção vai gostar de andar na montanha-russa **Big Thunder Mountain Railroad**. Os vagões abertos partem da Big Thunder, cidade mineira de 1880, sem maquinista. O trem segue a toda velocidade pelo interior da montanha Big Thunder, escapando por pouco de bater em penhascos e altas cachoeiras. Há restrições de idade e altura para os participantes.

CRITTER COUNTRY

Construído em estilo rústico, baseado no noroeste americano, Critter Country é uma área de 1,6 hectare perto da New Orleans Sq. Ela abriga a Splash Mountain, uma das atrações mais populares da Disneylândia, e um calmo restaurante, o Hungry Bear.

Splash Mountain
Passeio sinuoso pela água em troncos escavados. O coelho Quincas e sua turma são personagens cantores do filme de 1946 *A Canção do Sul*, que habitam a montanha pela qual segue o passeio. No final, mergulha-se numa cachoeira íngreme. Como no passeio de Matterhorn, as pessoas nos assentos dianteiros ficam molhadas.

As Canoas Exploradoras de Davy Crockett
Grupos podem levar para a água e remar essas canoas no estilo explorador. Guias dão aulas e garantem a segurança.

The Many Adventures of Winnie the Pooh
O urso mais amado do mundo e seus amigos em uma aventura a procura de mel.

NEW ORLEANS SQUARE

Esta charmosa praça tomou como modelo o Bairro Francês de Nova Orleans, como era no auge dessa cidade no século 19. Os edifícios têm sacadas de ferro trabalhado e abrigam interessantes lojas em estilo francês.

Casa Assombrada
Alguns dos visitantes desta atração, que promete 999 "fantasmas e espíritos", já estiveram aqui tantas vezes que decoraram e repetem a apresentação, feita durante a descida a este mundo de espíritos travessos e coveiros. Figuras holográficas,

Veja hotéis e restaurantes desta região nas págs. 534-5 e 579-81

entre elas a cabeça falante de uma mulher dentro de uma bola de cristal, são muito realistas. Esta atração levou 15 anos para ser completada e é inspirada no filme *O Estranho Mundo de Jack*, de Tim Burton. É exclusiva da Disneyland California e é uma ótima pedida para dias quentes de verão, já que tem um forte ar-condicionado.

Piratas do Caribe
Este show é um passeio flutuante por um mundo de malfeitores e prostitutas que receberam os dons da canção, da dança e da bebedeira, por meio do Audio-Animatronics, técnica que dá vida a modelos usando impulsos eletrônicos para controlar seus sons e ações, e que foi aperfeiçoada na própria Disneylândia.

Recentemente foram incorporados ao show personagens dos filmes de mesmo nome.

ADVENTURELAND

A atmosfera exótica da Adventureland oferece cursos de água escuros, úmidos, ladeados por plantas tropicais. Esta é a menor, mas talvez a mais cheia de aventuras das "terras" do parque. **O Enchanted Tiki Room** exibe pássaros mecânicos que cantam numa cômica e musical aventura pelos trópicos.

Indiana Jones™ Adventure
Inspirados pelo filme de 1982 da trilogia, os passageiros embarcam num passeio de jipe pelo "Templo do Olho Proibido". Efeitos teatrais e cenários, trilha sonora realista, incríveis sequências de filmes e a sensação física de estar em uma montanha-russa compõem essa mais recente experiência criada pela Disneylândia.

Jungle Cruise
Este passeio de barco em estilo safári pela selva cheia de macacos e caçadores sedentos de sangue é narrado por um capitão de verdade, que conta para a platéia piadas terríveis, mas divertidas, durante o passeio.

Casa na Árvore de Tarzan™
Um sobe e desce pela selva, estrelando Tarzan e Jane, com uma área para brincar, interativa e musical, situada na base da árvore.

O California Adventure da Disney

A mais nova atração de Anaheim é o California Adventure da Disney, junto à Disneylândia e construído nos 22 hectares do antigo pátio de estacionamento. O California Adventure da Disney está dividido em "terras" (lands), cada uma oferecendo experiências temáticas que celebram o sonho californiano. Aqui a ênfase cai nos adultos e adolescentes mais velhos, mas há muitos passeios e atrações para todas as idades. Junto com o parque da Disneylândia original, o California Adventure contribui para a magia da Disney.

HOLLYWOOD PICTURES BACKLOT

O Backlot, ou área de externas, deixa qualquer um boquiaberto com a visão da indústria do cinema. Há duas quadras de fachadas e toda uma simulação que permite ver Hollywood segundo a ótica da Disney. Outras atrações incluem **The Twillight Zone Tower of Terror**, com uma queda de 13 andares, e **Monsters Inc. Mike and Sally to the Rescue**, onde os visitantes passeiam por Monstrópolis.

GOLDEN STATE

Um tributo à topografia e à agricultura do estado, o Grizzly Peak, escavado na rocha, é um ícone da aventura californiana. O principal passeio é o **Soarin' Over California**, um voo simulado de *paraglider* mostrando a beleza da paisagem da Califórnia numa imensa tela. Não há narração, mas os convidados podem sentir o vento e o cheiro de laranja conforme planam a 12m do chão.

O **Grizzly River Run** é um passeio refrescante pelas corredeiras em um bote de borracha.

Bug's Land oferece insetos gigantes para as crianças e um filme em 3-D estrelando o Flik de *Vida de Inseto*.

PARADISE PIER

Mais leve do que as atrações emocionantes no parque original, o Paradise Pier tem montanhas-russas, rodas-gigantes e saltos de paraquedas. **California Screamin'**, a gigante **Mickey's Fun Wheel**, **Games of the Boardwalk** e o **King Triton's Carousel** recriam parques de diversões do litoral do passado.

O Grizzly River Run, marca registrada do California Adventure

Knott's Berry Farm e Soak City USA ❷

Estátuas de caubóis na Cidade Fantasma

A Knott's Berry Farm partiu de uma fazenda de amoras de 1920 e virou um complexo de lazer para vários dias de estada. O primeiro parque temático dos EUA oferece mais de 165 passeios e atrações, com ênfase na autenticidade. A Cidade Fantasma do Velho Oeste no centro do parque tem edifícios e artefatos tirados de uma cidade fantasma de verdade. Situada em Buena Vista, no Condado de Orange, a 10km da Disneylândia, o Knott's oferece cinco áreas temáticas, dezenas de palcos com ação ao vivo, atrações de arrepiar, lojas e restaurantes, e todos os serviços de um resort.

PONTOS ALTOS

★ Old West Ghost Town

★ Camp Snoopy

★ Soak City USA

GHOSTRIDER

Construída em 1998, essa montanha-russa de madeira está entre as melhores do país. Com sua queda inicial de 33m à velocidade de 97km/h, esse passeio de 2 minutos e meio é obrigatório para quem visita a Cidade Fantasma.

Maior estrutura de madeira dos EUA, com 36m de altura

Trilhos com 1.382m de extensão

CIDADE FANTASMA DO VELHO OESTE

Cidade de 1880, da Corrida do Ouro, com edifícios da época. Um trem a vapor de 1880, o **Ghost Town & Calico Railroad**, percorre o parque, e uma genuína carruagem **Butterfield Stagecoach** leva os passageiros a um passeio pelo passado.

O **Gold Trails Hotel and Mercantile**, ao estilo do Kansas, e o **Western Trails Museum** estão repletos de objetos Velho Oeste. Os visitantes podem participar de dança caubói típica na **Calico Square**. Quem escolhe a **Timber Mountain Log Ride** navega por dentro de uma serraria dos anos 1880 antes de ser lançado em uma cachoeira. No centro da Ghost Town, a montanha-russa **Ghost-Rider** proporciona uma vista panorâmica do parque. A **Silver Bullet** é a primeira montanha-russa suspensa do Knott's e o **Pony Express** oferece corrida de revezamento a cavalo.

Uma locomotiva a vapor de 1880 leva os visitantes pelo parque

CAMP SNOOPY

Inspirado pela majestosa High Sierra, a área de 2,4 hectares do Camp Snoopy é um paraíso interativo para crianças. Há 30 atrações testadas para crianças e pequenos passeios, cujos anfitriões são os amados personagens da série *Peanuts* – Snoopy, Lucy e Charlie Brown. Crianças menores de 12 anos se divertem na montanha-russa **Timberline Twister**, nos aeroplanos do Barão Vermelho e numa antiga roda-gigante, que oferece belas vistas para pais e crianças. A **Charlie Brown Speedway** atrai os pequenos entusiastas do automobilismo. **Woodstock's Airmail** é a versão infantil do elevador Supreme Scream. O **Lucy's Tugboat** recebe crianças de todas as idades a bordo. Há também a montanha russa giratória **Sierra Sidewinder** e shows no **Camp Snoopy Theatre**.

Crianças assumem o volante na Charlie Brown Speedway

Veja hotéis e restaurantes desta região nas págs. 534-5 e 579-81

FIESTA VILLAGE

Em homenagem à herança hispânica da Califórnia, o Fiesta Village oferece várias aventuras ligadas à região e boas atrações, como a **Casa Arcada**, que desafia a família inteira com a mais recente tecnologia de vídeo, ou o toque nostálgico do **Dentzel Carousel**, o mais antigo do mundo. A emoção fica por conta das duas montanhas-russas, **Jaguar** e **Montezooma's Revenge**. No final do dia, os visitantes assistem a shows de fogos de artifício e laser no **Reflection Lake**.

Réplica do Philadelphia's Independence Hall

TRILHAS INDÍGENAS

Arte e artefatos de nativos americanos da costa noroeste do Pacífico, Grandes Planícies, Sudoeste e Extremo Oeste estão expostos nesta área. Os totens e objetos das tribos Blackfoot, Nez Perce e Arapaho vistos ao longo das Trilhas Indígenas foram elaborados para expressar a beleza e a diversidade da cultura dos nativos americanos. Participando de aventuras educativas e vendo seu artesanato refinado, os visitantes compreendem como viviam esses povos e como suas crenças, clima e ambiente influenciavam sua vida diária.

THE BOARDWALK

Aqui o tema é uma festa na praia, pois tudo gira em torno da cultura litorânea do Sul da Califórnia. Predominam as atividades de praia e passeios superemocionantes: o **Supreme Scream** simula o lançamento de um foguete e o **Perilous Plunge** é só para quem tem coração forte. Depois você relaxa e assiste a um grande show no **Charles M. Schulz Theater**.

WILD WATER WILDERNESS

Experimente a magia das margens de rio desertas do início do século 19 num rio de águas claras, com fontes que se elevam e uma cachoeira gigante –a **Bigfoot Rapids**. A multissensorial **Mystery Lodge** celebra a cultura dos americanos nativos, com um contador de histórias indígena, música e dança.

A **Ranger Station** tem um naturalista residente que é amigo do Sasquatch, criatura da High Sierra da Califórnia conhecida como Pé Grande.

SOAK CITY

O mais novo parque aquático do Sul da Califórnia tem 21 incríveis brinquedos na água –todos com o tema da cultura surfista das décadas de 1950 e 1960.

Junto ao parque Knott's, com portão separado, a Soak City oferece 5,3 hectares de águas, com escorregadores, tubos, um supertobogã de seis pistas e a **Tidal Wave Bay**, uma piscina com ondas de ação suave a moderada. A **Gremmie Lagoon** é um playground seco para as crianças.

Em todas as atrações há restrições de idade e altura. Há muitos locais para lanchar e comprar suvenires; o local tem vestiários e armários para homens e mulheres.

PREPARE-SE

8039 Beach Blvd, Buena Park.
Tel *(714) 220-5147.* *(714) 220-5200.* *29, 38, 42.*
diariam. A hora de abertura varia dia a dia e sazonalmente, telefonar antes para obter mais informações. *25 dez.*
www.knotts.com

RADISSON RESORT, KNOTT'S BERRY FARM

Sob esta denominação você encontra três dos melhores locais de entretenimento do Sul da Califórnia: o Knott's Berry Farm Theme Park, o Soak City, and o Knott's Berry Farm Resort Hotel. O hotel tem 321 quartos, suítes temáticas do Snoopy, piscinas, quadras de esportes, academia e área para atividades infantis. Restaurantes de primeira linha, como o Cucina! Cucina! Italian Cafe contribuem para o clima festivo do lugar. Há descontos para hóspedes regulares, bem como pacotes por preços especiais.

O espetacular complexo aquático do parque Soak City USA

Casa em que Richard Nixon nasceu

Richard Nixon Library and Birthplace ❸

Mapa rodoviário D6. 18001 Yorba Linda Blvd. ***Tel*** *(714) 993-5075.* *Fullerton.* *10h-17h seg-sáb; 11h-17h dom.* *Ação de Graças, 25 dez.* **www**.nixonlibraryfoundation.org

A vida e as realizações do republicano Richard Nixon, presidente dos Estados Unidos de 1969 a 1974, são lembradas neste misto de museu e arquivo. Nos jardins muito bem cuidados fica a casa simples de madeira onde o ex-presidente nasceu, em 1913. Perto dela estão um lago e os túmulos de Nixon e de sua mulher, Pat, sob lápides idênticas de granito preto.

No museu, uma exposição permanente mostra, em ordem cronológica, a ascensão e queda de Nixon, com ênfase em suas qualidades de estadista e nos sucessos da sua política externa. A galeria chamada Foreign Affairs (Assuntos Externos) tem uma réplica de pagode chinês, com lembranças da visita de Nixon à China, em 1972, e outra da Catedral de São Basílio, em Moscou, lembrando a ida do ex-presidente à União Soviética naquele mesmo ano.

Outra galeria interessante é a World Leaders' Room (Sala dos Líderes Mundiais), onde estátuas de políticos famosos misturam-se aos muitos presentes que Nixon ganhou na Presidência, entre eles uma estátua da deusa Ísis, do século 6º, dada por Anuar Sadat do Egito, um quadro de Sonia Delaunay oferecido por Georges Pompidou, da França, e um porta-joias de malaquita, de Leonid Brejnev, da ex-União Soviética.

Entre os itens históricos exibidos nas demais galerias encontram-se uma pedra da lua de 3 bilhões de anos, um pedaço de 3,5m do Muro de Berlim e os vestidos usados pela primeira-dama. Os visitantes podem escutar trechos dos "Watergate Tapes", as fitas gravadas que levaram à renúncia de Nixon. No Presidential Forum, um computador ligado aos arquivos permite que os visitantes façam "perguntas ao presidente". Também há galerias de exposições temporárias, como a que mostrou visitas de artistas famosos, como Elvis Presley à Casa Branca.

Crystal Cathedral ❹

12141 Lewis St, Garden Grove. ***Tel*** *(714) 971-4000.* *45 N.* *seg-sáb.* *9h30, 11h, 18h dom.* **www**.crystalcathedral.com

Cercada de um intrincado labirinto formado por treliças brancas de aço cobertas por mais de 10 mil lâminas de vidro folheado em prata, a Catedral de Cristal é um monumento ao evangelismo televisivo que atrai milhões de americanos. Do púlpito da catedral, que tem capacidade para alojar quase 3.000 fiéis, R. Schuller e outros pastores transmitem a famosa "Hour of Power" (Hora do Poder) ao vivo, todos os domingos.

Tudo é enorme no interior da catedral. A música vem de um dos maiores órgãos do mundo e o telão colorido tem 4,6m de largura.

Vista interna da Crystal Cathedral, em Garden Grove

Veja hotéis e restaurantes desta região nas págs. 534-5 e 579-81

A imensa porta de vidro se abre no culto de domingo para que os que não conseguiram entrar assistam do lado de fora, sem sair de seus carros.

Projetada em 1980 pelo arquiteto Philip Johnson, a catedral em forma de estrela é, além de templo espiritual, uma maravilha arquitetônica. Ao lado do prédio há uma torre de 7,2m de altura, erguida em 1990 e decorada com prismas de aço inoxidável.

A catedral é o monumento a uma cruzada evangélica iniciada em 1955, quando o incansável Schuller começou a pregar em um cinema drive-in das vizinhanças. Hoje em dia ele tem seguidores nos Estados Unidos, Canadá e até na Austrália.

Fiéis vindos de muito longe visitam o local no Natal e na Páscoa, quando são montadas representações em que atores vestidos de anjo descem voando do teto e animais de verdade representam cenas da bíblia.

Há visitas gratuitas todos os dias, exceto aos domingos, das 9h às 15h30.

Bowers Museum of Cultural Art ❺

2002 N Main St, Santa Ana. **Mapa rodoviário** D6. ***Tel*** *(714) 567-3600.* *Anaheim.* *45 S.* *10h-16h ter-dom.* *1º jan, 4 jul, Ação de Graças, 25 dez.* *sáb-dom.* **www**.bowers.org

O Bowers é o principal museu de Orange County. O prédio em estilo Mission, tem um rico acervo permanente e promove renomadas exposições temporárias. Oferece um café bem californiano e uma loja de artesanato e livros de arte.

O museu foi fundado em 1932, e vale uma visita pelas máscaras africanas reunidas por Paul e Ruth Thishman, que estão aqui emprestadas pela Disney Corporation. Outras alas, com exposições de tesouros das culturas pré-coloniais do Sudeste Asiático, Oceania, México e Estados Unidos, refletem o compromisso do Bower com a arte dos povos nativos. As fascinantes peças de artesanato ilustram suas convicções religiosas e seu dia a dia. No andar superior, decorado com murais e gessos dos anos 1930, fica a mostra dos períodos Mission e Rancho na história de Orange County e da Califórnia *(págs. 46-7)*.

Entrada em arco do Bowers Museum of Cultural Art

A uma quadra do museu, um antigo banco foi reformado e convertido no **Kidseum**, onde as crianças têm atividades relacionadas à arte e podem experimentar máscaras e roupas típicas de diversos países do mundo

Estatueta maia (800-950) do Bowers Museum

Kidseum
1802 N Main St, Santa Ana. ***Tel*** *(714) 480-1520.* *10h-15h ter-qui, 11h-15h sáb-dom.* **www**.bowers.org

Heritage Museum of Orange County ❻

3101 W Harvard St, Santa Ana. **Mapa rodoviário** D6. ***Tel*** *(714) 540-0404.* *Anaheim.* *45 S.* *13h-17h qua-sex; 11h-15h dom.* *1º jan, Páscoa, Ação de Graças, 25 dez.* **www**.heritagemuseumoc.org

A era vitoriana em Orange County volta à vida nesta curiosa mansão de três andares construída em 1898 por um engenheiro civil chamado Hiram Clay Kellogg.

Fascinado por barcos, Kellogg incorporou vários aspectos náuticos à sua casa em Santa Ana.

A sala de jantar oval, parecida com uma cabine, tem piso de carvalho e nogueira em tábua corrida, lembrando o *deck* de navios. Algumas das gavetas dos armários embutidos abrem para a sala e para a cozinha, do outro lado. O teto tem pinturas de frutas e da sala sai uma elegante escada circular, com pilar central em forma de mastro.

A mansão é atualmente um interessante museu, além de peça arquitetônica e histórica marcante. Nele, as crianças podem vestir roupas antigas de verdade e ter um gostinho da vida no final do século 19.

Nos andares superiores, os cômodos são mobiliados com carteiras escolares, casinhas de boneca e jogos antigos. No quarto principal, agora sala de costura, estão expostos um tear e uma máquina de costura. No térreo, as crianças podem explorar misteriosos instrumentos, como um estereoscópio e um telefone a manivela. Também fascinante é a cozinha antiga, equipada com geladeira de pôr gelo e batedeira para fazer manteiga.

A casa vizinha é um rancho de 1899, com celeiro, caixa-d'água e um laranjal –coisa rara hoje em dia na região.

Instrumentos de cultivo de laranjas no Heritage Museum Orange County

Mission San Juan Capistrano ⓻

Imagem de São João Capistrano

Esta linda "pérola das Missões" foi fundada em 1776 e sua capela é a única que ainda existe entre as igrejas onde pregou o padre Junípero Serra *(pág. 46)*. Esta Missão foi uma das maiores e mais prósperas, dominada pela Great Stone Church (Grande Igreja de Pedra), concluída em 1806 e posta abaixo por um terremoto seis anos depois. Tudo o que sobrou foram restos das paredes externas, em meio a um vasto conjunto de prédios de adobe e tijolos. A restauração da missão, inclusive dos jardins ornamentais, permite que se tenha uma boa idéia de como era nos velhos tempos.

★ Acomodações dos Padres
Os padres tinham pouca mobília e dormiam em pranchas de madeira. As acomodações dos hóspedes eram mais confortáveis.

As cozinhas tinham fornos nos cantos e utensílios à mostra.

A cabana redonda, apoiada em toras de madeira, lembra a moradia dos índios no tempo das Missões.

Sacred Garden Bells
Os quatro sinos originais da Great Stone Church estão agora no muro de um pequeno jardim. O par maior é de 1796.

Junípero Serra
Em um canto do jardim está a estátua do padre Serra com um menino índio.

PONTOS ALTOS

- ★ Jardins do Pátio
- ★ Acomodações dos Padres
- ★ Capela de Serra

★ Jardins do Pátio
Este pátio era o centro da vida na Missão. Cercado pelos claustros, ainda hoje tem, como antes, uma fonte central, árvores altas e belos canteiros.

PREPARE-SE

Camino Capistrano e Ortega Hwy. **Mapa rod** D6. ***Tel*** *(949) 234-1300.* *8h30-17h diariam.* *Sexta-feira Santa à noite, Ação de Graças, 25 dez.* *Swallow Festival (mar).*

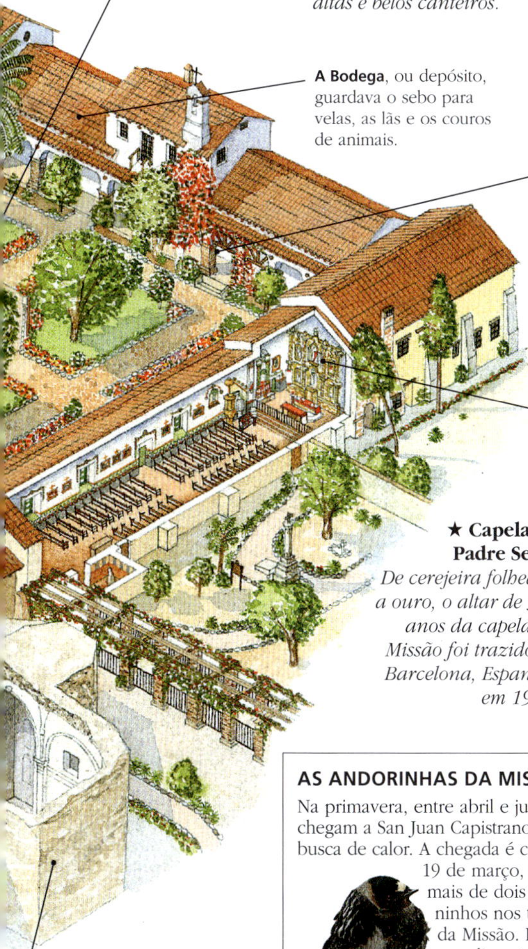

A Bodega, ou depósito, guardava o sebo para velas, as lãs e os couros de animais.

Claustros
Galerias com arcos emolduram o pátio central desta Missão. As paredes de azulejo dos claustros deixavam o local fresco e sombreado, bom para caminhadas ou contemplação dos jardins.

★ Capela do Padre Serra
De cerejeira folheada a ouro, o altar de 300 anos da capela da Missão foi trazido de Barcelona, Espanha, em 1906.

Estas ruínas são tudo o que resta da Great Stone Church e passam por uma restauração.

AS ANDORINHAS DA MISSÃO

Na primavera, entre abril e junho, milhares de andorinhas chegam a San Juan Capistrano, vindas da América do Sul em busca de calor. A chegada é celebrada com uma festa no dia 19 de março, dia de são José *(pág. 36)*. Há mais de dois séculos essas aves fazem seus ninhos nos telhados e paredes de adobe da Missão. Elas usam barro para fazê-los e ali costumam pôr quatro ou cinco ovos. No outono, as andorinhas voam novamente para o hemisfério Sul.

Andorinha na Missão

Catalina Island ❽

Situada a apenas 50km da costa, Catalina Island é a mais acessível das Channel Islands da Califórnia. Foi batizada pelo explorador português Sebastião Vizcaíno, que aqui aportou no dia de santa Catarina de Alexandria, em 1602. Sua paisagem montanhosa pouco se modificou ao longo do tempo, e é hoje um local concorrido para passeios de férias e fim de semana.

A maior cidade, proibida para carros, é o porto de Avalon, onde os prédios principais foram construídos pelo magnata dos chicletes William Wrigley Jr., que comprou a ilha em 1919. Hoje, a maior parte de seus 200 quilômetros quadrados pertence à Santa Catalina Island Conservancy, que preserva a riqueza natural local.

Two Harbors
As duas baías deste istmo servem de ancoradouro para iates. Na costa existe área de camping, centro de mergulho e um armazém.

Airport-in-the-Sky and Nature Center

El Rancho Escondido é um rancho de criação de cavalos premiados, visitado nos passeios guiados pela ilha.

A Black Jack Mountain, de 610m de altura, é a segunda maior montanha de Catalina Island. Nos anos 1920, foi um centro de mineração de chumbo, zinco e cobre.

Little Harbor
Este ponto isolado na costa oeste da ilha tem uma enseada escondida, com uma linda praia. Aqui existe área de camping e várias trilhas para caminhadas.

VIDA SELVAGEM

Catalina Island se transformou, com o tempo, em um santuário de plantas e animais extintos no continente. Espécies raras como pau-ferro, mogno e o tomate silvestre venenoso estão entre as oito plantas endêmicas que ainda existem na ilha. Nela também se encontram subespécies animais únicas, como a pequena raposa-cinzenta de Catalina, além de animais trazidos para a ilha pelos primeiros colonizadores e que há anos vivem livremente, como cabras, porcos, veados e até uma população de bisões-americanos –estes vieram participar de uma filmagem em 1924 e ficaram.

Bisão em Catalina Island

Veja hotéis e restaurantes desta região nas págs. 534-5 e 579-81

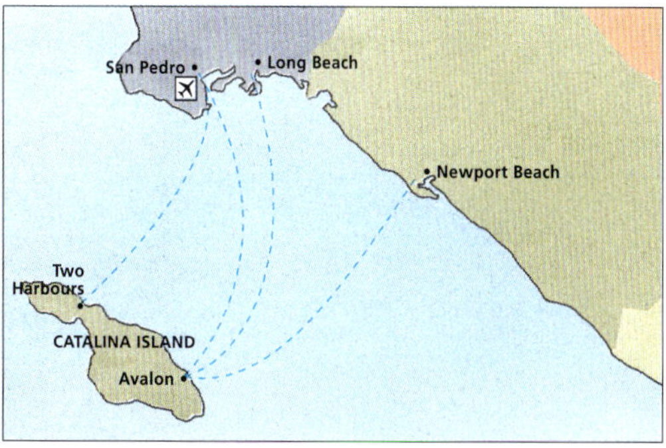

PREPARE-SE

Mapa rodoviário C6. *3.500.* **Island Express Helicopter Service** ***Tel*** *(310) 510-2525 de San Pedro e Long Beach para Avalon.* **Catalina Express** ***Tel*** *(310) 519-1212; (800) 681-5533 de San Pedro para Avalon e Two Harbors o ano todo;* **Catalina Passenger Service** ***Tel*** *(800) 834-7744 de Newport Beach para Avalon.* **www**.catalinainfo.com *Foot of Green Pleasure Pier, Avalon* ***Tel*** *(310) 510-1520.* *Catalina Arts Festival (meados set).* **www**.visitcatalina.org

★ Avalon Casino
Visita-se com guia este belo prédio Art Déco restaurado de 1929, que nunca foi realmente um cassino, mas uma casa de shows animada por big bands.

O Avalon Museum, museu histórico no andar inferior do cassino, mostra os vários usos da ilha ao longo do tempo, para pecuária, mineração, turismo e filmagens.

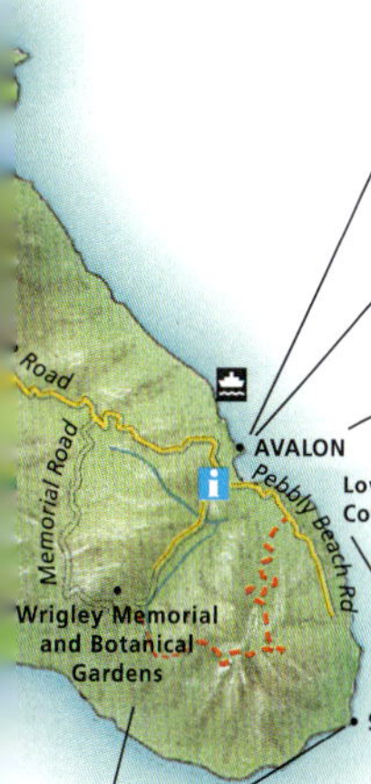

A Lovers Cove Marine Reserve
Barcos com fundo de vidro revelam a colorida vida marinha em volta da ilha.

★ Avalon Bay
Cerca de 3.000 pessoas moram em Avalon, que tem ancoradouro, restaurantes e hotéis. O meio de transporte são carrinhos elétricos.

Seal Rocks faz parte dos passeios marítimos que visitam esta região da ilha e colônias de leões-marinhos.

★ Wrigley Memorial & Botanical Gardens
Este parque de 150 mil m², em homenagem a William Wrigley Jr., tem um imponente memorial e várias plantas endêmicas à Catalina.

LEGENDA

- Estrada secundária
- Estrada ruim
- Trilha
- Rio
- Aeroporto
- Ferryboat
- Informação turística
- Vista panorâmica

0 quilômetros 5

PONTOS ALTOS

★ Avalon Bay
★ Avalon Casino
★ Wrigley Memorial & Botanical Gardens

THE BANK OF CALIFORNIA
Santa Fe

SAN DIEGO COUNTY

Foi em San Diego, em 1769, que o padre espanhol Junípero Serra criou a primeira do conjunto de 21 Missões que deram origem ao atual Estado da Califórnia (págs. 46-7). *Com seu clima quase perfeito e um magnífico porto natural, a Missão tornou-se a oitava maior cidade dos Estados Unidos. San Diego County oferece aos visitantes um belo litoral, florestas e vastos parques.*

San Diego é uma cidade voltada para o mar. No século 19, garimpeiros de ouro, comerciantes de peles e caçadores de baleias chegavam a San Diego pelo mar. A Marinha dos Estados Unidos instalou-se aqui em 1904, dando início a uma associação que fez da cidade o maior complexo militar do mundo. Porta-aviões são uma visão comum na baía, onde também atracam navios de cruzeiro, barcos de pesca, iates e lanchas. San Diego é uma cidade de esporte e lazer –já sediou três vezes a Americas Cup, tem times conhecidos de beisebol (Padres) e de futebol americano (Chargers) e oferece boas oportunidades para quem gosta de surfar, velejar, jogar golfe e praticar esportes aquáticos.

A cidade surpreende pela sensação de espaço e pelo tanto que oferece. O San Diego Zoo e o parque marinho SeaWorld são famosos no mundo todo; já a cidade pujante, pontilhada de arranha-céus à beira-mar, é menos conhecida. Culturalmente, San Diego ganha cada vez mais prestígio, à medida que aumenta o número de museus e galerias de arte em Balboa Park.

Ao norte, a acidentada costa do Pacífico é ocupada por balneários afluentes e reservas de vida silvestre. No interior estão pequenas cidades cercadas por campos e fazendas. San Diego County tem florestas e parques estaduais que são um paraíso para quem gosta de caminhar e acampar e também para quem quer escapar da correria da cidade grande. A leste, encontram-se montanhas e desertos. Ao sul, a poucos quilômetros da cidade de San Diego, fica Tijuana, já em território mexicano.

Bazaar del Mundo, na parte velha de San Diego

◁ **Marina na baía de San Diego, tendo ao fundo os arranha-céus do centro da cidade**

Como Explorar San Diego County

Os mais de 10 mil km² de San Diego County englobam um litoral de rochedos escarpados, praias arenosas e mangues e um interior amplo e montanhoso. O Anza-Borrego Desert *(págs. 276-7)* é a fronteira natural a leste. A cidade de San Diego fica perto do México, em uma grande baía protegida por duas penínsulas. Belas praias e excelentes locais para atividades de lazer são as maiores atrações ao longo da costa. Um passeio de carro pelo interior leva à tranquilidade da Cleveland National Forest e à observação da vida selvagem nas reservas estaduais, como Palomar Mountain e Cuyamaca Rancho.

Paisagem do Cuyamaca Rancho State Park

VEJA TAMBÉM

- ***Onde Ficar*** págs. 536-8
- ***Onde Comer*** págs. 581-4

Ancoradouro de iates em Shelter Island, na San Diego Bay

PRINCIPAIS ATRAÇÕES

Chula Vista Nature Center ⓭
Cuyamaca Rancho State Park ⓫
Julian ❿
La Jolla ❺
Lake Morena Park ⓬
Legoland ⓮
Mission Bay ❹
Mission San Diego de Alcalá ❷
Mission San Luis Rey ❽
Palomar Mountain ❾
San Diego págs. 250-9 ❶
San Diego Wild Animal Park ❼
San Pasqual Battlefield ❻
SeaWorld ❸
Tijuana (México) ⓯

Cabrillo National Monument, em San Diego

Surfistas em Swami's Beach

COMO CIRCULAR

As principais vias de transporte norte-sul –a rodovia costeira I-5 e a ferrovia Amtrak– oferecem rápida conexão com Los Angeles via litoral de Orange County *(pág. 230)*. A linha Coaster passa por belos cenários e liga San Diego a Oceanside. Para explorar o interior, um carro é essencial. Dentro de San Diego, o transporte público é uma opção viável para o turista *(pág. 266)*. A cidade é bem servida de ônibus e as duas linhas de bonde do eficiente San Diego Trolley vão até El Cajon, a leste, e até a fronteira com o México, ao sul.

Litoral de San Diego County

Estendendo-se de Orange County até a fronteira mexicana, a costa de San Diego County tem 112km de lindas praias, rochedos, enseadas e resorts de luxo. A cultura de praia é sofisticada, e a atividade esportiva, frenética. A calma reina em Batiquitos Lagoon, Torrey Pines State Preserve e no Chula Vista Nature Center *(pág. 264)*, reservas de vida silvestre costeira. Em Carlsbad fica o Legoland California, um parque temático familiar de 50 hectares, para crianças de 2 a 12 anos, com um castelo, cidades de Lego em miniatura e parques de diversão.

Placa na entrada de Swami's Beach

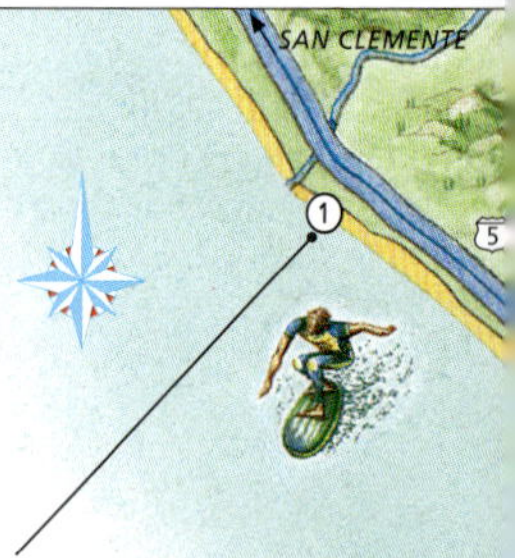

Batiquitos Lagoon *fica entre as praias de South Carlsbad e Leucadia State. Entre os hábitats incluem-se áreas de altiplanos, áreas expostas à maré e de mar aberto, com peixes em abundância e aves como a protegida andorinha-do-mar da Califórnia e o borrelho-de-coleira-interrompida ocidental.*

O Del Mar Racetrack *ficou famoso na década de 1930 pela presença de Bing Crosby e outros artistas de Hollywood. Sua reunião anual ainda é um ponto alto do calendário social local. No terreno ao lado realiza-se a feira do condado, em junho. As corridas acontecem entre julho e setembro.*

Torrey Pines State Reserve *e Santa Rosa Island* (pág. 224) *são os únicos lugares do mundo onde ainda cresce o pinheiro Torrey. Remanescente das florestas pré-Idade do Gelo, é uma árvore adaptada a ambientes secos e arenosos.*

LEGENDA

- Freeway
- Estrada principal
- Estrada secundária
- Rio
- Vista panorâmica

0 quilômetros 5

★ San Onofre State Beach ①

Apesar dos vizinhos pouco atraentes –a usina nuclear de San Onofre e a base militar de Camp Pendleton–, vale a pena visitar esta praia popular para ver os surfistas em ação.

Swami's Beach ③

A praia, boa para surfe, leva o nome do fundador do Self-Realization Fellowship Temple, nos arredores.

Cardiff State Beach ④

Na parte sul de Encinitas, Cardiff oferece bons locais de natação e surfe e fina areia branca, além de um jantar à beira-mar no restaurante Row.

Torrey Pines State Beach ⑥

Praia boa para nadar e fazer piquenique. Fica perto de Torrey Pines State Reserve, onde, rochedo acima, várias trilhas entre pinheiros oferecem uma bela vista do oceano.

Mission Beach ⑨

A praia mais animada de San Diego oferece ótima oportunidade de ver e ser visto, além das atrações do Belmont Park *(pág. 261)*.

Ocean Beach ⑩

O píer em forma de T tem pelicanos e uma linda vista do litoral.

Silver Strand Beach ⑫

Esta praia longa e estreita fica entre áreas de treinamento naval. O nome ("Trecho Prateado") vem das muitas conchas dessa cor.

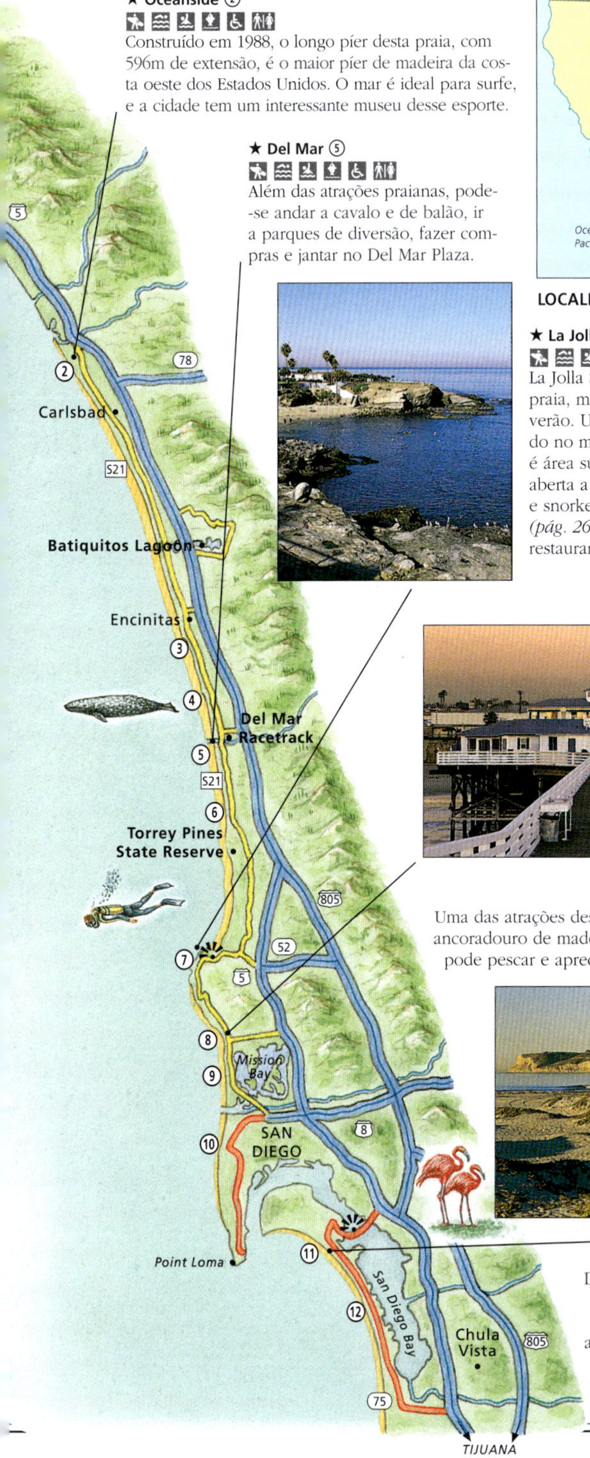

★ Oceanside ②

Construído em 1988, o longo píer desta praia, com 596m de extensão, é o maior píer de madeira da costa oeste dos Estados Unidos. O mar é ideal para surfe, e a cidade tem um interessante museu desse esporte.

★ Del Mar ⑤

Além das atrações praianas, pode-se andar a cavalo e de balão, ir a parques de diversão, fazer compras e jantar no Del Mar Plaza.

LOCALIZE-SE

★ La Jolla ⑦

La Jolla Shores é uma ótima praia, mas fica muito cheia no verão. Um triângulo demarcado no mar em La Jolla Cove é área submarina preservada, aberta a mergulho com tanque e snorkel. A cidade de La Jolla *(pág. 261)* tem boas lojas e restaurantes.

★★ Pacific Beach ⑧

Uma das atrações desta praia é o Crystal Pier, ancoradouro de madeira de 120m de onde se pode pescar e apreciar os surfistas em ação.

★ Coronado Beach ⑪

Dominada pelo Hotel del Coronado *(pág. 255)*, com longa extensão de areia e bela vista da baía, esta é a praia mais romântica de San Diego.

San Diego ❶

Azulejo típico

Lojas em Seaport Village

Em formato de ferradura e protegida pela península de Coronado *(pág. 255)*, a baía de San Diego, de 57km^2, forma um porto natural onde se desenvolveu a segunda maior cidade da Califórnia. A baía foi descoberta em 1542 pelo explorador português João Rodrigues Cabrillo, mas só começou a ser colonizada em 1769. Naquele ano, o fundador das Missões, Junípero Serra, chegou à região integrando uma expedição militar para garantir para a Espanha a posse da Alta Califórnia (região ao norte da Baja Peninsula). Por ordem dos comandantes militares, foram erguidos, na cidade, um forte e uma missão perto do rio San Diego, onde agora fica a Cidade Velha (Old Town, *págs. 254-5*).

Centro de San Diego

A San Diego moderna começou a crescer no fim do século 19, quando Alonzo Horton, um negociante de São Francisco, decidiu desenvolver as áreas em volta do porto. Ele implantou o plano de ruas do Gaslamp Quarter *(págs. 252-3)*, que, juntamente com o shopping center Westfield Horton Plaza, são os pontos mais marcantes do centro recuperado de San Diego. A rua principal é a Broadway, que tem em um dos extremos o **Santa Fe Depot**. As torres e o interior azulejado desta estação de trem em estilo colonial espanhol são de 1915, quando se realizou a Panama-Pacific Exposition, em Balboa Park *(págs. 256-7)*.

Desde a década de 1980 o centro de San Diego é palco de uma competição arquitetônica. O edifício mais altos da cidade, o **America Plaza**, de 34 andares, fica perto do Santa Fe Depot e foi construído em 1991. No cais do porto, o **San Diego Convention Center**, em forma de galeão.

Os calçadões e píeres do **Embarcadero** são um dos marcos da importância de San Diego como porto comercial e militar. Em uma ponta ficam os navios históricos do Maritime Museum. Um pouco adiante encontra-se o **Broadway Pier**, de onde parte uma interessante excursão pela baía. **Seaport Village**, conjunto de lojas e restaurantes, tem vista para os porta-aviões da **North Island United States Naval Air Station**.

Três níveis do movimentado shopping center Horton Plaza

Horton Plaza

Broadway, G St, 1st e 4th Aves.
Tel *(619) 239-8180.*
diariam. ● *25 dez.*
www.westerfield.com

Este shopping center de desenho moderno, construído em 1985, foi o ponto de partida para a recuperação do centro de San Diego. O prédio em cores pastel tem vários níveis interligados, com 140 lojas e cafés. É conveniente para quem faz compras à noite e depois vai jantar em um dos restaurantes de Gaslamp Quarter.

SAN DIEGO

Cabrillo National Monument ①
Embarcadero ⑧
Gaslamp Quarter ⑩
Hotel del Coronado ⑫
Junípero Serra Museum ②
Little Italy ⑪
Maritime Museum ③
Midway Aircraft Museum ⑬
Museum of Contempory Art ⑤
New Children's Museum ⑨
Santa Fe Depot ④
Seaport Village ⑦
Westfield Horton Plaza ⑥

Veja hotéis e restaurantes desta região nas págs. 536-8 e págs. 581-4

Maritime Museum

1492 North Harbor Drive. ***Tel*** *(619) 234-9153.* *9h-20h diariam, até 21h no verão.* **www**.sdmaritime.com

O navio mercante de 1863 *Star of India* e o ferryboat Berkeley, que serviu à baía de São Francisco em 1898, estão ancorados aqui. Ao lado deles estão o iate a vapor *Medea*, de 1904 e o *HMS Surprise*, uma réplica de uma fragata do século 18, utilizada no fime *Mestre dos Mares*.

Museum of Contemporary Art

1001 Kettner Blvd. ***Tel*** *(858) 454-3541.* *11h-17h qui-ter.* *1° jan, 25 dez.* **www**.mcasd.org

Este museu de dois andares, inaugurado em 1993, é a filial na região central do museu de mesmo nome instalado em La Jolla *(pág. 261)*. As quatro galerias mostram exposições temporárias, com obras novas de artistas consagrados, e também quadros do acervo permanente do museu. Tem uma livraria com muitos títulos.

PREPARE-SE

Mapa rodoviário D6. *1.500.000.* *Lindbergh Field Airport, 3707 N Harbor Drive.* *1050 Kettner Blvd.* *120 W Broadway.* *Bayside Embarcadero, cnr Harbor Dr & W Broadway.* ***Tel*** *(619) 236-1212.* *Street Scene Festival (ago).* **www**.sandiego.org

Little Italy

Entre W Laurel St e W A St, Pacific Hwy e Front St. *(619) 233-3898.* **www**.littleitalysd.com

O bairro de Little Italy, também conhecido como Middletown, era uma vizinhança predominantemente pesqueira que foi revitalizada, mas sem deixar de lado sua alma boêmia. Há restaurantes italianos, cafés descolados e galerias de arte, além de festivais relativos à cultura italiana que são realizados o ano todo.

A agitada região de Little Italy

New Children's Museum

200 W Island Ave. ***Tel*** *(619) 233-8792.* *10h-16h seg, ter, sex, sáb; 10h-18h qui; 12h-16h dom.* **www**.thinkplaycreate.org

Este museu de última geração foi projetado por Rob Wellington Quigley para ser uma atração de primeira linha. Aqui as crianças exploram sua criatividade em projetos interativos.

Crianças participam de atividades no New Children's Museum

Um Passeio pelo Gaslamp Quarter

Poste de luz a gás

Durante os anos em que a cidade se expandiu, na segunda metade do século 19, o Gaslamp Quarter, com suas 16 quadras, era um notório antro de prostituição, jogo e bebida, onde clientes ingênuos eram depenados por larápios experientes. Apesar da repressão policial e da formação de uma fechada comunidade de asiáticos, suas ruas continuaram em declínio até os anos 1970, quando a cidade tomou medidas para reativar sua economia e preservar seus edifícios históricos. Em 1980, a área se tornou patrimônio histórico nacional e o Gaslamp Quarter emergiu como o novo coração de San Diego. Atualmente, é um ótimo lugar para fazer compras, jantar e dançar. Os visitantes podem admirar edifícios antigos, como uma padaria, uma loja de ferramentas, prédios de escritório e hotéis vitorianos. O bairro é especialmente atraente à noite, com sua iluminação feita por lampiões de gás *(gaslamps)* instalados nas calçadas.

PREPARE-SE

Broadway e 4th-6th Aves.
Mapa rodoviário D6. *1.*
Bayside. *410 Island Ave.*
Tel *(619) 233-4692.*
www.gaslampquarter.org

Old City Hall
Em estilo italiano, o prédio alojava a Prefeitura e toda a administração municipal.

O Lincoln Hotel, no nº 536, foi construído em 1913 e sua arquitetura tem influência chinesa.

O Backesto Building, prédio de escritórios no nº 614, é de 1873.

FIFTH AVENUE WEST SIDE

★ Louis Bank of Commerce
De 1888, foi o primeiro prédio de granito da cidade. Lá funcionou o Bank of Commerce por cinco anos. Depois, foi um bar especializado em ostras e um bordel.

Marston Building
Esta loja, que fica na esquina da 5th Avenue e F Street, foi construída em 1881 pelo líder cívico George Marston. Em 1903, foi reformada, depois de atingida por um incêndio.

FIFTH AVENUE EAST SIDE

Veja hotéis e restaurantes desta região nas págs. 536-8 e págs. 581-4

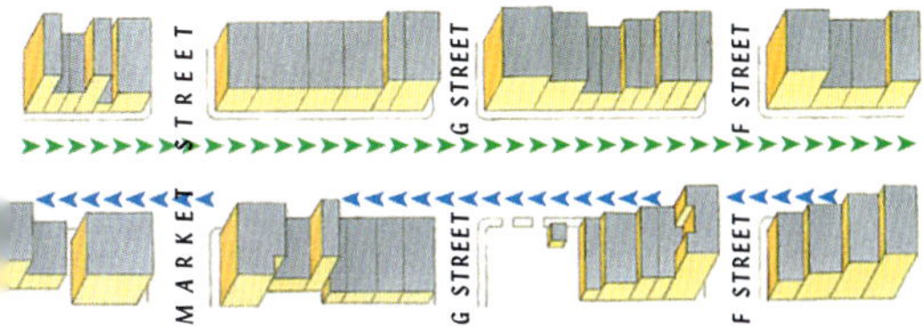

LEGENDA

- ➤➤➤➤➤➤ Lado oeste, direção norte
- ◄◄◄◄◄◄ Lado leste, direção sul

Llewelyn Building
Erguido em 1877, foi uma loja de calçados até 1906 e depois abrigou uma sucessão de hotéis.

O Gaslamp Quarter à noite
À noite as ruas do Gaslamp Quarter se enchem de gente, a caminho de seus diversos bares e restaurantes, ou simplesmente passeando.

PONTOS ALTOS

★ Louis Bank

★ Yuma Building

★ Yuma Building
Concluído em 1888, este edifício comercial foi um dos primeiros prédios de tijolos no centro. Em 1905, o bordel que funcionava aqui foi o primeiro a ser fechado em uma blitz policial.

Wyatt Earp
O xerife Wyatt Earp tinha três casas de jogo no bairro, na década de 1880. Para se distanciar da má fama do local, muitos negócios se mudaram para Market Street, mais ao norte.

Fora do Centro

Distante pouco mais de 6km do centro atual de San Diego fica a área chamada de Old Town (Cidade Velha). Ali podem-se conhecer as construções mais antigas da cidade e explorar o fascinante Junípero Serra Museum. Próximo a Old Town, segue-se pelo litoral até o extremo da península de Point Loma, de onde os visitantes podem apreciar uma vista magnífica do oceano Pacífico e a área portuária de San Diego, do outro lado da baía. Um pouco mais ao sul, Coronado, com seus vários hotéis de luxo e praias concorridas, desfruta de localização privilegiada, bem na ponta de uma península que desemboca na San Diego Bay.

Casa vitoriana no Heritage Park

Interior da Mason Street School, em Old Town

Old Town

Até 1870, San Diego se desenvolveu em torno do presídio, o forte militar dos espanhóis, na área agora chamada de Old Town. Mais de 20 prédios históricos do período foram restaurados ou recriados e agora formam o **Old Town San Diego State Historic Park**. No centro fica a Plaza, onde se realizavam desfiles e *fiestas*. Em um extremo está o **Robinson--Rose Building**, onde funcionam a administração da praça e o centro de apoio a turistas.

Entre outros prédios de interesse histórico encontram-se a **Colorado House** e a **Mason Street School**, de 1866. Temas mexicanos dão o tom no vibrante shopping center **Bazaar del Mundo** *(pág. 266)*, situado em outro ponto da Plaza.

Mas a San Diego antiga vai muito além dos limites do parque. Construída em 1856, a **Whaley House**, no nº 2.482 da San Diego Avenue, foi o primeiro sobrado de tijolos da Califórnia. Lá funcionava um tribunal de Justiça.

Junípero Serra Museum

2727 Presidio Drive. ***Tel*** *(619) 232-3203.* *verão: 10h-16h30 diariam; inverno: 11h-15h seg-sex, 10h-16h30 sáb-dom.* *Ação de Graças, 25 dez.*

Em lugar de destaque no Presidio Park, o Junípero Serra Museum, de 1929, é um prédio todo branco no estilo *revival* Mission *(pág. 31)*, que leva o nome do fundador do conjunto de missões da Califórnia. Com vista para o rio San Diego, o parque ocupa o mesmo local onde foram erguidos o forte e a Missão, em 1769. As ruínas do forte ainda são exploradas por uma equipe de arqueólogos, e alguns de seus achados, de porcelanas a balas de canhão, podem ser vistos no museu. Seu acervo cobre as origens de San Diego e suas sucessivas comunidades de índios, espanhóis, mexicanos e americanos. Merece destaque o quadro *La Madre Santissima de la Luz* (c.1760), pintado no México por Luís Mena, que mostra um grupo de índios ajoelhados diante da Virgem Maria. Trata-se de um dos raros remanescentes da época da primeira missão, que se mudou para San Diego de Alcalá em 1774 *(pág. 260)*. No andar superior, os temas são a primeira expedição espanhola à Califórnia, a vida no forte e as mudanças ocorridas em San Diego.

Heritage Park

2454 Heritage Park Row. ***Tel*** *(619) 297-9327.* *diariam.* *Ação de Graças, 25 dez.* **www**.sdparks.org

A leste de Old Town, o Heritage Park é um grupo de prédios vitorianos belamente restaurados, de várias partes da cidade.

O Junípero Serra Museum, em Old Town

Veja hotéis e restaurantes desta região nas págs. 536-8 e págs. 581-4

Casa de Estudillo

Old Town State Historic Park. **Tel** *(619) 220-5422.* *10h-17h.* *1º jan, Ação de Graças, 25 dez.* **Aceitam-se doações.**

Dos prédios originais de adobe e madeira que podem ser visitados no Old Town San Diego State Historic Park, este é um dos mais antigos e imponentes. Foi construído pelo comandante do presídio, José Maria de Estudillo, em 1829. A casa tem 13 cômodos erguidos em volta de um pátio interno e foi redecorada no estilo espanhol tardio.

Seeley Stables

Old Town State Historic Park. **Tel** *(619) 220-5422.* *diariam.* *1º jan, Ação de Graças, 25 dez.* **Aceitam-se doações.**

O museu, situado neste estábulo reformado, mostra uma coleção de carruagens e diligências, além de objetos dos tempos do faroeste.

Point Loma

O parque **Cabrillo National Monument** ocupa toda a parte sul da península de Point Loma. O monumento homenageia João Rodrigues Cabrillo *(pág. 46)*, o explorador português que foi o primeiro europeu a pôr os pés na Califórnia, em 1542. A estátua do navegador domina um belvedere com vista para os barcos que entram e saem da baía de San Diego.

Do fim de janeiro ao fim de fevereiro, muitas pessoas visitam o Whale Overlook para observar as enormes baleias-cinzentas que migram para o sul. Outra opção é percorrer a trilha Bayside Trail, de 3km, com a ajuda de um folheto informativo, e ainda visitar as piscinas naturais na margem oeste.

Cabrillo National Monument Visitor Center

Tip of Point Loma Peninsula. **Tel** *(619) 557-5450.* *9h-17h diariam.* **www**.nps.gov/cabr

Próximo à entrada do parque, este excelente centro de apoio turístico tem um pequeno museu, onde se assiste a um filme que reproduz a viagem de 1.300km de Juan Rodríguez Cabrillo pela costa californiana.

O farol de Old Point Loma

Old Point Loma Lighthouse

Cabrillo National Monument Park. **Tel** *(619) 557-5450.* *9h-17h.*

Este farol, a poucos passos da estátua de Cabrillo, foi inaugurado em 1855 e funcionou por 36 anos. Embora a torre seja fechada ao público, as salas localizadas embaixo mostram como era a casa da família do faroleiro, no fim do século 19.

Coronado

A cidade de Coronado, situada no alto de uma península bem no centro da baía de San Diego, é rica e orgulhosa de si mesma. O empresário Elisha Babcock Jr. comprou o terreno em 1885, decidido a montar um resort de alta classe. Em Coronado ficam as mais exclusivas casas, butiques, hotéis e restaurantes de San Diego. Seu litoral é recortado por lindas praias *(pág. 249)*, sendo o extremo sul dominado pelo Hotel del Coronado.

Coronado Ferry

1050 N Harbor Drive. **Tel** *(619) 234-4111.* *diariam.* **www**.sdhe.com

Até a inauguração da San Diego-Coronado Bay Bridge, em 1969, a principal ligação com o continente era por ferryboat, um serviço que tem sido recuperado e é desfrutado tanto por turistas quanto pelos moradores

A travessia de 15 minutos entre Broadway Pier, em Embarcadero ou San Diego Convention Center, e Ferry Landing Marketplace é linda ao anoitecer, quando o sol poente ilumina os arranha-céus do centro de San Diego. De FerryLanding, pode-se tomar um ônibus ou caminhar pela Orange Avenue até a praia.

Hotel del Coronado

1500 Orange Ave, Coronado. **Tel** *(619) 435-6611; (800) 468-3533.* *diariam.* **www**.hoteldel.com

Inaugurado em 1888, o "Del" *(pág. 536)* é um balneário vitoriano de luxo conservado com carinho. Na sua construção trabalharam tanto os arquitetos quanto os operários da ferrovia –herança evidente no teto abaulado da Crown Room, com sustentação de madeira que não leva um único prego. A lista de hóspedes ilustres é um *Quem é Quem* da história dos Estados Unidos do século 20: presidentes, como Franklin Roosevelt e Bill Clinton, artistas e muitos outros. O hotel foi cenário de vários filmes, entre eles o clássico *Quanto Mais Quente Melhor*, de 1959, com Marilyn Monroe, Jack Lemmon e Tony Curtis.

Os imponentes edifícios do exclusivo Hotel del Coronado

Balboa Park e San Diego Zoo

Estátua de El Cid

Batizado em homenagem ao explorador espanhol que primeiro avistou o oceano Pacífico, em 1513, o Balboa Park foi fundado em 1868. Boa parte de sua beleza se deve à dedicada horticulturalista Kate Sessions, que, em 1892, prometeu plantar árvores por todos os 4,85km^2 da área em troca do aluguel de um espaço para instalar uma creche. Em 1915 o parque foi sede da Panama-California Exposition *(pág. 349)*, uma feira mundial que comemorava a inauguração do Canal do Panamá. Vários pavilhões no estilo colonial espanhol, construídos na época, ainda podem ser vistos ao longo de El Prado, a rua principal do parque. E os animais expostos naquela ocasião deram origem ao San Diego Zoo *(pág. 259)*. Para outra exposição, realizada 20 anos mais tarde, ergueram-se novos pavilhões ao redor da Pan-American Plaza. Juntos, estes prédios formam um animado grupo de museus e áreas de espetáculo.

Plaza de Panama
Esta plaza, *bem no meio de El Prado, era o centro nervoso da Panama--California Exposition.*

★ San Diego Museum of Man
Este museu histórico está instalado no California Building, de 1915. Em estilo renascentista espanhol, sua fachada é decorada com estátuas de californianos famosos.

Air and Space Museum
Criança observa a exposiçnao sobre a Apollo 9, neste museu dedicado à aviação.

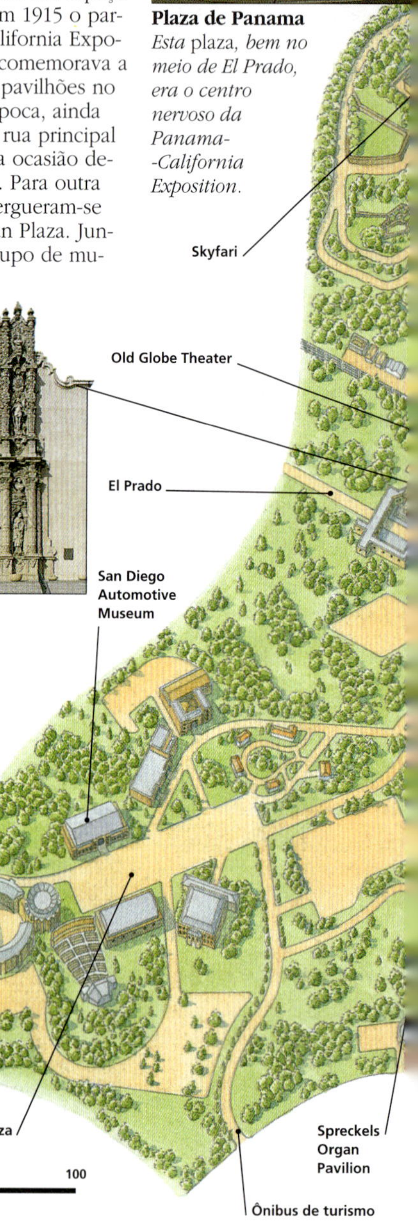

PONTOS ALTOS

- ★ California Building/San Diego Museum of Man
- ★ San Diego Museum of Art
- ★ San Diego Zoo

PREPARE-SE

Park Blvd, Laurel e 6th Sts. **Mapa rodoviário** D6. *7.* **Centro de Visitantes**, 1549 El Prado ***Tel*** *(619) 239-0512.* **www**.balboapark.org *9h30-16h30 diariam.* *1° jan, Ação de Graças, 25 dez.* **Spreckels Organ Pavilion** *(concertos gratuitos 14h-15h dom; jun-set: 19h30 seg).* **San Diego Zoo. *Tel*** *(619) 231-1515.* *início set-jun: 9h-16h diariam; jul-ago: 9h-18h diariam.* **www**.sandiegozoo.org

★ San Diego Zoo
Orangotangos estão entre os 4.000 animais que vivem neste bem cuidado e famoso zoológico.

Botanical Building
Nesta estufa, feita de tábuas de sequoia-vermelha, cultivam-se plantas tropicais e subtropicais.

★ San Diego Museum of Art
Um jardim de esculturas e um café ficam ao lado do principal museu de arte do parque, onde estão expostas obras indígenas e europeias.

Como Explorar Balboa Park e San Diego Zoo

Elefante esculpido em arbusto no zoo

Balboa Park fica bem no centro de San Diego e é uma das maiores atrações da cidade. Nos fins de semana, seus gramados agradáveis e arborizados e alamedas interditadas para carros ficam cheios de gente caminhando, correndo, andando de bicicleta e apreciando os artistas performáticos. Entre uma e outra visita aos museus, vale a pena fazer um piquenique ou jogar bola na grama. Um pouco além dos museus e alamedas do Balboa Park encontra-se o San Diego Zoo, onde 800 espécies vindas do mundo todo vivem em espaços que reproduzem seu hábitat.

Nas tardes de domingo, artistas se apresentam no Balboa Park

San Diego Museum of Man

1350 El Prado. ***Tel** (619) 239-2001.* *10h-17h diariam.* *1º jan, Ação de Graças, 25 dez.*

O pavilhão principal da Panama-Pacific Exposition de 1915 *(pág. 256)*, também chamado de California Building, é sede de um museu antropológico sobre as origens da humanidade. Em dois andares estão expostos objetos relativos às culturas do Egito antigo, dos maias e dos índios americanos.

San Diego Museum of Art

1450 El Prado. ***Tel** (619) 232-7931.* *10h-17h ter-sáb (no verão até 21h qui), 12-17h dom.* *1º jan, Ação de Graças, 25 dez.*

Além de seu grande e variado acervo, este museu promove muitas exposições especiais. As galerias do andar térreo exibem arte europeia e americana de 1850 até o século 20, além de obras artísticas da Ásia, Japão e China. No andar superior encontram-se peças de 1300 a 1850, entre elas *Coroação da Virgem* (1508), de Luca Signorelli.

Retrato de um Cavalheiro (1634), de Frans Hals, no Timken Museum

Timken Museum of Art

1500 El Prado. ***Tel** (619) 239-5548.* *10h-16h30 ter-sáb, 13h30-16h30 dom.* **www**.timkenmuseum.org

Inaugurado em 1965, o Timken expõe belas obras em local agradável. Seu acervo tem quadros de mestres como Frans Hals (1581/5-1666), François Boucher (1703-70) e Paul Cézanne (1839-1906). Também possui obras de artistas do século 19, como *Catarata de Yosemite* (1864), de Albert Bierstadt, e uma coleção de ícones russos.

A entrada em estilo colonial do San Diego Museum of Art

Museum of Photographic Arts

1649 El Prado. ***Tel** (619) 238-7559.* *10h-17h ter-dom (até 21h qui).* *25 dez.*

Este museu, no andar principal da rebuscada Casa de Balboa, promove exposições temporárias de alta qualidade especializadas em arte fotográfica. Possui ainda uma livraria muito bem sortida.

Museum of San Diego History

1649 El Prado. ***Tel** (619) 232- 6203.* *10h-17h ter-dom.* *1º jan, Ação de Graças, 24 e 25 dez.* **www**.sandiegohistory.org

Este museu exibe a rica história da região através de artefatos, trajes, tecidos, objetos de arte, móveis e fotografias. A Biblioteca de Pesquisa tem extensos arquivos de mapas, desenhos arquitetônicos e uma das maiores coleções de fotografias do oeste dos Estados Unidos.

Reuben H Fleet Science Center

El Prado, Plaza de Panama e Park Blvd. ***Tel** (619) 238-1233.* *9h30-20h diariam.* *ligar para horários do IMAX®.* **www**.rhfleet.org

A maior atração é a enorme cúpula do cinema Imax, no Space Theater, onde são projetados filmes impressionantes sobre o mundo, em uma imensa tela móvel. Também há planetário e shows de laser.

O complexo abre à noite e inclui o Science Center, centro científico com exposições interativas a respeito das leis da ciência, café e loja que vende de livros a jogos.

Veja hotéis e restaurantes desta região nas págs. 536-8 e págs. 581-4

San Diego Natural History Museum

1788 El Prado, Balboa Park. **Tel** *(619) 232-3821.* *10h-19h dom-qui (até 21h30 sex-sáb).* *1º jan, Ação de Graças, 25 dez.* *gratuita 1ª ter.*
www.sdnhm.org

O museu fundado em 1874 abriga uma ativa instituição de pesquisa, dedicada a entender a evolução e a diversidade da região da Southern California-Baja California. Exibe filmes em telas gigantes e uma variada programação para visitantes de todas as idades. É a mais antiga instituição científica de Southern California.

San Diego Air and Space Museum

2001 Pan American Plaza. **Tel** *(619) 234-8291.* *10h30-16h30 diariam (no verão até 17h30).* *1º jan, Ação de Graças, 25 dez.*
www.aerospacemuseum.org

O museu aeroespacial cobre cinco séculos da história da aviação, demonstrando o notável progresso dos voos. São mais de 60 modelos de aeronaves e veículos espaciais em exibição (inclusive originais e réplicas em escala natural). A mostra "A Apollo 9 Aterrissou" apresenta o único Módulo de Comando Apollo lançado no espaço em exposição a oeste das Rochosas.

Tucker Torpedo, de 1948, parte do acervo do Automotive Museum

San Diego Automotive Museum

2080 Pan American Plaza. **Tel** *(619) 231-2886.* *10h-17h diariam.* *1º jan, Ação de Graças, 25 dez.*

Carros e motos de sonho, dos Estados Unidos e da Europa, brilham neste museu declaradamente nostálgico. A maior parte dos veículos pertence a particulares, e a exposição muda sempre. Têm presença garantida, no entanto, a pintura brilhante, as curvas estéticas e os pneus de banda branca.

SAN DIEGO ZOO

O San Diego Zoo é um dos zoológicos mais famosos do mundo, seja por seus programas de preservação de espécies, seja pelo lazer de alto nível que oferece. Com cerca de 4.000 animais espalhados em uma área de 40.000 m², a melhor forma de conhecê-lo é em um passeio de ônibus de 35 minutos, com explicações em inglês. O Skyfari, um bondinho aéreo, mostra a parte sul do zoológico, a 55m de altura. Depois dessa visão geral, o visitante pode apreciar de perto seus animais favoritos, seguindo as trilhas e rampas rolantes. Há também um Children's Zoo, para crianças, e, no verão, o zoológico abre à noite.

PRINCIPAIS ATRAÇÕES

① Flamingo Lagoon
② Reptile House
③ Children's Zoo
④ Petting Paddock
⑤ Insect House
⑥ Wegeforth Bowl
⑦ Tiger Trail
⑧ Scripps Aviary
⑨ Monkey Trail
⑩ Absolutely Apes
⑪ Owen's Rain Forest Aviary
⑫ Sun Bear Forest
⑬ Panda Canyon
⑭ Wings of Australasia
⑮ Gorilla Trophies
⑯ Hippo Trail
⑰ Lost Forest
⑱ Ituri Forest
⑲ Eagle Trail
⑳ Elephant Odyssey
㉑ Hunte Amphitheatre
㉒ African Rock Kopje Exhibit
㉓ Urban Jungle
㉔ Outback

Filhote de ruminante da China, San Diego Zoo

Interior da igreja de Mission San Diego de Alcalá

Mission San Diego de Alcalá ❷

10818 San Diego Mission Rd, San Diego. **Mapa rodoviário** D6. ***Tel*** *(619) 281-8449.* *20, 13.* *9h-16h45 diariam.* *1º jan, Ação de Graças, 25 dez* **aceitam-se doações**. *diariam.*
www.missionsandiego.com

Situada originalmente no local onde hoje se encontra o Junípero Serra Museum, em Presidio Park, *(pág. 254)*, a Missão de San Diego foi transferida para Mission Valley em 1774, porque aqui a terra era mais fértil e havia mais índios para ser convertidos. O santo padroeiro, São Diego, nasceu em Alcalá, Espanha, em 1400.

Primeira Missão californiana *(págs. 46-7)*, hoje em dia ela se espreme entre vias expressas e bairros novos, mas seus prédios e jardins harmoniosos ainda lhe dão um ar de muita paz. No começo do século 20, o conjunto foi restaurado e recuperou a aparência que tinha em 1813. Algumas peças da igreja são originais, como a madeira dos batentes, os azulejos do piso e os tijolos do batistério.

Nos jardins vê-se o campanário e também uma estátua de São Francisco. Um pequeno museu presta homenagem ao primeiro mártir cristão do Estado, padre Luís Jayme, assassinado quando um bando de 600 índios atacou a Missão recém-fundada, em 1775.

SeaWorld ❸

500 SeaWorld Drive. **Mapa rodoviário** D6. ***Tel*** *(800) 257-4268.* *9.* *diariam.*
www.seaworld.com

Imagem de San Diego de Alcalá

Neste Estado famoso pelos parques temáticos, a maior atração do SeaWorld é a chance de chegar perto de criaturas que habitam os oceanos. Inaugurado em 1964, este parque marinho, na Mission Bay, ocupa agora 600.000m² e pode levar um dia inteiro para ser visitado. Um bom ponto de partida é a subida de cinco minutos pela Skytower, uma coluna de 98m de altura com vista panorâmica. Outra vista é oferecida pelo Bayside Skyride, de 30m de altura, onde bondinhos levam você por 1km sobre as águas da baía.

As estrelas do SeaWorld são as baleias e os golfinhos amestrados. Um dos shows demonstra a inteligência dos golfinhos e, outro, o talento das baleias orcas. Entre as atrações do parque estão tanques de tubarões, lontras e tartarugas e os aquários de água doce. Os visitantes também têm a chance de alimentar baleias e focas e de tocar em arraias e estrelas-do-mar. Crianças adoram pular com os personagens da Vila Sésamo, brincar no parque aquático, e na maior atração, Journey to Atlantis, um brinquedo aquático emocionante que termina num mergulho de 18m e uma queda com força G negativa.

Os funcionários do SeaWorld dedicam-se ao salvamento e à reabilitação de animais marinhos e aceitam em média um animal doente ou abandonado por dia. O parque também promove programas educativos e preservacionistas.

Mission Bay ❹

Mapa rodoviário D6. *centro de Mission Bay.* **Centro de visitantes.** ***Tel*** *(619) 276-8200.* *9h-17h seg-sáb, 9h30-16h30 dom.*
www.sandiego.org

O Mission Bay Park fica em 18,5km² inteiramente reservados ao lazer do público que o frequenta. Os moradores de San Diego o procuram para

Baleias orcas saltam em espetáculo do Sea World

Veja hotéis e restaurantes desta região nas págs. 536-8 e págs. 581-4

Barco a vela nas águas calmas de Mission Bay

fazer exercícios e relaxar. A área muito bem cuidada era um pântano que foi sendo gradativamente drenado e plantado a partir dos anos 1930. O rio San Diego foi canalizado e ao longo dele criaram-se praias, centros de esportes aquáticos e ilhas. Embora a maior atração da Mission Bay seja o SeaWorld, o parque também é muito frequentado por aqueles que gostam de soltar pipas, jogar vôlei e golfe e andar de bicicleta. Ao longo da costa, há áreas reservadas para nadar, pescar e velejar.

A sudoeste fica Mission Beach *(pág. 248)*, uma das praias mais animadas de San Diego. O **Belmont Park**, à beira-mar, tem um mergulhão gigante de madeira, construído em 1925.

Belmont Park
3146 Mission Blvd.
Tel *(858) 228-9283.* *diariam.*

La Jolla 5

Mapa rodoviário D6. *32.000.* *San Diego.* *7966 Herschel Ave (858) 454-5718.* **www**.lajollabythesea.com

A origem do nome La Jolla (pronuncia-se "La Roia") é objeto de grande debate –alguns acham que vem do espanhol *la joya* (a joia), enquanto outros dizem que foi inspirada em uma palavra indígena, com a mesma pronúncia, que significa "caverna". Situada a 6km de Mission Bay, La Jolla é um balneário elegante, aninhado entre belos recifes e enseadas *(pág. 249)*.

Nas suas bonitas ruas encontram-se lojas de chocolates finos, butiques de grife e joalheiros de alta classe. A cidade também oferece galerias de arte e restaurantes chiques, com "ar mediterrâneo". Mantendo a mesma qualidade do museu do centro de San Diego, *(pág. 251)*, o **Museum of Contemporary Art** é muito bem localizado, à beira-mar. Tem uma mostra permanente de arte pós-1950, além de livraria, café e jardim com esculturas.

A cidade sedia a Universidade da Califórnia, em San Diego, e o famoso **Salk Institute for Biological Studies**, fundado em 1960 por Jonas Salk, o inventor da vacina contra poliomielite.

A Scripps Institution of Oceanography, com vista para a praia de Scripps, abriga o magnífico **Birch Aquarium at Scripps**. O aquário dá uma boa visão do mundo da oceanografia, com exposições, mostras interativas e shows de alimentação de animais. Os visitantes podem observar a vida marinha do Pacífico norte e também dos trópicos, inclusive o gigantesco polvo do Alasca.

Museum of Contemporary Art
700 Prospect St. **Tel** *(858) 454-3541.* *seg-ter, qui-dom.* *qua, 1º jan, Ação de Graças, 25 dez.* **www**.mcasd.org

Salk Institute for Biological Studies
10010 N Torrey Pines Rd. **Tel** *(858) 453-4100.* *seg-sex.* *feriados.* *12h.* **www**.salk.edu

Birch Aquarium em Scripps
2300 Expedition Way. **Tel** *(858) 534-3474.* *9h-17h diariam.* *1º jan, Ação de Graças, 25 dez.* **www**.aquarium.ucsd.edu

O litoral pedregoso da enseada de La Jolla

Memorial no local de antigas batalhas em San Pasqual Valley

San Pasqual Battlefield 6

Mapa rodoviário D6.
Tel *(760) 737-2201.*
10h-17h sáb-dom.

Em 1846, durante a guerra entre Estados Unidos e México *(pág. 47)*, San Pasqual Valley foi palco de uma dura vitória do Exército americano sobre os rebeldes *californios* (colonos mexicanos da Califórnia). Prejudicados pela pólvora úmida, pelo cansaço e pelo frio, 22 dos 100 soldados foram mortos, e outros 16 ficaram feridos.

Há um **Centro de Visitantes**, que mostra um filme sobre a batalha. Ela também é encenada em dezembro por moradores vestidos com uniformes do século 19.

Centro de Visitantes
15808 San Pasqual Valley Rd.
Tel *(760) 737-2201.* *10h-17h sáb-dom.* *feriados.*

San Diego Wild Animal Park 7

Hwy 78, 15500 San Pasqual Valley Rd. **Tel** *(760) 747-8702.*
Escondido. *diariam.*

www.sandiegozoo.org

Esta reserva de animais selvagens exibe uma enorme variedade de pássaros e mamíferos em seus 730ha de área muito bem cuidada. Inaugurado em 1972, o parque foi concebido como santuário para reprodução de espécies ameaçadas de extinção, e continua à frente da cruzada conservacionista. Além de cuidar de seus 3.200 residentes, o parque troca animais com zoológicos do mundo todo, sempre com o propósito de devolver espécies em extinção à vida silvestre original. Uma de suas experiências bem-sucedidas foi com o condor da Califórnia.

Uma boa maneira de começar a visita é fazendo o tour Journey Into Africa. O passeio guiado de 25 minutos percorre 3km das savanas africanas, passando por girafas, rinocerontes e gazelas. E também para em um poço repleto de garças, avestruzes e muitas outras aves. Outro excelente passeio é o Tethered Balloon Safari a 120m, que oferece vista panorâmica de leões, girafas, zebras, leopardos e outros.

Para muitas pessoas, as estrelas são os animais grandes, como elefantes, rinocerontes e leões. Mas os diversos ambientes naturais reproduzidos no parque, como a floresta tropical da Austrália e a "selva escondida", também são fascinantes, e o Petting Kraal, onde se pode tocar nos bichos, faz sucesso entre as crianças. Antes de visitar o Wild Animal Park, é bom verificar os horários de espetáculos.

Apreciadores da vida selvagem podem participar da Photo Caravan, que leva grupos pelo parque, numa caminhonete aberta.

Nairobi Village é a área de 7ha onde se encontram o anfiteatro e outros prédios, além de lojas de livros e suvenires.

Mission San Luis Rey 8

Hwy 76 (Mission Ave), Rancho Del Oro Drive, San Luis Rey.
Tel *(760) 757-3651.* *San Diego.*
10h-16h diariam. **Aceitam-se doações**. **www**.sanluisrey.org

Uma das maiores e mais prósperas missões da Califórnia *(pág. 46)*, San Luis Rey de

Animais passeiam à vontade pelo San Diego Wild Animal Park

Veja hotéis e restaurantes desta região nas págs. 536-8 e págs. 581-4

Entrada da Mission San Luis Rey

Francia foi fundada em 1798 pelo padre espanhol Fermín Lasuén. Recebeu o nome do rei francês Luís IX, que foi canonizado, e deveu boa parte de seu sucesso à cooperação dos índios luiseños. Mais de 3.000 nativos moravam e trabalhavam na Missão, criando gado, ovelhas e cultivando cereais e frutas.

Imagem na igreja

A maior parte dos prédios da missão passou por uma restauração no começo do século 20. Os visitantes são levados primeiro a um **museu,** onde podem conhecer a história da missão e seus arredores.

Muitas das roupas e artigos religiosos que lá se encontram só sobreviveram porque, depois da secularização de 1833, os índios convertidos os esconderam. Suas famílias só devolveram os objetos à missão quando ela se tornou convento franciscano, em 1893.

A igreja de San Luis Rey tem formato de cruz, como a de San Juan Capistrano *(pág. 241)*, mas é a única com teto abobadado de madeira. O púlpito, também de madeira, é original, e as pinturas seguem padrões da época, que também foram preservados. A missão continua a funcionar como igreja e retiro. Lá se encontram uma lavanderia restaurada, um grande cemitério e a mais antiga pimenteira da Califórnia, trazida do Peru em 1830.

Museu
Claustro leste. *diariam.* *1° jan, Ação de Graças, 25 dez.*

Palomar Mountain 9

Mapa rodoviário D6. *Julian.*

Com 1.900m de altura, coberto de árvores, Palomar Mountain oferece aos visitantes vistas maravilhosas de San Diego County. O Palomar Mountain State Park tem boas trilhas para caminhadas e áreas reservadas para camping e pesca de truta.

No topo da montanha fica a cúpula branca do **Palomar Observatory**. Operado pelo California Institute of Technology, este observatório de renome internacional foi inaugurado em 1948. De lá é controlado o telescópio Hale, todo computadorizado, com um espelho de 510cm. Este telescópio é capaz de alcançar áreas do universo a bilhões de anos-luz de distância. De 1948 a 1956, o telescópio Oschin, também operado no observatório, foi utilizado para pesquisar e fotografar o céu noturno. Uma segunda pesquisa iniciada em 1985 e terminada em 2000 produziu imagens digitalizadas. Atualmente, o Oschin está conduzindo uma pesquisa mais ampla e toda automatizada do céu que faz parte do projeto de exploração sistemática da Palomar Transient Factory.

Os visitantes não têm permissão para olhar pelo telescópio de 540 toneladas.

Mas uma área de exposição e uma galeria de fotos explicam como ele funciona.

Palomar Observatory
35899 Canfield Rd, Palomar Mountain.
9h-15h diariam. *24 e 25 dez.*
***Tel** (760) 742-2119.* *10h-16h sáb e dom.*

Cúpula do Palomar Observatory ao pôr do sol

Julian ⑩

Mapa rodoviário D6. *2.000. San Diego.* *2129 Main St.* ***Tel*** *(760) 765-1857.* **www**.julianca.com

Quem quiser dar um passeio agradável pelas montanhas e desfrutar de um fim de semana romântico deve ir para a cidade de Julian. Lá se descobriu ouro em 1870. Seus prédios de madeira do século 19, bem restaurados, recriam o ambiente daqueles tempos.

Turistas, assim como os garimpeiros de antigamente, acorrem à cidade para saborear a sua famosa torta de maçã –no outono, a cidade promove os "Apple Days" (dias da maçã)– ou comprar suvenires rústicos nas simpáticas lojinhas de presentes. O **Julian Pioneer Museum** é um gracioso amontoado de curiosidades e fotografias da história da cidade. Também é possível visitar o interior de uma mina de ouro em **Eagle and High Peak Mines**.

Pode-se passar a noite num dos muitos hotéis e *bed and breakfasts* da cidade e arredores *(pág. 536)*.

Anúncio de torta de maçã

Julian Pioneer Museum
2811 Washington St. ***Tel*** *(760) 765-0227.* *abr-nov: sex-dom; dez-mar: sáb-dom.*

Eagle and High Peak Mines
C St. ***Tel*** *(760) 765-0036.* *diariam; ligar antes.* *1º jan, Páscoa, Ação de Graças, 25 dez.*

Cuyamaca Rancho State Park ⑪

Mapa rodoviário D6. ***Tel*** *(760) 765-3020.* *diariam.* **www**.parks.ca.gov

A apenas uma hora de carro de San Diego, o Cuyamaca Rancho State Park é um refúgio de belezas naturais. Quase metade da área de 100km² é uma reserva de animais silvestres, onde vivem gambás, linces, coiotes, veados e pumas.

Além de áreas para cavalgar, acampar e praticar mountain bike, o parque tem 210km de trilhas para caminhadas. A Cuyamaca Peak Trail é uma subida árdua, por um caminho pavimentado. Do alto, tem-se uma bela visão das montanhas cobertas de florestas de San Diego County, avistando-se até o monte Palomar *(pág. 263)*. No extremo norte do parque fica a Stonewall Gold Mine, vila que chegou a ter 500 garimpeiros e produziu o equivalente a 2 milhões de dólares em ouro no fim do século 19.

Administração do Parque e Museu
12551 Hwy 79. ***Tel*** *(760) 765-0755.* *diariam.* *feriados.*

Lake Morena Park ⑫

Mapa rodoviário D6. *San Diego.* ***Tel*** *(619) 579-4101.*

Um verdadeiro oásis na árida região sudeste de San Diego County, este parque sombreado por carvalhos fica em volta de um lago piscoso. Ocupa 13km² de terreno.

Podem-se alugar barcos para um relaxante passeio.

Margem do Lake Morena

Chula Vista Nature Center ⑬

100 Gunpowder Point Dr.
Mapa rodoviário D6. ***Tel*** *(619) 409-5900.* *E St. Bay.* *10h-17h ter-dom.* *feriados.* **www**.chulavistanaturecenter.org

Este projeto ecológico, às margens da San Diego Bay, foi criado para proteger a vida selvagem nos pântanos da costa californiana. Para chegar aqui, toma-se o ônibus grátis que sai do estacionamento na rodovia I-5 e da estação de bonde.

O parque informa como funciona o frágil meio ambiente da reserva. Entre os pássaros que lá permanecem o ano todo estão garças e águias-pescadoras.

Legoland ⑭

1 Legoland Dr, Carlsbad. **Mapa rodoviário** D6. ***Tel*** *(760) 918-5346.* *S Carlsbad.* *diariam. veja website.* **www**.legoland.com

Este parque inusitado de quase 744ha é para famílias com crianças de todas as idades, e oferece brinquedos e atrações e um aquário.

As atrações principais são seis cidades norte-americanas em miniatura, que usaram mais de 24 milhões de peças Lego para serem construídas.

Cavalgando no Cuyamaca Rancho State Park

Tijuana ⓯

Pássaro de madeira

Milhares de norte-americanos viajavam a Tijuana para aproveitar os preços mais baixos e a vida noturna. As notícias sobre violência entre traficantes rivais em 2008-9 e o controle nas fronteiras contribuíram para diminuir o fluxo de visitantes. Melhores serviços e descontos estão sendo oferecidos para atrair os turistas. Consulte o escritório de turismo de San Diego sobre os cuidados antes de viajar (pág. 619).

Tijuana
Esta típica cidade de fronteira não tem muito a ver com a célebre arte maia ou com a arquitetura colonial espanhola típicas do México.

O futurista **Centro Cultural Tijuana** foi erguido em 1982, às margens do rio Tijuana. Ele tem um cinema, que passa filmes sobre o México em um telão móvel, e também promove exposições temporárias sobre temas mexicanos. **Sociedad de Historia de Tijuana** é um centro cultural com museu, galeria, biblioteca e centro de computação.

A maioria dos turistas quer mesmo é fazer compras e se divertir –Tijuana é ponto concorrido de jovens que querem aproveitar o limite mais baixo de idade (18 anos) para consumir bebida alcoólica.

As melhores compras acontecem nos tranquilos bazares na animada Avenida Revolución. Cerâmicas pintadas, botas de couro, bijuterias em prata e tequila são vendidas a bons preços. Pechinchar é obrigatório.

Garrafas de bebida à venda em um bazar de Tijuana

O **Escritório de Turismo de Tijuana** fornece mapas e informações sobre a cidade.

Centro Cultural Tijuana
Paseo de los Héroes.
Tel *011-52 (664) 687-9600, (664) 687-9635.*
diariam.

Tijuana Tourist Office
Ave Revolución (entre Calles 3 e 4).
Tel *011-52 (664) 685-3117, (888) 775-2417 (dos EUA), (888) 025-0888 (do México).*
diariam. **Tourist Assistance Hotline** *078*
www.tijuana.online.org

O futurista Centro Cultural Tijuana

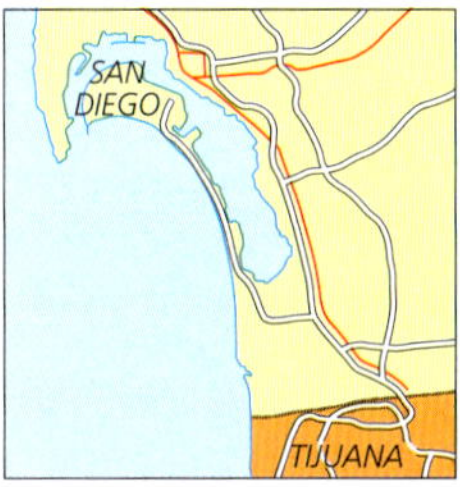

LOCALIZE-SE

- Fronteira internacional
- Linha de bonde de San Diego
- México

DICAS

Como chegar: *como o San Diego Trolley vai até a fronteira com o México, o jeito mais barato e fácil de chegar até Tijuana é a pé. Tome um bonde na direção sul até San Ysidro e siga as pessoas pelas pontes de pedestres e passarelas que levam à cidade. Você também pode pegar um ônibus de San Ysidro até o centro de Tijuana ou reservar uma excursão em uma agência em San Diego. Quem vai de carro ou motocicleta precisa de seguro veicular mexicano, barato e disponível na fronteira.*
Visto: *Cidadãos brasileiros precisam de visto para entrar em território mexicano. Pode-se já sair do Brasil com o visto, obtido no consulado ou na embaixada do México. Caso o visitante decida conhecer o México quando já estiver nos EUA, ele deve entrar em contato com o consulado mexicano mais próximo do local em que se encontra (telefone e endereço podem ser obtidos na lista telefônica local). As exigências de viagem mudam com frequência; antes de viajar, não deixe de checar os últimos documentos necessários para cruzar a fronteira. Os não americanos têm de apresentar um Mexican Tourist Card preenchido, que pode ser obtido com os guardas de fronteira. Para outras informações, procure o consulado mexicano antes de viajar.*
Câmbio: *A moeda mexicana é o peso, mas em Tijuana os dólares e os cartões de crédito são aceitos por toda parte, em lojas grandes e pequenas.*

INFORMAÇÕES ÚTEIS

San Diego é uma cidade fácil de se conhecer, com um sistema de transporte público limpo e eficiente e boa receptividade a turistas. A recuperação do centro da cidade fica evidente pelo número crescente de lojas, restaurantes e casas noturnas ao redor do Westfield Horton Plaza *(pág. 250)* e do Gaslamp Quarter *(págs. 252-3)*. Boa variedade de transportes públicos serve a região do centro, onde se encontram todas as atrações típicas de uma vibrante cidade californiana. Também existem conexões regulares para Old Town, Balboa Park, Coronado e a fronteira mexicana. Já para apreciar a área do Embarcadero *(pág. 250)*, o melhor é andar a pé. Há excelentes centros de informação turística localizados no Westfield Horton Plaza, Balboa Park e também em Coronado.

Jessop's Clock, no Horton Plaza

Ponto de ônibus em San Diego

COMO CIRCULAR

As três linhas do **San Diego Trolley**, o sistema de bondes da cidade, ligam Old Town East a Santee, e o sul a Downtown e à fronteira mexicana. A outra linha conecta Downtown a Santee. Os bondes passam a cada 15 minutos durante o dia e funcionam até 1h. A cidade também dispõe de vasta rede de ônibus. A **San Diego-Coronado Bay Ferry** oferece serviço regular de ferryboat até a Coronado Peninsula *(pág. 255)*. Mapas, horários e os passes especiais Day Passes, para um a quatro dias, válidos em qualquer ônibus, sem limite de quilometragem, podem ser adquiridos na **Transit Store**. A **Old Town Trolley Tours** promove visitas com guias às principais atrações da cidade.

A estação de trens **Amtrak** fica no lindo prédio do Santa Fe Depot, no centro restaurado. O **San Diego International Airport** localiza-se a 5km do centro e é servido por ônibus, táxis e carros alugados.

O **Balboa Park Tram** oferece transporte gratuito pelo parque cultural *(págs. 256-7)*. O **San Diego Water Taxi** leva os visitantes aos pontos mais interessantes ao longo da baía de San Diego.

San Diego tem ainda uma boa rede de ciclovias e muitos locais para se alugar bicicletas. Um percurso suave vai de Mission Beach a La Jolla *(pág. 261)*, com bela vista para o mar. Os bondes e ônibus cobram uma pequena taxa para transportar bicicletas. No centro, pode-se passear de táxis-bicicleta. A região central é, em geral, bem segura, inclusive à noite, com exceção da área a leste do Gaslamp Quarter, que deve ser evitada depois que escurece.

Bonde de San Diego, meio de transporte rápido e frequente na cidade

O Bazaar del Mundo, loja em estilo mexicano

COMPRAS

As pessoas que pretendem visitar Tijuana *(pág. 265)* não devem comprar muito em San Diego, pois os preços são melhores do outro lado da fronteira. Em San Diego, o Bazaar del Mundo, em Old Town *(pág. 254)*, oferece artesanatos e peças típicas mexicanas.

Westfield Horton Plaza é o shopping center mais movimentado da cidade, onde se encontra de tudo. Já o vizinho Paladion, mais chique, tem butiques de grifes famosas. O Seaport Village *(pág. 250)*, à beira-mar, vende presentes e lembranças para os turistas.

Área de comércio em Seaport Village, à beira-mar

Também na costa, a Prospect Street, em La Jolla, é endereço de lojas elegantes. Del Mar e Carlsbad têm uma boa combinação de butiques, galerias de arte e antiquários.

Existem várias lojas de fábrica em San Diego County, onde se podem comprar artigos de grife a preços bem mais reduzidos *(pág. 607)*. O Las Americas Factory Outlet Center, em San Ysidro, ao lado da fronteira com o México, é um dos maiores e melhores da região, com mais de 120 lojas de ponta de estoque. Vá ao balcão de informações localizado no estacionamento e pegue uma cartela de fichas de desconto, que dão uma redução extra de 15% em muitas lojas.

Neste shopping, como em todo o Estado, são aceitos todos os principais cartões de crédito. As lojas abrem das 10h às 18h, de segunda a sábado e, às vezes, domingo também. O imposto local sobre todas as compras, de 8,5%, não está incluído no preço –é acrescentado no caixa, na hora de pagar.

DIVERSÃO

San Diego tem uma agitada vida cultural, com sua própria orquestra sinfônica, companhia operística e de teatro. A programação dos eventos culturais é publicada no *San Diego Union-Tribune* e em várias revistas distribuídas gratuitamente. *The Reader*, encontrada em cafés, bares e livrarias, informa a programação semanal de leituras de poesia, apresentações de música ao vivo e arte alternativa. Os ingressos para qualquer evento podem ser comprados no quiosque da **Times Arts Tix**, no Horton Plaza.

O Gaslamp Quarter *(págs. 252-3)* é o melhor local de restaurantes e casas noturnas. Os teatros vizinhos Lyceum e Spreckels oferecem espetáculos o ano todo. Em Balboa Park, o Old Globe Theatre *(pág. 256)*, parte de um conjunto teatral de três palcos, exibe montagens premiadas.

Os moradores de San Diego, como os de toda a Califórnia, adoram esportes. Os Chargers, de futebol americano, jogam no Mission Valley, e os Padres, de beisebol, tem seu estádio no centro, em Petco Park. Para quem gosta de atividades esportivas, Mission Bay *(págs. 260-1)* oferece esportes aquáticos e de praia, como vôlei. O San Diego County dispõe ainda de 90 excelentes campos de golfe. Peça mais detalhes nos hotéis e centros de informação turística.

Padres, famoso time de beisebol de San Diego

AGENDA

COMO CIRCULAR

Amtrak
Santa Fe Depot, 1050 Kettner Blvd. ***Tel*** *(800) 872-7245.* **www**.amtrak.com

Balboa Park Tram
Tel *(619) 239-0512.* **www**.balboapark.org/maps/tram.php

Metropolitan Transit System (MTS)
1255 Imperial Ave, #1000. ***Tel*** *(619) 233-3004.* **http:**//transit.511sd.com

Old Town Trolley Tours
4010 Twiggs St. ***Tel*** *(619) 298-8687.* **www**.trolleytours.com

San Diego-Coronado Bay Ferry
1050 N Harbor Drive. ***Tel*** *(619) 234-4111.* **www**.sdhe.com/san-diego-bay-ferry.html

San Diego International Airport
Lindbergh Field. ***Tel*** *(619) 400-2400.* **www**.san.org

San Diego Trolley
(619) 595-4949. **www**.sdmits.com/trolley

San Diego Water Taxi
Tel *(619) 235-8294.* **www**.sdhe.com

Transit Store
102 Broadway. ***Tel*** *(619) 234-1060.*

COMPRAS

Westfield Horton Plaza
G St & 1st Ave. ***Tel*** *(619) 239-8180.* **www**.westfield.com

DIVERSÕES

Times Arts Tix
Broadway Circle, Horton Plaza. ***Tel*** *(619) 238-0700.* **www**.sandiegoperforms.com

INFORMAÇÕES AO TURISTA

Balboa Park
1549 El Prado. ***Tel*** *(619) 239-0512.* **www**.balboapark.org

Coronado
1100 Orange Ave. ***Tel*** *(619) 437-8788.* **www**.coronadovisitorcenter.com

San Diego Visitors Bureau
West Broadway, na Harbor Dr. ***Tel*** *(619) 236-1212.* **www**.sandiego.org

INLAND EMPIRE E LOW DESERT

A paisagem em Inland Empire e Low Desert é uma das mais variadas da Califórnia: passa de florestas de pinheiros, onde sopra uma brisa suave, a desertos de calor infernal. O contraste é dramático –quem utiliza o bondinho aéreo da Palm Springs Aerial Tramway passa de um ecossistema ao outro em 10 minutos.

Na metade do século 19, o local onde está hoje o Anza-Borrego Desert State Park era uma quase intransponível porta de entrada da Califórnia para milhares de garimpeiros e colonos que chegavam em busca de fortuna. Trinta anos mais tarde, o pequeno número de hotéis voltados para a saúde instalados na região noroeste, conhecida como Inland Empire, transformou-se no coração de um verdadeiro império econômico sustentado pela laranja. Originária do Brasil, da espécie baía, ela se adaptou bem ao local e fez a fortuna de muitos californianos. As mansões vitorianas que eles construíram ainda podem ser vistas nas cidades de Redlands e Riverside, mas os laranjais perfumados desapareceram para dar lugar a cidades e ao asfalto. Riverside é hoje em dia praticamente um subúrbio de Los Angeles. O centro turístico da região é Palm Springs, lugar perfeito para relaxar e se bronzear ao sol do deserto. Situada a menos de duas horas de carro de Los Angeles, tem hotéis luxuosos, campos de golfe verdejantes e um número incrível de piscinas e quadras de tênis.

Próximo a Palm Springs, o Joshua Tree National Park é um local de dias quentes e secos, noites frias e pouca vegetação. A beleza seca e silenciosa da paisagem pedregosa evoca imagens de pistoleiros, desbravadores em carroças cobertas, mocinhos e bandidos de faroeste –o cenário de tantos filmes antigos.

Se o deserto ficar quente demais, refugie-se em um resort nas montanhas. O passeio Rim of the World oferece uma visão espetacular das San Bernardino Mountains.

Cenário de filme em Pioneertown, perto de Yucca Valley

◁ Árvore de Joshua, na paisagem árida do deserto

Como Explorar Inland Empire e Low Desert

Inland Empire é uma região de grandes contrastes de clima e cenário. A noroeste está a San Bernardino National Forest, que oferece ar fresco da montanha e vista maravilhosa. Ao sul encontra-se o ensolarado Coachella Valley, que termina no escaldante Salton Sea. Palm Springs, o maior resort do deserto, fica ao lado do árido Joshua Tree National Park e da cidadezinha de montanha Idyllwild. O impressionante Anza-Borrego Desert State Park, a sudoeste, é a porta de entrada de San Diego County.

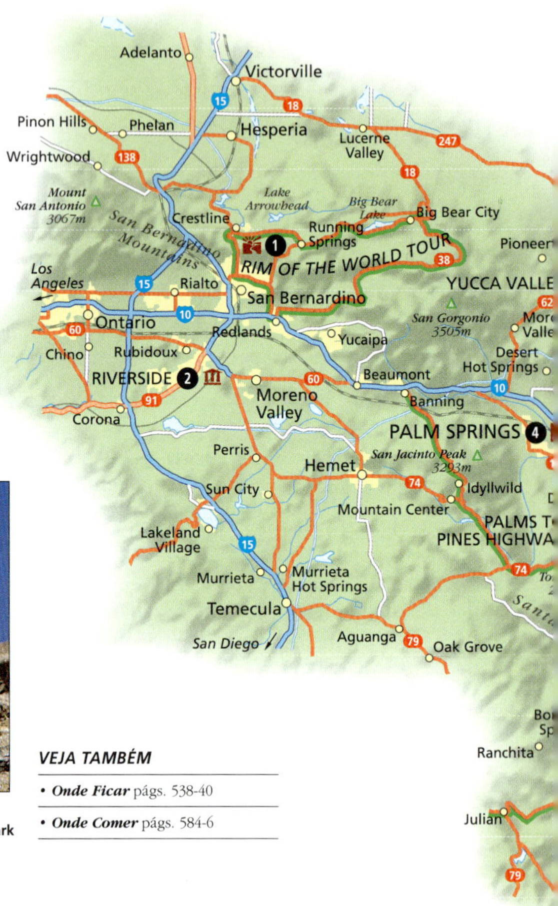

Carneiro-de-chifre-longo no Anza-Borrego Desert State Park

VEJA TAMBÉM

- ***Onde Ficar*** págs. 538-40
- ***Onde Comer*** págs. 584-6

Ao fundo, o campo de golfe Desert Dunes, perto de Palm Springs

LEGENDA

- Freeway
- Estrada principal
- Estrada secundária
- Estrada vicinal
- Percurso com paisagem
- Ferrovia principal
- Ferrovia secundária
- Fronteira estadual
- Fronteira internacional
- △ Cume

PRINCIPAIS ATRAÇÕES

Anza-Borrego Desert State Park ❻
Joshua Tree National Park págs. 278-9 ❽
Palm Springs págs. 274-6 ❹
Riverside ❷
Salton Sea ❼
Yucca Valley ❸

Excursões

Palms to Pines Highway *pág. 276* ❺
Rim of the World *pág. 272* ❶

Turbinas de vento em Coachella Valley

COMO CIRCULAR

A maneira mais fácil de explorar o deserto é de carro. A rodovia I-10 corta Inland Empire e Low Desert de leste a oeste. Palm Springs, 170km a sudeste de Los Angeles e 190km a nordeste de San Diego, possui terminal de ônibus Greyhound, estação de trem Amtrack e aeroporto. A cidade é uma boa base de exploração da região.

Passeio Rim of the World ❶

Partindo de San Bernardino, este passeio impressionante pelas arborizadas montanhas San Bernardino oferece uma visão espetacular do deserto mais adiante. Devido à altitude, no verão os dias são quentes, com fragrância de pinheiros, e no inverno os picos cobertos de neve são perfeitos para a prática de esqui cross-country. A excursão passa pelos resorts às margens dos lagos Arrowhead e Big Bear, muito procurados por quem deseja escapar do calor e da poluição de Los Angeles. Em Redlands, a sensação é de volta ao passado vitoriano, com um prazer adicional: o perfume doce dos laranjais.

Vista de San Bernardino Mountains

Big Bear Lake ③
Área de turismo muito concorrida, o lago Big Bear é perfeito para esportes como pesca, vela, natação e, no inverno, patinação no gelo. Os dois centros comerciais da região são Big Bear City e Big Bear Village.

Heaps Park Arboretum ④
Uma trilha natural de 1.600m atravessa de ponta a ponta esta montanha coberta de árvores, nativas ou não. Entre elas se encontram pinheiros e carvalhos de vários tipos.

Children's Forest ⑤
Localizada na San Bernardino National Forest, a Children's Forest tem como foco a educação ecológica e busca envolver os jovens no trabalho de regeneração.

Lake Arrowhead ⑥
Lake Arrowhead Village, na margem sul do lago, tem lojas, restaurantes e acomodação em hotel e cabana de troncos. Da cidade partem os passeios pelo lago a bordo do *Arrowhead Queen*. A margem norte é uma área residencial.

Redlands ①
A cidade é famosa pelas mansões vitorianas construí[das] no fim do século 19 por fa[zendeiros] que fizeram fortuna com o [culti]vo da laranja-da-baía *(pág.* As mais bonitas são Kimbe[rly] Crest House and Gardens, Mansion e Edwards Mansi[on]

DICAS

***Extensão do passeio**: 183km.*
***Cuidados**: as estradas de montanha têm curvas acentuadas e algumas áreas estão sujeitas a deslizamento de pedras. Obedeça aos limites de velocidade indicados no caminho e evite dirigir à noite. No inverno, coloque correntes nas rodas. Algumas estradas fecham por causa da neve.*
***Pontos de parada**: Big Bear Village e Lake Arrowhead Village têm muitos hotéis e cabanas de troncos para alugar* (págs. 519-20)*. Ambas oferecem diversos restaurantes* (pág. 557) *da mesma forma que Redlands* (pág. 559)*. Cartazes nas estradas indicam as áreas onde é permitido fazer piquenique e acampar.*

Onyx Summit ②
Com 2.573m de altitude, o Onyx Summit é o ponto mais alto da Rim of the World Tour. De um belvedere próximo ao topo pode-se ver desde a montanhosa San Bernardino National Forest até o deserto.

quilômetros 10

LEGENDA
- Percurso do passeio
- Outras estradas

O rebuscado Mission Inn, em Riverside

Riverside ❷

Mapa rodoviário D6. *250.000.* *3895 University Ave.* ***Tel*** *(951) 683-7100.* **www**.riversidechamber.com

Esta cidade exibe uma das arquiteturas mais elegantes do sul da Califórnia. No fim do século 19, foi o centro da indústria cítrica do Estado e em 1905 tinha a maior renda per capita dos Estados Unidos. Uma das duas laranjeiras originais responsáveis pelo progresso da cidade, plantada por Eliza e Luther Tibbetts *(pág. 50)* em 1875, continua viçosa em seu lugar de honra, num pequeno parque na esquina das avenidas Magnolia e Arlington.

O **Mission Inn**, construído em 1880 –uma casa de adobe de 12 cômodos–, foi reformado no começo do século 20 e transformou-se em hotel, com 234 quartos *(pág. 540)*. Sua arquitetura é uma mistura inusitada dos estilos *revival* Mission, mourisco e oriental, com arcobotantes, escadas em espiral e gárgulas. O **Riverside Metropolitan Museum** mostra objetos da história da cidade e da cultura indígena.

Pote de cerâmica

Mission Inn
3649 Mission Inn Ave.
Tel *(951) 784-0300.*
www.missioninn.com

Riverside Metropolitan Museum
3580 Mission Inn Ave. ***Tel*** *(951) 826-5273.* *10h-17h diariam.*

Yucca Valley ❸

Mapa rodoviário D5. *44.000.* *56711 Twenty-nine Palms Hwy.* ***Tel*** *(760) 365-6323.* **www**.yuccavalley.org

Yucca Valley é uma pequena cidade vizinha ao Joshua Tree National Park *(págs. 278-9).*

Situado em uma encosta, o **Desert Christ Park** tem mais de 40 estátuas retratando a vida de Cristo, esculpidas nos anos 1950 por Antone Martin.

O **Hi-Desert Nature Museum** expõe amostras da geologia, artesanato, flora e fauna da região. **Pioneertown**, 6km a noroeste de Yucca Valley, foi construída em 1947 como cenário de filmes de faroeste.

Desert Christ Park
Fim da Mohawk Trail.
Tel *(760) 364-0969.* *diariam.*

Hi-Desert Nature Museum
57090 Twenty-nine Palms Hwy.
Tel *(760) 369-7212.* *10h-17h ter-dom.* *feriados.*

Estátua de Cristo no Antone Martin Memorial Park

Palm Springs ❹

Pipoca do Ruddy's

O Vale Coachella é habitado há 10 mil anos, mas só em 1853 uma missão exploratória patrocinada pelo governo encontrou a chave de seu desenvolvimento: uma fonte de água mineral borbulhando no meio do deserto. O primeiro hotel foi construído em 1886, e no início do século 20 a cidade de Palm Springs já era uma estância hidromineral muito conhecida. Nos anos 1920 e 1930, tornou-se refúgio de inverno dos ricos e famosos.

Palm Springs

A explosão de construções do pós-guerra *(pág. 54)* espalhou casas e hotéis por Palm Springs. Atraídas pela crescente popularidade da cidade, as construtoras começaram a explorar a faixa de deserto que corre ao longo do Coachella Valley. Entre 1967 e 1981, as cidades de Cathedral City, Rancho Mirage, Palm Desert, Indian Wells e La Quinta surgiram nos 35km que separam Palm Springs de Indio, um centro de cultivo de tâmaras. Desert Hot Springs, um spa a nordeste de Palm Springs, também virou um local concorrido. Data do mesmo período a enorme proliferação de campos de golfe, com mais de 80 na região *(pág. 277)*.

Essas cidades agora estão reunidas pelos Palm Springs Desert Resorts, e as pessoas em geral referem-se a todas elas como Palm Springs. A população de Palm Desert, a mais urbanizada das cidades e lar de shoppings de luxo, há muito superou Palm Springs. Atualmente, as propriedades e os hotéis mais luxuosos ficam em Indian Wells, Rancho Mirage e La Quinta. Uma quantidade infinita de opções espera os milhões de visitantes que vem para nadar, jogar golf, tênis, relaxar e aproveitar o estilo de vida, quando não estão fazendo compras ou jogando nos cassinos.

Apesar disso, a cidade de Palm Springs, com sua história de glamour hollywoodiano, ainda conserva atrações. Muitas celebridades ainda têm imóveis aqui e várias empresas oferecem passeios guiados para mostrar as casas.

Anúncio exposto no museu Ruddy's, em Village Green

Village Green Heritage Center

221 S Palm Canyon Drive. ***Tel*** *(760) 323-8297. ligar antes para verificar horários. feriados.*

Este recanto tranquilo, no coração da área comercial de Palm Springs, tem quatro edifícios históricos. O primeiro morador não indígena de Palm Springs, John Guthrie McCallum, construiu a casa McCallum Adobe, em 1884. Na época ela era vizinha à aldeia de Agua Caliente, local da fonte termal que deu origem à cidade. A casa foi transferida para sua localização atual nos anos 1950.

A Cornelia White House (1893) é feita de dormentes de ferrovia e decorada com antiguidades dos primeiros tempos da cidade.

A cultura do povo cahuilla está preservada em fotos e artefatos no Agua Caliente Cultural Museum, que também exibe um acervo de cestos antigos manufaturados por índios.

No Village Green Heritage Center fica ainda o Ruddy's 1930s General Store Museum. Única farmácia da cidade nos tempos antigos, o Ruddy's é hoje uma réplica perfeita de loja da época da Grande Depressão. Entre os produtos em embalagem original estão balas, cadarços de sapato, farinha e remédios.

Knotts Soak City

1500 Gene Autry Trail. ***Tel*** *(760) 327-0499. mar-início set: diariam; set-out: sáb e dom. feriados.*
www.knotts.com

Este parque aquático, em área de 8,5ha, oferece o que há de melhor em 22 atrações do gênero, como um escorregador de 20m, e um rio artificial de 180m para passeios em tubos inflados. Há tobogãs e piscinas especiais para crianças pequenas, e a maior piscina de ondas artificiais da Califórnia, com ondas de até 1,2m de altura, onde se pode praticar surfe. As pranchas e os tubos podem ser alugados por hora ou por dia.

O Oasis Water Resort, a cinco minutos daqui, tem *villas*, quadras de tênis, alpinismo, piscinas aquecidas, academia de ginástica e restaurantes.

Crianças brincam no escorregador coberto Scorpion, no Knotts Soak City

Veja hotéis e restaurantes desta região nas págs. 538-40 e págs. 584-6

Bondinho do Palm Springs Aerial Tramway

Palm Springs Aerial Tramway

Tramway Rd. ***Tel*** *(760) 325-1391.* *diariam.*
www.pstramway.com

Os dois bondinhos do Aerial Tramway, construídos na Suíça, são uma das mais populares atrações de Palm Springs. Com capacidade para 80 passageiros, eles partem de Valley Station, a 10km da cidade. O lindo percurso de 4km, a um ângulo de 50°, dura cerca de 10 minutos, subindo 1.790m até a Mountain Station, no Mount San Jacinto Wilderness State Park.

Os passageiros dos bondinhos passam por cinco ecossistemas diferentes, de deserto a floresta alpina –algo como viajar do México ao Alasca. A temperatura muda radicalmente durante o passeio. A temperatura do vale, ao nível do chão, chega a ser 10°C mais alta do que a do pico. No alto é gelado, portanto é essencial levar agasalho.

No topo existem 85km de trilhas, e uma delas vai até Idyllwild *(pág. 276)*. Há um centro de esqui de estilo nórdico que oferece aluguel de equipamento para esqui cross-country no inverno, locais para acampamento e piquenique.

Mirantes debruçados nas bordas do belvedere, a 2.600m de altitude, oferecem vistas panorâmicas de Coachella Valley, Palm Springs e San Bernardino Mountains. Em dias bem claros, enxerga-se até Salton Sea *(pág. 277)*, a 80km.

Nas duas paradas dos bondinhos são encontradas lojas de presentes, bares e lanchonetes. A Mountain Station oferece um café e um restaurante.

Palm Springs Art Museum

101 Museum Drive.
Tel *(760) 322-4800.* *10h-17h ter-dom, 12h-20h qui.* *feriados.*
www.psmuseum.org

O forte do Palm Springs Art Museum são pinturas e esculturas do século 19 até os dias de hoje. Também exibe arte nativa americana, arte mesoamericana, fotografia e mostras da história natural local. Um belo arranjo de esculturas modernas enfeita os pátios e jardins.

O vizinho Annenberg Theater é um teatro de 450 lugares que apresenta programas de dança, montagens teatrais e orquestras. Seus jardins luxuriantes e muito bem cuidados são pontilhados de fontes e mostram que o deserto não é necessariamente um lugar árido e estéril.

Duas trilhas saem do museu e levam os visitantes para conhecer a fauna e a flora da região. A Museum Trail, de 3km, sobe 244m até o Mount San Jacinto State Park. Ela se encontra com a Lykken Trail, no Desert Riders Overlook, um belvedere que permite avistar Palm Springs e Coachella Valley. A Lykken Trail ainda prossegue por mais 6km, até a entrada do Tahquitz Canyon *(pág. 276)*.

PREPARE-SE

Mapa rodoviário D6. *42.000.*
Palm Springs Regional Airport, 1,5km nordeste do centro *Indio.* *3111 N Indian Ave.* *2901 N Palm Canyon Dr.* ***Tel*** *(800) 927-7256 e (760) 778-8418.*
Palm Springs International Film Festival (início-meados jan).
www.palm-springs.org

Jardim de esculturas no Palm Springs Art Museum

PALMEIRAS

Só uma das variedades de palmeiras de Palm Springs é nativa da Califórnia, a leque do deserto *(washingtonia filifera)*, que cresce em recantos nas montanhas. Ao contrário da maioria das palmeiras, suas folhas não se soltam do tronco –elas caem e formam uma "saia" que protege os animais silvestres.

As tamareiras *(phoenix dactylifera)* vieram da Argélia em 1890. Uma tamareira adulta produz até 135kg de tâmaras por ano. Em Indio, realiza-se todo ano o National Date Festival, uma festa de tâmaras secas e frescas *(pág. 39)*.

Tamareiras em Coachella Valley

Indian Canyons

S Palm Canyon Drive. **Tel** *(760) 323-6018.* *out-jul: 8h-17h diariam; jul-set: 8h-17h sex-dom.* **www**.indian-canyons.com

A menos de 10km de Palm Springs encontram-se quatro oásis naturais de palmeiras, fincados em ravinas pedregosas e cercados de colinas nuas. Amontoados em volta de riachos alimentados por nascentes das montanhas, os cânions de Murray, Tahquitz, Andreas e Palm ficam nas terras dos índios cahuilla. Ainda se veem traços da arte em pedras e outras características de sua cultura.

O Palm Canyon, com 24km de extensão, é o maior desfiladeiro e contém grande parte das palmeiras nativas da Califórnia. Um posto de comércio perto do estacionamento vende água e refrigerantes. Daqui sai o caminho curto e íngreme, que leva à trilha principal. Há mesas de piquenique ao lado de um riacho *(pág. 275)*.

Oásis de palmeiras em leque no Indian Canyons

Living Desert Wildlife and Botanical Park

47-900 Portola Ave., Palm Desert. **Tel** *(760) 346-5694.* *diariam.* *25 dez.* **www**.livingdesert.org

O Living Desert Wildlife and Botanical Park oferece uma ampla visão das regiões desérticas da América do Norte. O parque é grande, com 485ha, mas a maioria das atrações pode ser vista em apenas meio dia. Alamedas largas e pavimentadas cortam as áreas cobertas de vegetação dos dez desertos norte-americanos, onde também estão expostas as 130 espécies de

Vegetação típica do Living Desert Wildlife and Botanical Park

animais que os habitam. Merecem especial atenção a águia dourada, o puma, uma grande variedade de bichos noturnos e a reserva dos guepardos. Cucos da Califórnia –aves que correm em vez de voar e ficaram famosas no desenho animado *Papa-Léguas*– passeiam livres pelo parque. Nos dias quentes, recomenda-se o passeio de bonde.

Palms to Pines Highway ❺

Mapa rodoviário D6. *72-990 Hwy 111, Palm Desert.* **Tel** *(760) 862-9984).*

Um dos passeios de carro mais interessantes no sul da Califórnia começa na intersecção das rodovias 111 e 74, em Palm Desert. Subindo a rodovia 74, deixa-se para trás o ecossistema do deserto, com suas palmeiras e arbustos, e entra-se em um cenário de montanha, composto de pinheiros, juníperos e mogno. A vista do Santa Rosa Summit, a 1.500m de altura, é espetacular. Siga pela rodovia até o Mountain Center e os prados verdejantes de Garner Valley.

No Mountain Center, pegue a rodovia 243 até a linda cidadezinha alpina de Idyllwild, com seus muitos restaurantes, abrigos e áreas de camping. A famosa Idyllwild School of Music and the Arts realiza concertos de música clássica no verão. Visitantes mais esportistas podem seguir uma das muitas trilhas de caminhadas; os mapas estão disponíveis na Ranger Station. Uma trilha de 13km vai até a Mountain Station, parada do bondinho da Palm Springs Aerial Tramway *(pág. 275)* –a maneira mais rápida de descer de volta ao vale. No verão, há passeios em lombo de mula, e, no inverno, esqui cross-country.

Anza-Borrego Desert State Park ❻

200 palm Canyon Dr. **Mapa rodoviário** D6. *Escondido.* **Centro de visitantes Tel** *(760) 767-4205.* *diariam durante o ano todo.* **www**.parks.ca.gov

A partir da Corrida do Ouro de 1849 *(págs. 48-9)*, a Southern Emigrant Trail, única passagem por terra para a Califórnia aberta o ano inteiro, foi o ponto em que milhares de garimpeiros e colonos cruzaram o

Pitoresca cidade montanhesa de Idyllwild

Área rochosa no Anza-Borrego Desert State Park

Anza-Borrego Desert. Atualmente, esse portão de entrada é um remoto e muito bem cuidado parque natural, que dá ao visitante uma visão privilegiada do singular meio ambiente do deserto.

O centro de atendimento a turistas, muito bem instalado, fica em Borrego Springs. Perto dela, a Palm Canyon Nature Trail, uma trilha de 2,5km, chega até um oásis onde às vezes aparece o carneiro de chifre longo, uma espécie ameaçada de extinção.

Do Box Canyon Historical Monument, na estrada secundária S2, avista-se o velho caminho usado pelos garimpeiros que enfrentaram o deserto para alcançar as minas de ouro, 800km mais ao norte.

O Anza-Borrego Desert é inabitável durante a maior parte do ano. Mas entre março e maio, depois das chuvas de inverno, a terra queimada explode em cores e formas de vida. Cáctos e flores do deserto, como certas espécies de papoula e primavera, produzem um festival de cores.

A geologia do deserto é tão fascinante quanto seu ecossistema. Através dos milênios, uma série de falhas e terremotos ergueu e ondulou o solo. As chuvas de inverno esculpiram a terra, formando penhascos em camadas multicoloridas, ravinas profundas e cânions escarpados, entre eles o famoso Borrego and Carizzo Badlands.

Boa parte do Anza-Borrego State Park, inclusive as áreas de camping, são acessíveis por 160km de boas estradas. Mas recomenda-se o uso de veículos com tração nas quatro rodas para os 800km de estradas não pavimentadas. Motoristas de carros convencionais devem checar com antecedência as condições das estradas.

Salton Sea ❼

Mapa rodoviário E6. *Mecca.* *Indio.* **Centro de visitantes.** ***Tel*** *(760) 393-3052.* *diariam.* **www**.desertusa.com/salton

Esta obra feita pelo homem tem uma história interessante, mas nos próximos anos você talvez não a visite, a não ser por interesses em problemas ecológicos.

O Salton Sea já foi uma animada área de recreação, mas está com altos índices de selênio e salinidade, e é tomada por algas no verão. É uma espécie de desastre ecológico. Os peixes e as aves estão desaparecendo rapidamente. Órgãos do governo estão trabalhando em projetos de tratamento, mas ainda não há prazos anunciados.

Maior lago da Califórnia, o Salton Sea surgiu por acaso em 1905, quando o rio Colorado transbordou e inundou um recém-escavado canal de irrigação para Imperial Valley. Uma equipe de engenheiros levou dois anos para conter a água. Quando conseguiram, o mar interior de 55km estava formado, 70m abaixo do nível do oceano.

Em toda a volta encontram-se ainda trilhas para caminhadas, áreas de camping (dentro da State Recreation Area) e uma central de atendimento a turistas.

GOLFE NO DESERTO

Graças à irrigação com água retirada de fontes subterrâneas, Palm Springs é hoje a capital do golfe nos Estados Unidos. Existem mais de 100 campos na região, a maioria pertencente a clubes particulares ou ligada a resorts e complexos hoteleiros. Alguns campos são acidentados, outros mais suaves. Muitos campeonatos profissionais são realizados todo ano na região, entre eles os bastante disputados Bob Hope Chrysler Classic, em janeiro, e o Kraft Nabisco Women's Golf Championship, do fim de março ao começo abril. Alguns campos são abertos ao público, como o Desert Dunes, que inclui um trecho difícil, com solo de deserto. No verão, é preferível jogar bem cedo. Novembro e dezembro são os meses mais frescos. A maioria dos campos fecha em outubro para manutenção do gramado.

Campo de golfe Tahquitz Creek Palm Springs

Joshua Tree National Park ❽

Placa do parque

O Joshua Tree National Park foi criado em 1936 para preservar a árvore de Joshua –uma epécie incomum, de folhas espinhosas, nativa do local. O nome Joshua foi dado por visitantes mórmons em 1851, que viram em seus galhos retorcidos os braços erguidos do Josué (Joshua, em inglês) bíblico. Esta espécie da família das iúcas, que só existe nesta área, atinge 9m de altura e vive até mil anos. O parque, de 2.553km², oferece uma visão rara do seco deserto californiano, com suas fascinantes formações de rochas cinza e cor-de-rosa. Paraíso dos alpinistas, o Joshua Tree Park é também ótimo para caminhadas, que levam a minas perdidas, oásis de palmeiras e, na primavera, um festival de flores do deserto. O Centro de Visitantes fornece a previsão do tempo.

Árvores de Joshua
Grupos de árvores de Joshua crescem nas áreas mais altas a oeste do parque, um pouco mais úmidas e frescas.

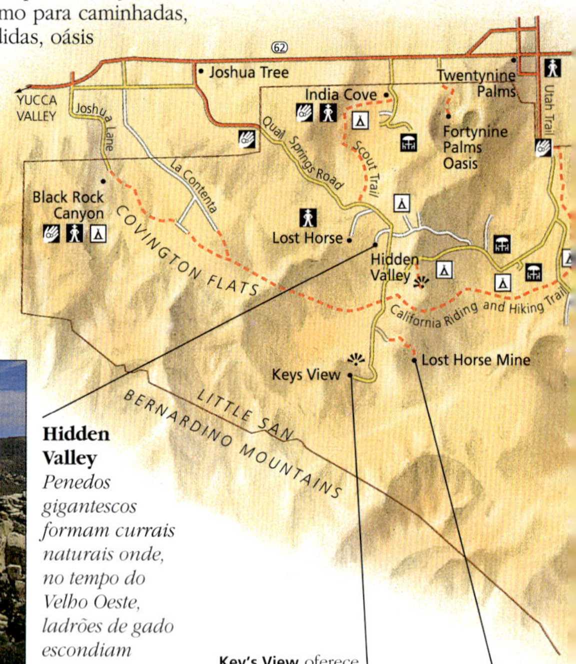

Hidden Valley
Penedos gigantescos formam currais naturais onde, no tempo do Velho Oeste, ladrões de gado escondiam animais.

Key's View oferece uma visão magnífica do vale, do deserto e da montanha.

LEGENDA

- Freeway
- Estrada principal
- Estrada secundária
- Estrada de terra
- Trilha para caminhada
- Fronteira do parque
- Guarda florestal
- Venda de ingresso
- Área de camping
- Área de piquenique
- Vista panorâmica

Lost Horse Mine
Uma trilha de 3,2km leva a esta mina de ouro histórica, descoberta por um cowboy que procurava seu cavalo perdido. Mais de US$ 270 mil em ouro foram extraídos da mina nos primeiros dez anos de operação.

Veja hotéis e restaurantes desta região nas págs. 538-40 e págs. 584-6

ANIMAIS DO DESERTO

Apesar da árida paisagem do deserto, muitos animais vivem nele, adaptados para suportar a falta de água. O rato-canguru retira água e alimento unicamente de sementes, e suas grandes patas traseiras permitem que ande na areia quente. Pernas poderosas são mais úteis do que asas para o cuco da Califórnia, que obtém a água de que precisa de pequenos insetos. A lebre americana nasce com uma pelagem que se confunde com a paisagem, para escapar de predadores, como coiotes, linces e águias.

Coiote, um dos habitantes do deserto

PREPARE-SE

Mapa rodoviário D5. *Desert Stage Lines de Palm Springs para Twentynine Palms.* **Centro de Visitantes Oasis** *74485 National Park Drive, Twentynine Palms.* ***Tel*** *(760) 367-5500.* *diariam.* *25 dez.* **www**.nps.gov/jotr

0 quilômetros 10

A aridez inóspita do deserto do Colorado *(pág. 203)* ocupa toda a área leste do parque, uma região de difícil acesso.

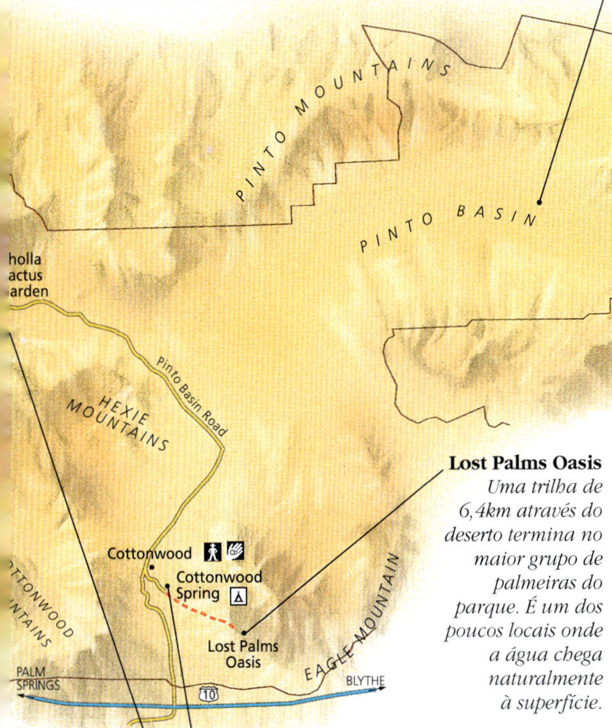

Lost Palms Oasis *Uma trilha de 6,4km através do deserto termina no maior grupo de palmeiras do parque. É um dos poucos locais onde a água chega naturalmente à superfície.*

O Cottonwood Spring é um oásis artificial de palmeiras e choupos que atrai os pássaros do deserto.

Cholla Cactus Garden *A densa concentração de cactus Cholla é o destaque de uma curta trilha natural através da flora e fauna do deserto. Mas tome cuidado: os cáctus têm espinhos pontiagudos.*

DESERTO DE MOJAVE

O Deserto de Mojave é uma atração das mais discretas. Frequentemente passa despercebido aos motoristas que trafegam a seu lado na rodovia interestadual. O Death Valley é um dos lugares mais quentes dos Estados Unidos. Mas nesta região seca cresce uma variedade de plantas que, durante poucas semanas por ano, quando as flores aparecem entre as rochas áridas, colorem a região de grande beleza.

Durante boa parte do século 19 o deserto de Mojave foi uma das portas de entrada da Califórnia. Comerciantes, garimpeiros e caçadores tinham de atravessá-lo, como parte do longo percurso a que chamavam Old Spanish Trail, de Santa Fe, no Novo México, até Los Angeles. A jornada pelo vasto deserto, passando por cidades como Barstow e Tecopa, era exaustiva e perigosa.

Na segunda metade do século 19, ouro, prata e outros metais preciosos foram descobertos na região, atraindo grande número de garimpeiros. Cidades instantâneas, como Calico, despontaram e, tão rapidamente quanto surgiram, foram abandonadas quando as minas se exauriram. Em 1883, a Santa Fe Railroad foi concluída e a mineração comercial ganhou impulso. Cidades à beira da ferrovia prosperaram e a população do deserto de Mojave aumentou. No começo do século 20, ele recebeu uma nova leva de colonizadores. Jack Mitchell estabeleceu-se no grande vazio do lado leste do deserto nos anos 1930 e transformou as espetaculares Mitchell Caverns em uma popular atração turística. "Death Valley" Scotty, outro entusiasta do deserto, passou boa parte da vida no castelo que o amigo Albert Johnson construiu para ele, nos anos 1920, no Death Valley, perto do ponto mais baixo e mais quente do hemisfério ocidental. Hoje em dia, o Death Valley National Park atrai milhares de visitantes.

Mas a principal atração do deserto de Mojave é Las Vegas, em Nevada, a cinco horas de carro de Los Angeles. Este centro de jogo e diversão é prova de que muita gente ainda enfrenta o deserto na esperança de riqueza rápida e fácil.

O Scotty's Castle, em estilo mourisco, no Death Valley

◁ **Vegetação do deserto no Death Valley**

Como Explorar o Deserto de Mojave

A maior parte do Deserto de Mojave fica a uma altitude de mais de 600m. O inverno é frio e o verão extremamente quente. Muitos dos rios e lagos da região secam nos meses de verão. Vive no deserto uma grande variedade de plantas e de animais, de tartarugas a raposas, adaptados ao clima árido. Barstow, a maior cidade do Mojave, é ponto de parada para quem vai ou volta de Las Vegas. O norte do deserto é dominado pelo Death Valley National Park. A leste ficam os resorts em volta do lago Havasu.

Fundição de ouro e outros metais em Calico Ghost Town

PRINCIPAIS ATRAÇÕES

Barstow 3
Calico Ghost Town 4
Death Valley National Park págs. 290-3 9
Edwards Air Force Base 2
Kelso Dunes 5
Lake Havasu 7
Las Vegas 8
Mitchell Caverns 6
Red Rock Canyon State Park 1

LEGENDA

- Freeway
- Estrada principal
- Estrada secundária
- Estrada vicinal
- Percurso com paisagem
- Ferrovia principal
- Ferrovia secundária
- Fronteira estadual
- △ Cume

VEJA TAMBÉM

- ***Onde Ficar*** pág. 540-1
- ***Onde Comer*** pág. 586-7

0 quilômetros 25

Dunas de areia próximo a Furnace Creek, no Death Valley National Park

COMO CIRCULAR

A rodovia I-15 cruza o deserto, ligando San Diego a Las Vegas, no Estado de Nevada, via San Bernardino. A estrada segue o limite norte da reserva East Mojave National Preserve. Outra estrada, a I-40, beira o limite sul. A principal via norte-sul através do deserto é a rodovia 127, de onde sai a 190, que atravessa o Death Valley National Park de sudeste a sudoeste. A oeste, a rodovia 395 também faz conexão com Los Angeles. Por razões de segurança, quem dirige no deserto tem de obedecer às placas e não se afastar da estrada principal. Sempre leve água, telefone celular, macaco e estepe; se o carro enguiçar, não saia de perto dele. Não existe acesso do público a áreas identificadas como zonas militares *(pág. 284)*.

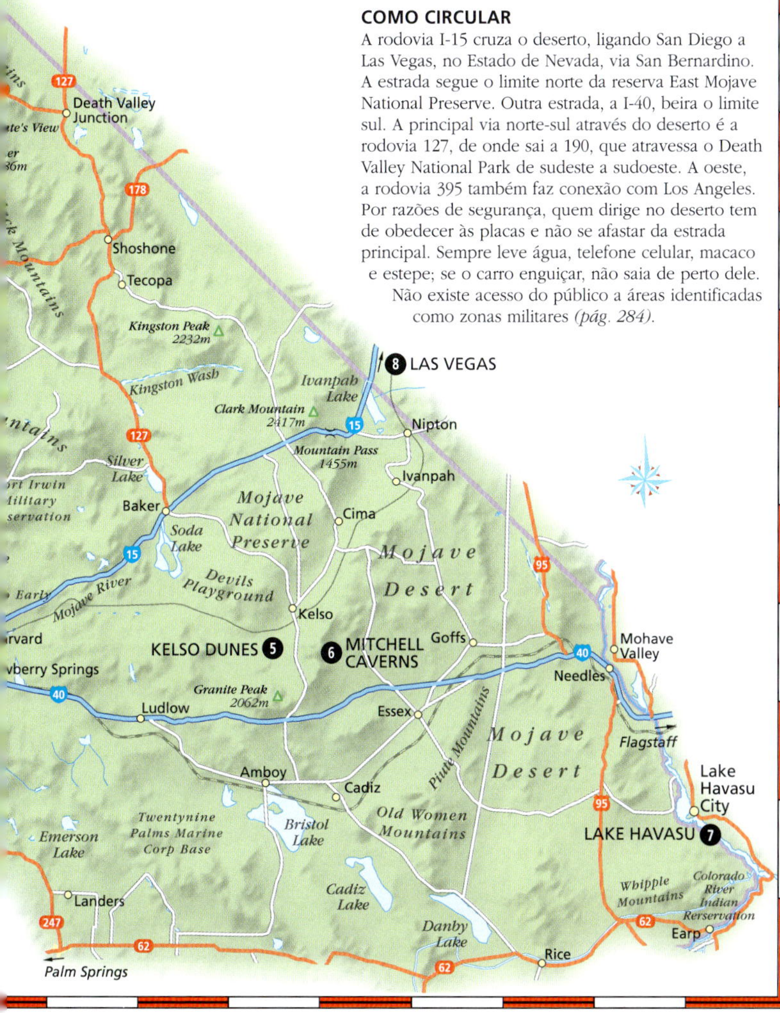

As cores surpreendentes do Red Rock Canyon

Red Rock Canyon State Park ❶

Mapa rodoviário D5. *Mojave, Ridgecrest.* **Centro de visitantes.** ***Tel*** *(661) 231-4389.* *diariam.* **www**.parks.ca.gov

Camadas alternadas de argila branca, arenito vermelho, rochas vulcânicas cor-de-rosa e lava marrom combinam-se para formar o espetacular Red Rock Canyon. Este belo parque estadual fica em El Paso Mountains, no extremo sul das montanhas de Sierra Nevada. Da mesma forma que as High Sierras *(pág. 484)*, o Red Rock Canyon é resultado de movimentos de placas tectônicas que empurraram o terreno para cima há aproximadamente 3 milhões de anos. As encostas a oeste do *canyon* erguem-se suavemente para o céu, em contraste com os rochedos altos e abruptos da encosta leste, escavados pela água e pelo vento.

Três importantes ecossistemas de deserto se encontram aqui, resultando em grande variedade de fauna e flora. Águias, corvos e falcões fazem ninhos nos penhascos. Coiotes, raposas, linces e vários répteis são comuns. A paisagem, usada em inúmeros filmes e anúncios, parece familiar aos visitantes.

Edwards Air Force Base ❷

Mapa rodoviário D5. ***Tel*** *(661) 277-1110.* *Mojave, Rosamond.* *seg-sex* *feriados.* *1ªs e 3ªs sextas-feiras de cada mês com hora marcada.* **www**.edward.af.mil

Famosa no mundo todo por ser o local de pouso dos ônibus espaciais na costa leste, a Base Aérea Edwards faz parte da história dos Estados Unidos desde 1933. O vasto leito seco do Rogers Dry Lake é uma perfeita pista natural para pousos de emergência. O clima é bom o ano inteiro, o que facilita os testes de aeronaves e o treinamento de pilotos. O primeiro avião a jato foi testado nesta base, em 1942. Aqui também o capitão Chuck Yeager (vivido por Sam Shepard no filme *Os Eleitos*) tornou-se o primeiro a quebrar a barreira do som em 14 de outubro de 1947, em um avião Bell XS-1. Todo ano, 50 pilotos se formam na sua Test Pilot School.

Ônibus espacial Atlantis, na Edwards Air Force Base

Edwards oferece visitas guiadas gratuitas ao Dryden Flight Research Center, da Nasa e ao Centro de Aeronáutica, que inclui um vídeo sobre a história da pesquisa aeronáutica e um passeio pelo hangar, onde se veem aviões militares. É preciso fazer reserva com 30 dias de antecedência.

Barstow ❸

Mapa rodoviário D5. *22.000.* *681 North First Ave.* ***Tel*** *(760) 256-8617.* **www**.barstowchamber.com

Durante o século 19, aqui existia um vilarejo de apoio aos imigrantes e garimpeiros que percorriam o Old Spanish Trail *(pág. 281)*. Em 1886 foi inaugurada a nova linha férrea Barstow-San Bernardino, ligando San Bernardino à costa oeste. A estação original em Barstow,

OS MILITARES NO DESERTO

O governo dos Estados Unidos destinou uma grande área do deserto de Mojave para uso militar, estritamente proibida a civis. Durante a Segunda Guerra, o Desert Training Center ocupava 45.300km² e foi usado inclusive pelo general Patton. Atualmente as instalações são menores. Uma delas é o China Lake Weapons Center, na região nordeste do deserto, utilizada para testes com bombas e artilharia verdadeira. O Fort Irwin National Training Center (NTC), em uma área de 2.600km² ao norte de Barstow, é uma importante divisão do Exército americano, com população de 22 mil pessoas, inclusive civis. Ele foi usado para preparar as tropas para a Guerra do Golfo, em 1990-1. Lá está uma das principais áreas de treinamento de tanques e armas dos Estados Unidos.

O jato Talon T-38, Edwards Air Force Base

Veja hotéis e restaurantes desta região nas págs. 540-2 e págs. 586-7

Prédios restaurados e reconstruídos em Calico Ghost Town

Casa del Desierto, foi restaurada. De 1937 ao final dos anos 1950, Barstow era uma cidade importante da célebre Route 66, única rodovia a ligar Chicago ao Pacífico. Atualmente a cidade é mais conhecida por ficar bem no meio da rodovia I-15, entre Los Angeles e Las Vegas. Para 41 milhões de pessoas que percorrem este caminho todo ano, é um conveniente ponto de parada. Também atrai quem procura pedras preciosas no deserto à sua volta.

O **Desert Discovery Center**, em Barstow, tem uma mostra sobre a fauna e a flora do deserto de Mojave. Fornece mapas da área e informações sobre hotéis e restaurantes, e dispõe de uma boa livraria.

California Desert Information Center
831 Barstow Rd, Barstow.
Tel *(760) 252-6060.*
11h-16h ter-sab.
1º jan, 25 dez e feriados.

Calico Ghost Town ❹

Mapa rodoviário D5. ***Tel*** *(760) 254-2122.* *Yermo.* *9h-17h diariam.* *25 dez.*
www.calicotown.com

Calico, uma cidade-fantasma a 18km de Barstow, tem prédios do fim do século 19, em parte autênticos, em parte reconstruídos. Com a descoberta de prata nas Calico Mountains, em 26 de março de 1881, centenas de garimpeiros chegaram ao local. Alguns veios localizados produziam até 11kg de prata por tonelada. Dois anos depois, descobriu-se uma mina de bórax, e o futuro da cidade parecia garantido. Nas décadas finais do século 19, Calico tinha 1.200 habitantes –e 22 *saloons*. Mas o preço da prata caiu, o do bórax também, e os garimpeiros foram embora. Em 1907, Calico era uma cidade-fantasma.

Walter Knott, fundador de Knott's Berry Farm *(pág. 236)*, iniciou a restauração na década de 1950. O isolamento e o deserto em volta reforçam o ar de velha e agreste cidade mineira. Muitos prédios são originais e os visitantes podem andar em um trem mineiro e explorar os túneis da Maggie Mine, uma das mais famosas minas de prata da costa oeste. Há shows e "duelos" representados na rua principal todos os dias.

Ferramenta de pedra

Arredores

A 16km de Calico encontra-se o **Calico Early Man Site**. Neste sítio arqueológico foram achadas ferramentas de pedra de 100 mil anos. Elas foram creditadas aos primeiros habitantes da América do Norte, que viviam na área, às margens de um grande lago. O renomado arqueólogo e paleontólogo Louis Leakey dirigiu o sítio de 1946 até sua morte, em 1972.

Calico Early Man Site
Saída I-15 e Minneola Rd.
Tel *(760) 252-6000.* *12h30-16h30 qua, 9h-16h30 qui-dom.*
1º jan, 4 jul, 25 dez.
www.calicodig.com

Casa del Desierto, a histórica estação de trem de Barstow

Formações no solo seco do Death Valley National Park (págs. 290-3) ▷

Kelso Dunes ❺

Mapa rod. E5. *Baker. Mojave National Preserve.* ***Tel*** *(760) 252-6100.* *diariam.* **www**.nps.gov/moja

As montanhas de areia de Kelso Dunes erguem-se mais de 160m acima do solo do deserto. Situadas na Mojave National Preserve, as dunas são formadas de grãos de quartzo dourado, soprados pelo vento da bacia do rio Mojave, a 56km de distância. Chamadas de "dunas cantantes", acredita-se que os assobios sejam causados pelas camadas mais altas de areia que escorregam pela encosta da duna, produzindo vibrações amplificadas pela areia que fica na base.

Solo do deserto, com as Kelso Dunes ao fundo

Mitchell Caverns ❻

Tel *(760) 928-2586.* *Barstow.* *set-jun: diariam.* *(sáb e dom no verão, ligue para reservar).* **www**.parks.ca.gov

As Mitchell Caverns são um espetacular conjunto de cavernas na encosta das montanhas Providence. Foram formadas entre 12 e 15 milhões de anos atrás, pela ação da água da chuva em antigas camadas de calcário. Nelas foram achadas pontas de flechas e cerâmicas deixadas pelos índios chemehuevi. Durante 500 anos, até a metade do século 19, os índios estocavam alimentos e realizavam cerimônias religiosas nas cavernas. Transformadas em atração turística nos anos 1930 por Jack Mitchell, proprietário de minas, agora pertencem à divisão de parques da Califórnia.

Dentro das cavernas há três tipos de formações rochosas: pedras em sequência (em delicados formatos), dependuradas (estalagmites e estalactites) e erráticas (na forma de fios, escudos e "corais"). Em uma das cavernas ocorre a rara combinação das três. Recomendam-se sapatos confortáveis para o passeio de duas horas, que inclui o famoso El Pakiva (Lagos Sagrados). Perto das cavernas, uma trilha de 1,6km sobe o Crystal Spring Canyon, nas Providence Mountains, e oferece linda vista da região.

O interior de uma caverna em Mitchell Caverns

A London Bridge original, agora localizada em Lake Havasu City

Lake Havasu ❼

Mapa rodoviário E5. *Las Vegas.* ***Tel*** *(928) 453-3444.* **www**.golakehavasu.com

Lake Havasu é um lago de 74km criado em 1938, quando o rio Colorado foi represado pela Parker Dam *(pág. 203)*. Lake Havasu City, um balneário na fronteira entre a Califórnia e o Arizona, foi desenvolvido pelo milionário Robert McCulloch na década de 1960. Ele comprou e importou a histórica London Bridge, pedra por pedra, para a nova cidade. A ponte cruza um canal escavado especialmente para ela e na sua extremidade ficam lojas e restaurantes no estilo inglês e um loteamento chamado English Village.

O lago fica dentro dos limites do National Wildlife Refuge, frequentado por pescadores e observadores de pássaros. Há muitas áreas de camping e marinas onde se alugam casas-barco, barcos e equipamento para esportes aquáticos. Há ainda diversos passeios de barco pelo lago. A excursão diária de três horas a Topock Gorge, por exemplo, é uma maneira confortável de se conhecer o panorama árido do deserto.

Arredores

Saindo da rodovia 95, a 32km de Lake Havasu City, fica a Colorado River Indian Reservation, onde se pode admirar um acervo de gigantescas figuras pré-históricas escavadas nas pedras do solo do deserto. Até hoje não se sabe se as figuras foram feitas por motivos religiosos ou artísticos.

Veja hotéis e restaurantes desta região nas págs. 540-2 e págs. 586-7

Las Vegas ❽

Figura em neon de Las Vegas

Las Vegas fica em Nevada, a apenas 60km da fronteira da Califórnia. Tornou-se uma cidade importante com a construção da represa Hoover, na década de 1930. O jogo foi legalizado em Nevada em 1931. Em 1954, o Flamingo Hotel and Casino foi construído fora da cidade, no local conhecido como The Strip. Foi seguido de outros, e Las Vegas se tornou um centro de jogo e entretenimento.

"The Strip" ao anoitecer

Las Vegas

Capital mundial do jogo, Las Vegas está se tornando rapidamente também a capital dos restaurantes e teatros. Restauranteurs famosos de Nova York, São Francisco e Los Angeles continuam a abrir filiais de seus negócios na Strip. Os musicais de sucesso da Broadway e as produções do Cirque du Soleil mantém os teatros lotados.

Depois de falhar na tentativa de atrair famílias com crianças, Las Vegas voltou a cultivar sua imagem de cidade do pecado. É a cidade que mais cresce nos EUA e tem mais de um milhão e meio de habitantes permanentes, com seus museus e instituições culturais. Mesmo assim, são os 30 milhões de turistas anuais que garantem o impressionante desenvolvimento da capital do jogo.

Os hotéis de Las Vegas oferecem mais do que comida e acomodação. São maravilhas arquitetônicas onde se encontram algumas das principais atrações da cidade. O T I (antigo Treasure Island Hotel) exibe batalhas navais entre piratas. Ao lado fica o Mirage Hotel, com seu "vulcão" em atividade. O Luxor, construído na mesma escala das pirâmides do Egito, tem o maior átrio do mundo, com camelos animados, peças típicas egípcias e shows de laser. O vizinho Ventian Hotel oferece passeios de gôndola em um canal particular e o Wynn tem seu próprio campo de golfe.

PREPARE-SE

Mapa rodoviário E4. *1.200.000.* *McCarran International Airport, 6,5km sul de Las Vegas.* *200 S Main St.* *1 Main St.* *3150 Paradise Rd.* ***Tel** (702) 892-0711.* **www**.lvcva.com. **TI Hotel and Casino** 3300 Las Vegas Blvd. ***Tel** (702) 894-7111.* **Mirage Hotel and Casino** 3400 Las Vegas Blvd. ***Tel** (702) 791-7111.* **Luxor Las Vegas** 3900 Las Vegas Blvd. ***Tel** (702) 262-4000.* **MGM Grand Hotel, Casino and Theme Park** 3799 Las Vegas Blvd. ***Tel** (702) 891-7777.* **Wynn Las Vegas** 3131 Las Vegas Blvd. ***Tel** (702) 770-7000.*

Stratosphere Tower

2000 Las Vegas Blvd S. ***Tel** (702) 380-7777.*

Com 350m de altura, a Stratosphere Tower é a mais alta torre de observação dos Estados Unidos. Dos dois deques de observação no topo tem-se uma vista incomparável de Las Vegas (sobretudo à noite), um restaurante rotativo com bar e três capelas para casamentos. A montanha russa que havia aqui foi substituída por outros três brinquedos emocionantes.

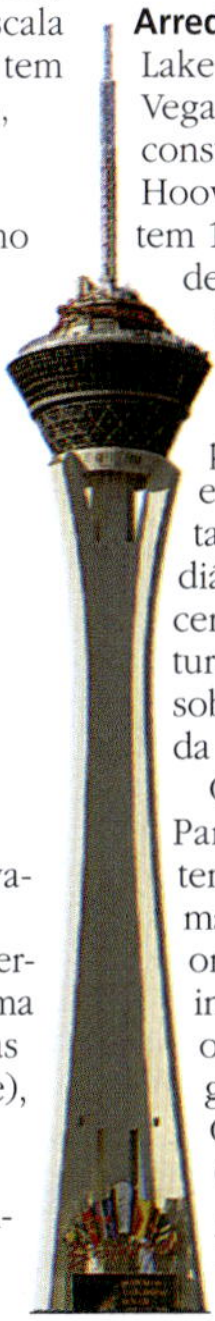

Stratosphere Tower

Fremont Street Experience

Entre Charles e Stewart Sts. ***Tel** (702) 678-5777.* *diariam.*

A primeira licença de jogo de Las Vegas foi emitida em Fremont Street, na década de 1930. Com o passar dos anos, a área ficou conhecida como "Glitter Gulch" (ravina brilhante) pela profusão de luzes de néon. As cinco quadras de Fremont Street, de Main Street até Las Vegas Boulevard, foram transformadas no Fremont Street Experience –uma área coberta só de pedestres, ladeada de cassinos. Toda noite há um show com mais de 1 milhão de luzes controladas por computador.

Arredores

Lake Mead, a 40km de Las Vegas, foi criado com a construção da represa Hoover, em 1931. O lago tem 175m de extensão e mais de 800km de margem, onde se encontram lojas que alugam equipamentos para mergulho, passeios de barco, pesca e esqui aquático. De lá também partem passeios diários à represa e a um centro de atendimento a turistas, com exposições sobre a história natural da região.

O Valley of Fire State Park, a 88km de Las Vegas, tem impressionantes formações em arenito laranja, onde se podem observar inscrições em pedra e outros traços de uma antiga civilização indígena.

O Red Rock Canyon (diferente do parque da *pág. 284*), a 24km de Las Vegas, oferece trilhas para caminhantes de todos os níveis de preparação.

Death Valley National Park ❾

Nos meses de verão, o Death Valley National Park registra as temperaturas mais altas do planeta. É uma região de extremos, uma depressão na crosta terrestre que atinge o ponto mais baixo do hemisfério ocidental. O vale é guardado por cadeias de montanhas escarpadas nos dois lados. A oeste, elas se erguem a 3.350m, formando picos afiados. Embora seja quase todo desabitado, o vale é um lugar de cores sutis, canyons polidos pelo tempo, escaldantes saleiras e delicadas formações rochosas. O Death Valley se transformou em uma das mais singulares e concorridas atrações turísticas da Califórnia.

Centro do Death Valley

Furnace Creek, com seus serviços e acomodações, é um ponto essencial para o turismo no Death Valley. Muitas das paisagens mais impressionantes estão a pouca distância deste centro de apoio a visitantes.

Salt Creek

No Salt Creek encontra-se o resistente pupfish, um tipo de peixe nativo que consegue viver em água quatro vezes mais salgada que a do mar e aguenta temperaturas de até 44°C. Ele atrai outras formas de vida selvagem, como as garças-azuis. Passarelas de madeira permitem que se explore o local sem afetar o frágil hábitat.

Borax Museum

Furnace Creek Ranch. ***Tel*** *(760) 786-2345.* ◯ *diariam.*

O bórax foi descoberto no Death Valley em 1873, mas só começou a ser extraído dez anos depois, quando blocos

Ruínas da refinaria Harmony Borax Works

cristalizados foram levados ao Harmony Borax Works para ser purificados. Em seguida, eles eram colocados em carroças e puxados por 20 mulas, ao longo de 265km, até Mojave Station. Cada grupo de mulas puxava duas carroças com até 10t de bórax cada uma. O processo durou de 1883 a 1888.

Usado primeiramente na produção de vidro refratário, o bórax hoje é mais utilizado para fazer sabão em pó.

O Borax Museum expõe ferramentas e transporte usados nas refinarias do século 19. Na rodovia 190, perto do Centro de Apoio Turístico do Death Valley, ainda se veem as ruínas do Harmony Borax Works.

Furnace Creek Museum and Visitor Center

Rte 190, Furnace Creek. ***Tel*** *(760) 786-3200.* ◯ *diariam.*

www.nps.gov/deva

Interessante show de slides, mostrado a cada meia hora, com explicações sobre a história natural e humana do Death Valley. No inverno, há programas à noite e passeios com guia.

Furnace Creek

Em Furnace Creek, séculos de inundações escavaram nas montanhas um portão natural para o Death Valley, onde as fontes de água atraíam os índios shoshone no inverno. Hoje, as mesmas fontes fazem de Furnace Creek um oásis e centro de serviços do Death Valley. Sombreado por tamareiras, ali funcionam restaurantes e hotéis, além do mais baixo campo de golfe do mundo (65m abaixo do nível do mar). O Furnace Creek Inn *(pág. 541)*, hotel quatro-estrelas dos anos 1920, domina o vale no alto de uma pequena chapada.

O histórico Furnace Creek Inn, cercado de palmeiras

Veja hotéis e restaurantes desta região nas págs. 540-2 e págs. 586-7

Sal entre as pedras do Devil's Golf Course

Sul do Death Valley

Algumas das atrações naturais mais impressionantes do vale ficam nesta área ao sul de Furnace Creek.

Golden Canyon

Situada a apenas 5km de Furnace Creek, na rodovia 178, uma trilha de 1.500m conduz ao Golden Canyon. Suas paredes cor mostarda, de onde vem o seu nome, são melhor apreciadas ao sol da tarde. Os índios usavam a argila vermelha do canyon para pintar o rosto. As camadas de rocha eram originalmente horizontais, mas a atividade geológica as inclinou em 45°.

Existia uma estrada pavimentada para o Golden Canyon, mas ela foi destruída em uma tempestade em 1976. O estado dos poucos trechos que restaram mostra bem a força das águas.

Devil's Golf Course

Este pedaço de deserto coberto de saleiras fica a 10km de Furnace Creek, pela rodovia 178. Até 2 mil anos atrás, lagos sucessivos cobriram a área. Quando o último evaporou, deixou camadas alternadas de sal e pedregulho de 305m de profundidade, cobrindo uma área de 520m². A umidade da superfície continuou a se evaporar, formando montes e torres de sal cristalizado. Hoje em dia, o chão é 95% puro sal. Pode-se ouvir o sal se expandir e contrair conforme a temperatura muda. Constantemente formam-se novos cristais, identificados pela cor mais branca.

Badwater

A temperatura aumenta à medida que se desce, e chega a 49 °C em Badwater. Como a temperatura do chão é 50% mais alta que a do ar, pode-se realmente fritar um ovo no solo. Cai pouca chuva, mas as inundações provocadas por tempestades em pontos mais acima são bem frequentes. Apesar do ambiente inóspito, vivem em Badwater várias espécies de insetos e até um raro caramujo ameaçado de extinção.

Norte do Death Valley

Nesta área se encontra a Ubehebe Crater *(pág. 292)*, onde poucos turistas se aventuram, apesar da beleza da paisagem. Também fica aqui o Scotty's Castle, atração mais visitada do parque.

Scotty's Castle

Hwy 267. **Tel** *(760) 786-3200.*
Castelo *diariam.* **Jardins** *diariam.* **www**.nps.gov/deva

Albert Johnson começou a construir seu "Rancho do Vale da Morte" em 1922, depois de recusar um projeto original de Frank Lloyd Wright. O material foi transportado de uma estação ferroviária a 32km de distância. Pronto em 1931, o castelo ocupava 2.800m². Johnson morreu em 1948. "Death Valley Scotty" *(pág. 292)*, o amigo que morava e deu nome ao castelo, continuou vivendo nele até morrer, em 1954.

Oeste do Death Valley

Dunas de areia cobrem quase 40km² desta região do parque, próxima à segunda maior cidade, Stovepipe Wells *(pág. 292)*.

Dunas de Areia

O passeio ao longo de 36km² de ondulantes dunas de areia é uma das melhores experiências proporcionadas pelo Death Valley. Os ventos desenham na areia o clássico formato de meia-lua, e as dunas mais baixas são pontuadas de mesquites, árvores típicas do deserto. Diversos animais vivem das sementes destas árvores, como ratos e lagartos. Outros animais aqui encontrados, sobretudo noturnos, são cascavéis, vários tipos de lagartos e coiotes.

Grandes dunas se formam perto de Stovepipe Wells

Um Passeio Pelo Death Valley

Os índios chamavam este vale de Tomesha, "a terra onde o chão está em fogo" –nome apropriado para o ponto onde foi registrada a mais alta temperatura dos Estados Unidos: 57ºC à sombra, em julho de 1913. O Death Valley estende-se por 225km de norte a sul e era no passado uma barreira intransponível para garimpeiros e colonos. O vale e seus arredores foram transformados em parque nacional *(págs. 290-1)* em 1994 e agora são acessíveis a turistas, que podem explorar sua paisagem singular e áspera de carro ou em curtas caminhadas, que vão da estrada a pontos espetaculares de observação. É o deserto da Califórnia em sua forma mais dura e mais impressionante.

Scotty's Castle ⑧
Inusitado castelo em estilo mourisco construído por Albert Johnson a um custo de US$ 2,4 milhões. As pessoas acham que pertenceu a Walter Scott, excêntrico caçador de fortuna que morou nele. A casa nunca foi terminada: Johnson perdeu sua fortuna no crash da Bolsa de 1929. Em 1970, o prédio foi comprado pelo National Park Service, que promove visitas de hora em hora *(pág. 291)*.

Ubehebe Crater ⑦
Uma das doze crateras vulcânicas do Mojave, tem pelo menos 2.000 anos de idade, mais de 800m de largura e 150m de profundidade.

DEATH VALLEY SCOTTY

Walter Scott, falso garimpeiro, charmoso charlatão e ator esporádico no Buffalo Bill's Wild West Show, gostava de dizer que sua fortuna estava escondida em uma mina de ouro secreta. A mina era, na verdade, seu amigo Albert Johnson, corretor de seguros de Chicago, que comprou o castelo onde Scott morava e recebia visitas. Construído nos anos 1920 por artesãos europeus e mão de obra indígena, o castelo é uma mistura de estilos arquitetônicos com um ar mourisco. Scott nunca foi dono do terreno ou do prédio, e Johnson arcava com todas as suas contas. "Ele me paga com risadas", dizia Johnson. Scott morreu em 1954, mas o local até hoje é chamado de Scotty's Castle.

O grandioso Scotty's Castle

Stovepipe Wells ⑥
Stovepipe Village, de 1926, foi o primeiro hotel do vale. Diz a lenda que um lenhador que ia para oeste achou água no local e ali ficou. Um cano largo, usado na época para formar as paredes dos poços, marca o local da suposta descoberta.

LEGENDA

- Percurso do passeio
- Outras estradas
- Informação turística
- Guarda florestal
- Posto de gasolina

Zabriskie Point ②
Celebrizado pelo filme de mesmo nome dirigido por Antonioni nos anos 1960, Zabriskie Point tem uma linda vista das montanhas multicoloridas do Golden Canyon *(pág. 291)*. Seu nome homenageia um gerente da exploração de bórax no Death Valley *(pág. 290)*.

Furnace Creek ①
As fontes aqui existentes são um dos poucos mananciais de água doce do deserto. Com certeza salvaram a vida de centenas de garimpeiros que o cruzaram a caminho das montanhas Sierra. Seu centro de visitantes *(pág. 290)* concentra a maior parte da população atual do vale.

Dante's View ③
A 1.650m de altitude, avista-se todo o parque. Vá de manhã ao belvedere, cujo nome foi inspirado pelo *Inferno* de Dante. À distância vê-se o pico Telescope, no Panamint Range.

Artist's Palette ⑤
Estes montes multicoloridos formados por cascalho solidificado são resultado de depósitos de cinza vulcânica. As cores são mais intensas ao sol do fim da tarde.

DICAS

***Extensão do percurso**: 380km.*
***Quando ir**: melhor época para visitar é de outubro a abril, quando a temperatura média é de 18° C. Evite ir entre março e setembro, quando a temperatura no chão atinge o ponto de ebulição. Comece bem cedo seu passeio, principalmente se pretende fazer caminhadas. Use sempre chapéu e protetor solar.*
***Cuidados**: verifique a previsão do tempo antes de sair e sempre leve água, mapa, kit para mordida de cobra e de primeiros socorros, telefone celular, macaco e estepe. Se o carro enguiçar, não saia de perto dele. Se planeja visitar áreas remotas, avise alguém de seu roteiro e horário previsto de volta. A região não é apropriada para escaladas. Nunca alimente animais selvagens nem ponha a mão em buracos e cavernas.*
***Pontos de parada**: Furnace Creek Ranch, Furnace Creek Inn, Stovepipe Wells Village (pág. 541) e Panamint Springs são os únicos locais com acomodações e restaurante. Shoshone, Amargosa e Tecopa, fora do parque, também têm motéis.*
***Emergência**: o número da guarda florestal é 911 ou (760) 786-3200.*
W **www**.nps.gov/deva

Badwater ④
Badwater *(pág. 291)* é o ponto mais baixo da América do Norte (85m abaixo do nível do mar) e um dos lugares mais quentes do planeta. A água é potável, mas o gosto é insuportável, pela presença de sulfatos e cloreto de sódio.

0 quilômetros 10

SÃO FRANCISCO E BAY AREA

São Francisco e Bay Area em Destaque

São Francisco é uma cidade compacta e boa parte de sua região central pode ser conhecida a pé. As colinas provocam subidas cansativas, mas são ótimos pontos de referência e propiciam vistas magníficas. A rica mistura étnica dá personalidade aos vários bairros da cidade. Pela Bay Bridge chega-se às cidadezinhas de Oakland e Berkeley, no leste da baía, conhecido como East Bay. Ao norte, a Ponte Golden Gate liga a península a Marin Headlands e ao Point Reyes National Seashore. Ao sul ficam a cidade colonial de San Jose e os trechos escarpados do litoral, com flora e fauna variadas.

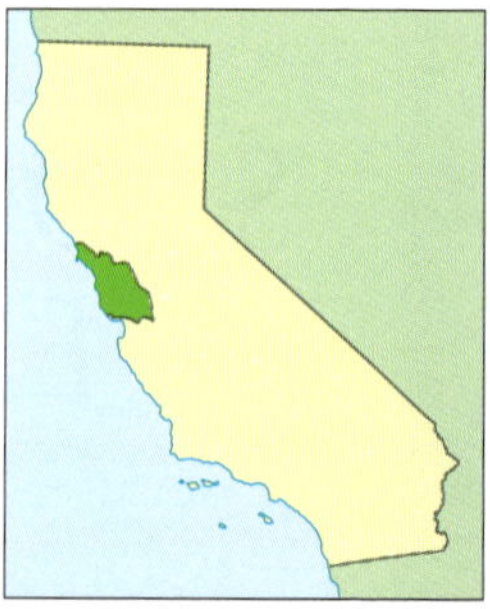

LOCALIZE-SE

São Francisco e Bay Area

Golden Gate
Construída em 1937, esta ponte já faz parte da paisagem, como os escarpados Marin Headlands e a idílica baía (págs. 380-1).

Palace of Fine Arts
Construído para a Exposição Panamá-Pacífico de 1915, este prédio neoclássico foi restaurado em 1962 (pág. 349).

◁ **A ponte Golden Gate sobre uma enevoada San Francisco Bay**

Coit Tower
A torre, de 1933, ganha luz à noite (pág. 343).

Chinatown Gateway
Este portal elaborado dá entrada à histórica Chinatown (pág. 328).

City Hall
A prefeitura é a construção mais imponente da cidade, com uma imensa rotunda rica em detalhes arquitetônicos (pág. 353).

0 quilômetros 2

Mission Dolores
O prédio mais antigo de São Francisco é uma das 21 missões franciscanas da Califórnia (pág. 361).

O Relevo de São Francisco

Placa de rua em São Francisco

São Francisco, com cerca de 43 colinas, fica na ponta de uma península margeada pelo oceano Pacífico a oeste e pela baía de São Francisco a leste. Ao norte, com acesso pela Ponte Golden Gate, ficam os escarpados Marin Headlands e a reserva para a vida selvagem de Point Reyes Peninsula. A cordilheira litorânea Diablo, que tem como coração o monte Diablo, de 1.170m, forma um cenário montanhoso para as populosas cidades de Richmond, Oakland e Berkeley, na East Bay, e separa a região das planícies do Vale Central. Ao sul, as montanhas costeiras hospedam o industrializado Vale do Silício e percorrem a costa em direção a Big Sur.

Vallejo
Nesta cidade no norte da baía fica o parque de animais e aquário oceânico Six Flags Discovery Kingdom, que inclui piscinas de golfinhos (pág. 415).

Sausalito
A outrora vila pesqueira do outro lado da Ponte Golden Gate possui várias casas vitorianas de frente para a baía
(pág. 414).

Ferryboats

Os Marin Headlands fazem parte da Golden Gate National Recreation Area. Com colinas verdes e praias tranquilas, oferecem sossego longe da cidade e a oportunidade de caminhar, pescar e ver pássaros *(págs. 416-17)*.

Point Reyes Peninsula
Esta península escarpada, situada sobre a falha de San Andreas e ligada ao continente por uma faixa estreita, tem fauna abundante e uma comunidade muito ativa no setor de laticínios (pág. 414).

Centro
Uma das maiores áreas financeiras dos Estados Unidos se encontra no centro de São Francisco. Em sua paisagem destaca-se a Transamerica Pyramid (págs. 310-23).

Livermore
Nesta região rural está a maior usina eólica do mundo, que utiliza os fortes ventos da área para produzir energia natural (pág. 426).

Berkeley abriga um dos campi da Universidade da Califórnia, famoso no passado pelo radicalismo *(págs. 418-21).*

A Cordilheira Litorânea Diablo separa a East Bay do Vale Central. O monte Diablo fica bem no centro da cordilheira *(pág. 426).*

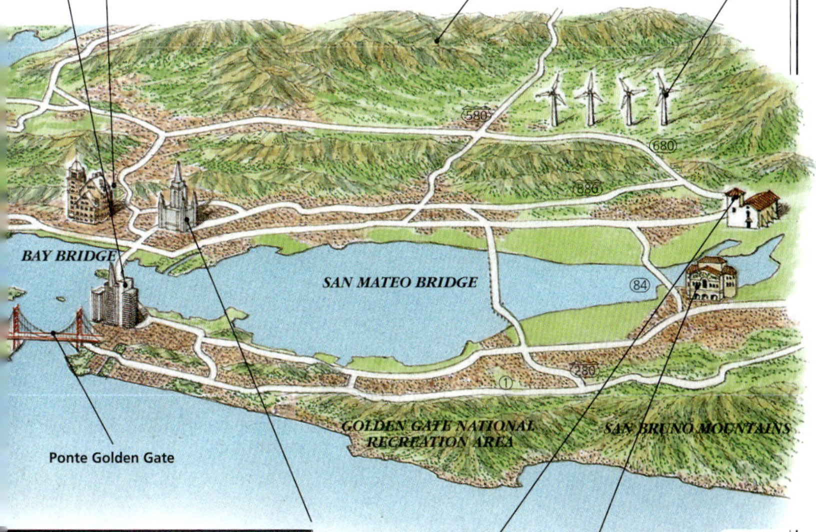

Ponte Golden Gate

San Jose é uma cidade colonial espanhola que preservou sua história. É até hoje lar de uma enorme população méxico-americana *(págs. 428-9).*

Oakland
Esta movimentada cidade tem uma população culturalmente diversa e muitos marcos históricos. Está ligada a São Francisco pela Bay Bridge (págs. 422-5).

Palo Alto
Esta cidade foi construída só para ser o campi da Stanford University, fundada pelo barão da ferrovia Leland Stanford em 1891 (pág. 427).

Casas Vitorianas de São Francisco

Janela à italiana

Apesar dos terremotos, incêndios e progressos da vida moderna, ainda há milhares de casas do final do século 19 nas ruas de São Francisco. Na verdade, em muitos bairros elas são o tipo de moradia mais comum. As casas vitorianas se parecem muito, porque todas são de madeira e bastante decoradas com ornamentos produzidos em série. A maioria foi construída em lotes estreitos de acordo com projetos de planta baixa parecidos, mas se diferenciam pelos traços da fachada. Quatro estilos principais prevalecem na cidade, ainda que na prática muitas casas, especialmente as de 1880 e 1890, mesclem dois ou mais estilos.

Detalhe de portal em estilo Rainha Ana no Chateau Tivoli

REVIVAL GÓTICO (1850-80)

As casas do *revival* gótico são as mais fáceis de identificar, porque têm arcos ogivais sobre as janelas e as portas. Outros traços são o telhado inclinado com cumeeira, beirais de telhado decorados (também com motivos de arcos ogivais) e varandas em todo o comprimento. As menores e mais simples são geralmente pintadas de branco, em lugar das cores vivas quase sempre presentes em estilos posteriores.

O nº 1.111 da Oak Street *é um dos mais antigos edifícios do* revival *gótico. O jardim é bastante grande.*

O telhado inclinado sobre a fachada corre longitudinalmente, permitindo a utilização de águas-furtadas.

Telhado com cumeeira e beirais é característico do *revival* gótico.

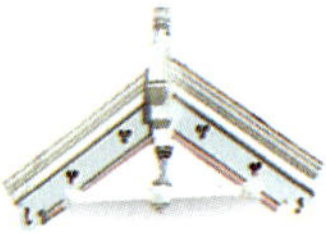

Pórtico gótico com entravamento cruzado nº 1.978 da Filbert St

A varanda é acessível por uma escada central.

Balaustradas na varanda traem as origens sulistas do estilo.

A ITALIANA (1850-85)

As casas em estilo italiano foram mais populares em São Francisco que no resto dos EUA, talvez porque seu formato compacto se adaptasse melhor ao alto índice de ocupação do solo na cidade. O traço mais nítido do estilo italiano é a cornija alta, geralmente com consolos decorativos, o que dá um ar palacial às casas. A decoração das portas e das janelas é outro traço típico desse estilo.

O nº 1.913 da Sacramento Street *tem uma fachada típica desse estilo, baseada em um* palazzo *renascentista. O madeirame é trabalhado para parecer pedra.*

Cornijas altas, com consolos decorativos, escondem o telhado inclinado.

Entrada imponente com pórtico à italiana

Janelas simétricas são encimadas por arcos decorativos.

Portas neoclássicas, às vezes ornamentadas com frontões triangulares, são um toque italiano típico.

STICK (1860-90)

Este estilo de nome deselegante (palito) é talvez o mais comum entre as casas vitorianas da cidade. Também chamado às vezes de "Stick-Eastlake", por causa do projetista de móveis londrino Charles Eastlake, tinha como objetivo ser mais "sincero" arquitetonicamente. As linhas verticais são enfatizadas tanto na estrutura quanto na ornamentação. Janelas salientes e cornijas com cumeeira falsa são características básicas.

O nº 1.715-17 da Capp Street *é um bom exemplo do estilo Stick-Eastlake, com fachada simples reavivada por ornamentos decorativos.*

Telhado de cumeeira com janelas Eastlake no nº 2.931 da Pierce Street

Caibros largos de remate formam uma mísula decorativa, enfatizando a estrutura básica das casas Stick.

Cumeeiras decorativas preenchidas com motivos de "sol irradiante" são utilizadas em varandas e caixilhos.

Portas contíguas podem ser protegidas por um pórtico saliente.

RAINHA ANA (1875-1905)

O nome Rainha Ana não se refere a um período histórico –foi cunhado pelo arquiteto inglês Richard Shaw. As casas desse estilo combinam livremente elementos de muitas linhas decorativas, mas têm como marca torreões, torres e amplos painéis de parede decorativos. A maioria das casas também ostenta torneamentos intrincados em balaustradas, varandas e mísulas de telhado.

Janelas palladianas eram usadas em cumeeiras para aparentar um andar a mais.

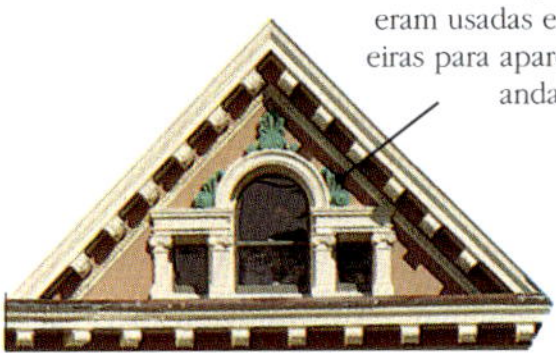

Uma cumeeira "recheada" de panôs ornamentais na Steiner Street nº 818

Torreão encimado por um ornamento no nº 1.015 da Steiner

A fachada assimétrica *do nº 850 da Steiner Street, assim como sua ornamentação eclética, é típica de uma casa Rainha Ana. Esses traços geralmente são pintados em cores vivas variadas.*

Torreões e torres redondas, quadradas e poligonais são típicas de casas do estilo Rainha Ana.

O frontão triangular de cumeeira tem janelas ornamentais e painéis.

O caixilho encurvado da janela não é em si característico do estilo Rainha Ana, mas muitas casas apresentam traços de outros estilos.

ONDE ENCONTRAR CASAS VITORIANAS

1.715-1.717 Capp St. **Mapa 10 F4**
Chateau Tivoli, 1.057 Steiner St. **Mapa 4 D4**
1.978 Filbert St. **Mapa 4 D2**
1.111 Oak St. **Mapa 9 C1**
2.931 Pierce St. **Mapa 4 D3**
1.913 Sacramento St. **Mapa 4 E3**
818 Steiner St. **Mapa 4 D5**
850 Steiner St. **Mapa 4 D5**
1.015 Steiner St. **Mapa 4 D5**
2.527-2.531 Washington St. **Mapa 4 D3**
Alamo Square *pág.353*
Clarke's Folly *pág.363*
Haas-Lilienthal House *pág. 348*
Liberty Street. **Mapa 10 E3**
Masonic Avenue. **Mapa 3 C4**
Octagon House *pág. 351*
Spreckels Mansion *pág. 348*

Os Bondes de São Francisco

Sinal do sistema de bondes

O sistema de bondes a cabo foi lançado em 1873. Seu inventor, Andrew Hallidie, dirigiu o primeiro carro. Ele foi motivado a tentar vencer o desafio de transportar pessoas pelas íngremes ladeiras da cidade depois de presenciar um acidente no qual um bonde puxado por cavalos despencou morro abaixo, arrastando os animais junto. O sistema criado por ele foi um sucesso, e em 1889 os bondes faziam oito linhas. Antes do terremoto de 1906 *(págs. 52-3)*, mais de 600 carros estavam em uso. Com o motor de combustão interna, os bondes se tornaram obsoletos e, em 1947, tentou-se substituí-los por ônibus. Diante do protesto do público, foram mantidas as três linhas atuais (25km de trilhos).

A Cable Car Museum *abriga os bondes à noite e é também oficina, museu e casa de força de todo o sistema de bonde a cabo* (pág. 331).

O motorneiro *precisa ser forte e ter bons reflexos. Só um terço dos candidatos é aprovado após treinamento.*

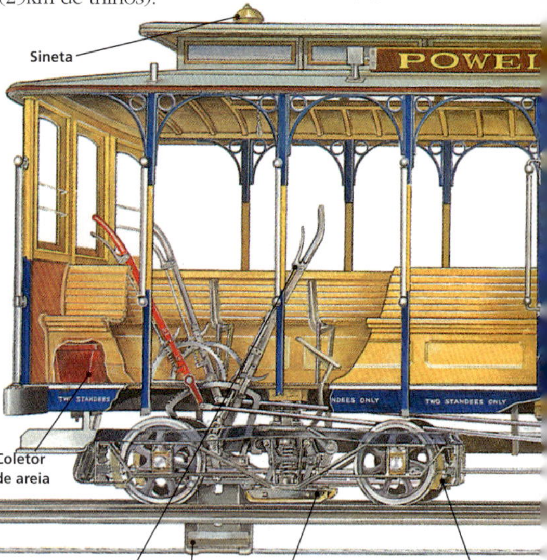

COMO OS BONDES FUNCIONAM

Os motores da casa de força central puxam um cabo contínuo por sob as ruas da cidade, guiado por um sistema de polias sulcadas. Quando o motorneiro do bonde aciona o punho da tenaz, esta passa por uma canaleta na rua e agarra o cabo, que leva o bonde a uma velocidade constante de 15,5km/h. Para parar, o motorneiro solta a tenaz e aciona o freio. É necessária muita perícia nas esquinas, onde o cabo passa sobre uma polia. O motorneiro precisa soltar a tenaz para que o bonde deslize.

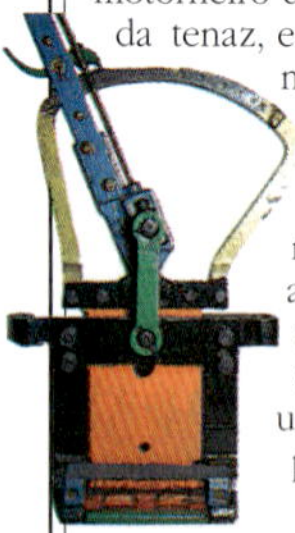

Mecanismo de tenaz do bonde

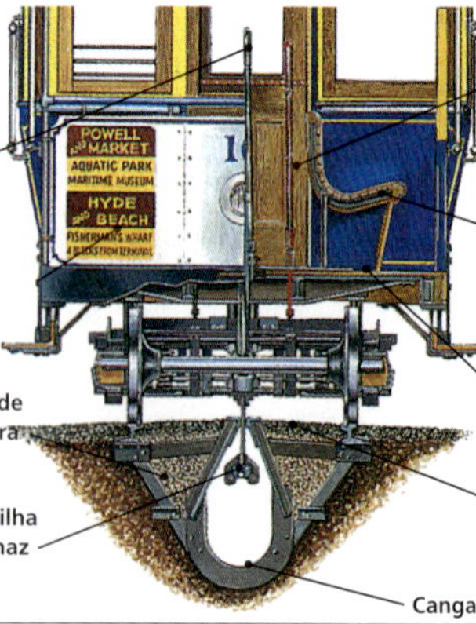

Hatch House *é o nome de uma casa de quatro andares que se movia por inteiro em 1913. Herbert Hatch usou um sistema de macacos e guinchos que manobravam a casa ao longo da linha de bonde, sem parar o serviço.*

Em 1984 foi realizada uma *comemoração nos bondes, depois da reforma de dois anos no sistema. Os carros foram restaurados e todos os trilhos substituídos por outros mais resistentes. O sistema pode operar em segurança por cem anos.*

Uma competiçãot *de sinetas de bonde é realizada na Union Square em julho, quando os condutores tocam os mais variados ritmos. Nas ruas, a sineta serve de alerta.*

O primeiro bonde *de São Francisco, testado por Hallidie na Clay Street em 2 de agosto de 1873, está em exposição na Cable Car Museum* (pág. 331). *O sistema continua, na essência, o mesmo desde sua invenção.*

A restauração dos bondes *deve ser feita com atenção aos detalhes, já que eles são tidos como peças históricas.*

ANDREW SMITH HALLIDIE

Andrew Smith nasceu em Londres em 1836 e mais tarde adotou o sobrenome de seu tio. Dedicou-se à mecânica e mudou-se para São Francisco em 1852, onde montou uma empresa de cabos metálicos. Em 1873, testou o primeiro bonde, que logo se tornou rentável e levou o desenvolvimento para os morros.

O Melhor de São Francisco: Museus e Galerias

Os museus e as galerias da cidade vão do enciclopédico de Young Museum e o Legion of Honor à arte contemporânea do Museum of Modern Art e seu vizinho, o Yerba Buena Center for the Arts. Além deles, há vários museus de ciências, incluindo o Exploratorium e a California Academy of Sciences. Outros museus dedicam-se à herança da cidade –como as culturas ancestrais dos indígenas e dos mexicanos–, às pessoas e aos eventos que forjaram a São Francisco atual.

O **Exploratorium** *é um dos melhores museus de ciências dos EUA. Aqui os visitantes lidam com o* Sun Painting, *uma festa de luz e cor* (pág. 349).

O **Legion of Honor** *abriga um acervo de arte europeia que vai da antiguidade até o século 19, passando pela Idade Média. Inclui* Barcos a Vela no Sena *(c. 1874), de Claude Monet* (págs. 374-5).

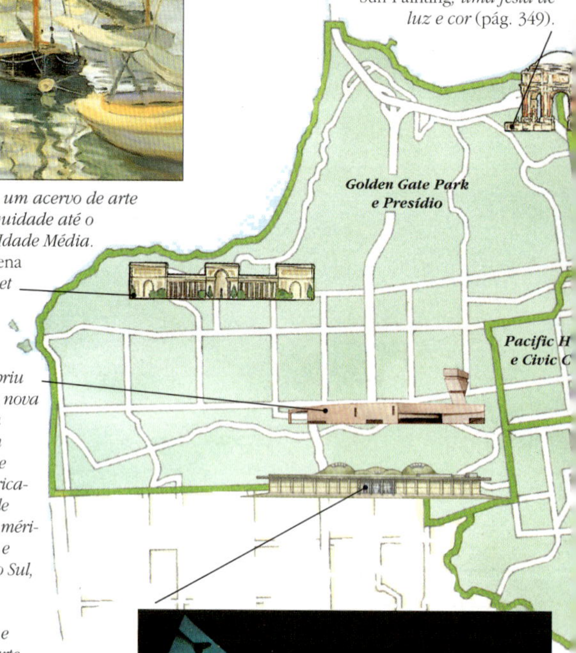

O **de Young** *abriu em 2008 uma nova sede. O museu conta com um acervo de arte norte-americana, além de peças da América Central e América do Sul, de ilhas do Pacífico e da África e coleções de arte antiga e de arte europeia do século 20.*

0 quilômetros 2

The California Academy of Sciences, *inclui planetário, museu de história natural e aquário em um prédio soberbamente restaurado no Golden Gate Park* (págs. 370-1).

Os **Fort Mason Museums** *expõem artefatos de várias culturas.* Muto, *de Mimo Paladino (1985), é uma de muitas peças* (págs. 350-1).

A **Chinese Historical Society** *cuida de um dos menores museus da cidade. Lá dentro, um acervo singular conta em detalhes a história das comunidades chinesas da Califórnia e sua participação no desenvolvimento do estado. Entre as peças se encontra esta magnífica cabeça de dragão* (pág. 330).

O **Wells Fargo History Museum** *é uma galeriazinha que mostra a rica história da Califórnia desde o início da Corrida do Ouro. Esta diligência de bronze (1984) é uma escultura de M. Casper* (pág. 314).

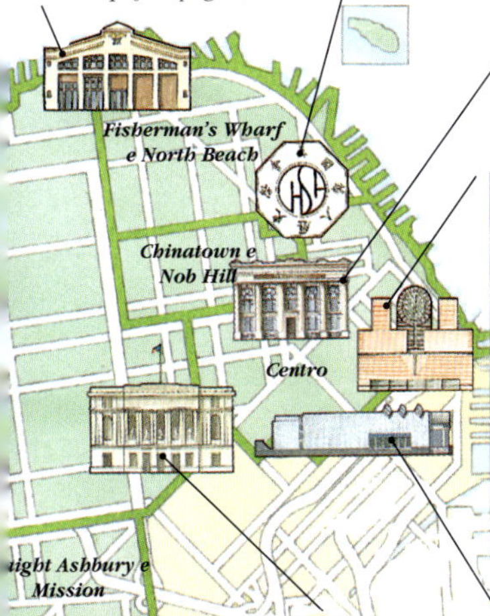

O **San Francisco Museum of Modern Art** *é uma vitrine bastante conceituada da arte do século 20. Em 1994 o museu mudou para um prédio novo projetado pelo arquiteto Mario Botta.* Vista por Trás, *de Philip Guston (1977), está no acervo permanente* (págs. 318-9).

O **Asian Art Museum**, *um lindo edifício Beaux Arts de 1917, já foi sede da antiga Biblioteca Central de São Francisco* (pág. 352).

O **Yerba Buena Center for the Arts** *é uma nova galeria que expõe várias obras de arte do movimento contemporâneo. Elas mudam com frequência, pois o acervo não é permanente* (págs. 322-3).

Murais de São Francisco

São Francisco se orgulha de sua reputação de cidade culturalmente rica e cosmopolita, e essas qualidades se evidenciam na vívida arte mural que decora muros e outros locais públicos em diversos pontos da cidade. Vários foram pintados nos anos 1930 e muitos nos anos 1970, alguns espontaneamente e outros sob encomenda. Um dos melhores é o *Carnaval Mural*, na 24th Street, no Mission District *(pág. 362)*. Mostramos aqui outros exemplos.

Mural at Balmy Alley

503 Law Office, nas ruas Dolores e 18th

CENAS DA HISTÓRIA

Alguns dos melhores exemplos da arte mural histórica de São Francisco encontram-se dentro da Coit Tower *(pág. 343)* –uma série de painéis típicos do período da Grande Depressão dos anos 1930, financiados pelo programa New Deal do presidente Roosevelt. Muitos artistas locais participaram da criação das obras, e os temas versavam sobre a luta operária e as riquezas naturais da Califórnia. Desde então a cidade recebeu vários murais modernos, principalmente do Precita Eyes Mural Arts Studio.

Detalhe de mural da Coit Tower ilustrando as riquezas da Califórnia

Mural da Coit Tower retratando a vida durante a Grande Depressão

Precita Eyes Mural Arts Association *é uma organização local que busca promover a arte muralista através de projetos de colaboração. Eles também patrocinam novos murais de artistas locais e promovem animados passeios pelos murais de São Francisco.*

Mosaico de murais (2007) de Precita Eyes, escola de Hillcrest

***Balloon Journey,* Precita Eyes**

Este mural *foi criado e pintado pelos alunos da AYPAL (Asian Pacific Islander Youth Promoting Advocacy and Leadership) em 2007, em associação com Precita Eyes. A associação organiza workshops na comunidade e para os jovens, que produzem entre 15 a 30 murais anualmente. O visitante pode ver exemplos disso na Bay Area.*

***Stop the Violence* no nº 1212 Broadway #400, Oakland**

VIDA MODERNA

A vida na metrópole moderna é hoje, como nos anos 1930, um dos principais temas da arte mural de São Francisco. Em especial no Mission District, cada aspecto da vida cotidiana está retratado nas paredes externas de bancos, escolas e restaurantes, com cenas da vida em família, na comunidade, na política, no trabalho e no lazer. O Mission District tem cerca de 200 murais, muitos pintados nos anos 1970, quando o governo pagou para jovens marginalizados criarem obras em locais públicos. A San Francisco Arts Commission ainda patrocina essa iniciativa.

Este mural da Balmy Alley *mostra como os turistas veem a cidade. Esta viela, no Mission District, é decorada com murais de cores vivas, pintados nos anos 1970 por crianças, artistas e trabalhadores. As obras são agora uma grande atração.*

O Muro do Aprendizado, na Franklin St: educação e arte

***Sem Dúvida, a Fourth Street*, mural descolorido pelo tempo no Fort Mason**

CIDADE MULTICULTURAL

A herança de diversidade e tolerância de São Francisco transparece nos murais que enriquecem seus bairros étnicos. Em Chinatown, artistas sino-americanos evocam as memórias do "velho país". O Mission District transborda arte, inclusive de inspiração política, em homenagem à luta e às conquistas de sua população mexicana e latino-americana.

Mural da Washington Street que retrata a vida na China

A São Francisco multicultural *é homenageada na Park Branch Library, em Haight Ashbury.*

ONDE ENCONTRAR OS MURAIS

Art Institute of San Francisco *págs. 340-1.*
Balmy Alley 24th. St e 25th St.
Coit Tower *pág. 343.*
Dolores St. e 18th St. **Mapa** 10 E3.
Fort Mason *págs. 350-1.*
Franklin Street. **Mapa** 4 E1.
Park Branch Library 1.833 Page St. **Mapa** 9 B1.
Precita Eyes Mural Arts Studio 348 Precita Ave. **Mapa** 10 F5
Washington Street. **Mapa** 4 E3.

49-Mile Scenic Drive

Placa oficial

Passando pelos bairros mais interessantes, por atrações e vistas espetaculares, a 49 Mile Scenic Drive, uma "estrada panorâmica" de 79km, dá uma visão geral privilegiada de São Francisco. É fácil manter a rota –basta seguir as placas azuis e brancas com o desenho de uma gaivota. Fique alerta, pois algumas estão escondidas pela vegetação. Reserve um dia inteiro para esta viagem. Há muitos locais onde parar para fotografar e admirar a vista.

Palace of Fine Arts e Exploratorium ㉔
O grandioso prédio neoclássico e seu museu de ciências ficam próximos à entrada de Presidio.

Stow Lake ⑤
Há uma cachoeira e um pavilhão chinês na ilha deste lago pitoresco. Alugam-se barcos.

Sutro Tower ⑧
Esta inconfundível torre laranja e branca é avistada de toda a cidade.

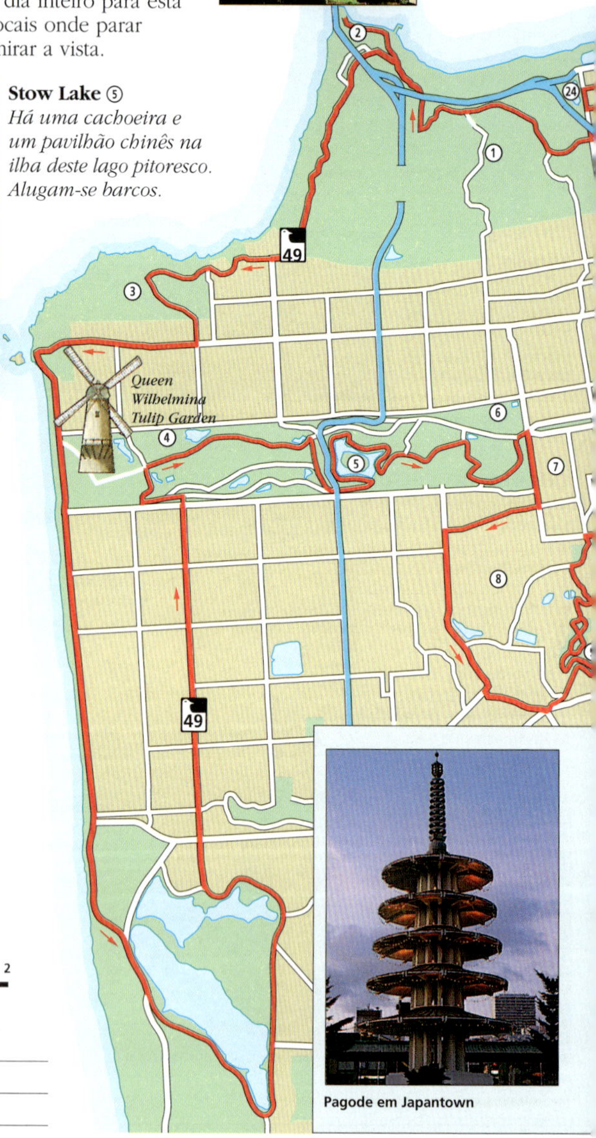

0 quilômetros 2

Pagode em Japantown

LEGENDA

— 49-Mile Scenic Drive

Vista panorâmica

Coit Tower ⑳
Voltada para North Beach, a Telegraph Hill tem no topo esta torre com belos murais e um terraço panorâmico.

Marina Green ㉓
Este é um ponto privilegiado para observar ou fotografar a Ponte Golden Gate.

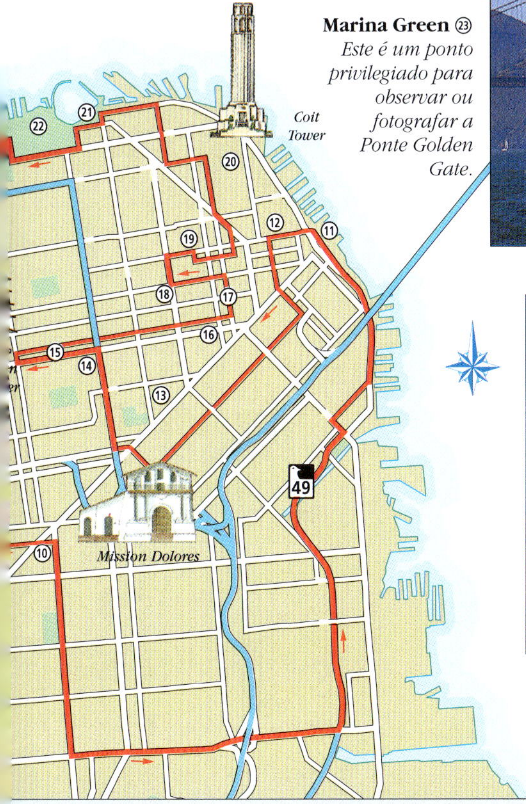

Grace Cathedral ⑱
Baseada na Notre Dame de Paris, esta catedral sobressai no topo da colina mais íngreme da cidade, a Nob Hill.

DICAS

Ponto de partida: *qualquer um. O percurso é para ser seguido no sentido anti-horário, começando e terminando em qualquer ponto.*
Quando ir: *Evite as horas de pico: 7h-9h, 16h-19h. A maioria das vistas é espetacular tanto de dia quanto de noite.*
Estacionamento: *utilize os estacionamentos situados à volta do Financial District, Civic Center, Japantown, Nob Hill, Chinatown, North Beach e Fisherman's Wharf. Em outros lugares é fácil estacionar na rua.*

ENCONTRE AS ATRAÇÕES NO GUIA

CENTRO DE SÃO FRANCISCO

A Montgomery Street, hoje bem no coração do Financial District, já foi uma rua de empórios onde os mineiros vinham pesar ouro em pó. A transportadora Wells Fargo construiu nessa rua o primeiro prédio de alvenaria da cidade, durante a Corrida do Ouro *(págs. 48-9)*.

Adorno do Union Bank

Hoje, bancos antiquados ficam à sombra de espigões. A Union Square é a principal área de compras da cidade, com diversos magazines. SoMa (South of Market) tornou-se o "reduto dos artistas", com a transformação de antigos armazéns em ateliês, bares e teatros de vanguarda.

PRINCIPAIS ATRAÇÕES

Ruas e Construções Históricas

Union Bank of California ❻
California Historical Society ⓬
Ferry Building ❿
Jackson Square Historical District ❷
Merchant's Exchange ❼
Old United States Mint ㉕
Pacific Exchange ❽
Powell Street Cable Car Turntable ㉓

Lojas

Crocker Galleria ⓲
Gump's ⓳
Union Square Shops ㉒
Westfield San Francisco Center ㉔

Arquitetura Moderna

Bank of America ❹
Embarcadero Center ❶
Rincon Center ⓫
Transamerica Pyramid ❺
Yerba Buena Gardens págs. 322-3 ⓮

Teatros

Theater District ㉑

Hotéis

The Palace Hotel ⓰

Museus e Galerias

Contemporary Jewish Museum ⓱
Museum of Cartoon Art ⓯
Museum of Modern Art págs. 318-9 ⓭
Wells Fargo History Museum ❸

Parques e Praças

Justin Herman Plaza ❾
Union Square ⑳

LEGENDA

Mapa Rua a Rua págs. 312-3
Terminal do bonde a cabo
Estação BART
Estacionamento

0 metros 400

COMO CHEGAR

Todos os bondes e linhas BART, além da maioria dos ferryboats e linhas de ônibus, convergem na Market Street, coração desta região. Da Market, os ônibus levam a todas as áreas do distrito.

◁ Vista do Centro de São Francisco à noite

Rua a Rua: Financial District

A engrenagem econômica de São Francisco é movimentada principalmente pelo Financial District, um dos mais importantes centros de negócios dos EUA. Ela se estende dos modernos espigões e praças do Embarcadero Center até a sóbria Montgomery Street, às vezes chamada de "Wall Street do Oeste". Todos os principais bancos, corretoras, bolsas e escritórios de advocacia ficam aqui. O Jackson Square Historical District, ao norte da Washington Street, já foi o núcleo dos negócios.

***La Chiffonière* (1978), de Jean Dubuffet, na Justin Herman Plaza**

★ Embarcadero Center
Abriga lojas e escritórios. Uma galeria de compras ocupa os primeiros três andares dos espigões ❶

Hotaling Place, estreita viela que dá no Jackson Square Historical District, tem vários antiquários de boa qualidade.

Jackson Square Historical District. *Esta área lembra, mais que qualquer outra, a Corrida do Ouro.* ❷

O Golden Era Building foi construído durante a Corrida do Ouro. Era a sede do jornal *Golden Era*, para o qual Mark Twain escreveu.

★ Transamerica Pyramid
Este arranha-céu de 256m é o mais alto da cidade desde 1972. ❺

Bank of California
O átrio do banco é guardado por leões de pedra talhados pelo escultor Arthur Putnam. ❻

Merchant's Exchange
Há pinturas de cenas marítimas locais nas paredes. ❼

★ Wells Fargo History Museum
Uma diligência original, lembrança dos dias mais violentos do velho Oeste, é uma das muitas peças deste museu bancário e de transportes. ❸

Bank of America
O 52º andar desta destacada instituição bancária possui belas vistas da cidade. ❹

Veja hotéis e restaurantes desta região nas págs. 542-9 e 587-95

California Street, agitada com os ruidosos bondes, sobe para o topo de Nob Hill.

LOCALIZE-SE
Guia de Ruas, 5 e 6

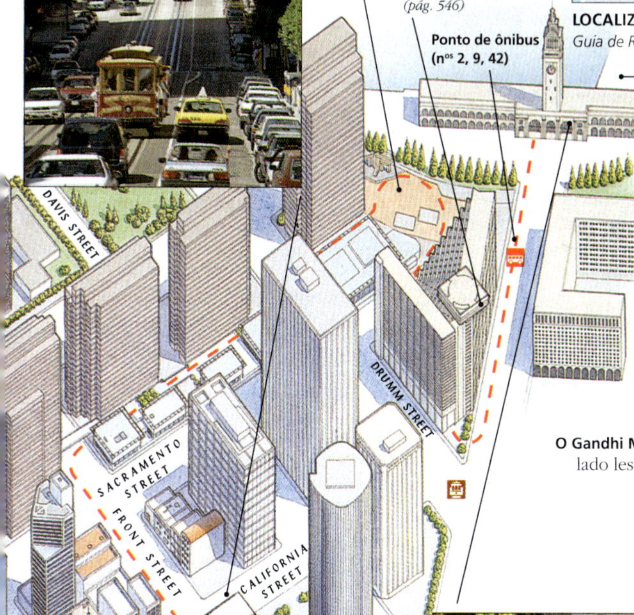
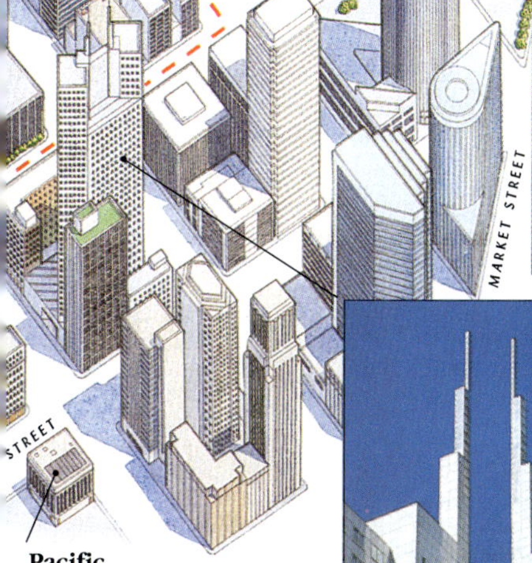

Justin Herman Plaza
Em dias de sol, a praça fica lotada no almoço. ❾

Hyatt Regency Hotel
(pág. 546)

Ponto de ônibus (nos 2, 9, 42)

O Gandhi Monument (1988), no lado leste do Ferry Building, é de K.B. Patel.

Ferry Building
Antes das pontes, 100 mil pessoas passavam por aqui diariamente. ❿

Pacific Exchange
Ex-ponto focal dos negócios da cidade, hoje fechado devido ao comércio eletrônico. ❽

Torres do First Interstate Center, ligadas por passarelas.

LEGENDA

– – – Percurso sugerido

PONTOS ALTOS

★ Embarcadero Center

★ Transamerica Pyramid

Embarcadero Center 1

Mapa 6 D3. *1, 32, 42.* *J, K, L, M, N.* *California St. Veja* ***Compras*** *págs 382-7 e* ***Onde Ficar*** *pág. 545.*
www.embarcaderocenter.com

Concluído em 1981 depois de uma década de obras, o maior projeto de reurbanização de São Francisco vai da Justin Herman Plaza à Battery Street. Milhares de funcionários de escritórios e consumidores utilizam os espaços abertos para relaxar e almoçar. Cinco espigões sobem de 35 a 45 andares acima das praças planejadas e das passarelas elevadas. A área interna mais espetacular do Embarcadero Center é a do Hyatt Regency Hotel *(pág. 545)*. Seu átrio abriga um imenso globo esculpido por Charles Perry, intitulado *Eclipse*. Elevadores envidraçados levam o visitante até o Equinox, o restaurante giratório na cobertura. No centro há ainda um cinema que apresenta uma incrível variedade de filmes independentes e estrangeiros.

Saguão do Hyatt Regency Hotel, no Embarcadero Center

Hotaling Place no Jackson Square

Jackson Square Historic District 2

Mapa 5 C3. *12, 15, 42, 83.*

Reformada no início dos anos 1950, esta região de prédios baixos tem muitas fachadas históricas de tijolos, ferro fundido e granito que datam da época da Corrida do Ouro. De 1850 a 1910, a área se tornou notória pela imundície e pela grosseria dos moradores, e era conhecida como Barbary Coast. O Hippodrome, na Pacific Street, 555, era um teatro –as lascivas esculturas em relevo na fachada rebaixada lembram os espetáculos picantes que eram realizados. Hoje os prédios são utilizados como showrooms, escritórios e lojas –as melhores são as da Jackson St, Gold St, Hotaling Place e Montgomery.

Wells Fargo History Museum 3

420 Montgomery St. **Mapa** 5 C4. ***Tel*** *(415) 396-2619.* *1, 12, 15, 42.* *Montgomery St.* *9h-17h seg-sex.* *feriados.*
www.wellsfargohistory.com

Fundada em 1852, a Wells Fargo & Co. se tornou a maior companhia bancária e de transporte do Oeste, contribuindo para o desenvolvimento das "novas fronteiras" dos EUA. A companhia levava pessoas e mercadorias da Costa Leste à Oeste e entre os campos de mineração e cidades da Califórnia. Transportou também ouro da Costa Oeste para a Leste e entregava correspondência. A Wells Fargo colocou caixas postais em locais-chave, e os mensageiros separavam as cartas no caminho. O Pony Express foi outra aventura postal da Wells Fargo.

Suas diligências, como a que está exposta no museu, são também famosas pelas lendárias histórias dos heroicos cocheiros e dos bandidos que as assaltavam. O assaltante mais conhecido foi Black Bart, que deixava poemas no local do crime. Ele agia nas estradas vazias de Calaveras County à fronteira do Oregon, entre 1875 e 1883. Em um de seus assaltos, deixou cair sem querer um lenço com a etiqueta da lavanderia, o que levou a identificá-lo como um engenheiro de minas chamado Charles Boles *(pág. 479)*.

Black Bart, o bandido poeta

Os visitantes do museu podem experimentar como era sentar-se dias a fio numa sacolejante diligência e ouvir o diário gravado de um imigrante chamado Francis Brocklehurst. Entre as peças há correspondências do Pony Express, fotografias, cheques, pepitas de ouro e a moeda do imperador Norton *(pág. 51)*.

Veja hotéis e restaurantes desta região nas págs. 542-9 e 587-95

Bank of America ❹

555 California St. **Mapa** 5 C4.
Tel *(415) 433-7500 (Carnelian Room).*
1, 15. California St.

O prédio revestido de granito vermelho que abriga a sede mundial do Bank of America foi inaugurado em 1972. Os 52 andares fazem dele o maior arranha-céu de São Francisco, e a vista incrível da Carnelian Room, no 52º andar, mostra a vida urbana em detalhes fascinantes. O Bank of America foi primeiro o Bank of Italy, fundado por A.P. Giannini em San Jose *(págs. 428-9)*. Ele reuniu uma clientela enorme no começo do século 20 subsidiando imigrantes e investindo em fazendas e vilarejos em ascensão. No incêndio de 1906 *(págs. 52-3)*, Giannini salvou pessoalmente os depósitos bancários, levando-os escondidos em caixotes de frutas, de modo que houvesse recursos suficientes para o banco investir na reconstrução da cidade.

Transcendência **(1972), de Masayuki Nagari, Bank of America**

Transamerica Pyramid ❺

600 Montgomery St. **Mapa** 5 C3.
Tel *433-7500 1, 15, 42.*
8h30-16h30 seg-sex (somente saguão). feriados.
www.thepyramidcenter.com

Rematada com uma agulha afilada no topo de seus 48 andares, a pirâmide chega a 256m acima do nível do mar. É o mais alto edifício da cidade e fácil de reconhecer. Embora os moradores da cidade o tenham rejeitado quando foi inaugurado, em 1972, de lá para cá eles o aceitam como parte da paisagem. Projetada por William Pereira & Associates, a pirâmide comporta mais de 1.500 funcionários de escritórios num local que, historicamente, é um dos mais interessantes da cidade. O Montgomery Block, que alojava vários escritórios importantes e era o maior prédio a oeste do Mississipi, foi construído aqui em 1853. No porão ficava o Exchange Saloon, frequentado pelo escritor Mark Twain. O Financial District cresceu para o sul nos anos 1860, e os artistas se fixaram no Montgomery Block. O ponto de parada do Pony Express, assinalado por uma placa, era em frente, na Merchant Street.

A agulha é oca e alcança 64m acima do último andar. Iluminada por dentro, ela projeta um brilho amarelado à noite. Sua função é puramente decorativa.

Os anexos verticais *do edifício sobem verticalmente do meio do andar térreo e se projetam para além da estrutura, que se inclina para dentro. O anexo leste tem 18 poços de elevador e o anexo oeste abriga uma torre de chaminé e escadas de emergência.*

Área de Observação
Uma série de monitores no piso térreo recebe ótimas imagens das quatro câmeras que giram no topo da agulha do edifício.

Proteção Antiterremoto
A parte externa da pirâmide é recoberta com agregado de quartzo pré-moldado, interligado por hastes de reforço em quatro pontos de cada andar. O espaço entre os painéis permite movimentação lateral em caso de terremoto.

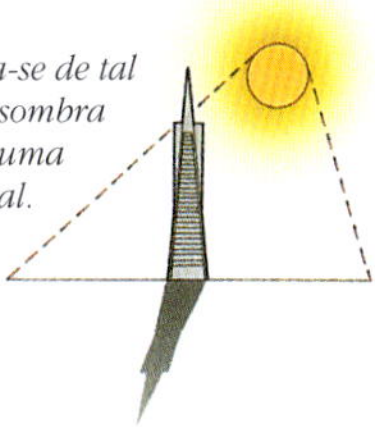

A forma *do prédio afila-se de tal maneira que faz uma sombra menor que a de uma construção convencional.*

As 3.678 janelas levam um mês para ser lavadas pelos faxineiros.

As fundações assentam-se num bloco de aço e concreto, cravado a 15,5m de profundidade e projetado para se mover com tremores de terra.

Bank of California 6

400 California St. **Mapa** 5 C4. ***Tel*** *(415) 765-400.* *1, 42.* *California St.* **Museum of Money of the American West** *9h-17h seg-sex.* *feriados.*

William Ralston e Darius Mills fundaram este banco em 1864. Ralston, tido como "o homem que fez São Francisco", investiu lucrativamente nas minas de Comstock *(pág. 45)*. Ele usou o banco e sua fortuna pessoal para financiar projetos em São Francisco, inclusive a companhia de água, um teatro e o Palace Hotel *(pág. 526)*. Quando veio a recessão econômica nos anos 1870, o império de Ralston ruiu.

O atual prédio com colunata foi concluído em 1908. No subsolo, o Museum of American Money expõe ouro, moedas, cédulas e plantas das minas de Comstock.

Fachada do Bank of California, em estilo clássico

Merchant's Exchange 7

465 California St. **Mapa** 5 C4. ***Tel*** *(415) 421-7730.* *Montgomery St.* *1, 4, 10, 15.* *8h30-18h seg-sex, sáb-dom só com hora marcada.* *feriados.* **www**.merchantsexchange building.com

Projetada por Willis Polk em 1903, a bolsa não sofreu muitos danos no incêndio de 1906 *(págs. 48-9)*. Dentro, telas do irlandês William Coulter retratam cenas do tempo dos vapores e da vela. O prédio foi o coração dos negócios em São Francisco no começo do século 20, quando vigias na torre avisavam da chegada de navios. Hoje pequena perto dos arranha-céus, já dominou a silhueta da cidade.

Pacific Coast Stock Exchange 8

301 Pine St. **Mapa** 5 C4. ***Tel*** *(415) 393-4000.* *3, 4,15, 42.* *ao público.* **www**.pacific.ex.com

Esta já foi a maior bolsa de valores dos EUA depois da de Nova York. Fundada em 1882, ocupa os prédios que eram do U.S. Treasury e foram reformados em 1930 por Miller e Pflueger. As monumentais estátuas de granito da entrada da Pine Street foram feitas por Ralph Stackpole naquele ano. O edifício agora está fechado; a sala de negócios, antes agitadíssima, está agora silenciosa, por causa do aparecimento da internet e do comércio eletrônico.

Justin Herman Plaza 9

Mapa 6 D3. *vários ônibus.* *F, J, K, L, M, N.* *California St.*

Lotada na hora do almoço pelo pessoal do vizinho Embarcadero Center *(pág. 304)*, esta praça é mais conhecida pela vanguardista Fonte Vaillancourt, feita em 1971 pelo artista canadense Armand Vaillancourt. A fonte se compõe de enormes blocos de concreto, e há quem a ache feia, principalmente quando fica seca na época de estiagem. Porém, pode-se subir nela e passar por baixo. Com seus laguinhos e colunas d'água, é uma intrigante obra de arte pública quando funciona como deveria.

Quase sempre a praça é alugada para músicos na hora do almoço –a popular banda de rock U2 tocou aqui nesse horário em 1987 e depois do show pintou a fonte com spray.

A Fonte Vaillancourt, na Justin Herman Plaza

Ferry Building 10

Embarcadero com Market St. **Mapa** 6 E3. *vários ônibus.* *J, K, L, M, N.* *California St.*

Construído entre 1896 e 1903, o prédio do terminal de ferryboats sobreviveu ao grande incêndio de 1906 com a ajuda dos barcos de bombeiros, que bombearam água da baía.

A torre do relógio, de 71m de altura, se inspira no campanário mourisco da Catedral de Sevilha, na Espanha. No início dos anos 1930, mais de 50 milhões de passageiros passavam por este prédio. Muitos eram viajantes vindo ou indo para o terminal da ferrovia transcontinental de Oakland e outros, pessoas que usavam os 170 ferryboats diários para atravessar a baía. Com a inauguração da Bay Bridge em 1936 *(págs. 422-3)*, o Ferry Building deixou de ser o ponto principal de entrada. Hoje ele abriga cafés, restaurantes e lojas. Alguns ferryboats ainda cruzam a baía para Tiburon e Sausalito, em Marin *(págs. 414-5)*, e Oakland, na East Bay *(págs. 422-3)*.

Torre do relógio do Ferry Building

Descoberta de São Francisco por espanhóis em mural do Rincon Annex

Rincon Center ⓫

Mapa 6 E4. *14. Veja* ***Compras*** *págs. 382–9.*

Este shopping center, com galeria altíssima e uma fonte de 27m, foi acrescentado em 1989 ao antigo prédio do correio Rincon Annex. Este data de 1940 e é famoso pelos murais do artista russo Anton Refregier, que mostram aspectos da história de São Francisco. Algumas das obras, impiedosas com eventos e pessoas importantes da cidade, provocaram muita polêmica ao ser apresentadas.

California Historical Society ⓬

678 Mission St. **Mapa** 6 D5. ***Tel*** *(415) 357-1848* *Montgomery St.* *12h-16h30 qua-sáb (biblioteca fecha sáb.).* **www**.calhist.org

A California Historical Society dedica-se a preservar e interpretar a memória da região. Oferece biblioteca de pesquisa e consulta, salas para exposições e boa livraria. Há ainda um belo acervo fotográfico, mais de 900 pinturas a óleo e aquarelas de artistas americanos, uma exposição de artes decorativas e um singular acervo de trajes.

Museum of Modern Art ⓭

págs. 318-9.

Yerba Buena Gardens ⓮

págs. 322-3.

Cartum em selo dos EUA

Museum of Cartoon Art ⓯

814 Mission St. ***Tel*** *(415) 227-8666.* *11h-17h ter-sáb.* **www**.cartoonart.org

Fundado em 1984, este é o único museu da Costa Oeste com histórias em quadrinhos originais. Os 10 mil exemplares do acervo datam do século 18 aos dias de hoje e incluem desenhos de personagens como Popeye, Charlie Brown, Ferdinando, Little Orphan Annie e várias criações de Walt Disney. O museu tem ainda um espaço para crianças e oferece divertidas aulas de animação para adultos e crianças.

The Palace Hotel ⓰

2 New Montgomery St. **Mapa** 5 C4. ***Tel*** *(415) 392-8600.* *7, 8, 9, 21, 31, 66, 71.* *J, K, L, M, N.* *Veja* ***Onde Ficar*** *pág. 546.* **www**.sfpalace.com

O Palace Hotel original foi inaugurado em 1875 por William Ralston, conhecido financista de São Francisco. Era o mais luxuoso dos primeiros hotéis da cidade, com sete andares, 700 janelas, um pátio interno e decoração exótica. Ricos e famosos o frequentavam regularmente. Entre os clientes figuravam Sarah Bernhardt e os escritores Oscar Wilde e Rudyard Kipling. O tenor Enrico Caruso era hóspede na época do terremoto de 1906, quando o hotel, como a maioria da cidade, pegou fogo. Foi reconstruído logo depois, com supervisão do arquiteto George Kelham, e reabriu em 1909. O salão de refeições Garden Court acomoda perto de mil pessoas e é iluminado por 20 lustres de cristal.

A Garden Court, no Sheraton Palace Hotel

San Francisco Museum of Modern Art ⓭

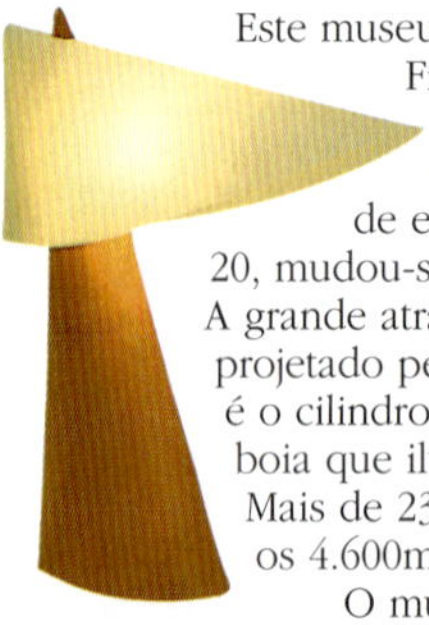

Zip Light (1990), de Sigmar Willnauer

Este museu é a base da reputação de São Francisco como um dos principais centros de arte moderna. Criado em 1935 com o objetivo de expor obras de artistas do século 20, mudou-se para a nova sede em 1995. A grande atração deste prédio modernista, projetado pelo arquiteto suíço Mario Botta, é o cilindro de 38m de altura com claraboia que ilumina até o átrio no térreo. Mais de 23 mil obras de arte ocupam os 4.600m² divididos em quatro andares. O museu tem um calendário dinâmico de exposições rotativas de todo o mundo.

Pertences pessoais
O surrealista belga René Magritte criou esta última obra-prima em 1952. Ela destaca objetos cotidianos em situações estranhas, desconcertantes, tudo pintado em estilo realista.

GUIA DO MUSEU

A loja, o auditório, o café e o espaço de eventos especiais do museu ficam no primeiro piso (no térreo). No segundo, estão o Koret Visitor Education Center e as galerias dedicadas a obras do acervo do museu, como pinturas, esculturas, arquitetura e desenho. Fotografias e mostras especiais ficam no terceiro andar, e as artes de mídia, exposições especiais e um terraço de esculturas ocupam o quarto piso. As galerias do quinto andar exibem obras contemporâneas de pinturas e esculturas do acervo do museu.

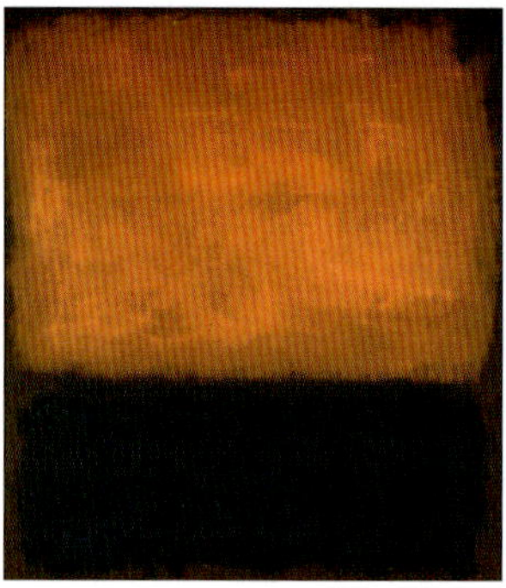

★ Nº 14, 1960
Esta tela a óleo é de Mark Rothko, destacado abstracionista impressionista. Trata-se de uma das mais belas e hipnóticas obras desse artista.

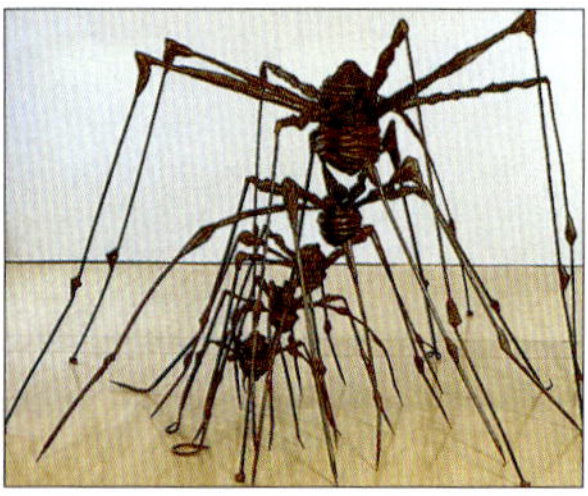

O Ninho
A francesa Louise Bourgeois criou esta escultura em 1994, aos 83 anos. As formas alongadas são típicas de sua obra.

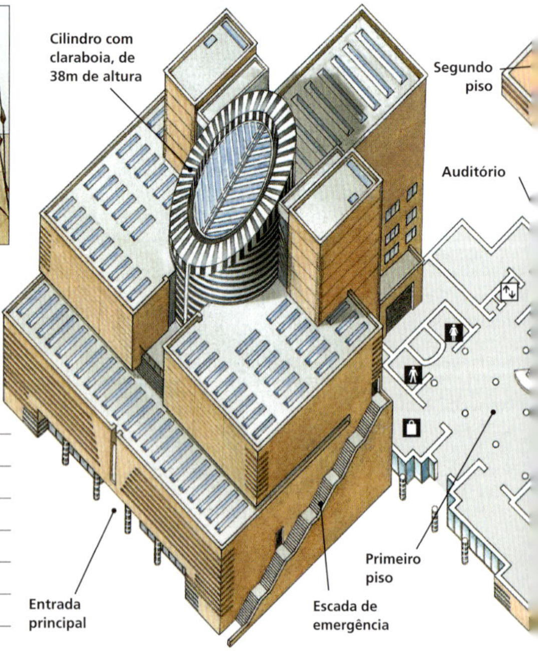

LEGENDA

- Acervo de pintura e escultura
- Arquitetura e desenho
- Fotografia e artes em papel
- Arte de mídia
- Koret Visitor Education Centerr
- Exposições especiais
- Espaço sem exposições

Veja hotéis e restaurantes desta região nas págs. 542-9 e 587-95

★ Arte Californiana
A escultura de Richard Shaw Acorde Melódico de Dois Sons (1980) é destaque deste acervo.

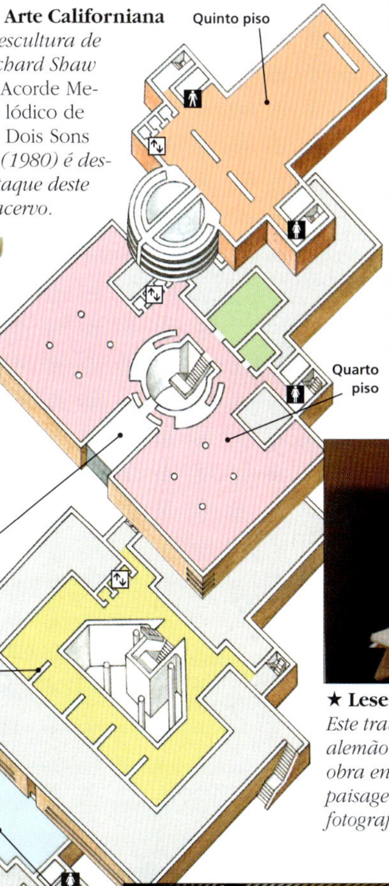

PREPARE-SE

151 Third St. **Mapa** 6 D5. ***Tel*** *(415) 357-4000.* 5, 9, 12, 14, 15, 30, 38, 45. J, K, L, M, N. P *próximo aos Yerba Buena Gardens* 10h-17h45 seg, ter, sex-dom, 10h-20h45 qui (no inverno a partir das 11h qui). Os horários podem variar, ligar para confirmar. 1º jan, Ação de Graças, 25 dez, qua. gratuita 1ª ter mês; 50% de desconto qui 18h-20h45. ***Eventos especiais, seminários, filmes, biblioteca, programas educacionais.*** **www**.sfmoma.org

★ Lesende (Leitura)
Este trabalho de 1994 do artista alemão Gerhard Richter, cuja obra engloba abstração gestual, paisagens, retratos e pinturas em fotografia.

Koret Visitor Education Center
Este centro educacional oferece uma sólida programação, além de eventos informais. As crianças também podem fazer atividades artísticas.

Cães-Cavalheiros do Campo
O artista Roy De Forest pintou em 1972 este universo fantasioso guardado por animais.

PONTOS ALTOS

★ Lesende (Leitura)

★ Nº 14, 1960

★ Arte Californiana

Praça central da Crocker Galleria

Contemporary Jewish Museum ⓱

736 Mission St. ***Tel*** *(415) 655-7800.* *5, 6, 7.* *J, K, L.* *ligar antes.* **www**.thecjm.org

Abrigado em um prédio impressionante projetado por Daniel Libeskind, este museu oferece ampla gama de exposições que celebram e exploram o judaísmo. Elas incluem arte contemporânea, objetos históricos, filmes e música e palestras.

Crocker Galleria ⓲

Entre ruas Post, Kearny, Sutter e Montgomery. **Mapa** 5 C4. ***Tel*** *(415) 393-1505.* *2, 3, 4.* *J, K, L, M, N. Veja* ***Compras*** *págs. 382-5.*

A construção do prédio data de 1982 e foi inspirada na da Galleria Vittorio Emmanuelle, de Milão. Há uma praça central sob um teto com claraboia arqueada. A galeria abriga mais de 50 restaurantes e lojas que trazem o melhor dos estilistas europeus e americanos.

Gump's ⓳

135 Post St. **Mapa** 5 C4. ***Tel*** *(800) 882-8055.* *2, 3, 4, 30, 38, 45.* *J, K, L, M, N.* *Powell-Mason, Powell-Hyde.* *10h-18h seg-sáb (10h-19h qui).* *Veja* ***Compras*** *págs. 382-5.* **www**.gumps.com

Fundada em 1861 por imigrantes alemães que vendiam espelhos e molduras, esta loja de departamentos nascida em São Francisco tornou-se uma instituição local. A Gump's possui a maior variedade de porcelanas e cristais finos dos Estados Unidos, de fabricantes renomados como Baccarat, Steuben e Lalique.

A reputação da loja vem também de suas preciosidades orientais, móveis e obras de arte raras. A arte asiática é particularmente notável, com destaque para as peças de jade, de renome internacional. Em 1949 a Gump's importou o enorme Buda de bronze que foi presenteado ao Japanese Tea Garden *(págs. 366-7).*

Com ambiente refinado, é ponto de encontro dos ricos e famosos. A fama se deve também a suas vitrines coloridas e extravagantes.

Union Square ⓴

Mapa 5 C5. *2, 3, 4, 30, 38, 45.* *J, K, L, M, N.* *Powell-Mason, Powell-Hyde.*

A praça ganhou esse nome por causa dos enormes comícios pró-União realizados aqui durante a Guerra de Secessão (1861-5). As manifestações conquistaram o apoio do povo de São Francisco para a causa nortista, decisivo para a entrada da Califórnia na guerra do lado da União. Igrejas, clubes masculinos e a sinagoga originais foram ocupados por lojas e escritórios. A praça hoje está no coração da região de compras da cidade e marca o limite do Theater District. Tem no lado oeste o luxuoso Westin St. Francis Hotel *(pág. 548).* No centro, a estátua em bronze da Deusa da Vitória, esculpida por Robert Aitken em 1903, fica no topo de uma coluna coríntia de 27m. É uma homenagem à vitória do almirante Dewey na baía de Manila, durante a guerra hispano-americana de 1898.

Theater District ㉑

Mapa 5 B5. *2, 3, 4, 38.* *Powell-Mason, Powell-Hyde.* *Veja* ***Diversão*** *págs. 388-91.*

Há vários teatros perto da Union Square, e todos podem ser encontrados em uma área de seis quadras. Os dois maiores ficam no Geary Boulevard: o Curran Theater, projetado em 1922 por Alfred Henry D. Jacobs, que traz shows da Broadway, e o Geary Theater, com fachada eduardiana, sede do American Conservatory Theater (ACT). O Theater on the Square monta peças de vanguarda independentes. A variedade de espetáculos contribui para a fama da cidade e tem atraído ótimos atores. Isadora Duncan, inovadora bailarina dos anos 1920, nasceu perto daqui, na Taylor Street, 501. Uma placa marca o local.

Lojas da Union Square ㉒

Mapa 5 C5. *2, 3, 4, 30, 38, 45.* *J, K, L, M, N.* *Powell-Mason, Powell-Hyde. Veja* ***Compras*** *págs. 382-5.*

Muitos dos grandes magazines de São Francisco se encontram aqui, dentre eles Macy's, Saks Fifth Avenue e

Lojas em frente à Union Square

Um bonde a cabo é virado no Girador da Powell Street

Gump's. A loja Neiman Marcus preservou, a pedido dos são-franciscanos, a rotunda com claraboia de 1900 da antiga loja City of Paris. Esta era a loja mais elegante da cidade no final do século 19, mas foi demolida em 1982. Além das grandes lojas, a praça possui muitos sebos de livros e pequenas butiques. O Circle Gallery Building, no nº 140 da Maiden Lane, é uma galeria de arte contemporânea. Projetada por Frank Lloyd Wright em 1947, foi precursora do seu Museu Guggenheim de Nova York *(pág. 33)*.

Powell Street Cable Car Turntable ㉓

Hallidie Plaza, Powell St com Market St. **Mapa** 5 C5. *vários ônibus.* *J, K, M, N.* *Powell-Mason, Powell-Hyde.*

As linhas de bondes a cabo Powell-Hyde e Powell-Mason fazem os percursos mais espetaculares de São Francisco. As viagens para Nob Hill, Chinatown e Fisherman's Wharf começam e terminam na esquina da Powell Street com Market Street. Ao contrário dos bondes com cabo duplo da linha da California Street, os bondes da Powell Street foram feitos para se mover apenas em uma direção.

Daí a necessidade de, após o desembarque dos passageiros, o bonde ser empurrado para o girador e virado manualmente pelo cobrador e pelo motorneiro. Os passageiros aguardam a meia-volta junto com uma procissão de músicos de rua, consumidores e trabalhadores de escritório.

A inexpugnável "Senhora de Granito", a Old Mint

Westfield San Francisco Center ㉔

Market St e Powell St. **Mapa** 5 C5. ***Tel*** *(415) 512-6776.* *5, 7, 8, 9, 14, 21, 71.* *J, K, L, M, N.* *Powell-Mason, Powell-Hyde.* *9h30-20h seg-sáb, 11h-18h dom.* *Veja* ***Compras*** *págs. 382-5.*

O Westfield San Francisco Center foi reformado e integra o San Francisco Centre com o prédio adjacente da antiga loja de departamentos Emporium, cujo domo, de 1904, é a peça central do projeto. Há mais de 100 lojas em nove andares e Nordstrom e Bloomingdale's ocupam os andares superiores. Os andares subterrâneos dão acesso à Powell Street Station.

Old United States Mint ㉕

Fifth St e Mission St. **Mapa** 5 C5. *14, 14L, 26, 27.* *J, K, L, M, N.* *ao público.* **www**.sfhistory.org

A velha Casa da Moeda de São Francisco cunhou sua última moeda em 1937. Projeto clássico de A.B. Mullet, foi feita em granito entre 1869 e 1874, daí seu apelido, "Senhora de Granito". As janelas são fortificadas com persianas de ferro e os cofres do subsolo, indestrutíveis. O prédio foi um dos sobreviventes do terremoto de 1906 *(págs. 52-3)*. De 1973 a 1994 abrigou um museu. A falta de segurança contra terremotos obrigou-o a fechar para o público.

Yerba Buena Gardens ⓮

A construção do Moscone Center, o maior centro de convenções de São Francisco, marcou o início do ambicioso projeto do Yerba Buena Gardens, hoje Yerba Buena Center for the Arts. Depois foram erguidos museus, hotéis, lojas e casas, rejuvenescendo uma região decadente. O empreendimento está quase concluído, com exceção das instalações do New Moscone Convention Center, nas ruas Fourth e Howard.

★ Yerba Buena Center for the Arts
Este centro é um foro de artes, com galerias e salas de cinema que exibem filmes contemporâneos.

Esplanade Gardens
Os visitantes podem passear ou descansar nos bancos.

O Martin Luther King, Jr Memorial tem mensagens de paz em vários idiomas.

Zeum
O Zeum fica no Yerba Buena Children's Garden. Tem programação permanente de eventos e dá oportunidade a jovens e artistas de colaborarem no desenho e criação de qualquer coisa, de aviões, robôs e edifícios futuristas a mosaicos e esculturas.

PONTOS ALTOS

- ★ Yerba Buena Center for the Arts
- ★ San Francisco Museum of Modern Art

MOSCONE CENTER

O engenheiro T.Y. Lin descobriu uma forma engenhosa de sustentar um jardim de cobertura, sem colunas internas, sobre este salão subterrâneo. As bases dos oito arcos de aço são interligadas, sob o chão, por cabos, como cordas de um arco de arqueiro. Ao apertar os cabos, os arcos exercem tração para cima.

Yerba Buena Center for the Arts Theater
Espetáculos que refletem a diversidade cultural de São Francisco são apresentados em um teatro que acomoda 755 espectadores. Também há um teatro ao ar livre.

PREPARE-SE

Mission, 3rd, Folsom e 4th Sts.
Mapa 5 C5. *978-2787.*
9, 14, 15, 30, 45, 76.
J, K, L, M, N.
Zeum *820-3349.* *11h-17h qua-dom (ter-dom no verão).* *25 dez.*
Yerba Buena Center for the Arts *12h-17h ter, qua, sex, sáb, dom (20h qui).* *feriados.* *(gratuita 1ª ter mês).*
SF Museum of Modern Art *(págs. 116-9).*
www.yerbabuenagardens.com

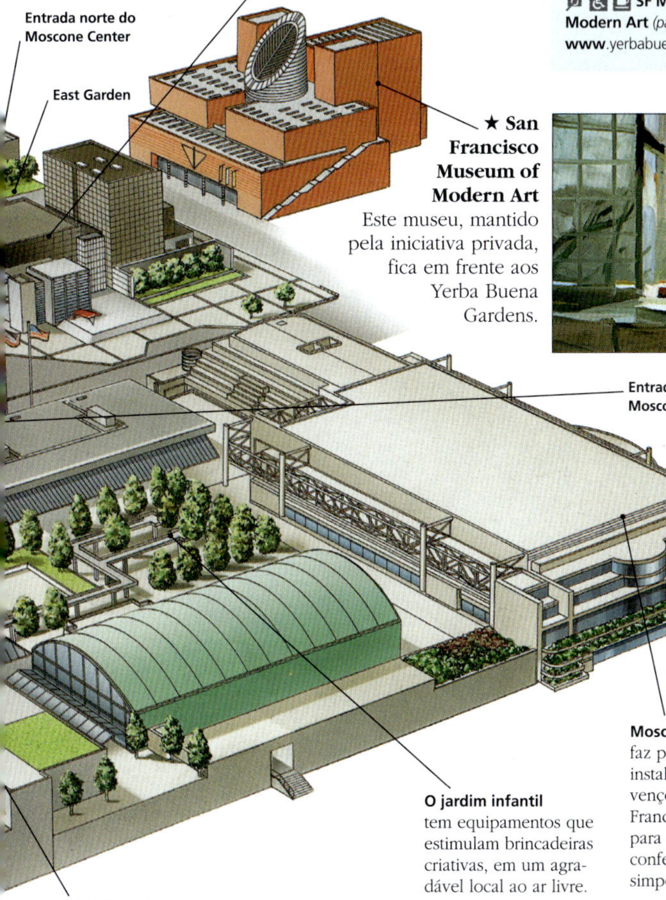

★ San Francisco Museum of Modern Art
Este museu, mantido pela iniciativa privada, fica em frente aos Yerba Buena Gardens.

Moscone Ballroom
faz parte das amplas instalações para convenções de São Francisco. Está aberto para grandes conferências e simpósios.

O jardim infantil
tem equipamentos que estimulam brincadeiras criativas, em um agradável local ao ar livre.

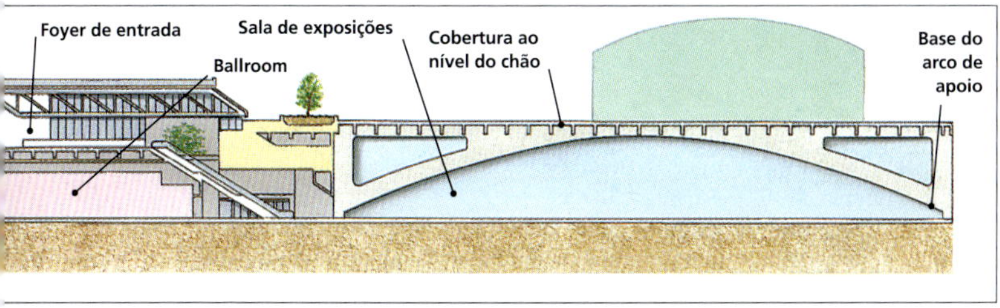

擎天酒樓
KING TI
RESTAURA

CHINATOWN E NOB HILL

Os chineses se instalaram perto da Portsmouth Square nos anos 1850. Os são-franciscanos mais abastados mudaram-se para nob Hill, onde havia mais espaço para construir. Hoje o local evoca a atmosfera típica de uma vila de Guangdong, embora a arquitetura, os costumes e os eventos públicos sejam claros híbridos americanos de um tema cantonês. Mercados animados fazem contraste com um universo duro onde os pobres moram em condições indesejáveis. Nob Hill é a colina mais célebre de São Francisco por causa do bonde a cabo, hotéis sofisticados e vistas. No fim do século 19, os "Quatro Grandes", que fizeram a primeira ferrovia transcontinental, estavam entre os proprietários de mansões no local. Em 1906, o terremoto e o incêndio *(págs. 52-3)* pouparamapenas uma delas, mas o luxo dos hotéis atuais rememora a opulência da era vitoriana *(pág. 544)*.

Símbolo chinês no Bank of America

PRINCIPAIS ATRAÇÕES

Ruas e Edifícios Históricos

- Chinatown Alleys 5
- Chinatown Gateway 1
- Grant Avenue 6
- Nob Hill 10

Galerias e Museus

- Cable Car Barn 11
- Chinese Historical Society 9
- Pacific Heritage Museum 8

Igrejas e Templos

- Grace Cathedral 12
- Kong Chow Temple 3
- Old St. Mary's Church 2
- Tin How Temple 4

Parques e Praças

- Portsmouth Square 7

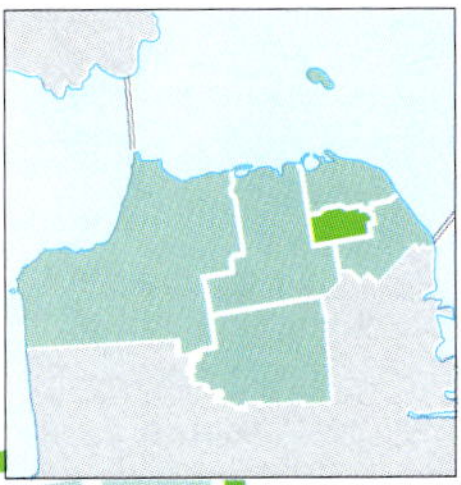

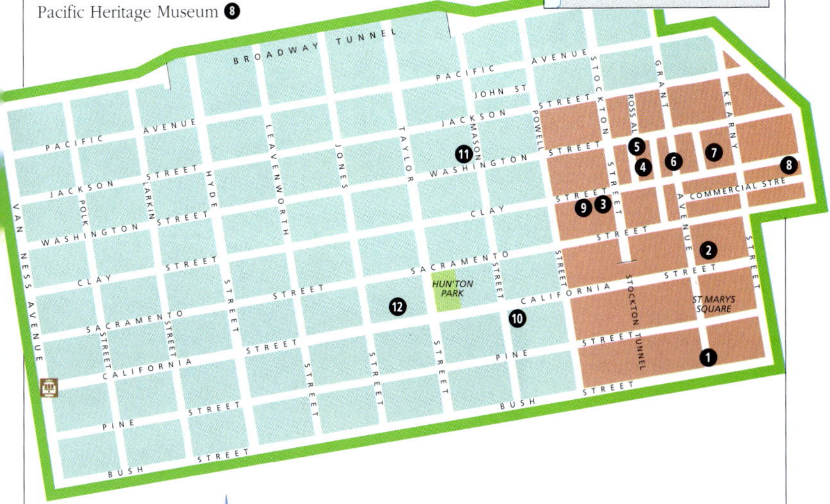

LEGENDA

- Mapa Rua a Rua *págs. 326-7*
- Girador do bonde a cabo

0 metros 500

COMO CHEGAR

Visite a pé. Às vezes pode-se parar o carro nas garagens de hotéis de Nob Hill, sob a Portsmouth Plaza ou na St. Mary's Square, em Chinatown. Todos os bondes a cabo vão a Nob Hill e Chinatown.

◁ **A colorida arquitetura oriental identifica as ruas de Chinatown**

Rua a Rua: Chinatown

Luminária de Chinatown

Grant Avenue é a Chinatown turística dos postes de iluminação de dragão, telhados arrebitados e lojas que vendem de tudo, de pipas a utensílios de cozinha. Os moradores fazem compras morro acima, na Stockton Street, onde verduras, legumes, frutas e peixes transbordam dos caixotes em estabelecimentos lotados. Nas vielas, procure por templos, lojas, lavanderias e restaurantes familiares tradicionais.

★ Chinatown Alleys
Atrações e sons do Extremo Oriente ecoam nestas vielas. ❺

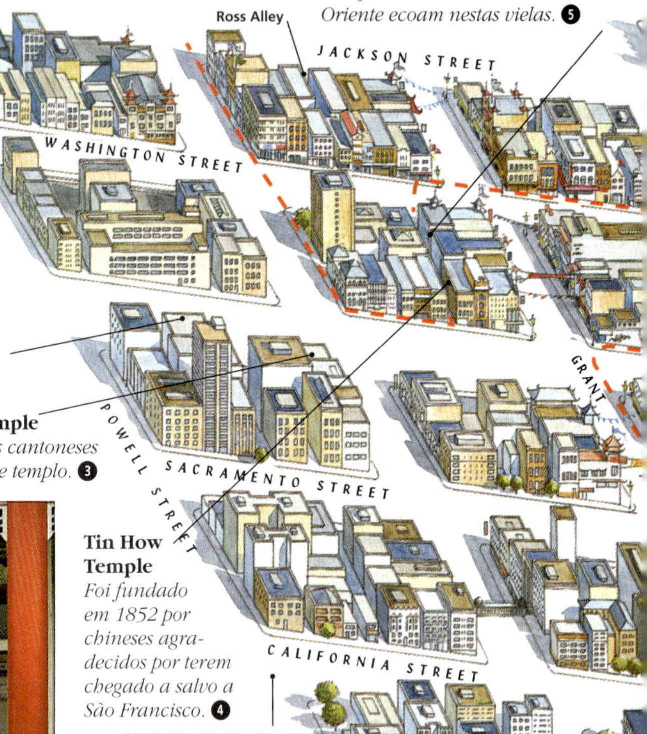

Chinese Historical Society of America
Um acervo de peças históricas, documentos e fotografias está exposto aqui. ❾

Kong Chow Temple
Há belos entalhes cantoneses em madeira nesse templo. ❸

Tin How Temple
Foi fundado em 1852 por chineses agradecidos por terem chegado a salvo a São Francisco. ❹

Bank of Canton foi sede da bolsa de telefones de Chinatown entre 1909 e 1946. As telefonistas falam cinco dialetos chineses.

Os bondes percorrem dois lados de Chinatown e são um componente essencial do clima local. Qualquer uma das três linhas leva você até lá.

PONTOS ALTOS

- ★ Chinatown Alleys
- ★ Chinatown Gateway
- ★ Grant Avenue

Veja hotéis e restaurantes desta região nas págs. 542-9 e 587-95

Portsmouth Square
De 1839, a praça serviu como centro da vida social da vila de Yerba Buena. Hoje é ponto de encontro de jogadores de baralho e mahjong. ❼

★ Grant Avenue
Nos anos de 1830 e início dos 1840, a avenida era a via principal de Yerba Buena. Hoje é o movimentado centro comercial de Chinatown. ❻

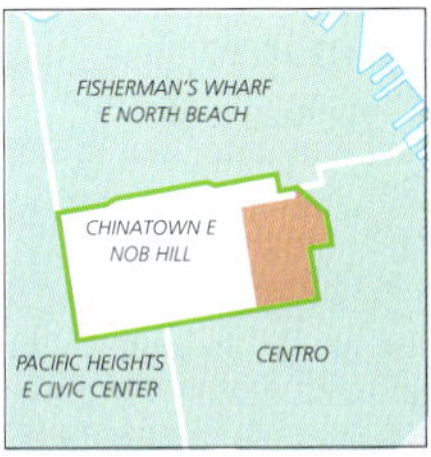

LOCALIZE-SE
Guia de Ruas, 5

LEGENDA

- - - Percurso sugerido

O Chinese Culture Center tem uma galeria de arte e uma pequena oficina de artesanato. Mantém uma programação constante de palestras.

para ônibus
nos 30, 45

Pacific Heritage Museum
Instalado num prédio elegante abaixo do Bank of Canton, este pequeno museu tem boas exposições de arte asiática, renovadas regularmente. ❽

Old St. Mary's Church
A torre do relógio desta igreja tem uma inscrição interessante: "Filho, respeite a hora e afasta-te do mal". ❷

St. Mary's Square é um recanto tranquilo.

para ônibus
nos 31, 38

★ Chinatown Gateway
Também conhecida como "Dragons' Gate", marca a entrada sul de Chinatown. ❶

Chinatown Gateway ❶

Grant Ave com Bush St. **Mapa** 5 C4. *2, 3, 4, 15, 30, 45.*

Este portal, inaugurado em 1970, foi projetado por Clayton Lee para decorar a entrada da principal rua turística de Chinatown, Grant Avenue. Inspira-se nas entradas cerimoniais das vilas chinesas tradicionais. O portal de três arcos é encimado por telhas verdes e vários animais pacificadores, todos de cerâmica vidrada. O portal foi erigido pelo Chinatown Cultural Development Committee, uma instituição norte-americana, e o material, doado por Taiwan.

Ele é guarnecido por dois leões de pedra que amamentam as crias pelas garras, de acordo com antiga lenda. Transposto o portal, pode-se comprar antiguidades, sedas bordadas e pedraria, mas os preços podem ser "para turista".

Leões de pedra que decoram o portal de Chinatown

Old St Mary's Catedral ❷

660 California St. **Mapa** 5 C4. ***Tel*** *(415) 288–3800. 1, 15, 30, 45. California St. 7h30,12h diariam, 12h, 17h sáb; 8h30,11h dom.* **www**.oldsaintmarys.org

Primeira catedral católica de São Francisco, a Old St Mary foi consagrada no Natal de 1854 como prelazia do bispo da Costa do Pacífico. Até 1891 serviu à congregação de maioria irlandesa, quando a nova St Mary's Cathedral foi erigida na Van Ness Avenue. Por causa da falta de material adequado na Califórnia, os tijolos e o ferro para a construção foram trazidos da Costa Leste. As pedras de granito das fundações vieram da China. A torre do relógio tem uma grande inscrição –"Filho, respeita a hora e afasta-te do mal"–, que, conta-se, era dirigida aos bordéis do outro lado da rua na época da construção. Foi um dos poucos prédios a passar incólume pelo terremoto de 1906 e ainda hoje mantém suas fundações e as paredes originais. O interior, com janelas de vitrais e um balcão, foi concluído em 1909.

Entrada da Old St Mary's Church sob a inscrição da torre do relógio

Kong Chow Temple ❸

4º piso, 855 Stockton St. **Mapa** 5 B4. ***Tel*** *(415) 788-1339. 30, 45. 10h-16h diariam.* **Doações**.

Do último piso acima do Correio do bairro, o Templo Kong Chow contempla Chinatown e o Financial District. Embora o prédio em si seja de 1977, o templo taoísta foi fundado em 1857. Seu altar e estatuária são tidos como os mais antigos objetos chineses de devoção nos Estados Unidos. Um altar foi entalhado em Guangju (Cantão) e embarcado para São Francisco no século 19. Em cima do altar principal há uma escultura de madeira de Kuan Di, também do século 19. Ele é a divindade mais presente nos santuários das cidades cantonesas.

Kuan Di também é muito visto no bairro de Chinatown.

A estátua entalhada de Kuan Di, no Kong Chow Temple

Veja hotéis e restaurantes desta região nas págs. 542-9 e 587-95

Seu rosto bastante peculiar predomina nos nichos taoístas de muitos restaurantes do lugar. Ele é geralmente retratado com uma grande espada numa das mãos e um livro na outra –símbolos de sua inabalável fidelidade tanto às artes marciais quanto às literárias.

Tien Hau Temple ❹

Último piso, 125 Waverly Pl.
Mapa 5 C3. *1, 15, 30, 45.*
9h-16h diariam.
Aceitam-se doações.

Incomum, o mais antigo dos templos chineses em atividade nos Estados Unidos é dedicado a Tien Hau, Rainha do Paraíso e protetora dos navegantes e dos visitantes. O santuário foi fundado em 1852 por Day Ju, um dos três imigrantes chineses que foram os primeiros a chegar em São Francisco. O templo foi projetado em 1911 e hoje se encontra no topo de três lances de escadas íngremes de madeira, que, segundo a crença, o deixa mais perto do céu. O pequeno local enche-se com a fumaça de incenso e de oferendas de papel queimado. É decorado por centenas de lanternas coloridas e iluminado por lâmpadas a óleo e elétricas. Oferendas de frutas são postas no altar diante de uma estátua da divindade padroeira do templo.

A fachada do Tien Hau Temple, na Waverly Place

Panorama da principal rua de Chinatown, Grant Avenue

Chinatown Alleys ❺

Mapa 5 B3. *1, 30, 45.*

Situadas em local movimentado, as vielas de Chinatown ficam entre a Grant Avenue e a Stockton Street. Estas quatro ruas estreitas cruzam a Washington Street a meia quadra uma da outra. A maior delas é a Waverly Place, conhecida como "rua das sacadas pintadas" por motivo óbvio para quem passa. Seu outro apelido, "rua dos 15 Cents", vem do preço do corte de cabelo cobrado pelos barbeiros chineses do local nos últimos anos do século 19. Sun Yat Sen, presidente da China no início do século 20, passou muitos anos exilado na vizinha Spofford Alley, 36.

As vielas têm outros prédios, além de lojas e restaurantes tradicionais. Há também boticas à moda antiga, com chifres de alce, cavalos-marinhos, vinho de cobra (fermentado de cereais com vísceras de cobra) e outros produtos exóticos. Muitos restaurantes pequenos, acima e abaixo do nível da rua, servem deliciosa comida caseira.

Grant Avenue ❻

Mapa 5 C4. *1, 30, 45.*
California St.

A Grant Avenue é historicamente importante por ter sido a primeira rua de Yerba Buena, vila que antecedeu a São Francisco. Uma placa no nº 823 marca o local da primeira moradia, uma tenda de lona erguida em 25 de junho de 1835. Em 1836 a tenda foi substituída por um prédio de madeira e, em 1837, por uma casa de adobe. A rua então ganhou o nome Calle de la Fundación (Rua da Fundação).

Cerca de 25 mil chineses chegaram a São Francisco na época da Corrida do Ouro *(págs. 48-9)* e se fixaram nessa região, na desprezada encosta leste da Nob Hill, muito íngreme para as carruagens. Em 1885 a rua foi rebatizada como Grant Avenue, em memória de Ulysses S. Grant, presidente dos EUA morto naquele ano.

A maioria dos prédios neo-orientais daqui surgiu depois do terremoto de 1906. Hoje formam a principal rua turística de Chinatown.

A Portsmouth Plaza, núcleo da vida social de Chinatown

Portsmouth Square ❼

Mapa 5 C3. *1, 15.*

Primeira praça de São Francisco, construída em 1839, foi o centro da vida social de Yerba Buena. Em 9 de julho de 1846, logo depois de rebeldes norte-americanos proclamarem a Califórnia independente do México, em Sonoma *(págs. 464-5)*, os fuzileiros hastearam a bandeira dos EUA na praça, oficializando a conquista do porto. Dois anos depois, Sam Brannan anunciou a descoberta de ouro nas montanhas da Sierra Nevada *(págs. 48-9)*. Nos anos 1850 o lugar virou o núcleo dessa nova cidade, mas na década seguinte a zona de negócios mudou-se para o aterro da baía e a praça decaiu.

Hoje a Portsmouth Square é o centro social de Chinatown. Crianças brincam, pessoas praticam *tai-chi* ou se reunem à noite para jogar cartas.

Pacific Heritage Museum ❽

608 Commercial St. **Mapa** 5 C3. ***Tel*** *(415) 399-1124.* *1, 15.* *10h-16h ter-sáb, exceto feriados.* **www**.ibankunited.com

O museu é tão elegante quanto suas exposições rotativas de arte asiática. É a união de dois prédios. O U.S. Sub-Treasury foi erigido aqui, entre 1875 e 1877, por William Appleton Potter no local da primeira casa da moeda da cidade. Pode-se ver os velhos cofres de moedas no subsolo. Em 1984, a sede do Bank of Canton, de 17 andares, foi construída sobre o Treasury.

Chinese Historical Society of America ❾

965 Clay St. **Mapa** 5 C3. ***Tel*** *(415) 391-1188.* *1, 30, 45.* *Powell St.* *12h-17h ter-sex; 11h-16h sáb.* *feriados.* *(1ª qui do mês: grátis)* **www**.chsa.org

Entre as peças exóticas deste museu, há um traje ritual de dragão e um "garfo de tigre". Esse tridente foi brandido em uma das batalhas do reinado do terror conhecido como Guerras Tongs. Os tongs eram bandos rivais de chineses que lutavam pelo controle do jogo e da prostituição na cidade no final do século 19. Outros objetos, documentos e fotografias revelam o cotidiano dos imigrantes chineses em São Francisco. Há um almanaque do bairro escrito em chinês e também a primeira lista telefônica de Chinatown, escrita a mão.

Cabeça de dragão, na Historical Society

Foi imensa a contribuição dos chineses para o desenvolvimento da Califórnia, apesar da discriminação e do mau tratamento que sofreram, como atestam as peças do museu. Milhares de chineses fizeram a perigosa viagem à Califórnia para encontrar ouro e fugir à penúria econômica de seu país de origem. Nas minas de ouro, foram usados como mão de obra barata por negociantes ricos e depois empregados na construção da metade ocidental da ferrovia transcontinental *(págs. 50-1)*. Eles também fizeram diques no delta do rio Sacramento, foram os pioneiros da indústria pesqueira e cultivaram as primeiras videiras da Califórnia.

Nob Hill ❿

Mapa 5 B4.

Nob Hill é o ponto mais alto do centro da cidade, a 103m do nível da baía.

Suas encostas íngremes mantiveram os ricos à distância, até a inauguração da linha de bonde a cabo da California Street, em 1878. Então eles se apressaram em construir casas aqui, inclusive os "Quatro Grandes" barões da ferrovia *(págs. 472-3)*. O nome parece provir da palavra indiana *nabob*, nababo ou milionário. Todas as mansões arderam no incêndio de 1906 *(págs. 52-3)*, exceto a de James C. Flood, hoje Pacific Union Club.

Nob Hill ainda atrai os ricos a seus hotéis, que têm como vantagem espetaculares vistas da cidade.

Vista panorâmica a partir de um bar de cobertura na Nob Hill

Cable Car Museum ⓫

1201 Mason St. **Mapa** 5 B3. ***Tel*** *(415) 474-1887.* 🚌 *1, 12, 30, 45, 83.* 🚋 *Powell-Mason, Powell-Hyde.* 🕐 *10h-18h diariam (10h-17h no inverno).* ● *1º jan, Páscoa, Ação de Graças, 25 dez.* ♿ *só mezanino.* ***Vídeo.*** 🛍 **www**.cablecarmuseum.org

Este prédio é ao mesmo tempo museu e casa de força do sistema de bonde a cabo *(págs. 302-3)*. No térreo estão plantadas as rodas que puxam os cabos pela rede de calhas e polias sob as ruas da cidade. Pode-se vê-los do mezanino e depois descer abaixo do nível da rua para observar melhor o maquinário. O museu também possui um bonde antigo e peças do mecanismo móvel dos carros. O sistema de bondes a cabo é o último desse tipo no mundo. O prédio foi construído em 1909.

Entrada do Cable Car Barn Museum

Grace Cathedral ⓬

1100 California St. **Mapa** 5 B4. ***Tel*** *(415) 749-6300.* 🚌 *1.* 🚋 *California St.* ✝ *Véspera com coral 17h15 qui, 15h dom; Coral Eucarístico 7h30, 8h15, 11h dom.* ♿ 🎧 *12h30-14h dom; 13h-15h seg-sex; 11h30-13h30 sáb.* 🛍 **www**.gracecathedral.org

A Grace Cathedral é o principal templo episcopal de São Francisco. Foi traçada por Lewis P. Hobart. Os preparativos começaram em 1927 e a construção em 1928, mas só foi concluída em 1964. Apesar da modernidade da construção, o prédio inspira-se na Notre Dame de Paris e usa materiais tradicionais. O interior é repleto de mármores, e os vitrais foram desenhadas por Charles Connick, com inspiração no vidro azul de Chartres. A rosácea frontal, feita de vidros bisotados de 2,5cm de espessura, é iluminada por dentro à noite. Outros vitrais foram feitos por Henry Willet e Gabriel Loire.

Peça fundida da entrada principal

Em alguns deles são representados heróis modernos, como Albert Einstein e o astronauta John Glenn. Entre os objetos da catedral há um crucifixo catalão do século 13 e uma tapeçaria de Bruxelas do século 16. As portas da entrada foram fundidas nos moldes das *Portas do Paraíso*, de Ghiberti, feitas para o Batistério de Florença. Há dois labirintos: um ao ar livre e um interno de calcário.

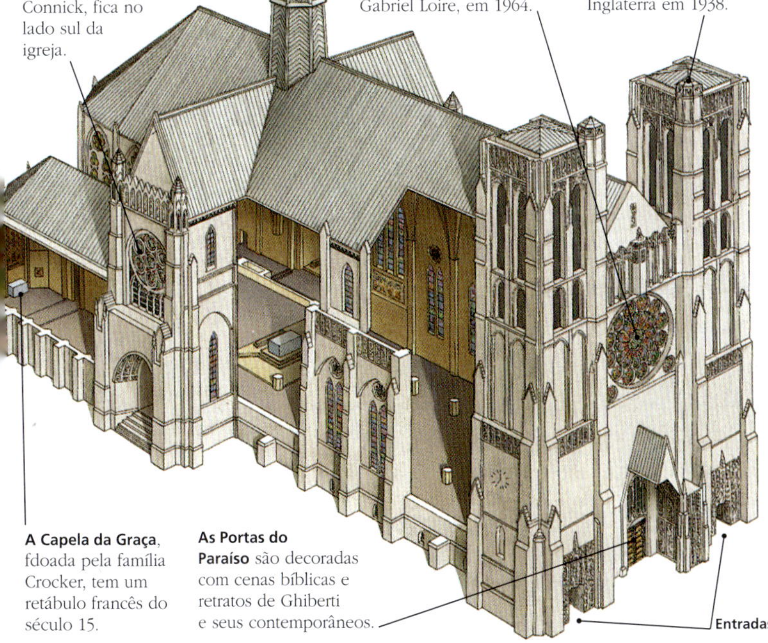

A Janela do Novo Testamento, feita em 1931 por Charles Connick, fica no lado sul da igreja.

A Rosácea foi feita em Chartres (França) por Gabriel Loire, em 1964.

A Torre do Carrilhão aloja 44 sinos feitos na Inglaterra em 1938.

A Capela da Graça, fdoada pela família Crocker, tem um retábulo francês do século 15.

As Portas do Paraíso são decoradas com cenas bíblicas e retratos de Ghiberti e seus contemporâneos.

Entradas

POWELL AND MARKET
12
HYDE AND BEACH FISHERMANS WHARF
“Meet me at the St. Francis”
14

FISHERMAN'S WHARF E NORTH BEACH

Pescadores vindos de Gênova e da Sicília chegaram à região de Fisherman's Wharf (Cais do Pescador) no final do século 19 e deram início à atividade pesqueira de São Francisco. Desde a década de 1950 o distrito vem cedendo lugar ao turismo, mas os barcos coloridos ainda zarpam do porto para a pescaria de manhã bem cedo. Ao sul de Fisherman's Wharf fica North Beach, às vezes chamada de "Little Italy". Este lado agitado da cidade tem várias delicatessens, padarias e cafés, dos quais se pode apreciar o movimento. É o lar de muitos escritores e boêmios. Entre outros, Jack Kerouac *(págs. 26-7)* se inspirava aqui.

Sinal na entrada de Fisherman's Wharf

PRINCIPAIS ATRAÇÕES

Museus e Galerias
North Beach Museum ⓭
Ripley's Believe It Or Not! Museum ❺
San Francisco Art Institute ❿
San Francisco National Maritime Museum ❽
USS Pampanito ❸
Wax Museum ❹

Ruas e Construções Históricas
Ilha de Alcatraz págs. 338-9 ❶
Lombard Street ❾
Pier 39 ❷
Vallejo Street Stairway ⓫

Shopping Centers
Cannery ❻
Ghirardelli Square ❼

Restaurantes e Bares
Club Fugazi ⓬

Parques e Jardins
Levi's Plaza ⓱
Telegraph Hill ⓰
Washington Square ⓮

Igrejas
Saints Peter and Paul Church ⓯

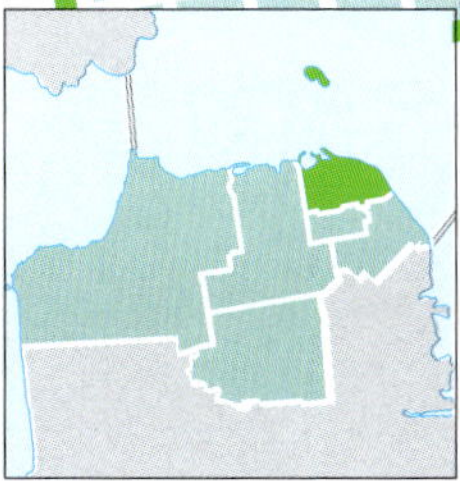

LEGENDA
- Mapa Rua a Rua *págs. 334-5*
- Girador do bonde
- Terminal de ferryboats
- Linha de trólebus

COMO CHEGAR

A linha de bonde a cabo Powell-Hyde vai à Ghirardelli Square e ao Russian Hill. A linha Powell-Mason cruza North Beach para Fisherman's Wharf e o Pier 39. Vários ônibus servem o distrito.

◁ **Vista de Fisherman's Wharf e da Ilha de Alcatraz com o bonde a cabo Powell-Hyde em primeiro plano**

Rua a Rua: Fisherman's Wharf

Os restaurantes italianos de frutos do mar substituíram a pesca como atividade econômica central de Fisherman's Wharf. Tanto os restaurantes caros quanto os panelões baratos na rua oferecem, de novembro a junho, o famoso siri de São Francisco, o Dungeness. Além de provar dos frutos do mar, os visitantes vão em busca das muitas lojas, museus e atrações que fazem a fama de Fisherman's Wharf.

★ USS Pampanito
A visita ao submarino dá uma ideia das dificuldades na Segunda Guerra Mundial. ❸

Na Fish Alley, o pescado da manhã é desembarcado e preparado.

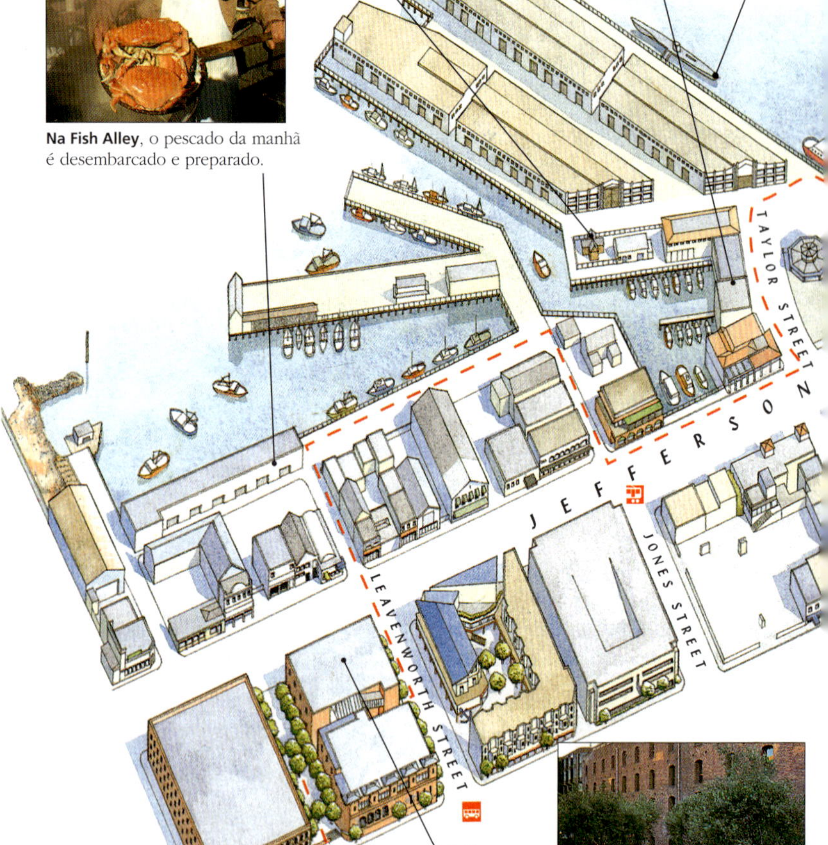

Fisherman's and Seaman's Chapel

Fisherman's Wharf é hoje área de restaurantes de frutos do mar e barracas de caranguejo.

Para o girador de bondes Powell-Hyde (1 quadra)

A Cannery
O antigo prédio da fábrica de conservas de frutas foi convertido em lojas, restaurantes e um museu. ❻

Veja hotéis e restaurantes desta região nas págs. 542-9 e 587-95

Os leões-marinhos tomando sol no Pier 39 encantam os turistas, mas não os barqueiros. Eles chegam aqui, perto do mês de janeiro.

0 metros 100

LOCALIZE-SE
Guia de Ruas, mapa 5

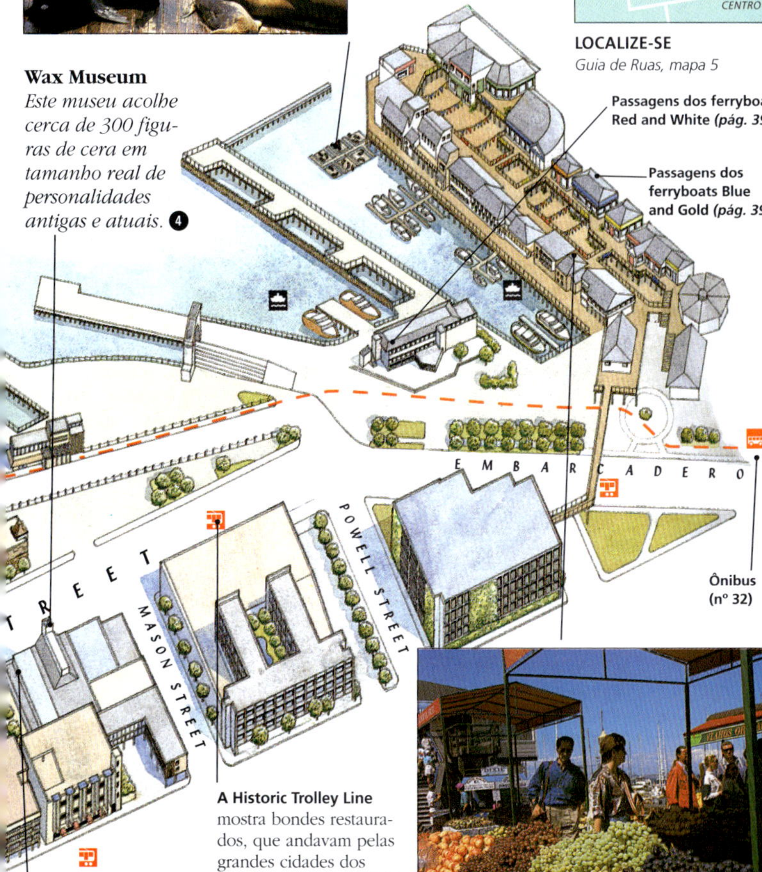

Wax Museum
Este museu acolhe cerca de 300 figuras de cera em tamanho real de personalidades antigas e atuais. ❹

Passagens dos ferryboats Red and White *(pág. 399)*

Passagens dos ferryboats Blue and Gold *(pág. 399)*

Ônibus (nº 32)

A Historic Trolley Line mostra bondes restaurados, que andavam pelas grandes cidades dos EUA desde os anos 1930.

Ripley's Believe It Or Not! Museum
Aqui há uma seleção da obra do cartunista, com curiosidades e fatos bizarros. ❺

★ Pier 39
Uma série de restaurantes, mercearias e áreas de diversão, com espetaculares vistas da baía como cenário, é uma das mais populares atrações turísticas da cidade. ❷

PONTOS ALTOS

★ Pier 39

★ USS *Pampanito*

LEGENDA

— — — Percurso sugerido

Ilha de Alcatraz ❶

págs. 338-9.

Pier 39 ❷

Mapa 5 B1. 25.
*Veja **Compras** págs. 382-5.*

Reformado em 1978 para parecer uma pitoresca vila pesqueira de madeira, este cais de carga de 1905 abriga em seus dois pisos várias lojas para turistas e mercearias de especialidades.

As diversões e os artistas de rua são encantadores, principalmente para as famílias com crianças. Pode-se passear no carrossel de dois andares ou enfrentar o Turbo Ride, simulador de montanharussa em que um filme dá ilusão de velocidade e perigo.

O espetáculo de multimídia San Francisco Experience leva os visitantes a passear pela história da cidade, da comemoração do Ano Novo Chinês a um terremoto.

Sala de torpedos do Pampanito

USS Pampanito ❸

Pier 45. **Mapa** 4 F1. ***Tel*** *(415) 775-1943.* *47.* *9h-18h diariam (alguns dias permanece aberto até mais tarde; ligue para verificar os horários).* **www**.maritime.org

Este submarino da Segunda Guerra Mundial lutou em várias batalhas sangrentas do Pacífico e se deu bem, afundando seis navios inimigos e avariando outros. Numa tragédia para os aliados, dois de seus alvos fatais levavam prisioneiros de guerra britânicos e australianos. Porém, o *Pampanito* conseguiu resgatar 73 pessoas e levá-las para os Estados Unidos. A visita ao submarino permite aos curiosos ir da proa à popa, passando pela sala de torpedos, pela claustrofóbica cozinha e pelas cabines dos oficiais. Quando em serviço, o *USS Pampanito* tinha uma tripulação de dez oficiais no comando de 70 marinheiros.

O Carrossel Veneziano de dois andares, no Pier 39

Wax Museum ❹

145 Jefferson St. **Mapa** 5 B1. ***Tel*** *(800) 439-4305.* *32.* *F.* *10h-21h seg-sex; 9h-23h sáb-dom.* *restrito.* **www**.waxmuseum.com

Trata-se de um dos maiores e mais fascinantes acervos de figuras de cera em tamanho natural do mundo. Vários aspectos da vida e da história são mostrados aqui, da medonha Câmara dos Horrores à inspiradora Sala das Religiões ou a Sala dos Presidentes Americanos. No Salão da Arte Viva, quadros famosos são representados em cera. Todo o lobby inferior é dedicado a uma exibição do *Titanic*. A galeria de figuras de cera tem personagens bem diversos, como os membros da família real britânica, Elvis Presley, Beethoven, Neil Armstrong, Marilyn Monroe e Martin Luther King Jr. O edifício também abriga o Rainforest Cafe, com sua cachoeira e lojas temáticas.

Ripley's Believe It Or Not! Museum ❺

175 Jefferson St. **Mapa** 4 F1. ***Tel*** *(415) 771-6188.* *32.* *F.* *set-mai: 10h-22h dom-qui, 10h-0h sex-sáb; jun-ago: 9h-23h dom-qui, 9h-0h sex-sáb.* **www**.ripleysf.com

O californiano Robert L. Ripley, ilustrador que colecionava fatos e objetos peculiares, ficou famoso com a publicação de suas tiras "Ripley's Believe It Or Not!" ("Acredite se Quiser, de Ripley"). Entre as 350 curiosidades estão um bonde feito com 275 mil palitos de fósforo, um camelo de duas cabeças, lápides com epitáfios estranhos e a réplica de um homem com quatro pupilas.

Veja hotéis e restaurantes desta região nas págs. 542-9 e 587-95

Cannery ❻

2801 Leavenworth St. ***Tel*** *(415) 771-3112.* **Mapa** 4 F1. *19, 30.* *Powell-Hyde.* *10h-18h seg-sáb, 11h-18h dom.* *Dia de Ação de Graças, 25 dez.* **www**.thecannery.com; *veja* ***Compras*** *págs. 382-5.*

O interior desta fábrica de conservas de frutas, de 1907, foi reformado nos anos 1960. Hoje tem passarelas, caminhos tortuosos e pátios ensolarados, com restaurantes e lojas de roupas, bonecas de coleção e artesanato indígena.

O Jack Cannery Bar ostenta um longo hall com paredes forradas de carvalho maciço, além de uma elegante lareira entalhada, ambos trazidos aos Estados Unidos por William Randolph Hearst nos anos 1920. Outro destaque é o incrível teto mourisco do século 13 (instalado no terceiro andar) trazido do Palácio de Altamira da cidade de Toledo, na Espanha.

Ghirardelli Square, um chamariz de consumidores dia e noite

Ghirardelli Square ❼

900 North Point St. ***Tel*** *(415) 775-5500.* **Mapa** 4 F1. *19, 30, 47, 49.* *Powell-Hyde.* **www**.ghirardellisq.com; *veja* ***Compras*** *págs. 382-5.*

Esta antiga fábrica de chocolates e tecelagem é o mais atraente dos vários lugares reformados da cidade, com lojas e restaurantes chiques. A torre do relógio e o letreiro do telhado são do prédio original. A Ghirardelli Chocolate Manufactory, na praça, mantém o velho maquinário de fazer chocolate e vende confeitos, mas as barras de chocolate agora são feitas em San Leandro, do outro lado da baía.

A Fountain Plaza é um chamariz e tanto para consumidores, de dia e de noite.

San Francisco National Maritime Museum ❽

900 Beach St em Polk St. **Mapa** 4 F1. **Museu** *para reforma até 2011.* **Hyde Street Pier** ***Tel*** *447-5000.* *19, 30, 32.* *Powell-Hyde.* *11h-16h diariam.* *píer.* *píer e museu.* **Palestras, exibições marítimas, atividades.** **www**.maritime.org

Parecendo um transatlântico encalhado, este prédio de 1939 passou a abrigar o Maritime Museum em 1951. Possui um acervo de modelos de navios, instrumentos de navegação antigos, pinturas e fotografias sobre a história náutica do local. Os visitantes do museu também podem ver murais históricos coloridos que descrevem o mundo submarino. Uma das maiores frotas de navios antigos do mundo está atracada no vizinho Hyde Street Pier. Entre os mais magníficos encontra-se o C.A. Thayer, escuna de três mastros feita em 1895. Levava madeira pelo litoral norte da Califórnia e depois virou barco pesqueiro no Alasca. Também no cais está o Eureka, ferryboat de 2,3t com roda d'água, de 1890, que transportava trens entre o Hyde Street Pier e os municípios do norte da baía de São Francisco. Com espaço para 2.300 pessoas e 120 carros, era a maior da época.

Hyde Street Pier

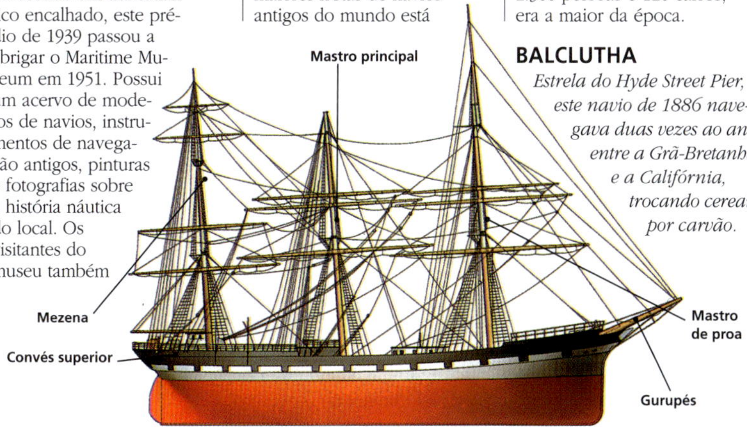

BALCLUTHA

Estrela do Hyde Street Pier, este navio de 1886 navegava duas vezes ao ano entre a Grã-Bretanha e a Califórnia, trocando cereais por carvão.

Ilha de Alcatraz ❶

Alcatraz é uma ave da família do pelicano e é referência aos primeiros habitantes dessa ilha rochosa e escarpada. A 5km a leste da Ponte Golden Gate, sua localização a torna tanto estratégica quanto sujeita aos ventos oceânicos. Em 1859, o Exército dos EUA construiu aqui um forte, que protegeu a baía de São Francisco até 1907, quando se tornou prisão militar. De 1934 a 1963, tornou-se penitenciária federal de segurança máxima. Em 1969, membros do Movimento Indígena Norte-Americano *(pág. 56)* ocuparam a ilha e a reivindicaram como sua. Foram expulsos em 1971, e Alcatraz hoje integra a Golden Gate National Recreation Area.

Insígnia no acesso ao pavilhão de celas

★ Pavilhão de Celas
O pavilhão contém quatro blocos de celas. Nenhuma delas tem parede ou teto para o exterior. As fundações da prisão, em forma de calabouço, ajustam-se às do velho forte militar.

Alcatraz vista do Terminal de Barcas
"A Rocha" não tem solo nativo. A terra foi trazida da ilha Angel para se fazer jardins.

Os aposentos dos oficiais ficavam aqui.

Praça de armas

Edifício de caserna

0 metros 75

A Casa do Diretor foi incendiada durante o cerco de 1969 a 1971.

LEGENDA

— — — Percurso sugerido

Cais de Alcatraz
A maioria dos prisioneiros desembarcava aqui. Não havia alternativa na ilha. Hoje são os visitantes que usam este cais.

PONTOS ALTOS

★ Pavilhão de Celas

★ Pátio de Exercícios

Veja hotéis e restaurantes desta região nas págs. 542-9 e 587-95

★ Pátio de Exercícios
As refeições e os passeios pelo pátio eram os pontos altos da rotina dos presidiários. O pátio murado aparece em diversos filmes.

PREPARE-SE

Mapa 6 F1. ***Tel*** *(415) 981-7625 para ingressos e horários.* **Passeios noturnos** *qui-seg, ligar antes.* ***Tel*** *(415) 561-4926.* *do píer 33.* *diariam.* *1° jan, 25 dez.* *certos locais, mas difícil.* *gratuitas com a passagem.* **Não há restaurantes ou cafés.** **www.**alcatrazcruises.com

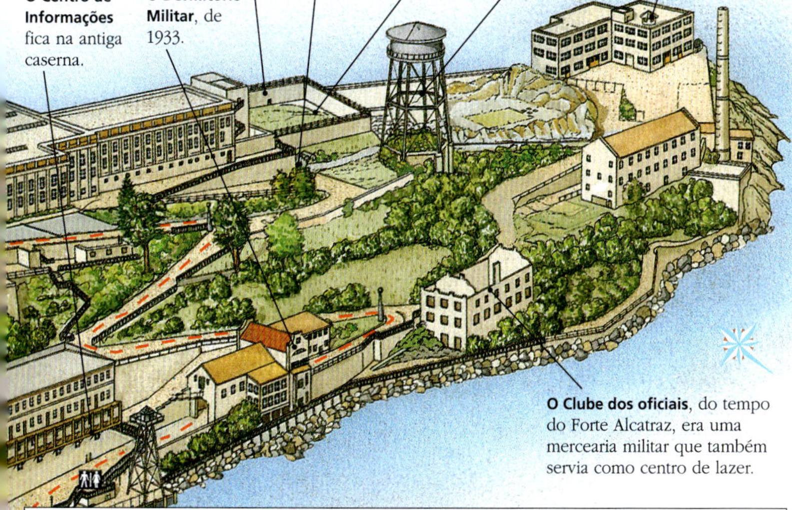

Detectores de metal checavam os presos na entrada e na saída do refeitório e dos pátios.

O Necrotério Militar, pequeno e apertado, está fechado ao público.

Oficinas do presídio

Caixa-d'água

O Centro de Informações fica na antiga caserna.

O Dormitório Militar, de 1933.

O Clube dos oficiais, do tempo do Forte Alcatraz, era uma mercearia militar que também servia como centro de lazer.

DETENTOS FAMOSOS

Al Capone
Gângster da Lei Seca, "Scarface" Capone foi condenado em 1934 por sonegação de imposto de renda. Passou boa parte da sentença de cinco anos numa solitária de Alcatraz e saiu da prisão com problemas mentais.

Robert Stroud
O "Homem-Pássaro de Alcatraz" passou a maior parte dos 17 anos de pena em uma solitária.

Carnes, Thompson e Shockley
Em maio de 1946, detentos liderados por Clarence Carnes, Marion Thompson e Sam Shockley renderam os guardas e tomaram suas armas. Os presos não conseguiram sair do pavilhão, mas três deles e dois oficiais morreram no que ficou conhecido como "Batalha de Alcatraz". Carnes recebeu outra pena perpétua. Shockley e Thompson foram executados na prisão de San Quentin por participar da insurreição.

Anglin Brothers
John e Clarence Anglin, junto com Frank Morris, fugiram por buracos na parede de suas celas e os cobriram com caixas de papelão. Deixaram bonecos nas camas e fizeram uma jangada para fugir. Nunca foram pegos. A história deles foi dramatizada no filme *Alcatraz: Fuga Impossível* (1979).

Carros transpõem a parte íngreme e sinuosa da Lombard Street

Lombard Street ❾

Mapa 5 A2. *45.* *Powell-Hyde.*

Com uma inclinação natural de 27°, esta colina se mostrou muito íngreme para veículos. Nos anos 1920, o trecho da Lombard Street perto do topo da Russian Hill foi remodelado. A inclinação foi atenuada por oito curvas.

Hoje a Lombard Street é conhecida como "a rua mais sinuosa do mundo". Os carros só podem descer a ladeira a uma velocidade de 8km/h, enquanto os pedestres usam as escadas. De cima da colina as vistas de São Francisco são espetaculares.

San Francisco Art Institute ❿

800 Chestnut St. **Mapa** 4 F2. ***Tel*** *(415) 777-7020.* *30.* **Diego Rivera Gallery** *9h-21h diariam.* *feriados.* *restrito.*

O Art Institute de São Francisco é de 1871. Ocupava a enorme mansão de madeira

Um Passeio de 30 Minutos por North Beach

Colonos vindos do Chile e mais recentemente da Itália trouxeram sua queda pela vida boêmia para North Beach, dando ao bairro a fama de efervescente. A mania por bares atraiu há muito tempo os boêmios, em especial a Geração Beat dos anos 1950 *(págs. 26-7)*.

O Bairro Beat

Inicie o passeio pela City Lights Bookstore ①, na esquina da Broadway com a Columbus Avenue. Ex-propriedade do poeta beat Lawrence Ferlinghetti, a City Lights foi a primeira livraria dos Estados Unidos a vender só edições baratas. O escritor Jack Kerouac, amigo de Ferlinghetti, cunhou o termo "beat", mais tarde popularizado como "beatnik".

Um dos bares mais populares era o Vesuvio ②, ao sul da City Lights, atravessando a Jack Kerouac Alley. O poeta galês Dylan Thomas frequentava o local, que ainda é ponto de poetas e artistas. Vá daqui para o sul até a Pacific Avenue, atravesse para o outro lado da Columbus Avenue, volte em direção à Broadway e pare no Tosca ③. As paredes deste bar-restaurante tem murais da Toscana, e uma *jukebox* toca óperas italianas. Alguns passos ao norte levam à Adler Alley. Specs ④, um bar cheio de coisas da era beat, fica no nº 12. Volte para a Columbus Avenue, vire à direita na Broadway e, na esquina da Kearny Street, atravesse para o Enrico's Sidewalk Café ⑤.

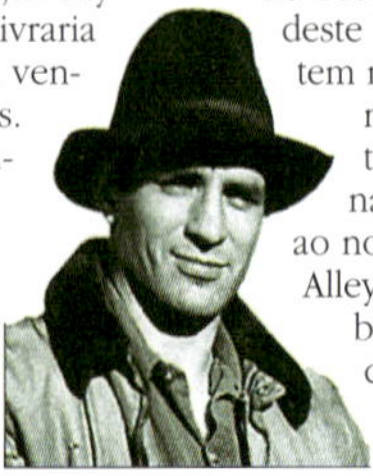

Jack Kerouac

Columbus Café ⑪

O Strip

O célebre café ao ar livre Enrico's é o melhor lugar para se apreciar o movimento neste trecho da Broadway, chamado Strip ⑥, famoso pelas "diversões para adultos". Na Broadway com a Grant Avenue ficava o Condor Club ⑦, onde aconteceu o primeiro show do mundo de topless, em junho de 1964.

construída na Nob Hill para a família do barão da ferrovia Mark Hopkins *(pág. 330)*. A casa foi arrasada no incêndio de 1906 *(págs. 52-3)*. Hoje, os estudantes frequentam um prédio em estilo colonial espanhol erigido em 1926, com claustros, pátio com fonte e campanário. Um anexo moderno foi acrescentado nos fundos do prédio em 1969. A Diego Rivera Gallery, que leva o nome do famoso muralista mexicano fica à esquerda da entrada principal.

O Art Institute promove exposições temporárias de fotografia contemporânea, design e tecnologia.

***Execução de um Mural* (1931), de Diego Rivera, no Art Institute**

Vallejo Street Stairway ⓫

Mason St e Jones St. **Mapa** 5 B3. 30, 45. *Powell-Mason.*

A subida íngreme de Little Italy para o cume da Russian Hill propicia algumas das melhores vistas da Telegraph Hill, de North Beach e da baía. Na Mason Street, a Vallejo Street vira escadaria, que leva ao Ina Coolbrith Park.

Acima da Taylor Street há ruelas com várias casas vitorianas *(págs. 300-1)*. No topo do morro fica um dos raros locais da cidade não destruídos pelo terremoto de 1906 *(págs. 52-3)*.

Club Fugazi ⓬

678 Beach Blanket Babylon Blvd. **Mapa** 5 B3. ***Tel*** *(415) 421-4222.* 15, 30, 45. *qua-dom.* *Veja **Diversões** págs. 390-5.* **www**.beachblanketbabylon.com

Construído em 1912 para ser o centro comunitário de North Beach, o Club Fugazi é palco do musical de cabaré *Beach Blanket Babylon*. Trata-se de um show jovial, em cartaz há mais de duas décadas, que se tornou familiar para os são-franciscanos. Faz sucesso entre os habitantes e os turistas por causa das canções de temática atual e abusadas e dos chapéus bizarros usados pelos atores.

North Beach Museum ⓭

1435 Stockton St. **Mapa** 5 B3. ***Tel*** *(415) 391-6210.* *15, 30, 45.* *8h-16h seg-qui, 9h-18h sex.* *feriados.*

Este pequeno museu, no primeiro andar do Eureka Bank, documenta a história de North Beach e Chinatown com exposições de fotografias antigas. Elas homenageiam o legado dos imigrantes chilenos, irlandeses, italianos e chineses, que chegaram à região a partir do século 19. Outras fotografias ilustram a vida da comunidade boêmia de North Beach.

Upper Grant Avenue

Vire à direita na Grant Avenue, onde está The Saloon ⑧, com seu balcão de 1861. Na esquina com a Vallejo Street fica o Caffè Trieste ⑨, a mais antiga cafeteria de São Francisco, ponto dos beats desde 1956. Integrante inseparável da cultura ítalo-americana, o bar apresenta ópera ao vivo nas tardes de sábado. Continue na Grant Avenue ao norte, passando pelo Lost and Found Saloon ⑩, que hoje é um bar de blues, mas era a Coffee Gallery, outro dos redutos beats. Vire à esquerda na Green Street e procure o Columbus Café ⑪, que tem uma fachada de murais. À esquerda de novo na Columbus Avenue, siga ao sul passando por outras cafeterias italianas, para voltar ao ponto de partida.

O Vesuvio, ponto dos beatniks ②

DICAS

Ponto de partida: *esquina da Broadway com a Columbus Ave.*
Extensão: *1,6km.*
Como chegar: *o ônibus Muni n° 15 percorre a Columbus Avenue.*
Paradas: *todos os bares e cafés mencionados aqui merecem uma visita, pela bebida e pelo clima. Geralmente a entrada de crianças é proibida.*

A fachada da Saints Peter and Paul Church, na Washington Square

Washington Square ⓮

Mapa 5 B2. *15, 30, 39, 45.*

A praça é um amplo gramado cercado de bancos e árvores, tendo como fundo as duas torres da Saints Peter and Paul Church. É um ambiente quase mediterrâneo, digno de uma "praça da cidade" de Little Italy. Perto do centro da praça há uma estátua de Benjamin Franklin. Uma cápsula do tempo foi enterrada sob a estátua em 1979, e pretende-se reabri-la em 2079. Diz-se que ela contém algumas calças Levi's, uma garrafa de vinho e um poema de Lawrence Ferlinghetti, um dos famosos poetas beatniks de São Francisco *(págs. 22-3)*.

Saints Peter and Paul Church ⓯

666 Filbert St. **Mapa** 5 B2. ***Tel*** *(415) 421-0809.* *15, 30, 39, 45.* *Missa e coral italianos 11h45 dom; consultar por tel. sobre outras missas.* **www**.stspeterpaul.san-francisco.ca.us

Ainda conhecida por muitos como a Catedral Italiana, esta enorme igreja fica no coração de North Beach. Muitos italianos a veem como um santuário de boas-vindas quando chegam a São Francisco. Aqui, em 1957, o ídolo local de beisebol Joe Di Maggio foi fotografado depois de se casar com a atriz Marilyn Monroe, embora o casamento tenha sido em outro lugar. O prédio, projetado por Charles Fantoni, tem fachada à italiana e interior de um rebuscamento notável, com várias colunas e altar ornamentado. Há também imagens e mosaicos iluminados por vitrais. A estrutura de concreto e aço da igreja, com as agulhas das duas torres ultrapassando a cobertura, foi concluída em 1924.

Cecil B. De Mille filmou as obras da fundação da Saints Peter and Paul e usou as cenas para representar a construção do Templo de Jerusalém no filme *Os Dez Mandamentos*, de 1923.

Às vezes a catedral é chamada de Igreja dos Pescadores (muitos italianos sobreviviam da pesca). Em outubro se realiza a missa e procissão da Columbus Avenue até Fisherman's Wharf para comemorar a Bênção da Frota. As missas ainda são rezadas em italiano e cantonês, além das celebradas em inglês.

Telegraph Hill ⓰

Mapa 5 C2. **Coit Tower** Telegraph Hill Blvd. ***Tel*** *(415) 362-0808.* *39.* *10h-18h30 diariam.* *só murais.*

Alta Loma para os mexicanos, depois Goat Hill, por causa dos bodes que pastavam nas encostas, a Telegraph Hill ganhou este nome em 1850 devido ao semáforo instalado no cume da colina. Ele avisava os comerciantes da chegada de navios pelo Golden Gate. No lado leste, que até 1914

Mural da Coit Tower mostrando Fisherman's Wharf nos anos 1930

A escadaria no início da Filbert Street, que leva até Telegraph Hill

servia como pedreira para aterros e pavimentação, a colina desce abruptamente e forma trilhas cercadas por vegetação.

O lado oeste desce mais tênue para o local conhecido como "Little Italy", ao redor da Washington Square, embora recentemente a população italiana tenha começado a se mudar para o Marina District. No passado, a colina era um bairro de imigrantes, que habitavam chalés de madeira, e de artistas em busca de fama, adoradores da vista panorâmica. Hoje, porém, as curiosas casas de madeira em tons pastel são muito disputadas, nesta que é uma das melhores zonas residenciais da cidade.

A Coit Tower foi erigida em 1933 no topo da Telegraph Hill, de 86m de altura, com dinheiro legado à cidade por Lillie Hitchcock Coit, excêntrica pioneira e filantropa de São Francisco. Com 64m de altura, a torre de concreto armado, projetada pelo arquiteto Arthur Brown, tem forma de coluna estriada. Iluminada à noite, é vista da maior parte da zona leste da cidade. No mirante (servido por elevador), é impressionante a vista que se tem de toda a região norte da baía.

No saguão da torre há murais *(págs. 296-7)* que foram financiados em 1934, durante a Grande Depressão, pelo programa federal de emprego para os artistas. Juntos, 25 artistas criaram um retrato vivaz da vida àquela época na Califórnia. As cenas vão das ruas lotadas do Financial District (com um assalto em andamento) a fábricas, docas e campos de cereais do Vale Central. Há vários detalhes fascinantes –uma colisão de carros, uma família de imigrantes acampada à beira do rio, manchetes de jornais, capas de revistas e títulos de livros. Os murais passam uma sensação de frustração, sarcasmo e fantasia. Muitos temas políticos estão presentes. Vários dos rostos nas pinturas são dos artistas e de seus amigos, ao lado de figuras locais como o coronel William Brady, curador da Coit Tower. O conteúdo político da obra provocou polêmica e atrasou sua inauguração oficial.

No lado leste da Telegraph Hill, as ruas se transformam em longas escadarias íngremes. Descendo do Telegraph Hill Boulevard, a Filbert Street é uma escadaria tortuosa, feita de madeira, tijolo e concreto, na qual florescem rododendros, brincos-de-princesa, buganvílias, funchos e amoreiras.

Levi's Plaza ⑰

Mapa 5 C2. 🚌 *42.*

Nesta praça se encontra a sede da Levi Strauss & Co., fabricante de calças jeans. O paisagismo da praça foi concebido por Lawrence Halprin em 1982, com a intenção de reviver a longa história da empresa na Califórnia. A praça é guarnecida de pedras de granito e entrecortada por cursos d'água, simbolizando o cenário do cânion da Sierra Nevada onde trabalhavam os mineiros que primeiro vestiram as famosas calças. Ao fundo, a Telegraph Hill dá um toque montanhoso mais realista.

LEVI STRAUSS E SEUS JEANS

Levi Strauss

Feitas pela primeira vez na São Francisco da época da Corrida do Ouro *(págs. 44-5)*, as calças de brim tiveram um impacto enorme na cultura popular, e continuam na moda até os dias de hoje. Um dos principais fabricantes de jeans é a Levi Strauss & Co., fundada aqui nos anos 1860.

A história da empresa começou em 1853, quando Levi Strauss deixou Nova York para abrir em São Francisco um negócio de tecidos, junto com seu cunhado. Na década de 1860, ainda principalmente como vendedor de tecidos, ele lançou um material durável, de brim marrom, para fazer calças de trabalho e vendê-las direto para os mineiros. Nos anos 1870, sua companhia começou a usar rebites de metal para reforçar os pontos de maior tensão da roupa, e a demanda cresceu. A empresa se expandiu e no início do século 20 mudou-se para a Valencia Street, 250, no Mission District.

Hoje as calças Levi's são confeccionadas, vendidas e usadas em todo o mundo. A empresa fundada por Levi Strauss pertence a seus descendentes.

Mineiros vestem jeans Levi's na mina "Última Chance", em 1882

PACIFIC HEIGHTS E CIVIC CENTER

Pacific Heights é um bairro seleto que fica 90m acima do nível da cidade. Depois que os bondes a cabo o ligaram ao Centro nos anos 1880, ele logo virou um lugar atraente para moradia. Hoje, há uma abundância de casas vitorianas. Ao norte da Broadway, as ruas descem íngremes até o Marina District, com lojas vistosas, cafés badalados e dois renomados iates-clubes.

Brasão Fort Mason

Ao sul de Pacific Heights fica o Civic Center, construído após o terremoto de 1906. Possui o melhor da arquitetura Beaux-Arts na cidade e foi tombado pelo patrimônio histórico em 1987. É possível que o Civic Center seja um dos trechos urbanos mais refinados dos EUA.

PRINCIPAIS ATRAÇÕES

Ruas e Construções Históricas

Alamo Square 18
Asian Art Museum 14
Bill Graham Civic Auditorium 15
City Hall 16
Cow Hollow 9
Fort Mason 7
Haas-Lilienthal House 1
Octagon House 10
Palace of Fine Arts and the Exploratorium 5
Spreckels Mansion 2
University of San Francisco 19

Áreas de Compras

Chestnut Street 8
Fillmore Street 11
Hayes Valley 17

Arquitetura Moderna

Japan Center 12

Igrejas

St Mary's Cathedral 13

Parques e Jardins

Alta Plaza 4
Lafayette Park 3
Marina Green 6

COMO CHEGAR

Os ônibus Muni 1 e 12 e o bonde a cabo da linha California Street servem a região de Pacific Heights. A estação BART/Muni do Civic Center, na Market Street, fica duas quadras a leste do City Hall. Os ônibus 5, 8 e 19 trafegam pelo Civic Center.

LEGENDA

Mapa Rua a Rua *págs. 346-7*
Terminal de bonde a cabo
Estação BART
Terminal de bonde

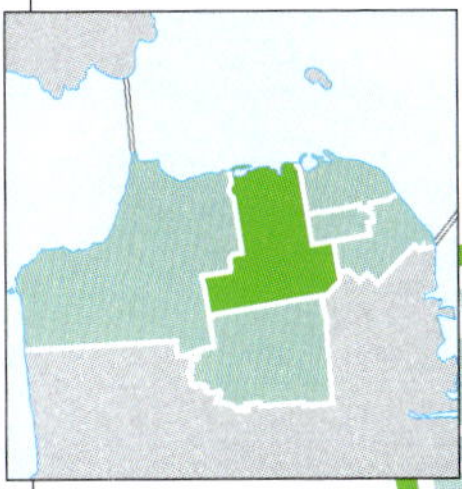

0 metros 500

Rua a Rua: Pacific Heights

Os quarteirões em ladeira entre a Alta Plaza e o Lafayette Park ficam no coração do seleto bairro de Pacific Heights. As ruas são tranquilas e limpas, com muitos prédios residenciais requintados e mansões vitorianas. Algumas destas são do final do século 19; outras foram construídas depois do grande terremoto e incêndio de 1906 *(págs. 48-9)*. Ao norte desta área, as ruas descem acentuadamente até o Marina District, bairro residencial que propicia grandes vistas da baía de São Francisco. Passeie pelos dois enormes parques e dê uma olhada nos jardins das mansões. Depois, experimente um dos vários bares, cafés e restaurantes da Fillmore Street *(págs. 565-6)*.

As casas geminadas da Webster Street são tombadas pelo patrimônio histórico. Feitas para uma clientela de classe média em 1878, foram restauradas ao seu esplendor original.

★ Alta Plaza
Transformada em parque público nos anos 1850, esta área verde tem parque infantil, quadras de tênis e vistas espetaculares de São Francisco ❹

A Washington Street fica a leste de Alta Plaza. Aqui as casas vitorianas, de arquitetura variada, ocupam toda a quadra.

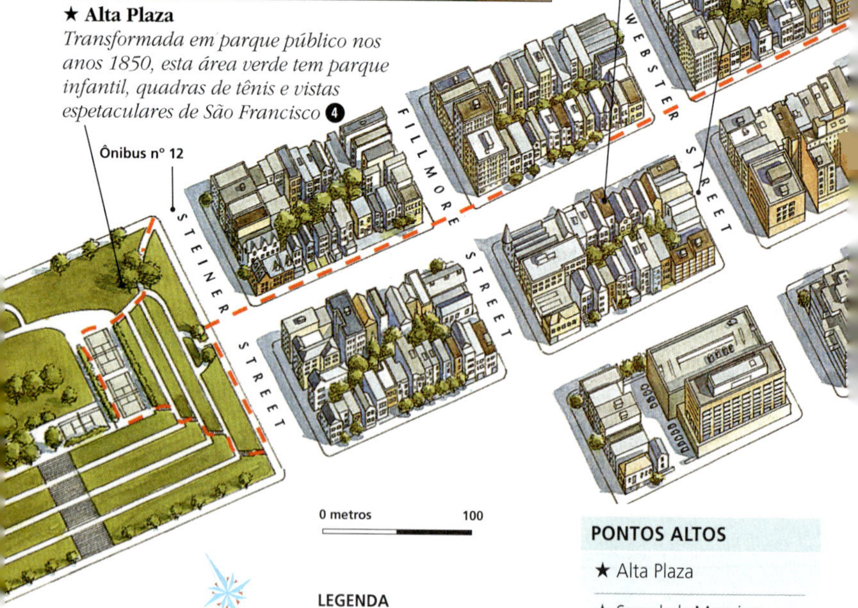

LEGENDA

— — — Percurso sugerido

PONTOS ALTOS

★ Alta Plaza

★ Spreckels Mansion

Haas-Lilienthal House
Decorada em estilo vitoriano, esta mansão é sede da San Francisco Architectural Heritage ❶

LOCALIZE-SE
Guia de Ruas, mapas 3 e 4

Ônibus nos 47 e 76

O nº 2.151 da Sacramento Street é uma mansão em estilo francês. Uma placa lembra a visita do escritor sir Arthur Conan Doyle em 1923.

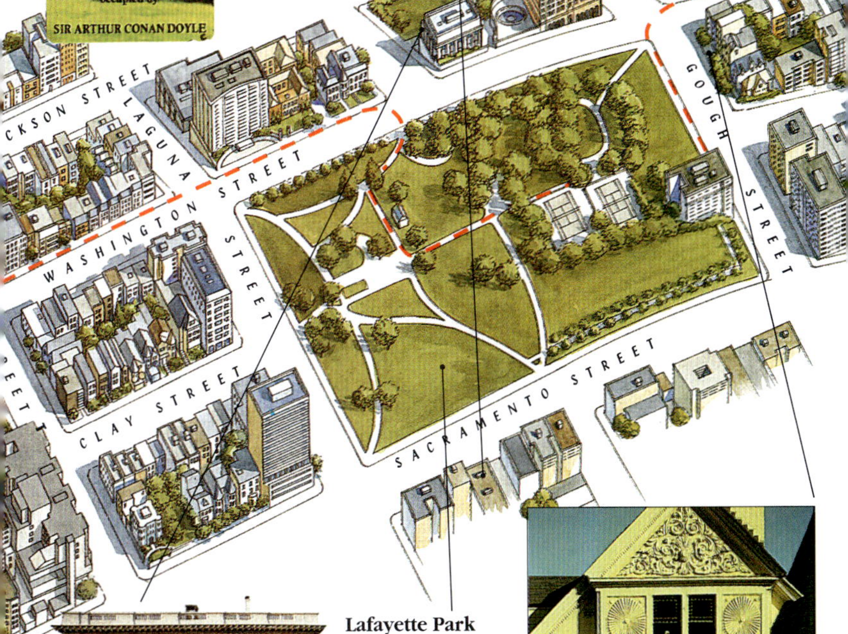

★ Spreckels Mansion
Este prédio de pedra calcária, feito à imagem de um palácio barroco francês, é desde 1990 a residência da famosa romancista Danielle Steel ❷

Lafayette Park
Este parque tranquilo dá uma boa vista para as casas vitorianas que o rodeiam ❸

Na Gough Street, 2.004, fica uma das mais elaboradas casas vitorianas de Pacific Heights, construída em 1889.

A Haas-Lilienthal, mansão em estilo Rainha Ana, de 1886

Haas-Lilienthal House 1

2007 Franklin St. **Mapa** 4 E3. ***Tel*** *(415) 441-3004.* *1, 19, 27, 47, 49, 83.* *12h-15h qua e sáb, 11h-16h dom (os horários podem variar, ligar para confirmar).* **www.** sfheritage.org/house

Esta atraente mansão em estilo Rainha Ana *(pág. 301)* foi construída em 1886 para o rico negociador William Haas. Alice Lilienthal, sua filha, morou na casa até 1972, quando foi doada à Foundation for San Francisco's Architectural Heritage. É a única mansão de São Francisco dessa época que serve como museu e tem o mobiliário original. Bom exemplo de residência vitoriana da classe média alta, tem primorosas cumeeiras de madeira, uma torre lateral cilíndrica e ornamentação luxuosa.

Uma mostra de fotos no porão descreve a história da casa e revela que essa mansão era modesta se comparada a algumas das destruídas no grande incêndio de 1906 *(págs. 48-9)*.

Spreckels Mansion 2

2080 Washington St. **Mapa** 4 E3. *1, 47, 49.* *ao público.*

Soberana no lado norte do Lafayette Park, esta imponente mansão Beaux-Arts é às vezes chamada de "Partenon do Ocidente". Foi construída em 1912 para a extravagante Alma de Bretteville Spreckels e seu marido, Adolph, herdeiro do barão do açúcar Claus Spreckels. A casa tem 26 banheiros e uma ampla piscina, na qual Alma Spreckels nadava todo dia até os 80 anos. Seu amor pela arquitetura francesa inspirou o projeto. O arquiteto da mansão, George Applegarth, projetou também em 1916 o California Palace of the Legion of Honor, no Lincoln Park *(págs. 364-5)*. O palácio foi doado ao município pela família Spreckels em 1924.

A mansão Spreckels é hoje propriedade particular. Ocupa uma quadra da Octavia Street, pavimentada e ajardinada em estilo parecido com o da Lombard Street *(pág. 330)*.

Fachada da magnífica Spreckels Mansion

Lafayette Park 3

Mapa 4 E3. *1, 12.*

Um dos mais belos jardins de colina de São Francisco, o Lafayette Park é um santuário de pinheiros e eucaliptos, embora o sossego atual esconda uma história turbulenta. Junto com o Alta Plaza e a Alamo Square *(pág. 343)*, o terreno foi declarado espaço público em 1855. Então, grileiros e outros, inclusive um ex-promotor público, reclamaram a terra e começaram a construir casas nela. A maior delas permaneceu no centro do parque até 1936, diante da recusa do grileiro em se mudar. Foi por fim demolida quando as autoridades municipais concordaram em trocá-la por outro terreno na vizinha Gough Street. Escadas íngremes levam à parte alta do parque, onde a vista é espetacular.

Nas ruas em redor do Lafayette Park há vários outros palacetes vitorianos. Os mais ornados ficam na Broadway, na Jackson Street e na Pacific Avenue, de leste para oeste, e nas ruas Gough, Octavia e Laguna, no sentido norte-sul.

Alta Plaza 4

Mapa 4 D3. *1, 3, 12, 22, 24.*

Situado no centro de Pacific Heights, o Alta Plaza é um parque urbano ajardinado aonde a elite de São Francisco vai relaxar. A escadaria de pedra que sobe da Clay Street para o lado sul do parque oferece boas vistas de Haight Ashbury *(págs. 344-53)*, do bairro de Fillmore e de Twin Peaks *(pág. 353)*. Por essas escadas Barbra Streisand desceu em *Essa Pequena É uma Parada*. Há também quadras de tênis e um parquinho.

Do lado norte do parque veem-se algumas mansões vitorianas, como a Gibbs House, na Jackson Street, 2.622, construída por Willis Polk em 1894. A Smith House, no 2.600 da mesma rua, foi uma das primeiras casas de

Lazer no sossegado parque de Alta Plaza

São Francisco a ter energia elétrica, nos anos 1890.

Palace of Fine Arts e Exploratorium ❺

3601 Lyon St. **Mapa** 3 C2. ***Tel*** *(415) 561-0360.* 22, 28, 29, 30, 43, 45, 47, 49. *10h-17h ter-dom.* *seg, feriados.* **Tactile Dome** ***Tel*** *(415) 561-0362 (reservas).* **www**.exploratorium.com

Único remanescente dos muitos monumentos grandiosos feitos para a Exposição Panamá-Pacífico de 1915, o Palace of Fine Arts é um delírio neoclássico. Foi projetado pelo arquiteto Bernard R. Maybeck, que se inspirou nos desenhos do arquiteto italiano Piranesi e na pintura *L'Île des Morts (A Ilha dos Mortos)*, do suíço Arnold Böcklin. Feito de madeira e gesso, o Palace começou a ruir, e um cidadão consciente angariou recursos em 1959 para a reconstrução. Foi restaurado à forma original entre 1962 e 1975 com concreto armado.

A atração principal é a rotunda, encarapitada à beira de uma lagoa planejada cheia de cisnes. A cúpula tem como decoração pinturas alegóricas em defesa da arte e contra o materialismo. No alto das várias colunas coríntias, ninfas com a cabeça reclinada simbolizam "o enfado da vida sem arte".

O auditório do Palace acomoda até mil espectadores, e seu evento anual mais importante é o Festival de Cinema de Maio, que destaca obras de novos diretores, particularmente do Terceiro Mundo.

Dentro do Palace, um galpão industrial ampliado abriga o Exploratorium Museum, um dos mais divertidos museus de ciências dos Estados Unidos. Fundado em 1969 pelo físico Frank Oppenheimer (cujo irmão Robert ajudou a criar a bomba atômica), tem mais de 650 montagens interativas que exploram o mundo da ciência e os sentidos. Em dois andares, as peças dividem-se em 13 seções temáticas com um código de cores indicado por placas. Entre elas estão a sala de Eletricidade, onde relâmpagos são produzidos dentro de um tubo; Visão, Cor e Luz, onde se explicam as ilusões de óptica, e Movimento, que apresenta a emocionante Máquina de Momento. A Cúpula Tátil propicia uma viagem sensorial na escuridão total.

Os jardins compõem um cenário relaxante e atraente para essa imitação de ruína romana, favorita incontestável dos moradores de São Francisco.

O mundo da ciência é explicado no Exploratorium Museum

A rotunda clássica do Palace of Fine Arts

EXPOSIÇÃO PANAMÁ-PACÍFICO

Em 1915, São Francisco comemorou com uma feira monumental sua recuperação do terremoto e incêndio de 1906. Como a intenção oficial era celebrar a inauguração do Canal do Panamá, ela foi concebida como a mais esplêndida feira mundial de todos os tempos. Um visitante entusiasmado descreveu as enormes estruturas como "uma Constantinopla em miniatura".

Os salões e os pavilhões foram erigidos sobre um aterro da baía de São Francisco, no local do atual Marina District. Doados por todos os Estados dos EUA e por 25 países, compunham um espaço de 1,6km de extensão. Muitos dos prédios inspiravam-se em preciosidades arquitetônicas, como uma mesquita turca e um templo budista de Kyoto. A brilhante Torre de Joias, no centro da feira, era incrustada com contas de vidro e iluminada por holofotes. Do lado oeste ficava o belo Palace of Fine Arts, ao qual os visitantes chegavam de gôndola atravessando uma lagoa artificial.

Marina Green ❻

Mapa 4 D1. 🚌 *22, 28, 30.*

Longa e estreita faixa gramada que acompanha a extensão do Marina District, o Marina Green atrai quem gosta de piqueniques e de empinar pipas ainda mais no 4 de Julho, quando se vê daqui a festa de fogos da cidade. Esses caminhos são os preferidos dos ciclistas, corredores e patinadores. Pode-se passear pelo Golden Gate Promenade da ponta oeste do gramado ao Fort Point, ou virar a leste para o Órgão de Ondas, no final do cais.

Chestnut Street ❽

Mapa 4 D1. 🚌 *22, 28, 30, 43.*

Principal centro de compras e da vida noturna do Marina District, a Chestnut Street tem uma variedade de cinemas, mercearias e restaurantes, mais voltados para os moradores que para os turistas. Este centro estende-se por poucas quadras da Fillmore Street para a Divisadero Street, depois das quais o bairro se torna residencial.

Cow Hollow ❾

Mapa 4 D2. 🚌 *22, 41, 45.*

Cow Hollow é uma zona comercial da Union Street. Chama-se "Ravina da Vaca" porque servia de pasto às vacas leiteiras da cidade até os anos 1860. Depois passou por melhorias e se tornou um bairro residencial. Na década de 1950 o local caiu na moda, e butiques chiques, antiquários e galerias de arte se instalaram nos estabelecimentos do bairro. Muitos ficam em prédios do século 19 restaurados, que dão um ar de antigo ao bairro, em contraste gritante com a sofisticação dos artigos.

A própria Union Street tem mais de 300 butiques, e por aqui se realizam sempre feiras ao ar livre de artes, artesanato e alimentação.

Vista da Fillmore Street em direção a Cow Hollow

Fort Mason ❼

Mapa 4 E1. ℹ *(415) 441-3400.* ***Eventos*** *441-3400.* 🚌 *22, 28, 30, 42, 43.* ♿ *parcial.*
www.fortmason.org

O Fort Mason conta a história militar de São Francisco. Os edifícios originais eram casas particulares, erguidas no fim da década de 1850 e confiscadas pelo governo dos EUA quando o local foi tomado pelo Exército durante a Guerra Civil (1861-5).

O forte era um posto de comando do Exército até a década de 1890. Depois abrigou refugiados cujas casas haviam sido destruídas no terremoto de 1906 *(págs. 48-9)*. Durante a Segunda Guerra Mundial foi ponto de embarque para 1,6 milhão de soldados.

O forte passou a ser usado para fins pacíficos em 1972, mas alguns edifícios de meados do século 19, pintados de branco, ainda abrigam pessoal militar. Outros edifícios, no entanto, ficam abertos ao público. Entre eles, o quartel ori-

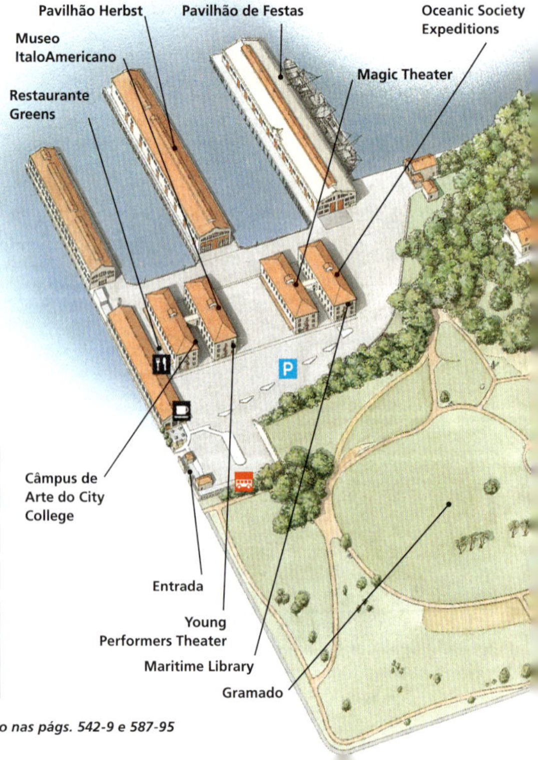

Veja hotéis e restaurantes desta região nas págs. 542-9 e 587-95

Octagon House ⑩

2645 Gough St. **Mapa** 4 E2. ***Tel*** *(415) 441-7512.* *41, 42, 45, 47, 49.* *12h-15h 2º dom e 2ª e 4ª qui mês, exceto jan.* **Aceitam-se doações.** *restrito.*

Construída em 1861, a Octagon House, com uma cúpula octogonal, é um exemplar bem preservado de um tipo de casa que teve popularidade nos Estados Unidos. O térreo, transformado em salão, e o andar de cima abrigam um acervo pequeno mas interessante de artes decorativas, além de documentos históricos dos períodos colonial e federalista dos EUA. Dentre as peças há móveis, pinturas, porcelana, prataria, estanhos, bordados e cartas de jogo do tempo da Revolução Americana e a assinatura de 54 dos 56 signatários da Declaração da Independência. A casa é hoje sede da National Society of Colonial Dames of America.

A cúpula da Octagon House leva a luz do sol para cada cômodo

Fillmore Street ⑪

Mapa 4 D4. *1, 2, 3, 4, 22, 24.*

A Fillmore Street conseguiu passar praticamente incólume pelo terremoto e pelo incêndio de 1906. Então, nos anos seguintes, serviu como centro municipal da cidade arrasada. Os órgãos de governo e vários negócios privados se instalaram em lojas, residências e até igrejas. Atualmente a principal zona comercial entre Pacific Heights e o Civic Center fica aqui, da Jackson Street às redondezas do Japan Center *(pág. 352)*, perto da Bush Street. Esta área está cheia de excelentes livrarias, restaurantes elegantes e butiques exclusivas.

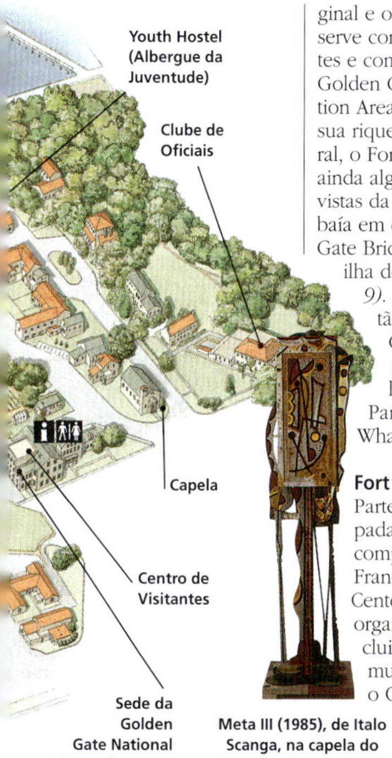

Meta III (1985), de Italo Scanga, na capela do Museo ItaloAmericano

ginal e o antigo hospital, que serve como Centro de Visitantes e como quartel-general da Golden Gate National Recreation Area (GGNRA). Além de sua riqueza histórica e cultural, o Fort Mason oferece ainda algumas das mais belas vistas da cidade, cruzando a baía em direção à Golden Gate Bridge *(págs. 370-1)* e à ilha de Alcatraz *(págs. 338-9)*. Começando do portão oeste do forte, o Golden Gate Promenade serpenteia para leste até o Aquatic Park e o Fisherman's Wharf *(págs. 334-5)*.

Fort Mason Center

Parte do forte é hoje ocupada por um dos maiores complexos de arte de São Francisco. O Fort Mason Center abriga mais de 25 organizações culturais, incluindo galerias de arte, museus e teatros, como o Cowell Dance Theater e o Bayfront Improv. Artistas italianos e ítalo-americanos expõem no Museo Italo-Americano. O Magic Theater é um teatro experimental e o Young Performers Theater encena peças infantis. A Maritime Library tem uma maravilhosa coleção de livros, histórias orais e cartas marítimas. O Maritime Museum (fechado para reformas) fica perto do Fishermans Wharf *(pág. 337)*.

O Fort Mason Center publica todo mês sua programação de eventos. Ligue para o Ramal de Eventos (Events Line) ou visite o website para obter mais informações.

O SS Balclutha, no Hyde Street Pier, parte do Maritime Museum

Pagode da Peace Plaza, no Japan Center

Japan Center ⓬

Geary, Post, Fillmore & Laguna Sts. **Mapa** 4 E4. *2, 3, 4, 22, 38.* *10h-18h diariam.* **www**.japantown.org

O Japan Center foi erguido pelo ambicioso programa de revitalização do Fillmore District, nos anos 1960. Muitas quadras de casas vitorianas antigas foram demolidas para dar lugar à Geary Expressway e ao enorme centro comercial do Japan Center. O bairro agora conhecido como Japantown é o núcleo da comunidade japonesa há cerca de 75 anos.

No meio do conjunto, com um pagode de concreto de cinco andares e 22m de altura, encontra-se a Peace Plaza. Percussionistas Taiko e outros se apresentam aqui todo mês de abril nos festejos da Floração da Cerejeira. O pagode é circundado por 20.000m² de área comercial com lojas e restaurantes japoneses, casas de banho e centros de *shiatsu*, todos baseados no bairro Ginza, de Tóquio. Também fica aqui o AMC Kabuki *(págs. 374-5)*, um dos melhores cinemas da cidade. Há mais lojas japonesas na galeria aberta do outro lado da Post Street, ladeada por duas esculturas de Ruth Asawa.

Cathedral of St Mary's of the Assumption ⓭

1111 Gough St. **Mapa** 4 E4. ***Tel*** *(415) 567-2020.* *38.* *8h30-16h30 seg-sex; 9h-17h30 sáb; 9h-18h30 dom.* *6h45, 8h,10h seg-sáb; 7h30, 9h, 11h, 13h dom.*

Situada no topo da Cathedral Hill, a St Mary é um dos mais notáveis marcos arquitetônicos de São Francisco. Projetada por Pietro Belluschi e Pier Luigi Nervi, foi concluída em 1971.

A cobertura em quatro seções em parábola destaca-se no horizonte como um navio de velas brancas. A estrutura de concreto, com 60m de altura, parece flutuar sobre a nave. Ela sustenta o teto de vitrais em forma de cruz, representando os quatro elementos. Um dossel com hastes de alumínio brilha acima do altar de pedra, de onde o padre se volta para os fiéis.

Asian Art Museum ⓮

2000 Larkin St. **Mapa** 4 F5. ***Tel*** *(415) 581-3500.* *5, 8, 19, 21, 26, 47, 49.* *F, J, K, L, M, N.* *9h-17h ter-dom (21h qui).* *feriados.* *grátis 1° dom do mês* **www**.asianart.org

O Asian Art Museum ocupa um edifício que era a joia da coroa do movimento Beaux Arts. A antiga Main Library, de 1917, recebeu reforços contra abalos sísmicos, e o espaço original foi reutilizado para abrigar o maior museu fora da Ásia dedicado exclusivamente à arte asiática. As exibições incluem 17 mil objetos de arte ao longo de 6.000 anos de história, representando mais de 40 nações asiáticas. Entre os destaques há um Buda de bronze polido, um dos mais antigos Budas chineses do mundo. O museu também tem espaços para apresentações e um centro de descobertas interativo.

Grande escadaria no Asian Art Museum

Bill Graham Civic Auditorium ⓯

99 Grove St. **Mapa** 4 F5. ***Tel*** *(415) 974-4060.* *5, 8, 19, 21, 26, 47, 49.* *J, K, L, M, N.*

Traçado em estilo Beaux-Arts pelo arquiteto John Galen Howard, o Civic Auditorium foi inaugurado em 1915 pelo pianista e compositor francês Camille Saint-Saëns, e desde então se tornou um dos principais locais de eventos de São Francisco. A construção terminou junto com a do City Hall, na época do renascimento arquitetônico que se seguiu ao grande terremoto de 1906 *(págs. 48-9)*. Foi construído sob a Civic Center Plaza com o contíguo Brooks Exhibit Hall.

O auditório hoje funciona como principal centro de convenções municipal, com capacidade para 7.000 pessoas. Em 1964, mudou de nome em homenagem a Bill Graham *(pág. 349)*, empresário de rock da cidade na era hippie.

Veja hotéis e restaurantes desta região nas págs. 542-9 e 587-95

A imponente fachada do City Hall, no Civic Center de São Francisco

City Hall ⓰

1 Dr. Carton B. Goodett Place. **Mapa** 4 F5. ***Tel*** *(415) 554-4000.* *5, 8, 19, 21, 26, 47, 49.* *J, K, L, M, N.* *8h-17h seg-sex.* ***Tel*** *(415) 554-6023.* **www**.sfgov.org

O City Hall (prefeitura), concluído em 1915, a tempo para a Exposição Panamá-Pacífico *(pág. 339)*, teve projeto de Arthur Brown, no auge da carreira. Sua enorme cúpula barroca foi inspirada na da Basílica de São Pedro, no Vaticano, e é mais alta que a do Capitólio, em Washington. Recém-reformado, o edifício que fica no coração do conjunto Civic Center é um exemplo magnífico do estilo Beaux Arts. Figuras alegóricas que lembram o passado da cidade na Corrida do Ouro ocupam todo o frontão acima da entrada principal, que leva à rotunda com piso de mármore –um dos mais belos interiores da cidade.

Hayes Valley ⓱

Mapa 4 E5. *21, 22.*

Situadas perto do City Hall, estas poucas quadras da Hayes Street se tornaram uma das zonas comerciais mais faladas de São Francisco. Depois de danificada pelo terremoto de Loma Prieta, em 1989 *(pág. 489)*, a rodovia US 101 foi desfeita. Ela separava o Hayes Valley dos ricos negociadores e do público de teatro que frequentavam o restante do Civic Center. Uns poucos cafés e restaurantes ousados, como o Ivy's e o Mad Magda's Russian Tea Room, já se haviam firmado na Hayes Street, ao lado de lojas de móveis usados e refugos. Atualmente um fluxo de galerias de arte, lojas de decoração, cafés da moda e butiques tão exclusivas deu ao lugar uma feição muito mais elegante.

Vista da Alamo Square para os arranha-céus do Centro

Alamo Square ⓲

Mapa 4 D5. *21, 22.*

A mais fotografada sequência de casas vitorianas da cidade se perfila no lado leste desta arborizada praça em declive. Fica 68m acima do Civic Center, proporcionando vistas privilegiadas para o City Hall e os arranha-céus do Centro. A Alamo foi criada ao mesmo tempo que as belas praças de Pacific Heights, mas só se desenvolveu mais tarde, quando especuladores construíram casas quase idênticas.

As "Seis Irmãs" –casas em estilo Rainha Ana erigidas em 1895 do nº 710 ao 720 da Steiner Street– aparecem em vários cartões-postais. O local foi tombado pelo patrimônio municipal.

University of San Francisco ⓳

2130 Fulton St. **Mapa** 3 B5. ***Tel*** *(415) 666-6886.* *5, 31, 33, 38, 43.* *8h-17h seg-sex.* **www**.usfca.edu

Fundada em 1855 como St Ignatius College, a University of San Francisco (USF) ainda é uma instituição dirigida por jesuítas, embora hoje as classes sejam mistas, e o ensino, laico. O principal marco do campus é a St Ignatius Church, concluída em 1914. Suas duas torres róseas são visíveis da metade oeste de São Francisco, mais ainda quando iluminadas à noite. O campus e a área residencial em volta ocupam um terreno que foi a principal região de cemitérios de São Francisco, no morro Lone e arredores.

Kawasaki

HAIGHT ASHBURY E MISSION DISTRICT

Ao norte de Twin Peaks – dois morros de 274m– fica Haight Ashbury. Com fileiras de belas casas do fim do período vitoriano *(págs. 300-1)*, é habitado principalmente pela classe média alta, embora aqui seja o lugar em que milhares de hippies viveram nos anos 1960 *(pág. 359)*. Castro District, a leste, é o núcleo da comunidade gay de São Francisco. Famoso nos anos 1970 por seu hedonismo radical, o bairro se tornou mais tranquilo nos últimos anos, apesar dos cafés e lojas agitados. Mission District, mais a leste, foi formado por frades espanhóis *(pág. 46-7)* e é residência de muitos latino-americanos.

Figura de Mission Dolores

PRINCIPAIS ATRAÇÕES

Ruas e Edifícios Históricos
- Castro Street 8
- Clarke's Folly 15
- Dolores Street 10
- Haight Ashbury 2
- Lower Haight Neighborhood 5
- Noe Valley 14
- (Richard) Spreckels Mansion 3

Igrejas
- Mission Dolores 9

Ponto de Referência
- Sutro Tower 18

Parques e Jardins
- Buena Vista Park 4
- Corona Heights Park 6
- Dolores Park 11
- Golden Gate Park Panhandle 1
- Twin Peaks 16
- Vulcan Street Steps 17

Museus e Galerias
- Carnaval Mural 13
- Mission Cultural Center for the Latino Arts 12

Teatros
- The Castro Theatre 7

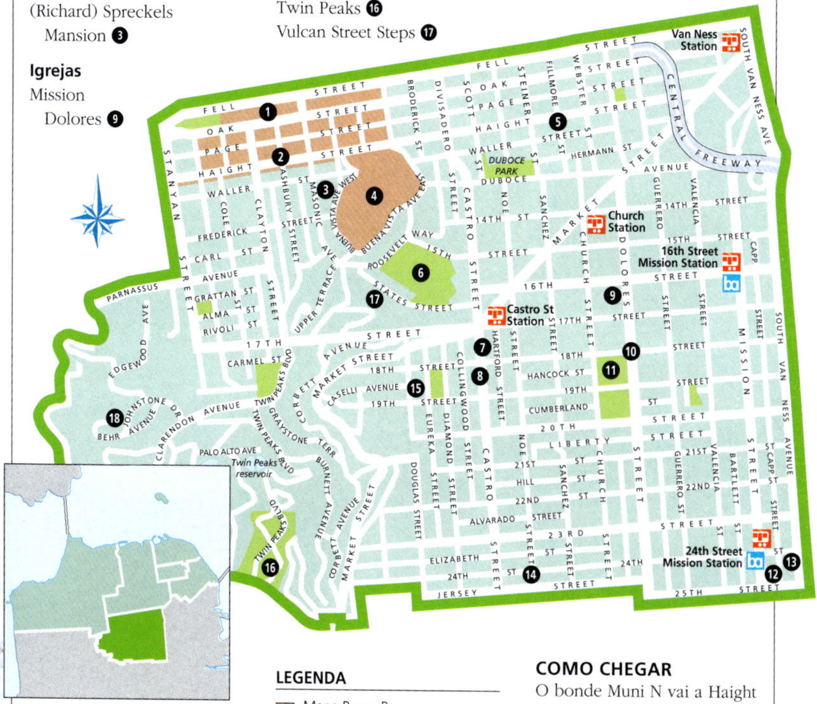

0 metros 750

LEGENDA

Mapa Rua a Rua *págs. 356–7*

Estação BART

Terminal de bonde

COMO CHEGAR

O bonde Muni N vai a Haight Ashbury, o bonde J a Mission e todas as outras linhas param na estação da Castro Street. O ônibus 33 interliga os três bairros.

◁ **Cena de rua em Haight Ashbury**

Rua a Rua: Haight Ashbury

Estendendo-se do Buena Vista Park ao terreno plano do Golden Gate Park, Haight Ashbury era o refúgio de quem vivia no centro da cidade nos anos 1880. Então se transformou em zona residencial. Mas entre as décadas de 1930 e 1960 mudou radicalmente de bairro de classe média para núcleo do mundo "Flower Power", com uma clínica gratuita para atender hippies sem seguro-saúde. Agora é um dos lugares mais animados e incomuns de São Francisco, com uma mistura eclética de pessoas, excelentes livrarias e lojas de discos e cafés.

Haight Ashbury
Nos anos 1960, os hippies se encontravam nesta esquina, que dá nome à região ❷

O Cha Cha Cha é um dos locais mais animados para comer em São Francisco e serve comida latino-americana em vários pratos pequenos *(pág. 564)*.

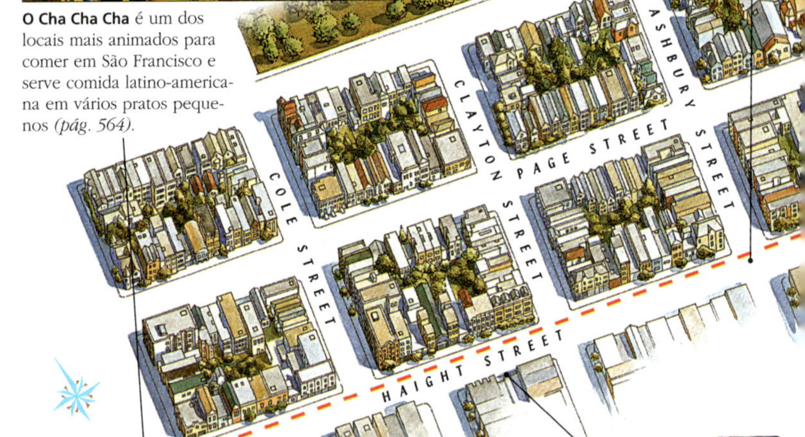

Golden Gate Panhandle
Esta área verde segue a oeste para o centro do Golden Gate Park ❶

Ônibus nos 7 e 33

O Red Victorian Hotel é uma relíquia da era hippie. Hoje atende uma clientela *new age*, com comida saudável e quartos com motivos transcendentais *(pág. 527)*.

PONTOS ALTOS

★ Buena Vista Park

★ (Richard) Spreckels Mansion

Veja hotéis e restaurantes desta região nas págs. 542-9 e 587-95

Na Masonic Avenue, 1.220 fica uma das requintadas mansões vitorianas erguidas no morro íngreme que desce do Golden Gate Panhandle para a Haight Street.

LOCALIZE-SE
Guia de Ruas, mapa 10

LEGENDA

- - - Percurso sugerido

★ (Richard) Spreckels Mansion
Esta ampla casa, na Buena Vista Avenue, 737, foi feita em 1887 ❸

★ Buena Vista Park
Através de um emaranhado de árvores retorcidas, este parque propicia vistas magníficas da cidade ❹

Golden Gate Park Panhandle ❶

Mapa 9 C1. *6, 7, 21, 43, 66, 71.*

Este trecho de área verde de uma quadra de largura por oito de extensão forma o fino "Panhandle" (cabo) da gigantesca "panela" retangular que é o Golden Gate Park *(págs. 356-9)*. Foi a primeira parte do parque recuperada sobre as dunas que se sucediam pelo oeste de São Francisco. Seus eucaliptos são dos mais antigos e altos da cidade.

As sinuosas estradas para charretes e trilhas para cavalos do Panhandle foram abertas em 1870. A classe alta vinha aqui para caminhar e cavalgar. Construiu mansões enormes nos arredores do parque, muitas das quais ainda existem. Em 1906, o Panhandle virou um refúgio de famílias desabrigadas pelo terremoto desse mesmo ano *(págs. 48-9)*. Hoje, as velhas trilhas são utilizadas regularmente por multidões de corredores e ciclistas.

O Panhandle é também famoso devido ao auge do "Flower Power" dos anos 1960. Os jovens hippies da época acorriam ao parque para ouvir os shows-surpresa gratuitos realizados por conjuntos de tendência psicodélica de Haight Ashbury. O local ainda hoje atrai músicos de rua e guitarristas hippies.

Haight Ashbury ❷

Mapa 9 C1. *6, 7, 33, 37, 43, 66, 71.* *N.*

Com o nome do cruzamento de duas ruas importantes, Haight e Ashbury, este distrito possui livrarias alternativas, grandes casas vitorianas e vários cafés. Depois da implantação do Golden Gate Park *(págs. 356-9)* e da criação do parque de diversões The Chutes, o bairro rapidamente se tornou subúrbio de classe média nos anos 1890 – daí a profusão de casas decoradas no estilo Rainha Ana *(págs. 290-1)*. O bairro de Haight sobreviveu ao terremoto e incêndio de 1906 *(págs. 48-9)* e passou por breve ascensão, seguida de longo período de declínio.

Depois de concluído o túnel do bonde sob o Buena Vista Park, em 1928, a classe média iniciou o êxodo para os subúrbios do Sunset. O local teve a maré mais baixa nos anos pós-Segunda Guerra Mundial. As enormes casas vitorianas foram divididas em apartamentos, e os baixos aluguéis atraíram uma população diversificada. Nos anos 1960, o Haight tornou-se abrigo de uma comunidade boêmia que era um caldo de cultura para a anarquia. Um aspecto do "panorama hippie" era a música de grupos de rock como o Grateful Dead, mas o local manteve a tranquilidade até 1967. Então o "Verão do Amor", insuflado pela mídia, trouxe cerca de 75 mil jovens em busca de amor livre, música e drogas. O bairro se transformou no foco da cultura jovem mundial.

O Haight Ashbury mantém o clima radical, mas hoje há problemas com criminosos, drogados e sem-teto. No entanto, nos cafés e nos brechós ainda se tem aquela sensação do "tipicamente São Francisco".

Esquina das ruas Haight e Ashbury

Mansão vitoriana tardia construída para Richard Spreckels

(Richard) Spreckels Mansion ❸

737 Buena Vista West. **Mapa** 9 C2. *6, 7, 37, 43, 66, 71.* *ao público.*

Não confunda esta casa com a mais suntuosa Spreckels Mansion da Washington Street *(pág. 338)*. Porém, foi também construída pelo milionário Claus Spreckels, o "Rei do Açúcar", para um de seus muitos filhos. A casa em estilo Rainha Ana *(págs. 290-1)*, feita em 1887, é típica do estilo vitoriano tardio de Haight Ashbury. Foi casa de hóspedes, entre os quais estavam o jornalista e escritor de contos fantásticos Ambrose Bierce e o escritor-aventureiro Jack London, que escreveu *Caninos Brancos aqui*, em 1906 *(pág. 22)*. A casa é propriedade particular.

Buena Vista Park ❹

Mapa 9 C1. *6, 7, 37, 43, 66, 71.*

O Buena Vista Park fica 174m acima do centro geográfico de São Francisco, dando vista para toda a baía. Projeto inicial de 1894, é hoje um espaço abandonado. Várias trilhas erodidas cheias de mato serpenteiam da Haight Street até o topo, mas há um caminho pavimentado que sai da Buena Vista Ave. É melhor evitá-lo à noite.

Lower Haight ❺

Mapa 10 D1. 🚌 *6, 7, 22, 66, 71.* 🚋 *K, L, M.*

A meio caminho entre o City Hall e Haight Ashbury e delimitando o sul do bairro de população de maioria negra de Fillmore, o Lower Haight é uma área de transição. Em meados da década de 1980, começaram a ser abertas aqui galerias de arte e butiques incomuns, como a loja Used Rubber USA, que vende roupas e complementos feitos só de borracha reciclada. Elas se somaram aos cafés, bares e restaurantes baratos que já atendiam uma clientela boêmia. Essa mistura criou um dos bairros de maior vivacidade de São Francisco.

Como na vizinha Alamo Square *(pág. 343)*, o Lower Haight tem dezenas de casas tidas como "vitorianas" *(págs. 290-1)*, construídas de 1850 ao início do século 20. Entre elas estão alguns sobrados pitorescos como a Nightingale House, na Buchanan Street, 201, feita nos anos 1880. A construção de conjuntos residenciais populares na década de 1950, no entanto, desencorajou a restauração das casas. A região é segura de dia, mas, como a Alamo Square, pode ser perigosa à noite.

Letreiro do restaurante Cha Cha Cha, na Haight Street *(pág. 564)*

Corona Heights Park ❻

199 Museum Way. **Mapa** 9 D2. ***Tel*** *(415) 554-9600.* 🚌 *24, 37.* **Randall Museum.** 🕔 *10h-17h ter-sáb.* ● *feriados.* ♿ *restrito.* **www**.randallmuseum.org

O Corona Heights Park fica em um pico rochoso árido e pouco desenvolvido. Encravado na encosta há um museu singular para crianças. O Randall Museum, no Museum Way, 199, tem um enorme viveiro com racuns, corujas, cobras e outros animais, muitos dos quais podem ser tocados pelas crianças. O museu enfatiza a participação, daí haver muitas mostras interativas e oficinas. As crianças também podem subir pelas escarpas do parque. O Corona Heights foi escavado por olarias no século 19. Aqui nunca foram plantadas árvores, de modo que o pico de rocha avermelhada dá um panorama livre da cidade. Há uma boa vista das ruas sinuosas de Twin Peaks *(pág. 353)*.

Vista do Corona Heights através da área da Mission

OS SONS DA SÃO FRANCISCO DOS ANOS 1960

No final dos anos 1960 e mais ainda durante o "Summer of Love" de 1967, jovens de todos os Estados Unidos debandaram para o bairro de Haight Ashbury. Vieram não só para "se ligar, se sintonizar e cair fora" (da sociedade), mas também para ouvir grupos como o Big Brother and the Holding Company, de Janis Joplin, o Jefferson Airplane e o Grateful Dead, todos nascidos de um crescente movimento musical. Eles se instalaram nos novos pontos de música da cidade.

Os pontos pioneiros

O Avalon Ballroom, hoje teatro Regency II, na Van Ness Avenue, foi o primeiro e mais significativo local. Gerido por Chet Helms e pela comunidade Family Dog, o Avalon lançou o uso de pôsteres com cores psicodélicas feitos por desenhistas como Stanley Mouse e Alton Kelly *(págs. 424-5)*.

Antigo salão de igreja, o Fillmore Auditorium, defronte do Japan Center *(pág. 342)*, foi adquirido em 1965 pelo empresário Bill Graham, que dá nome ao Civic Auditorium *(pág. 342)*. Ele colocava no mesmo programa duplas como Miles Davis e o Grateful Dead, e trouxe artistas de primeiro time, de Jimi Hendrix a The Who. O Fillmore Auditorium foi danificado pelo terremoto de 1989, mas reabriu recentemente.

Ao morrer, em 1992, Bill Graham era o maior promotor de rock dos EUA.

Janis Joplin (1943-70), cantora de blues

Castro Theater ❼

429 Castro St. **Mapa** 10 D2. ***Tel*** *621-6120.* *8, 24, 33, 35, 37.* *F, K, L, M.* **www**.thecastrotheatre.com. *Ver* ***Diversão*** *págs. 374-5.*

Concluída em 1922, esta marquise com forte luz néon é um marco da Castro Street. Trata-se do mais suntuoso e mais bem preservado cinema de bairro de São Francisco e um dos primeiros trabalhos do arquiteto Timothy Pflueger. Um interior das Mil e Uma Noites, contando até com um glorioso órgão Wurlitzer, que se eleva do chão entre as sessões, já vale o preço do ingresso. O teto da plateia é de reboco moldado e lembra o interior de uma grande tenda, com liames de imitação feitos de tecido, corda e borla. O cinema tem 1.500 lugares e passa principalmente clássicos. Serve também ao Festival de Cinema Gay e Lésbico, realizado em junho.

O histórico Castro Theater, coberto por ornamentos

Castro Street ❽

Mapa 10 D2. *8, 24, 33, 35, 37.* *F, K, L, M.*

As cercanias da Castro Street entre Twin Peaks e o Mission District, cheias de ladeiras, são o coração da comunidade homossexual assumida de São Francisco. No cruzamento da Castro Street com a 18th Street, as autoproclamadas "As Quatro Esquinas Mais Alegres do Mundo" viraram ponto de encontro de homossexuais nos anos 1970. Os gays da geração Flower Power mudaram-se para este bairro, onde predominava a classe operária, deram início à restauração das casas vitorianas e abriram negócios como a livraria A Different Light, na Castro Street, 489. Abriram também bares gays, como o Twin Peaks, na esquina da Castro Street com a 17th Street. Ao contrário dos bares anteriores, que escondiam os gays do público em cantos escuros, o Twin Peaks tem janelas amplas. Ainda que as lojas e os restaurantes atraiam todo tipo de pessoa, a identidade claramente homossexual da área tornou-a ponto de peregrinação de gays e lésbicas. Ela significa para esse grupo minoritário uma liberdade rara em outras cidades.

Um dos primeiros políticos gays da cidade, Harvey Milk, era chamado de prefeito da Castro Street. Ele e o prefeito George Moscone foram assassinados em 28 de novembro de 1978 por um ex-policial, cuja pena branda provocou distúrbios na cidade. Milk é lembrado em uma praça na estação Muni da Market Street e em uma procissão anual com velas da Castro Street ao City Hall.

Cerca de 250 mil pessoas vêm até essa área para a Castro Street Fair, realizada todo mês de outubro. Artes, artesanato, cerveja, comida e música rolam à vontade, e o lucro serve para auxiliar a comunidade local.

O Aids Memorial Quilt exposto em Washington, DC, em 1992

O PROJETO NAMES

O Aids Memorial Quilt do Projeto NAMES foi concebido pelo ativista dos direitos gays de San Francisco Cleve Jones, líder da primeira procissão à luz de velas na Castro Street para Harvey Milk em 1985. Jones e companheiros escreveram os nomes de todos os seus amigos que morreram de Aids em placas e as amarraram ao San Francisco Federal Building. Essa "colcha de retalhos" de nomes inspirou Jones a criar o primeiro painel para o Aids Memorial Quilt em 1987. A reação do público à colcha foi imediata –tanto nos EUA como no resto do mundo. Hoje ela é composta de mais de 60 mil painéis, alguns costurados por indivíduos e outros por "mutirões de colcha" –amigos e parentes que vieram juntos homenagear uma pessoa morta pela Aids. Todos os painéis têm o mesmo tamanho –90cm por 180cm–, mas diferem no desenho, cores e no material, refletindo a vida e a personalidade do homenageado. Em 2002 o Memorial Quilt mudou-se de sua base em San Francisco para um quartel-general permanente em Atlanta, Geórgia.

Mission Dolores 9

16th St e Dolores St. **Mapa** 10 F3. *621-8203.* *22.* *J.* *8h30-12h, 13h-17h diariam.* *Ação de Graças, 25 dez.*

www.missiondolores.com

Preservada intacta desde sua construção em 1791, a Mission Dolores é o mais antigo prédio da cidade e personifica as origens coloniais e religiosas espanholas de São Francisco *(págs. 42-3)*. A missão foi fundada pelo padre Junípero Serra e tem como nome oficial Mission of San Francisco de Asis. O nome Dolores se deve a sua proximidade da *Laguna de los Dolores* (lagoa das Dores), antigo charco infestado de insetos. O prédio é modesto em relação ao padrão das missões, mas suas paredes de 1,2m de espessura sobreviveram ao tempo sem danos graves. Pinturas de índios norte-americanos adornam o teto.

Imagem de santo na missão

O altar e o retábulo barrocos são belos, e um pequeno museu exibe documentos históricos. A maioria dos serviços religiosos é realizada na basílica, erigida em 1918. No cemitério estão as sepulturas de franciscanos pioneiros.

A estátua que indicava a vala comum de 5.000 índios mortos em grande parte nas epidemias de sarampo de 1804 e 1826 foi roubada. Só ficou o pedestal, onde se lê: "Em Piedosa Memória de Nossos Índios Fiéis".

O retábulo, pintado em dourado, *foi trazido do México em 1780.*

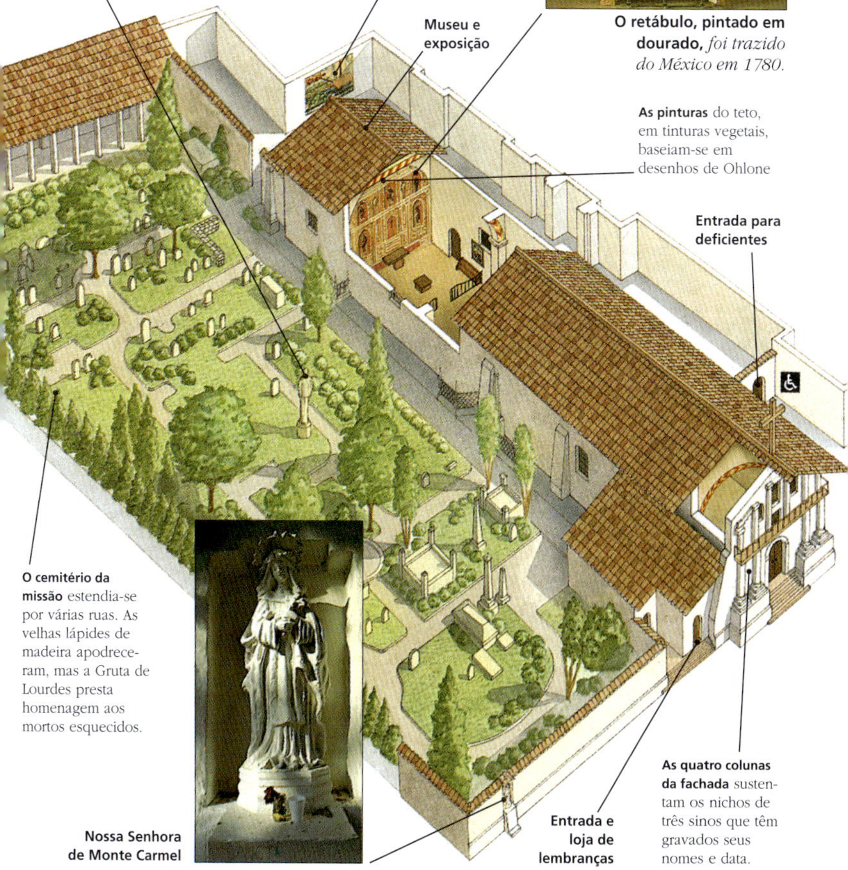

Nossa Senhora de Monte Carmel

Monumento à Guerra Hispano--Americana, na Dolores Street

Dolores Street ⓫

Mapa 10 E2. *8, 22, 33, 48. J.*

Com uma sucessão de casas vitorianas mantidas com primor *(págs. 300-1)* e um canteiro de palmeiras, esta rua é um dos espaços públicos mais atraentes da cidade. Larga, ela corre paralela à Mission Street, formando o limite oeste do Mission District. Começa na Market Street, onde uma estátua em homenagem aos soldados da Guerra Hispano-Americana é ofuscada pela U.S. Mint.

A Mission High School, de paredes brancas e telhas vermelhas típicas da arquitetura das missões *(pág. 30)*, e a Mission Dolores *(pág. 361)* ficam na Dolores Street. A rua termina no distrito de Noe Valley.

Dolores Park ⓬

Mapa 10 E3. *22, 33. J.*

No local que era o principal cemitério judaico de São Francisco, o Dolores Park tornou-se em 1905 um dos poucos e amplos espaços abertos do Mission District. Delimitado pelas ruas Dolores, Church, 18th e 20th, fica no alto de uma colina com excelente vista do centro da cidade.

De dia, o Dolores Park atrai quem gosta de jogar tênis, tomar banho de sol e passear com o cachorro, mas de noite pode atrair traficantes. Dos lados sul e oeste do parque, as ruas têm tal inclinação que muitas são escadarias para pedestres. Aqui se encontram algumas das mais belas casas vitorianas da cidade.

Mission Cultural Center for Latino Arts ⓭

2868 Mission St. **Mapa** 10 F4. ***Tel*** *(415) 821-1155. 14, 26, 48, 49. J.* **Gallery** *10h-17h ter-sex, 10h-18h sáb.* **www**.missionculturalcenter.org

Este dinâmico centro de artes é mantido em parte pelo município e atende a população local, de maioria latina. Oferece aulas e oficinas, teatro e exposições, além de um festival no Dia de Finados *(pág. 38)*.

Detalhe do Carnaval *Mural*

Carnaval Mural ⓮

24th St e South Van Ness Ave. **Mapa** 10 F4. *12, 14, 48, 49, 67. J.*

Um dentre muitos murais de cores vivas pintados nos muros do Mission District, o *Carnaval Mural* homenageia as pessoas de várias origens que se reúnem para festejar o Carnaval *(pág. 36)*. Esse evento anual da primavera é o desta que do ano na região.

Certos órgãos sociais fazem visitas guiadas aos outros murais, alguns com temática política. Há ainda uma galeria ao ar livre com murais no Balmy Alley *(págs. 306-7)*.

Noe Valley ⓯

24, 35, 48. J.

O Noe Valley é chamado de "Noewhere Valley" (trocadilho do nome "Noe" com "desconhecido", "remoto", em inglês) por seus moradores, que lutam por mantê-lo fora dos mapas turísticos. É um bairro agradável e aconchegante, habitado principalmente por profissionais jovens. As ruas limpas e o clima de segurança destoam do vizinho Mission District, densamente habitado.

O local ganhou o nome do cessionário dessas terras, José de Jesus Noe, juizde paz de Yerba Buena, vila mexicana que originou São Francisco. O vale passou a se desenvolver nos anos 1880, depois de concluída uma linha de bonde a cabo pela ladeira íngreme da Castro Street. Os aluguéis baixos atraíram a classe operária, em maioria famílias irlandesas. Então, como muitas outras zonas de São Francisco, este bairro operário sofreu reformas na década de 1970 que elevaram o valor dos imóveis e resultaram na interessante mistura de butiques, bares e restaurantes. O Noe Valley Ministry, na Sanchez Street, 1.021, é uma igreja presbiteriana do final dos anos 1880 no estilo "Stick" *(págs. 300-1)*, que prevalece na cidade, com ênfase nas linhas verticais. O templo se tornou centro comunitário na década de 1970.

Fachada vitoriana do Noe Valley Ministry, na Sanchez Street

Veja hotéis e restaurantes desta região nas págs. 542-9 e 587-95

Nobby Clarke's Folly

Clarke's Folly ⓰

250 Douglas St. **Mapa** 10 D3. *8, 33, 35, 37, 48.* *ao público.*

Este esplêndido solar branco ocupava um terreno enorme. Foi construído em 1892 por Alfred Clarke, conhecido como Nobby. Clarke trabalhou para o Departamento de Polícia de São Francisco na época da Comissão de Vigilância, em 1851, quando um grupo de moradores tentou acabar com a anarquia *(págs. 48-9)*. A casa custou US$ 100 mil, soma enorme nos anos 1890.

Embora cercada de outras construções, a casa é um ótimo exemplo da arquitetura residencial vitoriana. Os torreões e o telhado de duas águas são típicos do estilo Rainha Ana, enquanto as paredes de ripas e o pórtico de entrada usam elementos da arquitetura Eastlake *(págs. 300-1)*.

Hoje o solar está dividido em apartamentos particulares.

Twin Peaks ⓱

Mapa 9 C4. *33, 36, 37.*

Estas duas colinas eram chamadas em espanhol de *El Pecho de la Chola*, ("O Peito da Índia"). Encontram-se no coração de São Francisco e atingem a altitude de 274m. No topo há um campo com inclinação acentuada de onde se têm vistas incomparáveis de toda São Francisco.

O Twin Peaks Boulevard circunda as duas colinas perto dos cumes, e há um estacionamento e um mirante de onde é possível apreciar a cidade. Quem tiver preparo para subir a pé até o topo pela trilha íngreme vai deixar a multidão para trás e usufruir uma vista estupenda de 360 graus.

Os Twin Peaks (Picos Gêmeos) são as únicas colinas da cidade que mantiveram a forma original. As áreas residenciais nas encostas mais baixas têm ruas sinuosas que acompanham o contorno das colinas, em vez de se entrecruzarem como no resto de São Francisco.

Vulcan Street Steps ⓲

Vulcan St. **Mapa** 9 C2. *37.*

Fora a pequena figura de Mr. Spock em uma caixa de correio, não há relação alguma entre o cultuado seriado de TV *Jornada nas Estrelas* e este conjunto de casas entre as ruas Ord e Levant. Todavia, os Vulcan Steps dão a sensação de estar a anos-luz do inquieto Castro District, logo abaixo. A vegetação transborda dos pitorescos jardins das casas, atapetando os degraus da escadaria, e uma alameda de pinheiros abafa os ruídos da cidade. Há vistas do Mission District e do litoral.

Sutro Tower ⓳

Mapa 9 B3. *36, 37.* *ao público.*

Altiva no horizonte como um robô invasor, a Sutro Tower tem 295m de altura. Com o nome do filantropo e proprietário de terras Adolph Sutro, ela transmite os sinais da maioria das emissoras de rádio e TV de São Francisco. Erigida em 1973, é ainda muito usada, apesar da proliferação das redes a cabo. A torre é visível de toda a Bay Area e às vezes parece flutuar acima dos nevoeiros de verão que avançam do mar. Do lado norte da torre há densos bosques de eucaliptos, que foram primeiramente plantados nos anos 1880 por Adolph Sutro.

A cidade e o Twin Peaks Boulevard vistos do topo dos Twin Peaks

GOLDEN GATE PARK E PRESÍDIO

O espetacular Golden Gate Park, um dos maiores parques urbanos do mundo, foi criado nos anos 1890 sobre um descampado de areia. Possui três museus e várias instalações para esportes. Através dele tem-se acesso ao Land's End, a região menos tocada da cidade e palco de muitos naufrágios. Ao norte do parque, o Presidio, feito em 1776 como posto avançado do império espanhol no Novo Mundo, serviu por muitos anos. Tornou-se Parque Nacional em 1993 e hoje os visitantes podem passear por sua vastidão de bosques.

Ornamento de canhão do Presidio

PRINCIPAIS ATRAÇÕES

Ruas e Construções Históricas
- Clement Street 12
- *Ponte Golden Gate págs. 380-1* 18
- Presidio Community Club 14

Parques e Jardins
- Bison Paddock 8
- Conservatory of Flowers 5
- Japanese Tea Garden 3
- Queen Wilhelmina Tulip Garden 9
- Shakespeare Garden 2
- Stow Lake 7
- Strybing Arboretum 6

Museus e Galerias
- *California Academy of Sciences* 1
- de Young 4
- Fort Point 17
- *Legion of Honor págs. 374-5* 10
- Presidio Visitor Center 15
- Walt Disney Family Museum 16

Igrejas e Templos
- Holy Virgin Cathedral 11
- Temple Emanu-El 13

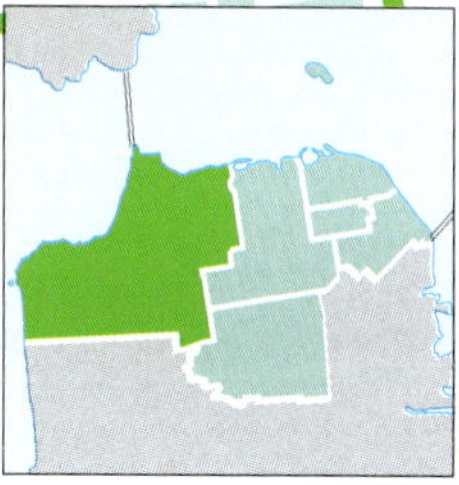

COMO CHEGAR

Para o parque, pegue os ônibus 5, 7, 21, 71 ou 73, ou o bonde N. Para Presidio é melhor ir de carro, mas o ônibus Muni 29 para nas principais atrações, o 43 vai à ponta leste e o 28 à divisa norte.

LEGENDA

- Mapa Rua a Rua *págs. 366-7*
- Presídio *págs. 376-7*

A Ponte Golden Gate, vista de Fort Point

Rua a Rua: Golden Gate Park

Luminária do Japanese Tea Garden

O Golden Gate Park tem 5km de comprimento por 1,6km de largura. Estende-se do oceano Pacífico ao centro de São Francisco, formando um oásis verde e tranquilo que serve de fuga à agitação da vida urbana. Dentro do parque se acha uma quantidade surpreendente de atividades esportivas e culturais. A área ajardinada à volta do Music Concourse, com fontes, plátanos e bancos, é a parte mais popular e bem-tratada. Aqui se pode desfrutar de concertos gratuitos aos domingos no Spreckels Temple of Music. Há nada menos que três museus para cada lado do Concourse, e os jardins Japanese e Shakespeare ficam a curta distância.

★ de Young
Este museu exibe um acervo de obras internacionais. Entre os objetos expostos figura esta cômoda de mogno, feita em Filadélfia em 1780. ❹

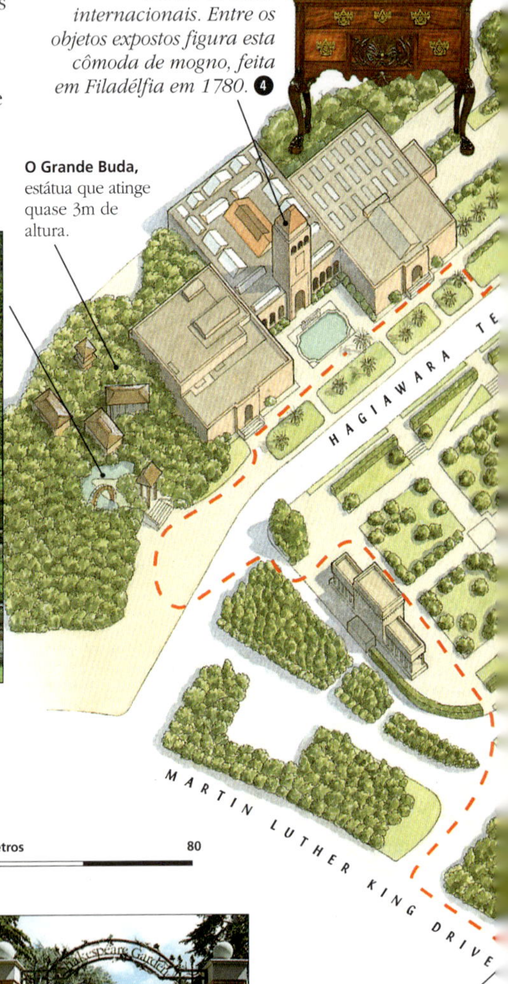

O Grande Buda, estátua que atinge quase 3m de altura.

★ Japanese Tea Garden
Este jardim exótico, com plantas bem cuidadas e um belo lago, é um dos pontos mais atraentes do parque. ❸

LEGENDA

– – – Percurso sugerido

0 metros 80

PONTOS ALTOS

★ de Young

★ Japanese Tea Garden

Shakespeare Garden
Este pequeno jardim possui mais de 150 espécies de plantas, todas citadas na poesia e no teatro de Shakespeare. ❷

Veja hotéis e restaurantes desta região nas págs. 542-9 e 587-95

A escultura *Prensagem da Maçã*, de Thomas Shields-Clarke, é um dos poucos monumentos que restaram da Feira de Inverno da Califórnia de 1894.

LOCALIZE-SE
Guia de Ruas, mapas 7 e 8

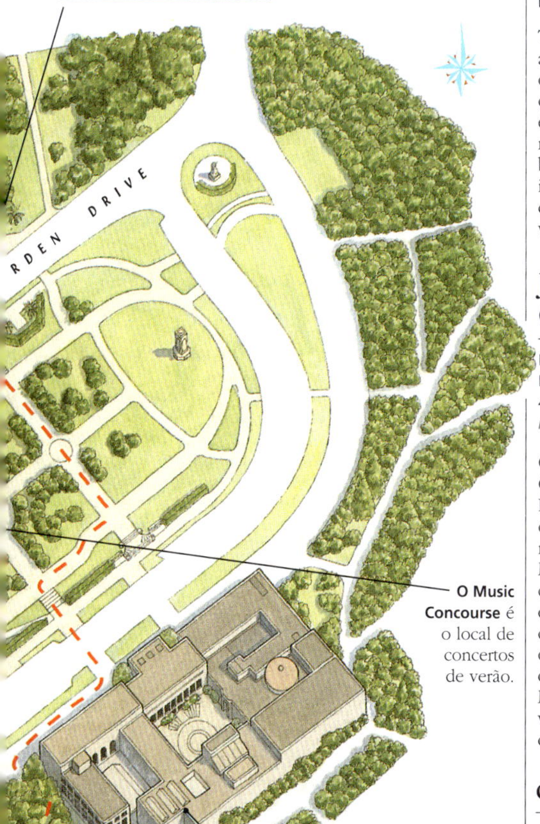

O Music Concourse é o local de concertos de verão.

California Academy of Sciences
Este centro extraordinário contém florestas tropicais e cerca de 40 mil animais.

California Academy of Sciences ❶

págs. 320 e 370-1.

Shakespeare Garden ❷

Music Concourse, Golden Gate Park. **Mapa** 8 F2. 🚌 *44.*

Tenta-se cultivar aqui todas as plantas mencionadas na obra de Shakespeare. As citações famosas estão inscritas em placas colocadas no muro dos fundos do jardim. Um busto do século 19 do bardo inglês é guardado em uma caixa que só é aberta às vezes. Pergunte na zeladoria.

Japanese Tea Garden ❸

Music Concourse, Golden Gate Park. **Mapa** 8 F2. 🚌 *44.* ***Tel*** *(415) 752-4227.* ◯ *mar-out 9h-18h diariam; nov-fev 9h-16h45 diariam.*

Criado pelo negociante de arte George Turner Marsh para a Feira de Inverno da Califórnia de 1894, este jardim é concorrido. Um jardineiro japonês, Makota Hagiwara, foi contratado depois para cultivá-lo. Ele e sua família cuidaram do jardim e o ampliaram até 1942, quando foram confinados durante a Segunda Guerra Mundial. A melhor época para visitas é em abril, quando as cerejeiras florescem.

de Young ❹

50 Hagiwara Tea Garden Drive, Golden Gate Park. **Mapa** 8 F2. ***Tel*** *(415) 863-3330.* ◯ *9h30-17h15 ter-dom.* *(grátis 1ª ter do mês)* **www**.thinker.org

Fundado em 1895, o de Young abriga uma das melhores coleções de arte da cidade. Em 1989, o prédio foi abalado demais por um terremoto para ser salvo. Um novo e brilhante edifício abriu em 2005. O museu exibe arte americana, trabalhos americanos pré-colombianos, africanos e da Oceania.

Conservatory of Flowers ❺

100 John F. Kennedy Drive, Golden Gate Park. **Mapa** 9 A1. ***Tel*** *(415) 666-7001.* *33, 44.* *9h-16h30 ter-dom.* *(grátis 1ª ter do mês)* *restrito.*

Esta estufa ornamentada, inspirada na dos Kew Gardens de Londres, é a mais antiga construção do Golden Gate Park. O incorporador James Lick importou a estrutura da Irlanda, mas morreu antes da construção, em 1879. Grande parte da estufa, com samambaias, palmeiras e orquídeas que floresceram por mais de um século, foi destruída pelo furacão de 1995. Após campanha na cidade, o local reabriu em 2003.

Strybing Arboretum ❻

9th Ave com Lincoln Way, Golden Gate Park. **Mapa** 8 F2. ***Tel*** *(415) 661-1316.* *44, 71.* *8h-16h30 seg-sex; 10h-17h fins de semana e feriados.* *13h30 diariam.* **www**.sfbotanicalgarden.org

Cerca de 7.500 espécies de plantas, árvores e arbustos de vários países do mundo estão expostas no Strybing Arboretum. São muito interessantes os jardins mexicano, africano, sul-americano e australiano e

Garden of Fragrance, no Strybing Arboretum

um exclusivo de plantas nativas da Califórnia.

Vale a pena visitar o encantador Moon-Viewing Garden, que exibe plantas do Extremo Oriente num cenário que, ao contrário daquele do Japanese Tea Garden *(pág. 367)*, é mais natural que planejado. Plantas medicinais e culinárias florescem no Garden of Fragrance, feito especificamente para cegos. A ênfase aqui são os sentidos do paladar, do tato e do olfato, e todas as plantas têm identificação em Braille.

Em outra área foram plantadas sequoias nativas da Califórnia, com um córrego serpenteando entre elas. É uma recriação da flora e do ambiente de uma floresta costeira do Norte da Califórnia. Há ainda a New World Cloud Forest, com a flora das montanhas da América Central. Não deixa de surpreender que todos esses jardins sobrevivam nos nevoeiros californianos.

O Arboretum tem uma lojinha que vende sementes e livros e abriga a Helen Crocker Horticultural Library, biblioteca aberta ao público. Um festival de flores e plantas é realizado na primavera.

Stow Lake ❼

Stow Lake Drive, Golden Gate Park. **Mapa** 8 E2. *28, 29.*

Em 1895, o presidente da Comissão de Parques, W.W. Stow, ordenou a construção deste lago artificial, o maior do parque. Foi feito à volta da Strawberry Hill (cujo nome vem dos morangos que havia por aqui), de modo que a colina é hoje uma ilha no lago, ligada a terra por duas pontes de pedra. O curso circular do Stow Lake o torna perfeito para se remar da casa de barcos e ficar dando voltas, embora o clima tranquilo indique ser mais sensato deixar-se levar calmamente pela água. O pavilhão chinês na beira da ilha foi presenteado a São Francisco por sua cidade-irmã Taipé, em Taiwan. Vermelho e verde, o pavilhão chegou a São Francisco de navio em 6.000 peças e foi remontado na ilha.

O pavilhão chinês de observação lunar no Stow Lake

O milionário barão da ferrovia Collis Porter Huntington *(págs. 50-1)* doou em 1894 o dinheiro para se fazer o reservatório e a cascata que despenca no Stow Lake, chamada Huntington Falls. Danificada no terremoto de 1906 *(págs. 52-3)*, foi restaurada nos anos 1980 e hoje é uma das maiores atrações do parque.

Buffalo Paddock ❽

John F. Kennedy Drive, Golden Gate Park. **Mapa** 7 C2. 🚌 *5, 29.*

Os peludos búfalos que pastam neste curral especial são os maiores animais terrestres da América do Norte. Facilmente reconhecíveis pelos chifres retorcidos e pela corcova, os búfalos são o símbolo das pradarias norte-americanas e são mais corretamente conhecidos por bisões-americanos.

O curral foi inaugurado em 1892 com o fim de proteger a espécie, na época à beira da extinção. Todavia, a primeira manada, vinda de Wyoming, morreu de epidemia de tuberculose e teve de ser substituída. Em 1902, William Cody, o fora da lei apelidado de "Buffalo Bill", trocou um de seus búfalos por um do Golden Gate Park. Ambas as partes pensaram ter-se livrado de uma fera indomável, mas, quando Cody voltou ao seu acampamento, o búfalo recém-adquirido pulou a alta cerca e fugiu. Segundo um jornal da época, o *San Francisco Call*, foram necessários 80 homens para recapturá-lo.

Um búfalo do Buffalo Paddock

Queen Wilhelmina Tulip Garden e o Dutch Windmill

Queen Wilhelmina Tulip Garden ❾

Mapa 7 A2. 🚌 *5, 18.* ***Moinho*** ♿

Este jardim leva o nome da rainha holandesa Guilhermina. Por isso, centenas de tulipas lhe são doadas todo ano pela Associação Holandesa de Produtores de Bulbos. Nos meses de primavera, o local fica atapetado de flores. O Dutch Windmill (Moinho Holândes), perto da ponta noroeste do Golden Gate Park, foi construído em 1903. Sua função e a de seu par, o Murphy Windmill, erguido na ponta sudoeste do parque em 1905, era bombear a água a partir de um lençol subterrâneo a fim de irrigar o parque. A necessidade de um volume crescente de água –cerca de 230 milhões de litros por dia– logo tornou os moinhos obsoletos, e eles foram aposentados.

JOHN MCLAREN

Embora o Golden Gate Park tenha sido projetado por William Hammond Hall, o estado atual do parque se deve mais ao sucessor dele, John McLaren.

McLaren nasceu na Escócia em 1846 e estudou botânica antes de emigrar para a Califórnia nos anos 1870. Ele sucedeu a Hall como administrador em 1887 e devotou sua vida ao parque.

Jardinista e botânico dos melhores, McLaren teve êxito no cultivo de plantas importadas de todo o mundo, apesar do solo pobre e do clima nevoento. Ele plantou milhares de árvores e escolheu a dedo os arbustos para garantir que o parque estivesse florido o ano inteiro.

A John McLaren Lodge, mansão de arenito situada no lado oriental do parque, foi construída em 1896 para ser a casa de McLaren e sua família. Quando estava à morte em 1943, McLaren pediu que o cipreste diante da casa fosse iluminado com enfeites de Natal. Seu desejo foi atendido, a despeito da vigência do blecaute de guerra. Ainda se chama o cipreste de "Árvore de Natal do Tio John", e ela é iluminada todo mês de dezembro em homenagem a ele. McLaren está enterrado no City Hall. O Golden Gate permanece fiel ao sonho dele –um lugar que seja um refúgio da vida urbana.

California Academy of Sciences ❶

Pinguim no the African Hall

O California Academy of Sciences voltou para sua sede original no Golden Gate Park. O prédio, que abriga o Steinhart Aquarium, o Morrison Planetarium, e o Kimball Natural History Museum, combina arquitetura inovadora e ecologicamente correta com espaços de exposição flexíveis. Uma grande piazza foi contruída no coração do local, com vista para o Golden Gate Park.

Um guia e uma criança com um crocodilo no Pântano.

GUIA DO MUSEU

Partes do Steinhart Aquarium ficam espalhadas por todo o museu, mas a maioria dos tanques está no subsolo, embaixo da Piazza Um auditórico em cima do café mostra imagens de viagens, além de performances e programas em vídeo. Nos fundos do prédio fica a coleção de mais de 20 milhões de espécies, além de escritórios e laboratórios de pesquisa.

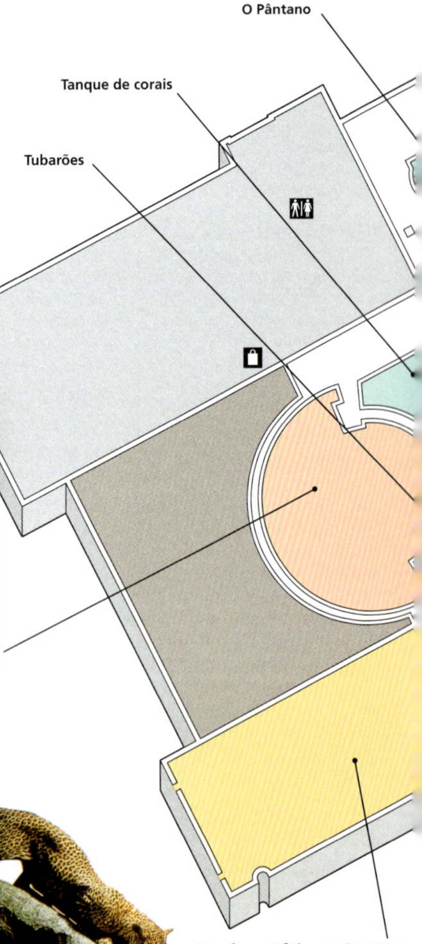

Morrison Planetarium

Um dos mais precisos projetores estelares do mundo transforma o teto em céu noturno.

Tusher African Center

Modelos realistas de animais das florestas e savanas africanas são mostrados aqui em seus ambientes.

LEGENDA

- Tusher African Center
- Kimball Natural History Museum
- Morrison Planetarium
- Rainforests of the World
- Steinhart Aquarium
- Aquarium Tanks
- Espaço sem exposições

Veja hotéis e restaurantes desta região nas págs. 542-9 e 587-95

★ Steinhart Aquarium
O tanque com o recife de coral mais profundo do mundo, um pântano de dois andaresa, a Discovery Tidepool, e centenas de tanques com "joias" apresentam a impressionante diversidade da vida aquática.

PREPARE-SE

55 Concourse Dr. **Mapa** 8 F2. ***Tel*** (415) 379-8000. 9h30-17h seg-sáb (até 21h qui), 11h-17h dom. (gratuita 3ª qua do mês). Para mais informações, visite **www**.calacademy.org

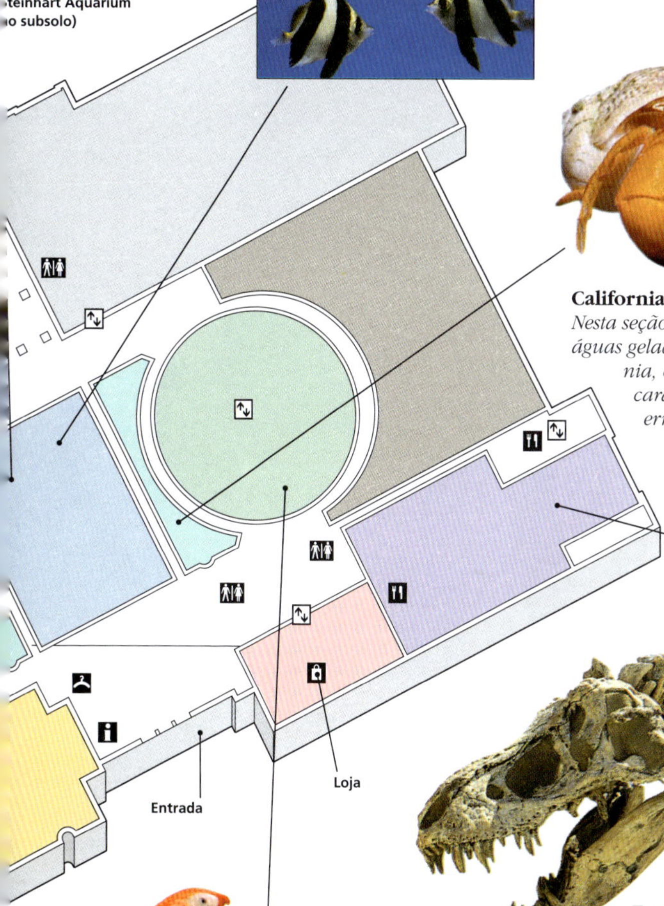

California Coast Tank
Nesta seção, criaturas das águas geladas da Califórnia, como este caranguejo ermitão.

Esqueleto de *Tyrannosaurus rex* *Este predador gigantesco foi o mais vigoroso carnívoro a habitar a Terra.*

★ Rainforests of the World
Esta seção de quatro andares oferece uma viagem vertical pelos diferentes habitats da floresta tropical. Araras de verdade e outras aves vivem na abóbada.

PONTOS ALTOS

★ Rainforests of the World

★ Steinhart Aquarium

A Golden Gate vista do campo de golfe do Lincoln Park ▷

17

Legion of Honor ⑩

Inspirada no Palais de la Légion d'Honneur de Paris, Alma de Bretteville Spreckels construiu este museu nos anos 1920 para homenagear os soldados californianos que morreram na Primeira Guerra Mundial e promover a arte francesa na Califórnia. Concebido pelo arquiteto George Applegarth, o museu contém pinturas de Monet, Rubens e Rembrandt, mais de 70 esculturas de Rodin e arte antiga de mais de 4.000 anos. A Achenbach Foundation for Graphic Art, com seu famoso acervo de artes gráficas, ocupa parte da galeria.

A Velha
O artista francês Georges de la Tour pintou este retrato em cerca de 1618.

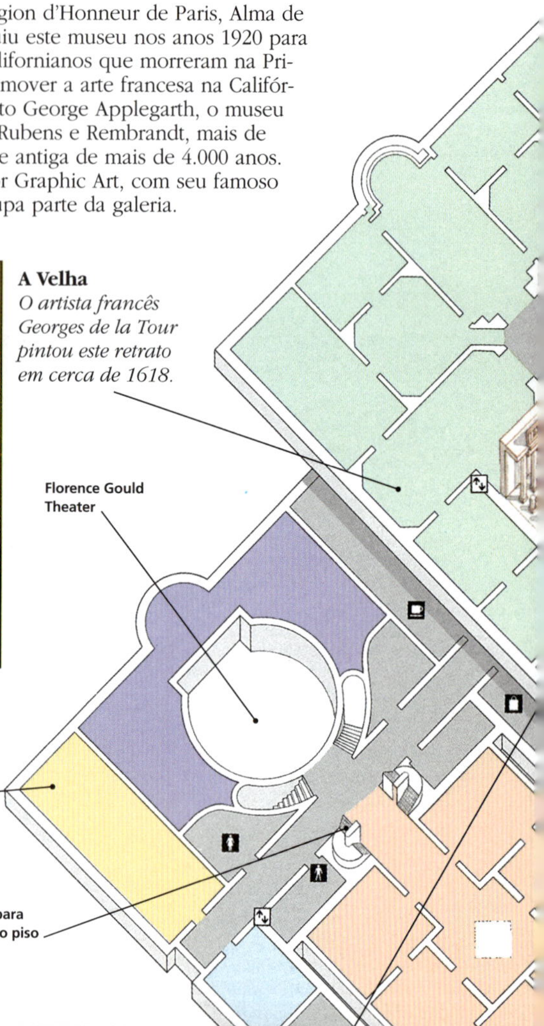

A Galeria de Porcelanas contém estatuetas, louça e outras peças que datam do século 18.

A Virgem e o Menino
Este óleo do artista flamengo Dieric Bouts é do século 15. Forma um conjunto de quatro painéis intitulado A Vida da Virgem.

PONTOS ALTOS

★ *O Pensador* de Rodin

★ *Ninfeias* de Monet

Veja hotéis e restaurantes desta região nas págs. 542-9 e 587-95

O Tributo em Dinheiro *(1612)*
O uso de cores primárias neste óleo sobre tela é típico do artista flamengo Peter Paul Rubens.

O Empresário
Neste quadro de cerca de 1877, o artista Edgar Degas enfatiza o tamanho do retratado fazendo-o parecer grande para a tela.

★ Ninfeias
A obra de Claude Monet, feita entre 1914 e 1917, integra uma série sobre o lago de liliáceas de sua casa em Giverny.

★ O Pensador
Esta peça de bronze original de Le Penseur *(1904), de Rodin, fica no centro da colunata do Court of Honor. É uma de 11 peças fundidas da escultura em acervos de todo o mundo.*

PREPARE-SE

34th Ave & Clement, Lincoln Park.
Mapa 1 B5. ***Tel*** *(415) 750-3600.*
18. *9h30-17h15 ter-dom.* *feriados.*
(grátis 1ª terça-feira de cada mês).
www.famsf.org

GUIA DO MUSEU

O acervo permanente de arte europeia antiga do California Palace of the Legion of Honor fica exposto nas salas do primeiro piso. As obras estão dispostas em ordem cronológica, do período medieval –à esquerda da entrada principal– ao Renascimento e ao século 20. As exposições temporárias, artes gráficas e o acervo de porcelanas ficam no subsolo.

LEGENDA

- Exposições permanentes
- Achenbach Foundation Library
- Galeria de porcelanas
- Depósito do teatro
- Exposições especiais
- Espaço sem exposição

Presidio

Presidio Park, placa

As estradas sinuosas e o paisagismo exuberante de Presidio desmentem sua longa história militar. Este local, cujo nome está associado à fortaleza, e não a um presídio mesmo, teve papel fundamental no crescimento de São Francisco e é habitado há mais tempo que qualquer outro na cidade. Veem-se por todo lado marcas de seu passado, como nas bem preservadas casernas, nas plataformas de artilharia e nos canhões. Há várias trilhas para andar de bicicleta, praias além de restaurantes. O caminho costeiro em Crissy Field é indicado para caminhadas. A Ponte Golden Gate cruza a baía do canto noroeste do Presidio ao Marin County.

Fort Point
Hoje parte do patrimônio histórico, este forte de tijolos protegia o Golden Gate na Guerra de Secessão (1861-1865) ⓰

★ Ponte Golden Gate
Inaugurada em 1937, a ponte tem um vão único de 1.280m. ⓱

O Mountain Lake, lago de nascente própria, é popular para piqueniques. O Presidio foi criado nas cercanias por volta de 1776 para defender a baía e Mission Dolores *(pág. 361)*.

O Crissy Field era um charco que foi aterrado para a Exposição Panamá-Califórnia de 1915 *(pág. 351)*. Serviu de campo de pouso de 1919 a 1936 e foi reformado.

LOCALIZE-SE
Guia de Ruas, mapas 2 e 3

No Cemitério Militar estão os despojos de 15 mil soldados norte-americanos mortos em várias guerras.

O Tidal Marsh faz parte da recuperação da área do Presidio no Crissy Field.

Arguello Gate
Este portão ornamental com símbolos militares marca uma entrada da antiga base militar, hoje é um parque nacional aberto ao público.

★ Presidio Visitor Center
O Centro de Visitantes da Moraga Avenue fica na área de Main Post do Presidio.

0 metros 500

PONTOS ALTOS

★ Ponte Golden Gate

★ Presidio Visitor Center

Holy Virgin Cathedral ⓫

6210 Geary Blvd. **Mapa** 8 D1. ***Tel*** *(415) 668-5218.* *2, 29, 38.* *8h, 18h diariam, outras missas 8h, 9h45 dom.*

Cúpulas de um dourado resplandecente coroam a Holy Virgin Cathedral, da Igreja Russa Ortodoxa no Exílio, marco inconfundível no suburbano Richmond District. O prédio geralmente é aberto ao público só para os serviços religiosos. Ao contrário do que ocorre em muitas igrejas cristãs, aqui as missas são rezadas com os fiéis em pé. Assim, não há assentos.

A catedral e o comércio à volta, principalmente de russos, como o animado restaurante Russian Renaissance, ficam no coração da enorme comunidade russa de São Francisco *(pág. 35)*. A catedral foi erigida no início dos anos 1960, mas a comunidade floresceu a partir da década de 1820 e atingiu seu maior número com a chegada de uma grande leva de imigrantes após a Revolução Russa de 1917. Teve ainda outros dois pontos altos: no final das décadas de 1950 e 1980.

Clement Street ⓬

Mapa 1 C5. *2, 28, 29, 44.*

Esta é uma das mais movimentadas ruas do outrora sossegado Richmond District. Livrarias e pequenas butiques proliferam aqui, e os moradores do bairro reúnem-se numa profusão de alegres bares e restaurantes típicos e de *fast food*. A maioria é frequentada mais por moradores que por turistas.

A Clement Street é circundada por uma área chamada New Chinatown, lar de mais de um terço da população chinesa de São Francisco. Por isso alguns dos melhores restaurantes chineses da cidade estão aqui, com destaque para a culinária do Extremo Oriente *(pág. 590-2)*. A região também atrai a atenção pela diversidade de restaurantes, entre eles peruanos e franceses.

A Clement Street vai do Arguello Boulevard até as radiais que cortam de norte a sul, popularmente conhecidas como "The Avenues". Ela termina perto do California Palace of the Legion of Honor *(págs. 374-5)*.

A russo-ortodoxa Holy Virgin Cathedral

Interior do templo Emanu-El, mostrando a Arca Sagrada

Temple Emanu-El ⓭

2 Lake St. **Mapa** 3 A4. ***Tel*** *(415) 751-2535.* *8h30-17h30 seg-qui, (até 17h sex; até 19h30 primeira sex do mês).* *17h30 sex, 10h30 sáb.* *nos cultos.*

Após a Primeira Guerra Mundial, centenas de judeus da Rússia e da Europa Oriental mudaram-se para o Richmond District e construíram grandes templos. Entre eles está o Temple Emanu-El, com uma cúpula inspirada na da igreja Hagia Sophia (Sabedoria Sagrada) de Istambul, do século 6º.

O templo foi construído em 1925 para a congregação judaica, que se estabeleceu na cidade em 1850. Concebido pelo arquiteto Arthur Brown, que também projetou o City Hall *(pág. 352)*. o templo é um híbrido arquitetônico do estilo Missão *(págs. 30-1)*, de ornamentação bizantina e arcadas românicas.

Presidio Officers' Club ⓮

50 Moraga Ave. **Mapa** 3 A2. ***Tel*** *(415) 561-2582.* *29.* *9h-17h diariam.* *alguns feriados.*

De frente para a antiga praça de armas do Presidio o Officers' Club foi feito no estilo das missões espanholas *(págs. 30-1)*. Embora seja dos anos 1930, foi construído com esmero em volta das ruínas de adobe (tijolo seco ao sol) do forte espanhol do século 18. Exposições públicas e eventos particulares costumam ser realizados aqui.

Presidio Visitor Center ⓯

Temporariamente no Presidio Officers' Club. **Mapa** 3 A2. ***Tel*** *(415) 561-4323.* *9h-17h diariam* **www**.presidio.gov

O Presidio Museum, que antes ocupava um prédio de madeira de 1860, o antigo hospital de Presidio, hoje faz parte do Mott Visitor Center, que abriga exibições associadas à longa história de Presidio. As mostras enfocam relatos de testemunhas oculares da evolução da cidade de São Francisco, desde o pequeno posto de fronteira em 1770 à grande metrópole que é hoje. Há mais exposições de uniformes e armas em outros prédios de Presidio. Duas pequenas cabanas atrás do Old Post Hospital *(pág. 377)* são exemplos das centenas de abrigos erguidos aqui após o terremoto de 1906 *(págs. 52-3).*

Walt Disney Family Museum ⓯

104 Montgomery St. **Mapa** 3 A2. ***Tel*** *(415) 345-6800.* *10h-18h qua-seg.* *1º jan, 4 jul. Ação de Graças, 25 dez.*

Walt Disney costuma ser associado aos personagens que criou, como Mickey Mouse e Pateta, mas pouco se sabe sobre o próprio Disney. Este museu enfoca a vida e a época de Walt Disney através de fotografias, documentos, desenhos animados e as mais variadas exibições interativas.

Um canhão em exposição do lado externo do Presidio Museum

A Ponte Golden Gate vista de Fort Point

Fort Point ⓰

Lake Ave e Marine Drive. **Mapa** 2 E1. ***Tel*** *(415) 556-1693.* *10h-17h sex-dom.* *restrito.* **www**.nps.gov/fopo

Concluído pelo Exército dos EUA em 1861, o forte foi feito tanto para defender a baía de São Francisco de eventuais ataques quanto para proteger navios carregados de ouro das minas da Califórnia *(págs. 48-9).* É a mais importante das muitas fortificações construídas na costa do Pacífico e um exemplo clássico de fortaleza de tijolos e granito anterior à Guerra de Secessão. O edifício logo se tornou obsoleto porque seus muros de 3m de espessura seriam incapazes de suportar o impacto das armas modernas. Foi fechado em 1900.

As abóbadas de tijolos do forte são uma raridade em São Francisco e o uso de tijolos pode ter evitado o desabamento do forte no terremoto de 1906 *(págs. 52-3).* Ele quase foi demolido na década de 1930 para dar espaço à Ponte Golden Gate, mas foi preservado e hoje é um ótimo mirante da ponte. Reformado nos anos 1970, o forte abriga um museu com uniformes militares e armas. Guarda-parques vestidos com uniformes da Guerra de Secessão guiam as visitas.

A HISTÓRIA DE PRESÍDIO

Presidio no século 19

Em 1776, José Joaquín Moraga, um dos primeiros colonos espanhóis, construiu um forte –vários prédios de adobe– para proteger Mission Dolores *(pág. 361).* Depois de o México ter obtido sua independência da Espanha, o forte tornou-se o mais setentrional da jovem república, até que os Estados Unidos o derrubaram, em 1847. Presidio foi utilizado com fins militares até 1990.

Dos anos 1850 à década de 1930, o adobe deu lugar à madeira e, mais tarde, ao concreto em sobrados no estilo Mission e georgiano (britânico do século 18), construídos para os oficiais e suas famílias. Estes prédios continuam lá.

O local tem uma área de 5,67 milhões de metros quadrados e seu reflorestamento de eucaliptos e ciprestes não existe em nenhuma outra base militar no mundo. Presidio foi tombado pelo patrimônio histórico e é zelado pela Golden Gate National Recreation Area (GGNRA).

Ponte Golden Gate ⓲

Operário da ponte com máscara protetora

Herdeira do nome dessa parte da baía de São Francisco –batizada de “Golden Gate” (“Portão Dourado”) por John Fremont em 1844–, a ponte foi inaugurada em 1937, ligando a cidade a Marin County. A construção levou quatro anos e custou US$ 35 milhões. Têm-se vistas espetaculares desse mundialmente famoso ponto turístico, que possui seis pistas para veículos e uma passarela de pedestres. É a terceira maior ponte do mundo com vão único e, quando foi feita, era a mais longa e alta estrutura suspensa.

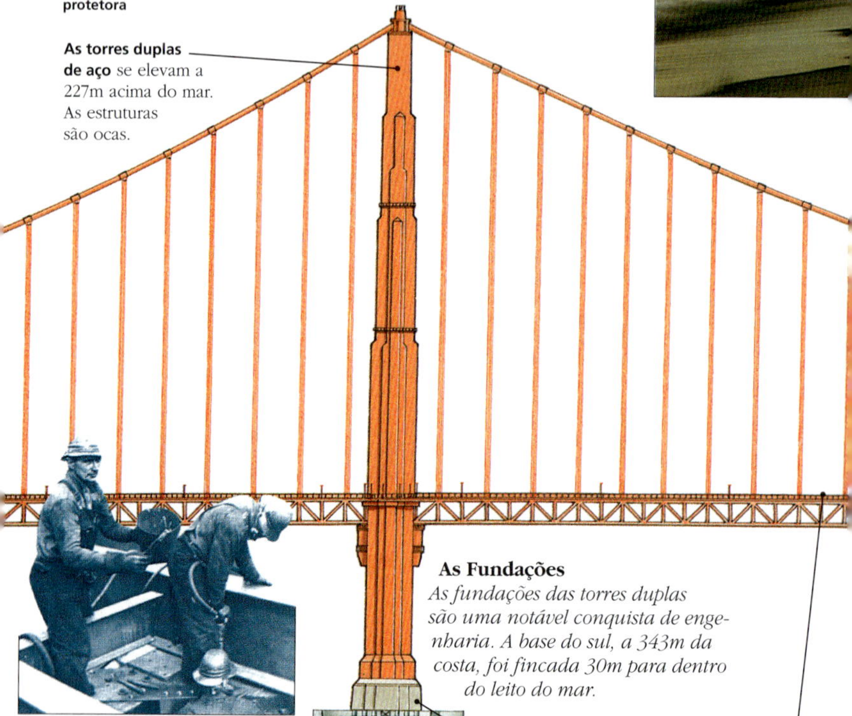

As torres duplas de aço se elevam a 227m acima do mar. As estruturas são ocas.

As Fundações

As fundações das torres duplas são uma notável conquista de engenharia. A base do sul, a 343m da costa, foi fincada 30m para dentro do leito do mar.

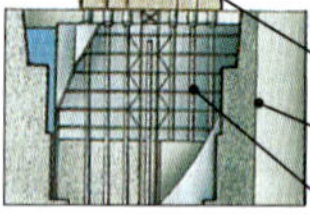

Base de 20m de espessura

Arrimo de 47m de altura

Armação de ferro

A pista fica a 67m da água, que tem 97m de profundidade.

Pegando rebites quentes

Em grupos de quatro, um operário esquentava os rebites e os lançava para outro, que os apanhava com um balde. Os outros dois uniam as peças de aço com os rebites quentes.

Arrimo de concreto

Durante a construção, a base do sul foi protegida da força das marés por um muro de arrimo de concreto. A água era retirada com bombas para criar um enorme dique seco.

A Pista
A pista de concreto sustentada por aço foi construída a partir das torres em ambos os sentidos, para distribuir por igual o peso pelos cabos de suspensão.

PREPARE-SE

Rodovia 101, Presidio. **Mapa** 2 E1. ***Tel*** *(415) 921 5858.* *2, 4, 8, 10, 18, 20, 50, 72, 80.* **Pedestres e ciclistas** *só passarela leste.* **Pedágio** *só no sentido sul Rodovia 101.* *só mirante.* **www**.goldengatebridge.org

Joseph Strauss
O engenheiro Joseph Strauss, de Chicago, tido como o projetista oficial da ponte, comandou a cerimônia de inauguração em abril de 1937. Seus assistentes foram Leon Moisseiff e Charles Ellis. Irving F. Morrow participou como consultor.

A extensão da ponte é de 2,7km; o vão livre –terceiro do mundo– tem nada menos que 1,28km.

Vista Point
A melhor vista tanto da ponte quanto de São Francisco é do lado de Marin County.

A PONTE EM NÚMEROS

- Todo ano, mais de 40 milhões de veículos cruzam a Golden Gate. São cerca de 118 mil veículos diários.
- A pintura original durou 27 anos e só precisou de alguns retoques. De 1965 a 1995, uma equipe raspava a pintura antiga para aplicar uma cobertura mais durável.
- Os dois cabos grandes, de 2,33km, têm mais de 1m de diâmetro e são feitos de 128.744km de fio de aço, o suficiente para circundar três vezes a Terra no Equador.
- O volume de concreto despejado nas bases e nos ancoradouros seria suficiente para fazer uma estrada de 1,5m de largura de Nova York a São Francisco, uma distância de mais de 4.000km.
- A ponte pode suportar ventos de 160 km/h.
- Cada base pode resistir a uma força de maré de mais de 97 km/h e sustentar uma torre de aço de 44.000t.

Equipes pintando a ponte

COMPRAS EM SÃO FRANCISCO

Relógio sobre a entrada da Tiffany's

Fazer compras em São Francisco é muito mais do que simplesmente comprar coisas –é uma experiência que permite travar contato com a cultura da cidade. A diversidade de São Francisco transforma qualquer compra em aventura. Há uma gama enorme de artigos, dos simples aos mais extravagantes. Não é preciso ter pressa, porque a demora na escolha é em geral bem-vista, ainda mais nas pequenas lojas especializadas e butiques. Caso você prefira comodidade, os inúmeros shopping centers e lojas de departamentos são excelentes. Para os que buscam um ar local, todas as zonas comerciais dos bairros têm charme e personalidade próprios, cada uma refletindo um aspecto diferente da cidade.

ÁREAS COMERCIAIS E SHOPPING CENTERS

Ao contrário de grande parte das zonas comerciais de subúrbio, as de São Francisco têm personalidade, e uma ou outra possui arquitetura bem interessante. O Embarcadero Center *(pág. 314)*, que ocupa oito quadras, tem mais de 125 lojas. A Ghirardelli Square *(pág. 337)* foi uma famosa fábrica de chocolate de 1893 ao início dos anos 1960. Defronte da baía de São Francisco, hoje atrai muitas pessoas a suas mais de 50 lojas e vários restaurantes.

O Westifield San Francisco Center *(pág. 321)* tem nove pisos e mais de cem lojas. O Pier 39 *(pág. 336)* é um mercado à beira-mar, com restaurantes, carrossel veneziano de dois andares, marina e muitas lojas e mercearias. Na Cannery *(pág. 337)*, que fica em Fisherman's Wharf, encontra-se outra boa variedade de lojas pequenas e simpáticas. A linda Crocker Galleria *(pág. 320)* é um dos mais fabulosos centros de compras da cidade, com três pisos em volta de uma praça central sob uma cúpula de vidro.

Emporio Armani

O Japan Center *(pág. 352)*, que tem até um pagode, oferece comidas exóticas, artigos e peças de arte orientais, além de hotel e banhos orientais. O Rincon Center *(pág. 317)*, com uma coluna d'água de 27m no centro, é um paraíso Art Déco de compras e alimentação.

LOJAS DE DEPARTAMENTOS

Grande parte das principais lojas de departamentos de São Francisco fica na Union Square ou perto dela. São lojas enormes que oferecem aos clientes uma grande variedade de artigos e serviços.

A cadeia **Bloomingdale's** abriu sua filial na Costa Oeste em São Francisco no final de 2006 e é hoje a maior das "Bloomies" do país. As especialidades são moda, acessórios de luxo e objetos para a casa.

A **Macy's** possui uma enorme variedade de artigos, e tem ainda uma ampla gama de serviços, como câmbio de moeda e intérpretes. A seção masculina é a mais vasta.

A **Neiman Marcus** é outra loja elegante. Vale conhecer a cúpula de vitrais no Rotunda Restaurant, que fazia parte do prédio anterior.

A **Nordstrom**, famosa por confecções e calçados, é muitas vezes chamada de "a loja do céu", por ocupar os cinco andares de cima do inovador San Francisco Shopping Center.

Bandeiras em frente do pagode do Japan Center

COMPRAS PERTO DA UNION SQUARE

As quadras entre as ruas Geary, Powell e Post e as quadras entre as ruas Market e Sutter reservam lojas luxuosas e butiques baratas, que vendem de tudo nessa área da cidade, de roupa de cama a suvenires. Hotéis caros, restaurantes chiques e bancas de flores coloridas ajudam a compor o clima de sofisticação.

LOJAS BENEFICENTES

Os moradores de São Francisco adoram comprar coisas que financiem uma boa causa. A **PlaNetweavers Treasure Store** é a loja oficial do Unicef, que vende artesanato e roupas feitas nos países em desenvolvimento, além de brinquedos educativos de todo o mundo. O fundo beneficente do Unicef fica com 25% do lucro líquido. O **Gate National**

Banca de flores na Union Square

Park Store oferece o lucro de presentes e lembranças a todos os parques nacionais, incluindo o Golden Gate National Park. Todo o lucro obtido pelo **Under One Roof** é revertido para diversas associações de combate à Aids. A **Patagonia** oferece equipamentos feitos de fibras recicladas. Você pode também fazer doações em dinheiro ou roupas que vão para grupos sem fins lucrativos.

SUVENIRES

Na **Only in San Francisco** e na **Cable Car Store** muitos suvenires, como camisetas, chaveiros, canecas e enfeites de Natal, são decorados com temas que lembram São Francisco.

Encontram-se suvenires e bonés na **Krazy Kaps**, cujas portas, na Grant Avenue *(pág. 329)* e em Fisherman's Wharf *(págs. 334-5)*, têm cestos cheios de lembranças baratas.

AS MELHORES COMPRAS

Os apreciadores da culinária devem sair em busca de frutos do mar, uma das especialidades da cidade. O vinho do Napa Valley *(págs. 462-3)* é outra boa compra, bem como os famosos chocolates Ghirardelli. Você encontrará jeans por bons preços, roupas clássicas, arte étnica, livros e discos, particularmente em Mission District e Haight-Ashbury.

EXCURSÕES DE COMPRAS

O turista que quer ser levado às melhores lojas pode pegar uma excursão especializada, feita por algumas empresas. Informações no San Francisco Convention and Visitor's Bureau. A Macy's oferece um dia VIP de compras, com assistência e descontos.

LOJAS DE MUSEUS

As lojas de museus têm artigos finos para todos os bolsos. Entre as melhores da cidade estão a **Academy Store**, na California Academy of Sciences *(pág. 320)*, a **MuseumStore**, da Legion os Honor *(págs. 374-5)*, a **San Francisco MoMA Museum Store** *(págs. 318-9)* e a **Asian Art Museum** *(pág. 352)*.

Grant Avenue, em Chinatown

AGENDA

Academy Store
California Academy of Sciences, Golden Gate Park, 55 Concourse Dr. **Mapa** 8 F2.
Tel *(415) 321-8119.*
www.calacademy.org

Asian Art Museum
200 Larkin St. **Mapa** 4 F5. ***Tel*** *(415) 581-3500.* **www**.asianart.org

Bloomingdale's
845 Market St. ***Tel*** *(415) 856-5300.*

Cable Car Store
Pier 39. **Mapa** 5 B1.
Tel *(415) 989-2040.*

Golden Gate National Park Store
603 Mason St. in Crissy Field.
Mapa 3 A2. ***Tel*** *(415) 561-7761.*
www.parksconservancy.org

Krazy Kaps
Pier 39. **Mapa** 5 B1.
Tel *(415) 296-8930.*

Macy's
Stockton St e O'Farrell St.
Mapa 5 C5. ***Tel*** *(415) 954-6271.*

Museum Store
Legion of Honor, Golden Gate Park.
Mapa 1 B5. ***Tel*** *(415) 750-3642.*
www.thinker.org

Neiman Marcus
150 Stockton St. **Mapa** 5 C5.
Tel *(415) 362-3900.*

Nordstrom
San Francisco Shopping Center, 865 Market St. **Mapa** 5 C5.
Tel *(415) 243-8500.*

Only in San Francisco
Pier 39. **Mapa** 5 B1.
Tel *(415) 397-0143.*

Patagonia
700 North Point. **Mapa** 5 A2.
Tel *(415) 771-2050.*

PlaNetweavers Treasure Store
518 A Castro St. **Mapa** 9 C1.
Tel *(415) 575-0240.*

San Francisco MoMA MuseumStore
151 3rd St. Museum of Modern Art.
Mapa 6 D5. ***Tel*** *(888) 357-0037.*
www.afmoma.org

San Francisco Convention & Visitors' Burea
900 Market St. ***Tel*** *(415) 391-2000.*

Under One Roof
549 Castro St. **Mapa** 10 D3.
Tel *(415) 503-2300.*

Tipicamente São Francisco

Em São Francisco, o espírito empresarial é forte e inovador, e a imagem sofisticada da cidade é bem merecida. Se o visitante quiser de uma lembrancinha, uma roupa de grife, uma antiguidade até um petisco de dar água da boca, nunca ficará desapontado em meio às lojas e mercados de São Francisco. A cidade também dispõe de muitos "foodies" dedicados, gastrônomos cujas preferências por vinhos finos e refeições gourmet estimularam o aparecimento de lojas de alimentos incomuns e deliciosas. Tudo isso transforma as compras em São Francisco numa experiência empolgante.

Na Ghirardelli Square fica a sede do famoso chocolate da cidade

LOJAS ESPECIALIZADAS

Se você procura arte extravagante –para usar ou exibir–, vá à **Kati Koos: A Gallery with Tongue in Chic**. Desde os tempos da Corrida do Ouro, manteve-se a fama de excelência da **Malm Luggage**, uma loja de malas, valises e pequenos objetos de couro, gerida pela família proprietária. Pode-se registrar as atrações da cidade num cartão de grife da **Flax Art and Design**, estabelecimento de 60 anos, que oferece enorme coleção de papéis feitos à mão e utensílios para artistas. A **Comix Experience**

Fachada colorida da Flax Art and Design na Market Street

dispõe de grande sortimento de edições de quadrinhos especiais e para colecionadores. Há uma linda louça (faiança) italiana na **Biordi Art Imports**, na North Beach, com aparelhos de jantar, vasos e travessas. A **Ten Ren Tea Company** de São Francisco é para quem quiser experimentar o verdadeiro clima de Chinatown. Na **Golden Gate Fortune Cookies**, descendentes de imigrantes chineses permitem que os clientes saboreiem provinhas antes de comprar os biscoitos da sorte de São Francisco, uma invenção de Chinatown.

COMIDA E VINHO

De abalone a abobrinha e de produtos frescos da Califórnia a especialidades importadas, a mercearia gourmet **Whole Foods** conta com ampla variedade de itens. **Williams-Sonoma** tem presuntos, mostardas e presentes. O **David's** é conhecido por seus *lox* (salmão defumado), bagels e torta de queijo de Nova York. A **Molinari Delicatessen**, italiana, é famosa pelos raviolis e tortelinis frescos, prontos para a panela. O **Lucca Ravioli Company** tem funcionários simpáticos, que fabricam a massa no local. A **Pasta Gina** atende a clientela jovem com massa, pesto e outros molhos prontos.

Vale a pena ir até Chinatown *(págs. 316-7)* atrás de alimentos e produtos orientais. Na **Casa Lucas Market** encontra-se variedade de especialidades da Espanha e da América Latina. A baguete de massa com fermento natural da **Boudin Bakery** é consumida há tempos pelos moradores e conquista os visitantes. A **Boulangerie** traz Paris para São Francisco, com alguns dos melhores pães da cidade. O **Cheese Plus** tem queijos finos e itens gourmet.

Geleia de figo, Williams--Sonoma

Os chocólatras são atendidos pela **Ghirardelli Chocolate Factory** de São Francisco. A cidade tem muitas casas especializadas em café para atender os moradores, *connoisseurs* da bebida. A cafeteria mais antiga é o **Caffè Trieste**, que oferece grande variedade de gãos torrados, moídos e misturados para o cliente, além de diversos equipamentos. A **Caffè Roma Coffee Roasting Company** e a **Graffeo Coffee Roasting Company** vendem grãos excelentes.

A equipe do **California Wine Merchant** faz boas indicações e está bem informada quanto aos vinhos de preço razoável. A

O Caffè Trieste, na Vallejo Street, é uma referência na North Beach

Napa Valley Winery Exchange apresenta opções das diversas vinícolas da Califórnia, que incluem produtores locais menores.

Frutas e verduras cultivadas nos arredores chegam de caminhão aos mercados regulares de fazendeiros no centro da cidade. Barracas são montadas para o dia todo e os agricultores vendem seus produtos diretamente ao público. O **Heart of the City** funciona às quartas-feiras e aos sábados, das 7h às 17h, e o **Ferry Plaza Farmers' Market** é realizado às terças e quintas das 10h às 14h, e sábados das 8h às 14h.

Pinot Noir, vinho da região

As lojas de alimentos de Chinatown têm o aspecto e o ambiente de mercados exóticos de fazendeiros e abrem todos os dias.

LIVROS, MÚSICA, ARTE E ANTIGUIDADES

Livrarias independentes passaram por maus bocados nos últimos anos com o fechamento de algumas das mais tradicionais. A **Modern Times**, que depende especialmente dos compradores locais, oferece de best-sellers e clássicos a especialidades incomuns. A geração beat conversava sobre a revolução social emergente no país na década de 1960 na **City Lights Bookstore** *(págs. 330-1)*, que fica aberta até tarde e é uma instituição famosa de São Francisco. A **Green Apple Books** tem livros novos e usados, e fica aberta até as 22h (até 24h às sextas e aos sábados). A **Adobe Book Shop** oferece livros antigos e raros com descontos. A **Get Lost Travel Books** dispõe de material com instruções em outras línguas, malas e outros acessórios de viagem.

Uma ampla variedade de músicas é oferecida nas diversas filiais da **Tower Records** e da **Virgin Megastore**. Músicas menos conhecidas costumam ser encontradas na **Recycled Records**. A **Amoeba Music** possui o maior acervo de CDs e fitas do país. Conta com 500 mil títulos, novos e de segunda mão, a exemplo de jazz, blues e rock. Paraíso para quem gosta de música, é onde se deve ir quando se quer peças difíceis de achar, e a preços baixos. Todos os tipos de partituras avulsas ou livros podem ser encontrados no **Music Center of San Francisco**. Quem gosta de arte vai achar algo de seu gosto nas centenas de galerias da cidade. A **John Berggruen Gallery** tem o maior acervo de obras da cidade, tanto de artistas emergentes como dos consagrados. **The Simmons Gallery** vende reproduções, com edição limitada, de mestres modernos, como Picasso, Matisse e Miró. **The Fraenkel Gallery** é famosa pela coleção de fotografias dos século 19 e 20. A **Folk Art International, Xanadu, & Boretti** dispõe de máscaras, tecidos, esculturas e joias.

A principal área de antiguidades da cidade fica na Jackson Square *(pág. 304)*. **Ed Hardy San Francisco** oferece peças inglesas e francesas e a **Lang Antiques** tem todos os tipos de itens dos períodos vitoriano, Art Nouveau, Art Déco e eduardiano. A **Dragon House** vende antiguidades orientais e artes plásticas, enquanto livros, gravuras e mapas, todos antigos, são encontrados na **Prints Old & Rare** –embora você precise marcar hora.

ROUPAS E SAPATOS

Entre as lojas de grife de São Francisco estão **Diana Slavin**, para clássicos, **Joanie Char's**, para roupas esportivas, e **Wilkes Bashford**, com estilistas promissores. A **MAC** ou Modern Appealing Clothing, obtém um terço das roupas masculinas e femininas de estilistas de São Francisco.

Você encontra roupas de grife com desconto no bairro elegante de SoMa. A Yerba Buena Square acomoda muitos tipos de lojas, como a **Burlington Coat Factory**, onde se encontram promoções com artigos de diversos estilistas locais. A **Georgiou Outlet** exibe estilos clássicos feitos com fibras naturais. A **Jeremy's**, na área do South Park, tem roupa formal e de grife masculina e feminina, com desconto.

Wasteland, na Haight Street, preciosidade com roupas de época

A **Buffalo Exchange** oferece roupas de segunda mão que têm história. A **Wasteland**, no bairro de Haight-Ashbury, é famosa pelas roupas *vintage*. **Guys and Dolls Vintage** dispõe de peças elegantes, enquanto a **Clothes Contact** vende roupas *vintage* por peso.

A **Brooks Brothers** ficou conhecida pelos ternos e camisas conservadores. A **Eddie Bauer** dispõe de roupa esporte elegante. Para marcas masculinas de grife, roupas esporti-

City Lights Bookstore *(pág. 330)*, na Columbus Avenue

vas, calçados e acessórios com influência europeia, experimente a **Rolo**.

Muitos nomes da moda mundialmente famosos estão em São Francisco, como **Chanel** e **Gucci**. **Gianni Versace** fica na Crocker Galleria. **Prada** é famosa pelas roupas da fina lã de merino e de cashmere. A **Jorja** conta com diversos estilistas e se especializou em Nicole Miller. **Banana Republic** e **Guess** são conhecidas pelas roupas elegantes e práticas. A **Loehmann's** vende roupas de estilistas de Nova York e da Europa, com desconto. A **Urban Outfitters** tem roupas chiques novas ou usadas, e a **American Rag** conta com elegantes peças europeias e americanas de segunda mão e novas. A **Original Levi's Store** funciona desde 1853 e oferece grande variedade de roupas, todas a serem usadas com seus famosos jeans *(pág. 343)*. A **Small Frys** é indicada para roupas infantis de algodão.

Calçados de alta classe são oferecidos pela **Kenneth Cole**. Os sapatos confortáveis estão na **Ria's**, incluindo Clarks, Birkenstock, Timberland, Sebago e Rockport. **Nike Town** é uma megaloja de tênis, e a **DSW Shoe Warehouse** tem sapatos com desconto.

BRINQUEDOS, JOGOS E BOBAGENS

No interior do Exploratorium, o fascinante museu de ciência de São Francisco, está a **Exploratorium Store**. A loja oferece muitas opções de livros, kits e jogos que ensinam brincando a crianças de todas as idades.

A **Puppets on the Pier** promove aulas de fantoche para crianças que comprarem na loja. A **Jeffrey's Toys** é uma loja do centro abarrotada de bonecos de heróis, bichos de pelúcia, jogos eletrônicos e as últimas tendências em pegadinhas. **The Chinatown Kite Shop** exibe um incrível sortimento de objetos voadores, que vão das tradicionais pipas a peças do Campeonato Mundial de acrobacias, e todas dão suvenires encantadores. Na **Sharper Image**, mesmo o adulto que tem de tudo fica interessado pelas mágicas high-tech com badulaques e peças eletrônicas à venda.

AGENDA

LOJAS ESPECIALIZADAS

Biordi Art Imports
412 Columbus Ave.
Mapa 5 C3.
Tel *(415) 392-8096.*

Comix Experience
305 Divisadero St.
Mapa 10 D1.
Tel *(415) 863-9258.*

Flax Art and Design
1699 Market St.
Mapa 10 F1.
Tel *(415) 552-2355.*

Golden Gate Fortune Cookies
56 Ross Alley.
Mapa 5 C3.
Tel *(415) 781-3956.*

Kati Koos: A Gallery with Tongue in Chic
500 Sutter St.
Mapa 5 B4.
Tel *(415) 362-3437.*

Malm Luggage
50 Post Street.
Mapa 5 C4.
Tel *(415) 392-0417.*

Ten Ren Tea Company of San Francisco
949 Grant Ave.
Mapa 5 C3.
Tel *(415) 362-0656.*

COMIDA E VINHO

Boudin Bakery
4 Embarcadero Center.
Mapa 6 D3.
Tel *(415) 362-3330.*

Boulangerie Bay Bread
2325 Pine St. **Mapa** 4 D4.
Tel *(415) 440-0356.*

Caffè Roma Coffee Roasting Company
526 Columbus Ave.
Mapa 5 B2.
Tel *(415) 296-7942.*

Caffè Trieste
601 Vallejo St.
Mapa 5 C3.
Tel *(415) 982-2605.*

California Wine Merchant
2113 Chestnut St.
Mapa 4 D2.
Tel *(415) 567-0646.*

Casa Lucas Market
2934 24th St.
Mapa 9 C3.
Tel *(415) 826-4334.*

Cheese Plus
2001 Polk St.
Mapa 5 A3.
Tel *(415) 921-2001.*

David's
474 Geary St.
Mapa 5 A5.
Tel *(415) 276-5950.*

Ferry Plaza Farmers' Market
1 Ferry Building.
Mapa 6 D3.
Tel *(415) 291-3276.*
www.ferrybuildingmarketplace.com

Ghirardelli Chocolate Factory
Ghirardelli Square.
Mapa 4 F1.
Tel *(415) 474-3938.*
44 Stockton St.
Mapa 5 C1.
Tel *(415) 397-3030.*

Graffeo Coffee Roasting Company
735 Columbus Ave.
Mapa 5 B2.
Tel *(415) 986-2420.*

Heart of the City Farmers' Market
1182 Market Street, No. 415.
Mapa 10 A1.
Tel *(415) 558-9455.*

Lucca Ravioli Company
1100 Valencia St.
Mapa 10 F3.
Tel *(415) 647-5581.*

Molinari Delicatessen
373 Columbus Ave.
Mapa 5 C3.
Tel *(415) 421-2337.*

Napa Valley Winery Exchange
415 Taylor St.
Mapa 5 B5.
Tel *(415) 771-2887.*
www.nvwe.com

Pasta Gina
741 Diamond St.
Mapa 10 D4.
Tel *(415) 282-0738.*

Whole Foods
1765 California St.
Mapa 4 F4.
Tel *(415) 674-0265.*

Williams-Sonoma
340 Post St.
Mapa 5 C4
Tel *(415) 362-9450.*

LIVROS, MÚSICAS, ARTE E ANTIGUIDADES

Adobe Bookshop
3166 16th St.
Mapa 10 E2.
Tel *(415) 864-3936.*

Amoeba Music
1855 Haight St.
Mapa 9 B1.
Tel *(415) 831-1200.*

AGENDA

City Lights Bookstore
261 Columbus Ave.
Mapa 5 C3.
Tel *(415) 362-8193.*

Dragon House
455 Grant Ave.
Mapa 6 C4.
Tel *(415) 421-3693.*

Ed Hardy San Francisco
188 Henry Adams St.
Mapa 10 D2.
Tel *(415) 626-6300.*

Folk Art International, Xanadu, & Boretti
Frank Lloyd Wright Bldg, 140 Maiden Lane
Mapa 5 B5.
Tel *(415) 392-9999.*

Fraenkel Gallery
49 Geary St.
Mapa 5 C5.
Tel *(415) 981-2661.*

Get Lost Travel Books
1825 Market St.
Mapa 10 E1.
Tel *(415) 437-0529.*

Green Apples Books & Music
506 Clement St.
Mapa 3 A5.
Tel *(415) 387-2272.*

John Berggruen Gallery
228 Grant Ave.
Mapa 5 C4.
Tel *(415) 781-4629.*

Lang Antiques
323 Sutter St. **Mapa** 5 C4.
Tel *(415) 982-2213.*

Modern Times
888 Valencia St. **Mapa** 10 F5. ***Tel*** *(415) 282-9246*

Music Center of San Francisco
207 Powell St.
Mapa 5 B1.
Tel *(415) 781-6023.*

Prints Old & Rare
580 Crespi Drive, Pacifica, California.
Tel *(650) 355-6325.*

Prints Old & Rare
580 Crespi Drive, Pacifica, California.
Tel *(650) 355-6325.*

Recycled Records
1377 Haight St.
Mapa 9 C1.
Tel *(415) 626-4075.*

The Simmons Gallery
540 Sutter St.
Mapa 5 B4.
Tel *(415) 986-2244.*

Tower Records
Columbus Ave & Bay St.
Mapa 5 A2.
Tel *(415) 885-0500.*
Uma de muitas filiais.

Virgin Megastore
2 Stockton St.
Mapa 5 C5.
Tel *(415) 397-4525.*
Uma de muitas filiais.

ROUPAS E SAPATOS

American Rag
1305 Van Ness Ave.
Mapa 5 A5.
Tel *(415) 474-5214.*

Banana Republic
256 Grant Ave.
Mapa 5 C4.
Tel *(415) 777-3087.*

Brooks Brothers
150 Post St.
Mapa 5 C4.
Tel *(415) 397-4500.*

Buffalo Exchange
1555 Haight St.
Mapa 9 C1.
Tel *(415) 431-7733.*
1210 Valencia St.
Mapa 10 F4.
Tel *(415) 647-8332.*

Burlington Coat Factory
899 Howard St.
Tel *(415) 495-7234.*

Chanel Boutique
155 Maiden Lane.
Mapa 5 C4.
Tel *(415) 981-1550.*

Clothes Contact
473 Valencia St.
Mapa 10 F2.
Tel *(415) 621-3212.*

Diana Slavin
3 Claude Lane.
Mapa 5 C4.
Tel *(415) 677-9939.*

DSW Shoe Warehouse
111 Powell St.
Mapa 5 B5.
Tel *(415) 445-9511.*

Eddie Bauer
3251 20th Ave.
Mapa 8 E2.
Tel *(415) 664-9262.*

Georgiou Outlet
925 Bryant St.
Tel *(415) 554-0150.*

Gianni Versace
Crocker Galleria, 60 Post St.
Mapa 5 C4.
Tel *(415) 616-0604.*

Gucci
200 Stockton St.
Mapa 5 C5.
Tel *(415) 392-2808.*

Guess
90 Grant Ave.
Mapa 5 C5.
Tel *(415) 781-1589.*

Guys and Dolls
4100 24th St.
Mapa 10 E4.
Tel *(415) 285-7174.*

Jeremy's
2 South Park St.
Tel *(415) 882-4929.*

Joanie Char
527A Sutter St.
Mapa 5 B4.
Tel *(415) 399-9867.*

Jorja
2015 Chestnut St.
Mapa 4 D2.
Tel *(415) 674-1131.*

Kenneth Cole
865 Market St.
Mapa 5 C5.
Tel *(415) 227-4536.*

Loehmann's
222 Sutter St.
Mapa 5 C4.
Tel *(415) 982-3215.*

MAC
1543 Grant Ave. **Mapa** 5 B1. ***Tel*** *(415) 837-1604.*

NikeTown
278 Post St.
Mapa 5 C4.
Tel *(415) 392-6453.*

Original Levi Store
300 Post St, Union Square.
Mapa 5 C5.
Tel *(415) 501-0100.*

Prada
140 Geary St.
Mapa 5 C5.
Tel *(415) 391-8844.*

Ria's Shoes
301 Grant Ave.
Mapa 5 C4.
Tel *(415) 834-1420.*

Rolo
2351 Market St.
Mapa 10 D2.
Tel *(415) 431-4545.*

Small Fry's
4066 24th St.
Mapa 10 D4.
Tel *(415) 648-3954.*

Urban Outfitters
80 Powell St.
Mapa 5 B5.
Tel *(415) 989-1515.*

Wasteland
1660 Haight St.
Mapa 9 B1.
Tel *(415) 863-3150.*

Wilkes Bashford
375 Sutter St.
Mapa 5 C4.
Tel *(415) 986-4380.*

BRINQUEDOS, JOGOS E BOBAGENS

Chinatown Kite Shop
717 Grant Ave.
Mapa 5 C3.
Tel *(415) 391-8217.*

Exploratorium Store
Marina Blvd and Lyon St.
Mapa 3 C2
Tel *(415) 561-0390.*

Jeffrey's Toys
685 Market St. **Mapa** 5 C5. ***Tel*** *(415) 243-8697*

Puppets on the Pier
Pier 39. **Mapa** 5 B1.
Tel *(415) 781-4435.*

Sharper Image
345 Spear St. **Mapa** 6 E4.
Tel *(415) 445-6100.*

Muitas das lojas têm mais de uma filial. Ligue para os telefones listados para obter informações sobre a mais próxima.

DIVERSÃO EM SÃO FRANCISCO

São Francisco orgulha-se de ser a capital cultural da Costa Oeste desde que a cidade começou a prosperar, nos anos 1850, e a oferta de diversões é geralmente de alta qualidade. O centro de artes cênicas do Civic Center, defronte do City Hall, é o principal palco de música clássica, ópera e balé. Um dos pontos vitais da vida cultural da cidade é o conceituadíssimo Center for the Arts Theater, nos Yerba Buena Gardens, onde se podem ver muitos shows internacionais. Há diversos cinemas que oferecem ao público uma programação variada, mas o teatro, com exceção de poucos espaços "alternativos", não é o forte da cidade. A música popular, especialmente jazz e blues, constitui o ponto alto de São Francisco. Assiste-se a bons grupos pagando apenas pela bebida, ou em feiras ao ar livre e festivais populares realizados nos meses de verão. A cidade também dispõe de infraestrutura para uma enorme gama de esportes, de ciclismo e golfe a tênis e iatismo.

Beach Blanket Babylon *(pág. 341)*

INFORMAÇÕES

Os jornais *San Francisco Chronicle* e *Examiner* trazem toda a programação das atrações na cidade. A edição de domingo do *Chronicle* é bastante útil. Outras boas fontes são os jornais semanais gratuitos, como o *San Francisco Weekly* (que se encontra em quiosques, cafés e bares) ou o *San Francisco Bay Guardian*. Eles trazem a programação e as resenhas, especialmente sobre música ao vivo, filmes e casas noturnas.

Para quem quer planejar a viagem, o *San Francisco Book* é de grande utilidade. Publicado duas vezes por ano pelo **San Francisco Convention and Visitors' Bureau**, pode ser pego de graça no **Visitors' Information Center** da Hallidie Plaza, ou custa US$ 2 pelo correio. Você também pode ligar para a Events Line (Ligue-Eventos) do **Bureau** para ouvir informações gravadas. Há ainda outras revistas gratuitas para turistas, além de calendários de eventos. Entre estes estão *Key This Week San Francisco* e *Where San Francisco*.

INGRESSOS

O principal fornecedor de ingressos para concertos, peças e eventos esportivos é o **Ticketmaster**. O Ticketmaster é praticamente um monopólio, com um amplo serviço de televendas em balcões nas lojas de discos Tower e Wherehouse *(págs. 608-9)*, por todo o Norte da Califórnia. Cobra-se uma "taxa de conveniência" de cerca de US$ 4 por ingresso. Uma alternativa ao Ticketmaster é comprar nas bilheterias, embora muitas só abram pouco antes do início dos espetáculos noturnos.

Fachada de agência de ingressos de São Francisco

Para ver as apresentações da San Francisco Symphony e companhias de balé e ópera, o planejamento antecipado é imprescindível. Todas têm programas de assinatura, vantajosos no caso de uma estada prolongada na cidade.

Na cidade, há poucas agências que se concentram na venda de ingressos com número limitado e a preços mais altos. Todas estão nas páginas amarelas da lista telefônica, que se acha na maioria das cabines públicas. Há sempre cambistas nos locais com lotação esgotada oferecendo ingressos a preços extorsivos. É possível conseguir preço melhor se você se arriscar a pechinchar (e a perder o início do espetáculo).

Entrada principal da War Memorial Opera House

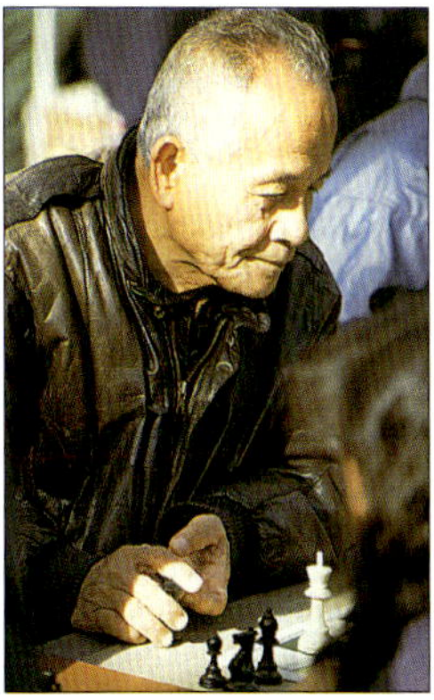

Xadrez ao ar livre, atração da Portsmouth Plaza, Chinatown

INGRESSOS COM DESCONTO

É possível conseguir ingressos pela metade do preço na **TIX Bay Area**, que funciona em um quiosque no lado leste da Union Square *(pág. 320)*. Esses ingressos são vendidos das 11h em diante apenas no dia da apresentação. Às vezes há ingressos pela metade do preço nos fins de semana, para espetáculos no domingo ou na segunda-feira seguintes, ligue ou consulte o site da TIX.

A TIX Bay Area também é um posto do Ticketmaster, vendendo antecipadamente ingressos a preços normais. Abre às terças, quartas e quintas das 11h às 18h, às sextas e sábados das 11h às 19h e aos domingos das 11h às 15h.

ESPETÁCULOS GRATUITOS

Além dos muitos espetáculos pagos de São Francisco, são realizadas regularmente algumas apresentações gratuitas por toda a cidade. Várias ocorrem de dia e ao ar livre no verão, constituindo uma bem-vinda mudança no costumeiro tudo-se-paga.

A San Francisco Symphony *(págs. 390-1)* é apenas umas das muitas apresentações musicais gratuitas que acontecem aos domingos de meados de junho a agosto no Stern Grove, ao sul do Sunset District.

A San Francisco Opera se apresenta gratuitamente, com sua formação completa no Golden Gate Park. O evento acontece na primeira semana de cada temporada da ópera. Patrocinada pelo jornal San Francisco Chronicle, atrai mais de 20 mil pessoas a cada ano. "Opera in the Park" é outro evento anual famoso que acontece no Dolores Park, que também recebe a San Francisco Mime Troupe. No verão, o Golden Gate Park é o local do Shakespeare Festival e do Comedy Celebration Day.

De maio a outubro, os Yerba Buena Gardens têm apresentações de música popular e operística, festivais culturais, espetáculos de dança. O ano todo, dezenas de comemorações gratuitas, como o Ano Novo Chinês, divertem o público.

AT&T Park, sede do San Francisco Giants *(págs. 392)*

DEFICIENTES FÍSICOS

A Califórnia é campeã nacional em infraestrutura para deficientes. Assim, a maioria dos teatros e salas de espetáculos de São Francisco tem acesso fácil e possui espaços abertos para cadeiras de rodas. Em certos locais menores pode ser necessário usar entradas especiais ou elevadores. Diversos cinemas oferecem fones de ouvido com amplificação. Contate as casas de espetáculos para saber se estão preparadas.

O Presidio Cinema

AGENDA

TELEFONES ÚTEIS

Information Center
900 Market St, Hallidie Plaza.
Tel *(415) 391-2000.*
www.sfvisitor.org

Events Line (24h)
(415) 391-2001 (em inglês).
(415) 391-2003 (em francês).
(415) 391-2004 (em alemão).
(415) 391-2122 (em espanhol).

Stern Grove
Tel *(415) 252-6252.*
www.sterngrove.org

AGÊNCIAS DE INGRESSOS

Ticketmaster
Televendas ***Tel*** *(415) 421-8497.*
www.ticketmaster.com

TIX Bay Area
Union Sq., Powell St
Tel *(415) 433-7827.*
www.theatrebayarea.org

Diversão em São Francisco

Com muita diversão a oferecer, São Francisco é uma das cidades mais prazerosas do mundo. Seja qual for a sua preferência cultural, o que há por aqui sem dúvida deve ser bom. Além de sediar as melhores companhias de ópera e balé da Costa Oeste, conta com uma orquestra sinfônica conceituadíssima. A cidade também oferece muitas opções para ouvir jazz e rock, diversas companhias de teatro e cinemas especializados. Para os fãs de esportes, há também muita coisas, para assistir ou participar.

O ultramoderno Louise M Davies Symphony Hall

CINEMA E TEATRO

São Francisco possui uma comunidade louca por filmes. Sua casa multimídia mais recente é o **Sony Metreon**, um complexo com 15 salas mais IMAX, com lojas, restaurantes, programas especiais e outras atrações. Alguns dos melhores

O famoso Castro Theatre

cinemas da cidade estão no **Sundance Kabuki Cinemas**, complexo com oito salas no Japan Center *(pág. 352)*, onde também ocorre o **San Francisco International Film Festival**, sempre no mês de maio. Outras salas populares para estreias são o **Bridge Theatre** e o **Embarcadero**, que se distingue pelos filmes independentes. Os principais pontos para a estreia de filmes estrangeiros são o **Clay Theatre**, em Pacific Heights, o **Lumiere**, do Civic Center, e o **Opera Plaza**. O **Castro Theatre** *(pág. 360)* exibe clássicos de Hollywood e novas montagens, e seu programa de filmes muda todo dia.

Muitos moradores de São Francisco mostram um evidente desdém por sucessos comerciais internacionais, o que explica por que o teatro é bem mais modesto aqui do que em outras cidades grandes. Os principais teatros, que apresentam produções itinerantes da Broadway, se concentram no Theater District *(pág. 320)*. Os três teatros maiores são o **Golden Gate Theater**, o **Curran Theater** e o **Orpheum Theater**, e todos fazem parte da série de apresentações do Best of Broadway. O **Zeum Theater** encena produções de estudantes e de profissionais, enquanto musicais e comédias são apresentados em **The Marsh**.

A companhia mais respeitada é o **American Conservatory Theater (ACT)**. Sua sede há muito tempo, o Geary Theater reabriu ao término de reformas após o terremoto de 1989 *(págs. 24-5)*. Muitas peças são apresentadas na temporada que vai de outubro a maio.

ÓPERA, MÚSICA CLÁSSICA E DANÇA

A principal temporada da **San Francisco Opera Association** vai de setembro a dezembro; os ingressos chegam a custar mais de US$ 100, mas na temporada de verão eles ficam bem mais baratos.

O principal ponto para ópera, música clássica e dança é o complexo de artes cênicas do Civic Center, na Van Ness Avenue. O **Louise M Davies Symphony Hall**, aqui localizado, tornou-se o principal local de apresentações de música erudita e é sede da conceituada **San Francisco Symphony**, que realiza até cinco concertos por semana, durante a temporada de inverno. Regentes e músicos convidados, e orquestras itinerantes realizam outros concertos especiais. Ao lado da Opera House, o **Herbst Theatre** também tem recitais de músicos famosos.

Além desses grandes eventos, há diversos recitais e concertos menos formais em Bay Area. A **Philharmonia Baroque Orchestra**, um conjunto que utiliza instrumentos de época, toca em diversos locais da cidade, e a histórica **Old First Presbyterian Church** apresenta uma série de músicas de câmara e de recitais individuais nas sextas-feiras à noite e nos domingos à tarde. O **Florence Gould Theater**, na Legion of Honor

O Geary Theater *(pág. 310)*

(pág. 374-5), costuma apresentar pequenos grupos clássicos, como quartetos, e também faz demonstrações de instrumentos pré-classicos e clássicos, como o clavicórdio. A **Grace Cathedral** oferece um belo cenário para corais de música sacra. O coro canta nas orações da tarde, nas quintas-feiras às 17h15, e o Choral Eucharist se apresenta aos domingos às 11h.

Fundado em 1933, o **San Francisco Ballet** é a companhia de balé mais antiga dos EUA. A temporada de espetáculos clássicos e novos vai de fevereiro até abril. A apresentação de talentos locais ocorre no aconchegante **Theater Artaud** e na **ODC Performance Gallery**, ambos localizados no Mission District. O Yerba Buena Center for the Arts *(págs. 322-3)* sedia o LINES Contemporary Ballet, enquanto o **Zellerbach Hall**, do outro lado da Baía, em Berkeley, atrai as melhores produções itinerantes da área.

ROCK, JAZZ E BLUES

Para ouvir música ao vivo, dois dos melhores clubes de rock

Slim's

Em São Francisco, o Slim's tem ótimos shows de rock

são o **Slim's** e o **Bimbo's 365 Club**. O Bimbo's apresenta rock, jazz, country e Rhythm and Blues (R&B), e atrai uma plateia tão variada quanto os ritmos. O Slim's é um pouco mais caro, e costuma apresentar artistas consagrados em seu salão de 436 lugares. Outro lugar concorrido é o **Fillmore Auditorium**, berço lendário do rock psicodélico da década de 1960 *(pág. 359)*.

Na cidade, há uma porção de lugares excelentes para ouvir jazz ao vivo. Se você jantar ou beber, as apresentações são grátis. Para o tradicional Dixieland em ambiente informal (e de graça), visite o cordial **Gold Dust Lounge**, na saída da Union Square. Se preferir sons mais modernos, vá ao **Jazz at Pearl's**, em North Beach. Conheça também os pianos-bares dos restaurantes e hotéis do centro; o melhor deles é o bonito **Carnelian Room** no Bank of America. O restaurante **Enrico's** tem Dixieland ao vivo às sextas-feiras e jazz moderno nas outras noites. Os clientes do **Moose's** ouvem ótimos pianistas de jazz no almoço e no jantar. Muitos fãs de jazz organizam viagens à cidade para coincidir com o mundialmente famoso **Monterey Jazz Festival**, realizado sempre em setembro, em Monterey *(pág. 38)*, que fica a duas horas de São Francisco. Blues ao vivo é apresentado todas as noites em bares como **The Saloon** e **Boom Boom Room**. O **Lou's Pier 47**, no Fisherman's Wharf, tem uma ou mais bandas de blues em cartaz quase todos os dias, com shows especiais nos fins de semana. O premiado **Biscuits and Blues** faz apresentações de blues, com atrações locais, nos dias úteis e shows especiais nos fins de semana. Anual, o **San Francisco Blues Festival** *(pág. 38)* atrai bandas de blues de todas as partes do país.

Estandarte do Jazz Festival *(pág. 34)*

CASAS NOTURNAS

A maioria das boates maiores se encontra na área industrial de South of Market (SoMa), e funciona das 21h às 2h. Algumas ficam abertas a noite toda, mais nos fins de semana, e todos os locais param de servir álcool às 2h. Sempre leve identidade para comprovar que você tem mais de 21 anos, ou não poderá entrar. Uma das mais concorridas das discotecas de São Francisco é a **DNA Lounge**, na 11th Street, com várias pistas de dança, decoração espalhafatosa, ótimo sistema de som e clientela elegante. R&B, hip-hop e jazz são tocados no **Nickie's BBQ**, em Haight Ashbury. Para dançar com a música dos melhores DJs de São Francisco, vá ao **Bambuddha Lounge**.

O **Suede** também é um bom lugar para dançar a noite toda, com música indie diferente toda noite. Conheça a **330 Ritch Street** que apresenta house music, goth, pop britânico, mod, indie, R&B e hip-hop. Algumas das boates mais concorridas são basicamente gays, mas quase nunca impedem a entrada de héteros. Entre estas estão a **Endup** e a **Rawhide**, que tem quadrilha todas as noites.

Todos os pianos-bares têm música ao vivo, que se pode ouvir pelo preço de uma bebida. Um dos melhores é o **Top of the Mark**, com decoração Art Déco, situado no topo do Mark Hopkins Inter-Continental Hotel. Outro bom piano-bar de cobertura é o **Grand View's Lounge** no 36º andar do Grand Hyatt Hotel, na Union Square. O salão de coquetéis do **Playbar's**, com interior em estilo vitoriano, tem house e tecno music. O **Tonga**

O Saloon fica na Grant Avenue, na North Beach

Room no Fairmont Hotel é um sofisticado bar de coquetéis, onde se dança ou só se ouve jazz, com simulação de chuva a cada meia hora.

Confira nos jornais locais as casas que apresentam comediantes. Alguns dos melhores shows de comediantes ocorrem no **Bourbon Street Bar N Grill** e também no **The Marsh** e no **Cobb's Comedy Club**, no Fisherman's Wharf. Toda semana o **Kimo's** conta com shows de transformistas, de cabaré e de comediantes.

ATIVIDADES AO AR LIVRE

Os moradores de São Francisco gostam de esportes, e há atividades para todos os gostos. Os esportes mais populares são o futebol (rúgbi), o beisebol e o basquetebol. O estádio do **San Francisco 49ers** é o 3 Com Park; os **Oakland Raiders** jogam no Network Associates Coliseum, em Oakland. Faculdades locais, entre as quais a **University of California at Berkeley** *(pág. 418)* e a **Stanford University** *(pág. 427)*, também têm bons times de rúgbi. Dois times profissionais de beisebol jogam na Bay Area: o **San Francisco Giants**, da National League, joga em casa no novo estádio do SBC Park; o **Oakland Athletics**, da American League, joga no Network Associates Coliseum, do outro lado da baía, em Oakland. O único time de basquete da NBA na Bay Area é o **Golden State Warriors**, que joga no Oakland Coliseum Arena.

Os grandes hotéis costumam dispor de health club. Os que não possuem quase sempre fazem acordos com clubes particulares que concedem filiação temporária aos hóspedes do hotel. Quando não há nada disso, escolha entre o sofisticado **San Francisco Bay Club**, perto do Financial District, o **Pacific Heights Health Club** ou o **24-Hour Fitness Center**.

Os golfistas têm muitas opções, entre as quais os campos municipais de **Lincoln Park** e **Golden Gate Park**, e o bonito **Presidio Golf Club**. A área do Presidio e do Golden Gate Park são ideais para andar de bicicleta. Entre as lojas de aluguel está a **Stow Lake Boat & Bike Rentals**. Em North Beach, a **Blazing Saddles** também aluga bicicletas. A maioria das piscinas públicas fica em áreas suburbanas: contate o **City of San Francisco Recreation and Parks Department**. Para nadar no mar gelado, vá até a China Beach, a única praia segura da cidade.

AGENDA

CINEMA E TEATRO

American Conservatory Theater (ACT)
Geary Theater, 415 Geary St.
Mapa 5 B5.
Tel *(415) 749-2228.*

Bridge Theatre
3010 Geary Blvd.
Mapa 3 B5.
Tel *(445) 751-3212.*

The Castro Theatre
429 Castro St.
Mapa 10 D2.
Tel *(415) 621-6120.*

Clay Theatre
2261 Fillmmore St.
Mapa 4 D3.
Tel *(415) 267-4893.*

Curran Theater
445 Geary St.
Mapa 5 B5.
Tel *(415) 551-2000.*

Embarcadero
Embarcadero Center
Mapa 6 D3.
Tel *(415) 772-0670.*

Golden Gate Theater
1 Taylor St.
Mapa 5 B5.
Tel *(415) 551-2000.*

Lumiere
1572 California St.
Mapa 4 F3.
Tel *(415) 267-4893.*

The Marsh
1062 Valencia St.
Mapa 10 F3.
Tel *(415) 826-5750.*
www.themarsh.org

Opera Plaza Cinema
601 Van Ness Ave.
Mapa 4 F5.
Tel *(415) 267-4893.*
www.landmarktheatre.com

Orpheum Theatre
1192 Market St.
Mapa 4 F5
Tel *(415) 512-7770.*

San Francisco Film Society International Film Festival
Tel *(415) 561-5000.*
Fax *(415) 551-5099.*
www.sffs.org

Sony Metreon
101 Fourth St.
Mapa 5 C5.
Tel *(415) 369-6000.*
www.westfield.com

Sundance Kabuki 8
1881 Post St.
Mapa 4 E4.
Tel *(415) 346-3243.*

Zeum Theater
221 4th St.
Mapa 5 C5.
Tel *(415) 777-2800.*

ÓPERA, MÚSICA CLÁSSICA E DANÇA

Florence Gould Theater
Legion of Honor, Lincoln Park.
Mapa 1 C5.
Tel *863-3330.*

Grace Cathedral
1100 California St.
Mapa 5 B4.
Tel *749-6300.*
www.gracecathedral.org

Herbst Theatre
401 Van Ness Ave.
Mapa 4 F5.
Tel *621-6600.*

LINES
26 Seventh St.
Mapa 5 C5.
Tel *(415) 863-3040.*

Louise M Davies Symphony Hall Box Office
201 Van Ness Ave.
Mapa 4 F5.
Tel *(415) 864-6000.*

ODC Performance Gallery
3153 17th St.
Mapa 10 E3.
Tel *863-9834.*

Old First Presbyterian Church
1751 Sacramento St.
Mapa 4 F3.
Tel *474-1608.*
www.oldfirstconcerts.org

Philharmonia Baroque Orchestra Box Office
180 Redwood St, Suite 100.
Mapa 4 F5.
Tel *(415) 252-1288.*

San Francisco Ballet
455 Franklin St. **Mapa** 4 F4. ***Tel*** *(415) 861-5600.*
www.sfballet.org

San Francisco Opera Association
301 Van Ness Ave.
Mapa 4 F5.
Tel *(415) 861-4008.*

AGENDA

San Francisco Symphony
201 Van Ness Ave.
Mapa 4 F5.
Tel *(415) 864-6000.*

Theater Artaud
450 Florida St.
Tel *(415) 626-4370.*
www.artaud.org

Zellerbach Hall
UC Berkeley.
Tel *(415) 642-9988.*

ROCK, JAZZ E BLUES

Bimbo's 365 Club
1025 Columbus Ave.
Mapa 5 A2. ***Tel*** *(415) 474-0365.* **www**.bimbos-365club.com

Biscuits and Blues
401 Mason St.
Mapa 5 B5.
Tel *(415) 292-2583.*

Boom Boom Room
1601 Fillmore St. **Mapa** 10 F2. ***Tel*** *(415) 673-8000.*

Carnelian Room
555 California St, 52nd Fl.
Mapa 5 C4.
Tel *(415) 433-7500.*

Enrico's
504 Broadway.
Mapa 5 C3.
Tel *(415) 982-6223.*

Fillmore Auditorium
1085 Geary at Fillmore St.
Mapa 4 D4.
Tel *(415) 346-6000.*
www.thefillmore.com

Gold Dust Lounge
247 Powell St.
Mapa 5 B5.
Tel *(415) 397-1695.*

Jazz at Pearl's
256 Columbus Ave.
Mapa 5 C3.
Tel *(800) 836-3006.*

The Saloon
1232 Grant Ave.
Mapa 5 C3.
Tel *(415) 989-7666.*

Lou's Pier 47
300 Jefferson St.
Mapa 5 B1.
Tel *(415) 771-5687.*

Monterey Jazz Festival
2000 Fairgrounds Rd at Casa Verde, Monterey.
Tel *(831) 373-3366.*
www.montereyjazz festi-val.org

Moose's
1652 Stockton St.
Mapa 5 B2.
Tel *(415) 989-7800.*

San Francisco Blues Festival
Fort Mason. **Mapa** 4 E1.
Tel *(415) 826-6837, (415) 979-5588 (recorded info.).*
www.sfblues.com

Slim's
333 11th St. **Mapa** 10 F1.
Tel *(415) 255-0333.*
www.slims-sf.com

CASAS NOTURNAS

330 Ritch St
330 Ritch St.
Tel *541-9574.*

Bambuddha Lounge
601 Eddy St. **Mapa** 5 A5.
Tel *(415) 885-5088.*

Bourbon Street Bar N Grill
2765 Clayton Rd.
Tel *(925) 676-7272.*

Cobb's Comedy Club
The Cannery at Beach St, 915 Columbus Ave. **Mapa** 5 A1. ***Tel*** *(415) 928-4320.*

DNA Lounge
375 11th St.
Tel *(415) 626-1409.*

Endup
401 6th St.
Tel *(415) 357-0827.*

Grandview Lounge
Grand Hyatt Hotel
36th floor, 345 Stockton St. **Mapa** 5 C4.
Tel *(415) 398-1234.*

Kimo's
1351 Polk St.
Mapa 4 F4.
Tel *(415) 885-4535.*

Nickie's BBQ
460 Haight St.
Mapa 10 E1.
Tel *(415) 621-6508.*

Playbar
101 6th St.
Mapa 5 C5.
Tel *(415) 512-7529.*

Rawhide
280 7th St.
Tel *(415) 621-1197.*

Suede
383 Bay St.
Mapa 5 B2.
Tel *(415) 399-9555.*

The Marsh
1070 Valencia.
Mapa 10 F3.
Tel *(415) 641-0235.*

Tonga Room
950 Mason St.
Mapa 5 B4.
Tel *(415) 772-5278.*

Top of the Mark
Mark Hopkins Inter-Continental Hotel.
1 Nob Hill. **Mapa** 5 B4.
Tel *(415) 616-6916.*

ATIVIDADES AO AR LIVRE

Blazing Saddles
1095 Columbus Ave.
Mapa 5 A2.
Tel *(415) 202-8888.* One of five branches.
www.blazingsaddles.com

Golden Gate Park
(Municipal 9 hole).
Mapa 7 B2.
Tel *751-8987.*
www.parks.sfgov.org

Golden State Warriors
Oakland Coliseum Arena.
Tel *(1) (888) 479-4667.*
www.nba.com/warriors

Lincoln Park
300 34th Ave.
Mapa 1 C5.
Tel *(415) 221-9911.*

Oakland Athletics, Oakland Raiders
Network Associates. McA-fee Coliseum, Oakland ***Tel*** *(800) 949-2626.* **www**.raiders.com

Pacific Heights Health Club
2356 Pine St. **Mapa** 4 D4.
Tel *(415) 563-6694.*
www.phhcsf.com

Presidio Golf Club
300 Finley Rd. **Mapa** 3 A3. ***Tel*** *(415) 561-4661.*

Recreation and Parks Department
Tennis Information.
Tel (415) 831-6302.
www.parks.sfgov.org
Swimming Information.
Tel *(415) 831-2747.*

San Francisco 49ers
3Com Park.
Tel *(415) 656-4900.*
www.sf49ers.com

San Francisco Bay Club
150 Greenwich St.
Mapa 5 C2.
Tel *(415) 433-2550.*
www.sfbayclub.com

San Francisco Giants
AT&T Park.
Tel *(415) 972-2000.*
www.sfgiants.com

Stanford University Athletics
Stanford University.
Tel *(1 800) 782-6367, (650) 723-1021.*

Stow Lake Boat & Bike Rentals
Golden Gate Park.
Mapa 8 E2. ***Tel*** *752-0347.*

24-Hour Fitness Center
1200 Van Ness St.
Mapa 4 F4. ***Tel*** *776-2200.*
www.24hourfitness.com
One of several branches.

UC Berkeley Golden Bears
UC Berkeley.
Tel *(1 800) 462-3277.*

Bares de São Francisco

São Francisco é um centro consumidor de bebidas desde os tempos impetuosos da Corrida do Ouro *(págs. 48-9)*, quando havia um *saloon* para cada 50 moradores. Os bares licenciosos de meados do século 19 não existem mais. Atualmente, pode-se beber em locais com vista ou numa cervejaria local; saborear um coquetel elegante e adocicado em salões chiques; provar excelentes vinhos da região; misturar-se a alegres torcedores num bar esportivo; assistir a partidas na Europa transmitidas por satélite e ouvir um concerto ocasional num bar irlandês. Ou, então, é possível observar como um bom segmento da população da cidade se diverte num bar gay.

COBERTURAS

Os que gostam de alturas e desejam ficar acima dos morros podem conhecer os bares no topo de edifícios no centro da cidade. O **Grandview Lounge** do Grand Hyatt, o **View Lounge** do Marriott Hotel e o **Top of the Mark** do Mark Hopkins *(pág. 544)* oferecem lindas vistas, além de jazz e música para dançar. O mais alto deles é o elegante **Carnelian Room** no 52º andar, onde se exige gravata e reserva. O **Cityscape** é o segundo e fica no 46º andar do Hilton Hotel, sem pilares para obstruir a vista.

CERVEJAS

Para uma diversão mais terrena, conheça um dos muitos bares de cerveja da cidade, concorridos locais de reunião de muita gente depois do trabalho e de farristas de fim de semana. Os melhores se especializaram em produtos de cervejarias da Costa Oeste, como as excelentes Anchor Steam e Liberty Ale, de São Francisco.

Na Haight Street, o bar inglês **Mad Dog in the Fog** é um dos melhores. O **Magnolia Pub & Brewery**, numa casa vitoriana de 1903, manteve o bar de madeira original e o nome de Magnolia Thunderpussy, uma dançarina. **Thirsty Bear Brewing Company** é conhecido pelas *tapas*. A **San Francisco Brewing Company** tem uma happy hour bem baratinha. E a **Gordon Biersch Brewery** é cara. E todos têm cervejas excelentes. Na ponta do Golden Gate Park, no oceano Pacífico, toma-se cerveja no **Beach Chalet** apreciando a vista.

COQUETÉIS

Em São Francisco, os bares tradicionais de coquetéis são muito divertidos, com bartender falante e rodeado de garrafas reluzentes. E há muitas opções desse tipo.

Os solteiros costumam frequentar o **Harry Denton's Starlight Room**, e quem quer ser visto vai para o **Redwood Room** do Clift Hotel, cujo bar tem iluminação indireta e cobra caro. Pode-se encontrar uma porção de boêmios ao longo da Columbus Avenue, nos bares **Specs'**, **Tosca Café** e **Vesuvio** –lugar frequentado outrora pelos beatniks e onde um famoso drinque da casa é o Jack Kerouac (rum, tequila, suco de laranja/cranberry e limão-galego). O pessoal descontraído de North Beach vai ao **Tony Niks**, que tem banquetas, mesas de coquetel e decoração dos tempos do Rat Pack.

No Mission District, o **Elixir** é um bar de bairro, com dardos e bar com lambris de madeira, numa construção vitoriana que antes tinha uma engraxateria. Para uma noite animada com música ao vivo e drinques fortes, vá ao **Bimbo's 365 Club**, em North Beach. Em 1952, o **Buena Vista Café** foi o berço do Irish Coffee, e serve 1 mil copos por dia. O **Red Room** lembra um clássico salão de coquetéis, bem colorido. Você encontra uma divertida imitação de tema étnico do Sudeste Asiático no **Bambuddha Lounge**. Também se ouve jazz ao vivo em outros bares, como o **Café du Nord**, antigo local do tempo da Lei Seca, e o premiado **Biscuits and Blues**.

VINHOS

Nas proximidades do Wine Country, no Norte da Califórnia, o **Ferry Plaza Wine Merchant Bar**, cercado de padarias e queijarias artesanais, é um lugar ótimo para degustar vinhos. O champanhe e a luz das velas criam o clima do **Bubble Lounge**. Nos dias úteis, o **London Wine Bar** atende quem trabalha no Financial District e busca um ambiente britânico, com safra californiana. A **Diablo Grande Wine Gallery** apresenta seus próprios vinhos, na área do museu de SoMa. Do outro lado da rua, no **Vino Venue**, há um medidor que libera pequena dose de vinho num bar automatizado, permitindo que se prove 100 vinhos antes de comprar. Mais perto do SBC Park em SoMa, o **Bacar** atende clientes elegantes e torcedores de beisebol, com grande variedade de vinhos.

BARES TEMÁTICOS

Um dos melhores pontos para conhecer as paixões locais é o **Knuckles Sports Bar**, com mais de 24 televisores com transmissão ao vivo. Traga sua comida ou lanche para beber no **Greens Sports Bar**. **Edinburgh Castle Pub** que tem música indie, peixe com fritas, dardos e sinuca. Alegria irlandesa e muita Guinness são oferecidas em **The Irish Bank** e **The Chieftain**.

BARES GAYS

Os bares procurados por gays, lésbicas, bissexuais e transexuais vão dos decorados com couro, látex e fetiches aos bares com ambientação simples porque os fregueses são predominantemente de um só tipo. Os bairros de Castro, SoMa e Mission atraem essa clientela. O **Daddy's 440**, em Castro, reúne um povo que anda de Levi's e de couro. O **Asia SF** e o **EndUp** oferece drinques e dança. Numa cidade em que poucos bares de lésbicas sobreviveram, o **Cherry Bar** apresenta música ao vivo. O **Divas** é conhecido como local de transexuais.

AGENDA

COBERTURAS

Carnelian Room
52nd floor,
555 California St.
Mapa 5 C4.
Tel *(415) 433-7500.*
http://carnelianroom.com

Cityscape Bar & Restaurant
46th floor, Hilton Hotel,
333 O'Farrell St.
Mapa 5 B5.
Tel *(415) 923-5002.*

Grandview Lounge
36th floor,
Grand Hyatt Hotel,
345 Stockton St.
Mapa 5 C4.
Tel *(415) 398-1234.*

Top of the Mark
19th floor,
Mark Hopkins InterContinental Hotel, 999 California St.
Mapa 5 B4.
Tel *(415) 616-6916.*

View Lounge
39th floor, Marriott Hotel
55 4th St.
Mapa 5 C5.
Tel *(415) 896-1600.*

CERVEJAS

Beach Chalet Brewery & Restaurant
1000 Great Hwy.
Mapa 7 A2.
Tel *(415) 386-8439.*
www.beachchalet.com

Gordon Biersch Brewery
2 Harrison St.
Mapa 6 E4.
Tel *(415) 243-8246.*

Mad Dog in the Fog
530 Haight St.
Mapa 10 E1.
Tel *(415) 626-7279.*

Magnolia Pub & Brewery
1398 Haight St.
Mapa 9 C1.
Tel *(415) 864-7468.*
www.magnoliapub.com

San Francisco Brewing Company
155 Columbus Ave.
Mapa 5 C3.
Tel *(415) 434-3344.*
www.sfbrewing.com

Thirsty Bear Brewing Company
661 Howard St.
Mapa 6 D5.
Tel *(415) 974-0905.*
www.thirstybear.com

COQUETÉIS

Bambuddha Lounge
661 Eddy St.
Mapa 5 A5. ***Tel*** *(415) 885-5088.* **www**.bambuddha lounge.com

Bimbo's 365 Club
1025 Columbus Ave,
North Beach.
Mapa 5 B2.
Tel *415) 474-0365.*

Biscuits and Blues
401 Mason St.
Mapa 5 B5. ***Tel*** *292-2583.* **www**.biscuitsand-blues. com

Buena Vista Café
2765 Hyde St.
Mapa 4 F1.
Tel *(415) 747-5044.*
www.thebuenavista.com

Café du Nord
2174 Market St.
Mapa 10 D2.
Tel *(415) 861-5016.*
www.cafenord.com

Elixir
3200 16th St.
at Valencia St.
Mapa 10 F2.
Tel *(415) 552-1633.*
www.elixirsf.com

Harry Denton's Starlight Room
450 Powell St.
Mapa 5 B4.
Tel *(415) 395-8595.*
www.harrydenton.com

Red Room
827 Sutter St.
Mapa 5 B4.
Tel *(415) 346-7666.*

Redwood Room Bar
Clift Hotel, 495 Geary St.
Mapa 5 B5.
Tel *(415) 775-4700.*
www.clifthotel.com

Specs'
12 William Saroyan Alley.
Mapa 5 C3.
Tel *(415) 421-4112.*

Tony Niks
1534 Stockton St.
Mapa 5 B2.
Tel *(415) 693-0990.*

Tosca Café
242 Columbus Ave.
Mapa 5 C3.
Tel *(415) 391-1244.*

Vesuvio
255 Columbus Ave.
Mapa 5 C3.
Tel *(415) 362-3370.*
www.vesuvio.com

VINHOS

Bacar
448 Brannan St.
Tel *(415) 904-4100.*
www.bacarsf.com

Bubble Lounge
714 Montgomery St.
Mapa 5 C3.
Tel *(415) 434-4204.*
www.bubblelounge.com

Diablo Grande Wine Gallery
669 Mission St.
Mapa 5 C5.
Tel *(415) 543-4343.*

Ferry Plaza Wine Merchant Bar
One Ferry Building,
Shop 23.
Mapa 6 E3.
Tel *(415) 391-9400.*

London Wine Bar
415 Sansome St.
Mapa 5 C3.
Tel *(415) 788-4811.*

Vino Venue
686 Mission St.
Mapa 5 C5.
Tel *(415) 341-1930.*
www.vinovenue.net

BARES TEMÁTICOS

Edinburgh Castle Pub
950 Geary Blvd.
Mapa 5 A5.
Tel *(415) 885-4074.*

Knuckles Sports Bar
555 North Point St.
Mapa 5 A1.
Tel *(415) 486-4316.*

Greens Sports Bar
2339 Polk St.
Mapa 5 A3.
Tel *(415) 775-4287.*

The Chieftain
195 5th St.
Tel *(415) 615-0916.*
www.thechieftain.com

The Irish Bank
10 Mark La (off Bush St).
Mapa 5 B4.
Tel *(415) 788-7152.*
www.theirishbank.com

BARES GAYS

Asia SF
201 9th St.
Mapa 11 A2.
Tel *(415) 255-2742.*

Cherry Bar
917 Folsom St.
Mapa 11 B1.
Tel *(415) 974-1585.*

Daddy's 440
440 Castro St.
Mapa 10 D3.
Tel *(415) 621-8732.*
www.daddysbar.com

Divas
1081 Post St.
Mapa 4 F4.
Tel *(415) 928-6006.*

Endup
401 6th St.
Tel *(415) 646-0999.*

COMO CIRCULAR EM SÃO FRANCISCO

São Francisco ocupa uma área pequena, o que facilita as coisas para o turista. Muitas das atrações ficam a curta distância entre si. O sistema de transporte público é eficiente e fácil de usar, o que torna irresistível um passeio de bonde. As rotas dos ônibus cruzam a cidade e passam por vários pontos interessantes. O metrô de superfície Muni e as linhas BART servem os subúrbios e os bairros de periferia. Os táxis têm preços razoáveis e indicados (apesar do díficil acesso) para viagens à noite em certas regiões. Os ferryboats e os barcos mantêm um serviço constante através da baía, para norte e leste. Se for dirigir, veja na página 633 detalhes sobre leis de estacionamento.

Não cruze a rua

Pode atravessar a rua

COMO ANDAR A PÉ POR SÃO FRANCISCO

A melhor maneira de conhecer São Francisco é a pé. As principais áreas turísticas ficam a 15 ou 20 minutos entre si em passo normal. As ladeiras podem ser um empecilho, mas as vistas da cidade e da baía que se têm delas fazem o esforço valer a pena.

A maioria dos cruzamentos ou tem placas verdes e brancas com o nome das ruas ou os nomes estão impressos no chão das esquinas.

Dirige-se como no Brasil, no lado direito, mas pode-se virar à direita no sinal vermelho se não houver veículos. Portanto fique atento ao atravessar no semáforo.

Aguarde o sinal de "Walk" para atravessar pela faixa de pedestres

Nunca confie somente no sinal de pedestres "Walk" (atravesse). Atravessar em qualquer lugar é comum mas ilegal, e pode dar multas pesadas –mesmo na faixa de segurança, com o sinal "Don't Walk" (pare).

COMO PEGAR UM TÁXI

Os táxis de São Francisco são licenciados e funcionam 24 horas. Para pegar um, telefone, espere em um ponto ou, se o letreiro estiver aceso, pegue em qualquer lugar.

Há uma tarifa básica (cerca de US$ 3,50) na primeira milha (1,6km), que aumenta US$ 2,25 por milha e US$ 0,45 por minuto de espera no endereço ou em tráfego lento. Acrescente 15% de gorjeta ao preço da corrida.

BICICLETAS

É muito comum pedalar em São Francisco e há percursos sem ladeiras, principalmente na orla marítima. Podem-se alugar bicicletas por cerca de US$ 30 por dia ou US$ 130 por semana. Há pistas em certos locais da cidade, e alguns ônibus estão equipados para levar bicicletas presas à carroceria. Detalhes sobre rotas panorâmicas na **Bay City Bike** e na **Blazing Saddles.**

OUTRAS MANEIRAS DE CIRCULAR

Pode-se pegar um *pedicab* ou charretes no Embarcadero, principalmente perto de Fisherman's Wharf *(págs. 334-5)*. Há uma frota de bondes motorizados que fazem excursões com guias. Neles os passageiros sobem ou descem onde quiserem. Já os passeios de ônibus podem ser por meio dia ou pelo dia inteiro.

Pedicabs, transporte concorrido para fazer turismo

AGENDA

EMPRESAS DE TÁXI

Black & White Checker
Tel (415) 285-3880.

DeSoto
Tel (415) 970-1300.

Fog City Cab
Tel (415) 282-8749.

Yellow Cab
Tel (415) 626-2345.

ALUGUEL DE BICICLETAS

Bay City Bike
2662 Taylor St.,
Fisherman's Wharf,
Mapa 4 F1.
Tel (415) 346-2453.
www.baycitybike.com

Blazing Saddles
2715 Hyde St.
Mapa 5 A1.
Tel (415) 202-8888.
www.blazingsaddles.com

Como Andar de Ônibus e Metrô de Superfície

A San Francisco Municipal Railway, ou Muni, como é conhecida, é o órgão responsável pelo transporte público. Pode-se usar um bilhete de integração –o Muni Passport– ou viajar nos ônibus Muni, nos bondes elétricos do metrô de superfície (o Muni Metro) e nas três linhas de bondes a cabo. Ônibus e bondes passam pela maioria das atrações e por todos os bairros.

TARIFAS E BILHETES

Ônibus, bondes e metrô custam US$ 2 por viagem, com direito a uma baldeação (grátis e válida por 90 minutos) para outro ônibus ou bonde. Idosos com mais de 65 anos e crianças e jovens de 5 a 17 anos pagam tarifa reduzida. Crianças com menos de 5 anos não pagam.

O Muni Passport, válido por 1, 3 ou 7 dias, permite um número ilimitado de viagens nos ônibus, bondes e bondes a cabo municipais. Vendem-se passaportes no balcão de informações no aeroporto internacional de São Francisco, no **Visitor Information Center**, na saída do metrô Powell Street BART, e nas cabines de bondes a cabo nas ruas Powell & Market e Hyde & Beach.

O tradicional bonde do Muni Metro

Passaportes Muni

COMO PEGAR ÔNIBUS E BONDES

Os ônibus só param nos pontos, a cada duas ou três quadras. O número da linha e o destino são mostrados na frente e na lateral de cada ônibus. Quando os números são seguidos de uma letra (L, EX, A, B etc.), trata-se de um serviço expresso.

Ao subir, coloque o trocado ou as fichas no valor exato dentro da caixa cobradora, ou mostre o Muni Passport ao motorista. Para descer no ponto seguinte, puxe a corda ou peça ao motorista. A placa "Stop Requested" (parada solicitada), acima do para-brisa, se iluminará. Os pontos são indicados por placas com o logo da Muni. A relação com os números das linhas que param ali fica na parede do abrigo, assim como mapas do percurso e horários.

Os bondes Muni Metro e o metrô BART *(pág. 398)* compartilham quatro das sete estações subterrâneas na Market Street, marcadas por sinais luminosos alaranjados, amarelos e brancos. Dentro do terminal, procure a entrada exclusiva "Muni".

Para ir à zona oeste, siga por "Outbound"; para leste, "Downtown". Letreiros eletrônicos avisam qual é o próximo bonde. Na entrada, as portas se abrem automaticamente; se não abrirem quando você estiver numa estação no nível inferior ou no nível da rua, pressione a alavanca inferior ao lado da saída. Os pontos na superfície têm uma bandeirola laranja e marrom ou uma faixa amarela em volta do poste, marcada "Muni" ou "Car Stop".

TURISMO DE ÔNIBUS

Seguem os melhores trajetos de ônibus para turistas. A linha 38 passa por Japantown e pelas montanhas acima de Ocean Beach; para Golden Gate Park *(págs. 366-9)* pegue as linhas 5, 21, 28, 29, 44, 71, ou N. Para Chinatown e Nob Hill *(págs. 324-31)* pegue as linhas 1, 9X, 12, 15, 30, 45 ou a linha elétrica California Street. Para Haight Ashbury *(págs. 354-63)* pegue as linhas 6, 7, 33, 37, 43, 71; para Mission District as de número 14, 18, 22, 24, 33, 48, J. Demora-se de 30 a 45 minutos para chegar a Bay Area *(págs. 410-31)*.

Abrigo dos ônibus Muni com telefone e paredes de vidro

AGENDA

MUNI-INFORMAÇÕES

Tel *(415) 673-6864.*

www.sfmta.com

Visitors' Information Center

Hallidie Plaza, **Mapa** 5 C5.

Tel *(415) 391-2000.*

www.511.org

Um ônibus Muni

O Bonde a Cabo, o BART e os Ferryboats

Os bondes a cabo *(cable cars)* de São Francisco são famosos no mundo inteiro *(págs. 302-3)*, e todo turista quer passear em um deles ao menos uma vez. A península e a East Bay são interligadas pelo BART (Bay Area Rapid Transit) –trens eficientes e rápidos que percorrem uma linha de 114km. Os barcos e ferryboats de passageiros são uma das maneiras preferidas de apreciar o litoral e se locomover.

Descida emocionante da Hyde Street para a baía

BONDES A CABO

O serviço de bondes a cabo *(cable cars)* funciona das 6h30 às 24h30 todos os dias, com horários especiais no fim de semana. A tarifa única é de US$ 5 em cada viagem, com desconto para idosos e deficientes, entre as 21h e as 7h. Crianças de 4 anos ou menos não pagam. Os bondes a cabo fazem três percursos. O nome da linha fica na frente, na traseira e nas laterais de cada carro. A linha Powell-Hyde, a mais atraente, sai do girador da Powell St com Market St *(pág. 321)* e tem ponto final na Hyde Street, perto do Aquatic Park. A linha Powell-Mason também começa nas ruas Powell e Market e termina na Bay Street. Para ter as melhores vistas, sente-se voltado para o leste na linhas Powell. A linha California sai da parte baixa da Market Street, passa pelo Financial District e Chinatown e termina na Van Ness Avenue. Os bondes a cabo passam a intervalos de 15 minutos.

Para pegar um deles, esteja pronto para pular a bordo rapidamente. Os pontos são indicados por placas marrons com a silhueta do bonde em branco, ou por uma faixa amarela pintada na rua em ângulo reto com os trilhos.

Se você não tem o Muni Passport *(pág. 397)*, compre o passe de um dia ou um tíquete do cobrador. As passagens são recolhidas no embarque. Passes Muni, *souvenir ticket* e mapas estão à venda nos quiosques da Muni nas ruas Powell, Market, Hyde e Beach ou no Visitor Information Center da cidade *(pág. 397)*.

Os moradores também usam os bondes para ir e voltar do trabalho, por isso evite tomá-los nos horários de maior movimento, porque eles podem ficar muito cheios.

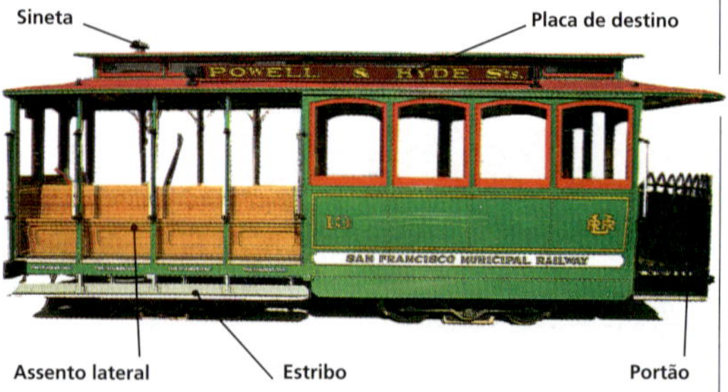

Bonde a cabo de São Francisco

Nob Hill: encontro das linhas Powell e California

TURISMO EM BONDE A CABO

As colinas não são problema para os bondes, que transpõem fácil as ladeiras íngremes, passando por atrações e áreas interessantes. A descida mais emocionante é a do final da linha Powell-Hyde, quando o bonde embica de Nob Hill para a baía.

COMO VIAJAR DE BONDE A CABO EM SEGURANÇA

Se o bonde não estiver lotado, pode-se sentar ou ficar em pé, sentar-se em um banco lateral ou ir no estribo. Qualquer que seja o lugar, segure-se firme. Não vá junto ao motorneiro, pois ele precisa de espaço para manejar a alavanca do freio. Este espaço é marcado por faixas amarelas no chão. No estribo, tenha cuidado. É emocionante passar por outros bondes, mas fique atento para não se curvar demais para fora, porque os bondes passam muito perto uns dos outros. Preste atenção ao subir e ao descer, porque é comum os bondes pararem em cruzamentos, com outros veículos em volta. Todos os passageiros devem descer no ponto final.

TELEFONES ÚTEIS

Cable Car Museum
1201 Mason St. Mapa 5 B3.
Museu. Tel (415) 474-1887.
www.cablecarmuseum.org

Muni Information
Tel (415) 673-6864. Informação sobre bondes, tarifas e Muni Passports.
www.sfmta.com

COMO VIAJAR NO BART

Logotipo do BART

Os trens BART funcionam todo dia de manhã cedo até meia-noite. Nas horas de pico –7h às 9h e 16h às 18h30–, ficam lotados. Os trens são limpos e bem conservados, e o serviço é eficiente.

Os BART param em quatro estações centrais da cidade, todas sob a Market Street –Civic Center, Powell, Montgomery e Embarcadero–, de onde se pode pegar o trem direto para o Aeroporto Internacional de São Francisco.

Todos os trens vindos de Daly City param nas estações do Centro antes de se dirigirem à East Bay por um túnel escuro submarino de 6km. É possível fazer baldeação nas estações MacArthur e Oakland City.

Para conhecer a rede BART sem adquirir um bilhete para cada viagem, opte pela *excursion fare* (tarifa de passeio), mas você deve entrar e sair da rede na mesma estação.

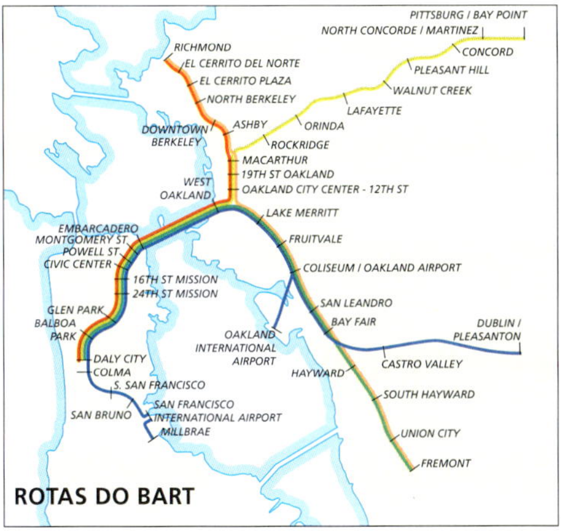

ROTAS DO BART

LEGENDA

- Richmond-Daly City
- Pittsburg/Bay Point-Daly City
- Fremont-Daly City
- Fremont-Richmond
- Pleasanton-Millbrae

SERVIÇOS DE FERRYBOAT E PASSEIOS NA BAÍA

Os moradores da Bay Area têm paixão pelos ferryboats, bastante usados também por turistas. Embora não tenham um guia para apontar as atrações, os ferryboats são mais baratos do que os cruzeiros turísticos. O Ferry Building *(pág. 316)* é o terminal da empresa de ferryboats **Golden Gate Ferries**.

Os cruzeiros pela baía que saem de Fisherman's Wharf são operados pela **Blue & Gold Fleet** e pela **Red & White Fleet**. Incluem as ilhas Angel e cidades localizadas no litoral norte da baía *(págs. 414-5)*. A **Alcatraz Cruises** leva a Alcatraz *(págs. 338-9)*. Há excursões que usam barco e ônibus para Six Flags Marine World e Muir Woods *(pág. 414)*.

Pode-se comer e dançar a bordo dos vários cruzeiros que cortam as águas da baía. A **Hornblower Dining Yachts** oferece passeios com almoço às sextas-feiras, café da manhã reforçado nos fins de semana e jantar todo dia. As refeições também são servidas em mesas na costa. Na **Oceanic Society** pode-se contratar passeios acompanhados de um ambientalista ao redor das ilhas Farallon, 40km ao largo de São Francisco *(págs. 412-3)*. Também existem passeios de observação de baleias na costa oeste da cidade *(pág. 614)*.

Barca da Red & White Fleet

Consulte as empresas sobre os detalhes.

AGENDA

FERRYBOATS

Alcatraz Cruises
Tel *(415) 981-7625.*
www.alcatrazcruises.com

Blue & Gold Fleet
Pier 39. **Mapa** 5 B1. **Tel** *705-8200.*
www.blueandgoldfleet.com

Golden Gate Ferries
Tel *(415) 455-2000.*
www.goldengate.org

PASSEIOS PELA BAÍA

Hornblower Dining Yachts
Pier 33. **Mapa** 5 C1. **Tel** *(888) 467-6256.* **www**.hornblower.com

Oceanic Society Expeditions
Tel *441-1106, (800) 326-7491.*
www.oceanicsociety.org

Red & White Fleet
Pier 43½. **Mapa** 5 B1. **Tel** *(415) 673-2900.* **www**.redandwhite.com

GUIA DE RUAS DE SÃO FRANCISCO

As remissões feitas nos endereços de atrações turísticas, locais de diversão, lojas e Informações Úteis da seção São Francisco referem-se aos mapas das páginas seguintes, assim como aquelas feitas em hotéis e restaurantes da cidade *(págs. 523-9* e *págs. 560-8)*. O mapa esquemático abaixo mostra a área abrangida pelo Guia de Ruas, que inclui os pontos turísticos e os distritos com restaurantes, hotéis e locais de diversão. Um mapa em escala ampliada do Centro encontra-se nas *págs. 5 e 6*. Os símbolos usados nos mapas do guia encontram-se na coluna de legendas abaixo.

LEGENDA DO GUIA DE RUAS

- Principal atração
- Local interessante
- Estação CalTrain
- Estação BART
- Terminal rodoviário
- Terminal do metrô de superfície
- Terminal de ônibus
- Terminal de bonde a cabo
- Terminal de ferryboats
- Informação turística
- Hospital com pronto-socorro
- Delegacia de polícia
- Igreja
- Sinagoga
- Mesquita
- Templo budista
- Templo hindu
- Correio
- Campo de golfe
- Linha de trem
- Freeway (via expressa)
- <<665 Rua de mão única
- Número da casa (rua principal)

ESCALA DOS MAPAS 1-4 E 7-11

0 metros 500

ESCALA DOS MAPAS 5 E 6

0 metros 500

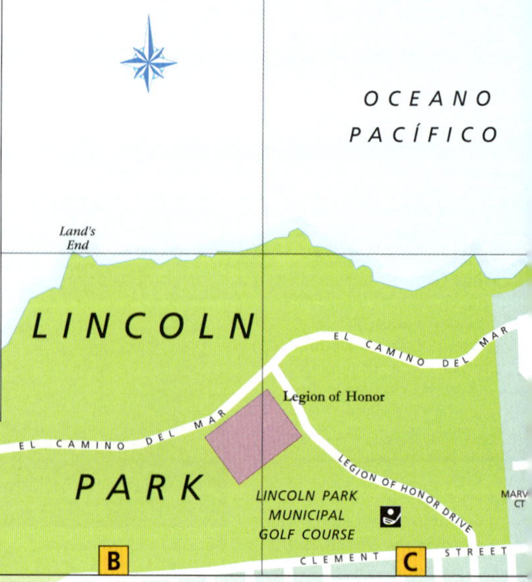

2
Golden Gate Bridge
Baía de São Francisco
Fort Point
Alcatraz Island
Detalhe no Mapa 6
Fisherman's Wharf e North Beach
Chinatown e Nob Hill
Downtown
Marine Drive
Golden Gate Bridge Freeway
Battery East Road
Long Avenue
Boulevard
Hoffman St
Cranston Rd
Bowman Rd
Merchant Rd
Miller Rd
Armistead Rd
Bell Rd
Marine Drive
Hamilton St
Pearce St
Mauldin St
Crissy Field
Storey Avenue
Stone St
Langdon Ct
Dovelp
Lincoln
Btry Wagner Rd
Ralston Avenue
Cowles St
McDowell Ave
Ruckman Ave
Appleton Street
Rod Rd
Schofield Rd
Highway 1
Lincoln Blvd
Park Blvd
Btry Dynamite Rd
Btry Saffold Rd
Greenough Ave
Upton Avenue
Wool Ct
Kobbe Avenue
Pope St
Hitchcock
Harrison Blvd
Washington
Wright Loop
Central Magazine Rd
Morris Rd
Amatury Loop
Hunter Rd
Dent Rd
Compton Road
Washington Boulevard
Boulevard
Presidio
Pershing Drive
Stillwell Road
Battery Chamberlin Rd
Baker Beach
Lincoln Boulevard
Btry Caulfield Rd
Presidio Army Golf Course
Gibson Road
Bowley
Brooks St
Wedemeyer St
Hays St
Bellesst
Brown St
Wyman Ave
Mountain Lake
Mountain Lake Park
25th Ave North
Cliff Avenue
26th Scenic Wy
25th Ave
27th Ave
Sea
Howard Road
24th
West Clay St
Lake Street
McLaren Ave
25th Avenue
Park Presidio Blvd
Funston Avenue
Richmond Plgd
Rochambeau Plgd
California Street
<< 6600
<< 5800
Richmond
Clement Street
Dupont Plgd
30th
29th Avenue
28th Avenue
27th Avenue
26th Avenue
23rd Ave
22nd Ave
21st Ave
20th Ave
19th Ave
18th Ave
17th Ave
16th Ave
15th Ave
14th Ave
12th Avenue
11th Avenue
10th Avenue
9th Avenue
8th Ave
D
E
F
1
2
3
4
5
8

3
A
B
C
1
2
3
4
5
9
MARINE DRIVE
CRISSY FIELD
MASON STREET
OLD MASON STREET
BANK ST
VALLEJO ST
LIVINGSTON ST
PENNINGTON ST
SGT MITCHELL ST
MARSHALL ST
JAUSS ST
ALLEN ST
LUNDEEN ST
YACHT ROAD
MARINA BOULEVARD
MARINA
JEFFERSON STREET
BEACH STREET
NORTH POINT STREET
BAY STREET
FRANCISCO STREET
CHESTNUT STREET
GREENWICH STREET
MILEY ST
FILBERT STREET
UNION STREET
GREEN STREET
BROADWAY
W BROADWAY
PACIFIC AVENUE
JACKSON STREET
WASHINGTON STREET
CLAY STREET
BAKER STREET
BRODERICK STREET
DIVISADERO STREET
LYON STREET
PALACE DRIVE
Palace of Fine Arts and the Exploratorium
RICHARDSON AVENUE
GORGAS AVENUE
DOYLE DRIVE
BTRY BLANEY
YOUNG ST
FRENCH CT
HALLECK ST
LINCOLN BLVD
PATTEN RD
GIRARD RD
B'HAM RD
T'BURG RD
EDIE ROAD
GENERAL KENNEDY AVE
O'REILLY AVE
TRUBY ST
WINN WAY
DEWITT ROAD
TORNEY AVE
LETTERMAN DRIVE
LOMBARD STREET
SHERMAN ROAD
SIMONDS LOOP
SHAFTER RD
RUGER ST
GIBBON CT
RAWLES ST
PRESIDIO BOULEVARD
SAN FRANCISCO NATIONAL MILITARY CEMETARY
FISHER LP
SHERIDAN AVE
RILEY AVE
TAYLOR ROAD
MONTGOMERY STREET
ANZA ST
GRAHAM ST
KEYES AVE
CANBY ST
Presidio Museum
BLISS RD
TERRACE
MORAGE AVE
SAL ST
PENA ST
MESA STREET
FUNSTON AVENUE
MARTINEZ ST
PRESIDIO BLVD
LOVERS LN
SUMMER AVENUE
Presidio Officers' Club
BARNARD AVE
MACARTHUR AVE
SANCHES ST
FERNANDEZ ST
INFANTRY TERRACE
THOMAS AVENUE
SIBERT LOOP
ARGUELLO BOULEVARD
NAUMAN RD
WASHINGTON BLVD
PIPER LOOP
DEEMS RD
HICKS ROAD
QUARRY ROAD
WALLEN CT
MACRAE ST
PORTOLA STREET
RODRIGUEZ STREET
MORTON STREET
LIGGETT AVE
CLARK STREET
SIBLEY ROAD
VISTA CT
EL POLIN
PRESIDIO
PRESIDIO ARMY GOLF COURSE
FINLEY RD
WEST PACIFIC AVENUE
PRESIDIO TERRACE
Goslinsky House
PRESIDIO AVENUE
Temple Emanu-El
LAKE STREET
CALIFORNIA STREET
SACRAMENTO STREET
CHERRY STREET
MAPLE ST
SPRUCE STREET
LOCUST STREET
LAUREL STREET
WALNUT STREET
PINE STREET
BUSH STREET
SUTTER STREET
POST STREET
MAYFAIR DRIVE
HEATHER AVE
IRIS AVE
MANZANITA AVE
LAUREL ST
LUPINE AVE
MASONIC AVE
CORNWALL STREET
8TH AVENUE
7TH AVENUE
6TH AVENUE
5TH AVENUE
4TH AVENUE
3RD AVENUE
2ND AVENUE
PALM AVENUE
JORDAN AVENUE
COMMONWEALTH AVENUE
PARKER AVENUE
EUCLID AVENUE
COOK ST
BLAKE ST
COLLINS ST
WOOD ST
EMERSON ST
CLEMENT STREET
GEARY BOULEVARD
Columbarium
BEAUMONT AVE
ALMADEN CT
LORAINE CT
STANYAN STREET
ROSSI AVE
LONE MIA TERR
ANGELO ROSSI PLAYGROUND
EDWARD ST
WILLARD ST NORTH
ANZA STREET
EWING TERR
O'FARRELL STREET
TERRA VISTA AVE
ENCANTO AVE
FORTUNA AVE
BARCELONA AVE
VEGA ST
NIDO AVE
ANZA VISTA AVENUE
TURK STREET
GOLDEN GATE
McALLISTER
ARGUELLO PARK
BALBOA STREET
University of San Francisco
TEMESCAL TERR
CHABOT TERR
KITTREDGE TERR
ROSELYN TERR
TAMALPAIS TERR
ANNAPOLIS TR
ST JOSEPHS AVE
<<3100
<<3000
<<3800
<<3500
<<2400
100>>
500>>

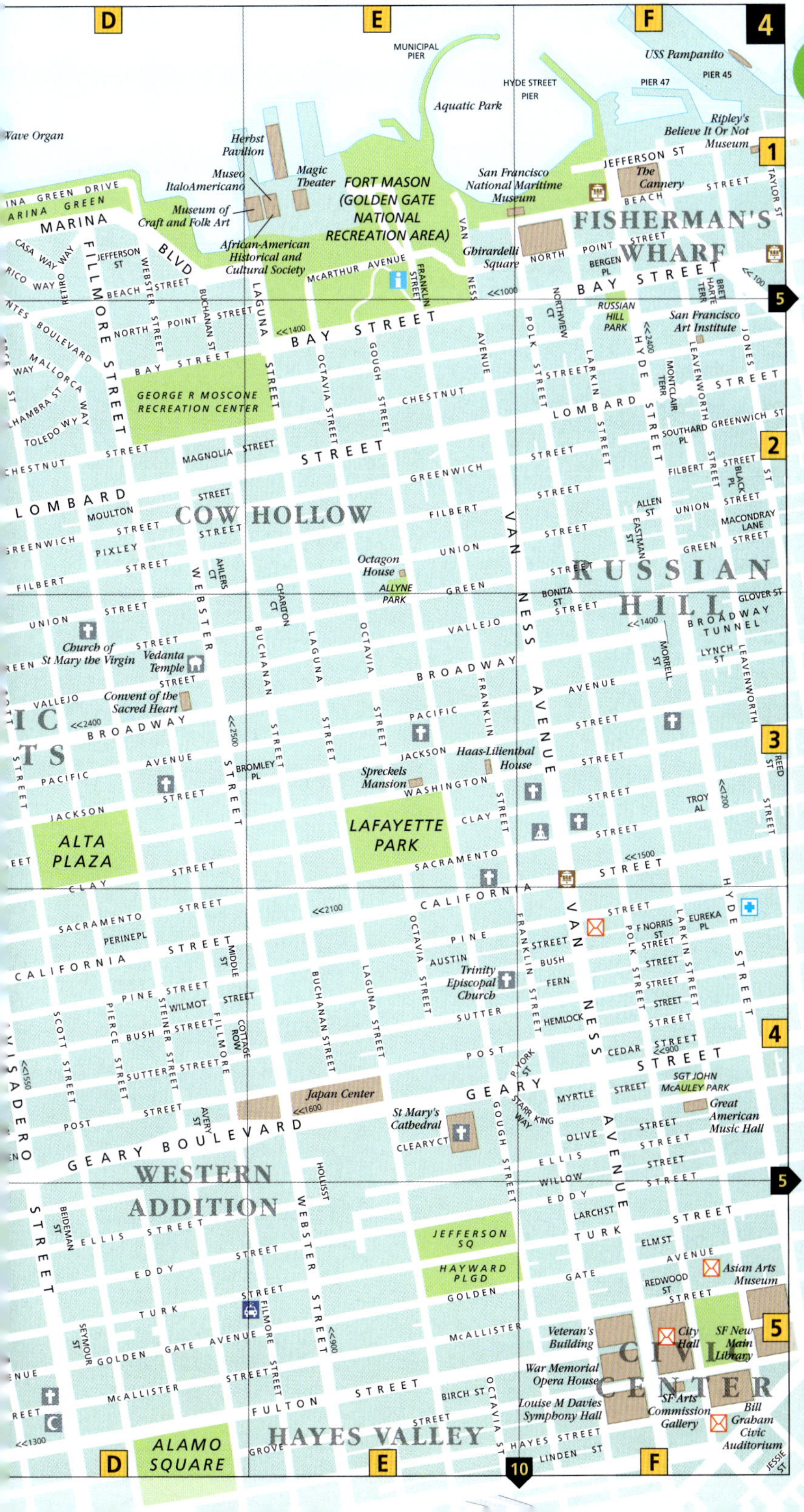
D
E
F
4
1
2
3
4
5
10
MUNICIPAL PIER
HYDE STREET PIER
Aquatic Park
USS Pampanito
PIER 45
PIER 47
Ripley's Believe It Or Not Museum
Wave Organ
Herbst Pavilion
Magic Theater
Museo ItaloAmericano
Museum of Craft and Folk Art
African-American Historical and Cultural Society
FORT MASON (GOLDEN GATE NATIONAL RECREATION AREA)
San Francisco National Maritime Museum
The Cannery
Ghirardelli Square
FISHERMAN'S WHARF
RUSSIAN HILL PARK
San Francisco Art Institute
MARINA BLVD
GEORGE R MOSCONE RECREATION CENTER
COW HOLLOW
Octagon House
ALLYNE PARK
RUSSIAN HILL
BROADWAY TUNNEL
Church of St Mary the Virgin
Vedanta Temple
Convent of the Sacred Heart
Haas-Lilienthal House
Spreckels Mansion
ALTA PLAZA
LAFAYETTE PARK
Trinity Episcopal Church
Japan Center
St Mary's Cathedral
SGT JOHN McAULEY PARK
Great American Music Hall
WESTERN ADDITION
JEFFERSON SQ
HAYWARD PLGD
Asian Arts Museum
Veteran's Building
City Hall
SF New Main Library
War Memorial Opera House
Louise M Davies Symphony Hall
SF Arts Commission Gallery
Bill Graham Civic Auditorium
CIVIC CENTER
HAYES VALLEY
ALAMO SQUARE
GEARY BOULEVARD
VAN NESS AVENUE
BAY STREET
LOMBARD STREET
BROADWAY
CALIFORNIA STREET
GEARY STREET
FILLMORE STREET
GOLDEN GATE AVENUE

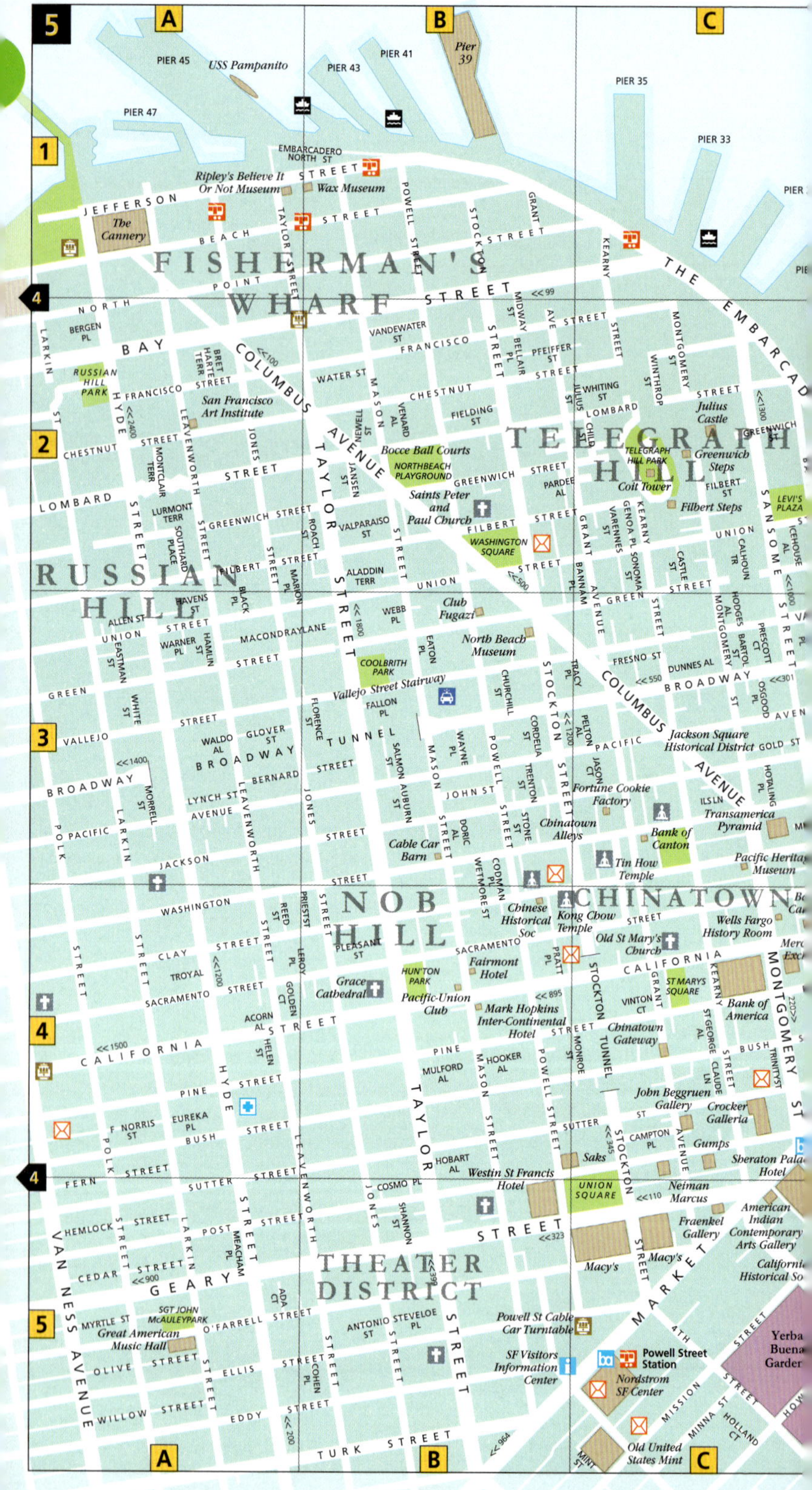
5
A
B
C
1
2
3
4
5
Pier 39
PIER 45
PIER 47
PIER 43
PIER 41
PIER 35
PIER 33
USS Pampanito
EMBARCADERO NORTH ST
Ripley's Believe It Or Not Museum
Wax Museum
The Cannery
FISHERMAN'S WHARF
TELEGRAPH HILL
RUSSIAN HILL
NOB HILL
CHINATOWN
THEATER DISTRICT
JEFFERSON STREET
BEACH STREET
POINT
NORTH POINT STREET
BAY STREET
FRANCISCO STREET
CHESTNUT STREET
LOMBARD STREET
GREENWICH STREET
FILBERT STREET
UNION STREET
GREEN STREET
VALLEJO STREET
BROADWAY
PACIFIC AVENUE
JACKSON STREET
WASHINGTON STREET
CLAY STREET
SACRAMENTO STREET
CALIFORNIA STREET
PINE STREET
BUSH STREET
SUTTER STREET
POST STREET
GEARY STREET
O'FARRELL STREET
ELLIS STREET
EDDY STREET
TURK STREET
MARKET STREET
MISSION STREET
COLUMBUS AVENUE
THE EMBARCADERO
VAN NESS AVENUE
POLK STREET
LARKIN STREET
HYDE STREET
LEAVENWORTH STREET
JONES STREET
TAYLOR STREET
MASON STREET
POWELL STREET
STOCKTON STREET
GRANT AVENUE
KEARNY STREET
MONTGOMERY STREET
SANSOME STREET
Russian Hill Park
San Francisco Art Institute
Bocce Ball Courts
Northbeach Playground
Saints Peter and Paul Church
Washington Square
Coit Tower
Telegraph Hill Park
Julius Castle
Greenwich Steps
Filbert Steps
Levi's Plaza
Club Fugazi
North Beach Museum
Coolbrith Park
Vallejo Street Stairway
Jackson Square Historical District
Fortune Cookie Factory
Transamerica Pyramid
Chinatown Alleys
Bank of Canton
Tin How Temple
Pacific Heritage Museum
Cable Car Barn
Chinese Historical Soc
Kong Chow Temple
Wells Fargo History Room
Old St Mary's Church
Fairmont Hotel
Grace Cathedral
Hun'ton Park
Pacific-Union Club
Mark Hopkins Inter-Continental Hotel
St Mary's Square
Bank of America
Chinatown Gateway
John Beggruen Gallery
Crocker Galleria
Gumps
Saks
Sheraton Palace Hotel
Westin St Francis Hotel
Union Square
Neiman Marcus
Fraenkel Gallery
American Indian Contemporary Arts Gallery
Macy's
California Historical Society
Sgt John McAuley Park
Great American Music Hall
Powell St Cable Car Turntable
SF Visitors Information Center
Powell Street Station
Nordstrom SF Center
Old United States Mint
Yerba Buena Gardens
Stockton Tunnel
Broadway Tunnel

D
E
F
6
1
2
3
4
5
Alcatraz Island
Baía de São Francisco
PIER 23
PIER 19
PIER 17
PIER 15
PIER 9
Pier 7
PIER 5
PIER 3
PIER 1
PIER 2
World Trade Center
Ferry Building
THE EMBARCADERO
DAVIS STREET
DRUMM
SHINGTON STREET
MARITIME PLAZA
EMBARCADERO PLAZA PARK
JUSTIN HERMAN PLAZA
Embarcadero Center
Hyatt Regency Hotel
AMENTO ST
FRONT
Embarcadero Station
STEUART STREET
SPEAR STREET
Rincon Center
MAIN
BEALE
MISSION
Coast Exchange
Amtrak Terminal Ticket Office
Greyhound Bus Depot
Transbay Terminal
FREMONT
HOWARD
Folsom Station
FOLSOM STREET
ZENO PL
ELKHART ST
PIER 24
PIER 26
PIER 28
PIER 30
PIER 32
PIER 34
PIER 36
PIER 38
SAN FRANCISCO OAKLAND BAY BRIDGE
MINNA STREET
1ST
TEHAMA STREET
CLEMENTINA ST
MALDEN AL
GROTE PL
GUY PL
LANSING ST
ESSEX ST
Pacific Telephone Building
Museum of Modern Art
HAWTHORNE STREET
DOW PL
HAMPTON PL
VERONICA PL
HARRISON
STILLMAN ST
BRYANT
RINCON ST
DE BOOM ST
BRANNAN STREET
Brannan Station

7
A
B
C
1
2
3
4
5
Seal Rocks
Cliff House
SUTRO HEIGHTS PARK
SEAL ROCK DRIVE
ALTA MAR WY
POINT LOBOS AVENUE
GEARY BOULEVARD
<<7900
SHORE VIEW AVE
ANZA STREET
SUTRO HEIGHTS AVE
BALBOA STREET
CABRILLO STREET
LA PLAYA STREET
48TH AVENUE
47TH AVENUE
46TH AVENUE
45TH AVENUE
44TH AVENUE
43RD AVENUE
42ND AVENUE
41ST AVENUE
40TH AVENUE
39TH AVENUE
38TH AVENUE
37TH AVENUE
36TH AVENUE
35TH AVENUE
34TH AVENUE
33RD AVENUE
CABRILLO PLAYGROUND
FULTON STREET
<<6900
SPRECKELS
Spreckels Lake
Queen Wilhelmina's Tulip Garden
N LAKE RD
CHAIN OF LAKES DRIVE WEST
CHAIN OF LAKES DRIVE EAST
Buffalo Paddock
GOLDEN GATE PARK GOLF COURSE
JF KENNEDY DRIVE
Polo Fie
GOLDEN
Chain of Lakes
Fly Casting Pool
MIDDLE DRIVE WEST
MARTIN LUTHER KING JR DRIVE
LINCOLN WAY
GREAT HIGHWAY
Ocean Beach
<<4700
IRVING STREET
JUDAH STREET
PINOAL AVENUE
<<3400
KIRKHAM STREET
LAWTON STREET
MORAGA STREET
NORIEGA STREET
<<3500
SUNSET BOULEVARD
<<1750
ORTEGA STREET
PACHECO STREET
QUINTARA STREET
RIVERA STREET
WESTSUNSET PLAYGROUND
OCEANO PACÍFICO

8
RICHMOND
GEARY BOULEVARD
Holy Virgin Cathedral
ARGONNE PLAYGROUND
ANZA STREET
BALBOA STREET
CABRILLO STREET
FULTON STREET
FULTON PLAYGROUND
PARK PRESIDIO BOULEVARD
PARK PRESIDIO BY PASS
CROSS OVER DRIVE
JF KENNEDY DRIVE
MARX MEADOW DR
Lloyd Lake
Stow Lake
STOW LAKE DRIVE
STRAWBERRY HILL
TRANSVERSE DRIVE
OVERLOOK DRIVE
MIDDLE DRIVE WEST
GATE PARK
Elk Glen Lake
Metson Lake
Mallard Lakes
MARTIN LUTHER KING JR DRIVE
de Young Museum
Asian Art Museum
Japanese Tea Garden
TEA GARDEN DRIVE
California Academy of Sciences
CONCOURSE DRIVE
Shakespeare Garden
Strybing Arboretum
LINCOLN WAY
IRVING STREET
JUDAH STREET
KIRKHAM STREET
LAWTON STREET
MORAGA STREET
NORIEGA STREET
ORTEGA STREET
PACHECO STREET
QUINTARA STREET
RIVERA STREET
SUNSET PLAYGROUND
Sunset Reservoir
19TH AVENUE
FUNSTON AVENUE
LURLINE ST
LOMITA AVENUE
ALOHA AVE
GRAND VIEW PARK
NORIEGA ST
SHELDON ST
MOUNT LANE
CASCADE WALK
SELMA WY
AERIAL WAY
ANGLO AL
RADIO TERR
ROCKRIDGE DR
CRAGMONT AVE
SUNSET HEIGHTS PARK
FANNING WAY
CECILIA AVE
CASTENDA AVE
FOREST HILL

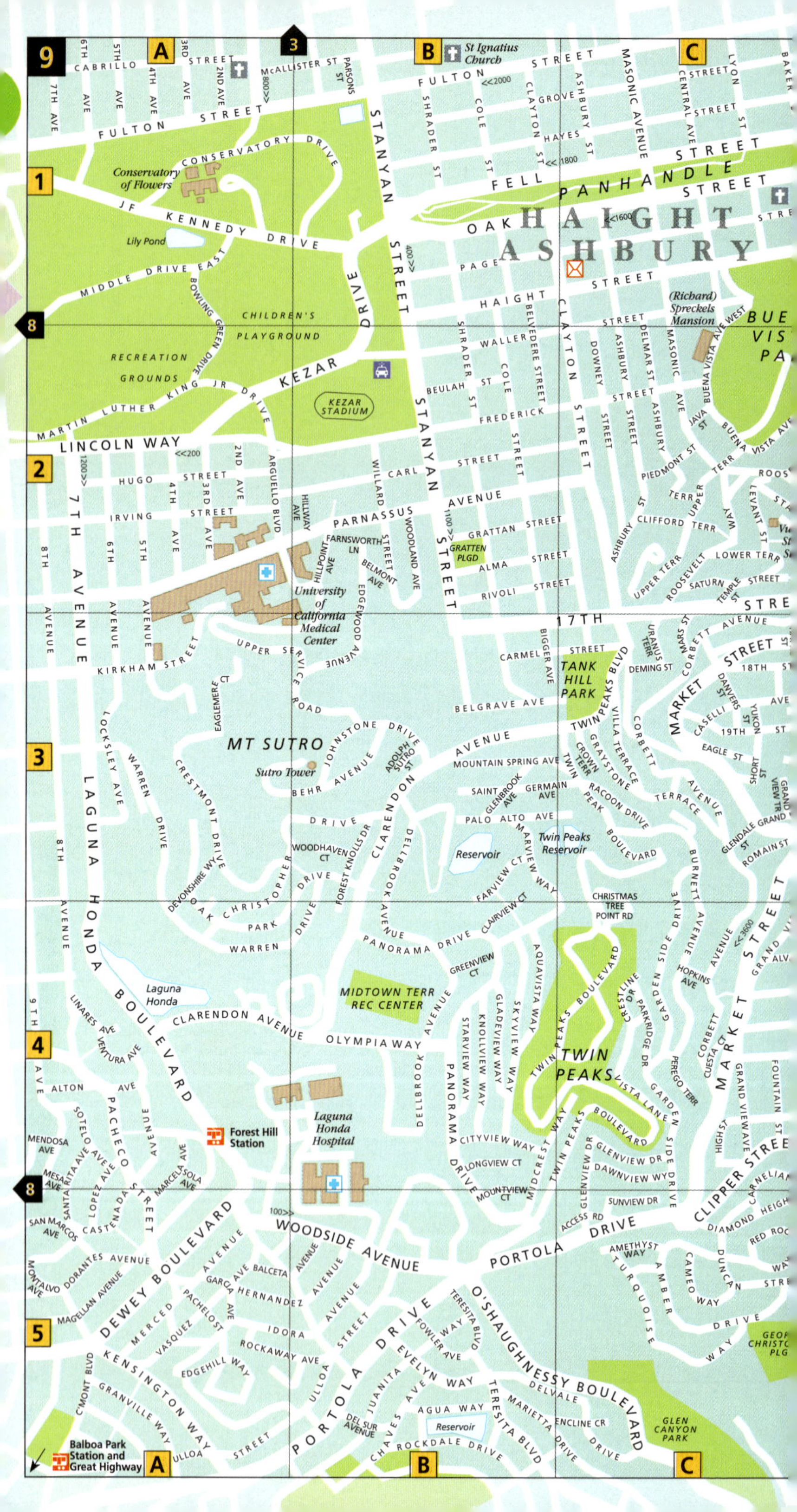

9
HAIGHT ASHBURY
Conservatory of Flowers
Lily Pond
CHILDREN'S PLAYGROUND
RECREATION GROUNDS
KEZAR STADIUM
University of California Medical Center
MT SUTRO
Sutro Tower
TANK HILL PARK
Twin Peaks Reservoir
Reservoir
MIDTOWN TERR REC CENTER
TWIN PEAKS
Laguna Honda
Laguna Honda Hospital
Forest Hill Station
Balboa Park Station and Great Highway
GLEN CANYON PARK
St Ignatius Church
(Richard) Spreckels Mansion
GRATTEN PLGD

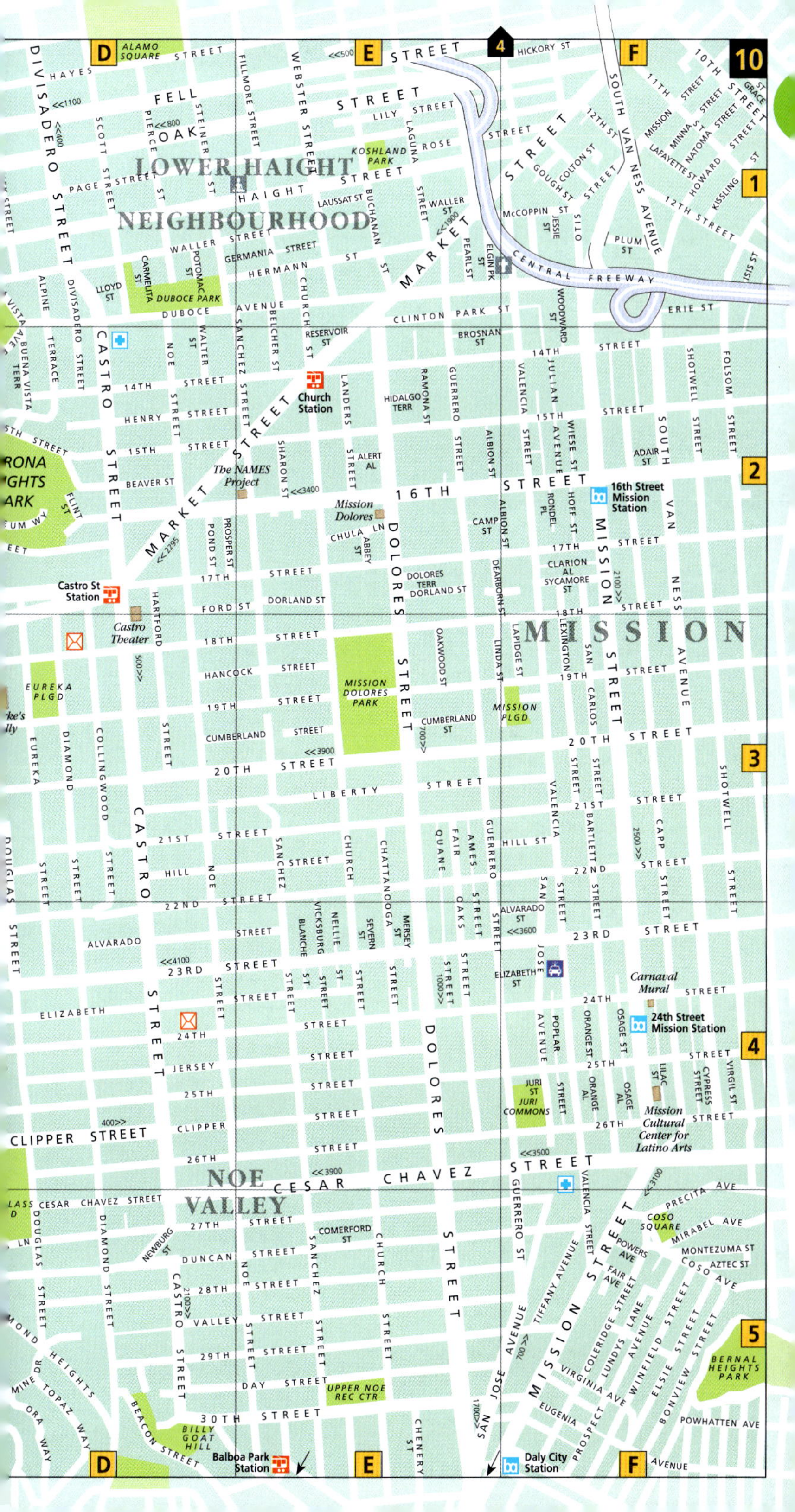
10
LOWER HAIGHT NEIGHBOURHOOD
MISSION
NOE VALLEY
Alamo Square
Koshland Park
Duboce Park
Mission Dolores Park
Mission PLGD
Eureka PLGD
Juri Commons
Upper Noe Rec Ctr
Billy Goat Hill
Bernal Heights Park
Coso Square
Church Station
Castro St Station
16th Street Mission Station
24th Street Mission Station
Balboa Park Station
Daly City Station
The NAMES Project
Mission Dolores
Castro Theater
Carnaval Mural
Mission Cultural Center for Latino Arts
Central Freeway
Market Street
Mission Street
Dolores Street
Castro Street
Valencia Street
Guerrero Street
Cesar Chavez Street
16th Street
Divisadero Street
South Van Ness Avenue
San Jose Avenue

LYCON

BAY AREA

Muitos dos povoados que circundam a baía de São Francisco foram retiros de verão dos moradores da cidade, mas hoje são subúrbios ou até mesmo cidades. Alguns dos lugares mais atraentes da East Bay são o museu e o porto de Oakland e os jardins da famosa universidade de Berkeley. Para o sul, San Jose desponta como o mais recente centro comercial e cultural da região, mesclando a tecnologia do Vale do Silício a ótimos museus e à arquitetura bem preservada de seu passado colonial espanhol. Cidades menores, como Tiburon, Pescadero e Sausalito, porém, conseguiram manter o ambiente de vila, apesar de estarem próximas da cidade. A região tem também como trunfo as paisagens costeiras –os penhascos de Point Reyes e os Marin Headlands, com fauna abundante, oferecem um refúgio perfeito, distante da metrópole.

Detalhe do Sather Gate, Berkeley

PRINCIPAIS ATRAÇÕES

Cidades Históricas

Benicia 8
Berkeley 9
Livermore 13
Oakland 10
Pescadero 16
San Jose 17
Sausalito 5
Tiburon 6

Parques Temáticos

Six Flags Marine World 7

Construções Históricas

Filoli 15
Stanford University 14
Tao House 11

Parques e Praias

John Muir National Historic Site 2
Marin Headlands 4
Mount Diablo State Park 12
Bosque e Praia de Muir 3
Point Reyes National Seashore 1

0 quilômetros 25

LEGENDA

- Área central de São Francisco
- Áreas urbanas
- Aeroporto
- Estação Amtrak
- Estrada principal
- Estrada secundária

◁ Barcos que servem de casa na pitoresca cidade de Sausalito

O Litoral da Baía

O litoral de São Francisco varia entre penhascos escarpados e praias. Já que a temperatura da água do mar oscila em torno de 15ºC o ano inteiro, ninguém nada ou surfa sem roupa de borracha. Quanto a banhos de sol e caminhadas despreocupadas, porém, é difícil superar as praias da Bay Area. A maior parte da costa está sob a proteção de parques estaduais e federais, como o Point Reyes National Seashore *(pág. 406)*, a região dos Marin Headlands, dentro da Golden Gate National Recreation Area *(págs. 416-7)*, e muitas praias estaduais no litoral sul.

Pacifica *já foi a fronteira agrícola de Mission Dolores* (pág. 361). *Na cidade, a casa Sanchez Adobe abriga um museu de ferramentas agrícolas do século 19.*

★ Point Reyes National Seashore ①

Este trecho sob proteção é famoso pelos diversos ecossistemas e suas 360 espécies de pássaros *(pág. 414)*.

★ Ilhas Farallon ⑫

A 44km a oeste de Point Bonita, as ilhas são a mais importante área de nidificação de aves marinhas e parada de aves migratórias da Califórnia. São também local de acasalamento de elefantes-marinhos. O acesso ao público é proibido.

Bolinas ②

Depois da Corrida do Ouro *(págs. 48-9)*, Bolinas tornou-se um retiro para são-franciscanos. Alguns prédios vitorianos ainda resistem. A cidade é pousada de inverno também para as borboletas-monarca.

Marin Headlands ④

Os Promontórios Marin têm o encanto das estupendas vistas de São Francisco e da abundância de áreas com variedade de pássaros *(págs. 416-7)*.

Ilha Treasure ⑥

A ilha, que acolheu a Feira Mundial de 1939, fica no centro da Bay Bridge *(págs. 416-7)*. Ligada à Ilha Yerba Buena, a Ilha Treasure agora é uma comunidade residencial.

Fort Funston ⑦

O penhasco desta praia, também usado como mirante, é um dos locais de salto preferidos por amadores e profissionais de asa-delta.

Colma ⑧

Esta cidade inusitada é composta quase totalmente por cemitérios, com as sepulturas de antigos habitantes de São Francisco e da região da baía. Os cemitérios são proibidos na cidade de São Francisco.

Pillar Point Harbour ⑨

Este é o único porto com proteção natural localizado entre São Francisco e Santa Cruz. Foi usado no final do século 19 como matadouro de baleias.

O Muir Woods National Monument *é a única floresta de sequoias remanescente na Bay Area. As outras viraram madeira de construção no século 19* (pág. 414).

O Monte Tamalpais, *com altitude de 794m, é hábitat de fauna e flora variadas, inclusive o raro puma. O Mountain Theater foi feito em uma reentrância natural em frente à baía.*

LOCALIZE-SE

★ Muir Beach ③

O riacho Redwood corre do Monte Tamalpais para o oceano pela Muir Beach. É hábitat do salmão prateado e do pitu. Ao sul, Potato Patch Shoal é uma área turbulenta de maré baixa e de ondas repentinas.

★ Point Bonita ⑤

O farol de Point Bonita, sobre um promontório escarpado, foi o último com operação manual na Califórnia. Em 1980 foi automatizado. Chega-se a ele por um túnel escavado na rocha ou por uma ponte sobre as ondas.

★ Half Moon Bay ⑩

Na mais velha cidade de San Mateo County, o solo é ideal para o cultivo de alcachofras, brócolis e abóboras. A cidade realiza a festa da abóbora em outubro para festejar a primeira colheita.

★ Pigeon Point ⑪

Depois de vários naufrágios na região, inclusive o do *Carrier Pigeon*, que deu nome ao lugar, erigiu-se um farol de 35m de altura em 1872. É comum avistar leões-marinhos ao largo da costa.

0 quilômetros 10

LEGENDA

- Freeway
- Estrada principal
- Estrada secundária
- Rio
- Vista panorâmica

Fazenda de laticínios na pitoresca Point Reyes

Point Reyes National Seashore ❶

Mapa rodoviário A3. *do San Rafael Center (só fins de semana)* ***Bear Valley Visitors' Center*** *1 Bear Valley Rd, entrada principal para National Seashore, Point Reyes.* ***Tel*** *(415) 464-5100. 9h-17h seg-sex; 8h-17h sáb e dom.* **www**.nps.gov/pore

Este pedaço de terra de forma triangular, ligado em parte ao litoral de São Francisco, tem se movimentado aos poucos para o norte da costa californiana por mais de 6 milhões de anos. Situada bem a oeste da falha de San Andreas, a península moveu 6m para o norte do continente no terremoto de 1906 *(págs. 52-3)*. Uma cerca derrubada na Trilha do Terremoto, perto do Centro de Visitantes de Bear Valley, comprova esse movimento súbito. O próprio Centro de Visitantes possui amostras interessantes da geologia e da geografia do local.

Uma característica notável deste litoral é a abundância da fauna, que inclui uma manada de alces-do-charco. A região tem fazendas pecuárias e de laticínios e três cidadezinhas: Point Reyes Station, Olema e Inverness.

A baía Drake adotou o nome do explorador inglês sir Francis Drake, que ancorou aí em 1579. Chamou a terra de Nova Albion e a reivindicou para a Inglaterra *(págs. 46-7)*.

Placa para Point Reyes

John Muir National Historic Site ❷

4202 Alhambra Ave, Martinez. ***Tel*** *(925) 228-8860. 10h-17h qua-dom. 1º jan, Ação de Graças, 25 dez. só térreo e terreno.* **www**.nps.gov/jomu

Situado no bairro suburbano de Martinez, o John Muir National Historic Site preserva a casa onde esse naturalista e escritor morou de 1890 até morrer, em 1914. A residência à italiana de 17 cômodos é típica da classe média alta, em estilo vitoriano tardio, e tem pouco da simplicidade e do naturalismo de Muir. Só a biblioteca, que ele chamava de "canto de escrevinhar", dá uma ideia real de sua pessoa. A casa teve um terreno de 1,052ha com árvores frutíferas –apenas uma ainda existe. Quando é época, os guarda-parques apanham frutas para os visitantes provar.

John Muir (1838-1914)

Bosque e Praia de Muir ❸

Mapa rodoviário *A3. Mill Valley.* **Centro de Visitantes** *Rodovia 1, Mill Valley.* ***Tel*** *(415) 388-2595. 8h-anoitecer diariam.* **www**.nps.gov/muwo

Aninhado ao sopé do Monte Tamalpais *(págs. 412-3)*, o Muir Woods National Monument é um dos últimos baluartes das velhas sequoias costeiras. Antes de as madeireiras proliferarem, no século 19, essas árvores gigantescas (a mais velha tem ao menos mil anos) cobriam inteiramente o litoral da Califórnia. O nome do bosque é homenagem a John Muir, naturalista do século 19 responsável pela criação do Parque Nacional de Yosemite *(págs. 488-91)*.

O riacho Redwood nasce no Bosque de Muir e deságua no oceano na Muir Beach, larga faixa de areia que atrai catadores de objetos e pessoas que fazem piquenique *(págs. 412-3)*. Na estrada que leva à praia fica a inusitada Pelican Inn, pousada em estilo inglês do século 16 que se orgulha dos pratos típicos, como rosbife, e acolhe os hóspedes calorosamente.

A Muir Beach tende a ficar lotada nos fins de semana, principalmente no verão, mas os turistas que aguentarem andar uns 15 minutos pela areia ganham como prêmio tranquilidade absoluta.

Marin Headlands ❹

págs. 416-7.

Sausalito ❺

Mapa rodoviário destaque B. *7,300. 780 Bridgeway Ave,* ***Tel*** *(415) 332-0505.* **www**.sausalito.org

Nesta vila que já foi de pescadores, bangalôs vitorianos se agarram aos morros íngremes que sobem da baía de São Francisco. Paralela à orla marítima, a Bridgeway Avenue serve de passeio à multidão que vem nos fins de semana prestigiar os restau-

Paisagem do atracadouro de Sausalito

rantes e as lojas e apreciar a paisagem. O **Bay Model Visitor Center** é uma maquete hidráulica fascinante, que simula o movimento das marés e correntes da baía de São Francisco e de seu sistema de delta.

Bay Model Visitor Center
2.100 Bridgeway Ave. ***Tel*** *(415) 332-3871.* *set-mai: 9h-16h ter-sáb; jun-ago: 9h-16h ter-sex; 10h-15h sáb-dom.* *feriados.*
www.spn.usace.army.mil/bmvc

Tiburon ❻

Mapa rodoviário destaque B. *8,200.* *96B Main St.*
Tel *(415) 332-0505.*
www.tiburonchamber.org

A rua principal desta chique vila costeira está cheia de lojas e restaurantes localizados em "arcas". Essas construções singulares são na verdade casas flutuantes do início do século 20, trazidas para terra e reformadas com esmero. Formam hoje a chamada "Ark Row".

Menos agitada que a vizinha Sausalito, Tiburon é um ótimo lugar para caminhar. Dos parques da orla pode-se contemplar a baía. À noite, quando iluminado, o porto ganha um ar mágico.

Six Flags Discovery Kingdom ❼

Mapa rodoviário destaque B.
Tel *(707) 643-6722.* *de São Francisco.* *jun-ago: 10h-20h dom-sex, 10h-19h sáb; mar-mai: 10h-19h qua-dom.* *Ação de Graças, 25 dez.*
www.sixflags.com

O singular parque Six Flags Discovery Kingdom, com vida selvagem e aquários, atrai 1,6 milhão de visitantes todo ano, por ser o mais diferente do Norte da Califórnia. Sua vasta área de 650.000m² fica ao longo da I-80 com a rodovia 37, na periferia de Vallejo. Dá-se ênfase igual à educação e à diversão no parque, mas as principais atrações são os espetáculos de mamíferos marinhos. Arenas com amplas piscinas apresentam orcas, leões-marinhos e golfinhos. Na Shark Experience, o visitante passa por um túnel transparente sob um tanque de tubarões e peixes tropicais.

Entre as atrações com animais terrestres há shows com tigres-de-bengala e babuínos, um aviário com pássaros exóticos e borboletas tropicais coloridas.

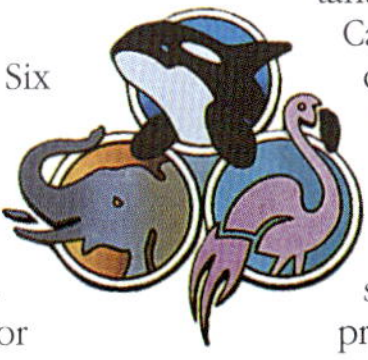

Placa do Marine World

Benicia ❽

Mapa rodoviário destaque B. 24,400. *Benicia Chamber of Commerce, 601 1st St.* ***Tel*** *(800) 559 7377.*
www.beniciachamber.com

Situada no norte do estreito Carquinez –vale por onde os rios Sacramento e San Joaquin correm da Sierra Nevada para a baía de São Francisco–, Benicia é uma das mais importantes vilas históricas da Califórnia. De fevereiro de 1853 a fevereiro de 1854, Benicia foi capital do Estado. O prédio Greek Revival, construído para ser sede do governo, foi preservado como parque histórico estadual e mantém o mobiliário e os complementos da época. Vizinho ao antigo palácio de governo, a Fisher-Hanlon House, hotel dos tempos da Corrida do Ouro, foi restaurada ao aspecto original e integra o **Benicia Capitol State Historic Park**.

Na outra ponta da Main Street a partir do edifício do governo, fica a zona portuária de Benicia, de onde partiam ferryboats para Port Costa nos anos 1850. O antigo Benicia Arsenal, que guardou armamentos do Exército dos anos 1850 aos 1950, foi convertido em ateliê para artistas e artesãos.

Benicia Capitol State Historic Park
115 West 6 St. ***Tel*** *(707) 745-3385.* *10h-17h qua-dom.* .

A charmosa rua principal de Tiburon

Passeio de 90 Minutos por Marin Headlands ❹

Neste trecho norte, a Ponte Golden Gate é ancorada à cadeia de morros verdes de Marin Headlands. Esta é uma região agreste intocada, de montes batidos pelo vento, vales isolados e praias desertas, que já foi usada como posto de defesa militar e hoje integra o vasto Golden Gate National Recreation Area. De vários pontos de observação, há vistas espetaculares e amplos panoramas do mar. No outono, é possível ver águias e gaviões-pescadores migratórios sobrevoando Hawk Hill.

Estudantes em excursão a Marin Headlands

Rodeo Beach ③

Do Centro de Visitantes até Rodeo Beach
Antes de começar a caminhada, pare no Visitor Center ①, que já foi capela de Fort Cronkhite. Reformada, hoje é museu e centro de informação, com uma livraria de história natural especializada em livros sobre pássaros. Aqui se pode descobrir a história de Marin Headlands e ver um abrigo litorâneo dos índios miwok. A caminhada, que levará você a Rodeo Lagoon ②, começa no portão oeste do estacionamento, do lado do oceano. Pegue à esquerda o caminho que leva ao mar. Esta parte da trilha é cheia de árvores e arbustos, inclusive o *poison oak* (a venenosa hera-do-canadá), com a qual se deve tomar cuidado. O canto dos pássaros enche o ar, e à beira da laguna você verá pelicanos-marrons, garças e patos selvagens. Após uma caminhada de 15 minutos você chega às areias da Rodeo Beach ③, de onde você pode ver ao sul a ilha Bird ④. Talvez haja barcos de pescadores

Rodeo Lagoon ②

LEGENDA

- ▪▪▪ Percurso sugerido
- Vista panorâmica
- P Estacionamento

Veja hotéis e restaurantes desta região nas págs. 549-52 e págs. 595-7

sacolejando no mar, mas a praia está geralmente vazia. Às vezes, porém, se veem crianças participando de programas de ecologia litorânea feitos pelo Headlands Institute, cuja sede fica perto, no antigo conjunto de alojamentos militares.

Dos alojamentos ao Centro de Mamíferos Marinhos

Da praia, volte para a beira da laguna e atravesse uma ponte de madeira ⑤. Aqui há banheiros e alojamentos ⑥ que abrigam várias repartições, entre elas o Headlands District Office, o Raptor Observatory e um centro de energia e recursos. Passando pelos alojamentos, prossiga pelo caminho e vire à esquerda na estrada que sobe um morro íngreme até o California Marine Mammal Center ⑦. Ele era usado como base de mísseis durante a Guerra Fria, mas hoje é mantido por voluntários que resgatam e cuidam de mamíferos marinhos doentes ou feridos. Leões-marinhos e focas, e ainda elefantes-marinhos, são examinados e tratados em cercados especiais e, depois de curados, levados de volta ao mar. Você pode acompanhar o trabalho dos veterinários e dar uma olhada de perto nos mamíferos, muitos dos quais são filhotes. Há também maquetes do ecossistema marinho.

Foca no Centro de Mamíferos Marinhos ⑦

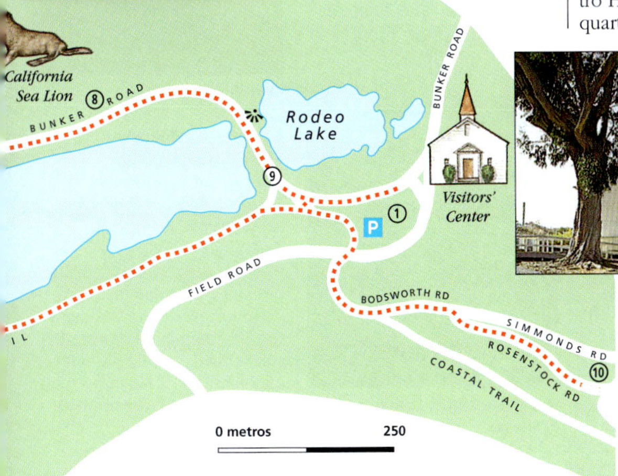

Da laguna ao Golden Gate Hostel

Desça o morro e volte para a estrada pavimentada que acompanha a laguna ⑧. Há uma pista só de pedestres ao lado da estrada, mas você tem de pular o guard-rail para chegar a ela. Pouco antes da ponte, há um lugar do qual se podem ver os pássaros aquáticos. Há muitos deles nesta laguna salgada de vegetação alta. Atravesse a ponte, não pela estrada, mas pela pista ao lado. Antes de terminar o guard-rail, um caminho ⑨ vira para a direita em direção a uma área de arbustos fechados. Daqui, suba o morro de novo por uma série de degraus, que o levarão de volta à trilha nos fundos do estacionamento do Visitors' Center. Atravesse-o e suba o morro em direção a um prédio de madeira de três andares, construído no início do século 20. Ele figura no Registro Histórico Nacional e foi quartel de oficiais, hospital e centro de comando de mísseis. Hoje é o Golden Gate Hostel ⑩, para viajantes.

Marin Headlands também propicia uma série de outros passeios, mais longos e difíceis. Talvez você queira tentar os percursos Wolf Ridge e Bobcat Trail, que atraem muita gente.

Centro de Visitantes ①

Placas que indicam trilhas

DICAS

***Ponto de partida**: o Centro de Visitantes em Fort Cronkhite.*
***Extensão**: 3km.*
***Como chegar**: o ônibus Muni 76 de São Francisco parte do cruzamento da Fourth Street com a Townsend Street nos domingos e alguns feriados,*
***Tel** (415) 673-6864. de carro, atravesse a Ponte Golden Gate e pegue a saída para a Alexander Avenue. Vire por debaixo da autoestrada, seguindo as placas de Headlands, Fort Cronkhite e Fort Barry.*
***Paradas**: em Marin Headlands há água potável, mas não estabelecimentos para comes e bebes. Você precisa levar seu lanche, que pode comer em mesas instaladas ao longo das trilhas e nas praias.*

Berkeley ❾

Berkeley começou a crescer depois do terremoto de 1906 *(págs. 52-3)*, quando muitos moradores de São Francisco abandonaram a cidade arrasada e se instalaram no lado leste da baía. Porém, Berkeley não teve voz própria até que surgissem o Movimento de Livre Expressão e os levantes estudantis dos anos 1960, quando ganhou o apelido de "Beserkeley" (trocadilho com *beset*, "atacar"). Muitas lojas e bancas de feiras ainda rememoram a era hippie com mercadorias psicodélicas, mas recentemente Berkeley começou a polir sua imagem. Surgiram restaurantes e cafés chiques, além da fama de ótima culinária –foi aqui que nasceu a popular cozinha californiana. Hoje a cidade mescla idealismo e estilo em uma harmonia sem igual.

Claremont Resort Hotel

University of California at Berkeley

Tel *(510) 642-6000.* **Phoebe A. Hearst Museum of Anthropology** ***Tel*** *(510) 643-7649.* *10h-16h30 qua-sáb, 12h-16h dom.* *feriados.* **Berkeley Art Museum e Pacific Film Archive** ***Tel*** *(510) 642-0808.* *11h-17h qua-dom (19h qui).* *feriados.* *(gratuita 1ª qui mês)*
www.berkeley.edu

A fama da Universidade de Berkeley por seu passado contracultural às vezes eclipsa sua fama acadêmica. Ainda assim ela é uma das mais renomadas do mundo. Fundada em 1868, Berkeley acumula entre seus colaboradores e corpo docente pelo menos dez premiados com o Nobel. O campus *(págs. 420-1)* foi traçado pelo arquiteto Frederick Law Olmsted. Hoje tem mais de 30 mil alunos e uma variedade de museus, atrações culturais e prédios dignos de uma visita. Entre eles o University Art Museum *(pág. 421)*, a Sather Tower (Campanile), e o Hearst Museum of Anthropology.

Modelo de DNA no Lawrence Hall of Science

Lawrence Hall of Science

Centennial Drive, UC Berkeley.
Tel *(510) 642-5132.*
10h-17h diariam.
www.lawrencehallofscience.org

Aqui, ciência é prazer. Mostras interativas convidam o visitante a mexer em um holograma, monitorar terremotos e localizar estrelas no planetário. Há também exposições rotativas. À noite, as luzes do norte da Bay Area vistas da praça são lindas.

Claremont Resort Spa and Tennis Club

41 Tunnel Rd, Oakland. ***Tel*** *(510) 843-3000, (800) 551-7266.*
www. claremontresort.com

As colinas de Berkeley compõem o cenário deste castelo de conto de fadas, feito em parte em madeira. A construção do imenso Claremont Resort começou em 1906 e terminou em 1915. No início o hotel não teve sucesso, um pouco por causa da lei que proibia a venda de bebidas alcoólicas no raio de 1,6km em torno do câmpus da Universidade de Berkeley. Em 1937, um aluno ousado mediu a distância e descobriu que o perímetro passava pelo meio do prédio. O Terrace Bar foi aberto além da linha, no mesmo lugar que ocupa hoje.

University of California Botanical Garden

200 Centennial Dr, Berkeley Hills.
Tel *(510) 643-2755.*
9h-17h diariam. *feriados.*
(gratuita 1ª qui mês) *restrito.*
www.botanicalgarden.berkeley.edu

Mais de 12 mil espécies de plantas de todo o mundo vicejam no clima mediterrâneo do cânion Strawberry de Berkeley. Mais utilizadas por pesquisadores, as plantas estão dispostas em jardins temáticos ligados por alamedas. São muito interessantes o asiático, o africano, o sul-americano, o europeu e o californiano, mas também vale a pena conhecer o herbário medicinal chinês, os orquidários, os jardins de cactos e as plantas carnívoras.

O Wellman Hall, no câmpus da University of California

Veja hotéis e restaurantes desta região nas págs. 549-52 e págs. 595-7

Tilden Regional Park

***Tel** (510) 562 PRRK.* **Trens a vapor** *11h-18h sáb e dom, diariam no verão.* **Carrossel** *10h-17h sáb e dom, 11h-17h diariam no verão.* *feriados.* **Jardim Botânico** *8h30-17h diariam.* *restrito.*
www.ebparks.org/parks/tilden

Embora mantido em condição selvagem em sua maior parte, o Tilden Park oferece muitas atrações naturais. O parque é renomado pelo encantador paisagismo do Jardim Botânico, especializado em plantas californianas. O visitante pode passar de campos alpinos para jardins de cactos através de um bosque de sequoias. Há passeios ecológicos guiados. Se você tem filhos, não deixe de ir ao carrossel e ao trem a vapor.

Judah L. Magnes Museum

2911 Russell St, Berkeley. ***Tel** (510) 549-6950.* *somente com hora marcada.* *sex, sáb, feriados judaicos e nacionais.* *marcar antes.*
www.magnes.org

Situado em uma antiga mansão, o museu tem o maior acervo de arte e artefatos históricos da cultura judaica desde a Antiguidade até os dias de hoje. Entre as peças há relíquias artísticas da Europa, da Turquia e da Índia, além de gravuras e pinturas de Marc Chagall, Max Liebermann e outros. Há também objetos da experiência dos judeus durante o Holocausto, como uma tora chamuscada resgatada de uma sinagoga alemã.

Palestras, vídeos e exposições temporárias dão vida às salas do museu.

Traje cerimonial judaico do século 19, no Judah L. Magnes Museum

Telegraph Avenue

A rua mais estimulante de Berkeley é a Telegraph Avenue, especialmente o trecho que vai do Dwight Way até a universidade. Tem uma das maiores concentrações de de cafeterias e lanchonetes baratas, assim como muitas lojas de roupas. O local foi centro dos protestos estudantis dos anos 1960, mas ainda hoje fervilha de estudantes de manhã à noite, junto com vendedores ambulantes, músicos, manifestantes e tipos excêntricos.

Fourth Street

Este local reformado ao norte da University Avenue é exemplo da habilidade arquitetônica e do bom gosto de Berkeley. Aqui se acha de tudo, de vitrais e móveis a verduras orgânicas e ferramentas de jardinagem. Há ainda um punhado de ótimos restaurantes *(pág. 595)*.

PREPARE-SE

Mapa rodoviário destaque B. *104,900.* *Oakland, 19km sudoeste de Berkeley.* *2160 Shattuck Ave.* *2015 Center St.* ***Tel** (510) 549-7040, (800) 847-4823.* *Festa de Fogos do 4 de Julho; Mercado de Agricultores (verificar dias no site); Salano Ave Stroll (set); Spice os Life Festival (out).*
www.visitberkeley.com

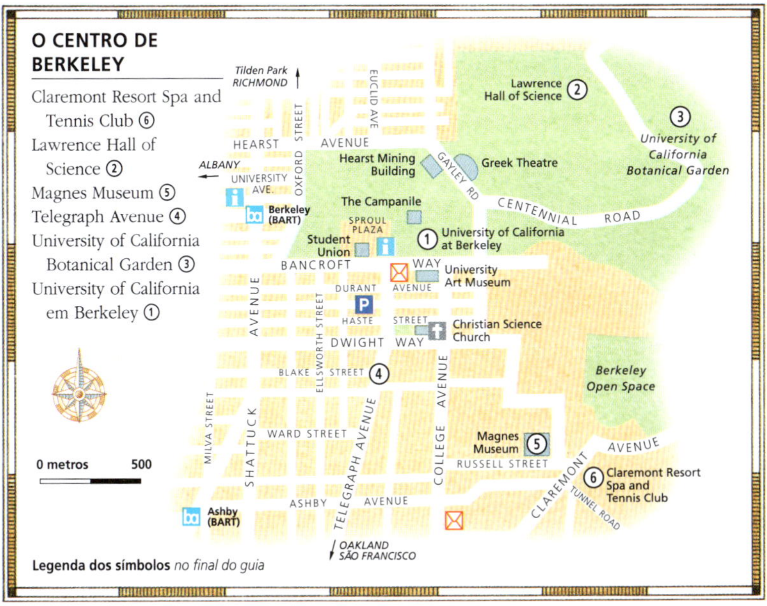

Passeio de 90 Minutos pelo Campus da University of California em Berkeley

Este passeio se concentra em uma área específica de Berkeley –o famoso e principal campus da University of California. Ele dá um panorama da vida intelectual, cultural e social desta vibrante cidade universitária *(págs. 418-9)*.

Estudantes diante do Wheeler Hall, no Campus ④

Da Entrada Oeste à Sather Tower

Da University Avenue ①, atravesse a Oxford Street e caminhe pela University Drive, passando pelo Valley Life Sciences Building ②. Avista-se o Wellman Hall, perto do braço norte do riacho Strawberry, ao se seguir a rua pela direita, com o California Hall ③ à direita. Vire à esquerda na Cross Campus Road ④. O Wheeler Hall fica à direita, e adiante se ergue o principal marco do campus, a Sather Tower ⑤, de 94m de altura. Feita por John Galen Howard em 1914, a torre foi baseada no campanário da Piazza San Marco de Veneza.

Antes de visitá-la, vá à Doe Library ⑥ e depois à A.F. Morrison Memorial Library ⑦. A vizinha Bancroft Library guarda a placa supostamente deixada por sir Francis Drake em 1579, quando reivindicou a Califórnia para a Inglaterra *(págs. 46-7)*.

Agora volte à Sather Tower, aberta de 10h a 15h30, de segunda a sábado. Lá de cima tem-se ótimas vistas da baía.

Sather Tower ⑤ e esplanada

A meio caminho fica o South Hall ⑧, o mais antigo prédio do campus.

Do Hearst Mining Building ao Teatro Grego

Ao norte, passe pelo LeConte Hall e atravesse a University Drive para o Mining Circle. Aqui fica o Hearst Mining Building ⑨, construído por Howard em 1907, com amostras de minério e fotos do trabalho nas minas. Volte à University Drive e vire à esquerda após o Portão Leste para o Hearst Greek Theater ⑩.

Do Faculty Club à Eucalyptus Grove

Siga pela Gayley Road, que tem uma grande rachadura provocada por terremoto, vire à direita no primeiro caminho

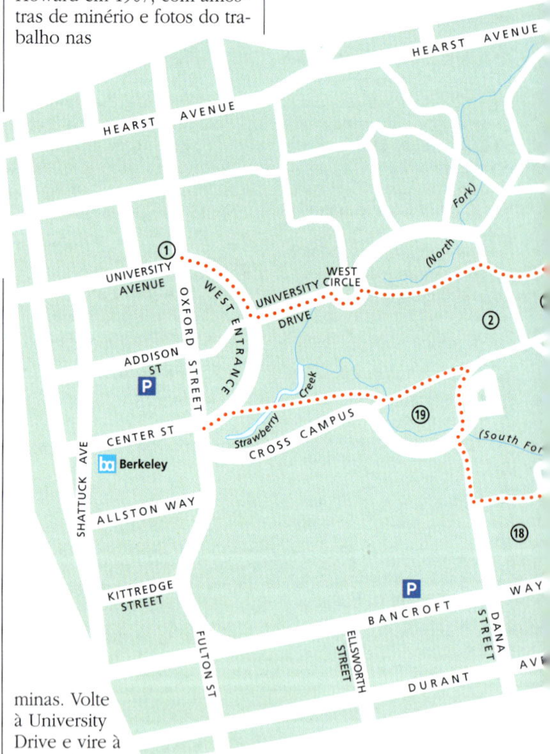

0 metros 250

LEGENDA

- Percurso a pé
- Estação BART
- Estacionamento

Veja hotéis e restaurantes desta região nas págs. 549-52 e págs. 595-7

depois do Lewis Hall e do Hildebrand Hall e à esquerda em uma ponte. O caminho serpenteia ao largo de uma casa de troncos e do Faculty Club ⑪. Este edifício rústico de 1903 foi traçado em parte por Bernard Maybeck. A Faculty Glade ⑫, defronte da associação, é um local de piquenique e descanso que atrai estudantes e visitantes.

A seguir dê uma olhada no Hertz Hall ⑬ e então desça à calçada diagonal que liga o Wurster Hall ao Kroeber Hall. Aqui se pode visitar o Hearst Museum of Anthropology *(pág. 418)*. Nele estão expostos os artefatos feitos por Ishi, o último dos índios yahi, que foi trazido por cientistas para o campus, onde viveu de 1911 até sua morte, em 1916. Atravesse o Bancroft Way para o Caffè Strada ⑭, e então siga para o University Art Museum ⑮, que possui Picassos e Cézannes no acervo *(pág. 418)*. Continue pelo Bancroft Way em direção à Telegraph Avenue ⑯, famosa pelos distúrbios estudantis dos anos 1960 e 1970 *(pág. 419)*. A entrada da universidade do lado oposto da Telegraph Avenue dá para a Sproul Plaza ⑰, que é frequentemente animada por músicos de rua. Entre no pátio inferior, onde está o moderno Zellerbach Hall ⑱, e, depois de apreciar o Harmon Gym, passe pela Alumni House e vire à direita. Atravesse o braço sul do riacho Strawberry pela ponte Bay Tree e dobre à esquerda em direção ao bosque, que tem alguns dos mais altos eucaliptos do mundo ⑲. O percurso termina na Oxford Street, perto do ponto de partida do passeio.

Dentro (1969), de A. Lieberman, no University Art Museum ⑮

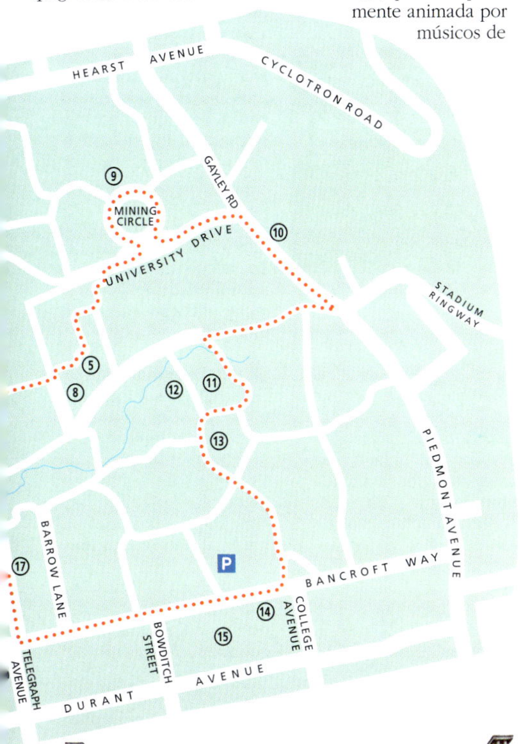

O Hearst Mining Building, ao lado do Mining Circle ⑨

DICAS

***Ponto de partida**: Portão Oeste, na University Avenue com Oxford Street.*
***Extensão**: 4km.*
***Como chegar**: Bay Bridge, na direção São Francisco-Oakland, Rodovia 80 Norte, saída University Avenue. De BART, parada de Berkeley.*
***Pontos de descanso**: o fino Caffè Strada, no Bancroft Way, está sempre lotado de estudantes tomando cappuccinos ou comendo bagels e bolos. Pouco adiante na rua, no University Art Museum, há o Café Grace, que dá para o jardim de esculturas. Pode-se dar uma olhada nas livrarias da Telegraph Avenue, que também têm cafeterias, ou provar de um dos carrinhos de comida que abarrotam a entrada da Sproul Plaza. Aqui você pode provar uma "smoothie" (fruta batida com gelo) ou os mais variados pratos mexicanos e do Meio Leste. Na parte de baixo da Sproul Plaza na Universidade, em meio a um batalhão de tocadores de bongô, há vários outros cafés.*

Oakland ⑩

Outrora um pequeno subúrbio operário de São Francisco, Oakland transformou-se em cidade quando passou a ser o terminal da ferrovia transcontinental na Costa Oeste. Com acesso fácil, os negócios floresceram e a cidade logo se tornou um dos maiores portos de carga dos Estados Unidos. Muitos dos negros que trabalharam na ferrovia se instalaram em Oakland, seguidos da população hispânica, dando à cidade um ambiente multicultural que persiste até hoje. A ligação de Oakland com a literatura, destacando Jack London e Gertrude Stein, também ampliou a fama da cidade como centro cultural.

PREPARE-SE

Mapa rodoviário destaque B. *387 mil.* *Oakland, 8km sudoeste de Oakland.* *1245 Broadway St.* *475 14th St.* ***Tel** (510) 874-4800.* *Annual Holiday Parade (1° sáb dez).* **www**.oaklandchamber.com

A fachada e os jardins do Mormon Temple

Mormon Temple

4776 Lincoln Ave. ***Tel** (510) 531-1475.* *Fruitvale, depois ônibus AC Transit 46.* **Centro de Visitantes** *9h-21h diariam.* **Templo** **www**.ldschurchtemples.com/oakland

Projetado em 1963 e erigido no topo de uma colina, este é o único templo mórmon do norte da Califórnia. Seu nome completo é Oakland Temple of the Church of Jesus Christ of Latter Day Saints. Iluminado à noite, ele é visto de Oakland e São Francisco. Quatro torres com terraço guarnecem o zigurate central, revestidas com granito branco e encimadas por pirâmides de um dourado brilhante.

Do templo têm-se boas vistas de toda a Bay Area.

Lake Merritt

Formado quando um estuário de água salgada foi dragado, aterrado e em parte represado, o Lake Merritt e o parque que o rodeia formam um oásis azul e verde no centro de Oakland. Instaurado em 1870 como reserva estadual de cervos, a primeira dos EUA, o lago ainda atrai bandos de aves migratórias. Há barcos para alugar em duas casas nas margens oeste e norte, e uma pista de 5km em volta do lago para corredores e ciclistas. Na margem norte, o Lakeside Park tem jardins, um aviário e um Reino Encantado Infantil, com passeios a cavalo, teatro de fantoches e cenários de poemas infantis.

Jack London Square

O escritor Jack London, famoso por seus romances de aventura *O Chamado do Vento* e *Caninos Brancos (págs. 26-7)*, cresceu em Oakland na década de 1880 e visitava com frequência a orla marítima local. Hoje a área que

Bay Bridge

Map 6 E4

A ponte que liga São Francisco e Oakland (a Bay Bridge) foi projetada por Charles H. Purcell. É composta de duas estruturas, que se unem na altura da ilha Yerba Buena, no meio da baía, e se estende por 7,2km de costa a costa. Sua conclusão, em 1936, decretou o fim da era dos ferryboats na baía de São Francisco, ao ligar a cidade peninsular, em Rincon Hill, ao "continente", em Oakland. Removeram-se os trilhos de trem nos anos 1950, liberando a ponte para mais de 250 mil veículos por dia. Ela tem dois níveis de estrada com cinco pistas. O tráfego no sentido oeste usa a pista superior; no sentido leste, a inferior.

O cantiléver do oeste é sustentado por mais de 20 bases, que sobem 58m acima da ilha Yerba Buena.

Em 1989 a ponte ficou um mês fechada após o terremoto de Loma Prieta *(pág. 505)*, quando um trecho de 15m se desencaixou no ponto em que o cantiléver encontra a rampa de aproximação que vem de Oakland. Dois vãos suspensos

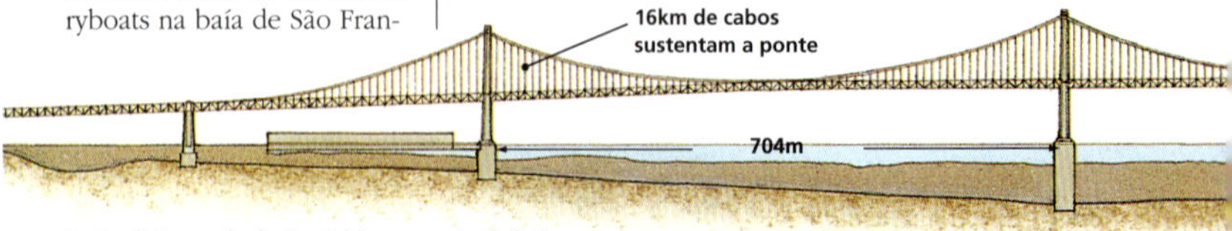

Seção de travessia da Bay Bridge no oeste da baía

Veja hotéis e restaurantes desta região nas págs. 549-52 e págs. 595-7

recebeu seu nome é um animado passeio de lojas e restaurantes com mesas na calçada e barcos de lazer. Podem-se refazer os passos de London até o First and Last Chance Saloon, hoje um pouco degradado pelo tempo, e visitar a cabana que ele ocupou no Yukon em 1898.

Old Oakland

Farmers' Market ***Tel*** *(510) 745-7100.* *8h-14h sex.*
Conhecidas como Victorian Row, as duas quadras foram construídas entre os anos 1860 e 1880 e restauradas na década de 1980. Uma multidão de gente vai ao Farmers' Market das sextas-feiras nas ruas Clay e 9th, onde há produtos frescos e comidas.

À noite, o Jesso's Seafood no número 901 da Washington St. apresenta jazz, blues e soul music. A festa estilo New Orleans acontece na segunda terça-feira de cada mês. Compre ingressos com antecedência.

se juntam à ancoragem central, que fica mergulhada na água mais profundamente que a de qualquer outra ponte. Agora há planos de refazer completamente a travessia da East Bay. Treasure Island, a parte maior da ilha de Yerba Buena, sediou a Feira Mundial de 1939-40 que celebrou a conclusão da ponte. Essa pequena ilha hoje abriga pequenos parques e uma comunidade abastada.

Travessia de East Bay (parte leste da baía)

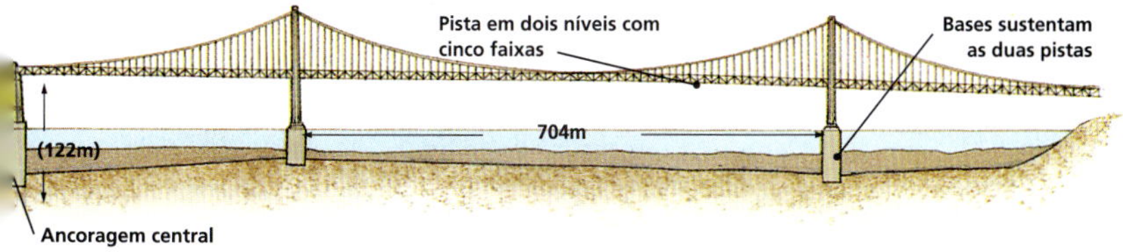

Oakland Museum of California

Banjo de um mineiro californiano

O único museu da Califórnia dedicado exclusivamente à documentação da arte, da história e do meio ambiente foi inaugurado em 1960 e recentemente passou por uma grande e completa reforma de US$53 milhões. Foram incluídas a Art Gallery, a History Gallery e a entrada da Oak Street. Só a Art Gallery ganhou mais 1.219m². Mais detalhes sobre as exibições no site. Os visitantes interagem com imagens digitalizadas que representam os povos e as histórias da Califórnia.

Bem-vindo à Califórnia
Este mostruário celebra o passado e o presente da Califórnia.

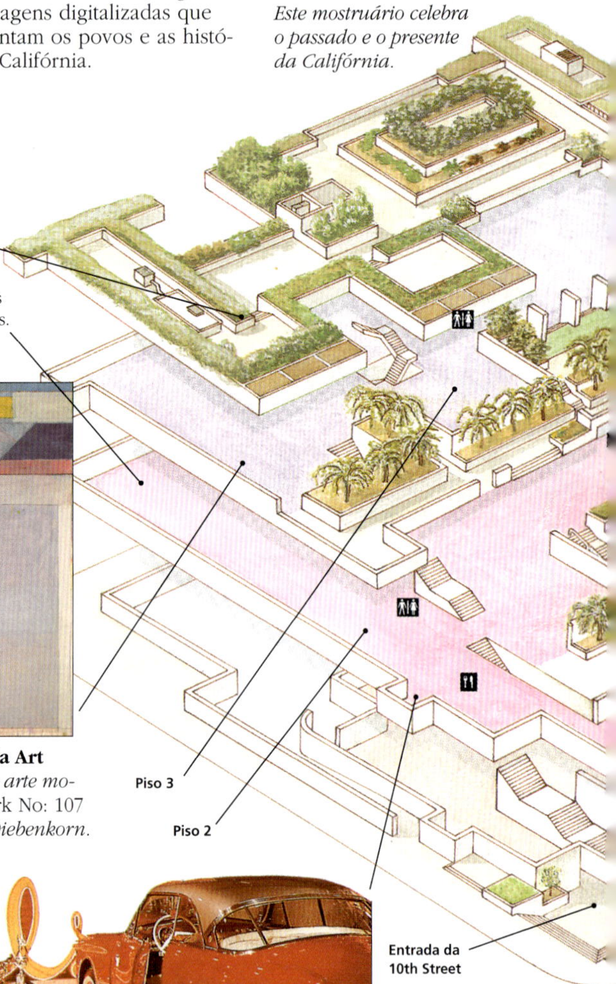

Cobertura e jardins

O Great Hall é usado para exposições especiais e solenidades.

Piso 3

Piso 2

Entrada da 10th Street

Gallery of California Art
Entre os destaques de arte moderna está Ocean Park No: 107 *(1978), de Richard Diebenkorn.*

★ Sonho sobre Rodas
Um letreiro de restaurante drive-in e uma juke box no diorama de 1951 captam o clima da Califórnia do pós-guerra.

LEGENDA

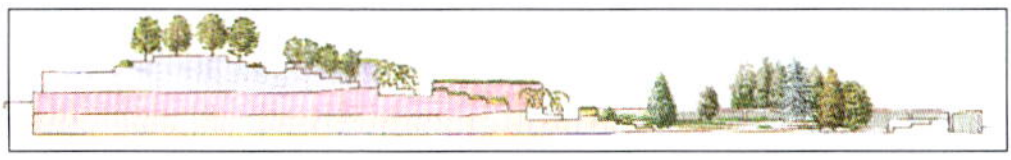

☐ Galeria de Arte ☐ História ☐ Ciências Naturais

PREPARE-SE

Oak St. e 10th St., **Mapa rod.** Destaque B. ***Tel*** *(510) 238-2200.* *Lake Merritt.* *10h-17h qua-sáb (até 21h 1ª sex), 12h-17h dom.* *1º jan, 4 jul, A. de Graças, 25 dez.* *2º dom mês.* **www**.museumca.org

Carroça Rural da Califórnia
Da metade do século 19, este veículo polivalente podia ser facilmente convertido de uma carroça de campo em pomposa carruagem.

★ Cadeia Alimentar
Este diorama apresenta o puma e sua presa, mostrando que a sobrevivência depende da competição.

GUIA DO MUSEU

O piso 1 abriga a loja e a Natural Sciences Gallery, que mostra as alterações ecológicas do Estado de leste a oeste. Os artefatos do Cowell Hall of California History, no piso 2, estão dispostos cronologicamente. Ainda no piso 2 há a cafeteria, e no 3, a galeria de arte.

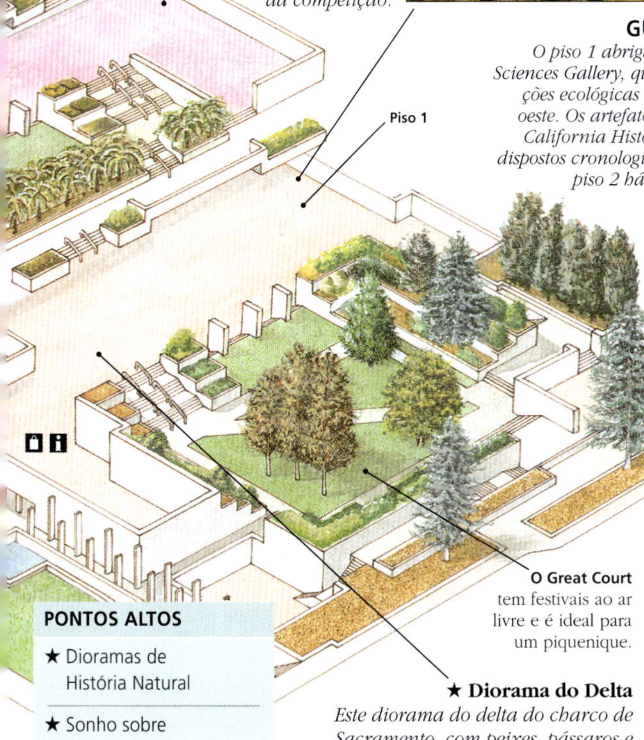

O Great Court tem festivais ao ar livre e é ideal para um piquenique.

★ Diorama do Delta
Este diorama do delta do charco de Sacramento, com peixes, pássaros e insetos, confirma a excelência da Aquatic California Gallery.

PONTOS ALTOS

★ Dioramas de História Natural

★ Sonho sobre Rodas

A casa de Eugene O'Neill, Tao House, em Danville

Tao House ⓫

Mapa rodoviário destaque B. ***Tel*** *(925) 838-0249.* *10h e 12h30 qua-dom, reservar antes (aos sábs não é necessário).* *obrigatórias: 10h e 13h30.* **www**.nps.gov/euon

Quando ganhou o Nobel de literatura em 1936, o dramaturgo norte-americano Eugene O'Neill (1888-1953) usou o prêmio em dinheiro na construção de uma casa para ele e sua mulher no então rural San Ramon Valley, no sopé do monte Diablo. A Tao House, uma mistura dos estilos colonial espanhol e oriental, foi concluída em 1937. Nos seis anos seguintes O'Neill criou nessa casa as que são hoje consideradas suas melhores obras, uma série de peças semiautobiográficas que inclui *Longa Jornada Noirte Adentro*, Em 1944, porém, O'Neill foi acometido pelo mal de Parkinson, uma doença degenerativa. O local remoto da casa e a falta de acompanhantes devido à guerra forçaram o então inválido O'Neill a deixar sua casa querida. Ele morreu em um hotel de Boston em 1953.

Embora os vales vizinhos tenham se transformado em subúrbios de São Francisco, a Tao House e seu terreno ajardinado foram tombados pelo patrimônio histórico nacional, sob a guarda do National Park Service. Ambos se encontram preservados no estado em que o teatrólogo os deixou.

Máscara de peças teatrais de O'Neill

Mount Diablo State Park ⓬

Mapa rodoviário destaque B. *Walnut Creek.* *Walnut Creek (925) 837-2525.* ***Tel*** *(925) 837-6119.* *11h-17h qua-dom (10h-16h inverno).* **www**.parks.ca.gov

Erguendo-se imponente em meio aos subúrbios do interior, o monte Diablo, de 1.173m de altitude, sobressai na região do leste da baía. De seu topo tem-se um dos mais impressionantes panoramas da América do Norte. Em dias claros, enxerga-se a mais de 320km de distância – desde o monte Lassen *(pág. 453)* e da serra Cascade, a norte, até o monte Hamilton, a sul, e das montanhas da Sierra Nevada, a leste, às ilhas Farallon *(págs. 412-3)*, no oceano Pacífico, a oeste.

Cerca de 80km² em volta do monte são hoje preservados como parque estadual, com várias trilhas para caminhadas, assim como passeios a cavalo e de bicicleta. Quem prefere dirigir pode chegar a 15m do topo por uma estrada sinuosa, local também atraente para piqueniques. O Centro de Visitantes do parque, no topo, fornece informações sobre a fauna e a flora locais, incluindo as flores silvestres que recobrem as encostas durante a primavera e os abundantes carvalhos.

Livermore ⓭

Mapa rodoviário destaque B. *67 mil.* *2157 First St* ***Tel*** *(925) 447-1606.* **www**.livermorechamber.org

Fundada em 1870 como comunidade dedicada à pecuária e ao cultivo de uvas, Livermore tornou-se recentemente um subúrbio afastado de São Francisco.

Mantendo um ambiente rural, a cidade é hoje mais conhecida por abrigar o Lawrence Livermore National Laboratory. Esse avançadíssimo centro de pesquisa tecnológica é utilizado pela University of California em ligação com o Departamento de Energia dos EUA. Durante a Guerra Fria, o laboratório tinha como meta principal projetar o arsenal de armas nucleares do país, mas de uns anos para cá voltou-se para fins civis.

A leste de Livermore, quando a rodovia I-580 sobe pelo montanhoso passo de Altamont, há centenas de moinhos de vento de alta tecnologia. Trata-se da maior usina eólica do mundo, que produz energia natural e não poluente a partir dos constantes ventos da região. Os moinhos são propriedade privada sem

Moinhos de vento produzem energia natural em usina de Livermore

Veja hotéis e restaurantes desta região nas págs. 549-52 e págs. 595-7

subvenção do Estado. Há dois tipos principais: os tradicionais, a hélice, e os mais incomuns, de eixo vertical, que lembram gigantescos batedores de ovos.

Stanford University ⓮

Junípero Serra St. **Mapa rodoviário** destaque B. ***Tel*** *(650) 723-2053.* **Centro de Visitantes** *feriados universitários; confirmar antes.* *telefone (650) 723-2560 para detalhes.* **www**.stanford.edu

Uma das mais agradáveis cidades suburbanas da Bay Area, Palo Alto nasceu especificamente para atender à Stanford University, um dos mais reputados estabelecimentos de ensino superior dos EUA.

Fundada pelo magnata da ferrovia Leland Stanford *(págs. 50-1)* em homenagem a seu filho, que morreu aos 16 anos em 1885, a Stanford University abriu em 1891. O câmpus ocupa a antiga fazenda da família Stanford, estendendo-se por 33,2km² no sopé das montanhas costeiras –maior do que todo o bairro central de São Francisco. Seu traçado, do arquiteto Frederick Law Olmsted, mescla os estilos românico e Mission *(págs. 30-1)*, e seus edifícios e numerosas arcadas de arenito têm cobertura de telhas vermelhas. No centro do campus fica o Main Quadrangle, onde se encontra a Memorial Church, decorada com folheamento a ouro e mosaico de azulejos. Também no câmpus está o Stanford Museum of Art; neste pequeno museu encontra-se um dos maiores acervos de esculturas de Auguste Rodin, entre elas *A Porta do Inferno*.

Filoli ⓯

86 Cañada Rd. **Mapa rodoviário** destaque B. ***Tel*** *(650) 364-8300, ramal 507.* *fev-out: 10h30-15h30 ter-sáb; 11h-15h30 dom.* *feriados.* **www**.filoli.org

A Filoli, uma das mais suntuosas mansões do Norte da Califórnia abertas ao público, foi residência do milionário do ouro William Bourn, dono da mina Empire Gold *(pág. 470)*. Foi projetada em 1916 em estilo paladiano pelo arquiteto Willis Polk. Tem um exterior de tijolos vermelhos que lembra o estilo britânico do século 18 e uma área de moradia de 1.672m² em dois pisos inteiramente mobiliados.

A casa tem à volta 65.000m² de jardim, com plantas que florescem o ano todo –25 mil tulipas e narcisos na primavera, rosas no verão e o vivo castanho-avermelhado das folhas do bordo no outono.

Fachada da Memorial Church, na Stanford University

O nome Filoli é um acrônimo de "Fight for a just cause, Love your fellow man, Live a good life" (Lute por uma causa justa, Ame o próximo, Viva bem), menção à afeição de William Bourn pelos irlandeses.

Igreja pitoresca no vilarejo de Pescadero

Pescadero ⓰

Mapa rodoviário destaque B. *360.* *520 Kelley Ave, Half Moon Bay.* ***Tel*** *(650) 726-8380.* **www**.halfmoonbaychamber.org

Embora a apenas meia hora de carro ao norte de São Francisco ao sul do Vale do Silício *(pág. 428)*, a vila Pescadero parece estar a anos-luz de distância do mundo moderno que a rodeia.

Pescadero é uma pequena e tranquila comunidade agrícola que produz aspargos e abóboras, entre outros hortigranjeiros. Em suas duas ruas principais, tem pouco mais que uma igreja caiada (a mais antiga do país), um armazém, uma agência de correio e a popular Duarte's Tavern *(pág. 597)*. O branco de muitos prédios é uma antiga tradição que remonta ao século 19, quando um carregamento de tinta dessa cor foi resgatado de um naufrágio.

A 13km ao sul da vila, o Farol Pigeon Point merece uma visita. Funciona também como albergue *(págs. 412-3)*.

San Jose ⓱

Única cidade colonial espanhola da Califórnia além de Los Angeles *(págs. 58-193)*, San Jose foi fundada em 1777 por Felipe de Neve e cresceu a ponto de ser a terceira cidade do Estado, com população maior que a de São Francisco. Atual centro comercial e cultural do Sul da baía e núcleo municipal da região do Vale do Silício, San Jose é uma cidade moderna e efervescente que só há pouco tempo tomou a iniciativa de preservar sua história. Edifícios de escritórios e fábricas com tecnologia de ponta hoje ocupam o que era área rural nos anos 1950. Apesar da expansão, ótimos museus e pontos históricos são atrações para os visitantes.

Como Explorar San Jose

O povoado colonial de San Jose ficava onde é hoje o Plaza Park, adiante da Market Street. Nos anos 1849-1850, a primeira sede de governo da Califórnia ocupava um hotel no lado leste da praça, quase no lugar do atual Fairmont Hotel *(pág. 551)*.

Outros pontos históricos da Market Street são o San Jose Museum of Art e o lugar onde nasceu Amadeo P. Giannini *(pág. 315)*.

A principal atração de San Jose, a Winchester Mystery House *(págs. 430-1)*, fica na periferia da cidade.

Peralta Adobe

175 W St John St. ***Tel*** *(408) 993-8300.* *12h-15h30 sáb-dom.* *feriados.* *só térreo.*

Uma quadra à esquerda da Market Street está o mais antigo prédio de San Jose, o Peralta Adobe, de 1797, único remanescente do povoado espanhol. Hoje bares e cafés ocupam o local.

Mission Santa Clara de Asis

500 El Camino Real.
Tel *(408) 554-4023.* *diariam.*

No campus da jesuítica University of Santa Clara, 8km a noroeste do centro de San Jose, esta igreja missionária é uma réplica moderna da original, de adobe, construída em 1777 e várias vezes reformada. Entre as relíquias em exposição encontram-se os sinos dados aos missionários pela Coroa espanhola. Os cuidados constantes mantêm o esplendor original do jardim junto à igreja.

Mission Santa Clara, detalhe

Esfinge diante do Egyptian Museum and Planetarium

Rosicrucian Egyptian Museum and Planetarium

Naglee e Park Aves. ***Tel*** *(408) 947 3600.* *9h-17h seg-sex (até 20h qui), 11h-18h sáb-dom.* *1º jan, dom Páscoa, Ação de Graças, 25 dez.*
www.egyptianmuseum.org

Este enorme museu possui o mais amplo acervo de objetos do Egito antigo a oeste do Mississipi. Instaladas em um conjunto de prédios em estilo egípcio e mourisco, cada galeria representa um aspecto diferente da cultura egípcia –de múmias, urnas funerárias, figuras de fertilidade e vasos canópicos a utensílios domésticos e brinquedos. Há também réplicas do sarcófago em que se descobriu o faraó Tutancâmon em 1922 e da Pedra de Roseta. O museu é dirigido pela organização não religiosa Ordem dos Rosa-Cruzes, que se dedica a unir a ciência moderna aos conhecimentos da Antiguidade.

Tech Museum of Innovation

201 S Market St. ***Tel*** *(408) 294-8324.* *10h-17h diariam.* *1º jan, Páscoa, Ação de Graças, 25 dez.*
www.thetech.org

A visão futurista é o ponto forte deste fascinante museu de ciências, localizado no centro de San Jose. As exposições interativas do Tech Museum encorajam visitantes de todas as idades a descobrir como funcionam diversos inventos tecnológicos, principalmente hardware e software de computadores. O Imax Dome Theater também merece uma visita.

VALE DO SILÍCIO

Famoso centro da indústria da informática, o Vale do Silício abrange cerca de 260km², de Palo Alto a San Jose. O termo, porém, se refere mais à variedade de negócios do que a um local geográfico específico.

O nome, que vem do material empregado na manufatura de semicondutores, surgiu no início dos anos 1970. Mas as sementes haviam sido jogadas uma década antes, na Stanford University e no Centro de Pesquisas da Xerox em Palo Alto, assim como na garagem dos pioneiros da informática William Hewlett, David Packard e, depois, Steve Jobs e Stephen Wozniak, criadores do computador pessoal da Apple.

Muitas das principais companhias de alta tecnologia do mundo têm sede aqui, entre elas a Intel, a Silicon Graphics e a Cisco Systems.

Chips com circuito de silício

Veja hotéis e restaurantes desta região nas págs. 549-52 e págs. 595-7

San Jose Museum of Art

110 S Market St. ***Tel*** *(408) 271-6840.* *11h-17h ter-dom.* *1º jan, Ação de Graças, 25 dez.*

Este pequeno mas ousado museu é hoje reconhecido por realizar algumas das mais interessantes e populares exposições de arte. O acervo permanente concentra-se em artistas californianos famosos.

Children's Discovery Museum de San Jose

180 Woz Way. ***Tel*** *(408) 298-5437.* *10h-17h ter-sáb, 12h-17h dom.* *1º jan, 24-25 dez.* **www**.cdm.org

Este grande edifício púrpura, projeto do arquiteto mexicano Ricardo Legoretta, realiza mostras interativas e programas para a família. Artes e tecnologia estão bem representadas neste museu.

De Saisset Museum at Santa Clara University

500 El Camino Real. ***Tel*** *(408) 554-4528.* *ligue para obter horários.* **Aceita doações.**

Perto da Santa Clara Mission, o De Saisset Museum expõe objetos da fase missionária no século 18 e de outras épocas da história da Califórnia, junto com um acervo de pinturas e fotos.

Um bonde do San Jose Historical Museum

San Jose Historical Museum

1650 Senter Rd. ***Tel*** *(408) 287-2290.* *ter-dom 12h-17h.* *1º jan, 4 jul, Ação de Graças, 25 dez.*

No Kelley Park, 1,5km a sudeste do centro de San Jose, mais de duas dezenas de estruturas históricas de San Jose foram remontadas em um museu ao ar livre. Entre elas um trólebus, um posto de gasolina dos anos 1920 e um conjunto de instalações do século 19, como um consultório de dentista, um hotel com sorveteria e lojas e o Bank of Italy.

O museu inclui ainda um modelo em tamanho natural da antiga San Jose.

PREPARE-SE

Mapa rodoviário destaque B. *846 mil.* *Aeroporto Internacional de San Jose, 3km noroeste de San Jose.* *65 Cahill St.* *70 Almeden St.* *150 W San Carlos St.* ***Tel*** *(800) 792-4173.* *Tapestry Arts Festival (set).* **www**.sanjose.org

Great America Park

4701 Great America Parkway. ***Tel*** *(408) 988-1776.* *meados mar-jun: sáb e dom; jul-meados out: diariam.* **www**.cagreatamerica.com

Considerado o melhor parque de diversões do norte da Califórnia, concentra múltiplas atrações em um terreno de 400.000m².

O parque divide-se em várias áreas, cada uma evocando uma região dos EUA. Entre elas estão o Orleans Place, o Yankee Harbor e o Yukon Territory. Além de montanhas-russas de alta velocidade, como a Demon e a Tidal Wave, muitas diversões baseiam-se em filmes e programas de TV produzidos pela Paramount, incluindo *Top Gun* e *Jornada nas Estrelas*. Sempre há shows noturnos de música pop ao ar livre, realizados em um grande anfiteatro.

O CENTRO DE SAN JOSE

De Saisset Museum ①
Mission Santa Clara de Asis ②
Rosicrucian Egyptian Museum and Planetarium ③
San Jose Museum of Art ④
Tech Museum of Innovation ⑤
Winchester Mystery House *págs. 430-1* ⑥
Children's Discovery Museum ⑦

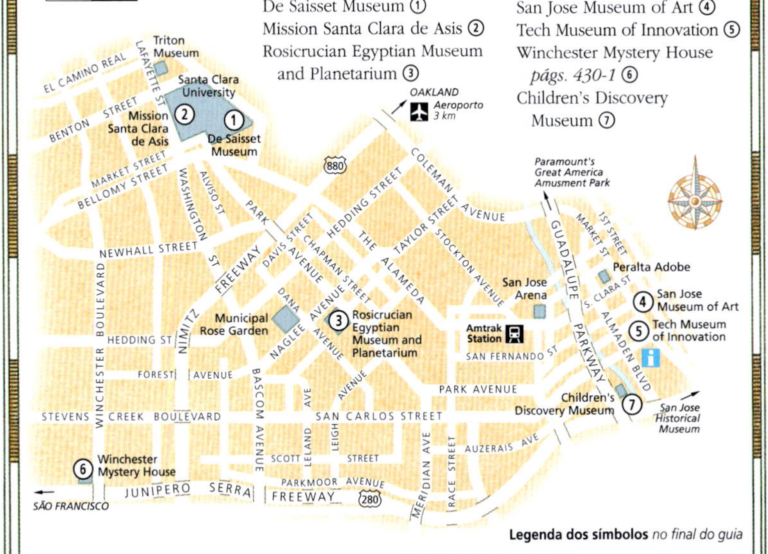

Legenda dos símbolos *no final do guia*

San Jose: Winchester Mystery House

Fonte com querubim

A Winchester Mystery House é uma mansão de passado notável. Sarah Winchester, herdeira da fábrica de rifles Winchester, mudou-se de Connecticut para San Jose em 1884 e comprou uma casa de fazenda. Convencida por um vidente de que a expansão do local exorcizaria os espíritos das pessoas mortas pelas armas, ela fez os operários trabalharem na casa 24 horas por dia, sete dias por semana, por 38 anos, até sua morte, em 1922. O resultado é uma esquisitice de 160 cômodos com escadas que não levam a lugar nenhum e janelas fixas no chão. A casa foi redecorada com mobília autêntica do século 19, e os jardins vitorianos ganharam estátuas e fontes.

★ Quarto Principal
Sarah Winchester morreu em seu suntuoso quarto. O soalho tem encaixes espinha-de-arenque ingleses. À noite ela tocava o harmônio, colocado do lado oposto da cama entalhada com esmero.

A Estufa
possui 13 cúpulas de vidro.

Janela de vitral Tiffany
Importado de Viena, Áustria, para a sra. Winchester. Ilustra um jardim de margaridas (sua flor preferida).

FATOS E NÚMEROS

- A casa tem 950 portas, 1.257 janelas, 47 lareiras, 40 quartos e 17 chaminés.
- O número 13 tem uso supersticioso –são 13 banheiros, 13 janelas em um cômodo e 13 luzes nos candelabros.
- Quando a parte de cima da casa ruiu, no terremoto de 1906, a construção prosseguiu para os lados, não para cima.
- A altura da senhora Winchester (1m47) explica os corredores de 60cm de largura e as portas de apenas 1m52 de vão.
- A senhora Winchester escolhia um quarto diferente, entre 40, cada noite, para despistar os espíritos.

★ Grande Salão de Baile
Este órgão requintado é um dos principais aspectos do Salão de Baile. Outros são janelas com vidros decorados, teto em caixotões e madeiras entalhadas.

Escada Vaivém
Cada um dos 44 degraus tem apenas 3,8cm de altura, e a escada toda possui 2,7m do início ao fim. Acha-se que a finalidade dela era amenizar a artrite de Sarah Winchester.

PREPARE-SE

525 S Winchester Blvd.
Mapa rodoviário destaque B.
Tel *(408) 247-2101.*
25, 60, 85. 9h-17h diariam; fim abr-meados jun: 9h-17h dom-qui, 9h-19h sex e sáb. 25 dez. jardins e Firearms Museum.
www.
winchestermysteryhouse.com

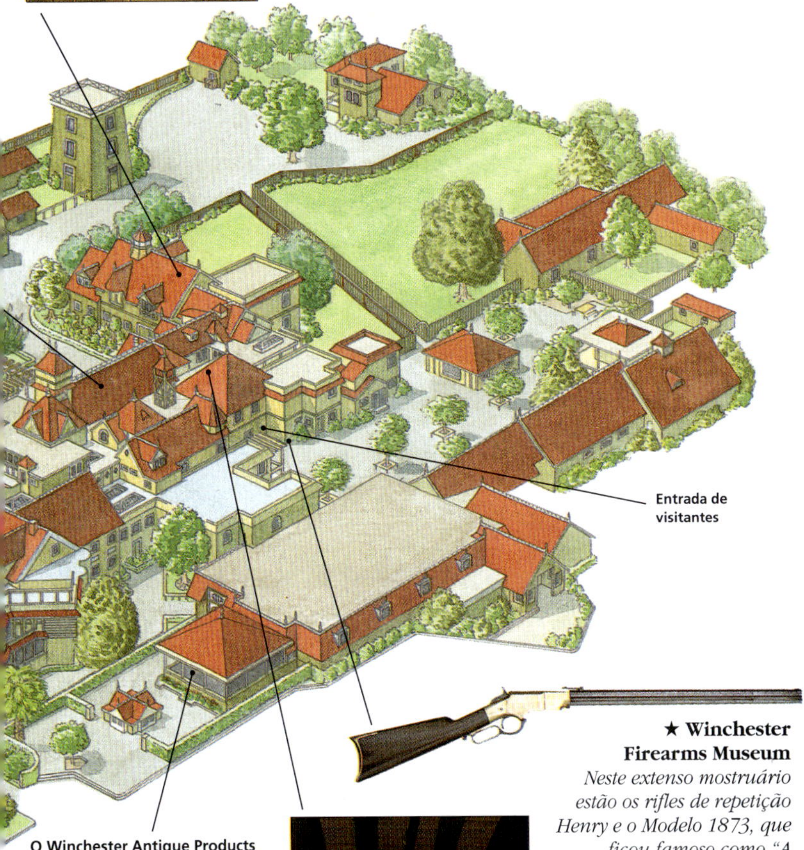

★ Winchester Firearms Museum
Neste extenso mostruário estão os rifles de repetição Henry e o Modelo 1873, que ficou famoso como "A Arma que Conquistou o Oeste". Entre os rifles de homenagem há o Theodore Roosevelt e o John Wayne.

O Winchester Antique Products Museum contém outros artigos que não rifles produzidos pela empresa, inclusive patins, ferros elétricos e cortadores de grama.

PONTOS ALTOS

- ★ Salão de Baile
- ★ Quarto Principal
- ★ Winchester Firearms Museum

Escada para o Teto
Esta escada que não dá em nada é apenas uma das inexplicáveis esquisitices da casa.

NORTE DA CALIFÓRNIA

O Norte da Califórnia em Destaque

A região norte da Califórnia estende-se por quase 800km, da pouco habitada fronteira com o Estado do Oregon até os centros urbanos hi-tech que marcam o início da região sul. Extensas áreas verdes preservadas cobrem a região, que apresenta paisagens vulcânicas, densas florestas, montanhas imponentes e litoral recortado, protegido por uma série de parques nacionais. A história local também é rica, e dela fazem parte os primeiros colonizadores europeus, em Monterey, e a famosa Corrida do Ouro de 1849. Sua beleza natural é realçada por cidades igualmente belas e marcantes, entre elas a capital estadual, Sacramento.

O Redwood National Park (pág. 450) *é uma área preservada com impressionantes sequoias vermelhas. Aqui fica a árvore mais alta do mundo, de 112m. O parque é perfeito para quem aprecia pescar, observar pássaros, acampar e caminhar.*

Sonoma (págs. 464-5) *foi palco da Bear Flag Revolt de 1846, quando os americanos se rebelaram contra o domínio mexicano e tentaram fazer da Califórnia uma república. Os vinhedos de Sonoma Valley e Napa Valley* (págs. 462-3), *ajudados pelo solo bom e clima ideal, produzem vinho da mais alta qualidade.*

A Carmel Mission (págs. 512-3) *foi fundada em 1770 pelo padre Junípero Serra e se tornou a mais importante do conjunto de 21 missões franciscanas, além de centro administrativo do Norte da Califórnia. Restaurada com cuidado, é considerada hoje a igreja mais bonita do Estado.*

O Lassen Volcanic National Park (pág. 453) *formou-se em 1914, quando mais de 300 erupções criaram uma nova paisagem, com deslizamentos de lama e rios sulfurosos aquecidos por lava derretida. O vulcão do Mount Lassen ainda é considerado ativo.*

Sacramento (págs. 472-5) *é a capital estadual desde 1854. Seu Capitólio é um dos mais belos prédios da Califórnia. A velha Sacramento preserva prédios históricos dos anos 60 e 70 do século 19, quando a cidade era o terminal oeste da ferrovia transcontinental.*

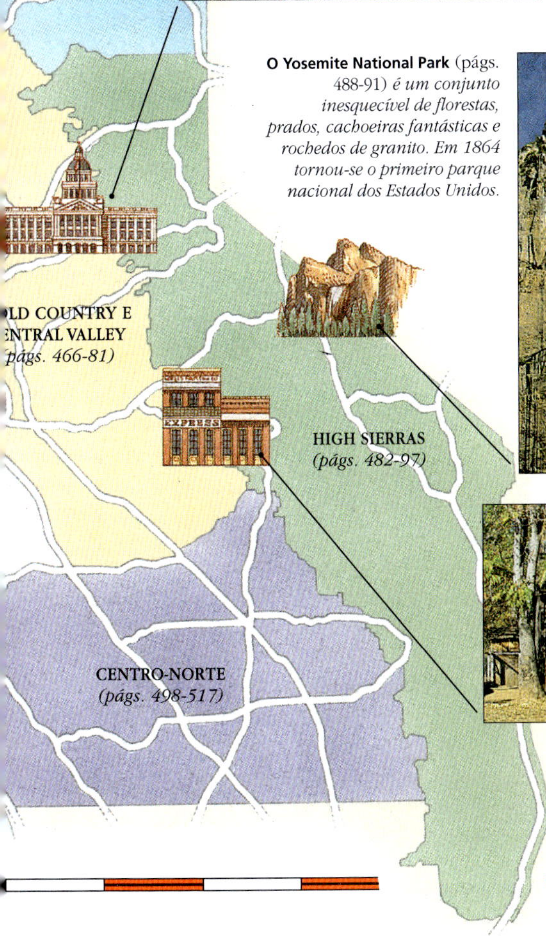

O Yosemite National Park (págs. 488-91) *é um conjunto inesquecível de florestas, prados, cachoeiras fantásticas e rochedos de granito. Em 1864 tornou-se o primeiro parque nacional dos Estados Unidos.*

O Columbia State Historic Park (págs. 480-1), *conservado centro de mineração de ouro, preserva aquela que chegou a ser a segunda maior cidade da Califórnia.*

Vida Selvagem

Há milhões de anos a maior parte do Norte da Califórnia ficava embaixo da água. Isso só mudou quando forças geológicas empurraram para cima o solo do Central Valley, obrigando o oceano Pacífico a retroceder. Terrenos e ecossistemas diversos emergiram então, fazendo da região atual uma área de picos, *canyons* e vales. Sua flora é única: sequoias gigantes, nas High Sierras *(págs. 496-7)*, e ciprestes em Monterey *(pág. 511)*. Ursos-negros habitam os bosques e gaviões sobrevoam o Yosemite Valley *(págs. 488-9)*. Diz a lenda que o Pé-Grande, versão do Homem das Neves, mora por estas bandas. Aqui também foi fundado, em 1892, o Sierra Club, organização dedicada à preservação da ecologia.

No Prairie Creek State Park vive uma manada de veados Roosevelt, que passeia pelas dunas de Gold Bluff Beach.

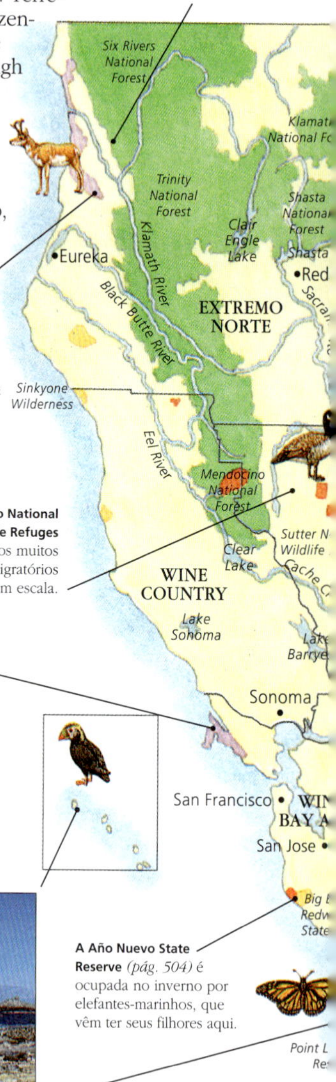

O Redwood National Park (págs. 448-9) *exibe a sequoia vermelha mais alta do mundo, com 112m. Estas árvores sempre verdes se encharcam com as fortes chuvas de inverno e permanecem úmidas no verão graças aos nevoeiros que vêm do oceano. São frequentadas por pica-paus, corujas, esquilos e lesmas.*

Os Sacramento National Wildlife Refuges protegem os muitos pássaros migratórios que aqui fazem escala.

Point Reyes Peninsula (págs. 412-3) *é quase uma ilha, semiseparada do continente pela falha San Andreas. Os rochedos e piscinas naturais do seu litoral são hábitat de diversos crustáceos, como o caranguejo do Pacífico.*

As Farallon Islands (págs. 412-3) *são importante ponto de reprodução de aves marinhas, como o papagaio-do-mar, e do elefante-marinho. O acesso é proibido a turistas.*

A Año Nuevo State Reserve *(pág. 504)* é ocupada no inverno por elefantes-marinhos, que vêm ter seus filhores aqui.

A Monterey Peninsula *(págs. 510-1)* é a morada de inverno da linda borboleta monarca.

LEGENDA

- Parque nacional
- Parque estadual
- Floresta nacional
- Reserva de vida selvagem
- Rio

0 quilômetros 25

O Tule Lake Wildlife Refuge (pág. 453) *é uma das melhores áreas de observação de pássaros da Costa Oeste. Lá vivem algumas águias-calvas.*

Lava Beds Wilderness *faz parte do Lava Beds National Monument* (pág. 452) *e é habitado por cascavéis e roedores.*

Na Biscar Wildlife Area, *área desértica na fronteira com o Estado de Nevada, vivem linces, texugos e antílopes.*

O Yosemite National Park (págs. 488-91) *é uma espetacular reserva de vida selvagem. Seus picos de granito se formaram por atividade glacial.*

John Muir Wilderness é a maior reserva do gênero no Estado.

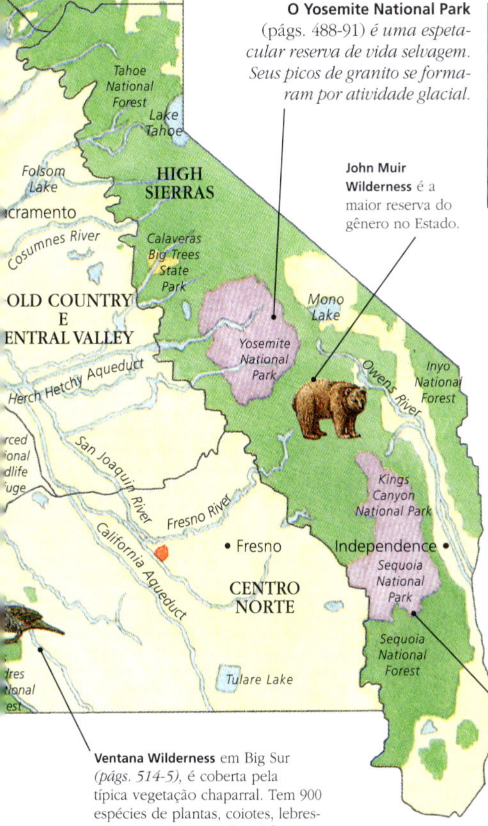

Os parques nacionais Sequoia e Kings Canyon (págs. 496-7) *possuem, juntos, 75 bosques da mais alta árvore do mundo, a sequoia gigante, nativa da Califórnia e do Oregon.*

Ventana Wilderness em Big Sur *(págs. 514-5),* é coberta pela típica vegetação chaparral. Tem 900 espécies de plantas, coiotes, lebres-americanas e o uru da Califórnia.

O Vinho do Norte da Califórnia

A Califórnia é o mais importante centro vinícola dos Estados Unidos, responsável por dois terços do vinho produzido no país. Mais de 2.128km² das terras californianas são cobertos de vinhedos. Metade destas uvas é cultivada no solo fértil do interior, sobretudo na faixa de terra limitada por Sacramento Valley, ao norte, e San Joaquin Valley, ao sul. A faixa que vai da região costeira até o norte produz menos de um quarto do cultivo total de uvas, mas aqui são encontrados os melhores chardonnay, sauvignon blanc, cabernet sauvignon e merlot. Por isso, na costa norte se encontra a maior parte das 2.600 vinícolas do Estado. No litoral central, numa faixa que vai da Bay Area de São Francisco a Santa Barbara, cultivam-se bons exemplares das uvas chardonnay e pinot noir.

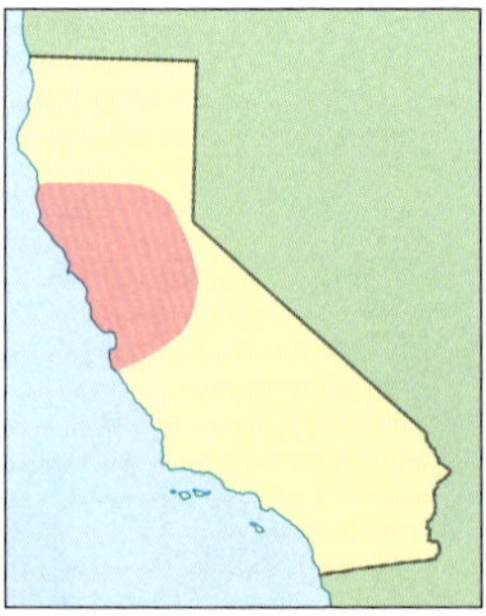

LOCALIZE-SE

Região produtora de vinho do Norte da Califórnia

Colheita de uva na V. Sattui Winery, em Napa Valley

O Late Harvest Zinfandel, *produzido pela Hop Kiln Winery, em um histórico celeiro, é um tinto de sobremesa feito de uvas colhidas mais tarde, para aumentar sua doçura.*

O Vin Gris da Saintsbury *é um vinho rosé do tipo borgonha, produzido com o suco de uvas pinot noir.*

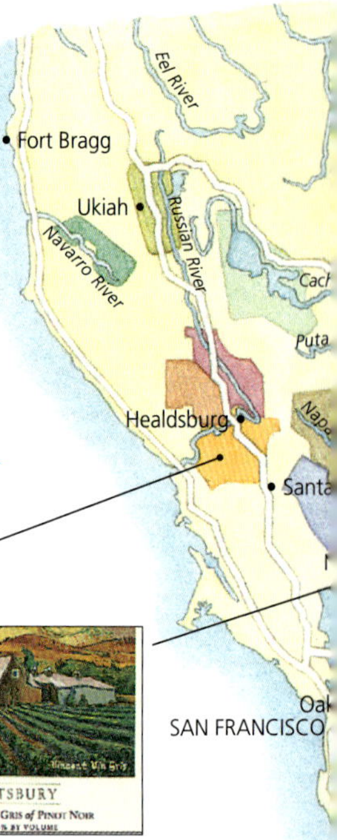

A HISTÓRIA DA UVA ZINFANDEL

Esta uva é personagem de uma das passagens mais interessantes da história do vinho californiano. Acredita-se que tenha sido trazida da costa da Dalmácia, na Croácia. Chegou à Califórnia na metade do século passado, mas só recentemente se tornou tão popular. Os tintos Zinfandel, principalmente os dos vales do Dry Creek e rio Russian, são atualmente muito consumidos. Alguns têm sabor frutado, outros têm aromas de carvalho. O rosé, chamado de White Zinfandel, foi criado para aproveitar o excedente de uvas vermelhas.

LEGENDA

- Lake County
- Anderson Valley
- Alexander Valley
- Dry Creek Valley
- Russian River Valley
- Napa Valley
- Sonoma Valley
- Carneros Valley
- Santa Cruz Mountains
- Livermore Valley
- Lodi Valley
- El Dorado Valley
- Redwood–Ukiah Valley
- San Joaquin Valley

O VINHO DA CALIFÓRNIA

Localização e Clima
A latitude da Califórnia, sua proximidade do mar e vales protegidos oferecem um clima ameno. Os invernos são curtos e suaves, e a época de cultivo é quente, refrescada pela neblina do mar. Estes fatores, em conjunto com a fertilidade do solo, resultam em grandes áreas perfeitas para o cultivo de uvas.

Tipos de uvas
A variedade mais cultivada na Califórnia é a **chardonnay**, para vinho seco, com bom equilíbrio de fruta, acidez e textura. Outras brancas muito utilizadas são **sauvignon blanc** (também chamada **fumé blanc**), **chenin blanc, pinot blanc, gewürztraminer** e **Johannisberg riesling**. O vinho tinto local é seco, com certa adstringência proveniente do tanino. Inclui os ricos e encorpados **cabernet sauvignon, merlot, syrah, pinot noir e zinfandel**.

Boas Vinícolas
Chardonnay: Acacia, Byron, Château Montelena, Ferrari-Carano, Kendall-Jackson, Kistler, Kunde Estate, Sonoma-Cutrer. *Cabernet Savignon*: Beaulieu, Beringer, Grgich Hills, Heitz, The Hess Collection, Jordan, Joseph Phelps, Silver Oak, Robert Mondavi, Stag's Leap, Wente, Whitehall Lane. *Merlot*: Clos du Bois, Duckhorn, Frog's Leap, Silverado, Sterling. *Pinot Noir*: Dehlinger, Etude, Gary Farrell, Saintsbury, Sanford. *Sauvignon Blanc*: Duckhorn, Glen Ellen, Kenwood, Matanzas Creek, J Rochioli. *Zinfandel*: Dry Creek, Lake Sonoma, De Loach, Hop Kiln, Ridge, Rosenblum, Sebastiani.

Boas safras
(*Tintos*) 2006, 2005, 2004, 2003, 2002, 2001, 2000, 1999, 1998, 1997, 1996. (*Brancos*) 2006, 2005, 2004, 2003, 2002, 2001, 2000, 1999, 1998, 1997, 1996.

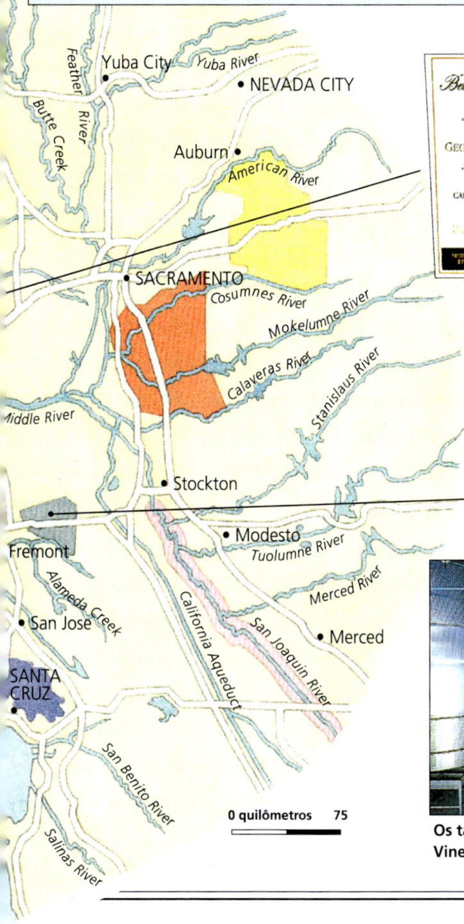

O Cabernet Sauvignon Private Reserve, da Beaulieu Vineyard, *é um tinto semiencorpado com aroma de cereja madura. Produzido desde 1936, foi o primeiro vinho americano qualificado de Private Reserve.*

O Cabernet Sauvignon do Wente Vineyard *tem forte tanino. A uva cabernet foi trazida da França no século 19.*

Os tanques de fermentação na Sterling Vineyards *são de alta tecnologia.*

O Norte Não Conformista

Talvez por ter atraído tantas pessoas diferentes e desfrutado enorme riqueza na época da Corrida do Ouro *(págs. 48-9)*, o Norte da Califórnia sempre tendeu a ser um tanto rebelde e hedonista. Isso causou problemas ao longo do tempo, com charlatães tirando proveito da população compreensiva e disposta a aceitar novidades. Mas também fez da região um lugar animado e atraente. No fim do século 19, a chamada Barbary Coast de São Francisco era sede de cassinos, casas de ópio e bordéis *(pág. 314)*. Comunidades utópicas, organizadas sob princípios humanitários, religiosos ou alimentares, são outra faceta da vida no Norte da Califórnia. Nos anos 1960, o ar de liberalidade fez dela refúgio da geração "Faça amor, não faça guerra" *(pág. 359)*. É uma região de nudistas, gurus religiosos e hippies modernos, que ajudaram a fazer da maconha a planta mais cultivada em Humboldt County.

Sessões espíritas *se tornaram populares na segunda metade do século 19. São Francisco atraiu muitos médiuns, que promoviam sessões frequentes. Ainda há igrejas espiritualistas na Bay Area.*

Sally Stanford *nasceu em 1903 e se tornou uma verdadeira pária em Sausalito, onde assumiu a direção do Valhalla (hoje Gaylord India), o mais antigo restaurante da cidade, em 1950. Isso porque os moradores reprovavam sua ocupação anterior: dona de bordel em São Francisco. Mas sua personalidade conquistou a cidade. Foi prefeita entre 1976-8. Morreu em 1982.*

Jovens e velhos viajavam e viviam em comunidades.

Cores vibrantes e desenhos infantis eram influenciados pelas luzes e imagens experimentadas durante "viagens" alucinatórias induzidas por drogas.

COMUNIDADES UTÓPICAS

De 1850 a 1950 foram fundadas mais comunidades utópicas no norte da Califórnia do que em qualquer lugar do país. A Holy City (cidade sagrada) de William Riker surgiu em 1918, nas montanhas Santa Cruz. Riker, pró-nazista e profeta do apocalipse, chamava sua comunidade totalitária de "quartel-general do governo mundial perfeito". Como eram todos celibatários, a seita acabou morrendo.

Fountain Grove era uma vila utópica ao norte de Santa Rosa, fundada em 1875 pelo místico nova-iorquino Thomas Lake Harris. Ele se identificava com Cristo e se autoentitulava um "divino homem-mulher" bissexual. Criticado por abuso sexual e financeiro, foi obrigado a fechar sua comunidade em 1892.

William Riker

A arte pop psicodélica dos anos 1960 *era marcada pelo excesso de grafismos, criados pelo artista Wes Wilson.*

JIM JONES E O TEMPLO DO POVO

O reverendo Jim Jones (1931-78) era líder de um culto popular na Bay Area, na década de 1970, e pregava um misto de igualdade racial e religiosa, poder político, visões do fim do mundo e liberdade sexual. Situava-se entre o fundamentalista, que "curava" pessoas pelo simples toque, e o pregador moderno, que acompanhava seus sermões com música e dança. Mas era também um autoproclamado messias. Depois de reunir uma congregação de 20 mil pessoas em seu Templo do Povo, em São Francisco, em 1978 mudou-se com quase mil para uma isolada missão agrícola na Guiana. Rumores de abuso físico e depósitos de armas despertaram a atenção sobre seu grupo e Jones ordenou um suicídio em massa. Foi obedecido: chegando à missão na selva, as autoridades encontraram centenas de corpos; todos tinham tomado suco de frutas misturado com cianureto. O líder foi morto com um tiro na cabeça.

Jim Jones

Hippies dos anos 1960

PSICODELISMO

O termo "psicodélico" originalmente se referia a ideias e posições agressivas, não conformistas e experimentais. Foi só em 1966, depois da inauguração da Psychedelic Shop, em Haight Street, São Francisco *(pág. 358)*, que o termo passou a ser associado às drogas alucinógenas populares entre a geração hippie.

O psicodelismo virou símbolo de um estilo de vida: jovens comunidades hippies renegavam o conformismo e viajavam de uma cidade para outra em ônibus pintados, consumindo drogas e pregando a paz.

O Esalen Institute (pág. 515) *ficou famoso nos anos 1960 como centro de um "movimento de potencialização humana", filosofia que enfatizava a responsabilidade do indivíduo pelos bons e maus momentos da vida. Atualmente é um retiro de luxo, onde ex-hippies e executivos estressados discutem temas espirituais enquanto relaxam em piscinas térmicas naturais, com vista para o Pacífico.*

EXTREMO NORTE

De praias desertas pontilhadas de troncos e pedaços de árvore trazidos pelas ondas, até florestas cerradas ao pé de picos cobertos de neve, o Extremo Norte é a região mais selvagem e agreste da Califórnia. Paisagens muito variadas –luxuriantes bosques de sequoias, montes vulcânicos das Cascades, áridas planícies– intercalam-se nesta ponta do Estado.

Os índios americanos instalaram-se no Norte da Califórnia por volta do ano 10000 a.C. Por séculos, conviveram pacificamente entre si e com a terra, deixando, como indícios da sua passagem, conchas trabalhadas ao longo da costa e gravuras em paredes de cavernas. Quando os europeus chegaram, no século 19, tudo mudou rapidamente.

Primeiro vieram os caçadores, atrás de peles de castor, foca e de outros animais. Depois foi a vez dos garimpeiros, que ocuparam os rios da região, esperando fazer fortunas, como em Sierra Nevada *(págs. 48-9)*. Acharam um pouco de ouro, mas a verdadeira riqueza local surgiu no fim do século, quando as madeireiras começaram a derrubar as florestas costeiras de sequoias vermelhas, árvores enormes que são a marca registrada da região. Hoje, estas árvores são espécie protegida em parques nacionais e estaduais.

Mais para o interior, uma visão do passado espera o visitante: as estranhas formações vulcânicas de Mount Lassen e do Lava Beds National Monument. Milhões de anos de atividade geológica criaram este impressionante e agreste cenário.

O Extremo Norte da Califórnia é pouco habitado, com raras cidadezinhas, como Ferndale e Eureka. Sua maior atração é a natureza, por isso a atenção, tanto de moradores quanto de turistas, está sempre voltada para atividades ao ar livre.

Lost Creek, dentro do Redwood National Park

◁ **O pico coberto de neve de Mount Shasta**

Como Explorar o Extremo Norte

Agreste, selvagem e pouco habitado, o Extremo Norte da Califórnia tem mais em comum com os Estados vizinhos de Oregon e Washington do que com as demais regiões californianas. Densas florestas de pinheiros e sequoias cobrem mais da metade da sua área, e duas cadeias de montanhas paralelas, a Coast Range (na costa) e Sierra Nevada (no interior), formam três regiões diversas. Ao longo do litoral, Cape Mendocino é uma boa base para se explorar as praias desertas e os bosques de sequoias. Em seguida vem o Sacramento Valley, via de acesso para os belos picos nevados de Mount Shasta e para os espetáculos vulcânicos do Lassen Volcanic National Park e do Lava Beds National Monument.

VEJA TAMBÉM

- ***Onde ficar*** págs. 552-4
- ***Onde comer*** págs. 598-9

PRINCIPAIS ATRAÇÕES

Arcata ❷
Avenue of the Giants ❼
Eureka ❸
Ferndale ❺
Lassen Volcanic National Park ⓯
Lava Beds National Monument ⓮
Mount Shasta ⓬
Samoa Cookhouse ❹
Scotia ❻
Shasta Dam ❿
Shasta State Historic Park ⓫
The Lost Coast ❽
Tule Lake National Wildlife Refuge ⓭
Weaverville ❾

Passeio

Redwood National Park *págs. 448-9* ❶

COMO CIRCULAR

É essencial ter carro para visitar o Extremo Norte da Califórnia. Duas vias norte-sul correm paralelas na região, mas no sentido leste-oeste a única rota adequada através das montanhas é a rodovia 299. Cortando o norte, a I-5 atravessa o Sacramento Valley; para oeste, a rodovia 101 percorre os vales verdejantes dos rios Russian e Eel. O transporte público limita-se aos ônibus Grayhound que passam pelas estradas principais e uma dúzia de trens diários que cruzam o Sacramento Valley, até Seattle, no vizinho Oregon.

Patrick's Point State Park, em Humboldt County

LEGENDA

- Freeway
- Estrada principal
- Estrada secundária
- Estrada vicinal
- Percurso com paisagem
- Ferrovia principal
- Ferrovia secundária
- Fronteira estadual
- Cume

Os picos nevados de Mount Shasta

Redwood National Park ❶

Págs. 448-9.

Arcata ❷

Mapa rodoviário A2. 16.400. Arcata/Eureka Airport, 13km norte de Arcata. 1635 Heinden Road. **Tel** (707 822-3619). **www**.arcatachamber.com

Arcata é uma cidade pequena que vive em função da Humboldt State University. Sua rua principal, enfeitada de palmeiras e com uma estátua do presidente McKinley (1843-1901), é cheia de livrarias e cafés. É uma base agradável para se explorar a região.

Dizem que nas florestas a leste de Arcata mora o Bigfoot, equivalente do asiático Ieti, ou Abominável Homem das Neves. Sua existência nunca foi provada, mas existem na região pegadas não identificadas maiores que as dos ursos.

Eureka ❸

Mapa rodoviário A2. 27.600. Arcata/Eureka Airport, 24km norte de Eureka. 2112 Broadway. **Tel** (707 442-3738), (800) 356 6381. **www**.eurekachamber.com

Eureka foi fundada em 1850 por garimpeiros tão animados com a descoberta de ouro que a batizaram com a palavra grega para "Achei". Ela se expandiu e se tornou o maior centro industrial da costa norte, com uma grande indústria de pesca e de madeira instalada ao redor de uma baía natural transformada em reserva ecológica.

No lado oeste da US 101, entre as ruas E e M, à beira do cais, fica a interessante Old Town (cidade velha) de Eureka. Os prédios restaurados do século 19, muitos com fachadas de ferro batido, viraram cafés, bares e restaurantes muito frequentados.

Entre as ruas M e Second pode-se apreciar a arquitetura extravagante da Carson Mansion *(págs. 30-1)*. A casa foi construída em 1885 pelo e magnata da madeira William Carson. Em seu projeto tende predominantemente ao estilo gótico, usando a madeira típica da região –a sequoia–, pintada de forma a parecer pedra. Carson Mansion é hoje um clube masculino, fechado ao público.

A exótica Carson Mansion, em Eureka

SEQUOIAS E A INDÚSTRIA MADEIREIRA

A maior árvore do mundo, esta espécie de sequoia *(sequoia sempervirens)*, só cresce no norte da Califórnia e no sul do Oregon. Ela é "parente" da sequoia gigante *(sequoiadendron gigantea)* das High Sierras, e também da espécie chamada *metasequoia glyptostrobiodes*, da China. As sequoias vivem até 2 mil anos e atingem 107m, sustentando-se em raízes de 61m no sentido horizontal, e só 1m a 2m no sentido vertical.

Seu rápido crescimento e sua resistência fazem dela excelente árvore para uso comercial. Nos anos 1920 já haviam sido destruídas 90% das reservas. Formou-se então um grupo, a Save the Redwood League, que comprou as terras e as transformou em reservas. Algumas florestas, porém, ainda estão nas mãos das madeireiras, e seu futuro é tema de um intenso debate.

Toras de sequoia vermelha

Samoa Cookhouse ❹

79 Cookhouse Ln e Samoa Rd, Samoa. **Mapa rodoviário** A2. **Tel** (707) 442-1659. diariam. Ação de Graças, 25 dez. **www**.samoacookhouse.net

Samoa Cookhouse era originalmente um refeitório construído em 1900 para os trabalhadores da Louisiana Pacific, uma das serrarias da península de Samoa. O refeitório foi aberto ao público nos anos 1960, quando a automação reduziu bastante o número de operários na serraria. O restaurante mantém a decoração rústica e as gigantescas porções de tradicionais pratos norte-americanos.

A decoração inusitada inclui fotografias e máquinas antigas.

Ferndale ❺

Mapa rodoviário A2. 1.400. Arcata/Eureka Airport, 64km norte de Ferndale. PO Box 325, Ferndale (707 786-4477). **www**.victorianferndale.org

Situada numa planície próxima à foz do rio Eel, Ferndale é um sopro bucólico no meio do agreste litoral do

Norte da Califórnia. A cidade foi fundada em 1852 por imigrantes dinamarqueses, suíço-italianos e portugueses, que lá instalaram uma lucrativa indústria de laticínios. Em 1992, Ferndale foi atingida por um dos piores terremotos da história recente da Califórnia, mas os prejuízos não foram muito grandes. Sua história pode ser conhecida no **Ferndale Museum**.

A atração mais popular da cidade é a Kinetic Sculpture Race, uma corrida de veículos de fabricação caseira que vai de Arcata à praia de Centerville County Beach, perto de Ferndale.

Ferndale Museum
Shaw & 3rd St. ***Tel*** *(707) 786-4466.* *fev-dez: 11h-16h qua-sáb, 13h-16h dom; jun-set: 11h-16h ter-sáb, 13h-16h dom.* *jan.* **www**.ferndale-museum.org

Gingerbread Mansion, casa vitoriana de Ferndale

Scotia 6

Mapa rodoviário A2. *2.500.* *Arcata/Eureka Airport, 64km norte de Scotia.* *715 Wildwood Ave.* ***Tel*** *(707) 764-3436.*

A cidade de Scotia foi construída em 1887 para alojar os operários da enorme serraria de sequoia da **Pacific Lumber Company**, instalada até hoje ao sul da área urbana. Palco, como a empresa é chamada, foi fundada em 1869 e possui quase 800km² de florestas de sequoia vermelha às margens do rio Eel e seus afluentes. Dotada de duas serrarias, uma escola, clínicas médicas e casa para 300 lenhadores e suas famílias, Scotia é atualmente a única comunidade do gênero na Califórnia.

O centro de visitantes da Palco, feito de troncos de sequoias, em Scotia

Um pequeno museu no centro da cidade mostra a história de Scotia e da indústria madeireira local, baseada principalmente na exploração das sequoias. No museu também são fornecidos passes para visitas à madeireira, onde o visitante pode acompanhar o processo passo a passo: poderosos jatos de água descascam os troncos, que em seguida são cortados por serras movidas a laser. Após a secagem são empilhados, para ser despachados.

Pacific Lumber Company
125 Main St. ***Tel*** *(707) 764-2222.* *seg-sex.* **www**.palco.com

Avenue of the Giants 7

Garberville. *Weott (nov-abr: 10h-16h diariam; mai-out: 9h-17h diariam.* ***Tel*** *(707) 946-2263.* **www**.humboldtredwoods.org

As árvores mais altas do mundo e as mais antigas florestas de sequoia ficam às margens do rio Eel, dentro dos limites do imponente Humboldt Redwoods State Park *(pág. 448)*. Para apreciar estes exemplares gigantes o ideal é atravessar de carro os 53km da Avenue of the Giants, sinuosa estrada de mão dupla, paralela à US 101, que corta o parque. Mas o melhor é deixar o carro em um dos vários estacionamentos no caminho e passear por entre as árvores, sentindo de perto seu tamanho colossal.

A árvore mais alta entre todas, com 110m, é chamada de Dyersville Giant. Infelizmente, ela foi derrubada por uma tempestade no inverno de 1991, mas seu tamanho parece ainda mais impressionante, agora que é vista caída em Founder's Grove, na extremidade norte do parque. Atualmente, as maiores e mais altas árvores ainda em pé podem ser vistas dentro da Rockefeller Forest, na margem esquerda do rio.

O centro de visitantes, bem no meio da Avenue of the Giants, exibe a história natural destas florestas. Também fornece mapas e informações sobre caminhadas e áreas de camping dentro do parque.

Avenue of the Giants, no Humboldt Redwoods State Park

Passeio pelo Redwood National Park ❶

No Redwood National Park estão preservadas algumas das maiores florestas nativas de sequoias, estendendo-se por toda a costa da região Extremo Norte. Criado pelo presidente Lyndon Johnson, em 1968, para estimular o turismo na área, o parque de 235km² abrangeu áreas de parques estaduais da época. O passeio leva pelo menos um dia inteiro; mas dois dias permitem desviar das estradas e apreciar melhor a tranquilidade das florestas majestosas.

Sequoias nas florestas

Del Norte Coast Redwood State Park ③
Este parque se tornou área preservada em 1926. Um trecho de uma antiga estrada, a Redwood Highway, foi mantido como trilha para caminhadas.

Trees of Mystery ④
Uma das maiores atrações para os turistas são as enormes estátuas em fibra de vidro do lendário lenhador Paul Bunyan e seu boi, Babe. Esses personagens se popularizaram no início do século 20, em histórias sobre sua jornada do Maine à Califórnia.

Tall Trees Grove ⑤
A árvore mais alta do mundo, de 112m, fica em Tall Trees Grove (Bosque das Árvores Altas), no extremo sul do parque. Aqui vive também um dos últimos rebanhos existentes do assim chamado alce Roosevelt.

Gold Bluffs Beach ⑥
Muitos consideram esta praia de 18km a mais linda do Norte da Califórnia.

Humboldt Lagoons State Park ⑦
Big Lagoon, um lago de água doce de 5km, forma, junto com dois outros estuários de rios, o Humboldt Lagoons State Park.

Patrick's Point State Park ⑧
No inverno, este é um bom ponto para observar a migração de baleias. As piscinas naturais entre as pedras estão repletas de vida marinha.

Veja hotéis e restaurantes desta região nas págs. 552-4 e 598-9

Jedediah Smith Redwoods State Park ①
Nos 3,7km² deste parque encontram-se as mais fantásticas sequoias existentes no litoral. O nome do parque homenageia o caçador Jedediah Smith, primeiro homem branco a atravessar os Estados Unidos a pé. Ele explorou a região em 1828 *(pág. 46)*.

Crescent City ②
É nesta cidade que fica o escritório central e de informações turísticas do Redwood National Park.

LEGENDA

Percurso do passeio

Outras estradas

DICAS

***Extensão do passeio**: de Arcata a Crescent City são 125km. O caminho mais rápido é pela rodovia US 101, mas o mais bonito é pela Coastal Hwy –que, no entanto, exige o dobro do tempo.*
***Duração do passeio**: de carro leva-se menos de duas horas para percorrer todo o caminho, mas para melhor aproveitar e relaxar na área do Redwood National Park é bom reservar um dia inteiro.*
***Quando ir**: setembro e outubro são os meses ideais. Primavera e verão são meio nublados, no entanto são os meses em que as plantas mais bonitas florescem. O inverno é chuvoso, mas vale a pena para observar baleias. O verão é a alta estação turística, porém multidões raramente são problema nesta área remota.*
***Onde ficar e comer**: os locais de apoio ao turista são poucos e espaçados. Há um número limitado de restaurantes e hotéis em Orick e Klamath, e um número bem maior em Crescent City* (págs, 542 e 598) *e Arcata, no sul do parque* (pág. 446).
Informação turística**: Crescent City Information Center, 111 Second St. mar-out: 9h-17h diariam; nov-fev: 9h-16h diariam. 1º jan, Ação de Graças, 25 dez.* ***Tel *(707) 464-6101.* **www**.nps.gov

A Lost Coast, perto de Crescent City

Lost Coast ❽

Mapa rodoviário A2. *Garberville.* *782 Redwood Drive.* ***Tel*** *(800) 923-2613.* **www**.garberville.org

Ao longo de um pequeno trecho de litoral, tão remoto que nenhuma estrada alcança, fica a chamada "Lost Coast". A "Costa Perdida" é atualmente o maior pedaço de praia inexplorada da Califórnia. Preservada dentro dos limites do Sinkyone Wilderness State Park e da King Range National Conservation Area, a região tem mais de 60km de extensão.

No centro de Lost Coast fica o porto de pesca de salmão de Shelter Cove, acomodado em uma "enseada abrigada", como diz o nome. Esta pequena e remota cidade é um local excelente para os fãs de caminhadas e da natureza. Dos seus rochedos partem 25km de trilhas e áreas de camping, onde é possível encontrar diversos animais, como urso, veado, arminho e a águia americana. Só existe uma estrada, cheia de curvas mas bem sinalizada, para Shelter Cove.

Pode-se ter uma boa visão da Lost Coast pegando a rodovia 211, na direção oeste da US 101, e seguindo seu percurso entre o Humboldt Redwoods State Park e Ferndale *(pág. 446)*. Esta linda estrada de 80km chega até o Pacífico dando a volta em Cape Mendocino, o ponto mais ocidental da costa da Califórnia.

Weaverville ❾

Mapa rodoviário A2. *3.500.* *Redding Municipal Airport, 64km leste de Weaverville.* *215 S. Main St.* ***Tel*** *(530) 623-6101, (800) 487-4648.*

A pequena comunidade rural de Weaverville, encravada nas montanhas entre a costa e o Central Valley, pouco mudou desde que foi fundada por garimpeiros, há 150 anos.

Em seu pequeno centro comercial ficam a autoproclamada loja de conveniência mais antiga do Estado e o **Jake Jackson Museum and History Center**, que mostra a história de Weaverville e da exploração de ouro e madeira nos arredores. A seu lado, o Joss House State Historic Site é o mais antigo e bem conservado templo chinês do país. Foi construído em 1874, como um monumento aos muitos imigrantes chineses que viajaram para os Estados Unidos atrás de ouro e aqui ficaram, servindo de mão de obra barata na construção das ferrovias californianas *(págs. 50-1)*.

Ao norte da cidade, o Trinity Alps, parte da cadeia de montanhas Salmon, domina uma área muito procurada por caminhantes e mochileiros no verão e por esquiadores cross country no inverno.

Jake Jackson Museum and History Center
780 Main St. ***Tel*** *(530) 623-5211.* *abr: 12h-16h diariam; nov-mar: 12h-16h ter e sáb; mai-out: 10h-17h diariam.* **Aceitam-se doações.**

Imponentes sequoias no Redwood National Park ▷

Shasta Dam, represa que controla o suprimento de água na região norte

Shasta Dam ⑩

Redding. **Redding Convention and Visitor's Bureau** *777 Auditorium Drive.* ***Tel*** *(530) 225-4100, (800) 874-7562.* **www.**visitredding.org

O Central Valley Project foi financiado pelo governo federal para suprir de água a agricultura, fornecer energia barata para a indústria, proteger o vale contra inundações e criar uma frente de trabalho para aqueles que perderam emprego com o declínio da mineração. O projeto consiste em uma rede de represas, canais e reservatórios construídos durante a Depressão, nos anos 1930. A obra principal é a Shasta Dam, represa de 183m de altura e 1.055m de extensão, com vazão três vezes maior que Niagara Falls.

Shasta State Historic Park ⑪

Mapa rodoviário A2. *Redding.* **Centro de Visitantes** ***Tel*** *(530) 225-2065.* *10h-17h qua-dom.* **www.**parks.ca.gov

Na metade do século 19, Shasta era um grande campo de mineração de ouro e base de operações dos garimpeiros que exploravam as áreas em volta dos rios Sacramento, Trinity, McCloud e Pit. À medida que a Corrida do Ouro entrou em declínio, a cidade também foi se acabando, sobretudo depois que a ferrovia trocou a estação local por outra na cidade de Redding, a 8km.

Shasta é hoje uma cidade-fantasma. No começo dos anos 1920, o Estado, ao perceber sua importância histórica, tombou a cidade e começou a restaurá-la. Muitos prédios velhos de tijolos foram conservados no estado em que estavam, mas a **Shasta Courthouse** (o tribunal de justiça) foi toda restaurada. Um pequeno centro de visitantes conta as origens da cidade.

Perto de Shasta, as terras em volta do lago Whiskeytown formam a porção menor da tríplice Shasta-Whiskeytown-Trinity National Recreation Area, reserva que cerca as três represas. Lake Shasta é a maior. Trinity Lake também é conhecida como Clair Engle Lake, em homenagem ao político que lutou pelo projeto. As três represas são procuradas para pesca, esqui aquático, passeios de barco e outras formas de lazer.

Shasta Courthouse e Visitors' Center
Main St. ***Tel*** *(530) 243-8194.*
10h-17h qua-dom.

O interior da restaurada Shasta Courthouse

Mount Shasta ⑫

Mapa rodoviário B1. *Dunsmuir.* *Siskiyou.* *Shasta.* **Centro de Visitantes** *300 Pine St.* ***Tel*** *(530) 926-4865, (800) 926 4865.* *diariam.* **www.**mtshastachamber.com

O Mount Shasta tem 4.316m de altitude e é o segundo pico mais alto das Cascade Mountains, depois de Mount Rainier, no Estado de Washington. Visível a mais de 160km de distância, geralmente coberto de neve, é um dos pontos favoritos dos alpinistas.

Mount Shasta, tendo abaixo a cidade de Shasta

Tule Lake National Wildlife Refuges ⑬

Mapa rodoviário B1. *Klamath Falls.* **Centro de Visitantes** *4009 Hill Road.* ***Tel*** *(530) 667-2231.*

Seis refúgios em ambos os lados da fronteira dos Estados da Califórnia e do Oregon formam um dos mais

Veja hotéis e restaurantes desta região nas págs. 552-4 e 598-9

populares pontos de observação de pássaros dos Estados Unidos. A área às margens do Tule Lake e do rio Klamath, preservada como reserva natural *(págs. 436-7)*, atrai no outono centenas de pássaros silvestres que migram do Canadá para o Central Valley e arredores. Tula Lake é também a moradia de inverno de cerca de mil águias americanas.

Lava Beds National Monument ⓮

Mapa rodoviário B1. *Klamath Falls.* **Centro de Visitantes** *1 Indian Wells.* ***Tel*** *(530) 667-8100.* *diariam.* **www**.nps.gov/labe

O Lava Beds National Monument ocupa 188 km² do Modoc Plateau, platô vulcânico na região noroeste da Califórnia, e preserva um fantasmagórico cenário de rios de lava e montes de cinza. Sob a lava existem mais de 500 "tubos" –túneis cilíndricos criados pela transformação da lava em rocha. Chega-se à maior concentração de cavernas pela Cave Loop Road, 3km ao sul do centro de visitantes. Dali, uma curta trilha leva a Mushpot Cave, a única com iluminação e piso calçado. O nome "panela de mingau" vem dos salpicos de lava solidificada na entrada, que lembram mingau.

Outras cavernas também levam o nome de características marcantes: a Crystal Cave contém cristais brilhantes, e nas Catacombs (catacumbas) Caves o visitante tem de se arrastar por túneis sinuosos. Ao visitar qualquer uma delas, use sapato resistente, leve uma lanterna e informe-se antes no centro de visitantes.

O parque foi palco da Guerra de Modoc, de 1872-3, único confronto de monta entre o Exército e os índios na Califórnia. Ao ser removidos para uma reserva no Oregon, os índios de Modoc voltaram sob o comando do chefe Kietpoos, ou "capitão Jack". Por seis meses escaparam da cavalaria, mas o capitão Jack acabou preso e enforcado, e seu grupo foi mandado para uma reserva onde hoje é o Oklahoma. No limite norte do parque vê-se o reduto dos índios rebeldes.

O reduto do capitão Jack no Lava Beds National Monument

Lassen Volcanic National Park ⓯

Mapa rodoviário B2. *Chester, Red Bluff.* **Centro de Visitantes** *38050 HWY 36 East, Mineral, California.* ***Tel*** *(530) 595-4444.* *diariam.* **www**.nps.gov/lavo

Antes da erupção do vulcão em Mount St Helens, no Estado de Washington, em 1980, o Lassen Peak, um pico de 3.187m, era o único vulcão ainda em erupção no território continental dos Estados Unidos. Com uma série de 300 erupções, entre 1914 e 1917, o Lassen Peak arrasou 405km² ao seu redor. Nesta área foi criado o Lassen Volcanic National Park, em 1916.

O vulcão, localizado no extremo sul da Cascade Mountain, ainda é considerado ativo. Numerosas áreas nas suas encostas dão sinais claros disso. Bumpass Hell, uma passagem de madeira, ganhou este nome depois que um guia, Kendall Bumpass, perdeu a perna em um lago de lama incandescente, em 1865. Ela cruza uma série de lagos de água quente, sulfurosa e cheia de vapor, aquecidos pela rocha derretida no interior da terra. Bumpass Hell é um dos pontos mais interessantes do parque, e fica a 8km da Southwest Entrance Station, na rodovia 89.

No inverno, é fechado o trecho desta rodovia que passa dentro do parque. No verão, a rodovia sobe quase 3.600m, até o Summit Lake. A estrada prossegue pela Devastated Area (área devastada), um terreno cinza de rochas vulcânicas, e vai dar em Manzanita Lake, no extremo noroeste do parque. Neste ponto o **Loomis Museum** exibe um registro fotográfico das muitas erupções no Lassen Peak.

O parque tem mais de 240km de trilhas para caminhadas, inclusive uma muito íngreme, de 4km, que sobe Mount Lassen até o pico cinzento.

Loomis Museum
Lassen Park Rd, North Entrance.
Tel *(530) 595-3399.*
fim de mai-set: ligar antes.

Fontes sulfúricas no Lassen Volcanic Park

WINE COUNTRY

Famosa no mundo todo pelos excelentes vinhos que produz, a região conhecida por Wine Country tem clima temperado, quilômetros de vinhedos e belíssima arquitetura. A oeste, em Sonoma e Mendocino, estão os impressionantes rochedos que dominam a costa. Conta-se com grande variedade de comida e, claro, vinhos de primeira qualidade, fazendo da região o lugar ideal para um passeio relaxante.

A indústria de vinhos da Califórnia nasceu em 1823, no pequeno vale de Sonoma, com formato de meia-lua. Foi quando padres franciscanos plantaram vinhedos para produzir vinho para a missa. Em 1857, o conde húngaro Agoston Haraszthy deu o primeiro passo para a expansão da atividade: usando uvas importadas da Europa, plantou o primeiro grande vinhedo do Estado na celebrada Buena Vista Winery *(pág. 465)*, em Sonoma. Haraszthy, chamado de "pai do vinho californiano", criou assim um novo polo de produção vinícola no mundo.

Com o passar dos anos, muitos vinicultores seguiram os passos do conde, a maioria estabelecendo-se no solo rico e fértil de Napa Valley. Centenas de vinícolas alinham-se lado a lado por toda a extensão do vale, e em muitas delas podem-se visitar as instalações e degustar seu vinho. Várias têm grande interesse arquitetônico, entre elas a Robert Mondavi Winery, no estilo mission, e o Sterling Vineyards, em estilo mediterrâneo, empoleirado no alto de uma rocha vulcânica. A vizinha Clos Pegase, um prodígio de modernidade na produção de vinhos, distingue-se também pelas fileiras de imponentes colunas e torres em tons ocres.

Aninhada no extremo norte do Napa Valley encontra-se a cidadezinha de Calistoga, famosa pelos banhos de lama medicinais, gêiseres enormes e piscinas de água mineral quente. A oeste do vale, o rio Russian segue para o Pacífico, onde se destacam as áreas costeiras de Sonoma e Mendocino. Estas duas faixas de litoral inexplorado são perfeitas para observar pássaros e baleias e recolher conchas.

Goat Rock Beach, na foz do rio Russian

◁ **O cultivo de mostarda, na primavera, nos vinhedos de Napa Valley**

Como Explorar o Wine Country

Os vales bem protegidos entre as montanhas costeiras oferecem condições ideais para o cultivo de uvas, sobretudo os dos rios Russian, Sonoma e Napa. A oeste desta famosa região vinícola encontram-se graciosas cidadezinhas costeiras, como Mendocino, Jenner e Bodega Bay, cercadas de praias isoladas e quase intocadas e piscinas naturais nas rochas. Mais para o interior, vale a pena explorar a pé, a cavalo ou de trem as velhas florestas de sequoias. Quem preferir apreciar de cima a região pode dar um passeio em um dos vários balões que sobrevoam os vinhedos. A uma curta distância de carro estão enormes parques estaduais, com florestas cerradas e arquitetura singular. Em Clear Lake, maior lago de água doce da Califórnia, e em Lake Berryessa, o segundo maior lago artificial do Estado, pode-se praticar uma grande variedade de esportes aquáticos.

Reserva marinha de Gerstle Cove, em Salt Point

COMO CIRCULAR

A maneira mais simples de explorar o Wine Country e as paisagens costeiras em Sonoma e Mendocino é de carro. A rodovia 1 segue a costa e a 101 corta o centro da região, sentido norte-sul, até Humboldt County. A Route 20 liga Nevada City ao Wine Country, unindo-se à rodovia 101 ao norte de Lake Mendocino. O transporte público na área é muito restrito, embora existam excursões de ônibus partindo de São Francisco e também passeios de trem que percorrem o Napa Valley *(págs. 462-3)* e as florestas de sequoias vermelhas ao norte *(pág. 459)*. Os aeroportos internacionais mais próximos são os de Sacramento, San Jose, São Francisco e Oakland *(págs. 628-9)*.

VEJA TAMBÉM

- ***Onde Ficar*** págs. 554-6
- ***Onde Comer*** págs. 599-601

LEGENDA

- Freeway
- Estrada principal
- Estrada secundária
- Estrada vicinal
- Percurso com paisagem
- Ferrovia
- Cume

FORT ROSS STATE HISTORIC PARK

Paisagem tranquila e colorida de um vinhedo em Napa Valley

PRINCIPAIS ATRAÇÕES

Bodega Bay 8
Calistoga 10
Fort Ross State Historic Park 7
Jack London State Historic Park 11
Leggett Valley 1
Mendocino 2
Point Arena Lighthouse 4
Russian River Valley 5
Salt Point State Park 6
Santa Rosa 9
Sonoma e Sonoma Valley págs. 464-5 13
Van Damme State Park 3

Passeios

Napa Valley *págs. 462-3* 12

Cidade de Mendocino, nos rochedos de Mendocino Headlands

Leggett Valley ❶

Mapa rodoviário A2. 🚌 *Leggett.* ℹ *70400 Hwy 101.*

Este vale verde e viçoso, separado do oceano Pacífico pela King Mountain Range (cadeia de montanhas King), é famoso por suas gigantescas sequoias vermelhas. Nos anos 1930, foi aberto um buraco no tronco de uma delas para permitir a passagem de carros.

As pessoas que gostam de caminhar dispõem de trilhas especialmente interessantes em Leggett Valley (parte das florestas foi cenário de *Guerra nas Estrelas*, o filme de George Lucas). Entre os animais selvagens que aqui se encontram estão guaxinins e veados, além das águias que sobrevoam a floresta em busca de presas.

O rio South Fork Eel, rico em salmão e truta, atrai muitos pássaros. Também é bastante frequentado por pescadores e, no verão, é um bom lugar para nadar.

Mendocino ❷

Mapa rodoviário A3. 👥 *1,200.* 🚌 ℹ *2175 Main St, Fort Bragg.* ***Tel*** *(707) 961-6300; (800) 726-2780.* **www**.mendocinocoast.com

Os migrantes desta vila de pescadores, em 1852, vinham de New England, e construíram casas que lembram as de sua região de origem, na costa leste, com frontões e molduras de madeira. Por isso, este trecho é chamado de "a Nova Inglaterra da Califórnia". Acomodada em um promontório sobre o oceano Pacífico, Mendocino conserva o charme dos dias em que era um importante centro de pesca e de madeira. Embora o turismo seja hoje sua principal indústria, não é um local dominado pelo comércio. A cidade possui um ativo centro de artes e nela moram também muitos artistas e escritores. Os visitantes podem apreciar suas butiques, livrarias, galerias de arte e cafés. Ou então simplesmente admirar a beleza dos penhascos cobertos de urzes, as baleias cinzentas em migração e a fantástica vista do mar.

Sequoias gigantes na bonita Fern Canyon Trail, no Van Damme State Park

Van Damme State Park ❸

Comptche Ukiah Rd. ***Tel*** *(707) 937-5804.* 🚌 *Point Arena.* 🕒 *diariam; mai-set:; out-abr: fazer reserva para o camping.* ♿ **www**.parks.ca.gov

Esta belíssima reserva de 8,9km² oferece trilhas fantásticas, sombreadas pelas imensas sequoias e acompanhadas pelas samambaias que crescem à beira dos seus muitos riachos. Nas áreas costeiras, é comum ver mergulhadores em busca de moluscos. Quem quiser fazer uma caminhada ou corrida pelo interior do parque deve seguir a luxuriante Fern Canyon Trail, uma das melhores trilhas, que também tem ciclovia.

Os visitantes podem ainda observar a singular Pygmy Forest, lúgubre floresta de velhas árvores raquíticas. Devido a uma mistura de solo ruim e pouca água, elas não passam de 1m. Chega-se à Pygmy Forest, a 5km do parque, a pé ou de carro.

Point Arena Lighthouse ❹

45500 Lighthouse Road. **Mapa rodoviário** A3. ***Tel*** *(707) 882-2777, (877) 725 4448.* 🚌 *Point Arena.* **Farol e Museu** 🕒 *mai-set: 10h-15h30 diariam; out-abr: 10h-15h30 diariam.* ♿ *só museu.* **www**. pointarenalighthouse.com

A pouco mais de 1,6km da pequena vila de pescadores de Point Arena encontra-se um imponente farol de 35m de altura. Erguido em 1870, o prédio original, de tijolos, foi destruído no grande terremoto de 1906 *(pág. 24)* e substituído pela estrutura atual, de concreto armado, feita pela Concrete Chimney Company, de São Francisco. Subir os 145 degraus que levam ao topo do farol é

Mendocino vista do oceano, no alto dos rochedos que cercam a baía

Veja hotéis e restaurantes desta região nas págs. 554-6 e 599-601

esforço premiado com uma belíssima vista do litoral, principalmente nos dias bem claros. Uma visita ao farol, aberto o ano inteiro, permite que se aprecie de perto suas enormes lentes Fresnel originais. Feitas na França, medem quase 2m de diâmetro, pesam mais de 2t e flutuam em um grande reservatório de mercúrio.

O prédio vizinho, para sinalização em nevoeiro, é de 1869 e abriga um museu. Entre as peças expostas estão sirenes a ar comprimido e fotos antigas do farol.

O Point Arena Lighthouse (farol), à beira do oceano Pacífico

Russian River Valley ❺

de Healdsburg. *16209 First St, Guerneville.* ***Tel*** *(707) 869-9000.* **www**.russianriver.com

Cortada pelo rio Russian e seus afluentes, a área chamada de Russian River Valley é tão grande que abrange vários vales pequenos. Alguns cercados de encostas, onde se cultivam uvas e maçãs, outros cobertos de florestas de sequoias, além de fazendas e rios de margens arenosas. Cerca de 60 vinícolas, muitas abertas à degustação de vinhos, espalham-se pela região.

O centro nervoso do vale é a pequena Healdsburg, onde os visitantes circulam pela esplêndida praça em estilo espanhol, com suas lojas, cafés e restaurantes.

Um pouco mais a sudoeste fica a pequenina e simpática Guerneville, refúgio de verão dos moradores de São Francisco, sobretudo dos gays. Em setembro, realiza-se em Guerneville o popular Russian River Jazz Festival, em Johnson's Beach. Neste local é possível embarcar em um passeio de canoa ou balsa pelo tranquilo rio Russian, onde se avistam tartarugas, lontras de rio e garças. Ainda em Guerneville, os apreciadores de caminhadas e de hipismo não devem deixar de visitar a **Armstrong Redwoods State Reserve**, onde se encontram algumas das mais antigas sequoias da Califórnia – entre elas uma gigante de 94m e 1.400 anos de idade, batizada de Colonel Armstrong.

Armstrong Redwoods State Reserve
17020 Armstrong Woods Rd, Guerneville. ***Tel*** *(707) 869-2015, 865-2391.* *diariam.*

SKUNK TRAIN

Desde 1885 que o Skunk Train (trem-gambá) parte de Fort Bragg, cidade costeira ao norte de Mendocino, para uma viagem ao coração das florestas de sequoias. O nome vem da malcheirosa mistura de diesel e gasolina, usada antigamente como combustível, e que era sentida bem antes de o trem chegar à estação. Hoje em dia, pode-se escolher entre o trem a vapor, a diesel ou elétrico, para passeios de meio dia e dia inteiro.

Maria-fumaça do Skunk Train

Salt Point State Park ❻

Hwy 1. ***Tel*** *(707) 847-3221, 847-3465.* *Santa Rosa.* **Centro de Visitantes** *abr-out: sáb e dom 10h-15h.* **www**.parks.ca.gov

Neste parque à beira-mar coberto de florestas há enseadas pedregosas frequentadas por pescadores e colhedores de madrepérolas, e também a Gerstle Cove Marine Reserve, reserva onde mergulhadores podem admirar anêmonas, estrelas-do-mar e muitos peixes.

As florestas de pinheiros e sequoias e os prados floridos de Salt Point têm diversas trilhas para caminhadas e cavalgadas. Em abril e maio a maior atração é o caminho que atravessa os 130ha da Kruse Rhododendron State Reserve, cercado de rododendros de 9m de altura cobertos de flores em tons de rosa e roxo.

Gerstle Cove, no Salt Point State Park

Canhão antigo diante da capela ortodoxa russa em Fort Ross

Fort Ross State Historic Park ❼

1900 Coast Hwy 1, Jenner. **Mapa rodoviário** A3. ***Tel*** *(707) 847-3286.* *Point Arena.* *amanhecer-anoitecer diariam.* **Centro de Visitantes e Livraria** *10h-16h30 diariam.* *Ação de Graças.* **www**.parks.ca.gov

No alto de uma colina batida pelo vento, a 19km da cidade de Jenner, fica o Fort Ross State Historic Parc, antigo entreposto comercial russo. O forte foi fundado em 1812 e funcionou até 1841. Seu nome, Ross, vem de *Rossya* (Rússia, em russo).

Os russos foram os primeiros europeus a chegar à região, como representantes da Russian-American Company, empresa fundada em 1799. Foi justamente a presença de caçadores de peles russos no Pacífico norte que levou os espanhóis a ocupar a Alta Califórnia. Mas eles nunca se preocuparam em expandir seu território e, após 30 anos de comércio e convivência pacífica, os espanhóis abandonaram o forte.

Construída em 1836, a casa original do último administrador do forte, Alexander Rotchev, permanece intacta. Vários outros prédios foram cuidadosamente reconstruídos, dentro da paliçada de toras de madeira. O prédio mais marcante é a capela russo-ortodoxa, de sequoia, erguida em 1824.

Todo ano, no último sábado de julho, cerca de 200 pessoas, em roupas de época, recriam a vida do forte no século 19.

Bodega Bay ❽

Hwy 1. *1.300.* *850 Hwy 1.* ***Tel*** *(707) 875-3866.* **www**.bodegabay.com

Em 1963, a cidade costeira de Bodega Bay, com suas casas de ripas de madeira, foi cenário do filme *Os Pássaros*, clássico de Alfred Hitchcock. Na vizinha Bodega ainda se encontra a Potter Schoolhouse, que também aparece no filme.

Foca cinzenta na Goat Rock Beach

Bodega Head, a pequena península onde fica Bodega Bay, é um dos melhores pontos da Califórnia para se observar baleias. Lá pode-se também praticar golfe, observar pássaros, procurar mexilhões e pescar em alto-mar. À noite, é interessante ver os barcos de pesca descarregando nas docas de Tides Wharf, na rodovia 1.

O extremo norte de Bodega Bay marca o início da Sonoma Coast State Beach, uma faixa de litoral de 16km com dez praias separadas por penhascos. No final encontra-se a pequena e charmosa Jenner, cidade localizada no ponto em que o rio Russian deságua no Pacífico. Centenas de focas cinzentas tomam sol e se reproduzem em Goat Rock Beach, e a melhor época para o turista apreciá-las é o período de março a junho.

Santa Rosa ❾

Mapa rodoviário A3. *136.000.* *Sonoma County Airport, 10km norte de Santa Rosa.* *9 4th St.* ***Tel*** *(707) 577-8674; (800) 404-7673.* **www**.visitsantarosa.com

Santa Rosa, uma das cidades que mais crescem na Califórnia, é famosa por seus habitantes, sobretudo o horticultor Luther Burbank (1849-1926), que aqui viveu por mais de 50 anos. Burbank desenvolveu 800 novas variedades de plantas, entre frutas, legumes e flores ornamentais. Os visitantes podem explorar os **Luther Burbank Home and Gardens**, onde se destacam o roseiral e o pomar. O jardim vitoriano tem plantas cultivadas nas casas da região no fim do século 19.

Numa agência do correio restaurada, cuja construção data de 1909, fica o Sonoma County Museum. Ele mostra a história da região por meio de raros objetos, documentos e fotografias.

O falecido cartunista Char-

Barcos de pesca na North Beach Jetty Marina, em Bodega Bay

Veja hotéis e restaurantes desta região nas págs. 554-6 e 599-601

Na primavera, as flores do Luther Burbank Home and Gardens

les Schulz, criador do adorável cachorrinho Snoopy e de sua turma, também vivia em Santa Rosa. Seus personagens estão na **Snoopy's Gallery and Gift Shop**, uma loja repleta de produtos relacionados à turma, sobretudo a Charlie Brown e seu companheiro Snoopy.

Luther Burbank Home and Gardens
204 Santa Rosa Ave. ***Tel*** *(707) 524-5445.* **Jardim** *8h30-17h diariam.* **Casa** *abr-out: ter-dom.*
www.lutherburbank.org

Sonoma County Museum
425 7th Street. ***Tel*** *(707) 579-1500.* *11h-17h ter-dom.*
www.sonomacountymuseum.org

Snoopy's Gallery and Gift Shop
1665 West Steele Lane. ***Tel*** *(707) 546-3385.* *10h-18h diariam.* *feriados.* **www**.snoopygift.com

Calistoga ⑩

Mapa rodoviário A3. *4.715.* *1458 Lincoln Ave.* ***Tel*** *(707) 942-6333.* **www**.calistogachamber.org

Os revigorantes banhos de lama e de água mineral desta pequena estância fazem sucesso desde que foi fundada, em meados do século 19, pelo primeiro milionário da região, Sam Brannan (1819-89). Atualmente, Calistoga ainda atrai muitos turistas interessados nos tratamentos de seus spas e na boa cozinha local. A cidade tem acomodações agradáveis e pequenas butiques que vendem desde sabonetes artesanais até peças de decoração europeias. Ao norte, a 3km da cidade, o **Old Faithful Geyser** jorra jatos de água fervente a até 18m de altura, a cada 40 minutos. Nas proximidades, a **Petrified Forest** exibe imensas sequoias petrificadas por uma erupção vulcânica ocorrida há mais de 3 milhões de anos *(pág. 462)*.

Outra atração é o Robert Louis Stevenson State Park, onde o autor de *A Ilha do Tesouro* e sua mulher, Fanny Osbourne, passaram a lua de mel, em 1880 *(pág. 26)*. Quem se anima a subir os 8km até o topo do Mount St Helena, de 1.325m, o ponto mais alto do Wine Country, é recompensado com uma vista maravilhosa dos vinhedos abaixo. Outra forma de se ter uma visão de cima da região, com menos esforço, é voando nos balões e ultraleves que partem de um campo de pouso em Calistoga.

Old Faithful Geyser
1299 Tubbs Lane. ***Tel*** *(707) 942-6463.* *diariam.* **www**.oldfaithfulgeyser.com

Petrified Forest
4100 Petrified Forest Rd. ***Tel*** *(707) 942-6667.* *diariam.* *25 dez.* *restrito.* **www**.petrifiedforest.org

Jack London State Historic Park ⑪

London Ranch Rd, Glen Ellen. ***Tel*** *(707) 938-5216.* *Parque: diariam; 9h30-19h (verão); 10h-17h (inverno). Museu: 10h-17h diariam.* *1º jan, Ação de Graças, 25 dez.* *somente museu.*
www.parks.ca.gov

No começo do século 20, Jack London, autor de *O Grito da Selva*, *O Lobo do Mar* e outros livros de sucesso *(pág. 26)*, abandonou a vida agitada na cidade e veio viver neste refúgio coberto de carvalhos, castanheiras e sequoias, a que deu o nome apropriado de Beauty Ranch (Rancho da Beleza). Ainda podem ser visitados os estábulos, os vinhedos e o chalé onde London (1876-1916) escrevia. Também se veem as ruínas da Wolf House, casa dos sonhos do escritor, destruída por um incêndio misterioso pouco antes de ficar pronta. O parque é ideal para uma caminhada e um piquenique.

Depois da morte de London, sua viúva, Charmian Kittredge (1871-1955), ergueu uma casa magnífica, a que chamou de House of Happy Walls (Casa das Paredes Felizes), hoje museu, com a escrivaninha do escritor, edições originais de suas obras e sua coleção de objetos de arte do Pacífico Sul.

O Old Faithful Geyser e seu jato de água quente

Passeio pelo Napa Valley ⓬

Estátua em Clos Pegase

A região chamada Napa Valley tem 56km de extensão e é o centro da indústria vinícola do norte da Califórnia. Mais de 250 vinícolas, algumas fundadas no começo do século 19, se espalham por suas encostas e pelo solo fértil do vale. A maior parte delas fica à beira do caminho de lindas paisagens, conhecido por Silverado Trail, e da rodovia 29, as duas principais vias da região, que percorrem todo o vale e passam pelas cidades de Yountville, Oakville, Rutherford, St Helena e Calistoga *(pág. 461)*. Visitam-se de graça as principais vinícolas, mas algumas cobram uma pequena taxa de degustação.

Sterling Vineyards ⑦
Um bondinho aéreo é a via de acesso a esta grande vinícola em estilo mediterrâneo, que fica no alto de uma montanha, com vista para o vale.

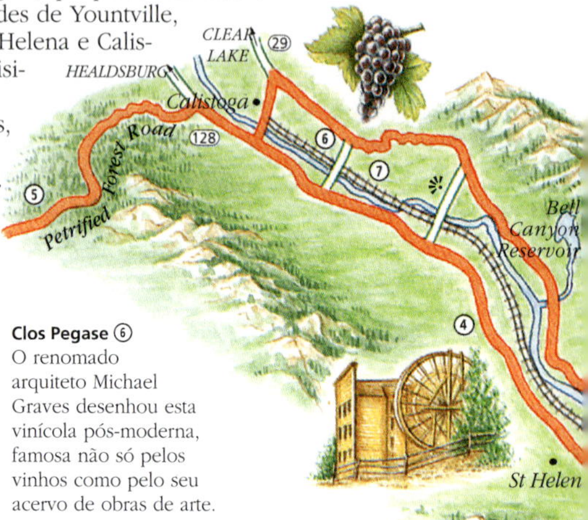

Clos Pegase ⑥
O renomado arquiteto Michael Graves desenhou esta vinícola pós-moderna, famosa não só pelos vinhos como pelo seu acervo de obras de arte.

Petrified Forest ⑤
Aqui estão as maiores árvores petrificadas do mundo *(pág. 461)*.

COMIDAS E BEBIDAS NO NAPA VALLEY

Além dos vinhos de alta qualidade, o Wine Country oferece alimentos frescos e chefs renomados. À beira das estradas do vale, quiosques e feiras vendem hortaliças, frutas orgânicas e sucos feitos na hora. Na maior parte das pequenas cidades, os restaurantes servem refeições deliciosas, preparadas com ingredientes de primeira. A *cuisine* clássica do Wine Country inclui pratos como perna de cordeiro à Sonoma com molho pesto de hortelã fresca, arroz cremoso com coração de alcachofra e tomates secos, torta de cogumelo temperada com ervas e alho e salmão na manteiga ao molho pinot noir.

Restaurante em Domaine Chandon, Yountville

Bale Grist Waterwheel ④
Construído em 1846, este moinho d'água ainda mói trigo nos fins de semana.

Robert Mondavi Winery ③
Belas esculturas e quadros são exibidos nesta grande vinícola no estilo mission, que oferece visitas com guias o ano todo.

LEGENDA

- Percurso do passeio
- Outras estradas
- Vista panorâmica

Vinhedo do Napa Valley ao pôr do sol

DICAS

Extensão do passeio: *64km, incluindo visita à Petrified Forest.*

Paradas: *há muitos hotéis e pensões tipo bed and breakfast em St Helena e Calistoga. Para uma refeição excelente, vá ao Domaine Chandon, Boudon Restaurant ou ao Mustards Grill, em Yountville; ao Tra Vigne ou ao Brava Terrace, em St Helena* (ver também págs. 599-600).

Napa Valley Wine Train
Este trem de luxo serve a melhor cozinha e vinho do Wine Country (www.winetrain.com) durante um passeio de três horas pelo Napa Valley.

Rutherford Hill Winery ⑧
Nesta vinícola, o vinho é envelhecido em cavernas escavadas nas encostas da montanha.

Mumm Napa Valley ⑨
Os vinhos espumantes clássicos são o forte desta vinícola. Um dos sócios é a produtora francesa de champanhe GH Mumm.

Napa ①
Prédios recuperados, com restaurantes, lojas e galerias, enfeitam as ruas de Napa.

0 quilômetros 5

Yountville ②
Fundada em meados do século 19 pelo desbravador George Clavert Yount, desta pequena cidade partem passeios de balão sobre o Wine Country.

Sonoma e Sonoma Valley ⓭

Bear Flag Monument

Aninhados no estreito e comprido (27km) Sonoma Valley, protegidos pelas Mayacama Mountains a leste e pelas Sonoma Mountains a oeste, encontram-se 24km² de vinhedos, que terminam na pequenina cidade de Sonoma, com sua grande *plaza* gramada desenhada em 1835 pelo general mexicano Mariano Vallejo (1808-90).

Nos anos 1840, colonos americanos descobriram, ao chegar à área, que a terra era reservada a cidadãos mexicanos. No dia 14 de junho de 1846, cerca de 30 fazendeiros americanos armados prenderam o general Vallejo e seus homens, tomaram o controle de Sonoma e declararam a Califórnia uma república independente. A bandeira dos rebeldes tinha uma estrela e uma faixa vermelhas e o desenho de um urso. A república foi abolida 25 dias depois, quando os Estados Unidos anexaram a Califórnia *(pág. 47)*. Mas a bandeira do urso foi adotada oficialmente pelo Estado em 1911.

Sonoma

As maiores atrações de Sonoma são as vinícolas e a agradável área em torno da **Sonoma Plaza**. Desenhada em estilo espanhol, a praça sombreada exibe vários prédios históricos muito bem conservados. Em vários deles, de adobe, funcionam lojas de vinhos, butiques e restaurantes chiques, que servem a excelente cozinha californiana e a típica do Wine Country.

No centro da *plaza* encontra-se o **Sonoma City Hall,** prédio de pedra no estilo revival mission *(pág. 31)*, desenhado em 1908 pelo arquiteto A.C. Lutgens, de São Francisco. Em um dos cantos da praça vê-se o **Bear Flag Monument,** memorial em bronze que homenageia o grupo de colonos americanos que se rebelou contra o governo mexicano em 1846.

Sonoma City Hall, no centro da histórica Sonoma Plaza

General Joseph Hooker House

414 1st St East, El Paseo. ***Tel*** *(707) 938-0510.* *13h-16h qua e sáb.*

Esta casa, construída em 1855, pertenceu ao herói da guerra civil "Fighting Joe" Hooker, que a vendeu aos colonizadores Pedro e Catherine Vasquez. Hoje ela é sede da Sonoma League for Historic Preservation, onde se encontram exposições históricas e informações sobre passeios a pé pela região.

Toscano Hotel

20 E Spain St. ***Tel*** *(707) 938-5889.* *10h-17h diariam.* *apenas.*

Situado na Sonoma Plaza, o Toscano Hotel é agora um monumento histórico. O prédio de dois andares, com

Veja hotéis e restaurantes desta região nas págs. 554-6 e 599-601

detalhes em madeira, foi erguido em meados do século 19 para alojar um armazém e uma biblioteca. Virou hotel de garimpeiros em 1886 e agora pertence ao Estado.

Sonoma Cheese Factory

2 W Spain St. ***Tel*** *(707) 996-1931, (800) 535-2855.* *8h30-17h30 diariam.* **www**.sonomacheesefactory.com

O queijo Sonoma Jack, famoso nos Estados Unidos, é produzido, desde 1931, nesta fábrica, em enormes tonéis. Os visitantes podem experimentar as variedades, e comprar o queijo branco e suave na loja da fábrica.

Lachryma Montis

W Spain e W 3rd Sts. ***Tel*** *(707) 938-9559.* *diariam.* *1° jan, Ação de Graças, 25 dez.*

Uma visita a Lachryma Montis, a casa do general mexicano Mariano Vallejo, dá uma ideia do luxo em que ele vivia. A casa de troncos de sequoia amarela e branca, em estilo revival gótico, foi construída em 1851. Exibe grande variedade de objetos relacionados ao general, entre eles suas divisas de prata, sua marca de gado e livros e fotografias preferidos. O nome da casa, "Lágrimas da Montanha" em latim, faz referência a uma fonte de água mineral da propriedade.

Lachryma Montis, casa do general mexicano Mariano Vallejo

Mission San Francisco Solano de Sonoma

114 E Spain St. ***Tel*** *(707) 938-1519.* *10h-17h diariam.* *1° jan, Ação de Graças, 25 dez.*

Batizada com o nome de um santo peruano, esta missão lindamente restaurada (chamada simplesmente de Sonoma Mission) foi a última

Fachada da Mission San Francisco Solano de Sonoma

das 21 missões franciscanas construídas na Califórnia *(pág. 46)*. Foi fundada pelo padre espanhol José Altimira em 1823, quando a Califórnia pertencia ao México. A única parte que restou da estrutura original é o corredor dos aposentos do padre Altimira. A capela de adobe foi erguida pelo general Vallejo em 1840, para ser usada pelas famílias e soldados da cidade.

PREPARE-SE

Mapa rodoviário A3. *8.600.* *Sonoma County Airport, 10km norte de Santa Rosa.* *90 Broadway e W Napa Sts, Sonoma Plaza.* *453 1st St E.* ***Tel*** *(707) 996-1090; 23750 Arnold Dr (866 996-1090)* **www**.sonomavalley.com

Sonoma Barracks

20 E Spain St. ***Tel*** *(707) 938-1519.* *10h-17h diariam.* *1° jan, Ação de Graças, 25 dez.*

Os índios construíram este prédio de adobe de dois andares entre 1836 e 1840, quando foi utilizada como quartel pelo general Vallejo e suas tropas. Depois da Revolta da Bandeira do Urso, em 1846, o quartel se tornou um forte do Exército americano por cerca de dez anos. Comprado pelo Estado nos anos 1950, foi restaurado e tombado como monumento histórico da Califórnia.

VINHEDOS DE SONOMA VALLEY

Brasão da Sebastiani Vineyards

Sonoma Valley possui uma rara combinação perfeita de solo, sol e chuva para o cultivo de uvas para vinhos. Em 1824 o padre José Altimira plantou o primeiro vinhedo, destinado a produzir vinho para as missas rezadas na Mission San Francisco Solano de Sonoma. Quando o governo mexicano secularizou a missão, em 1834, o general Vallejo replantou as parreiras em suas terras e passou a vender o vinho que produzia a comerciantes de São Francisco. Em 1857, o conde húngaro Agoston Haraszthy *(pág. 455)* plantou as primeiras uvas europeias na sua Buena Vista Winery, a mais antiga vinícola de primeira classe da Califórnia.

Sonoma Valley é a designação geral das regiões produtoras de vinho de Sonoma Valley, Carneros e Sonoma Mountain. O clima varia ligeiramente em cada uma delas, propiciando ambientes para o cultivo de variedades diferentes de uvas, como cabernet sauvignon e chardonnay. Sonoma possui atualmente mais de 40 vinícolas, que produzem um total de 5,4 milhões de caixas de vinho por ano. Entre as vinícolas mais importantes estão: Sebastiani Vineyards (maior produtora de vinhos de primeira), Benziger Family Winery, Gundlach-Bundschu Winery e Château St Jean. Na maioria delas existe área para piquenique, visitação e degustação de vinhos.

Vinhedos em Sonoma Valley

GOLD COUNTRY E CENTRAL VALLEY

Situado no centro geográfico da Califórnia, o Gold Country, onde se concentrou a extração de ouro no século 19, é símbolo da fama de gerador de riquezas do Estado. Muito antes de Hollywood tomar forma, aqui era o verdadeiro El Dorado, esconderijo de um veio de ouro maciço que, uma vez descoberto, ganhou o nome de Mother Lode.

O Gold Country é uma região predominantemente rural, apesar de ser o berço da Califórnia moderna desde a Corrida do Ouro de 1849 e da indicação de Sacramento como capital do Estado.

Antes de os garimpeiros chegarem aqui, no extremo do império colonial espanhol, a região era habitada apenas pelas tribos de índios miwok e maidu. Com a descoberta de pepitas de ouro em janeiro de 1848, a área virou uma terra de ninguém, sem lei nem ordem, e com 200 mil homens vindos de todas as partes do mundo para explorar as minas. Uma década depois, retornaria ao sossego, com a decadência da mineração *(págs. 48-9)*.

Poucos anos após a Corrida do Ouro, outro "boom" de curta duração ocorreu na região graças à ferrovia transcontinental, construída com a mão de obra barata dos chineses, que cruzou as montanhas Sierra Nevada *(págs. 50-1)*. Neste século, o Central Valley passou a concentrar a atividade agrícola do Estado, e hoje exporta frutas e vegetais para o mundo inteiro.

Com quase 200km de extensão de norte a sul, a paisagem da região é ótima para caminhadas e piqueniques ao entardecer. O Gold Country também oferece um dos percursos mais belos da Califórnia, ao longo da rodovia 49. O caminho sobe e desce montes rochosos, entre ranchos e pastos, ladeado por carvalhos e entrecortado por rios. Muitas das cidades que atravessa, como Sutter Creek, permanecem intactas desde a Corrida do Ouro.

Malakoff Diggins Historic Park, que preserva a memória do auge da Corrida do Ouro

◁ **California State Capitol, em Sacramento**

Como Explorar o Gold Country

O Gold Country (terra do ouro) sobe das planícies no estuário de diversos rios até as montanhas agrestes e escarpadas da Sierra Nevada. No centro da região fica Sacramento, capital da Califórnia e maior cidade do Gold Country, onde se encontram diversas atrações turísticas. Mas o melhor passeio são os muitos e belos caminhos na área. O interior é pontilhado de pequenas cidades históricas, algumas em franca expansão, outras memoriais quase sem vida do passado. O Central Valley, ao longo da rodovia I-5, é uma área predominantemente agrícola. Das cidades maiores, como Nevada City e Sutter Creek, tem-se uma ótima base para visitar o Gold Country, com acomodações e restaurantes de primeira qualidade.

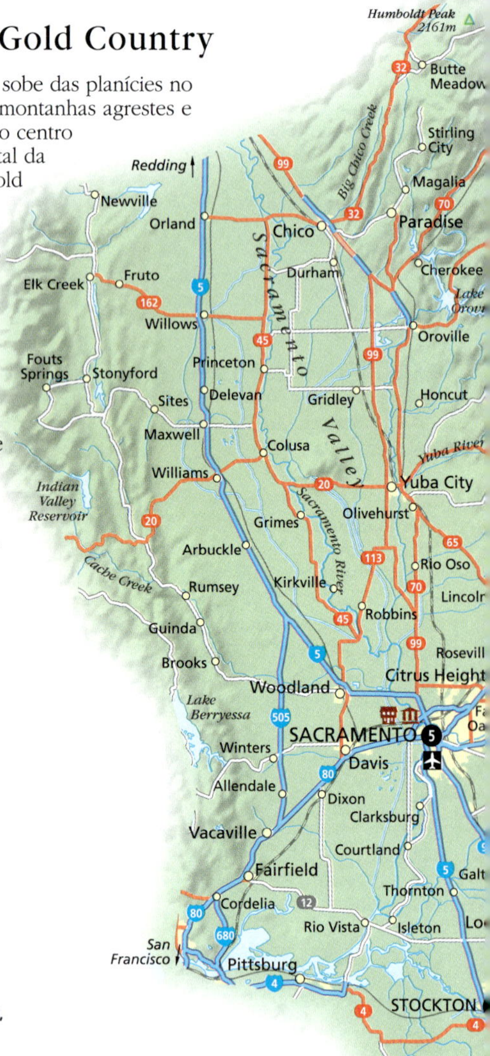

O State Capitol, sede do governo estadual, em Sacramento

Parrots Ferry Bridge, ponte que cruza o lindo lago New Melones, na Highway 49, em Tuolumne County

PRINCIPAIS ATRAÇÕES

Angels Camp ⓰
Chaw'se Indian Grinding Rock State Park ⓫
Columbia State Historic Park págs. 480-1 ⓳
Empire Mine State Historic Park ❸
Folsom ❼
Grass Valley ❷
Jackson ⓬
Jamestown ⓴
Malakoff Diggins Historic Park ❶
Marshall Gold Discovery State Historic Park ❻
Moaning Cavern ⓱
Mokelumne Hill ⓭
Murphys ⓯
Nevada City ❹
Placerville ❽
Sacramento págs. 472-5 ❺
San Andreas ⓮
Sonora ⓲
Stockton ㉑
Sutter Creek ❾
Volcano ❿

Réplicas de cabanas indígenas no Chaw'se Indian Grinding Rock State Park

VEJA TAMBÉM

- ***Onde Ficar*** págs. 556-8
- ***Onde Comer*** págs. 601-2

COMO CIRCULAR

É fundamental ter carro para explorar o Gold Country. A maior parte das atrações localiza-se ao longo da rodovia 49, a Gold Rush Highway. Este é o melhor e mais bonito caminho, que serpenteia pela base das montanhas e passa pelas cidades mais interessantes da região. O transporte público é muito limitado, com apenas dois ônibus de longa distância nas duas principais highways, a I-80 e a US-50, e diversos trens diários cortando as montanhas a partir de Sacramento, onde se localiza o principal aeroporto internacional da área.

Canyon artificial formado pela mineração hidráulica Malakoff Diggins

Malakoff Diggins Historic Park ❶

Mapa rodoviário B3. ***Tel*** *(530) 265-2740.* *Nevada City.* *diariam.* **Museu** *10h-16h diariam.* *para reforma out-abr*
www.parks.ca.gov

À medida que as técnicas originais de mineração de ouro foram se tornando menos compensadoras, no fim dos anos 1850, os garimpeiros passaram a apelar para modos mais potentes –e mais destrutivos– de extrair o metal. Quando os depósitos próximos à superfície se esgotaram, passaram a remover o solo com poderosos jatos de água pressurizada: com 115 mil litros de água por hora, arrasavam encostas inteiras, na busca de ouro, num processo conhecido por mineração hidráulica. Em 1884, a Califórnia proibiu que se jogassem os resíduos nos rios, mas àquela altura grandes trechos de terra já estavam destruídos e os rios, entupidos de refugo *(págs. 48-9)*.

A amior operação de mineração hidráulica era Malakoff Diggins, nas montanhas em volta de Nevada City. A erosão das encostas criou um canyon melancolicamente belo dentro do parque, que tem também vários prédios preservados da cidade mineira de North Bloomfield.

Pepita de ouro em cristal de quartzo

Grass Valley ❷

Mapa rodoviário B3. *9.000.* *248 Mill St.* ***Tel*** *(800) 655 4667.*
www.grassvalleychamber.com

Grass Valley foi por muito tempo a maior e mais movimentada cidade da região, ponto de encontro dos mineiros da Empire Mine e outras minas próximas. Nas décadas de 1870 e 1880, também acolheu trabalhadores vindos das minas de estanho da Cornualha, na Inglaterra, chamados de "cousin jacks", cuja habilidade contribuiu para que os mineiros locais recuperassem depósitos subterrâneos de ouro e pudessem continuar ativos quando o resto da área entrou em declínio *(págs. 48-9)*. Grass Valley tem ainda um dos melhores museus de mineração da Califórnia, o **North Star Mine Powerhouse and Pelton Wheel Museum** situado na casa de força de uma mina desativada.

Na entrada do museu ficam as imensas rodas Pelton, que aumentaram muito a produção das minas subterrâneas. Dentro, estão expostos a máquina usada para pulverizar pedaços de ouro, uma bomba de filtragem da água das minas e vários artefatos dos mineiros vindos da Cornualha.

North Star Mine and Pelton Wheel Museum
Mill St at Allison Ranch Rd. ***Tel*** *(530) 273-4255.* *mai-out: 10h-17h diariam.* **Aceitam-se doações**.

Empire Mine State Historic Park ❸

Tel *(530) 273-8522.* *Nevada City.* *diariam.* *1º jan, Ação de Graças, 25 dez.* *Parque e Empire Cottage.*
www.parks.ca.gov

Uma das mais duradouras e lucrativas operações de extração de ouro da Califórnia, a Empire Mine funcionou até 1956. Foi preservada pelo Estado como um parque histórico. Iniciada como mina de superfície em 1850, chegou a ter 585km de túneis, dos quais se extraíram 16,5 milhões de gramas de ouro puro.

As vigas em que se apoiavam os poços dos elevadores da mina, além de outros equipamentos de mineração, estão espalhados pelos 3,18km² do parque, mas para se ter uma boa ideia da fortuna que ela rendia, o melhor é visitar o Empire Cottage.

Desenhado em 1897 pelo arquiteto Willis Polk, de São Francisco, para o dono da mina, William Bourn, o exterior de granito e tijolos vermelhos da casa lembra um solar inglês, ao passo que o interior de madeira lhe dá um ar de riqueza confortável. Seus jardins têm mil roseiras e uma grande estufa.

Mais informações sobre a história da Empire Mine e outras minas podem ser obtidas no Centro de Visitantes, que também tem algumas amostras de ouro.

Máquina original de pulverização do ouro em Empire Mine

Fachada do Firehouse Number 1, um marco de Nevada City

Nevada City ❹

Mapa rodoviário B3. 2.855. *132 Main St.* ***Tel*** *(800) 655-6569.* **www**.nevadacitychamber.com

Por suas ruas íngremes enfeitadas de casas vitorianas, Nevada City ganhou o apelido de "rainha das minas do norte". Situada no extremo norte dos campos de mineração do veio principal (Mother Lode), a cidade progrediu até o auge da mineração, nos anos 1860, e em seguida caiu no esquecimento. Um século depois, ressurgiu como centro turístico, cheia de galerias, restaurantes e hospedarias que revivem os tempos da Corrida do Ouro.

A rodovia 49 leva os visitantes até o começo de Broad Street, em Nevada City. O grande prédio à esquerda de quem sobe a rua é o **National Hotel**. Inaugurado em meados do século 19, é um dos hotéis mais velhos da Califórnia *(pág. 557)*.

Uma quadra adiante fica o **Firehouse Number 1 Museum**, um dos prédios mais fotografados da cidade, por seus graciosos balcões e cúpula branca. Dentro, um pequeno museu exibe artefatos dos índios maidu, lembranças dos pioneiros –inclusive algumas relacionadas ao trágico Donner Party *(pág. 486)*–, e um altar de templo chinês. Objetos de mineração estão expostos no parque, em frente, e placas nos muros da cidade homenageiam eventos do passado.

Ainda na Broad Street encontra-se o **Nevada Theater**, com fachada em tijolinhos. O teatro está em atividade desde 1865. A uma quadra dele fica **Miner's Foundry**, antiga metalúrgica onde a inovadora roda Pelton foi desenvolvida e produzida. Mais acima, a fachada Art Déco do **County Courthouse** é uma das poucas obras de arquitetura do século 20 existentes na cidade.

Firehouse Number 1 Museum
214 Main St. ***Tel*** *(530) 265-5468.*
horários variam, ligar antes.
Aceitam-se doações.

O Nevada Theater, em atividade desde 1865

Rua a Rua: A Velha Sacramento ❺

Símbolo da ferrovia

Ao longo de seis quadras entre o rio e a cidade moderna, a Velha Sacramento conserva vários prédios históricos, em uma área bem servida de lojas, restaurantes e museus. Alguns dos edifícios foram erguidos para os garimpeiros, que chegaram em busca de ouro em 1849 *(págs. 48-9)*, mas a maior parte é das décadas de 60 e 70 seguintes, quando Sacramento confirmou seu papel de elo entre a Califórnia rural e os centros comerciais da costa. Tanto o Pony Express quanto a ferrovia intercontinental tinham seu ponto final na cidade, de onde barcos movidos a roda de pá faziam a ligação com São Francisco. Alguns museus mostram a importância histórica da cidade. O calçadão à beira do rio é ideal para caminhar e andar de bicicleta.

Delta King Riverboat
Este barco a vapor, um dos últimos do gênero ainda existentes em Sacramento, é agora hotel e restaurante.

O antigo embarcadouro de carga era o ponto de embarque para as cargas de São Francisco na década de 1860.

Old Schoolhouse
Esta escola de uma sala só é típica da Califórnia do século 19.

0 metros 5

Theodore Judah Monument
Este baixo-relevo homenageia Theodore Judah, engenheiro que projetou a ferrovia transcontinental (págs. 50-1).

PONTOS ALTOS

★ BF Hastings Building

★ California State Railroad Museum

LEGENDA

– – – Percurso sugerido

Veja hotéis e restaurantes desta região nas págs. 556-8 e 601-2

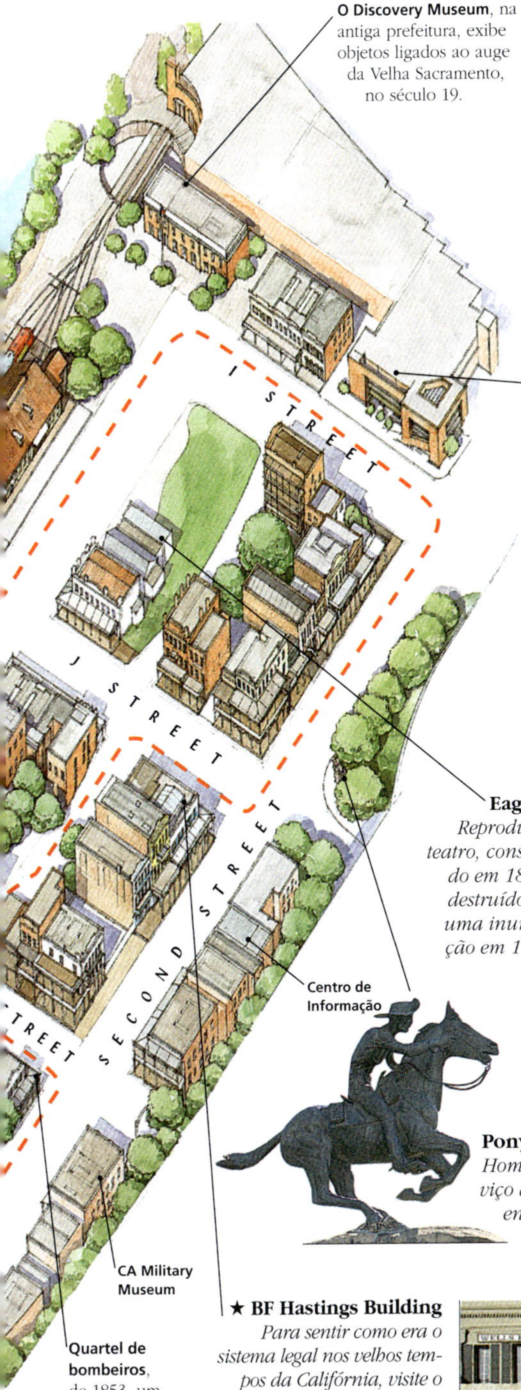

O Discovery Museum, na antiga prefeitura, exibe objetos ligados ao auge da Velha Sacramento, no século 19.

PREPARE-SE

1002 Second St. **Mapa rod.** B3. ***Tel*** *(916) 442-7644.* *30, 31, 32.* *K St Mall.* **www**.discovergold.org **California State Railroad Museum** *111 I St.* ***Tel*** *(916) 445-6645.* *10h-17h diariam.* *1º jan, Ação de Graças, 25 dez.* **The Discovery Museum** *3165 Auburn Blvd.* ***Tel*** *(916) 575-3941.* *ter-dom.* *California State Fair (ago-set).*

★ California State Railroad Museum

Locomotivas e vagões belamente restaurados fazem parte do acervo deste museu.

Eagle Theatre

Reprodução do teatro, construído em 1849 e destruído por uma inundação em 1850.

Centro de Informação

Pony Express Monument

Homenagem ao pioneiro serviço de correio de 3.163km, entre Sacramento e St Joseph, Missouri.

CA Military Museum

★ BF Hastings Building

Para sentir como era o sistema legal nos velhos tempos da Califórnia, visite o salão restaurado da Suprema Corte, que fica em cima de um armazém.

Quartel de bombeiros, de 1853, um dos primeiros prédios restaurados.

Sacramento: California State Capitol

Bem no centro de um parque amplo e bem-cuidado fica o California State Capitol, sede do governo estadual e um dos prédios mais bonitos de Sacramento. Desenhado em 1860 pelos arquitetos reuben Clark e Miner F. Butler, no estilo revival grego, com pórticos coríntios e uma alta cúpula central, o prédio foi concluído quase 15 anos depois, em 1874, tendo custado US$ 2,5 milhões. O Capitólio foi ampliado nos anos 1920 e 1950 e totalmente reformado e restaurado vinte anos depois. O governador ainda despacha em um gabinete no prédio, mas ele é acima de tudo um símbolo do passado dourado da região.

Além do plenário do parlamento estadual, cujas sessões são abertas ao público, o Capitólio contém um museu da história política e cultural da cidade.

PREPARE-SE

10th St e L St., Capitol Mall, Capitol Park. **Mapa rod.** B3. ***Tel*** *(916) 324-0333.* *Los Angeles e São Francisco.* *30, 31, 36, 38, 61, 62.* *8h-17h diariam.* *1° jan, Ação de Graças, 25 dez.* *só térreo.* **www**.capitolmuseum.ca.gov

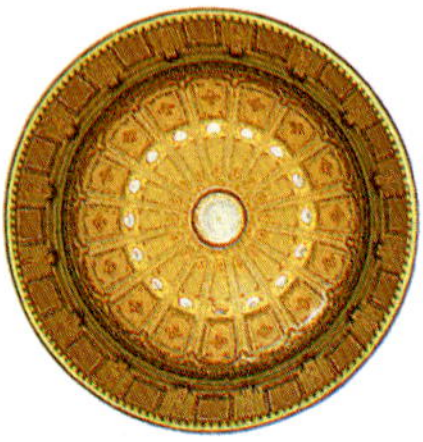

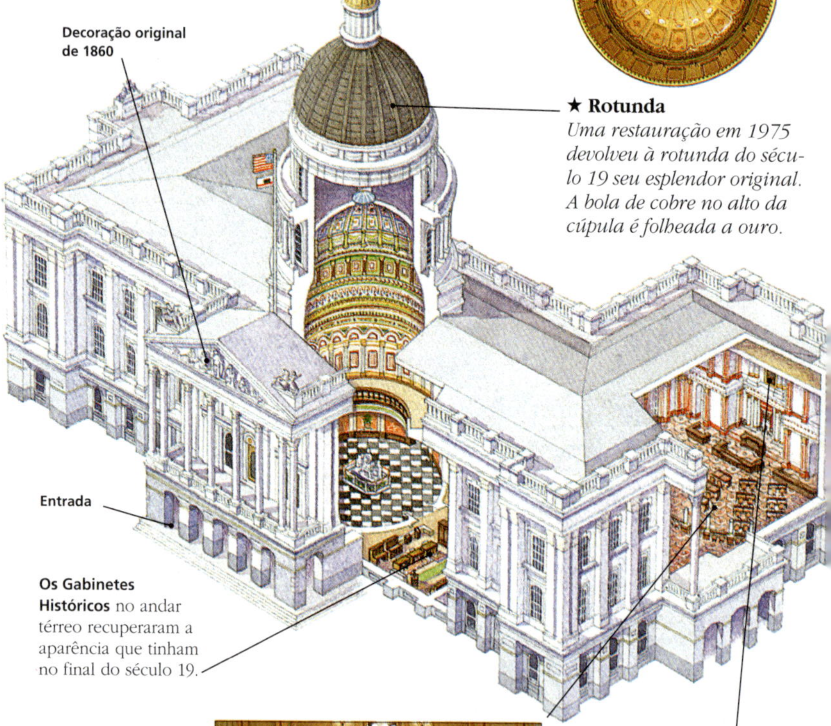

Decoração original de 1860

★ Rotunda
Uma restauração em 1975 devolveu à rotunda do século 19 seu esplendor original. A bola de cobre no alto da cúpula é folheada a ouro.

Entrada

Os Gabinetes Históricos no andar térreo recuperaram a aparência que tinham no final do século 19.

★ Plenário do Senado Estadual
A galeria no mezanino fica aberta o ano todo, mas é mais interessante quando o plenário está em sessão, discutindo e votando assuntos estaduais.

Um retrato de George Washington, primeiro presidente dos EUA, ocupa lugar de honra no plenário.

PONTOS ALTOS

★ Rotunda

★ Plenário do Senado Estadual

Veja hotéis e restaurantes desta região nas págs. 556-8 e 601-2

Crocker Art Museum

216 O St. **Tel** *(916) 808-7000.* *10h-17h ter-dom. (até 21h 1ª e 3ª qui do mês).* *1º jan, Ação de Graças, 25 dez.* *(gratuita 10h-13h dom).* **www**.crockerartmuseum.org

Fundado em 1873, é o mais antigo museu de arte a oeste do Mississippi. Seu acervo inclui quadros e esculturas vitorianas da Ásia, Europa e Estados Unidos, mas o ponto forte são a arte e a fotografia da Califórnia, e as mostras itinerantes que promove.

O prédio em si, no estilo italiano-vitoriano, é uma atração à parte. Desenhada por Seth Babson, a galeria tem piso de azulejo policromado, delicados detalhes em madeira e uma bela escadaria central. O edifício foi construído em 1869 para ser a casa do irmão de Charles Crocker, um dos "Quatro Grandes" magnatas da ferrovia transcontinental *(págs. 472-3)*.

Vestíbulo da Crocker Art Gallery

Sutter's Fort State Historic Park

2701 L St. **Tel** *(916) 445-4422.* *10h-17h diariam.* *1º jan, Ação de Graças, 25 dez.* **www**.parks.ca.gov

Escondido no meio das ruas de subúrbio da moderna capital estadual, o Sutter's Fort já foi um dos pontos mais importantes e de maior população na Califórnia antiga.

Criado por John Sutter em 1839, o forte se tornou o centro cultural e econômico do Estado nos anos que antecederam a Corrida do Ouro. Além das 21 missões espanholas na costa, este era o único estabelecimento de origem anglo-europeia na Califórnia. Na década de 1840, os imigrantes que enfrentavam as trilhas através dos Estados Unidos faziam escala aqui para utilizar os serviços de ferreiro, moinho e outros, oferecidos no forte.

Cozinha do século 19 reconstruída no Sutter's Fort

O prédio central, de três andares, é tudo o que resta da estrutura original. Os demais foram reconstruídos para mostrar a vida naqueles tempos difíceis. Um pátio, cercado de muros de 5,5m de altura, contém várias mostras históricas. Seguindo o mesmo percurso, chega-se à prisão, à padaria e ao ferreiro. É um dos poucos locais da Califórnia onde ainda está hasteada a bandeira mexicana.

California State Indian Museum

2618 K St. **Tel** *(916) 324-0971.* *10h-17h diariam.* *1º jan, Ação de Graças, 25 dez.* **www**.parks.ca.gov

Esta área da Califórnia era ocupada pelos índios maidu. O pequeno mas fascinante museu, localizado em um parque vizinho a Sutter's Fort, mostra as diferentes culturas indígenas que existiam no Estado antes da chegada dos primeiros europeus, no século 16 *(págs. 44-5)*. O artesanato mais interessante são as lindas cestas de junco, que tinham valor prático e também espiritual. Uma série de dioramas recriam a aparência e o ambiente das reservas tribais. Slides, gravações e filmes documentam outros aspectos da cultura tribal, como a língua e a agricultura.

Programas especiais, realizados geralmente nos fins de semana, mostram como antigos costumes indígenas ainda estão presentes na vida das pessoas atualmente.

JOHN SUTTER

A história do primeiro empreendedor da Califórnia, John Sutter, é a clássica aventura do pobre que fica rico e acaba novamente na pobreza. Depois de falir em seu país natal, a Suíça, Sutter emigrou para a Califórnia em 1839. Um ano depois, recebeu por concessão 200km² de terras do governo mexicano, as quais patrioticamente batizou de Nova Helvetia. Em 1843, contraiu dívidas novamente para comprar o Fort Ross, na costa norte, de seus proprietários russos *(pág. 460)*. Nos cinco anos seguintes, terras e riqueza fizeram de Sutter o dono e senhor da maior parte do Norte da Califórnia.

Mas a descoberta de lascas de ouro por seu empregado James Marshall, quando construía uma serraria na propriedade, em 1848 *(pág. 470)*, marcou o fim do seu vasto império. Milhares de garimpeiros ocuparam a região e imediatamente tomaram suas terras. Sutter passou o resto da vida em Washington, tentando obter indenização do governo americano, mas morreu na miséria em 1880.

John Sutter (1802-80)

Sutter's Mill, onde pela primeira vez se descobriu ouro na Califórnia

Marshall Gold Discovery State Historic Park ❻

310 Back Street, Colona. **Mapa rodoviário** B3. ***Tel*** *(530) 622-3470.* *Placerville.* *8h-17h diariam.* *1º jan, Ação de Graças, 25 dez.* **www**.parks.ca.gov

Cobrindo pouco mais de 1km² às margens do rio American, este tranquilo parque estadual preserva o primeiro local onde se descobriu ouro na Califórnia, em janeiro de 1848. James Marshall notou pequenas lascas do metal no canal da serraria que construía para seu patrão, John Sutter *(pág. 475)*, e mudou para sempre a vida na região.

Em um ano, cerca de 10 mil garimpeiros tinham transformado Coloma em uma pujante cidade, mas a notícia de depósitos ainda mais ricos em outro local fez o progresso virar fumaça e pouco resta da época.

Uma reprodução da serraria Sutter's Mill foi erguida no lugar da original, e uma estátua de James Marshall marca o local onde ele está enterrado, em uma colina próxima. No Centro de Visitantes encontra-se o pequeno **Gold Country Museum**, com artefatos indígenas, filmes, registros das descobertas de ouro e objetos relacionados a James Marshall.

Gold Country Museum
1273 High St, Auburn. ***Tel*** *(530) 889-6500.* *10h-16h diariam (set-mar: até 15h).* *1º jan, Ação de Graças, 25 dez.*

Folsom ❼

Mapa rodoviário B3. *46.000.* *200 Wool St.* ***Tel*** *(916) 985-2698.* **www**.folsomchamber.com

Folsom é hoje um agradável subúrbio de Sacramento, embora lá se encontre a penitenciária estadual famosa pela música *Folsom Prison Blues*, gravada por Johnny Cash em 1970. A cidade teve papel importante no Estado, por ter sido ponto final do Pony Express e da ferrovia transcontinental. Atualmente, é uma das poucas paradas da ferrovia ainda existentes, como documenta o **Folsom History Museum**. Antiquários ocupam os dois lados da Sutter Street, no pequeno centro comercial, em meio a vagões de carga e outras lembranças da ferrovia.

Na Riley Street, atrás da Folsom Dam, um grande lago é muito frequentado no verão para andar de barco e pescar.

Folsom History Museum
823 Sutter St. ***Tel*** *(916) 985-2707.* *11h-16h ter-dom.* *feriados.* **Aceitam-se doações**. **www**.folsonhistorymuseum.org

Placerville ❽

Mapa rodoviário B3. *15.000.* *542 Main St.* ***Tel*** *(530) 621-5885.* **www**.eldoradocounty.org

Durante a Corrida do Ouro, Placerville era o centro de suprimentos das minas ao redor. Situada em local estratégico, próximo às vias de acesso a Sacramento, a cidade ainda é importante terminal de transporte, mesmo que as diligências tenham dado lugar a carros e caminhões na rodovia US 50.

O bairro comercial, no centro, conserva prédios e atrações históricas, e o melhor modo de se apreciar o passado é visitando o **Placerville History Museum** na Main Street e o **El Dorado County Historical Museum**, onde se encontram locomotivas a carvão, equipamentos de mineração, uma réplica de armazém do século 19 e objetos relacionados a assentamentos chineses e à história local.

El Dorado County Historical Museum
104 Placerville Dr. ***Tel*** *(530) 621-5865.* *10h-16h qua-sáb, 12h-16h ter e dom.* *feriados.* **Aceitam-se doações**.

Armazém do tempo da Corrida do Ouro no El Dorado Museum

Sutter Creek ❾

Mapa rodoviário B3. *2.000.* *125 Peek St, Jackson* ***Tel*** *(209) 223-0350.* **www**.amadorcontychamber.com

A cidade, cujo nome homenageia John Sutter *(pág. 475)*, é uma das mais bonitas do Gold Country, cheia de antiquários e hospedarias rurais. Ela surgiu por volta de 1860, em função da Old Eureka Mine, a mina que pertencia a Hetty Green, merecidamente apelidada de "mulher mais rica do mundo". Leland Stanford, um dos "Quatro Grandes" magnatas da ferrovia transcontinental *(págs. 50-1)*, começou aqui sua fortuna: investiu US$ 5 mil na Lincoln Mine, que lhe rendeu muitos milhões de dólares. Stanford chegou a governador da Califórnia.

Um passeio agradável de carro percorre a Sutter Creek Road até Volcano, passando por antigos equipamentos de mineração.

Volcano ⑩

Mapa rodoviário B3. *150.* *125 Peek St, Jackson* **Tel** *(209) 223-0350.* **www**.amadorcountychamber.com

O visitante que quiser saber mais sobre a famosa Corrida do Ouro americana e sem os excessos geralmente usados para atrair turistas gostará de Volcano, uma interessante cidade-fantasma com muitas atrações históricas.

Durante a Corrida do Ouro a cidade obteve fama de culta e sofisticada, sediando a primeira biblioteca e o primeiro observatório astronômico do Estado. A velha cadeia, a parada de diligência, a cervejaria e um canhão da Guerra Civil estão entre os prédios e objetos em exposição nas quatro quadras da cidade. O edifício mais atraente é o histórico **St George Hotel**, coberto de hera.

Na primavera, vale a pena seguir as placas para Daffodil Hill, a 5km de Volcano, onde mais de 300 mil narcisos florescem nas encostas.

St George Hotel
16104 Main St, saindo de Volcano Rd. **Tel** *(209) 296-4458.*
www.stgeorgehotel.com

Indian Grinding Rock State Historic Park ⑪

Mapa rodoviário B3. *Sacramento.* *Sacramento.* *Jackson.* *14881 Pine Grove, Volcano Rd.* *11h-15h seg-sex, 10h-16h sáb-dom.* **www**.parks.ca.gov

Bem abrigado no meio dos carvalhos que cobrem as montanhas próximas à cidade de Jackson, este parque preserva um dos maiores e mais completos sítios indígenas do país. Aqui viviam os índios miwok e o parque é dedicado ao seu passado e ao seu futuro. O objetivo deste amplo museu é estimular o entendimento da cultura indígena a partir deste povo. Entre os objetos exibidos estão cestos, artefatos de dança e ferramentas antigas.

Centenas de pilões são a principal atração do Chaw'se Indian Grinding Rock State Historic Park. Escavados nas rochas de calcário por gerações de índios miwok, eram usados para moer milho. O parque tem também inscrições em pedra e reproduções das cabanas.

Réplica de uma casa cerimonial dos índios miwok, Chaw'se State Park

A igreja sérvio-ortodoxa de St Sava, próximo a Jackson

Jackson ⑫

Mapa rodoviário B3. *3.500.* *125 Peek St.* **Tel** *(209) 223-0350.* **www**.amadorcountychamber.com

Situada no cruzamento de duas das trilhas mais movimentadas da Corrida do Ouro, Jackson foi importante cidade mineira e continuou a progredir como ponto comercial e madeireiro a partir de 1850.

No centro existem vários prédios da época da corrida do ouro, mas o mais interessante é o **Amador County Museum**, situado em uma montanha, de onde se podem apreciar máquinas de pulverizar ouro *(pág. 470)* e outros equipamentos ainda em funcionamento.

Ao norte da cidade, em um pequeno parque próximo à rodovia 49, ficam as imensas rodas da Kennedy Mine, uma das minas mais profundas do país. Com 18m de diâmetro, estas rodas eram usadas para remover as pedras depois de extraído o ouro. Erguida em 1894, a igreja sérvio-ortodoxa de St Sava, com seu delicado campanário branco, fica dentro do parque, como lembrança das muitas culturas que contribuíram para a formação do Gold Country.

Amador County Museum
225 Church St, Jackson.
Tel *(209) 223-6386.* *10h-16h qua-dom.* *feriados.*
Aceitam-se doações.

Lápide em "Moke Hill"

Mokelumne Hill ⓭

Mapa rodoviário B3. *1.200.* *1192 S Main St, Angels Camp.* ***Tel*** *(209) 736-0049; (800) 225-3764.* **www**.visitcalaveras.com

Próximo à rodovia 49, Mokelumne Hill é uma das cidades antigas mais interessantes do Gold Country. Alguns prédios preservados, entre eles o Hotel Leger, com balcões, e a parada de diligências da Wells Fargo, formam um centro comercial que ocupa um quarteirão. Mas o ar sonolento de "Moke Hill", como é chamada, esconde um passado dos mais violentos.

Embora atualmente seja uma charmosa cidade antiga, durante a Corrida do Ouro seus hotéis e saloons viviam lotados de garimpeiros bêbados e arruaceiros, cujas brigas resultavam na média de uma morte por semana. Muitas das vítimas acabavam no Cemitério Protestante, a curta distância da cidade, onde as lápides em várias línguas são um registro dos estrangeiros que aqui chegaram em busca de ouro.

San Andreas ⓮

Mapa rodoviário B3. *1.500.* *1192 S Main St, Angels Camp.* ***Tel*** *(209) 736-0049.* **www**.visitcalaveras.com

San Andreas é hoje uma pequena mas animada cidade, sede do governo de Calaveras County. Na época da Corrida do Ouro, porém, foi um poeirento campo de mineração construído em 1848 por mexicanos. Eles acabaram expulsos por americanos, que vieram atrás de suas ricas reservas de ouro *(págs. 48-9)*. Aqui foi preso, em 1883, o lendário bandido Black Bart.

Pouco resta atualmente daqueles tempos, embora San Andreas tenha um dos melhores museus da região, o **Calaveras County Historical Museum**, instalado no antigo tribunal de justiça. Além de objetos relacionados à história da mineração de ouro, de 1848 até os anos 1930, seu acervo apresenta também artefatos dos índios miwok. Pode-se visitar ainda a sala onde Black Bart foi julgado e condenado. A cela em que ficou durante o julgamento, atrás do museu, hoje é cercada por um jardim de plantas e árvores nativas.

Calaveras County Museum & Archives
30 N Main St. ***Tel*** *(209) 754-4658.* *10h-16h diariam.* *1º jan, Ação de Graças, 25 dez.*

Murphys ⓯

Mapa rodoviário B3. *2.000.* *1192 S Main St, Angels Camp.* ***Tel*** *(209) 736-0049.* **www**.visitcalaveras.com

Com suas ruas sombreadas por plátanos, olmos e alfarrobeiras, Murphys é uma das mais bonitas cidades do sul do Gold Country – uma pausa tranquila no frenético turismo que impera em outras cidades e atrações da região. Tendo hospedado personalidades como Ulysses S. Grant, Mark Twain e Will Rogers, o Murphys Hotel, construído em 1855 e todo restaurado, é o marco da cidade. Do outro lado da rua, o **Old-Timers' Museum** tem objetos relacionados à Corrida do Ouro e, na parede externa, uma série de placas humorísticas com detalhes da história da cidade.

Old-Timers' Museum
450 Main St. ***Tel*** *(209) 728-1160.* *11h-16h sex-dom.* *1º jan, Ação de Graças, 25 dez.*

Angels Camp ⓰

Mapa rodoviário B3. *3.000.* *1211 S Main St.* ***Tel*** *(209) 736-0049).*

Angels Camp é uma antiga cidade mineira, mais conhecida como cenário do clássico conto de Mark Twain *A Célebre Rã Saltadora do Condado de Calaveras.* (págs. 26-7). Hoje ela é um centro comercial que serve toda a área ao redor.

Uns poucos edifícios históricos, entre eles o Angels Hotel, onde Twain ouviu a história da rã saltadora *(jumping frog)*, ainda podem ser vistos nas ruas íngremes do centro. Aqui, em maio, é realizada uma reconstituição da competição de sapos saltadores.

Duas grandes locomotivas do século 19 podem ser vistas na rodovia 49, em frente ao **Angels Camp Museum**, que exibe antigos equipamentos

As ruas tranquilas da antiga cidade mineira de Angels Camp

Veja hotéis e restaurantes desta região nas págs. 556-8 e 601-2

de mineração. Possui também um grande acervo de artefatos indígenas e documentos sobre Mark Twain e seu sapo.

Angels Camp Museum
753 S Main St. ***Tel*** *(209) 736-2963.* *mar-dez: 10h-15h diariam; jan-fev: 10h-15h apenas finais de semana.* *Ação de Graças, meados-fim dez.*

Moaning Cavern 17

5350 Moaning Cave Rd. Vallecito. ***Tel*** *(209) 736-2708 (866) 762-2837.* *diariam.* **www**.caverntours.com

Uma das maiores cavernas de calcário da região, a Moaning Cavern ("Caverna que Geme") tem este nome por causa do som que o vento emitia ao passar pela entrada. Infelizmente, quando foi ampliada para dar acesso ao público, o som acabou. Os passeios de uma hora, com guia, percorrem o "salão" principal, com cerca de 50m de altura. Pode-se descer à caverna por uma escada em espiral ou, para os mais audaciosos, pendurados em uma corda.

A igreja episcopal St James, do século 19, em Sonora

Passeio pela Moaning Cavern

Sonora 18

Mapa rodoviário B3. *5.000.* *222 S. Shepherd St (209) 532-4212.* **www**.sonora.ca.com

Sonora venceu a cidade de Columbia *(págs. 480-1)* na disputa para sediar o governo do condado durante a Corrida do Ouro. Hoje ela é a capital de Toulumne County e um importante centro comercial e madeireiro. As ruas sonolentas não lembram em nada seu passado violento durante a segunda metade do século 19. Muitos de seus edifícios históricos foram preservados, entre eles a bonita igreja episcopal St James, na Washington Street. Há também diversas casas vitorianas.

A cadeia de Sonora foi construída em 1857 e reformada em 1866, quando um incêndio a destruiu. Agora aloja o **Tuolumne County Museum and History Center**, museu com um bom acervo de objetos da Corrida do Ouro, como pepitas e fotografias.

Tuolumne County Museum and History Center
158 W Bradford Ave. ***Tel*** *(209) 532-1317.* *diariam.* *1º jan, 25 dez.* **www**.tchistory.org

BLACK BART

Famoso pelas boas maneiras e pelo costume de deixar poemas populares na cena do crime, o assaltante chamado afetuosamente de Black Bart tornou-se uma das lendas mais queridas do Estado.

Depois de assaltar diligências com sucesso entre 1877 e 1883, ele acabou preso, graças a uma marca achada em seu lenço. Descobriu-se então que Black Bart era Charles Boles, um engenheiro de mineração.

Julgado e condenado em San Andreas, passou cinco anos na prisão de San Quentin. Solto em 1888, nunca mais foi visto em público.

O assaltante Black Bart

Rua a Rua: Columbia State Historic Park ⓳

Horário de diligência

No auge da Corrida do Ouro, Columbia era a maior e mais importante cidade do Gold Country. A maior parte dos campos de mineração da Califórnia foi abandonada, desintegrou-se e desapareceu quando o ouro acabou, no fim dos anos 1850. Columbia, no entanto, manteve-se viva e ativa. Os moradores que lá permaneceram mantiveram-na intocada até 1945, quando o governo da Califórnia fez da cidade inteira um parque histórico. Uns poucos prédios foram reconstruídos desde então, mas a maioria conserva seu estado original.

A Chinese Herb Shop tem remédios tradicionais, trazidos pelos imigrantes chineses.

City Hotel

Johnson's Livery Stable
Abriga várias carroças antigas.

Cadeia

Museu

★ Wells Fargo Express Office
Este escritório do serviço de diligências era o centro da rede de transportes.

Matelot Gulch Miners Supply
Neste local, os turistas podem peneirar a areia e encontrar ouro se tiverem bastante sorte.

Veja hotéis e restaurantes desta região nas págs. 556-8 e 601-2

PREPARE-SE

Hwy 49. **Mapa rodoviário** B3. *22708 Broadway.* ***Tel*** *(209) 588-9128.* **Wells Fargo Express Office** *10h-16h diariam (jun-ago até 18h).* *Ação de Graças, 25 dez.* **Columbia Schoolhouse** *10h-16h diariam (jun-ago até 18h).* *Ação de Graças, 25 dez.* **www**.parks.ca.gov

★ Columbia Schoolhouse
Este prédio foi uma escola até 1937. Em 1960, foi restaurado através de uma campanha promovida por estudantes californianos.

0 metros **100**

LEGENDA

Percurso sugerido

PONTOS ALTOS

★ Columbia Schoolhouse

★ Wells Fargo Express Office

Armazém antigo, The Emporium, na Main Street, em Jamestown

Jamestown ⓴

Mapa rodoviário B3. *2.300.* *222 South Shepard St., Sonora.* ***Tel*** *(209) 532-4212.* **www**.jamestown-ca.com

Em Jamestown ficava a maior mina em operação até 1993. Uma parte da cidade histórica foi destruída em um incêndio em 1966, mas a Main Street ainda exibe belos prédios da época.

No **Railtown 1897 State Historic Park**, nos fins de semana (abr-out), pode-se passear em locomotivas a vapor e vagões antigos da Sierra Railroad.

Railtown 1897 State Historic Park
5th Ave & Reservoir Rd. ***Tel*** *(209) 984-3953.* *diariam.* *1º jan, Ação de Graças, 25 dez.* **Aceitam-se doações.**

Stockton ㉑

Mapa rodoviário B3. *250.000.* *445 W. Weber Ave. Suite 220.* ***Tel*** *(877) 778-6258.* **www**.visitstockton.org

Stockton é porto de escoamento para a produção agrícola de Central Valley. Fica no delta dos rios Sacramento, American e San Joaquin. A história da cidade está no Haggin Museum, que também tem artesanato indígena, vitrines do século 19 e obras de Renoir. Além disso, o museu conta como um morador inventou a esteira Caterpillar.

Haggin Museum
1201 N Pershing Ave.
Tel *(209) 462-4116.* *13h30-17h qua-dom.* *1º jan, 23-25, 30, 31 dez.* *(grátis 1º sáb de cada mês.)*

JOAQUIN MURIETA, BANDIDO DA CALIFÓRNIA

Existem poucos documentos sobre Joaquin Murieta, criminoso do Gold Country retratado ora como um Robin Hood do século 19, ora como um frio assassino. Seu nome foi usado pelo escritor John Rollins Ridge, autor de um romance de 1854 chamado *The Life and Adventures of Joaquin Murieta, Celebrated California Bandit* ("A Vida e as Aventuras de Joaquin Murieta, Célebre Bandido da Califórnia"). Na verdade, Ridge inspirou-se em cinco bandidos de nome Joaquin e o governador da Califórnia ofereceu uma recompensa de US$ 1 mil a quem capturasse qualquer um deles. Em 1853, um homem chamado Harry Love entregou a cabeça de um Joaquin Murieta, preservada em vidro.

HIGH SIERRAS

Imponente paredão que domina todo o lado oriental do centro da Califórnia, as montanhas de Sierra Nevada, densamente cobertas de florestas, erguem-se a quase 4.300m de altitude e abrangem alguns dos picos mais grandiosos dos Estados Unidos. Chamadas de High Sierras, estas montanhas escarpadas são áreas de lazer muito frequentadas e possuem esplêndidas reservas naturais.

A atração mais concorrida das High Sierras é o Yosemite National Park, um dos mais belos espetáculos naturais do mundo. Cachoeiras, de cascatas delicadas a torrentes ensurdecedoras, despencam de íngremes rochedos de granito incrustados num vale de pinheiros. Alpinistas, fotógrafos e turistas do mundo todo visitam e se encantam com o parque. Ao sul de Yosemite, os parques nacionais Sequoia e Kings Canyon preservam a paisagem das regiões mais altas, entre elas as florestas de sequoias, os maiores organismos vivos da Terra.

Ao norte, Lake Tahoe recebe visitantes o ano inteiro há mais de um século. No verão, oferece caminhadas, áreas de camping e esportes aquáticos em um dos mais límpidos lagos do país. No inverno, torna-se o paraíso dos esquiadores, com pistas de altíssima qualidade.

A leste da espinha dorsal de granito da Sierra Nevada, encontra-se uma região menos visitada, mas igualmente interessante. A cidade-fantasma de Bodie foi mantida do mesmo jeito como quando os garimpeiros a abandonaram, em 1882. Vale a pena explorar as encostas deste lado, entre elas a do Mount Whitney, de 4.420m, pico mais alto do continente, nos Estados Unidos, e os pinheiros de White Mountains, alguns deles com mais de 4.000 anos.

Bodie State Historic Park, cidade-fantasma na encosta leste das Sierras

◁ **O imponente pico de granito de Half Dome, no Yosemite National Park**

Como Explorar as High Sierras

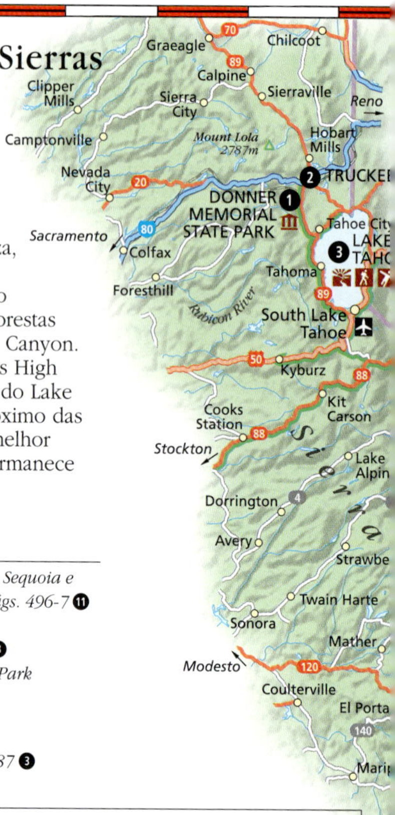

O os picos e as árvores mais altas e alguns dos cenários naturais mais grandiosos dos Estados Unidos estão nas montanhas de Sierra Nevada. Na região se encontra uma das maravilhas do mundo, o Yosemite National Park. Lá também estão muitas outras demonstrações do poder da natureza, como as águas verde-esmeralda do Lake Tahoe, emolduradas por um vale no ponto mais alto das High Sierras, e as imensas florestas dos parques nacionais de Sequoia e Kings Canyon.

As únicas cidades dignas desse nome nas High Sierras são os locais de veraneio em volta do Lake Tahoe. A leste das montanhas, porém, próximo das margens do belíssimo Mono Lake, fica a melhor cidade-fantasma do Estado, Bodie, que permanece perfeitamente preservada.

PRINCIPAIS ATRAÇÕES

Bodie State Historic Park 5
Devil's Postpile National Monument 7
Donner Memorial State Park 1
Mono Lake 6
Mount Whitney 10
Owens Valley 9
Parques Nacionais Sequoia e Kings Canyon págs. 496-7 11
Truckee 2
White Mountains 8
Yosemite National Park págs. 488-9 4

Passeio

Lake Tahoe *pág. 487* 3

COMO AS SIERRAS SE FORMARAM

As Sierras se formaram há 3 milhões de anos, quando um gigantesco batólito (rocha ígnea), a aproximadamente 10km de profundidade, ergueu-se de uma "dobradiça" tectônica sob o Central Valley até a superfície da terra. Os efeitos desta elevação são mais visíveis nas íngremes encostas orientais, típicas de montanhas sobre falhas tectônicas. As encostas ocidentais são mais suaves, feitas de rocha sedimentária, vulcânica e metamórfica, misturadas ao longo dos tempos.

Os picos de granito das High Sierras

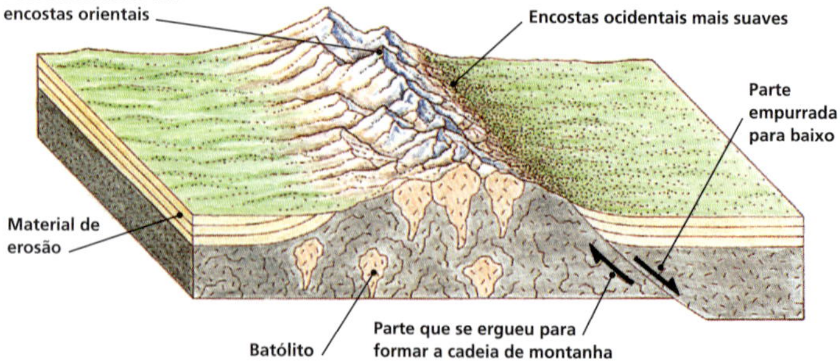

Yosemite Valley, parte do Yosemite National Park

COMO CIRCULAR

Entre Yosemite e Kings Canyon há mais de 240km sem estradas que atravessem as montanhas, por isso é essencial planejar bem a viagem. Geralmente se chega a elas pelo oeste, através das estradas que sobem de San Joaquin Valley. Já o lado oriental das High Sierras, Bodie e Mono Lake pode ser alcançado pela rodovia 395, que cruza o Owens Valley. O transporte público é muito restrito, embora haja ônibus diariamente de Merced até o Yosemite National Park.

Barco de passeio no Lake Tahoe

VEJA TAMBÉM

- ***Onde Ficar*** págs. 558-60
- ***Onde Comer*** págs. 602-4

LEGENDA

- Freeway
- Estrada principal
- Estrada secundária
- Estrada vicinal
- Percurso com paisagem
- Ferrovia principal
- Ferrovia secundária
- Cume

0 quilômetros 25

25

Donner Memorial State Park ❶

Tel *(530) 582-7892.* *Truckee.* *Truckee.* *ligue para obter horários.* **www**.parks.ca.gov

Este parque sossegado, ao qual se chega pela rodovia I-80, marca o local de um dos mais trágicos episódios do desbravamento do Oeste dos Estados Unidos.

No inverno de 1846-7, um grupo de 89 imigrantes de Independence, Missouri, foi surpreendido por uma terrível tempestade de neve a caminho da Califórnia. Chamado de Donner Party, porque duas famílias tinham o sobrenome Donner, o grupo seguia o Oregon Trail, rota normal das muitas caravanas de pioneiros da Costa Oeste, quando no meio do caminho as duas famílias Donner e uma outra, chefiada por John Reed, resolveram deixar a trilha e se arriscar por um atalho recomendado por outro aventureiro, Lansford Hastings. O desvio, no entanto, foi muito pior – aumentou em três semanas o que já era uma dura jornada.

O Donner Party finalmente chegou ao pé das montanhas Sierra Nevada em outubro de 1846, mas perdeu quase todo o seu gado e pertences pelo caminho.

Descansaram uma semana e prosseguiram, mas foram pegos por uma nevasca inesperada, a leste de Truckee. Alguns membros do grupo decidiram tentar cruzar a pé as montanhas, em busca de ajuda em Sutter's Fort *(pág. 475)*. Os demais, imobilizados pela neve e sem suprimentos, recorreram até ao canibalismo para sobreviver. Quando o resgate afinal chegou, em meados de fevereiro de 1847, 42 dos 89 pioneiros haviam morrido.

O ponto em que foram achados é marcado por uma estátua da família de pioneiros, sobre um pedestal de 6,7m –a espessura da neve no local. O **Emigrant Trail Museum** conta a história do Donner Party e também da formação das High Sierras.

Emigrant Trail Museum
12593 Donner Pass Rd. ***Tel*** *(530) 582-7892.* *9h-16h diariam.* *1º jan, Ação de Graças, 25 dez.*

ESQUI EM LAKE TAHOE

As montanhas em volta do Lake Tahoe, principalmente no lado da Califórnia, são famosas pelas estações de esqui. Alpine Meadows e Squaw Valley foram sede das Olimpíadas de Inverno de 1960. A maior área para a prática de esqui é Heavenly Valley, acima da cidade de South Lake Tahoe, mas há várias outras em volta do lago e em Donner Pass, na I-80, a oeste de Truckee. As trilhas de esqui cross-country também são muito concorridas. Entre novembro e março, caem até 3m de neve na área de Lake Tahoe, principal centro de lazer do Estado.

Pista de esqui em Alpine Meadows, Lake Tahoe

Frente da Old Truckee Jail, do século 19, que é hoje um museu

Truckee ❷

Mapa rodoviário B3. *13.000.* *10065 Donner Pass Road* ***Tel*** *(530) 587-2757.* ***Tel*** *(530) 546-5253 só no inverno.* **www**.truckee.com

Acredita-se que o nome de Truckee, uma das mais altas e frias cidades da Califórnia, venha da palavra *trokay* ("paz"), usada pelos índios paiute para cumprimentar o primeiro branco que encontraram.

Truckee localiza-se na principal rota de cruzamento da Sierra Nevada e é um importante centro de transporte desde 1863, quando foi fundada como ponto de revezamento das equipes que operavam os trens da ferrovia transcontinental *(págs. 50-1)*. A estação de Southern Pacific Depot até hoje serve passageiros de trem e ônibus, e também possui um centro de visitantes.

A história da cidade nos tempos do Velho Oeste, quando também tinha importante atividade madeireira, pode ser revisitada na Commercial Row, ponto no centro onde antigos prédios de tijolo e madeira dão frente para os trilhos da ferrovia. Em vários deles funcionam lojas, restaurantes e cafés.

Outra lembrança dos velhos tempos é a cadeia de 1875, **Old Truckee Jail**, agora um pequeno museu sobre a época do faroeste.

Situada a apenas 40km de Lake Tahoe, Truckee costuma hospedar os esquiadores e veranistas que visitam o lago.

Old Truckee Jail
Jibboom e Spring Sts. ***Tel*** *(530) 582-0893.* *jun-ago: 11h-16h sáb e dom.* *feriados.*

Passeio por Lake Tahoe ❸

Mais belo lago da Califórnia, o Lake Tahoe chega a atingir 501m de profundidade e é cercado de montanhas cobertas de árvores. O desenvolvimento turístico da região começou em 1915, quando foi construída a primeira estrada. Sua popularidade cresceu na década de 1930, com a abertura dos cassinos na fronteira de Nevada e a realização dos Jogos Olímpicos de Inverno, em 1960.

Lake Tahoe, visto de Heavenly Valley

Ponderosa Ranch ④
Este parque de diversões à beira do lago só funciona no verão. Seu tema é o seriado *Bonanza*, popular nos anos 1960.

Cave Rock e Cave Rock Tunnel ⑤
A margem direita do lago é tão acidentada que parte da rodovia corre em túneis escavados no granito.

DL Bliss State Park e Ehrman Mansion ③
Uma bela área de piqueniques cerca a Ehrman Mansion, de 1903, atualmente um centro de visitantes.

Stateline ⑥
Situada bem na fronteira da Califórnia com Nevada, esta cidade concentra os cassinos da região de Lake Tahoe.

Emerald Bay State Park e Vikingsholm ②
A linda enseada de Emerald Bay é a área mais fotografada do lago. Vikingsholm, casa de veraneio construída nos anos 1920, é uma interessante réplica de um castelo nórdico.

South Lake Tahoe ①
Esta cidade, a maior da região, hospeda frequentadores dos cassinos de Nevada.

0 quilômetros 10

LEGENDA

- Percurso do passeio
- Outras estradas
- Vista panorâmica

DICAS

Extensão do passeio: *105km.*
Como chegar: *pelas rodovias I-80 e US 50. Há trens Amtrak até Truckee e ônibus e voos (poucos) de São Francisco e Oakland para South Lake Tahoe.*
Quando ir: *as altas temporadas são em julho, agosto e no inverno, quando funcionam as estações de esqui. Primavera e outono são menos movimentados. Alguns lugares fecham nesta época.*
Onde ficar e comer: *na Lake Tahoe Visitors' Authority.*
Informação turística: *Lake Tahoe Visitors' Authority, South Lake Tahoe.* ***Tel*** *(800) 288-2463.*
www.visitinglaketahoe.com

Yosemite National Park ❹

Uma profusão de florestas verdejantes, prados floridos e paredões de granito forma o Yosemite National Park. Boa parte dele é acessível apenas a quem tem experiência em caminhadas e cavalgadas. O espetacular Yosemite Valley serve de base para a exploração do parque; dele partem 320km de estradas pavimentadas, que levam a algumas áreas remotas. Altas montanhas, cachoeiras, árvores gigantescas, *canyons* e vales fazem do Yosemite um local de beleza incomparável.

Yosemite Museum
A história dos índios miwok e paiute é exibida neste museu, que também tem obras de artistas locais.

Lower Yosemite Falls
Com uma queda de 740m, o Yosemite Creek é a mais alta cachoeira do país (pág. 490).

Ahwahnee Hotel
Arquitetura rústica, decoração elegante e vista espetacular fazem deste um dos mais renomados hotéis dos Estados Unidos (pág. 491).

Yosemite Chapel *(1879)*
Esta pequena igreja de madeira é tudo o que restou da Old Village, cidadezinha do século 19.

O Sentinel Dome é acessível a pé, partindo do vale embaixo. A trilha segue até Glacier Point.

Veja hotéis e restaurantes desta região nas págs. 558-60 e 602-4

Mirror Meadow
Desde que os guardas florestais pararam de interferir na natureza e deixaram de drenar o lago, um prado vem se formando no pé do Half Dome (pág. 491).

PREPARE-SE

Mapa rod. C3. *PO Box 577, Yosemite.* *(209) 372-0200.* *Merced.* *Yosemite Valley.* *Merced.* *diariam.*
www.nps.gov/yose

LEGENDA

- Estrada principal
- Estrada secundária
- Trilhas
- Ônibus
- Ciclovia
- Rio
- Estacionamento
- Posto de gasolina
- Área de camping
- Área de piquenique
- Informação turística
- Vista panorâmica

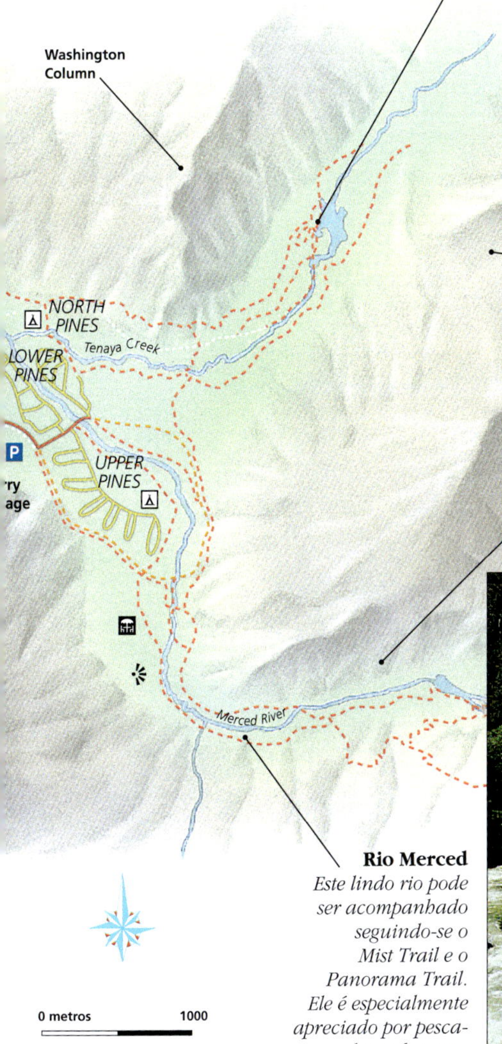

Half Dome
Uma trilha bastante árdua leva ao topo deste rochedo sobre o vale (pág. 490).

Vernal Fall
O rio Merced forma esta cachoeira com uma queda de 317m dentro de um canyon.

Rio Merced
Este lindo rio pode ser acompanhado seguindo-se o Mist Trail e o Panorama Trail. Ele é especialmente apreciado por pescadores de truta.

Como Explorar o Yosemite National Park

Uma das regiões montanhosas mais belas do mundo está preservada dentro dos 3.030km² do Yosemite National Park. Milhares de pessoas visitam o parque todo ano para admirar sua espetacular paisagem, formada por milhões de anos de atividade glacial. Cada estação oferece uma experiência diferente e única: do enorme volume de água das cachoeiras na primavera, aumentado pela neve derretida, às cores rústicas do outono. Nos meses de verão o parque fica lotado, e no inverno a neve torna as estradas inacessíveis. Excursões de ônibus e trilhas, estradas e ciclovias bem conservadas levam os visitantes a uma sequência de cenários fascinantes.

Half Dome

Extremo leste do Yosemite Valley.
diariam.

Erguendo-se 1,6km acima do vale, a silhueta do Half Dome tornou-se símbolo do Yosemite. As encostas curvas formam no topo uma espécie de onda, antes de despencar abruptamente para o chão do vale.

Os geólogos calculam que o Half Dome tem hoje três quartos do seu tamanho original. Seus estudos mostram que há 15 mil anos grandes blocos de gelo percorreram o vale, vindos do topo da Sierra, decepando rochas e depositando os resíduos rio abaixo.

Do topo do Half Dome, a 2.695m de altitude, tem-se uma vista insuperável do vale. Para chegar ao pico, siga a trilha de 14km que sai de Happy Isles.

Yosemite Falls

Norte do Yosemite Valley.
diariam.

A Yosemite Falls é a maior cachoeira dos Estados Unidos, com uma altura de 740m dividida em dois grandes saltos, Upper Yosemite e Lower Yosemite. Uma das atrações mais conhecidas do parque, a cachoeira é visível de todo o vale.

Upper Yosemite Falls, engrossado pela neve derretida na primavera

Chega-se ao topo do Upper Yosemite Falls, o salto maior e mais elegante, por uma árdua trilha de 11km. O Lower Falls é mais fácil de se alcançar, por uma trilha curta que começa na Yosemite Lodge e oferece uma vista inesquecível dos dois saltos.

Da mesma forma que todas as outras quedas d'água do parque, as Yosemite Falls estão no auge em maio e junho, quando são engrossadas pela neve derretida dos picos das montanhas. Já em setembro as cachoeiras secam e até desaparecem, restando apenas uma mancha escura no granito para marcar sua presença.

A silhueta inconfundível do El Capitán

Vernal Fall e Nevada Falls

Extremo leste do Yosemite Valley.
diariam.

Uma das trilhas mais procuradas do vale é a Mist Trail, que pode ser percorrida em meio dia, passando pelas cachoeiras Vernal Fall e Nevada Falls.

A primeira delas, em um percurso de 11km, é a Vernal Fall, que tem uma queda de 95m e chega a molhar a trilha. Esta continua mais 3km até o topo das Nevada Falls, impressionantes em sua queda de 180m. Neste ponto, a Mist Trail une-se à John Muir Trail, que passa pela parte traseira do Half Dome e segue até o topo do Mount Whitney *(pág. 495)*.

Veja hotéis e restaurantes desta região nas págs. 558-60 e 602-4

Glacier Point

Glacier Point Rd. *mai-out: diariam.*
O espetacular panorama de Yosemite pode ser apreciado de Glacier Point, uma plataforma rochosa que fica 980m acima do nível do vale. De lá se vê a maior parte das cachoeiras e outras atrações do Yosemite Valley. O cenário inclui toda a paisagem em volta, uma lindíssima área de picos cobertos de neve e prados verdejantes.

Só se chega a Glacier Point no verão. No inverno, a neve bloqueia a estrada em Badger Pass, que em 1935 se tornou a primeira estação de esqui operada comercialmente na Califórnia. Outro caminho de verão é a Four-Mile Trail, que parte do lado ocidental do vale. No verão, um ônibus leva os visitantes até Glacier Point, e de lá eles têm a opção de descer a pé até o vale.

Mariposa Grove

Centro de Visitantes Hwy 41, South Entrance.
meados mai-out: diariam.
Situado no extremo sul de Yosemite, este lindo bosque foi uma das principais razões para a criação do parque. Mais de 500 sequoias gigantes podem ser vistas aqui, algumas com mais de 3.000 anos, 75m de altura e mais de 9m de diâmetro na base. Diversas trilhas para caminhadas cortam o bosque, onde bondes abertos percorrem um circuito de 8km, construído nos primeiros anos do parque.

Tunnel View, cartão-postal do Yosemite Valley

Sequoias gigantes em Mariposa Grove

Tunnel View

Centro de Visitantes Hwy 41 vista para Yosemite Valley. *diariam.*
Um dos cartões-postais de Yosemite é esta vista, alcançada da rodovia 41, no extremo oeste do vale. O local tem este nome por causa de um túnel existente na estrada, que vai dar na Glacier Point Road. A vista é incrível, com El Capitán à esquerda, Bridalveil Fall à direita e o Half Dome no meio.

El Capitán

Extremo noroeste de Yosemite Valley.
diariam.
Montando guarda na entrada oeste do Yosemite Valley encontra-se o paredão de granito de El Capitán, 1.370m acima do vale. Maior rocha exposta do mundo, El Capitán atrai os alpinistas, que demoram dias escalando sua encosta lisa, até chegar ao topo. Visitantes menos ousados observam de binóculo o progresso das escaladas.

O nome do pico foi dado pelos soldados que, em 1851, foram os primeiros brancos americanos a visitar o vale.

Tuolumne Meadows

Hwy 120, Tioga Rd.
jun-set: diariam.
No verão, quando a neve já derreteu e as flores estão todas abertas, o melhor local para se apreciar a espetacular paisagem de Yosemite são estes prados ao longo do rio Toulumne. Situados a uma distância de 88km do Yosemite Valley, pela Tioga Pass Road, os Toulumne Meadows servem de ponto de partida para caminhadas até os muitos picos de granito da região.

Veados-de-rabo preto nos prados de Yosemite

Ahwahnee Hotel

Yosemite Valley. ***Tel*** *(801) 559-4884.*
www.yosemitepark.com
diariam. Veja ***Onde Ficar*** *pág. 560.*
Construção que se compara ao próprio parque em termos de beleza, o Ahwahnee Hotel foi construído em 1927, tendo custado US$ 1,5 milhão.

Foi desenhado por Gilbert Stanley Underwood, que usou gigantescos blocos de granito e enormes tábuas de madeira para criar uma elegância rústica, bem de acordo com o local. O interior do hotel, decorado em estilo indígena, também combina com a natureza. Umas poucas peças de arte nativa são exibidas nas áreas comuns. O hotel tem ainda um excelente restaurante *(pág. 604).*

Sierra Nevada, perto de Lone Pine ▷

Prédios da cidade-fantasma no Bodie State Historic Park

Bodie State Historic Park ❺

Mapa rodoviário C3. 10. *Bridgeport.* *Fim da Hwy 270.* ***Tel*** *(760) 647-6445.* *8h-18h diariam.* **www**.parks.ca.gov

Situada nas encostas do lado leste de Sierra Nevada, Bodie é a maior cidade-fantasma da Califórnia.

Atualmente um parque histórico, Bodie era, na segunda metade do século 19, uma agitada cidade mineira, com população de mais de 8 mil habitantes em 1880. Seu nome é uma homenagem ao garimpeiro Waterman Bodey, primeiro a descobrir ouro no local, em 1859. Em meados dos anos 1870, foi achado um depósito de ouro na rocha, e a cidade cresceu rapidamente. Logo tinha muitas minas em operação, mas a atividade morreu quando o ouro acabou, em 1882. Mais tarde, uma série de incêndios destruiu boa parte da cidade. Só a Standard Mine continuou em operação, tendo sido fechada em 1942, quando a mineração foi proibida por causa da guerra.

O Estado comprou a cidade toda em 1962 e mantém 170 prédios em situação de "decadência controlada". O resultado são ruas vazias e prédios desertos. No Miners' Union Hall há um Centro de Visitantes e um museu.

Mono Lake ❻

Mapa rodoviário C3. *Merced.* *Hwy 395 3 3rd St (760 647-6595).* **www**.monolake.org

Este é um dos locais mais estranhos dos EUA e possivelmente um dos lagos mais velhos do mundo. O Mono Lake é uma massa de água alcalina de 180km^2 ao pé da Sierra Nevada, com duas ilhas vulcânicas. O lago não tem escoadouro natural, mas a constante evaporação no verão, juntamente com o desvio de água para Los Angeles, fez com que encolhesse até atingir um quinto do tamanho original. O resultado é uma água extremamente salobra, três vezes mais salgada que a do mar, de onde despontam picos retorcidos de calcário.

Esses picos se formaram quando o cálcio das fontes subterrâneas entraram em contato com os carbonatos da água do lago, formando o calcário. As formações ficavam embaixo d'água, mas agora, a evaporação fez com que aparecessem na superfície.

Nos últimos anos, o Mono Lake vem sendo tema de um agitado debate político e ambiental. A cidade de Los Angeles comprou uma grande faixa de terra entre as Sierras e o Owens Valley em 1905. Em 1941, os rios começaram a ser desviados para Los Angeles, por meio de um sistema de aquedutos. Isso acelerou o encolhimento do lago e ameaçou a vida selvagem, principalmente das gaivotas, que se reproduzem nas ilhas *(págs. 202-3)*.

Em 1994, o governo estadual determinou que Los Angeles tem obrigação de preservar o lago e o ecossistema à sua volta, sempre no mínimo 1.950m acima do nível do mar.

Picos retorcidos de calcário aparecem na superfície do Mono Lake

Devil's Postpile National Monument 7

Mapa rodoviário C4. ***Tel*** *(760) 934-2289.* *Mammoth Mountain Inn.* *meados jun-set: diariam.* **www**.nps.gov/depo

No topo da Sierra Nevada, de acesso mais fácil a partir de Mammoth Lakes, o Devil's Postpile National Monument preserva uma das mais impressionantes formações geológicas da Califórnia.

Uma parede de colunas de basalto, de vários formatos geométricos, sobretudo pentágonos e hexágonos, cobre uma área de $652m^2$. Com mais de 18m de altura, as colunas erguem-se 2.320m acima do nível do mar. Elas se formaram há 100 mil anos, pela lava derretida que se solidificou e fraturou. Situadas no centro do parque, vistas de cima parecem um piso azulejado. O monumento fica coberto de neve quase o ano todo e só é acessível com ônibus especial, no verão.

Rainbow Falls, a 3km de Postpile, é uma cachoeira onde os raios solares formam um arco-íris.

White Mountains 8

798 N Main St, Bishop. ***Tel*** *(760) 873-2500.*

No lado oeste do Owens Valley, as White Mountains são uma moldura para a paisagem do local. Com seus 3.960m de altitude, são quase tão elevadas, mas muito mais secas, do que a cadeia de Sierra Nevada, que corre paralela a elas. A falta de água deixou seus picos escarpados com pouca vegetação, mas os pinheiros que aqui sobrevivem estão entre as espécies vivas mais antigas do planeta.

Esses pinheiros nodosos e retorcidos se dão bem no clima seco, responsável por sua forma estranha. Eles só são encontrados nas encostas das White Mountains e em umas poucas montanhas da vizinha Nevada. De crescimento muito lento, raramente atingem mais que 15m, embora ultrapassem 4.000 anos de vida –1.000 a mais que a mais antiga sequoia *(págs. 480-1)*.

Pinheiro nas encostas áridas das White Mountains

Owens Valley 9

Lone Pine. *126 S Main St, Lone Pine.* ***Tel*** *(760) 876-4444.* **www**.lonepinechamber.org

O Owens Valley tem mais em comum com Nevada do que com o resto da Califórnia. Pouco habitado, agreste e lindo, fica aninhado entre as White Mountains e a cadeia de Sierra Nevada. Antes repleto de fazendas e ranchos, o vale foi comprado secretamente por agentes de Los Angeles, em 1905, que visavam garantir o suprimento de água da cidade. Seus aquedutos, que até hoje sangram o vale, destruíram a agricultura local.

Em 1942, um campo de detenção foi construído em Manzanar para alojar 10 mil nipo-americanos considerados uma ameaça à segurança nacional e presos durante a Segunda Guerra Mundial. Estes e outros fatos da história de Owens Valley são lembrandos no **Eastern California Museum**, na cidade de Independence.

Eastern California Museum
155 Grant St, Independence.
Tel *(760) 878-0364.* *10h-17h qua-seg.* *1º jan, Páscoa, Ação de Graças, 25 dez.* **Aceitam-se doações.**

Mount Whitney 10

Tel *(760) 876-6200.* *Merced.*

Pico mais alto no mais baixo dos 48 estados dos EUA, o Mount Whitney alcança 4.420m, formando uma muralha sobre a cidade de Lone Pine. Uma trilha íngreme de 18km vai de Whitney Portal Road até o topo, oferecendo a deslumbrante paisagem das High Sierras. Para percorrer a trilha, é preciso autorização. O pico foi escalado pela primeira vez em 1873, e seu nome é uma homenagem ao geólogo Josiah Whitney.

Mount Whitney faz fronteira com o bonito Sequoia National Park *(págs. 480-1)*, e os prados tipo alpino da região são ótimos para acampar no verão.

Owens Valley, com as White Mountains ao fundo

Sequoia Park e Kings Canyon Park ⓫

Placa do Sequoia National Park

Estes parques nacionais gêmeos preservam florestas luxuriantes, montanhas de granito e *canyons* escavados por geleiras. No cenário deslumbrante existe uma rica vida selvagem. O parque contém 34 bosques de sequoias-gigantes, maior espécie viva da terra. O *canyon* mais profundo do continente, no rio Kings, prolonga-se por 2.500m através do Kings Canyon. Ao longo do extremo leste do Sequoia Park fica Mount Whitney *(pág. 495)*, o mais alto pico continental dos Estados Unidos.

As estradas vão até o lado oeste dos parques; o restante tem de ser percorrido a pé ou a cavalo. No inverno, pode-se praticar esqui cross-country em trilhas demarcadas ou não.

Túnel em um tronco de sequoia-gigante caído no Sequoia National Park

Árvore do General Grant
A terceira maior sequoia do país é chamada de "árvore de Natal nacional".

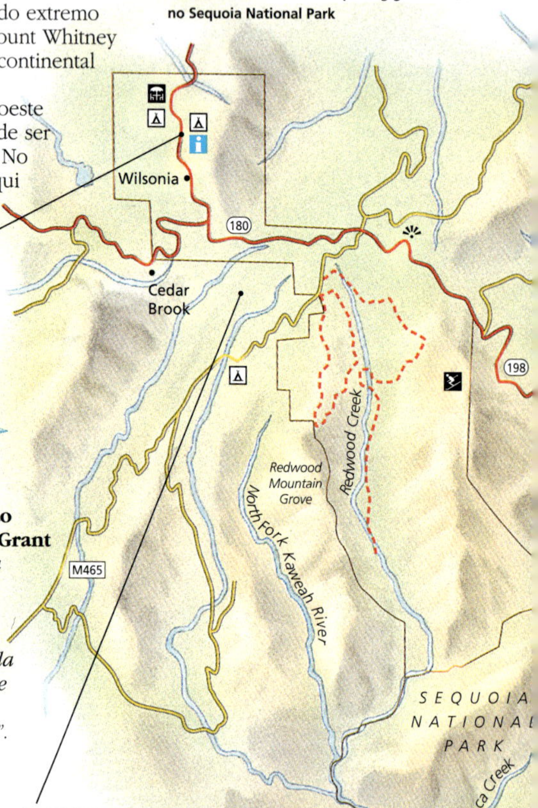

LEGENDA

- Estrada principal
- Estrada secundária
- Trilhas
- Limites dos parques
- Rio
- Esqui
- Área de camping
- Área de piquenique
- Informação turística
- Vista panorâmica

Tocos gigantes
As sequoias não são de fácil manuseio, como comprovam estes tocos deixados por lenhadores no fim do século 19.

Veja hotéis e restaurantes desta região nas págs. 558-60 e 602-4

Moro Rock
Uma escada escavada na rocha leva o visitante ao topo deste bloco de granito, de onde se tem uma visão completa das High Sierras e do Central Valley.

PREPARE-SE

Ash Mountain, Three Rivers. **Mapa rod.** C4. ***Tel*** *(559) 565-3341.* *diariam.* *ligar antes.* *só verão.* **www**.www.nps.gov/seki

Árvores do General Sherman
A mais alta espécie viva do mundo tem 84m e seu tronco mede 11m na base. E ainda cresce cerca de 1cm a cada dez anos.

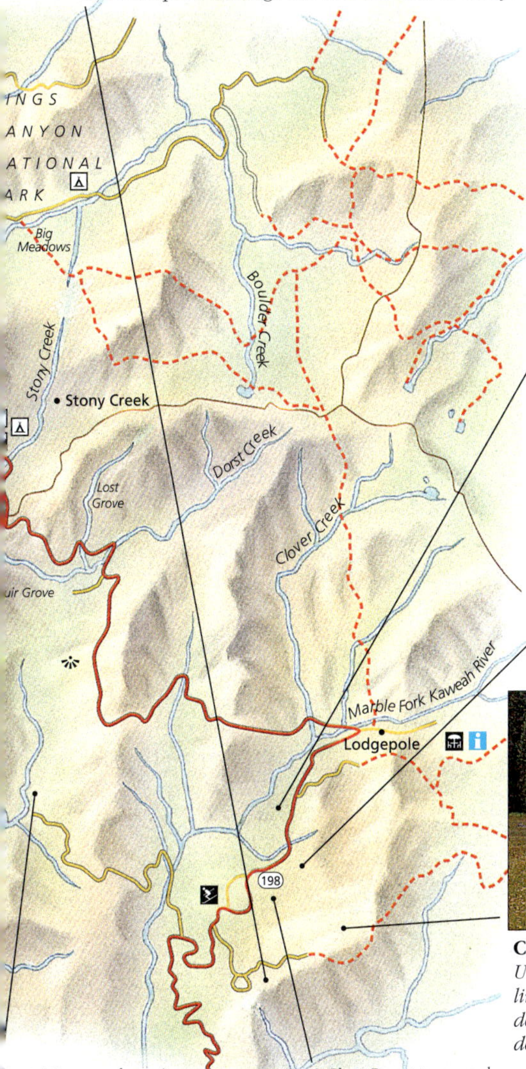

Tharp's Log, uma sequoia oca, foi moradia de Hale Tharp, fazendeiro do século 19 que conheceu a região guiado pelos índios.

Crescent Meadow
Um círculo de sequoias cresce no limite deste quase pântano, úmido demais para que as árvores se desenvolvam em seu centro.

Crystal Cavern, aberta à visitação, é cheia de estalagmites e estalactites.

A Giant Forest tem um dos maiores bosques de sequoias vivas do mundo.

0 quilômetros 2

CENTRO-NORTE

Com seu litoral acidentado e florestas cobrindo as montanhas costeiras, o Centro-Norte da Califórnia representa a transição de paisagens entre o norte e o sul do Estado. Pode-se escolher o tipo de cenário a visitar: praias douradas, deslumbrantes reservas de vida selvagem ou vales escondidos, onde se encontram algumas das mais produtivas regiões agrícolas do mundo.

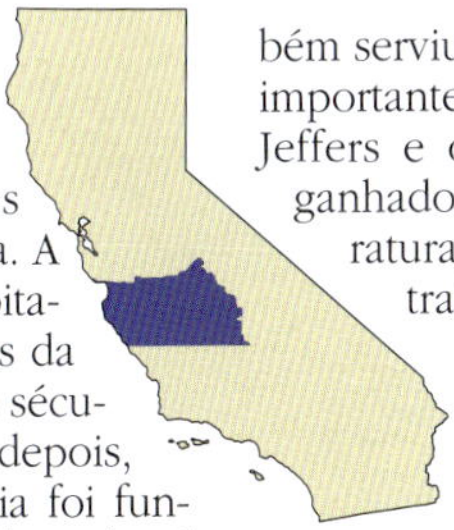

A beleza natural da área, junto com sua riqueza histórica e cultural, faz desta uma das regiões mais atraentes da Califórnia. A costa e os vales eram habitados por índios muito antes da chegada dos europeus, no século 17. Mais de cem anos depois, a primeira colônia europeia foi fundada em Monterey, em 3 de junho de 1770, dando origem à atual Califórnia. Monterey continuou a ser a capital da Alta Califórnia até que os Estados Unidos assumiram o controle da região, em 1848. A cidade conserva um ar dos velhos tempos, com muitos prédios históricos tombados e restaurados.

O Centro-Norte da Califórnia também serviu de inspiração para autores importantes, como o poeta Robinson Jeffers e o escritor John Steinbeck, ganhador do Prêmio Nobel de Literatura. Aqui também moraram e trabalharam fotógrafos renomados, como Ansel Adams e Edward Weston.

Ao lado da riqueza cultural e histórica, a região também oferece grande variedade de atividades de lazer. Os visitantes podem apreciar o parque histórico de Santa Cruz, jogar golfe nos campos de Pebble Beach, famosos no mundo todo, ou simplesmente passear pelas muitas reservas naturais, entre elas o trecho mais belo do litoral californiano, o Big Sur.

A casa do escritor John Steinbeck, em Salinas

◁ **Bixby Creek Bridge, viaduto na Coastal Hwy 1, que percorre o Big Sur**

Como Explorar o Centro-Norte

Monterey, capital da Califórnia quando ela era colônia espanhola, fica no coração da região centro-norte, e é o melhor ponto de partida para sua exploração. As ricas cidadezinhas de Pacific Grove e Carmel localizam-se em uma península próxima. Ao sul fica o trecho mais intocado do litoral californiano, Big Sur, de onde se veem elefantes-marinhos e baleias. Ao norte está Santa Cruz, uma cidade praiana, tendo ao fundo montanhas cobertas de florestas. Mais para o interior, os vales de Salinas e San Joaquin são exemplos da lucrativa atividade agrícola na Califórnia.

Pfeiffer Burns State Park, no Big Sur

Big Sur, visto por quem passa na Hwy 1

COMO CIRCULAR

A rodovia 1, que percorre a costa de Monterey até Big Sur, passa por um cenário maravilhoso e é passeio obrigatório na Califórnia. Carro, bicicleta e pernas fortes são os melhores meios de transporte na região, embora Monterey ofereça um restrito serviço de ônibus. No interior, as rodovias 101 e I-5 cruzam a região de norte a sul, passando por áreas agrícolas. Mas são poucas as estradas que vão do litoral até os vales.

PRINCIPAIS ATRAÇÕES

Año Nuevo State Reserve ❷
Big Basin Redwoods State Park ❶
Big Sur págs. 514-5 ❽
Carmel Mission págs. 512-3 ❼
Fresno ⓫
Hanford ⓬
Monterey págs. 508-11 ❻
Pinnacles National Monument ❿
Roaring Camp Narrow Gauge Railroads ❸
Salinas ❾
San Juan Bautista ❺
Santa Cruz págs. 506-7 ❹

Elefantes-marinhos descansam na Año Nuevo State Reserve

LEGENDA

- Freeway
- Estrada principal
- Estrada secundária
- Estrada vicinal
- Percurso com paisagem
- Ferrovia principal
- Ferrovia secundária
- Cume

VEJA TAMBÉM

- ***Onde Ficar*** págs. 560-1
- ***Onde Comer*** págs. 604-5

O Litoral da Região Centro-Norte

As praias no Centro-Norte da Califórnia são variadas, algumas longas e estreitas, outras aninhadas em pequenas enseadas formadas pelos rochedos costeiros. No verão, as areias ficam lotadas de pessoas se bronzeando e jogando vôlei. A água é geralmente muito fria para nadar, mas os surfistas, protegidos por roupas de borracha, enfrentam as ondas geladas. Não há quase nenhuma exploração comercial na região, e as praias neste trecho são ideais para longos passeios a pé, em busca de conchas e pedaços de madeira. Há muita vida selvagem aqui: pássaros, elefantes-marinhos e baleias-cinzentas em migração.

Moss Landing *é um porto agitado, onde atraca a maior parte da frota pesqueira da baía de Monterey. Há muitos bons restaurantes de frutos do mar nos ancoradouros.*

0 quilômetros 5

★ Santa Cruz Beach ③

Com suas quadras de vôlei, churrasqueiras abertas ao público e o popular Boardwalk Amusement Park *(pág. 506)*, esta é a praia mais frequentada da área.

Waddell Creek Beach ①

Esta praia dourada faz parte do Big Basin Redwoods State Park *(pág. 504)* e é um dos lugares mais procurados para piqueniques, pescarias e windsurf.

Lighthouse Field State Beach ②

Este trecho acidentado do litoral é ótimo para a prática do surfe ou simplesmente para admirar as rochas esculpidas pelo vento. Daqui também se avistam lontras, pelicanos e, às vezes, até uma baleia em alto-mar.

Capitola Beach ④

Os trilhos da ferrovia passam sobre um viaduto de madeira, cruzando o riacho que deságua nesta praia arenosa. Perto fica Capitola Wharf, com suas lojas, restaurantes e terraços, e Capitola Bluffs, importante sítio arqueológico com conchas pré-históricas que podem ser vistas na maré baixa.

Marina State Beach ⑤

Coberta de dunas de areia, esta praia já foi base dos fuzileiros navais e hoje faz parte de um câmpus universitário.

LEGENDA

- Freeway
- Estrada principal
- Estrada secundária
- Rio
- Vista panorâmica

O Wilder Ranch State Park, *perto de Santa Cruz, é uma histórica fazenda de laticínios, que conserva a casa principal e os estábulos. Datada de 1890, é hoje um parque estadual preservado.*

LOCALIZE-SE

Elkhorn Slough, *na baía de Monterey, é um dos melhores pontos de observação de pássaros na região.*

★ Asilomar State Beach ⑦

Esta praia larga e pedregosa é um local privilegiado para apreciar a passagem das baleias em alto-mar, migrando para o sul.

★ Lovers' Point ⑥

As pedras formam um anfiteatro natural, usado para encontros religiosos no fim do século 19, quando o local era chamado de Lovers of Jesus Point. É uma das poucas praias de areia da península de Monterey.

★ Carmel City Beach ⑧

Areia clara e mar azul e brilhante são as principais características desta praia, próxima ao centro de Carmel, onde estão concentradas suas lojas e restaurantes *(pág. 510)*.

Elefantes-marinhos na praia da Año Nuevo State Reserve

Big Basin Redwoods State Park ❶

Santa Cruz, Boulder Creek Golf Course. **Centro de Visitantes** *21600 Big Basin, Boulder Creek.* ***Tel*** *(831) 338-8860.* **Parque** *6h-22h diariam.* **www**.parks.ca.gov

Em 1900, um grupo de ecologistas fundou o Sempervirens Club, com o propósito de impedir a derrubada de sequoias vermelhas. Como resultado desse trabalho, foi criado o Big Basin Redwoods State Park, primeiro parque estadual da Califórnia, em 1902. Nele estão preservados os bosques de sequoias vermelhas mais ao sul do Estado *(pág. 446)* e também florestas de abetos e outros pinheiros. Abriga ainda muita vida selvagem, como veados e pumas.

As trilhas que serpenteiam pelos bosques de sequoias levam a várias cachoeiras, como a Berry Creek Falls. Além destas, há outros 160km de trilhas, entre elas a Skyline-to-Sea Trail, que vai de Waddell Creek até o oceano *(págs. 502-3)*.

No Centro de Visitantes há uma exposição que conta a história do parque.

Año Nuevo State Reserve ❷

Mapa rodoviário B4. *Santa Cruz, Waddell Creek.* ***Tel*** *(650) 879-2025; 879-0227 (gravação).* *diariam.* **www**.parks.ca.gov

A Año Nuevo State Reserve, ao norte de Monterey, tem como principal foco de atração o fato de ser o local de reprodução dos elefantes-marinhos, uma das mais fascinantes criaturas do mundo. Um pequeno trecho de praia arenosa e uma ilhazinha recebem a cada inverno centenas destes mamíferos, vindos do oceano Pacífico para se acasalar e reproduzir.

Os elefantes-marinhos quase foram extintos no século 19, quando eram caçados e mortos por sua valiosa gordura. Uns poucos sobreviventes refugiaram-se no México e nadaram de volta para a Califórnia nos anos 1950. Os primeiros filhotes nasceram em Año Nuevo, em 1975. Hoje existem cerca de 120 mil elefantes-marinhos na costa californiana.

Os machos têm nariz mais proeminente e chegam a 6m de comprimento e até 2t de peso. Desajeitados em terra, os elefantes-marinhos são capazes de feitos incríveis no mar –permanecem até 20 minutos ininterruptos debaixo da água e mergulham a profundidades de mais de 1.200m. Em dezembro, os machos chegam à reserva e começa a batalha pelo domínio das fêmeas e do território, que resulta em lutas violentas. Só os machos mais fortes conseguem se acasalar, mas cada um deles produz até 50 filhotes, com fêmeas diferentes, em cada temporada. Depois de passar a maior parte do ano no mar, as fêmeas chegam em janeiro para dar à luz os filhotes concebidos no inverno anterior. Segue-se o acasalamento, embora a concepção só vá ocorrer cerca de quatro meses depois, quando a fêmea está recuperada do parto anterior.

O nome Año Nuevo foi dado à ilha pelo explorador Sebastião Vizcaíno, que aqui passou em 1º de janeiro de 1603 *(págs. 46-7)*. O parque abre o ano inteiro. No inverno, quando os elefantes-marinhos estão presentes, só se permitem passeios com guia. Os ingressos podem ser comprados através do DestiNet *(pág. 610)*, sistema que providencia entrada para todos os parques estaduais da Califórnia.

Roaring Camp Railroad ❸

Tel *(831) 335-4400.* *Santa Cruz.* *jan-mar: sáb e dom.* *feriados.* *11h, 12h15, 14h.* **Santa Cruz Big Trees Railroad** ***Tel*** *(831) 355-4484.* *horários por telefone.* **www**.roaringcamp.com

No alto das Santa Cruz Mountains, perto da cidade de Felton, ainda funciona uma dupla de ferrovias dos tempos das grandes madeireiras. Elas se encontram dentro de um

Trem da Roaring Camp and Big Trees Railroad

Fachada da Mission San Juan Bautista

parque temático dedicado à indústria que aqui operou no fim do século 19 e começo deste. De janeiro a março, um trem de bitola estreita parte para uma viagem de fim de semana de 10km, ida e volta, pelas florestas do Henry Cowell Redwoods State Park. De abril a dezembro, os trens de bitola tradicional da Big Trees, Santa Cruz and Pacific Railroad partem de Roaring Camp para um passeio de uma hora através das montanhas, descendo até Santa Cruz. Na parada de três horas, os passageiros podem se divertir na praia e no Boardwalk Amusement Park, antes de embarcar de volta *(págs. 506-7)*. Também há um passeio de ida e volta que parte de Santa Cruz.

Santa Cruz ❹

Págs. 506-7.

San Juan Bautista ❺

Mapa rodoviário B4. *1.650.* *Hollister.* *33 Washington Street/ 204 Third Street, Suiteio.* ***Tel*** *(831) 623-2454.* **www**.sjbchamber.com

Para ter alguma noção dos muitos aspectos da história da Califórnia, nada melhor do que conhecer San Juan Bautista. Esta pequena cidade manteve seu ar rural, apesar de estar a menos de 50km da indústria hi-tech do Vale do Silício *(pág. 428)*.

A maior atração da cidade é a Mission San Juan Bautista, que fica a oeste da. *plaza* central. Maior entre as missões erguidas durante o domínio espanhol, é também a única a ter corredores que cortam a nave. Alfred Hitchcock usou sua fachada na cena final do filme *Um Corpo que Cai*. O convento vizinho se tornou museu. Exibe objetos da missão e fotos da cidade em várias fases de desenvolvimento.

Ao norte da igreja fica um cemitério e, ao lado dele, uma trilha semiapagada marca o histórico percurso de El Camino Real. Essa estrada de pouco mais de 1km ligava as 21 missões da Califórnia, cada uma a não mais de um dia de jornada da seguinte *(págs. 46-7)*. A trilha também segue a Falha de San Andreas, que provoca os terremotos da Califórnia *(págs. 24-5)*. Um sismógrafo, instalado na praça, monitora a atividade tectônica ao longo da falha.

Na praça encontram-se ainda três prédios históricos, todos parte do San Juan Bautista State Historic Park. O Plaza Hotel incorpora partes originais do quartel que aqui foi construído em 1813. Os estábulos são hoje uma exposição de charretes e diligências antigas, e a Castro House pertenceu a Patrick Breen, sobrevivente do trágico Donner Party *(pág. 486)*.

Placa do El Camino Real

O TERREMOTO DE LOMA PRIETA

O forte terremoto que abalou São Francisco em 17 de outubro de 1989 teve seu epicentro em Loma Prieta, uma montanha entre Santa Cruz e San Juan Bautista. Embora as notícias tenham se concentrado nos grandes danos causados dentro e ao redor de São Francisco, quem mais sentiu seus efeitos foram Santa Cruz e as comunidades vizinhas, onde casas e prédios comerciais foram destruídos. Na ocasião, cerca de 40 lojas e empresas tiveram de se transferir para tendas, que ocuparam três quadras. O centro de Santa Cruz permaneceu como um vasto canteiro de obras até 1994. A maioria dos edifícios foi restaurada, mas até hoje se veem lotes vazios onde antes havia um prédio que foi derrubado pelo terremoto.

Destruição causada pelo terremoto de Loma Prieta

Santa Cruz ❹

Empoleirada no alto da baía de Monterey, Santa Cruz é um retrato da típica cidadezinha californiana, com feição mais rural do que suburbana. As fazendas à sua volta formam uma faixa cultivada entre a baía e as encostas cobertas de florestas das Santa Cruz Mountains. Estas montanhas separam a cidade do urbano e tecnológico Vale do Silício *(pág. 428)* e, ao longo do litoral, oferecem acesso rápido para moradores e turistas ao que a natureza tem de mais belo. O passado de Santa Cruz está preservado na missão do século 18 e no excelente museu de história local. O grande câmpus da University of California, na cidade, atrai estudantes e professores do mundo todo e dá a Santa Cruz um ar cosmopolita e erudito.

A fachada da Santa Cruz Mission, que foi restaurada

Santa Cruz

O centro, ao redor da Pacific Avenue, fica a 800m da praia. A maior parte da área foi muito danificada pelo terremoto de Loma Prieta *(pág. 505)*, mas a cidade se recuperou e hoje oferece boas livrarias, galerias de arte e cafés. O centro histórico, incluindo as ruínas da Mission Santa Cruz, de 1791, fica em uma montanha a nordeste da cidade.

O ponto alto de Santa Cruz é o passeio à beira-mar, onde se encontra o Boardwalk Amusement Park, e pela West Cliff Drive, de onde se aprecia a bela paisagem do oceano.

Santa Cruz Beach Boardwalk

400 Beach St. ***Tel*** *(831) 423-5590.*
horários por telefone.
www.beachboardwalk.com

O último parque de diversões à moda antiga da costa oeste é o Santa Cruz Beach Boardwalk. Ele oferece várias atrações e jogos em um calçadão de madeira, por onde se passeia à vontade entre um brinquedo e outro.

A maior atração é a montanha-russa Giant Dipper, construída em 1924 por Arthur Looff e que é hoje um monumento histórico. Nela, os carrinhos percorrem um trilho de madeira de 1,6km a quase 90km por hora. O carrossel tem cavalos e bigas esculpidas à mão pelo pai de Looff, o artesão Charles Looff, em 1911. O passeio tem fundo musical tocado em um órgão de cem anos. O parque tem ainda 27 brinquedos modernos e um salão de dança Art Déco.

Placa da Giant Dipper

Mission Santa Cruz

Emmet com High Sts. ***Tel*** *(831) 426-5686.* *10h-16h ter-sáb, 10h-14h dom.* **Doações**.

Localizada no topo de uma colina, com vista para a cidade, a Mission Santa Cruz foi fundada em 25 de setembro de 1791 pelo padre Lasuén. Ela foi a 12ª missão franciscana da Califórnia. A obra ficou pronta três anos depois, mas nunca progrediu, por causa dos terremotos, do mau tempo e do isolamento, e pouco restou da estrutura original. Um parque marca o local, com uma réplica da missão construída em 1931. Dentro dela, há um pequeno museu.

Museum of Art & History at the McPherson Center

705 Front St. ***Tel*** *(831) 429-1964.*
11h-17h ter-dom (1ª sex de cada mês: 11h-18h entrada gratuita).
1º jan, Ação de Graças, 25 dez.
www.santacruzmah.org

Um aspecto positivo do terremoto de Loma Prieta, em 1989, foi a descoberta entre os escombros deste espaço de quase 2.000m², transformado em centro cultural. Aberto em 1993, ele inclui galerias de arte e de história locais. A galeria de arte apresenta obras principalmente de artistas do Centro-Norte, que retratam a paisagem da região. A galeria de história tem mostras do desenvolvimento de Santa Cruz County da época das missões até os dias de hoje.

Na mesma galeria também se encontram exposições sobre a atividade agrícola e indusrial da região, com fotografias do fim do século 19 e começo do século 20, mostrando os trabalhos nas fazendas e nas madeireiras. Faz parte do museu a vizinha Octagon Gallery, de 1882, que aloja o Hall of Records do condado.

A montanha-russa Giant Dipper, no Boardwalk Amusement Park

Veja hotéis e restaurantes desta região nas págs. 560-1 e 604-5

Passagem formada pela erosão, na Natural Bridges State Beach

Natural Bridges State Beach

2531 W Cliff Dr. ***Tel*** *(831) 423-4609.* *diariam.* **Centro de Visitantes** *no fim da W. Cliff Drive.* *8h-entardecer diariam.*

A Natural Bridges State Beach tem esse nome ("pontes naturais") pelas lindas passagens escavadas pelas ondas nos rochedos. Dois dos três arcos originais desmoronaram, mas um ainda permanece, por onde as ondas chegam a uma enseada. Há ainda um bosque de eucaliptos e uma trilha que mostra o ciclo de vida da borboleta-monarca *(pág. 219)*.

Santa Cruz Surfing Museum

Lighthouse Point 701, W Cliff Drive. ***Tel*** *(831) 420-6289.* *inverno: 12h-16h qui-seg, verão: 10h-17h qua-seg.* *feriados.* **Doações**. **www**.santacruz surfingmuseum.org

Instalado em um farol com vista para as principais áreas de surfe da região, o museu tem objetos de todas as épocas deste esporte. Introduzido pelo Havaí, o surfe acabou se tornando uma atividade tipicamente californiana, divulgado nas música dos Beach Boys, nos anos 1960 *(págs. 56-7)*. As pranchas expostas vão das tábuas de sequoia vermelha da década de 1930 até os materiais sofisticados de agora.

PREPARE-SE

Mapa rodoviário B4. *252.000.* *San Jose International Airport.* *Monterey Peninsula Airport.* *920 Pacific Ave.* *1211 Ocean St.* ***Tel*** *(800) 833-3494 e (831) 425-1234.* *Santa Cruz Fungus Fair (jan); Clam Chowder Cook-Off (fev).* **www**.santacruz.org

Mystery Spot

465 Mystery Spot Rd. ***Tel*** *(831) 423-8897.* *diariam.* **www**.mysteryspot.com

A 3km do centro de Santa Cruz, um bosque de sequoias vermelhas atrai turistas há décadas por seus estranhos fenômenos, que desafiam as leis da física: bolas que rolam encosta acima, linhas paralelas que convergem. Em parte arapuca turística, em parte inexplicável, o Mystery Spot é imperdível.

Rua a Rua: Monterey ❻

O navegador português Sebastião Vizcaíno ancorou aqui em 1602 e deu à baía o nome de seu empregador, o conde de Monterey. Mas só a partir de 1770, quando o capitão espanhol Gaspar de Portolá (1717-1784) e o padre Serra *(págs. 46-7)* fundaram no local uma igreja e um quartel militar, Monterey se tornou um *pueblo*. A cidade foi capital da Califórnia até 1848. Depois da Corrida do Ouro *(págs. 48-9)*, a capital foi para Sacramento e Monterey tornou-se porto de pesca, entreposto agrícola e base militar.

Atualmente, recebe muitos visitantes por seus pontos históricos, pelos restaurantes de frutos do mar em Fisherman's Wharf e pelo festival anual de jazz.

Primeiro Teatro da Califórnia
Hospedaria criada em 1847, tornou-se teatro em 1848.

★ Colton Hall
A Constituição do Estado da Califórnia foi assinada aqui, em 1849. Atualmente, este prédio é um museu comemorativo do evento.

Larkin House
Thomas Larkin, comerciante da costa leste, construiu esta casa em 1832. Sua arquitetura representa o chamado estilo Monterey (págs. 30-1).

O Sherman Quarters foi a base militar do general Sherman de 1847 a 1849.

O Cooper-Molera Complex é um conjunto que combina jardins, coleção de charretes e objetos pessoais de três gerações da família Cooper, que ocupou a casa entre 1832 e 1900.

PONTOS ALTOS

★ Colton Hall

★ Fisherman's Wharf

0 metros 100

LEGENDA

Percurso sugerido

Veja hotéis e restaurantes desta região nas págs. 560-1 e 604-5

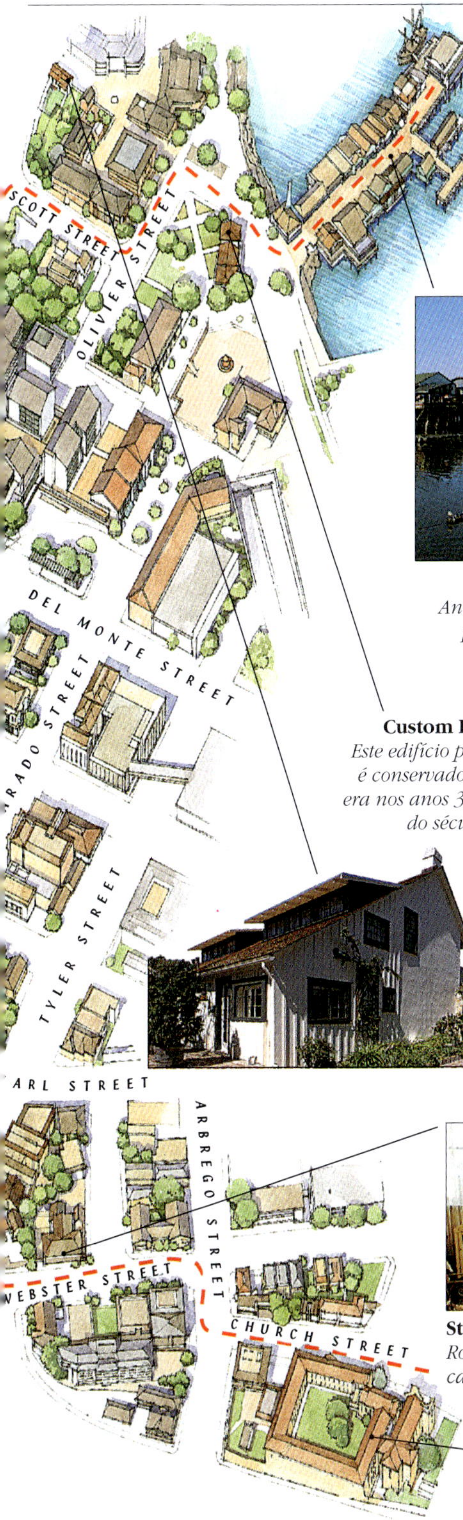

PREPARE-SE

Mapa rod B4. *35.000.*
Monterey Peninsula Airport.
Tyler, Pearl e Munras Sts.
***Tel** (831) 899-2555.* *308 Alvarado St.* ***Tel** (831) 648-5360.*
Monterey Blues Festival (jul); Monterey Jazz Festival (set); Laguna Seca Races (mai-out).
www.montereyinfo.org

★ Fisherman's Wharf
Antigo centro das indústrias baleeira e de pesca, a área agora é visitada por suas lojas, mercados e restaurantes.

Custom House
Este edifício público é conservado como era nos anos 30 e 40 do século 19.

Old Whaling Station
A casa mostra lembranças da indústria baleeira de Monterey. A calçada em frente é feita de ossos de baleia.

Stevenson House
Robert Louis Stevenson morou nesta casa, agora museu, em 1879.

Royal Presidio Chapel, de 1791-1794, é o prédio mais antigo da cidade.

Como Explorar a Península de Monterey

Muitos escritores e artistas já louvaram as belezas do litoral da península de Monterey. Seus rochedos de granito foram recortados pelo oceano em formato de enseadas e pontas afiadas. As florestas de ciprestes e pinheiros, que abrigam no inverno as borboletas-monarca, cobrem o interior. Lontras e leões-marinhos nadam entre as algas no fundo do mar. A península tem três cidades importantes: Monterey, capital da Califórnia espanhola *(págs. 508-9)*, Pacific Grove, antigo retiro religioso, e a linda Carmel-by-the-Sea.

Pássaro marinho no Monterey Bay Aquarium

Monterey Bay Aquarium

886 Cannery Row. ***Tel*** *(831) 648-8888.* *diariam.* *25 dez.*
www.montereybayaquarium.org

O Monterey Bay Aquarium é um dos maiores aquários dos EUA. Mais de 500 espécies reproduzem a rica vida marinha na área da baía de Monterey. Entre suas atrações estão florestas de algas, uma piscina natural nas pedras e águas-vivas.

Um tanque tem ligação com a baía e atrai as lontras para seu interior. Chamado Outer Bay Wing, ele tem 4,5 milhões de litros de água, onde foram recriadas as condições do oceano. Nele se veem exemplares de atum, peixe-lua, grandes tartarugas-marinhas e barracudas. O Instituto de Pesquisa oferece a chance de assistir ao trabalho dos cientistas, e o Splash Zone é um aquario/museu interativo para crianças.

Cannery Row

800 Cannery Row.
Tel *(831) 649-6690.* *diariam.*
www.canneryrow.com

Esta área portuária de seis quadras, retratada por John Steinbeck em seu livro *A Rua das Ilusões Perdidas* *(pág. 517)*, já foi o endereço de mais de 20 fábricas de sardinhas em lata, pescadas na baía de Monterey. As fábricas progrediram a partir do começo do século 20 e atingiram o auge da produção na década de 1940. Mas em 1945 as sardinhas desapareceram, provavelmente pela pesca excessiva, e o local foi abandonado. As fábricas acabaram demolidas ou incendiadas. Os poucos prédios que restaram são ocupados hoje por lojas e restaurantes modernos. Um dos prédios mais marcantes, no nº 800, é o antigo laboratório do "Doc" Ricketts, notório biólogo, bebedor de cerveja e melhor amigo de Steinbeck. Agora, funciona no local um clube privado.

Placa em Cannery Row

Pacific Grove

Forest & Central Aves. ***Tel*** *(800) 656-6650.* *diariam.* *1º jan, Ação de Graças, 25 dez.*
www.pacificgrove.org

Esta cidade calma e sonolenta era um retiro religioso onde álcool, dança e até o jornal de domingo eram proibidos. Hoje em dia é famosa pelas casas de madeira convertidas em pequenos hotéis, por seus belos parques costeiros e pelas borboletas monarca que aqui chegam entre outubro e abril *(pág. 219)*. A chegada anual das borboletas, protegidas por uma lei municipal, é motivo de um alegre desfile.

O Point Pinos Lighthouse, construído em 1852, é o farol em atividade mais antigo da Califórnia.

Carmel-by-the-Sea

San Carlos, 5th e 6th Sts. ***Tel*** *(831) 624-2522 e (800) 550-4333.* *seg-sáb.* *1º jan, Ação de Graças, 25 dez.* **www**.carmelcalifornia.org

Diversos estilos marcam as casas desta linda cidadezinha na encosta de uma montanha sobre o oceano. Leis locais que restringem a iluminação pública e as calçadas dão à cidade um ar único. Há lojas e galerias de arte na Ocean Avenue e a cidade promove um concurso anual de teatro, um festival de Bach e exposições de arte.

Carmel River State Beach

Carmelo e Scenic Rds.

Este parque de mais de 400.000m² ocupa a foz do rio Carmel. Nele se encontram uma lagoa e um pântano, que são reservas naturais de uma grande população de aves nativas e migratórias. A pesca é permitida na praia, mas não é aconselhável nadar, por causa das correntezas e da temperatura bem fria da água. Os moradores de Carmel costumam fazer piqueniques na praia.

Point Pinos Lighthouse, farol em atividade em Pacific Grove

Veja hotéis e restaurantes desta região nas págs. 560-1 e 604-5

Passeio pela Península

A melhor forma de se conhecer a península de Monterey é percorrendo uma estrada panorâmica chamada 17-Mile Drive. Ela oferece as melhores vistas da região, com ondas quebrando na areia, flores costeiras e florestas encantadoras, como a Del Monte Forest. A extraordinária beleza do local levou muitos milionários a construir mansões, onde vão para descansar e frequentar os clubes de campo e de golfe vizinhos.

Spanish Bay ①
A praia que se forma nesta enseada perto de Pacific Grove é muito usada para piqueniques.

Huckleberry Hill ②
No verão, as pessoas vêm colher frutas nesta colina, na Floresta Del Monte.

Spyglass Hill ⑥
Este campo de golfe tem o nome de um cenário de *Ilha do Tesouro*. de Robert Louis Stevenson, que descreveu muitos locais da região em seus livros.

Lone Cypress ⑤
Este cipreste, solitário à beira do mar, é uma das árvores mais fotografadas do mundo.

Tor House ④
Esta casa na rocha foi construída pelo poeta Robinson Jeffers entre 1918 e 1979.

Carmel Mission ③
Esta linda missão foi, por algum tempo, o centro administrativo do Norte da Califórnia *(págs. 512-3)*.

DICAS

***Duração do passeio**: 3h.*
***Entrada**: cada carro paga um pedágio; bicicletas não pagam.*
***Como chegar**: existem quatro portões: 17-Mile Drive, San Antonio Ave, Hwy 1 e SFB Morse Drive. O percurso é marcado por linhas vermelhas e amarelas.*
***Quando vir**: o verão é lotado e nublado. Em qualquer época, há menos trânsito nos dias úteis.*
***Onde ficar e comer**: Carmel, Monterey e Pacific Grove têm boas opções de hotéis e restaurantes (págs. 560-1 e 604-5).*
***Informação turística**: Monterey County Convention & Visitors' Bureau, 150 Olivier St. (877) 666-8373.* **www**.montereyinfo.org

LEGENDA

- Percurso do passeio
- Outras estradas
- Campos de golfe

0 metros **500**

Carmel Mission ❼

Placa decorativa

Construída em adobe com mão de obra indígena, a Carmel Mission foi fundada em 1770 pelo padre Junípero Serra (1713-84). Ela era o centro administrativo de todas as missões do Norte da Califórnia. O padre Serra morou aqui até morrer, e está enterrado ao pé do altar da igreja. A missão foi secularizada e abandonada em 1834, e entrou em decadência. A restauração começou em 1924, seguindo as plantas originais da missão e dos jardins. A ala residencial mostra detalhes da vida local no século 18. A igreja ainda está em uso.

O sarcófago mostra o padre Serra morto, cercado por três padres enlutados, e é um dos melhores exemplares do gênero existentes nos Estados Unidos.

Cozinha
Cozinha restaurada dos tempos dos missionários, com um forno trazido do México. Ainda se pode ver um pedaço da parede original de adobe.

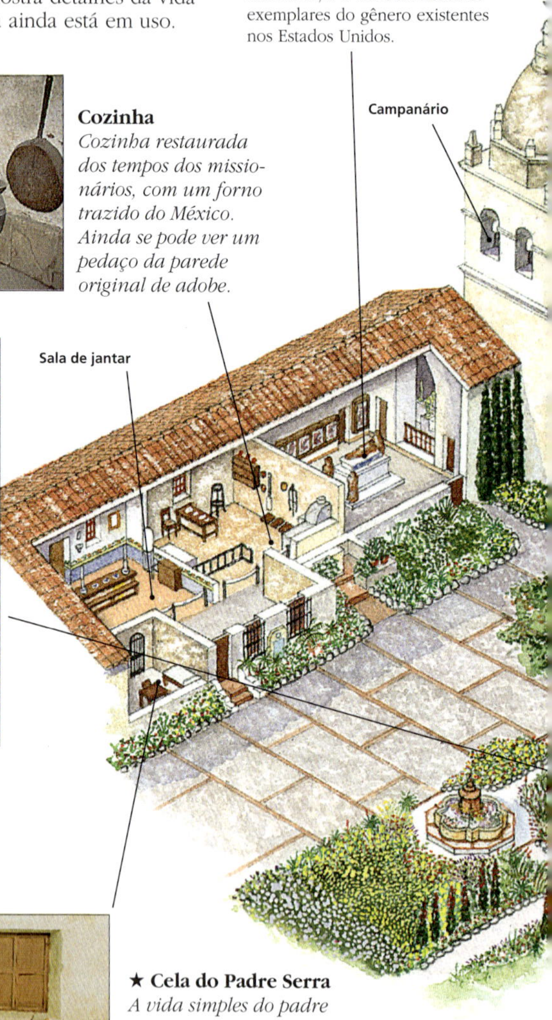

Estátua de Junípero Serra
No meio de um belo pátio, a estátua de Serra fica de frente para a igreja que ele fundou.

★ Cela do Padre Serra
A vida simples do padre Junípero Serra fica evidente nesta cela sem confortos que ele ocupava. Cama, cadeira, mesa e castiçal eram suas únicas posses. Ele morreu aqui em 1784.

Veja hotéis e restaurantes desta região nas págs. 560-1 e 604-5

PREPARE-SE

3080 Rio Rd, Carmel. **Mapa rod** B4. ***Tel*** *(831) 624-1271.* *9h30-17h seg-sáb; 10h30-17h dom.* *Ação de Graças, 25 dez.* *dom: 7h, 8h, 9h30, 11h, 12h30, 17h30.* **www**.carmelmission.org

Fachada e pátio de entrada da Carmel Mission

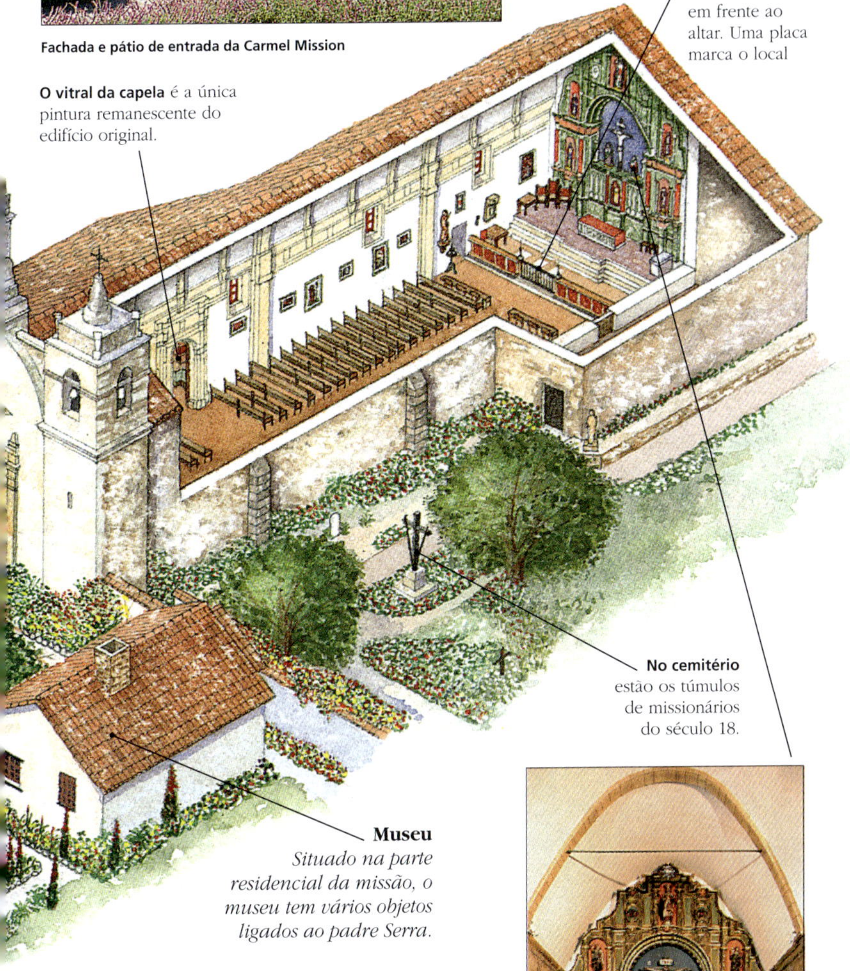

O padre Serra está enterrado em frente ao altar. Uma placa marca o local

O vitral da capela é a única pintura remanescente do edifício original.

No cemitério estão os túmulos de missionários do século 18.

Museu
Situado na parte residencial da missão, o museu tem vários objetos ligados ao padre Serra.

★ Altar Principal
O arco gótico do altar de Carmel, com sua decoração floreada, é o único exemplar desse tipo nas 21 missões franciscanas da Califórnia.

PONTOS ALTOS

- ★ Altar Principal
- ★ Cela do Padre Serra

Big Sur ❽

No final do século 18, os espanhóis que viviam em Carmel deram a este trecho do litoral o nome de *El Pais Grande del Sur*, e desde então o chamado Big Sur é admirado por todos. Descrito pelo escritor Robert Louis Stevenson como "o maior encontro de terra e mar no mundo", seus 160km de montanhas, rochedos e enseadas deslumbrantes tiram o fôlego dos muitos visitantes.

A rodovia panorâmica 1, construída nos anos 1930, cruza a paisagem acidentada. Mas, em sua maior parte, o Big Sur mantém-se intocado, no estado natural. Há poucos sinais de civilização na área, que não possui cidades grandes. A maior parte do litoral é preservada em parques estaduais com florestas cerradas, amplos rios e altas ondas, em pontos acessíveis somente a pé.

Ondas batendo nos rochedos, paisagem típica do Big Sur

Point Lobos State Reserve
Aqui cresce o cipreste de Monterey, única árvore a sobreviver à neblina e ao borrifo constante de água salgada. A forma dos galhos é ditada pelos ventos.

O Point Sur Lighthouse, na ponta de um pico vulcânico, foi operado por um faroleiro até 1974. Agora é automático.

Bixby Creek Bridge
Este fotogênico viaduto em arco foi construído em 1932. Por muitos anos ele conservou o recorde de maior vão de arco único do mundo, com 79m de altura e 213 de extensão.

Nepenthe é um lindo restaurante escondido por bosques de carvalhos e frequentado por astros de Hollywood.

LEGENDA

- Estrada secundária
- Percurso com paisagem
- Trilha para caminhadas
- Limite de parques
- Rio e lago
- Área de camping
- Vista panorâmica

Andrew Molera State Park
Inaugurado em 1972, este parque tem 16km de trilhas para caminhadas e 4km de praias arenosas.

Veja hotéis e restaurantes desta região nas págs. 560-1 e 604-5

Julia Pfeiffer Burns State Park
Um túnel sob a rodovia 1, acessível apenas a pé, leva ao rochedo de 30m de altura, onde a cachoeira McWay Creek despença no oceano Pacífico.

PREPARE-SE

Mapa rodoviário B4. *1,500.* *Nepenthe Park.* *(831) 667-2100.* **www**.bigsurcalifornia.org

Ventana Wilderness
Parte de Los Padres National Forest, as montanhas íngremes desta reserva natural só são acessíveis a caminhantes experientes. No sopé há muitas áreas de camping.

O Esalen Institute foi criado nos anos 1960 para sediar seminários New Age. Suas fontes termais, descobertas pelos índios, atraem muitos visitantes *(pág. 441)*.

Jade Cove
Esta bela enseada só é alcançada por uma trilha que desce o paredão do rochedo. A extração de jade é proibida acima do nível da maré alta.

San Simeon Point é um porto natural que foi usado por William Randolph Hearst para desembarcar material para sua propriedade, o Hearst Castle, no alto da montanha *(págs. 212-3)*.

John Steinbeck (1902-68), ganhador do Nobel de Literatura

Salinas 9

Mapa rodoviário B4. *128.343.* *119 E Alisal St.* ***Tel*** *(831) 424-7611.* **www**.seemonterey.com

Situada no extremo norte do Salinas Valley, importante centro agrícola de mais de 80km entre São Francisco e San Luis Obispo, Salinas concentra a oferta de frutas e verduras da região. Fábricas de embalar e enlatar alimentos ocupam os terrenos à margem das rodovias e ferrovias. A área tem o apelido de "saladeira do país", devido ao fato de seus principais produtos serem alface, tomate e alho.

Mas a cidade é mais conhecida por aqui ter nascido o escritor John Steinbeck, que usou Salinas e a área ao seu redor como cenário em muitos de seus livros. Escritos, fotos e objetos pessoais relacionados ao escritor podem ser vistos em uma sala especial da **National Steinbeck Center Museum**. A biblioteca também fornece informações sobre outros lugares relacionados a ele que podem ser visitados na região, e sobre o Steinbeck Festival, realizado em agosto.

O Chapéu em Três Fases de Pouso, escultura de três chapéus de *cowboy* do renomado artista pop Claes Oldenburg, foi inaugurada na cidade nos anos 1970 e enfeita, muito a propósito, a entrada do California State Rodeo. No Dia da Independência, 4 de julho, realiza-se aqui um dos maiores rodeios do mundo.

National Steinbeck Center Museum
1 Main St. Tel (831) 775-4721. *10h-17h diariam.* *feriados.* **www**.steinbeck.org

Pinnacles National Monument 10

Soottwy 146, Paicines. **Mapa rodoviário** B4. ***Tel*** *(831) 389-4485.* *King City e Soledad.* *diariam.* *algumas trilhas.* **www**.nps.gov/pinn

Localizado no alto das montanhas que cercam o Salinas Valley, a 20km da cidade de Soledad pela US-101, o Pinnacles National Monument conserva 65km² de uma singular paisagem vulcânica. Uma montanha de lava solidificada, que a erosão de milhões de anos esculpiu em penhascos e pontas agudas e retorcidas, corta o centro do parque, formando em alguns locais paredes de 150m de altura. Não há estradas de acesso ao parque, mas as trilhas são muito bem cuidadas.

Um dos pontos mais visitados é a formação batizada de Balconies, à qual se chega por uma trilha fácil de 2,5km. No local, belos penhascos em vermelho e ouro erguem-se do chão, atraindo alpinistas, fotógrafos e observadores de pássaros. Na base dos penhascos, grandes penedos presos entre *canyons* estreitos formam uma série de cavernas escuras, que dizem terem sido usadas no passado como esconderijo de assaltantes e bandidos.

A melhor época para visitar o parque é na primavera, quando é mais fresco e as flores desabrocham. Vivem no parque animais como pumas, coiotes e águias.

Penhasco vulcânico no Pinnacles National Monument

Fresno 11

Mapa rodoviário C4. *411.600.* *Fresno Air Terminal.* *2444 Fresno St.* ***Tel*** *(559) 237-0988, (800) 788-0836.* **www**.fresnocvb.org

Fresno fica praticamente no centro geográfico do Estado e é sua oitava maior cidade. Ficou conhecida como "capital das uvas-passas", pela abundante produção local dessa fruta seca. Sua localização cen-

Colheita e embalagem de verduras em Salinas Valley

Veja hotéis e restaurantes desta região nas págs. 560-1 e 604-5

tral faz com que seja um conveniente ponto de partida para excursões às áreas nas montanhas de High Sierras, Kings Canyon, Sequoia e Yosemite *(págs. 482-97)*.

Fresno Metropolitan Museum
1555 Van Ness Av.
Tel (559) 441-1444.
10h-17h qua-dom (out-mai: a partir das 11h).
www.fresnomet.org

Arredores
Em Kearney Park, a 11km de Fresno, encontra-se a **Kearney Mansion**. Essa mansão no estilo renascentista foi erguida em 1903 por Theodore Kearney, um dos fundadores da indústria californiana de uvas-passas. A casa de época é atualmente um museu.

Kearney Mansion
7160 W. Kearney Blvd, Hwy 99.
Tel (559) 441-0862. qui-dom.
www.historicfresno.org

O coronel Allen Allensworth, morador de Hanford

Hanford ⓬

Mapa rodoviário C4. *40.000.*
200 Santa Fe Ave, Suite D. ***Tel*** *(559) 582-5024.*
www.visitharford.com

Uma das muitas comunidades agrícolas de porte médio da região, Hanford se destaca pela herança multirracial e diversificada. A China Alley e ruas vizinhas eram habitadas pela maior colônia chinesa da Califórnia. Aqui moravam muitos dos que trabalharam na construção da ferrovia transcontinental *(págs. 50-1)*. Situado a leste do centro da cidade, o bairro chinês cerca o histórico **Templo Taoísta**, construído em 1903. Além de lugar de culto, o templo era usado como hospedaria de imigrantes e escola de chinês. Em volta da Courthouse Square, no centro, veem-se um lindo carrossel antigo e prédios elegantes do fim do século 19, agora transformados em lojas e restaurantes.

As famosas passas de Fresno

Templo Taoísta & Museum
12 China Alley. ***Tel*** *(559) 582-4508.*
só com hora marcada.

Arredores
O **Colonel Allensworth State Historic Park** fica a 50km de Hanford. O coronel Allen Allensworth acreditava que os negros americanos, como ele, deviam combater o racismo, construindo seu próprio futuro, e em 1908 criou uma comunidade agrícola só para famílias negras. Lembranças desta comunidade independente podem ser vistas nas antigas casas de fazenda.

Colonel Allensworth State Historic Park
Na saída da Hwy 99 na County Rd J22, Earlimart. ***Tel*** *(661) 849-3433.*
diariam. **www.**parks.ca.gov

JOHN STEINBECK

Um dos mais renomados escritores californianos do século 20, John Steinbeck (1902-68) nasceu em Salinas, numa respeitada família de fazendeiros. Nos anos 1920, Steinbeck abandonou a Universidade de Stanford *(pág. 427)* e voltou para a península de Monterey, com o objetivo de dedicar-se à literatura. Depois de várias tentativas, conseguiu um certo sucesso com a publicação de *Boêmios Errantes*, em 1935. Começou então a escrever uma série de contos e romances, a maioria sobre pessoas e lugares que conhecia bem, na região de Salinas e Monterey. Entre eles estão algumas de suas maiores obras: *Ratos e Homens* (1937), *A Rua das Ilusões Perdidas* (1945) e *Vidas Amargas* (1952).

Seu livro mais famoso é *As Vinhas da Ira* (1939). A história trata da grande migração para o oeste que ocorreu durante a Depressão dos anos 1930 e documenta a luta da família Joad para fugir da poeirenta Oklahoma em busca dos pastos verdejantes da Califórnia. O livro logo tornou-se um best-seller e deu a Steinbeck o Prêmio Pullitzer. Mas muitos californianos viram o final infeliz como um insulto a seu Estado, e até como propaganda comunista. Steinbeck ressentiu-se dessa reação e foi para o Norte da África em 1943, como correspondente de guerra. Ao voltar para os Estados Unidos, em 1945, foi morar em Long Island, Nova York. Em 1962, recebeu o Prêmio Nobel de Literatura, sendo o único autor americano a acumular esse prêmio e o Pullitzer.

Steinbeck morreu em Nova York, em 20 de dezembro de 1968, mas foi enterrado em sua cidade natal, no Garden of Memories, nº 768 da Abbott Street.

Primeiras edições dos livros *A Rua das Ilusões Perdidas* e *As Vinhas da Ira*

Patinadora com carrinho de bebê na California ▷

INDICAÇÕES AO TURISTA

ONDE FICAR

Com escarpadas montanhas costeiras, colinas cobertas por vegetação exuberante, centros urbanos sofisticados e longos trechos de costa, a Califórnia é um dos principais destinos de férias do mundo. Quer seja uma acomodação rústica, quer seja um resort cinco estrelas, o turista encontra neste estado uma variada gama de opções que atendem a seu orçamento.

Porteiro

Os hotéis de primeira vão dos mais luxuosos, dignos de uma estrela de cinema, aos voltados para empresas e repletos de alta tecnologia. Acomodações para orçamentos mais apertados são comuns, de motéis de beira de estrada a hospedarias que oferecem um pouco da história do estado. Há ainda uma boa variedade de instalações para camping.

Revistas grátis, contendo cupons de descontos para todo tipo de acomodação, são distribuídas em pontos de descanso ao longo das rodovias e locadoras de automóveis. Muitos hotéis oferecem descontos nas reservas por telefone durante a baixa estação –vale a pena reservar com antecedência para negociar o preço. A lista das *págs. 524-66* dá detalhes sobre a qualidade das acomodações.

CLASSIFICAÇÃO

O setor de turismo na Califórnia é conhecido pela qualidade de suas acomodações. O sistema de classificação utilizado é o de "diamantes", da Associação Automobilística do Estado da Califórnia. Cada hotel –do mais caro, de quatro diamantes, ao mais barato, de um diamante – é avaliado quanto ao serviço, à limpeza e à variedade de suas instalações.

HOTÉIS

Na Califórnia, há hotéis de todos os tipos e tamanhos. Há os tradicionais cartões de visita, como o Sheraton, em São Francisco *(pág. 547)*, o Biltmore, em Los Angeles *(pág. 526)*, e o Ahwahnee, no Parque Yosemite *(pág. 560)*. Foram construídos para impressionar os banqueiros da Costa Leste e provar que a Costa Oeste fazia jus a seus investimentos.

Existem também hotéis charmosos, da moda, como o Triton, em São Francisco *(pág. 544)*, e o Mondrian, em West Hollywood *(pág. 531)*. Há ainda os hotéis com lojas de moda, centros de convenções, salões de baile e jardins. Por fim, pequenos hotéis, com menos de 100 apartamentos, chamados nos EUA de "boutique hotels", oferecem o ambiente acolhedor de um "bed and breakfast".

Muitos hotéis construídos em terras indígenas contam com cassinos no estilo de Las Vegas. Leis federais e estaduais que proíbem jogos de azar não se aplicam a reservas indígenas.

Independentemente do tamanho, quase todo hotel possui um *foyer* espaçoso, um restaurante ou café, uma piscina ou sala de ginástica e vários serviços, como lavanderia e sala de vídeo. Se o hotel não tem instalações de ginástica próprias, geralmente possui convênio com alguma academia, que os hóspedes podem usar por uma taxa. Muitos hotéis oferecem mapas com os melhores locais para se exercitar nas redondezas.

Bar na sala de estar do exclusivo Beverly Wilshire Hotel *(pág. 524)*

O Millennium Biltmore Hotel, em Los Angeles *(pág. 526)*

Há sempre salas para não fumantes e muitos hotéis já separam andares inteiros para não fumantes. Estabelecimentos onde não se pode fumar em nenhum local também estão ficando comuns.

As diárias dos hotéis vão de US$ 75 por noite, preço considerado baixo, até US$ 175, um valor moderado. Quartos em hotéis de maior categoria, com boa localização, custam de US$ 175 a US$ 300. No entanto, há alguns hotéis de luxo na Califórnia –seja em Beverly Hills, Big Sur ou Napa Valley– que cobram de US$ 300 a US$ 900 na alta temporada.

Os hotéis estão sujeitos a impostos municipais e estaduais, que são de 14% em São Francisco e Los Angeles. Não estão incluídos nas diárias os telefonemas internacionais e estacionamento.

PARA EXECUTIVOS

Há hotéis que fornecem serviços especiais para executivos em viagem de negócios, com preços por semana e por mês. Outra opção são os hotéis com suítes com sala de estar, computador e fax. Alguns possuem até centros de computação no local e amplo espaço para trabalho. Verifique a lista de hotéis nas *págs. 524-66* para saber onde estes serviços estão disponíveis.

REDES DE HOTÉIS

Você pode contar com um bom serviço, preços razoáveis e ambiente confortável –às vezes, até acolhedor– em um hotel que integra uma rede. As mais conhecidas são **Westin, Hilton, Sheraton, Marriott, Ramada, Hyatt** e **Holiday Inn**. Algumas redes têm mais de um hotel em cada cidade, sendo um deles o principal. Todos os hotéis de rede listados na página 523 têm site na Internet, ou você pode ligar para se informar sobre preços e disponibilidade.

Letreiro de uma rede de hotéis

Chateau Marmont no Sunset Boulevard *(pág. 530)*

GORJETAS

O porteiro do hotel geralmente leva as malas até o quarto, na chegada, e carrega o carro na hora da partida. Gorjetas de US$ 2 por mala são comuns. Se o hotel conta com manobrista, deve-se dar uma gorjeta equivalente a 15% ou 20% do preço do estacionamento. O serviço de quarto também requer uma gorjeta de 15% a 20%. Dê US$ 10 à camareira, especialmente se a estada for longa.

RESORTS

Tenha um resort menos de cem quartos ou cerca de 300, os chalés, mansões e jardins estão sempre dispostos de forma a oferecer privacidade. Os resorts têm todos os serviços de um hotel, mas ocupam terrenos maiores.

O segredo de um resort de qualidade é a variedade de opções oferecidas, como passeios a cavalo, quadras de tênis, campos de golfe, piscinas olímpicas, aulas de ioga, spa bem equipado e restaurante. Passar férias em um resort é um programa em si –o local e a variedade de atividades disponíveis atraem aos hóspedes. Os resorts são caros, mas, para relaxar e praticar esportes, valem a pena.

Talvez seja interessante escolher um resort tendo em vista a localização –região vinícola, beira-mar, refúgio nas montanhas ou mesmo na cidade. A Califórnia oferece muitas opções e algumas das melhores estão nas *págs. 524-66*.

San Diego Marriott and Marina Hotel, na baía de San Diego *(pág. 538)*

O histórico Mendocino Hotel *(pág. 555)*

MOTÉIS

Os motéis nos EUA têm um conceito diferente dos existentes no Brasil. São como qualquer outro hotel, geralmente baratos, ficam na beira das estradas e surgiram na década de 1950 como resultado de um estilo de vida marcado pelo uso do automóvel. Eles oferecem um mínimo de instalações: duas camas, ou cama de casal, televisão, telefone e banheiro. Há sempre um amplo estacionamento para carros e muitos motéis possuem piscina ao ar livre. Alguns têm cozinha e a maioria oferece quartos para não fumantes. Verifique antes se o motel aceita animais.

Existem redes de motéis muito populares na Califórnia, famosas pelos quartos limpos, bom serviço e preços baratos. Entre elas, estão **Best Western, Quality Inn, Motel 6** e **Travelodge**. Os preços são a partir de US$ 40 por noite.

HOSPEDARIAS HISTÓRICAS

Estes lugares, com forte característica histórica, são muitas vezes o que resta das construções do fim do século 19 em muitas das pequenas cidades da Califórnia. Além disso, alguns têm seu próprio passado para mostrar: podem ter sido um pavilhão de caça ou pesca, um barco, uma mansão vitoriana ou um refúgio de estrelas de Hollywood em outras épocas. Não importa sua origem, todos possuem arquitetura e ambiente únicos. Muitos desses hotéis, erguidos na época da expansão ferroviária para o Oeste, são hoje patrimônio histórico e não podem ser demolidos ou modificados.

O ambiente é semelhante ao de um hotel do tipo *bed and breakfast*, mas as hospedarias históricas são maiores, com 20 a 100 quartos. A maioria serve café da manhã e lanches à tarde, com bolo e biscoitos. Para mais informações, você pode entrar em contato a **California Historic Country Inns.**

Há ainda construções menores, muitas também com importância histórica, como chalés individuais, com cozinha. Raramente esses locais oferecem restaurantes, cafés ou serviço de quarto. A maior parte deles permite que você traga animais, muitos têm piscina ao ar livre e os maiores têm até quadras de tênis. Verifique com antecedência se é permitido fumar nas acomodações –algumas pousadas orgulham-se de oferecer um ambiente completamente livre de fumaça de cigarro.

BED AND BREAKFAST

A maioria dos hotéis tipo *bed and breakfast* da Califórnia foi originalmente uma casa particular construída há muitos anos e que mantém seu charme. Além do café da manhã, oferecem lanches à tarde ou drinques à noite. Os preços são a partir de US$ 60 por noite. Pergunte se o quarto tem banheiro privativo. Na alta temporada, é comum se exigir estada mínima de duas noites.

Biblioteca, sala de estar, jardim e piscina são características comuns. O gerente é, muitas vezes, o proprietário e pode contar detalhes do local e informar sobre passeios. Há vários *bed and breakfast* nas *págs. 524-66*, ou procure o **California Association of Bed-and-Breakfast Inns**.

Casa Laguna Inn em Laguna Beach *(pág. 535)*

QUARTOS EM CASA PARTICULAR

Ainda que muitos hotéis ofereçam cozinha, por exemplo, não há nada como ficar em uma casa particular para absorver a verdadeira atmos-

Deetjen's Big Sur Inn *(pág. 560)*

Big Bear Log Cabin, perto do Lago Arrowhead

fera de uma cidade. Há duas maneiras de conseguir esse tipo de acomodação. A primeira é alugar um apartamento ou casa com uma corretora imobiliária. Cada cidade possui pelo menos uma especializada em alugar propriedades para férias. Essas agências darão as tarifas por noite, semana, mês ou até mais tempo. Os preços por semana variam entre US$ 300 e US$ 3.000, dependendo da locação e do tamanho do lugar. É preciso fazer um depósito de garantia, que será devolvido no término da locação. É recomendável fazer reservas com um mês de antecedência. Mais detalhes sobre corretoras podem ser obtidos na Câmara de Comércio da cidade.

Outra opção é combinar uma permuta com alguém que more na Califórnia. **Intervac US** faz parte de uma rede mundial para permuta de casas e publica catálogos trimestrais de pessoas dispostas a trocar de casa com alguém durante as férias. A taxa para obter ou estar na lista deste catálogo varia entre US$ 65 e US$ 85 por ano. A rede não promove o encontro de pessoas e os acertos são feitos individualmente.

ALBERGUES DA JUVENTUDE

Esta é a opção mais barata de acomodação na Califórnia. Os albergues oferecem instalações limpas e modernas, geralmente em localizações pitorescas (inclusive em faróis, parques nacionais e refúgios nas montanhas). As acomodações são do tipo dormitório, divididas por sexo, embora alguns tenham um ou dois quartos privados para casais. A maioria dos albergues também possui uma cozinha comum.

Apesar do nome, os albergues dos EUA não são restritos aos jovens. Há vários para pessoas de mais idade (Elder Hostels) que viajam com orçamento apertado. Contate o **American Youth Hostels** para mais informações.

CAMPINGS E TRAILERS

Os parques nacionais e estaduais sempre acolhem os que acampam em trailers e barracas *(pág. 610)*. Há também uma vasta rede de locais particulares para acampar, com instalações para trailers, tais como água, estações de dejetos, lugar para piqueniques e mercearias.

Camping do Yosemite National Park *(págs. 488-9)*

AGENDA

REDES DE HOTÉIS

Hilton
Tel (800) 445-8667
www.hilton.com

Holiday Inn
Tel (800) 465- 4329.
www.holidayinn.com

Hyatt
Tel (888) 591-1234.
www.hyatt.com

ITT Sheraton/Starwood
Tel (888) 625- 5144.
www.sheraton.com

Marriott
Tel (888) 236-2427.
www.marriott.com

Ramada
Tel (888) 298-2054.
www.ramada.com

Westin/Starwood
Tel (888) 625-5144.
www.westin.com

REDES DE MOTÉIS

Best Western
Tel (800) 780-7234.
www.bestwestern.com

Motel 6
Tel (800) 466-8356.
www.motel6.com

Quality Inn
Tel (800) 228-5151.
www.choicehotels.com

Travelodge
Tel (800) 578-7878.
www.travelodge.com

HOSPEDARIAS HISTÓRICAS

California Historic Country Inn
www.californiainns.com

BED AND BREAKFAST

California Association of Bed-and-Breakfast Inns
Tel (800) 373-9251. www.cabbi.com

QUARTOS EM CASA PARTICULAR

Intervac US
30 Corte San Fernando, Tiburon, CA 94920. *Tel (800) 756-4663*
www.intervacus.com

ALBERGUES DA JUVENTUDE

American Youth Hostels
8401 Colesville Rd, Salem Spring, MD 20910. *Tel (310) 495-1240.*
www.hiusa.org

São Paulo *Tel (011) 3258-0388*
www.alberguesp.com.br

Rio de Janeiro *Tel (021) 2531-1085* www.hostel.org.br

Como Escolher um Hotel

Os hotéis selecionados neste guia cobrem uma ampla gama de preços e quesitos como qualidade, comodidades e localização. As listagens destacam alguns fatores que podem pesar em sua escolha e são feitas por região, começando por Los Angeles. Mais detalhes sobre restaurantes nas págs. 568-605.

CATEGORIAS DE PREÇO
Por noite em quarto duplo standard na alta temporada, incluindo cobrança de taxas e serviços.

$ abaixo de US$100
$$ US$100-US$150
$$$ US$150-US$200
$$$$ US$200-US$250
$$$$$ acima de US$250

LOS ANGELES

AEROPORTO Hilton Los Angeles Airport — $$$$

5711 W Century Blvd, 90045 **Tel** *(310) 410-4000* **Fax** *(310) 410-6250* **Quartos** *1234* **Mapa rod.** *destaque A*

Um dos maiores hotéis de aeroporto do mundo, tem traslado para o aeroporto, um andar de trabalho para executivos com lounge privado e um saguão deslumbrante com três jardins onde os hóspedes podem relaxar. Todos os quartos têm internet de banda larga. **www.hilton.com**

AEROPORTO Sheraton Gateway Los Angeles Airport Hotel — $$$$

6101 W Century Blvd, 90045 **Tel** *(310) 642-1111* **Fax** *(310) 645-1414* **Quartos** *802* **Mapa rod.** *destaque A*

Com estilo de resort, este hotel próximo ao aeroporto tem um clima mais praiano. Comodidades para executivos incluem acesso sem fio à internet. Dispõe de pacotes bons para famílias. Vale a pena visitar o restaurante Shula's Steakhouse. **www.sheratonlosangeles.com**

AEROPORTO Westin Los Angeles Airport — $$$$

5400 W Century Blvd, 90045 **Tel** *(310) 216-5858* **Fax** *(310) 417-4545* **Quartos** *740* **Mapa rod.** *destaque A*

A quatro quarteirões do aeroporto, este hotel bem administrado tem quartos com modernas comodidades de trabalho, incluindo internet de banda larga, também presente nas áreas de uso comum. Há uma ótima academia e um bom restaurante no saguão. **www.starwoodhotels.com**

AEROPORTO Los Angeles Airport Marriott — $$$$$

5855 W Century Blvd, 90045 **Tel** *(310) 641-5700* **Fax** *(310) 337-5358* **Quartos** *1004* **Mapa rod.** *destaque A*

Bem próximo ao aeroporto, este hotel com serviço completo tem quartos espaçosos com modernas comodidades para trabalho, incluindo telefones com duas linhas, fax e internet sem fio. O excelente serviço engloba uma cafeteria interna, uma boa steakhouse e quatro restaurantes. **www.marriott.com**

BEL AIR Hotel Bel-Air — $$$$$

701 Stone Canyon Rd, 90077 **Tel** *(310) 472 1211, (800) 648-4097* **Fax** *(310) 476-5890* **Quartos** *92* **Mapa** *4 A2*

Este clássico de Los Angeles exala o glamour de celebridades e puro luxo em todos os detalhes. Os quartos, isolados, têm entrada privada cercada por jardins e contam com roupa de cama italiana, lareira e comodidades no banheiro. Providencia transporte de ida e volta para os bairros comerciais. **www.hotelbelair.com**

BEL AIR Luxe Hotel Sunset Boulevard — $$$$$

11461 Sunset Blvd, 90049 **Tel** *(310) 476-6571* **Fax** *(310) 440-0821* **Quartos** *161* **Mapa rodoviário** *destaque A*

Recluso e sofisticado, este hotel de luxo tem quartos de tamanho generoso, com internet de banda larga e mordomias dignas de spa, como roupões felpudos e sabonetes caros. Tem traslado diário grátis para o Getty Museum e oferece aulas de tênis com um instrutor profissional. **www.luxehotelsunsetblvd.com**

BEVERLY HILLS Beverly Hills Hotel and Bungalows — $$$$$

9641 Sunset Blvd, 90210 **Tel** *(310) 276-2251* **Fax** *(310) 887-2887* **Quartos** *204* **Mapa** *5 D5*

Nenhum detalhe escapa da equipe deste famoso hotel de Los Angeles, instalado em meio a belos jardins e próximo a todas as atrações e várias lojas da área. Muitos quartos têm um ar acolhedor e são espaçosos, contando com pátios privados e cozinhas equipadas. Há quadras de tênis e um spa completo. **www.beverlyhillshotel.com**

BEVERLY HILLS Beverly Hilton — $$$$$

9876 Wilshire Blvd, 90210 **Tel** *(310) 274-7777* **Fax** *(310) 285-1313* **Quartos** *69* **Mapa** *5 E4*

Uma reforma de milhões de dólares deu vida nova a este ícone de LA, que sedia o Golden Globe Awards e a maratona beneficente de Jerry Lewis. Os quartos reformados têm fina roupa de cama e comodidades modernas para executivos em viagem. Há um ótimo spa e estrutura para ginástica. Animais são bem-vindos. **www.beverlyhilton.com**

BEVERLY HILLS Beverly Wilshire Four Seasons Hotel — $$$$$

9500 Wilshire Blvd, 90212 **Tel** *(310) 275 5200* **Fax** *(310) 274-2851* **Quartos** *399* **Mapa** *5 F4*

Este refinado hotel de charme europeu fica no coração de Beverly Hills. Oferece quartos espaçosos e bem equipados na histórica Ala Wilshire ou na contemporânea Ala Beverly, de moderno visual clean. Oferece acesso à internet gratuito. **www.fourseasons.com**

Legenda dos símbolos *no final do guia*

BEVERLY HILLS The Crescent Hotel $$$$$

403 N Crescent Dr, 90210 ***Tel*** *(310) 247-0505* ***Fax*** *(310) 247-9053* ***Quartos*** *35* ***Mapa*** *5 E2*

Este hotel-butique exala uma elegância discreta e apelo contemporâneo. Os quartos bem projetados são equipados com TVs de tela plana e internet sem fio. No saguão há uma aconchegante lareira externa que atrai os românticos. **www.crescentbh.com**

BEVERLY HILLS Hotel Avalon $$$$$

9400 W Olympic Blvd, 90212 ***Tel*** *(310) 277-5221* ***Fax*** *(310) 277-4928* ***Quartos*** *84* ***Mapa*** *5 F4*

Esplêndido hotel-butique de meados do século 20, o Avalon oferece serviço cordial, hospedagem chique e localização central. O clima é sereno e os quartos são equipados com comodidades de última geração. O restaurante é detentor de prêmios; jante ao lado da piscina para uma noitada memorável. **www.avalonbeverlyhills.com**

BEVERLY HILLS Luxe Hotel Rodeo Drive $$$$$

360 N Rodeo Dr, 90210 ***Tel*** *(310) 273-0300, (800) 468-3541* ***Fax*** *(310) 859-8950* ***Quartos*** *88* ***Mapa*** *5 F3*

Bem situado para compras, este hotel intimista esbanja charme. Muitos quartos têm deques solares privados. Embora seja próximo a muitas atrações, oferece transporte até a cidade. Os hóspedes podem usar as instalações do Sunset, hotel da mesma rede. **www.luxehotelrodeodrive.com**

BEVERLY HILLS Maison 140 $$$$$

140 Lasky Dr, 90212 ***Tel*** *(310) 281-4000* ***Fax*** *(310) 281-4001* ***Quartos*** *43* ***Mapa*** *5 D2*

Este hotel pequeno oferece luxo sofisticado a um ótimo preço. Os belos quartos têm toques asiáticos e uma elegância retrô. Há comodidades como excelente roupa de cama, acessórios de banho e internet de banda larga. Tem ainda um bar concorrido. Café da manhã incluído. **www.maison140beverlyhills.com**

BEVERLY HILLS Peninsula Beverly Hills $$$$$

9882 S Santa Monica Blvd, 90212 ***Tel*** *(310) 551-2888* ***Fax*** *(310) 788-2319* ***Quartos*** *193* ***Mapa*** *5 E4*

A última palavra em luxo para ricos e famosos em LA, este hotel dá atenção meticulosa a detalhes. Os quartos são equipados com todas as comodidades, incluindo um controle remoto que opera quase tudo. Tem também um excelente spa e um restaurante. **www.peninsula.com**

CENTURY CITY Stars Inn $

10269 Santa Monica Blvd, 90067 ***Tel*** *(310) 556-3076* ***Fax*** *(310) 557-3551* ***Quartos*** *20* ***Mapa*** *5 E5*

Motel impecável, mas sem supérfluos, o Stars Inn tem ótima localização defronte ao Westfield Century City Shopping Center e acesso conveniente paras as principais rodovias da área. Algumas das unidades bem iluminadas contam com quitinete. Há lavanderia no local.

CENTURY CITY Hyatt Regency Century Plaza Hotel $$$$$

2025 Ave of the Stars, 90067 ***Tel*** *(310) 228-1234* ***Fax*** *(310) 551-3355* ***Quartos*** *726* ***Mapa*** *5 D5*

Ainda usufruindo a reforma de US$ 70 milhões que introduziu novos padrões de luxo ao local, este ícone de LA tem todos os confortos e hospeda há décadas chefes de Estado e astros de Hollywood. Os quartos são grandes e têm lindas vistas para a cidade ou a costa. O spa e o restaurante são de primeira classe. **www.centuryplazahotel.com**

CENTURY CITY Intercontinental Los Angeles $$$$$

2151 Ave of the Stars, 90067 ***Tel*** *(310) 284-6500, (877) 270-1390* ***Fax*** *(310) 277-9438* ***Quartos*** *363* ***Mapa*** *5 E5*

Renomado por suas comodidades para trabalho, este hotel moderno tem quartos espaçosos e bem conectados, com sacada ou pátio, e aparelhos de fax com números privados. Há extras como um ótimo spa e serviço de limusine para ir às compras e ao teatro. **www.intercontinentalhotelcenturycity.com**

DOWNTOWN Best Western Dragon Gate Inn $

818 N Hill St, 90012 ***Tel*** *(213) 617-3077* ***Fax*** *(213) 680-3753* ***Quartos*** *52* ***Mapa*** *11 F2*

Há pouco além do básico neste hotel limpo e cordial em Chinatown. Os quartos são espaçosos e têm conexão com a internet, cafeteira e refrigerador. Tem localização conveniente para a maioria das atrações da cidade. Café da manhã incluído. **www.dragongateinn.com**

DOWNTOWN Miyako Inn and Spa $

328 E 1st St, 90012 ***Tel*** *(213) 617-2000, (800) 228-6596* ***Fax*** *(213) 617-2700* ***Quartos*** *174* ***Mapa*** *11 F4*

Com hospitalidade à moda japonesa em Little Tokyo, este belo hotel é conhecido por sua extensa lista de tratamentos de spa e por seu animado lounge de karaokê. Os quartos têm estilo simples e oferecem as comodidades mais básicas. **www.miyakoinn.com**

DOWNTOWN The Mayfair $$

1256 W 7th St, 90017 ***Tel*** *(213) 484-9789* ***Fax*** *(213) 484-2769* ***Quartos*** *290* ***Mapa*** *10 C4*

Este hotel é popular junto a executivos de orçamento restrito, que gostam dos quartos limpos e bem equipados, e do excelente bufê de almoço do Orchid Gardens Restaurant. Tem bom acesso para o centro cívico, o bairro de confecções, Chinatown e Little Tokyo. Oferece estacionamento coberto seguro. **www.mayfairla.com**

DOWNTOWN Ramada Wilshire Center $$

3900 Wilshire Blvd, 90010 ***Tel*** *(213) 736-5222* ***Fax*** *(213) 736-5038* ***Quartos*** *86* ***Mapa rodoviário*** *destaque A*

Localizado no caminho e a uma distância conveniente para se visitar Hollywood, este hotel confiável tem bons quartos com leitos e roupa de cama confortáveis, e internet de banda larga. Seu restaurante serve steaks e sanduíches. **www.ramada.com**

DOWNTOWN Figueroa Hotel $$$

939 S Figueroa St, 90015 ***Tel*** *(213) 627-8971, (800) 421-9092* ***Fax*** *(213) 689-0305* ***Quartos*** *285* ***Mapa*** *10 C5*

Acolhedor e charmoso, este hotel antigo mas bem cuidado, no centro, mistura elementos do sul da Califórnia, México e Norte da África, obtendo um efeito eclético. Os quartos variam de tamanho e estilo, mas todos têm comodidades e roupa de cama macia. O serviço é excelente. **www.figueroahotel.com**

DOWNTOWN The Inn at 657 $$$

657 W 23nd St, 90007 ***Tel*** *(213) 741-2200, (800) 347-7512* ***Quartos*** *11* ***Mapa rodoviário*** *destaque A*

Parecido com um aconchegante apartamento de LA, este hotel tem suítes de um e dois quartos, com acesso para o jardim e agradáveis áreas de estar. Os quartos confortáveis e de decoração modesta em geral são claros e ensolarados. O preço inclui café da manhã e telefonemas locais. **www.patsysinn657.com**

DOWNTOWN Kyoto Grand Hotel and Garden $$$

120 S Los Angeles St, 90012 ***Tel*** *(213) 629-1200, (888) 354-0831* ***Fax*** *(213) 622-0980* ***Quartos*** *434* ***Mapa*** *11 E4*

Junto a Little Tokyo, este hotel em gracioso estilo japonês tem várias opções de comida japonesa. Um grande jardim tradicional conta com cascatas e pontes de madeira. Há também um miniônibus de cortesia que circula no centro, serviços de apoio a negócios, um spa e um fitness center. **www.kyotograndhotel.com**

DOWNTOWN Millennium Biltmore $$$

506 S Grand Ave, 90071 ***Tel*** *(213) 624-1011* ***Fax*** *(213) 612-1545* ***Quartos*** *683* ***Mapa*** *11 D4*

Ícone de LA, o Biltmore é ligado ao mundo cinematográfico e há anos hospeda celebridades e a realeza. Os quartos são regulares, um tanto pequenos, mas belamente mobiliados e bem equipados. Vale a pena relaxar no pomposo saguão em estilo espanhol. Fica em frente à Pershing Square. **www.millenniumhotels.com**

DOWNTOWN Westin Bonaventure Hotel and Suites $$$

404 S Figueroa St, 90071 ***Tel*** *(213) 624-1000* ***Fax*** *(213) 612-4800* ***Quartos*** *1364* ***Mapa*** *10 C5*

Um dos maiores hotéis de LA e marco da área central, o Westin Bonaventure é composto de torres circulares de vidro que já apareceram em filmes e na TV. Os quartos são espaçosos e bem decorados, e em sua maioria têm belas vistas para a cidade. O saguão repleto de lojas e restaurantes mais parece uma cidade. **www.starwoodhotels.com**

DOWNTOWN Holiday Inn City Center $$$$

1020 S Figueroa Street, 90015 ***Tel*** *(213) 748-1291* ***Fax*** *(213) 748-6028* ***Quartos*** *195* ***Mapa*** *10 C5*

Bem apresentáveis desde uma reforma geral, os quartos deste hotel bem cuidado têm camas confortáveis e áreas sociais separadas. O local tem aparelhos de ginástica. Defronte ao Staples Center, fica próximo às lojas e atrações do centro. **www.hicitycenter.com**

DOWNTOWN Los Angeles Athletic Club $$$$

431 W 7th St, 90014 ***Tel*** *(213) 625-2211* ***Fax*** *(213) 689-1194* ***Quartos*** *72* ***Mapa*** *11 D5*

Originalmente um clube privado, este hotel e polo recreativo tem imensos quartos e suítes de estilo vitoriano, com acesso à internet. Tarifas incluem o uso da academia, piscina e café da manhã continental. Fica próximo a todas as atrações do centro. **www.laac.com**

DOWNTOWN Hilton Checkers Hotel $$$$$

535 S Grand Ave, 90071 ***Tel*** *(213) 624-0000* ***Fax*** *(213) 626-9906* ***Quartos*** *188* ***Mapa*** *11 4D*

Datado da década de 1920, este luxuoso hotel tem serviços de primeira classe. Quartos grandes e relaxantes contam com banheiras de mármore e suntuosas comodidades no banho. No topo há uma piscina com deque. Dá para ir a pé aos teatros, ao centro de convenções e locais noturnos nas imediações. **www.hiltoncheckers.com**

DOWNTOWN Omni Los Angeles California Plaza $$$$$

51 S Olive St, 90012 ***Tel*** *(213) 617-3300* ***Fax*** *(213) 617-3399* ***Quartos*** *453* ***Mapa*** *11 4D*

Este interessante hotel de porte médio tem localização ideal para ir às compras ou museus. Os quartos grandes e elegantes são do agrado de executivos e turistas que apreciam conforto. O restaurante interno, Noe, vale uma conferida. Há serviço de transporte para quem vai ao teatro. **www.omnihotels.com**

DOWNTOWN Sheraton Los Angeles Downtown $$$$$

711 S Hope St, 90017 ***Tel*** *(213) 488-3500* ***Fax*** *(213) 488-4110* ***Quartos*** *485* ***Mapa*** *11 D4*

Anteriormente operado pela Hyatt, este hotel no Financial District ganhou outro nome, repaginação total e um novo clima. Os quartos grandes e bem decorados têm equipamentos para quem vem a trabalho. O lounge no saguão é elegante e relaxante. O hotel é ligado ao complexo de compras da Plaza da Macy's. **www.starwoodhotels.com**

GLENDALE Chariot Inn Motel $$

1118 E Colorado St, 91205 ***Tel*** *(818) 507-9600* ***Fax*** *(818) 507-9774* ***Quartos*** *30* ***Mapa rod.*** *destaque A*

Com quartos silenciosos e confortáveis, este hotel simples à beira da estrada fica entre o centro de LA e Pasadena. Todos os quartos têm ar-condicionado e alguns contam com banheiras de hidromassagem. Tem piscina aquecida ao ar livre e serve café da manhã continental. **www.chariotinn.com**

GLENDALE Hilton Glendale Hotel $$$

100 W Glenoaks Blvd, 91202 ***Tel*** *(818) 956-5466* ***Fax*** *(818) 956-5490* ***Quartos*** *351* ***Mapa rod.*** *destaque A*

Bem administrado e bem localizado, este hotel oferece fácil acesso por estrada a muitos pontos de interesse em LA. Os quartos contam com acesso à internet e outras comodidades para executivos. Oferece piscina, spa e um fitness center completo. A equipe é cordial e eficiente. Disponibiliza transporte de cortesia. **www.hilton.com**

Categorias de preço *pág. 524* **Legenda dos símbolos** *no final do guia*

HOLLYWOOD Beverly Garland's Holiday Inn $$

4222 Vineland Ave, 91602 ***Tel*** *(818) 980-8000* ***Fax*** *(818) 766-5230* ***Quartos*** *255* ***Mapa rod.*** *destaque A*

Localizado em North Hollywood, perto dos Universal Studios, este tranquilo hotel familiar tem quartos com sacada ou pátio privado, assim como um restaurante. Há acesso à internet sem fio por todo o local. Crianças abaixo de 12 anos não pagam estada nem refeições. **www.beverlygarland.com**

HOLLYWOOD Hollywood Orchid Suites $$

1753 Orchid Ave, 90028 ***Tel*** *(323) 874-9678, (800) 537-3052* ***Fax*** *(323) 874-9931* ***Quartos*** *40* ***Mapa*** *2 B4*

Poucos hotéis têm acesso mais fácil a grandes atrações de Hollywood do que este, composto de apartamentos reformados, que fica bem atrás do famoso Chinese Theater. Há suítes de dois quartos, assim como quartos asseados e bem decorados, alguns dos quais com quitinete. **www.orchidsuites.com**

HOLLYWOOD Ramada Hollywood Hotel $$

1160 N Vermont Ave, 90029 ***Tel*** *(323) 315-1800* ***Fax*** *(323) 660-8069* ***Quartos*** *130* ***Mapa rod.*** *destaque A*

Este hotel dirigido por uma empresa tem muitas comodidades, incluindo várias específicas para famílias. Repaginado recentemente, oferece estrutura completa para conferências. Vários parques de diversão ficam próximos ao hotel, o qual oferece traslado para os Universal Studios. **www.ramada.com**

HOLLYWOOD Magic Castle Hotel $$$

7025 Franklin Ave, 90028 ***Tel*** *(323) 851-0800, (800) 741-4915* ***Fax*** *(323) 851-4926* ***Quartos*** *40* ***Mapa*** *2 B4*

Este clássico hotel, perto do Hollywood and Highland Entertainment Center, é renomado por sua equipe atenciosa, preço compatível e extravagante visual de castelo. Espaçosas suítes e estúdios são equipados com roupas de cama confortáveis, comodidades no banho e cozinhas completas. Não perca o show de mágica. **www.magiccastlehotel.com**

HOLLYWOOD San Vicente Inn $$$

845 N San Vicente Blvd, 90069 ***Tel*** *(310) 854-6915* ***Fax*** *(310) 289-5929* ***Quartos*** *44* ***Mapa*** *6 B1*

Em West Hollywood, este hotel de pequeno porte, com uma butique exclusivamente masculina, fica próximo às lojas e atrações da Melrose Avenue e do Santa Monica Boulevard. Os quartos são bem contemporâneos e plenos de comodidades. As instalações de manutenção impecável são maravilhosamente isoladas. **www.sanvicenteinn.com**

HOLLYWOOD Farmer's Daughter Hotel $$$$

115 S Fairfax Ave, 90036 ***Tel*** *(323) 937-3930, (800) 334-1658* ***Fax*** *(323) 932-1608* ***Quartos*** *66* ***Mapa*** *2 B4*

Charme rural e sofisticação urbana estão presentes neste elegante hotel do outro lado do famoso Farmers Market e dos CBS Studios. Os quartos são espaçosos e confortáveis, e têm toques especiais para eles e elas. Há um restaurante *fusion* no lobby. **www.farmersfdaughterhotel.com**

HOLLYWOOD Renaissance Hollywood Hotel $$$$

1755 N Highland Ave, 90028 ***Tel*** *(323) 856-1200, (800) 769-4774* ***Fax*** *(323) 856-1205* ***Quartos*** *637* ***Mapa*** *2 B4*

Com localização central, este hotel tem quartos com vistas amplas para Hollywood. Alguns têm janelas envidraçadas com bela vista, um pequeno piano de cauda e hidromassagem. Passe uma tarde relaxante na piscina no topo. Próximo a boas lojas e muitas atrações turísticas. Serviço simpático e cortês. **www.renaissancehollywood.com**

HOLLYWOOD Hollywood Roosevelt Hotel $$$$$

7000 Hollywood Blvd, 90028 ***Tel*** *(323) 466-7000* ***Fax*** *(323) 462-8056* ***Quartos*** *300* ***Mapa*** *2 B4*

A história e o glamour da velha Hollywood revivem neste clássico recém-repaginado, que está conquistando uma nova popularidade junto aos jovens e modernos. Os quartos são elegantes, nisso incluindo suítes em estilo de cabana em torno de um pátio com piscina. Bom para avistar celebridades. **www.hollywoodroosevelt.com**

HOLLYWOOD The Standard Hotel Hollywood $$$$$

8300 Sunset Blvd, 90069 ***Tel*** *(323) 650-9090* ***Fax*** *(323) 650-2820* ***Quartos*** *163* ***Mapa*** *2 B4*

Este hotel na Sunset Strip exala modernidade e ousadia, mas os preços são razoáveis. Os quartos são despojados, porém charmosos. Reserve um quarto "econômico" para poder gastar com drinques no lounge ultrachique ou ficar de olho em celebridades no restaurante em estilo de lanchonete. **www.standardhotel.com**

LONG BEACH Super 8 Motel $

4201 E Pacific Hwy, 90804 ***Tel*** *(562) 597-7701* ***Fax*** *(562) 494-7373* ***Quartos*** *49* ***Mapa rod.*** *destaque A*

Boa opção econômica para solteiros e famílias, este motel tem quartos limpos e confortáveis; alguns contam com quitinete. Fica próximo a atrações como o *Queen Mary* e o aquário. O serviço é solícito e cortês. **www.super8motel.com**

LONG BEACH Coast Long Beach Hotel $$

700 Queensway Dr, 90802 ***Tel*** *(562) 435-7676* ***Fax*** *(562) 437-0866* ***Quartos*** *195* ***Mapa rod.*** *destaque A*

A relação custo-benefício é ótima neste hotel simpático defronte à praia. Os quartos bem decorados têm acesso de banda larga grátis. Alguns têm sacada com vista para o jardim ou para o mar. O hotel fica perto de atrações locais. Café da manhã incluído. **www.jdvhotels.com**

LONG BEACH Inn of Long Beach $$

185 Atlantic Ave, 90802 ***Tel*** *(562) 435-3791,* ***Fax*** *(562) 436-7510* ***Quartos*** *50* ***Mapa rod.*** *destaque A*

Com uma conveniente localização central e a alguns passos da praia, este hotel agradável tem quartos grandes e confortáveis. A piscina e um pátio fechado de tamanho generoso são ótimos para famílias. Ligações locais são grátis, assim como o transporte para a cidade. **www.innoflongbeach.com**

LONG BEACH Hotel Queen Mary $$$$

1126 Queen's Hwy, 90802 **Tel** *(562) 435-3511* **Fax** *(562) 437-4531* **Quartos** *365* **Mapa rodoviário** *destaque A*

Os hóspedes deste navio de cruzeiro recém-restaurado podem fazer passeios marítimos e aprender um pouco sobre a história dos oceanos. Os quartos foram repaginados, ganhando comodidades modernas. O restaurante e o spa são de primeira classe. O Ghost Tour é diversão garantida. **www.queenmary.com**

LONG BEACH Hyatt Regency $$$$$

200 S Pine Ave, 90802 **Tel** *(562) 491-1234* **Fax** *(562) 983-1491* **Quartos** *522* **Mapa rodoviário** *destaque A*

Com ótima localização ao lado do porto, este hotel é procurado por participantes de convenções e executivos. Os quartos recém-modernizados são bem decorados e oferecem muitas comodidades. Entre as opções de lazer estão uma piscina externa aquecida e uma academia completa. **www.longbeach.hyatt.com**

LONG BEACH Renaissance Long Beach Hotel $$$$$

111 E Ocean Blvd, 90802 **Tel** *(562) 437-5900* **Fax** *(562) 499-2509* **Quartos** *373* **Mapa rodoviário** *destaque A*

Este hotel grande tem ótimo acesso para o centro e é próximo às atrações do porto. Uma reforma recente em todos os quartos e áreas de uso comum incluiu a instalação de acesso de banda larga. Outras comodidades são um balcão de reservas de carros e dois bons restaurantes. **www.renaissancelongbeach.com**

MALIBU Casa Malibu Inn on the Beach $$$$

22752 Pacific Coast Hwy, 90265 **Tel** *(310) 456-2219* **Fax** *(310) 456-5418* **Quartos** *21* **Mapa rod.** *destaque A*

Este pequeno e cordial hotel praiano preserva parte do velho charme litorâneo. Os quartos têm ar intimista. Alguns têm lareira e muitos ganharam banheiras azulejadas. Há comodidades como roupa de cama de primeira, DVD e acesso sem fio à internet. O hotel tem um deque solar isolado e uma faixa de praia privada.

MALIBU Malibu Beach Inn $$$$$

22878 Pacific Coast Hwy, 90265 **Tel** *(310) 456-6444* **Fax** *(310) 456-1999* **Quartos** *47* **Mapa rod.** *destaque A*

Luxuoso hotel intimista com vista para o Pacífico, o Malibu Beach Inn gaba-se de ter uma praia privada. Todos os quartos são claros, decorados em estilo Mission e contam com roupas de cama confortáveis. Com seu ar de casa de veraneio, tem deques com vista para o mar. **www.malibubeachinn.com**

MARINA DEL REY Foghorn Harbor Inn $$

4140 Via Marina, 90292 **Tel** *(310) 823-4626* **Fax** *(310) 578-1964* **Quartos** *23* **Mapa rodoviário** *destaque A*

Próximo à praia, este hotel modesto é de boa valia considerando sua localização. Os quartos são espaçosos e confortáveis, e têm pátios ou sacadas. Há comodidades como acesso sem fio à internet e café da manhã continental de cortesia. A equipe é charmosa e educada. **ww.foghornhotel.com**

MARINA DEL REY Marina del Rey Hotel $$

13534 Bali Way, 90292 **Tel** *(310) 301-1000* **Fax** *(310) 301-8167* **Quartos** *157* **Mapa rodoviário** *destaque A*

Com acesso fácil para a praia e a marina, este hotel confortável oferece quartos bem decorados, com muitas comodidades para executivos. Alguns têm sacada ou pátio privado com vista para o mar. Há um relaxante lounge de frente para a praia. Oferece traslado grátis para o aeroporto. **www.marinadelreyhotel.com**

MONROVIA Doubletree Monrovia $$$

924 W Huntington Dr, 91016 **Tel** *(626) 357-1900* **Fax** *(626) 359-1386* **Quartos** *171* **Mapa rod.** *destaque A*

Próximo a atrações como a Santa Anita Racetrack e o Rose Bowl. Os quartos são espaçosos e de bom gosto, e alguns têm internet sem fio. Os hóspedes ganham descontos em algumas atrações, incluindo passeios à Universal Studios. Há um ótimo restaurante. **www.doubletree.com**

PASADENA Artist's Inn $$

1038 Magnolia St, 91030 **Tel** *(626) 799-5668, (888) 799-5668* **Fax** *(626) 799-3678* **Quartos** *10* **Mapa rod.** *destaque A*

Ao sul de Pasadena, este hotel acolhedor e confortável fica perto da estação de trem e a alguns passos de Old Pasadena. Cada quarto é decorado em um estilo inspirado em algum artista da região. O café da manhã é altamente elogiado. **www.artistsinns.com**

PASADENA Comfort Inn Eagle Rock $$

2300 W Colorado Blvd, 90041 **Tel** *(323) 256-1199* **Fax** *(323) 255-7768* **Quartos** *58* **Mapa rod.** *destaque A*

Instalado em um belo local de fácil acesso para o Rose Bowl, o Comfort Inn é uma opção preferencial de hospedagem na área. Os quartos são despojados, mas têm alguns confortos, a exemplo de TV por satélite. Vale a pena para famílias de orçamento apertado. Café da manhã incluído. **www.choicehotels.com**

PASADENA The Bissell House Bed and Breakfast $$$$

201 Orange Grove Ave, 91030 **Tel** *(626) 441-3535, (800) 441-3530* **Fax** *(626) 441-3671* **Quartos** *5* **Mapa rod.** *destaque A*

Antiga mansão privada em uma área da cidade conhecida como "Millionaire's Row", o Bissell House é um B&B intimista com apelo histórico. Cada quarto de decoração exclusiva é equipado com acesso à internet, móveis de época e suntuosa roupa de cama. **www.bissellhouse.com**

PASADENA Hilton Pasadena $$$$$

168 South Los Robles Ave, 91101 **Tel** *(626) 577-1000* **Fax** *(626) 584-3148* **Quartos** *296* **Mapa rod.** *destaque A*

A alguns passos da área central, este hotel bom para executivos modernizou recentemente os quartos e áreas de uso comum. Os quartos têm móveis tradicionais e confortáveis, e o local dispõe de piscina, sala com aparelhos de ginástica e do restaurante Trevos, que serve excelente cozinha californiana. Organiza passeios mediante solicitação. **www.hilton.com**

Categorias de preço *pág. 524* **Legenda dos símbolos** *no final do guia*

PASADENA Langhan Huntingdon Hotel $$$$$

1401 S Oak Knoll Ave, 91106 ***Tel*** *(626) 568-3900* ***Fax*** *(626) 568-3700* ***Quartos*** *80* ***Mapa rod.*** *destaque A*

Pleno de luxo e sofisticação, este hotel tem serviço impecável e uma localização isolada do alvoroço do centro da cidade. As instalações são tranquilas e bem cuidadas. O edifício histórico oferece comodidades modernas em todos os quartos, como roupa de cama e roupões de primeira classe. Uma grande atração é o spa completo. **www.pasadena.langham.hotels.com**

PASADENA Sheraton Pasadena $$$$$

303 E Cordova St, 91101 ***Tel*** *(626) 449-4000, (888) 716-8130* ***Fax*** *(626) 584-1390* ***Quartos*** *317* ***Mapa rod.*** *destaque A*

Este hotel no centro oferece muitas vantagens para executivos, incluindo um business center 24 horas. Os quartos são espaçosos e bem equipados. Para lazer há um fitness center completo e quadras de tênis. É ligado ao centro de convenções. **www.sheratonpasadena.com**

REDONDO BEACH Portofino Hotel & Yacht Club $$$$$

260 Portofino Way, 92077 ***Tel*** *(800) 468-4292* ***Fax*** *(310) 372-7329* ***Quartos*** *161* ***Mapa rodoviário*** *destaque A*

Dos balcões e das janelas dos quartos deste hotel de frente para o mar, os hóspedes podem ver pelicanos e golfinhos, barcos a vela e o pôr do dol. Os quartos tem internet sem fio e podem-se alugar bicicletas com desconto. O restaurante Baleen apresenta cardápio New American, rico em frutos do mar frescos do local. **www.hotelportofino.com**

SANTA MONICA Best Western Gateway Hotel $$$

1920 Santa Monica Blvd, 90404 ***Tel*** *(310) 829-9100* ***Fax*** *(310) 829-9211* ***Quartos*** *123* ***Mapa rod.*** *destaque A*

Localizado no centro, este hotel econômico tem um ar europeu reforçado pela equipe poliglota. Os quartos são básicos, com poucas mordomias, porém confortáveis. Acesso à internet e ligações locais gratuitas. Serviços complementares incluem traslado para a praia e a Third Street Promenade. **www.bestwestern.com**

SANTA MONICA Hotel Carmel $$$

201 Broadway, 90401 ***Tel*** *(310) 451-2469, (800) 445-8695* ***Fax*** *(310) 393-4180* ***Quartos*** *96* ***Mapa rod.*** *destaque A*

Um dos pioneiros da área, este resort clássico recuperou seu esplendor da década de 1920. Os quartos em estilo praiano são grandes e oferecem muitas comodidades. O hotel fica perto do mar e de áreas boas para compras. Todo dia passeios pela área partem do saguão. Café da manhã incluído. **www.hotelcarmel.com**

SANTA MONICA Hotel California $$$$

1670 Ocean Ave, 90401 ***Tel*** *1-866-269-3662, (310) 393-2363* ***Fax*** *(310) 393-1063* ***Quartos*** *26* ***Mapa rod.*** *dest. A*

Ótimo achado entre os sofisticados resorts praianos da área, este hotel de preço compatível oferece confortos modernos e vista para o mar. Os quartos são claros e oferecem roupa de cama elegante e produtos de banho. Próximo ao Santa Monica Pier e repleto de atividades praianas. Café da manhã incluído. **www.hotelca.com**

SANTA MONICA Huntley Santa Monica Beach $$$$

1111 2nd St, 90403 ***Tel*** *(310) 394-5454* ***Fax*** *(310) 458-9776* ***Quartos*** *209* ***Mapa rodoviário*** *destaque A*

Aqui características modernas são combinadas com sucesso nesse antigo e elegante arranha-céus a um quarteirão da praia e perto das lojas da área. Os quartos são equipados com conexão de banda larga à internet, TV de plasma e DVD. **www.thehuntleyhotel.com**

SANTA MONICA Doubletree Guest Suites $$$$$

1707 4th St, 90401 ***Tel*** *(310) 395-3332* ***Fax*** *(310) 452-7399* ***Quartos*** *253* ***Mapa rodoviário*** *destaque A*

Hotel grande próximo à praia, o Doubletree tem suítes espaçosas de dois quartos. Entre as comodidades modernas dos quartos estão acesso de banda larga à internet e telefones de duas linhas. Perto da marina e com acesso fácil para as autoestradas, é ideal para famílias com crianças. **www.doubletree.com**

SANTA MONICA Fairmont Miramar Hotel & Bungalows $$$$$

101 Wilshire Blvd, 90401 ***Tel*** *(310) 576-7777* ***Fax*** *(310) 458-7912* ***Quartos*** *302* ***Mapa rodoviário*** *destaque A*

Luxuosamente decorado e na encosta de um penhasco, o Fairmont Miramar é um refúgio frequente dos ricos e famosos. Os bangalôs isolados em meio ao verde propiciam privacidade, e muitos quartos têm vista panorâmica para o oceano. Há várias mordomias, incluindo um spa e uma academia. **www.fairmont.com**

SANTA MONICA Loews Santa Monica Beach Hotel $$$$$

1700 Ocean Ave, 90401 ***Tel*** *(310) 458-6700* ***Fax*** *(310) 458-6761* ***Quartos*** *342* ***Mapa rodoviário*** *destaque A*

O serviço personalizado a cargo da atenciosa equipe deste hotel quatro diamantes em estilo de resort garante uma estada memorável. O saguão é ladeado por palmeiras. Os quartos têm vista fabulosa para o mar. Há também um fitness center completo e um spa. Aceita animais de estimação e tem atividades para as crianças. **www.santamonicaloewshotel.com**

SANTA MONICA Sheraton Delfina Santa Monica $$$$$

530 Pico Blvd, 90405 ***Tel*** *(310) 399-9344* ***Fax*** *(310) 399-2504* ***Quartos*** *308* ***Mapa rodoviário*** *destaque A*

Recentemente repaginado, este hotel oferece confortos de última geração em seus quartos contemporâneos, incluindo roupa de cama sofisticada e luxuosos sabonetes. Muitos têm vista para o mar. Outras comodidades são um avançado fitness center e acesso sem fio à internet. **www.sheratonsantamonica**. com

SANTA MONICA Shutters on the Beach $$$$$

1 Pico Blvd, 90405 ***Tel*** *(310) 458-0030* ***Fax*** *(310) 458-4589* ***Quartos*** *198* ***Mapa rodoviário*** *destaque A*

Este suntuoso hotel litorâneo é um conhecido refúgio de celebridades e milionários. Uma reforma recente introduziu mais mordomias nos quartos, no excelente restaurante e no spa de primeira. Os quartos oferecem conforto e elegância casual, além de acesso fácil à praia. **www.shuttersonthebeach.com**

SANTA MONICA The Georgian Hotel $$$$$

1415 Ocean Ave, 90401 ***Tel*** *(310) 395-9945* ***Fax*** *(310) 451-3374* ***Quartos*** *84* ***Mapa rodoviário*** *destaque A*

Uma bela parcela do luxo litorâneo é encontrada neste histórico hotel quatro diamantes, que oferece conforto absoluto em todas as dependências e vista para o mar na maioria dos quartos. Bem preservado, fica próximo à praia e a restaurantes e lojas locais. Animais de estimação são bem-vindos. **www.georgianhotel.com**

UNIVERSAL CITY Hilton Los Angeles Universal City $$$

555 Hollywood Dr, 91608 ***Tel*** *(818) 506-2500, (800) 538-8147* ***Fax*** *(818) 509-2058* ***Quartos*** *453* ***Mapa rod.*** *destaque A*

Este grande hotel familiar fica convenientemente instalado do outro lado da entrada da Universal CityWalk. Os quartos têm mordomias como camas imensas, armários grandes e acesso à internet. Há um fitness e business center. **www.hilton.com**

UNIVERSAL CITY Sheraton Universal $$$$$

333 Universal Hollywood Dr, 91608 ***Tel*** *(866) 716-8130* ***Fax*** *(818) 985-4980* ***Quartos*** *436* ***Mapa rod.*** *destaque A*

Marco da Universal City desde 1969, o Sheraton fica no terreno atrás dos Universal Studios. Todos os quartos têm acesso de banda larga à internet. Os serviços incluem lavanderia e babás. O restaurante California's oferece cozinha contemporânea. Faz traslado para a CityWalk. Aceita animais de estimação. **www.sheraton.com/universal**

VAN NUYS Holiday Inn Express Van Nuys $$

8244 Orion Ave, 91406 ***Tel*** *(818) 989-5010, (800) 315-2621* ***Fax*** *(818) 909-0408* ***Quartos*** *132* ***Mapa rod.*** *destaque A*

A dez minutos dos parques temáticos Magic Mountain e Universal Studios, este hotel de preço conveniente tem quartos espaçosos com área de trabalho e serviço eficiente. Acesso sem fio à internet no saguão, uma piscina aquecida e um generoso café da manhã são algumas das comodidades oferecidas. **www.hiexpress.com**

VENICE The Cadillac Hotel $$

8 Dudley Ave, 90291 ***Tel*** *(310) 399-8876* ***Fax*** *(310) 399-4536* ***Quartos*** *41* ***Mapa rodoviário*** *destaque A*

Os quartos têm bela vista para o mar neste hotel moderno e de preço acessível, localizado na passarela da famosa Venice Beach. Uma atmosfera elegante contagia o histórico hotel, que tem spa e acesso à internet. Ideal para uma estada confortável, mas sem afetação. Perto de restaurantes, lojas e locais noturnos. **www.thecadillachotel.com**

VENICE BEACH Hotel Erwin $$$

1697 Pacific Ave, 90291 ***Tel*** *(310) 452-1111* ***Fax*** *(310) 452-5479* ***Quartos*** *115* ***Mapa rodoviário*** *destaque A*

Situado na famosa Boardwalk, o hotel oferece tarifas atrativas para estadas prolongadas. Os quartos são bons e contam com algumas comodidades, como acesso à internet. As suítes têm cozinha e lareira. Disponibiliza café da manhã continental e ligações locais gratuitas. **www.hotelerwin.com**

VENICE The Inn at Venice Beach $$$$

327 Washington Blvd, 90291 ***Tel*** *(310) 821-2557* ***Fax*** *(310) 827-0289* ***Quartos*** *43* ***Mapa rodoviário*** *destaque A*

Os quartos são claros e alegres neste agradável hotel, a apenas um quarteirão da famosa Venice Beach Boardwalk e ao lado da enseada de iates. Há comodidades como internet sem fio grátis e um saboroso café da manhã continental. A equipe é acolhedora e solícita. **www.innatvenicebeach.com**

VENICE BEACH The Venice Beach House $$$$$

15 30th Ave, 90291 ***Tel*** *(310) 823-1966* ***Fax*** *(310) 823-1842* ***Quartos*** *9* ***Mapa rodoviário*** *destaque A*

Próximo à praia, este histórico B&B tem caráter intimista e instalações bem cuidadas. Apostando na exclusividade, cada quarto é decorado com um tema, a exemplo da Speedway Room e da Olympics Suite. O café da manhã é de primeira classe. **www.venicebeachhouse.com**

WEST HOLLYWOOD Best Western Sunset Plaza $$$$

8400 Sunset Blvd, 90069 ***Tel*** *(323) 654-0750* ***Fax*** *(323) 650-6146* ***Quartos*** *100* ***Mapa*** *6 C1*

Surpreendentemente elegante para um hotel de rede, tem quartos atrativos e repletos de comodidades, como acesso à internet, e uma localização central na Sunset Strip. A piscina fica em um agradável pátio ajardinado. O café da manhã continental é bem elaborado. **www.sunsetplazahotel.com**

WEST HOLLYWOOD Andaz West Hollywood Hotel $$$$$

8401 Sunset Blvd, 90069 ***Tel*** *(323) 656-1234* ***Fax*** *(323) 650-7024* ***Quartos*** *262* ***Mapa*** *6 C1*

O Andaz deixou de ser um ponto de encontro para se tornar uma versão totalmente renovada do velho Hyatt, voltada aos viajantes mais exigentes. Os quartos de alto nível são estilosos e confortáveis. O hotel se orgulha da atenção dada aos detalhes e de seu luxo. **www.andaz.com**

WEST HOLLYWOOD Chateau Marmont $$$$$

8221 Sunset Blvd, 90046 ***Tel*** *(323) 656-1010* ***Fax*** *(323) 655-5311* ***Quartos*** *63* ***Mapa*** *1 B5*

Com uma fama bem documentada como refúgio de celebridades, o Chateau Marmont tem quartos standard, suítes e chalés privados. Todos oferecem muitas comodidades e serviço impecável a cargo da equipe atenciosa. O deque da piscina tem bela vista para a Strip e o vale ao redor. **www.chateaumarmont.com**

WEST HOLLYWOOD Le Parc Suites $$$$$

733 N West Knoll Ave, 90069 ***Tel*** *(310) 855-8888* ***Fax*** *(310) 659-7812* ***Quartos*** *154* ***Mapa*** *4 A4*

Este hotel elegante fica numa área residencial da cidade, isolado do burburinho. Os quartos são silenciosos e aconchegantes, com roupa de cama confortável e modernidades como CD-players e acesso grátis à internet. Tem uma bela piscina, um spa completo e um fitness center. **www.leparcsuites.com**

Categorias de preço *pág. 524* **Legenda dos símbolos** *no final do guia*

WEST HOLLYWOOD Mondrian Hotel $$$$$

8440 Sunset Blvd, 90069 ***Tel*** *(323) 650-8999* ***Fax*** *(323) 650-5215* ***Quartos*** *237* ***Mapa*** *6 C1*

Um dos lugares mais badalados da Strip, o elegante Mondrian tem quartos espaçosos com cozinha completa, bons espaços de trabalho e linda vista da cidade. A decoração é minimalista e de bom gosto. A piscina e o lounge são áreas para se ver e ser visto. O restaurante Asia de Cuba é altamente concorrido. **www.mondrianhotel.com**

WEST HOLLYWOOD Sunset Tower Hotel $$$$

8358 Sunset Blvd, 90069 ***Tel*** *(323) 654-7100* ***Fax*** *(323) 654-9287* ***Quartos*** *74* ***Mapa*** *6 C1*

Belo hotel Art Déco com uma longa história em Hollywood, tem quartos elegantes e bem equipados, variando do tamanho standard a lindas suítes aconchegantes. Embora pequeno, o deque da piscina é ótimo para avistar celebridades e relaxar sob o sol do sul da Califórnia. O restaurante tem alta cotação. **www.sunsettowerhotel.com**

WESTWOOD Royal Palace Westwood Hotel $$

1052 Tiverton Ave, 90024 ***Tel*** *(310) 208-6677* ***Fax*** *(310) 824-3732* ***Quartos*** *35* ***Mapa*** *4 A4*

Este pequeno hotel é uma opção barata no coração de Westwood Village, a alguns passos de museus, lojas, restaurantes e do campus da UCLA. Os quartos são regulares, com varandas e pátios. A equipe é cordial e solícita. Oferece café da manhã de cortesia. **www.royalpalacewestwood.com**

WESTWOOD Hilgard House Hotel $$$$

927 Hilgard Ave, 90024 ***Tel*** *(310) 208-3945, (800) 826-3934* ***Fax*** *(310) 208-1972* ***Quartos*** *47* ***Mapa*** *4 A4*

Acolhedor e acessível, o Hilgard House fica perto do campus da UCLA e a alguns passos do Armand Hammer Museum. Alguns dos quartos sofisticados de estilo europeu têm hidromassagem e quitinete. Fornece acesso sem fio à internet e café da manhã continental. **www.hilgardhouse.com**

WESTWOOD Palomar $$$$$

10740 Wilshire Blvd, 90024 ***Tel*** *(310) 475-8711, (800) 472-8556* ***Fax*** *(310) 475-5220* ***Quartos*** *264* ***Mapa rod.*** *C5*

Com localização central, este hotel grande e completo tem bom acesso para muitas atrações locais. Os quartos recém-repaginados são equipados com comodidades sofisticadas. Tem um restaurante gourmet e aceita animais de estimação. **www.hotelpalomar-lawestwood.com**

WESTWOOD W Los Angeles Westwood $$$$$

930 Hilgard Ave, 90024 ***Tel*** *(310) 208-8765* ***Fax*** *(310) 824-0355* ***Quartos*** *258* ***Mapa rod.*** *C5*

Nste hotel moderno os quartos são grandes, elegantes e equipados com todas as comodidades imagináveis. Há um spa de última geração, duas piscinas ao ar livre e o famoso serviço "qualquer coisa a qualquer hora" a cargo da equipe cortês. O lounge e o bar sofisticados contribuem para a atmosfera vibrante. **www.starwoodhotels.com**

CENTRO-SUL

BAKERSFIELD Courtyard by Marriott $$$

3601 Marriott Dr, 93308 ***Tel*** *(661) 324-6660* ***Fax*** *(661) 324-1185* ***Quartos*** *146* ***Mapa rod.*** *C5*

Despojado e moderno, este hotel de rede fica perto do aeroporto local e oferece muitas comodidades para executivos, como acesso grátis à internet de banda larga e espaçosas estações de trabalho nos quartos. Tem uma jacuzzi e uma piscina **www.marriott.com**

CAMBRIA Best Western Fireside Inn $$

6700 Moonstone Beach Dr, 93428 ***Tel*** *(805) 927-8661, (888) 910-7100* ***Fax*** *(805) 927-8584* ***Quartos*** *46* ***Mapa rod.*** *B5*

Este hotel romântico na Moonstone Beach tem quartos de tamanho generoso com os confortos básicos e acesso à internet. Próximo ao povoado de Cambria, tem bom acesso para atrações locais, incluindo o Hearst Castle. **www.bestwesternfiresideinn.com**

CAMBRIA San Simeon Pines Seaside Resort $$

7200 Moonstone Beach Dr, 93428 ***Tel*** *(805) 927-4648* ***Fax*** *(805) 927-5991* ***Quartos*** *58* ***Mapa rod.*** *B5*

Em estilo de motel e próximo à praia e do Hearst Castle, o San Simeon tem quartos aconchegantes com leitos grandes e ótima roupa de cama; vários têm lareira. Alguns chalés contam com quintais ajardinados. Algumas partes do hotel são exclusivas para adultos, mas também há quartos para famílias. Tem um campo de golfe. **www.sspines.com**

CAMBRIA Burton Drive Inn $$$

4022 Burton Dr, 93428 ***Tel*** *(805) 927-5125, (800) 572-7442* ***Quartos*** *12* ***Mapa rod.*** *B5*

Em meio a lojas e galerias do centro de Cambria e perto do Hearst Castle, o charmoso Burton Drive Inn tem suítes e quartos grandes e um serviço cordial. Os quartos são decorados com peças de época, e os banheiros têm mordomias de spa, como sabonetes e roupões de luxo. **www.burtoninn.com**

CAMBRIA Blue Whale Inn $$$$$

6736 Moonstone Beach, 93428 ***Tel*** *(805) 927-4647, (800) 753-9000* ***Fax*** *(805) 927-3852* ***Quartos*** *6* ***Mapa rod.*** *B5*

B&B premiado perto do Hearst Castle, este luxuoso hotel quatro diamantes fica em um penhasco acima da orla. Cada quarto tem decoração própria, incluindo uma romântica lareira, cama de dossel, banheiro luxuoso e uma bela vista para o mar. O serviço é cordial e o café da manhã generoso. **www.bluewhaleinn.com**

MONTECITO Montecito Inn $$$

1295 Coast Village Rd, 93108 ***Tel*** *(805) 969-7854, (800) 843-2017* ***Fax*** *(805) 969-0623* ***Quartos*** *61* ***Mapa rod.*** *C5*

Construído em 1928 por Charlie Chaplin, o Montecito Inn tem o acervo completo de filmes do lendário ator. Em confortável estilo mediterrâneo, o hotel tem toques de luxo e fácil acesso à praia. É equipado com acessórios como TVs de tela plana, jacuzzis e acesso à internet. Café da manhã incluído. **www.montecitoinn.com**

MONTECITO San Ysidro Ranch $$$$$

900 San Ysidro Lane, 93108 ***Tel*** *(805) 565-1700* ***Fax*** *(805) 565-1995* ***Quartos*** *41* ***Mapa rod.*** *C5*

Sempre classificado entre os hotéis "mais românticos", esta estância isolada alia natureza a um luxo discreto. Os chalés privados são intimistas e decorados suntuosamente, com lareira a gás e pátio. Disponibiliza serviços de spa nos quartos e acesso à internet. Tem um excelente restaurante. **www.sanysidroranch.com**

MORRO BAY Blue Sail Inn $$

851 Market Ave, 93442 ***Tel*** *(800) 971-6910* ***Fax*** *(805) 772-8406* ***Quartos*** *48* ***Mapa rod.*** *B5*

Hotel agradável na pitoresca cidade costeira de Morro Bay, o Blue Sail Inn vale a pena. Os quartos de variados tamanhos têm decoração diferenciada. A maioria conta com sacada privada, com linda vista para a baía e de seu famoso rochedo. Tem acesso sem fio à internet e café da manhã de cortesia. **www.bluesailinn.com**

MORRO BAY Embarcadero Inn $$$

456 Embarcadero, 93442 ***Tel*** *(888) 223-5777* ***Fax*** *(805) 772-1060* ***Quartos*** *33* ***Mapa rod.*** *B5*

Bem no meio do porto, este simpático hotel tem quartos defronte ao mar; a maioria tem sacada e lareira. Uma nova suíte para famílias permite que grupos se acomodem juntos. A equipe é atenciosa, eficiente e orienta sobre opções de lazer na área. **www.embarcaderoinn.com**

MORRO BAY Inn at Morro Bay $$$

60 State Park Rd, 93442 ***Tel*** *(805) 772-5651, (888) 223-5777* ***Fax*** *(805) 772-4779* ***Quartos*** *98* ***Mapa rod.*** *B5*

Charmoso e luxuoso, este hotel em estilo campestre francês fica em um parque estadual com vista para a baía. Os quartos contemporâneos são aconchegantes, com colchões de penas e pátio com jacuzzi; alguns têm lareira. Dispõe de spa e de um bom restaurante de frutos do mar, e há vários campos de golfe por perto. **www.innatmorrobay.com**

PASO ROBLES Paso Robles Inn $$

1103 Spring St, 93446 ***Tel*** *(805) 238-2660, (800) 676-1713* ***Fax*** *(805) 238-4707* ***Quartos*** *98* ***Mapa rod.*** *B5*

Concorrido há mais de um século, o Paso Robles Inn fica em meio ao verde, com jardins, um riacho e fontes de águas termais. Os quartos são básicos e em estilo Mission; alguns têm um spa mineral de luxo. O local conta com uma boa steakhouse e um salão de baile histórico. **www.pasoroblesinn.com**

SAN LUIS OBISPO Comfort Inn & Suites Lamplighter $$$

1604 Monterey St, 93401 ***Tel*** *(805) 547-7777, (866) 756-7378* ***Fax*** *(805) 547-7787* ***Quartos*** *77* ***Mapa rod.*** *B5*

Este motel de rede tem toques surpreendentes, como o ambiente charmoso, o serviço cordial e acesso grátis à internet de banda larga. Apesar da predominância de quartos modestos, alguns têm micro-ondas, geladeira e cafeteira. Fica perto de muitas atrações locais, incluindo a Cal Poly. **www.comfortinnslo.com**

SAN LUIS OBISPO Garden Street Inn $$$

1212 Garden St, 93401 ***Tel*** *(805) 545-9802* ***Fax*** *(805) 545-9403* ***Quartos*** *13* ***Mapa rod.*** *B5*

Construído em um edifício vitoriano de 1960 restaurado, este agradável B&B fica bem no centro de San Luis Obispo. Os quartos são decorados com antiguidades e alguns têm lareira, banheiro privado e jacuzzi. Dispõe de uma biblioteca notável. **www.gardenstreetinn.com**

SAN LUIS OBISPO San Luis Creek Lodge $$$

1941 Monterey St, 93401 ***Tel*** *(805) 541-1122* ***Fax*** *(805) 541-2475* ***Quartos*** *25* ***Mapa rod.*** *B5*

Este pequeno B&B instalou-se há pouco na área. Suas acomodações luxuosas, porém acessíveis, distribuem-se por três edifícios em um campus isolado, longe do trânsito. Os quartos são bem decorados, com roupa de cama de primeira, micro-ondas e refrigerador. **www.sanluiscreeklodge.com**

SAN LUIS OBISPO The Madonna Inn $$$$

100 Madonna Rd, 93405 ***Tel*** *(805) 543-3000* ***Fax*** *(805) 543-1800* ***Quartos*** *109* ***Mapa rod.*** *B5*

Também visto como uma curiosidade à beira da estrada, este conhecido hotel tem quartos decorados com temas fantasiosos como caverna, selva e chalé suíço. Seu restaurante e seu lobby são fantásticos. Tem piscina, spa e sala de ginástica. Café da manhã incluído. **www.madonnainn.com**

SAN LUIS OBISPO Apple Farm Inn $$$

2015 Monterey St, 93401 ***Tel*** *(800) 255-2040* ***Fax*** *(805) 546-9495* ***Quartos*** *104* ***Mapa rod.*** *B5*

Este hotel pitoresco tem ar vitoriano e comodidades modernas. Bons para famílias e perfeitos para casais, os quartos são decorados com camas suntuosas e mordomias no banho. O local tem jardins e árvores grandes dando sombra. Conta com piscina aquecida e acesso à internet. A tarifa dos quartos da Trellis Court têm desconto. **www.applefarm.com**

SANTA BARBARA Coast Village Inn $$

1188 Coast Village Rd, 93108 ***Tel*** *(805) 969-3266* ***Fax*** *(805) 969-7117* ***Quartos*** *28* ***Mapa rod.*** *C5*

Hotel confortável de dois andares situado em uma região tranquila, a apenas 5 minutos de carro do centro de Santa Barbara. Os quartos, simples, são equipados com internet sem fio, e alguns têm pequenas geladeiras. A piscina é aquecida e o café da manhã, gratuito. **www.coastvillageinn.com**

Categorias de preço *pág. 524* **Legenda dos símbolos** *no final do guia*

SANTA BARBARA White Jasmine Inn $$

1327 Bath St, 93101 ***Tel*** *(805) 966-0589* ***Fax*** *(805) 564-8610* ***Quartos*** *15* ***Mapa rod.*** *C5*

Romântico e aconchegante, este B&B tem quartos com temas diferentes e situados em três chalés. Muitos quartos têm lareira ao lado da cama, deque privado, hidromassagem e ofurô. O café da manhã é servido nos quartos. **www.whitejasmineinnsanta.com**

SANTA BARBARA Hotel Santa Barbara $$$

533 State St, 93101 ***Tel*** *(805) 957-9300, (800) 549-9869* ***Fax*** *(805) 962-2412* ***Quartos*** *75* ***Mapa rod.*** *C5*

A cinco quarteirões da praia, este hotel de 1926 preserva parte de seu charme histórico. Os quartos bem equipados têm roupa de cama confortável e acesso à internet. Serve um café da manhã leve e frutas sazonais, café, chá e chocolate quente 24 horas. **www.hotelsantabarbara.com**

SANTA BARBARA Inn by the Harbor $$$

433 W Montecito St, 93101 ***Tel*** *(805) 963-7851* ***Fax*** *(805) 962-9428* ***Quartos*** *42* ***Mapa rod.*** *C5*

Próximo à praia, este hotel oferece luxo a um preço acessível. As suítes espaçosas e com cozinha completa são ideais para famílias. Os quartos têm agradável decoração campestre francesa e móveis de pinho. Há comodidades como um delicioso café da manhã continental, um grande deque solar e piscina aquecida. **www.sbhotels.com**

SANTA BARBARA Old Yacht Club Inn $$$

431 Corona Del Mar, 93103 ***Tel*** *(805) 962-1277* ***Quartos*** *14* ***Mapa rod.*** *C5*

Abrigado em uma casa encantadora, a poucos passos da praia, tem quartos decorados individualmente com clima de iate clube. Diariamente serve café da manhã gourmet completo e, quando o tempo permite, oferece queijo e vinho nos fins de tarde, em um deque ao ar livre. **www.oldyachtclubinn.com**

SANTA BARBARA Four Seasons Biltmore $$$$$

1260 Channel Dr, 93108 ***Tel*** *(805) 969-2261* ***Fax*** *(805) 565-8323* ***Quartos*** *209* ***Mapa rod.*** *C5*

Luxo praiano e atenção a todos os detalhes tornam este lugar um deleite supremo. De estilo colonial espanhol, o hotel fica numa área ampla próxima à praia e isolada da cidade. Os quartos suntuosos e reclusos oferecem todas as mordomias. **www.fourseasons.com**

SANTA BARBARA Santa Barbara Inn $$$$$

901 E Cabrillo Blvd, 93103 ***Tel*** *(800) 231-0431* ***Fax*** *(805) 966-6584* ***Quartos*** *69* ***Mapa rod.*** *C5*

Este hotel tem ótima localização, próxima a lojas e restaurantes do centro, e na rua defronte à praia. Embora modestos, os quartos têm camas confortáveis e espaço suficiente para famílias. Também há suítes. Acesso à internet gratuito **www.santabarbarainn.com**

SANTA BARBARA Simpson House Inn $$$$$

121 E Arrellaga St, 93101 ***Tel*** *(800) 676-1280* ***Fax*** *(805) 564-4811* ***Quartos*** *15* ***Mapa rod.*** *C5*

Único da América do Norte na categoria cinco diamantes, este agradável B&B oferece fartas comodidades, serviço impecável e bela ambientação em meio a um jardim. Os quartos e chalés são elegantes e isolados, embora o local seja próximo a restaurantes e lojas. **www.simpsonhouseinn.com**

SANTA BARBARA Upham Hotel & Country House $$$$$

1404 De la Vina St, 93101 ***Tel*** *(805) 962-0058, (800) 727-0876* ***Fax*** *(805) 963-2825* ***Quartos*** *58* ***Mapa rod.*** *C5*

Aberto em 1871, o Upham é o hotel mais antigo em funcionamento no sul da Califórnia. Instalado em um belo terreno, tem alto grau de privacidade. Os quartos são confortáveis e elegantemente mobiliados. Alguns têm estilo de chalé, e muitos têm lareira. **www.uphamhotel.com**

SANTA PAULA Santa Paula Inn $

111 N 8th St, 93060 ***Tel*** *(805) 933-0011* ***Fax*** *(805) 933-9553* ***Quartos*** *14* ***Mapa rod.*** *C5*

Em um cenário pastoral em meio a limoeiros e abacateiros, este hotel pitoresco fica a apenas 10 minutos de carro da costa. Os quartos são cômodos, têm jacuzzis, colchões de penas e acesso à internet. Alguns têm quitinete. O pátio ajardinado é ideal para uma taça de vinho à noite. **www.santapaulainn.com**

SIMI VALLEY Holiday Inn Express Simi Valley $

2550 Erringer Rd, 93065 ***Tel*** *(805) 584-6006, (877) 727-0876* ***Fax*** *(805) 915-0186* ***Quartos*** *96* ***Mapa rod.*** *C5*

Com acesso próximo à rodovia, este hotel acessível tem quartos básicos e confortáveis. Oferece muitas vantagens para executivos, incluindo acesso sem fio à internet. Tem também instalações recreativas que incluem sauna e hidromassagem. Café da manhã incluído. **www.hiexpress.com**

SIMI VALLEY Posada Royale $$$

1775 Madera Rd, 93065 ***Tel*** *(800) 994-4884* ***Fax*** *(805) 527-9969* ***Quartos*** *119* ***Mapa rod.*** *C5*

A equipe se orgulha de dar atenção pessoal a este confortável hotel. Os quartos recém-reformados têm comodidades modernas, incluindo telefones de duas linhas e acesso sem fio à internet. Próximo à biblioteca Ronald Reagan e a importantes rodovias, tem também sala de fitness e piscina aquecida. **www.posadaroyale.com**

SOLVANG Royal Copenhagen Inn $$$

1579 Mission Dr, 93463 ***Tel*** *(800) 624-6604* ***Fax*** *(805) 688-7029* ***Quartos*** *48* ***Mapa rod.*** *C5*

A tradicional hospitalidade dinamarquesa é encontrada neste simpático hotel, que reproduz uma rua real da Dinamarca. Tem quartos com duchas grandes e repletos de comodidades. Café da manhã na Mortensen's Bakery inclusos na diária. **www.royalcopenhageninn.com**

SOLVANG Mirabelle Inn $$$$

409 1st St, 93463 ***Tel*** *(800) 786-7925* ***Quartos*** *10* ***Mapa rod.*** *C5*

Cada quarto deste elegante hotel em estilo europeu é decorado com belas antiguidades e tem confortos como colchões de penas e roupas de cama sofisticadas; alguns têm lareiras e jacuzzis. Todas as tardes serve queijo e vinho. O serviço é cordial e atencioso. **www.solvangstorybook.com**

SOLVANG The Inn at Petersen Village Inn $$$$

1576 Mission Dr, 93463 ***Tel*** *(805) 688-3121, (800) 321-8985* ***Fax*** *(805) 688-5732* ***Quartos*** *39* ***Mapa rod.*** *C5*

No coração da zona vinícola de Santa Barbara, este hotel charmoso e confortável tem quartos espaçosos com camas de dossel e comodidades modernas. Alguns quartos têm acesso à internet. Serve café da manhã. Há tarifas especiais para o meio da semana. **www.peterseninn.com**

ORANGE COUNTY

ANAHEIM Little Boy Blue Motel $

416 W Katella Ave, 92802 ***Tel*** *(714) 635-2781, (800) 284-3804* ***Fax*** *(714) 635-4254* ***Quartos*** *20* ***Mapa rod.*** *D6*

Neste motel básico, os quartos são limpos e confortáveis. Sua distância até os portões da Disneyland pode ser coberta a pé. As comodidades incluem piscina, um café da manhã leve e estacionamento grátis. **www.anaheim-littleboyblue.com**

ANAHEIM Anaheim Desert Inn & Suites $$

1600 S Harbor Blvd, 92802 ***Tel*** *(714) 772-5050, (800) 433-5270* ***Fax*** *(714) 778-2754* ***Quartos*** *145* ***Mapa rod.*** *D6*

Defronte à entrada principal da Disneyland, este hotel para famílias tem preço conveniente e comodidades. Os quartos variam de tamanho e alguns comportam oito pessoas confortavelmente. Há uma piscina e um deque no topo, de onde se podem ver os fogos de artifício do parque todas as noites. **www.anaheimdesertinn.com**

ANAHEIM Anaheim Marriott Hotel $$$

700 W Convention Way, 92802 ***Tel*** *(714) 750-8000* ***Fax*** *(714) 750-9100* ***Quartos*** *1031* ***Mapa rod.*** *D6*

Este imenso hotel adequado para convenções tem bom acesso às principais atrações de Anaheim e quartos com conveniências para famílias. As acomodações são espaçosas e confortáveis, e algumas têm vista para a Disneyland. Dispõe de acesso de banda larga à internet. **www.marriottanaheimhotel.com**

ANAHEIM Disney's Grand Californian Hotel & Spa $$$$$

1600 S Disneyland Dr, 92803 ***Tel*** *(714) 635-2300* ***Fax*** *(714) 300-7300* ***Quartos*** *745* ***Mapa rod.*** *D6*

Este magnífico hotel em estilo rústico californiano fica dentro do Disney's California Adventure Park. Saia pela porta lateral e você estará dentro dele. Além de piscina, spa e outras amenidades inimagináveis, há um clube noturno para crianças para que os pais possam se divertir sem se preocupar. Perto do Magic Kingdom. **www.disneyland.com**

ANAHEIM Disney's Paradise Pier Hotel $$$$$

1717 S Disneyland Dr, 92802 ***Tel*** *(714) 999-0990* ***Fax*** *(714) 776-5763* ***Quartos*** *481* ***Mapa rod.*** *D6*

Alegre e com tema praiano, o Paradise Pier fica dentro do Disneyland Park. Toda a propriedade teve suas áreas comuns e de lazer melhoradas. Os quartos são contemporâneos; alguns têm uma vista imponente para o parque temático. Possui um business center completo. **www.disneyland.disney.go.com**

AVALON Catalina Island Hotel Metropole $$$$

Metropole Market Place, Crescent Ave, 90704 ***Tel*** *(310) 510-1884* ***Fax*** *(310) 510-2534* ***Quartos*** *48* ***Mapa rod.*** *C6*

Usufrua um conforto luxuoso no ambiente intimista deste hotel-butique próximo à praia. Os quartos têm estilo moderno; a maioria tem vista para o mar e muitos têm lareira e jacuzzi. Ideal para escapadas românticas e familiares. **www.hotel-metropole.com**

AVALON Catalina Island Hotel Vista del Mar $$$$

417 Crescent Ave, 90704 ***Tel*** *(800) 601-3836* ***Fax*** *(310) 510-2519* ***Quartos*** *15* ***Mapa rod.*** *C6*

Pequeno e aconchegante, o Vista del Mar fica em uma bela área, com um pitoresco átrio ajardinado. Os quartos são contemporâneos e agradáveis, e muitos têm lareira e vista para o mar. Serve cookies fresquinhos e leite todas as noites. **www.hotel-vistadelmar.com**

COSTA MESA Vagabond Inn $

3205 Harbor Blvd, 92626 ***Tel*** *(714) 557-8360* ***Fax*** *(714) 662-7596* ***Quartos*** *127* ***Mapa rod.*** *D6*

Este hotel de preço compatível fica perto do aeroporto local e de muitas atrações de Orange County, incluindo o shopping center South Coast Plaza. Tem espaçosos quartos adequados para famílias e comodidades para quem vem a trabalho, como boas escrivaninhas e acesso de banda larga à internet. Tem piscina e spa. **www.vagabondinn.com**

COSTA MESA Ayres Hotel & Suites $$$

325 Bristol St, 92626 ***Tel*** *(714) 549-0300, (800) 322-9992* ***Fax*** *(714) 662-0828* ***Quartos*** *281* ***Mapa rod.*** *D6*

Decorados em estilo campestre francês, os quartos deste hotel charmoso têm um ar de butique. Oferece bufê de café da manhã de cortesia e regalos noturnos. O local tem localização conveniente em relação a várias atrações e lojas locais. **www.ayreshotels.com**

COSTA MESA Residence Inn by Marriott $$$$

881 W Baker St, 92626 **Tel** *(714) 241-8800* **Fax** *(714) 546-4308* **Quartos** *144*

Este hotel simpático tem suítes grandes com ar residencial, quitinete e áreas de estar separadas. Há piscina aquecida, hidromassagem e quadras de esporte. Tem hora de sociabilização, acesso à internet e aceita animais de estimação. Fica próximo ao bairro comercial de South Coast Plaza. **www.marriott.com**

COSTA MESA Wyndham Orange County Airport $$

3350 Avenue of the Arts, 92626 **Tel** *(714) 751-5100* **Fax** *(949) 751-0129* **Quartos** *238* **Mapa rod.** *D6*

Com quartos espaçosos belamente decorados, este hotel recém-reformado fica próximo ao centro de artes cênicas e de outras atrações importantes. Todos os quartos têm acesso sem fio à internet e telefone sem fio. Tem uma ótima *brasserie* italiana. **www.wyndham.com**

DANA POINT Blue Lantern Inn $$$$

34343 Street of the Blue Lantern, 92629 **Tel** *(800)950-1236* **Fax** *(949) 496-1483* **Quartos** *29* **Mapa rod.** *D6*

Com telhado de duas águas e vista para o porto, o romântico Blue Lantern Inn tem quartos luxuosos com móveis em estilo country e comodidades como lareira e banheira com ducha. As suítes contam com deque privado e vista espetacular para o mar. **www.bluelanterninn.com**

DANA POINT Ritz-Carlton Laguna Niguel $$$$$

1 Ritz-Carlton Dr, 92629 **Tel** *(949) 240-2000* **Fax** *(949) 240-0829* **Quartos** *393* **Mapa rod.** *D6*

Instalado nos penhascos acima da costa, este elegante hotel em estilo de resort repaginou todos os quartos e áreas de uso comum. O cenário é espetacular e engloba um spa e um fitness center. Os quartos têm mordomias cinco estrelas. Seu restaurante merece uma visita. **www.ritzcarlton.com**

HUNTINGTON BEACH Best Western Huntington Beach Inn $$$

800 Pacific Coast Hwy, 92648 **Tel** *(714) 536-7500* **Fax** *(714) 536-6846* **Quartos** *50* **Mapa rod.** *D6*

Com preço excelente pela linda vista, este hotel básico na Pacific Coast Highway tem suítes e quartos com lareira. Bem administrado, sua equipe é cordial e prestativa. O spa no topo tem vista panorâmica da praia e das montanhas. Disponibiliza acesso gratuito de banda larga à internet. **www.bestwestern.com**

HUNTINGTON BEACH Hilton Waterfront Beach Resort $$$$$

21100 Pacific Coast Hwy, 92648 **Tel** *(714) 845-8000* **Fax** *(714) 845-8425* **Quartos** *224* **Mapa rod.** *D6*

Um dos melhores lugares para se hospedar em Huntington, este resort quatro diamantes é próximo da praia e tem quartos bem decorados, com mordomias para o banho e roupões felpudos dignos de um spa. As suítes de frente para o mar têm sacadas circulares. **www.waterfrontresort.com**

LAGUNA BEACH The Carriage House $$$

1322 Catalina St, 92651 **Tel** *(949) 494-8945* **Quartos** *6* **Mapa rod.** *C5*

Silenciosa e relaxante, esta pousada com cara de casa de campo ocupa um sobrado dos anos 1920 e oferece quartos espaçosos e suítes a apenas duas quadras da praia. Tem um agradável pátio de tijolos, vinho nos quartos e café da manhã caseiro, servido no salão de jantar ou no pátio. **www.carriagehouse.com**

LAGUNA BEACH Casa Laguna Inn $$$$

2510 S Coast Hwy, 92651 **Tel** *(949) 494-2996, (800) 233-0449* **Fax** *(949) 494-5009* **Quartos** *22* **Mapa rod.** *D6*

Embora em pequena escala, este charmoso B&B próximo ao mar tem traços arquitetônicos no estilo Mission. Os quartos têm colchões com cabeceira acolchoada e suntuosas comodidades no banho. O serviço é excepcional. O café da manhã gastronômico e os lanches da tarde são servidos em pátios reservados. O restaurante tem bela vista. **www.casalaguna.com**

LAGUNA BEACH Surf and Sand Resort $$$$$

1555 S Coast Hwy, 92651 **Tel** *(949) 497-4477, (888) 869-7569* **Fax** *(949) 494-2897* **Quartos** *165* **Mapa rod.** *D6*

Classificado entre os melhores resorts da Califórnia, este hotel em frente a praia oferece luxo contemporâneo em todos os quartos e suítes, os quais contam com persianas grandes e bela vista para o mar. Tem ótima localização e um excelente restaurante. **www.surfandsandresort.com**

NEWPORT BEACH Fairmont Newport Beach $$$$

4500 MacArthur Blvd, 92660 **Tel** *(949) 476-2001, (800) 810-3039* **Fax** *(949) 476-0153* **Quartos** *444* **Mapa rod.** *D6*

Aliando elegância europeia a um ar californiano, este hotel grande próximo à praia tem clima empresarial e oferece um serviço cordial. Os quartos são grandes e bem decorados; alguns têm sacada e vista para o mar. O business center tem equipamentos de última geração. A apenas 8km do oceano Pacífico. **www.fairmont.com**

NEWPORT BEACH Island Hotel $$$$$

690 Newport Center Dr, 92660 **Tel** *(949) 759-0808, (866) 554-4620* **Fax** *(949) 759-0568* **Quartos** *295* **Mapa rod.** *D6*

O clima relaxado e o charme sofisticado distinguem este fino resort, um dos melhores da costa. Alguns quartos têm linda vista para o mar e todos têm varandas ou pátios. A equipe é educada, atenciosa e profissional. **www.theislandhotel.com**

SUNSET BEACH Best Western Harbour Inn & Suites $$

16912 Pacific Coast Hwy, 90742 **Tel** *1-800-546-4770* **Fax** *(562) 592-3547* **Quartos** *25* **Mapa rod.** *D6*

Este hotel fica perto da praia e de várias atrações locais, e oferece quartos espaçosos com geladeira e micro-ondas. Cada quarto tem decoração própria com temas tropicais. Oferece café da manhã continental. **www.harbourinn.net**

SAN DIEGO COUNTY

CARLSBAD Pelican Cove Inn $$

320 Walnut Ave, 92008 ***Tel*** *(760) 434-5995* ***Quartos*** *10* ***Mapa rod.*** *D6*

Cada quarto deste acolhedor B&B leva o nome de uma praia do sul da Califórnia e conta com lareira, colchão de penas e entrada privada. O hotel pode agendar atividades para os hóspedes, como visitas a um day spa e passeios aéreos panorâmicos. Desfrute o excelente café da manhã no salão interno ou no belo pátio ajardinado. **www.pelican-cove.com**

CARLSBAD Beach Terrace Inn $$$$

2775 Ocean St, 92008 ***Tel*** *(760) 729-5951, (800) 433-5415* ***Fax*** *(760) 729-1078* ***Quartos*** *49* ***Mapa rod.*** *D6*

Básico, mas confortável, este hotel de uma empresa fica bem na praia. As suítes de um quarto têm quitinete e lareira. Todos os quartos têm terraço privado e vista panorâmica para o mar. Há também alguns estúdios sem sacada. Tem piscina, spa e café da manhã incluído na diária. **www.beachterraceinn.com**

CARLSBAD Carlsbad Inn Beach Resort $$$$

3075 Carlsbad Blvd, 92008 ***Tel*** *(800) 235-3939, (760) 434-7020* ***Fax*** *(760) 729-4853* ***Quartos*** *194* ***Mapa rod.*** *D6*

Este hotel de dois andares, no estilo Tudor, tem alguns quartos com lareira e quitinete, além de quartos conjugados, perfeitos para famílias. Há uma piscina cercada de gramados bem cuidados com vista para a praia, além de restaurantes, spa e loja de presentes. Perto de lojas e cafés na cidade. **www.carlsbadinn.com**

CORONADO Crown City Inn $$

520 Orange Ave, 92118 ***Tel*** *(619) 435-3116* ***Quartos*** *35* ***Mapa rod.*** *D6*

Esta charmosa pousada fica no meio de jardins floridos e oferece quartos simples, limpos e confortáveis. Aceita crianças e animais de estimação e serve chá com biscoito à tarde. O restaurante abre para café da manhã, almoço e jantar. Oferece bicicletas de praia e passes para um centro de fitness nas imediações. **www.crowncityinn.com**

CORONADO Best Western Suites Hotel $$$

275 Orange Ave, 92118 ***Tel*** *(619) 437-1666* ***Fax*** *(619) 437-0188* ***Quartos*** *32* ***Mapa rod.*** *C5*

Bem localizado para as praias, as atrações de San Diego e a North Island Naval Air Station, este hotel moderno oferece quartos espaçosos e bem equipados. Todos têm micro-ondas, refrigerador, TV a cabo e acesso gratuito à internet. O café da manhã é gratuito. **www.bestwestern.com**

CORONADO Hotel Del Coronado $$$$$

1500 Orange Ave, 92118 ***Tel*** *(619) 435-6611, (800) 468-3533* ***Fax*** *(619) 522-8262* ***Quartos*** *700* ***Mapa rod.*** *D6*

Marco em San Diego há mais de um século, este grandioso edifício vitoriano é famoso por suas acomodações e por sua história. Situado em uma faixa de uma bela praia, oferece todas as comodidades. Os quartos são modernos e confortáveis. Há uma nova ala de chalés, chamada Beach Villages. Tem spa e restaurante. **www.hoteldel.com**

DEL MAR Del Mar Hilton $$$

15575 Jimmy Durante Blvd, 92014 ***Tel*** *(858) 792-5200* ***Fax*** *(858) 792-9538* ***Quartos*** *257* ***Mapa rod.*** *D6*

Uma reforma recente embelezou o interior do Del Mar Hilton. O saguão é magnífico, ao passo que os quartos têm vista para o mar ou para a pista de corrida adjacente. O local é próximo à praia e ao lado de quadras de tênis e de um campo de golfe. Faz traslado grátis para as atrações nas cercanias. **www.sandiegodelmarhilton.com**

DEL MAR Del Mar Inn $$$

720 Camino Del Mar, 92014 ***Tel*** *(858) 755-9765, (800) 451-4515* ***Fax*** *(858) 792-8196* ***Quartos*** *81* ***Mapa rod.*** *D6*

Com quartos tranquilos em meio a jardins de estilo inglês, este hotel pitoresco, com ambientação Tudor, oferece comodidades como alguns quartos com quitinete. A equipe cordial serve café da manhã no quarto e há um serviço vespertino de chá. Oferece acesso à internet e ligações locais gratuitas. **www.delmarinn.com**

DEL MAR L'Auberge Del Mar Resort & Spa $$$$$

1540 Camino Del Mar, 92014 ***Tel*** *(800) 245-9757, (858) 259-1515* ***Fax*** *(858) 755-4940* ***Quartos*** *120* ***Mapa rod.*** *D6*

Este completo resort de luxo oferece várias opções de lazer, incluindo golfe, tênis e caminhadas. Os quartos espaçosos e bem mobiliados têm banheiro de mármore e sacada privada. Uma pequena trilha liga o resort à praia. Dispõe também de um ótimo spa. Fica perto das principais atrações de San Diego. **www.laubergedelmar.com**

ENCINITAS Best Western Encinitas Inn & Suites $$$

85 Encinitas Blvd, 92024 ***Tel*** *(760) 942-7455* ***Fax*** *(760) 632-9481* ***Quartos*** *92* ***Mapa rod.*** *D6*

Na encosta de uma colina, este hotel para famílias e de preço razoável tem quartos limpos, confortáveis e espaçosos; muitos têm vista para a Moonlight Beach. Os hóspedes contam com acesso sem fio gratuito à internet. O serviço é ágil e impecável. Fica próximo a muitas atrações locais. **www.bwencinitas.com**

JULIAN Julian Gold Rush Hotel $$$

2032 Main St, 92036 ***Tel*** *(760) 765-0201, (800) 734-5854* ***Fax*** *(760) 765-0327* ***Quartos*** *15* ***Mapa rod.*** *D6*

Datado da era vitoriana e localizado em uma histórica cidade de mineração, o Julian é ótimo para uma escapada romântica. Os quartos belamente restaurados têm móveis antigos e lareira. Há também uma suíte especial para lua de mel. Daqui dá para ir a pé a lojas de presentes, restaurantes, museus e minas de ouro. **www.julianhotel.com**

LA JOLLA La Jolla Beach Travelodge $$

6750 La Jolla Blvd, 92037 ***Tel*** *(858) 454-0716* ***Fax*** *(858) 454-1075* ***Quartos*** *44* ***Mapa rod.*** *D6*

Conveniência, ótimo custo-benefício e atendimento simpático fazem deste motel de dois andares uma popular opção de férias para a família. Localizado a uma quadra da praia e a 1km do centro, tem quartos com internet grátis, piscina externa aquecida e café da manhã continental de cortesia. **www.travelodge.com**

LA JOLLA Embassy Suites Hotel $$$

4550 La Jolla Village Dr, 92122 ***Tel*** *(858) 453-0400* ***Fax*** *(858) 453-4226* ***Quartos*** *335* ***Mapa rod.*** *D6*

Este hotel eficiente de porte médio é conveniente para famílias e grupos. Tem suítes de dois quartos e bom acesso para rodovias e muitas atrações de San Diego. Entre as comodidades oferecidas para executivos estão acesso de banda larga à internet e café da manhã. **www.embassysuites.com**

LA JOLLA Bed and Breakfast Inn at La Jolla $$$$$

7753 Draper Ave, 92037 ***Tel*** *(858) 456-2066, (888) 988-8481* ***Fax*** *(858) 456-1510* ***Quartos*** *15* ***Mapa rod.*** *D6*

Elegante e charmoso, este B&B histórico preserva seu charme do Velho Mundo oferecendo, porém, os confortos mais modernos. Todos os quartos têm um tom exclusivo, e muitos dão vistas deslumbrantes para o mar. A equipe é cordial e prestativa. Muito procurado por executivos e turistas. **www.innlajolla.com**

LA JOLLA La Valencia Hotel $$$$$

1132 Prospect St, 92037 ***Tel*** *(858) 454-0771* ***Fax*** *(858) 456-3921* ***Quartos*** *115* ***Mapa rod.*** *D6*

Carinhosamente conhecido como "pink lady", este belo hotel de luxo é um ícone de La Jolla. Os quartos são bem decorados, com banheiros plenos de mordomias e vista ampla para a costa. Repaginado recentemente tem serviço de mordomo privado. **www.lavalencia.com**

LA JOLLA Marriott San Diego/La Jolla $$$$$

4240 La Jolla Village Dr, 92037 ***Tel*** *(858) 587-1414* ***Fax*** *(858) 546-8518* ***Quartos*** *380*

Próximo à praia e a restaurantes, este hotel grande oferece facilidades para executivos. Os quartos de tamanho generoso têm roupa de cama sofisticada e pequenas sacadas privadas. Alguns têm vista para o povoado e a costa. Tem piscina e quadra de tênis. **www.marriott.com**

RANCHO SANTA FE Rancho Valencia Resort $$$$$

5921 Valencia Circle, 92067 ***Tel*** *(858) 756-1123* ***Fax*** *(858) 756-0165* ***Quartos*** *49* ***Mapa rod.*** *D6*

Em uma área de colinas onduladas, este resort oferece várias opções de lazer, de golfe e tênis a caminhadas. Os quartos em estilo *hacienda* são espaçosos e confortavelmente mobiliados, proporcionando tranquilidade. Algumas suítes têm piscina privada e jacuzzi. A equipe é atenciosa e há também um spa completo. **www.ranchovalencia.com**

SAN DIEGO Best Western Cabrillo Inn $$

840 A St, 92101 Tel (619) 234-8477 Rooms 30 ***Mapa rod.*** *D6*

Este motel de dois andares tem jardins bem cuidados e quartos silenciosos, e está a curta distância a pé do San Diego Copley Symphony Hall, do Gaslamp District, e dos pontos de ônibus e bonde. Os quartos são equipados com TV a cabo e internet sem fio de alta velocidade, e o café da manhã, completo, é melhor que a média. **www.bestwestern.com**

SAN DIEGO Comfort Inn and Suites Hotel Circle $$

2201 Hotel Circle S, 92108 ***Tel*** *(619) 881-6800, (800) 772-6329* ***Fax*** *(619) 542-1227* ***Quartos*** *216* ***Mapa rod.*** *D6*

Dos muitos hotéis nesta parte da cidade, o Comfort Inn é um dos mais confiáveis em termos de limpeza e eficiência. Próximo a atrações como o SeaWorld e o San Diego Zoo, este hotel para famílias tem grelhas externas perto da piscina, um spa e uma piscina para crianças. Serve café da manhã grátis. **www.comfortinnhotelcircle.com**

SAN DIEGO Keating House $$

2331 2nd Avenue, 92101 ***Tel*** *(619) 239-8585, (800) 995-8644* ***Fax*** *(619) 239-5774* ***Quartos*** *9* ***Mapa rod.*** *D6*

Este B&B histórico teve sua elegância vitoriana original restaurada. Há um grande *foyer* com lareira própria, um salão e uma sala de jantar. A casa é cercada por vegetação tropical e tem áreas de estar no jardim. **www.keatinghouse.com**

SAN DIEGO Mission Plaza Hotel and Suites $$

3737 Sports Arena Blvd, 92110 ***Tel*** *(619) 881-6100, (888) 881-6446* ***Fax*** *(619) 224-9248* ***Quartos*** *317* ***Mapa rod.*** *D6*

Ideal para famílias e grupos grandes, este hotel é bem situado em relação à praia e a atrações locais como o Sea World. Os quartos são espaçosos e de manutenção impecável. A equipe é cordial e atenciosa. Excelentes descontos on-line são oferecidos regularmente. **www.missionplazahotel.com**

SAN DIEGO Beach Haven Inn $$$

4740 Mission Blvd, 92019 ***Tel*** *(858) 272-3812* ***Fax*** *(858) 272-3532* ***Quartos*** *23* ***Mapa rod.*** *D6*

Próximo a Pacific Beach e a poucos quarteirões do Crystal Pier, este hotel modesto tem preço compatível e comodidades convenientes. Os quartos são bem cuidados; alguns têm quitinete. Há também suítes familiares grandes. O local tem piscina aquecida, uma churrasqueira e um spa. **www.beachhaveninn.com**

SAN DIEGO Doubletree Golf Resort San Diego $$$

14455 Penasquitos Dr, 92129 ***Tel*** *(858) 672-9100* ***Fax*** *(858) 672-9187* ***Quartos*** *174* ***Mapa rod.*** *D6*

Hotel moderno localizado na saída da freeway I-15, a 25 minutos do centro. Tem espaços amplos e campo de golfe com 18 buracos, além quadras de tênis e uma piscina. Os quartos, confortáveis, têm colchões com forramento de pelúcia, pátio ou sacada e acesso a internet de alta velocidade. **www.doubletree1.hilton.com**

SAN DIEGO Heritage Park Inn $$$

2470 Heritage Park Row, 92110 ***Tel*** *(619) 299-6832, (800) 995-2470* ***Fax*** *(619) 299-9465* ***Quartos*** *12* ***Mapa rod.*** *D6*

Instalado em uma casa vitoriana Queen Anne, este hotel intimista fica próximo ao famoso zoo e ao SeaWorld. Os quartos são acolhedores e têm móveis de época. Serviço cordial e ágil. Serve café da manhã e chá da tarde de cortesia. **www.heritageparkinn.com**

SAN DIEGO Sheraton San Diego Hotel $$$

1433 Camino Del Rio South, 92108 ***Tel*** *(619) 260-0111* ***Fax*** *(619) 497-0853* ***Quartos*** *260* ***Mapa rod.*** *D6*

Hotel confortável e conveniente, localizado perto das praias, do Qualcomm Stadium, do San Diego Zoo e dos shopping centers de Mission Valley. Bem mobiliados, os quartos têm mesas grandes e acesso à internet. Ginásio bem equipado, piscina externa e business center. **www.starwoodhotels.com**

SAN DIEGO Beach Cottages $$$$$

4255 Ocean Blvd, 92109 ***Tel*** *(858) 483-7440* ***Fax*** *(858) 273-9365* ***Quartos*** *78* ***Mapa rod.*** *D6*

Este hotel de praia dirigido por uma família é um esteio da área há décadas. As acomodações variam de quartos básicos de motel a chalés com cozinha completa, ideais para estadas familiares prolongadas. Há várias opções recreativas, incluindo amarelinha e jogos de areia. **www.beachcottages.com**

SAN DIEGO Hotel Solamar $$$$$

435 6th Ave, 92101 ***Tel*** *(619) 819-9500, (877) 230-0300* ***Fax*** *(619) 819-9539* ***Quartos*** *235* ***Mapa rod.*** *D6*

Próximo ao campo de beisebol e ao vibrante bairro de Gaslamp, este hotel novo e elegante tem quartos com a tecnologia e confortos mais avançados. Os móveis são chiques e as instalações, suntuosas. Há um animado lounge no topo e uma piscina. Tem ainda um restaurante e um bar modernos. Café da manhã incluído. **www.hotelsolamar.com**

SAN DIEGO Omni San Diego $$$$$

675 L St, 92101 ***Tel*** *(619) 231-6664* ***Fax*** *(619) 231-8060* ***Quartos*** *511* ***Mapa rod.*** *D6*

Espigão próximo ao campo de beisebol e ao bairro de Gaslamp, o Omni San Diego tem quartos atrativos com acesso à internet, TV de tela plana e acessórios de banho dignos de um spa. A maioria dos quartos tem bela vista da baía ou do centro. Tem estrutura para negócios e três restaurantes. Aceita animais de estimação. **www.omnihotels.com**

SAN DIEGO San Diego Marriott and Marina $$$$$

333 West Harbor Dr, 92101 ***Tel*** *(619) 234-1500* ***Fax*** *(619) 234-8678* ***Quartos*** *1362* ***Mapa rod.*** *D6*

Com bom acesso para os canais de San Diego, este grande hotel para executivos tem tema náutico e um saguão e áreas de uso comum movimentados. Os quartos são espaçosos e têm bela vista para o centro e a baía. Daqui pode-se ir caminhando até o bairro de Gaslamp. Ligações locais gratuitas. **www.marriott.com**

SAN DIEGO US Grant Hotel $$$$$

326 Broadway, 92101 ***Tel*** *(619) 232-3121, (866) 837-4270* ***Fax*** *(619) 239-9517* ***Quartos*** *315* ***Mapa rod.*** *D6*

Em pleno centro, este belo hotel histórico tem quartos com um ar antigo, mas com comodidades modernas, incluindo roupões de banho felpudos e colchões com cabeceira acolchoada. O saguão e as áreas de uso comum são suntuosos. Daqui pode-se ir a pé a muitas lojas e restaurantes. Tem acesso à internet. **www.usgrant.net**

TIJUANA Grand Hotel Tijuana $$

Blvd Agua Caliente 4500, CP, 22420 ***Tel*** *(866) 472-6385* ***Quartos*** *422* ***Mapa rod.*** *D6*

Ao sul da fronteira do México com os Estados Unidos, este hotel grande e moderno é parte de um complexo com comodidades de resort, incluindo piscina e opções de lazer. As suítes têm cozinha e acesso à internet. O serviço é prestativo e ágil. **www.grandhoteltij.com.mx**

INLAND EMPIRE E LOW DESERT

BIG BEAR LAKE Hillcrest Lodge $

40241 Big Bear Blvd, 92315 ***Tel*** *(909) 866-7330, (800) 843-4449* ***Fax*** *(909) 866-1171* ***Quartos*** *12* ***Mapa rod.*** *D5*

Alguns quartos neste resort montanhês têm banheira de hidromassagem, lareira e cozinha. Você pode optar entre quartos de motel, suítes e chalés, todos exalando charme rústico e equipados com todo o conforto. Fica próximo a trilhas para caminhadas de verão e a pistas de esqui de inverno. **www.hillcrestlodge.com**

BIG BEAR LAKE Northwoods Resort $$$

40650 Village Dr, 92315 ***Tel*** *(909) 866-3121, (800) 866-3121* ***Fax*** *(909) 878-2122* ***Quartos*** *148* ***Mapa rod.*** *D5*

Único hotel com serviço completo em Big Bear Lake, Northwoods fica na entrada de Big Bear Village, que abriga cafés e restaurantes, e perto do Big Bear Lake. Tem restaurante próprio e um lounge com música ao vivo. Os quartos têm acesso à internet sem fio e vários têm lareira. Piscina grande. Ideal para famílias. **www.northwoodsresort.com**

BORREGO SPRINGS Palm Canyon Resort $$

221 Palm Canyon Dr, 92004 ***Tel*** *(760) 767-5341* ***Fax*** *(760) 767-4073* ***Quartos*** *61* ***Mapa rod.*** *D6*

Este resort em estilo western fica perto do Anza-Borrego Desert State Park. Os quartos são espaçosos e simples; alguns têm sacada privativa ou pátio com vista para o deserto. Entre as instalações incluem-se uma piscina externa, restaurante no local e um pequeno ginásio. O café da manhã continental é servido no deque coberto. **www.palmcanyonresort.comm**

BORREGO SPRINGS Palms at Indian Head $$$

2220 Hoberg Rd, 92004 ***Tel*** *(760) 767-7788* ***Fax*** *(760) 767-9717* ***Quartos*** *12* ***Mapa rod.*** *D6*

Resplandescente em seu estilo moderno de meados do século 20, este hotel da Califórnia costumava ser um refúgio de celebridades de Hollywood. Ainda preserva seu charme clássico, com quartos chiques e bem mobiliados. O restaurante Krazy Koyote é bom. O recém-implantado Zen Garden é bom para ioga e meditação. **www.thepalmsatindianhead.com**

DESERT HOT SPRINGS Two Bunch Palms $$$$$

67425 Two Bunch Palms Trail, 92240 ***Tel*** *(760) 329-8791, (800) 472-4334* ***Fax*** *(760) 329-1874* ***Quartos*** *45*

Famoso por suas piscinas minerais rejuvenescedoras, este oásis para adultos tem quartos em casitas, suítes e mansões. Todos os quartos são confortavelmente decorados e o Casino Dining Room serve ótimas opções de refeições. A ampla gama de tratamentos de spa faz com que o resort tenha uma clientela fiel. **www.twobunchpalms.com**

IDYLLWILD Creekstone Inn $$

54950 Pine Crest Ave, 92549 ***Tel*** *(951) 659-3342, (800) 409-2127* ***Quartos*** *9* ***Mapa rod.*** *D6*

Este hotel rústico e pitoresco já foi restaurante e armazém. Fica na orla da cidade e muito próximo a trilhas de caminhadas e à mata local. A maioria dos quartos tem móveis exclusivos e lareira, e alguns têm jacuzzi. **www.creekstoneinn.com**

IDYLLWILD Quiet Creek Inn $$

26345 Delano Dr, 92549 ***Tel*** *(951) 659-6110* ***Quartos*** *10* ***Mapa rod.*** *D6*

Cercado por 2,6ha de florestas ao longo do Strawberry Creek, o Quiet Creek Inn oferece cabanas duplas confortáveis com lareira, lençóis de algodão, TV a cabo e internet sem fio. Você pode assistir a filmes de graça no lounge, com pipoca, chocolate quente e chá, ou relaxar à beira de um regato. Aceita animais em alguns quartos. **www.quietcreekinn.com**

INDIAN WELLS Hyatt Grand Champions Resort $$$$

44600 Indian Wells Lane, 92210 ***Tel*** *(760) 776-4107* ***Fax*** *(760) 568 2236* ***Quartos*** *530* ***Mapa rod.*** *D6*

Projetado para os aficionados do esporte, este resort encontra-se em dois famosos campos de golfe oferecendo numerosas opções de lazer. As instalações são amplas e bem cuidadas. Os quartos, espaçosos, têm várias mordomias modernas. Tem um spa completo. **www.grandchampions.hyatt.com**

INDIAN WELLS Indian Wells Resort Hotel $$$$

76–661 Hwy 111, 92210 ***Tel*** *(760) 345-6466* ***Fax*** *(760) 772-5083* ***Quartos*** *155* ***Mapa rod.*** *D6*

Luxuoso resort no deserto, junto a um campo de golfe, o Indian Wells oferece uma profusão de opções de lazer. Os quartos variam de pequenos e práticos a imensos e opulentos. Todos têm sacada ou pátio privado e acesso de banda larga à internet. Café da manhã incluído. **www.indianwellsresort.com**

INDIO Best Western Date Tree Hotel $$

81909 Indio Blvd, 92201 ***Tel*** *(760) 347-3421* ***Fax*** *(760) 863-1338* ***Quartos*** *120* ***Mapa rod.*** *D6*

Bem cuidado e de preço acessível, este hotel fica próximo ao campo de golfe de fama mundial, a quadras de tênis e atrações locais. Os quartos imaculados têm decoração elegante. O local é tranquilo e dispõe de um spa completo e de uma piscina olímpica. Acesso à internet e excelente café da manhã continental gratuitos. **www.datetree.com**

PALM DESERT Shadow Mountain Resort $$$

45750 San Luis Rey, 92260 ***Tel*** *(760) 346-6123, (800) 472-3713* ***Fax*** *(760) 346-6518* ***Quartos*** *167* ***Mapa rod.*** *D6*

Bom para famílias, o Shadow Mountain Resort fica próximo a um campo de golfe e a lojas da área. Tem condomínios de um, dois e três quartos, e mansões, todos bem decorados, com quitinete e sacada ou pátio. Dispõe de acesso à internet e 16 quadras de tênis. **www.shadow-mountain.com**

PALM DESERT Marriott Desert Springs Resort & Spa $$$$

74855 Country Club Dr, 92260 ***Tel*** *(760) 341-2211, (888) 538-9459* ***Fax*** *(760) 341-1872* ***Quartos*** *844* ***Mapa rod.*** *D6*

Este grande hotel de uma rede é reconhecido como um dos melhores resorts e spas da área. Os quartos têm lindas vistas e decoração suntuosa, com acabamentos de granito e mármore. O lazer inclui golfe e tênis. A equipe é extremamente atenciosa. **www.desertspringsresort.com**

PALM SPRINGS America's Best Value Inn $

1900 N Palm Canyon Dr, 92262 ***Tel*** *(760) 322-3757* ***Fax*** *(760) 323-5290* ***Quartos*** *65* ***Mapa rod.*** *D6*

Os quartos neste hotel de preço compatível são despojados, porém confortáveis e bem cuidados. Fica próximo ao centro da cidade e dá acesso à rodovia. A equipe é prestativa. Crianças até 12 anos não pagam estada. Tem micro-ondas, refrigerador e café da manhã incluído. **www.americasbestvalueinn.com**

PALM SPRINGS Best Western Las Brisas Hotel $$

222 S Indian Canyon Dr, 92262 ***Tel*** *(760) 325-4372* ***Fax*** *(760) 329-1371* ***Quartos*** *90* ***Mapa rod.*** *D6*

Este motel de três andares foi todo reformado em estilo mediterrâneo. Está dentro da cidade, mas com fácil acesso aos Indian Canyons e ao Living Desert Zoo. Os quartos têm geladeiras e são equipados com internet banda larga. O café da manhã americano completo é cortesia. **www.bestwestern.com**

PALM SPRINGS Palm Court Inn $$

1983 N Palm Canyon Dr, 92262 ***Tel*** *(760) 416-2333, (800) 667-7918* ***Fax*** *(760) 416-5425* ***Quartos*** *107* ***Mapa rod.*** *D6*

Ótima relação custo-benefício e boa localização central são destaques deste hotel bem cuidado, com instalações atrativas, equipe cortês e quartos com sacada e vista para as montanhas. Alguns quartos têm jacuzzi. O café da manhã de cortesia é servido no restaurante. **www.palmcourt-inn.com**

PALM SPRINGS Ace Hotel and Swim Club $$$

701 East Palm Canyon Dr, 92264 **Tel** *(760) 325-9900* **Fax** *(760) 325-7878* **Quartos** *180* **Mapa rod.** *D6*

Elegante e chique, este hotel-butique é movido a energia solar. Os quartos rústicos são em estilo americano contemporâneo, com camas grandes e toalhas macias. A piscina tem boa profundidade para quem pratica natação, enquanto a lanchonete ao lado da piscina oferece coquetéis, tacos de peixe e outros petiscos. **www.acehotel.com**

PALM SPRINGS Hilton Palm Springs $$$

400 E Tahquitz Canyon Drive, 92262 **Tel** *(760) 320-6868* **Fax** *(760) 320-2126* **Quartos** *260* **Mapa rod.** *D6*

Hotel no centro, com quartos em torno de uma grande piscina. Os quartos são espaçosos e de decoração confortável; muitos têm sacada e vista para a montanha. Há comodidades como um spa completo e aparelhos de fitness. O Al Fresco é um lounge ao lado da piscina e o Terrace Restaurant é uma excelente opção. **www.hiltonpalmsprings.com**

PALM SPRINGS Hyatt Regency $$$

285 N Palm Canyon Dr, 92262 **Tel** *(760) 322-9000* **Fax** *(760) 322-6009* **Quartos** *193* **Mapa rod.** *D6*

Este conveniente hotel de rede no centro tem quartos aconchegantes e uma ampla gama de comodidades para executivos. As bem decoradas suítes de um e dois quartos têm sacada com linda vista para o deserto. Daqui dá para ir a pé a muitas lojas, galerias e locais de entretenimento. **www.palmsprings.hyatt.com**

PALM SPRINGS Spa Resort and Casino $$$

401 E Amadu Rd, 92262 **Tel** *(888) 999-1995* **Fax** *(760) 325-0688* **Quartos** *230* **Mapa rod.** *D6*

Um dos poucos com serviços completos no centro, este hotel e cassino passou por uma reforma recente e tem comodidades como um ótimo spa e fonte de águas termais. Os quartos contam com roupa de cama sofisticada e acessórios para o banho. O cassino apresenta regularmente shows ao vivo. **www.sparesortcasino.com**

PALM SPRINGS Terra Cotta Inn $$$

2388 E Racquet Club Rd, 92262-2629 **Tel** *(760) 322-6059* **Fax** *(760) 322-4169* **Quartos** *17* **Mapa rod.** *D6*

Este é um resort no qual roupas são opcionais, já que celebra o naturismo em seu ambiente intimista e bem cuidado. Os quartos são grandes, com decoração básica, micro-ondas e refrigerador. Conta com piscina e churrasqueiras. Os serviços de spa são disponíveis interna e externamente. Café da manhã e *happy hour* de cortesia. **www.sunnyfun.com**

PALM SPRINGS Villa Royale Inn $$$

1620 S Indian Trail, 92264 **Tel** *(760) 327-2314, (800) 245-2314* **Fax** *(760) 322-3794* **Quartos** *30* **Mapa rod.** *D6*

Luxuoso hotel intimista só para adultos, o Villa Royale Inn tem quartos românticos, cada um decorado no estilo de uma determinada região europeia. Popular junto a casais em lua de mel, fica em uma bela área e dispõe de piscina e restaurante. O café da manhã é incluído. **www.villaroyale.com**

RANCHO MIRAGE Hilton Garden Inn $$$

71-700 Highway 111, 92270 **Tel** *(760) 776-9700* **Fax** *(760) 776-4110* **Quartos** *120* **Mapa rod.** *D6*

No centro do Rancho Mirage, este hotel fica próximo da exclusiva área de compras de El Paseo, da diversão noturna e dos melhores restaurantes. Os quartos são confortáveis e têm lençóis de linho, micro-ondas e mesa grande. O hotel ainda oferece academia de ginástica, centro de negócios e estacionamento gratuito. **www.hiltongardeninn.com**

RANCHO MIRAGE Rancho Las Palmas Resort $$$$

41000 Bob Hope Dr, 92270 **Tel** *(760) 568-2727, (866) 423-1195* **Fax** *(760) 568-5845* **Quartos** *422* **Mapa rod.** *D6*

Os quartos neste hotel grande e bom para famílias têm sacada ou pátio privado. O local é bem cuidado e tem 25 quadras de tênis, um parque aquático e um campo de golfe com 27 buracos. Oferece descontos regularmente. **www.marriott.com**

RIVERSIDE Mission Inn $$$$$

3649 Mission Inn Ave, 92501 **Tel** *(951) 784-0300* **Fax** *(951) 683-1342* **Quartos** *235* **Mapa rod.** *D6*

Ícone da cidade, este belo hotel de 1888 ocupa um quarteirão inteiro e preserva grande parte de seu charme colonial espanhol original. Os quartos repaginados são elegantes e dotados de todas as comodidades. O esquema all-inclusive dá direito ao uso do spa e de quatro restaurantes. **www.missioninn.com**

TWENTYNINE PALMS Best Western Garden Inn & Suites $$

71487 Twentynine Palms Hwy, 92277 **Tel** *(760) 367-9141, (800) 780-7234* **Fax** *(760) 367-2584* **Quartos** *84* **Mapa rod.** *D5*

Alguns quartos deste hotel bem localizado têm bela decoração e até quitinete. Há comodidades como piscina, ofurô, lavanderia e estacionamento grátis. Os hóspedes ganham tarifa especial para ir ao Joshua Tree National Monument, que fica a apenas 8km. **www.bestwestern.com**

DESERTO DE MOJAVE

BARSTOW Super 8 Barstow $

170 Coolwater Lane, 92311 **Tel** *(760) 256-8443* **Fax** *(760) 256-0997* **Quartos** *109* **Mapa rod.** *D5*

Os quartos decentes, a equipe cordial e o preço acessível compensam a estada neste hotel de deserto. Comodidades para executivos incluem acesso à internet, fax e copiadora. Há geladeiras e micro-ondas disponíveis e estacionamento grátis para os hóspedes. Fica próximo a restaurantes e lojas. **www.super8.com**

BARSTOW Comfort Suites $$

2571 Fisher Blvd, 92311 ***Tel*** *(760) 253-3600* ***Fax*** *(760) 253-3668* ***Quartos*** *83* ***Mapa rod.*** *D5*

Inaugurado em 2008, este hotel fica próximo da histórica Route 66. Os hóspedes são recebidos em um bonito lobby de dois andares, e os quartos são bem equipados com refrigerador, micro-ondas, TV de plasma e acesso sem fio à internet. O café da manhã completo é cortesia e a piscina externa é aquecida. **www.comfortsuites.com**

BARSTOW Ramada Inn $$

1511 E Main St, 92311 ***Tel*** *(760) 256-5673* ***Fax*** *(760) 256-5917* ***Quartos*** *148* ***Mapa rod.*** *D5*

Este hotel moderno é decorado em estilo Mission. Os quartos são bem básicos, porém limpos e confortáveis, e contam com acesso de banda larga à internet e canais premium de televisão. O serviço de quarto pode ser pedido do restaurante. **www.ramada.com**

DEATH VALLEY Amargosa Hotel and Opera House $

Death Valley Junction, 92328 ***Tel*** *(760) 852-4441* ***Fax*** *(760) 852-4138* ***Quartos*** *14* ***Mapa rod.*** *D4*

Hotel excêntrico no deserto, o Amargosa é uma espécie de teatro com shows de cabaré. Os quartos são confortáveis, um tanto espalhafatosos e têm murais com cenas fantásticas pintadas pelo proprietário. Mantendo a coerência histórica, não oferece telefone nem televisão. **www.amargosa-opera-house.com**

DEATH VALLEY Delight's Hot Springs Resort $

368 Tecopa Hot Springs Rd, 92389 ***Tel*** *(800) 928-8808* ***Fax*** *(760) 852-4301* ***Quartos*** *9* ***Mapa rod.*** *D4*

Renomado por suas fontes de águas termais, este pequeno hotel fica a pouca distância de carro de Las Vegas e tem quartos de motel e cabanas com quitinete. A decoração despretenciosa enfatiza o charme do Velho Mundo. A equipe é cordial e atenciosa. Aceita animais de estimação. **www.delightshotspringsresort.com**

DEATH VALLEY Stove Pipe Wells Village $$

Hwy 190, Death Valley, 92328 ***Tel*** *(760) 786-2387* ***Fax*** *(760) 786-2389* ***Quartos*** *83* ***Mapa rod.*** *D4*

Embora os quartos sejam bem decorados e modernos, um charme rústico impera neste retiro em uma estonteante área de deserto. Próximo ao armazém e às Big Sand Dunes, facilita o acesso a atividades locais como caminhadas e golfe. Há uma piscina. A equipe tem prazer em ajudar. **www.stovepipewells.com**

DEATH VALLEY Furnace Creek Inn $$$

Hwy 190, 92328 ***Tel*** *(760) 786-2345* ***Fax*** *(760) 786-2514* ***Quartos*** *68* ***Mapa rod.*** *D4*

Belo oásis no deserto, este marco histórico tem comodidades dignas de um resort de luxo. Os quartos são elegantes e de decoração suntuosa. Opções de lazer incluem nadar em uma piscina com água de nascente, golfe e tênis. Fecha meados mai-meados out. **www.furnacecreekresort.com**

DEATH VALLEY Furnace Creek Ranch Resort $$$

Hwy 190, 92328 ***Tel*** *(760) 786-2345* ***Fax*** *(760) 786-2514* ***Quartos*** *224* ***Mapa rod.*** *D4*

Este grande aglomerado de quartos simples mas bem conservados fica logo abaixo do Furnace Creek Inn, mas é muito mais informal e barato. Tem piscina, um saloon country e três restaurantes. O resort é especialmente apropriado para famílias com crianças. Fecha meados mai-meados out. **www.furnacecreekresort.com**

EAST MOJAVE Hotel Nipton $

107355 Nipton Rd, 92364 ***Tel*** *(760) 856-2335* ***Fax*** *(760) 856-2352* ***Quartos*** *5* ***Mapa rod.*** *E5*

Espécie de fragmento da história da mineração do ouro, este pequeno hotel tem charme rústico, mas oferece comodidades modernas, como acesso sem fio à internet. Feitos de adobe à moda espanhola, os quartos têm aquecimento e resfriamento central. Há dois banheiros de uso comum. O café da manhã continental está incluído. **www.nipton.com**

LAKE HAVASU Hidden Palms Resort Condominiums $

2100 Swanson Ave, 86403 ***Tel*** *(928) 854-2833, (800) 254-5611* ***Fax*** *(928) 855-2620* ***Quartos*** *22* ***Mapa rod.*** *E5*

Hotel tranquilo perto do lago. As suítes de um quarto ganharam móveis novos de madeira e acesso à internet. Os quartos são espaçosos e contam com quitinete e áreas separadas para refeições. Instalado em meio a palmeiras, o pátio é relaxante e idílico. **www.hiddenpalms.com**

LAKE HAVASU Quality Inn & Suites $$

271 S Lake Havasu Ave, 86403 ***Tel*** *(928) 855-1111* ***Fax*** *(928) 855-6228* ***Quartos*** *177* ***Mapa rod.*** *E5*

Este motel básico oferece quartos limpos e confortáveis com TV a cabo, acesso grátis à internet sem fio, máquina de café e refrigerador. Entre os outros recursos incluem-se serviços de fax e copiadora, uma lavanderia para hóspedes, piscina aquecida com deque e um bar e restaurante. Fica perto do lago Havasu e das lojas da London Bridge. **www.qualityinn.com**

LAKE HAVASU The Nautical Beachfront Resort $$$$

1000 McCulloch Blvd, 86403 ***Tel*** *(928) 855-2141, (800) 892-2141* ***Fax*** *(928) 453-5808* ***Quartos*** *139* ***Mapa rod.*** *E5*

Instalado à beira do lago, este resort tem quartos de vários tamanhos. A maioria tem pátio privado, ao passo que as suítes têm cozinha completa. Sua localização propicia acesso fácil a atividades aquáticas e você pode atracar seu barco defronte à sua suíte. O hotel tem uma praia exclusiva para os hóspedes. **www.nauticalinn.com**

LAKE HAVASU London Bridge Resort $$$$$

1477 Queens Bay, 86403 ***Tel*** *(928) 855-0888, (800) 624-7939* ***Fax*** *(928) 855-5404* ***Quartos*** *122* ***Mapa rod.*** *E5*

Neste hotel defronte ao rio você encontra charme europeu e comodidades contemporâneas. A maioria dos quartos tem vista excepcional da London Bridge, trazida do rio Tâmisa, em Londres, para cá. Oferece acesso de banda larga à internet, quitinetes, quadras de tênis, piscinas, barcos, business center e spa. **www.londonbridgeresort.com**

MOJAVE Best Western Desert Winds $

16200 Sierra Highway Mojave, 93501 **Tel** *(661) 824-3601, (800) 780-7234* **Fax** *(661) 824-3605* **Quartos** *51* **Mapa rod.** *D5*

Este hotel tem quartos despojados, modernos e confortáveis, além de uma equipe amigável. Os hóspedes podem relaxar na piscina, no spa ou explorar uma das trilhas que ficam perto daqui. Os quartos têm micro-ondas e as ligações locais são gratuitas. Há um business center, acesso à internet e lavanderia. Café da manhã incluído. **www.bestwestern.com**

SÃO FRANCISCO

CHINATOWN E NOB HILL Hotel Astoria $$

510 Bush St, 94108 **Tel** *(415) 434-8883, (800) 666-6696* **Fax** *(415) 434-8919* **Quartos** *80* **Mapa** *5 C4*

Viajantes desacompanhados têm vantagens ao optar pelo modesto Hotel Astoria, que oferece quartos individuais a preços razoáveis. Convenientemente situado entre Chinatown e Union Square, fica bem próximo aos imponentes portões de Chinatown. **www.hotelastoria-sf.com**

CHINATOWN E NOB HILL Hotel Triton $$

342 Grant Ave, 94108 **Tel** *(415) 394-0500, (800) 800-1299* **Fax** *(415) 394-0555* **Quartos** *140* **Mapa** *5 C4*

Designers e profissionais da mídia frequentam este hotel pequeno, porém elegante, com uma atmosfera cordial e alegre. Do outro lado da rua de Chinatown e no coração da zona de galerias de arte de São Francisco, disponibiliza para hóspedes estrangeiros jornais de outros países, os quais ficam no térreo, no Café de la Presse. **www.hoteltriton.com**

CHINATOWN E NOB HILL Hilton, Financial District/Chinatown $$$$

750 Kearny St, 94108 **Tel** *(415) 433-6600, (800) 321-3232* **Fax** *(415) 765-7891* **Quartos** *549* **Mapa** *5 C3*

Perto de Chinatown e da Portsmouth Plaza, este hotel Hilton tem decoração moderna e um clima residencial descontraído. No saguão há um day spa de primeira classe. A dois quarteirões passam bondes. Estada gratuita para menores de 19 anos acompanhados por um adulto.

CHINATOWN E NOB HILL Orchard Hotel $$$$

665 Bush St, 94108 **Tel** *(415) 362-8878, (888) 717-2881* **Fax** *(415) 362-8088* **Quartos** *104* **Mapa** *5 C4*

Este hotel moderno fica a uma curta caminhada da estação de Powell Street e da Union Square. A decoração é uma mistura de tradição e modernidade, com fotografias da arquitetura da cidade nas áreas comuns e nos quartos. Tem um business center, acesso a deficientes, internet sem fio e serviço de traslado para a cidade. **www.theorchardhotel.com**

CHINATOWN E NOB HILL The Fairmont San Francisco $$$$$

950 Mason St, 94108 **Tel** *(415) 772-5000, (800) 441-1414* **Fax** *(415) 772-5013* **Quartos** *591* **Mapa** *5 B4*

Famoso por seu belo saguão e opulentas áreas de uso comum, o Fairmont é o mais grandioso de todos os hotéis de luxo no topo da Nob Hill. Detém grande prestígio desde que reabriu, em 1907, um ano após ter sido destruído por um terremoto e um incêndio. A vista panorâmica é imbatível. **www.fairmont.com**

CHINATOWN E NOB HILL Huntington Hotel & Nob Hill Spa $$$$$

1075 California St, 94108 **Tel** *(415) 474-5400, (800) 227-4683* **Fax** *(415) 474-6227* **Quartos** *135* **Mapa** *5 B4*

Construído em 1922 como um luxuoso edifício residencial, o Huntington foi transformado em hotel de alta classe em 1945. Todos os quartos, espaçosos, têm decoração exclusiva –muitos têm bar equipado e alguns têm cozinha. Dê-se ao luxo de ir ao mundialmente famoso Nob Hill Spa no subsolo e no térreo. **www.huntingtonhotel.com**

CHINATOWN E NOB HILL Intercontinental Mark Hopkins Hotel $$$$$

1 Nob Hill, 94108 **Tel** *(415) 392-3434, (800) 946-7621* **Fax** *(415) 421-3302* **Quartos** *380* **Mapa** *5 B4*

No topo da Nob Hill, o Mark Hopkins é um marco arquitetônico de 1926. Mantém sua reputação de um dos hotéis mais finos de São Francisco, com estilo rico e opulento. O lounge Top of the Mark, no 19º andar, tem vista panorâmica para a cidade a partir do pico da colina. **www.ichotelsgroup.com**

CHINATOWN E NOB HILL The Ritz-Carlton San Francisco $$$$$

600 Stockton St, 94108 **Tel** *(415) 296-7465, (800) 241-3333* **Fax** *(415) 986-1268* **Quartos** *336* **Mapa** *5 C4*

Desde sua abertura em 1991, o Ritz-Carlton é considerado um dos melhores hotéis de São Francisco. Fica instalado em um histórico edifício Beaux Arts que ocupa um quarteirão inteiro da California Street, perto do topo da Nob Hill. O serviço é excelente. Há um restaurante quatro estrelas, uma piscina interna e um fitness center. **www.ritzcarlton.com**

CIVIC CENTER Best Western Hotel Tomo $$

1800 Sutter St, 94115 **Tel** *(415) 921-4000, (888) 466-9990* **Fax** *(415) 923-1064* **Quartos** *125* **Mapa** *4 E4*

O Hotel Tomo é ideal para viajantes em busca de preço e qualidade compatíveis, acomodação acima da média e restaurantes de classe a poucos passos da porta da frente. Localizado no coração da Japan Town e próximo a muitos restaurantes bons de sushi, tem quartos perfeitamente aceitáveis. **www.bestwestern.com**

CIVIC CENTER Grove Inn $$

890 Grove St, 94117 **Tel** *(415) 929-0780, (800) 829-0780* **Fax** *(415) 929-1037* **Quartos** *18* **Mapa** *4 E5*

Com boa localização perto de São Francisco, este B&B ítalo-vitoriano data do final dos idos de 1800. Os anfitriões, poliglotas, dirigem o local há mais de 20 anos. Os quartos ensolarados têm cama queen-size e telefone com discagem direta. As tarifas incluem o café da manhã continental. **www.grovinn.com**

Categorias de preço *pág. 524* **Legenda dos símbolos** *no final do guia*

CIVIC CENTER Hotel Kabuki San Francisco $$

1625 Post St, 94115 ***Tel*** *(415) 922-3200, (800) 533-4561* ***Fax*** *(415) 921-0417* ***Quartos*** *218* ***Mapa*** *4 E4*

Dentro do complexo Japan Center, o elegante Kabuki Inn atrai executivos e turistas comuns. Solicite um dos quartos com banho a vapor. Há também quartos japoneses com tatame. O restaurante O Izakaya fica no térreo. Crianças de até 12 anos não pagam. **www.hotelkabuki.com**

CIVIC CENTER Hotel Metropolis $$

25 Mason St, 94102 ***Tel*** *(415) 775-4600, (800) 553-1900* ***Fax*** *(415) 775-4606* ***Quartos*** *110* ***Mapa*** *5 B5*

Excêntrico hotel-butique, o Metropolis adota o tema natureza em todo seu espaço, e cada andar é dedicado a um elemento. O quarto holístico é perfeito para escapar do burburinho da Union Square nas cercanias. Todos os quartos têm comodidades como bares, telefone com duas linhas, internet com voicemail e Nintendo. **www.hotelmetropolis.com**

CIVIC CENTER Monarch Hotel $$

1015 Geary St, 94109 ***Tel*** *(415) 673-5232, (800) 777-3210* ***Fax*** *(415) 885-2802* ***Quartos*** *101* ***Mapa*** *4 F4*

O Monarch é frequentado por turistas econômicos em busca de comodidades básicas e boa localização em São Francisco. Todos os quartos têm TV a cabo e cofres. O dia todo serve café no saguão e disponibiliza estacionamento mediante um custo adicional. **www.themonarchhotel.com**

CIVIC CENTER Phoenix Hotel $$

601 Eddy St, 94109 ***Tel*** *(415) 776-1380, (800) 248-9466* ***Fax*** *(415) 885-3109* ***Quartos*** *44* ***Mapa*** *4 F4*

Este interessante motel de dois andares, no coração do Tenderloin District, evoca imagens da velha Rodovia 66. Pegue um drinque no bar da casa, o Bambuddha, e vá para a piscina no pátio para avistar celebridades (Dave Navarro e Linda Ronstadt já se hospedaram aqui). Os quartos são básicos, mas a localização central compensa. **www.jdvhotels.com**

CIVIC CENTER Alamo Square Inn $$$

719 Scott St, 94117 ***Tel*** *(415) 922-2055, (800) 345-9880* ***Fax*** *(415) 315-0108* ***Quartos*** *17* ***Mapa*** *4 D5*

Consiste em dois edifícios históricos belamente restaurados, com vista para a Alamo Square no centro de São Francisco. Um deles é azul e branco, tendo sido construído em 1895 no estilo Rainha Ana; o outro é de 1896, em estilo Tudor. O café da manhã de cortesia é servido diariamente na estufa ensolarada.

CIVIC CENTER Best Western Americania $$$

121 7th St, 94103 ***Tel*** *(415) 626-0200, (800) 444-5816* ***Fax*** *(415) 863-2529* ***Quartos*** *143*

Embora tecnicamente esteja no badalado bairro de South of Market de San Francisco, o Americania fica a alguns passos da Union Square. As instalações modernas, espaçosas e confortáveis fazem um alentador contraste com o burburinho da cidade. Disponibiliza acesso grátis à internet e não cobra pelo estacionamento. **www.jdvhotels.com**

CIVIC CENTER Archbishop's Mansion Inn $$$$

1000 Fulton St, 94117 ***Tel*** *(415) 563-7872, (800) 543-5826* ***Fax*** *(415) 885-3193* ***Quartos*** *15* ***Mapa*** *4 D5*

Este edifício imponente de 1904, em estilo francês do Segundo Império, passou por uma minuciosa restauração. Em seu interior há uma elaborada escadaria aberta de três lances, encimada por uma claraboia com vitral. Todos os quartos são luxuosamente decorados e têm temas operísticos. **www.thearchbishopsmansion.com**

FINANCIAL DISTRICT E UNION SQUARE Taylor Hotel $

615 Taylor St, Post St, 94102 ***Tel*** *(415) 775-0780, (877) 734-6835* ***Fax*** *(415) 775-6815* ***Quartos*** *34* ***Mapa*** *5 B5*

Simples e básico, este hotel tem localização e preço ideais para o turista econômico. Os quartos são despojados e têm banheiro privado e acesso sem fio grátis à internet. A equipe tem prazer em orientá-lo sobre qualquer aspecto de sua estada. Arrumadeira e estacionamento disponíveis por um custo extra. **www.sanfrancisco-budgethotel.com**

FINANCIAL DISTRICT E UNION SQUARE Hotel des Arts $

447 Bush St, 94108 ***Tel*** *(415) 956-3232, (800) 956-4322* ***Fax*** *(415) 956-0399* ***Quartos*** *51* ***Mapa*** *5 C4*

O Hotel des Arts é mais uma ativa galeria de arte do que um hotel. Alguns quartos, pintados e decorados por grupos de artistas locais, o tornam um dos lugares mais originais da cidade. Nas cercanias da Union Square, Chinatown e do Financial District. **www.sfhoteldesarts.com**

FINANCIAL DISTRICT E UNION SQUARE Hotel Bijou $$

111 Mason St, 94102 ***Tel*** *(415) 771-1200, (800) 777-1022* ***Fax*** *(415) 346-3196* ***Quartos*** *65* ***Mapa*** *5 B5*

Loucos por cinema adoram o Hotel Bijou por sua decoração baseada na história cinematográfica de São Francisco. Até as cortinas dos quartos são de um veludo vinho profundo e dramático, e uma pequena sala exibe dois filmes por dia. A localização conveniente na Union Square e o café da manhã de cortesia completam o charme. **www.hotelbijou.com**

FINANCIAL DISTRICT E UNION SQUARE Hotel California $$

580 Geary St, 94102 ***Tel*** *(415) 441-2700, (800) 227-4223* ***Fax*** *(415) 441-0124* ***Quartos*** *83* ***Mapa*** *5 B5*

O Hotel California oferece elegância, serviço prestativo e colchões de penas com travesseiros de plumas de ganso em todos os quartos. Todo hóspede ganha uma dose de tequila no check-in. Para quem prefere algo mais suave, todo dia o hotel serve vinho de cortesia no saguão das 16h às 18h. **www.thesavoyhotel.com**

FINANCIAL DISTRICT E UNION SQUARE Touchstone Hotel $$

480 Geary St, 94102 ***Tel*** *(415) 771-1600, (800) 620-5889* ***Fax*** *(415) 931-5442* ***Quartos*** *42* ***Mapa*** *5 B5*

A poucos passos da Union Square, o Touchstone Hotel mistura o charme do Velho Mundo com comodidades modernas. Este B&B pequeno e intimista pertence e é dirigido pela mesma família há mais de 50 anos. As tarifas incluem café da manhã continental. Crianças de até 12 anos não pagam. **www.thetouchstone.com**

FINANCIAL DISTRICT E UNION SQUARE Hotel Diva $$$

440 Geary St, 94102 ***Tel*** *(415) 885-0200, (800) 553-1900* ***Fax*** *(415) 346-6613* ***Quartos*** *111* ***Mapa*** *5 B5*

Quem entra no Hotel Diva tem a impressão de estar no Museu de Arte Moderna. O saguão e os quartos têm decoração extravagante e colorida, e muitos toques arquitetônicos. O luxo moderno impera e os quartos não decepcionam nem os hóspedes mais ligados em estilo. **www.hoteldiva.com**

FINANCIAL DISTRICT E UNION SQUARE Hotel Frank $$$

386 Geary St, 94102 ***Tel*** *(415) 986-2000* ***Fax*** *(415) 397-2447* ***Quartos*** *153* ***Mapa*** *5 B5*

Construído em 1908, o Frank fica no coração do Theater District. O hotel foi reformado recentemente e todos os quartos têm comodidades como acesso à internet e cofres. As suítes maiores têm acesso de banda larga grátis e uma delas tem um pátio grande. **www.hotelfranksf.com**

FINANCIAL DISTRICT E UNION SQUARE Hotel Union Square $$$

114 Powell St, 94102 ***Tel*** *(415) 397-3000, (800) 553-1900* ***Fax*** *(415) 399-1874* ***Quartos*** *131* ***Mapa*** *5 C5*

Convenientemente localizado a dois quarteirões da Union Square, este hotel é ideal para quem não quer gastar muito no coração do eixo de consumo de São Francisco. Os quartos são pequenos e práticos, e há comodidades no local como acesso sem fio à internet mediante uma taxa e serviço de câmbio. **www.hotelunionsquare.com**

FINANCIAL DISTRICT E UNION SQUARE Hotel Vertigo $$$

940 Sutter St, 94109 ***Tel*** *(415) 885-6800, (800) 553-1900* ***Fax*** *(415) 885-2115* ***Quartos*** *97* ***Mapa*** *5 A4*

Há quartos confortáveis e tranquilos no Vertigo. Os quartos nos fundos são particularmente sossegados. Todas as noites, há um show de cabaré muito elogiado no Plush Room, perto do saguão. As escadas do hotel apareceram no filme *Um corpo que cai*, de Alfred Hitchcock. **www.yorkhotel.com**

FINANCIAL DISTRICT E UNION SQUARE Marriott Union Square $$$

480 Sutter St, 94108 ***Tel*** *(415) 398-8900, (866) 912-0973* ***Fax*** *(415) 989-8823* ***Quartos*** *403* ***Mapa*** *5 C4*

Bem no percurso dos bondes na Powell Street, o Marriott Union Square oferece comodidades nos quartos que incluem acesso de banda larga à internet e cafeteiras automáticas. O hotel, que aceita animais pequenos, é extremamente conveniente para executivos e famílias. Possui dois restaurantes e um lounge para drinques. **www.marriott.com**

FINANCIAL DISTRICT E UNION SQUARE White Swan Inn $$$

845 Bush St, 94108 ***Tel*** *(415) 775-1755, (800) 999-9570* ***Fax*** *(415) 775-5717* ***Quartos*** *26* ***Mapa*** *5 B4*

Pequeno e em estilo country, o White Swan tem quartos com alegres estampas florais e camas confortáveis. Há também uma lareira a gás que mantém uma convincente chama artificial. Serve um excelente café da manhã de cortesia, assim como vinho todas as noites. **www.jdvhotels.com**

FINANCIAL DISTRICT E UNION SQUARE Harbor Court Hotel $$$$

165 Steuart St, 94105 ***Tel*** *(415) 882-1300, (866) 792-6283* ***Fax*** *(415) 882-1313* ***Quartos*** *131* ***Mapa*** *6 E4*

Instalado em um antigo edifício da Associação Cristã de Moços, o Harbor Court é o único hotel de São Francisco defronte ao mar. Os quartos são modestos, mas alguns têm bela vista para a Bay Bridge. Os hóspedes têm acesso livre aos equipamentos de fitness da academia Y logo ao lado. **www.harborcourthotel.com**

FINANCIAL DISTRICT E UNION SQUARE Hilton San Francisco $$$$

333 O'Farrell St, 94102 ***Tel*** *(415) 771-1400, (800) 445-8667* ***Fax*** *(415) 771-6807* ***Quartos*** *1900* ***Mapa*** *5 B5*

Ocupando um quarteirão inteiro a oeste da Union Square, o maior hotel da cidade é uma torre de 46 andares com vista excelente. O serviço também está à altura da grandiosidade do local. As numerosas comodidades incluem uma piscina aquecida externa, cinco restaurantes, dois bares, barbearia e uma sauna a vapor. **www.hilton.com**

FINANCIAL DISTRICT E UNION SQUARE Hotel Rex $$$$

562 Sutter St, 94102 ***Tel*** *(415) 433-4434, (800) 433-4434* ***Fax*** *(415) 433-3695* ***Quartos*** *94* ***Mapa*** *5 B4*

Este agradável hotel tem quartos de cores vivas e paredes exibindo obras de artistas locais. Verdadeira joia –e o orgulho do Rex–, o saguão no térreo tem tons escuros e uma aconchegante biblioteca. O bar no saguão sedia ocacionais eventos literários e pequenos shows. **www.jdvhotels.com**

FINANCIAL DISTRICT E UNION SQUARE The Inn at Union Square $$$$

440 Post St, 94102 ***Tel*** *(415) 397-3510, (800) 288-4346* ***Fax*** *(415) 989-0529* ***Quartos*** *30* ***Mapa*** *5 B5*

No meio da Union Square, este hotel aconchegante é simpático e intimista como um apartamento privado. O café da manhã continental e um jornal de cortesia são entregues em seu quarto. Toda noite serve vinho e acepipes junto à lareira no saguão. **www.unionsquare.com**

FINANCIAL DISTRICT E UNION SQUARE Kensington Park Hotel $$$$

450 Post St, 94102 ***Tel*** *(415) 788-6400, (800) 553-1900* ***Fax*** *(415) 399-9484* ***Quartos*** *92* ***Mapa*** *5 B5*

Localizado no edifício Elks Lodge da década de 1920 e em estilo revival espanhol, o Kensington Park é um confortável hotel de porte médio, próximo à Union Square. O saguão é belíssimo e os quartos espaçosos têm móveis de bom gosto. À noite serve vinho, xerez e chá no Grand Lobby. **www.kensingtonparkhotel.com**

FINANCIAL DISTRICT E UNION SQUARE Parc 55 Hotel $$$$

55 Cyril Magnin St, 94102 ***Tel*** *(415) 392-8000* ***Fax*** *(415) 403-6002* ***Quartos*** *1010* ***Mapa*** *5 C5*

O imenso Parc 55 fica próximo às ruas Market e Powell, é perfeito para convenções e grupos grandes. Os andares superiores têm linda vista. As tarifas são altas, mas fique de olho nas ofertas especiais de B&B e fim de semana. **www.parc55hotel.com**

Categorias de preço *pág. 524* **Legenda dos símbolos** *no final do guia*

FINANCIAL DISTRICT E UNION SQUARE Westin St Francis Market St $$$$

50 3rd St, 94103 ***Tel*** *(415) 974-6400, (800) 671-4303* ***Fax*** *(415) 543-8268* ***Quartos*** *667* ***Mapa*** *5 C5*

A vista descortinada das janelas do teto ao chão do luxuoso Argent é estupenda, cobrindo o complexo Yerba Buena e o San Francisco Museum of Modern Art. A alguns passos do Moscone Convention Center, a localização do hotel é ideal para quem vem a trabalho. **www.westingsf.com**

FINANCIAL DISTRICT E UNION SQUARE Andrews Hotel $$$$$

624 Post St, 94109 ***Tel*** *(415) 563-6877, (800) 926-3739* ***Fax*** *(415) 928-6919* ***Quartos*** *48* ***Mapa*** *5 B5*

Há quartos simples e confortáveis neste pequeno hotel pertencente a uma família e a apenas dois quarteirões da Union Square. Os preços são moderados e incluem café da manhã continental. Perto do saguão funciona um restaurante italiano e toda noite uma taça de vinho de cortesia é servida aos hóspedes. **www.andrewshotel.com**

FINANCIAL DISTRICT E UNION SQUARE Campton Place $$$$$

340 Stockton St, 94108 ***Tel*** *(415) 781-5555, (866) 969-1825* ***Fax*** *(415) 955-5536* ***Quartos*** *110* ***Mapa*** *5 C4*

O pequeno e elegante Campton Place fica próximo à Union Square. Tem quartos luxuosos e bem decorados, bom serviço e suntuosas áreas de uso comum. Particularmente atrativo é o bar intimista junto ao saguão. Os hóspedes podem optar por jantar no terraço no topo ou no luxuoso Campton Place Restaurant. **www.tajhotels.com**

FINANCIAL DISTRICT E UNION SQUARE Clift $$$$$

495 Geary St, 94102 ***Tel*** *(415) 775-4700, (800) 697-1791* ***Fax*** *(415) 441-4621* ***Quartos*** *363* ***Mapa*** *5 B5*

O pomposo Clift é um exemplo de design moderno, com o saguão criado por Phillippe Starck. Os quartos são elegantemente mobiliados e têm todas as mordomias imagináveis num hotel deste calibre. No térreo, o Redwood Room e o premiado Asia de Cuba Restaurant são encantadores. **www.clifthotel.com**

FINANCIAL DISTRICT E UNION SQUARE Four Seasons Hotel $$$$$

757 Market St, 94103 ***Tel*** *(415) 633-3000* ***Fax*** *(415) 633-3001* ***Quartos*** *277* ***Mapa*** *5 C5*

O Four Seasons é um dos hotéis de mais classe em São Francisco. Espaçosos e discretos, os quartos têm aconchegante área de estar. Os hóspedes podem usar o ultrachique Sports Club/LA. Tem fácil acesso para a Union Square, o San Francisco Museum of Modern Art e o Yerba Buena Center. **www.fourseasons.com**

FINANCIAL DISTRICT E UNION SQUARE Grand Hyatt San Francisco $$$$$

345 Stockton St, 94108 ***Tel*** *(415) 398-1234, (800) 233-1234* ***Fax*** *(415) 391-1780* ***Quartos*** *685* ***Mapa*** *5 C4*

As torres de 36 andares do Grand Hyatt, no lado norte da Union Square, oferecem linda vista a partir de todos os seus quartos. No topo, o restaurante e lounge Grand View descortina panoramas de São Francisco. A localização é prática para o Financial District e para as lojas e os teatros da Union Square. **www.grandsanfrancisco.hyatt.com**

FINANCIAL DISTRICT E UNION SQUARE Hotel Monaco $$$$$

501 Geary St, 94102 ***Tel*** *(415) 292-0100, (800) 214-4220* ***Fax*** *(415) 292-0111* ***Quartos*** *201* ***Mapa*** *5 B5*

Moderno e charmoso, o Monaco fica poucos quarteirões a oeste da Union Square. Os quartos –um primor em padrões e texturas– oferecem muitos mimos luxuosos, como roupões Frette, travesseiros divinos e aparelhos de fax. No térreo, o Grand Café fica em um espetacular salão de baile da virada do século 19. **www.monaco-sf.com**

FINANCIAL DISTRICT E UNION SQUARE Hotel Nikko $$$$$

222 Mason St, 94102 ***Tel*** *(415) 394-1111, (866) 726-0501* ***Fax*** *(415) 394-1106* ***Quartos*** *534* ***Mapa*** *5 B5*

O ultramoderno Nikko atrai principalmente executivos, sobretudo do Japão. Seu excelente fitness center, com uma piscina cercada de vidro e uma gama completa de equipamentos, é um dos melhores da cidade. Próximo ao saguão, o restaurante Anzu é perfeito para drinques ou jantares. **www.hotelnikkosf.com**

FINANCIAL DISTRICT E UNION SQUARE Hotel Vitale $$$$$

8 Mission St, 94105 ***Tel*** *(415) 278-3700, (888) 890-8688* ***Fax*** *(415) 278-3750* ***Quartos*** *199* ***Mapa*** *6 E4*

Construído no início de 2005, o extravagante Vitale é o mais recente e, possivelmente, mais grandioso empreendimento do grupo JDV Hospitality. Situado no Embarcadero, tem todas as vantagens de um resort, em pleno coração da cidade. Os quartos têm todas as mordomias e o Spa Vitale propicia vista deslumbrante. **www.hotelvitale.com**

FINANCIAL DISTRICT E UNION SQUARE Hyatt Regency San Francisco $$$$$

5 Embarcadero Center, 94111 ***Tel*** *(415) 788-1234, (800) 233-1234* ***Fax*** *(415) 398-2567* ***Quartos*** *805* ***Mapa*** *6 D3*

Construído em 1973 em torno de um saguão com átrio de 15 andares, o Hyatt é destinado sobretudo a executivos. O andar Regency Club tem atendentes a postos em tempo integral. Fica próximo a um shopping center e a um complexo de teatros. **www.sanfranciscoregency.hyatt.com**

FINANCIAL DISTRICT E UNION SQUARE Mandarin Oriental $$$$$

222 Sansome St, 94104 ***Tel*** *(415) 276-9888, (800) 622-0404* ***Fax*** *(415) 433-0289* ***Quartos*** *158* ***Mapa*** *6 D3*

Particularmente conveniente para executivos, o Mandarin Oriental é de primeira classe em todos os aspectos. Os quartos Mandarin têm janelas do teto ao chão, com vista magnífica para a baía de São Francisco e a Golden Gate Bridge. Outra atração é o Silks, excelente restaurante no segundo andar. **www.mandarinoriental.com**

FINANCIAL DISTRICT E UNION SQUARE JW Marriott San Francisco $$$$$

500 Post St, 94102 ***Tel*** *(415) 771-8600, (866) 671-4303* ***Fax*** *(415) 398-0267* ***Quartos*** *338* ***Mapa*** *5 B5*

John Portman foi o arquiteto deste hotel de design moderno e bela decoração, que tem um saguão com átrio de 17 andares, encimado por uma claraboia. As áreas de uso comum são glamurosas, e os quartos refinados e elegantes. Executivos podem contar com uma equipe extremamente prestativa. **www.marriott.com**

FINANCIAL DISTRICT E UNION SQUARE Le Méridien San Francisco $$$$$

333 Battery St, 94111 **Tel** *(415) 296-2900, (800) 543-4300* **Fax** *(415) 296-2901* **Quartos** *360* **Mapa** *6 D3*

De todos os hotéis centrais de São Francisco, Le Méridien é um dos mais luxuosos. Próximo ao Embarcadero Center, é mais procurado por executivos. Há tarifas especiais em fins de semana, além de vantagens para famílias, como descontos no preço de um segundo quarto. **www.starwoodhotels.com**

FINANCIAL DISTRICT E UNION SQUARE Palace Hotel $$$$$

2 New Montgomery St, 94105 **Tel** *(415) 512-1111, (800) 627-7196* **Fax** *(415) 543-0671* **Quartos** *553* **Mapa** *5 C4*

No início do século 20, o Palace era um dos hotéis mais famosos do mundo, hospedando a realeza e chefes de Estado, inclusive o presidente Harding, que morreu aqui dormindo em 1923. Reformado no final da década de 1980, agora é conhecido por seu glamuroso Garden Court, onde é servido o chá da tarde. **www.sfpalace.com**

FINANCIAL DISTRICT E UNION SQUARE Prescott Hotel $$$$$

545 Post St, 94102 **Tel** *(415) 563-0303, (800) 283-7322* **Fax** *(415) 563-6831* **Quartos** *164* **Mapa** *5 B5*

Executivos predominam neste suntuoso hotel que parece um clube de cavalheiros, com paredes de madeira escura e uma grande lareira no saguão de entrada. À tarde servem drinques de cortesia. Embora um tanto antiquado, o Postrio Restaurant ainda serve pratos consistentes em um ambiente elegante. **www.prescotthotel.com**

FINANCIAL DISTRICT E UNION SQUARE San Francisco Marriott $$$$$

55 4th St, 94103 **Tel** *(415) 896-1600* **Fax** *(415) 486-8101* **Quartos** *1498* **Mapa** *5 C5*

Talvez alguém goste do visual futurista desta torre de 39 andares, mas ninguém em São Francisco ousa dizer isso. O hotel, porém, é muito procurado para convenções. Famílias sempre apreciam a piscina interna e a estada grátis concedida a menores de 18 anos, desde que acompanhados por um adulto. **www.marriott.com**

FINANCIAL DISTRICT E UNION SQUARE Serrano Hotel $$$$$

405 Taylor St, 94102 **Tel** *(415) 885-2500, (800) 546-7866* **Fax** *(415) 474-4879* **Quartos** *236* **Mapa** *5 B5*

Com 17 andares e estilo revival espanhol, este hotel tem acesso fácil para a Union Square e o Theater District. Todos os quartos têm pé-direito alto e um ar aconchegante, realçado pelo design de influência espanhola e marroquina. O atrativo restaurante Ponzu fica perto do saguão. **www.serranohotel.com**

FINANCIAL DISTRICT E UNION SQUARE Sir Francis Drake Hotel $$$$$

450 Powell St, 94102 **Tel** *(415) 392-7755, (800) 795-7129* **Fax** *(415) 391-8719* **Quartos** *417* **Mapa** *5 B4*

Antigo hotel da Union Square, o Sir Francis Drake brilha com esplendor Art Déco. É famoso por seus porteiros uniformizados como guardas ingleses e pelo Harry Denton's Starlight Room, um belo bar no topo. A localização no trajeto do bonde na Powell Street é imbatível para ir ao Financial District e a North Beach. **www.sirfrancisdrake.com**

FINANCIAL DISTRICT E UNION SQUARE Westin St. Francis $$$$$

335 Powell St, 94102 **Tel** *(415) 397-7000* **Fax** *(415) 774-0124* **Quartos** *1195* **Mapa** *5 B4*

Desde 1904, o horizonte da Union Square é marcado pelas torres triplas do Westin St. Francis. Após os danos do terremoto e do incêndio de 1906, o hotel foi restaurado e ampliado. Na década de 1970 ganhou uma torre de 31 andares nos fundos, com elevadores de vidro. Os quartos melhores têm vista para a Union Square. **www.westinstfrancis.com**

FISHERMAN'S WHARF E NORTH BEACH San Remo Hotel $

2237 Mason St, 94133 **Tel** *(415) 776-8688, (800) 352-7366* **Fax** *(415) 776-2811* **Quartos** *62* **Mapa** *5 B2*

Único hotel econômico da área, o San Remo é um edifício bem mantido de estilo italiano e um dos primeiros que surgiram após o terremoto e o incêndio de 1906. Todos os quartos deste hotel para não fumantes têm banheiros compartilhados, com exceção da Suíte de Lua de mel no topo. **www.sanremohotel.com**

FISHERMAN'S WHARF E NORTH BEACH America's Best Inn Fisherman's Wharf $$

2850 Van Ness Ave, 94109 **Tel** *(415) 776-3220* **Fax** *(415) 921-7451* **Quartos** *42* **Mapa** *4 E2*

Embora não seja uma maravilha arquitetônica, este hotel de três andares fica próximo a algumas áreas de interesse – Fisherman's Wharf, North Beach e Chinatown. Quartos simples, equipados com acesso de banda larga à internet, micro-ondas e geladeira tornam o Best Inn uma boa opção econômica. **www.vannessinn.com**

FISHERMAN'S WHARF E NORTH BEACH Best Western Tuscan Inn $$$

425 North Point St, 94133 **Tel** *(415) 561-1100, (800) 648-4626* **Fax** *(415) 561-1199* **Quartos** *221* **Mapa** *5 B1*

Espaçoso e elegante, o Tuscan Inn fica no meio do Fisherman's Wharf. É muito procurado por executivos e equipes de cinema e televisão de passagem pela cidade. Estada grátis para menores de 18 anos acompanhados por um adulto. Toda tarde serve vinho de cortesia. **www.tuscaninn.com**

FISHERMAN'S WHARF E NORTH BEACH Hotel Boheme $$$

444 Columbus Ave, 94133 **Tel** *(415) 433-9111* **Fax** *(415) 362-6292* **Quartos** *15* **Mapa** *5 B3*

O elegante e badalado Boheme é uma homenagem à geração beat, no coração de onde tudo começou. Cores ousadas e toques extravagantes reforçam o ar poético do hotel. Os quartos são acolhedores e equipados com Wi-fi. Em meio ao frenesi de North Beach, fica próximo a muitos restaurantes e bares ótimos. **www.hotelboheme.com**

FISHERMAN'S WHARF E NORTH BEACH The Wharf Inn $$$

2601 Mason St, 94133 **Tel** *(415) 673-7411, (877) 275-7889* **Fax** *(415) 776-2181* **Quartos** *51* **Mapa** *5 B1*

Com três andares e estilo da década de 1960, este motel é claro, simples e simpático. Todos os quartos têm cores ousadas e muitos contam com sofás e pequenas áreas de estar. Localizado logo acima do agitado Fisherman's Wharf, oferece estacionamento e acesso de banda larga à internet gratuitos. **www.wharfinn.com**

Categorias de preço *pág. 524* **Legenda dos símbolos** *no final do guia*

FISHERMAN'S WHARF E NORTH BEACH The Sheraton $$$$

2500 Mason St, 94133 ***Tel*** *(415) 362-5500, (800) 325-3535* ***Fax*** *(415) 956-5275* ***Quartos*** *529* ***Mapa*** *5 B1*

Basicamente para famílias e turistas em geral, o Sheraton fica em um grande e atrativo edifício da década de 1970, com todos os confortos esperados pelo viajante comum. Tem fácil acesso para o Fisherman's Wharf e o ferryboat que vai à Ilha de Alcatraz. Também é procurado por executivos. **www.sheratonatthewharf.com**

FISHERMAN'S WHARF E NORTH BEACH Suites at Fisherman's Wharf $$$$

2655 Hyde St, 94109 ***Tel*** *(415) 771-0200, (800) 227-3608* ***Fax*** *(415) 346-8058* ***Quartos*** *24* ***Mapa*** *5 A2*

Famílias e grupos procuram muito este hotel, o único da cidade só com suítes. Executivos também se hospedam aqui regularmente. Cada suíte, com espaço suficiente para acomodar quatro pessoas, tem sua própria cozinha e sala de jantar. O hotel fica a poucos passos do bonde da Hyde Street. **www.shellhospitality.com**

FISHERMAN'S WHARF E NORTH BEACH Washington Square Inn $$$$

1660 Stockton St, 94133 ***Tel*** *(415) 981-4220, (800) 388-0220* ***Fax*** *(415) 397-7242* ***Quartos*** *15* ***Mapa*** *5 B2*

Um dos poucos hotéis na área de North Beach, este é o único defronte ao Washington Square Park, onde se veem pessoas praticando tai chi ou apenas passeando. As tarifas incluem café da manhã, embora muitos prefiram ir ao famoso Mamma's Restaurant, do outro lado da rua. **www.wsisf.com**

FISHERMAN'S WHARF E NORTH BEACH Courtyard by Marriott $$$$$

580 Beach St, 94133 ***Tel*** *(415) 775-3800, (800) 321-2211* ***Fax*** *(415) 441-7307* ***Quartos*** *127* ***Mapa*** *4 F1*

A apenas um quarteirão do Fisherman's Wharf, o Courtyard compensa por sua localização e comodidades. Os quartos simples e modernos contam com acesso de banda larga à internet, sendo perfeitos para famílias em férias e executivos. Disponibiliza instalações para reuniões de negócios. **www.marriott.com**

FISHERMAN'S WHARF E NORTH BEACH Hyatt Fisherman's Wharf $$$$$

555 N Point, 94133 ***Tel*** *(415) 563-1234, (800) 233-1234* ***Fax*** *(415) 486-4444* ***Quartos*** *313* ***Mapa*** *5 A1*

Este Hyatt é mais voltado a famílias do que os outros hotéis da rede em São Francisco, embora seu serviço tenha a mesma qualidade. Famílias ganham desconto no preço de um segundo quarto, e há uma piscina aquecida. Tem bom acesso para idas a Alcatraz. **www.fishermanswharf.hyatt.com**

HAIGHT ASHBURY E THE MISSION 24 Henry $

24 Henry St, 94114 ***Tel*** *(415) 864-5686, (800) 900-5686* ***Fax*** *(415) 864-0406* ***Quartos*** *5* ***Mapa*** *9 D2*

No coração do bairro de Castro, o 24 Henry é um charmoso B&B que agrada sobretudo à clientela gay. Tem uma amosfera serena em uma rua tranquila e arborizada. O acesso sem fio à internet e o café da manhã são cortesias e há telefones privados em todos os quartos. As tarifas são razoáveis. **www.24henry.com**

HAIGHT ASHBURY E THE MISSION Elements Hostel $

2524 Mission St, 94110 ***Tel*** *(415) 647-4100, (866) 327-8407* ***Fax*** *(415) 550-9005* ***Quartos*** *26* ***Mapa*** *9 F3*

Este hostel de estilo europeu oferece dormitórios e quartos privados bem no coração do bairro de Mission em São Francisco. Há um restaurante e bar no térreo, mas o aspecto mais atraente do Elements talvez seja o deque no topo –com cadeiras para tomar sol e um telescópio. **www.elementshotel.com**

HAIGHT ASHBURY E THE MISSION Inn 1890 $$

1890 Page St, 94117 ***Tel*** *(415) 386-0486, (888) 466-1890* ***Fax*** *(415) 386-3626* ***Quartos*** *16* ***Mapa*** *9 B1*

Uma das muitas mansões imponentes construídas no encrave do Golden Gate Park em 1897, este edifício em estilo Rainha Ana foi transformado em 1984 em um B&B confortável e elegante. Os quartos têm papéis de parede desenhados por William Morris. Um bom café da manhã continental é servido diariamente. **www.inn1890.com**

HAIGHT ASHBURY E THE MISSION The Parker Guest House $$

520 Church St, 94114 ***Tel*** *(888) 520-7275* ***Fax*** *(415) 621-4139* ***Quartos*** *21* ***Mapa*** *10 E3*

Uma mansão eduardiana de 1909 com jardins extensos, The Parker é dedicado à clientela gay. Convenientemente localizado no Castro District, é popular entre os que viajam a negócios. Os quartos são luxuosos e muitos são quitinetes. O preço inclui café da manhã continental e vinho à tarde. **www.parkerguesthouse.com**

HAIGHT ASHBURY E THE MISSION Red Victorian Bed and Breakfast $$

1665 Haight St, 94117 ***Tel*** *(415) 864-1978* ***Fax*** *(415) 863-3293* ***Quartos*** *18* ***Mapa*** *9 B1*

O Red Victorian é a acomodação-chave da Haight Street, perfeito para quem quer reviver São Francisco no "Verão do Amor". Todos os quartos têm temas diferenciados, com nomes como Redwood Forest e Flower Child. Não há rádio nem TV, apenas uma sala de meditação. **www.redvic.com**

HAIGHT ASHBURY E THE MISSION Village House $$

4080 18th St, 94114 ***Tel*** *(415) 864-0994* ***Fax*** *(415) 864-0406* ***Quartos*** *5* ***Mapa*** *9 D3*

Congênere do vizinho 24 Henry, a tranquila Village House tem quartos claros e alegres com linha privada de telefone, e fica a apenas meio quarteirão da agitada vida noturna do Castro. Os hóspedes contam com TV, vídeo e um piano no salão comunitário. **www.24henry.com**

HAIGHT ASHBURY E THE MISSION Willows Inn Bed and Breakfast $$

710 14th St, 94114 ***Tel*** *(415) 431-4770, (800) 431-0277* ***Fax*** *(415) 431-5295* ***Quartos*** *12* ***Mapa*** *10 E2*

Construído em 1903, o Willows é um B&B de estilo europeu no bairro de Castro. Todos os quartos têm pia, roupões em estilo de quimono e sabonetes luxuosos, além de TV, vídeo e acesso sem fio à internet. Há oito banheiros privados ao lado dos quartos. A equipe é extremamente cordial. **www.willowssf.com**

HAITGHT ASHBURY E THE MISSION Baby Bears House $$$

1424 Page St, 94117 ***Tel*** *(415) 255-1937, (888) 923-2748* ***Fax*** *(415) 255-9777* ***Quartos*** *3* ***Mapa*** *8 F1*

Este bed and breakfast vitoriano, construído em 1892, oferece uma suíte grande com cozinha, sala de jantar, deque, banheiro e entrada privativos. Além da suíte há dois quartos comuns. É ideal para famílias e fica a um quarteirão do Golden Gate Park. Serve café da manhã continental e a equipe fala várias línguas. **www.babybearsf.com**

HAIGHT ASHBURY E THE MISSION Inn on Castro $$$

321 Castro St, 94114 ***Tel/Fax*** *(415) 861-0321* ***Quartos*** *12* ***Mapa*** *10 D2*

Este edifício eduardiano totalmente restaurado funde o antigo e o moderno, com seu interior adornado com ecléticos buquês de flores e arte moderna. Fica bem no coração do bairro de Castro e oferece suítes e apartamentos self-service. Os hóspedes das suítes têm café da manhã continental de cortesia. **www.innoncastro.com**

HAIGHT ASHBURY E THE MISSION Stanyan Park Hotel $$$

750 Stanyan St, 94117 ***Tel*** *(415) 751-1000* ***Fax*** *(415) 668-5454* ***Quartos*** *36* ***Mapa*** *9 B2*

Médicos, pacientes e suas famílias hospedam-se com frequência neste adorável hotel em estilo Rainha Ana, próximo ao San Francisco Medical Center. Aberto em 1983 após uma ampla reforma, o hotel tem vista para o Golden Gate Park. Os quartos são aconchegantes, e muitos têm lareiras decorativas. **www.stanyanpark.com**

PACIFIC HEIGHTS Broadway Manor Inn $

2201 Van Ness Ave, 94109 ***Tel*** *(415) 776-7900, (800) 727-6239* ***Fax*** *(415) 928-7460* ***Quartos*** *56* ***Mapa*** *4 F3*

A alguns passos do Marina District e do Fisherman's Wharf, o Broadway Manor Inn é excelente para turistas econômicos. Os quartos são básicos e simples, e alguns têm acesso sem fio à internet, o que também está disponível no saguão. Os quartos têm micro-ondas e geladeira. **www.broadwaymanor.com**

PACIFIC HEIGHTS The Greenwich Inn $

3201 Steiner Street, 94123 ***Tel*** *(415) 921-5162* ***Fax*** *(415) 921-3602* ***Quartos*** *32* ***Mapa*** *4 D2*

O Greenwich Inn é uma opção básica e acessível para quem quer ficar perto do bairro de Marina e do Presidio Park. Os quartos são confortáveis e a equipe é cordial. Dá para ir a pé a numerosos restaurantes e lojas. **www.greenwichinn.com**

PACIFIC HEIGHTS Heritage Marina Hotel $

2550 Van Ness Ave, 94109 ***Tel*** *(415) 776-7500, (866) 714-6835* ***Fax*** *(415) 441-7675* ***Quartos*** *135* ***Mapa*** *4 E2*

Convenientemente localizado perto de Marina e de todos os pontos turísticos locais, este hotel da década de 1950 foi reformado em 2003. É ideal para o turista econômico em busca de hospedagem básica, e todos os quartos têm micro-ondas. As tarifas incluem ótimo café da manhã continental e há um restaurante italiano. **www.heritagemarinahotel.com**

PACIFIC HEIGHTS Cow Hollow Motor Inn $$

2190 Lombard St, 94123 ***Tel*** *(415) 921-5800* ***Fax*** *(415) 922-8515* ***Quartos*** *129* ***Mapa*** *4 D2*

Este hotel fica entre os badalados bairros de Cow Hollow e Marina, famosos por restaurantes e compras de nível internacional. Os quartos são simples, um tanto antiquados, e famílias com crianças têm a opção de ficar em uma das 12 suítes. **www.cowhollowmotorinn.com**

PACIFIC HEIGHTS Marina Inn $$

3110 Octavia St, 94123 ***Tel*** *(415) 928-1000, (800) 274-1420* ***Fax*** *(415) 928-5909* ***Quartos*** *40* ***Mapa*** *4 E2*

Com boa localização a dois quarteirões do Fort Mason e de seu parque gramado, este hotel barato no bairro de Marina tem vista estupenda da baía. É simples e a equipe é cordial, embora o barulho da rua Lombard possa incomodar. É conveniente para ir às lojas e restaurantes da Union Street. **www.marinainn.com**

PACIFIC HEIGHTS Marina Motel $$

2576 Lombard St, 94123 ***Tel*** *(415) 921-9406, (800) 346-6118* ***Fax*** *(415) 921-0364* ***Quartos*** *39* ***Mapa*** *4 D3*

Instalado em um florido pátio mediterrâneo, o Marina tem localização tranquila e reservada, próximo a mercado, restaurantes e transporte público do bairro. O edifício de estilo espanhol, construído em 1939, tem quartos claros, arejados e diferentemente decorados, com banheiro privado. **www.marinamotel.com**

PACIFIC HEIGHTS Motel Capri $$

2015 Greenwich St, 94123 ***Tel*** *(415) 346-4667* ***Fax*** *(415) 346-3256* ***Quartos*** *46* ***Mapa*** *4 D2*

Pertencente a uma família, este motel simples e confortável é uma boa opção para viajantes econômicos. Fica em uma rua residencial tranquila no centro de Marina e é próximo ao transporte público. Tem quatro quitinetes disponíveis e estacionamento grátis. **www.sfmotelcapri.com**

PACIFIC HEIGHTS Pacific Heights Inn $$

1555 Union St, 94123 ***Tel*** *(415) 776-3310, (800) 523-1810* ***Fax*** *(415) 776-8176* ***Quartos*** *40* ***Mapa*** *4 E2*

Este agradável motel da década de 1960 fica em um quarteirão tranquilo da Union Street, a oeste da Van Ness Avenue. É conveniente para o transporte público e oferece estacionamento grátis para hóspedes com carro. Fica a apenas alguns quarteirões dos restaurantes, lojas e bares do agitado bairro de Cow Hollow. **www.pacificheightsinn.com**

PACIFIC HEIGHTS Chateau Tivoli Bed and Breakfast $$$

1057 Steiner St, 94115 ***Tel*** *(415) 776-5462, (800) 228-1647* ***Fax*** *(415) 776-0505* ***Quartos*** *9* ***Mapa*** *4 D4*

Uma das "painted ladies" de São Francisco, esta centenária casa vitoriana foi o centro do movimento da Nova Era na década de 1970, marcado por renascimento, técnicas reichianas e banhos comunitários com todos nus. Desde então recuperou seu esplendor original, tetos com afrescos, vitrais e várias antiguidades. **www.chateautivoli.com**

Categorias de preço *pág. 524* **Legenda dos símbolos** *no final do guia*

PACIFIC HEIGHTS Edward II Bed & Breakfast $$$

3155 Scott St, 94123 **Tel** *(415) 922-3000, (800) 473-2846* **Fax** *(415) 931-5784* **Quartos** *30* **Mapa** *3 C2*

Este é um verdadeiro achado para quem busca um local tranquilo com localização conveniente. Construída em 1914, a casa agora é um hotel de três andares, a poucos quarteirões do Yacht Harbor de São Francisco. Oferece café da manhã continental. **www.edwardii.com**

PACIFIC HEIGHTS Hotel del Sol $$$

3100 Webster St, 94123 **Tel** *(415) 921-5520, (877) 433-5765* **Fax** *(415) 931-4137* **Quartos** *57* **Mapa** *4 D2*

Evocando a cultura efervescente da Califórnia, este hotel-butique tem um design alegre com palmeiras, redes, mosaicos e uma piscina. Os quartos são claros e espaçosos, com colchas nas cores do arco-íris. Há também 10 suítes temáticas. A suíte familiar tem beliches, jogos de tabuleiro e brinquedos. **www.jdvhotels.com**

PACIFIC HEIGHTS Laurel Inn $$$

444 Presidio Ave, 94115 **Tel** *(415) 567-8467, (800) 552-8735* **Fax** *(415) 928-1866* **Quartos** *49* **Mapa** *3 C4*

Este tranquilo e elegante hotel-butique tem estilo moderno de meados do século 20. Os quartos confortáveis de cores vivas têm aparelho de CD, vídeo, escrivaninha e mesa. O café da manhã continental e o estacionamento são cortesias. Seu moderno G Bar é ótimo para um drinque antes do jantar. **www.jdvhotels.com**

PACIFIC HEIGHTS Queen Anne Hotel $$$

1590 Sutter St, 94109 **Tel** *(415) 441-2828, (800) 227-3970* **Fax** *(415) 775-5212* **Quartos** *48* **Mapa** *4 E4*

O recém-reformado Queen Anne é um belo hotel vitoriano, construído em 1890. Cada quarto é arrumado de forma diferente, com móveis antigos e decorações autênticas. As tarifas incluem café da manhã continental, vinho à noite e transporte matinal em dias de semana para atrações turísticas. **www.queenanne.com**

PACIFIC HEIGHTS Jackson Court $$$$

2198 Jackson St, 94115 **Tel** *(415) 929-7670* **Fax** *(415) 929-1405* **Quartos** *10* **Mapa** *4 E3*

Uma estada no Jackson Court fará você se sentir um rei na virada do século 19, pois esta linda e centenária casa de arenito pardo fica em um dos bairros mais belos de São Francisco. Os quartos são simples e elegantes. Alguns têm lareira e todos têm TV, vídeo, secador de cabelo e telefone. **www.jacksoncourt.com**

PACIFIC HEIGHTS The Hotel Majestic $$$$

1500 Sutter St, 94109 **Tel** *(415) 441-1100, (800) 869-8966* **Fax** *(415) 673-7331* **Quartos** *58* **Mapa** *4 E4*

Um dos poucos hotéis de classe que sobreviveram ao terremoto de 1906 em São Francisco, o Majestic é um belo edifício do início do século 20 em um bairro tranquilo entre Pacific Heights e a San Francisco Bay. Móveis antigos adornam os quartos, a maioria dos quais tem camas com dossel e lareiras. **www.thehotelmajestic.com**

PACIFIC HEIGHTS Union Street Inn $$$$

2229 Union St, 94123 **Tel** *(415) 346-0424* **Fax** *(415) 922-8046* **Quartos** *6* **Mapa** *4 D3*

Ao hospedar-se no Union Street Inn, você fica desejando morar aqui. Todos os quartos são espaçosos e decorados com bom gosto, e o idílico jardim nos fundos é o cenário perfeito para uma taça de vinho de cortesia no final de um dia longo passeando pela cidade. No fim de semana a estada mínima é de dois dias. **www.unionstreetinn.com**

PACIFIC HEIGHTS Hotel Drisco $$$$$

2901 Pacific Ave, 94115 **Tel** *(415) 346-2880, (800) 634-7277* **Fax** *(415) 567-5537* **Quartos** *48* **Mapa** *3 C3*

Encarapitado no topo do glamuroso bairro de Pacific Heights, o Hotel Drisco tem acomodações imponentes, perfeitas para executivos e turistas. Muitos quartos apresentam vista espetacular da baía de São Francisco e da Golden Gate Bridge. Como cortesia, serve vinho todas as noites e café da manhã continental. **www.jdvhotels.com**

BAY AREA

BENICIA Union Hotel $$

401 1st St, 94510 **Tel** *(707) 746-0110, (866) 445-2323* **Fax** *(707) 745-3032* **Quartos** *12* **Mapa rod.** *destaque B*

Charmoso hotel na baía, tem quartos bem decorados, com banheiro privado e hidromassagem. Com seus móveis de época, evoca um fragmento da velha Califórnia. Certas suítes têm vista espetacular para a baía. O café da manhã está incluído. Oferece tarifas especiais para empresas. **www.unionhotelbenicia.com**

BENICIA Jefferson Street Mansion $$$$$

1063 Jefferson St, 94510 **Tel** *(707) 746-0684* **Fax** *(707) 746-1639* **Quartos** *5* **Mapa rod.** *destaque B*

Esta mansão militar dos tempos da Guerra Civil foi graciosamente restaurada virando um elegante B&B com acomodações confortáveis e comida excelente. Os quartos luxuosos têm móveis de época e comodidades sofisticadas no banho. O serviço também é excepcional. **www.jeffersonstreetmansion.net**

BERKELEY Bancroft Hotel $$

2680 Bancroft Way, 94704 **Tel** *(510) 549-1000* **Fax** *(510) 549-1070* **Quartos** *22* **Mapa rod.** *destaque B*

Do outro lado do campus da UC Berkeley (pág. 418), este antigo clube feminino foi projetado num estilo misto de arte e artesanato. Os belos quartos oferecem todas as comodidades modernas e muitos têm sacada ou deque de bom tamanho. Fica ao lado do popular Caffè Strada ao ar livre. **www.bancrofthotel.com**

BERKELEY Rose Garden Inn $$

2740 Telegraph Ave, 94705 **Tel** *(510) 549-2145, (800) 992-9005* **Fax** *(510) 549-1085* **Quartos** *40* **Mapa rod.** *B*

Belo hotel vitoriano instalado em cinco edifícios cercados por lindos jardins e a alguns passos do campus. A decoração dos quartos tem motivos variados, mas todos têm muito espaço e conforto. A tarifa inclui acesso sem fio à internet e café da manhã completo. **www.rosegardeninn.com**

BERKELEY Hotel Durant $$$

2600 Durant Ave, 94704 **Tel** *(510) 845-8981* **Fax** *(510) 486-8336* **Quartos** *144* **Mapa rod.** *destaque B*

Próximo ao campus, este hotel cordial tem charme europeu e quartos bem decorados, com boa roupa de cama. Há comodidades como um business center, acesso de banda larga à internet e acesso para deficientes. Perto do saguão, o restaurante Henry's é uma instituição local e fica lotado em dias de eventos esportivos. **www.jdvhotels.com**

BERKELEY Claremont Resort & Spa $$$$$

41 Tunnel Rd, 94705 **Tel** *(510) 843-3000, (800) 551-7266* **Fax** *(510) 843-3229* **Quartos** *279* **Mapa rod.** *dest. B*

Grande retiro histórico nas colinas acima de Berkeley, fica próximo à divisa com Oakland. Oferece quartos com todas as comodidades modernas, um grande spa, salas de reunião e programações para crianças. O local também dispõe de quadras de tênis, piscina e de um bom restaurante. **www.claremontresort.com**

BOLINAS Smiley's Schooner Saloon and Hotel $

41 Wharf Rd, 94924 **Tel** *(415) 868-1311* **Fax** *(415) 868-0502* **Quartos** *5* **Mapa rod.** *destaque B*

Instalado na charmosa cidade costeira de Bolinas, este hotel intimista em estilo do oeste tem um bar no térreo de frequência ruidosa. Os quartos são básicos, sem telefone nem TV, mas as camas são confortáveis. A atmosfera é a principal atração do local, que também tem uma bela área de estar ao ar livre. **www.coastalpost.com**

HALF MOON BAY Zaballa House Bed & Breakfast $$

324 Main St, 94019 **Tel** *(650) 726-9123* **Fax** *(650) 726-3921* **Quartos** *20* **Mapa rod.** *destaque B*

Charmoso B&B de ritmo tranquilo, como convém a esta cidade na costa. Instalada na casa mais antiga da cidade, a estrutura passou por reforma total ganhando padrões modernos. Os quartos são bem arrumados e confortáveis, com banheiro privado, e alguns têm lareira. **www.zaballahouse.net**

HALF MOON BAY Mill Rose Inn $$$

615 Mill St, 94019 **Tel** *(650) 726-8750, (800) 900-7673* **Fax** *(650) 726-3031* **Quartos** *6* **Mapa rod.** *destaque B*

Hotel cordial em estilo campestre inglês, fica próximo a lojas e galerias. Os quartos são aconchegantes, com lareira, móveis de época e aquarelas originais. As instalações agradáveis são repletas de caramanchões com roseiras e dispõem de comodidades para executivos. Muito procurado para casamentos e escapadas românticas. **www.millroseinn.com**

HALF MOON BAY Ritz Carlton Half Moon Bay $$$$$

1 Miramontes Point Rd, 94019 **Tel** *(650) 712-7000, (800) 241-3333* **Fax** *(650) 712-7070* **Quartos** *261* **Mapa rod.** *dest. B*

Aninhado em um penhasco com vista para o oceano, este resort relaxante é um dos melhores destinos na Costa Norte. Os quartos são mobiliados com opulência, tendo roupas de cama luxuosas e comodidades no banho. Muitos têm linda vista para o mar. Há também um spa, campo de golfe e um excelente restaurante. **www.ritzcarlton.com**

INVERNESS Manka's Inverness Lodge $$$$$

Argyle at Callendar, 94937 **Tel** *(415) 669-1034, (800) 925-0222* **Fax** *(415) 669-1958* **Quartos** *14* **Mapa rod.** *A3*

Extremamente atrativo, este hotel rústico e isolado oferece cabanas com camas luxuosas e lareiras de pedra, uma casa de barcos e um anexo. Antigo alojamento de caçadores, conserva vestígios de sua história. Vale a pena conhecer seu premiado restaurante que serve produtos locais. **www.mankas.com**

LAFAYETTE Lafayette Park Hotel & Spa $$$$$

3287 Mount Diablo Blvd, 94549 **Tel** *(925) 283-3700* **Fax** *(925) 284-1621* **Quartos** *139* **Mapa rod.** *destaque B*

Bem classificado, este hotel na East Bay, com acesso para a estrada, tem quartos bem decorados, um spa, fitness center, salas de reunião e dois excelentes restaurantes. Há toques de cortesia como vinho servido ao anoitecer em dias de semana, ótimo serviço e uma equipe prestativa. **www.lafayetteparkhotel.com**

MENLO PARK Mermaid Inn $

727 El Camino Real, 94025 **Tel** *(650) 323-9481, (800) 237 4622* **Fax** *(650) 323-0662* **Quartos** *39* **Mapa rod.** *dest. B*

Simpático e bem administrado, fica próximo à Stanford University e a outras atrações do Vale do Silício. Tem quartos básicos, com banheiro privado, TV a cabo e acesso de banda larga à internet; alguns têm quitinete. Oferece ainda piscina aquecida, estacionamento grátis e café da manhã de cortesia. **www.mermaid-inn.com**

MENLO PARK Stanford Park Hotel $$$$$

100 El Camino Real, 94025 **Tel** *(650) 322-1234, (866) 241-2431* **Fax** *(650) 322-0975* **Quartos** *164* **Mapa rod.** *dest. B*

Este elegante hotel de estilo europeu é o único cinco estrelas do Vale do Silício. Tem quartos bem decorados, com móveis finos e roupa de cama luxuosa, além de café e jornal de cortesia todas as manhãs. O local tem piscina, um fitness center e estrutura para conferências. **www.stanfordparkhotel.com**

MILL VALLEY Travelodge $

707 Redwood Hwy, 94941 **Tel** *(415) 383-0340, (800) 578-7898* **Fax** *(415) 381-2132* **Quartos** *50* **Mapa rod.** *dest. B*

Eficiente e bem administrado, fica próximo a São Francisco, Muir Woods e Tiburon. Os quartos são básicos, com comodidades como ar-condicionado, telefone e TV; alguns têm jacuzzi. O local tem um restaurante, estacionamento grátis e a equipe é cordial e atenciosa. **www.travelodge.com**

Categorias de preço *pág. 524* **Legenda dos símbolos** *no final do guia*

MILL VALLEY Acqua Hotel $$$

555 Redwood Hwy, 94941 ***Tel*** *(415) 380-0400* ***Fax*** *(415) 380-9696* ***Quartos*** *50* ***Mapa rod.*** *destaque B*

Isolado da estrada e à sombra do Mount Tamalpais, este hotel chique fica próximo a São Francisco. Tendo ar e água como tema, oferece comodidades modernas com estilo amplo. Os quartos são desprovidos de exageros. A equipe é cordial e eficiente. **www.jdvhotels.com**

MOSS BEACH Seal Cove Inn $$$$

221 Cypress Ave, 94038 ***Tel*** *(650) 728-4114, (800) 995-9987* ***Fax*** *(650) 728-9116* ***Quartos*** *10* ***Mapa rod.*** *dest. B*

Todos os quartos neste premiado hotel campestre têm lareira e sacada privada com vistas espetaculares para o mar. As instalações isoladas e bem cuidadas ficam perto da praia e de piscinas formadas pelas marés. Como cortesia, oferece café da manhã e vinho à noite. **www.sealcoveinn.com**

MUIR BEACH The Pelican Inn $$$$

10 Pacifica Way, 94965 ***Tel*** *(415) 383-6000* ***Fax*** *(415) 383-3424* ***Quartos*** *7* ***Mapa rod.*** *destaque B*

Nas colinas acima do oceano, este hotel de estilo inglês tem quartos aconchegantes e um agradável pub, perfeito para tardes envoltas em neblina. Todos os quartos têm decoração exclusiva com acessórios de época, requintes como camas de dossel e banheiro privado. Alguns têm linda vista. **www.pelicaninn.com**

OAKLAND Waterfront Hotel $$$$$

10 Washington St, 94607 ***Tel*** *(510) 836-3800, (888) 842-5333* ***Fax*** *(510) 832-5695* ***Quartos*** *143* ***Mapa rod.*** *dest. B*

Em meio às lojas e restaurantes da Jack London Square, este hotel de serviços completos tem quartos bem decorados, alguns com sacada e vista da baía em direção a São Francisco. Há comodidades como acesso sem fio à internet, um fitness center, piscina aquecida e sauna. A equipe é poliglota e atenciosa. **www.jdvhotels.com**

PRINCETON-BY-THE-SEA Pillar Point Inn $$$

380 Capistrano Rd, 94018 ***Tel*** *(650) 728-7377, (800) 400-8281* ***Fax*** *(650) 728-8345* ***Quartos*** *11* ***Mapa rod.*** *dest. B*

Pitoresco e confortável B&B em um charmoso povoado litorâneo. Todos os quartos têm decoração exclusiva e confortos como camas com cabeceira acolchoada e lareira; a maioria tem vista para o porto. O farto café da manhã em estilo rural está incluído. Há também estacionamento no local. **www.pillarpointinn.com**

SAN JOSE Fairmont San Jose $$$

170 S Market St, 95113 ***Tel*** *(408) 998-1900, (866) 540-4493* ***Fax*** *(408) 287-1648* ***Quartos*** *808* ***Mapa rod.*** *dest. B*

Este hotel de serviços completos fica no coração do bairro central de convenções e entretenimento de San Jose. Os quartos são espaçosos e têm todas as comodidades modernas, atraindo especialmente executivos. Uma piscina no topo e um health center bem equipado são outras atrações, além do restaurante perto do saguão. **www.fairmont.com/sanjose**

SAN JOSE Hotel De Anza $$$

233 W Santa Clara St, 95113 ***Tel*** *(408) 286-1000, (800) 843-3700* ***Fax*** *(408) 286-0500* ***Quartos*** *101* ***Mapa rod.*** *B*

Localizado no centro, próximo ao centro de convenções, este hotel-butique oferece serviço impecável. Os quartos belamente decorados variam do tamanho padrão a suítes grandes, todos com toques sofisticados como bar equipado, jacuzzi e amplas escrivaninhas. Tem um bom restaurante italiano. **www.hoteldeanza.com**

SAN JOSE San Jose Marriott $$$$

301 S Market St, 95113 ***Tel*** *(408) 280-1300* ***Fax*** *(408) 278-4444* ***Quartos*** *506* ***Mapa rod.*** *destaque B*

Aberto recentemente em um edifício, este elegante hotel para executivos fica próximo ao centro de convenções e sua distância até os restaurantes e atrações do centro pode ser coberta a pé. Os quartos são equipados com tecnologia de última geração e muitos têm excelente vista da cidade. O restaurante no térreo é excepcional. **www.sanjosemarriott.com**

SAN RAFAEL Panama Hotel $$

4 Bayview St, 94901 ***Tel*** *(415) 457-3993, (800) 899-3993* ***Fax*** *(415) 457-6240* ***Quartos*** *14* ***Mapa rod.*** *destaque B*

Evocando os hotéis de New Orleans ou Key West, este charmoso hotel no bairro central tem quartos bem equipados e decorados em diferentes estilos. Alguns têm banheiras com pés em garra e camas com dossel. A equipe é cordial e atenciosa. Eventualmente o restaurante tem jazz ao vivo. **www.panamahotel.com**

SAUSALITO Casa Madrona Hotel & Spa $$$$

801 Bridgeway St, 94965 ***Tel*** *(415) 332-0502, (800) 288-0502* ***Fax*** *(415) 332-2537* ***Quartos*** *63* ***Mapa rod.*** *B*

Na encosta de uma colina, este hotel elegante tem quartos bem diversos, de históricos e ecleticamente decorados a modernos com móveis atraentes. O local tem um spa de primeira classe que oferece vários tratamentos corporais e holísticos, e um excelente restaurante italiano perto do saguão. **www.casamadrona.com**

SAUSALITO Hotel Sausalito $$$$

16 El Portal, 94965 ***Tel*** *(415) 332-0700, (800) 442-0700* ***Fax*** *(415) 332-8788* ***Quartos*** *16* ***Mapa rod.*** *destaque B*

Este hotel em estilo 1915 Mission-revival é um marco. Tem quartos espaçosos, decoração, mobília e mosaicos dos banheiros feitos por artesãos locais. Alguns quartos têm vista para o jardim. Café da manhã continental de cortesia. **www.hotelsausalito.com**

SAUSALITO The Inn Above Tide $$$$$

30 El Portal, 94965 ***Tel*** *(415) 332-9535, (800) 893-8433* ***Fax*** *(415) 332-6714* ***Quartos*** *29* ***Mapa rod.*** *destaque B*

Numa esquina discreta da cidade, este hotel-butique tem excelente localização para todas as lojas e galerias. Fica logo acima do mar, e seus quartos elegantes têm sacadas com vista fabulosa para a baía e São Francisco. Bastante adequado para executivos. **www.innabovetide.com**

WALNUT CREEK Marriott Hotel $$$$

2355 N Main St, 94596 **Tel** *(925) 934-2000, (800) 228-2900* **Fax** *(925) 934-6374* **Quartos** *338* **Mapa rod.** *B*

Próximo às vias expressas da área e do transporte público, este hotel tem boa estrutura para executivos. Os quartos são espaçosos e belamente decorados, com grandes mesas de trabalho. Há uma piscina ao ar livre, um fitness center completo e um salão de jogos para crianças. **www.marriott.com**

EXTREMO NORTE

ARCATA Best Western Arcata Inn $

4827 Valley W Blvd, 95521 **Tel** *(707) 826-0313, (800) 780-7234* **Fax** *(707) 826-0365* **Quartos** *62* **Mapa rod.** *A2*

Bem administrado, este hotel fica próximo a muitas lojas, restaurantes e vários marcos, inclusive uma universidade. Os quartos são simples e entre as comodidades oferecidas estão lavanderia, acesso de banda larga grátis à internet e café da manhã continental. O local tem piscina aquecida interna e ofurô. **www.bestwestern.com**

ARCATA Fairwinds Motel $

1674 G St, 95521 **Tel** *(707) 822-4824, (800) 352-5518* **Fax** *(707) 822-4254* **Quartos** *27* **Mapa rod.** *A2*

De gestão familiar, este hotel regular defronte à Humboldt State University oferece comodidades básicas a preços bem razoáveis. Tem acesso sem fio à internet e uma equipe cordial e prestativa. Fica próximo a vários restaurantes, butiques, business centers, à praia e ao Arcata Marsh. **www.fairwindsmotelarcata.com**

ARCATA Hotel Arcata $$

708 9th St, 95521 **Tel** *(707) 826-0217, (800) 344-1221* **Fax** *(707) 826-1737* **Quartos** *32* **Mapa rod.** *A2*

Junto à praça central da cidade, este simpático hotel histórico tem quartos confortáveis, com banheiras de pés em garra, móveis de época e muitas comodidades modernas. As suítes são espaçosas e têm vista para a praça. Tem também salas de reunião. A equipe é cordial. **www.hotelarcata.com**

CRESCENT CITY Curly Redwood Lodge $

701 Redwood Hwy S, 95531 **Tel** *(707) 464-2137* **Fax** *(707) 464-1655* **Quartos** *36* **Mapa rod.** *A1*

O nome deste hotel rústico faz referência ao característico veio em espiral da sequoia, da qual há vestígios por toda a parte. Os quartos são espaçosos, com TV a cabo e telefone. Fica próximo a muitos restaurantes da área. A equipe pode agendar atividades como surfe e rafting no rio. **www.curlyredwoodlodge.com**

CRESCENT CITY Hampton Inn & Suites $$$

100 A St, 95531 **Tel** *(707) 465-5400* **Fax** *(707) 465-0962* **Quartos** *53* **Mapa rod.** *A1*

Este hotel limpo e administrado com eficiência tem excelente localização junto à praia, e muitos de seus quartos com sacada descortinam vista similar para a rebentação. Espaçosos, os quartos têm camas confortáveis e café da manhã de cortesia. Há uma piscina interna. A equipe é ágil e simpática. **www.hamptoninn.com**

DUNSMUIR Caboose Motel and Cabins $$

100 Railroad Park Rd, 96025 **Tel** *(530) 235-4440* **Fax** *(530) 235-4470* **Quartos** *27* **Mapa rod.** *B2*

Aqui as acomodações são realmente incomuns. Os confortáveis quartos ficam em vagões de trem reformados, dispostos em um círculo ao redor da piscina. O restaurante exibe uma coleção impressionante de itens ligados à ferrovia. **www.rrpark.com**

EUREKA Quality Inn $

1209 4th St, 95501 **Tel** *(707) 443-1601, (800) 772-1622* **Fax** *(707) 444-8365* **Quartos** *60* **Mapa rod.** *A2*

Hotel de uma rede no coração da cidade antiga de Eureka, oferece comodidades básicas como piscina e sauna. Alguns quartos têm banheira de hidromassagem. Há tarifas especiais e mordomias extras para executivos. Serve também um elaborado café da manhã continental. **www.qualityinneureka.com**

EUREKA Abigail's "Elegant Victorian Mansion" $$

1406 C St, 95501 **Tel** *(707) 444-3144* **Quartos** *3* **Mapa rod.** *A2*

Este elegante B&B fica em uma histórica joia vitoriana –uma casa de 1888 que foi preservada e restaurada com bom gosto. Operado de forma simpática, tem quartos confortáveis com móveis de época. As tarifas incluem um farto café da manhã. O local tem belos jardins e um campo de croqué. **www.eureka-california.com**

EUREKA Best Western Humboldt Bay Inn $$

232 W 5th St, 95501 **Tel** *(707) 443-2234, (800) 780-7234* **Fax** *(707) 443-3489* **Quartos** *111* **Mapa rod.** *A2*

Neste hotel de uma rede, próximo à costa e a bosques de sequoia, os quartos são simples e confortáveis. Oferece piscinas aquecidas internas e externas, business center, spa e um belo átrio ajardinado. Em certas noites uma limusine de cortesia leva os hóspedes a restaurantes locais. **www.humboldtbayinn.com**

EUREKA Clarion Resort $$

2223 4th St, 95501 **Tel** *(707) 442-3261* **Fax** *(707) 442-2317* **Quartos** *68* **Mapa rod.** *A2*

Administrado com eficiência, este resort fica próximo ao centro e a uma curta distância de carro de várias praias. Os quartos espaçosos e bem decorados têm micro-ondas e geladeira. Voltado a executivos, oferece mesas grandes de trabalho e acesso grátis à internet. O café da manhã está incluído. **www.gowestchoicehotels.com**

EUREKA Carter House Inns $$$$

301 L St, 95501 **Tel** *(707) 444-8062, (800) 404-1390* **Fax** *(707) 444-8067* **Quartos** *32* **Mapa rod.** *A2*

Este gracioso hotel divide-se por quatro edifícios da época vitoriana, incluindo chalés aconchegantes e uma casa histórica reformada. Todos os quartos são bem decorados e têm direito a café da manhã e vinho à noite. O restaurante é memorável, a loja de vinhos tem uma seleção excelente e o serviço é cordial. **www.carterhouse.com**

FERNDALE Gingerbread Mansion $$$$

400 Berding St, 95536 **Tel** *(707) 786-4000, (800) 952-4136* **Fax** *(707) 786-4381* **Quartos** *11* **Mapa rod.** *A2*

Neste hotel histórico com ar de contos de fadas os quartos variam de pequenos e intimistas a grandes e opulentos, com móveis de época e banheiras com pés em garra. Há belos jardins ingleses, e a equipe é ágil e atenciosa. Seu website disponibiliza muitas tarifas e pacotes especiais. **www.gingerbread-mansion.com**

GARBERVILLE Best Western Humboldt House Inn $$

701 Redwood Dr, 95542 **Tel** *(707) 923-2771, (800) 780-7234* **Fax** *(707) 923-4259* **Quartos** *76* **Mapa rod.** *A2*

Perto da entrada do Redwoods State Park, este motel bem cuidado tem quartos espaçosos com bela decoração. O local dispõe de estrutura para reuniões, acesso de banda larga à internet, spa e piscina aquecida. Serve café da manhã de cortesia. **www.bestwestern.com/humboldthouseinn**

GARBERVILLE Benbow Hotel & Resort $$$$

445 Lake Benbow Dr, 95542 **Tel** *(707) 923-2124, (800) 355 3301* **Fax** *(707) 923-2897* **Quartos** *55* **Mapa rod.** *A2*

Hotel histórico de estilo Tudor bem preservado, tem belos quartos de vários tamanhos. Todos dispõem de finos acessórios e camas relaxantes. Há um excelente restaurante e lounge, com ocasionais shows ao vivo. Disponibiliza bicicletas para os hóspedes. **www.benbowinn.com**

MCCLOUD THE McCloud Guest House $$$

606 W Colombero Dr, 96057 **Tel** *(530) 964-3160, (866) 964-3160* **Fax** *(530) 964-3202* **Quartos** *5* **Mapa rod.** *B1*

Construída em meio a um alto arvoredo por um magnata da indústria madeireira, esta casa imponente foi uma casa privada. Todos os quartos são aconchegantes e decorados com antiguidades finas. A estada inclui um farto café da manhã, que pode ser degustado na grande varanda circular. **www.historicalmccloudguesthouse.com**

MOUNT LASSEN Mineral Lodge $

PO Box 160 Mineral, 96063 **Tel** *(530) 595-4422* **Fax** *(530) 595-4452* **Quartos** *20* **Mapa rod.** *B2*

Parada relaxante para visitantes do Lassen Volcanic National Park (pág. 453). Este hotel modesto em estilo do Oeste, tem quartos recém-reformados, um simpático armazém e um bar. Os proprietários também alugam equipamentos para atividades ao ar livre. **www.minerallodge.com**

MOUNT SHASTA Best Western Tree House Motor Inn $$

111 Morgan Way, 96067 **Tel** *(530) 926-3101, (800) 780-7234* **Fax** *(530) 926-3542* **Quartos** *99* **Mapa rod.** *A2*

Pertencente à rede Best Western, este hotel confortável tem móveis de sequoia, belos quartos, um lounge acolhedor e um saguão com lareira. Dispõe de um business center, piscina interna, salas para não fumantes e um restaurante. É também adequado para deficientes. **www.bestwestern.com**

MOUNT SHASTA Mount Shasta Ranch Bed & Breakfast $$

1008 W A Barr Rd, 96067 **Tel** *(530) 926-3870* **Fax** *(530) 926-6882* **Quartos** *12* **Mapa rod.** *A2*

Os quartos neste B&B são espaçosos e bem equipados com comodidades minimalistas. A maioria tem camas queen size, vista para a montanha e é decorada com antiguidades. A casa principal tem quartos com banheiros enormes. Há também um salão de jogos com mesa de bilhar. **www.stayinshasta.com**

MOUNT SHASTA Mount Shasta Resort $$$

1000 Siskiyou Lake Blvd, 96067 **Tel** *(530) 926-3030, (800) 958-3363* **Fax** *(530) 926-0333* **Quartos** *64* **Mapa rod.** *A2*

Logo abaixo do alto Mount Shasta, este tranquilo resort tem quartos em chalés privados e acomodações mais básicas nas matas. Os quartos têm arrumação decente e todas as comodidades necessárias. Há também um spa e um campo de golfe com 18 buracos. **www.mountshastaresort.com**

MOUNT SHASTA Cold Creek Inn & Suites $$$$

724 N Mount Shasta Blvd, 96067 **Tel** *(800) 292-9421* **Fax** *(530) 926-9852* **Quartos** *18* **Mapa rod.** *A2*

Os quartos neste simpático hotel são simples, mas têm comodidades como camas com cabeceira acolchoada, TV a cabo, ar-condicionado e internet de banda larga. A maioria tem linda vista para a montanha. Há também uma nova suíte com quitinete. Não aceita fumantes nem animais. **www.coldcreekinn.com**

WEAVERVILLE Motel Trinity $

1270 Main St, 96093 **Tel** *(530) 623-2129, (877) 623-5454* **Fax** *(530) 623-6007* **Quartos** *25* **Mapa rod.** *A2*

Os quartos neste hotel montanhês têm painéis de pinho, e alguns vêm com banheira de hidromassagem e quitinete. Dispõe de piscina aquecida e uma área gramada bem sombreada. Tem fácil acesso a muitas opções de lazer ao ar livre, como caminhadas e pescarias no rio.

WEAVERVILLE Best Western Victorian Inn $$

2051 Main St, 96093 **Tel** *(530) 623-4432* **Fax** *(530) 623-4264* **Quartos** *65* **Mapa rod.** *A2*

Limpo e bem administrado, este hotel é decorado em estilo vitoriano. Os quartos são práticos, confortáveis e com belos móveis. Há comodidades como salas de reunião, piscina ao ar livre, café da manhã continental grátis e estacionamento. A equipe cordial pode programar atividades como golfe, pesca, remo, jet-esqui e outras. **www.trinitycounty.com**

WEAVERVILLE Weaverville Hotel $$$$

481 Main St, 96093 **Tel** *(530) 623-2222, (800) 750-8853* **Quartos** *8* **Mapa rod.** *A2*

Nos andares superiores de um edifício histórico no coração da cidade, este hotel antiquado batiza seus quartos aconchegantes com o nome de antigas minas de ouro da área. Alguns têm camas com dossel e banheiras com pés em garra. O salão vitoriano tem uma lareira junto à qual você pode relaxar com um livro da biblioteca. **www.weavervillehotel.com**

WINE COUNTRY

BODEGA BAY Bodega Coast Inn & Suites $$$$

521 Coast Hwy 1, 94923 **Tel** *(707) 875-2217, (800) 346-6999* **Fax** *(707) 875-2964* **Quartos** *44* **Mapa rod.** *A3*

Este hotel costeiro é cercado por ciprestes. Todos os quartos são claros, espaçosos e bem equipados. As suítes têm TV, cafeteira, geladeira, lareira e banheiras de hidromassagem. Próximo a um campo de golfe e a outras áreas de lazer. Bastante adequado a executivos. **www.bodegacoastinn.com**

BOYES HOT SPRINGS Fairmont Sonoma Mission Inn & Spa $$$$$

18140 Sonoma Hwy, 95476 **Tel** *(707) 938-9000* **Fax** *(707) 938-4250* **Quartos** *226* **Mapa rod.** *A3*

Hotel bonito em local isolado, fica perto de um campo de golfe e de várias vinícolas. Os quartos luxuosos são equipados com minibar e ar-condicionado, e nas imediações do hotel há um spa de alto nível e um excelente restaurante. **www.fairmont.com/sonoma**

CALISTOGA Dr Wilkinson's Hot Springs Resort $$

1507 Lincoln Ave, 94515 **Tel** *(707) 942-4102* **Fax** *(707) 942-4412* **Quartos** *42* **Mapa rod.** *A3*

Desde 1952 este hotel modesto colocou Calistoga no mapa com suas fontes de águas termais e banhos de lama rejuvenescedores. De gestão familiar, a propriedade tem modernas comodidades nos quartos e um menu mais amplo de serviços de spa. A varanda da frente é perfeita para observar pessoas. **www.drwilkinson.com**

CALISTOGA Calistoga Spa Hot Springs $$$

1006 Washington St, 94515 **Tel** *(707) 942-6269, (866) 822-5772* **Fax** *(707) 942-4212* **Quartos** *57* **Mapa rod.** *A3*

Este hotel modesto é uma boa opção em vista de seus quartos confortáveis dotados de quitinete. Há quatro piscinas com aquecimento natural, uma sala de reunião com bar equipado e um deque ao ar livre com vistas panorâmicas. A equipe é cordial e o hotel fica perto da cidade. **www.calistogaspa.com**

CALISTOGA The Lodge at Calistoga $$$

1865 Lincoln Ave, 94515 **Tel** *(707) 942-9400, (800) 652-5130* **Fax** *(707) 942-5262* **Quartos** *55* **Mapa rod.** *A3*

Os quartos são despojados, porém decentes, neste hotel econômico de onde se pode ir a pé ao centro da cidade e bem próximo de muitas vinícolas. Há comodidades como piscina, sauna seca e a vapor, e spa. Oferece quartos para deficientes. **www.thelodgeatcalistoga.com**

CALISTOGA Indian Springs Resort and Spa $$$$

1712 Lincoln Ave, 94515 **Tel** *(707) 942-4913* **Fax** *(707) 942-4919* **Quartos** *17* **Mapa rod.** *A3*

Clássico resort e spa que promoveu a tendência de banhos de lama, fica instalado sobre gêiseres termais e cinzas vulcânicas, utilizados no relaxamento e rejuvenescimento dos hóspedes. Os quartos e bangalôs são bem decorados e ficam em torno do pátio central. A histórica piscina de água mineral é a melhor da cidade. **www.indianspringscalistoga.com**

GEYSERVILLE Geyserville Inn $$

21714 Geyserville Ave, 95441 **Tel** *(707) 857-4343, (877) 857-4343* **Fax** *(707) 857-4411* **Quartos** *38* **Mapa rod.** *A3*

Este simpático hotel familiar tem ótima localização, com mais de 70 vinícolas em um raio de 24 km. Os quartos são espaçosos e alguns têm lareira, sacada e vista para vinícolas. Dispõe ainda de piscina, spa e um bom restaurante. **www.geyservilleinn.com**

GUALALA Whale Watch Inn $$$$

35100 Hwy 1, 95445 **Tel** *(800) 942-5342* **Fax** *(707) 884-4815* **Quartos** *18* **Mapa rod.** *A3*

Na época certa, é possível ver baleias da janela de seu quarto. Neste hotel intimista e isolado num penhasco acima do mar, as acomodações variam de suítes luxuosas a quartos aconchegantes em estilo de pousada, sem telefone nem TV. Lareiras, geladeiras e banheiros privados são um toque extra. **www.whalewatchinn.com**

HEALDSBURG Best Western Dry Creek Inn $$

198 Dry Creek Rd, 95448 **Tel** *(707) 433-0300, (800) 222-5784* **Fax** *(707) 433-1129* **Quartos** *163* **Mapa rod.** *A3*

Próximo à praça da cidade e a muitas vinícolas, este hotel econômico em estilo espanhol tem quartos espaçosos com confortos como TV a cabo, geladeira e acesso grátis de banda larga à internet. O café da manhã é de cortesia, assim como uma garrafa de vinho no check-in. Dispõe também de fitness center e piscina. **www.drycreekinn.com**

HEALDSBURG Camellia Inn $$$$

211 North St, 95448 **Tel** *(707) 433-8182, (800) 727-8182* **Fax** *(707) 433-8130* **Quartos** *9* **Mapa rod.** *A3*

Próximo ao centro da cidade, este hotel romântico ocupa uma casa vitoriana datada de 1869. Em meio a jardins de camélias, tem quartos confortavelmente equipados com lareira e banheira de hidromassagem. O serviço é excepcional. A equipe pode agendar atividades como pesca, passeios de barco, esqui aquático e outras. **www.camelliainn.com**

HEALDSBURG Hotel Healdsburg $$$$$

25 Matheson St, 95448 **Tel** *(707) 431-2800, (800) 889-7188* **Fax** *(707) 431-0414* **Quartos** *55* **Mapa rod.** *A3*

Localizado no coração da cidade, este hotel elegante tem quartos extravagantes, muitos com ofurôs enormes e sacadas privadas, além de outras tantas comodidades. A ambientação é valorizada por um spa e um restaurante excepcionais. Nas noites de sexta-feira e sábado há jazz ao vivo. **www.hotelhealdsburg.com**

MENDOCINO Mendocino Hotel & Garden Suites $$

45080 Main St, 95460 **Tel** *(707) 937-0511, (800) 548-0513* **Fax** *(707) 937-0513* **Quartos** *51* **Mapa rod.** *A3*

Hotel da época vitoriana com vista para a costa, tem quartos com móveis de época. Alguns têm vistas imponentes para o mar. As suítes no jardim são uma alternativa contemporânea à histórica casa original. É bastante procurado por executivos. **www.mendocinohotel.com**

MENDOCINO MacCallum House Inn $$$

45020 Albion St, 95460 **Tel** *(707) 937-0289, (800) 609-0492* **Fax** *(707) 937-2243* **Quartos** *19* **Mapa rod.** *A3*

Os quartos neste charmoso hotel litorâneo ficam em várias estruturas históricas, variando dos instalados na casa principal e repletos de antiguidades a chalés privados com lareira e deque. Os jardins com paisagismo são belíssimos. Daqui pode-se ir a pé a várias lojas e galerias da cidade. **www.maccallumhouse.com**

NAPA The Chateau Hotel & Conference Center $$

4195 Solano Ave, 94558 **Tel** *(707) 253-9300* **Fax** *(707) 253-0906* **Quartos** *115* **Mapa rod.** *A3*

Uma boa opção na Região Vinícola para o turista econômico. Próximo ao centro da cidade, o hotel tem quartos grandes e simples, com comodidades básicas como banheiro privado, TV e ar-condicionado. Há também uma piscina e um spa. A equipe é educada e prestativa. **www.thechateauhotel.com**

NAPA Best Western Elm House Inn $$$$

800 California Blvd, 94559 **Tel** *(707) 255-1831, (888) 849-1997* **Fax** *(707) 255-8609* **Quartos** *22* **Mapa rod.** *A3*

Charme e qualidade encontram-se em igual medida neste pequeno hotel, que tem quartos com lareira. Dispõe de um spa, belos jardins, estrutura para conferências e um serviço de degustação de vinhos. Oferece um bufê de café da manhã de cortesia. Fica próximo ao centro da cidade. **www.bestwestern.com/elmhouseinn**

NAPA Embassy Suites Napa Valley $$$$

1075 California Blvd, 94559 **Tel** *(707) 253-9540* **Fax** *(707) 253-9202* **Quartos** *205* **Mapa rod.** *B3*

Com localização central e fácil acesso a lojas e restaurantes do centro e a vinícolas da área, este hotel bem administrado tem um charme surpreendente e várias comodidades. Os quartos têm tamanho de suíte, bar equipado e geladeira. Dispõe de duas piscinas, lounge para drinks e spa. Café da manhã gratuito. **www.embassysuites.com**

NAPA Carneros Inn $$$$$

4048 Sonoma Hwy, 94559 **Tel** *(707) 299-4900, (888) 400-9000* **Fax** *(707) 299-4950* **Quartos** *86* **Mapa rod.** *B3*

Operado pelos proprietários de uma conhecida vinícola de Napa, este luxuoso hotel alia o charme da Região Vinícola à sofisticação urbana. Situado em um amplo vinhedo, tem quartos elegantes projetados para refletir o entorno bucólico. Tem também um excelente restaurante e uma piscina tranquila. **www.thecarnerosinn.com**

NAPA Poetry Inn $$$$$

6380 Silverado Trail, 94558 **Tel** *(707) 944-0646* **Fax** *(707) 944-9188* **Quartos** *5* **Mapa rod.** *A3*

Numa encosta de colina com vista para os vinhedos de Stags Leap, este hotel novo e maravilhoso tem clima casual e luxo excepcional em todos os seus quartos espaçosos. Oferece todas as comodidades, incluindo roupa de cama macia, banheiras imensas e duchas ao ar livre. Serve café da manhã gastronômico. Os voos de balão são atração. **www.poetryinn.com**

NAPA Silverado Country Club Resort $$$$$

1600 Atlas Peak Rd, 94558 **Tel** *(707) 257-0200, (800) 532-0500* **Fax** *(707) 257-2867* **Quartos** *260* **Mapa rod.** *A3*

Este popular resort da Região Vinícola é conhecido por seu campo de golfe e sofisticação descontraída. Os quartos espaçosos e bem equipados ficam em bangalôs em meio a um belo cenário. Comodidades extras incluem piscinas interna e externa, um excelente spa, fitness center, tênis e golfe. **www.silveradoresort.com**

RUTHERFORD Auberge du Soleil $$$$$

180 Rutherford Hill Rd, 94573 **Tel** *(707) 963-1211, (800) 348-5406* **Fax** *(707) 963-8764* **Quartos** *50* **Mapa rod.** *A3*

Entre os melhores spa resorts da Região Vinícola, este hotel tem quartos elegantes e confortáveis com lareira, roupa de cama italiana, TV de tela plana, cafeteiras e acesso à internet, além de vista espetacular para o vale. Dispõe também de um restaurante excepcional. **www.aubergedusoleil.com**

SANTA ROSA Hotel La Rose $$

308 Wilson St, 95401 **Tel** *(707) 579-3200, (800) 527-6738* **Fax** *(707) 579-3247* **Quartos** *49* **Mapa rod.** *A3*

Hotel simpático no coração do histórico bairro central, tem ambientação country. Os quartos são simples, bem decorados e contam com algumas comodidades modernas. Adequado para executivos, dispõe de salas de conferência. Serve café da manhã de cortesia e tem um concorrido restaurante perto do saguão. **www.hotellarose.com**

SANTA ROSA Vintners Inn $$$$

4350 Barnes Rd, 95403 **Tel** *(707) 527-7687* **Fax** *(707) 575-1202* **Quartos** *44* **Mapa rod.** *A3*

Com estilo europeu e charme campestre, este hotel propicia uma experiência típica da Região Vinícola. Em meio a movimentados vinhedos, tem quartos de decoração luxuosa e suítes em torno de uma fonte central. Os acessórios de banho são de primeira classe. O restaurante é um dos melhores da região. **www.vintnersinn.com**

SONOMA El Pueblo Inn $$$$

896 W Napa St, 95476 **Tel** *(707) 996-3651, (800) 900-8844* **Fax** *(707) 935-5988* **Quartos** *53* **Mapa rod.** *A3*

Próximo à praça da cidade, este charmoso hotel de gestão familiar tem belas instalações e quartos com estilo modesto e conforto casual, incluindo DVD e pátio privado. A maioria fica defronte ao jardim e oferece privacidade. Os hóspedes também podem usufruir a hidromassagem do spa. **www.elpuebloinn.com**

SONOMA Lodge at Sonoma $$$$$

1325 Broadway, 95476 **Tel** *(707) 935-6600* **Fax** *(707) 935-6829* **Quartos** *182* **Mapa rod.** *A3*

Este grande hotel de gestão familiar fica próximo à praça histórica. Tem quartos confortáveis, suntuosamente instalados ao redor de uma piscina com deque. O serviço é impecável e há também um fino spa e um restaurante. Os hóspedes podem alugar bicicletas ou jogar golfe nas redondezas. **www.thelodgeatsonoma.com**

SONOMA MacArthur Place $$$$$

29 E MacArthur St, 95476 **Tel** *(707) 938-2929* **Fax** *(707) 933-9833* **Quartos** *64* **Mapa rod.** *A3*

Este hotel histórico próximo à praça central da cidade introduziu recentemente chalés maravilhosamente equipados com camas supermacias, lareiras e DVD. Outras atrações são um avançado fitness center, o spa e a piscina. Bem cuidadas e reservadas, as instalações também oferecem uma excelente steakhouse. **www.macarthurplace.com**

ST. HELENA The Ambrose Bierce House B&B $$$$

1515 Main St, 94574 **Tel** *(707) 963-3003* **Fax** *(707) 963-9367* **Quartos** *4* **Mapa rod.** *A3*

Um verdadeiro retiro na Região Vinícola, tem quartos simples em estilo de cabana em áreas isoladas e luxos como redes, espreguiçadeiras e mesas sombreadas para piquenique. Não há televisão nem telefone nos quartos. Outras atrações são tratamentos de spa e fontes sulfurosas. **www.whitesulphursprings.com**

ST. HELENA Harvest Inn $$$$$

One Main St, 94574 **Tel** *(707) 963-9463, (800) 950-8466* **Fax** *(707) 963-4402* **Quartos** *74* **Mapa rod.** *A3*

Embora próximo à estrada, este hotel aconchegante é um mundo à parte. Os quartos são rústicos, porém bem equipados; a maioria tem lareira e deques privados com vista para os vinhedos. Há opções de lazer como piscina, massagem, tratamentos de spa e mountain biking. Fica perto de várias lojas e restaurantes da cidade. **www.harvestinn.com**

ST. HELENA Meadowood Resort Hotel $$$$$

900 Meadowood Lane, 94574 **Tel** *(707) 963-3646, (800) 458-8080* **Fax** *(707) 963-3532* **Quartos** *85* **Mapa rod.** *A3*

Nas colinas do bairro de Stags Leap, este retiro intimista tem quartos elegantes, com sofisticação descontraída. O resort apresenta um estilo de vida saudável e repleto de lazer oferecendo quadras de tênis, campo de croqué e um campo de golfe. O restaurante serve pratos deliciosos. **www.meadowood.com**

YOUNTVILLE Napa Valley Lodge $$$$$

2230 Madison St, 94599 **Tel** *(707) 944-2468, (888) 944-3545* **Fax** *(707) 944-9362* **Quartos** *55* **Mapa rod.** *A3*

Na beira da cidade, este simpático hotel tem quartos simples e espaçosos; alguns contam com lareira e sacada. O café da manhã é de cortesia. Dispõe de estrutura completa para negócios, além de piscina, spa, sauna e fitness center. **www.napavalleylodge.com**

YOUNTVILLE Villagio Inn & Spa $$$$$

6481 Washington St, 94599 **Tel** *(707) 944-8877, (800) 351-1133* **Fax** *(707) 944-8855* **Quartos** *112* **Mapa rod.** *A3*

Ao mesmo tempo casual e elegante, este hotel de localização central tem quartos com banheiros grandes, roupões luxuosos, sacadas e lareiras. Outras comodidades são um business center, uma piscina com deque coberto por caramanchão e uma jacuzzi. O café da manhã de cortesia inclui champanhe. A equipe agenda atividades ao ar livre. **www.villagio.com**

GOLD COUNTRY E CENTRAL VALLEY

AMADOR CITY Imperial Hotel $$

14202 Hwy 49, 95601 **Tel** *(209) 267-9172* **Fax** *(209) 267-9249* **Quartos** *6* **Mapa rod.** *B3*

Instalado em uma casa de alvenaria datada de 1879 que passou por restauração, este hotel pequeno e charmoso tem confortáveis quartos em caprichado estilo vitoriano. O serviço é cordial e a localização propicia fácil acesso aos vinhedos da região. Tem um bom restaurante e o bar dispõe de vinhos e cervejas californianos e importados. **www.imperialamador.com**

AUBURN Best Western Golden Key $

13450 Lincoln Way, 95603 **Tel** *(530) 885-8611, (800) 780-7234* **Fax** *(530) 888-0319* **Quartos** *68* **Mapa rod.** *B3*

Os quartos são confortáveis neste hotel despojado de charme rústico, com piscina, spa e um belo jardim de roseiras. O café da manhã e o acesso de banda larga à internet são cortesias. Alguns quartos são especialmente adaptados para deficientes. Estada gratuita para menores de 17 anos. **www.bestwestern.com**

GRASS VALLEY Best Western Gold Country Inn $

11972 Sutton Way, 95945 **Tel** *(530) 273-1393* **Fax** *(530) 273-4229* **Quartos** *84* **Mapa rod.** *B3*

Os quartos neste hotel cordial distribuem-se por cinco edifícios em meio a pinheirais. Há comodidades como piscina, spa, acesso de banda larga à internet e chá e café de cortesia servidos o dia todo. O café da manhã continental é servido no pátio. **www.bestwestern.com**

GRASS VALLEY Holbrooke Hotel and Restaurant $

212 W Main St, 95945 ***Tel*** *(530) 273-1353, (800) 933-7077* ***Fax*** *(530) 273-0434* ***Quartos*** *28* ***Mapa rod.*** *B3*

Fundado em 1851, este hotel histórico ainda é um padrão de hospitalidade na região de mineração. O hotel mantém seu charme do Velho Oeste, mas oferece várias comodidades modernas. Os quartos têm paredes de tijolos aparentes, banheiros privados e banheiras com pés em garra. Dispõe também de uma biblioteca. **www.holbrooke.com**

MURPHYS Murphys Historic Hotel $$

457 Main St, 95247 ***Tel*** *(209) 728-3444, (800) 532-7684* ***Fax*** *(209) 728-1590* ***Quartos*** *35* ***Mapa rod.*** *B3*

Como nas histórias do Velho Oeste da Califórnia, este histórico hotel de pedra tem o charme do passado e um animado saloon. A maioria dos quartos conta com móveis de época, mas há outros mais contemporâneos na ala "moderna". Café da manhã continental grátis. Fica próximo a vinícolas, galerias e centros de lazer. **www.murphyssuites.com**

MURPHYS Murphys Suites $$

134 Hwy 4, 95247 ***Tel*** *(209) 728-2121, (877) 728-2121* ***Fax*** *(209) 728-9442* ***Quartos*** *70* ***Mapa rod.*** *B3*

Este simpático hotel é próximo à vinícola Ironstone, sendo um dos mais populares da área, graças à sua qualidade e à atenção dada aos hóspedes. Tem quartos e suítes espaçosos, todos com geladeira e micro-ondas. Fornece roupa de cama luxuosa e acessórios no banheiro, e serve muffins e suco de cortesia nos quartos. **www.centralsierralodging.com**

NEVADA CITY National Hotel $

211 Broad St, 95959 ***Tel*** *(530) 265-4551* ***Fax*** *(530) 265-2445* ***Quartos*** *38* ***Mapa rod.*** *B3*

Este hotel em estilo vitoriano funciona desde 1855 e ainda evoca a época próspera da Corrida do Ouro, da equipe cordial à calçada coberta. Os quartos são pitorescos e decorados com móveis de época; a maioria tem banheiro privado. A piscina é perfeita para tardes ensolaradas. **www.thenationalhotel.com**

NEVADA CITY The Parsonage Bed and Breakfast $$

427 Broad St, 95959 ***Tel*** *(530) 265-9478, (800) 916-3662* ***Fax*** *(530) 265-8147* ***Quartos*** *6* ***Mapa rod.*** *B3*

Este B&B da época vitoriana é tranquilo e romântico, e oferece um excelente café da manhã em estilo country já incluído na tarifa. Os quartos são confortáveis, com banheiro privado, e a maioria é mobiliada com peças de época. Convenientemente localizado perto de Sacramento e Reno. **www.theparsonage.net**

NEVADA CITY Emma Nevada House $$$

528 E Broad St, 95959 ***Tel*** *(530) 265-4415* ***Fax*** *(530) 265-4416* ***Quartos*** *6* ***Mapa rod.*** *B3*

Charmoso B&B mobiliado com belas antiguidades, tem uma relaxante sala ensolarada para leituras à tarde. Os quartos são bem arrumados e confortavelmente equipados com jacuzzi ou duchas. O local foi totalmente restaurado, ganhando comodidades modernas. **www.emmanevadahouse.com**

SACRAMENTO Embassy Suites Hotel $$$

100 Capitol Mall, 95814 ***Tel*** *(916) 326-5000* ***Fax*** *(916) 326-5001* ***Quartos*** *242* ***Mapa rod.*** *B3*

Este hotel contemporâneo fica entre a cidade antiga e o bairro comercial. Tem suítes espaçosas de dois quartos, com comodidades como TV, cafeteira, micro-ondas e geladeira. O local exibe muitas obras de artistas locais; há um animado lounge no saguão. O café da manhã é de cortesia. **www.embassysuites.com**

SACRAMENTO Riverboat Delta King Hotel $$$

1000 Front St, 95814 ***Tel*** *(916) 444-5464, (800) 825-5464* ***Fax*** *(916) 444-5314* ***Quartos*** *44* ***Mapa rod.*** *B3*

Instalado em um histórico barco a vapor permanentemente atracado, este charmoso hotel tem quartos confortáveis com móveis de época, muitos com linda vista para o rio. O barco também tem um teatro e um restaurante muito bom. Promove cursos regulares de enologia e tem também um business center. **www.deltaking.com**

SACRAMENTO Sterling Hotel $$$

1300 H St, 95814 ***Tel*** *(800) 365-7660* ***Fax*** *(916) 448-8066* ***Quartos*** *17* ***Mapa rod.*** *B3*

Este elegante hotel em uma mansão vitoriana esmeradamente restaurada tem quartos com móveis de época e finas peças asiáticas. As acomodações são grandes e contam com banheiros de mármore, hidromassagem e sofisticada roupa de cama. A equipe é prestativa e cortês. Café da manhã continental de cortesia. **www.sterlinghotelsacramento.com**

SACRAMENTO Hyatt Regency $$$$

1209 L St, 95814 ***Tel*** *(916) 443-1234* ***Fax*** *(916) 321-3099* ***Quartos*** *503* ***Mapa rod.*** *B3*

Este hotel bem administrado fica em frente ao edifício Capitol e tem bom acesso ao centro. Os quartos são espaçosos e bem equipados com TV a cabo, banheiro repleto de comodidades e acesso sem fio à internet. No andar do saguão há um bom lounge perto da piscina e um fitness center. O cinema IMAX fica bem atrás do hotel. **www.sacramento.hyatt.com**

SOMERSET Fitzpatrick Winery and Lodge $$

7740 Fair Play Rd, 95684 ***Tel*** *(800) 245-9166* ***Fax*** *(530) 620-6838* ***Quartos*** *5* ***Mapa rod.*** *B3*

Administrado com muito zelo, este pitoresco B&B fica nas colinas acima da região vinícola de El Dorado. Os quartos são rústicos e confortavelmente equipados, e o local dispõe de uma piscina ampla e um ofurô ao ar livre. O farto café da manhã está incluído. Há uma adega na qual são realizadas degustações de vinhos. **www.fitzpatrickwinery.com**

SONORA Gunn House Hotel $

286 S Washington St, 95370 ***Tel*** *(209) 532-3421* ***Fax*** *(209) 533-3835* ***Quartos*** *20* ***Mapa rod.*** *B3*

Com uma rica história, este hotel eclético datado de 1850 foi a primeira estrutura de dois andares da cidade. Depois de uma restauração meticulosa, tornou-se um hotel bem administrado e repleto de antiguidades e lembranças. Os quartos são aconchegantes e tranquilos. Dispõe de jardins encantadores, bela piscina e pátio. **www.gunnhousehotel.com**

SONORA Lavender Hill Bed & Breakfast $$

683 Barretta St, 95370 **Tel/Fax** *(209) 532-9024* **Quartos** *4* **Mapa rod.** *B3*

Este antiquado hotel vitoriano fica em meio a lindos jardins floridos e tem vista para a cidade. Os quartos intimistas e românticos contam com banheiros privados. O local tem uma agradável sala de estar e uma biblioteca. A equipe cordial pode agendar atividades ao ar livre como ciclismo, caminhadas, pesca e cavalgadas. **www.lavenderhill.com**

SONORA Sonora Days Inn $$

160 S Washington St, 95370 **Tel** *(209) 532-2400, (866) 732-4010* **Fax** *(209) 532-4542* **Quartos** *64* **Mapa rod.** *B3*

Instalado em uma histórica edificação de estilo espanhol, este simpático hotel já hospedou celebridades como Grace Kelly e Drew Barrymore. Foi repaginado recentemente e tem quartos bem mobiliados e um anexo com micro-ondas e geladeira. Há estrutura para conferências e uma piscina no topo. **www.daysinn.com**

SUTTER CREEK Grey Gables Inn $$$

161 Hanford St, 95685 **Tel** *(209) 267-1039, (800) 473-9422* **Fax** *(209) 267-0998* **Quartos** *8* **Mapa rod.** *B3*

Há lareira em todos os quartos deste hotel histórico, que tem um charme campestre inglês e equipe cordial. Oferece quartos com ar-condicionado, acesso sem fio à internet e café da manhã completo, assim como um serviço de chá à tarde. Ideal para esportes aquáticos, não é recomendado para menores de 12 anos. **www.greygables.com**

SUTTER CREEK Sutter Creek Inn $$$

75 Main St, 95685 **Tel** *(209) 267-5606* **Fax** *(209) 267-9287* **Quartos** *17* **Mapa rod.** *B3*

Construído em 1859, este hotel de estilo country tem chalés privados com lareiras de achas, e é cercado por jardins sombreados adornados por trilhas e redes. Alguns quartos têm camas que balançam suspensas no teto. O local é uma boa base para explorar as vinícolas do condado de Amador e outros sítios históricos. **www.suttercreekinn.com**

SUTTER CREEK Foxes Inn $$$$

77 Main St, 95685 **Tel** *(209) 267-5882, (800) 987-3344* **Fax** *(209) 267-0712* **Quartos** *6* **Mapa rod.** *B3*

Bem administrado, este hotel da época vitoriana no coração da cidade tem quartos aconchegantes e diferentemente mobiliados; a maioria tem entrada privada e detalhes como banheira com pés em garra e lareira. Incluído na tarifa, o café da manhã é servido na hora determinada pelo hóspede, que pode escolher qualquer coisa no menu. **www.foxesinn.com**

HIGH SIERRAS

BISHOP Best Western Bishop Holiday Spa Lodge $

1025 N Main St, 93514 **Tel** *(760) 873-3543, (800) 780-7234* **Fax** *(760) 872-4777* **Quartos** *89* **Mapa rod.** *C4*

Os quartos neste hotel de lazer são espaçosos e a preços acessíveis. Há comodidades como um business center, acesso à internet, salão interno para churrasco, área para piquenique e estacionamento grátis. As instalações bem cuidadas têm ofurô e uma piscina aquecida. O café da manhã é de cortesia. **www.bestwestern.com**

BISHOP Best Western Creekside Inn $$

725 N Main St, 93514 **Tel** *(760) 872-3044, (800) 780-7234* **Fax** *(760) 872-1300* **Quartos** *89* **Mapa rod.** *C4*

Pertencente a uma rede, este hotel confortável fica em uma área com paisagismo à beira de um riacho. Os quartos são espaçosos e confortavelmente mobiliados; todos têm pátio com vista para o riacho. Alguns quartos têm ar-condicionado, banheiro privado e quitinete. Há uma piscina e uma jacuzzi. **www.bestwestern.com**

EL PORTAL Cedar Lodge $$

9966 Hwy 140, 95318 **Tel** *(209) 379-2612, (866) 875-8465* **Fax** *(209) 379-2712* **Quartos** *211* **Mapa rod.** *C3*

Os quartos neste hotel para famílias variam do tamanho padrão a uma suíte que comporta 14 pessoas. Há comodidades como duas piscinas, spa e acesso privado ao rio. O local conta com dois restaurantes, um lounge para drinques e uma loja de presentes. Fica próximo à entrada do Parque Nacional Yosemite (págs. 488–91). **www.nationalparkreservations.us**

FISH CAMP Narrow Gauge Inn $$

48571 Hwy 41, 93623 **Tel** *(559) 683-7720, (888) 644-9050* **Fax** *(559) 683-2139* **Quartos** *26* **Mapa rod.** *C4*

Esta pérola romântica fica na extremidade sul do Yosemite e tem quartos pitorescos e confortáveis, alguns com deques privados. Entre as comodidades estão uma piscina e um fabuloso restaurante. A equipe é atenciosa, cordial e pode agendar atividades ao ar livre para os hóspedes. **www.narrowgaugeinn.com**

FISH CAMP Tenaya Lodge $$

1122 Hwy 41, 93623 **Tel** *(559) 253-2005, (888) 514-2167* **Quartos** *244* **Mapa rod.** *C4*

Este conhecido lodge oferece todos os confortos e apelo rústico. Os quartos têm comodidades luxuosas e alguns têm vista fantástica das matas. Oferece estrutura para negócios. O spa e o restaurante são de primeira classe, e o local também dispõe de fitness center, piscinas interna e externa, e lojas de varejo. **www.tenayalodge.com**

JUNE LAKE Boulder Lodge $

2282 Hwy 158, 93529 **Tel** *(760) 648-7533, (800) 458-6355* **Fax** *(760) 648-7330* **Quartos** *60* **Mapa rod.** *C3*

Funcionando o ano todo, este lodge escondido é tranquilo e rústico, e de fácil acesso a muitas atividades ao ar livre. Os quartos têm confortos básicos como TV, linhas diretas de telefone e micro-ondas; alguns têm quitinete. Há uma piscina aquecida interna, uma grande banheira de hidromassagem e um playground. **www.boulderlodgejunelake.com**

KINGS CANYON NATIONAL PARK Montecito Sequoia Lodge $$

63410 Generals Hwy, 93633 **Tel** *(559) 565-3388, (800) 227-9900* **Fax** *(559) 565-3223* **Quartos** *52* **Mapa rod.** *C3*

Com muitas opções de atividades, este lodge montanhês atrai famílias e grupos grandes o ano inteiro. Os quartos são simples ou em cabanas e têm camas grandes, beliches de luxo e banheiros equipados. Planeja regularmente atividades ao ar livre para os hóspedes. As refeições estão incluídas no preço. **www.sequoia-kingscanyon.com**

KIRKWOOD Kirkwood Mountain Resort $$$$

1501 Kirkwood Meadows Dr, 95646 **Tel** *(209) 258-6000* **Fax** *(209) 258-7400* **Quartos** *120* **Mapa rod.** *C3*

Concorrido o ano inteiro, este resort tem quartos e suítes bem equipados, muitos com lareira e sacada. Há numerosas atividades prontamente disponíveis, de pesca e golfe a esqui na neve. O local sedia apresentações ao vivo e outros eventos. O animado Bub's Sports Bar tem telões de TV. **www.kirkwood.com**

LEE VINING Lake View Lodge $$

51285 Highway 395, 93541 **Tel** *(760) 647-6543, (800) 990-6614* **Fax** *(760) 647-6325* **Quartos** *46* **Mapa rod.** *C3*

Neste hotel cordial na margem oeste do lago Mono, os quartos limpos e simples são ótimos para uma noite de repouso entre o sul da Califórnia e Tahoe. Alguns deles têm cozinha e existem outros especialmente adaptados para deficientes. Há também chalés com vista para o lago e todas as comodidades. **www.lakeviewlodgeyosemite.com**

LONE PINE Best Western Frontier Motel $

1008 S Main St, 93545 **Tel** *(760) 876-5571, (800) 780-7234* **Fax** *(760) 876-5357* **Quartos** *73* **Mapa rod.** *C3*

Modesto motel com acomodações rústicas, fica próximo a muitas atividades ao ar livre como caminhadas, pesca e golfe. Os quartos são básicos, com poucos supérfluos, e alguns têm vista para a montanha. Serve um farto café da manhã continental e o acesso de banda larga à internet está incluído. Oferece estrutura para negócios e uma piscina ao ar livre.

MAMMOTH LAKES Shilo Inn Suites $$

2963 Main St, 93546 **Tel** *(760) 934-4500* **Fax** *(760) 934-7594* **Quartos** *70* **Mapa rod.** *C4*

Convenientemente localizado nas proximidades de áreas de esqui e de outras atividades ao ar livre, oferece comodidades modernas em quartos do tamanho de suítes, com acesso grátis à internet. Há uma piscina interna, spa, sauna a vapor e fitness center. A equipe é cordial e prestativa. Faz traslado grátis para o aeroporto. **www.shiloinns.com**

MAMMOTH LAKES Austria Hof Lodge $$$$

924 Canyon Blvd, 93546 **Tel** *(760) 934-2764, (866) 662-6668* **Fax** *(760) 934-1880* **Quartos** *22* **Mapa rod.** *C4*

Os quartos neste charmoso lodge montanhês têm comodidades como banheiro com detalhes em mármore, DVD e acesso sem fio grátis à internet. Alguns quartos têm lareira, jacuzzi e quitinete. A equipe é cordial e solícita. **www.austriahof.com**

SOUTH LAKE TAHOE Best Western Timber Cove Lodge Marina Resort $$

3411 Lake Tahoe Blvd, 96150 **Tel** *(530) 541-6722* **Fax** *(530) 542-1428* **Quartos** *262* **Mapa rod.** *C3*

Este estabelecimento completo tem preço compatível com sua localização junto ao lago. Os quartos são espaçosos e bem equipados, com lareira e sacada com vista para a praia. Outras atrações são a exibição de filmes e jogos Nintendo. Próximo a muitas opções recreativas de inverno e verão. **www.timbercovetahoe.com**

SOUTH LAKE TAHOE Marriott Timber Lodge $$$$

4100 Lake Tahoe Blvd, 96150 **Tel** *(530) 542-6600, (800) 845-5279* **Fax** *(530) 542-6610* **Quartos** *369* **Mapa rod.** *C3*

Este hotel grande e completo fica próximo a áreas de esqui aquático e na neve, e dos cassinos de Stateline. As suítes master têm cama king-size, cozinha completa, lareira, banheira de hidromassagem opcional, áreas de estar separadas, e um bar com café da manhã. Oferece tarifas especiais para reservas feitas em seu website. **www.marriott.com**

SQUAW VALLEY Resort at Squaw Creek $$$$

400 Squaw Creek Rd, 96146 **Tel** *(530) 583-6300, (800) 327-3353* **Fax** *(530) 581-6632* **Quartos** *404* **Mapa rod.** *B3*

Este belo resort luxuosamente decorado tem quartos de primeira classe com camas excelentes, banheiros com ótimos acessórios e todas as comodidades. Oferece também serviços de spa e muitas opções de lazer, incluindo golfe e esqui. Tem transporte grátis para o Squaw Valley. **www.squawcreek.com**

TAHOE CITY America's Best Value Inn $$

455 N Lake Blvd, 96145 **Tel** *(530) 583-3766, (866) 588-8246* **Fax** *(530) 583-8045* **Quartos** *47* **Mapa rod.** *B3*

Este hotel modesto tem preço conveniente e localização central, próxima a diversas atividades ao ar livre o ano todo como pesca, rafting, passeios a cavalo e outras. Os quartos são limpos e simples, e a equipe é cordial e atenciosa. Oferece café da manhã continental e uma banheira de spa ao ar livre. **www.abvitahoecity.com**

TAHOE CITY Chaney House $$$

4725 W Lake Blvd, 96145 **Tel** *(530) 525-7333* **Fax** *(530) 525-4413* **Quartos** *4* **Mapa rod.** *B3*

Este charmoso e tradicional lodge de madeira e pedra lembra o lago Tahoe em seus velhos tempos. Tem quartos aconchegantes e românticos, uma grande lareira no salão principal e acesso privado à praia. Serve um bom café da manhã. Atividades nas cercanias incluem ciclismo, pesca, caminhadas e rafting. **www.chaneyhouse.com**

TRUCKEE Donner Lake Village Resort $$$

15695 Donner Pass Rd, 96161 **Tel** *(530) 587-6081, (800) 621-6664* **Fax** *(530) 587-8782* **Quartos** *64* **Mapa rod.** *B3*

Instalado na margem do cristalino lago Donner e dotado de marina própria, este lodge rústico tem acomodações do tipo condomínio. Há cozinhas totalmente equipadas nas suítes de dois quartos e nas casas com dois banheiros. A vida noturna de Reno fica a apenas 45 minutos de carro daqui. **www.donnerlakevillage.com**

YOSEMITE NATIONAL PARK Wawona Hotel $$$

State Hwy 41, 95389 **Tel** *(559) 253-5636* **Fax** *(209) 375-6601* **Quartos** *104* **Mapa rod.** *C3*

Marco na região de High Sierras, este charmoso hotel parece saído do Velho Oeste, sendo conhecido por seu ar histórico, quartos confortáveis e a localização próxima a prados e riachos. Adequado para esportes de aventura, também dispõe de um campo de golfe com nove buracos. Reserve com bastante antecedência para o verão. **www.yosemitepark.com**

YOSEMITE NATIONAL PARK Yosemite Lodge At The Falls $$$

Yosemite Valley, 95389 **Tel** *(559) 253-5635* **Fax** *(209) 372-1444* **Quartos** *245* **Mapa rod.** *C3*

Este lodge grande e conhecido fica ao pé do vale, próximo ao povoado. Oferece uma ampla variedade de acomodações, de cabanas a quartos modernos com pátio ou sacada. Tem atrações como um anfiteatro, praça da alimentação, lojas e uma agência de correio. Dispõe de acesso à internet. **www.yosemitepark.com**

YOSEMITE NATIONAL PARK The Ahwahnee $$$$$

Yosemite Valley, 95389 **Tel** *(559) 253-5636* **Fax** *(209) 372-1463* **Quartos** *123* **Mapa rod.** *C3*

Este afamado hotel histórico é um sinônimo do vale. Aberto em 1927, é elegante e rústico, feito de pedra e madeira, com um ar nativo americano. Tem um saguão elevado, quartos bem equipados e um excelente restaurante. O solário e o salão do clube de inverno são excelentes. **www.yosemitepark.com**

CENTRO-NORTE

APTOS Best Western Seacliff Inn $$$

7500 Old Dominion Court, 95003 **Tel** *(831) 688-7300* **Fax** *(831) 685-3603* **Quartos** *149* **Mapa rod.** *B4*

Próximo à Seacliff State Beach, este hotel modesto tem serviço cordial e quartos surpreendentemente confortáveis, com banheiros plenos de sofisticação, acesso de banda larga à internet e videogames. As suítes são grandes e têm jacuzzi. Dispõe também de um restaurante completo. **www.seacliffinn.com**

APTOS Rio Sands Motel $$$

116 Aptos Beach Dr, 95003 **Tel** *(831) 688-3207* **Fax** *(831) 688-6107* **Quartos** *51* **Mapa rod.** *B4*

Motel bem administrado e próximo à praia, tem quartos standard e suítes com quitinete; muitos têm sacada com vista para os jardins. Há comodidades como piscina, spa e áreas para churrasco e piquenique. O café da manhã continental está incluído. Pesquise as tarifas semanais especiais fora da temporada. **www.riosands.com**

BIG SUR Big Sur River Inn $$$

Hwy 1, Pheneger Creek, 93920 **Tel** *(831) 667-2700* **Fax** *(831) 667-2743* **Quartos** *20* **Mapa rod.** *B4*

Hotel histórico instalado em uma área isolada, em meio a bosques de sequoia junto ao rio. Os quartos são intimistas e bem decorados, e muitos têm sacada com vista para o rio. Dispõe também de uma piscina aquecida externa, um armazém e uma loja de presentes. **www.bigsurriverinn.com**

BIG SUR Deetjen's Big Sur Inn $$$

48865 Hwy 1, 93920 **Tel** *(831) 667-2377* **Fax** *(831) 667-0466* **Quartos** *20* **Mapa rod.** *B4*

Conhecido tanto por seu restaurante quanto por seus quartos aconchegantes e ecléticos, este hotel tem personalidade própria. Os quartos são reservados e tranquilos, cada um com um toque artístico especial. Os hóspedes podem optar por quartos com banheiros privados ou compartilhados. A equipe é cordial e atenciosa. **www.deetjens.com**

BIG SUR Post Ranch Inn $$$$$

PO Box 219, Hwy 1, 93920 **Tel** *(831) 667-2200* **Fax** *(831) 667-2512* **Quartos** *30* **Mapa rod.** *B4*

De arquitetura surpreendente, este resort afastado de tudo tem quartos suntuosamente decorados, com vista deslumbrante para o oceano e isolamento romântico –uma experiência inesquecível. Além de ioga matinal, há um spa, piscina e fitness center. O restaurante é excepcional. **www.postranchinn.com**

BIG SUR The Ventana Inn and Spa $$$$$

Hwy 1, 93920 **Tel** *(831) 667-2331* **Fax** *(831) 667-2419* **Quartos** *63* **Mapa rod.** *B4*

Este hotel na encosta de um rochedo é um dos mais belos da costa. Tem quartos com charme romântico, lareira, banheiros luxuosos e deques de sequoia; alguns têm vistas espetaculares para o mar. O restaurante e o spa são de primeira classe. Há também um spa-butique que vende itens exclusivos. **www.ventanainn.com**

CARMEL Los Laureles Lodge $$

313 W Carmel Valley Rd, 93924 **Tel** *(831) 659-2233* **Fax** *(831) 659-0481* **Quartos** *31* **Mapa rod.** *B4*

Neste hotel eclético e descontraído, os quartos ficam em antigas cocheiras de cavalos, agora dotadas de generosas comodidades. O local tem um pátio, um belo jardim e um bom restaurante e bar. Atividades ao ar livre nas cercanias incluem caminhadas, pesca, passeios a cavalo e tênis. **www.loslaureles.com**

CARMEL Pine Inn $$

Ocean Ave & Monte Verde, 93921 **Tel** *(831) 624-3851* **Fax** *(831) 624-3030* **Quartos** *49* **Mapa rod.** *B4*

Um verdadeiro ícone, este hotel charmoso é o mais antigo da cidade e continua dando o tom da hospitalidade de Carmel com seus quartos graciosos e serviço cordial. Os quartos foram modernizados com o passar dos anos, a fim de oferecer mais conforto aos hóspedes. O restaurante Il Fornaio serve excelente cozinha italiana. **www.pineinn.com**

CARMEL Carmel Wayfarer Inn $$$

24815 Carpenter St, 93921 **Tel** *(831) 624-2711, (800) 533-2711* **Fax** *(831) 625-1210* **Quartos** *17* **Mapa rod.** *B4*

Em uma área de mata fora do centro de Carmel, este hotel acolhedor e romântico fica isolado, mas dá acesso a pé às lojas, galerias e restaurantes. Os quartos são bem equipados e alguns têm quitinete, micro-ondas e bar com utensílios. O café da manhã está incluído. **www.carmelwayfarerinn.com**

CARMEL La Playa Hotel $$$

Camino Real at Eighth, 93921 **Tel** *(831) 624-6476* **Fax** *(831) 624-7966* **Quartos** *75* **Mapa rod.** *B4*

Este hotel em estilo mediterrâneo tem quartos confortáveis que dispõem das comodidades mais modernas e de um serviço cordial. Há vários tipos de quarto, inclusive chalés que lembram um lar durante as férias. O local tem um spa completo e fica próximo ao Monterey Bay Aquarium, a Pebble Beach e a Big Sur. **www.laplayahotel.com**

CARMEL Cypress Inn $$$$

Lincoln & 7th, 93921 **Tel** *(831) 624-3871, (800) 443-7443* **Fax** *(831) 624-8216* **Quartos** *44* **Mapa rod.** *B4*

Hotel elegante com arquitetura em estilo espanhol, fica a apenas alguns quarteirões da praia. Tem quartos bem mobiliados e com as comodidades básicas; alguns têm lareira e vista para o mar. Animais são bem-vindos. A equipe atenciosa cuida de serviços pessoais. O local pertence à atriz Doris Day. **www.cypress-inn.com**

CARMEL Carmel Valley Ranch $$$$$

1 Old Ranch Rd, 93923 **Tel** *(831) 625 9500, (866) 282-4745* **Fax** *(831) 624-2858* **Quartos** *144* **Mapa rod.** *B4*

Este luxuoso resort em uma área de 121ha tem um clima relaxante que garante uma estada memorável. Oferece enormes suítes com lareira e banheiros com todas as comodidades. Tem um campo de golfe e um spa. É igualmente adequado para executivos. **www.camelvalleyranch.com**

CARMEL Highlands Inn $$$$$

120 Highlands Dr, 93923 **Tel** *(831) 620-1234, (831) 626-1574* **Fax** *(831) 626-8105* **Quartos** *142* **Mapa rod.** *B4*

Velho favorito de Carmel, este hotel esplendidamente rústico fica em um penhasco no mar em meio a pinheirais, o que proporciona vistas fabulosas. Os quartos têm todas as comodidades modernas, inclusive CD players, cafeteiras, banheiros equipados, geladeiras e acesso à internet. O restaurante é uma atração à parte. **www.highlandsinn.hyatt.com**

CARMEL Quail Lodge $$$$$

8205 Valley Greens Dr, 93923 **Tel** *(888) 828-8787* **Fax** *(831) 624-3726* **Quartos** *97* **Mapa rod.** *B4*

Este maravilhoso retiro completo esbanja luxo em tudo –nos quartos, no spa, no fitness center e no restaurante. As belas instalações dão fácil acesso a atividades ao ar livre. Dispõe de um aclamado campo de golfe, com um treinador profissional dando assistência. **www.quaillodge.com**

MONTEREY Casa Munras Garden Hotel $$$

700 Munras Ave, 93940 **Tel** *(831) 375-2411, (800) 222-2446* **Fax** *(831) 375-1365* **Quartos** *166* **Mapa rod.** *B4*

Instalado em meio a jardins maravilhosos, este charmoso hotel tem quartos acolhedores de todos os tamanhos, distribuídos pela área inteira. Fica próximo a muitas atrações locais como o Colton Hall Museum, o California's First Theater, o Fisherman's Wharf e o centro de Monterey (págs. 508-11). **www.hotelcasamunras.com**

MONTEREY Monterey Bay Lodge $$$

55 Camino Aguajito, 93940 **Tel** *(831) 372-8057, (800) 558-1900* **Fax** *(831) 655-2933* **Quartos** *45* **Mapa rod.** *B4*

Boa valia e serviço cordial são os marcos deste hotel decente nas cercanias do Wharf e de outras atrações conhecidas. Cercados por belos jardins, os quartos têm muito conforto e os equipamentos mais modernos. Há também suítes para famílias e quartos de luxo com lareira e spa. **www.montereybaylodge.com**

MONTEREY Monterey Bay Inn $$$$$

242 Cannery Row, 93940 **Tel** *(831) 373-6242, (800) 424-6242* **Fax** *(831) 373-7603* **Quartos** *49* **Mapa rod.** *B4*

De localização central, este simpático hotel tem quartos modernos e confortáveis, com banheiro excelente e comodidades para quem vem a trabalho. Muitos têm vista espetacular para a baía. O café da manhã é servido nos quartos. Oferece também várias massoterapias. **www.montereybayinn.com**

MONTEREY Monterey Plaza Hotel & Spa $$$$$

400 Cannery Row, 93940 **Tel** *(831) 646-1700, (800) 334-3999* **Fax** *(831) 656-0439* **Quartos** *290* **Mapa rod.** *B4*

Um dos mais conhecidos da área, este hotel bem administrado tem estilo europeu e fica próximo à baía. Os quartos espaçosos têm todas as comodidades, inclusive fantásticos acessórios no banheiro e acesso de banda larga à internet. Dispõe também de um restaurante notável. **www.montereyplazahotel.com**

SANTA CRUZ Terrace Court $$$

125 Beach St, 95060 **Tel** *(831) 423-3031* **Fax** *(831) 423-2607* **Quartos** *40* **Mapa rod.** *B4*

Ótima opção no estilo motel, fica a alguns passos da praia e da Boardwalk. Tem quartos e suítes confortavelmente equipados, com tamanhos variando de standard a suítes familiares de três quartos, muitos com vista imponente para o mar. O local dispõe de uma loja de surfe, um mercado e uma deli. **www.terracecourt.com**

SANTA CRUZ Dream Inn $$$$$

175 W Cliff Dr, 95060 **Tel** *(800) 716-6199, (866) 774-1135* **Fax** *(831) 427-2025* **Quartos** *163* **Mapa rod.** *B4*

A dois quarteirões da Boardwalk, este hotel de uma rede compensa por sua localização em frente à praia. Os quartos foram reformados recentemente, ganhando mais conforto com geladeiras, cafeteiras e ar-condicionado. Muitos têm sacada e vistas esplêndidas para o mar. **www.dreaminnsantacruz.com**

ONDE COMER

Entre todos os estados norte-americanos, a Califórnia é o que oferece a maior variedade de restaurantes. A *californian cuisine* –pratos leves em diversos estilos internacionais e à base de ingredientes locais–, criada por *chefs* como Jeremiah Towers, Wolfgang Puck e Alice Waters, ganhou fama no mundo todo. Entre as cozinhas internacionais, predominam a italiana e a mexicana, mas encontram-se também muitas outras casas típicas.

Placa de restaurante

Em todas as cidades, você pode achar sushi japonês, *noodles* tailandeses, *dim sum* chinês, faláfel do Oriente Médio e *tandoori* indiano. Além dos restaurantes típicos, que refletem as muitas culturas que se misturam na Califórnia, há também a tradicional refeição americana: hambúrguer, batata frita e refrigerante. Os restaurantes nas *págs. 568-605* foram selecionados pela variedade, bom serviço e preços adequados.

HÁBITOS

Dizem que os Estados Unidos servem o melhor café da manhã do mundo, e a Califórnia é prova disso. De lanchonetes a restaurantes de primeira linha, o cardápio matinal é vastíssimo. Omeletes com batata frita e torrada, panquecas ou *waffles* cobertos com calda ou frutas, e ovos, bacon, linguiça com torrada ou pãozinho doce –são todas ótimas opções. Mais leves, mas igualmente saborosos, são um café com *bagel* ou uma tigela de cereal coberto de passas ou banana. O café da manhã vai das 6h às 11h (durante todo o dia em alguns lugares). O *brunch*, aos domingos –em alguns casos, também aos sábados–, inclui também saladas, pratos quentes e sobremesas ao café da manhã, das 11h às 15h.

O almoço californiano é leve: sopa e salada, ou um sanduíche. A principal refeição do dia para os norte-americanos é o jantar, muitas vezes à luz de velas. É servido das 17h30 às 22h30.

PREÇOS E GORJETAS

Os preços nos restaurantes e lanchonetes da Califórnia são bem razoáveis. Um lanche num café custa cerca de US$ 8 por pessoa. Uma refeição num restaurante simples, US$ 15. Já o preço de um jantar de três pratos num restaurante razoável, sem vinho, fica entre US$ 25 e US$ 30. Em locais mais refinados custa, no mínimo, US$ 40. Menus a preço fixo são raros, mas o almoço é bem mais barato e tem pratos muito parecidos com os do jantar. A gorjeta deve se basear no serviço: se foi bom, deixe 15%, se foi ótimo, 20%. Calcule a gorjeta sobre o custo líquido, sem impostos. Para restaurantes, a taxa na Califórnia é de 8,25%.

Planet Hollywood

FAST-FOOD

Um dos pontos marcantes da paisagem da Califórnia, os restaurantes *fast-food* estão por toda parte. Oferecem grandes porções a preços baixos, o que é bom para quem viaja com a família. Entre as principais redes locais estão Denny's, Sizzlers e Marie Callendar's. Em geral, são locais espaçosos e com muitas ofertas, mas a comida é preparada em grande quantidade e, por isso, pode deixar a desejar.

COMIDA SAUDÁVEL

Muitos restaurantes da Califórnia seguem as diretrizes da Associação Americana do Coração (AAC) em relação ao colesterol e à gordura dos alimentos. No cardápio, um coração vermelho ao lado do prato indica que ele segue os padrões da AAC. Mesmo que o restaurante não faça esta indicação, sempre se pode pedir que o prato não inclua algum ingrediente.

Cozinha vegetariana não é o forte da Califórnia, mas todos os cardápios têm saladas e pratos sem carne que podem ser preparados a pedido.

O restaurante Camparite, em Hollywood *(pág. 571)*

BARES, CAFETERIAS, CASAS DE CHÁ E CAFÉS

Há bares e cafeterias em toda a Califórnia. Muitos são didicados a especialidades italianas como o capuccino e o café latte, além de doces para acompanhar. Nos "bares Internet", os frequentadores podem usar computadores ou conexão sem fio. Há também locais ligados a livrarias, para beber e ler. Em geral, as cafeterias não têm cardápios completos, apenas bebidas, tortas e bolos. Os cafés costumam ter mesas na calçada ou áreas ao ar livre. Para o chá da tarde, muitos hotéis de luxo, especialmente em Los Angeles, têm serviço elegante.

A delicatessen italiana Ratto's, em Oakland

PIQUENIQUES E LANCHES

As *delicatessens* e os supermercados oferecem frios, queijos, picles e saladas para viagem. Também fazem sanduíches, ao gosto do freguês, que podem ser consumidos nos parques e praças existentes em toda a Califórnia.

Todos os restaurantes aceitam encomendas para viagem –os preços cobrados são os mesmos que constam do cardápio normal.

MICROCERVEJARIAS

No mundo das cervejas, as microcervejarias são a grande novidade. Cada cidade tem as suas. Elas servem, ao lado de marcas industriais nacionais e importadas, um

Restaurante El Paseo, Santa Barbara (pág. 577)

rótulo de fabricação própria, como é o caso de Anchor Steam, em São Francisco, e Karl Straus Amber Lager, de San Diego (*págs. 566-7*). Às vezes, suas marcas são tão apreciadas que ganham até mesmo fama internacional.

Todas as microcervejarias servem uma grande variedade de petiscos para acompanhar a cerveja.

FUMANTES

A Califórnia é um estado essencialmente "não fumante" e as leis locais proíbem fumar em todos os restaurantes e locais públicos.

No entanto, alguns restaurantes com mesas ao ar livre podem fazer vista grossa e permitir fumar na área externa. Charutos raramente são aceitos.

Em algumas cidades é proibido fumar na praia.

O elegante e agradável café Craviotto's, em Santa Barbara

ACESSO A CADEIRA DE RODAS

Todos os novos restaurantes da Califórnia, e os antigos que tenham sido reformados, devem ser acessíveis a cadeiras de rodas. Ou seja: não podem ter degraus, e as portas dos banheiros têm de ter a largura adequada.

CRIANÇAS

A maioria dos resturantes não faz restrições a crianças e oferece cadeirão e cardápio infantil. Nos locais mais tranquilos e mais luxuosos, porém, espera-se que os pais mantenham seus filhos sentados ou saiam para acalmar crianças mais agitadas.

O QUE VESTIR

Acompanhando o estilo de vida informal da Califórnia, poucos restaurantes exigem paletó e gravata para os homens, ou vestido para as mulheres. Mas nos restaurantes mais finos não é permitido jantar de jeans, short ou agasalho esportivo.

RESERVAS

É sempre aconselhável fazer reserva com antecedência, para evitar frustrações. Os restaurantes na cidade, principalmente, são muito procurados, e nas casas mais badaladas é preciso reservar com até um mês de antecedência. Se fizer reserva, e não puder ir, ligue para cancelar.

Sabores da Califórnia

Depois de espiar um mercado de fazendeiros da Califórnia dá para entender como se desenvolveu a culinária do Estado Dourado, baseada no conceito simples de que os ingredientes devem ser frescos, saudáveis e cultivados em casa. A culinária étnica, principalmente a apimentada comida mexicana e também a mediterrânea e os condimentados pratos chineses e tailandeses, aparece no estado todo. E os tradicionalistas se deliciam com hambúrgueres e fritas, bem americanos, numa lanchonete clássica. E, para saborear um típico momento da cultura automobilística da Califórnia, procure um drive-through e peça um *burger-on-the-dash*.

Folhas de louro e coentro

Barracas cheias de produtos locais num mercado da Califórnia

VEGETAIS E ERVAS CULTIVADAS NO LOCAL

As estações comandam a cozinha da Califórnia, pois os *chefs* criam menus de acordo com o que há de fresco no mercado. O calor do verão gera tomateiros carregados e um arco-íris de pimentões, enquanto o frescor do outono amadurece ricos brócolis, alcachofras e abóboras-meninas. Uma vista aérea do estado revela hortas de ervas verdejantes e muito viçosas; campos de mostarda silvestre abrem caminho para faixas aromáticas de coentro, louro e manjericão, usados em tudo, de molhos a saladas.

FRUTAS E SEMENTES

Frutas e sementes são colhidas o ano todo, graças ao clima ensolarado da Califórnia. O solo rico, irrigado com muita água, produz pêssegos com casca penugenta, tâmaras doces e os famosos abacates. O mais famoso é o da variedade Haas, de casca rugosa e nativo da Califórnia, apreciado pela textura sedosa e suave, e pelo sabor que lembra nozes. Usa-se em saladas, sanduíches e cremes aveludados. O abacate Fuerte, de casca fina e verde, é outra variedade apreciada,

Seleção de frutas maduras e apetitosas da Califórnia

PRATOS E ESPECIALIDADES DA CALIFÓRNIA

Pimenta jalapeña

A comida da Califórnia reflete a diversidade da população do estado e a abundância de produtos disponíveis o ano todo. Pela semelhança do clima, a cozinha californiana sofre muita influência da mediterrânea. Porém, as tradicionais receitas italianas ou provençais ganham um toque novo com o acréscimo de ingredientes americanos, o que resulta em pizzas e pratos de massa criativos e saladas exóticas e coloridas. Os molhos e temperos de salada costumam ser leves e frescos, e se destinam a ressaltar e complementar os ingredientes básicos do prato. O queijo de cabra local é muito usado e tem sabor forte, que combina com verduras e carnes. As sobremesas aproveitam as frutas da região, e quase sempre são simples travessas de salada de frutas com calda de maracujá ou sorvete caseiro.

Salada mista com tâmara e queijo de cabra *Brotinhos de verduras com tâmaras doces e pedaços de queijo.*

O animado bairro de Haight, em São Francisco

assim como as nozes-pecãs da Califórnia, cujas cascas rijas envolvem uma polpa saborosa usada pelos *chefs* para temperos com toque de nozes.

PEIXES E FRUTOS DO MAR

Os mares e rios da Califórnia estão cheios de peixes, moluscos e outros frutos do mar, desde o delicado siri de Dungeness até os suculentos peixe-espada e albacora. Os restaurantes à beira-mar servem peixes tão frescos que quase "nadam" para a panela. O linguado Petrale, encontrado desde Fort Bragg até Monterey, é o melhor peixe achatado do mercado, com carne macia, pouca gordura, ótimo para grelhar. O camarão-santa-bárbara, de costas espinhudas, possui casca dura, difícil de ser tirada por crianças, mas tem a carne mais adocicada do Pacífico. O melhor peixe de água doce –o salmão-rei– desova nos rios Sacramento e San Joaquin e é apreciado pela carne delicada e aveludada, que derrete na boca.

Siris suculentos apanhados diretamente do oceano Pacífico

CULINÁRIA MEXICANA

Não é preciso cruzar a fronteira sul para saborear a comida mexicana. Quase todas as cidades têm uma *taquerias* colorida e descontraída, onde há pratos mexicanos por bom preço. Por menos de US$ 10 um burrito de bom tamanho ou uma travessa cheia arroz temperado, com feijão e frango fazem da comida mexicana uma das refeições mais baratas do estado.

MENU MEXICANO

Tortilla É um tipo de pão redondo sem fermento, de farinha de milho ou de trigo

Burrito Tortila quente, recheada com arroz, *frijoles* (feijão), *pollo* (frango), carne ou verduras.

Quesadilla Tortilla recheada com *queso* (queijo) e outros ingredientes, depois grelhada ou frita para derreter o queijo.

Taco Tortilla crocante, em geral frita, dobrada e recheada com misturas condimentadas.

Chile relleno Pimenta verde recheada, empanada e frita.

Salsas Molhos apimentados, do tradicional tomate picado ao de lascas de papaia, manga ou pêssego, e o de vegetais com milho e feijão-preto.

Mole Molho escuro, denso: mistura de chocolate amargo, condimentos e pimentas, derramada sobre o frango.

Salmão em agrião com vinagrete cítrico *Peixe local e folhas picantes se equilibram com o molho apimentado.*

Peito de frango grelhado com molho de tomate *Feijão-preto e guacamole complementam este prato saudável.*

Caquis frescos escaldados *Um delicioso preparado de caquis macios envoltos em sorvete de baunilha.*

O Que Beber na Califórnia

Cerveja

Os californianos adoram bebidas em geral, em parte porque passam muito tempo em atividade ao ar livre, e também porque gostam de se reunir socialmente. Os refrigerantes, ou *sodas*, são os mais consumidos, embora também se tome muita bebida alcoólica. Vários restaurantes oferecem um *champagne brunch* nos fins de semana. Bebe-se cerveja na praia ou assistindo a um jogo de beisebol. Os vinhos, sobretudo os da Califórnia *(págs. 438-9)*, acompanham o jantar.

Placa no Napa Valley, região vinícola do Norte da Califórnia

Garrafa de tequila

O colorido Sunset Strip

Daiquiri de morango

Margarita com fatia de limão

REFRIGERANTES E SUCOS

Sempre preocupados com a saúde, os californianos consomem muito suco de fruta. Bancas instaladas nos shopping centers e nas calçadas oferecem sucos espremidosna hora de quase todas as frutas, e também de misturas de frutas e hortaliças. Nas ruas e saguões de hotel encontram-se máquinas que vendem refrigerantes e dispõem de água e gelo moído gratuitos. Nos restaurantes e lanchonetes estas bebidas são servidas em três tamanhos, mas é sempre mais vantagem comprar nos supermercados. As bebidas não alcoólicas mais populares são as "colas" –como a Coca e a Pepsi. Mas a propaganda em torno dos alimentos saudáveis fez aumentar a venda das versões dietéticas e sem cafeína das "colas" e outros refrigerantes.

"cola"

Amantes dos esportes, os californianos costumam carregar garrafas térmicas com bebidas geladas.

Suco de morango

COQUETÉIS

Bebericar um coquetel à beira-mar, ao pôr do sol, é a própria imagem do "sonho californiano". A *margarita* ainda é o drinque preferido na Califórnia. Servida em taças cada vez mais largas, com a borda coberta de sal, é uma mistura de tequila, suco de limão e licor de laranja.

O Sunset Strip, que leva o nome do célebre trecho do Sunset Boulevard *(págs. 102-7)*, tem partes iguais de gim, rum, triple sec, vodca, suco de abacaxi e limonada. Outro coquetel muito consumido na região é a *piña colada*, mistura de abacaxi, creme de coco e partes iguais de sucos de papaia, limão, laranja e abacaxi. Acrescenta-se uma dose de rum e o drinque é servido com gelo, em um copo alto e elegante.

CHÁ E CAFÉ

Os moradores da Califórnia consomem grandes quantidades dos chamados "cafés de grife". *Café latte, café au lait, cappuccino, frappuccino* (café gelado) e variedades com sabores, como amêndoa e mocha, são servidos em bares e quiosques. Cada vez mais populares, os chás são importados e dos mais diversos sabores.

Cappuccino

Café latte

Frappuccino

Chá com limão

VINHO

Os vinhedos encontram o clima perfeito no Norte da Califórnia, onde a neblina refrescante contribui para o bom amadurecimento da uva. Para os tintos, as uvas mais cultivadas são Cabernet Sauvignon, Pinot Noir, Merlot e Zinfandel *(págs. 438-9)*. Vinhos brancos também são classificados pelo tipo de uva, sendo a Chardonnay a mais consumida atualmente. Cultivada em toda a Costa Oeste, essa uva produz vinhos que variam dos secos, leves, com sabor de limão e baunilha, aos tipos mais fortes, puxados ao carvalho.

A Califórnia é conhecida hoje por seus excelentes vinhos, a preços razoáveis, o que levou as principais casas francesas a investir na região. A Moët & Chandon e a Mumm, entre outras, possuem vinhedos no Napa Valley.

O vinho é muito mais barato em lojas e supermercados do que em restaurantes. A lei permite que o cliente leve sua própria garrafa ao restaurante, que neste caso cobra um extra a partir de US$ 10.

Cuvée Napa, da Mumm

Vinho rosé, ou blush

Napa Chardonnay

Cabernet Sauvignon

ÁGUA

Muitas águas minerais são produzidas no estado, e a melhor vem da estância de Calistoga, no Napa Valley *(pág. 461)*. Diversas marcas têm sabor de frutas, e a maioria tem gás. Na maior parte dos locais públicos, inclusive prédios de escritórios, existem bebedouros. A água da torneira é fresca, limpa e pode ser bebida sem nenhuma restrição.

Água mineral Calistoga

BEBIDAS ALCOÓLICAS

Apenas quem tem 21 anos ou mais pode comprar e consumir bebida alcoólica na Califórnia. É comum que lojas e bares deixem de servir ou proíbam a entrada de pessoas sem um documento que comprove sua idade. Os horários, no entanto, são flexíveis: quem tiver idade pode comprar e consumir álcool das 6h às 2h, sete dias por semana.

Bar movimentado em Santa Barbara

CERVEJA

Anchor Steam Beer

Red Tail Ale

Liberty Ale

Todos os tipos de cervejas –estrangeiras, norte-americanas e até de "fabricação caseira"–são consumidos aqui e em larga escala. O ressurgimento das pequenas cervejarias nos EUA deve-se à Anchor Brewery, de São Francisco, cujas Steam Beer, Liberty Ale e outras mostram que a cerveja norte-americana não precisa ser sem graça e sem gosto. Outras excelentes marcas caseiras são a Boont Amber e a Red Tail Ale, do Mendocino County.

Seguindo o conceito de "fabricação própria" surgido no Canadá, alguns californianos estão montando cervejarias "caseiras", com assessoria de especialistas em cada passo do processo. Uma cerveja desse tipo leva de duas a seis semanas para fermentar. As microcervejarias, instaladas dentro de um bar *(pág. 563)*, são hoje um sucesso de público.

Como Escolher um Restaurante

Os restaurantes deste guia foram selecionados a partir de uma grande variedade de faixas de preço, da boa relação custo-benefício, da qualidade da comida e da localização interessante. A lista ressalta fatores que podem influir em sua escolha, e as entradas estão por região, a começar por Los Angeles.

CATEGORIAS DE PREÇO
Por uma refeição de três pratos para uma pessoa, com um copo de vinho da casa e taxas de serviço.

$ menos de US$25
$$ US$25-US$35
$$$ US$35-US$50
$$$$ US$50-US$70
$$$$$ mais de US$70

LOS ANGELES

AEROPORTO/WESTCHESTER Truxton's American Bistro $$
8611 Truxton Av, Westchester, 90045 ***Tel*** *(310) 417-8789* ***Mapa*** *inset A*

Pratos sofisticados por preços razoáveis são o sucesso deste restaurante norte-americano com decoração simples –em cima de um café– e um bar animado. Os clientes pedem a entrada *fritto misto*, salada tailandesa, frango frito na manteiga e no leite, espaguete e almôndegas, e até o tofu marinado. Sobremesas deliciosas.

BEL AIR Hotel Bel-Air $$$$$
701 Stone Canyon Rd, 90077 ***Tel*** *(310) 472-5234* ***Mapa*** *4 A2*

Jantar no terraço deste refúgio exclusivo, com vista para o lago dos cisnes, é relaxante e romântico –uma experiência típica de LA. Dentro, é chique e conservador. O menu, com ingredientes de fazendeiros locais, revela um estilo franco-californiano, que vai do tradicional à vanguarda. Frequentado por celebridades.

BEVERLY HILLS Barney Greengrass $$
Barneys New York, 9570 Wilshire Blvd, 90212 ***Tel*** *(310) 777-5877* ***Mapa*** *5 F4*

Instalado na elegante loja de departamentos Barneys, não é uma deli kosher mediana, mas pode-se encontrar aqui os conhecidos sanduíches de *corned beef* ou pastrami, e uma enorme variedade de peixes defumados. Do terraço tem-se linda vista de Beverly Hills. O almoço é concorrido, com celebridades e nova-iorquinos instalados aqui.

BEVERLY HILLS Nate 'n Al $$
414 N Beverly Dr, 90210 ***Tel*** *(310) 274-0101* ***Mapa*** *5 F3*

Pode ser o bairro mais luxuoso da cidade, mas esta tradicional deli despretensiosa poderia estar numa ruazinha do Brooklyn –e aí é que está seu charme. Nova-iorquinos saudosos ou quem queira prazeres simples, como pastrami em *knishes* de centeio ou batata, vai ao Nate 'n Al, onde o esplendor de Beverly Hills fica do lado de fora.

BEVERLY HILLS Da Pasquale $$$
9749 Little Santa Monica Blvd, 90210 ***Tel*** *(310) 859-3884* ***Mapa*** *5 E3*

Na chique Beverly Hills, este é um restaurante simpático, de gestão familiar, com comida napolitana. Decorado com murais e fotos da Vecchia Napoli, este lugar é famoso pelas pizzas de massa fina e massas excelentes. Mesmo que atraia o pessoal de cinema dos escritórios da vizinhança, continua sendo uma taberna "comum".

BEVERLY HILLS Enoteca Drago $$$
410 N Cañon Dr, 90210 ***Tel*** *(310) 786-8236* ***Mapa*** *5 F3*

Enoteca é uma casa de vinhos que serve antepastos, e este restaurante italiano informal, mas sofisticado, revestido de madeira de lei, oferece petiscos interessantes. Itens como azeitonas fritas e polvo grelhado combinam com uma taça de vinho de uma das cartas mais interessantes da cidade. Também dispõe de entradas completas.

BEVERLY HILLS Kate Mantilini $$$
9101 Wilshire Blvd, 90210 ***Tel*** *(310) 278-3699* ***Mapa*** *6 F4*

Com ambiente descontraído mas exclusivo, menu extenso e funcionamento até tarde, este restaurante merece uma visita. A comida é basicamente americana, e o frango aparece em pratos como empadão (*chiken potpie*), macarrão com queijo e bolo de carne. Bom para ir depois do cinema ou para tomar um martíni após as compras.

BEVERLY HILLS The Farm of Beverly Hills $$$
439 N Beverly Dr, 90210 ***Tel*** *(310) 273-5578* ***Mapa*** *5 F3*

Ao trazer uma parte revigorante do coração da cidade para o centro de Beverly Hills, o Farm oferece boa variedade de comidas clássicas americanas, como bolo de carne e frango frito, junto com pratos antigos com toques novos. O ambiente é arejado e despojado, com ótimo pátio para observar a rua. Os brownies e sundays são excelentes.

BEVERLY HILLS Crustacean $$$$
9646 Little Santa Monica Blvd, 90210 ***Tel*** *(310) 205-8990* ***Mapa*** *5 E3*

Moderna interpretação da Saigon colonial. A decoração deste local da moda tem um aquário do chão ao teto e um "riacho" coberto de vidro que serpenteia pelo piso de mármore. Da "cozinha secreta" dos donos saem apetitosos talharins ao alho, camarões enormes e caranguejos fervidos em Chardonnay, saquê e conhaque.

Legenda dos símbolos *no final do guia*

BEVERLY HILLS Lawry's Prime Rib $$$$
100 N La Cienega Blvd, 90211 ***Tel*** *(310) 652-2827* **Mapa** 6 C4

Restaurante de LA respeitado desde 1938, serve costelas de primeira com todos os acompanhamentos. O salão é grandioso, mas o serviço é modesto. Depois da Spinning Bowl Salad, impecável, o cliente se volta para a costela perfeitamente cozida, cortada ao lado da mesa num carrinho de aço inox. Também serve salmão.

BEVERLY HILLS Matsuhisa $$$$
129 N La Cienega Blvd, 90211 ***Tel*** *(310) 659-9639* **Mapa** 6 B4

Carro-chefe do império internacional do chef Nobu Matsuhisa, é um dos restaurantes mais prestigiados de LA. Atrai muitas celebridades, apesar da decoração comum. Matsuhisa se voltou para o sushi moderno, que incorpora influências étnicas (o chef morou no Peru e usa muitos ingredientes latinos). Peça a *omakase* (sugestão do chef).

BEVERLY HILLS The Grill on the Alley $$$$
9560 Dayton Way, 90210 ***Tel*** *(310) 276-0615* **Mapa** 5 F3

Um dos locais mais badalados de Beverly Hills, onde os poderosos dos estúdios fazem reunião para discutir a próxima megaprodução, saboreando salada Cobb, carnes grelhadas e massas. O salão lembra um tradicional restaurante de costelas, com compartimentos altos de couro e muita madeira. O serviço é um dos melhores da cidade.

BEVERLY HILLS Spago $$$$$
176 N Cañon Dr, 90210 ***Tel*** *(310) 385-0880* **Mapa** 5 F3

Principal restaurante do famoso chef Wolfgang Puck, continua sendo um dos locais mais divertidos de LA para jantar. O salão elegante e atual está sempre cheio de rostos conhecidos, mas as pessoas "comuns" não são mal recebidas. O menu oferece culinária californiana e alguns pratos tradicionais austríacos.

CENTURY CITY Clementine $
1751 Ensley Ave, 90024 ***Tel*** *(310) 552-1080* **Mapa** 5 D4

Clementine, um dos segredos mais bem mantidos de LA, é um pequeno café ao estilo de Paris, cujas mesas com toalhas coloridas se espalham pela calçada. Cedo, é ótimo para o café da manhã ou só uma xícara de cappuccino ou chocolate quente. No almoço, serve sopas, saladas e sanduíches com pão fresco, tudo delicioso. Fecha à noite.

CENTURY CITY La Cachette $$$$$
10506 Little Santa Monica Blvd, 90025 ***Tel*** *(310) 470-4992* **Mapa** 4 C5

Chalé agradável, ladeado de flores, cujo nome significa "o esconderijo". Boa escolha para a atual *cuisine* francesa, elegante e deliciosa, sem os pesados molhos à base de creme de leite. Tem alguns pratos vegetarianos e vegan, preparados com a clássica técnica francesa. Um dos restaurantes mais charmosos da cidade.

CULVER CITY Beacon $$$
3280 Helms Ave, 90034 ***Tel*** *(310) 838-7500* **Mapa rodoviário** destaque A

O variado menu inspirado na costa do Pacífico oferece pratos criativos, para saborear num ambiente descontraído e moderno, instalado em antiga padaria industrial. Itens como ostras fritas com molho tártaro de *yuzu*, pizza de atum e *black cod* vitrificado com missô são muito bem preparados, têm preço moderado e bela aparência. Concorrido.

CULVER CITY Fraîche Restaurant $$$
9411 Culver Blvd, 90032 ***Tel*** *(310) 839-6800* **Mapa rodoviário** destaque A

Este restaurante foi aclamado pelos melhores críticos dos EUA quando foi inaugurado, em 2007. Serve culinária rústica francesa e italiana, com ênfase em ingredientes frescos da temporada. Entre os pratos assinados destacam-se os *fruits de mer* e o frango assado com cogumelos silvestres e *soubise* de cebola. o bar serve comida até a meia-noite.

DOWNTOWN Philippe The Original $
1001 N Alameda St, 90012 ***Tel*** *(213) 628-3781* **Mapa** 11 F3

Localizado no centro, é um dos restaurantes mais antigos da cidade (data de 1908), e diz-se que aqui surgiu o *French dip sandwich*. Serve versões desse sanduíche com carne de boi, carneiro, porco e peru. Acomode-se numa das mesas comunitárias e espalhe no sanduíche um pouco da lendária mostarda picante.

DOWNTOWN Ciudad $$$
445 S Figueroa St, 90071 ***Tel*** *(213) 486-5171* **Mapa** 11 D4

As famosas chefs Mary Sue Milliken e Susan Feniger, célebres no Border Grill, criaram este lugar que congrega a culinária das Américas. Coquetéis e pratos tradicionais do México, Cuba, América Central, Brasil, Argentina e Peru são oferecidos em ambiente elegantemente despojado, com cores ousadas e arte moderna.

DOWNTOWN Traxx $$$
Union Station, 800 N Alameda St, 90012 ***Tel*** *(213) 625-1999* **Mapa** 11 F3

Instalado na histórica Union Station –uma das referências da cidade–, este restaurante Art Déco se localiza na saída do saguão barulhento, e atrás esconde um pátio ao ar livre. Os pratos preparados na cozinha aberta seguem temas clássicos americanos, mas se misturam a toques modernos que mantêm o menu sempre interessante.

DOWNTOWN Cicada $$$$
617 S Olive St, 90014 ***Tel*** *(213) 488-9488* **Mapa** 11 D4

Talvez o salão de jantar mais grandioso de LA, o Cicada fica no histórico Oviatt Hotel, e seu belo projeto Art Déco exibe altas colunas de madeira de bordo, muitas folhas douradas e cristais de Lalique. A comida mistura a culinária moderna italiana e a americana avançada, e oferece de *foie gras* a risotos, num menu intrigante.

DOWNTOWN Patina $$$$$
Walt Disney Concert Hall, 141 S Grand Ave, 90012 ***Tel*** *(213) 972-3331* **Mapa** *11 D3*

Depois de anos na Melrose Avenue, este templo da gastronomia veio para o Disney Hall. Com salão envolto numa "cortina" de madeira, podem-se esperar os padrões mais altos de um jantar em LA: generosa oferta de caviares, carta de vinhos excelente e um menu cheio de itens de luxo. Reserve com bastante antecedência.

DOWNTOWN Water Grill $$$$
544 S Grand Ave, 90071 ***Tel*** *(213) 891-0900* **Mapa** *11 D4*

Muitos o consideram o melhor restaurante de frutos do mar da cidade. O local mistura um antigo bar de ostras com sofisticado salão. Oferece generosas porções de mariscos frescos e entradas que incluem pratos maravilhosos, como salada de pata de caranguejo e *loup de mer* cozido lentamente, com ingredientes bem frescos.

GLENDALE La Cabañita $
3447 N Verdugo Rd, 91208 ***Tel*** *(818) 957-2711* **Mapa rodoviário** *destaque A*

A maioria dos restaurantes mexicanos de LA oferece menus virtualmente intercambiáveis de pratos não muito autênticos. O La Cabañita é diferente e serve clássicos como *chilis en nogada* (pimentas recheadas de carne, frutas e nozes, regadas com molho de nozes com romã). Este restaurante pequeno e enfeitado tem muitos fãs locais.

HOLLYWOOD Canter's Deli and Restaurant $
419 N Fairfax Ave, 90036 ***Tel*** *(323) 651-2030* **Mapa** *7 D2*

Ninguém afirma que o Canter's é a melhor deli do mundo, mas tem muitos atributos: abre 24 horas (o que é raro em LA); oferece porções grandes da clássica comida kosher de deli; conta com padaria respeitável no local; e dispõe de um saguão com música ao vivo.

HOLLYWOOD Fred 62 $
1850 N Vermont Ave, 90027 ***Tel*** *(323) 667-0062* **Mapa rodoviário** *destaque A*

Na elegante Vermont Avenue, o Fred 62 tem tudo que se espera de um restaurante americano tradicional, até torradeiras nas mesas. Boa parte da comida é previsível, mas alguns pratos do menu cheio de trocadilhos são sofisticados. Frequentadores variados, de jovens roqueiros a homens de negócios descontraídos.

HOLLYWOOD The Gumbo Pot $
Farmers Market, 6333 W 3rd St, 90036 ***Tel*** *(323) 933-0358* **Mapa** *7 D3*

Não é fácil encontrar o verdadeiro sabor de Nova Orleans em LA, mas este estabelecimento pequeno, escondido no histórico Farmers Market, é genuíno. Este restaurante informal, com pedidos no balcão, é um dos poucos lugares que oferecem autênticos *beignets*, *muffaletta* ou *po'boy sandwiches*, sem falar em *jambalaya* e, é claro, *gumbo*.

HOLLYWOOD Pink's Famous Hot Dogs $
709 N La Brea Ave, 90038 ***Tel*** *(323) 931-4223* **Mapa** *7 F1*

As pessoas fazem fila no meio da noite neste lendário ponto de cachorro-quente de Hollywood, onde uma vez Orson Welles comeu 18 salsichas. O clássico *chili dog* é o mais pedido, mas o menu também tem muitos outros, como o Ozzy Osbourne (condimentado, com acompanhamentos) e o *bacon burrito hot dog*, envolto numa tortilla.

HOLLYWOOD Roscoe's House of Chicken & Waffles $
1514 N Gower St, 90028 ***Tel*** *(323) 466-7453* **Mapa** *3 D5*

O frango frito ao estilo do Sul é acompanhado por uma pilha de waffles muito saborosos, numa combinação incomum que virou um sucesso. Também serve fígado de frango frito, sanduíches de frango, couve, macarrão com queijo e torta de batata-doce. Aberto até 4h.

HOLLYWOOD Cha Cha Cha $$
656 N Virgil Ave, 90004 ***Tel*** *(323) 664-7723* **Mapa** *9 F1*

Os sabores ousados do Caribe estão neste pequeno restaurante colorido e peculiar, que oferece uma experiência ímpar desde o instante em que se entra. Entre as especialidades estão carne seca de frango e de porco, *paella* espanhola, bifes ao estilo argentino, camarão com curry e outros pratos multiculturais. Também serve café da manhã.

HOLLYWOOD Cheebo $$
7533 Sunset Blvd, 90046 ***Tel*** *(323) 850-7070* **Mapa** *1 C5*

Decoração bem colorida, preços razoáveis e uma incrível placa de pizza retangular, pedida por "metro" (pé), fazem deste lugar um ponto típico de Hollywood. Mas não se trata de uma pizzaria comum, pois serve sanduíches, hambúrgueres grelhados com bacon defumado na madeira de macieira e pratos como costeleta de carneiro e *ossobuco*.

HOLLYWOOD Ca' Brea $$$
346 S La Brea Ave, 90036 ***Tel*** *(323) 938-2863* **Mapa** *7 F3*

Na mesma rua de alguns dos restaurantes e das galerias de arte mais finos da cidade, esta é uma interessante casa italiana. Elegante e luxuosa, está cheia de obras de arte e tem muito conforto. O menu oferece itens exclusivos, como uma grande bola de queijo de cabra envolta em pancetta. De sobremesa, peça o aveludado pudim italiano.

HOLLYWOOD Cobras & Matadors $$$
7615 W Beverly Blvd, 90036 ***Tel*** *(323) 932-6178* **Mapa** *7 E2*

Tentativa séria de criar um autêntico bar espanhol de tapas em LA. É concorrido, graças aos preços moderados, à animação e ao amplo menu de petiscos que permite muita variedade. Não dispõe de carta de vinhos, mas ao lado o proprietário tem uma loja de vinhos que exibe um estoque quase exclusivamente espanhol.

Categorias de preço *pág. 568* **Legenda dos símbolos** *no final do guia*

HOLLYWOOD Tantra $$$

3705 Sunset Blvd, 90026 ***Tel*** *(323) 663-9090* ***Mapa rodoviário*** *destaque A*

Este é um dos restaurantes indianos sensuais da cidade. De um lado, tem um bar atraente e, do outro, um salão colorido, com iluminação interessante e uso teatral de temas contemporâneos e tradicionais. Serve culinária moderna da Índia, como os apetitosos e deliciosos *tikka* verde de frango e espetinho de salmão. Aberto até 0h.

HOLLYWOOD Angelini Osteria $$$$

7313 Beverly Blvd, 90036 ***Tel*** *(323) 297-0070* ***Mapa*** *7 F2*

Gino Angelini é um dos melhores chefs italianos de LA, e criou uma combinação de pratos rústicos –a lasanha de sua avó, com molho de ervas, é simplesmente maravilhosa– e outras invenções saborosas. Os especiais do dia vão de rim de vitela a pernil de porco na brasa. Infelizmente, o salão fica apinhado e barulhento.

HOLLYWOOD A.O.C. $$$$

8022 W 3rd St, 90048 ***Tel*** *(323) 653-6359* ***Mapa*** *7 D3*

Iniciais de Appellation d'Origine Contrôlée (sistema regulador de vinhos na França), o A.O.C. oferece mais de 50 vinhos em taças e uma série de petiscos do tipo tapas, originários do Mediterrâneo. Também serve patês e linguiças da charcutaria própria, pato laqueado, peixes frescos, saladas e vegetais sazonais incomuns.

HOLLYWOOD Campanile $$$$

624 S La Brea Ave, 90036 ***Tel*** *(323) 938-1447* ***Mapa*** *7 F4*

Instalado numa casa mediterrânea erguida por Charlie Chaplin, o Campanile é um restaurante consagrado. O projeto aberto e arejado tem pátio com fonte, que combina com a comida simples mas elegante do Mediterrâneo. A noite do sanduíche de queijo grelhado, com versões sofisticadas, às quintas-feiras, é um acontecimento.

HOLLYWOOD Geisha House $$$$

6633 Hollywood Blvd, 90028 ***Tel*** *(323) 460-6300* ***Mapa*** *2 B4*

Em meio a tantos sushi bares da moda, este figura entre os melhores e atrai celebridades. O salão de saquê (com sommeliers de saquê), o sushi bar e o salão de jantar ficam cheios de clientes que saboreiam sushi, sashimi e tempurá, ou pratos mais substanciais, como os bifes de Kobe. A decoração elegante combina com o ambiente vibrante.

HOLLYWOOD Musso & Frank Grill $$$$

6667 Hollywood Blvd, 90028 ***Tel*** *(323) 467-7788* ***Mapa*** *2 B4*

O restaurante mais antigo de Hollywood nunca sai de moda. Decorado com mogno e couro vermelho, tem bons martínis e menu de pratos consagrados, como empadão de frango, *Welsh rarebit* (torrada com queijo), fígado acebolado e filés. Os *flannel cakes* (panquecas grossas), servidos até às 15 horas, são ótimos. Sempre cheio.

HOLLYWOOD Providence $$$$$

5955 Melrose Ave, 90038 ***Tel*** *(323) 460-4170* ***Mapa*** *8 B1*

Michael Cimarusti, chef e dono, oferece um jantar sofisticado neste elegante restaurante de frutos do mar, onde os clássicos americanos dividem o menu com pratos de forte influência francesa e japonesa. Fornecedores do Maine ligam para o chef todo dia para relatar o que pegaram, pois ele só usa ingredientes de primeira.

LONG BEACH Parkers' Lighthouse $$$

435 Shoreline Village Dr, 90802 ***Tel*** *(562) 432-6500* ***Mapa rodoviário*** *destaque A*

Com farol ativo e ponto de referência de Long Beach, tem linda vista do porto e do *Queen Mary (págs. 134-5)*. Serve frutos do mar na brasa, a exemplo de salmão, peixe-espada, mahi-mahi (golfinho do Havaí) e halibute. Aqui, nada é extravagante ou ultramoderno, e uma tigela de mariscos cozidos é um jeito ótimo de passar uma noite de verão, no pátio.

LONG BEACH Sir Winston's $$$$

Queen Mary, 1126 Queen's Hwy, 90801 ***Tel*** *(562) 435-3511* ***Mapa rodoviário*** *destaque A*

Grandioso local para jantar no *Queen Mary*, este é um dos restaurantes mais elegantes e românticos de Long Beach. O menu mantém o tema, e oferece serviço de caviar, *foie gras* e lagosta, seguidos de costeleta de carneiro e, por fim, suflê de chocolate. A cozinha continental é tradicional.

MALIBU Duke's Malibu $$$

21150 Pacific Coast Hwy, 90265 ***Tel*** *(310) 317-0777* ***Mapa rodoviário*** *destaque A*

Comida deliciosa e enormes janelas panorâmicas fizeram este local à beira-mar ser muito concorrido. A decoração foi inspirada no veterano surfista Duke Kahanamoku, com lembranças de surfe pelas paredes. Entre os pratos típicos estão o *panko*, lula empanada, e o *huli-huli*, frango marinado em gengibre, alho e molho de soja.

MALIBU Gladstone's Malibu $$$

17300 Pacific Coast Hwy, 90272 ***Tel*** *(310) 573-0212* ***Mapa rodoviário*** *destaque A*

Conhecido restaurante rústico, esta emorme casa de frutos do mar na beira da praia é famosa por seu pátio espaçoso voltado para o oceano Pacífico. Porções grandes de cremes, peixe grelhado, lagosta, *cioppino* (peixe ensopado) e salmão tostado à moda cajun. Tudo isso pode não ser elegante, mas as pessoas adoram este ambiente.

MALIBU Geoffrey's $$$$$

27400 Pacific Coast Hwy, 90265 ***Tel*** *(310) 457-1519* ***Mapa rodoviário*** *destaque A*

Não há ambientes internos neste restaurante no topo de um rochedo na costa de Malibu. Informal, mas sofisticado. Mesas com guarda-sol e cavidades com fogueira criam um ambiente aconchegante. No menu americano da Califórnia destacam-se as lagostas do Maine, o bife de Kobe e a perca chilena.

MALIBU Saddle Peak Lodge $$$$$

419 Cold Canyon Rd, 91302 ***Tel*** *(818) 222-3888* ***Mapa rodoviário*** *destaque A*

Escondida nos morros de Santa Monica, esta antiga casa de caça parece estar a quilômetros da caótica LA. O restaurante rústico, disposto em fileiras, está cheio de cabeças de veados e alces nas paredes, mas um ar de elegância permeia o ambiente, cujas mesas têm toalhas brancas e velas. Não há melhor carne de caça na cidade.

MARINA DEL REY The Cheesecake Factory $$

4142 Via Marina, 90292 ***Tel*** *(310) 306-3344* ***Mapa rodoviário*** *destaque A*

Agora, esta rede é encontrada em qualquer lugar, mas uma de suas filiais mais agradáveis fica à direita da marina, onde o terraço ao ar livre é uma delícia. Pode-se esperar grandes porções de comida bem preparada, com um menu que tem de massa tailandesa com frango, bolo de carne, a *jambalaya*, além de estonteantes *cheesecakes*.

MARINA DEL REY Killer Shrimp $$

523 Washington Blvd, 90292 ***Tel*** *(310) 578-2293* ***Mapa rodoviário*** *destaque A*

Aqui, não há muitas escolhas, mas para seus admiradores, é nisso que está a graça. A clientela fiel volta sempre para comer o mesmo prato servido de três maneiras: uma grande travessa de camarão da Louisiana, com arroz, pão ou massa. Seja qual for a sua escolha, os crustáceos vêm nadando num caldo com alho e molho de pimenta.

MARINA DEL REY Café Del Rey $$$$

4451 Admiralty Way, 90292 ***Tel*** *(310) 823-6395* ***Mapa rodoviário*** *destaque A*

Ao lado do píer e com amplas janelas panorâmicas, este não é um chalé de ensopados de frutos do mar, mas um local sofisticado para jantar. O menu eclético, porém mais inspirado na costa do Pacífico, tem sopa cubana de feijão-preto, frango Kung Pao, mariscos e filés. O *brunch* no pátio, nos fins de semana, é uma tradição em LA.

MARINA DEL REY Jer-Ne $$$$$

Ritz–Carlton Hotel, 4375 Admiralty Way, 90292 ***Tel*** *(310) 574-4333* ***Mapa rodoviário*** *destaque A*

O Jer-Ne não é o que se esperaria de um salão de jantar do Ritz-Carlton. Seu projeto não é tradicional, mas de vanguarda, e seu menu importa sabores da costa do Pacífico para se combinarem de modo criativo. Um balcão de tira-gostos mostra a inovação do chef, e flores de cerejeira ou crisântemos são usados como destaques.

MIDTOWN El Cholo $

1121 S Western Ave, 90006 ***Tel*** *(323) 734-2773* ***Mapa rodoviário*** *destaque A*

Um dos lendários restaurantes mexicanos da cidade, funciona desde 1927 e serve o que muitos moradores consideram a melhor margarita da região. Este local vive cheio e também serve *guacamole* feito na hora, *enchiladas* de siri e *tamales* de milho. Não deixe a má-fama das redondezas impressionar você.

MIDTOWN Chan Dara $$

310 N Larchmont Blvd, 90004 ***Tel*** *(323) 467-1052* ***Mapa*** *8 B2*

Conhecido em alguns círculos pelas garçonetes estonteantes, a comida daqui também vale a pena. Instalado num pequeno bangalô ao norte de Larchmont Village, o Chan Dara é um restaurante charmoso, bem arrumado, onde se serve deliciosa comida tailandesa: talharins, sopas, satays e curries, a preços bem razoáveis.

MIDTOWN Pizzeria Moza $$$

641 N. Highland Ave, 90036 ***Tel*** *(323) 297-0101* ***Mapa*** *8 A4*

Nenhuma pizzaria fez tanto sucesso quanto esta, propriedade de estrelas da área de gastronomia. Criações como as de queijo fontina ou taleggio e a pizza com tomilho saem do forno de pedra aos olhos dos comensais. Vinhos italianos a bons preços. Um restaurante irmão, a Osteria Mozza, abriu em 2008. Reserve com antecedência.

PASADENA Saladang Song $$

383 S Fair Oaks Ave, 91105 ***Tel*** *(626) 793-5200* ***Mapa rodoviário*** *destaque A*

O restaurante Saladang, com um menu tailandês tradicional, tem arquitetura aclamada, com paredes altas e trabalhos de ferro que cercam um pátio amplo. Aqui, o cliente se delicia com a comida tailandesa especial, com cafés da manhã exclusivos, tortas de peixe e salmão ao molho de curry.

PASADENA Mi Piace $$$

25 E Colorado Blvd, 91105 ***Tel*** *(626) 795-3131* ***Mapa rodoviário*** *destaque A*

Um dos primeiros restaurantes a se arriscarem na recuperação do bairro comercial de Old Pasadena, e a aposta foi o maior sucesso. Sempre cheia de jovens, esta trattoria oferece massas e pizzas tradicionais, além de outros pratos mais criativos. As sobremesas são famosas e o salão anexo se tornou um ponto de encontro concorrido.

PASADENA Shiro $$$

1505 Mission St, South Pasadena, 91030 ***Tel*** *(626) 799-4774* ***Mapa rodoviário*** *destaque A*

Este restaurante franco-asiático já não está mais tão na moda quanto antes, pois não atrai tanta gente de toda a cidade, mas continua muito bom. O ambiente é moderno e despojado, mais para Westside do que para a sossegada South Pasadena. A sofisticada culinária tem como marca registrada um peixe-gato inteiro, frito, com molho *ponzu*.

PASADENA Yujean Kang's $$$

67 N Raymond Ave, 91103 ***Tel*** *(626) 585-0855* ***Mapa rodoviário*** *destaque A*

Não se trata de um restaurante chinês comum. O salão é elegante e de bom gosto, tem serviço atencioso e menu exclusivo. O criativo chef/dono Kang incorpora ingredientes nada tradicionais, como presunto de Parma e salmão, a pratos especiais preparados com a clássica técnica chinesa. Sobremesas ótimas e bons vinhos.

Categorias de preço *pág. 568* **Legenda dos símbolos** *no final do guia*

PASADENA Parkway Grill $$$$
510 S Arroyo Pkwy, 91105 ***Tel*** *(626) 795-1001* — ***Mapa rodoviário*** *destaque A*

Sucesso desde 1985, é chamado de "Spago de Pasadena", graças à sua cozinha aberta, pizzas em forno de lenha e criativa culinária da Califórnia. São muitas as influências do sul. Uma horta ao lado garante saladas ótimas, e a carne de caça é uma especialidade. Carta de vinhos excelente. Ambiente elegante e informal, como um jardim.

PASADENA The Dining Room $$$$$
Lanhum Huntington Hotel & Spa, 1401 S Oak Knoll Ave, 91106 ***Tel*** *(626) 568-3900* — ***Mapa rod.*** *destaque A*

Durante anos, este restaurante num hotel histórico não passou de um lugar insípido, mas sua culinária foi reformulada e se tornou um dos melhores de LA. Ingredientes finos do mundo todo deliciam clientes de sorte que escolhem versões de pratos franco-californianos ou optam por menus de muitos pratos saborosos, regados com ótimos vinhos.

PLAYA DEL REY Bistro du Soleil $$$
6805 Vista del Mar Lane, 90293 ***Tel*** *(310) 823-1530* — ***Mapa rodoviário*** *destaque A*

Atraente bistrô de bairro, permite experimentar um jantar informal. O menu conta com uma miscelânea da cozinha clássica francesa, com variações interessantes nos padrões. Para acompanhar os pratos há uma boa variedade de vinhos da França e da Califórnia disponível em taças.

REDONDO BEACH Chez Mélange $$$
Palos Verdes Inn, 1611 S Catalina Ave, 90277 ***Tel*** *(310) 540-1222* — ***Mapa rodoviário*** *destaque A*

Pioneiro da sofisticada cozinha moderna em South Bay, este restaurante permanece um dos mais concorridos da área. O salão arejado, contíguo ao hotel modesto, é tranquilo e confortável. Culinária eclética, com influências que vão da Louisiana à Tailândia e à Itália. Há ainda um sushi bar.

SAN PEDRO Papadakis Taverna $$
301 W 6th St, 90731 ***Tel*** *(310) 548-1186* — ***Mapa rodoviário*** *destaque A*

O Papadakis se tornou o restaurante grego mais famoso da cidade, não só pelo farto menu de excelentes especialidades gregas, a exemplo de *spanakopita*, *moussaka*, *pastitsio* e carneiro, como também pela música e dança animada, da qual participam garçons e clientes. Verdadeira instituição na comunidade portuária de San Pedro.

SANTA MONICA Broadway Deli $
1457 Broadway, 90401 ***Tel*** *(310) 451-0616* — ***Mapa rodoviário*** *destaque A*

Este restaurante barulhento oferece ampla variedade de pratos tradicionais de deli, e o menu vai muito além de sanduíches de *corned beef* ou pastrami. Aqui, você encontra de tudo, de pizza a hambúrguer de avestruz e *enchilada* de pato. No local também funciona uma loja de vinhos e um mercado gourmet para quem faz piquenique.

SANTA MONICA Border Grill $$$
1445 4th St, 90401 ***Tel*** *(310) 451-1655* — ***Mapa rodoviário*** *destaque A*

Instituição local, fundada pelas chefs da TV Mary Sue Milliken e Susan Feniger, o Border Grill apresenta uma alternativa à culinária pseudomexicana de LA. Embora elas tenham incorporado algumas de suas próprias ideias, a inspiração vem de receitas autênticas reunidas no México. Os resultados são memoráveis.

SANTA MONICA Chinois on Main $$$$
2709 Main St, 90405 ***Tel*** *(310) 392-9025* — ***Mapa rodoviário*** *destaque A*

Apesar do projeto excêntrico deste restaurante pioneiro de Wolfgang Puck, a cozinha franco-asiática servida aqui é coisa séria. O menu continua interessante e excelente. Itens como a salada chinesa de frango, o picadinho mongol de carneiro e a lagosta de Xangai com molho de gengibre e curry, se tornaram clássicos venerados.

SANTA MONICA Drago $$$$
2628 Wilshire Blvd, 90403 ***Tel*** *(310) 828-1585* — ***Mapa rodoviário*** *destaque A*

O principal restaurante do *superchef* Celestino Drago tem decoração elegante, caiada, habitual na LA da moda, mas boa parte do menu tem raízes na rusticidade siciliana. Aqui se pode pedir espaguete com *bottarga* (ova de atum prensada) ou *pappardelle* com faisão e ragu de cogumelo morel. De sobremesa, prove o pudim de *pannacotta*.

SANTA MONICA JiRaffe $$$$
502 Santa Monica Blvd, 90401 ***Tel*** *(310) 917-6671* — ***Mapa rodoviário*** *destaque A*

Mais elegante que um bistrô, mas sem muita pretensão, serve culinária da Califórnia e está entre os melhores da cidade. Para começar, peça torta de tomate assado ou salada de beterraba. As entradas têm itens como salmão de pele crocante com purê de pastinaca e *nage* balsâmico. Os produtos vêm diretamente do mercado dos fazendeiros.

SANTA MONICA The Lobster $$$$
1602 Ocean Ave, 90401 ***Tel*** *(310) 458-9294* — ***Mapa rodoviário*** *destaque A*

Construído onde havia uma cabana de lagostas, este local é animado e divertido, com terraço em volta, que oferece linda vista ao pôr do sol. A lagosta é apresentada de diversas formas: em coquetel, como salada, a clássica lagosta viva do Maine ou a lagosta espinhuda do Pacífico. Outros frutos do mar e carnes também são bem preparados.

SANTA MONICA Ocean Avenue Seafood $$$$
1401 Ocean Ave, 90401 ***Tel*** *(310) 394-5669* — ***Mapa rodoviário*** *destaque A*

Com vista para o mar e ambiente elegante, que combina com qualquer ocasião, o Ocean Avenue, com seu variado menu, oferece uma bela seleção de especialidades multiculturais de frutos do mar, desde atum tártaro até *taquitos* de lagosta e *paella*. O bar de frutos do mar crus ou refogados serve ostras, cujo sabor parece melhorar no pátio.

SANTA MONICA Mélisse $$$$$

1104 Wilshire Blvd, 90401 ***Tel*** *(310) 395-0881* ***Mapa rodoviário*** *destaque A*

Um dos restaurantes mais glamourosos e sérios da cidade, o Mélisse se especializou na moderna cozinha francesa, com o toque de ingredientes frescos da Califórnia. Para uma autêntica experiência gastronômica, peça um menu de vários pratos, com vinhos de uma adega de primeira. Delicie-se com uma das melhores tábuas de queijos de LA.

SANTA MONICA Valentino $$$$$

3115 Pico Blvd, 90405 ***Tel*** *(310) 829-4313* ***Mapa rodoviário*** *destaque A*

Cortês e sofisticado, o dono Piero Selvaggio transformou este seu carro-chefe num dos melhores restaurantes italianos do país. Fregueses habituais nem olham o menu, deixando para Selvaggio ou sua equipe a criação de uma mescla de sabores inesquecível. A carta de vinhos, imensa, reflete uma adega com 200 mil garrafas.

SHERMAN OAKS Café Bizou $$

14016 Ventura Blvd, 91423 ***Tel*** *(818) 788-3536* ***Mapa rodoviário*** *destaque A*

Num atraente bangalô antigo, o Bizou é famoso pelos excelentes pratos franco-californianos e preços razoáveis. Uma sopa ou salada pode ser acrescentada por apenas US$ 1, e o "serviço de rolha" custa só US$ 2, o que incentiva o cliente a trazer vinho de casa. O menu oferece desde salmão e pães doces até bistecas *(short ribs)*. Faça reserva.

STUDIO CITY Art's Deli $

12224 Ventura Blvd, 91604 ***Tel*** *(818) 762-1221* ***Mapa rodoviário*** *destaque A*

O Art's é mais caro do que muitas delis, mas clientes do Vale e figurões dos estúdios próximos não se importam. Os sanduíches, "obras de arte" segundo o dono, costumam ser muito grandes para uma pessoa mediana dar conta sozinha. Além dos sanduíches de pastrami, há também os de peixe defumado. Ótimo e grande café da manhã.

STUDIO CITY Pinot Bistro $$$$

12969 Ventura Blvd, 91604 ***Tel*** *(818) 990-0500* ***Mapa rodoviário*** *destaque A*

Primeiro de uma cara rede local de bistrôs, este é um restaurante atraente que oferece preços razoáveis. O menu variado conta com comidas caras como *foie gras* e lagosta, mas também tem itens típicos de bistrô, como bife com fritas e perna de carneiro. Atendimento simpático e charmosa área de bar, que lembra um verdadeiro bistrô parisiense.

UNIVERSAL CITY Ca' del Sole $$$

4100 Cahuenga Blvd, 91602 ***Tel*** *(818) 985-4669* ***Mapa rodoviário*** *destaque A*

Parece uma casa antiga, com lareira, potes de cobre pendurados e compartimentos aconchegantes. O pátio, mesmo separado do pesado trânsito de LA só por um muro, tem ares de jardim toscano. As saladas são frescas; as massas, como o ravióli recheado de lagosta ou abóbora, são ótimas; e os pratos principais não são caros.

VENICE Jody Maroni's Sausage Kingdom $

2011 Ocean Front Walk, 90291 ***Tel*** *(310) 822-5639* ***Mapa rodoviário*** *destaque A*

Apesar das franquias pela cidade, este local original é uma referência de Venice Beach. Oferece linguiças e outros embutidos servidos em pãezinhos frescos, como no cachorro-quente. Entre as dezenas de pratos há inovações como frango na tequila e carneiro ao curry de Bombaim. A calçada de tábuas permite observar as pessoas que passam.

VENICE Rose Café $

220 Rose Ave, 90291 ***Tel*** *(310) 399-0711* ***Mapa rodoviário*** *destaque A*

Representativo da velha Venice boêmia, que está desaparecendo a favor de um rapido enobrecimento da área, o Rose Café tem interior espaçoso e pátio agradável e ensolarado. Serve tortas, quiches e saladas que fazem a clientela voltar. Aqui, um cappuccino e um *croîssant*, com um livro no pátio, é um ótimo jeito de passar o tempo.

VENICE Joe's $$$$$

1023 Abbot Kinney Blvd, 90291 ***Tel*** *(310) 399-5811* ***Mapa rodoviário*** *destaque A*

Joe Miller, chef e dono, tem mais concorrência atualmente, mas este pioneiro de Venice ainda é um dos preferidos da região. A cozinha da Califórnia possui sutis toques franceses e mediterrâneos, presentes em itens como o vermelho servido com molho de vinho tinto. Recomendam-se as sobremesas deste restaurante sofisticado, mas tranquilo.

WEST HOLLYWOOD Mandarette $$

8386 Beverly Blvd, 90048 ***Tel*** *(323) 655-6115* ***Mapa*** *6 C2*

Subsidiário informal de um elegante restaurante de Beverly Hills, este aconchegante café chinês tem personalidade e bom gosto, menu com preços acessíveis e itens intrigantes. Talharins, saladas frescas, bolinhos com frango ao curry e entradas, como frango Kung Pao ou o diferente camarão com morango, fazem valer a pena conhecer o Mandarette.

WEST HOLLYWOOD Mimosa Restaurant $$$

8009 Beverly Blvd, 90048 ***Tel*** *(323) 655-8895* ***Mapa*** *7 D2*

Despretensioso, com paredes mostarda e mesas acolhedoras, o Mimosa é um bistrô autêntico. O menu reforça a autenticidade, com uma *salade Lyonnaise* perfeita, *entrecôte*, perna de carneiro, *bouillabaisse* e *tarte Tatin*. Tudo é muito bem preparado, o serviço é simpático e o restaurante nunca se afasta de sua missão simples, mas nobre.

WEST HOLLYWOOD The Spanish Kitchen $$$

826 N La Cienega Blvd, 90069 ***Tel*** *(310) 659-4794* ***Mapa*** *6 C1*

Este bonito restaurante no estilo *hacienda*, inspirado em diversos métodos culinários da região sul do México (Chiapas, Yucatán e Oaxaca), oferece muitos pratos surpreendentes. Um bar animado serve margaritas temperadas. O bar de *mariscos y mescal* faz parte do ambiente festivo deste local mexicano pouco comum.

Categorias de preço *pág. 568* **Legenda dos símbolos** *no final do guia*

WEST HOLLYWOOD Ago $$$$

8478 Melrose Ave, 90069 ***Tel*** *(323) 655-6333* ***Mapa*** *6 C1*

Estimulado por Robert De Niro e por Tony e Ridley Scott, este restaurante de celebridades está sempre cheio. Os fãs acham que ele serve excelente comida italiana; os detratores se queixam do serviço (se você não for celebridade) e dos preços, dada a qualidade média dos pratos. Bom para quem quer ver astros e para quem gosta de vinhos.

WEST HOLLYWOOD La Bohème $$$$

8400 Santa Monica Blvd, 90069 ***Tel*** *(323) 848-2360* ***Mapa*** *6 C1*

Este espaço meio gótico fez surgir um ambiente romântico, com lareira enorme, candelabros de cristal italiano e cortinas drapeadas de veludo. Fora há um pátio em meio a muitas plantas. Serve comidas ecléticas, sempre feitas com ingredientes frescos do mercado dos fazendeiros.

WEST HOLLYWOOD Wa Sushi & Bistro $$$$

1106 N La Cienega Blvd, 90069 ***Tel*** *(310) 854-7285* ***Mapa*** *6 C1*

O trio de chefs do famoso Matsuhisa *(pág. 568)* abriu esta pequena casa com vista da cidade do lado do morro. Além dos fantásticos sushis e sashimis, os chefs usam um velho fogão atrás do sushi bar para preparar alguns molhos de inspiração francesa para usar em seus pratos complicados.

WEST HOLLYWOOD Bastide $$$$$

8475 Melrose Pl, 90069 ***Tel*** *(323) 651-5950* ***Mapa*** *6 C1*

Este bastião da *haute cuisine* é adorado ou odiado, mas sempre oferece uma experiência exclusiva. O Bastide (o nome se refere a uma casa de fazenda provençal) conta com salas privativas e lindo pátio sombreado por oliveiras. Aqui, você se delicia com alguns pratos franceses clássicos e com criações de vanguarda, que chocariam os conservadores.

WEST HOLLYWOOD BOA Steakhouse $$$$$

Grafton Hotel, 8462 Sunset Blvd, 90069 ***Tel*** *(323) 650-8383* ***Mapa*** *6 C1*

O BOA Steakhouse serve o delicioso filé maturado do USDA. Com projeto moderno, este restaurante oferece excelentes filés complementados por diversos acompanhamentos, molhos e condimentos. Aqui também são servidos ótimos frutos do mar. Há pratos do dia a preços mais baixos.

WEST HOLLYWOOD Jar $$$$$

8225 Beverly Blvd, 90048 ***Tel*** *(323) 655-6566* ***Mapa*** *6 C2*

Este restaurante oferece comidas americanas que os jovens comiam –com itens como *deviled eggs* e *pot roast*– e as apresentam com um toque sofisticado. Molhos, como o *béarnaise* de lagosta, realçam os filés. Com bar galvanizado, tons de madeira escura, poltronas de braços e piso de cortiça, o Jar tem um elegante ar retrô.

WEST HOLLYWOOD Dolce $$$$

8284 Melrose Ave, 90046 ***Tel*** *(323) 852-7174* ***Mapa*** *6 C1*

O Dolce, que tem donos e clientes célebres, é elegante e serve alguns pratos de qualidade. Dispõe de extensa carta de vinhos. Além de porções de bom tamanho da moderna culinária italiana, existe um menu mais em conta de enoteca (vinhos da vindima), que apresenta travessas de *tapas*, ideais para dividir.

WEST HOLLYWOOD Jinpachi $$$$$

8711 Santa Monica Blvd, 90069 ***Tel*** *(310) 358-9134* ***Mapa*** *6 C1*

No elegante salão de jantar são servidos sushi e sashimi, além dos doces feitos no local por um chef confeiteiro habilidoso. Entre as especialidades incluem-se carpaccio de halibute, salmão escocês com *jalapeño* e atum-rabilho. Os pratos quentes, como o tempurá de camarão-da-pedra, são fantásticos. Numa noite quente, coma à luz de velas.

WEST HOLLYWOOD The Palm $$$$$

9001 Santa Monica Blvd, 90069 ***Tel*** *(310) 550-8811* ***Mapa*** *6 A2*

Filial do famoso restaurante de Manhattan, esta é uma churrascaria séria. As madeiras escuras e o latão criam um belo visual. Caricaturas de celebridades enchem as paredes, desviando a atenção do preço alto dos filés e dos preços ainda mais altos das enormes lagostas. O cheesecake vem de Nova York. Às vezes, o serviço parece meio apressado.

WEST HOLLYWOOD Sona $$$$$

401 N La Cienega Blvd, 90048 ***Tel*** *(310) 659-7708* ***Mapa*** *6 C2*

Os donos e chefs David e Michelle Myers criaram um notável salão de jantar moderno como cenário para sua cozinha francesa moderna, que incorpora muitas influências asiáticas. Há serviço *à la carte* e um menu de degustação com seis ou nove pratos.

WESTWOOD/WEST LA Apple Pan $

10801 W Pico Blvd, 90064 ***Tel*** *(310) 475-3585* ***Mapa rodoviário*** *destaque A*

Um dos lugares mais queridos da cidade, este *diner* consiste apenas num balcão em forma de U. É preciso esperar pacientemente pela vez. Mas vale a pena, por causa dos lendários hambúrgueres cobertos com queijo cheddar de Tillamook ou do churrasco de hambúrguer. De sobremesa, torta de macã ou a deliciosa torta de creme de banana.

WESTWOOD/WEST LA Guelaguetza $

11127 Palms Blvd, 90034 ***Tel*** *(310) 837-1153* ***Mapa rodoviário*** *destaque A*

Um dos poucos locais de LA que serve comida de Oaxaca, cidade considerada a capital culinária do México. Como em todos os restaurantes oaxacanos, tudo gira em torno do *mole* (molho complexo à base de especiarias, pimentas, sementes e chocolate amargo). São servidas diversas versões de *mole*, com coloridos diferentes.

WESTWOOD/WEST LA John O'Groats $
10516 Pico Blvd, 90064 ***Tel*** *(310) 204-0692* ***Mapa rodoviário*** *destaque A*

Esta pequena cafeteria antiga serve um dos melhores cafés da manhã de LA, completo, com biscoitos caseiros. Entre os itens populares estão panquecas de abóbora ou de *blueberry* e sua versão de *huevos rancheros*. Na hora do almoço tem peixe com fritas. De manhã tem fila de espera. Não abre no jantar.

WESTWOOD/WEST LA Versailles $
10319 Venice Blvd, 90034 ***Tel*** *(310) 558-3168* ***Mapa rodoviário*** *destaque A*

Concorrido lugar de comida cubana de LA, este restaurante simples tem muitas especialidades. Pratos favoritos: carne de porco desfiada, *ropa vieja*, *paella* e um frango ao alho para o qual se faz fila. Com acompanhamento de feijão-preto, arroz e banana, são refeições substanciosas que, em geral, terminam com pudim de leite ou de pão.

WESTWOOD/WEST LA Bombay Café $$
12021 W Pico Blvd, 90064 ***Tel*** *(310) 473-3388* ***Mapa rodoviário*** *destaque A*

O menu deste restaurante indiano é absolutamente autêntico, até com tira-gostos difíceis de encontrar. Pode-se pedir *tandoori thali* ou *thali* do sul da Índia para uma refeição completa. Há também algumas criações mais leves que atraem os moradores de LA, sempre preocupados com a saúde. O local dispõe de diversos *chutneys* fantásticos.

WESTWOOD/WEST LA La Serenata de Garibaldi $$
10924 W Pico Blvd, 90064 ***Tel*** *(310) 441-9667* ***Mapa rodoviário*** *destaque A*

Subsidiário informal de consagrado restaurante de East LA, fica cheio de clientes fiéis, saboreando excelentes frutos do mar mexicanos. Serve *ceviche*, *mahi*, *tacos* de *mahi*, *gorditas* (bolinhos de fubá redondos e grossos) recheadas com camarão ou salmão em molho de espinafre fresco. Esse tipo de comida mexicana refinada é raro em LA.

WESTWOOD/WEST LA Tanino $$$$
1043 Westwood Blvd, 90024 ***Tel*** *(310) 208-0444* ***Mapa rodoviário*** *destaque A*

Instalado num esplêndido edifício projetado pelo famoso arquiteto Paul Williams, o ornamentado salão do Tanino está cheio de detalhes artesanais de madeira, mármore e vidro. O menu apresenta risotos, massas, *ossobuco* e frutos do mar, tudo excelente. Esta é uma das melhores opções de jantar de Westwood.

WESTWOOD/WEST LA Mori Sushi $$$$$
11500 W Pico Blvd, 90064 ***Tel*** *(310) 479-3939* ***Mapa rodoviário*** *destaque A*

O Mori está entre os mais finos restaurantes de sushi de LA. O chef é um mestre em criações refinadas, apresentadas em travessas exclusivas, queimadas em seu próprio forno de cerâmica. Peixes de espécies raras, escolhidos a dedo no mercado, são transformados em obras de arte comestíveis. O serviço personalizado é muito afável.

CENTRO-SUL

BAKERSFIELD Wool Growers $$
620 E 19th St, 93305 ***Tel*** *(661) 327-9584* ***Mapa rodoviário*** *C5*

Consagrado restaurante da região, com forte herança basca, o Wool Growers serve muitos acompanhamentos –sopa, feijão, massa, batata e vegetais– com todas as refeições do tipo "caseiro". Para as opções de pratos principais há desde picadinho de carneiro e rabada até frango frito. As porções são generosos e os preços, razoáveis.

BUELLTON The Hitching Post II $$$
406 E Hwy 246, 93427 ***Tel*** *(805) 688-0676* ***Mapa rodoviário*** *B5*

Mostrado claramente no filme *Sideways –Entre umas e outras*, este lugar é famoso pelos filés na brasa de carvalho. Aqui, em meio a vinícolas, o charme rústico ganha um toque de elegância. Os preços incluem tira-gostos e acompanhamentos. Os filés e picadinhos são regados por uma bela seleção de vinhos locais, como o da casa.

CAMBRIA Wild Ginger Café $$$
4005 Burton Dr, 93428 ***Tel*** *(805) 927-4716* ***Mapa rodoviário*** *B5*

Os moradores de Cambria vêm aos bandos para saborear o que eles consideram a melhor comida asiática da Costa Central. No menu, pratos como o frango satay de Cingapura, asas de frango tailandesas e camarões caramelizados do Vietnã. Para acompanhar vinho, cerveja e saquê. Não perca as sobremesas.

CAYUCOS Hoppe's Garden Bistro $$$$
78 N Ocean Ave, 93430 ***Tel*** *(805) 995-1006* ***Mapa rodoviário*** *C5*

Local bem movimentado na sossegada cidade litorânea de Cayucos, este consagrado restaurante da Central Coast é famoso por um prato com a grife do chef/dono: abalone vermelho de Cayucos em manteiga de manga e avelã. Também oferece costelas de primeira, bisão gratinado e salmão. Há um razoável menu do chef. Fecha às segundas e terças.

LOS OLIVOS Los Olivos Café $$$
2879 Grand Ave, 93441 ***Tel*** *(805) 688-7265* ***Mapa rodoviário*** *C5*

No coração do singular Los Olivos, é o lugar ideal para se refazer depois de um dia de degustação de vinhos. Pequeno restaurante rústico, possui charmoso pátio coberto de glicínias. De tira-gosto, tem nacos de pizza, azeitonas e queijos artesanais. Para refeições completas, peça massas, perna de carneiro ou *pot roast*, com vinho. Também vende vinhos.

Categorias de preço *pág. 568* **Legenda dos símbolos** *no final do guia*

MONTECITO Montecito Café $$$

Montecito Inn, 1295 Coast Village Rd, 93108 ***Tel*** *(805) 969-3392* ***Mapa rodoviário*** *C5*

A charmosa Montecito Inn, famosa por ter pertencido a Charlie Chaplin, conta com um pequeno restaurante despretensioso. O espaço aberto e arejado é simples mas consistente, e a comida tem seus apelos. A perna de carneiro recebe tempero de alho e alecrim, ao passo que um simples creme de ervas realça o filé mignon.

MORRO BAY Windows on the Water $$$$

699 Embarcadero, 93442 ***Tel*** *(805) 772-0677* ***Mapa rodoviário*** *B5*

De qualquer mesa deste restaurante grande e arejado as amplas janelas oferecem lindas vistas para o mar e o Morro Rock. Os clientes adoram as tortas de siri com *jalapeño* alho e óleo, o salmão na tábua de cedro, *bouillabaisse* do Pacífico e filés. Há apresentações de jazz.

OJAI The Ranch House $$$$

500 S Lomita Ave, 93024 ***Tel*** *(805) 646-2360* ***Mapa rodoviário*** *C5*

Ao se jantar aqui, em meio a hortas de ervas e fontes murmurantes, é difícil acreditar que este cenário bucólico fica perto de LA. Os ingredientes dos pratos vêm de produtores locais. A incrível carta de vinhos com 60 páginas é uma das melhores fora das cidades importantes. Fecha às segundas.

PASO ROBLES Bistro Laurent $$$$

1202 Pine St, 93446 ***Tel*** *(805) 226-8191* ***Mapa rodoviário*** *B5*

Bistrôs e o Wine Country combinam muito bem, como é o caso deste lugar. No moderno salão cor de mostarda, as mesas têm toalha de linho branco. Esta antiga construção de alvenaria tem um pátio recomendado para saborear vinhos da região. O menu oferece comida francesa, como *cassoulet* e frango assado, além de pratos da Califórnia.

PISMO BEACH Spyglass Inn Restaurant $$$

Spyglass Inn, 2703 Spyglass Dr, 93449 ***Tel*** *(805) 773-1222*

Todas as mesas deste restaurate, encarapitado num costão à beira-mar, têm vistas fantásticas para as ondas quebrando neste trecho da costa do Pacífico. No menu, há filés e uma abundância de frutos do mar frescos das águas locais. A influência mexicana marca presença em pratos como *tacos* de camarão e lagosta e camarão na tequila.

SAN LUIS OBISPO Buona Tavola $$$

1037 Monterey St, 93401 ***Tel*** *(805) 545-8000* ***Mapa rodoviário*** *B5*

Ao lado do histórico Fremont Theatre, esta é uma tratoria cosmopolita, com obras de arte e um belo pátio ajardinado, mais sossegado do que o interior. O menu de preços razoáveis oferece muitas opções de antepastos, massas (do tipo *agnolotti* recheado com lagostins e molho de açafrão), filés e frangos. Dispõe de boa carta de vinhos.

SAN LUIS OBISPO Café Roma $$$$

1020 Railroad Ave, 93401 ***Tel*** *(805) 541-6800* ***Mapa rodoviário*** *B5*

Charmoso restaurante do norte da Itália, concorrido desde 1980, com ambiente rústico e caseiro, toalhas de linho nas mesas, e mural campestre da Toscana. A respeitável carta de vinhos complementa massas, frango à toscana, *ossobuco* e peixes frescos, mais uma deliciosa pizza de Gorgonzola com cebola caramelizada.

SANTA BARBARA La Super-Rica $

622 N Milpas St, 93103 ***Tel*** *(805) 963-4940* ***Mapa rodoviário*** *C5*

Fiéis moradores que fazem fila nesta cabana de beira de estrada dizem que é um dos tesouros culinários da cidade. O menu no quadro-negro apresenta comida mexicana de banca de rua. *Tacos*, feitos com *tortillas* grelhadas na hora, são recheados com carne marinada de porco, boi, frango ou *chorizo*. A *superchef* Julia Child adora o lugar.

SANTA BARBARA Brophy Bros. Clam Bar & Restaurant $$

119 Harbor Way, 93109 ***Tel*** *(805) 966-4418* ***Mapa rodoviário*** *C5*

O restaurante tem vista para o porto. Aqui, grandes grupos se reúnem para comer peixe fresco, com menu que muda todo dia. Clientes sozinhos se enturmam no bar e pedem mariscos crus, tigelas de ensopado de mariscos ou *cioppino*. Atrai gente como pescadores e funcionários de escritórios, que aguardam mesas.

SANTA BARBARA El Paseo $$

10 El Paseo, 93101 ***Tel*** *(805) 962-6050* ***Mapa rodoviário*** *C5*

Com pátio de *hacienda*, este restaurante histórico oferece excelentes sabores locais. A casa data de 1827 e é usada como restaurante desde 1922. Peça uma mesa ao lado da fonte e, para começar, tome uma *margarita* feita com umas das mais de 100 tequilas. Recheie as tortillas feitas na hora com *fajitas*, frutos do mar frescos ou *carne asada*.

SANTA BARBARA Louie's California Bistro $$

Upham Hotel, 1404 de la Vina St, 93101 ***Tel*** *(805) 963-7003* ***Mapa rodoviário*** *C5*

Restaurante charmoso e sem exageros, funciona num hotel-butique histórico (de 1871). Local para provar um pouco da excepcional culinária da Califórnia a preços razoáveis. À noite, fica tranquilamente romântico, e o pátio é agradável nas noites de verão. Pizzas e massas gourmet dividem o menu com clássicos americanos regionais.

SANTA BARBARA Pascucci $$

729 State St, 93101 ***Tel*** *(805) 963-8123* ***Mapa rodoviário*** *C5*

Na saída do movimentado shopping center Nuevo Paseo, algumas mesas do Pascucci se espalham pela calçada para quem quer fazer parte do animado cenário da State Street. Dentro, o ambiente neorrústico combina com a comida caseira e informal de tratoria. O menu oferece muitas saladas, pizzas, massa e pratos principais a preços justos.

SANTA BARBARA Cold Spring Tavern $$$

5995 Stagecoach Rd, 93105 ***Tel*** *(805) 967-0066* ***Mapa rodoviário*** *C5*

Antiga parada de diligências da década de 1860, coberta de hera, parece uma cabana de caça cheia de cabeças de cervos empalhadas. Tem elegantes mesas de jantar. Uma clientela variada, de ciclistas a *yuppies*, procura especialidades de caça, filés, *chili* e costelas. De sobremesa, peça a torta de pecã à Jack Daniel.

SANTA BARBARA Emilio's Ristorante & Bar $$$

324 W Cabrillo Blvd, 93101 ***Tel*** *(805) 966-4426* ***Mapa rodoviário*** *C5*

Restaurante romântico, é famoso pelo pátio charmoso, pelo atendimento simpático e pela fazenda orgânica própria. O menu sazonal apresenta especialidades italianas, mas é bastante eclético para incluir lagosta, milho e ensopado de batata. Porções generosas. O salão, com luz de velas e obras de arte, é delicioso.

SANTA BARBARA Opal Restaurant & Bar $$$

1325 State St, 93101 ***Tel*** *(805) 966-9676* ***Mapa rodoviário*** *C5*

A eclética culinária californiana de inspiração internacional deste restaurante popular é inovadora e está em constante evolução. O cardápio oferece especialidades locais, enquanto os pratos do dia exibem as criações do chef. O lugar é confortável e simpático, e ao mesmo tempo elegante e sofisticado.

SANTA BARBARA The Palace Grill $$$

8 E Cota St, 93101 ***Tel*** *(805) 963-5000* ***Mapa rodoviário*** *C5*

Se você imagina bons momentos no estilo tradicional de Nova Orleans, não há lugar melhor que este. Comece com martíni *cajun* ou cerveja Dixie, com pipoca de pitu ou *gumbo*, passe para o peixe *étouffée*, que é importado de Nova Orleans, e encerre com *banana foster*. O Palace Grill tem música zydeco aos sábados (noite).

SANTA BARBARA Bouchon $$$$

9 W Victoria St, 93101 ***Tel*** *(805) 730-1160* ***Mapa rodoviário*** *C5*

Bistrô elegante, que irradia cordialidade e conforto, oferece um conjunto fantástico de clássicos franceses. Os pratos mais pedidos são: pato gratinado e glaceado no bordo, torta de búfalo e bolo de chocolate derretido. Oferece conselhos para harmozinar comida com vinho.

SANTA BARBARA Downey's $$$$

1305 State St, 93101 ***Tel*** *(805) 966-5006* ***Mapa rodoviário*** *C5*

Mais discreto que muitos restaurantes da State Street, o Downey's significa uma experiência na clássica culinária da Califórnia, num elegante salão sem exageros. Caranguejo, lagosta e mexilhões das águas locais sempre aparecem no menu que muda todo dia, e as carnes levam molhos descomplicados mas perfeitos.

SANTA BARBARA Olio e Limone $$$$

17 W Victoria St, 93101 ***Tel*** *(805) 899-2699* ***Mapa rodoviário*** *C5*

Esta tratoria possui salão íntimo e frugalmente decorado. Aqui se oferecem algumas especialidades sicilianas autênticas junto a outras massas mais conhecidas. Pratos de vitela e frango são boas opções. A equipe italiana é afável, e a carta de vinhos, respeitável. Também serve coquetéis.

SANTA BARBARA SeaGrass Restaurant $$$$

30 East Ortega St, 93101 ***Tel*** *(805) 963-1012* ***Mapa rodoviário*** *C5*

A culinária da costa de Santa Barbara é servida em um salão elegante, com paredes verde-claras, toalhas de linho, poltronas confortáveis e decoração envolvente. Os frutos do mar locais, as carnes de animais criados na região e os produtos sazonais frescos são preparados em perfeitas entrées, que se harmonizam com os vários vinhos locais.

SANTA BARBARA Bella Vista $$$$$

Four Seasons Biltmore Hotel, 1260 Channel Dr, 93108 ***Tel*** *(805) 565-8237* ***Mapa rodoviário*** *C5*

O Bella Vista tem a elegância refinada de um albergue no campo, uma vista deslumbrante do oceano e um bonito salão de jantar. A culinária californiana exibe raízes francesas, mas o cardápio também inclui pratos vegetarianos e com baixo teor de gordura. As Santa Barbara Arra Wineries constam da abrangente carta de vinhos.

SANTA YNEZ Trattoria Grappolo $$$

3687 Sagunto St, 93460 ***Tel*** *(805) 688-6899* ***Mapa rodoviário*** *C5*

Tratoria ladeada de murais, com bom serviço, grande variedade de pizzas, porções generosas de massas e pratos principais substanciosos. A carta de vinhos, com preços razoáveis, homenageia as vinícolas locais e as apreciadas vindimas do campo toscano. Entre as sobremesas destacam-se o tradicional tartufo de chocolate e o tiramisú.

SHELL BEACH Marisol $$$

The Cliffs Resort, 2757 Shell Beach Rd, 93449 ***Tel*** *(805) 773-3555* ***Mapa rodoviário*** *B5*

Num costão voltado para as praias Shell e Pismo, o restaurante do resort Shell Beach oferece um vista magnífica e culinária norte-americana com um toque latino. Especialidades como atum, vieiras e lagostas dividem o menu com *tamales* de pato.

SOLVANG Bit o' Denmark $

473 Alisal Rd, 93463 ***Tel*** *(805) 688-5426* ***Mapa rodoviário*** *C5*

Em prédio do início do século 20, esta antiga igreja agora é o melhor lugar para conhecer a cultura dinamarquesa, pela qual a cidade ganhou fama. Porcelanas tradicionais brancas e azuis enfeitam as paredes, e os visitantes provam *smorgasbord*. O menu normal oferece comida dinamarquesa clássica. Reserve espaço para as sobremesas.

Categorias de preço *pág. 568* **Legenda dos símbolos** *no final do guia*

VENTURA Andria's Seafood $

1449 Spinnaker Dr, 93001 ***Tel*** *(805) 654-0546* — ***Mapa*** *C5*

Este restaurante informal no porto é um dos preferidos dos moradores locais. Vá ao caixa e faça o pedido, de *fish and chips* a lagosta ou aquilo que tiver sido trazido pelos barcos naquele dia. Sente dentro ou fora. Sem filas, sem frescura – e peixes e frutos do mar fresquíssimos por preços razoáveis.

ORANGE COUNTY

ANAHEIM Cuban Pete's $$

1050 W Ball Rd, 92801 ***Tel*** *(714) 490-2020* — ***Mapa rodoviário*** *D6*

Restaurante/boate colorido, que tenta recriar a Havana da década de 1950, apresenta muitos pratos cubanos autênticos. Entre as especialidades estão *croquetas, ropa vieja* e *bistec empanizado* servidos com banana e feijão-preto. Sua animação rivaliza com o Old Havana, com entretenimento variado, da salsa e do merengue ao hip-hop.

ANAHEIM Goofy's Kitchen $$$

Disneyland Hotel, 1150 Magic Way, 92803 ***Tel*** *(714) 781-3463* — ***Mapa rodoviário*** *D6*

Atração infantil no Disneyland Hotel, oferece um bufê para crianças, com itens como *waffles* em forma de Mickey Mouse, manteiga de amendoim, pizza doce e bolo de chocolate. Naturalmente, Goofy e seus amigos estão presentes para manter os pequenos atarefados. O lugar já tem um gostinho de Disneyland antes de entrar no parque.

ANAHEIM Anaheim White House $$$$

887 S Anaheim Blvd, 92805 ***Tel*** *(714) 772-1381* — ***Mapa rodoviário*** *D6*

A fachada desta casa antiga, com colunas e ampla varanda para drinques e charutos após o jantar, dá uma pista do interior elegante e romântico. Culinária refinada do norte da Italia, com finas influências francesas e toques asiáticos ocasionais, tem apresentação artística, das sopas aos suflês. Os salões privativos têm nome de presidentes.

ANAHEIM Napa Rose $$$$

Disney's Californian Hotel, 1600 S. Disneyland Dr, 92803 ***Tel*** *(714) 300-7170* — ***Mapa rodoviário*** *D6*

Não espere ver o Mickey ou a Minnie neste restaurante sofisticado. É um público de apreciadores que frequenta este local aclamado pela crítica e muito acima da média dos restaurantes da Disney. Descubra o frescor da região vinícola da Califórnia, com seus queijos frescos e temperos, além, é claro, dos vinhos renomados internacionalmente.

ANAHEIM Mr. Stox $$$$$

1105 E Katella Ave, 92805 ***Tel*** *(714) 634-2994* — ***Mapa rodoviário*** *D6*

Uma das melhores casas do Orange County, tem salões com lambris de madeira, que atraem comensais desde 1968. O menu está cheio de pratos conhecidos, como *bisque* de lagosta, salmão grelhado e filé mignon, tudo preparado com sutis toques modernos. A carta de vinhos tem fama nacional, justificada pela adega de 25 mil garrafas.

BUENA PARK Mrs. Knott's Chicken Dinner $

8039 Beach Blvd, 90620 ***Tel*** *(714) 220-5080* — ***Mapa rodoviário*** *D6*

Para quem nasceu no sul da Califórnia, este lugar faz parte de sua vida. É que Mrs. Knott começou a servir seu frango em 1934 e, desde então, milhões de pessoas o procuram. Pãozinho, purê de batatas, *gravy* e vegetais acompanham o frango, coroado com a torta de *boysenberry* de Knott. Também são servidos pratos sem frango.

CATALINA ISLAND The Landing Bar & Grill $$

El Encanto Market Place, Avalon, 90704 ***Tel*** *(310) 510-1474* — ***Mapa rodoviário*** *C6*

O que importa em Catalina Island é sentar no pátio com um refresco gelado e olhar o mar. Sanduíches e *quesadillhas* são oferecidos no almoço, enquanto no jantar as opções vão de massas e filés a peixes grelhados. O lugar dispõe de uma grande variedade de cervejas, entre as quais a Catalina, da microcervejaria local. Há bebidas mais fortes.

CORONA DEL MAR Five Crowns $$$$

3801 E Coast Hwy, 92965 ***Tel*** *(949) 760-0331* — ***Mapa rodoviário*** *D6*

Antigão, mas eterno, este restaurante em estilo Tudor é caseiro mas elegante, com madeiras de lei, lindas lareiras e muito linho branco. Carne é a especialidade da casa, em especial as costelas, mas também se encontram costeleta de carneiro, pato e frutos do mar. Os moradores gostam do *brunch* de domingo. O jardim é muito agradável.

COSTA MESA Memphis $$

2920 S Bristol St, 92626 ***Tel*** *(714) 432-7685* — ***Mapa rodoviário*** *D6*

A decoração vem da década de 1960 neste lugar procurado por muitos jovens elegantes. A cozinha se inspira na cidade do jazz da qual tirou o nome, mas muitos pratos são versões atualizadas de preferências tradicionais da *soul food*. Serve sanduíches de carne de porco desfiada, *jambalaya*, *gumbo* e omelete de bagre (no café da manhã).

COSTA MESA Scott's Seafood $$$

3300 Bristol St, 92626 ***Tel*** *(714) 979-2400* — ***Mapa rodoviário*** *D6*

Importada de São Francisco, esta casa de frutos do mar tem salão com grande candelabro central e bela lareira. Da velha escola, a cozinha produz clássicos como ostras Rockefeller, *bisque* de lagosta e *cioppino*, junto com filés do USDA, com cobertura opcional de *blue cheese* (tipo roquefort). Depois, pudim de queijo ou *cheesecake*.

COSTA MESA Mastro's Steakhouse $$$$

633 Anton Blvd, 92626 ***Tel*** *(714) 546-7405* ***Mapa rodoviário*** *D6*

A decoração sofisticada e contemporânea convida a um jantar elegante à meia-luz, com 18 mil garrafas de vinho à disposição. A especialidade da casa é o filé mignon, mas o cardápio também inclui costeletas e frutos do mar frescos. Música ao vivo todas as noites.

HUNTINGTON BEACH The Californian $$$$

Hyatt Regency Huntington Beach Resort & Spa ***Tel*** *(714) 845-4776* ***Mapa rodoviário*** *D6*

A culinária californiana contemporânea e sofisticada vem acompanhada de um belíssimo pôr do sol em um salão de jantar bem decorado. Peça antes a sobremesa feita sob encomenda, depois relaxe e saboreie *entrées* como o bife *ancho* com *chili*, *rigatoni* de lagosta ou vieiras com crosta de gergelim. Há ainda grande variedade de vinhos da Califórnia.

IRVINE Javier's Cantina & Grill $$

45 Fortune Dr, #400, 92618 ***Tel*** *(949) 872-2101* ***Mapa rodoviário*** *D6*

A culinária mexicana em estilo caseiro é servida em um ambiente sofisticado no shopping Irvine Spectrum Center. Aqui, destacam-se as *enchiladas* de caranguejo Dungeness em molho de tomate, os *tamales* e as *carnitas*. O bar, com sua grande oferta de tequilas e as fortes margaritas preparadas para um público bonito e bem-vestido, está sempre cheio.

IRVINE Bistango $$$

19100 Von Karman Ave, 92612 ***Tel*** *(949) 752-5222* ***Mapa rodoviário*** *D6*

Restaurante mais importante de Irvine, o Bistango está no elegante Atrium Building, onde o rodízio de mostras de arte, um bar animado e jazz noturno ao vivo fazem parte da vibração. Para combinar, a culinária é contemporânea da Califórnia, com pizzas, *ahi* e a *surf'n'turf paella*. Tambem tem bela carta de vinhos.

LAGUNA BEACH Café Zinc & Market $

350 Ocean Ave, 92651 ***Tel*** *(949) 494-6302* ***Mapa rodoviário*** *D6*

Este café-mercado abre para o café da manhã e o almoço. Para piqueniques, moradores e visitantes se abastecem de saladas, sopas e itens gourmets. Entre as especialidades há sopa de feijão, *chili* vegetariano e pizzas pequenas. O pátio ajardinado, com guarda-sóis, é ideal para refazer as forças antes de ir à praia ou às butiques.

LAGUNA BEACH Five Feet $$$

328 Glenneyre St, 92651 ***Tel*** *(949) 497-4955* ***Mapa rodoviário*** *D6*

Restaurante pioneiro, principalmente para o Orange County, apresenta culinária avançada da costa do Pacífico, que incorpora técnicas francesas clássicas nos molhos. A garoupa inteira frita é acompanhada de molho de tomate com cítricos, e a costela de carneiro com curry de coco.

LAGUNA BEACH Las Brisas $$$

361 Cliff Dr, 92652 ***Tel*** *(949) 497-5434* ***Mapa rodoviário*** *D6*

Procurado para casamentos, este amplo restaurante litorâneo oferece linda vista para o mar. A culinária é mexicana de alto nível, com especialidades como *ceviche*, vermelho recheado com camarão e ensopado de frutos do mar do tipo *bouillabaisse*. Muita variedade de tequilas. O bar faz potentes margaritas para alegrar o ambiente.

LAGUNA BEACH Ti Amo $$$

31727 S Coast Hwy, 92651 ***Tel*** *(949) 499-5350* ***Mapa rodoviário*** *D6*

Muito romântico, graças à lareira crepitante, à luz de velas e à abundância de flores, com música clássica ao violão. Além dos ares de villa toscana, a casa serve comida italiana e mediterrânea de qualidade, como *rigatoni* ao molho de tomate, salmão grelhado e coração de alcachofra.

LAGUNA BEACH Sorrento Grille $$$$

370 Glenneyre St, 92651 ***Tel*** *(949) 494-8686* ***Mapa rodoviário*** *D6*

Ambiente de vila rústica do Mediterrâneo, com reboco antigo, lareira e candelabros de ferro batido, é o cenário para o menu californiano regado a vinho. Pratos como filé mignon com conhaque e molho de pimenta e salmão com molho *béarnaise* transformam a visita a este lindo restaurante numa experiência gratificante.

LAGUNA BEACH Splashes $$$$

Surf & Sand Resort, 1555 S Coast Hwy, 92651 ***Tel*** *(888) 869-7569* ***Mapa rodoviário*** *D6*

Instalado num dos finos resorts do Orange County, este restaurante tem fantástica vista para o mar de qualquer mesa. Mas é melhor sentar no terraço com palmeiras, vendo as ondas quebrarem. O menu da Califórnia é criativo, sazonal, utiliza produtos frescos e mostra ousadia, como na sopa de castanhas assadas com sorvete de creme trufado.

LAGUNA BEACH Studio $$$$$

Montage Resort & Spa, 30801 S Coast Hwy, 92651 ***Tel*** *(949) 715-6420* ***Mapa rodoviário*** *D6*

Instalado numa construção isolada, dentro do exclusivo Montage Resort, o Studio é procurado pela sensacional vista para o mar e pela cozinha excelente. Parece uma elegante casa à beira-mar, e o menu, que evita molhos fortes, reflete a moderna abordagem francesa, com uso criativo de ingredientes artesanais da região.

NEWPORT BEACH Tradition by Pascal $$$$

1000 N Bristol St, 92660 ***Tel*** *(949) 263-9400* ***Mapa rodoviário*** *D6*

O chef e dono Pascal Olhats prepara alguns dos pratos franceses mais finos do Orange County. Especialidades como *foie gras sauté*, coelho com cogumelos silvestres e *coq au vin* são servidas em salão elegante e acolhedor. Ao lado, uma loja gourmet oferece diversos queijos, patês e itens de piquenique.

Categorias de preço *pág. 568* **Legenda dos símbolos** *no final do guia*

NEWPORT BEACH The Ritz Restaurant & Garden $$$$$

880 Newport Center Dr, 92660 ***Tel*** *(949) 720-1800* ***Mapa rodoviário*** *D6*

Há duas décadas, este restaurante é o preferido dos residentes endinheirados e de meia-idade do Orange County. O "carousel" é uma mesa com centro giratório, cheia de peixes defumados, patês, steak tartar e mais. As entradas incluem costeleta de carneiro, steak Diane e outros pratos que terminam com suflês. Shows ao vivo qua-sáb.

ORANGE The Hobbit $$$$$

2932 E Chapman Ave, 92669 ***Tel*** *(714) 997-1972* ***Mapa rodoviário*** *D6*

Um dos restaurantes mais exclusivos do sul da Califórnia. Especializou-se em banquetes de sete pratos e preço fixo, que começam com *hors d'oeuvres* e champanhe numa adega, antes de subir para os pratos da cozinha francesa. Durante um intervalo, dá-se uma volta na cozinha, numa experiência inesquecível. É preciso reservar.

SAN CLEMENTE Iva Lee's $$$

555 N El Camino Real, 92672 ***Tel*** *(949) 361-2855* ***Mapa rodoviário*** *D6*

O Iva Lee's homenageia a culinária do Sul com belas apresentações de pratos como tomates verdes fritos em camadas com queijo de cabra e nacos grelhados de carne de porco, caramelizados com açúcar mascavo e pecã. O ambiente, com blues e jazz ao vivo (qui-sáb), possui o calor do *jambalaya* e a doçura das *bananas foster*.

SAN JUAN CAPISTRANO Cedar Creek Inn $$$$

26860 Ortega Hwy, 92675 ***Tel*** *(949) 240-2229* ***Mapa rodoviário*** *D6*

Projeto inspirado numa missão espanhola contribui para tornar o lugar convidativo e informalmente elegante. Com preços razoáveis, o menu oferece de massas e peixes com fritas a costeleta de carneiro e costelas de primeira. O pátio tem uma bela vista para a Mission San Juan Capistrano. Shows ao vivo sex-sáb.

SANTA ANA Antonello Ristorante $$$$

3800 S Plaza Dr, 92704 ***Tel*** *(714) 751-7153* ***Mapa rodoviário*** *D6*

Para almoços de negócios ou jantares de casais à luz das estrelas, este é um restaurante muito considerado. Ótima carta de vinhos acompanha um menu que se gaba de pratos mais tradicionais, como *spaghetti alla puttanesca*, *cioppino*, lagostins e risoto com gorgonzola. O ambiente, como o menu, é europeu.

SUNSET BEACH Harbor House Café $

16341 Pacific Coast Hwy, 90742 ***Tel*** *(562) 592-5404* ***Mapa rodoviário*** *D6*

Café à beira da estrada, decorado com objetos náuticos e de surfe e pôsteres de filmes. A decoração meio bagunçada lhe confere um aspecto animado e convidativo. Ocupe um compartimento aconchegante e saboreie uma das quase 30 omeletes, ótimos hambúrgueres, maltes e outras comidas bem americanas. Preços baixos. Abre 24 horas.

TUSTIN Zov's Bistro $$$

17440 E 17th St, 92780 ***Tel*** *(714) 838-8855* ***Mapa rodoviário*** *D6*

Bistrô, café e padaria muito procurados, em ambiente contemporâneo. O menu mediterrâneo tem influências gregas, italianas, libanesas e marroquinas, entre outras. Preços razoáveis. Carta de vinhos versátil. A padaria própria produz uma variedade incrível de bolos, tortas, biscoitos e pães.

SAN DIEGO COUNTY

CORONADO Mistral $$$$

Loews Coronado Bay Resort, 4000 Coronado Bay Rd, 92118 ***Tel*** *(619) 424-4000* ***Mapa rodoviário*** *D6*

Com vista panorâmica para a ponte de Coronado Bay e a reluzente silhueta da cidade, o Mistral é um salão contemporâneo e encantador que oferece um variado menu da Califórnia e do Mediterrâneo. Aprecie a vista saboreando ótimos queijos e vinhos, e deliciosas sobremesas.

CORONADO 1500 Ocean $$$$$

Hotel Del Coronado, 1500 Orange Ave, 92118 ***Tel*** *(619) 522-8490* ***Mapa rodoviário*** *D6*

Após 36 anos, o Prince of Wales Grille foi substituído por este bonito restaurante comandado pelo chef Brian Sinnott. O cardápio traz a mais fresca culinária da costa sul, com seleções trazidas de Santa Ynez para cabo San Lucas, e vinhos para combinar. Coma no terraço ao pôr do sol. Só serve jantar.

DEL MAR Kitchen 1540 $$$

L'Auberge Del Mar Resort & Spa, 1540 Camino Del Mar, 92014 ***Tel*** *(858) 793-6460* ***Mapa rodoviário*** *D6*

Descontraído, moderno e confortável, o Kitchen 1540 tem cozinha aberta e wine-bar. Serve jantar no terraço refrescado pela brisa do oceano. No cardápio, variado, a nova culinária americana da-fazenda-para-a-mesa, com clássicos e criações inovadoras.

DEL MAR Market Restaurant & Bar $$$$

3702 Via de la Valle, 92014 ***Tel*** *(858) 523-0007* ***Mapa rodoviário*** *C6*

Pratos saudáveis preparados com cuidado e com legumes e verduras frescos e da região fazem deste restaurante aconchegante, com vista para a pista de corrida de Del Mar, um local popular. Seus filés são famosos. Pode-se comer em mesas no salão, no bar ou no sushi bar.

LA JOLLA Alfonso's of La Jolla $

1251 Prospect Ave, 92037 ***Tel*** *(858) 454-2232* **Mapa rodoviário** D6

Referência em La Jolla, este restaurante mexicano de gestão familiar combina pescados do Pacífico e especiarias da cozinha mexicana, em ambiente animado. *Ceviche* de camarão, *fajitas* ou *burritos* de lagosta dividem o menu com pratos de frango e carne. Sentar-se no pátio e observar as pessoas saboreando uma *margarita* é uma tradição antiga.

LA JOLLA French Pastry Shop $

5550 La Jolla Blvd, 92037 ***Tel*** *(858) 454-9094* **Mapa rodoviário** D6

Esta loja fornece deliciosos doces franceses, pães frescos e bolos há mais de duas décadas. Além de saborear seu famoso café da manhã, os clientes regulares vêm almoçar sopas, sanduíches em baguetes, saladas e patês. Seus *croîssants* são imbatíveis.

LA JOLLA Tapenade $$$

7612 Fay Ave, 92037 ***Tel*** *(858) 551-7500* **Mapa rodoviário** D6

Pedaço de Nice no coração de La Jolla, este restaurante de elegância informal tem culinária do sul da França e oferece *escargots*, pato e steak *au poivre*. Aqui, a lagosta do Maine é servida de muitas formas, como salada, sopa ou risoto. As sobremesas estão em declínio, mas há uma ótima tábua de queijos. Há um menu para crianças e um vegetariano.

LA JOLLA Roppongi $$$$

875 Prospect St, 92037 ***Tel*** *(858) 551-5252* **Mapa rodoviário** D6

Tapas da costa do Pacífico, sushis e sashimis dividem o menu com pratos criativos de inspiração asiática, o que o torna um dos mais curiosos de San Diego. No almoço, são servidas *bento boxes* (tipo *teishoku*) multiculturais. Antiguidades da Ásia enfeitam a sala de jantar elegante, enquanto um salão e um pátio com fonte atraem pessoas bem variadas.

LA JOLLA Whisknladle $$$$

1044 Wall St, 92037 ***Tel*** *(858) 551-7575* **Mapa rodoviário** D6

Elegante, com variedade eclética de frutos do mar. Destaque para o *ahi* com crosta de gergelim e o tradicional peixe com fritas. Tudo preparado com técnicas clássicas, criatividade e noção da sazonalidade. Ampla oferta de travessas pequenas de *tapas* e coquetéis da estação tornam o lugar ideal para uma *happy hour* de classe.

LA JOLLA George's California Modern $$$$$

1250 Prospect St, 92037 ***Tel*** *(858) 454-4244* **Mapa rodoviário** D6

Com vista para La Jolla Cove, este concorrido restaurante pode ficar muito agitado. O ambiente elegante, mas informal, e os excelentes frutos do mar atraem muita gente. O fantástico menu apresenta *halibute* envolto em *prosciutto*, regado com molho de erva-doce e laranja, e atum com crosta de gergelim. Há também uma bela carta de vinhos.

LA JOLLA The Marine Room $$$$$

2000 Spindrift Dr, 92037 ***Tel*** *(858) 459-7222* **Mapa rodoviário** D6

Dos muitos restaurantes à beira-mar de La Jolla, o Marine Room é o que tem a vista mais fantástica, com as ondas batendo do lado de fora das janelas reforçadas. A culinária inovadora da Califórnia recebe toques equilibrados de influência asiática e francesa. O menu tem guarnições de lagosta e caviar.

LA JOLLA The Sky Room $$$$$

La Valencia Hotel, 1132 Prospect St, 92037 ***Tel*** *(858) 454-0771* **Mapa rodoviário** D6

No topo do histórico La Valencia Hotel, este restaurante exclusivo, com apenas uma dezena de mesas, oferece vista para o mar. Neste lugar totalmente romântico, para ocasiões especiais, os endinheirados podem saborear itens de luxo como o filé nova-iorquino com musse de *foie grass* em uma rica *bouillabaise*.

PACIFIC BEACH Nick's at the Beach $$$

809 Thomas Ave, 92109 ***Tel*** *(858) 270-1730* **Mapa rodoviário** D6

Ampla variedade de pratos marca este restaurante informal à beira-mar. O menu tem pratos de frutos do mar no café da manhã, almoço e jantar. Há um menu para crianças. Na *happy hour*, os tira-gostos atraem muita gente para o bar (no andar de cima). É um marco da Pacific Beach.

RANCHO SANTA FE Mille Fleurs $$$$$

6009 Paseo Delicias, 92067 ***Tel*** *(858) 756-3085* **Mapa rodoviário** D6

Escondido num subúrbio exclusivo, o Mille Fleurs é um dos restaurantes mais românticos da área. A culinária excelente é um valioso complemento do ambiente acolhedor e de serviço impecável. Ingredientes de primeira, vindos do mundo todo ou colhidos nas fazendas próximas, realçam a moderna e criativa cozinha francesa servida aqui.

SAN DIEGO Burger Lounge $

3003 Grape St, 92102 ***Tel*** *(619) 234-5789* **Mapa rodoviário** D6

Os excelentes hambúrgueres, feitos com carne orgânica, as batatas fritas na hora, os anéis de cebola caseiros e os *homestyle buns* são as especialidades da casa. Saladas frescas e hambúrgueres de peru e vegetariano também estão no cardápio, ao lado de milk-shakes, cervejas e vinhos.

SAN DIEGO The Big Kitchen $

3003 Grape St, 92102 ***Tel*** *(619) 234-5789* **Mapa rodoviário** D6

Atrás do Balboa Park, esta pequena joia, que agora exibe um belo patiozinho, é muito concorrido por causa dos cafés da manhã enormes. Omeletes, panquecas e *huevos rancheros* são muito bons. O proprietário tem muitos fãs, e grupos artísticos e culturais muitas vezes se reúnem para um café neste restaurante peculiar, mas querido.

Categorias de preço *pág. 568* **Legenda dos símbolos** *no final do guia*

SAN DIEGO The Little Fish Market $

2401 Fenton Pkwy, 92108 ***Tel*** *(619) 280-2277* **Mapa rodoviário** *D6*

Para quem tem pressa e quer um almoço de qualidade e barato. Sushis, pratos com peixe defumado, variedade de peixes e moluscos, salmão na brasa e creme de marisco num pão sem miolo são oferecidos neste mercado de peixe com cafeteria. A localização, perto do Qualcomm Stadium, é perfeita para os torcedores.

SAN DIEGO Alchemy $$

1503 30th St, 92102 ***Tel*** *(619) 255-0616* **Mapa rodoviário** *D6*

O elegante restaurante vizinho ao South Park é uma fusão de culinária da Califórnia com uma eclética e delicada mistura de arte, música e móveis de madeira contemporâneos. O cardápio criativo oferece pratos simples, artisticamente apresentados, com pratos como o meio frango jidori crocante ou o hambúrguer de carne orgânica com queijo manchego.

SAN DIEGO Café Eleven $$

1440 University Ave, 92103 ***Tel*** *(619) 260-8023* **Mapa rodoviário** *D6*

Bistrô charmoso, informal, com agradável pátio ajardinado, esta joia maravilhosa de Hillcrest é um dos segredos mais bem guardados de San Diego. O menu franco-continental de preços razoáveis oferece crepes habilmente preparadas, costeleta de carneiro e filé Wellington. Os preços e a boa comida atraem uma clientela regular.

SAN DIEGO Karl Strauss Brewing Company $$

1157 Columbia St, 92101 ***Tel*** *(619) 234-2739* **Mapa rodoviário** *D6*

Agora parte de uma rede em expansão, esta microcervejaria do centro é um ótimo lugar para um menu informal mas atraente, com boas comidas como salmão enegrecido, filés e bolo de carne. A tábua de frios é o complemento ideal para o grande sortimento de cervejas artesanais. Tem também muitas cervejas sazonais.

SAN DIEGO Café Sevilla $$$

555 4th Ave, 92101 ***Tel*** *(619) 233-5979* **Mapa rodoviário** *D6*

Com decoração rústica, com arcos de tijolos envelhecidos, bar de madeira e murais de touradas, este restaurante transporta você para a península Ibérica. Generosas *tapas*, *paella* e *sangría* reforçam o sabor colorido. Flamenco ao vivo fornece acompanhamento perfeito para a genuína cozinha espanhola deste lugar movimentado.

SAN DIEGO Indigo Grill $$$

1536 India St, 92101 ***Tel*** *(619) 234-6802* **Mapa rodoviário** *D6*

Concorrido local para conhecer a inovadora culinária New Western. Os totens e objetos latinos que decoram o salão constituem uma homenagem a todas as culturas indígenas das Américas. O menu oferece uma culinária que vai do Alasca ao México, com toques modernos.

SAN DIEGO Trattoria Fantastica $$$

1735 India St, 92101 ***Tel*** *(619) 234-1735* **Mapa rodoviário** *D6*

Neste lugar caseiro em Little Italy, sabores sicilianos rústicos são apresentados no menu extenso e tradicional. Os fregueses pedem pizzas maravilhosas, feitas em forno a lenha, massas substanciosas, nhoque, vitela e frango. O restaurante de gestão familiar oferece salão informal com paredes cheias de murais, além de charmoso pátio.

SAN DIEGO Candelas $$$$

416 3rd Ave, 92101 ***Tel*** *(619) 702-4455* **Mapa rodoviário** *D6*

Neste simpático restaurante do Gaslamp Quarter, a comida mexicana atinge um novo patamar, bem acima dos onipresentes *burritos*. Comida criativa é servida em salão elegante, à luz de velas. Prove as lulas recheadas com tomate e queijo tipo roquefort, a cremosa sopa de feijão-preto ou a lagosta recheada com cogumelos e *jalapeño*.

SAN DIEGO Dobson's $$$$

956 Broadway Circle, 92101 ***Tel*** *(619) 231-6771* **Mapa rodoviário** *D6*

Com comida da Califórnia entremeada de influências étnicas, o Dobson's sempre faz belos pratos, como o *bisque* de mexilhão *en croûte*, salmão salteado, costeleta de carneiro e massas. No almoço, políticos frequentam o salão com decoração antiga, que tem mezanino acima do bar.

SAN DIEGO El Agave $$$$

2304 San Diego Ave, 92110 ***Tel*** *(619) 220-0692* **Mapa rodoviário** *D6*

Só a tequila já é um motivo para conhecer este lugar em Old Town, que se orgulha de ter um dos maiores sortimentos do país. O salão tipo *hacienda*, o pátio ensolarado e o deque sombreado são itens atraentes. A cozinha faz lindas apresentações de velhas receitas astecas com influências sofisticadas da Europa. Não perca o *mole*.

SAN DIEGO The Prado $$$$

House of Hospitality, 1549 El Prado, Balboa Park, 92101 ***Tel*** *(619) 557-9441* **Mapa rodoviário** *D6*

Situado na adornada House of Hospitality, no Balboa Park, o Prado explora ao máximo a majestosa arquitetura do interior e dos pátios. O cardápio *fusion* mistura influências italianas, latinas e asiáticas, refletidas em pratos como *mahi-mahi* marinado em urucum ou o Earth and Ocean, que reúne filé mignon e lagosta feitos na manteiga.

SAN DIEGO Sushi Ota $$$$

4529 Mission Bay Dr, 92109 ***Tel*** *(858) 270-5670* **Mapa rodoviário** *D6*

A localização modesta pode não parecer promissora, mas o Sushi Ota figura entre os melhores restaurantes de sushi dessa área. Experimente algo mais autêntico que os rolinhos californianos. Os chefs habilidosos adoram elaborar sushis mais tradicionais, com ingredientes impecáveis. Pode haver espera.

SAN DIEGO Trattoria La Strada $$$$

702 5th Ave, 92101 ***Tel*** *(619) 239-3400* **Mapa rodoviário** D6

Ótima escolha para pratos italianos em Gaslamp Quarter. Tanto o pátio como as cobiçadas mesas de janela oferecem boa visão da rua animada. Para começar, há diversos *carpaccios* entre as especialidades, e as massas são melhores do que a média. Para este bairro, os preços são altos, mas os pratos são muito bem preparados e apresentados.

SAN DIEGO Bertrand at Mr. A's $$$$$

2550 5th Ave, 92103 ***Tel*** *(619) 239-1377* **Mapa rodoviário** D6

No 12° andar de um prédio de escritórios central, este restaurante chique tem vista espetacular para a silhueta da cidade e os aviões que chegam. Comida deliciosa, como tempurá de cauda de lagosta e camarões jumbo, além do bife de Kobe. Numa cidade repleta de vistas para o mar, as daqui enchem os olhos da clientela.

SAN DIEGO El Bizcocho $$$$$

Rancho Bernardo Inn, 17550 Bernardo Oaks Dr, 92128 ***Tel*** *858 675-8500* **Mapa rodoviário** D6

Escondido no exclusivo Rancho Bernardo Inn, este restaurante pouco divulgado é um dos mais respeitados da região. O interior elegante apresenta tons de terra, lareira e mesas muito bem-postas, com vista para o campo de golfe. Culinária francesa moderna apresentada com arte por funcionários atenciosos. Lugar ideal para grandes ocasiões.

SAN DIEGO Rainwater's on Kettner $$$$$

1202 Kettner Blvd, 92101 ***Tel*** *(619) 233-5757* **Mapa rodoviário** D6

Com menu que oferece os clássicos de churrascaria, este estabelecimento vem conquistando muita gente do local há anos. São muito pedidos: bolo de carne aos três queijos, *ossobuco* e grande variedade de frutos do mar. O salão dispõe dos requisitos de uma churrascaria tradicional. Centro de almoço de políticos. Carta de vinhos premiada.

SAN DIEGO The Westgate Room $$$$$

Westgate Hotel, 1055 2nd Ave, 92101 ***Tel*** *(619) 557-3655* **Mapa rodoviário** D6

Apesar da fachada moderna, o Westgate tem interior com toques de Versalhes –é um restaurante deslumbrante, para ocasiões especiais. O cardápio Continental California de carnes de caça e frutos do mar é executado à perfeição, com bela apresentação, em um ambiente glamouroso e luxuoso.

SAN DIEGO WineSellar & Brasserie $$$$$

9550 Waples St, 92121 ***Tel*** *(858) 450-9557* **Mapa rodoviário** D6

Fora de mão, este consagrado restaurante vale a viagem. Começou como modesto complemento de uma loja de vinhos no térreo, cujo estoque agora atende a uma das mais respeitadas cartas de vinhos do país. A cozinha franco-californiana, criativa mas construída sobre uma fundação clássica sólida, é servida num salão charmoso e despojado.

INLAND EMPIRE E LOW DESERT

BIG BEAR CITY Old Country Inn $$$

41126 Big Bear Blvd, 92315 ***Tel*** *(909) 866-5600* **Mapa rodoviário** D6

Nas montanhas, o café da manhã é elaborado, e este lugar oferece opções substanciosas para começar o dia. Saladas e sanduíches são oferecidos no almoço, e no jantar há desde costelas de primeira até frutos do mar. Uma seleção de especialidades alemãs dá destaque a este restaurante caseiro. Há boas cervejas alemãs para acompanhar seu *schnitzel*.

BIG BEAR CITY Peppercorn Grille $$$

553 Pine Knot Ave, 92315 ***Tel*** *(909) 866-5405* **Mapa rodoviário** D6

Depois de um dia de esqui, pesca ou caminhada, este pequeno e aconchegante restaurante no coração do Big Bear Village é o melhor lugar para relaxar. No menu pizzas, massas, carnes e peixes de alto nível e pratos vegetarianos. Tem uma boa carta de vinhos.

BORREGO SPRINGS Arches $$

1112 Tilting T Dr, 92004 ***Tel*** *(760) 767-5700* **Mapa rodoviário** D6

Deste resort no deserto se avistam as montanhas Santa Rosa. O salão decorado mas informal serve comida americana em mesas com toalha de linho. Itens como frango do Sudoeste, filé mignon, salmão e perca do mar refletem a variedade da comida simples. Muito movimento na *happy hour* e no *brunch* de domingo.

CHINO Centro Basco $$

13432 S Central Ave, 91710 ***Tel*** *(909) 628-9014* **Mapa rodoviário** D6

Antigo alojamento de pastores de ovelhas, este amplo restaurante fornece refeições substanciosas. O menu extenso oferece grande terrina de sopa, salada, saborosa língua de vaca em conserva e massas. Entre os pratos principais estão frango assado, costeleta de carneiro, truta e costela. Considerando as generosas guarnições, é uma pechincha.

CORONA BJ's Restaurant Brewhouse $

2520 Tuscany Rd, 92879 ***Tel*** *(951) 271-3610* **Mapa rodoviário** D6

Um bom *pub* que serve refeições espera você neste local amigável no centro comercial de Corona Crossing. Peça uma cerveja e assista ao jogo ou puxe conversa com o vizinho. Experimente a pizza, o *balsamic chicken* ou uma taça transbordando com sundae. Há um cardápio para crianças.

Categorias de preço *pág. 568* **Legenda dos símbolos** *no final do guia*

IDYLLWILD Gastrognome $$$
54381 Ridgeview Dr, 92549 ***Tel*** *(951) 659-5055* ***Mapa rodoviário*** *D6*

O "Gnome", como os moradores dizem, tem salão rústico de madeira, com grande lareira de pedra. Perfeito refúgio de montanha, sua comida substanciosa inclui torta de siri, pato assado e caramelizado na laranja, salmão com molho holandês e tacos de lagosta. No almoço, pode-se saborear um hambúrguer no deque e apreciar a floresta.

LA QUINTA Louise's Pantry $
47150 Washington Street, 92253 ***Tel*** *(760) 360-5991* ***Mapa rodoviário*** *D6*

Originalmente fundado em Palm Springs, em 1945, este café ao estilo antigo ainda oferece comidas americanas. Os moradores gostam de fazer fila para comer especialidades como grandes cafés da manhã de antigamente, bolinho de frango, sanduíche de queijo grelhado e torta de maçã recém-saída do forno. Seu sanduíche Reuben é um sucesso.

LA QUINTA La Quinta Cliffhouse $$$$
78250 Hwy 111, 92253 ***Tel*** *(760) 360-5991* ***Mapa rodoviário*** *D6*

Numa histórica casa de rancho, com teto de vigas, lareira de pedra e terraço esculpido na rocha, La Quinta Cliffhouse é um dos restaurantes mais concorridos da região. O menu apresenta filés do USDA e os mais frescos frutos do mar, além de um hambúrguer lendário. Com clientela fiel, o lugar costuma lotar.

PALM DESERT Ristorante Tuscany $$$$
Marriott Desert Springs Resort & Spa, 74855 Country Club Dr, 92260 ***Tel*** *(760) 341-2211* ***Mapa rodoviário*** *D6*

Ótimo restaurante de hotel, é um dos preferidos de Palm Desert para comida do norte da Itália. O amplo salão principal tem murais do teto ao chão e mesas arrumadas com elegância. Menu variado, com ingredientes sazonais frescos e uma bela seleção de frutos do mar. Prove as vieiras com crosta de parmesão e o ensopado toscano de marisco.

PALM DESERT Cuistot $$$$$
72595 El Paseo, 92260 ***Tel*** *(760) 340-1000* ***Mapa rodoviário*** *D6*

O chef e dono trabalhou com o famoso Paul Bocuse na França, e faz tempo que sua moderna cozinha francesa é uma das atrações culinárias da cidade. Inspirado numa casa de fazenda francesa, o restaurante apresenta teto com vigas, lareira de pedra e um pátio. Da cozinha aberta vêm criações de aspecto e aroma espetaculares.

PALM DESERT Jillian's $$$$$
74155 El Paseo, 92260 ***Tel*** *(760) 776-8242* ***Mapa rodoviário*** *D6*

Salas privativas e charmoso pátio, num lugar romântico e elegante. O menu tem conhecidos temas americanos, como carnes assadas e peixes grelhados, com sutis toques inovadores, complementados por uma ótima carta de vinhos. Jantar com música sob as estrelas.

PALM SPRINGS Old Creek House $$$
1555 S Palm Canyon Dr, 92264 ***Tel*** *(760) 322-3442* ***Mapa rodoviário*** *D6*

Este é um restaurante em que se pode confiar para uma refeição a preços razoáveis em um ambiente familiar. No menu clássicos como costeleta, frango marsala ou medalhão de carne, além de sanduíches e saladas. Há ótimas sobremesas, como o bolo de damasco e o *cheesecake* de limão.

PALM SPRINGS Europa $$$$
Villa Royale Inn, 1620 Indian Trail, 92264 ***Tel*** *(760) 327-2314* ***Mapa rodoviário*** *D6*

O Europa é um dos restaurantes mais românticos do Coachella Valley, instalado num charmoso hotelzinho. Os clientes se deliciam com a culinária moderna, no salão com lareira, ou fora, no pátio com laguinho. Os destaques do menu são costeleta de carneiro, salmão *en papillote* e pato em molho de mel e licor Grand Marnier.

PALM SPRINGS Melvyn's Ingleside Inn $$$$
200 W Ramon Rd, 92260 ***Tel*** *(760) 325-2323* ***Mapa rodoviário*** *D6*

Localizado no lendário Ingleside Inn, Melvyn's tem sido um lugar para ocasiões especiais nos últimos 30 anos. Antiguidades, garçons elegantes e fotografias do passado se combinam para fazer da refeição uma experiência inesquecível. A comida é ótima, assim como a carta de vinhos. Frequentado por estrelas de cinema.

PALM SPRINGS Le Vallauris $$$$$
385 W Tahquitz Canyon Way, 92262 ***Tel*** *(760) 325-5059* ***Mapa rodoviário*** *D6*

Considerado por alguns como o grande astro de Palm Springs, este restaurante ainda é forte. O salão principal tem elegângia refinada, e o pátio ajardinado é sombreado por figueiras. Itens franceses, como *escargot* e *foie gras*, dividem o menu com o condimentato *ahi tartar* e o raviói de lagosta. Impressionante carta de Bordeaux.

RANCHO MIRAGE Las Casuelas Nuevas $$
70050 Hwy 111, 92270 ***Tel*** *(760) 328-8844* ***Mapa rodoviário*** *D6*

Bonito restaurante em estilo *hacienda*, especializado em pratos mexicanos como *enchiladas*, *fajitas*, *tostadas* e *carnitas*. À noite, há entretenimento ao vivo. As fortes *margaritas* podem ser escolhidas entre uma dezena de variedades. O bar movimentado também dispõe de muitas tequilas ótimas. Muito procurado no *brunch* de domingo.

RANCHO MIRAGE Roy's $$$
71959 Hwy 111, 92270 ***Tel*** *(760) 340-9044* ***Mapa rodoviário*** *D6*

O famoso chef Roy Yamaguchi elabora sua aclamada culinária havaiana neste restaurante amplo e barulhento. A comida é muito bem preparada e apresentada. *Ahi* gratinado, com molho doce e picante, é uma especialidade, assim como o *mahi-mahi* com crosta de macadâmia e molho de lagosta amanteigado.

RANCHO MIRAGE Steakhouse $$$$$

Agua Caliente Casino, 32250 Bob Hope Drive, 92270 ***Tel*** *(866) 923-7224* ***Mapa rodoviário*** *D6*

Embora se localize a alguns passos dos barulhentos caça-níqueis, este restaurante de cassino tem ambiente elegante e tranquilo, com belos detalhes de madeira e mesas com toalhas de linho. O menu exibe carne certificada e muitos frutos do mar. Os churrascos clássicos dividem o menu com influências asiáticas. Boa carta de vinhos.

RANCHO MIRAGE Wally's Desert Turtle $$$$$

71775 Hwy 111, 92270 ***Tel*** *(760) 568-9321* ***Mapa rodoviário*** *D6*

Um dos grandiosos restaurantes do deserto, o Wally's é o tipo de lugar em que o cliente chega muito bem vestido. Tetos espelhados, objetos peruanos e elegantes murais contribuem para a decoração teatral. Preços altos, mas ingredientes especiais, como costeleta de carneiro, avestruz *sauté* e steak *au poivre* ou ao molho *béarnaise*. Fecha meados jun-início out.

REDLANDS Joe Greensleeves $$$$

220 N Orange St, 92373 ***Tel*** *(909) 792-6969* ***Mapa rodoviário*** *D6*

Este elogiado restaurante fica num prédio antigo no centro de Redlands. Lareira, compartimentos aconchegantes e iluminação agradável criam um ambiente sutilmente romântico. Mas as principais atrações vêm da cozinha envidraçada: carne de caça, raviòli de lagosta, massas e filés assados na brasa.

RIVERSIDE Las Campanas $$$

Mission Inn, 3649 Mission Inn Ave, 92501 ***Tel*** *(951) 341-6767* ***Mapa rodoviário*** *D6*

Este pátio charmoso é sombreado por palmeiras altas, fontes e cactos floríferos. Velas reforçam o romantismo. Comece com *ceviche* temperado com um toque de tequila. Passe para o salmão grelhado com molho espesso de laranja e tequila ou lagosta em molho de tomate. Termine com flãn ou *sorbet* de coco servido na própria casca.

RIVERSIDE Mario's Place $$$$

3646 Mission Inn Ave, 92501 ***Tel*** *(951) 684-7755* ***Mapa rodoviário*** *D6*

Bem na frente do histórico Mission Inn, o Mario's é um restaurante elegante e cosmopolita, com toques sensuais de Art Déco. A cozinha domina técnicas francesas e asiáticas, além de servir especialidades italianas tradicionais, como carpaccio, risoto de pombo e cogumelo, picadinho de vitela e pizzas de forno de lenha. Jantar seg-sáb, almoço somente às sextas.

RIVERSIDE Duane's Prime Steak & Seafood $$$$$

Mission Inn, 3649 Mission Inn Ave, 92501 ***Tel*** *(951) 341-6767* ***Mapa rodoviário*** *D6*

No momento em que você se sentar à mesa, já terá sentido o prazer de caminhar pelo magnífico Mission Inn, um dos hotéis com mais história na Califórnia. Com lambris de madeira, o Duane's é suntuoso, com ótimas obras de arte e arrumação de mesa elegante. Os filés certificados são magníficos. Vale a pena conhecer o *brunch* de domingo.

TEMECULA Café Champagne $$$$

Thornton Winery, 32575 Rancho California Rd, 92591 ***Tel*** *(951) 699-0088* ***Mapa rodoviário*** *D6*

O cliente tem ampla visão dos vinhedos que se estendem ao lado do Café Champagne. Aqui, a prioridade é ter ingredientes frescos, o que fica evidente nos canteiros de ervas do restaurante. Prove o *ahi* com abacate ou o pato assado crocante com molho de mel de lavanda. No pátio, de vez em quando há jazz ao vivo.

DESERTO DE MOJAVE

BAKER The Mad Greek's Diner $

72112 Baker Blvd, 92309 ***Tel*** *(760) 733-4354* ***Mapa rodoviário*** *D5*

Rumo a Las Vegas ou ao Death Valley, os motoristas cansados são aconselhados a ignorar as grandes cadeias nacionais e parar em Mad Greek's. Além de hambúrguer, o lugar oferece *gyros*, *homus*, espetinhos e outras comidas mediterrâneas. Os *milk-shakes* de morango são famosos, e se oferece assistência aos turistas em diversos idiomas.

BARSTOW Idle Spurs Steak House $$$

690 Old Hwy 58, 92311 ***Tel*** *(760) 256-8888* ***Mapa rodoviário*** *D5*

Churrascaria tradicional do Oeste, é um bom lugar para refazer as forças depois de um dia de estrada. Entradas, como asas de frango, são muito solicitadas, seguidas de macios filés maturados. O bar é um ponto que vive cheio de moradores. O pátio atraente, dominado por árvores frondosas, oferece uma agradável opção ao ar livre.

DEATH VALLEY Wrangler Steakhouse $$

Furnace Creek Ranch, Hwy 190, 92328 ***Tel*** *(760) 786-2345* ***Mapa rodoviário*** *D4*

Não tão formal como o salão de jantar do vizinho Furnace Creek Inn, este restaurante fica num antigo rancho, muito bem preservado, que reflete a mística deste oásis. Oferece um bufê a preço fixo no café da manhã e no almoço. À noite, funciona como uma churrascaria tradicional.

DEATH VALLEY Inn Dining Room $$$$

Furnace Creek Inn, Hwy 190, 92328 ***Tel*** *(760) 786-2345* ***Mapa rodoviário*** *D4*

Instalado num resort histórico de pedra e adobe, que sempre fecha no verão, este restaurante meio caro é famoso pelo *brunch* de domingo e pelo chá da tarde. O menu sofisticado do jantar, com toques do Sudoeste e da Ásia, reflete o ambiente do deserto, com salada de cacto e empanadas de cascavel. Os filés são ótimos. Fecha meados mai-meados out.

Categorias de preço *pág. 568* **Legenda dos símbolos** *no final do guia*

LAKE HAVASU Barley Brothers Restaurant & Brewery $$

1425 McCulloch Blvd, 86403 ***Tel*** *(928) 505-7837* ***Mapa rodoviário*** *E5*

Com vista da London Bridge, este lugar versátil é ótimo para famílias, mas também pode ser romântico, por causa da vista, da luz suave e do ambiente bom para conversar. Pizzas de forno de lenha combinam com as cervejas artesanais. Também serve frutos do mar, hambúrgueres, massas, costelas e filés.

LAKE HAVASU Shugrue's Restaurant $$

1425 McCulloch Blvd, 86403 ***Tel*** *(928) 453-1400* ***Mapa rodoviário*** *E5*

Com uma cervejaria ao lado, que atende uma multidão animada, este sossegado restaurante oferece linda vista para a London Bridge e seu interior de bom gosto oferece agradável repouso. Filés, frutos do mar, hambúrgueres e massas são os destaques. As sobremesas excelentes são feitas no local. Preços ótimos. Quem janta mais cedo paga menos.

SÃO FRANCISCO

CHINATOWN E NOB HILL Golden Star Vietnamese Restaurant $

11 Walter U Lum Place, 94108 ***Tel*** *(415) 398-1215* ***Mapa*** *5 C3*

Do outro lado da Transamerica Pyramid, o Golden Star é muito estreito e vive cheio de gente. A decoração é bem simples. Mas esta pequena joia serve grandes pratos de arroz e porções de carne bem baratos. Os especiais no almoço têm preço excepcional.

CHINATOWN E NOB HILL House of Nanking $

919 Kearny, 94133 ***Tel*** *(415) 421-1429* ***Mapa*** *5 C3*

O bom menu tradicional no minúsculo restaurante House of Nanking atrai uma clientela fiel. Embora tenha garçons pouco simpáticos, a casa serve a comida em porções generosas, e os preços são bem baixos. Oferece boa variedade de opções vegetarianas. O serviço é muito rápido.

CHINATOWN E NOB HILL Yuet Lee $

1300 Stockton St, 94133 ***Tel*** *(415) 982-6020* ***Mapa*** *5 B3*

Excelente menu de frutos do mar e preços baixos explicam por que está sempre cheio. O chef irá cozinhar o peixe ou o caranguejo que você escolher no tanque. Especialidades: peixes e frutos do mar no vapor, lula com sal e pimenta, e diversos vegetais, como vagem-macarrão, acelga e aspargo. Fica aberto até as 3h da manhã.

CHINATOWN E NOB HILL Great Eastern $$

649 Jackson St, 94133 ***Tel*** *(415) 986-2500* ***Mapa*** *5 C3*

Um dos velhos preferidos de Chinatown, o Great Eastern oferece menu com pratos mandarins inspirados. Aqui, a grande atração são os frutos do mar frescos, nadando nos tanques. Peça ao garçom o prato do dia para provar o que o restaurante tem de melhor a oferecer.

CHINATOWN E NOB HILL Nob Hill Café $$

1152 Taylor St, 94108 ***Tel*** *(415) 776-6500* ***Mapa*** *5 B4*

O Nob Hill Café é muito procurado e costuma ficar lotado de clientes que apreciam os pratos italianos de tipo caseiro. O tipo de decoração de bistrô combina com o ambiente calmo. O visitante costuma encontrar aqui "The Twins", as famosas gêmeas Brown, que usam roupas idênticas. Elas são uma instituição em São Francisco.

CHINATOWN E NOB HILL Street $$

2141 Polk St, 94109 ***Tel*** *(415) 775-1055* ***Mapa*** *5 A3*

O Street é barulhento e vive cheio, mas as travessas são grandes e a comida é boa. Prove um excelente prato de frutos do mar –camarões gigantes do Golfo, suculentos, servidos num molho de lagosta com açafrão, sobre massa caseira amanteigada. Para terminar: pudim de pão com pecã, não muito doce.

CHINATOWN E NOB HILL Jai Yun $$$

1080 Clay St, 94111 ***Tel*** *(415) 981-7438* ***Mapa*** *5 B3*

Instalado num espaço pequeno e com decoração simples, o Jai Yun está cheio de surpresas. O menu a preço fixo diário tem uma série de pratinhos, que mudam sempre e têm ingredientes frescos adquiridos nos mercados na manhã do mesmo dia. Excelente menu de frutos do mar oferece pratos com abalone, lula e camarão.

CHINATOWN E NOB HILL Venticello $$$

1257 Taylor St, 94108 ***Tel*** *(415) 922-2545* ***Mapa*** *5 B3*

No Venticello, uma tratoria com fina culinária do norte da Itália, o romance não depende de ficar de mãos dadas perto da lareira, mas do menu. O ambiente tranquilo estimula a permanência, com um expresso sem cafeína e um Porto, depois de saborear um prato de lagostins bem temperados. Carta de vinhos impressionante.

CHINATOWN E NOB HILL Acquerello $$$$

1722 Sacramento St, 94109 ***Tel*** *(415) 567-5432* ***Mapa*** *5 A4*

Excelente carta de vinhos, garçons interessados, que gostam de recomendar o prato para combinar com o vinho, decantadores de vidro esculpido e finas toalhas de linho criam o cenário para uma experiência inesquecível, nesta antiga capela. O rico menu veneziano oferece jantares suntuosos. Seleção ímpar de queijos italianos.

CHINATOWN E NOB HILL Big Four $$$$

1075 California St, 94108 ***Tel*** *(415) 771-1140* **Mapa** *5 B4*

Com nome que se refere aos riquíssimos barões das ferrovias, o Big Four é o lugar escolhido para encontros da elite de Nob Hill. Os lambris de madeira escura e o serviço formal estão de acordo com a clientela de empresários e financistas. Menu de alta qualidade oferece cordeiro e bife de búfalo marinado.

CHINATOWN E NOB HILL Fleur de Lys $$$$$

777 Sutter St, 94109 ***Tel*** *(415) 673-7779* **Mapa** *5 B4*

O menu de preço fixo da *nouvelle cuisine* no Fleur de Lys oferece um jantar gourmet. Garçons impecáveis conduzem o cliente de um prato a outro, num salão que lembra uma tenda. O restaurante também serve um fantástico jantar vegetariano a preço fixo. Prove a salada de beterrabas assadas, e os queijos artesanais franceses.

CHINATOWN E NOB HILL Masa's $$$$$

648 Bush St, 94108 ***Tel*** *(415) 989-7154* **Mapa** *5 B4*

No ambiente urbano e elegante do Masa's, o cliente é tratado como rei, ao experimentar a excelente *nouvelle cuisine*. Sob comando de famoso chef local há muitos anos, este conceituado restaurante continua a seduzir os comensais com a mudança diária de boa parte do menu, baseado em itens frescos do mercado.

CHINATOWN E NOB HILL Ritz-Carlton Dining Room $$$$$

600 Stockton St, 94108 ***Tel*** *(415) 773-6198* **Mapa** *5 C4*

Colocado em primeiro lugar em muitas pesquisas, o elegante Dining Room é um exemplo perfeito de serviço de classe com a grandiosa tradição europeia. O menu caro revela influência asiática, e introduz ingredientes dos mercados locais. Há diversos produtos artesanais na tábua de queijos.

CIVIC CENTER Mifune $$

1737 Post St, 94115 ***Tel*** *(415) 922-0337* **Mapa** *4 E4*

Grandes tigelas fumegantes de sopa de talharim ao estilo japonês, servidas após alguns minutos do pedido, fazem deste restaurante um dos preferidos dos fãs de comidas frescas e de quem tem pressa. O Mifune também serve *bento boxes* (tipo *teishoku*) e outros itens sólidos. Boas opções de pratos vegetarianos.

CIVIC CENTER Hayes Street Grill $$$

320 Hayes St, 94102 ***Tel*** *(415) 863-5545* **Mapa** *4 F5*

Muito procurado por clientes que vão assistir a concertos, óperas e balés ali perto, o Hayes St. Grill serve peixes fresquíssimos acompanhados de molho e batatas fritas crocantes, entre outros pratos. Serviço eficiente, que leva o cliente à mesa a tempo de assistir aos espetáculos desde o início.

CIVIC CENTER Indigo $$$

687 McAllister St, 94102 ***Tel*** *(415) 673-9353* **Mapa** *4 F5*

Com decoração em tons de azul, o Indigo faz jus ao nome. O restaurante é elogiado pela carta de vinhos fantástica e pelo menu da nova cozinha americana. A melhor oferta é o Wine Dinner, servido depois das 20h, com champanhes e vinhos escolhidos especialmente para acompanhar e realçar as especialidades do chef.

CIVIC CENTER Straits Café $$$

3300 Geary Blvd, 94118 ***Tel*** *(415) 668-1783* **Mapa** *3 B5*

Menu pan-asiático, com uma mistura de sabores e estilos de Cingapura, da Indonésia e da Índia, marca este restaurante concorrido. As belas apresentações e os sabores delicados ganham muitos elogios dos gourmets. O cliente pode provar grande variedade de pratos saborosos, condimentados ou suaves, enquanto toma um drique no bar.

CIVIC CENTER Absinthe Brasserie and Bar $$$$

398 Hayes St, 94102 ***Tel*** *(415) 551-1590* **Mapa** *3 B5*

Com ambiente que recria a década de 1940, esta casa está entre as melhores *brasseries* da cidade. Música de cabaré e coquetéis da época. O menu oferece travessa de ostras, ótima sopa de cebola francesa e substanciosa comida de bistrô, como *cassoulet*, carne de porco cozida e cordeiro assado. Ótima carta de vinhos.

CIVIC CENTER Jardinière $$$$

300 Grove St, 94102 ***Tel*** *(415) 861-5555* **Mapa** *4 F5*

Com serviço atencioso e eficiente, ambiente elegante e suntuosa comida californiana de inspiração francesa, o Jardinière é excelente escolha para ocasiões especiais. Um dueto de jazz toca tranquilamente ao fundo, enquanto o cliente saboreia a *tarte* de cebola e um Dubonnet do bar de mogno e mármore.

CENTRO Café Bastille $$

22 Belden Place, 94104 ***Tel*** *(415) 986-5673* **Mapa** *5 C4*

Este pequeno café parisiense vive lotado de clientes, que aproveitam o tempo bom em mesas aos ar livre para almoçar ou ouvir jazz, à noite. Comida básica de bistrô: sopas, saladas, cerveja e vinho, servidos junto com especialidades como *moules marinières* com *harissa* (pasta de pimenta) e linguiça de tripa com cebola caramelizada.

CENTRO Delancey Street Restaurant $$

600 Embarcadero, 94107 ***Tel*** *(415) 512-5179* **Mapa** *6 E5*

Lugar maravilhoso para jantar, o Delancey Street Restaurant serve deliciosa comida caseira, como excelentes costelas, bolos de carne e outros pratos americanos. Serviço muito bom. O restaurante patrocina um respeitado programa de recuperação de uso patológico de medicamentos e outras drogas. Fazer reserva.

CENTRO Gaylord India $$
1 Embarcadero Center, 94111 ***Tel*** *(415) 397-7775* **Mapa** *6 D3*

O Gaylor serve pratos indianos –curry de carneiro, *biriyanis* e pratos vegetarianos– em ambiente agradável. Melhor das duas filiais da cidade e quase sempre cheia na hora do almoço com o pessoal que trabalha nas redondezas. A outra filial foi transferida de Northpoint nº 900 para Sausalito.

CENTRO Sanraku at Metreon $$
101 4th St, 94103 ***Tel*** *(415) 369-6166* **Mapa** *5 C5*

No meio do burburinho do Metreon, que tem teatros, atrações para crianças e um andar de videogames, o Sanraku oferece excelentes almoços e jantares. Serve comida japonesa, como *gyozá* frito e talharim, com ou sem caldo, a bons preços. Também dispõe de um esplêndido menu de sushis.

CENTRO Yank Sing $$
101 Spear St, 94105 ***Tel*** *(415) 957-9300* **Mapa** *6 E4*

Muito apreciado pelo *dim sum* impecável, o Yank Sing permite que os clientes escolham entre mais de cem itens, entre eles os bolinhos Xangai de carne de porco moída embrulhados em gengibre, servidos nos carrinhos que circulam o tempo todo. O ambiente elegante o destaca da maioria dos restaurantes de *dim sum*.

CENTRO Kuleto's $$$
221 Powell St, 94102 ***Tel*** *(415) 397-7720* **Mapa** *5 B5*

Muito bonito, o Kuleto's é frequentado, basicamente, por quem quer um lugar para ver pessoas. Seu interior foi recuperado de um hotel antigo e elegante de São Francisco. O menu é composto por espetaculares pratos do norte da Itália. Saboreie tira-gostos no bar, para observar melhor.

CENTRO La Scene Café & Bar $$$
490 Geary St, 94102 ***Tel*** *(415) 292-6430* **Mapa** *5 B5*

A comida francesa simples, como a de um bistrô, com pratos do tipo *cassoulet* e perna de carneiro, fez deste restaurante despretensioso um dos preferidos pelo pessoal que vai ao teatro. O menu a preço fixo é barato. O serviço rápido garante que se chegue a tempo nos espetáculos. No fim de semana tem *brunchs* saborosos.

CENTRO MacArthur Park $$$
607 Front St, 94111 ***Tel*** *(415) 398-5700* **Mapa** *6 D3*

Grande e caloroso, com aspecto de sede de clube atualizada, este restaurante central serve generosas porções dos pratos preferidos pelos americanos. As costeletas defumadas com purê de batata puxado no alho têm papel de destaque. O serviço meio vagaroso é compensado pela comida excelente.

CENTRO Mangarosa $$$
1548 Stockton St, 94133 ***Tel*** *(415) 956-3211* **Mapa** *5 C4*

Ponto de encontro popular para *happy hour* e jantar. Receitas clássicas do norte da Itália misturados a pratos brasileiros, como pastéis de carne, queijo e frango. Está localizado em uma pequena colina em North Beach e as mesas ao ar livre têm uma bela vista.

CENTRO Palio d'Asti $$$
640 Sacramento St, 94111 ***Tel*** *(415) 395-9800* **Mapa** *5 C4*

O Palio d'Asti é muito procurado na hora do almoço por pessoas que querem massas e carnes grelhadas autênticas do norte da Itália. Na *happy hour*, elas voltam para comer pizza de forno à lenha e beber alguma coisa. Paredes decoradas com murais da corrida medieval de cavalo em Palio. Lugar barulhento, serviço tranquilo.

CENTRO Palomino $$$
345 Spear St, 94105 ***Tel*** *(415) 512-7400* **Mapa** *6 E4*

O Palomino é procurado para almoços de negócios. Apesar de fazer parte de uma rede, oferece menu variado, que apresenta pratos italianos, franceses e americanos. A localização conveniente permite linda vista para a Bay Bridge das mesas ao ar livre. Ambiente excelente e elegante.

CENTRO Sam's Grill and Seafood Restaurant $$$
374 Bush St, 94104 ***Tel*** *(415) 421-0594* **Mapa** *5 C4*

Aberto em 1866, o Sam's Grill é o restaurante de frutos do mar mais antigo da cidade. Gerações de clientes já saborearam linguados incríveis e outros peixes frescos. Na hora do almoço, pode-se ouvir o murmúrio dos empreendedores fechando negócios nos compartimentos de divisórias altas. Não abre no fim de semana.

CENTRO Tadich Grill $$$
240 California St, 94111 ***Tel*** *(415) 391-1849* **Mapa** *6 D4*

Do tempo da Corrida do Ouro, o Tadich Grill é o restaurante mais antigo do estado em funcionamento contínuo. Serve excelente *cioppino* e peixes frescos grelhados como os fãs gostam. À noite, a espera por uma mesa pode ser demorada, mas no almoço é sempre uma boa opção. Garçons à antiga servem em grande estilo.

CENTRO Bix $$$$
56 Gold St, 94133 ***Tel*** *(415) 433 6300* **Mapa** *5 C3*

O atraente interior Art Déco deste clube sofisticado, cujo nome homenageia o jazzista Bix Beiderbecke, cria o cenário para pratos franco-americanos, com serviço impecável e suave piano. Ingredientes da região são usados na cozinha. O Bix tem ótimos martínis. Muitas pessoas vêm para ver e serem vistas após o trabalho.

CENTRO Kokkari Estiatorio $$$$

200 Jackson St, 94111 ***Tel*** *(415) 981-0983* ***Mapa*** *6 D3*

O Kokkari serve comida grega de qualidade num salão amplo e confortável, com piso de madeira escura e enorme lareira acolhedora. A inesquecível *moussaka* e o carneiro grelhado são as estrelas. A casa tem uma extensa carta de vinhos gregos. A equipe pode orientar suas escolhas.

CENTRO Tommy Toy's $$$$

655 Montgomery St, 94111 ***Tel*** *(415) 397-4888* ***Mapa*** *5 C3*

O cardápio-degustação é uma excelente maneira de conhecer a elegante culinária chinesa quatro-estrelas servida aqui. Há também outros pratos sofisticados, como os camarões com cobertura de gengibre, feitos com ingredientes frescos e inspirados na nouvelle cuisine. O salão de jantar é decorado com tapeçarias, vidros decorados, espelhos antigos e abajures.

CENTRO Aqua $$$$$

252 California St, 94111 ***Tel*** *(415) 956-9662* ***Mapa*** *6 D4*

Chique, amplo e decorado com lindos arranjos florais, o Aqua é considerado por muita gente como o melhor restaurante de frutos do mar da cidade. Essa fama vem de suas receitas com toque francês, a exemplo de salmão fresco com *foie gras*. O peixe-espada defumado também é excepcional. Ambiente agradável para uma refeição tranquila.

CENTRO Asia de Cuba $$$$$

495 Geary St, 94102 ***Tel*** *(415) 929-2300* ***Mapa*** *5 B5*

No renomado Clift Hotel *(pág. 546)*, o Asia de Cuba tem decoração elegante, com cortinas de seda, luminárias de cristal de Murano e uma mesa de banquete, em forma de cruz, feita de espelho veneziano gravado à mão. A deliciosa culinária funde sabores asiáticos e latinos, com pratos como atum tártaro e lagosta Mai Tai.

CENTRO Boulevard $$$$$

1 Mission St, 94105 ***Tel*** *(415) 543-6084* ***Mapa*** *6 E4*

As criações artísticas da chef Nancy Oakes deram fama ao Boulevard, um ícone da Bay Area. O menu mistura comida americana caseira com conhecidos pratos franceses. Ambiente elegante e acolhedor. Procure se sentar na parte de trás para aproveitar a linda vista para a Bay Bridge.

CENTRO Campton Place $$$$$

340 Stockton St, 94108 ***Tel*** *(415) 955-5555* ***Mapa*** *5 C4*

Com ambiente sereno, em estilo clássico e cores sutis de uma vila italiana, o Campton Place irradia elegância. A cozinha cria algumas das melhores fusões de comidas da Provença e do Mediterrâneo servidas na região. Acompanha uma carta de vinhos de alta classe. O serviço é excelente. Bom menu de *brunch* aos domingos.

CENTRO Farallon $$$$$

450 Post St, between Mason & Powell Sts ***Tel*** *(415) 956-6969* ***Mapa*** *5 B5*

Os encantadores motivos marinhos, de candelabros em forma de água-viva a mosaicos de vida marinha, são o cenário apropriado para os soberbos frutos do mar servidos aqui. O cardápio sofisticado criado pelo chef Mark Franz inclui delícias como sardinhas curadas no champanhe e *halibute* em azeite de oliva.

CENTRO Michael Mina $$$$$

335 Powell St, 94102 ***Tel*** *(415) 397-9222* ***Mapa*** *5 B4*

Este restaurante substituiu o Oak Room no Westin St. Francis Hotel. Serve menu a preço fixo da culinária americana, estruturado em torno de um ingrediente preparado de três maneiras. O chef, que lhe empresta o nome e que trabalhou no Aqua, oferece clássicos americanos. Adega de 2.000 vinhos. Ambiente ultraluxuoso.

CENTRO Silks $$$$$

222 Sansome St, 94104 ***Tel*** *(415) 986-2020* ***Mapa*** *5 C4*

Com deslumbrantes tapeçarias de seda nas paredes, tapetes de seda e candelabros com seda pintada à mão, o Silks é um bom lugar para conversas íntimas e para ver celebridades. O serviço eficiente ressalta a criativa nova culinária da Ásia, com pratos como rolinho primavera de frango e cogumelo *enoki*.

FISHERMAN'S WHARF E NORTH BEACH Buena Vista $

2765 Hyde St, 94109 Tel (415) 474-5044 ***Mapa*** *5 A2*

Aqui funcionou uma pensão até 1916, quando abriu o Buena Vista Saloon. Tomar um *irish coffee* aqui é uma tradição de São Francisco desde que o drinque foi criado, em 1952. Um substancioso café da manhã americano é servido o dia todo, junto de filés, hambúrgueres, sanduíches, saladas, bolos de carne e bolinhos de siri. Tem vista para a baía.

FISHERMAN'S WHARF E NORTH BEACH Capp's Corner $

1600 Powell St, 94133 ***Tel*** *(415) 989-2589* ***Mapa*** *5 B3*

Econômico e procurado por famílias, o Capp's Corner serve uma versão americanizada de comida italiana. Não espere uma culinária fina, e sim porções generosas de todos os pratos tradicionais. Aberto desde 1960, este restaurante tem uma galeria de fotos de antigos clientes famosos.

FISHERMAN'S WHARF E NORTH BEACH Brandy Ho's Hunan Food $$

217 Columbus Ave, 94133 ***Tel*** *(415) 788-7527* ***Mapa*** *5 C3*

Famoso pelos curries apimentados e ácidos, este modesto restaurante é muito procurado pelos pratos de Hunan, autênticos e deliciosos. Saiba desde já que *medium spicy* significa "apimentado", e *hot* é "superapimentado". Os conhecedores abrandam o ardor com arroz, e não com água. Peça um prato *mild* ("suave") e delicie-se.

FISHERMAN'S WHARF E NORTH BEACH Caffé Macaroni $$

124 Columbus, 94133 ***Tel*** *(415) 217-8400* ***Mapa*** *5 C3*

Este restaurante de dois andares está sempre cheio. Serve massas muito boas (uma das favoritas é a cremosa à la Alfredo) e pratos de carne. O café barulhento é conhecido pelos garçons animados e simpáticos, e pelas porções generosas que satisfazem os maiores apetites. Antepastos deliciosos.

FISHERMAN'S WHARF E NORTH BEACH Caffe Sport $$

574 Green St, 94133 ***Tel*** *(415) 981-1251* ***Mapa*** *5 C3*

Nesta casa ruidosa e movimentada, grandes travessas, do tipo caseiro, de verduras ao alho, espaguete à bolonhesa, *cioppino* (ensopado de frutos do mar) e outros pratos italianos, como a fantástica massa *ziti*, com molho à *marinara*, são servidos por garçons famosos pela atitude mandona. Eles adoram dizer ao cliente o que pedir, basta solicitar-lhes uma sugestão.

FISHERMAN'S WHARF E NORTH BEACH Fog City Diner $$

1300 Battery St, 94111 ***Tel*** *(415) 982-2000* ***Mapa*** *5 C2*

Pães de alho, alho-poró e manjericão, biscoitos de queijo cheddar e burritos com carne de porco *mu shu*, junto com hambúrgueres e fritas, estão no menu deste lugar cheio de enfeites cromados, parecido com um *diner*. O *brunch* de fim de semana tem antigas preferências com toque novo, como ovos mexidos com frango defumado.

FISHERMAN'S WHARF E NORTH BEACH Helmand $$

430 Broadway St, 94133 ***Tel*** *(415) 362-0641* ***Mapa*** *5 C3*

Os chefs do Helmand fazem maravilhas com abóbora, espinafre e coentro. As combinações incomuns de temperos e ingredientes simples fizeram deste restaurante afegão um lugar sempre procurado. Pratos vegetarianos e com carnes constam do menu. Aqui, até o arroz tem um sabor sem igual. Os bufês no almoço são bem baratos.

FISHERMAN'S WHARF E NORTH BEACH Il Fornaio $$

1265 Battery St, 94111 ***Tel*** *(415) 986-0100* ***Mapa*** *5 C2*

Esta rede ficou conhecida pela excelência dos assados. Il Fornaio continua a atrair clientes com pães frescos, massas deliciosas, além de carnes e peixes grelhados. O esplêndido ravióli de purê de nozes na manteiga é servido como aperitivo ou como entrada. A carta de vinhos bem selecionada representa pequenas vinícolas regionais.

FISHERMAN'S WHARF E NORTH BEACH The Stinking Rose $$

325 Columbus Ave, 94133 ***Tel*** *(415) 781-7673* ***Mapa*** *5 C3*

The Stinking Rose faz jus ao nome ("rosa malcheirosa"), pois usa alho em todos os pratos, até nas sobremesas. Este restaurante italiano de massa e pizza costuma lotar com quem fica curioso com o nome incomum. Às vezes, a qualidade e o serviço variam. Aventure-se a provar o sorvete de alho.

FISHERMAN'S WHARF E NORTH BEACH Zarzuela $$

2000 Hyde St, 94109 ***Tel*** *(415) 346-0800* ***Mapa*** *5 A3*

Grande variedade de *tapas* e forte sangria de frutas combinadas com pessoal atento e salão encantador fizeram do Zarzuela um dos preferidos para refeições leves ou mais consistentes. Melhor comida espanhola da cidade, segundo aqueles que adoram sua *paella*. À noite, pode haver espera por uma mesa.

FISHERMAN'S WHARF E NORTH BEACH Alioto's $$$

8 Fisherman's Wharf, 94133 ***Tel*** *(415) 673-0183* ***Mapa*** *5 A1*

Banhado pelo pôr do sol espetacular filtrado pela Golden Gate, o Alioto's serve, desde 1925, frutos do mar muito bem preparados ao estilo siciliano. A comida é ótima, especialmente o farto camarão e os *crab Louies* (caranguejos suculentos numa cama de alface crespa). A cozinha usa ingredientes sazonais frescos da região.

FISHERMAN'S WHARF E NORTH BEACH Moose's $$$

1652 Stockton St, 94133 ***Tel*** *(415) 989-7800* ***Mapa*** *5 B2*

Sempre concorrido, o Moose's enche o bar com gente da moda ouvindo jazz ao vivo à noite e se deliciando com pratos substanciosos e saborosos, como salmão grelhado, bolo de carne e outros preferidos. Os fregueses dizem que o lugar "tem estilo sem atitude". Quem gosta de vinho pode conferir a longa carta de vinhos.

FISHERMAN'S WHARF E NORTH BEACH Ana Mandara $$$$

891 Beach Street, 94133 ***Tel*** *(415) 771-6800* ***Mapa*** *4 F1*

Ana Mandara é traduzido como "belo refúgio", e este restaurante está à altura do nome, com decoração majestosa e iluminação teatral. O chef e dono Khai Duong é famoso pela culinária criativa, que combina pratos franceses modernos e vietnamitas. Prove a *lobster tower*.

FISHERMAN'S WHARF E NORTH BEACH Scoma's $$$$

Pier 47, 1 Al Scoma Way, 94133 ***Tel*** *(415) 771-4383* ***Mapa*** *5 A1*

Ter uma rua com seu nome significa merecimento, e o Scoma's, consagrado pela crítica, foi inaugurado em 1965, como cafeteria para pescadores locais. Este restaurante mantém o padrão de grandes porções bem preparadas de peixe fresco, num impressionante menu com mais de 90 pratos. Linda vista para a baía realça ainda mais a refeição.

FISHERMAN'S WHARF E NORTH BEACH Gary Danko $$$$$

800 North Point St, 94109 ***Tel*** *(415) 749-2060* ***Mapa*** *5 1A*

Apesar dos preços exorbitantes, o Gary Danko mantém-se como um dos restaurantes preferidos da cidade, por causa do menu New American a preço fixo. Jantares de três, quatro ou cinco pratos propiciam horas de manjares cuidadosamente coreografados, serviço eficiente e ambiente elegante. A seleção de queijos é obrigatória.

FISHERMAN'S WHARF E NORTH BEACH Julius' Castle $$$$$
1541 Montgomery St, 94133 **Tel** *(415) 392-2222* **Mapa** *5 C2*

Com ambiente romântico e bela vista para Alcatraz e para a Bay Bridge, o Julius' Castle ocupa uma construção de 1922, que é referência em São Francisco. Atum gratinado e costeleta de carneiro constituem o forte do menu deste restaurante. O serviço é à antiga. A adega oferece uma excelente carta de vinhos.

GOLDEN GATE PARK E PRESIDIO Ebisu $
1283 9th Ave, 94122 **Tel** *(415) 566-1770* **Mapa** *8 F3*

Este restaurante de sushis se enche de clientes para provar o que dizem ser o melhor e mais fresco sushi da cidade, servido no bar por chefs sorridentes com seus cutelos afiados. Prove a especialidade da casa, o *Ebisu maki*, com salmão e legumes. O Ebisu é diversão com frutos do mar, e as filas para mesas não são raras.

GOLDEN GATE PARK AND THE PRESIDIO Fountain Court $
354 Clement St, 94118 **Tel** *(415) 668-1100* **Mapa** *3 5A*

Mais conhecido por seu saboroso *dim sum* e seus pratos suaves ao estilo de Xangai, que combinam carne, legumes e arroz do que por sua decoração utilitária, Fountain Court continua sendo um dos mais procurados, inclusive para *delivery*. Oferece opções vegetarianas e a maioria dos pratos pode ser preparada sem carne.

GOLDEN GATE PARK E PRESIDIO Good Luck Dim Sum $
736 Clement St, 94118 **Tel** *(415) 386-3388* **Mapa** *3 5A*

Este ponto é famoso por servir *dim sum* superfresco a preços muito baixos. Os que ficam nas longas filas costumam pedir "para viagem". Atrás, as mesas forradas de plástico oferecem superfície estável para comer. No começo da tarde, o Good Luck já vendeu quase tudo. Por isso, vá de manhã para escolher melhor o que quer levar.

GOLDEN GATE PARK E PRESIDIO Khan Toke Thai House $
5937 Geary Blvd, 94118 **Tel** *(415) 668-6654* **Mapa** *8 E1*

O ambiente semelhante ao de um templo e o pessoal com roupas coloridas transportam o cliente para a Tailândia, oferecendo acomodação no chão ou em cadeiras, à moda ocidental. Restaurante antigo, serve comida tailandesa, como salada de lula com limão e pimenta e *satay* (espetinho) grelhado com molho de amendoim. Convém fazer reserva.

GOLDEN GATE PARK E PRESIDIO King of Thai $
639 Clement St, 94118 **Tel** *(415) 752-5198* **Mapa** *3 A5*

Os pratos de talharim superbaratos, preparados tarde da noite, transformaram o King of Thai num sucesso. Muitas filiais desta rede foram abertas por toda a cidade, e nenhuma delas aceita cheque ou cartão de crédito. A pimenta pode ser ajustada segundo a preferência do cliente. Dispõe de entradas vegetarianas.

GOLDEN GATE PARK E PRESIDIO Marnee Thai Noodle House $
2225 Irving St, 94122 **Tel** *(415) 665-9500* **Mapa** *8 E3*

Generosas porções de boa comida tailandesa fizeram deste restaurante acolhedor e simpático uma escolha segura. São muito bons os curries verdes do Marnee Thai. Os assentos apertados e, às vezes, a longa espera por uma mesa não afugentam a clientela fiel. Outra casa na Ninth Avenue nº 1243 aumenta as opções do cliente.

GOLDEN GATE PARK E PRESIDIO La Vie $$
5830 Geary Blvd, 94121 **Tel** *(415) 668-8080* **Mapa** *8 E1*

Um achado, na agradável vizinhança da área de Richmond, e uma boa parada antes ou depois de uma visita ao Golden Gate Park, o La Vie chama a clientela de volta para saborear o menu vietnamita, preparado e servido com talento francês. Pratos como o *flaming beef* e os camarões gigantes são os preferidos.

GOLDEN GATE PARK E PRESIDIO Park Chalet $$
1000 Great Hwy, 94122 **Tel** *(415) 386-8439* **Mapa** *7 A1*

Daqui, avista-se melhor o jardim do que o mar. A grande lareira de pedra e as paredes retráteis de vidro do anexo ao Beach Chalet permitem que se jante ao ar livre, mesmo em dias frios. A cervejaria no local serve ótimas bebidas, junto com *cioppino* e especialidades criativas de *pub*.

GOLDEN GATE PARK E PRESIDIO Ton Kiang $$
5821 Geary Blvd, 94121 **Tel** *(415) 752-4440* **Mapa** *8 E1*

O Ton Kiang é um dos melhores e mais concorridos restaurantes de *dim sum* da cidade (cuidado com as filas enormes no fim de semana). A grande variedade de pratos está sempre fresca e não para de passar nos carrinhos. Também são servidos pratos completos. Não perca o picadinho de pombo com alface.

GOLDEN GATE PARK E PRESIDIO Aziza $$$
5800 Geary Blvd, 94121 **Tel** *(415) 752-2222* **Mapa** *8 E1*

No Aziza, o cliente é saudado com uma borrifada de água de rosas nas mãos. Os clássicos marroquinos, preparados com toques modernos, são trazidos à mesa para os clientes acomodados em luxuosos assentos almofadados. A refeição termina com chá de hortelã doce. No fim de semana, há dança do ventre durante o jantar.

GOLDEN GATE PARK E PRESIDIO Beach Chalet Brewery $$$
1000 Great Hwy, 94122 **Tel** *(415) 386-8439* **Mapa** *7 A2*

Cervejas artesanais, grandes hambúrgueres com fritas e bela vista para o mar fazem de Beach Chalet Brewery um destino promissor depois de um dia no Golden Gate Park. São imperdíveis os murais da WPA, no primeiro andar, e os corrimões de pedra entalhada. *Brunch* excelente no fim de semana e música ao vivo às terças e sextas.

Categorias de preço *pág. 568* **Legenda dos símbolos** *no final do guia*

GOLDEN GATE PARK E PRESIDIO Cliff House $$$

1090 Point Lobos Ave, 94121 ***Tel*** *(415) 386-3330* ***Mapa*** *7 A1*

Na Cliff House original, de 1863, os ricos de São Francisco faziam seu *brunch*. Destruído duas vezes pelo fogo, este restaurante de frutos do mar foi restaurado e, agora, tem a melhor vista das focas na Seal Rocks. Prove os coquetéis do Zinc Bar. O restaurante formal abre para almoço e jantar, e o bistrô informal serve o dia todo.

GOLDEN GATE PARK E PRESIDIO Magic Flute Garden Ristorante $$$

3673 Sacramento Street, 94110 ***Tel*** *(415) 922-1225* ***Mapa*** *3 B4*

Mágico, encantador e peculiar, este pequeno restaurante, com cerca de 30 lugares, é um ótimo lugar para relaxar e deliciar-se num jantar com alguém especial. A culinária é italiana, com serviço atento e cordial. Há também um jardim, usado quando o tempo está bom.

GOLDEN GATE PARK E PRESIDIO Pacific Café $$$

7000 Geary Blvd, 94121 ***Tel*** *(415) 387-7091* ***Mapa*** *7 C1*

Aberto na década de 1970, o Pacific Café tem a marca dessa época e dispõe de vitrais. Frutos do mar bons e confiáveis são servidos à moda do cliente. Os que têm de esperar uma mesa quase sempre ganham uma taça de vinho. Atualmente, possui filiais por toda a Bay Area.

HAIGHT ASHBURY E MISSION Axum Café $

698 Haight St, 94117 ***Tel*** *(415) 252-7912* ***Mapa*** *10 D1*

Considerado o melhor lugar da cidade para degustar comida etíope, o Axum Café também é procurado pelos preços baixos. Casa modesta, serve porções generosas e condimentadas de carnes e cremes de vegetais, com pão que lembra panqueca, o *injera*. Muito barulho nos fins de semana, com a clientela local. Tem cerveja na torneira.

HAIGHT ASHBURY E MISSION Cha Cha Cha $

2327 Mission St, 94110 ***Tel*** *(415) 824-1502* ***Mapa*** *10 F3*

Animado ambiente noturno com restaurante, o Cha Cha Cha serve travessas de *tapas*, com fundo musical de música latina com sapateado. Vive cheio de gente bem-sucedida e barulhenta, o que não o indica para jantares românticos. Prepare-se para esperar, pois fica lotado nas noites de sexta e sábado.

HAIGHT ASHBURY E MISSION La Taqueria $

2889 Mission St, 94110 ***Tel*** *(415) 285-7117* ***Mapa*** *10 F4*

Saborosas carnes marinadas de boi, porco ou frango servidas com feijão ou arroz, alface e tomate, criam perfeitos recheios de *burritos*, com preços ótimos. Também oferece *guacamole*. O menu do tipo cafeteria muda sempre. Fica lotado na hora do almoço, mas a rotatividade é rápida.

HAIGHT ASHBURY E MISSION Memphis Minnie's BBQ Joint $

576 Haight St, 94117 ***Tel*** *(415) 864-7675* ***Mapa*** *10 E1*

Pode-se comprar para levar ou comer no local. O Memphis Minnie serve linguiça, frango, filé, costela e carne de porco ao estilo do Sul, assados lentamente no espeto. Peça um combo e não se esqueça das fritas cortadas à mão e do *chili* de peito de boi na brasa. Bem do jeito de São Francisco, aqui se serve saquê.

HAIGHT ASHBURY E MISSION Pomelo $

1793 Church St, 94131 ***Tel*** *(415) 285-2257* ***Mapa*** *10 E5*

Pratos de talharim e arroz da China, do Japão, da índia, da África e da Europa figuram no menu que sempre muda. O Pomelo é frequentado por moradores. Uma filial, sem lugares ao ar livre, está localizada na Judah Street nº 92.

HAIGHT ASHBURY E MISSION Rosamunde Sausage Grill $

545 Haight St, 94117 ***Tel*** *(415) 437-6851* ***Mapa*** *10 E1*

O menu do Rosamunde é especializado em um prato, sempre excelente. Peça linguiça –no estilo alemão, italiano ou californiano– e diversos condimentos. Coma no balcão com oito banquinhos, ou faça o pedido no bar ao lado. O Rosamunde também manda entregar em casa.

HAIGHT ASHBURY E MISSION Zazie $

941 Cole St, 94117 ***Tel*** *(415) 564-5332* ***Mapa*** *9 B2*

Ponto mais concorrido da vizinhança para o *brunch* de fim de semana, o Zazie também serve almoços e jantares no estilo de um bistrô, diariamente. O pratos fartos são servidos por pessoal atencioso. O pátio externo é ótimo para bate-papos sossegados. É um restaurante ideal para refeições românticas.

HAIGHT ASHBURY E MISSION Andalu $$

3198 16th St, 94103 ***Tel*** *(415) 621-2211* ***Mapa*** *10 E2*

Neste concorrido restaurante é servida uma versão internacional de "pequenos pratos" (mesmo conceito das *tapas* espanholas), com ingredientes locais. O Andalu também se orgulha da excelente sangria e da extensa carta de vinhos. O ambiente é informal e festivo. O melhor modo de chegar aqui é por transporte público.

HAIGHT ASHBURY E MISSION Indian Oven $$

233 Fillmore, 94117 ***Tel*** *(415) 626-1628* ***Mapa*** *10 E1*

Opção mais cara nesta área cheia de restaurantes indianos, o Indian Oven ganhou fama pelos curries vermelhos e amarelos, *naan* feito na hora e saborosos pratos vegetarianos. Não se esqueça de provar as sobremesas caseiras. Serviço atencioso prestado por garçons vestidos a caráter dá destaque ao lugar. **www.indianovensf.com**

HAIGHT ASHBURY E MISSION Thep Phanom Thai Cuisine $$
*400 Waller St, 94117 **Tel** (415) 431-2526* ***Mapa** 10 E1*

No jantar, é preciso fazer reserva neste concorrido restaurante tailandês (no almoço seja mais flexível). Uma equipe afável serve clássicos da Tailândia bem temperados, como *yum pla muk* (salada fria de lula apimentada), num ambiente confortável e acolhedor. O menu especial de dois pratos é fantástico.

HAIGHT ASHBURY E MISSION Ti Couz $$
*3108 16th St, 94103 **Tel** (415) 252-7373* ***Mapa** 10 F2*

Uma das mais antigas *crêperies* da cidade, o Ti Couz lhe dá a opção de criar suas próprias crepes, recheadas com grande variedade de carnes e/ou vegetais, ou com caldas doces para a sobremesa. Se você não gosta de crepe, prove as grandes saladas fresquinhas, acompanhadas por alguma das cervejas celtas da longa carta.

HAIGHT ASHBURY E MISSION Delfina $$$
*3621 18th St, 94110 **Tel** (415) 552-4055* ***Mapa** 10 E3*

Numa área difícil de parar carro, o estacionamento conta pontos para este restaurante simples, com comida do norte da Itália perfeitamente temperada. Ingredientes superfrescos, adquiridos de manhã nos mercados. Carta de vinhos excelente. O Delfina é concorrido, por isso chegue cedo para jantar.

HAIGHT ASHBURY E MISSION Zuni Café $$$
*1658 Market St, 94102 **Tel** (415) 552-2522* ***Mapa** 10 F1*

Hambúrgueres perfeitos e suculentos frangos assados, preparados em fogo aberto, complementam o menu que oferece muitos pratos mediterrâneos. Entre os mais pedidos estão o frango assado e a salada de pão toscano. As paredes de vidro dão para a Market Street, com ótima visão do movimento, que só diminui tarde da noite.

PACIFIC HEIGHTS Fresca $
*2114 Fillmore, 94115 **Tel** (415) 447-2668* ***Mapa** 4 D4*

Este restaurante peruano possui decoração *country*, com cozinha aberta. Há ótimos pratos caseiros de carne e de frutos do mar. Entre as especialidades estão *ceviches* baseados em *halibute* com gengibre e *aji amarillo* (*chili* amarelo peruano), além de perca do mar com limão e coentro. O ambiente informal aumenta seu charme.

PACIFIC HEIGHTS La Mediterranee $
*2210 Fillmore St, 94115 **Tel** (415) 921-2956* ***Mapa** 4 D4*

Este restaurante ocupa um espaço estreito. Serve especialidades deliciosas do Mediterrâneo, como *homus* e *faláfel*, com vinho da casa de preço razoável. De sobremesa, prove a saborosa *baklava*. Este velho ponto da vizinhança ainda exibe um pombo voando e o nome dos antigos donos no vitral acima da porta. Tem uma filial em Berkeley.

PACIFIC HEIGHTS Liverpool Lil's $
*2942 Lyon St, 94123 **Tel** (415) 921-6664* ***Mapa** 3 C3*

A fama do Liverpool Lil's como local favorito para almoço e jantar vem de seus drinques fortes, do serviço simpático e do menu de *pub*, com saladas grandes, bifes apimentados e um hambúrguer delicioso. No calor, as mesas externas dão vista para o lado oeste do Presidio. Abre tarde e fecha depois da meia-noite.

PACIFIC HEIGHTS Mel's Drive-In $
*2165 Lombard St, 94123 **Tel** (415) 921-2867* ***Mapa** 3 C3*

Este *diner* com estilo da década de 1950 não é original, mas chega perto o suficiente com decoração de época, *jukeboxes* nas mesas e garçonetes elegantes. Perfeito para um hambúrguer com batatas fritas acompanhado de *milkshake*, para um *snack* no fim da noite ou um café da manhã bem cedinho.

PACIFIC HEIGHTS Zao Noodle Bar $
*2406 California St, 94115 **Tel** (415) 345-8088* ***Mapa** 4 D4*

Pratos de talharim rápidos, baratos e saudáveis, servidos em grandes tigelas, são alternativas perfeitas para a gordurosa comida de *fast-food*. Embora o estilo do preparo seja mais caseiro do que o da *haute cuisine*, é uma das melhores opções da cidade. Há diversas filiais no município e fora dele.

PACIFIC HEIGHTS Betelnut $$
*2030 Union St, 94123 **Tel** (415) 929-8855* ***Mapa** 4 E2*

O Betelnut serve comida asiática contemporânea e tem recebido grande quantidade de elogios da crítica, tanto por seu lado tradicional quanto pelas inovações. Grande variedade de pratos, de saladas e *noodles* a grandes porções de porco, frutos do mar, carne e frango.

PACIFIC HEIGHTS Elite Café $$
*2049 Fillmore St, 94115 **Tel** (415) 673-5483* ***Mapa** 4 D4*

No meio da área de compras da Fillmore Street, o Elite Café é uma instituição, com compartimentos privativos e bar animado que serve ostras frescas e bebidas fortes. Os *gumbos* e *jambalayas* ao estilo de Nova Orleans também aparecem no menu do *brunch* de fim de semana. Serviço cordial e atencioso.

PACIFIC HEIGHTS Balboa Café $$$
*3199 Fillmore St, 94123 **Tel** (415) 921-3944* ***Mapa** 4 D2*

Consistentes almoços e *brunches* são o forte do Balboa Café, mais antigo estabelecimento desta área conhecida como "the Triangle" por causa dos bares da moda. Não deixe de provar os hambúrgueres. Depois do jantar, este restaurante com decoração elegante se torna ponto de encontro de quem tem por volta de 30 anos.

Categorias de preço *pág. 568* **Legenda dos símbolos** *no final do guia*

PACIFIC HEIGHTS Brazen Head $$$

3166 Buchanan St, 94123 ***Tel*** *(415) 921-7600* ***Mapa*** *4 D2*

Este lugar só aceita dinheiro. É escuro, parece um *pub* e se tornou o destino de quem procura filé tradicional grelhado, *scotch on the rocks* e longos bate-papos até tarde, depois que outros restaurantes locais já fecharam. A longa carta de vinhos tem boa seleção. O cliente vem pelo endereço, pois não há placa.

PACIFIC HEIGHTS Clementine $$$

126 Clement St, 94118 ***Tel*** *(415) 387-0408* ***Mapa*** *3 A5*

Convém chegar cedo ao Clementine, um canto de Paris com luz suave na área de Richmond. O menu de preços fixos razoáveis faz lotar depressa o pequeno espaço, principalmente no fim de semana. Clássicos de bistrô, como *cassoulet* e perna de carneiro com vagem, são pedidos sempre.

PACIFIC HEIGHTS Greens $$$

Building A, Fort Mason Center, 94123 ***Tel*** *(415) 771-6222* ***Mapa*** *4 E1*

Muita gente considera o Greens como o restaurante vegetariano mais famoso da cidade. Tem paredes claras e elegantes, e vista da Golden Gate Bridge. O ambiente é perfeito para as criativas iguarias sem carne, que até os carnívoros adoram. A cesta de pães tem sempre uma porção de itens excepcionais feitos na padaria da casa.

PACIFIC HEIGHTS PlumpJack Café $$$

3127 Fillmore St, 94123 ***Tel*** *(415) 563-4755* ***Mapa*** *4 D2*

O PlumpJack Café, restaurante minúsculo e muito chique, sempre foi concorrido, desde que abriu, em 1993. O criativo menu mediterrâneo ganha o realce de carnes e produtos frescos do local. A carta de vinhos é bem selecionada e tem preços razoáveis. Ambiente acolhedor. É preciso fazer reserva.

PACIFIC HEIGHTS Rose's Café $$$

2298 Union St, 94123 ***Tel*** *(415) 775-2200* ***Mapa*** *4 D3*

As mesas de fora dão para o canto sossegado da Union Street. O espaço interior amarelo vivo possui janelões. A principal atração do restaurante são os almoços nos dias úteis, com boas saladas e massas, além dos *brunches* de fim de semana, com especialidades do tipo *French toast* e *breakfast pizzas*. Segundas à noite tem música ao vivo.

PACIFIC HEIGHTS Chez Nous $$$$

1911 Fillmore St, 94115 ***Tel*** *(415) 441-8044* ***Mapa*** *4 D4*

Este é um restaurante bem concorrido, mas não faz reserva. Por isso, costuma haver espera, pois o lugar fica lotado quase sempre. Predomínio mediterrâneo na comida, com pratos do tipo picadinho de carneiro com sal de lavanda ou salada de lula grelhada.

BAY AREA

BERKELEY Bangkok Thai Cuisine $

1459 University Ave, 94702 ***Tel*** *(510) 848-6483* ***Mapa rodoviário*** *destaque B*

Ambiente limpo e claro serve de cenário para apreciar a boa culinária tailandesa desta casa concorrida. A comida tem bom preço e é servida com rapidez, principalmente no almoço, quando lota. Tem pratos com carne, frango e frutos do mar, com arroz e talharim. Entre os preferidos estão rolinhos primavera vegetarianos e carne com brócolis.

BERKELEY Bette's Ocean View Diner $

1807A 4th St, 94710 ***Tel*** *(510) 644-3230* ***Mapa rodoviário*** *destaque B*

Um clássico, no famoso quarteirão de lojas da cidade, este restaurante no estilo da década de 1940 oferece a comida americana tradicional e substanciosa. Os clientes fazem fila de horas, no fim de semana, para saborear seus pratos favoritos servidos com um sorriso. Prove as panquecas, os waffles e os *scones*. Às vezes, o barulho é ensurdecedor.

BERKELEY Celia's Mexican Restaurant $

1841 Euclid Ave, 94710 ***Tel*** *(510) 549-1460* ***Mapa rodoviário*** *destaque B*

Este restaurante informal e bem ruidoso fica no coração da popular região de compras de Berkeley. Serve excelente comida mexicana, preparada tradicionalmente. *Nachos*, *fajitas*, *burritos* e *enchiladas* são oferecidos junto com boa seleção de pratos vegetarianos e de frutos do mar. Vale a pena provar as *margaritas*.

BERKELEY Plearn Thai Cuisine $

2050 University Ave, 94707 ***Tel*** *(510) 841-2148* ***Mapa rodoviário*** *destaque B*

Esta casa tailandesa simples aguentou o teste do tempo e o teste do volúvel público local, tornando-se uma das preferidas da região –os restaurantes tailandeses têm boa resistência. O *pad thai* (prato de talharim com tofu, camarão e amendoim) é uma das especialidades da casa. Serviço amistoso e comida com preço razoável.

BERKELEY Chez Panisse Restaurant $$$$$

1517 Shattuck Ave, 94709 ***Tel*** *(510) 548-5525* ***Mapa rodoviário*** *destaque B*

A proprietária e chef Alice Waters é famosa por inovar a cozinha da Califórnia, oferecida neste restaurante simples, de estrutura de madeira, onde tudo começou. Os pratos utilizam ingredientes fresquíssimos. Faça reserva com bastante antecedência ou opte pelo café, mais descontraído, no andar de cima.

BOLINAS Blue Heron Inn $

11 Wharf Rd, 94924 ***Tel*** *(415) 868-1102* ***Mapa rodoviário*** *destaque B*

Instalado em um B&B que ocupa uma casa vitoriana, este consagrado restaurante apresenta menu sazonal preparado com ingredientes da região. Os pratos de peixes frescos são excelentes. Também dispõe de mesas ao ar livre, num pátio sombreado voltado para lindo jardim de vegetação exuberante. Fecha às terças-feiras. **www.blueheart-bolinas.com**

BOLINAS Coast Café $

46 Wharf Rd, 94924 ***Tel*** *(415) 868-2298* ***Mapa rodoviário*** *destaque B*

O tema deste restaurante alegre e simpático, situado em local histórico, é o surfe. O Coast Café oferece clássicos do mar bem preparados e cozinha californiana, inclusive filé Niman Ranch e cardápios especiais para crianças. Produtos sazonais são usados para criar pratos inovadores. As ostras são assadas na brasa no deque, durante o verão.

BURLINGAME Kuleto's $$

1095 Rollins Rd, 94010 ***Tel*** *(650) 342-4922* ***Mapa rodoviário*** *destaque B*

Filial de conhecida casa de São Francisco, este restaurante bonito e bem administrado serve comida italiana rústica. Muitos pratos são preparados num enorme forno à lenha, que domina a cozinha aberta. O salão é convidativo e barulhento, e os garçons são eficientes. Lugar ideal para levar as crianças.

HALF MOON BAY Moss Beach Distillery $

140 Beach Way, 94038 ***Tel*** *(650) 728-5595* ***Mapa rodoviário*** *destaque B*

O menu apresenta comida substanciosa americana e italiana, e algumas boas opções de frutos do mar. Um deque ao ar livre fica sempre lotado e oferece linda vista para o mar. Os clientes podem saborear um coquetel ou chocolate apreciando o pôr do sol. O Moss Beach também serve um brunch elaborado aos domingos.

HALF MOON BAY Cetrella $$$

845 Main St, 94019 ***Tel*** *(650) 726-4090* ***Mapa rodoviário*** *destaque B*

Restaurante fino, ao mesmo tempo informal e sofisticado, com toques mediterrâneos na decoração e no menu, que emprega ingredientes fresquíssimo da região. Os destaques incluem impressionante variedade de queijos e uma carta de vinhos excelente. Jazz ao vivo às quintas e aos sábados. O Cetrella fecha as segundas-feiras.

LAFAYETTE Postino $$

3565 Mount Diablo Blvd, 94549 ***Tel*** *(925) 299-8700* ***Mapa rodoviário*** *destaque B*

Este animado restaurante do tipo familiar atrai clientes de toda a Bay Area em razão da culinária italiana autêntica. Entre as especialidades estão massas e queijos caseiros, carnes em conserva feitas no local, e pratos no forno. Há também frutos do mar excelentes. A decoração rústica aumenta o encanto do lugar.

LARKSPUR The Tavern at Lark Creek $$$

234 Magnolia Ave, 94939 ***Tel*** *(415) 924-7766* ***Mapa rodoviário*** *destaque B*

Localizado em um bosque de árvores altas, este restaurante confortável e caseiro serve especialidades premiadas e criativas da cozinha country americana, de camarões com farinha a espaguete com sardinhas Monterey. Tem ótimas carnes e aves, e um frequentado brunch aos domingos. Somente jantar.

MILL VALLEY Samurai $

425 Miller Ave, 94941 ***Tel*** *(415) 381-3680* ***Mapa rodoviário*** *destaque B*

Muito famoso, este barulhento restaurante japonês costuma ter fila que demora uma hora ou mais. Porém, a maioria dos clientes acha que a comida apetitosa vale a espera. Tempurá, frutos do mar suculentos e sushis muito frescos são algumas das especialidades da casa. Não serve almoço e fecha aos domingos.

MILL VALLEY Buckeye Roadhouse $$

15 Shoreline Hwy, 94941 ***Tel*** *(415) 331-2600* ***Mapa rodoviário*** *destaque B*

Com localização bem visível da estrada, esta casa simpática é importante entre os restaurantes da área que servem comida tradicional. Ambiente hospitaleiro, com lareira crepitante. O menu apresenta comida simples americana, com saborosos filés e pratos de frutos do mar. Prove o *brunch* de domingo.

MILL VALLEY Frantoio $$

152 Shoreline Hwy, 94941 ***Tel*** *(415) 289-5777* ***Mapa rodoviário*** *destaque B*

Afamado pelo azeite caseiro, feito pela única prensa de azeitonas dos EUA, este restaurante claro e alegre oferece deliciosa cozinha italiana e mediterrânea, em boa parte com abundância de ingredientes próprios. Escolha entre os variados pratos de massa, frutos do mar, carne e aves, além das pizzas.

MILL VALLEY Piazza D'Angelo $$

22 Miller Ave, 94941 ***Tel*** *(415) 388-2000* ***Mapa rodoviário*** *destaque B*

Há muito tempo, o ambiente animado e o menu italiano bem preparado deram destaque a este restaurante. O salão é aberto e convidativo. As pizzas de forno à lenha são notáveis, assim como as massas recém-preparadas e os pratos de frutos do mar. O Piazza D'Angelo atrai clientela variada, de moradores a celebridades.

OAKLAND Rockridge Café $

5492 College Ave, 94618 ***Tel*** *(510) 653-1567* ***Mapa rodoviário*** *destaque B*

Decorado para parecer um *diner* de 1940, este restaurante informal fica na movimentada região comercial da cidade. Muito procurado por estudantes e famílias, que lotam o lugar nas tardes dos fins de semana para um bom hambúrguer ou, mais cedo, para um café da manhã farto. Ambiente simpático e despretensioso.

OAKLAND Bay Wolf $$$

3853 Piedmont Ave, 94611 ***Tel*** *(510) 655-6004* ***Mapa rodoviário*** *destaque B*

Famoso pela excelência, este restaurante antigo e elegante ocupa uma velha casa vitoriana e apresenta pratos inspirados na Toscana e no País Basco. O menu consagrado muda a cada mês para representar uma região diferente do Mediterrâneo. Não serve almoço aos sábados e domingos.

OAKLAND Oliveto $$$$

5655 College Ave, 94618 ***Tel*** *(510) 547-5356* ***Mapa rodoviário*** *destaque B*

Apreciado na região, este restaurante tem um café informal e um serviço completo de restaurante, onde o chef habilidoso prepara comida italiana apetitosa, empregando os ingredientes mais frescos. O menu muda um pouco a cada dia, refletindo a imaginação do chef ao visitar o mercado. Não serve almoço aos sáb e dom.

ORINDA Siam Orchid Thai $

23–F Orinda Way, 94563 ***Tel*** *(925) 253-1975* ***Mapa rodoviário*** *destaque B*

Situado num vilarejo a 6km a leste de Berkeley, este restaurante simples, mas agradável, serve uma das melhores comidas tailandesas da área. Tem serviço simpático e preços baixos. O *pad thai* é ótimo, do mesmo modo que os especiais do dia. Há um pouco de espera nas noites dos fins de semana.

PALO ALTO Gordon Biersch $$$

640 Emerson St, 94301 ***Tel*** *(650) 323-7723* ***Mapa rodoviário*** *destaque B*

Parte de conhecida rede de restaurantes-cervejarias, este lugar animado e claro apresenta comida ótima, que vai bem além do que se serve em *pubs*. O menu conta com clássicos pratos americanos e italianos. Pizzas feitas na hora são uma boa escolha para complementar as cervejas feitas no local.

PESCADERO Duarte's Tavern $

202 Stage Rd, 94060 ***Tel*** *(650) 879-0464* ***Mapa rodoviário*** *destaque B*

Administrado pela mesma família há mais de um século, este despretensioso ponto de referência na estrada tem admiradores devotos por causa do serviço amistoso e das tortas caseiras. O menu está cheio de novidades, a exemplo de omelete de alcachofra, vieiras fritas, além dos clássicos, como picadinho de porco e molho de maçã.

POINT REYES STATION Station House Café $

11180 State Hwy, 94956 ***Tel*** *(415) 663-1515* ***Mapa rodoviário*** *A3*

Esta construção despojada, feita de tábuas pintadas de vermelho-vivo, abriga um restaurante simpático, com comida de qualidade surpreendente e frutos do mar fresquíssimos. Não perca o churrasco de ostras, disponível na temporada certa. O ambiente é informal e tranquilo. Fecha na quarta-feira.

SAN JOSE Tied House Café & Brewery $$

65 N San Pedro St, 95112 ***Tel*** *(408) 295-2739* ***Mapa rodoviário*** *B4*

Animada, esta microcervejaria e restaurante do tipo *pub* tem uma incrível seleção de cervejas caseiras na torneira, que complementam pratos de frutos do mar acima da média e outras iguarias. O menu é extenso e varia de pratos de inspiração mexicana a clássicos de Nova Orleans e da Itália. Agrada mesmo aos clientes mais exigentes.

SAN JOSE Yankee Pier $$

378 Santana Row, 95128 ***Tel*** *(408) 244-1244* ***Mapa rodoviário*** *B4*

No meio de lojas e restaurantes elegantes de Santana Row, esta casa econômica, de estilo familiar, é um lugar agradável. Oferece frutos do mar deliciosos, num menu preparado com um toque gourmet, que conta com um creme de marisco excelente. Comida de preço razoável e serviço rápido e simpático.

SAUSALITO Fish $$

350 Harbor Dr, 94965 ***Tel*** *(415) 331-3474* ***Mapa rodoviário*** *A3*

Este restaurante pequeno, com pé direito alto, tem poucas mesas. Fica à beira-mar e oferece menu com serviço de balcão. As especialidades são frutos do mar frescos, de preparo simples, a preços bem razoáveis. Ostras excelentes, creme branco de marisco e lulas grelhadas. Muito movimento na hora do almoço.

SAUSALITO Poggio Italian Restaurant $$

777 Bridgeway, 94965 ***Tel*** *(415) 332-7771* ***Mapa rodoviário*** *A3*

Localizado no coração de Sausalito, este restaurante confortável e simpático serve pratos italianos substanciosos e apetitosos. Muitos deles são levados a um amplo forno à lenha, ponto de destaque do lugar. O chef dá preferência aos clássicos italianos da Toscana. Serviço impecável.

TIBURON Guaymas $$$

5 Main St, 94920 ***Tel*** *(415) 435-6300* ***Mapa rodoviário*** *A3*

Deste restaurante, tem-se ampla vista para a Bay Area. Serve comida mexicana e latino-americana de qualidade, preparada com um toque gourmet e ingredientes frescos. O bar prepara *margaritas* excelentes e o cliente pode saboreá-las no agradável deque. Comida com preço justo e serviço eficiente.

TIBURON Sam's Anchor Café $$$

27 Main St, 94920 ***Tel*** *(415) 435-4527* ***Mapa rodoviário*** *A3*

Graças à localização nas docas da baía de São Francisco, este restaurante divertido e informal atrai clientes de toda a região. Constam do menu saborosas lulas fritas, alguns bons pratos de frutos do mar, hambúrgueres suculentos e pratos de influência italiana. O Sam's atrai uma clientela animada, principalmente nos fins de semana do verão.

EXTREMO NORTE

ARCATA Arcata Pizza and Deli $

1057 H St, 95521 ***Tel*** *(707) 822-4650* ***Mapa rodoviário*** *B2*

Simples, este restaurante é limpo e simpático. Serve comida confiável americana e italiana, como sanduíches, hambúrgueres, sopas, calzones e pizzas a ótimos preços. As saladas são enormes. Fica aberto até as 3h da manhã do fim de semana, atraindo pessoas que saem de festas, o que cria um ambiente interessante.

ARCATA Crosswinds $

860 10th St, 95521 ***Tel*** *(707) 826-2133* ***Mapa rodoviário*** *B2*

Instalado numa mansão histórica vitoriana, este restaurante tem salão confortável, com janelões e muita luz natural. O menu engloba versões vegetarianas de clássicos americanos. Há também alguns itens tradicionais e um concorrido brunch de fim de semana, que às vezes exige um pouco de espera por uma mesa.

EUREKA Lost Coast Brewery & Café $

617 4th St, 95501 ***Tel*** *(707) 445-4480* ***Mapa rodoviário*** *A2*

Esta cervejaria-*pub* divertida e rústica fica num velho prédio isolado. Tem ambiente despretensioso e animado criado pelo bate-papo da clientela, instalada em mesas de madeira. Comida barata, com porções fartas. Alguns pratos estão muito além da típica comida de *pub*. As cervejas caseiras são excepcionais.

EUREKA Restaurant 301 $$$

301 L St, 95501 ***Tel*** *(707) 444-8062* ***Mapa rodoviário*** *A2*

O bonito e histórico Hotel Carter é famoso por seu restaurante, o 301, que oferece preparações gourmet de pratos americanos e mediterrâneos, feitos com ingredientes sazonais frescos. O salão tem elegância e romantismo. A carta de vinhos é de alto nível. Não serve almoço.

GARBERVILLE Woodrose Café $

911 Redwood Dr, 95442 ***Tel*** *(707) 923-3191* ***Mapa rodoviário*** *A2*

Na região das sequoias, este café informal é muito popular entre os moradores, principalmente para o café da manhã. Oferece culinária tradicional americana, mas também tem muitas opções vegetarianas e uma série de comidas orgânicas. Fecha aos sábados e domingos, e só serve jantar aos sábados.

LEWISTON Mountain Valley Grill $

4811 Trinity Dam Blvd, 96052 ***Tel*** *(530) 778-3177* ***Mapa rodoviário*** *A2*

Simpático, este *diner* serve porções enormes da típica comida americana a preços convidativos. Tem os pratos mais comuns, como hambúrguer, filé, frango frito e salada. Prove o hambúrguer com bacon. Também fornece um café da manhã substancioso, com panquecas do tamanho do prato e omeletes enormes.

MOUNT SHASTA Lily's $$

1013 S Mount Shasta Blvd, 96067 ***Tel*** *(530) 926-3372* ***Mapa rodoviário*** *B1*

Restaurante charmoso, que ocupa uma construção modesta, com cerca de ripas, tem um pouco de tudo no menu variado. Apresenta pratos sazonais, alguns clássicos americanos e um pouco de comida mexicana e indiana. É aconselhável fazer reserva.

MOUNT SHASTA Michael's $$

313 N Mount Shasta Blvd, 96067 ***Tel*** *(530) 926-5288* ***Mapa rodoviário*** *B1*

Bastante procurado por moradores, este restaurante hospitaleiro e íntimo serve principalmente comida italiana, como linguine e espaguete, muito pedidos. No almoço é servida uma boa seleção de saladas e sanduíches. O serviço eficiente e o ambiente tranquilo somam-se ao charme. O Michael's fecha aos domingos.

ORICK Rolf's Park Café $

Hwy 101 at Davidson Rd, 95555 ***Tel*** *(707) 488-3841* ***Mapa rodoviário*** *A1*

Comandado por um chef nascido na Alemanha, este restaurante rústico serve pratos clássicos da terra dele, a exemplo de porções grandes de *sauerbraten* e de diversas especialidades da Baviera. Há também frutos do mar, carne de caça e de boi, além de substanciosos cafés da manhã. Fecha no inverno.

REDDING Jack's Grill $$

1743 California St, 96001 ***Tel*** *(530) 241-9705* ***Mapa rodoviário*** *B2*

Churrascaria bem administrada, oferece carnes e aves de qualidade para clientes fiéis, desde 1940. O frango frito e o filé enorme são fantásticos. O lugar é simpático e confortável. Como não se faz reserva, as filas podem ser longas. Fecha aos domingos e não serve almoço.

REDWAY Mateel Café $$

3342 Redwood Dr, 95560 ***Tel*** *(707) 923-2030* ***Mapa rodoviário*** *A2*

Refeições saudáveis, de peixe fresco, fartas saladas e pizzas suculentas, além de pratos inspirados no Oriente Médio, são o forte deste café. Também funciona como centro cultural da região e ponto de reunião para moradores que trocam as notícias do dia. Pães frescos e sobremesas deliciosas. Fecha aos domingos.

Categorias de preço *pág. 568* **Legenda dos símbolos** *no final do guia*

SAMOA Samoa Cookhouse $

79 Cookhouse Lane, 95564 ***Tel*** *(707) 442-1659* **Mapa rodoviário** *A2*

No início, era um salão de jantar para os famintos lenhadores da North Coast. Agora é um restaurante acolhedor e rústico que ainda serve porções enormes de comida americana substancial. O menu tem ovos com presunto, frango frito e itens caseiros, como pão fresco. Equipe eficiente. No lugar há um museu de toras de madeira.

SMITH RIVER Ship Ashore $

12370 Hwy 101 N, 95531 ***Tel*** *(800) 487-3144* **Mapa rodoviário** *A1*

Parte de um resort com o mesmo nome, este restaurante indicado para famílias fica perto de um navio histórico atracado permanentemente. O menu apresenta comida americana simples, além de porções de frutos do mar frescos e saborosos. Serviço simpático e ambiente hospitaleiro.

SUSANVILLE Black Bear Diner $

2795 Main St, 96130 ***Tel*** *(530) 257-4447* **Mapa rodoviário** *B2*

Apesar de pertencer a uma rede de restaurantes do Oeste, este tem ares de *diner* exclusivo, com compartimentos confortáveis e serviço familiar. A comida clássica americana é substanciosa e bem preparada, e conta com hambúrgueres e sanduíches excelentes, filés, picadinhos e saladas enormes. Café da manhã muito concorrido.

TRINIDAD Larrupin Café $$$

1658 Patrick's Point Dr, 95570 ***Tel*** *(707) 677-0230* **Mapa rodoviário** *A2*

Muito procurado por moradores e com vista para o oceano Pacífico, este pequeno restaurante cordial, bem ao norte de Arcata, possui ambiente caseiro e é conhecido pelos frutos do mar frescos e pela acolhida afável. O churrasco de ostras é um aperitivo delicioso. O Larrupin fecha às quartas-feiras e não serve almoço.

UKIAH Ukiah Brewing Company $$

102 S State St, 95482 ***Tel*** *(707) 468-5898* **Mapa rodoviário** *A3*

Tudo que se consome neste *pub* claro e animado é orgânico, da grande variedade de cervejas caseiras ao menu completo, que apresenta clássicos americanos atualizados. Serve hambúrgueres, curries apimentados, saladas, pizzas, *nachos*, *burritos*, sanduíches, filés e alguns pratos vegetarianos.

WEAVERVILLE La Grange Café $

226 N Main St, 96093 ***Tel*** *(530) 623-5325* **Mapa rodoviário** *A2*

Este café alegre, num prédio histórico, serve uma culinária preocupada com a saúde. Porções generosas de saladas orgânicas, sanduíches grandes e diversas refeições vegetarianas, tudo a preços baixos. Também oferece uma boa seleção de cervejas de minicervejarias, servidas na torneira. Costuma atrair o pessoal faminto que fez rafting no rio.

WINE COUNTRY

BOONVILLE Boonville Hotel $$$$

14050 Hwy 128, 95415 ***Tel*** *(707) 895-2210* **Mapa rodoviário** *A3*

O consagrado chef Johnny Schmitt é muito respeitado por sua *cuisine* californiana bem preparada, que tem influências mexicana e italiana. Carnes orgânicas e produtos cultivados na região são usados neste restaurante gourmet. O menu muda sempre, e há uma carta de vinhos excelente. Fecha às terças-feiras e nunca serve almoço.

CALISTOGA All Seasons Café $$$

1400 Lincoln Ave, 94515 ***Tel*** *(707) 942-9111* **Mapa rodoviário** *A3*

Um dos pontos mais concorridos da cidade, este restaurante charmoso é conhecido pela extensa carta de vinhos e pelo menu sazonal de clássicos, que muda com frequência. Não perca os pães caseiros e as massas frescas. No local também existe uma loja de vinhos e uma área de degustação. Serviço impecável.

CALISTOGA Brannan's Grill $$$

1374 Lincoln Ave, 94515 ***Tel*** *(707) 942-2233* **Mapa rodoviário** *A3*

Instalado numa construção histórica no coração da cidade, este bonito restaurante dispõe de um ótimo menu de pratos americanos grelhados e alguns clássicos de inspiração mediterrânea. Oferece nhoques, filés, saladas e filés mignons. Carta de vinhos de alto nível. Serviço simpático e ambiente impressionante.

FORESTVILLE Farmhouse Inn & Restaurant $$

7871 River Rd, 95436 ***Tel*** *(707) 887-3300, (800) 464-6642* **Mapa rodoviário** *A3*

Restaurante charmoso, situado numa singular casa de fazenda amarela, oferece ambiente refinado e tranquilo, junto com uma culinária de alta classe no estilo campestre francês. O menu se vale de ingredientes sazonais do local e muda sempre. As refeições são enfatizadas pela ótima seleção de queijos e pela carta de vinhos excepcional.

HEALDSBURG Dry Creek Kitchen $$$$

317 Healdsburg Ave, 95448 ***Tel*** *(707) 431-0330* **Mapa rodoviário** *A3*

Esta casa elegante, no igualmente chique Hotel Healdsburg, é liderada pelo famoso chef Charlie Palmer, criador do menu de pratos sazonais inspirados em ingredientes do local. O ambiente tem a marca da cidade grande, com charme de cidadezinha. Excelente carta de vinhos, exclusivamente da área. Não serve almoço de segunda a quinta.

NAPA Downtown Joe's Restaurant and Micro Brewery $

902 Main St, 94558 ***Tel*** *(707) 258-2337* ***Mapa rodoviário*** *A3*

Entre os lugares mais procurados para beber, este animado *pub* e minicervejaria tem muitas cervejas na torneira e um extenso menu de hambúrgueres, saladas e pizas. Também serve excelente café da manhã. No fim de semana, o salão é tomado por uma multidão festeira. Bom lugar para reunir os amigos e relaxar.

NAPA Bistro Don Giovanni $$$$

4110 Howard Lane, 94558 ***Tel*** *(707) 224-3300* ***Mapa rodoviário*** *A3*

O salão hospitaleiro deste restaurante muito procurado de Napa Valley possui uma grande lareira crepitante e um belo terraço ao ar livre. O menu apresenta a deliciosa comida rústica italiana, com influência francesa. A carta de vinhos é excelente. Oferece vistas fantásticas para as montanhas e os amplos jardins bem-cuidados.

NAPA Cole's Chop House $$$$

1122 Main St, 94559 ***Tel*** *(707) 224-6328* ***Mapa rodoviário*** *A3*

O salão tem paredes de pedra e vigas de madeira, criando um cenário informal, mas elegante, para as carnes maturadas e os picadinhos oferecidos no menu. Comece com um martíni. Depois escolha algo da ampla carta de vinhos mais voltada para os Cabernet Sauvignon. O serviço é exemplar e profissional. Só jantar.

RUTHERFORD Auberge du Soleil $$$$$

180 Rutherford Hill Rd, 94573 ***Tel*** *(707) 967-3111* ***Mapa rodoviário*** *A3*

Bonito e elegante, este restaurante é obrigatório para os verdadeiros amantes de bons pratos, que tenham tempo e renda disponíveis. A culinária, com produtos regionais frescos, é inovadora e apetitosa. O serviço é educado e habilidoso, e a vista do terraço, imbatível. Uma experiência inesquecível.

SANTA ROSA Mixx Restaurant & Bar $$$

135 4th St, 95401 ***Tel*** *(707) 573-1344* ***Mapa rodoviário*** *A3*

Este conhecido restaurante para ceias, ao estilo de um clube, fica numa construção histórica e apresenta comida regional italiana e americana, e algumas boas promoções, de vez em quando. O serviço é amistoso e afável. Costuma-se fazer "serviço de rolha" grátis às terças-feiras e degustação com *hors d'oeuvres* às quartas. Fecha aos domingos.

SONOMA Maya Restaurant $$

101 E Napa St, 95476 ***Tel*** *(707) 935-3500* ***Mapa rodoviário*** *A3*

Divertido e informal, este restaurante claro fica bem na praça do centro e apresenta especialidades latino-americanas, preparadas com toque gourmet e ingredientes superfrescos. As *carnitas* são as melhores da região. Há boas *margaritas*, assim como uma ampla variedade de misturas com tequila. Fecha às segundas.

SONOMA The Swiss Hotel $$

18 W Spain St, 95476 ***Tel*** *(707) 938-2884* ***Mapa rodoviário*** *A3*

Uma das melhores refeições da cidade pode ser encontrada neste restaurante histórico na praça, com apetitoso menu de clássicos italianos rústicos e pizzas feitas no forno à lenha. O ambiente é cordial e hospitaleito. A clientela conta com moradores e também com turistas.

ST. HELENA Taylor's Automatic Refresher $

933 Main St, 94574 ***Tel*** *707-963-3486* ***Mapa rodoviário*** *A3*

Drive-in clássico na estrada, o Taylor's Refresher ficou famoso por servir hambúrgueres inacreditáveis, fritas saborosas e *milk-shakes* grandes e densos, desde 1949. O serviço é rápido; assim, o cliente não se intimida com as filas enormes que, invariavelmente, se formam no fim de semana. Ideal para famílias com crianças.

ST. HELENA Market Restaurant $$

1347 Main St, 94574 ***Tel*** *(707) 963-3799* ***Mapa rodoviário*** *A3*

Este restaurante confortável oferece a experiência de jantar bem sem exageros. Comida excelente, com serviço de primeira. Serve pratos tradicionais americanos, como filés, aves, frutos do mar e massas, preparados com ingredientes sazonais frescos e toques gourmets.

ST. HELENA Meadowood Restaurant $$$

900 Meadowood Lane, 94574 ***Tel*** *(707) 963-3646, (800) 458-8080* ***Mapa rodoviário*** *A3*

Este restaurante elegante, no famoso resort Meadowood Napa Valley, apresenta inovações na cozinha provençal, servidas em ambiente sereno, com janelões e mesas com toalha branca. No local também funciona um grill menos formal. O ambiente é claro e convidativo.

ST. HELENA Press Restaurant $$$$

587 St. Helena Hwy, 94574 ***Tel*** *(707) 967-0550* ***Mapa rodoviário*** *A3*

No coração de St. Helena, o sofisticado Press Restaurant serve carne maturada habilmente preparada, frango assado e outras especialidades do grill à lenha e da rotisseria. O ambiente é informal, mas elegante, e o serviço, excepcional Abre apenas para o jantar.

ST. HELENA Tra Vigne $$$$

1050 Charter Oak, 94574 ***Tel*** *(707) 963-4444* ***Mapa rodoviário*** *A3*

Um dos restaurantes mais apreciados da região, este lugar animado fica entre árvores. Folhagens e trepadeiras cobrem as paredes. O menu oferece especialidades italianas rústicas, além de iguarias frescas da padaria própria. Peça uma mesa no pátio e realize uma rica experiência no Wine Country.

YOUNTVILLE Mustards Grill $$

7399 St. Helena Hwy, 94558 ***Tel*** *(707) 944-2424* **Mapa rodoviário** B3

Este restaurante fica em meio aos vinhedos. A culinária da Califórnia, bem preparada, é servida em ambiente vibrante. Prove o picadinho mongol de carne de porco com molho caseiro de mostarda. A torta de limão com açúcar mascavo e suspiro é célebre. Faça reserva para o jantar, ou pegue uma cadeira no bar, durante o almoço.

YOUNTVILLE Napa Valley Grille $$$

6795 Washington St, 94599 ***Tel*** *(707) 944-8686* **Mapa rodoviário** B3

A ênfase meticulosa no frescor dos produtos, muito elogiada, é imitada por outros restaurantes de todo o país. Ingredientes locais são preparados no estilo Wine Country, acompanhados de ótimos vinhos. A especialidade é o *Sonoma duck duo* (coxa e peito de pato). Serviço rápido e prestativo.

YOUNTVILLE Bouchon $$$$

6534 Washington St, 94599 ***Tel*** *(707) 944-8037* **Mapa rodoviário** B3

Neste excelente bistrô, experimente as habilidades do chef Thomas Keller, elogiado pela crítica. Todos os pratos do menu são ótimos, principalmente o filé com fritas. De entrada, faça sua escolha no amplo bar com tira-gostos. Apetitosos pães frescos e doces são oferecidos na padaria ao lado.

YOUNTVILLE The French Laundry $$$$$

6640 Washington St, 94599 ***Tel*** *(707) 944-2380* **Mapa rodoviário** B3

Esta é o famoso lugar em que o chef Thomas Keller construiu sua reputação. Oferece jantares maravilhosos. Faça reserva um mês antes. Assim que conseguir, prepare-se para passar algumas horas numa experiência gastronômica monumental. Abre todos os dias para o jantar. O almoço só é servido às sextas e aos sábados e domingos.

GOLD COUNTRY E CENTRAL VALLEY

AMADOR CITY Imperial Hotel and Restaurant $$$

14202 Hwy 49, 955601 ***Tel*** *(209) 267-9172* **Mapa rodoviário** B3

Instalado no Imperial Hotel, este restaurante concorrido é charmoso e claro. O salão está voltado para um jardim florido. O menu sazonal apresenta cozinha europeia, com destaque para muitos pratos de inspiração italiana. Peixes frescos e filés grelhados são os destaques. Abre apenas para o jantar, e fica fechado às segundas e terças.

CHICO Sierra Nevada Brewing Company Restaurant and Tap Room $$

1075 E 20th St, 95928 ***Tel*** *(530) 345-2739* **Mapa rodoviário** B2

Concorridíssimo, por atuar numa minicervejaria em funcionamento, este restaurante serve comida memorável, como lombo de porco com maçã e malte, além de pizzas deliciosas de forno à lenha. Frequentado por jovens, o lugar é animado, principalmente nas noites de fim de semana. Fecha às segundas.

GRASS VALLEY Swiss House Restaurant $

535 Mill St, 95945 ***Tel*** *(530) 273-8272* **Mapa rodoviário** B3

Esta casa hospitaleira para famílias é procurada pelas especialidades suíças e alemãs, que convivem num menu eclético com alguns pratos chineses e asiáticos. As sopas são caseiras, assim como as comidas tradicionais, como *sauerbraten*, *Jaeger schnitzel* e *bratwurst*. Serviço rápido e amistoso. Não serve almoço e fecha às segundas e terças.

GRASS VALLEY Holbrooke Hotel and Restaurant $$

212 W Main St, 95945 ***Tel*** *(800) 933-1011* **Mapa rodoviário** B3

Restaurante charmoso, no histórico Holbrooke Hotel, tem bonito salão voltado para a Main Street. Dispõe de menu que apresenta comida americana, com toques sazonais. Escolha um lugar no pátio sombreado por árvores. Este é um lugar procurado por moradores, principalmente nos fins de semana.

JAMESTOWN National Hotel Restaurant $$$

18183 Main St, 95370 ***Tel*** *(209) 984-3446* **Mapa rodoviário** B3

Numa construção histórica dos tempos da Corrida do Ouro, este restaurante alegre oferece um menu longo e impressionante, que dá mais destaque à culinária do Mediterrâneo. Invente uma refeição leve a partir do menu de tira-gostos. As sobremesas caseiras são fantásticas, em especial o *crème brûlée*. Ótima carta de vinhos.

NEVADA CITY Country Rose Café $$$

300 Commercial St, 95959 ***Tel*** *(530) 265-6248* **Mapa rodoviário** B3

Com ambiente barulhento e decoração informal, este restaurante está entre os mais inovadores da área. A comida se inspira na *cuisine* campestre francesa, muito bem preparada e apresentada artisticamente pela criativa equipe da cozinha. Serviço simpático e espirituoso. De vez em quando há música ao vivo no salão.

NEVADA CITY Citronée Bistro $$$$

320 Broad St, 95959 ***Tel*** *(530) 265-5697* **Mapa rodoviário** B3

Consiste em um café informal na frente e um restaurante mais formal, atrás. A excelente comida de bistrô é preparada com os melhores ingredientes e ervas cultivadas em seus canteiros. Para quem se aventurar, o chef Robert cria menus surpresa, com o que houver de melhor naquele dia. Fecha às terças e quartas.

SACRAMENTO Centro Cocina Mexicana $
2730 J St, 95816 ***Tel*** *(916) 442-2552* ***Mapa rodoviário*** *B3*

A cozinha regional do México e da América Central inspira o menu fresco deste restaurante movimentado. O apetitoso *guacamole*, uma especialidade da casa, é uma boa entrada. Os pratos são preparados com leveza. O ambiente do bar se agita nas noites de fim de semana. Não serve almoço aos domingos.

SACRAMENTO Tower Café $
1518 Broadway, 95818 ***Tel*** *(916) 441-0222* ***Mapa rodoviário*** *B3*

O popularíssimo Tower Café é ideal para se sentar no pátio cercado de palmeiras, nas noites longas, e saborear cervejas ou chás. Menu informal e eclético, influenciado por sabores da Ásia e da África. Serviço irregular. A interessante carta de vinhos e cervejas tem itens de regiões remotas do mundo.

SACRAMENTO 33rd St Bistro $$
3301 Folsom Blvd, 95816 ***Tel*** *(916) 455-2233* ***Mapa rodoviário*** *B3*

Este café informal e elegante oferece boa comida no estilo mediterrâneo, a exemplo de saladas e massas leves, servidas prontamente pelo pessoal gentil. Dispõe de alguns vinhos bem selecionados, de regiões subestimadas, a preços ótimos. No fim de semana, o sossegado café da manhã é muito procurado pelos moradores.

SACRAMENTO Dragonfly $$$
1809 Capitol Ave, 95814 ***Tel*** *(916) 498-9200* ***Mapa rodoviário*** *B3*

Com paredes vermelhas e clientela animada, este bom restaurante perto do Capitólio tem menu asiático criativo. Entre os pratos bem variados, há sushis e frango grelhados, servidos como se fossem *tapas*, em pequenos pratos muito bem apresentados. Também dispõe de menu de sushi.

SACRAMENTO Fat City Bar & Café $$$
1001 Front St, 95814 ***Tel*** *(916) 446-6768* ***Mapa rodoviário*** *B3*

Numa histórica construção de tijolo, na Velha Sacramento, este restaurante serve de ponto de encontro de políticos e famílias locais há muito tempo. O ambiente alegre é perfeito para saborear os substanciosos pratos de inspiração americana e asiática. Costuma lotar nas noites de fim de semana; reserve com antecedência.

SACRAMENTO Esquire Grill $$$$
1213 K St, 95814 ***Tel*** *(916) 448-8900* ***Mapa rodoviário*** *B3*

Bistrô americano como os de Nova York, o Esquire Grill atrai uma clientela bonita e algumas celebridades ocasionais. O menu apresenta filés e picadinhos bem preparados, além de alguns ótimos frutos do mar. Bom movimento de bar no fim de semana. Não serve almoço aos sábados e domingos.

SACRAMENTO Rio City Café $$$$
1110 Front St, 95814 ***Tel*** *(916) 442-8226* ***Mapa rodoviário*** *B3*

O ambiente é cordial e convidativo no Rio City Café, um restaurante à beira do rio, que tem pé-direito alto com vigas no teto e janelões. O menu apresenta a culinária leve da Califórnia, com influências asiáticas. O *brunch* de fim de semana é muito concorrido. Recomenda-se fazer reserva.

SONORA Banny's Café $$
83 S Stewart St, Suite 100, 95370 ***Tel*** *(209) 533-4709* ***Mapa rodoviário*** *B3*

Serviço amistoso e ambiente barulhento dão destaque a este café meio impessoal. O menu apresenta uma mistura interessante de pratos regionais, como os da Califórnia, Europa e Ásia, alguns mais bem preparados que outros. Também serve vinhos, com uma extensa carta das safras locais.

SONORA Gus's Steakhouse $$$
1183 Mono Way, 95370 ***Tel*** *(209) 532-5190* ***Mapa rodoviário*** *B3*

Instalado numa construção dos tempos da Corrida do Ouro, este bonito restaurante lembra um clube. O pessoal simpático serve costelas e filés suculentos. Há também boas opções de massa e frutos do mar. Pode haver espera nas noites de fim de semana. Não faz reserva nem serve almoço aos sábados e domingos. Fecha nos meses de inverno.

HIGH SIERRAS

BIG PINE Rossi's Steak & Spaghetti Restaurant $$
100 N Main St, 93513 ***Tel*** *(760) 938-2254* ***Mapa rodoviário*** *C4*

Restaurante de gestão familiar, alegre, tem longa história na área, ocupando um prédio despojado de esquina. O menu é simples, com filés, picadinhos e massas, mas os pratos estão sempre perfeitos. O grandes filés e as enormes travessas de espaguete são muito famosos. Serviço amistoso e prestativo.

BISHOP Whiskey Creek $
524 N Main St, 93514 ***Tel*** *(760) 873-7174* ***Mapa rodoviário*** *C4*

Muito conhecido na região, este restaurante de bairro, informal, é sempre uma visão hospitaleira para quem viaja pela área. Grande menu de clássicos americanos, a maioria deles muito bem preparada. Pães frescos, sopas e saladas grandes ajudam a enfrentar as noites frias.

Categorias de preço *pág. 568* **Legenda dos símbolos** *no final do guia*

FISH CAMP Narrow Gauge Inn $$$

48571 Highway 41, 93623 ***Tel*** *(559) 683-7720, (888) 644-9050* ***Mapa rodoviário*** *C4*

Na histórica Narrow Gauge Inn, este restaurante ganhou fama na região pela alta qualidade da culinária americana. Não dá para perder os filés, os peixes e as aves. Os ambientes, que lembram chalés, são muito românticos, com grandes lareiras de pedra e móveis antigos. Fecha às segundas e terças, e durante o inverno.

MAMMOTH LAKES Old Mammoth Grill & Bar $

452 Old Mammoth Rd, 93546 ***Tel*** *(760) 924-2003* ***Mapa rodoviário*** *C4*

Escondido num pequeno shopping center, este grill tem bar animado e menu eclético. A variedade vai desde hambúrgueres e sanduíches grandes até costelas, filés, espetos de peixe e *burritos*. O *Mammoth Club*, uma especialidade da casa, serve rosbife, presunto, peru e queijo cheddar com tiras de *ortega chili* em pão de fermentação natural.

MAMMOTH LAKES Whiskey Creek Mountain Bistro $$$

24 Lake Mary Rd, 93546 ***Tel*** *(760) 934-2555* ***Mapa rodoviário*** *C4*

Em parte boate, em parte restaurante, este lugar antigo é muito procurado por moradores. Tem ambiente animado, com ocasional música ao vivo ou som de DJ. O restaurante oferece menu sazonal, com pratos que mudam sempre, além de uma lista de comidas favoritas, como filés e costelas grelhados. Não serve almoço.

NORTH LAKE TAHOE Bridgetender Tavern and Grill $

65 West Lake Blvd, 96145 ***Tel*** *(530) 583-3342* ***Mapa rodoviário*** *C3*

Antigo e concorrido lugar em que se reúnem moradores e turistas, esta taberna informal dispõe de uma ótima área com mesas ao ar livre, voltada para o lago Tahoe e para a barranca do rio Truckee. A cozinha é famosa pelos deliciosos hambúrgueres com fritas, mas também serve bons pratos de frutos do mar grelhados.

NORTH LAKE TAHOE Gar Woods Grill & Pier $

5000 North Lake Blvd, 96140 ***Tel*** *(530) 546-3366* ***Mapa rodoviário*** *C3*

Este restaurante e bar é conhecido pelos drinques exclusivos e pela substanciosa comida americana, assim como pelo pessoal que vem beber algo depois de andar de barco. Entre as especialidades estão frutos do mar grelhados e ótimos hambúrgueres. Manobristas grátis para barcos. Almoço e jantar diariam. Ótimo *brunch* com bufê.

NORTH LAKE TAHOE Sunnyside Restaurant $$$

1850 West Lake Blvd, 96145 ***Tel*** *(800) 822-2754* ***Mapa rodoviário*** *C3*

Num chalé à beira do lago, este restaurante concorrido tem salão espaçoso, com largas vigas de madeira, janelões e um deque de bom tamanho, que lota nas tardes agradáveis. O menu apresenta comida americana e deliciosos pratos de frutos do mar. O brunch de domingo é um ritual de verão.

SOUTH LAKE TAHOE Lake Tahoe Pizza Company $

1168 Lake Tahoe Blvd, 96150 ***Tel*** *(530) 544-1919* ***Mapa rodoviário*** *C3*

Comida bem-feita e preços excelentes são os segredos desta pizzaria familiar, que assa as pizzas em forno de tijolo especial. O forte do menu são pratos italianos tradicionais, que incluem pizza grelhada de frango, saladas, sanduíches e massas. Há também um menu de baixas calorias para manter a forma. Oferece boa seleção de cervejas.

SOUTH LAKE TAHOE Fresh Ketch $$$$

2435 Venice Dr, 96150 ***Tel*** *(530) 541-5683* ***Mapa rodoviário*** *C3*

Comida boa, serviço atento e linda vista fazem uma bela combinação neste restaurante informal na área de Tahoe Keys. Serve principalmente frutos do mar, com preparações influenciadas pela costa do Pacífico. Existe um restaurante casual no térreo e no gramado; os jantares finos são servidos num salão privativo no andar de cima.

STATELINE Sage Room $$$$

Hwy 50 at Stateline Ave, NV 89449 ***Tel*** *(775) 588-2411* ***Mapa rodoviário*** *C3*

Restaurante no Harvey's Casino que funciona desde 1947 e reuniu admiradores fiéis. O menu tem pratos consagrados, como excelentes filés e picadinhos servidos num ambiente com temas ocidentais. Há também seletos pratos de carne de caça, disponíveis em algumas ocasiões. *Banana Foster* é uma sobremesa da casa. Não serve almoço.

TAHOE CITY Tahoe House $

625 West Lake Blvd, 96145 ***Tel*** *(530) 583-1377* ***Mapa rodoviário*** *B3*

Na interessante Tahoe House existe uma padaria completa, que atrai muita gente de manhã cedo. O restaurante com tema suíço também é uma deli com produtos "para viagem", onde quem faz piquenique se abastece de pães frescos, queijos e bolos. Há, ainda, um interessante menu de pratos suíços tradicionais.

TAHOE CITY Jake's on the Lake $$$

780 North Lake Blvd, 96145 ***Tel*** *(530) 583-0188* ***Mapa rodoviário*** *C3*

Voltado para uma ampla marina, este restaurante é concorrido entre os moradores para coquetéis à tarde. Ambiente informal, serviço atento e ótima comida criativa da Califórnia. O menu tem uma longa lista de especialidades, com frutos do mar e algumas variedades raras do Havaí. À noite, o bar atrai uma multidão barulhenta.

TRUCKEE Dragonfly $$$

10118 Donner Pass Road, 96161 ***Tel*** *(530) 587-0557* ***Mapa rodoviário*** *B3*

Delicie-se com as criações da cozinha do chef Billy McCullough enquanto relaxa e aprecia a vista de Old Town Truckee. Há um deque que é usado em dias de sol. O menu mistura produtos frescos da Califórnia com a culinária de inspiração asiática. Recomenda-se fazer reserva.

TRUCKEE Pianeta $$$

10096 Donner Pass Rd, 96161 ***Tel*** *(530) 587-4694* **Mapa rodoviário** *B3*

No centro de Truckee, este restaurante oferece menu afamado de comida italiana rústica num salão que tem o hospitaleiro ambiente de montanha. Os compartimentos confortáveis são os melhores lugares. O serviço é eficiente e amistoso. Oferece bar e carta de vinhos. Abre diariamente para o jantar.

YOSEMITE NATIONAL PARK Wawona Dining Room $$

State Hwy 41, 95389 ***Tel*** *(559) 252-4848* **Mapa rodoviário** *C3*

Este restaurante no histórico hotel do Yosemite Park é famoso pelo ambiente simpático e pelo serviço. A comida básica americana, feita sem muita disciplina, apresenta saborosos filés e trutas. O salão vitoriano, com charmoso ar de rusticidade, pode ficar lotado e barulhento, o que faz parte do encanto. Fecha de novembro a março.

YOSEMITE NATIONAL PARK Ahwahnee Dining Room $$$$

Yosemite Valley, 95389 ***Tel*** *(559) 252-4848* **Mapa rodoviário** *C3*

Aqui, o destaque do jantar é o belo cenário, apesar de a comida ter melhorado recentemente para combinar com o ambiente inesquecível. A maior parte dos consagrados pratos americanos aparecem no menu, e as melhores opções são filés grelhados e picadinhos. Guarde espaço para as sobremesas deliciosas.

CENTRO-NORTE

APTOS Bittersweet Bistro $$$$

787 Rio Del Mar Blvd, 95003 ***Tel*** *(831) 662-9799* **Mapa rodoviário** *B4*

Num dos melhores jantares gourmets na área, este restaurante oferece comida excelente por preços justos. O menu de bistrô americano tem influência mediterrânea, mas a qualidade está no ótimo preparo e na apresentação artística. São usados ingredientes de primeira, com ênfase para os produtos locais. Excelente carta de vinhos.

BIG SUR Deetjen's $$$

48865 Hwy 1, 93920 ***Tel*** *(831) 667-2378* **Mapa rodoviário** *B4*

O cenário isolado deste hotel-restaurante é maravilhoso, com serviço prestativo. O salão se divide em quatro espaços de decoração eclética. O menu apresenta pratos interessantes da culinária ao estilo da Califórnia. O café da manhã, com menu colorido de doces e petiscos, é muito concorrido. Convém fazer reserva. Não serve almoço.

BIG SUR Nepenthe $$$

Hwy 1 CA, 93920 ***Tel*** *(831) 667-2345* **Mapa rodoviário** *B4*

Numa fantástica ambientação litorânea, este restaurante ganhou admiradores fiéis, embora a comida não tenha nada de extraordinário. Os pratos simples americanos satisfazem, assim como os pães e as sobremesas, tudo fresco. O *ambrosia burger* –sanduíche de carne moída com o molho caseiro *ambrosia*– é muito apreciado.

BIG SUR Sierra Mar $$$$$

Hwy 1, 93920 ***Tel*** *(831) 667-2800* **Mapa rodoviário** *B4*

Situado num pequeno hotel, este restaurante premiado tem vistas magníficas do salão. O menu inovador, com comida de inspiração sazonal, muda diariamente, tem preço fixo, embora se possa pedir à la carte. O Sierra Mar tem uma das maiores adegas de vinhos da América do Norte.

CARMEL Hog's Breath Inn $$

Esquina da San Carlos Ave com 5th St, 93921 ***Tel*** *(831) 625-1044* **Mapa rodoviário** *B4*

Com dono famoso –Clint Eastwood–, este bar e restaurante rústico e acolhedor tem um pátio ótimo, onde se pode saborear a substanciosa comida da Califórnia e do país todo. A costela é uma especialidade, assim como a longa lista de tira-gostos, que muitos clientes preferem ficar beliscando nas tardes com neblina, ao lado da lareira.

CARMEL Anton and Michel $$$

Esquina da Mission Ave com 7th St, 93921 ***Tel*** *(831) 624-2406* **Mapa rodoviário** *B4*

Uma referência em Carmel, este restaurante central é famoso pela cozinha contemporânea de inspiração francesa e pelo ambiente sofisticado. A comida utiliza ingredientes sazonais. O peito de frango à milanesa é pedido o tempo todo. Costuma ficar muito cheio de turistas. Reserve bem antes e peça um lugar no pátio.

CARMEL The Terrace Grill, La Playa Hotel $$$

Esquina da 8th Ave com Camino Real, 93920 ***Tel*** *(831) 624-6476* **Mapa rodoviário** *B4*

Um dos melhores restaurantes de hotel da região, este tem terraço a céu aberto que oferece belas vistas para o mar. O menu se compõe de pratos da culinária da Califórnia, feitos com ingredientes do local e apresentados artisticamente. Ótima seleção de vinhos no salão com lambris de madeira.

CARMEL The Covey at Quail Lodge $$$$

8205 Valley Greens Dr, 93923 ***Tel*** *(831) 624-1581* **Mapa rodoviário** *B4*

Num conhecido hotel, este elegante restaurante possui admiradores fiéis e um menu rotativo de comidas sazonais da Califórnia. Iguarias famosas, como a perca listrada assada e o salmão de cozimento lento, são saboreadas num ambiente contemporâneo, voltado para um lago e lindos jardins. O serviço é delicado sem exageros.

Categorias de preço *pág. 568* **Legenda dos símbolos** *no final do guia*

CARMEL Grasing's Coastal Cuisine $$$$

Esquina NE da 6th com Mission Ave, 93921 ***Tel*** *(831) 624-6562* ***Mapa rodoviário*** *B4*

Charmoso restaurante, comandado pelo chef e dono, é muito elogiado. Menu com variedades sazonais e excelentes pratos de frutos do mar. Entre as especialidades estão perna de carneiro assada, pato gratinado e medalhões de porco. A carta de vinhos de primeira oferece diversas opções em taças. Ambiente e serviço ótimos.

CARMEL Rio Grill $$$$

101 Crossroads Blvd, 93923 ***Tel*** *(831) 625-5436* ***Mapa rodoviário*** *B4*

A culinária ao estilo do Sudoeste neste restaurante animado vai de pratos tradicionais mexicanos e americanos a invenções no estilo mediterrâneo. Com ingredientes do local, a comida é feita numa grelha à lenha. Peixes frescos e massas também são oferecidos, junto com ampla variedade de coquetéis.

CASTROVILLE The Franco Restaurant $

10639 Merrit St, 95012 ***Tel*** *(831) 633-2090* ***Mapa rodoviário*** *B4*

Com decoração clara e *kitsch*, este bar gay faz parte de um conhecido hotel, instalado numa construção histórica. O menu eclético apresenta uma seleção de boa comida americana junto com alguns pratos mexicanos bem-feitos, que atraem fãs da região.

MONTEREY Tarpy's Roadhouse $$

2999 Monterey-Salinas Hwy, 93940 ***Tel*** *(831) 647-1444* ***Mapa rodoviário*** *B4*

Instalado numa antiga casa de rancho, este restaurante rústico e encantador possui admiradores devotos. Serviço profissional e simpático. O variado menu conta com carne de caça na brasa, ótimos filés, frutos do mar frescos, saladas e hambúrgueres. Há um bar completo e uma carta de vinhos elogiada pela crítica.

MONTEREY Domenico's on the Wharf $$$

50 Fisherman's Wharf, 93940 ***Tel*** *(831) 372-3655* ***Mapa rodoviário*** *B4*

O Domenico's tem ambiente tranquilo e vista panorâmica. O menu inspirado no norte da Itália apresenta frutos do mar e possui alguns outros pratos excelentes. O *cioppino*, ensopado de frutos do mar e mariscos, adorado na região, é a grande atração. Vale a pena conhecer o bar de ostras. Ótima seleção de vinhos.

MONTEREY Stokes Restaurant $$$

500 Hartnell St, 93940 ***Tel*** *(831) 373-1110* ***Mapa rodoviário*** *B4*

Este restaurante bonito, que ocupa uma construção de adobe com 200 anos, é famoso pela culinária mediterrânea muito bem-feita. O menu se vale de ingredientes de produtores locais preparados com toque de mestre. Excelente carta de vinhos. Não serve almoço aos sábados e domingos.

PACIFIC GROVE Fandango $$$

223 17th St, 93950 ***Tel*** *(831) 372-3456* ***Mapa rodoviário*** *B4*

Este antigo e animado restaurante serve pratos bem preparados de frutos do mar e filés, em salões diferentes. O colorido salão de cima, a adega, o reservado e o salão principal têm sua própria personalidade. A perna de carneiro, os lagostins e a *bouillabaisse* são consagrados. O local conta com serviço completo de bar.

SANTA CRUZ The Crêpe Place $

1134 Soquel Ave, 95062 ***Tel*** *(831) 429-6994* ***Mapa rodoviário*** *B4*

Esta creperia simpática e singular é muito concorrida. Da grande variedade de recheios, crie sua própria crepe, escolhendo entre versões de frutos do mar, carnes e de vegetais. O menu também oferece sopas e saladas. O salão com luz suave é ideal para casais. Famílias e grandes grupos podem ocupar a clara área do pátio.

SANTA CRUZ Crow's Nest $$

2218 E Cliff Dr, 95062 ***Tel*** *(831) 476-4560* ***Mapa rodoviário*** *B4*

Um ícone do porto desde 1969, este restaurante simples, simpático e divertido serve ótimas especialidades de frutos do mar, além de massas, filés e picadinhos. O bar no andar superior, o Breakwater, tem ambiente mais informal e serve sanduíches, hambúrgueres e pequenas porções de frutos do mar. Ocasional música ao vivo.

SANTA CRUZ Gabriella Café $$$

910 Cedar St, 95060 ***Tel*** *(831) 457-1677* ***Mapa rodoviário*** *B4*

Charmoso e romântico, o Gabriella Café usa em todos os pratos produtos orgânicos cultivados na região. Entre as especialidades há frutos do mar e massas, tudo cheio de frescor e sabor, apresentado artisticamente. O salão tem estilo toscano. O serviço é rápido e afável, num ambiente de primeira. Excelente carta de vinhos.

SANTA CRUZ Hollins House Restaurant $$$

20 Clubhouse Rd, 95060 ***Tel*** *(831) 459-9177* ***Mapa rodoviário*** *B4*

Instalada no famoso campo de golfe Pasatiempo, a Hollins House foi erguida em 1929 e oferece vistas fantásticas de Monterey Bay. O ambiente é de clube de campo, mas elegante. O menu apresenta ótimos filés e frutos do mar, além de itens como massas e queijos. Impressionante carta de vinhos.

SEASIDE El Migueleno $

1066 Broadway Ave, 93955 ***Tel*** *(831) 899-2199* ***Mapa rodoviário*** *B4*

Um entre os poucos restaurantes salvadorenhos no norte da Califórnia, este lugar modesto vale uma parada. Ao misturar cuidadosamente as tradições culinárias do México e de El Salvador, o menu apresenta pratos interessantes. Os ingredientes frescos do ensopado de frutos do mar são pescados na região. Serviço eficiente e preços atraentes.

COMPRAS NA CALIFÓRNIA

A Califórnia é um gigante no setor de manufaturados e tem importante papel na economia mundial. É a maior fabricante de roupas infantis dos EUA e famosa também pelas roupas esportivas. Os produtos de San Joaquin Valley, como frutas, castanhas e hortaliças, são consumidos em todo o país. Além das áreas comerciais de Los Angeles *(págs. 166-7)* e São Francisco *(págs. 382-3)*, as lojas das cidades menores também oferecem ótimos produtos locais. Quiosques de comida na beira das estradas, vinhedos, antiquários e feiras de artesanato são bem comuns no interior do estado – os preços costumam ser mais baixos lá do que nas grandes cidades. Se o turista for a um mercado de pulgas, não deve deixar de pechinchar bastante.

Selo da Associação dos Antiquários

Olhar vitrines pode ser um prazer na Ocean Avenue, Carmel *(pág. 510)*

HORÁRIO

A população local vê as compras como uma atividade de lazer, e por isso a maioria das lojas abre sete dias por semana. O horário padrão é das 10h às 18h (algumas lojas até as 21h), de segunda a sábado, e das 12h às 17h aos domingos. Em cidades menores, o comércio pode fechar no domingo ou na segunda e, em alguns casos, o horário comercial é menor: das 11h às 17h.

PAGAMENTO

A maioria dos estabelecimentos comerciais aceita os cartões de crédito American Express, MasterCard e Visa, além de cheques de viagem. Para estes, exigem um documento de identificação, como o passaporte. Poucas lojas aceitam cheques de bancos estrangeiros. No caso de compras pequenas, o melhor é pagar em dinheiro *(págs. 624-5)*.

IMPOSTOS

O imposto sobre vendas (VAT, na sigla em inglês) varia de 7,25% a 8,5% e incide sobre todas as compras, exceto alimentos e remédios com receita. O imposto não está incluído no preço anunciado –só é acrescentado no caixa.

TROCAS

Os comerciantes não são obrigados por lei a dar dinheiro ou crédito para artigos devolvidos, embora a maioria faça isso. Os artigos defeituosos, contudo, devem ser reembolsados, a não ser que estejam marcados "com defeito" *(flawed)* ou "vendido como está" *(sold as is)*. Confira antes de comprar, e guarde todos os recibos e o pacote original. O prazo normal para trocas é de 30 dias após a compra.

GAP

The Gap, nascida em São Francisco

ENTREGA

A maior parte das lojas pode providenciar a entrega das compras em sua casa, no Brasil, com serviços como o Federal Express e US Express Mail Service *(págs. 596-7)*, mas cobra à parte por isso. É preciso preencher um formulário com a descrição e o valor das mercadorias. Guarde o recibo, para o caso de extravios.

ONDE COMPRAR

Várias cidades costeiras famosas pelas lojas localizam-se na Highway 1 e na US 101. Entre elas estão Santa Barbara *(págs. 220-1)*, Big Sur *(págs. 514-5)*, Carmel *(pág. 510)*, Santa Cruz *(págs. 506-7)* e Sausalito *(págs. 414-5)*.

Na highway 99 e em outras que cruzam o San Joaquin Valley o visitante pode comprar frutas e legumes diretamente nas fazendas. Palm Springs *(págs. 274-5)* é famosa pelas butiques da moda e brechós, e há muitos antiquários nas cidades ao pé da Sierra, como Sutter Creek *(pág. 476)*.

MODA

A Califórnia é o paraíso das roupas *casual* –aqui foi inventada a sexta-feira sem gravata. Mas também a alta moda local influencia o resto do país.

Entre os trajes de natação e praia, 70% do que é produzido nos Estados Unidos têm marcas californianas que podem ser encontradas em cadeias de lojas como **Diane's Swimwear**. Da mesma forma, produz 65% da roupa jovem feminina.

Outra especialidade são as roupas infantis, sobretudo as marcas **The Children's Place, Gymboree** e **Levi Strauss**.

Há estilistas de renome, como **Jessica McClintock Inc.**, grife famosa de vestidos de baile e de noiva, além da **XXI Forever**, uma cadeia de lojas para adolescentes, e a **Chico's for Women**, de moda feminina.

A **Gap**, hoje uma gigante internacional do varejo, surgiu em São Francisco em 1969 e se tornou a primeira loja a colocar os jeans no mercado de massa.

MERCADOS DE PULGAS

Os mercados de pulgas (também chamados mercados de trocas) acontecem nos fins de semana, geralmente aos domingos. Os vendedores montam bancas em um amplo estacionamento, estádio ou mesmo na área de uma das famosas *missions*, e vendem um pouco de tudo. Às vezes se encontram pequenos tesouros nestas feiras, mas nunca pague o preço pedido –pechinchar é obrigatório. Leve dinheiro, pois cartões de crédito ou cheques de viagem não costumam ser aceitos.

Os mercados de pulgas mais conhecidos são o **Berkeley Flea Market**, o **San Jose Flea Market**, o **Rose Bowl Flea Market**, em Pasadena, e a **San Juan Bautista Peddlars Fair**. Algumas feiras cobram uma entrada simbólica de US$ 0,75 a US$ 1.

Mercado de pulgas ao ar livre em Sausalito

Capa de uma revista de artistas de cinema editada nos anos 1950

ANTIGUIDADES POP

As lojas especializadas em objetos antigos –artigos valiosos ou lembrança de pessoas ou de uma época– estão por toda parte. A **The Game Doc**, em San Fernando, vende jogos antigos para todas as idades. A **Hello Central** possui telefones antigos de todos os tipos. A **Sarah Stocking Fine Vintage Posters** têm pôsteres de filmes antigos. Há artigos sobre Hollywood em toda Los Angeles *(págs. 166-7)* e em lojas como a **Sutter Creek Antiques**, em Sutter Creek.

LOJAS DE FÁBRICA

Cada vez mais comuns e populares são as lojas de fábrica, que vendem ponta de estoque ou excedentes de produção diretamente ao consumidor, a preços em geral mais baixos que os do varejo normal.

Os shopping centers de lojas de fábrica têm no mínimo 20 lojas, mas o **Vacaville Premium Outlets** possui mais de cem. Outros centros do gênero muito frequentados são o **American Tin Cannery Factory Outlets**, no Pacific Grove, o **Napa Premium Outlets**, o **Cabazon Outlets**, o **Citadel Outlets**, o **Outlets Pismo Beach** e o **Camarillo Premium Outlets**. Para excursões a estes locais, em São Francisco, contate o **Shopper Stopper Shopping Tours**.

TABELA DE TAMANHOS

PARA CRIANÇAS									
Roupas infantis									
EUA	2–3	4–5	6–6x	7–8	10	12	14	16	
Brasil	2	4	6	8	10	12	14	16	
Calçados infantis									
EUA	7½	8½	9½	10½	11½	12½	13½	1½	2½
Brasil	24-5	26-7	28	29	30	31	32	33	34
PARA MULHERES									
Vestidos e casacos femininos									
EUA	4	6	8	10	12	14	16	18	
Brasil	38	40	42	44	46	48	50	-	
Blusas e suéters femininos									
EUA	6	8	10	12	14	16	18		
Brasil	38	40	42	44	46	48	50		
Calçados femininos									
EUA	5	6	7	8	9	10	11		
Brasil	36	-	37	-	38	-	39		
PARA HOMENS									
Ternos									
EUA	34	36	38	40	42	44	46	48	
Brasil	-	46	-	48	-	50	52	54	
Camisas									
EUA	14	15	15½	16	16½	17	17½	18	
Brasil	35	37	39	40	41	42	43	44	
Calçados masculinos									
EUA	7	7½	8	8½	9½	10½	11	11½	
Brasil	39	40	41	42	43	44	45	46	

Antiquário em Temecula, perto de Carlsbad

LIVROS, MÚSICA E ARTESANATO

As livrarias estão presentes em todas as cidades californianas, ou como parte de uma rede ou como pequenas lojas independentes.

Já no que se refere à música e livros só as grandes cidades oferecem variedade, em redes como a **Barnes & Noble**, ou em pequenas lojas –onde existir universidade, você encontrará lojas de discos novos e usados.

O artesanato indígena também está presente. Entre em contato com o **California Indian Museum and Cultural Center**. Obras de arte e artesanato mexicanos podem ser encontrados no **Bazaar Del Mundo**, em San Diego.

ANTIGUIDADES

Nas cidades pequenas é muito fácil encontrar antiguidades tradicionais, como belas joias de ouro e prata, artefatos indígenas, tecidos e roupas antigas, peças de baquelita e móveis dos séculos 18 e 19.

A Costa Oeste é a porta de entrada, nos Estados Unidos, para artigos do Oriente, e, por isso, aqui há uma boa seleção de esculturas de porcelana antiga do Japão e da China. As lojas também têm móveis artesanais e em Art Déco, roupas, pôsteres, brinquedos, cristais e cerâmica.

Muitos antiquários alugam em conjunto um espaço em shopping center, depósito ou celeiro reformado aberto ao público. Ao norte de Balboa Park, em San Diego, fica o **Antique Row**, que abriga lojas de colecionáveis e antiquários, roupas vintage, butiques e sebos de livros.

ALIMENTOS

Muitos agricultores da Califórnia costumam vender seus produtos diretamente ao consumidor em bancas montadas em roteiros de fazenda. Em Sonoma, informe-se sobre eles com o **Sonoma County Farm Trails** ou a **Sonoma Valley Chamber of Commerce**. O Fresno County Blossom Trail é um percurso de 100km através de hortas, pomares e vinhedos: começa por **Simonian Farms**, que vende frutas, mel e mostarda. Para detalhes, procure o **Fresno County Farm Bureau**.

A Califórnia tem lojas de alimentação muito especiais. No Anderson Valley, visite a **Apple Farm**, um quiosque de frutas que vende peras e maçãs o ano inteiro. Também na região do Napa, a

Banca de frutas em uma feira de produtores locais

Jimtown Store oferece geleias, mel, azeitona, mostardas, vinagres e molhos de salada. Na Highway 152, próximo a Gilroy, a **Casa de Fruta**, uma simples banca de venda de cerejas surgida nos anos 1940, transformou-se em um vasto complexo que inclui uma loja de frutas, um café (Casa de Coffee), um restaurante (Casa de Burger) e uma lojinha de lembranças (Casa de Gift).

Harris Ranch, na Rodovia I-5, quase no meio do caminho entre Los Angeles e São Francisco, é um centro comercial "plantado" no centro de uma fazenda de gado. A *hacienda* em estilo espanhol oferece carne e frutas frescas, restaurante, café e pousada.

Italian Marketplace, no Viansa Winery

VINHEDOS

Além do bom vinho que produzem em Napa e Sonoma, os vinhedos (*wineries*) têm ótimas lojas situadas dentro de sua sala de degustação, onde vendem vários artigos relacionados a vinho. O **Wine Institute of San Francisco** fornece uma lista dos vinhedos da Califórnia.

O Italian Marketplace, no **Viansa Winery**, vende pães e queijos italianos, livros de receita e utensílios de cozinha O **Sebastiani Vineyards** oferece suvenires. Na loja do **Sterling Vineyards** encontram-se lenços de seda, joias de prata e livros de história regional. O **V. Sattui Winery** possui uma gourmet deli e área para piquenique, para você saborear as compras.

AGENDA

MODA

Chico's
1314 Montana Ave,
Santa Monica, CA 90401.
Tel *(310) 394-2481.*

The Children's Place
Stonestown Galleria,
3251 20 Ave,
San Francisco, CA 94132.
Tel *(415) 682-9404.*

Diane's Swimwear
116 Main St, Huntington Beach, CA 92648.
Tel *(714) 536-7803.*

Gap
1355 3rd St, Promenade,
Santa Monica, CA 90401.
Tel *(310) 393-0719.*

Gymboree
421 N Beverly Dr,
Beverly Hills, CA 90210.
Tel *(310) 278-0312.*

Jessica McClintock Inc
180 Geary St, 4th floor,
San Francisco, CA 94108.
Tel *(415) 398-9008.*

Original Levi's Store
300 Post St,
San Francisco,
CA 94111.
Tel *(415) 501-0100.*

XXI Forever
Beverly Center, 8522 Beverly Blvd #849 & #852,
Los Angeles, CA 90048.
Tel *(310) 659-9611.*

FLEA MARKETS

Berkeley Flea Market
1937 Ashby Ave, Berkeley,
CA 94703.
Tel *(510) 644-0744.*
www.berkeleyfleamarket.com

Pasadena's Rose Bowl
1001 Rose Bowl Drive,
Pasadena, CA 91103.
Tel *(323) 560-7469.*
www.rgcshows.com

San Jose Flea Market
1590 Berryessa Road,
San Jose, CA 95133.
Tel *(408) 453-1110.*
www.sjfm.com

San Juan Bautista Peddlers Fair
115 3rd St, San Juan Bautista, CA 95045.
Tel *(831) 623-2454.*
www.sjbchamber.com

ANTIGUIDADES (POP E OUTRAS)

Sutter Creek Antiques
28 Main Street,
Sutter Creek,
CA 95685.
Tel *(209) 267-5574.*

The Game Doc
535 4th St., San Fernando,
CA 91340.
Tel *(818) 504-0440.*

Hello Central
2463 Ladera Court,
San Luis Obispo,
CA 93401.
Tel *(805) 541-9123.*

Sarah Stocking Fine Vintage Posters
368 Jackson St,
San Francisco, CA 94111.
Tel *(415) 984-0700.*

LOJAS DE FÁBRICA

American Tin Cannery Factory Outlets
125 Ocean View Blvd,
Pacific Grove, CA 93950.
Tel *(831) 372-1442.*

Cabazon Outlets
48750 Seminole Rd,
Cabazon, CA 92230.
Tel *(951) 922-3000.*
www.cabazonoutlets.com

Camarillo Premium Outlets
740 E Ventura Blvd,
Camarillo,
CA 93010.
Tel *(805) 445-8520.*

Citadel Outlets
100 Citadel Drive,
Los Angeles,
CA 90040.
Tel *(323) 888-1724.*
www.citadeloutlets.com

Napa Premium Outlets
629 Factory Stores Drive,
Napa, CA 94558.
Tel *(707) 226-9876.*

Prime Outlets Pismo Beach
333 Five Cities Drive,
Pismo Beach, CA 93449.
Tel *(805) 773-4661*

Shopper Stopper Tours
2489 Schaeffer Rd, Sebastopol, CA 95473.
Tel *(707) 829-1597.*

Vacaville Premium Outlets
321–2 Nut Tree Rd,
Vacaville, CA 95687 .
Tel *(707) 447-5755.*

LIVROS, MÚSICA E ARTESANATO

Barnes & Noble
791 S Main St, Orange,
CA 92868.
Tel *(714) 558-0028.*

Bazaar del Mundo
Old Town, San Diego,
CA 92110. **Tel** *(619) 296-3161.* **www**.bazaardelmundo.com

California Indian Museum and Cultural Center
5250 Aero Dr,
San Rosa, CA 95403.
Tel *(707) 579-3004.*
www.cimcc.indian.org

ANTIGUIDADES

Antique Row
308 Adams Ave,
San Diego, CA 92103.
Tel *(619) 282-7329.*

ALIMENTOS

Apple Farm
18501 Greenwood Rd,
Philo, CA 95466.
Tel *(707) 895-2333.*

Casa de Fruta
10021 Pacheco Pass Hwy,
Hollister, CA 95023.
Tel *(408) 842-7282.*

Fresno County Farm Bureau
1274 West Hedges, Fresno, CA 93728.
Tel *(559) 237-0263.*

Harris Ranch
24505 West Dorris Ave,
Coalinga, CA 93210.
Tel *(800) 942-2333.*
www.harrisranch.com

Jimtown Store
6706 Hwy 128,
Healdsburg,
CA 95448.
Tel *(707) 433-1212.*

Simonian Farms
2629 S Clovis Ave,
Fresno, CA 93725.
Tel *(559) 237-2294.*

Sonoma County Farm Trails
PO Box 6032,
Santa Rosa, CA 95606.
Tel *(800) 207-9464.*

Sonoma Valley Chamber of Commerce
651-A Broadway,
Sonoma, CA 95476.
Tel *(707) 996-1033.*

VINHEDOS

Sebastiani Vineyards
389 Fourth St East, Sonoma, CA 95476.
Tel *(800) 888-5532.*
www.sebastiani.com

Sterling Vineyards
1111 Dunaweal Loane,
Calistoga, CA 94515.
Tel *(707) 942-3300.*

Viansa Winery
25200 Arnold Drive,
Sonoma, CA 95476.
Tel *(707) 935-4700.*

V. Sattui Winery
1111 White Lane,
St Helena, CA 94574.
Tel *(707) 963-7774.*

Wine Institute of San Francisco
425 Market St, Suite 1000,
San Francisco, CA 94105.
Tel *(415) 512-0151.*
www.wineinstitute.org

INTERESSES ESPECIAIS E ESPORTES

Califórnia é sinônimo de atividades ao ar livre. As leis de preservação do meio ambiente são garantia de que as futuras gerações poderão apreciar as belezas locais: desertos, florestas de sequoias, prados, montanhas, lagos e praias de areia branca, tudo acessível a visitantes. A cultura local dá ênfase à atividade física, e a natureza está sempre perto das cidades. Os golfistas são muito bem servidos na área da península de Monterey *(pág. 511)* e, no inverno, os esquiadores lotam o Lake Tahoe *(pág. 487)*. Mais detalhes sobre o calendário esportivo estão nas págs. 36-7.

Rafting nas águas do rio Merced *(pág. 612)*

Campo de golfe em Palm Springs

CURSOS E EXCURSÕES

O **California Office of Tourism** informa sobre excursões e cursos especializados. Uma das excursões mais procuradas é pela trilha das missões, ao longo de El Camino Real *(págs. 46-7)*. Entre os cursos, destacam-se os de redação, artes plásticas e culinária.

Os escritores que moram no estado costumam dar palestras em workshops sobre redação, organizados por entidades como **Santa Barbara Writers' Conference** e **Squaw Valley Community of Writers**.

Pintores renomados oferecem cursos no **Mendocino Arts Center**.

Institutos como o **Gourmet Retreats**, no Napa Valley, e o **Tante Marie's Cooking School**, em São Francisco, oferecem acomodações, aulas de culinária, viagens de compras e visitas ao Wine Country –bem como deliciosas refeições durante seus cursos intensivos de uma semana, no verão.

CAMPINGS

A Califórnia sempre deu valor à natureza: o Yosemite Valley *(págs. 488-9)* e a Mariposa Grove, reserva de gigantescas sequoias, são áreas preservadas desde 1864. Hoje, mais de 250 locais são classificados como parques estaduais, reservas naturais, pontos históricos ou áreas de lazer.

Todos esses locais possuem trilhas para caminhadas e estacionamento. Em muitos encontram-se também banheiros e área de camping. Todos os parques estaduais e federais cobram uma pequena taxa para visitas de um dia. Para acampar é aconselhável fazer reserva com antecedência com o **State Park Reservations** ou o **Yosemite Reservations**. Para acampar no deserto, pegue um tour com a **Desert Survivors**, que fornece informações sobre o meio ambiente.

CAMINHADAS

Tanto californianos quanto turistas apreciam as caminhadas já tradicionais no estado de um dia ou mais. Há mais de 1.600.000km em trilhas na região. Entre elas, a mais longa é a Pacific Crest, com 4.245km, que vai do Canadá ao México. Outra das trilhas mais procuradas é a John Muir, de 320km, que vai do Yosemite até Mount Whitney *(pág. 488-95)*. O **Sierra Club** organiza excursões com guia e fornece mapas detalhados.

Trecho da trilha John Muir, no Mount Whitney

PASSEIOS A CAVALO

Os fãs de esportes equestres encantam-se com a variedade de trilhas para passeios a cavalo da Califórnia, em todos os tipos de terreno: montanhas cobertas de pinheiros, prados floridos, colinas "chaparral" e vales áridos. Muitos parques estaduais e nacionais também têm trilhas para cavalo.

A vida dos *cowboys* pode ser observada em ranchos. Em locais como esses, os hóspedes podem sair a cavalo com os empregados e tocar gado com eles, ou então só cavalgar. No **El Alisal Guest Ranch and Resort** há uma temporada anual de condução do rebanho para venda. Ou deixe o **Hidden Trails** organizar sua estada.

Passeio a cavalo em Ventura County

MOUNTAIN BIKES

Muitos parques permitem que se ande de bicicleta nas trilhas para caminhadas. Um dos melhores percursos começa em Squaw Valley, no Lake Tahoe *(pág. 487)*. O ciclista sobe 610m em um teleférico e depois pedala a descida até Shirley Lake. A **Northern California Nevada Cycling Association** fornece a lista de trilhas para mountain bike.

Empresas como a **Backroads** conduzem grupos de ciclistas em passeios pelo interior do estado, com paradas para almoço. Nos passeios mais longos, de até uma semana, camionetes acompanham os ciclistas, transportando equipamento pesado e de camping. As rotas mais procuradas ficam no Napa Valley *(págs. 462-3)* e nas trilhas rurais nos condados de Sonoma, Monterey e Santa Barbara.

Passeio de mountain bike no Marin County

PRAIAS

As praias ao longo dos 1.450km de litoral da Califórnia variam muito. As pedregosas, por exemplo, podem ser ideais para quem quer explorar as piscinas naturais que se formam nas rochas erodidas pelo mar ou fazer caminhadas. Já as do tipo areia branca, ondas altas, água morna servem para os surfistas. E há as praias recomendáveis para mergulho.

Bons lugares com piscinas naturais nas rochas são o National Bridges State Park, em Santa Cruz *(págs 490-1)*, e a Pfeiffer State Beach, em Big Sur *(pág. 67)*.

As melhores praias de surfe são a Leo Carrillo State Beach, no norte de Malibu *(págs. 230-1)*, a Windansea Beach, em La Jolla *(págs. 248-9)*, e a Corona del Mar, em Newport Beach *(págs. 230-1)*. Entre os meses de abril e outubro, a **Club Ed Surf School** oferece um curso de iniciação com duração de sete dias.

O pontos bons para mergulho no litoral da Califórnia são muitos, como a reserva Scripps Shoreline Underwater Preserve, em La Jolla *(pág. 249)*, as enseadas em Laguna Beach *(pág. 231)* e a baía de Monterey *(pág. 511)*. A **Glen's Aquarius Dive Shop** aluga equipamento e a **Underwater Schools of America**, em Oceanside, oferece aulas de mergulho para principiantes.

Outros destaques são Torrey Pines State Beach *(pág. 248)* –cercada de montanhas, tem ondas altas– e a Pismo Beach –famosa pelas dunas, pelo surfe e pela caça aos mariscos *(pág. 208)*.

A temperatura da água no sul da Califórnia possibilita banhos de mar de abril a novembro. Ao norte de São Francisco, deve-se usar roupa de borracha o ano inteiro.

Praia de areia dourada em uma enseada de La Jolla

CANOAGEM, RAFTING E CAIAQUE

Praticar rafting nos rios da Califórnia é como andar de montanha-russa no meio de uma paisagem deslumbrante. Empresas como a **Outdoor Programs Unlimited** e a **Whitewater Voyages** fornecem barcos, remos e coletes salva-vidas. Grupos de seis a oito pessoas, acompanhadas de guia, descem os rios em passeios de um dia ou mais.

A temporada local de rafting vai de abril a setembro. Os passeios são divididos em categorias, de acordo com o grau de dificuldade: as classes 1 e 2 são razoavelmente seguras, com umas poucas curvas e viradas espetaculares. Principiantes que quiserem ainda mais emoção podem optar pelos rios da classe 3. Já as classes 4 ou mais são só para canoeiros experientes.

Empresas que promovem rafting também organizam passeios de caiaque e canoa. Contate a **American River Touring Association**.

Esqui aquático em San Diego

ESPORTES AQUÁTICOS

Os lagos e as praias da Califórnia oferecem muitas opções de lazer. Pode-se alugar um barco-casa *(houseboat)* para um relaxante cruzeiro através do labirinto de canais do delta do rio Sacramento ou ganhar velocidade em uma lancha, que pode ser alugada em Lake Tahoe *(pág. 487)*, Lake Shasta *(pág. 452)* e nos lagos artificiais do sistema estadual de recreação.

Um esporte da moda é o *parasailing*: a pessoa, equipada de esqui aquático e paraquedas, é presa a uma lancha e erguida em um voo emocionante (e seguro). Peça detalhes na **Parasailing Catalina**.

Rafting no Yosemite National Park *(págs. 488-91)*

OBSERVAÇÃO DE AVES

No outono, patos, gansos e outras aves partem do Canadá para a América do Sul e, no caminho, param aqui para se alimentar.

O Point Reyes National Seashore *(págs. 412-4)* serve de base para 24% das espécies americanas de aves, e mais de 425 delas já foram avistadas na região. A **Shearwater Journeys** oferece passeios para observar os passaros, partindo de San Diego. O **Tijuana Slough National Estuarine Research Reserve** recebe cerca de 400 espécies na primavera e no outono.

Busca de aves, La Jolla *(pág. 261)*

PESCA

A Califórnia é o paraíso dos pescadores, em água doce e salgada. Nos lagos e represas, os peixes são abundantes o ano todo. Para a pesca de rio, os meses de outono e inverno são os mais indicados, quando cardumes de salmões e trutas sobem contra a correnteza, sobretudo nos rios Klamath, American, Eel e Sacramento. Esturjões e outros peixes de água doce são abundantes no delta do rio Sacramento. Os rios e riachos de Sierra Nevada são tomados por trutas entre fim de abril e meados de novembro.

A pesca de mar é praticada em quase todas as cidades costeiras, onde se aluga barco com facilidade. Linguado e salmão são comuns no Norte da Califórnia nos meses de verão. Peixes de 20kg ou mais, como o bacalhau e o cantarilho, estão presentes em todo o Pacífico entre setembro e março. Atum-rabilho, atum-albacora, atum-bonito e barracuda são comuns nas águas quentes do Sul no

Pesca no lago Molena em San Diego

verão. Para alugar barco de pesca contate a **Helgren's Sportfishing Trips** no sul da Califórnia, ou a **Anchor Charters Boats** e a **Stagnaro's Sport Fishing** no norte.

Se quiser informações sobre a temporada de cada peixe, informe-se no **State Department of Fish and Game**. Informações sobre a pesca com isca artificial, outro esporte popular na Califórnia, podem ser obtidas no **Troutfitter Guide Service** em Mammoth Lakes.

ALPINISMO E ESPELEOLOGIA

Se você quiser escalar um paredão totalmente vertical, artificial ou natural, usando apenas as mãos e sapatos especiais, encontrará várias oportunidades na Califórnia. Nas cidades, o esporte pode ser praticado o ano inteiro nas academias. Em montanhas de verdade, ele é possível no Joshua Tree National Park *(págs. 278-9)*, em Idyllwild, perto de Palm Springs *(pág. 276)*, e em Squaw Valley, em Lake Tahoe *(pág. 481)*. Informe-se mais na **American Mountain Guides Association ou Mission Cliffs Climbing School**.

Escalada no Joshua Tree National Park

Para quem gosta de explorar cavernas (espeleologia), os melhores locais são o Pinnacles National Monument *(pág. 517)* e o Lassen Volcanic National Park *(pág. 453)*, onde uma antiga atividade vulcânica criou cavernas e formações rochosas incomuns.

ASA-DELTA

Os praticantes de asa-delta encontram no estado da Califórnia correntes de ar morno e velocidades de 40 a 80km/h. Até principiantes podem dar seus voos, mas sempre equipados de paraquedas e acompanhados de um piloto experiente. A decolagem do alto de um rochedo pode ser atemorizante para muita gente, mas, uma vez no ar, o prazer costuma ser grande. Primeiro a pessoa é presa à asa-delta, depois corre olhando apenas para a frente até os pés não encontrarem mais o chão.

As principais áreas de asa-delta –pode-se só assistir– são Fort Funston, perto de Bay Area *(págs. 412-3)*, **Torrey Pines Gliderport**, em San Diego, e Vista Point, no Palm Desert *(pág. 274)*. Caso você se interesse pelo esporte, procure um instrutor.

JARDINS

O clima quente e ensolarado da Califórnia serve de incentivo para os praticantes de jardinagem, amadores ou profissionais. O resultado é uma rica variedade de estufas, jardins botânicos, parques e jardins particulares que valem a pena ser visitados, em todo o estado.

Os Huntington Library Art Collections and Botanical Gardens são um monumento à arte, à cultura e à jardinagem criado por Henry Huntington. O conjunto ocupa uma área de 800.000m² e é um dos mais belos do gênero na Califórnia *(págs. 158-61)*.

O **Descanso Gardens**, em La Cañada, oferece 16.000m² de rosas, 120.000m² de carvalhos e uma área recoberta de camélias. Filoli, a elegante propriedade ornamentada de jardins de William Bourn em Woodside, em Bay Area *(pág. 427)*, e o **Villa Montalvo Arboretum**, em Saratoga, são atrações bem-cuidadas. Todos os três podem ser visitados em qualquer mês, porque as plantas florescem o ano inteiro. No Arboretum, durante os meses de verão, há concertos de jazz nos fins de semana, tornando o passeio ainda mais agradável.

O passeio de balão é uma forma de apreciar a paisagem da Califórnia

BALONISMO

O balonismo é muito praticado no Napa Valley *(págs. 462-3)*, em Monterey *(págs. 510-1)*, Palm Springs e Temecula. Os passeios acontecem de manhã bem cedo ou ao pôr do sol, quando há menos vento e o voo é suave e agradável, oferecendo bela vista do interior do estado. Empresas como **Panorama Balloon Tours** e **Napa Valley Balloons** organizam passeios individuais ou em grupo que incluem piqueniques.

OBSERVAÇÃO DE BALEIAS

De dezembro a abril as baleias-cinzentas viajam 11.260km pela costa da Califórnia, no percurso entre o estreito de Bering, no Alasca, e a península Baja, no México, à procura de clima mais quente. Barcos em mar aberto oferecem uma visão impressionante desses mamíferos –além das cinzentas, veem-se as jubartes, orcas, pilotos e azuis. Há passeios para ver baleias-cinzentas e também os golfinhos e botos que as acompanham. Peça mais informações sobre as melhores épocas de observação de baleias à **Oceanic Society Expeditions.**

FONTES TERMAIS

Um bom banho em uma fonte termal (corrente de água quente que flui de um rio subterrâneo) é remédio para quase tudo. Calistoga, no Norte da Califórnia *(pág. 461)*, tem vários spas, onde se pode contar com piscinas de água mineral quente, banhos de lama, saunas e massagens. A **Calistoga Chamber of Commerce** dispõe da lista completa dos hotéis da região.

CRUZEIROS PELAS ILHAS

Os três principais passeios por ilhas do litoral da Califórnia são: 1) Channel Islands National Park (centro-sul); 2) Wrigley Memorial Garden (Catalina Island); e 3) **Angel Island** (baía de São Francisco).

Passeio 1) No litoral centro-sul, cinco ilhas vulcânicas formam esta reserva natural *(pág. 224)*, boa para caminhadas, exploração de piscinas naturais e observação de baleias, golfinhos e aves. A **Island Packers** faz reservas; os barcos saem de Ventura e Santa Barbara.

Passeio 2) Na Catalina Island *(págs. 242-3)*, este balneário desenvolvido nos anos 1920 tem mais comodidades que o Channel Islands National Park, com lojas, restaurantes e hospedagem. Com trilhas para bicicletas, caminhadas e locais para mergulho livre, é acessível de barco a partir de San Pedro, Long Beach e Dana Point. Você também pode fazer uma viagem pelas montanhas.

Passeio 3) Na baía de São Francisco, esta reserva de vida marinha de 3.000.000m² possui trilhas para caminhadas e áreas de lazer e de camping, além de ser um bom ponto de observação de baleias e aves. Chega-se aqui com barcos que partem de Fisherman's Wharf.

Two Harbors, em Catalina Island

AGENDA

CURSOS E EXCURSÕES

California Office of Tourism
PO Box 1499,
Sacramento, CA 95812.
Tel *(916) 444-4429.*
www.visitcalifornia.com

Gourmet Retreats
Casa Lana, 1316 S Oak St, Calistoga, CA 94515.
Tel *(877) 968-2665.*
www.gourmetretreats.com

Mendocino Arts Center
PO Box 765,
Mendocino, CA 95460.
Tel *(707) 937-5818.*
www.mendocinoarts.org

Santa Barbara Writers' Conference
PO Box 6627,
Santa Barbara, CA 93160.
Tel *(805) 964-0367.*
www.sbwriters.com

Squaw Valley Community of Writers
PO Box 2352,
Olympic Valley, CA 96146.
Tel *(530) 470-8440.*

Tante Marie's Cooking School
271 Francisco St,
San Francisco, CA 94133.
Tel *(415) 788-6699.*
www.tantemarie.com

CAMPINGS

Desert Survivors
PO Box 20991,
Oakland, CA 94620-0991.
Tel *(510) 357-6585.*

Sequoia National Park Reservations
Tel *(877) 444-6777.*
www.reserveamerica.com

State Park Reservations
Tel *(800) 444-7275.*
www.parks.ca.gov

Yosemite Reservations
Tel *(887) 444-6777.*
www.reserveamerica.com

CAMINHADAS

Sierra Club
85 Second St, San Francisco, CA 94105.
Tel *(415) 977-5500.*

PASSEIOS A CAVALO

El Alisal Guest Ranch and Resort
1054 Alisal Rd, Solvang, CA 93463. **Tel** *(805) 688-6411.* **www**.alisal.com

Hidden Trails
202–380 West 1st Ave
Vancouver, BC V5Y3T7.
Tel *(888) 9-TRAILS.*
www.hiddentrails.com

MOUNTAIN BIKES

Backroads
801 Cedar St, Berkeley, CA 94710. **Tel** *(800) 462-2848.*
www.backroads.com

Northern California Nevada Cycling Association
www.ncnca.org

PRAIAS

Club Ed Surf School
2350 Paul Minnie Ave,
Santa Cruz, CA 95062.
Tel *(800) 287-SURF.*
www.club-ed.com

Glen's Aquarius 2 Dive Shop
32 Cannery Row, Monterey, CA 93940.
Tel *(831) 375-6605.*

Underwater Schools of America
225 Brooks St, Oceanside, CA 92054. **Tel** *(877) 896-3483.* **www**.usascuba.com

CANOAGEM, RAFTING E CAIAQUE

American River Touring Association
24000 Casa Loma Rd,
Groveland, CA 95321.
Tel *(800) 323-2782.*
www.arta.org

Outdoor Programs
500 Parnassus Ave,
San Francisco, CA 94143.
Tel *(415) 476-2078.*
www.outdoors.ucsf.edu

Whitewater Voyages
5225 San Pablo Dam Rd, El Sobrante, CA 94820. **Tel** *(800) 400-7238.* **www**.whitewatervoyages.com

ESPORTES AQUÁTICOS

Parasailing Catalina
PO Box 2275, Avalon, CA 90704. **Tel** *(310) 510-1777.*
www.parasailingcatalina.com

OBSERVAÇÃO DE AVES

Tijuana Slough National Estuarine Research Reserve
301 Caspian Way,
Imperial Beach, CA 91932.
Tel *(619) 575-2704.*

PESCA

Anchor Charter Boats
PO Box 103, Fort Bragg, CA 95437.
Tel *(707) 964-4550.*

Stagnaro's Sport Fishing
PO Box 1340,
Santa Cruz, CA 95061.
Tel *(212) 209-3370.*
www.stagnaros.com

State Department of Fish and Game
1416 9th St, 12th Floor,
Sacramento, CA 95814.
Tel *(916) 445-0411.*
www.dfg.ca.gov

Troutfitter Guide Service
PO Box 1734, Mammoth Lakes, CA 93546.
Tel *(800) 637-6912.*
www.thetroutfitter.com

ALPINISMO E ESPELEOLOGIA

American Mountain Guides Association
1209 Pearl St, Boulder, Colorado 80302. **Tel** *(303) 271-0984.* **www**.amga.com

Mission Cliffs
2295 Harrison St, San Francisco, CA 94110. **Tel** *(415) 550-0515.* **www**.touchstoneclimbing.com

ASA-DELTA

Torrey Pines Gliderport
2800 Torrey Pines Scenic Drive, La Jolla, CA 92037.
Tel *(858) 452-9858.*

JARDINS

Descanso Gardens
1418 Descanso Drive,
La Canada, CA 91011. **Tel** *(818) 949-4200.* **www**.descansogardens.org

Villa Montalvo Arboretum
15400 Montalvo Rd, Saratoga, CA 95071.
Tel *(408) 961-5800.*
www.villamontalvo.org

BALONISMO

Napa Valley Balloons
6795 Washington St,
Yountville, CA 94599. **Tel** *(800) 253-2224.* **www**.napavalleyballons.com

Panorama Balloon Tours
PO Box 218, Del Mar, CA 90214. **Tel** *(800) 455-3592.* **www**.gohotair.com

OBSERVAÇÃO DE BALEIAS

Oceanic Society Expeditions
Fort Mason Center,
San Francisco, CA 94123.
Tel *(415) 441-1106.*
www.oceanicsociety.org

Shearwater Journeys
PO Box 190, Hollister, CA 95024. **Tel** *(831) 637-8527.* **www**.shearwaterjourneys.org

FONTES TERMAIS

Calistoga Chamber of Commerce
1506 Lincoln Ave, Calistoga, CA 94515.
Tel *(707) 942-6333.*

CRUZEIRO PELAS ILHAS

Angel Island Ferry
Tel *(415) 435-2131.* **www**.angelislandferry.com

Island Packers
Tel *(805) 642-1393.*

MANUAL DE SOBREVIVÊNCIA

INFORMAÇÕES ÚTEIS

A Califórnia oferece atrações vibrantes e diversificadas para o turista. Pode-se sentir o espírito californiano tanto nas movimentadas São Francisco, Los Angeles e San Diego quanto na quietude silvestre das montanhas de Sierra Nevada. E por toda parte existe uma eficiente estrutura de atendimento turístico. Mesmo assim, é sempre bom planejar bem a viagem, sobretudo para fora dos grandes centros. A maioria dos locais tem uma central de informações sobre os arredores. Este Manual de Sobrevivência contém orientações valiosas para a visita. A seção Segurança Pessoal e Saúde *(págs. 622-3)* indica os cuidados a serem tomados na viagem. Bancos e Moedas *(págs. 624-5)* esclarece as questões financeiras. O Manual também ensina como usar o telefone público, o correio e os transportes *(págs. 626-7)* e dá dicas específicas para brasileiros.

Logotipo do correio dos EUA

Esqui em Alpine Meadows, em Lake Tahoe *(pág. 486)*

QUANDO VIAJAR

Na alta estação, de meados de abril a setembro, os principais pontos turísticos costumam ficar lotados. A Califórnia também é muito visitada no inverno (de dezembro a março), por causa do clima ameno do sul e das pistas de esqui de Lake Tahoe. Na baixa estação há muitas vantagens: as atrações são menos congestionadas e várias oferecem descontos nos ingressos.

INGRESSOS

A maioria dos museus, parques temáticos e outras atrações turísticas costumam cobrar ingresso. O valor varia entre US$ 10 e US$ 20 (os parques cobram bem mais que isso), com frequência há descontos para deficientes físicos *(pág. 620)*, estudantes, idosos e crianças. Atrações menos procuradas são gratuitas ou aceitam pequenas doações. Em muitos locais pagos a entrada é gratuita um dia por mês (informe-se por telefone). Também oferecem visita com guia, exposições e palestras.

HORÁRIOS

A maior parte das lojas funciona nos dias úteis, das 9h às 17h, sem pausa para o almoço. Muitas também abrem aos domingos. Nas cidades grandes, algumas mercearias, farmácias e postos de gasolina ficam abertos 24 horas por dia.

Os museus costumam fechar às segundas e/ou terças, além de feriados, mas alguns ficam abertos até o começo da noite.

Os californianos costumam jantar cedo, e os restaurantes atendem os últimos clientes às 22h. A maior parte dos bares funciona até 2h, sobretudo às sextas e sábados.

INFORMAÇÃO TURÍSTICA

A **California Division of Tourism** e as unidades do Visitor's and Convention Bureau fornecem mapas, guias, listas de programação e passes com desconto em transporte público e atrações turísticas.

Este guia fornece o endereço e telefone da central de atendimento ao turista em cada cidade mencionada.

DICAS DE VISITA

Para evitar multidões, visite as principais atrações pela manhã e deixe os passeios a locais menos concorridos para depois do almoço. Fazer um roteiro de todas as atrações numa mesma área economiza tempo e dinheiro.

O número de visitantes é sempre maior nos fins de semana. Os horários de pico são de segunda a sexta, das 7h às 9h e das 16h às 18h30.

Fachada no estilo colonial espanhol do San Diego Museum of Art *(pág. 257)*

◁ **Monte Shasta**

VISTOS

Os brasileiros precisam de visto para entrar nos EUA e podem solicitá-lo por meio de despachantes, agências de viagem ou pessoalmente –para isso é preciso agendar entrevista no consulado com pelo menos 3 meses de antecedência *(pág. 621)*. Maiores de 21 anos podem entrar nos EUA com 1 litro de bebida alcoólica, presentes de até US$ 100 e 200 cigarros (ou 50 charutos não cubanos). Carnes e vegetais são proibidos.

Centro de Informação Turística em Hallidie Plaza, São Francisco

IMPOSTOS E GORJETAS

O governo da Califórnia cobra um imposto de 7,25% sobre vendas e serviços. Nas cidades maiores, há uma sobretaxa de 1% a 1,5% sobre todos os itens comprados, menos para entrega fora do estado ou sobre alimentos *in natura (pág. 582)*. O imposto sobre vendas não incide sobre diárias de hotel, mas elas estão sujeitas a outro imposto, de 12% a 14%.

Nos restaurantes, a gorjeta é de 15% a 20% do total da conta. Em táxis, bares e cabeleireiros, 15%. Carregadores em hotéis e aeroportos recebem US$ 2 por mala. Também é costume deixar de US$ 1 a US$ 2 para a camareira, por cada dia de estada.

FUMANTES

É proibido fumar em qualquer local público, em todo o estado da Califórnia. É recomendável informar-se a respeito ao fazer a reserva de hotel. Lembre-se de que na Califórnia é proibido fumar em restaurantes, bares e em todos os locais públicos.

CENTROS DE INFORMAÇÃO TURÍSTICA

ESTADUAL

California Division of Tourism
PO Box 1499, Sacramento, CA 95814.
Tel *(800) 862-2543.*
Fax *(916) 322-2881.*
www.gocalif.ca.gov

SÃO FRANCISCO

San Francisco
Lower Level Hallidie Plaza, Powell and Market Sts.
Tel *(415) 974-6900.*
www.sfvisitor.org

NORTE

Redding
777 Auditorium Drive.
Tel *(800) 874-7562.*
Fax *(530) 225-4354.*
www.visitredding.org

Eureka
2112 Broadway.
Tel *(707) 442-3738, (800) 356-6381.*
www.eurekachamber.com

WINE COUNTRY

Mendocino County
239 S Main St, Willits.
Tel *(707) 459-7910.*
www.gomendo.com

Napa Valley
1310 Napa Town Center.
Tel *(707) 226-7459.*
www.napavalley.com

GOLD COUNTRY

Sacramento
1608 I Street. ***Tel*** *(916) 808-7777, (800) 292-2334.*
www.sacramentocvb.gov

Tuolumne County
542 W Stockton St, PO Box 4020, Sonora. ***Tel*** *(209) 553-4420, (800) 446-1333.* **www.** tcvb.com

HIGH SIERRAS

Tahoe North
100 N Lake Blvd, Suite 3, Tahoe City.
Tel *(888) 434-1262.*

Bishop
690 N Main St.
Tel *(888) 395-3952.*
www.bishopvisitor.com

CENTRO-NORTE

Fresno City/County
848 M St. 3° andar
Tel *(559) 445-8310.*
www.fresnocvb.org

Monterey County
Tel *(888) 221-1010.*
www.seemonterey.com

LOS ANGELES

Downtown
685 S Figueroa St.
Tel *(213) 689-8822.*

Hollywood
6801 Hollywood Blvd.
Tel *(323) 467-6412.*
www.lacvb.com

CENTRO-SUL

Santa Barbara
1601 Anacapa St.
Tel *(805) 966-9222.*
www.santabarbaraCA.com

San Luis Obispo County
811 El Capitan Way #200.
Tel *(805) 541-8000.* **www.** san luisobispocounty.com

ORANGE COUNTY

Anaheim/Orange County
800 W Katella Ave.
Tel *(714) 765-8888.*
www.anaheimoc.org

SAN DIEGO

San Diego
2215 India St.
Tel *(619) 232-3101.*
www.sandiego.org

Escondido
720 N Broadway.
Tel *(760) 745-2125.*

INLAND EMPIRE

Riverside
3443 Orange St.
Tel *(951) 787-7950.*

Palm Springs
2901N Palm Canyon Dr.
Tel *(800) 347-7746.*

DESERTO DE MOJAVE

Death Valley
PO Box 579, Death Valley.
Tel *(760) 786-3200.*

Alguns dos jornais da Califórnia

Banca automática de jornais por moeda

JORNAIS, RÁDIO E TV

O *New York Times*, o *Wall Street Journal* e *USA Today* podem ser encontrados em toda a Califórnia. Há também uma série de jornais locais que podem ser comprados nas caixas de distribuição nas ruas ou nas bancas de revista.

Com relação a canais de televisão, a maior parte é a cabo ou por satélite. Os quartos de hotel em geral dispõem de televisão, e em muitos bares um telão transmite a programação dos canais de esporte. A maioria deles é nacional, mas uns poucos são locais. A base da programação são as séries de comédias, filmes, programas de variedades, desenhos animados e entrevistas. Há canais de música e notícias em espanhol e em algumas línguas asiáticas. Os jornais trazem a programação dos diversos canais, que também é fornecida nos hotéis.

O estado conta também com diversas rádios comerciais, com programação variada de assuntos, idiomas e músicas, publicada nos principais jornais.

FUSO HORÁRIO

Nos meses de março, abril e setembro, a Califórnia está cinco horas atrasada em relação ao Brasil (se em Brasília são 12h, em Los Angeles são 7h) –é a diferença oficial. Mas, como os dois países adotam horário de verão, essa diferença varia. Do último domingo de abril ao primeiro domingo de setembro, a Califórnia fica quatro horas atrás do Brasil. De outubro a fevereiro, a diferença passa a ser de seis horas a menos em relação ao Brasil.

DEFICIENTES FÍSICOS

Pelas leis da Califórnia, todos os edifícios públicos devem ter acesso para deficientes físicos. Placas, banheiros e entradas são especialmente adaptados para visitantes cegos e com deficiência. Estes também contam com estacionamento grátis e descontos nos ingressos da maior parte dos parques nacionais e estaduais. É recomendável informar locais turísticos e hotéis com antecedência, para que possam atender melhor o visitante. A Society for the Advancement of Travel for the Handicapped (SATH) usa um H azul para indicar restaurantes, hotéis e atrações preparadas para receber deficientes. Peça mais detalhes ao **Disability Rights, Education and Defense Fund**.

O **California Relay Service** organiza excursões.

Estacionamento para deficientes

GAYS E LÉSBICAS

A comunidade gay da Califórnia concentra-se nas cidades grandes, como São Francisco, Los Angeles e San Diego.

Em São Francisco, ela se encontra principalmente no Castro District *(pág. 360)*; em San Diego, em Hillcrest; e em Los Angeles, em West Hollywood *(págs. 100-19)* e em Palm Springs.

Vários jornais e revistas de distribuição gratuita são dirigidos aos GLS, trazendo a programação de eventos, como o *L.A. Weekly*, em L.A. e diversas publicações de São Francisco, como o *Gay Times*. Eventos gays em São Francisco e na Bay Area também são informados por telefone, no boletim **Gay and Lesbian Hotline**. O **LA Gay and Lesbian Center** é um serviço de referência em Los Angeles, fornecendo apoio em emergências e auxílio legal.

ESTUDANTES

Há poucos descontos para estudantes na Califórnia. A ISIC (International Student Identity Card, a carteira internacional de estudante) não é muito aceita e recomenda-se que os jovens andem sempre com passaporte, já que a proibição de entrada de menores de 21 anos em bares é rigidamente aplicada. A **Student Travel Association** organiza viagens com trabalho para estudantes e tem dois escritórios na Bay Area e três em São Francisco. A Califórnia conta com muitos albergues da juventude de excelente qualidade, e a **Hosteling International-American Youth Hostels** oferece todo tipo de informação, como, por exemplo, endereços, dicas e reservas *(pág. 507)*.

Por motivos de segurança, nunca peça carona na rua. Prefira sempre consultar os quadros de avisos que você encontra em locais como albergues e universidades. Nesses locais você poderá obter informações mais seguras sobre transporte gratuito.

CONSULADOS DO BRASIL

O Brasil tem consulados em Los Angeles e São Francisco –o primeiro no prédio da Flynt Publications e o segundo perto do Transamerica Pyramid. Ambos abrem ao público nos dias úteis entre 9h e 15h. Em emergência, telefone.

APARELHOS ELÉTRICOS

A rede elétrica nos EUA é de 110-120 volts, como na maior parte do Brasil. Mas é necessário um adaptador para a tomada de duas pontas chatas adotada no país, que não aceita os dois pinos redondos dos aparelhos brasileiros. Os hotéis têm tomadas de 110 e 220 volts no banheiro, para barbeadores elétricos, e muitos fornecem secadores de cabelo.

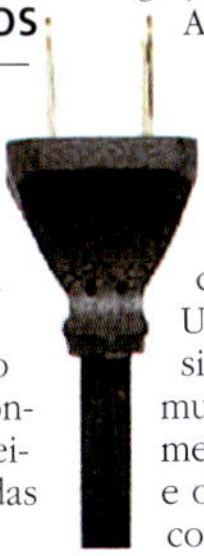

Tomada padrão

CONVERSÃO DE MEDIDAS

Imperial para métrico
1 inch = 2,54 centímetros
1 foot = 30 centímetros
1 mile = 1,6 quilômetro
1 ounce = 28 gramas
1 pound = 454 gramas
1 quart = 0,947 litro
1 gallon = 3,8 litros

Métrico para imperial
1 milímetro = 0,04 inch
1 centímetro = 0,4 inch
1 metro = 3 feet 3 inches
1 quilômetro = 0,6 mile
1 grama = 0,04 ounce
1 quilo = 2,2 pounds
1 litro = 1,1 quart

ORGANIZAÇÕES RELIGIOSAS

A Califórnia, principalmente em sua região norte, tem a fama de atrair diversas formas não convencionais de culto *(págs. 440-1)*. Seitas e religiões alternativas florescem no estado, competindo com as igrejas e templos tradicionais.

A Igreja Católica é a que tem mais seguidores, um quarto deles de origem latino-americana. Los Angeles tem a segunda maior comunidade judaica dos Estados Unidos, com maravilhosas sinagogas. Também há muitos templos hindus, mesquitas muçulmanas e outros santuários menos conhecidos.

A melhor fonte de endereços e telefones são as Páginas Amarelas, na seção *Churches* (igrejas, em inglês).

Templo "alternativo", um dos muitos existentes na Califórnia

HORA NA CALIFÓRNIA

A Califórnia fica no fuso horário do Pacífico. O horário de verão começa no segundo domingo de março (às 2h), quando os relógios são adiantados uma hora, e termina no primeiro domingo de novembro (às 2h), quando devem ser atrasados uma hora.

Cidade e País	Horas	Cidade e País	Horas
Atenas (Grécia)	+10	Moscou (Rússia)	+11
Auckland (Nova Zelândia)	+20	Nova York (EUA)	+3
Beijing (China)	+16	Paris (França)	+9
Berlim (Alemanha)	+9	Perth (Austrália)	+16
Brasília (Brasil)	+5	Sydney (Austrália)	+18
Chicago (EUA)	+2	Tóquio (Japão)	+17
Kowloon (Hong Kong)	+16	Toronto (Canadá)	+3
Londres (RU)	+8	Washington, DC (EUA)	+3
Madri (Espanha)	+9		

AGENDA

CONSULADOS DO BRASIL NA CALIFÓRNIA

Em Los Angeles
8484 Wilshire Blvd.-Suite 711/ 730
Beverly Hills 90211
Mapa 6 C4
Tel *(323) 651-2664.*
www.brazilian-consulate.org

Em São Francisco
300 Montgomery St-Suite 900
94104 **Mapa** 5 C3/C4.
Tel *(415) 981-8170.*
www.brazilsf.org

REPRESENTAÇÕES DOS EUA NO BRASIL

Para agendar entrevista
www.visto-eua.com.br
Tel *(21) 4004-4950.*

Embaixada em Brasília
SES Av. das Nações, 850-Quadra 801-Lote 03, 70403-900.
Tel *(61) 3312-7000.*
www.embaixadaamericana.org.br

Consulado no Rio de Janeiro
Av. Presidente Wilson, 147. 20020-20. ***Tel*** *(21) 3823-2000.*

Consulado em São Paulo
Rua Henri Dunant, 500.
Tel *(11) 5186-7000.*

DEFICIENTES FÍSICOS

California Relay Service
Tel *(800) 735-2922.*

Disability Rights, Education and Defense Fund
2212 6th St, Berkeley, CA 94710.
Tel *(510) 644-2555.*
www.dredf.org

ESTUDANTES

Hosteling International-American Youth Hostels
733 15th St. NW, Suite 840, Washington, DC 20005. ***Tel*** *(800) 909-4776, (202)783-6161.*
www.hiusa.org

Student Travel Association
Tel *(800) 781-4040.*
www.statravel.com

GAYS E LÉSBICAS

Gay and Lesbian Hotline
Tel *(415) 355-0999, (888) THE-GLNH.*

LA Gays and Lesbian Center
Tel *(323) 993-7400.*
www.lagaycenter.org

Segurança Pessoal e Saúde

Aviso de ursos na área, norte da Califórnia

Como acontece no mundo inteiro, as cidades mais populosas da Califórnia têm suas áreas perigosas. Informe-se com amigos ou funcionários do hotel sobre as partes da cidade que não se devem visitar sozinho ou à noite. São Francisco é considerada uma das cidades mais seguras dos Estados Unidos. Já em Los Angeles há áreas problemáticas. Quando viajar pelo interior, tenha sempre à mão um bom mapa, sobretudo nos desertos e nas montanhas. É importante levar a sério as advertências feitas ao público, principalmente nas atividades ao ar livre.

REGRAS BÁSICAS DE SEGURANÇA

As famosas gangues da Califórnia, de Los Angeles sobretudo, dificilmente saem de suas áreas, e não estão muito interessadas em turistas. O maior risco para estrangeiros são mesmo os assaltos e roubos de carro. Há patrulhamento constante e ostensivo nas áreas turísticas, mas é sempre aconselhável preparar um roteiro com antecedência e usar o bom senso. Não receba estranhos no quarto do hotel nem dê detalhes sobre onde está hospedado.

Guarde objetos valiosos no cofre do hotel em vez de carregá-los consigo. Os hotéis em geral não se responsabilizam por objetos de valor deixados nos quartos.

Os pedestres têm de obedecer à leis de trânsito –atravessar ruas e estradas em local não permitido dá multa.

Policial de São Francisco

ACHADOS E PERDIDOS

Embora sejam mínimas as chances de recuperar um objeto perdido na rua, telefone para a **Police Non--Emergency Line** (Não Emergências da Polícia). É importante fazer boletim de ocorrência de todos os itens perdidos ou roubados e guardar uma cópia, para poder depois, se for o caso, acionar o seguro. É bom se prevenir contra perdas tendo anotado e guardado em local separado o número dos documentos, ou uma cópia deles.

Quem tiver o passaporte roubado ou extraviado deve contatar imediatamente o consulado do Brasil *(pág. 621)*. No caso de perda de cheques de viagem ou cartão de crédito, procure o escritório mais próximo do agente emissor *(pág. 623)*.

Guarda florestal

SEGURO DE VIAGEM

Pesquise bem as ofertas de seguro de viagem entre as empresas no Brasil, pois é aconselhável comprar um para o caso de roubo, doença ou emergência enquanto estiver viajando. O seguro saúde deve ter uma cobertura abrangente que cubra você durante o tempo em que estiver viajando, pois a assistência médica é cara na Califórnia.

PRECAUÇÕES AO AR LIVRE

O oceano Pacífico nunca é quente, nem mesmo no verão. Além disso, tem ondas violentas, mais adequadas a surfistas que a nadadores, e a corrente é forte. Aliás, o sol da Califórnia também é forte: nunca deixe da passar protetor solar. E há ladrões nas praias –vigie seus pertences.

Quem se prepara para caminhadas em áreas selvagens deve providenciar equipamento completo e avisar alguém do roteiro antes de partir. Cuide bem da natureza à sua volta e preste atenção nos animais –em alguns parques, eles podem ser perigosos. Incêndios florestais são comuns, portanto pergunte aos guardas onde é permitido acender fogueiras. As Câmaras de Comércio das cidades próximas às trilhas fornecem mapas locais.

O **The Sierra Club** informa sobre excursões. As escaladas estão se tornando cada vez mais populares, e muitos parques oferecem boa estrutura para essa

Moto da polícia

Viatura policial

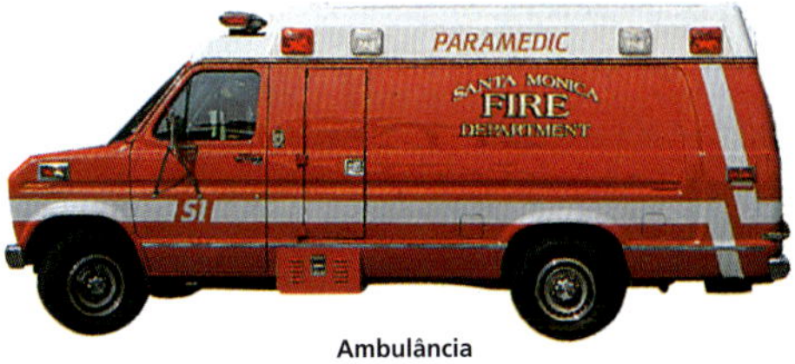

Ambulância

Carro de bombeiro

prática *(pág. 613)*. Informe-se com a guarda florestal sobre instrutores, equipamentos e condições climáticas.

No deserto, sempre é preciso tomar todas as precauções. Nos pontos mais baixos o ar é seco e quente; nos mais altos, a temperatura à noite pode ser negativa. Tenha reservas extras de água e combustível para o carro. Se o motor ferver, não saia à procura de ajuda –jogue água no radiador até esfriar, depois encha de água novamente. O Death Valley Visitors' Center *(pág. 290)* fornece mais detalhes.

TRATAMENTO MÉDICO

Todas as cidades têm pronto-socorro médico e dentário funcionando 24 horas por dia. Acidentes e doenças graves devem ser tratados em hospitais, geralmente de boa qualidade. Mas nada é gratuito, nem barato. Quem toma remédios deve trazer um bom estoque e receita em inglês.

EMERGÊNCIAS

Em casos de emergência, disque para o número 911 de qualquer telefone público: aciona polícia, ambulância e bombeiro. A chamada dos telefones públicos é gratuita e nas rodovias há telefones de emergência a cada quilômetro. Se for assaltado, vá direto à delegacia mais próxima –ligue para 911 se não conseguir localizá-la. A organização **Travellers' Aid Society**, presente em San Diego e outras cidades, oferece assistência a turistas em emergência.

TERREMOTOS

A expectativa e o medo de terremotos não devem influir no seu dia a dia. Se ocorrer um tremor, o mais importante é não entrar em pânico. Algumas precauções são importantes, como ter sempre um par de sapatos e uma lanterna perto da cama, para o caso de corte de energia ou vidro quebrado. Se estiver dirigindo, reduza a velocidade, saia para o acostamento e só então pare o carro. Na rua, evite ficar perto de árvores, postes e pontes. O **The United States Geological Survey** fornece informações mais completas sobre os cuidados em caso de terremoto, e os hotéis têm seus próprios procedimentos.

AGENDA

EMERGÊNCIAS

Geral
Tel *911* aciona polícia, ambulância e bombeiro.

Crime Victims' Hotline
Tel *(800) 842- 8467.*

Não Emergências da Polícia
São Francisco
Tel *(415) 553- 0123.*
Los Angeles
Tel *(877) 275-5273.*

Travellers' Aid Society
San Diego
Tel *(619) 295-8393.*
Los Angeles
Tel *(323) 644-3500.*
São Francisco
Tel *(650) 821-2735.*

CARTÕES DE CRÉDITO E TRAVELLER'S CHEQUES PERDIDOS OU ROUBADOS

American Express
Tel *(800) 528-4800*
www.americanexpress.com.br

Diners Club
Tel *(800) 234-6377*
www.dinersclub.com.br

MasterCard
Tel *(800) 826-2181*
www.mastercard.com.br

Visa
Tel *(800) 336-8472*
www.visa.com.br

ATIVIDADES AO AR LIVRE

California State Department of Parks and Recreation
PO Box 942896, Sacramento, CA 94296-0001. ***Tel*** *(800) 777-0369.* **www**.parks.ca

National Park Service
National Recreation Area, Pacific West. Information Center, Fort Mason Building 201, São Francisco, CA 94123. ***Tel*** *(415) 561-4700.* **www**.nps.gov/goga

The Sierra Club
85 Second St, São Francisco, CA 94105. ***Tel*** *(415) 977- 5500.* **www**.sierraclub.org

INFORMAÇÕES SOBRE TERREMOTOS

The US Geological Survey
Earth Science Information Centers, 345 Middlefield Rd, Menlo Park, CA 94025.
Tel *(650) 329-4390, 853-8300.* **www**.usgs.gov

Bancos e Moedas

São Francisco e Los Angeles são os maiores centros de negócios da Costa Oeste americana, e os prédios de seus distritos financeiros refletem esse status. Para a conveniência de moradores e turistas, existem muitos caixas eletrônicos –ATMs– que funcionam 24 horas por dia espalhados pelo estado inteiro. Em algumas cidades pequenas pode ser difícil trocar cheques de viagem, mas os cartões de crédito são bem aceitos em toda parte, inclusive para fazer reserva de hotel e alugar carro –neste caso, até servem como garantia para a locadora.

Banco de São Francisco

BANCOS

Os horários dos bancos variam de cidade para cidade, mas a maioria geralmente funciona das 10h às 15h. Nas cidades grandes o expediente bancário costuma ser maior: algumas agências abrem às 7h30 e fecham às 18h, além de funcionar também nos sábados pela manhã. O visitante deve sempre se informar sobre as comissões cobradas antes de fechar uma transação de troca de cheques de viagem (emitidos em dólares) por dólares em dinheiro vivo. Sempre é necessário mostrar algum tipo de identificação na hora, como o passaporte ou a carteira internacional de estudante.

CARTÕES DE CRÉDITO

American Express, Diners Club, MasterCard e Visa são cartões aceitos em toda a Califórnia. Além da vantagem de não precisar carregar muito dinheiro, os cartões às vezes servem de garantia na hora de comprar mercadorias ou serviços. Podem ser usados em todo o estado para reservar quarto em hotel ou alugar carro *(pág. 632)*. Os hotéis, na entrada, preparam um comprovante de cartão, que depois pode ser anulado ou extornado. As locadoras de carro fazem mesmo e, se a pessoa não tem cartão de crédito, pedem grandes depósitos em dinheiro como garantia.

CAIXAS ELETRÔNICOS

Existem caixas eletrônicos (ATMs, ou Automated Teller Machines) instalados no saguão ou do lado de fora (perto da entrada) da maioria das agências bancárias. Eles operam dia e noite, inclusive fora do horário de atendimento bancário. Neles podem-se retirar quantias em dólares, em notas de US$ 20, da sua conta bancária no Brasil ou da conta do cartão de crédito. Estas transações têm um custo –informe-se antes de viajar. Os maiores sistemas eletrônicos são o **Cirrus** e o **Plus**, que trabalham com Visa e MasterCard.

Podem ocorrer assaltos nos caixas eletrônicos da Califórnia, portanto trate de usá-los sempre de dia e, de preferência, com muitas pessoas em volta. As taxas de câmbio adotadas nos saques de dinheiro com cartões de crédito nos caixas eletrônicos costumam ser interessantes, mas há taxas pelo saque.

Placa de casa de câmbio

CHEQUES DE VIAGEM

Os cheques de viagem emitidos em dólares são aceitos na maior parte dos hotéis, restaurantes e lojas da Califórnia, sem cobrança de nenhuma taxa adicional. O mais comum é o do American Express, e o do Citibank também é bem difundido –se trocados nas respectivas agências, ambos estão isentos da cobrança de comissão. Em caso de perda ou roubo, avise imediatamente o banco ou a agência expedidora, como a **American Express Helpline**.

Para trocar cheques de viagem por dinheiro você pode se dirigir a casas de câmbio, bancos e caixas de hotel.

CASAS DE CÂMBIO

As casas de câmbio independentes abrem geralmente nos dias úteis, das 9h às 17h. Cobram comissões na troca de cheques de viagem, porém as mais conhecidas, a **Travelex Currency Service** e o **American Express Travel Service**, não costumam cobrar comissão sobre os cheques de viagem em dólares emitidos por elas. Ambas têm agências por todo o estado da Califórnia.

Caixa eletrônico

Moedas

Os valores das moedas norte-americanas são: 1 dólar, 50, 25, 10, 5 e 1 cents (mostradas em tamanho real). As novas moedas douradas de $ 1 estão em circulação, assim como as State quarters, *que mostram uma cena histórica numa das faces. Cada moeda tem um nome popular: penny (1 cent), nickel (5 cents), dime (10 cents) e quarter (25 cents).*

Moeda de 25 cents (quarter)

Moeda de 10 cents (dime)

Moeda de 5 cents (nickel)

Moeda de 1 cent (penny)

Moeda de US$ 1 (buck)

Cédulas

As unidades monetárias nos EUA são os dólares e os cents. Um dólar é dividido em 100 cents. As cédulas (bills) têm valores de US$ 1, US$ 5, US$ 10, US$ 20, US$ 50 e US$ 100. Novas notas de US$ 10, US$ 20 e US$ 50 com mais detalhes antifalsificação foram introduzidas recentemente e uma nova nota de US$ 5 entrou em circulação em 2008

Nota de US$ 1

Nota de US$ 5

Nota de US$ 10

Nota de US$ 20

Nota de US$ 50

Nota de US$ 100

AGENDA

SERVIÇOS FINANCEIROS

Travelex Currency Service

75 Geary St, San Francisco.

Mapa 5 C4.

Tel *(415) 362-3452.*

www.travelex.com

American Express Travel Service

455 Market St, San Francisco.

Mapa 6 D4.

Tel *(415) 536-2600.*

8493 W 3rd St, Los Angeles.

Mapa 6 C3.

Tel *(310) 659-1682.*

www.americanexpress.com/travel

American Express Helpline

Tel *(800) 221-7282.*

Mastercard ATM Locator

Tel *(800) 424-7787.*

Telefones e Correios

Os telefones públicos são encontrados em calçadas, hotéis, restaurantes, bares, cinemas, teatros e lojas de departamentos. A maioria oferece as duas opções: moeda ou um tipo de cartão parecido com o de crédito. Há alguns aparelhos que aceitam cartão de crédito.

TELEFONES PÚBLICOS

Os aparelhos modernos têm um receptor e 12 botões para digitar. Na Califórnia, o serviço é operado principalmente pela Pacific Bell (PacBell), cujo logo é um fone azul e branco com um sino no meio. São instalados em paredes, postes e cabines. Também há algumas empresas independentes que operam telefones públicos, mas o serviço é menos confiável e bem mais caro. As tarifas têm sempre que estar expostas e a maioria dos telefones tem junto um catálogo. Se tiver alguma queixa a fazer, disque 0 para falar com a telefonista, ligue para a companhia telefônica ou ainda para a **California Public Utilities Commission**.

TARIFAS

O custo de uma chamada dentro do mesmo código de área varia conforme a duração da conversa, mas o mínimo é 50 cents. Passados três minutos, a operadora interrompe e pede para depositar mais moedas. Em chamadas interurbanas, mas ainda dentro do mesmo código de área, uma gravação informa o custo adicional. Chamadas realmente interurbanas, com código diferente, custam mais, porém o preço cai se forem feitas diretamente, sem ajuda da telefonista.

Chamadas locais e interurbanas são mais baratas entre 18h e 8h, nos dias úteis, e nos fins de semana. Os hotéis cobram bem caro por qualquer chamada feita do quarto. Os números com prefixo 800, 866, 888 ou 877 indicam ligação gratuita. Para ligar a cobrar, é preciso auxílio da telefonista.

Dois-em-um: cartão e suvenir

Cartões de telefone são vendidos em agências do correio, farmácias e lojas de conveniência. São emitidos pelas principais companhias telefônicas, como a AT&T, e muito práticos, pois evitam que se carreguem muitas moedas. Além disso, podem ser usados em qualquer aparelho, desde que se disque antes o número escrito neles e se dê a senha pessoal. Quando o número de chamadas pré-pagas acaba, pode-se renovar o cartão por telefone. O Telecard, da Embratel, também pode ser usado (deve ser comprado no Brasil).

COMO USAR O TELEFONE DE MOEDA

1 Tire o fone do gancho.

2 Insira as moedas necessárias.

3 Disque/digite o número.

4 Se desistir da chamada ou ela não se completar, pressione o botão *coin return* para recuperar as moedas.

5 Se a chamada se completar e a conversa durar mais do que o tempo que resta, a telefonista interrompe e pede que se depositem mais moedas. Os aparelhos não dão troco.

Moedas
Estas são as moedas usadas no telefone público.

5 cents

10 cents

25 cents

FAX

Pode-se passar fax para o mundo todo através de aparelhos instalados em locais públicos, como agên-

Máquina de fax, aeroporto

cias de correio e hotéis. As tarifas variam conforme o dia, horário, destino e número de páginas. Os mesmos aparelhos também recebem fax e cobram pelo número de páginas. Procure nas Páginas Amarelas (Yellow Pages) a seção Fax Transmission Services, ou a própria lista telefônica. Para transferir dinheiro, contate a **Western Union**.

COMO TELEFONAR

- Em chamadas diretas para locais com outro código de área, disque **1** seguido do código (213 para L.A., 415 para S.Francisco) e do número (7 dígitos).
- Para ligações diretas internacionais, disque **011**, depois o código do país (o do Brasil é **55**), código da cidade (sem o 0) e o telefone.
- Chamadas para o Brasil são realizadas por quatro empresas: **AT&T** (18003441055 e 18888834783 para cartão pré-pago), **MCI** (18002831055), **Worldcom** (18008092292) e **Sprint** (18007455521
- Telefonista internacional, disque **01;** e local, **0**.
- Auxílio à lista internacional: **00.** Auxílio local: **411.**
- **Emergências (para polícia, ambulância e bombeiros): 911.**
- Os números de telefone nos EUA também podem ter letras, que correspondem a números: A, B, C = 2; D, E, F = 3; G, H, I = 4; J, K, L = 5; M, N, O = 6; P, R, S = 7; T, U, V = 8; W, X, Y = 9.

AGENDA

California Public Utilities Commission
Tel (800) 649-7570.

Western Union
Tel (800) 325-6000.

Auxílio à Lista dos Estados Unidos
Tel 1- (código de área) 555-1212.

Como Mandar uma Carta

Além das agências de correio, podem-se também enviar cartas pela recepção dos hotéis ou colocá-las nas caixas instaladas em prédios de escritório e terminais aéreos, ferroviários e rodoviários. As caixas de correio das calçadas são azuis. Nos fins de semana a entrega de cartas é restrita. Vendem-se selos nos correios, recepções de hotel e máquinas automáticas instaladas em lojas e supermercados.

SERVIÇOS POSTAIS

Toda postagem interna leva de um a cinco dias para ser entregue. Não deixe de anotar o código de endereçamento *(zip code)*, ou a demora será grande. Cartas internacionais levam de cinco a dez dias para chegar ao destino; pacotes não aéreos, de quatro a seis semanas.

ENTREGAS ESPECIAIS

O correio oferece dois serviços especiais: Priority Mail, que promete entrega mais rápida do que o normal, e Express Mail, o mais caro, que entrega no dia seguinte, nos EUA, e em até 72 horas em outros países. Também há *couriers* privados, listados nas Páginas Amarelas e na lista telefônica. Os dois mais conhecidos para remessas internacionais são **DHL** e **Federal Express**.

Van do correio

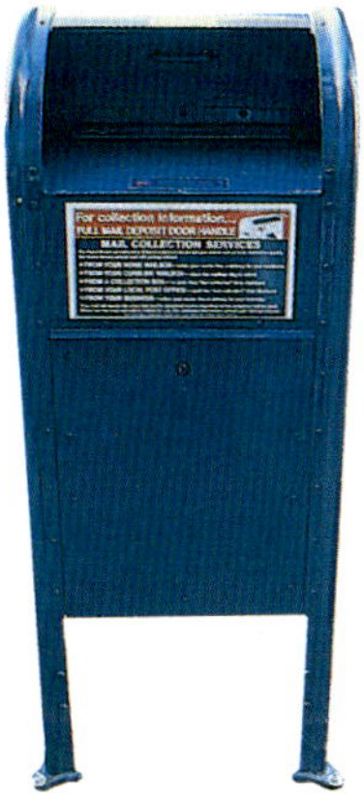

Caixa de correio

Selos comemorativos

COMO RECEBER CARTAS

Nas cidades grandes, você pode receber cartas sem ter endereço fixo. Devem ser enviadas aos cuidados *(c/o)* de General Delivery, com sobrenome sublinhado, para facilitar o arquivamento e localização. Para retirá-las, leve passaporte. Elas ficam guardadas por 30 dias, à espera do destinatário, e, depois, são devolvidas ao remetente.

Como escrever o endereço:

São Francisco
c/o General Delivery,
Civic Center, 101 Hyde St,
San Francisco, CA 94142.

Los Angeles
c/o General Delivery,
Los Angeles Main Post Office,
900 N Alameda,
Los Angeles, CA 90086.

San Diego
c/o General Delivery, San Diego
Main Post Office, San Diego, CA
92110.

SERVIÇOS POSTAIS

DHL
Tel (800) 225-5345.

Federal Express
Tel (800) 463-3339.

United States Postal Service
Tel (800) 275-8777.

INFORMAÇÃO DE VIAGEM

São Francisco e LA são os dois portões de entrada para quem chega à Califórnia de avião. Pode-se também chegar de carro, trem Amtrak, ônibus ou navio. Apesar dos problemas crônicos de congestionamento, poluição ambiental e aumento de preço da gasolina, os californianos continuam adorando dirigir. Carros grandes e confortáveis e uma abrangente rede de estradas fazem desse um meio eficiente e prazeroso de viajar. O transporte público é uma opção viável e barata nas maiores cidades, onde bondes e balsas históricos convivem com modernos ônibus e sistemas de transporte de massa.

Avião decolando

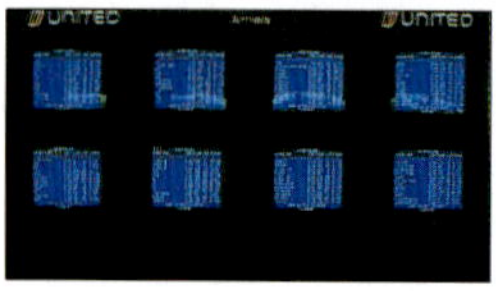
Quadro de chegadas no aeroporto

VOOS DO BRASIL

Não há voos diretos do Brasil para a Califórnia. No entanto há diversos voos com conexão em outras cidades. A viagem dura cerca de 12h. A alternativa é pegar uma conexão de outras cidades americanas, como Nova York e Miami, que têm mais voos do Brasil.

VOOS NOS EUA

Viagens de avião são parte do *American way of life*, e o *Californian way* não foge à regra. Por isso, os aeroportos do estado são bem projetados, com sistema computadorizado de passagens e bom nível de serviços. A frequência de voos é alta. Além do LAX, os principais são os de São Francisco (SFO), San Diego (SAN), Oakland (OAK) e San Jose (SJC). Em seguida vêm os de Sacramento, Ontario, Santa Barbara, John Wayne/Orange County e Fresno.

TARIFAS NO BRASIL

A alta temporada de voos do Brasil para os EUA –que se traduz em aumento de preço de passagens– divide-se em duas: de 11 de dezembro a 1º de março (inverno nos EUA) e de 21 de junho a 31 de julho (verão). As tarifas mais baratas são as ponto a ponto na baixa estação. Pode valer a pena comprar um pacote com passagem, hospedagem e traslado.

TARIFAS NOS EUA

A estrutura de tarifas de voos dentro dos EUA é complexa, pois há uma grande variedade de passes e sistemas de bônus oferecidos por muitas companhias aéreas. Os preços também variam de acordo com a estação do ano, e os bilhetes mais caros coincidem com os meses de verão e de férias e os feriados, como o Natal e o Dia de Ação de Graças *(pág. 39)*. É sempre mais barato viajar para a Califórnia nos dias

Encounter Restaurant, aeroporto de Los Angeles

AEROPORTO	INFORMAÇÕES
Los Angeles (LAX)	**Tel** *(310) 646-5252*
São Francisco (SFO)	**Tel** *(650) 761-0800*
Oakland (OAK)	**Tel** *(510) 577-4000*
San Diego (SAN)	**Tel** *(619) 400-2400*
San Jose (SJC)	**Tel** *(408) 277-4759*
Sacramento (SMF)	**Tel** *(916) 929-5411*
Palm Springs (PSP)	**Tel** *(760) 318-3800*

úteis ou nos fins de semana. O bilhete mais barato é o APEX, uma tarifa-excursão que deve ser comprada semanas antes do embarque e não é reembolsável. As agências têm preços e promoções.

AEROPORTOS

Com um enorme volume de passageiros chegando e partindo ao mesmo tempo, grandes aeroportos internacionais, como os de Los Angeles e São Francisco, podem parecer assustadores para o turista que acaba de desembarcar. Nos horários de maior movimento as filas na Imigração e alfândega são inevitáveis. Não viaje com comida (estritamente proibida) na bagagem e planeje com antecedência o meio de transporte para a cidade.

Todos os principais aeroportos têm serviços de informação em espanhol. Eles indicam como circular no próprio aeroporto e também orientam sobre os transportes para a cidade. Outros serviços disponíveis são aluguel de carros *(pág. 632)*, casas de câmbio *(págs. 624-5)* e ônibus.

A maioria das locadoras de carros dispõe de microônibus que levam os passageiros até o estacionamento de seus carros, em geral distante do prédio principal do aeroporto. Alguns hotéis também operam serviços de ônibus do aeroporto para seus hóspedes. As tarifas de transporte variam conforme a distância. O tempo de viagem também é variável, de acordo com o número de passageiros e de paradas.

Todos os aeroportos estão preparados para atender deficientes físicos. É aconselhável avisar antes a companhia aérea do serviço requerido. É proibido fumar nos terminais.

Embarque de bagagem

Ônibus de locadora de carros

Ônibus ou van de hotel

ALFÂNDEGA NA VOLTA, NO BRASIL

Pode-se entrar de volta no Brasil com compras no valor de até US$ 500 por passageiro. Recomenda-se separar de antemão a nota fiscal de cada artigo adquirido para agilizar o processo de conferência na hora da chegada e poder deixar a alfândega mais rapidamente. Além disso, as leis brasileiras permitem gastar mais US$ 500 por pessoa na free shop do aeroporto brasileiro.

COMPANHIAS AÉREAS

TAM
Brasil
Tel *(11) 4002-5700 (capitais)*
Tel *0800 570 5700 (outros).*
EUA
Tel *(1888) 2 FLYTAM.*
www.tam.com.br

American Airlines
Brasil ***Tel*** *0300 7897778.*
Tel *(11) 4502-4000 (SP).*
Tel *(21) 4502-5005 (RJ).*
Tel *(800) 433-7300 (EUA).*
www.aa.com

United Airlines
Brasil ***Tel*** *0800 162323.*
EUA ***Tel*** *(800) 241-6522.*
www.united.com.br

Delta Airlines
Tel *(800) 221-1212.*
www.delta-air.com

USAirways
Tel *(800) 428- 4322.*
www.usairways.com

DISTÂNCIA DA CIDADE	TARIFA DE TÁXI	ÔNIBUS
24km do centro	aprox. U$ 50 para o centro aprox. U$ 42 para Beverly Hills	30 minutos até o centro
22km do centro	aprox. U$ 45 para o centro	25 minutos até o centro
12km do centro	aprox. U$ 35 para Oakland	20 minutos até o centro
5km do centro	aprox. U$ 16 para San Diego	10-15 minutos até o centro
12km do centro	aprox. U$ 25 para San Jose	15 minutos até o centro
19km do centro	aprox. U$ 35 para Sacramento	20 minutos até o centro
3km do centro	aprox. U$ 13 para Palm Springs	5-8 minutos até o centro

Como Circular na Califórnia

Licença de táxi

Embora possam levar mais tempo, as viagens de trem, ônibus e ferryboat costumam ser uma maneira mais barata e compensadora de conhecer a Califórnia. Cidades maiores, como São Francisco *(págs. 396-7)*, Los Angeles *(págs. 178-9)* e San Diego *(págs. 266-7)*, oferecem bom transporte público, com linhas de ônibus, bonde, metrô e barco. A desvantagem é que todos esses serviços ficam muito cheios nas horas de pico –táxis e vans especiais são boas alternativas, mas custam mais. A rede de trens Amtrak, ligada a serviços de ônibus interurbanos, cobre a área mais populosa e oferece belos cenários ao longo do caminho.

Táxis de São Francisco

Máquina de bilhetes de trem

TRENS

As ferrovias estão em baixa nos EUA, apesar de os trens ainda fazerem a conexão entre todas as principais cidades. O **Amtrak** continua a operar linhas diretas de longa distância entre Los Angeles e Chicago, Seattle, Albuquerque, Orlando e San Antonio, mas a rota direta para a Costa Leste, cruzando o país, foi desativada.

Na Califórnia, a rede ferroviária divide-se em três seções: a Surfliner (que liga Paso Robles a San Diego), a Capitol (entre San Jose e Sacramento) e a San Joaquin (ligando Emeryville a Bakersfield). Nas paradas dos trens há terminais de ônibus para diversas partes do estado. As linhas ferroviárias locais são a **Caltrain** (entre San Jose e São Francisco); Coast Starlight Connection (de San Luis Obispo a Santa Barbara); LA Metrolink e Coaster (de San Diego a Oceanside).

ÔNIBUS

Os ônibus interestaduais da **Greyhound Lines** cobrem o país inteiro. Na Califórnia, oferecem tanto viagens panorâmicas por estradas costeiras quanto ligações por rodovia entre cidades importantes, como São Francisco, Sacramento, San Jose, Los Angeles e San Diego.

Ônibus de excursão, com guia, são uma forma confortável de se fazer turismo. Muitas agências organizam viagens curtas em ônibus de luxo para atrações como o Hearst Castle *(págs. 212-5)*, o Yosemite National Park *(págs. 488-91)* e Monterey *(págs. 508-11)*. Consulte as Páginas Amarelas ou a lista telefônica para localizar esses serviços.

Quem dispõe de tempo e gosta de natureza pode optar pelos pacotes da **Green Tortoise**, que faz viagens sem pressa pelas principais cidades da costa do Pacífico. Os passageiros podem parar no caminho para acampar, comer e passear.

TÁXIS

Os táxis (comumente chamados de *cabs*) fazem ponto em frente aos terminais de transporte público e aos hotéis. Fora desses lugares, o melhor é chamar por telefone –os números estão nas Páginas Amarelas e na lista telefônica. É quase impossível pegar um táxi na rua.

Nem sempre o motorista conhece a cidade. É aconselhável ter o percurso marcado em um mapa, para ir mais rápido. As tarifas variam conforme a distância. Alguns táxis aceitam cartão de crédito, mas é melhor perguntar assim que embarcar. A gorjeta padrão é de 15% da corrida.

VANS

Mais baratas que táxis e mais rápidas que ônibus, as vans são um meio seguro e confiável de se locomover dentro e nos arredores das cidades californianas. Seu serviço é especialmente eficiente entre hotéis e aeroportos. Ao

Ônibus da Greyhound estacionado em rodovia

calcular o tempo de viagem, lembre-se de que há muitas paradas no caminho para pegar e desembarcar passageiros. Contudo, como a concorrência é muito grande, o serviço é de alta qualidade. É aconselhável informar-se sobre preços em diversas companhias antes de contratar um serviço. Os motoristas costumam receber gorjeta de US$ 3.

BARCOS E FERRYBOATS

Há um serviço expresso de barcos de Los Angeles para a Santa Catalina Island *(págs. 242-3)*. Serviços menos corridos são oferecidos na baía de São Francisco *(págs. 298-9)*. Entre os ferryboats, a maioria transporta passageiros e bicicletas, mas não carros.

Embora muitas pontes e estradas facilitem o uso de carro, os ferryboats sobrevivem como uma opção refrescante à poluição do trânsito na hora do pico. Os barcos que ligam Oakland, Sausalito e Tiburon a São Francisco e o ferryboat San Diego-Coronado oferecem um meio calmo e bastante em conta de observar a cidade. Os preços, horários e localização dos serviços de barcos em São Francisco e na Bay Area estão na *pág. 399*, e os de San Diego na *pág. 267*.

AGENDA

TRENS

Amtrak
Tel *(800) 872-7245.*
www.amtrak.com

Caltrain
Tel *(800) 660-4287 ou (510) 817-1717.* **www**.caltrain.com

ÔNIBUS

Greyhound Lines
Tel *(800) 231-2222.*
www.greyhound.com

The Green Tortoise
494 Broadway, San Francisco, CA 94133. ***Tel*** *(800) 876-8647.*
www.greentortoise.com

LINHAS AMTRAK

O mapa mostra as linhas dos trens Amtrak dentro da Califórnia, e também as linhas de ônibus que saem das principais estações ferroviárias. A Amtrak faz transporte para cidades importantes dos EUA.

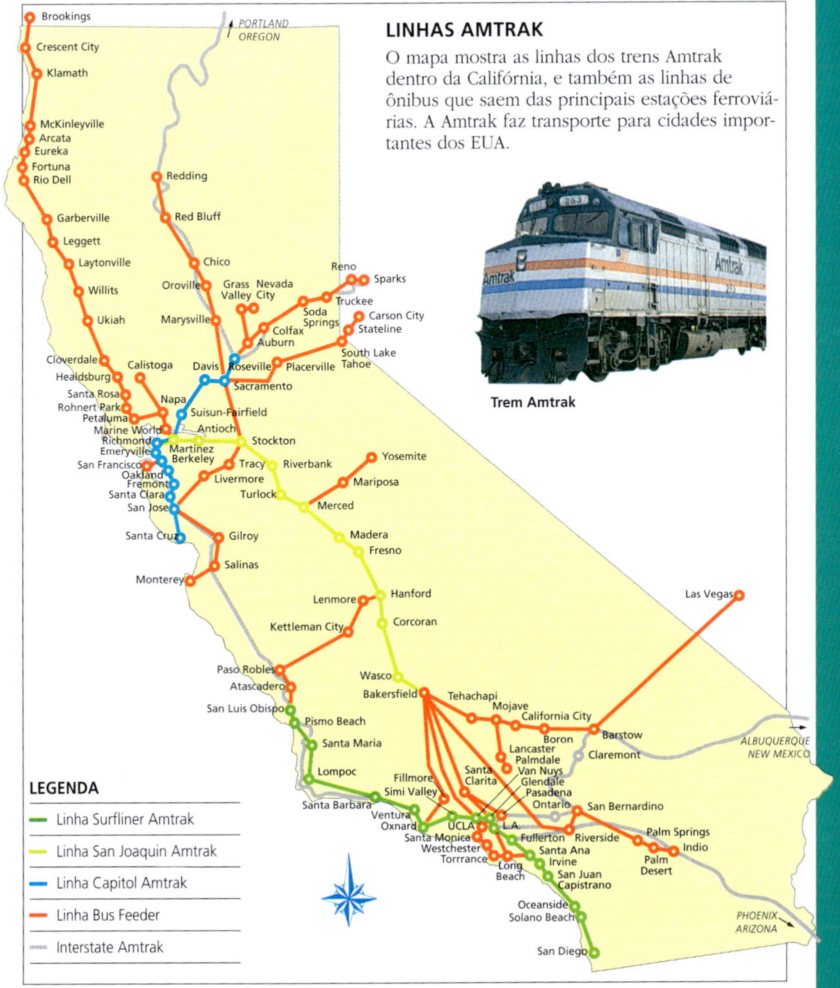

Trem Amtrak

Como Circular de Carro

Além de parte essencial da vida na Califórnia, dirigir ainda é a forma mais prática de moradores e turistas viajarem pelo estado. As estradas são bem-cuidadas e adequadas ao grande volume de trânsito registrado nos dias úteis. A Califórnia dispõe de uma boa rede de rodovias entre as principais cidades. Em áreas mais remotas, como desertos e montanhas, às vezes há necessidade de um veículo com tração nas quatro rodas.

Trânsito na Harbor Freeway, Los Angeles

ALUGUEL DE CARROS

É uma boa ideia sair do Brasil já com o carro alugado, pois as locadoras costumam oferecer preços promocionais no exterior. Às vezes, pode ser melhor comprar um pacote de viagem que já inclua o aluguel de carro –mas certifique-se de não ter de pagar nenhuma taxa extra na hora da devolução. Os extras –entre eles compra adicional de combustível, extensão da cobertura do seguro, taxa de coleta e entrega do carro e impostos (uma taxa municipal diária)– podem dobrar o preço combinado. É especialmente importante saber exatamente o que o seguro da locadora cobre. E é bom ter em mente que, na Califórnia, onde tudo é motivo para um processo, seguro total é essencial.

Para alugar um carro é preciso ter ter mais de 25 anos, carteira de motorista com pelo menos 2 anos de validade e passaporte. Cartão de crédito é indispensável como garantia de pagamento. Algumas locadoras alugam para pessoas mais jovens e aceitam uma quantia em dinheiro como garantia, mas as tarifas são mais altas. Para cruzar a fronteira do México com carro alugado é preciso autorização prévia da locadora. Ao devolver o veículo, ele deve estar com o tanque cheio. Não chegue em cima da hora –calcular e pagar a conta leva tempo.

Se você for alugar o carro já nos EUA, ligue para os telefones gratuitos das locadoras e pergunte sobre os descontos –em geral, são maiores nos aeroportos *(pág. 629)*.

Os carros nos Estados Unidos costumam ter câmbio automático, mas algumas locadoras podem fornecer veículos com câmbio mecânico se solicitadas. Agências especializadas alugam automóveis clássicos, motocicletas Harley-Davidson e *trailers*.

REGRAS DE TRÂNSITO

O uso de cinto de segurança é obrigatório para motoristas e passageiros. Os limites de velocidade são fixados pelas autoridades de cada estado. Na Califórnia, é de 65 milhas por hora ou mph (104 km/h), e chega a 70 milhas por hora (110 km/h) em algumas *freeways*. Nas cidades, os limites de velocidade aparecem em placas, e a polícia rodoviária, a Highway Patrol, é bem rigorosa. Dirigir depois de beber é infração grave, com punição severa.

As rodovias sem iluminação ou intersecção são chamadas de *freeways* –nelas, o tráfego de bicicleta não é permitido. Na hora do pico, fique atento às pistas assinaladas por um losango (as chamadas *diamond* ou *carpool lanes*), exclusivas para carros com

SINAIS DE TRÂNSITO

Existe uma boa variedade de sinais que dão avisos e instruções para os motoristas. Os limites de velocidade podem variar em poucas milhas, dependendo das condições da estrada e do volume de veículos. Em áreas isoladas, os motoristas devem ficar atentos a animais que ocasionalmente vêm para as estradas. Quem desobedece a sinais de trânsito é multado pela Highway Patrol (multa é fine *em inglês e costuma ser alta).*

Animais perto

Via de mão única

Acesso proibido

Velocidade máxima

Não preferencial

Pare no cruzamento

A roda na calçada evita que o carro desça em São Francisco

Aviso para estacionar usando as rodas como travas em São Francisco

mais de um passageiro. É permitido virar à direita no sinal vermelho se o caminho estiver livre e se não houver sinalização dizendo o contrário. O primeiro carro a chegar a um cruzamento tem a preferência de entrada.

A **Automobile Association of America** (AAA) oferece mapas, serviço de socorro mecânico nas estradas e descontos em restaurantes e hotéis. Pode ser interessante, para quem vai passar algum tempo viajando, tornar-se sócio, pois a anuidade custa apenas cerca de US$ 60.

Logo da AAA

GASOLINA

A gasolina (chamada de *gas*) é geralmente do tipo sem chumbo e vendida em galões em vez de litros. É bastante barata, mesmo incluindo um pequeno imposto de venda. Como não há tantos postos quanto se esperaria de um país tão cheio de automóveis, encha o tanque antes de viajar para montanhas, desertos e outras áreas isoladas. Alguns postos têm frentistas, mas também é comum o tipo *self-service*. Nestes, às vezes se paga antes de abastecer. Vários postos aceitam cartão de crédito.

ESTACIONAMENTO

Estacionar na Califórnia é algo caro e rigidamente controlado. Os restaurantes e hotéis mais luxuosos oferecem como vantagem o serviço de manobristas –entregue a chave e pague na saída.

A maior parte dos parquímetros aceita moedas de 1, 10 e 25 cents, mas alguns exigem cédulas. Cada estacionamento tem um preço. Nos shopping centers o estacionamento é grátis ou os visitantes que fazem compras costumam ter desconto.

As restrições ao estacionamento são indicadas por cores no meio-fio. Se a cor for vermelho, é proibido estacionar. Se for amarelo, é acessível para carga e descarga. O verde permite estacionar por tempo limitado, e o branco por apenas cinco minutos no horário comercial. Meio-fio azul indica estacionamento só para deficientes físicos.

Quando parar em uma ladeira de São Francisco, trave a roda no sentido da rua se for subida, e no da calçada na descida. Se seu carro for imobilizado ou guinchado, procure o **Police Department Towed Vehicle Information Center** (telefones ao lado).

AGENDA

ALUGUEL DE CARROS

Avis
EUA ***Tel*** *1-800-331-1212*
Brasil ***Tel*** *(11) 2155-2847 (SP)*
Tel *0800-725-2847*
(outras cidades)
www.avis.com.br

Hertz
EUA ***Tel*** *800 654-3131.*
Brasil ***Tel*** *0800 7017300.*
www.hertz.com.br

Cruise America Motorhome
Tel *(800) 327-7799.*
www.cruiseamerica.com

USA Motorhome Rentals
Tel *(866) 814-0253.*
www.usarvrentals.com

Dubbelju Motorcycle Rentals San Francisco
Tel *(415) 495-2774.*
www.dubbelju.com

Enterprise
Tel *(800) 261-7331.*
www.enterprise.com

INFORMAÇÕES SOBRE ESTRADAS

Tel *(800) 427-7623.*

AUTOMÓVEIS CLUBES

Automobile Association of America
1000 AAA Drive, BOX 28,
Heathrow, FL 32746.
Tel *(800) 222-4357.*

California State Automobile Association 150 Van Ness Ave,
San Francisco,
CA 94102.
Tel *(415) 565-2012.*

Automobile Association of Southern California
2601 S Figueroa St,
Los Angeles, CA 90007.
Tel *(213) 741-3111.*

CARROS GUINCHADOS

São Francisco
Tel *(415) 553-1235.*

Los Angeles
Tel *(323) 913-4460.*

San Diego
Tel *(619) 531-2844.*

Índice geral

Os números em **negrito** indicam as páginas em que o assunto aparece em destaque. São Francisco é S.F. e Los Angeles, L.A.

A

B

F

G

H

I

M

N

U

V

W

Y

Z

Agradecimentos

A Dorling Kindersley agradece às seguintes pessoas, cuja colaboração e assistência possibilitaram a edição deste livro.

Colaboradores Principais

Jamie Jensen cresceu em L.A. e hoje mora no Norte da Califórnia. É um dos colaboradores do *Guia Visual São Francisco*. Seu mais recente livro é *Road Trip USA: Cross-Country Adventures on America's Two-Lane Highways*.

Ellen Payne é gerente editorial da *Los Angeles Magazine* e trabalhou em várias publicações de viagens. Também poeta, ela geralmente escreve sobre Los Angeles em sua obra.

J. Kingston Pierce é um escritor de Seattle especializado na história da Costa Oeste dos EUA. Ele é editor-colaborador do *San Francisco Focus* e de revistas de *Seattle*. Entre seus livros figura *San Francisco, You're History!*

Rebecca Poole Forée é editora-chefe da Foghorn Press, de São Francisco. Escreveu muitos guias de viagem, como *Northern California Best Places*.

Nigel Tisdall é autor de diversos guias turísticos. Contribuiu para os guias visuais *França* e *Portugal*.

Stanley Young mora em L.A. Escreveu vários livros, entre os quais *The Missions of California* e *Paradise Found: The Beautiful Retreats and Sanctuaries of California and the Southwest*.

Colaboradores e Consultores

Virginia Butterfield, Dawn Douglas, Rebecca Renner, Tessa Souter, Shirley Streshinsky, Barbara Tannenbaum, Michael Webb, John Wilcock.

Fotografias adicionais

Demetrio Carassco, Steve Gorton, Gary Grimaud, Bonita Halm, Trevor Hill, Kirk Irwin, Neil Lukas, Neil Mersh, Ian O'Leary, David Peevers, Erhard Pfeiffer, Chris Stowers, Robert Vente.

Ilustrações adicionais

James A Allington, Arcana Studios, Hugh Dixon, Richard Draper, Dean Entwhistle, Eugene Fleury, Chris Forsey, Andrew Green, Steve Gyapay, Toni Hargreaves, Philip Hockey, John Lawrence, Nick Lipscombe, Mel Pickering, Sallie Alane Reason, Peter Ross, Simon Roulston, John See, Tristan Spaargaren, Ed Stuart, Paul Williams.

Cartografia

Lovell Johns Ltd, Oxford, UK; ERA-Maptec Ltd, Dublin, Ireland; Alok Pathak, Kunal Singh. Street Finder Maps based upon digital data, adapted with permission from original survey by ETAK INC 1984-1994.
Cordenação: Emily Green, David Pugh

Assistência Gráfica e Editorial

EDITORES Vivien Crump, Helen Partington
DIREÇÃO DE ARTE Gillian Allan
DIREÇÃO EDITORIAL Douglas Amrine
EDITOR SÊNIOR Fay Franklin
Lydia Baillie, Shahnaaz Bakshi, Peter Bennett, Vandana Bhagra, Hilary Bird, Julie Bond, Sophie Boyak, Sherry Collins, Joanna Craig, Cullen Curtiss, Donna Dailey, Stephanie Driver, Michael Ellis, Nicola Erdpresser, Rob Farmer, Rhiannon Furbear, Jo Gardner, William Gordon, Emily Green, Roger Grody, Bonita Halm, Vinod Harish, Paul Hines, Claire Jones, Thomas A Knight, Esther Labi, Nicola Malone, Kathy McDonald, Alison McGill, Ciaran McIntyre, Annie McQuitty, Sam Merrell, Nancy Mikula, Ella Milroy, Sonal Modha, Mary Ormandy, Catherine Palmi, Carolyn Patten, Mani Ramaswamy, Ellen Root, Shailesh Sharma, Marlene Scribner, Jonathan Schultz, Azeem Siddiqui, Meredith Smith, Asavari Singh, AnneLise Sorensen, Alka Thakur, Ingrid Vienings, Marek Walisiewicz, Hugo Wilkinson.

Assistência Especial

Marianne Babel, Wells Fargo History Museum, San Francisco; Liz Badras, LA Convention and Visitors' Bureau; Craig Bates, Yosemite Museum; Joyce Bimbo, Hearst Castle, San Simeon; Elizabeth A Borsting and Ron Smith, the Queen Mary, Long Beach; Jean Bruce-Poole, El Pueblo de Los Angeles National Monument; Carolyn Cassady; Covent Garden Stamp Shop; Marcia Eymann and Joy Tahan, Oakland Museum of California; Donna Galassi; Mary Jean S Gamble, Salinas Public Library; Mary Haas, California Palace of the Legion of Honor; Nancy Masten, Photophile; Miguel Millar, US National Weather Service, Monterey; Warren Morse, LA County Metropolitan Transportation Authority; Anne North, San Diego Visitors' and Convention Bureau; Donald Schmidt, San Diego Zoo; Vito Sgromo, Sacramento State Capitol Museum; Dawn Stranne and Helen Chang, San Francisco Visitors' and Convention Bureau; Cherise Sun and Richard Ogar, Bancroft Library; Gaynell V Wald, Mission San Juan Capistrano; Chris Wirth, Wine Institute, San Francisco; Cynthia J Wornham and Lori Star, the J Paul Getty Trust.

Permissão para Fotografar

A Dorling Kindersley agradece às seguintes pessoas por sua ajuda e generosa permissão para fotografar em seus estabelecimentos: Balboa Park, San Diego; Columbia State Historic Park; Disney Enterprises, Inc.; J Paul Getty Museum, LA; Hearst Castle, San Simeon; Huntington Library, San Marino; Knotts Berry Farm, Buena Park; Los Angeles Children's Museum; Los Angeles County Museum of Art; Museum of Contemporary Art, LA; Museum of Miniatures, LA; Museum of Television and Radio, LA; Museum of Tolerance, LA; Norton Simon Museum, Pasadena; Petersen Automotive Museum, LA; *Queen Mary*, Long Beach; Sacramento State Capitol; San Diego Aerospace Museum; San Diego Automotive Museum; San Diego Museum of Art; San Diego Wild Animal Park; San Diego Zoological Society; Santa Barbara Mission; Southwest Museum, LA; John Steinbeck Library, Salinas; Tao House, Danville; Timken Museum of Art, San Diego; Universal Studios, LA; University of California, Berkeley; University of California, LA; University of Southern California, LA; Wells Fargo History Room, San Francisco; Winchester Mystery House, San Jose; e todas as outras igrejas, missões, museus, parques, vinícolas, hotéis, restaurantes e atrações turísticas, muito numerosos para um agradecimento individual. Referências a diversos personagens, marcas registradas e símbolos da Disney com copyright são de propriedade da The Walt Disney Company e da Disney Enterprises, Inc.

Créditos de Imagens

a = alto; ae = alto, à esquerda; ad = alto, à direita; cea = centro, à esquerda, acima; ca = centro, acima; cda = centro, à direita, acima; ce = centro, à esquerda; c = centro; cd = centro, à direita; ceb = centro, à esquerda, embaixo; cb = centro, embaixo; cdb = centro, à direita, embaixo; be = embaixo, à esquerda; b = embaixo; bc = embaixo, centro; bd = embaixo, à direita; bea = embaixo, à esquerda, acima; beb = embaixo, à esquerda, abaixo; bcb = embaixo, no centro, abaixo; d = detalhe.

Todos os esforços foram feitos para localizar os proprietários dos direitos autorais. Nós nos desculpamos antecipadamente por quaisquer omissões inadvertidas e gostaríamos de incluir os agradecimentos adequados em futuras edições.

As obras de arte foram reproduzidas com a permissão dos seguintes detentores de direitos:
© ADAGP, Paris e DACS, Londres 2006: 70ad, 99ae, 312ae, 318ad; © 2008, Banco de Mexico Diego Rivera & Frida Kahlo Museums Trust, Mexico D.F/ DACS 306bd, 341ce; © Alan Bowness, Hepworth Estate, *Figura de Paisagem*, bronze 1960: 257b; Com permissão de Dara Birnbaum: 318ce; *Creativity Explored* © 1993, Creativity Explored. Todos os direitos reservados. 307a; © Kate Rothco Prizel & Christopher Rothko ARS, NY e DACS, Londres 2006 318c; © DACS, Londres/VAGA, Nova York 2006 125a, 318ceb; © Disney Enterprises, Inc 233, 234a, 235b; *8 Immortals (Bok-sen) & 3 Wisdoms* © 1979, Josie Grant. Todos os direitos reservados. 307bd; com permissão do Espólio de Philip Guston: 305cd; © The Paolozzi Foundation, Com permissão de DACS 2006 54-5C; Succession Picasso/DACS, Londres 2006 156ce; *sem título* © 1978, Michael Rios. Todos os direitos reservados. 306ad; Com permissão da University of California, Berkeley: *Dentro*, 1969, de Alexander Lieberman, doação do artista, University Art Museum: 421a.
A Dorling Kindersley agradece às seguintes pessoas, firmas e bancos de imagens pela permissão de reproduzir suas fotografias: Ace Photo Agency: T&J Florian 496ae, 496ad, 497b; David Kerwin 17a; Cash Mauritius 628b; Vladimir Pcholkin 100; Laszlo Willinger 163a; Zephyr Pictures/James Blank 22b; Action-Plus Photographers: Chris van Lennep/Keith Maloy 198-9c; Neale Haynes 199bd; Alamy Images: Todd Bannor 565c; Stephen Finn 162be; Art Kowalsky 111ac; Robert Harding Picture Library 565ae; SUNNYphotography.com 564cea; Allsport: 162ad Stephen Dunn 57bd; Apple Computer Inc: 56ad; Aquarius Library: 102cea, 106cd, 107ad; *...E o Vento Levou*, MGM 106b, *O Cantor de Jazz*, Warner Bros 107cdb; *Jurassic Park*, Spielberg/Universal 149c; Arcaid: Richard Bryant 31c, 73cda; Architectural Association: J Stirling 73ad; Art Directors Photo Library: 71cda, Craig Aurness 155cd; Spencer Grant 265b; Gene Autry Western Heritage Museum: 151c. Bancroft Library, University of California, Berkeley: 44ad, 46cdb, 46b, 49ae, 481b, 517c; Barnaby's Picture Library: 19c, 53a, 54ceb, *Assim Caminha a Humanidade*, Warner Bros 55bd; 56ca, 56bd, 57cea, 512cea; BFI Stills, Posters and Designs: *Mantrap*, Paramount Studios 52-3c, *A Guerra dos Mundos*, Paramount Studios 113b; Bison Archives: Marc Wanamaker 68be, *O Golpe de Mestre*, Universal Studios 69ce; Marilyn Blaisdell Collection: 51a; Bridgeman Art Library, Londres: Scottish National Portrait Gallery, Edinburgh 26ad; Kunsthistorisches Museum, Vienna 46c; Britstock IFA: 33c, Bernd Ducke 55be. California Academy of Sciences: 304bd, 370bc, 371ac, 371cda, 371be; Caroline Kopp 367bc; Dong Lin 370ad; California State Railroad Museum: 50cea, 50ceb, 51cda, 472ae; California Western Railroad: 459a; Campanile: 562be; J Allan Cash: 506a; Carolyn Cassady: 27c, 340b; Center for the Arts Galleries: 305bd, 322a; Center for the Arts Theater/Margaret Jenkins Dance Company: 323a; Cephas Picture Library: Bruce Fleming 608c; R&K Muschenetz 211a; Mick Rock 464be, 465c; Ted Stefanski 454; Colorific: J Aaronson 57ca; Black Star/Alan Copeland 56cb; David Burnett 57ad; Chuck Nacke 37a; Alon Reiniger 38a, 38cd; Visages/ Peter Lessing 20c; Patrick Ward 178b; Corbis: Beebe Photography/ Morton 34ad, Bettmann/ UPI 26c, 55cdb, 57cea, 441cd; Steve Jay Crise 623a; Simonpietri Christian 57cda; Jim Corwin499; Darrell Gulin 437ad; Conway/W Perry 64c; Robert Holmes 203b, 272be, 382cd; 523b, 614a; Macduff Everton 441b; David Muench 202a, 495b; Neal Preston 118cd; Tony Roberts 372-3; Michael T. Sedam 351bd; Everett, *O Falcão Maltês*, Warner Bros 27be; Galen Rowell/Mountain Light Photography Inc 485b; Reuters NewMedia Inc. 389b; Joseph Sohm; CromoSohm Inc. 14b. Crocker Art Museum: 475c; Imogen Cunningham Trust: *Duas Callas*, 1925, Imogen Cunningham © (1970, 1997) The Imogen Cunningham Trust, 29a. Del Mar Thoroughbred Club: 248cb; © 2001 The Disneyland Resort® Inc. Todos os direitos reservados 235b; Embarcadero Center: 312ad; Mary Evans Picture Library: 9 (inserção), 23be, 48ad, 51cdb, 53b, 54a, 59 (inserção), 440a; Exploratorium: 304a. Eyewire Collection/Getty Images: 38cb; The Fashion Institute of Design & Merchandising: Berliner Studio/BEImages Photo by Alex Berliner 129bd; The Fine Arts Museums of San Francisco: *Barco no Sena*, c.1874, de Claude Monet, doação de Bruno e Sadie Adrian, 304cea; Cômoda alta, doação de sr. e sra. Robert A. Magowan, 366ad; *A Velha*, c.1618-9, Georges de La Tour, Roscoe & Margaret Oakes Collection, 75.2.10, 374a; *Virgem e Menino*, c.1460, Deiric Bouts Workshop Roscoe & Margaret Oakes Collection, 75.2.14, 374c; *O Tributo em Dinheiro*, c.1612, Peter Paul Rubens, comprada com recursos de doadores, 44.11, 375a; *O Empresário*, c.1877, Edgar Degas, doação de sr. e sra Louis A Benoist, 1956.72, 375cda; *Ninfeias*, c.1914-7, Claude Monet, Mildred Anna Williams Collection, 1973.3, 375cb; *O Pensador*, c.1880, fundido c.1904, Auguste Rodin, doação de Alma de Bretteville Spreckels, 1924.18.1, 375b; Flax Art & Design: 384l; The Flight Collection: Erik Simonsen 628a; Fort Mason Museums: Museo ItaloAmericano: *Muto*, 1985, Mimmo Paladino, água-forte, doação de Pasquale Iannetti, 305ae; *Meta III*, 1985, Italo Scanga, óleo e laca sobre madeira, doação de Alan Shepp, 351be; Mexican Museum: *Índios Verdes Nº 4*, 1980, Manuel Neri, téc-

nica mista/papel, 351bd. GETTY IMAGES: Stone/Jerry Alexander 12ad; COLLECTION OF THE J PAUL GETTY MUSEUM, MALIBU, CALIFORNIA: Joseph Nollekens, *Vênus* (1773), mármore, 124cm, 60c; Pierre-Auguste Renoir, *La Promenade* (1870), óleo sobre tela, 81,3 x 65cm, 70c; Vincent Van Gogh, *Lírios* (1889), óleo sobre tela, 71 x 93cm, 82a; *Prato Fundo Hispano-Mourisco* (Valência, meados século 15), faiança esmaltada, 10,8 x 49,5cm, 82b; Atrib. André-Charles Boulle, Escaparate sobre Pedestal (c.1675-80), folheado de carvalho com engastes de bronze dourado, 230 x 151 x 66,7cm, 83a; Peter Paul Rubens, *Coreano* (c.1617), giz preto com toques de giz vermelho no rosto, 38,4 x 23,5cm, 83cda; Claude Monet, *Fardos de Trigo, Efeito da Neve, Manhã* (1891), óleo sobre tela, 83cdb; Rembrandt, *O Rapto de Europa* (1632), óleo sobre painel de carvalho, 83b; Jean-François Millet, *Homem com Enxada* (1860-2), óleo sobre tela, 80 x 99cm, 84a; Carleton E Watkins, *Cape Horn, Oregon* (negativo 1867, cópia 1881-3), albumen, 40,5 x 52,3cm, 84b; Sèvres Porcelain Manufactory, Cesto (1756), porcelana de barro refinado, douração, 22 x 20,1 x 18cm, 85a; Taça com Pé (Veneza, c.1500-50), vidro de sopro com calcedônia, 12,5 x 19,5cm, 85c; Evangelhos (Helmarshausen, c.1120-40), têmpera, dourado e prateado sobre pergaminho guarnecido em prancha de papel revestido de couro marrom, 22,8 x 16,4cm, 85b; GOLDEN GATE BRIDGE HIGHWAY AND TRANSPORTATION DISTRICT: 55a, 380ae, 380c, 380b, 380-1a, 381c, 381cb; Charles M Hiller 55ae; © J. PAUL GETTYTRUST: (c) 2005 Richard Ross with the courtesy of the J. Paul Getty Trust 86b; GOLDEN GATE NATIONAL RECREATION AREA, NATIONAL PARK SERVICE: 339beb, 339bc; RONALD GRANT ARCHIVE: 52ae, 102cd, 105ce, 107cd, 607a; Capitol 198ad; *LA Story*, Warner Bros 20a; *Juventude Transviada*, Warner Bros 68cda; *O Último Grande Herói* Columbia Pictures 68cdb; *E.T., o Extra-Terrestre*, Spielberg/ Universal Studios, 69bd; *Gidget*, Columbia Pictures 198c. ROBERT HARDING PICTURE LIBRARY: 196a, 203c, 298c, 608a; Bildagentur/ Schuster 198b; FPG 24ce, 52cea, 53ceb, 55cda; Jon Gardey 497a; Tony Gervis 483; Michael J Howell 23ad; Dave Jacobs 437b, 497c; Robert Landau 73cdb; Westlight/Bill Ross 14b, 150ad, Steve Smith 23bd 33a; HEARST CASTLE/HEARST SAN SIMEON STATE HISTORICAL MONUMENT: Z Baron 212bd; John Blades 212ad, 212ceb, 213b, 214c, 215c; V Garagliano 212bc; Ken Raveill 212ca, 213a, 213cda, 214b; Amber Wisdom 213cdb; PHOEBE HEARST MUSEUM OF ANTHROPOLOGY: 45cdb; HOLLYWOOD ENTERTAINMENT MUSEUM: 108cea; ROBERT HOLMES PHOTOGRAPHY: Markham Johnson 305be; HOTEL CASA DEL MAR: 174b; HULTON GETTY: 57cdb, 105a; HUNTINGDON LIBRARY, ART COLLECTIONS, AND BOTANIC GARDENS: 29b, 158b, 159be, 159cd, 160b; *Madona e Menino*, Roger van der Weyden 71cdb; Gutenberg Bible 159a; *Garoto Azul*, Thomas Gainsborough 158ce; *Diana Caçadora*, Houdon 160a; A Mulher de Bath, de *As Fábulas de Canterbury*, Chaucer (Ellesmere manuscrito), 160c; HUTCHISON LIBRARY: Robert Francis 289a; B Regent 166ce. IMAGE BANK: David Hamilton 23ae; Marvin E Newman 324; Charles C Place 451a; 202ceb; Paul Slaughter 512ae; Weinberg-Clark 438ae; IMAGE WORKS: Lisa Law 440-1c; IMPACT: Mike McQueen 203a; KIRK IRWIN: 20b, 197a, 218c, 218b, 291b, 445, 616-17. CATHERINE KARNOW: 200bd; KATZ PICTURES: Lamoine 166cd; SABA/Steve Starr 25ae, Lara Jo Regan 69be; ROBERT E KENNEDY LIBRARY: Special Collections, California Polytechnic State University 215a; KNOTT'S BERRY FARM: 236-237c, 236bd, 237bd; KOBAL COLLECTION: *Sabrina*, © 1995 Paramount/Brian Hamill 69ad; HOWARD KOBY: www.photographersdirect.com 107ce; WWW.KODAKTHEATER.COM: 108cd; *LA Story*, Guild Film Distribution 69cea, *À Beira do Abismo*, Warner Bros 79b; *O Selvagem*, Columbia Pictures 200be. LA CONVENTION AND VISITORS' BUREAU: Michele & Tom Grimm 179; LA COUNTY MUSEUM OF ART: *La Trahison des Images (Ceci n'est pas une pipe)*, René Magritte, adquiridos com recursos da Mr & Mrs William Preston Harrison Collection, 70a; *No Bosque de Giverny: Blanche Hoschedé ao Cavalete com Suzanne Hoschedé Lendo*, Claude Monet, Mr & Mrs George Gard De Sylva Collection 114a; *Bolhas de Sabão* (após 1739) Jean-Baptiste-Simón Chardin doação de The Ahmanson Foundation 114cea; *Atena da Esperança* (século 2°) William Randolph Hearst Collection 114c; *Mulholland Drive: A Rua para o Ateliê*, David Hockney, adquirida com recursos do legado de F Patrick Burnes Bequest 115a; Prato, adquirido com recursos do Art Museum Council 115cd; Guerreiro em Pé (O Rei), The Proctor Stafford Collection, adquirida com recursos de sr. e sra. Allen C Balch 116ae; *Madalena com a Chama Fumegante*, Georges de La Tour, doação de The Ahmanson Foundation 116ad; *Monumento a Honoré de Balzac*, Auguste Rodin, doação de B Gerald Cantor; 116c; *Os Catadores de Algodão*, Winslow Homer, aquisição possibilitada por curadores do museu, 116b; Duas Autoridades, China, 618-907, doação de Leon Lidow 117a; Dunas, *Oceano*, Edward Weston, © 1981 Center for Creative Photography, Arizona Board of Regents 117b; LA DEPARTMENT OF WATER AND POWER: 52ceb, 202b; LADODGERS INC: 152b; Los Angeles Philharmonic: Tom Bonner 125bd; JACK LONDON COLLECTION: California State Parks 26b. MAGNES MUSEUM PERMANENT COLLECTIONS: túnica de veludo azul do século 19 com brocado, 419a; MAGNUM PHOTOS: Michael Nichols 57be; MARINE WORLD AFRICA USA: Charlotte Fiorito 298ad; ANDREW MCKINNEY PHOTOGRAPHY: 47ce, 300ae, 300ad, 301cd, 302ad, 303ad, 303bd, 307cd, 307bc, 313cdb, 331a, 346c, 369b, 381be, 414a; METROPOLITAN TRANSIT DEVELOPMENT BOARD, SAN DIEGO: Stephen Simpson 266cea; METROPOLITAN WATER DISTRICT OF SOUTHERN CALIFORNIA: 202c; ROBERT MONDAVI WINERY: 464bd; JOHN MUIR NATIONAL HISTORIC SITE: National Park Service 414b; MUNI 397a, 397ce, 397b; MUSEUM OF TELEVISION AND RADIO: Grant Mudford 90a. THE NAMES PROJECT: AIDS Memorial Quilt © 1988 Matt Herron 57ceb; THE NATIONAL MOTOR MUSEUM, BEAULIEU: 201be; PETER NEWARK'S AMERICAN PICTURES: 47bd, 48bd, 201ae, 303cdb; PETER NEWARK'S WESTERN AMERICANA: 48cea, 48be, 48-9c, 195 (inserção), 253bd, 295 (inserção), 433 (inserção), 519 (inserção), 617 (inserção); NHPA: Joe Blossom 81ad; Rich Kirchner 39a, 460c; Stephen Krasemann 503cda; P McDonald 242b; David Middleton 436a, 448a; Kevin Schafer 436b; John Shaw 219b, 230b, 279a, 436ce, 491c; Roger Tidman 241b; NEW YORK PUBLIC LIBRARY: I N Phelps Stokes Collection, Miriam e Ira D Wallach departamento de Arte, Gravura e Fotografia, The New York Public Library, Astor, Lenox e Tilden Foundations 44ceb; THE NORTON SIMON FOUNDATION, PASADENA:

Natureza Morta com Limões, Laranjas e uma Rosa, Francisco de Zurbaran (1633) 156b; Buda Entronado, Caxemira, Índia (século 8º), 157b; *Mulher com um Livro*, Pablo Picasso (1832), espólio de Robert Ellis Simon, 1969, 156a; *Santos Paulo e Frediano*, Filippino Lippi (1483) 157a; *Autorretrato*, Rembrandt van Rijn (c.1636-38) 156c; *A Bailarina de 14 Anos*, Edgar Degas (1878-81) 157bc. Cortesia do OAKLAND MUSEUM OF CALIFORNIA: *Vale Yosemite*, Albert Bierstadt (1868) 8-9; *Figura em uma Varanda*, Richard Diebenkorn (1959) 28ce; *Ocean Park 107* Richard Diebenkorn (1958) 424c; *Tarde em Piedmont*, Xavier Tizoc Martinez (c.1911) 28bd; *Vênus da Califórnia,* Rupert Schmid (c.1895) 29c; The Oakland Museum History Department: 24be, 43b, 44cea, 44-5cb (2), 45cea, 47cd, 49ca, 49cdb, 50ae, 52ad, 53cb, 56cea, 56be, 379bd, 424ae, 424ad, 424b, 425a, 441a; The Oakland Museum Kahn Collection 475b; The Oakland Tribune Collection, doação do Alameda Newspaper Group 54b, 440ce, 440b; LOS OLIVOS: 563bc; OXFORD SCIENTIFIC FILMS: Daniel J Cox 437ca; Michael Fogden 496c; Stan Osolinski 437cd. PALMSPRINGS AERIAL TRAMWAY: 275ae; PASADENA CONVENTION AND VISITORS' BUREAU: 154b; EDWARD PFEIFFER: 25ad, 30a, 30b, 31b, 63be, 72a, 73ae, 88, 89, 90b, 91c, 120, 122ce, 132cea, 132b, 133a, 133c, 133b, 140, 141, 149a; PHOTOLIBRARY: JTB Photo 123be; PHOTO NETWORK: Mary Messenger 608b; Phyllis Picardi 201bd; Woodard 36b; PHOTOPHILE: 34b, 61a, 196c, 244; Jose Carrillo 37b; Scott Crain 18c; Arthur Fox 612a; Mark Gibson 607b; Jim Gray 197b; Michael Hall 68ad, 172a; Matt Lindsay 21b, 37c, 266b, 267b, 630c; Sal Maimone 127be, 167, 196b, 252bd, 434b, 522c; LLT Rhodes 46ae; PHOTO TREK INC: M J Wickham 434cb; PETERSEN AUTOMOTIVE MUSEUM: Scott Williamson 118ad; PICTOR INTERNATIONAL-LONDON: 58-9, 62a, 62be, 62bd, 200ad, 236be; 286-7, 292b, 299ae, 466, 498, 513a; PICTORIAL PRESS LTD: J Cummings 359b; PICTURES COLOUR LIBRARY: 22a, 39be, 74, 123a; Leo de Wys 611c; POPPERFOTO: 516a. PRECITA EYES MURAL ARTS AND VISITORS CENTER: *Balloon Journey* ©2008 Precita Eyes Muralists, de Kristen Foskett 140cdb; Hillcrest Elementary School © 2007 Precita Eyes Muralists 140cb; Oakland, *Stop the Violence* © 2007 Precita Eyes Muralists. Directed by Joshua Stevenson. Desenhado e pintado por AYPAL (Asian Pacific Islander Youth Promoting Advocacy and Leadership) incluindo Recy, Marcus, e muitos outros. pintura acrílica em Tyvek 140b; PRESIDIO OF SAN FRANCISCO: NPS staff photos 377ae, 377cda; PRESIDIO TRUST: Amy Wolff 377bd; RETNA PICTURES LTD: LGI Photo Agency/Marco Shark 27bd; Steve Granite 69a; REUTERS: Kimberley White 57tr; REX FEATURES: 360b; Most Wanted 97ae; RIVERSIDE MUNICIPAL MUSEUM: Chris Moser 44cd. SALINAS PUBLIC LIBRARY: Cortesia dos Arquivos Steinbeck, 27a, 517b; SAN DIEGO AIR AND SPEACE MUSEUM: 256ceb; SAN FRANCISCO ART INSTITUTE: D Wakely 341a; SAN FRANCISCO CABLE CAR MUSEUM: 303ae, 303be; SAN FRANCISCO CONVENTION AND VISITORS' BUREAU: 39bd, Mark Gibson 302c; Cortesia de Brown, Zukov & Associates 382a; SAN FRANCISCO MUSEUM OF MODERN ART: *Vista de Trás*, 1977, Philip Guston, óleo sobre tela, doação do artista, 305cd; *Zip-Light*, 1990, Sigmar Willnauer, couro, poliéster, zíper, aquisição do SFMOMA, 318ae; *Les Valeurs Personnelles*, 1952, de Rene Magritte, doação de Phyllis Wattis 318ad; No. 14, 1960 de Mark Rothko 318c; *Acorde Melódico de Dois Sons*, 1980, Richard Shaw, porcelana com vitrificação por decalque, adquirida com recursos do National Endowment for the Arts and Frank O Hamilton, Byron Meyer e sra. Peter Schlesinger, 319ae; *O Ninho*, 1994, de Louis Bourgeois, aço; Points of Departure; Connecting with Contemporary Art, March 23-August 7, 2001 318be; *Lesende (Lendo)* (1994) © Gerhard Richter 319cda; *Cães-Cavalheiros do Campo*, 1972, de Roy De Forest, esmalte sintético sobre tela, doação da Hamilton-Wells Collection, 319b; *Malha Laranja*, 1955, de Elmer Bischoff, óleo sobre tela, doação de sr. e sra. Mark Schorer, 323cd; SAN FRANCISCO PUBLIC LIBRARY HISTORY ROOM: 54cea, 339bea, 369c; SAN MATEO COUNTY HISTORICAL ASSOCIATION: 412a; SANTA BARBARA MISSION ARCHIVE LIBRARY: 46ce, 47ae; SANTA BARBARA MUSEUM OF ART: *O Trigo Amadurecido*, Jules Bastien-Lepage (1884), aquisição do museu com recursos fornecidos por Suzette e Eugene Davidson e Davidson Endowment Fund 220ce; SCIENCE PHOTO LIBRARY: NASA 284c; George Bernard 428b; Simon Fraser 18a; David Parker 24a; Peter Menzel 24cd, 505b; SONOMA VALLEY VISITORS' BUREAU: Bob Nixon 465b; SOUTHWEST MUSEUM: ID CT.122, foto de Don Meyer (491.G.802) 71ad; SPECTRUM COLOUR LIBRARY: 2-3, 200ae, 265ae, 472ad, 509a, 610b; D&J Heaton 344, 562a; THE STANDARD, DOWNTOWN LA: Martin Kunz 174a; STANFORD UNIVERSITY ARCHIVES: Department of Special Collections, 51b; STEVENSON HOUSE COLLECTION, MONTEREY STATE HISTORIC PARK: Sharon Fong 508a, 509cd, 509b TONY STONE IMAGES: 38b, 413cdb, 434a, 484; Jerry Alexander 463a; Glen Allison 364; Ken Biggs 36a, 63ae, 178c; James Blank 149; David Carriere 612b; Jim Corwin 310; Chad Ehlers 63ad; Johan Elzenga 280, 283, 290a, 292a; David R Frazier 442; Roy Giles, 334cea; Lorentz Gullachsen 19a; Gavin Hellier 494a; John Lamb 332; D C Lowe 487a; David Madison 611a; David Maisel 298b; Ed Pritchard 294-5; A&L Sinibaldi 19bd, 435cd; Alan Smith 215b; Larry Ulrich 443; John Warden 450-1; LEVI STRAUSS & CO: 343cd, 343b; TIM STREET-PORTER: 32b, 33b, 72be. TATE GALLERY LONDON: *É Fato na Psicologia que o Prazer Ajuda em Sua Disposição*, 1948, Eduardo Paolozzi 54-5c; TELEGRAPH COLOUR LIBRARY: 15, 18b; EDWARD THOMAS PHOTOGRAPHY: 32a. TRAVELPIX: Robert Holmes 630ad; ULSTER MUSEUM, BELFAST: com generosa permissão dos curadores, 45ce; © 2000 UNIVERSAL STUDIOS INC Todos os direitos reservados 147b, 148ae, 148cd, 148ce, 148bd, 149ad, 149be; POR CORTESIA DO US POSTAL SERVICE: 618a; Desenhos de Selos © 1995, 317c, 627a. WELLS FARGO BANK: 49be, 312b, 314b, 479b; WESTFIELD CITY CENTURY: 93cd; WILLIAMS-SONOMA, INC.: 384cd; WORLD PICTURES: 16, 17b, 21a, 34c, 68ae, 136-7, 147c, 166b, 175, 199a, 226, 410, 606c, 631. YOSEMITE MUSEUM: National Park Service 44ae, 44cda, Craig & Jennifer Bates 44ce; Michael Dixon 44ceb; YOSEMITE NATIONAL PARK RESEARCH LIBRARY: 51ca. ©ZEFA: 1, 39c, 438cea, 492-3; Damm 632a; K. Hackenberg 12b; BILL ZELDIS PHOTOGRAPHY: 42; ZEUM: 322ceb; ZOOLOGICAL SOCIETY OF SAN DIEGO: 259b.

FOTOS DE CAPA:
Frente - DK IMAGES: ANDY CRAWFORD BE; GETTY IMAGES: TAXI/LISA ROMEREIN MAIN IMAGE.
Contracapa - DK IMAGES: DAVE KING AE; ANDREW MCKINNEY CEA; ROBERT VENTE CEB; WORLD PICTURES: BE.
LOMBADA - DK IMAGES: MAX ALEXANDER B; DAVE KING A.

As demais imagens © Dorling Kindersley
Para informações adicionais, visite o site www.dkimages.com

Frases

Na terceira coluna –na segunda, na seção Interpretando o Cardápio–, você encontra a transcrição da pronúncia das palavras em inglês, não com os símbolos do alfabeto fonético internacional, mas do modo como seriam escritos em português, para que sejam mais facilmente compreendidos. Há na língua inglesa sons inexistentes em português, como o "th", que é transcrito aqui de duas maneiras diferentes: como "d" na palavra "this" ou como "f" na expressão "thank you". A pronúncia correta é, nos dois casos, com a língua entre os dentes frontais. O "h" de " help" é transcrito pelas letras "rr", enquanto o "rr" de "sorry" aparece como "r", com um som próximo ao do "r" seguido de consoante pronunciado em algumas regiões do interior de São Paulo.

Em Emergências

Socorro	**Help**	rrélp
Pare	**Stop**	stáp
Chame um médico	**Call a doctor**	koladáktor
Chame uma ambulância	**Call an ambulance**	kolanémbiulens
Chame a polícia	**Call the police**	kol dê pôlís
Chame os bombeiros	**Call the fire department**	kol dê fáier dêpártment
Onde fica o telefone mais próximo?	**Where is the nearest telephone?**	ueriz dê nírest télefoun?
Onde fica o hospital mais próximo?	**Where is the nearest hospital?**	ueriz dê nírest rráspital?

Comunicação Essencial

Sim	**Yes**	iés
Não	**No**	nôu
Por favor	**Please**	plíz
Obrigado	**Thank you**	fênkiu
Desculpe	**Sorry**	sóri
Com licença	**Excuse me**	ekskíuzmi
Oi	**Hello**	rrêlou
Adeus	**Goodbye**	gudbái
Manhã	**Morning**	mórnin
Tarde	**Afternoon**	efternún
Noite	**Evening**	ívinin
Noite (tarde)	**Night**	náit
Ontem	**Yesterday**	iéstêrdei
Hoje	**Today**	túdei
Amanhã	**Tomorrow**	tumárou
Aqui	**Here**	rriêr
Lá	**There**	dér
O quê?	**What?**	úat?
Quando?	**When?**	úen?
Por quê?	**Why?**	úai?
Onde?	**Where?**	uér?

Frases Úteis

Como vai?	**How are you?**	rrauáriu
Muito bem, obrigado.	**Very well, thank you**	véri uél, fénkiu
Muito prazer em conhecer você	**Pleased to meet you**	plízd tu mítiu
Até logo	**See you soon**	síu sún
Está bem/bom	**That's fine**	déts fáin
Onde está.../ estão..?	**Where is/ where are...?**	ueríz uérár
Quantos metros/ quilômetros são até...?	**How far is it to...**	rrau farízit tu-
Como se vai para...?	**Which way to...?**	úitch uei tu
Você fala português?	**Do you speak portuguese?**	du iu spík pôrtiuguíz?
Você fala espanhol?	**Do you speak spanish?**	du iu spík spênish?
Não entendo	**I don't understand**	ai dount anderztênd
Pode falar mais devagar, por favor?	**Could you speak more slowly, please?**	kúdiu spík môr slôulí, plíz?
Sinto muito	**I'm sorry**	áim ssóri

Palavras Úteis

grande	**big**	bêg
pequeno	**small**	smól
quente	**hot**	rát
frio	**cold**	kôuld
bom	**good**	gûd
ruim	**bad**	béd
suficiente	**enough**	ináf
bem	**well**	uél
aberto	**open**	ôupen
fechado	**closed**	klôuzd
esquerda	**left**	léft
direita	**right**	ráit
direto	**straight (on)**	strêit (ón)
perto	**near**	níer
longe	**far**	fár
em cima	**up**	áp
abaixo	**down**	dáun
cedo	**early**	êrlí
tarde	**late**	léit
entrada	**entrance**	êntranss
saída	**exit**	égzêt
banheiros	**restrooms**	réstrumz
mais	**more**	môr
menos	**less**	léss

Nas Compras

Quanto - custa isto?	**How much does - this-cost?**	rrau mátch daz dês kóst?
Eu gostaria...	**I would like...**	ai uôd laik...
Vocês tem..?	**Do you have..?**	du iu rrév...?
Estou só olhando, obrigado	**I'm just looking, thank you**	aim djast lûkin..., fênkiu
Vocês aceitam cartões de crédito?	**Do you take credit cards?**	du iu têik... krédit kardz?
A que horas vocês abrem?	**What time do you open?**	uotáim du iu ôupén?
A que horas vocês fecham?	**What time do you close?**	uotáim du iu klôuz?
este	**this one**	dêss uán
aquele	**that one**	dét uán
caro	**expensive**	ekspénssîv
barato	**cheap**	tchíp
tamanho (roupas ...e sapatos)	**size**	ssáiz
branco	**white**	úait
preto	**black**	blék
vermelho	**red**	réd
amarelo	**yellow**	iélou
verde	**green**	grín
azul	**blue**	blú
loja de antiguidades	**antique shop**	entík sháp
padaria	**bakery**	bêikeri
banco	**bank**	bénk
livraria	**bookshop**	bôkshap
açougue	**butcher's**	bôtcherz
farmácia	**drugstore**	drágztôr
peixaria	**fishmarket**	fêsh márket
quitanda	**greengrocer's**	grín grôusserz
loja de alimentos	**grocer's**	grôusserz
cabeleireiro	**hairdresser's**	rrer drésserz-
mercado, a feira	**market**	márket
jornaleiro	**newstand**	niúztend
agência do correio	**post office**	pôustófiss
loja de calçados	**shoe shop**	shú sháp
supermercado	**supermarket**	supermárket
tabacaria	**tobacco shop**	tbákou sháp
agência de viagens	**travel agency**	trévl êidjenssí

Atrações Turísticas

galeria de arte	**art gallery**	art guélerí
catedral	**cathedral**	kfídral
igreja	**church**	tchêrtch
jardim	**garden**	gárden
biblioteca	**library**	láibreri
museu	**museum**	miuzíam
informação turística	**tourist information**	tôrist infôrmêishan
prefeitura	**city hall**	cêti ról
fechado por - férias/feriado	**closed for - holiday**	klouzd for rrólidei
ponto de ônibus	**bus stop**	bástap
estação de trem	**railroad station**	reil rôud stêishan

No Hotel

Vocês têm quarto disponível?	**Do you have a vacant room?**	du iu rrev â vêikant rum?
quarto para dois	**double room**	dábô rúm
com cama de casal	**with double bed**	uêf dábô bed
quarto com duas camas	**twin room**	tuên rúm

quarto de solteiro/ individual	**single room**	cêngol rúm
quarto com banheiro	**room with a bath**	rúm uêf â bef
chuveiro	**shower**	sháuer
porteiro	**porter**	pórter
chave	**key**	kí
Eu tenho uma reserva	**I have a reservation**	ai rrev â rezêrvêishan

No Restaurante

Tem uma mesa para...?	**Have you got a table for...?**	rreviu gat a teibôu for..?
Quero reservar uma mesa	**I want to reserve a table**	ai uant tu rizérv â teibôu
A conta, por favor	**The check, please**	dê tchék, plíz
Sou vegetariano/a	**I'm vegetarian**	áim vedjetérian
garçonete	**waitresse**	uêitress
garçom	**waiter**	uêiter
menu	**menu**	mêniu
menu do dia	**fixed-price menu**	fêkst-praiss mêniu
carta de vinhos	**winelist**	uáin lêst
copo	**glass**	gléss
garrafa	**bottle**	bátlôu
faca	**knife**	náif
garfo	**fork**	fórk
colher	**spoon**	spún
café da manhã	**breakfast**	brékfest
almoço	**lunch**	lântch
jantar	**dinner**	dêner
prato principal	**main course**	mêin kórs
entrada	**starter**	stárter
prato do dia	**today's special**	tdêiz spéshial
café	**coffee**	kófi
malpassado	**rare**	rér
ao ponto	**medium**	mídium
bem-passado	**well done**	uél dán

Interpretando o Cardápio

apple	épôl	maçã
baked	bêik	ao forno
banana	bnána	banana
beef	bíf	carne de boi
beer	biêr	cerveja
bread	bréd	pão
butter	bára	manteiga
cake	kêik	bolo
cheese	tchíz	queijo
chicken	tchêken	frango
chocolate	tcháklat	chocolate
cold meat	kôuld mít	frios
dessert	dêzért	sobremesa
dry	drái	seco
egg	êg	ovo
fish	fêsh	peixe
fried	fráid	frito
fruit	frút	a fruta
garlic	gárlek	alho
ham	rrem	presunto
icecream	áiss krím	sorvete
lamb	lêm	cordeiro
lemon	léman	limão
lemonade	lémanêid	limonada
lobster	lábster	lagosta
meat	mít	carne
milk	mêlk	leite
mineral water	míneral uáter	água mineral
nuts	nâts	nozes
oil	óill	azeite
olives	ólêvz	azeitonas
onion	ânian	cebola
orange	órandj	laranja
pepper	péper	pimenta
pie	pái	torta
pork	pórk	porco
potatoes	ptêitôuz	batatas
prawns	prónz	camarões
red wine	red úain	vinho tinto
rice	ráiss	arroz
roast	rôust	assado
rosé wine	rouzê úain	vinho rosé
salt	sólt	sal
sauce	sóss	o molho
sausages	sósêdj	linguiças
seafood	sífud	frutos do mar
sirloin steak	sêrloin stêik	filé mignon
soup	súp	sopa
still/sparkling	stíl/spárklin	sem gás/com gás
sugar	shûgar	açúcar
vegetable stew	védjetabôu stú	cozido de vegetais
tea	tí	chá
toasts	tôusts	torradas
vinegar	vênagar	vinagre
white wine	úait úain	vinho branco

Números

0	**zero**	zírou
1	**one**	uán
2	**two**	tú
3	**three**	frí
4	**four**	fór
5	**five**	faiv
6	**six**	sêks
7	**seven**	sévên
8	**eight**	êit
9	**nine**	nain
10	**ten**	tên
11	**eleven**	ilévên
12	**twelve**	tuélv
13	**thirteen**	fêrtín
14	**fourteen**	fortín
15	**fifteen**	fêftín
16	**sixteen**	sêkstín
17	**seventeen**	seventín
18	**eighteen**	êitín
19	**nineteen**	naintín
20	**twenty**	tuentí
21	**twenty-one**	tuentí uán
22	**twenty-two**	tuentí tú
30	**thirty**	fêrí
31	**thirty-one**	fêri uán
40	**fourty**	fóri
50	**fifty**	fêfti
60	**sixty**	sêksti
70	**seventy**	séventi
80	**eithty**	êiti
90	**ninety**	náinti
100	**one hundred**	uán rrándrêd
200	**two hundred**	tu rrándrêd
500	**five hundred**	faiv rrándrêd
1.000*	**one thousand**	uán fáuzand
1.001	**one thousand one**	uán fáuzand úan

Tempo

um minuto	**one minute**	uán mênat
uma hora	**one hour**	uán áuar
meia hora	**half an hour**	rréfenáuar
segunda-feira	**Monday**	mândei
terça-feira	**Tuesday**	túzdei
quarta-feira	**Wednesday**	uênizdêi
quinta-feira	**Thursday**	fêrzdêi
sexta-feira	**Friday**	fráidêi
sábado	**Saturday**	satêrdêi
domingo	**Sunday**	sândêi

* Os países de língua inglesa adotam a grafia 1,000 para o numeral 1.000 (um mil) e 1.50 para 1,50 (um e cinquenta), exatamente o oposto da convenção brasileira.